『ロシア原初年代記』を読む

キエフ・ルーシとヨーロッパ、あるいは「ロシアとヨーロッパ」についての覚書

栗生沢猛夫
kuryuzawa takeo

成文社

『ロシア原初年代記』を読む——キエフ・ルーシとヨーロッパ、あるいは「ロシアとヨーロッパ」についての覚書——目次

『ロシア原初年代記』を読む――キエフ・ルーシとヨーロッパ、あるいは「ロシアとヨーロッパ」についての覚書――

凡例

一 本書における引用文や訳文中の（ ）は基本的には原文、［ ］は著者による説明、ないし補足である。

二 本書における注記は章ごとになされる。文献は、年代記等の史料と研究文献とを問わず、一部の例外を除きすべて簡略形で示される。それぞれの完全なタイトルは巻末の文献一覧に示される。キリル文字はラテン文字に転記するが、その際原則として米国国会図書館（改訂版）の方式に従う。

三 キエフ・ルーシ史上の固有名詞の日本語表記は、基本的には現代ロシア語表記に基づいて行う（一部を除きとくにウクライナ語などを考慮することはしなかった）。またわが国における慣用に従った例も多い。

四 『ロシア原初年代記』等諸年代記における年代は、通常世界開闢（創造）紀元によっているが、本書では西暦により示した。これについては本書第二章（五七―五八頁）を参照されたい。

序　本書のねらい

本書は、ロシア史の最初の時代、といってもせいぜい紀元八、九世紀に遡るにすぎないが、そこからおよそ十二世紀初にいたる時代の歴史について、根本史料である『ロシア原初年代記』を繙《ひもと》きながら、古代・中世のロシアについて種々考えてみようという主旨で執筆された。

種々考えようというのではあいまいでいささか心もとない。著者が念頭においているのは、もっぱら以下のようなことである。

かりにひとつの国あるいはその国民の特徴や性質などというものがあると仮定して（それを簡単に表現することができるとも思えないが）、そうしたものを理解したいという欲求はだれにでもあるであろう。その場合、その欲求をかなえるためには、当の人々が歩んできた道、すなわち歴史を観察することがどうしても必要となるであろう。歴史を見ればすべてがわかるというわけにはいかないが、多くの問題が歴史的に形成されてきたことはたしかである。だから歴史は今日わたしたちが抱える諸問題の理解と解決にとって、重要な意味をもっていると言うことはできよう。だがそうだとしても、本書で検討対象とする古代や中世についてはどうであろうか。それはあまりに現代から離れすぎていて、今日の諸問題にとって決定的な意味をもつとは言いがたいのではなかろうか。たしかにそうかもしれない。しかしその国また国民の特徴や性格、あるいはそれらを深いところで規定している精神的特性といったことを考えれば、そうとも言えなくなってくる。むしろ、その国の草創期、建国の時代には、国民のアイデンティティの核が形成され始めた時期として、異常なほどの関心が寄せられることが多い。ロシアの場合も例外ではない。最初期の歴史などどうでもよいというわけにはいかないのである。

ただロシアはこの点では、たとえば日本などと比較した場合、やや異なる側面をもつことにも注意しておく必要がある。日本の場合、邪馬台国や平城、平安の都、またそれらの時代と文化は、おそらくは今日でもそのまま日本人の心のふるさとと感じられていると言ってよい。

他方、ロシアの場合、最初期の時代（それは後に国の中心地となったキエフの名をとって「キエフ時代」と呼ばれるようになる）は今日の人々にとって、たしかに心のふるさとの時代ではあるかもしれないが、そう言える程度はやや低いようにみえる。別の言葉で言えば、現代のロシア人にはそれは相当に遠い時代と感じられているように思われる。これは一つには、ロシアが他国に比してあまりに激しい変動に見舞われ続けたために（中世におけるモンゴルの支配や現代のロシア革命、その結果成立した社会主義体制、またナチス・ドイツ軍との壮絶な戦いなどを想起しよう）、キエフ時代がはるか過去のことのように思われていることもある。しかしそれだけではない。これはとりわけキエフという都市が、今日ではロシアではなくウクライナという国の首都となっていることと関係している。ウクライナ人にとってはいうまでもなく、またそれと異なる意味においてロシア人にとっても、さらにまた別の意味においてその周辺の観察者たち（なかでももっとも多くの証言を残しているヨーロッパ諸国の人々）にとっても、今日のロシアの「起源」は、キエフというよりはむしろモスクワにあると考えられることの方が多いからである。モスクワがロシアの中心となったのは、本書で扱う時代に続く十四、十五世紀以後のことであるので、このことはいわばキエフ時代とモスクワ時代のあいだにある大きな転換のおこったことを示しているのであるが、いずれにせよ、キエフ時代が直接、間接に今日のロシアの理解に資するといえるかどうかは微妙なのである。

これとの関連で、キエフ時代の歴史を「ロシア史」の枠組みのなかでとらえるべきではないと主張されることがある。とくにソヴィエト連邦が崩壊して、いまや独立の国家を形成するにいたったウクライナの人々の中に（ちなみにウクライナ人がその名で呼ばれる独自の国をもつにいたったのは事実上このときが初めてであった）、とくにそうした意識が強い。かれらはキエフがかれらだけの固有の故郷であり、かれらの歴史はロシア人のそれとは別物だと考えることが多かった。こうした意識はとりわけ十九世紀民族主義の時代から次第に強まってきたと言えるが、かれらにとっては、モスクワの歴史はキエフ時代より後になって、もともとフィン・ウゴル系の人々が多く居住した北部、また北東地域（いわゆるロストフ・スーズダリ、ないしウラジーミル・スーズダリ地方、そこにやがてモスクワが出現する）において始まったのである。あるいはキエフ時代以後リトアニアやポーランドの影響下に入ることとなるウクライナ（キエフと南西ルーシ）は、十三世紀からモンゴル支配下に組み込まれた北東ルーシ（モスクワ）とはまったく異なる存在となったと主張されたのである。(1)

著者はこうした考え方に一理あることは認めつつも、(2)結論的にはこの立場に立たない。それは政治的にみた場合の見方だと考えるからである。より広くまた長期的にみるならば、あるいは文化・精神的な視点に立つならば、キエフの文化はロシア文化の根源にあると考えることができるし、現に多くのロシア人がそう認識している。キエフ・ルーシがウクライナ人にとっては言うまでもないが、同じく東スラヴ族に属すベラルーシ人やロシア人にとっても共通の故郷（起源）であることは否定できないのである。(3)本書における探究を、ウクライナとウクライナ人はもとより、今日のロシアとロシア人を（そしてベラルーシとその人々もであるが）理解する最初の一歩としようとする立場には十分な根拠があると考える。

以上が本書の前提である。ただしここでただちに指摘しておかなければならないことがある。上述のことは、キエフ時代の延長線上にそのままモスクワ時代が、そしてその後の近代ロシアの歴史が来るということを意味するものではないということである。ロシアの古代・中世史の流れはある意味で不連続の側面を強くもっている。

このことを理解していただくためには、あらかじめ本書の主題と考察の方向性を明らかにしておく必要があるであろう。

本書で、『原初年代記』を読みながらキエフ時代について考えるという際にとくに念頭においているのは、当時のロシアがそれ自体形成途上にあったヨーロッパと深くかかわっていた、というよりむしろ、はるか東の端に位置しつつもその一部を構成していたということである。モスクワを中心とするロシアがヨーロッパとは異なる、何かより東方的な顔をもつ国家と理解されることが多いのに対し、すくなくともその前のキエフ時代はそれでは正確にとらえきれないと著者は考えている。

このことは広く主張されてきたところでもあり、研究史的にはむしろ常識といってよい。実際キエフ時代はヨーロッパと深い関係を有していたが、それ以後に状況が激変し、ロシアは東方的な特徴を色濃く示すようになったとされてきた。問題はこうした考え方が、ときとしてキエフ時代をも含めたロシアの歴史をまるごと「東方的」と規定するような見方に変じたかのようにみえることにある。キエフ社会と文化もそうした感覚で見られ、結局はロシアが太古の時代以来一貫して東方的かつ異質な国家であるかのようにとらえられている。

もちろん、キエフ社会が形成途上のヨーロッパと密接なかかわりの中にあったことは証明されなければならない。それが本書の主要な課題となる。ただそれは本論に委ねるとして、ここではそのことの意味についてまずいくつかの点を確認しておきたい。それはさしあたり、以下のようなものである。

第一に、キエフに中心をおくロシア史の最初の時代は、大きく東方へ傾斜することとなるモスクワ時代とは相当に異なる相貌をおびていたことである。ところがキエフ社会は、従来ロシア内外の人々によって、モスクワ時代以降と同様に理解されることが少なくなかった。その理由としてただちに思い浮かぶのは、キエフ時代のことがモスクワ時代の諸史料を通じて今日に伝えられることが多かったことである。そこに一定のバイアスがかかっていることは否定できないであろう。(4) もうひとつは、やはりモスクワ時代になって（とくに十五世紀後半から）西方から足しげく訪れるようになった観察者たちがロシアを、近代化の洗礼を受け急速に変貌を遂げつつあった西欧とまったく異なる社会として描き出したことである。かれらがその時にロシアに対して抱いた印象は、その後の人々のロシア観に決定的な影響を与えたと言ってよい。(5) しかしこれもまた一つの（そして巨大な）バイアスであることはその後次第に明らかになってきた。そうしたバイアスはできるだけ正されなければならないであろう。

第二に、キエフ時代はこれまでビザンツ帝国との関係を重視して論じられてきた。キエフを含む古代・中世ロシアにおけるギリシア・ビザンツ的な要素が最重要な意味をもったことはあらためて確認するまでもない。しかしそれのみでは偏った理解に陥る可能性がある。とくにビザンツがカトリック圏の人々から異質な「東方」的文明圏に属すとみられたことが、ルーシに対する見方にも大きな影響を与えたという側面を理解する必要がある。ロシア史におけるビザンツ的要素をどう理解するか、再検討が要請されている。本書の重要な論点の一つである。(6)

第三に、キエフ時代における西方諸地域との関係の重要性は、上述のように、これまでも指摘されてこなかったわけではない。むしろそれを強調する研究者も少なくなかったといってよいが、本書の著者は、この側面がこれまで十分に認識されてきたとは考えていない。つまり著者はそれが通常言われるより以上に本質的な意味をもつものと理解しているのである。そして最古の時代におけるこの側面の検討は、その後のモスクワ時代をも含むロシア史全体の見方についても、場合によっては大きな修正を迫る結果にいたるだろうと予測している。

以上のような点を確認して、以下本論に入るが、最初の問題は、本書が対象とするキエフ時代、キエフ国家というのは、これまでどういう時代また存在とみられてきたのか、そうした見方は今日どの程度受け入れ可能なものであるのかということである。以後の考察の方向性を明らかにするために、まずこのことについて考えておくこととしたい。

序の注

（1）師のV・B・アントノーヴィチとともにウクライナ近代史学の基礎を築いたとされるM・S・フルシェフスキー（一八六六—一九三四年）の見解がそうであった。かれは十巻本『ウクライナ・ルーシの歴史』（Grushevs'kii, *Istoriia Ukraini-Rusi.* 一八九八—一九三六年の刊行。最初期から一六五八年までの歴史をたどる。十三世紀までのキエフ時代については最初の二巻で扱われる。最終巻は没後出版）において、大要次のような主張を展開した。キエフ・ルーシはウクライナ人の最初の国家である。その歴史はこれまでロシアの歴史家が理解してきたように、モスクワ（スーズダリ—ロストフ地方）により引き継がれたわけではない。それはむしろ南西地方のガーリチ（ハーリチ）・ヴォルイニに継承され（十三世紀）、これはその後リトアニア・ポーランド（十四—十七世紀）の支配下に組み込まれるが、その伝統はとりわけその間成立したコサック（カザーク）国家（ヘトマンシチナ）により維持され発展をみた。他方モスクワ国家はフィン・ウゴル系諸族の地域へ進出した東スラヴ族の一部が先住諸民族を併合しつつ形成した別個の政治組織とみなすべきである。フルシェフスキーはこのような視点に基づいて、十七世紀以降モスクワ大公国、さらにはロシア帝国下に組み込まれたウクライナ民族（とその言語）の独自性を主張し、その政治的自立性を根拠づけようとしたのであった。その際かれは師アントノーヴィチとともに、ウクライナには搾取・非搾取の関係がみられないこと（農奴制は後にモスクワから持ち込まれた）、そこでは民主的な性格が育まれてきたことを主張した。その後ウクライナの民族主義的歴史家たちによって、「自由」で騎士的精神にあふれるウクライナ（ルーシ）人を、「専制的」また「農奴制的」なモスクワ（ロシア）人に対峙させるような、ときに極端な主張のなされることのあるのも、こうした見方の延長線上のことと言ってよい（ウクライナのナショナリズムとロシアのそれとの相克については、中井『ウクライナ・ナショナリズム』二三—三九頁、また拙稿「ロシア史をどう見るか」を参照）。フルシェフスキーの見解は何種類かの一巻本通史、Grushevskii, *Illiustrirovannaia Istoriia Ukrainy*（ウクライナ語一九一三年版のロシア語訳）、*Istoriia ukrainskogo naroda*（同上の別のロシア語版）、また英語版 Hrushevsky, *A History of*

Ukraine などにおいても簡潔に記述されている（最初にあげたロシア語版のA・I・ミルレルの序文s.III-XI、また英訳版のG・ヴェルナツキーの序文p.v-xivが示唆に富む）。ウクライナ人とロシア人のそれぞれの歴史を対峙させる志向は多くのウクライナ系歴史家にみられるが、比較的近年の典型的な例を一点だけ挙げると、Fr.-Chirovsky, *An Introduction to Ukrainian History*,p.9-18. フルシェフスキーの見解をめぐる研究史的考察としては、さしあたりWynar, "Ukrainian -Russian Confrontation in Historiography"を参照。

なお「ウクライナ」の語はすでに十二世紀から知られているが（初出はおそらく『イパーチー年代記』六六九五（西暦一一八七）年、*PSRL*.II:653）、当該地域をこの語で呼ぶようになったのは近代（十七世紀）以降のことである。キエフおよびドニエプル左岸のウクライナ（ヘトマン国家。「ヘトマン」はコサックの首長を表す語）は十七世紀後半からモスクワの支配下に入るが（ロシア・ポーランド間のアンドルソヴォ休戦条約）、右岸地方（ポーランド領であった）もともにロシア領となるのは、十八世紀末のポーランド分割に際してである（そのとき最西部のガリツィア／ハーリチ地方はオーストリア領となった）。それ以来ウクライナはロシア帝国では（すなわち公式的には）、「小ロシア」（malorossiia, malaia rossiia, malaia rus'）と呼ばれた（言うまでもなくロシア、すなわち大ロシアと区別して、のことである）。これにたいし民族的に覚醒しつつあった当のウクライナ人歴史家が「ウクライナ」の語の使用を主張するようになるのである。ソヴィエトの歴史家も「小ロシア」の語を避け（差別的ニュアンスのゆえである）、「ウクライナ」を使用したが、ウクライナ民族のおかれた立場を本質的に変えることにはならなかった。なお十月革命（一九一七年）後、一時「ウクライナ人民共和国」の樹立が宣言されたが、それは間もなくソヴィエトの「革命遠征軍」により潰されてしまう。ウクライナは一九二二年末以後ソ連邦の一構成共和国となった。独立国家としてのウクライナの存在は実質的にソ連邦崩壊後に始まると言ってよい。キエフ・ルーシの歴史が近代の歴史家によってどのように描かれ理解されたか、いわゆる「キエフの遺産」のロシアおよびウクライナによる継承の問題については、本書の結論部において改めて立ち返りたい。

（2）とくに、N・M・カラムジンに代表される近代ロシアの歴史家の多くが、東スラヴ三民族を「兄弟民族」とみて、その一体性の名の下に、ロシア（大ロシア）人によるウクライナ（小ロシア）人またベラルーシ人に対する「指導的」、支配的立場を意識的無意識的に正当化したことを考えると、ウクライナ人の抱く自立への志向性は十分に理解できる。

（3）ソヴィエト史学の大御所B・D・グレコフがその著『キエフ・ルーシ』において「キエフ国家の歴史。それはウクライナの歴史ではなく、ベラルーシのでも、大ロシアの歴史でもなかった。それはウクライナに、さらにはベラルーシや大ロシアにも、［それぞれが］成長し力を得る可能性を与えた一つの国家の歴史であった」と記したとき（Grekov, *Kievskaia Rus'*.s.9）、そこに一片の真実があったことは否定できない。ただこうした見方が、フルシェフスキーらが強く批判したように、実質的に大民族（ロシア人）による他民族支配、さらには諸民族（とりわけウクライナ人とベラルーシ人）の自立性否定の論拠として用いられたこともまた否定できない事実であった。

（4）モスクワがキエフの「遺産」をどのように捉え、それにたいしどのような主張をしたかについては、さしあたりJ・ペレンスキの次の二論文を参照。Pelenski, "The Origins of the Official Muscovite Claims";ibid., "The Origins of the Muscovite Ecclesiastical Claims".

（5）西方から「近代」の門口にあったモスクワを訪れ、自ら記録を残した外国人は多い。なかでも十六世紀に二度（一五一七、一五二六年）モスクワを訪れたオーストリア（神聖ローマ帝国）のジギスムント・フォン・ヘルベルシュタインの著作は西方で広く読まれたので、代表例としてここにあげておく。Herberstein, *Rerum Moskoviticarum Commentarij*. その最初の出版は一五四九年で、直後にイタリア語訳、ドイツ語訳、さらに新たなラテン語版の出版が相次いだ。十九世紀以降に多くの国で現代語の翻訳も出るが、本書ではA・I・マレイン、A・V・ナザレンコによるロシア語訳を利用する（Gerbershtein, *Zapiski o Moskovii*）。ヘルベルシュタインについてはさしあたり、*MERSH*.14, p.6-10 (H.F.Graham) を参照。また「近代」の門口に立つモスクワと西方との関係については、Donnert, *Russland an der Schwelle der Neuzeit*.S.311-339, 435-473 が参考になる。さらに『世界歴史体系　ロシア史　1』二一〇―二一一、二四〇―二四二、二五五―二五七頁（拙稿）も参照されたい。

（6）ロシアは歴史的にビザンツと強い関係をもっていた。キリスト教をビザンツ帝国から受け入れたことはロシアにとって決定的な意味をもっていた。本書の内容ももっぱらこのことに関係しており、またその前提に立って議論を進めている。その上でこの点について、よくみられる誤解を避けるためにあらかじめ注記しておきたいことがある。ロシア研究はとくにその草創期にはドイツなど西方出身の研究者によって主導されてきたという側面があるが、その際かれらはロシアを西欧とは異質な国であると感じ、その点を説明するために、とくにロシアとビザンツとの密接な関係に注目した。ギリシア正教がカトリックとは異なる「東方的」な宗教であるとしたのである。ロシアでも最初のころは「東方（vostok）」といえば、ビザンツあるいは東方キリスト教圏を指していた（いわゆる「正教的東方」pravoslavnyi vostok）。「東方」という語でウラル山脈以東のアジア地域あるいは南東方中央アジア地域を思い浮かべるようになるのは、ロシア領が大きく東方、南方へ拡大する近代以降のことである。モスクワ時代以降に西方から訪れた観察者たちがロシアを「東方的」とみ、それを近代の研究者たちが受け継ぐこととなるが、それは後者の意味においてのことであった。著者はロシアがキリスト教を受け入れたことが決定的であったのであり、それがビザンツからであったことはさしあたり副次的な意味しかもたないと考えている。ビザンツとの関係が重要であるからといって、ビザンツを特定の、いわばギボン（『ローマ帝国衰亡史』）的に理解し、そしてその影響を一面的に強調することになると、大きな誤解を招くこととなると考える。なおロシアにおけるビザンツの影響の問題については、本書でも以下随時ふれることになるが、とくに本書第七章3、第九章2、とりわけ九章補論1（「ビザンツ・ルーシ関係をどうみるか」）を参照されたい。

第一章　キエフ・ルーシという国

ロシア史の最古の時代は、この国に「ルーシ」と呼ばれる人びとないし集団が姿を現し、やがてドニェプル川中流域のキエフを中心にかれらにより創建された「国家」が存在した時代のことと考えられている（およそ九世紀から十三世紀初めまで）。この国家はキエフ・ルーシとも呼ばれる。「ルーシ」が本来どのような存在であったかは、今に至るも議論の絶えない大問題であるが、いずれにせよこの語はそれ以来ロシアの古称となってきた。実はロシアは、およそ近代ロシア帝国の創始者ピョートル大帝の登場する十七世紀末までは、ルーシと呼ばれるのが普通であった。ロシアという名称が史料に現れるのは、十五世紀末になってからのことで、その後次第にこちらの方が通常の呼び方となったのである。(1)

このキエフ・ルーシがどのような国であったのかについては、これまでおよそ次のように考えられてきた。

この国の誕生は、九世紀中頃に、バルト海とみられる「海の向こう」（後述）から「ヴァリャーギのルーシ」族のリューリクを長兄とする三兄弟がやって来て、ノヴゴロドなど北ロシア諸都市に君臨したときに遡る。リューリクの死後、その後裔がドニェプル川水系に進出し、中流域のキエフを占領して南北ルーシを統合した。これによりキエフ・

ルーシはそれまで従属していた、後述するハザール国家の支配下から脱することができた。こうしてキエフ・ルーシ（キエフ公国、古ルーシ国家、さらには古代ロシア国家などとも表記される）が成立したのである。西暦八八二年のこととされる。キエフ公国はその後、周辺諸地域を併合しつつ成長し、十世紀末のウラジーミル大公のときに、ビザンツ帝国からキリスト教を受け入れて国教となし、政治、社会、宗教、文化のあらゆる面でビザンツの強い影響の下に発展を続けた（なおロシア史概説などでは、およそウラジーミル公の治世（九七八頃―一〇一五年）を境に、キエフ公は同大公と、キエフ公国は同大公国と呼ばれることが多い[2]）。

ここに簡潔にまとめられたキエフ・ルーシ国家の歴史は、実は、ほかならぬロシア最古の年代記『ロシア原初年代記』に描かれるところにおおむね従っている。近代以降の歴史家の多くも、基本的にはこれを踏襲している。すなわち多くの歴史家はいわゆる「ノルマン説」の立場に立ち、キエフ・ルーシは「ヴァリャーギのルーシ」と呼ばれるノルマン系の人々（スカンディナヴィア人）により建国され、この地域の主要な住民であった東スラヴ人（さらにはフィン、バルト系の人々）を支配下に組み込みつつ成長し、さらにはビザンツからキリスト教（ギリシア正教）を導入することにより、「文明化」の道を歩みだしたと考えているのである。この場合、「ヴァリャーギ」とは北方スカンディナヴィア方面の人々にたいし、「ルーシ」の名称で呼ばれるに至った者たちの側が与えた呼称ということになる。他方、これに批判的な「反ノルマン説」の立場に立つ学者らも、「ヴァリャーギ」と「ルーシ」の同一視やリューリクの実在性に疑問を投げかけ、キエフ国家の成立状況を異なる様相に描こうとするが、『原初年代記』の伝えることをすべて否定するわけではない。かれらも今日では（もちろん例外はあるが）、キエフ国家成立に際しての北方ノルマン的な要素を排除しないだけでなく、ビザンツの影響自体はほぼ承認するのである[3]。

さて『原初年代記』に起源を有する上記の構図において、その根幹をなすのは、次のような考え方である。

すなわち、キエフ国家の歴史においては、「建国者」たちが北方の「海の向こう」から来て北部ロシアを統治し、やがて南方キエフ方面へ拠点を移したが、その際最終的にはさらに黒海方面へ進出してビザンツと接触するようになり、そこからキリスト教とそれに基づく文明そのものを導入した、という見方である。年代記は「ヴァリャーギからグレキ［ギリシア人］への道」（六頁）に言及しているが、まさにキエフ・ルーシを南北に貫いて北ヨーロッパ・バルト海方面とギリシア・ビザンツとを結ぶこの道こそがキエフ・ルーシの大動脈であり、生命線と考えられているのである。

『原初年代記』のこの考え方は、その後のすべての歴史家たちの共通の認識であったといってよい。問題は、この疑いのない事実があまりに強調され、その他の道と可能性には十分な注意が払われてこなかった点にある。説明しよう。まず、九―十世紀のキエフ国家における「ヴァリャーギからグレキへの道」の重要性については疑問の余地はないが、やはり具体的にみておく必要があろう。[4]

キエフ・ルーシにとっての多くの重要な出来事はこの「道」に沿っておこっている。たとえば「ルーシ」は早くから、ドニェプル川から黒海に出るこの道を通ってビザンツ帝国の首都コンスタンティノープルを攻撃したことが知られている。『原初年代記』は、ルーシの最初のビザンツ攻撃を八五二年のこととしながら、八六六年の項で、ともにヴァリャーギ系のアスコリドとジールによる攻撃をやや詳しく記述している（一七、二一頁）。年代記の記述をそのまま事実としてうけとるわけにはいかないが、[5]いずれにせよその後も、スヴャトスラフ公期のルーシ・ビザンツ戦争（九六八―九七一年）からヤロスラフ大公のキエフ軍とビザンツ軍との衝突（一〇四三年）にいたるまで、繰り返される両者の衝突・交流の多くがこの道沿いに、またこれを通って行われたことはたしかである。九一一年、九四四年、さらに九七一年には、ルーシ・ビザンツ間に条約までもが結ばれたとされるが、これもこの道を経由する両者の活発な交流の結果であった。[6]こうした交流のいわばクライマックスが、ウラジーミル大公によるキリスト教の受容、いわゆる「ルーシの洗礼」であるが、『原初年代記』はそのすべてについて詳しく物語っているのである。

しかしそのためもあってか、多くの場合において、この南北の道がいつから機能したかには無頓着に、この道がほとんどいつの時代にも、また太古の昔から、基本的なルートであったかのごとくに考える誤りを犯すにいたっている。年代記作者自身がそうで、そこには紀元後まもなく、イエスの十二使徒のひとりアンデレ（ロシア語ではアンドレイ）が黒海北岸のドニェプル河口にやってきて、そこからローマへ行こうと望み、川を遡り、後にキエフができる場所に留まってこれを聖別し、そのままさらに北上してバルト海に出、そこからローマにいたったと記されている（八頁）。南北を貫く道が早くからあったことは否定できないにせよ、それがあたかも古来変わらぬ、ほとんど唯一の大道であったかのような錯覚に陥っているのである。

他方、年代記作者は、たとえば、この道より早く機能し始め、ルーシにとってそれに劣らず重要であったバルト海―ヴォルガ川水系については、それほど大きな関心を払ってはいない。これについて『原初年代記』では、最初の部分（邦訳で「スラヴ民族のおこり」と題された最初の章）で、「その同じ［オコフスキーの］森からヴォルガが東へ流れだし、フヴァリシ［カスピ］海に七十の河口を通って流れ込む」（七頁）という記述があるだけである。こちらの方にはあまり関心がないといってよい。しかるに、これまでの諸研究が明らかにしたところでは、古ルーシ史の最初期においては、むしろこちらの方が主要な交易路であった。たとえばソヴィエトの考古学者G・S・レベジェフによれば、七世紀末から十一世紀初めまでの時期においては、東方諸国とルーシ、さらには北ヨーロッパとを結ぶ幹線交易路はヴォルガ川を経由しており、それがヴォルホフ―ドニェプル両川を経由する「ヴァリャーギからギリシアへの道」へシフトし始めるのは九世紀に入ってからのことであったという(7)。これは要するに、キエフ中流域を中心とする古ルーシ国家が成立する以前はヴォルガ経由の道の方が主であって、キエフ・ルーシの成長にしたがってドニェプル方面へ中心が移動していったことを示しているのであるが、そうした歴史はしっかりと認識しておく必要がある。

これとの関連で、九、十世紀に各地で大量に発掘されるアラブのディルハム銀貨の通った道について一言しておく。それはドン川、とくにヴォルガ川を通って北方に運ばれ、ラドガなどを経由してバルト海へ入った（先にふれたばかりのバルト海―ヴォルガ水系である）。その際十世紀のヨーロッパ北東部に知られるアラブ銀貨のほとんど半分がバルト海上の重要な交易拠点であるゴートランド島において発掘されていることが知られている。[8] スカンディナヴィア人（年代記の「ヴァリャーギ」）がヴォルガ・カスピ海経由で東方アラブ諸国と強く結びつけられていたことがうかがえる。かれらのヨーロッパ北東部への進出はすでに八世紀から九世紀の交に始まったと考えられている。[9]

ルーシの東方との交易に話が及んだついでに、ハザール人のはたした役割について多少なりともふれておく必要がある。ハザールは七世紀にカスピ海北岸からカフカース（コーカサス）方面にかけての広い地域を支配したトルコ系の国である。八世紀になると上層部がユダヤ教に改宗したきわめてユニークな存在で、ルーシははじめこの国に従属し貢納を支払っていたことが『原初年代記』に記されている。[10]

ルーシがハザールさらに東方諸国と活発な交流を行っていたことについては、ペルシア人著述家イブン・ホルダドベー（フルダーズビフ）も、九世紀八〇年代には書き終えたと推測される著述（『さまざまな道と国々の書』）において、およそ次のように伝えている。ここではロシア語訳（T・M・カリーニナ訳）を利用して、引用しておこう。

「ルーシ商人（かれらはスラヴ人の一部であるが）について言えば、かれらはビーバーの毛皮、黒狐の毛皮および［フランクの］剣をはるか遠くの［スラヴ人の］地からルームの海へと運ぶ［ルームはビザンツ、その海とはコンスタンティノープル付近のボスポロス海峡、マルマラ海のことを指すと考えられる―カリーニナの注］。ルームの支配者はかれらから十分の一［税］をとる。かれら［ルーシ商人］はスラヴ人の川、［タ］ニス川［ドン川か］に沿ってハザール人の町、ハムリジに入る。その支配者はかれらから十分の一をとる。その後かれらはジュルジャンの海［カスピ海、ジュルジャンはカスピ海南西部の町ゴルガーンのこと］へ向かい、どこか気に入った岸にいたる……かれらはときには自身の商品をジュルジャンから駱駝の背に乗せてバグダードにまで運ぶ。［バグダードでは］スラヴ人の召使いがかれらに通訳をする。かれらは自身がキリスト教徒でジジヤを支払っていると言っている［ジジヤすなわちジズヤは、アラブ支配地域で異教徒から徴収される人頭税。ルーシ商人はキリスト教徒としてこのジジヤを支払っている。ルーシ人が実際にキリスト教徒であったとするならば、時期的にもきわめて興味深い問題が出てくるが、あるいはたんにそう申し立てていただけなのかも知れない。詳細は明らかにしがたい。いずれにせよキリスト教徒でない場合には、商業収入の十分の一の税を課された。こちらの方がより高かったと考えられる—栗生沢］(11)。

興味深いことに、著者は「ルーシ」商人のことを「スラヴ人の一部」と断っている。ロシア語への訳者カリーニナによると、アラブの地理学者（十世紀アラブのアル・マスージなど）は通常ルーシとスラヴを区別している（Rus と as-Saqaliba）。それにもかかわらずここでイブン・ホルダドベーが両者を同一視していることから、しばしばここに反ノルマン主義のひとつの「論拠」が記されていると考えられた。しかしかりにホルダドベーの記す通りであったとしても、ここに「ルーシ」のエトノス的起源（ないし語源）が述べられているわけではない。北方系の「ルーシ」がこの段階においてスラヴ人と強い経済的、政治的結びつきを有するに至って、その結果スラヴ化されつつあったとみることもできるのである。

ところで、ルーシの産品はヴォルガ経由で東・南方に運ばれる場合、ハザール人だけでなく、ヴォルガ中流域に勢力を張っていたブルガール（ボルガリ）人の手をも介していたことが知られている。その意味ではヴォルガ・ブルガール国家の存在も重要となってくるが（その中心都市ボルガルでルーシ商人は東・南方から来た商人との間で商品を交換するのである。東方からの商人は、おそらくはヴォルガ中流域より北のルーシ内奥部へはそれほど入っていかなかったと推測される）、これについては指摘しておくだけにとどめる(12)。

さてハザールは『原初年代記』によれば、ルーシの公スヴャトスラフにより九六五年に首都を攻略され、事実上国家としての存在に終止符が打たれる（七四―七五頁）。すでにそれ以前から始まっていたハザールの弱体化はルーシのアラブ東方地域との交易にも否定的に作用し、十世紀末にはアラブ銀貨の北ルーシさらにはゴートランドなど北ヨーロッパへの流入も激減するにいたる。もちろんルーシの対東方交易はこれで完全に途絶えたわけではなく、これ以後もスーズダリ・ウラジーミル地方に拠点を移しつつ、続けられていくことになる。しかし交易の中心が、ヴォルガ経由の道よりやや遅れて始まったドニェプル経由の「ヴァリャーギからグレキへの道」へと移っていったことは否定できない。キエフ国家の発展にともない、この道こそがその後急速に活性化していったのである。

なおこのハザールを終点（あるいは起点）とする東西の道の一つ、いわば条件付きで「ドイツ［人］からハザール［人］への道」とも表現されうる交易路については、[13] のちにあらためてふれる（本書第四章2）。

ハザール滅亡後、南部ロシア平原地帯は遊牧民（ペチェネグ（複数でペチェネギ）族、十一世紀後半からはポロヴェツ（複数でポロフツィ）族など）の直接の脅威にさらされることとなるが、それも交易路を西方に押しやった一つの要因になるかもしれない。それはともかくとして、キエフ諸公がビザンツに対する軍事行動を繰り返し、後述するように、ビザンツとの諸条約に商取引に関する詳細な規定を盛り込ませたという事実は、かれらにとって対ビザンツ交易が本質的な意味を有していたことを物語っている。

本書はルーシと西方とを結ぶ道の重要性について明らかにすることを目指しているが、それに先立ってここでやはり、ルーシの対ビザンツ交易についても具体的にみておく必要があろう。

ルーシ・ビザンツ間交易について、その規模を直接的に推計する手段は多くはない。さまざまな記述からルーシにとってそれが重要な意味を有していたことが推測できるというにすぎない。

そうした記述の一つがこれまでにもふれたルーシ・ビザンツ間条約の条文である。ここでは最初の条約と考えられる九一一年のそれについてみておこう。『原初年代記』九〇七年の項によれば、オレーグの率いるルーシ軍がツァーリグラード（「帝都」の意、コンスタンティノープルのこと）を攻撃し、ビザンツ側に条約締結を余儀なくさせたという。その内容は同年と九一二年の項の記述から知ることができる（三〇―四〇頁）。

それによると、まずルーシ各地から来る商人には六か月間のコンスタンティノープル滞在が許される。越冬の権利は認められていない。宿泊場所は帝都の城壁のすぐ外の聖母教会脇とされている。かれらは帝国から月極めの食糧（パン、酒、肉、魚、果物）を受け取る。入浴の便宜が図られ、帰国の際には食糧、船舶用の錨、綱、帆なども与えられる。さらに帝都への入城の方式についても定められる。その上で、商品を積んだ難破船の保護（第八条、これはギリシア船のルーシ側による保護規定であるが、ギリシア側が保有したはずの条約テクスト本文――これは現存しない――にはそれに対応する逆方向の規定があったと考えられる）、売買された捕虜・奴隷について（九、十一―十三条）、ギリシア在住のルーシ人の遺産とギリシアに頻繁に行き来するルーシ商人の義務について（十四条）などが規定されている。各規定はルーシ、ギリシア双方にとって双務的なものとされている（十五条）[14]。

以上の記述が正しいとするならば（というのも実はこの条約は『原初年代記』において伝えられるだけで、他の史料では裏づけられないからである。九一一年条約および十世紀中にさらに二度結ばれたとされる他の二条約の諸条項が双務的とされることの意味、さらに条約文における言語あるいはキエフ・ルーシ期の文章語一般の問題をめぐっては、本書第七章3（「洗礼」の歴史的意義）、第九章補論2などで再考する）、そこからは多くのことを知ることができる。まず、ルーシ商人はビザンツ帝国において広範な、他の国々のそれと比較してもより大きいとされる商業特権を享受していた[15]。それはいうまでもなくビザンツにとってルーシとの交易が経済的に重要な意味をもったからであるが、両国関係に起因する政治的な理由も大きかった。ビザンツ側はルーシからの軍事行動を恐れていたし、逆に内外からくる危機に際してはルーシに軍事的援助を期待することもできたのである。ルーシのキリスト教受容（九八八年頃）後は、ルーシ商人は滞在期間の延長を認められ、帝国内で越冬することも許可された。ルーシ人がコンスタンティノープルの城壁内に居住することもできるようになった。こうした状況はヴェネツィア（十一世紀末以降）やジェノア（十二世紀後半以降）の商人が地中海東部に進出し、ビザンツ交易を支配するようになるまで続いたと考えられる。

ルーシにおいて発掘されるビザンツ貨幣（十―十二世紀にはその大部分はドニェプル中・下流域に集中している）がきわめて少ないという事実から、[16]ルーシ・ビザンツ間交易の意味を低く評価しようとする見方もあるが、それは正しくないであろう。ルーシがいかに多くの物品を帝国へ輸出し、また輸入していたかは、上述の条約における諸規定に商人関係の規定が多くあるという事実からだけでなく、後述する皇帝コンスタンティノス七世ポルフィロゲネトス（在位九一三―五九年）の『帝国統治論』や『儀典の書』などにおける証言によっても十分に裏づけられる（たとえば『儀典の書』ではオリガの帝都訪問に際して多数の商人が同行していたことが記述されている。これについては本書第五章2において立ち戻る）。ルーシからの輸出品は、各種毛皮、臘、蜜、奴隷などで、ビザンツから好んで入手したものは黄金、銀、錦、各種容器、酒などであった。ルーシのキリスト教導入後はまたイコンをはじめとするキリスト教および その礼拝用のあらゆる器物、その他書籍等文化生活全般にかかわる製品がこれに加わった。また商人・聖職者はもとより、石造・木造を問わず各地に急速に進んだ教会建築のための技師・職人をはじめとする人的交流も盛んであった。上記コンスタンティノス七世は、ルーシ諸公が秋も深まって（十一月）各地へ貢税徴集の遠征に出かけ、翌年筏を仕立てて集められたものをドニェプル経由でギリシアへ運ぶ様子を生き生きと描いている。[17]これは十世紀前半という早い段階での様子ではあるが、その後も形を変えながら活発な交易が続いたと推測することができる。

また発掘されるビザンツ貨幣が少ないという同じ事実から、ルーシの対ビザンツ交易において貨幣が大きな役割をはたさなかったと主張されることもあるが、[18]これも必ずしも正確ではなかろう。もちろん初期段階ではそうした側面が強かったとは考えられるが（上記コンスタンティノス・ポルフィロゲネトスの記述する様相はまさに自然交換の姿である）、その場合でも、ルーシ商人は運び込んだ物品の代金として受領した貨幣をただちにギリシア製品購入のために消費した（それだけ購入すべき製品が多かったと考えられる）という側面も考慮しなければならないであろう。

さて以上にルーシをビザンツ帝国と結びつけるドニェプル川経由の南北交易路の重要性はある程度は示されたと考えるが、それではルーシと西方との道についてはどうであろうか。それはすでに記したように、当初はバルト海を経由して東方と西方を結ぶという形で行われていた。したがって最初は北部ルーシが主たる役割を果たしていた。

ところがルーシの中心がキエフに移ると、やがて西方とはそのほかのさまざまな道でも結びつけられるようになった。『原初年代記』はスヴャトスラフ公が、ドナウ河畔のペレヤスラヴェツに遷都しようとしたことを伝えているが（七七―七八頁、九六九年の項）、その根拠としてかれは、そこにギリシアから黄金、錦、ぶどう酒、種々の果物が、ボヘミアとハンガリーからは銀と馬が、ルーシからは毛皮、臘、蜜、奴隷が集まってくることを挙げたと伝える。ここからキエフがドナウ川下流域を経由して西方と結びついていた可能性も推測される。

またこれより早い時期に関して、東フランク王国末期の『ラッフェルシュテット関税規定』（九〇四―九〇六年頃）によれば、相当数のルーシ商人がドナウ川中流域に姿を現し、蜜蠟や奴隷、馬を売りさばいていたという[19]（なおルーシにとっても重要なこの史料については後にとくに第四章において検討する）。さらに、九六〇―九八〇年代にヨーロッパ諸国を広く旅したスペイン在住のユダヤ教徒イブラヒム・イブン・ヤクブによれば、ボヘミアのプラハは大商業中心地のひとつであったが、そこにはキエフから陸路ペレムィシリおよびクラクフを経てルーシ商人もやってきたという[20]。キエフからはクラクフに出、ヴィスワ川ないしオーデル川を通ってバルト海へ抜けスウェーデンにいたる交易路も通じていた。断片的ではあるが、ルーシがさらに遠くイングランドやフランスとも交易をしていたとする記述もある[21]。

ルーシからの産品でとくに有名だったのは各種の毛皮であるが、なかでもオコジョやクロテンのそれは西ヨーロッパのいたるところで垂涎の的であった。たとえばドイツの研究者H・リュスによれば、パーデルボルンの司教マインヴェルクは自らクロテンの毛皮の取引に一枚かんでいたし、アウエのハルトマンはルーシの毛皮を所持していることを自慢にしていたという。ドイツの毛皮服縫製業はルーシからの毛皮の流入のおかげで発達したともいわれている。(22)

ドイツにおける毛皮交易の中心はレーゲンスブルクであったが、ルーシからこのレーゲンスブルクへいたる道には二つあった。一つはクラクフからプラハを通る道、他はカルパチア山脈を越えドナウ川を上りオフェン（ブダ）を経由する道である。ドイツへいたるにはもちろん別のルートもあった。ルーシからポーゼン（ポズナニ）に出、マグデブルクを経てケルンにいたる、より北よりの道である。これらの道をいち早く、またより多く、より頻繁に利用したのがドイツ商人であったか、あるいはルーシ商人であったか、はたまたユダヤ商人であったのかは、何とも言えないが、いずれにせよルーシ商人もこれらを通って西方へ向かったことは、上の『ラッフェルシュテット関税規定』などからして明らかである。ドイツ商人の場合、ルーシへの長旅から無事帰還した者はヒルデスハイムにおいてルーシへの旅行者の保護聖人として知られる聖ゴーデハルトに感謝の捧げものをしたことが知られている。(23)

ルーシからの主要な商品の一つが奴隷であったこともよく知られており、『ラッフェルシュテット規定』からもそれは裏づけられるが、その規模などについて伝える史料は少なく、実態についてはよくわからない。このことから多くの場合、ドイツ等西ヨーロッパに入った奴隷の多くは西スラヴ諸地域からで、普通はるか東のルーシ方面からの流入はなかったと考えられ、ほとんど考察の対象となっていない。ルーシからの奴隷輸出はもっぱら南方へむかい、ビザンツやイスラーム諸地域に入ったとされるのが通例である。この問題についてとくに論じているのは、たとえば、（旧）東ドイツの研究者B・ヴィデラである。かれによれば、ルーシ方面からドイツへの奴隷輸出に関する史料は、十世紀に限定して言えば、三点のみで（そのうちの一点が『ラッフェルシュテット関税規定』である）、それも確実に「ルーシ」からの輸出といえるかどうかは定かでないという。いずれにせよ、ルーシから西方諸国への奴隷の、陸路による輸出はきわめて困難で、仮にあったとしても黒海からコンスタンティノープル経由でイタリアやスペインへ運ぶ海路によるものであったであろうと推測している。また十世紀初頭から十三世紀中葉までの時期について、この点に関しこれまで明らかにされてきた史料は全部で二十五点に上るが、そのうちある程度確実にルーシからの奴隷とみなしうる事例は上述のごとく三点のみであるとする。[24] 奴隷交易に関するヴィデラの見解に反論する情報は著者にはないが、ただこれまでのようにルーシと西方との奴隷を含む各種の交易や交流を無視することはもとより、過度に低く評価することが正しいとも思われない。東スラヴ諸地域と西方との交流は、上記『ラッフェルシュテット関税規定』などから判断しても、従来考えられてきた以上に活発であったと本書の著者は推測している。先入見を排して調べて行くならば、西方への奴隷輸出もこれまで考えられてきた以上の規模に上る可能性もあるように思う。これについては後にあらためて考えてみたい。

ルーシと西方との結びつきについては、フライジングのオットーが伝えるドイツ王コンラート三世（在位一一三八―五二）とビザンツ皇帝ヨハンネス二世およびマヌエル一世コムネノスとの間に交わされた書簡がさらなる情報をもたらす。ドイツ王はそのなかで、ドイツ人商人がルーシにおいてさまざまな抑圧をうけていることを伝え、ビザンツ皇帝に調停を要請しているのである。[25] ドイツ王はビザンツ皇帝がルーシ国内のことで何ほどか影響力を行使できると考えていたらしいことがうかがえて興味深いが、それはともかく、以上は、一方では、ルーシと西方の交流が予想以上に進んでいたことを示しているとともに、他方では、たとえそうであったとしても、交流のさらなる展開が容易なことではなかったことをも物語っているといえよう。

ルーシと西方諸国との関係を取り結ぶ重要な役割を担った存在としてユダヤ商人のことも忘れるわけにはいかない。中世ヨーロッパ諸都市におけるユダヤ商人の存在、その東方を含む諸地方との遠隔地交易への参加についてはよく知られており、とくに指摘するまでもなかろう。[26] ユダヤ商人は十、十一世紀にシュパイアー、マインツ、アウグスブルク、レーゲンスブルク、ケルンなどからひんぱんにクラクフやペレムィシリを経てキエフに旅したといわれる。リュスによれば、その相当数がもともとはルーシから来たか、ルーシに居館を有するユダヤ人（教徒）であったという。[27]

またV・G・ヴァシリエフスキーは、十一世紀初頭のレーゲンスブルクにはユダヤ人居住区があったことを指摘したあと、十二世紀後半の同市のエムメラム修道院寄進文書の伝える以下の事例を紹介している。すなわち、ある「キエフ在住の人物」から同修道院にたいし、貧者および巡礼のために使用するという条件で、十八銀フントの寄進があった。寄進はレーゲンスブルク在住で、「寄進者に債務を負う人々」を仲介になされた。ヴァシリエフスキーによれば、これはレーゲンスブルク在住の商人らの組織がキエフから送られた商品（おそらくは毛皮）の販売代金（の一部）を修道院に収めるという方法で行われた。その際興味深いのは、ヴァシリエフスキーがこの操作はレーゲンスブルクとキエフに住むユダヤ商人の組織間で行われたと考えていることである。かれはさらに、ある文書にみえる「ルザーリーRuzarii」をルーシとの交易に従事するレーゲンスブルク商人団を指す語とみている。[28]

これとの関連で初期キエフ（ルーシ）に居住するユダヤ人（教徒）について一言しておく必要があろう。かれらは通常ハザール国家と何らかのかかわりをもつ存在であったとされることが多い。おそらくそれは少なくとも部分的には確かであろう。東方の記述者（イブン・ホルダドベーら）は、西ヨーロッパ、北アフリカ、さらにはスラヴやハザールの地を通りかれらの下に出入りするユダヤ商人を「ラ（フ）ダニア ar-rakhdaniia」ないし「ラザニア ar-razaniia」と呼んでいる。[29] キエフにユダヤ教徒が相当数存在したことは、このことからも推測できるが、さらにロシア史料自体からも裏づけられる。時代はやや下るが、『原初年代記』一一一三年の項のキエフ民暴動（ウラジーミル・モノマフの大公位即位につながる事件、これについては後述第十一章で改めて検討する）の記事がそれである。そこには暴動をおこしたキエフ民が千人長、百人長の邸を襲った後、ユダヤ人（zhidy）をも襲撃したとする記述がみえる。グレコフはこのユダヤ人を「高利貸」と同一視している。[30]『イパーチー年代記』一一五一年の項もキエフの「ユダヤ門 zhidovskie vorota」に言及している。[31] これはいわゆる「ヤロスラフの町（ゴロド）」に三つあった門の一つで、同ゴロドの西北側にある（他の二つは主門である「黄金の門」と「リャヒ（ポーランド）門」）。のちリヴォフ門と呼ばれるようになる。この門は一〇三七年の建造とされるが、少なくともこのころキエフにユダヤ人区（街）があった可能性を示唆している。[32] また聖書や外典のキエフ時代に編まれた諸テクストにヘブライ語から直接に翻訳されたもののあることが指摘されている。このことはヘブライ語に通じたキエフ在住のユダヤ教徒が翻訳にかかわっていたことをおそらくは示しているだろう。[33]

初期のキエフに相当数のユダヤ人が居住していたことを推測させる史料は他にもあるが、[34] しかしそれでは初期キエフに実際にどの程度のユダヤ人（教徒）がいたかとなれば、それに答える手段（史料）はもちろん残されていない。[35] 研究者はそれが多数であったと記すことが多い。たとえば、キリスト教思想史家G・P・フェドートフはキエフにおける反ユダヤ主義の問題を論じる中で、「古代ロシアではユダヤ的な諸要素がきわめて強かった。南ロシアにおけるユダヤ人住民の密度とその文化的影響力はこの地域におけるハザール文化の遺物により説明できる」と記す。[36] これはキエフのキリスト教界にみられたユダヤ教批判の文言などから類推された見解であるが、ここからフェドートフがルーシのユダヤ人数を相当に高く見積もっていることがわかる。さらにG・ヴェルナツキーも、キエフの伝説上の建設者の一人ホリフの名が旧約聖書のホレブ（出エジプト三・一）に由来すると考え、そこからキエフにハザール系ユダヤ人の居住区があったことを推測している。[37] 帝政期のユダヤ史の専門家S・M・ドゥブノフにいたっては、より具体的に、十一世紀末から十二世紀初にかけてのキエフ大公スヴャトポルク・イジャスラヴィチの治世には、キエフに「著しい数のユダヤ人」がおり、ユダヤ人共同体は「貿易と商業の完全な自由を享受した」とする。ただドゥブノフによれば、スヴャトポルク没後の一一一三年、既述のごとくキエフ市民によるユダヤ人に対する「最初のポグロム」が行われ、ユダヤ人共同体は大損害を被った。その後もかれらの活動はさまざまな形で続くが、キリスト教ルーシにおけるかれらの存在がよき環境に恵まれていたわけでなかったことは否定できないという。[38] このように漠然とした、ときに十分な史料批判を伴わない見解の表明は数多くみられるが、史料自体の情報があいまいなので、多くの場合、それは誇張された見解となっている。キエフを含め中世ヨーロッパにおいては一般に反ユダヤ主義的な風潮が強くあったことなどを考慮に入れるならば、史料に厳密に基づく、批判的かつ慎重な判断が要請されるところである。後に検討することになるのでやや先走ることになるが、一つだけ象徴的な出来事を記しておくと、ウラジーミル聖公は、ルーシをキリスト教化するに際して、どの宗教を選択すべきかを判断するため周辺諸国へ調査団を派遣したと伝えられている。『原初年代記』九八七年の項におけるいわゆる「諸信仰の吟味」の記述である（邦訳九九―一〇〇、一一九―一二二頁）。しかし公は、実際にはすべての国々へ調査団を派遣したのではなかった。派遣はキリスト教両派（カトリックとギリシア正教）およびイスラーム教の国々に対してのみであった。同じく布教の働きかけのあったとされるユダヤ教の国に対しては、『原初年代記』の記述では調査団が派遣されたとは記されていない。このことから判断すると、ウラジーミルはユダヤ教の可能性をあまり真剣には考えていなかったと思われる。ユダヤ教徒の影響力の評価に関しては特別な注意が必要である(39)。

さて年代記には上述のように「ユダヤ門」以外に、「リャヒ（ポーランド）門 Liadskie vorota」や「ウゴル（ハンガリー）門」も出てくるが、これらはキエフにポーランド人やハンガリー人が相当数いたか、あるいはルーシとこれらの地域が強く結びついていたことを示している(40)。ルーシのすぐ西隣のこれら両地域との、あるいはそれらを経由地とするさらなる西方地方との交易は、いうまでもなく早くから行われていた。ルーシからポーランドへは、とくにガーリチ地方の塩、またハンガリーへは（もちろんハンガリー人がパンノニアに定住してからのことであるが）毛皮がもたらされた。ルーシへ持ち込まれたものとしては、西方から陸路運ばれてきた諸商品もあったであろうが、とくにハンガリーの馬がよく知られていた。

以上は主にキエフなど南ルーシを起点・終点（あるいは中継点）とする西方との交易ないしその経路に関する記述

であった。

これに比し北部ルーシの西方との交易はさらに活発であったといえる。[41] ノヴゴロドやプスコフ、またポロツクやスモレンスクといった都市が中心であったが、この地域では西方の硬貨、とりわけザクセンのデナール銀貨が大量に発掘されている。後者は十一世紀初め以降東方（クーファ）からのディルハム銀貨をほぼ完全に圧倒した。[42] この地域における西方との交易が急速にその意味を増大させたのである。

北ルーシの対西方交易は九、十世紀の初期の段階ではほぼスウェーデン人の手に独占されていたが、その後の時期になると、ルーシ商人の進出も目立つようになり、かれらはバルト海域の処々で確認されている。リガには「ルーシ地区 Russche dorp」、また聖ニコラウス（ニコライ）正教教会の存在が知られている（一二一一年後まもなく）。ゴートランドのヴィスビューにはルーシ商人のための商館が存在した（一二六二／六三年に初めて確認される）。同様の商館はスウェーデンのシグテューナにもあった。それはビルカが破壊された（一〇六〇年）後にできたと考えられる。

ルーシ商人は時にはリューベックにまで姿を現した。一一八八年のフリードリヒ一世の特権状（あるいは偽造された一二二五年のそれ）は、ルーシ商人にリューベックでの取引における関税免除と人身の保護を規定している。一一八九（―一一九九）年のノヴゴロドとハンザ、ゴートランドその他デンマークやスウェーデンの諸地域との今に伝えられる最古の条約（第一条）では、基本的にルーシ商人に独自の船舶を用いての交易が認められている。[43] 一二二九年にはスモレンスク公ムスチスラフ・ダヴィドヴィチがスモレンスク、ポロツク、ヴィテプスクのためにリガおよび帯剣騎士団、ヴィスビューとの間で通商条約を締結している。この条約は、ドイツ人、またスウェーデン商人に対しスモレンスクからさらにルーシ各地へ自由に通行する権利を与えている。他方、ルーシ商人には「ゴート海岸」からトラーヴェ川、すなわちリューベックへ向かう権利が認められていた。[44] もっとも以上は大分後の時代になってからのことであり、そうでなくともルーシ商人の使用する船舶は沿岸航行用の小型船が中心であり、この時期にかれらのイニシアティブで行われた交易は、それ以後の時期に比して相対的に活発であったにしても、過大に評価することはできない。以上のように、この方面でのルーシ商人の進出先は主にゴートランドであり、それ以西へは例外的にしか航行しなかったと推測される。これに対して、ノヴゴロドにはゴート商館が存在しただけでなく（遅くとも十一世紀八〇―九〇年）、カトリックの聖ペテロ教会の周りにはハンザ商人居住地ができていた（遅くとも十三世紀初頭には確認される）。ちなみに、ノヴゴロドとハンザとの間に結ばれた現在に伝わる最古の条約は、上記一一八九（―九九）年のものであるが、両者間に条約関係が成立したのは確実にそれ以前に遡ると考えられている。その際、ハンザはノヴゴロドなど遠隔地への航行を可能とする船舶（コッゲ船）のおかげでバルト海域に広く進出していたことはよく知られており、ルーシ商人のバルト海への自由な進出を簡単には許さなかったのである。ハンザ商人はかれらが持ち込んだ商品を聖ペテロ教会の倉庫に大量に保管し、ルーシ国内、さらに東方諸外国へと送り込んでいた[45]。同様の「ラテン教会」はスモレンスクにもあった（上記一二二九年条約中にみられる）。ただルーシ商人が、既述のとおり、かれら自身の商人教会をヴィスビュー、シクテューナのほかに、ビザンツ帝国やレヴァルなどに保有していたことも事実であり、かれらの交易活動がまったく受け身的であったと決めつけることもまた誤りである。

西方から輸入された商品は、時代が下がると穀物などの大量産品がハンザ商人によって持ち込まれることもあったが、全体としては、上質の布地や食卓塩、貴金属など、社会の上層階級用のぜいたく品が主であった。かつてこのことを根拠に海外交易はキエフ社会にとっては本質的な意味をもたなかったと結論づけられることが多かったが[46]、キエフ諸都市の多くが「ヴァリャーギからグレキへ」の道など交易路沿いに成立していることを考慮に入れるならば、それを過大に評価することはともかく、逆に過小に評価することがあってよいとは思われない。

第一章注

（1）「ルーシ」と「ロシア」という名称をめぐる問題は複雑である。たんに「ロシア」は「ルーシ」に由来すると言って済ますわけにはいかない。清水（『スラヴ民族史の研究』二七六頁）は『原初年代記』がそう伝えているかのように記すが、「ロシア」の語がこの時代に用いられたことはない。それが史料に現れるのは十五世紀以降のことで、『原初年代記』ではこの語はまったく使用されていないのである。その意味では、本書が標題にかかげた『ロシア原初年代記』（傍点栗生沢）も、本来正しい表記ではない。この年代記の成立状況や、その本来の呼称については第二章1において見ることになるが、『ロシア原初年代記』はあくまでも便宜的な表記法に過ぎないことをここでお断りしておきたい。なお本書で利用する同年代記の邦訳は、一九八七年の國本、山口、中条（訳者代表）によるものであるが（巻末文献一覧参照）、利用に際しては頁数のみを記す（引用に際して訳文は変えている場合がある）。

また原本は『ロシア年代記全集』第一巻（*PSRL.I*）、およびD・S・リハチョフ編（*PVL*(1999)）のテクストを利用する。アメリカのD・オストロウスキが編集、刊行した諸写本の照合本も便利であるが（*Povest' Vremennykh Let:An Interlinear Collation and Paradosis*）、本書ではイパーチー本などを利用するときには直接全集にあたり、これを十分に活用するには至らなかった。

「ルーシ」および「ロシア」の名称（語）の問題については膨大な文献が存在するが、ここではさしあたり Tikhomirov, **O proiskhozhdenii nazvaniia ‹Rossia›** 論文を挙げるにとどめる。わが国でも多くの研究者がこの問題に取り組んだが（清水以外に国本など）、とくに木崎『「ルーシ」という語の意味』が先駆的業績で重要である。本書の著者も『世界歴史体系　ロシア史　1』補説21「『ルーシ』から『ロシア』へ」（二一二―二一四頁）、および「中世『ロシア人』の『民族意識』」論文において「ルーシ」の語について不十分ながら著者なりの考察を試みた。

なお「キエフ・ルーシ」という語も後の時代に用いられるようになったいわば学術用語である。九―十三世紀に存在した国がその時代にこのように呼ばれたわけではない。当時の人々は、『原初年代記』等によって判断するならば、これを「ルーシの地（ルースカヤ・ゼムリャー）」ないし、たんに「ルーシ」と呼んだ。「キエフ・ルーシ」という呼称は、それを継承したと考えられた「モスクワ・ルーシ」との関連で、近代の研究者（とりわけS・M・ソロヴィヨフら）によって用いられたのである。この点については、さしあたり Tolochko, *Kniaz' v Drevnei Rusi*.s.185-186 を参照。

（2）「大公」の呼称（称号）について、本書における使用法もあるので一言しておく。『原初年代記』ではすでにオレーグが「ルーシの大公」と呼ばれている（九一二年の項。ビザンツ・ルーシ条約、第一条。三四頁）。これに対しV・O・クリュチェフスキーは、「最高権力の保持者であるキエフ公は十一世紀中葉から『大公』と呼ばれた」と考え、これが多くの研究者の採用するところであった。クリュチェフスキーに従えば、およそヤロスラフ賢公の晩年から「大公」の称号が確立したということになる。その後ソヴィエト時代には、この称号をすでに九世紀に遡及させる見解が表明される一方（B・A・ルィバコフ、I・Ia・フロヤーノフ、P・P・トロチコら）、それがキエフ公の威信を高めるために用いられた非公式の称号（呼称）にすぎないことが主張されることもあった（B・D・グレコフ、L・V・チェレプニーンら）。問題の研究史についてはさしあたり、Rüß, "Das Reich von Kiev", S.288また *PVL*(1999).s.603-604（M・B・スヴェルドロフによる補注）を参照（スヴェルドロフはその後自らの著書（Sverdlov, *Domongol'skaia Rus'*.s.149-152）でも、「大公」の称号に関する研究史を批判的に検討し、自身はこの称号が早期に公式的なものとしてあったことを主張する）。本書の著者のみるところでは、この問題に関しとくに有益なのは、Poppe, "Words that serve the authority"、およびVodoff, "La titulature"である。ポッペはキエフ公が「大公」の称号を正式な称号として用いたことはなく、あくまでも年代記編者ら後代の記述者らによる使用であること（たとえば十世紀の三度のビザンツ・ルーシ条約文中の「大公」も、原文であるギリシア語、またビザンツにおける想定される用法に照らし合わせるならば、厳密な用語とはいえない）、それが支配者自身（ないしその記録者）によって用いられるのはフセヴォロド大巣公（十二世紀後半）以降のことであることを指摘している。またヴォドフも「大公」の称号が正式のものとなった時期を十三―十四世紀の交とより遅くに設定している。ポッペやヴォドフの見解は史料的な検討も確かでそれぞれに説得力もある。キエフ諸公が初期の段階で実際に（また公式的に）「大公」を称したとは考えられないと言うべきであろう。この点はキエフ国家をリューリク家の共同支配領とみる、いわば帝政期からある考え方（たとえばS・M・ソロヴィヨフの「氏族体制 rodovoi stroi」理論など）に改めて注目したA・V・ナザレンコも確認するところである。ナザレンコはキエフ公が当時の観念からして他の諸公に君臨する存在（「大公」とはそうした存在であった）とはみなされなかったと考えているのである（Nazarenko, Dinasticheskoi stroi Riurikovichei.s.53）。

ただ本書では上述のごとく、概説書などの一般的な用法をふまえ、およそウラジーミル聖公以後のキエフ公（とその国家）を大公（大公国）と表記することが多い。これは大方の使用法に従うというだけでなく、とくにキエフ国家がウラジーミル治世をもって新しい局面に入ったことを強調したいということもある。その意味であくまでも便宜的な用法であることをお断りしておく。なおクリュチェフスキーの記述は、Kliuchevskii, *Sochineniia*.T.VI(1959), s.136をみられたい。

ところでルーシ諸公には「カガン」という呼称もあった。初期の段階でときにみられるが、これと「公」の称号との関連については後述する（第二章補論1）。

（3）本書ではキエフ・ルーシ史におけるノルマン（スカンディナヴィア）人の役割について随所でふれることになるが、長い研究史をもつ「ノルマン説」・「反ノルマン説」の論争の歴史については、近年の研究を中心に若干のレヴューを行うにとどめ、独自の立場からの考察は行わない。それ自体一書を必要とする課題であるからである。ただここでは、近年、年代記等の諸史料の分析はいうまでもなく、考古学、比較言語学、古銭学、歴史地理学等々の諸分野においてもこれに関する研究が飛躍的に進み、もはやかつてのごとき単純な「ノルマン主義」あるいは「反ノルマン主義」の主張は行えなくなってきていることを指摘しておきたい。換言するならば、今日初期ルーシ史におけるノルマン人の役割を否定することはできなくなったということであるが、この点については以下に折にふれて言及することとなる（さしあたり第二章、注（18）、（92）などをみられたい）。著者はかつて上掲拙稿（「中世『ロシア人』の『民族意識』」）においてこの問題についても若干ふれたことがある。また問題の核心となる「ヴァリャーギ招致伝説」については本書第二章補論2、さらに「ヴァリャーギ」問題については主に第十章1で検討する。

（4）「ヴァリャーギからグレキへの道」に関する研究は多い。さしあたり近年の次の二論文をあげておく。Petrukhin, Put' «iz variag v greki» :letopisnaia konstruktsiia;Pchelov, Put' «iz variag v greki» i printsipy zemleopisaniia. なお『原初年代記』における「ヴァリャーギ」が北方系の人々であり、「ヴァリャーギ海」が「バルト海」をさすことについては、同年代記冒頭部（「スラヴ民族のおこり」）における記述から明らかである。そこではたとえばネヴォ湖がネヴァ川により「ヴァリャーギ海」とつながるなどと記される（邦訳四、とくに七頁）。

（5）A・ヴァシリエフによれば、『原初年代記』が八六六年のこととして伝えるアスコリドとジールの遠征は、実際には八六〇年に行われた（Vasiliev, *The Russian Attack*.p.169f.）。このことはビザンツの史料（総主教フォティオスの記述など）に基づいて論証されているが（そこでは言うまでもなくアスコリドとジールの名は現れない）、これはその後の研究史においてもほぼ承認されている（なおフォティオスの記述については後述第三章注（10）、（11）を参照）。近年の業績では Kuzenkov, Pokhod 860 g. na Konstantinopol' が、総主教フォティオスの著述をはじめとするビザンツ（ギリシア語）史料、さらにはラテン、ルーシ諸史料を翻訳紹介し、コメントを付している（二〇〇三年）。他方、最近（二〇一〇年）現れたS・V・ツヴェトコフのモノグラフィーについてはとくに一言しておくべきかもしれない（Tsvetkov, *Pokhod Rusov na Konstantinopol' v 860 godu*）。ツヴェトコフの書も八六〇年を攻撃の年と考え、その歴史的意味について考察している。ただこの書自体は、その冒頭部におかれたA・N・サハロフの序文ともども、相当に問題をかかえている。著者は大規模な帝都攻撃が行われたこの年こそが古代ロシア国家の始まりの年であったとする主張を前面に押し出しているからである。それによると、ロシア国家の始まりを『原初年代記』に基づいて八六二年（「リューリク招致伝説」）とする従来の「ノルマン主義者」の見解には根拠がなく、ロシア国家は帝都攻撃という大事業を敢行できた時点ですでに成立していたと考えるべきであるとする。しかしながらツヴェトコフは、「リューリクの招致」（ルーシ建国）を八六二年とする『原初年代記』の記述をいわば実体化して、それを「論駁」しようとしているが、こうした視点そのものが、すでに大きな問題をはらむことに気付いていない。こうした「研究」は社会に広く流布する「言説」を批判するという意味はあるかもしれないが、そうした「言説」と研究史上のある立場とを同一視して、それを最初から「事実のまったくの歪曲」、「反ロシア」的立場などと決めつけ、対決姿勢を露わにするなど、すでに学術研究の枠をはみ出しているとしか言いようがない。本来ならばここで取り上げる必要はないかもしれないが、「ロシア科学アカデミー・ロシア史研究所」の「学術出版」と銘うたれている以上、一言必要と考えた。ところで『原初年代記』は上記のように、ルーシのビザンツへの「最初の」攻撃がこのころに行われたことを伝えるが、実は「最初の」などと軽々しくいうことはできない。ビザンツの諸文献はすでに九世紀初、時には八世紀末からルーシのビザンツ領攻撃について記録していることが知られている（Levchenko, *Ocherki. s.*45, 61-76）。そのすべてを歴史的事実と考えることはできないにせよ、そうしたことがありえたということは認識しておく必要がある。八六〇年に帝都を攻撃したと伝えられる「ルーシ」が、どのような「ルーシ」であったのかも問題となりうるし、本書でも第二章で九世紀の「ルーシ」について考えることになるので、ここではただ研究状況を概括的に記すにとどめるが、今日ではこの時期に帝都を攻撃したり、ビザンツと接触をもったりした「ルーシ」とは、ロシア北部からドニェプル中流域方面へ進出を始めていたスカンディナヴィア人を中心とした集団とされることが多い。欧米の研究者はとくにそうであり、ロシアでもこう考える研究者が増えている。このことの意味については後述するが、この「ルーシ」をスラヴ系主体と解釈する研究者もいうまでもなく依然として少なくなく、混沌とした状況が続いているといえる。前者の立場をとるロシア人研究者としては、たとえばMel'nikova/Petrukhin, Nazvanie «Rus'» v etnokul'turnoi istorii.s.24-38; Mel'nikova/Petrukhin, Skandinavy na Rusi i v Vizantii.s.56-68. 後者の立場に立つ研究者としては、たとえばSedov, *Vostochnye slaviane*.s.273が重要である。

（6）『原初年代記』ではオレーグ公治世の九〇七年に最初の条約が結ばれたかのごとくに記述されている。つまりこれを独立の条約とみて、オレーグ治世には九〇七、九一一年に二度（十世紀では都合四度）条約が締結されたと考える研究者も多い。しかしここではこの時の条約は九一一年に一度限り締結されたとする立場を採用する。九〇七年条約が独立した条約とみなしがたいことは、A・A・シャーフマトフ以来すでに通説となったといってよいが、これについては、近年の Gorskii, Letopisnyi kontekst 論文がまとめて論じている。なお『原初年代記』では九一一年条約は九一二年の項に記されているが、締結が九一一年と考えられるべきことについては、さしあたり邦訳者注三六六頁注47を参照。オレーグの条約を含むその後のイーゴリ（九四四年）、スヴャトスラフ（九七一年）の条約、それらの成立の経緯については、Levchenko, *Ocherki*. s.91-127, 128-171, 238-290; Litavrin, *Vizantiia*. s.61-130に詳しい。十世紀のビザンツ・ルーシ間諸条約についてはわが国でも早い時期から研究が発表されている。石戸谷「ロシア・ビザンツ条約とその背景」、延広「10世紀ロシア・ビザンツ条約」、さらに下記本章注（14）、（15）、また第七章四二八—四三〇頁、また同章注（167）、（168）をも参照。

（7）Lebedev, Put' iz Variag v Greki.s.38-39. スラヴ人進出後のヴォルガ水系についてはさらに、Dubov, *Velikii volzhskii put'*. s.55-96, 97-139を参照。

（8）さしあたり以下を参照。Potin, Russko-skandinavskie sviazi.s.69;Rüß, "Das Reich von Kiev", S.397

（9）Th・S・ヌーナンは、英仏など西方と比較して富の蓄積もなく自然環境も厳しい、つまりは魅力に欠ける東方へヴァイキングがなぜ早く（八世紀末）から姿を現したのかを問うなかで、それは東方イスラム圏からのディルハム銀貨を欲したからであるとする結論に至っている。東方の銀はスターラヤ・ラドガ（古ラドガ）に集まり、その地で大量に使用、秘蔵されたが、相当量（平均三六%）がバルト海方面へ再輸出されたという。古ラドガ経由の東方銀の西方への流出は九世紀初には顕著になり、これがそれ以前にすでに散発的ながら姿を見せていたヴァイキングを一層惹きつけることとなったという。東方へはバルト系スラヴ人なども姿を現していたと考えられるが、そのなかでヴァイキングだけが自らさらにルーシの奥地へ進出し（当初は言うまでもなくアラブ地域を目指した）、そうした流れの中でドニエプルから黒海さらにはビザンツへ向かう者も出てきた（八〇〇—八四〇年代）とする。ソヴィエト考古学研究の成果を十分に取り入れながらの刺激的な考察と言えよう（Noonan, "When and how Dirhams first reached Russia"; ibid., "Why Dirhams first reached Russia";ibid., "Why the Vikings first came to Russia"）。

なお古ラドガは北部ルーシ最古の都市的集落であるが、その存在の最古の時代から（ソヴィエトの考古学者O・I・ダヴィダンによれば、それは「遅くとも八世紀」には成立していた）、フリースランド人やスカンディナヴィア人が到来していたことが推測されること、かれらのある部分は定住すらしていたことについては、Davidan, "Contacts between Staraja Ladoga and Scandinavia" 論文を参照。古ラドガを建てたのがスカンディナヴィア人か、スラヴ人かをめぐってはノルマン・反ノルマン論争と同様の激しい見解の対立があるが、その決着がどうつけられるにせよ、スカンディナヴィア人の早くからの「存在」自体は否定できない事実と認めてよいように思われる。古ラドガをめぐる考古学研究については、やや古いが、Bulkin/ Dubov/ Lebedev, *Arkheologicheskie pamiatniki*.s.85-90; Kirpichnikov, Rannesrednevekovaia Ladoga.s.3-26 を参照。また Mühle, *Die Städtischen Handelszentren*.S.19-73 も研究状況を批判的にフォローしており有益である。E・ミューレはスラヴ人のヴォルホフ川下流域地方への大規模な移住が始まる前の八世紀中頃からスカンディナヴィア人が東方地域へのアクセスを求めて到来していたことを主張している（とくに S.39-40）。一方、近年中世ラドガにおける建築用材の年輪年代学的調査結果から「ラドガ」の始まりを七五三年と措定し、ルーシ最古の首都（ラドガ）が二〇〇三年には一二五〇周年を迎えたとする動きの出てきたことも注目される。こうした見方は一定の範囲内でなら十分成立しうるが、それに固執し囚われすぎるなら弊害がおきてくる。いまのところそれが学術研究の良い意味での刺激となっているように見えるのは幸いである（*Ladoga.Pervaia stolitsa Rusi* を参照）。またA・N・キルピーチュニコフも同じく一二五〇周年を記念する別の論集において、スカンディナヴィア人が考古学的に見て最古の時代からその住民の中に含まれていたことを認める一方で、あくまでもスラヴ人と部分的にフィン人が基幹住民であったことを強調し、問題が微妙であることをうかがわせている（Kirpichnikov/ Sarab'ianov, *Staraia Ladoga*.s.16）。一方、スウェーデンのW・ドゥチコの研究も、スカンディナヴィア人の東方進出の最初の拠点としての古ラドガの意味を強調している。この研究は考古学資料も豊富に利用し、有用であるが、スカンディナヴィア人の役割をやや一方的に強調している傾向は否めない（Duczko, *Viking Rus*.p.60-99）。

（10）ドニエプル中流域のポリャーネ（のちの「ルーシ」の中核となる種族）などがハザールに貢税を納めているとする記述が『原初年代記』にある。「スラヴ民族のおこり」（邦訳一五―一六）、八五九年（一八頁）、八六二年（二〇頁）、八八四―八八五年（二五頁）の各項を参照。なおハザール国家については、Artamonov, *Istoriia Khazar*(1962) および Novosel'tsev, *Khazarskoe gosudarstvo i ego rol'*(1990) が基本文献であるが、便利な文献が邦訳されているのでさしあたりこれを参照されたい。プリェートニェヴァ『ハザール　謎の帝国』。これには訳者による詳細な解説が付されている。訳者の関心にやや惹きつけられすぎている感もあるが、貴重な貢献である。

（11）*Drevniaia Rus' v svete*...III, s.30-31. なおイブン・ホルダドベーの書を九世紀前半の著作とする研究者もいる（Levchenko, *Ocherki*.

s.45)。A・Ia・ガルカーヴィは九世紀六〇—七〇年代（Garkavi, *Skazaniia.* s.44）、上記史料集の当該箇所の編者・訳者カリーニナはおそくとも九世紀八〇年代とする。

（12）これについては、さしあたり *Ocherki Istorii SSSR.III-IX* vv., s.683-697(A.P.Smirnov); *Ocherki Istorii SSSR.IX-XV* vv.ch.I(IX-XIII vv.), s.717-723(V.Ia.Lediaev)、またやや古いが梅田『ヴォルガ・ブルガール史の研究』、さらにイブン・ファドラーン『ヴォルガ・ブルガール旅行記』も参考になる。

（13）「ドイツ（人）からハザール（人）への道」という表現はA・V・ナザレンコによる。Nazarenko, *Drevniaia Rus'*.s.71 sl., とりわけ s.78

（14）「九一一年条約」の締結期日は条約文の末尾に記されている。邦訳者はそれを「九月二日。日曜日、（インディクト）十五（年）。天地創造紀元六四二〇年（九一二年）」と訳し（四〇頁）、条約が九一二年九月二日に締結されたかのようになっている。だが訳注にも示されるように、六四二〇年は九月一日に年が改まるので実際には「九一一年」ということになる（三六六頁）。このように条約はA・シャーフマトフ以来「九一一年九月二日」の締結とするのが定説となっており、本書もそれに従っているが、実はそれも必ずしも決定的と言えるわけではない。S・M・カシターノフは上の日付にかかわる部分を「第二の日曜日」と読み、条約締結を九一一年九月八日と考えている。なおロシアの諸年代記において用いられる天地創造紀元については後述する。以上については *PVL*.s.339-340;Kashtanov, *Iz istorii.Akty*.s.4-57. なお九〇七／九一一年条約については、かつてとくにビザンツ史家の側からその歴史的信憑性に疑問が出されたことがあった。しかしこれも今日では鳴りを潜め、その事実性はほぼ承認されているといってよい。これについてはオストロゴルスキー『ビザンツ帝国史』四〇一頁、注71。さらに詳しくは Vasiliev, "The second Russian attack". またこの条約を含む九—十二世紀のビザンツ・ルーシ間関係の全体状況については Levchenko, *Ocherki* および Litavrin, *Vizantiia* が参照されなければならない。

（15）G・ヴェルナツキーはとくに座礁船に関する相互援助規定（第八条）に注目し、当時大部分のヨーロッパ諸国ではまだそれが成立していなかったことを指摘して、ビザンツ・ルーシ条約は「完全な平等性」の精神で作成されたとすら記す（Vernadsky, *Kievan Russia*. p.28）。

（16）ビザンツ貨幣の発掘量の少ないことがただちにルーシ・ビザンツ間交易の不活発性という結論に直結するわけではないが、この点は多くの研究者が注目する事実である。P・P・トロチコによれば、キエフにおけるビザンツ貨幣とアラブのそれの発掘量の比率は一対四〇である（Tolochko, *Drevnii Kiev*(1983).s.168）。V・L・ヤーニンも九—十一世紀ルーシに存在した（発掘された）外国貨幣として、数的にもっとも多いのがクーファのディルハム銀貨、数は少ないが一定時期に特徴的なササン朝ドラクマなど、さらに相当数にのぼる西方からのデナール銀貨を主要な三グループとみている。かれはビザンツ・ミリアレシア銀貨についても言及するが、そのルーシでの発掘量がきわめて少ないことを指摘し、これがルーシ貨幣制度形成史において大きな役割を演じたと考えることはできないとする（Ianin, *Denezhno-vesovye sistemy*.s.68-69）。これについてはさらにNoonan, "The Circulation of Byzantine coins" 論文が参考になる。ヌーナンもキエフ・ルーシにおいて「流通した」ビザンツ貨幣の量がきわめて少ないことを認める。かれは九―十三世紀中葉にかかわる三十三の発掘地点（ビザンツのみならず、イスラム、西方からの流入貨幣も共に埋蔵されている）からのデータを分析し、その結果全体で二万五百コインのうち、実際に流通したビザンツ貨幣（主にミリアレシア）は五十三、つまり〇・二六％であるという結論に達している。圧倒的に多いのはイスラムのディルハムと西方からのデナールである。ヌーナンの考察はこうした点の確認にとどまらず、発掘された数少ないビザンツ銀貨についての多面的な分析におよんでおり、そこからもたらされるさまざまな情報は貴重である。たとえば、ルーシにおいて実際に流通したコインは、ビザンツのみならずイスラム、西方のそれも含めて全体として銀貨であったこと（金貨や銅貨でなかった理由をめぐる考察）、ビザンツ銀貨の流通は九世紀から始まったが、本格的には九七五―一〇五〇年（すなわちウラジーミル、ヤロスラフ治世）であったこと、その後激減すること、ビザンツ貨幣は「ヴァリャーギからギリシアへの道」沿い、とくにノヴゴロド方面に集中して発掘されること等である。かれの分析はさらに、ビザンツ貨幣が鋳造後ビザンツ本国でどれだけの期間流通し、そしてルーシに持ち込まれたか、ルーシにおいてどれだけの期間流通して最終的に埋蔵されるに至ったのかなどに及んでいる。そして最後にルーシ・ビザンツ関係は記述史料、古銭以外の考古学資料から知られる限り、きわめて活発、濃密であったのに対し、貨幣の発掘量がこれほどに少ないのはいかなる理由からかという問題を提起している。かれは両国の経済関係においては絹その他の非貨幣財の使用が多かったこと、ビザンツ政府が銀貨の流出を制限した可能性のあることなどを示唆するが、最終的解決は今後の歴史家の探究に委ねている。以上、ルーシで発掘されるビザンツ貨幣が少なかったことは否定できないが、たとえば後にみるように（第五章）、オリガ一行がビザンツ側から相当額の下賜金を得ていたことなどを考慮に入れれば（この時の金貨がどのようになったかは不明である。溶かされて他に、たとえば礼拝用の聖器に転用されたなどということは考えられないであろうか）、性急な結論を出すことははばかられる。なお初期中世における貨幣は実際に「流通」するというよりは、たんに「秘蔵ないし埋蔵」される場合が多かったが、この問題については、さしあたりグレーヴィチ『中世文化のカテゴリー』三一六頁以下をみられたい。

(17) 山口訳『帝国統治論IV』『古代ロシア研究』XV、五〇—六〇頁。いわゆる「『ギュラ』といわれるポリュディア」のことである。

(18) Tolochko, *Drevnii Kiev*(1983), s.170 はルーシ・ビザンツ間交易を物々交換中心と考える。他方ルーシ・アラブ間のそれは、ルーシ側がもっぱら銀貨を欲したがゆえに、アラブ銀貨の発掘が目立ったとする (ibid.s.162-167)。初期におけるルーシ・ビザンツ交易に関してはともかく、長期にわたり物々交換中心であったかのごとく考えるとするならば、問題であろう。さらにヌーナンの見解についても参照（上記注（16））。

(19) *Drevniaia Rus' v svete*...IV, s.31-35

(20) *Drevniaia Rus' v svete*...III, s.77-80

(21) キエフ時代におけるルーシとイングランド、フランスを含む西方諸国との関係については、さしあたり Pashuto, *Vneshniaia politika* が基本的な情報を伝えてくれる。

(22) Rüß, "Das Reich von Kiev".S.382

(23) ibid. なお中世キエフとレーゲンスブルク間の交易については、Vasil'evskii, Drevniaia torgovlia Kieva s Regensburgom を参照。

(24) Widera, "Zur Frage des Sklavenhandels", S.341-347. ルーシから西方への奴隷輸出についてこれを低く見積もろうとするヴィデラの見解にたいし、A・V・ナザレンコはやや批判的である。かれはこの貿易をより活発なものととらえようとしている (Nazarenko, *Drevniaia Rus'*.s.79)。なお中世ルーシの奴隷交易については、やや後の時代のことを扱った松木栄三「14 - 15世紀の黒海沿岸とロシア」をも参照。ロシアを含むスラヴ全体を考慮に入れた中世ヨーロッパ奴隷貿易全般については、Verlinden, *L'esclavage dans L'Europe Médiévale* が基本文献である。

(25) *Drevniaia Rus' v svete*...IV, s.244;Vasil'evskii, Drevniaia torgovlia Kieva s Regensburgom.s.138-140

(26) さしあたり、やや古いがピレンヌ『中世都市』一六、一七、二九—三〇、四一、四三頁を参照。もっともユダヤ人がどの都市にも存在したというわけではない。それについてまた十字軍以後の状況については、さしあたりレーリヒ『中世ヨーロッパ都市と市民文化』一〇三—一〇五頁を参照。

(27) Rüß, "Das Reich von Kiev", S.382-383

(28) Vasil'evskii, Drevniaia torgovlia Kieva s Regensburgom.s.140-141, 144-148

(29) *Drevniaia Rus' v svete*...III, s.30. イブン・アル—ファキフにも同様の記述がある (*Drevniaia Rus' v svete*...III, s.35)。さらに Naza-

renko, *Drevniaia Rus'*.s.98-101 を参照。

(30) *PVL*.s.126, 544-545;*PSRL*.II:276. なおこの部分は「イパーチー年代記による続編」の中にあり、除村訳二二五頁に訳文がみえる。Grekov, *Kievskaia Rus'*.s.496-498

(31) *PSRL*.II:427. 除村訳、三六一頁。『ニコン年代記』にもみえる(*PSRL*.IX:187)。

(32) Tolochko, *Drevnii Kiev*(1983), s.66, 68-69; *Kiev. Entsiklopedicheskii Spravochnik*. s.369, 739. 門の場所やヤロスラフの都市《ゴロド》については、本書第九章2に掲げた地図をみられたい。なお『原初年代記』九四五年の項(イーゴリのビザンツとの条約に関する記述の末尾、邦訳六〇頁)に「コザリ地区」への言及がある。邦訳者注(三八一―三八二頁)によれば、これをキエフのハザールに対する貢税支払いに関係する名称の名残りと解釈する見解(クロスなど)と並んで、ここをハザール人と解し、その後の文と関係づけて「多くの……ハザール[人]はキリスト教徒であった」と読む立場もあるという(ジミーン)。A・A・ジミーンがどこでこのような見解を披歴しているのか典拠が示されていないが、いずれにせよ間接的な形でキエフにおける「ハザール人」の存在に言及したものとみることができるかもしれない。ただしフランクリン/シェパードのようにここを「多くの……ハザールがキエフに住んでいる」と読むのが正しいとは思えない(Franklin/ Shepard, *The Emergence of Rus*.p.95)。かれらがこのように読むのはリハチョフにも原因がある。リハチョフはその『原初年代記』テクストの刊行に際し、一九五〇年版(*PVL*.(1950).I, s.39)では、たしかにかれらのごとく読んでも仕方がないような校訂をしているのである(後の一九九九年版では断りもなく現行邦訳が依拠したように変更している)。しかし一九五〇年版もコンテクストに忠実に読むならば、たんに「ハザール人が多かった」と読むことはできない。あくまでもキリスト教に改宗したハザール人のことが問題となっているからである。

(33) Meshcherskii, O slaviano-russkoi perevodnoi literature.s.198-205; Podskalsky, *Christentum*.S.78-80 もキエフにおける大規模なユダヤ人居住区の存在を確実なものとしながら、ユダヤ教徒とそこから発した諸文献が古ルーシ文学に与えた影響を概観している。

(34) たとえばキエフ・ペチェールスキー修道院『聖者列伝』中に含まれる「聖フェオドーシー伝」中の聖人とユダヤ人との論争の記述である。ここには歴史的な背景や事実的詳細が記されていないので、これを根拠に何かしら確実な結論を引き出すわけにはいかないが、フェオドーシー存命中(一〇〇八頃―七四年)にキエフにユダヤ教徒がいたことを暗示するものではある。「キエフ洞窟修道院聖者列伝(III)」(三浦訳)二一九頁。しかしここでより重要なのは、当のユダヤ系の著述家たちの伝える情報であろう。ハザール関係資料のなかで「キエフ書簡」として知られる文書の中には、キエフにユダヤ人共同体があったことをほぼ確実に推測させる記述がある。また同じく、コルドバの後ウマイヤ朝のユダヤ人高官ハスダイ・イブン・シャプルト（シャフルト）の、ハザール王（カガン）ヨセフに宛てた書簡（十世紀中頃）は、ルーシを経由して最終的に王のもとに届けられ、王はこれに答える書簡を書いているが、これもキエフがユダヤ人のネットワークの一つに入っていたことを推測させるものであろう。これについてはプリェートニェヴァ前掲書第一章（本章注（10））および訳者解説、さらには本書後述第四章注（38）をも参照。

（35）脱稿後に入手した*Istoriia Evreiskogo naroda*.T.1, s.208, prim.16によれば、O・プリツァークが当時のユダヤ人居住者の数を推測しているという。それによると、ハザール国家西部のキエフを含む諸都市に三万五百人、将来のルーシ地域には八千人が住んでいたという。しかしながらこの部分の著者（A.Kulik）も指摘するように、諸史料がこうした大胆な見積もりを可能とするほどに十分な証言力を有しているとはみなしがたい。なお二〇一〇年に第一巻が出版されたこの通史は今後のロシアにおけるユダヤ人史の研究に大きな意味をもつことになると考えられるが、本書で十分に生かすことはできなかった。ちなみに最古の時代からポーランド分割以前を扱った第一巻では、その第二部がキエフ時代を扱っており、第一節（古ルーシのユダヤ人、s.189-213）はA.Kulik、第二節（古ルーシ史料におけるユダヤ人、s.214-240）がV.Petrukhinの執筆になっている。

（36）Fedotov, *The Russian Religious Mind.Kievan Christianity*. p.91

（37）Vernadsky, *Ancient Russia*. p.332-333

（38）Dubnow, *History of the Jews*. p.29-38;Dubnow, *Kratkaia Istoriia Evreev*. s.295-296

（39）なおその後のロシア、とくに西部・南部ロシアにおいては西方から多くのユダヤ人が移住してきたことが知られているが、こうした事情を含む近代初めのロシアにおけるユダヤ人の状況については、さしあたりDubnow, *History of the Jews*の第二章以下、またヴェルナツキー（松木栄三訳）『東西ロシアの黎明』二二五―二二九頁などを参照。さらには上記*Istoriia Evreiskogo naroda*.T.1, s.243-341

（40）*PSRL*.II:427-428.『イパーチー年代記』一一五一年の項。除村訳三六一頁。このLiadskieをここでのように「リャヒ」つまりポーランドと理解する研究者が多いが、別の理解をする者もいる。ただしここではそれに立ち入らない。さしあたりTolochko, *Drevnii Kiev*.s.68をみよ。「ウゴル（ハンガリー）門」については、*PSRL*.II:428.『イパーチー年代記』一一五一年の項。除村訳三六二頁。それが具体的にどこにあるのか、あるいはどの門のことを指すのか著者は確認できなかった。

（41）以下に関してはさしあたり、Rüß, "Das Reich von Kiev", S.383f.; Goehrke, "Gross-Novgorod", 467f. を参照。

(42) ルーシと西方諸国との関係を古銭学的に検討した Potin, *Drevniaia Rus' i evropeiskie gosudarstva*.s.38-57 を参照。

(43) *PRP*.vyp.2, s.125

(44) *PRP*. vyp.2, s.57 sl.

(45) Johansen, "Novgorod und die Hanse", S.121-152. ノヴゴロドとハンザの関係に関するロシアの最近の研究は Rybina, *Novgorod i Ganza* である。ハンザが消滅する十七世紀までの関係史を追っている。なおノヴゴロドとハンザとの交易関係についてはわが国にも相当の研究蓄積がある。比嘉「ハンザのロシア貿易」、とりわけ小野寺「中世ノヴゴロドのハンザ商館における取引規制」、同「中世ノヴゴロドのハンザ商館における生活規範」は商館規約（スクラ）に関する本格的な研究である。検討対象が十三世紀以降と本書で扱う時期とは異なるが、参考になる。

(46) たとえば Rozhkov, *Gorod i derevnia*. s.23-24. ロシコフのような、キエフ・ルーシにおける海外との遠隔地交易を低く評価する見解は、その後ソヴィエト時代になるといっそう強まった。キエフ時代の対外交易の意味を強調したノヴォセーリツェフとパシュートの共著論文のような例もあるが（Novosel'tsev/Pashuto, Vneshniaia torgovlia）、ソヴィエトの歴史家にとっては、そもそも商業は重要な論点ではなかったのである。ソヴィエトではキエフが封建制の段階にあったことを明らかにすること、その意味で農業こそがキエフ社会の生産基盤であったことを論証することが主たる課題であった。そこでは商業が論じられるときには国内商業が、またそれを支えた手工業生産が中心に考えられた。こうした立場を主導したのはB・D・グレコフやB・A・ルィバコフであったが、とくにグレコフはこれとの関連でクリュチェフスキーのみならず、ロシコフをも並べて批判している。それはかれがロシコフですら農業の役割を十分に評価しえていないと考えたからであった（Grekov, *Kievskaia Rus'*.s.35 sl.）。こうしたソヴィエト史家の観点は、帝政期のクリュチェフスキーの立場（キエフ社会の都市的・商業的性格、また都市成立要因としての遠隔地商業の役割を強調する）を批判して、都市成立を封建社会の内的発展の結果とみ、農業生産力の全般的向上を前提として、手工業、国内商業の役割を重視するものであったといえる。これについては、拙稿「ロシア中世都市」（とくに五五―五七頁）、同「ロシア中世都市における手工業（I）（II）」をも参照されたい。

第二章　初期ロシア史に関する史料と「ルーシ」

1　『ロシア原初年代記』あるいは『過ぎし年月の物語』について

本書で読み解こうと考えている『ロシア原初年代記』はロシア最古の時代にとっての根本史料である。そこでまずこのロシア最初の年代記がいかなるものかについて以下にみておきたい[1]。

『原初年代記』はロシアの文字通り最初期の歴史を記述した年代記で、後述するように、十二世紀一〇年代に成立した。その後十七世紀に至るまでロシア各地で編まれ続ける多くの年代記の冒頭部におかれ、東スラヴ人（ロシア、ウクライナ、ベラルーシの三民族）全体にその歴史の開始期に関し共通の観念を与える基本文献となった。本書がキエフ・ルーシを「ロシア史」の最初の時代と考える根拠の一つもここにある。

それはさまざまな名称で呼ばれている。早くには、作者（ないし編者）と考えられたキエフ・ペチェールスキー修道院の修道士名から『ネストルの年代記』と呼ばれることが多かったが、やがて年代記の出だしの文言（標題）から『過ぎし年月の物語』（Povest' vremennykh let）、ないし『原初年代記』（Nachal'naia letopis'）と呼ばれるようになった。

年代記の編纂史に関する研究が進むにつれ、『原初年代記』はやや誤解を招きやすいということで、『過ぎし年月の物語』の方が一般的になったが（とくにソヴィエト時代を含むロシアの場合がそうである）、英語圏では依然として『原初年代記』（Primary Chronicle）が用いられるのが普通である。[2] 一九八七年の邦訳書（上掲）も『原初年代記』を採用している。本書でも一応これに従うが、あくまでも便宜的である。[3]

『原初年代記』は十二世紀一〇年代に成立したと書いたが、現在に伝わるのは十四世紀以降に作られたその写本である。『原初年代記』は基本的に二つの版（redaktsiia）によって伝わっている。一つはキエフのヴィドゥビツキー・ミハイロフスキー修道院で院長シリヴェストルによって一一一六年に編まれた版で、記述は一一一〇／一一（六六一八）年の項の途中までなされている。シリヴェストルは当時の大公ウラジーミル・モノマフ（在位一一一三―一一二五年）のそれまでの行動を好意的にみている。この版は今日『ラヴレンチー年代記』（Letopis' Lavrent'evskaia、一三七七年、スーズダリの修道士ラヴレンチーにより編まれた）などいくつかの年代記集成の諸写本で伝えられている。[4] もう一方はキエフ・ペチェールスキー修道院で一一一八年に編まれた版で、記述は一一一七／一八年までなされている。こちらもウラジーミル・モノマフ公に好意的であるが、ヴィドゥビツキー修道院版に対抗して編まれたと考えられている。この版は今日『イパーチー年代記』（Letopis' Ipat'evskaia、十五世紀の写本、コストロマーのイパーチー修道院に保存されていた）などに含まれて伝えられている。[5] なお帝政末期の言語学者A・A・シャーフマトフはこれら二版に先立ってペチェールスキー修道院のネストルにより編まれた版（一一一〇―一一一二年、現存せず）が存在したことを主張し、多くの研究者により支持されたが、三つの版の存在、またそれらの間の相互関係については異論もあり、問題が解決をみているわけではない。[6]

ラヴレンチー本『原初年代記』の冒頭部（表題）は「これは、どこからルーシの地がおこったか、誰がキエフにおいて最初に公として治め始めたか、そしてどこからルーシの地が始まったかの過ぎし年月の物語である」となっている[7]（邦訳一頁）。これに対しイパーチー本では、上の「過ぎし年月の」の後に「ペチェールスキー・フェオドーシー修道院の修道士の」という語が付け加えられ、さらに後者の系統に属すフレーブニコフ写本では、これに続いて「ネストル」の語がみえ、修道士名がネストルであることが示されている。既述のごとくこの年代記が『ネストル年代記』と呼ばれることもある理由はここにある。[8]

上記のいまに伝わる二つの版の間にみられるもっとも顕著な違いは、一〇九六年の項にあるといってよい。ラヴレンチー本にはここにキエフ大公ウラジーミル・モノマフの「教訓 pouchenie」（邦訳二五九―二七二頁）、同公のチェルニゴフ公オレーグ（モノマフの従兄弟）への「手紙」（二七二―二七六頁）、モノマフのものとされる「祈り」（二七六―二七七頁）が、あきらかに年代記本来の流れを断ち切るかのように、ここに挿入されているのに対し、イパーチー本ではこれがないのである。[9]

『原初年代記』が幾人もの書き手（あるいは編者）による、さまざまな伝説や口承文学を含む諸作品の「集成」であることを最終的に論証したのはA・A・シャーフマトフであった。かれは年代記テクストと諸写本の綿密な比較分析から、そこには明らかに後代の修正や付記、挿入とみなしうる部分が数多くあることを指摘し、これが一人の著者の作品ではないことを明確にしたのである。[10]

それでは修道士ネストルは『原初年代記』の作者（ないし編者）ではなかったのであろうか。あるいはかれはこの年代記とはどのような関係にあったのであろうか。たしかにかれを作者とすることに否定的な研究者がいる。たとえばS・クロスは、ネストルが確実に執筆したとされる著作（聖ボリスと聖グレープの伝記、いわゆる『講話』や聖フェオドーシー『伝』）と『原初年代記』の該当箇所とを比較考察し、両者の間に異なる点が少なくないことを指摘し、ネストルを年代記の著者とみることはできないとした。[11] しかしことはそう単純ではない。両者の著作の執筆時期やジャンル、また目的の違い（たとえばシャーフマトフによれば、『原初年代記』の編纂はフェオドーシー『伝』の執筆より二十五年も後のことである）を考慮に入れるならば、そうした相違があったとしても、これをあっさりと別人の作品とするわけにはいかないからである。[12] そもそもネストルがなんらかの「年代記」の執筆にかかわっていたことは、キエフ・ペチェールスキー『修道院聖者列伝』の一記述からもうかがうことができる。同列伝の第二十五話（「隠者ニキータについて」）中に、ネストルが「年代記を書いた」とする記述がみえるのである。[13] これをただちにかれが『原初年代記』を書いた証拠とするわけにはいかないが、逆にネストルのそれへの関与をあっさりと否定してすますこともまたできない。[14]

シャーフマトフはネストルが『原初年代記』の成立にかかわっていたことを強調したが、ここでは同様の立場に立つその後の研究者の代表としてのリハチョフを取り上げ、その記すところを簡単に見ておきたい。[15] リハチョフによれば、ネストルの著作（上記ボリス・グレープについての『講話』とフェオドーシー『伝』）には、歴史的思考法また事柄を歴史的に検証しようという志向において、『過ぎし年月の物語』（『原初年代記』）と同じ特徴がみられる。とりわけ、ボリス・グレープについての『講話』において、使徒による宣教も行われなかった「ルーシの地」が、ウラジーミル公の時代にキリスト教を受け入れ、「最後のもの」でありながら「最初のもの」となる歴史的使命を帯びるにいたったと考えられていることは重要である。ネストルによれば、人類の歴史は「善と悪の闘争の歴史」である。「悪魔」はウラジーミルの一族に紛争の種をまき、長子スヴャトポルクをしてボリスとグレープを殺害せしめたが、弟たちは無抵抗で死を受け入れることで、兄弟愛と「長子」に対する従順の精神を君主の一族に伝え、悪魔の企みを挫いた。両兄弟聖人はルーシを救い、ルーシの守護者ともなったのである。このようにネストルは『講話』において、ルーシの地に世界史的使命を与え、諸公間に一致した行動を求める主張を行ったが、これはまさに『過ぎし年月の物語』の中心的理念でもあった。

リハチョフはこのように、著作の思想的内容の分析からネストルが『過ぎし年月の物語』の作者であることを主張し、そのうえで引き続き年代記の記事をたどりながら年代記編纂者としてのネストルの役割を具体的に検証しようとしている。とくに興味深いのは、「ヴァリャーギ招致伝説」における「ルーシ」の名称に与えられた意味に関するかれの見解である。この件については先にも若干ふれたし（第一章）、「招致伝説」自体については本章（補論2）においても検討することになるが、ここで「ルーシ」名称についてのリハチョフの説明を簡単に見ておきたい。

リハチョフによれば、『過ぎし年月の物語』八六二年の項の該当部分は、元来、先行する諸年代記集成では「かれら［人びと、住民］は海の向こう、ヴァリャーギのもとへ行った」となっていた。ネストルはこの「ヴァリャーギのもとへ k variagom」にすぐ続けて、「ルーシのもとへ k rusi」の語句を付け加えた。その結果、『過ぎし年月の物語』では、上の文章は「かれらは海の向こう、ヴァリャーギのもとへ、ルーシのもとへ行った」となり、元来は異なる存在であったヴァリャーギとルーシがネストルによって同一の存在とされるに至った。それゆえ『過ぎし年月の物語』の、これに続く文（「このようにそのヴァリャーギは自らをルーシと呼んでいたからである。ある者がスヴェイ［スウェーデン人］と、他の者がウルマネ［ノルマン人］、またアグニャネ［アングル人］と、さらに他の者がゴートと［呼ばれているように］、これらも［ルーシと呼ばれていたのである］」）（邦訳一九頁）も、ネストルにより書き加えられた部分ということになる。つまり以前の年代記集成では、ルーシはあくまでもヴァリャーギを迎えに行ったスラヴ系の諸族の一つとされていたのが、ネストルでは上記のごとく、見事に作り変えられたというのである。かくてリハチョフによれば、「ノルマン説」はネストルをもって始まったことになる。実はリハチョフがここで展開したような議論、すなわち年代記八六二年の項における「ルーシのもとへ」以下の文言が「招致伝説」の原初的な形ではなく、後に付け加えられたものとする見解はすでにシャーフマトフが表明するところであったが、それについては後述する。(16) もちろん「ルーシ」の名称の出現とその意味については、膨大な文献があり、研究者間の議論は錯綜していて、シャーフマトフやリハチョフの主張するような形で決着がついたとするわけにはいかないが、これについても後に改めて考えてみたい[17]。リハチョフはさらに引き続き、なぜネストルがこのような作為をなすに至ったのかについても、考察を続けているが、ここでは省略する。

さてノルマン説の当否については、いまはおいておくとして[18]、本書では、シャーフマトフやリハチョフに従って、ネストルが『過ぎし年月の物語』の編者であることは受け入れたいと思う。そこでそのネストルであるが、既述のごとく、かれは自らの『物語』(一一一〇年の項まで書かれていた)を、一一一〇年から一一一二/一一三年にかけて完成させた(シャーフマトフの言う第一版)。もちろんかれがそのすべてを執筆したわけではない。つまりかれの年代記の基盤には先行する別の年代記(下記)が横たわっており、かれはそれらを合わせ、自らさまざまな部分を書き足し、また手を加えて編纂したのである。このような経緯を考慮に入れたうえでならば、『原初年代記』を『ネストル年代記』と呼ぶことは十分に可能である。ただしここで注意すべきは、既述のごとくネストルの年代記はそのままの形では今日に伝わらなかったことである。それはあくまでも『原初年代記』の原型とでも呼ぶべきものであった。今日に伝わるのは、繰り返しになるが、一一一六年のシリヴェストル版(主にラヴレンチー本にみられる)と、一一一八年までの記事が付け加えられた形(主にイパーチー本に現れる)である。

ネストルが基本的に完成させた『原初年代記』に先行する年代記集成というのは、シャーフマトフによれば、一〇九三(—一〇九五)年に同じくキエフ・ペチェールスキー修道院で編まれた年代記で、一〇九三年の項の「罪深いわたしこそ、数多くまたしばしば神を怒らせ、毎日しばしば罪を犯しているのである」の部分(二四六—二四七頁)で終わっていた(ここの「わたし」は同修道院で一〇九三年版が作成されたときの修道院長イオアンと考えられる[19])。これをシャーフマトフは、ルーシの年代記編纂はまさにここから始まったと考え、「原初集成」(Nachal'nyi svod)と呼んだ[20]。言うまでもなく「原初集成」も今日には伝わらない。しかしそれはノヴゴロドの諸年代記、とりわけ『ノヴゴロド第一年代記(新輯)』の最初の部分(一〇一六年まで)や一〇五三—一〇七四年の部分に(さらには『ノヴゴロド第四年代記』と『ソフィヤ第一年代記』にもその痕跡を）うかがうことができる。

しかしながらシャーフマトフによれば、この「原初集成」の前にも、その基となる年代記集成が存在した。一〇七三年のキエフ・ペチェールスキー院修道士ニコンの「集成」である。この一〇七三年集成がその後、上述のごとく、一〇九三（—一〇九五）年にさらに加筆修正されて「原初集成」となった。これらはいずれもペチェールスキー修道院において編まれたものである。このペチェールスキー修道院が年代記編纂に果たした役割については、シャーフマトフに続いてその後とくにM・D・プリショールコフが強調したところであった。とりわけ一〇九三／九五年の「原初集成」の編纂に際しては、その直前に遊牧民ポロヴェツのルーシ侵攻があり、同院はこれとの関連でときの大公スヴャトポルク・イジャスラヴィチに対する批判を強めていた（大公が異民族に対する諸公の一致した行動を組織できなかったことを批判したのである）。そのいわば反大公的精神は「原初集成」に色濃く反映されていた。ところがその後一〇九八年頃にペチェールスキー修道院とスヴャトポルク大公との間に和解が成立し、ネストルの大公に対する態度も変化し、かれの『原初年代記』にはスヴャトポルクに対する融和的な精神が強く打ち出されるようになった。今日に伝わる、先に記したその後の二つの版（シリヴェストル版および一一一八年版）の場合、前者はヴィドゥビツキー修道院とウラジーミル・モノマフ大公との良好な関係を、後者はこの新大公（ウラジーミル・モノマフ）の好意をなんとか自分の側に惹きつけようと望んだペチェールスキー修道院の立場をより強く表すものであった[21]。

ところで上にも指摘したように、シャーフマトフは『原初年代記』に先行する史料を仮定し、それをいったんは「原初集成」（一〇九三年の編纂）と呼んだが、上記のように研究を進める中でやがて「原初集成」にもさまざまなより古い要素が含まれていることが確認されるようになった。具体的には、「原初集成」の基礎にはさらに二つのより古い集成が横たわっていると考えられた。一つは先に記したニコンの「一〇七三年集成」であり、他の一つがさらに遡ること一〇三七—一〇三九年に編まれたと推測される「一〇三七年集成」である。こちらは一〇三七年の項まで書かれていた。つまりこの集成は、ヤロスラフ大公が単独支配権を樹立し、「大いなる町」（キエフのいわゆる「ヤロスラフの町」）を築き、石造のソフィヤ聖堂を建立するなどその偉大な治世を開始したことを伝える構成となっていたのである（邦訳一〇三六—一〇三七年の項、一七一—一七四頁）。シャーフマトフはこの「一〇三七年集成」こそが『原初年代記』の最も古く、基幹的な部分であるという結論に到達し、これを「最古のキエフ集成」（Drevneishii Kievskii svod）と呼んだ。[22]

シャーフマトフの結論を要約すると、以下のようになる。

『原初年代記』（『過ぎし年月の物語』）は一一一二年にネストルによって編まれたが、それに先行し、その基盤となった諸年代記集成のうちの最古のものは、一〇三七—一〇三九年の「最古集成」であり、それは「ニコンの集成」（一〇七三年）に引き継がれ、一〇九三—一〇九五年の「原初集成」を経てネストルの『原初年代記』（一一一二年）に至った。ネストルの年代記はそのままの形では現存せず、基本的に次の二つの形で今日に伝わる。その一つは一一一六年に作成されたシリヴェストル版であり、それは一三七七年のラヴレンチーその他の写本（ラジヴィウ、モスクワ・アカデミーなど）で伝わる。他は一一一八年の版で、それは十五世紀のイパーチー（やフレーブニコフなどの）写本で伝わる。

シャーフマトフはその長年における研究において、「最古集成」を構成する部分、それが利用した諸史料、その後の諸集成における付加や改変の状況、とりわけ年代記編纂史上ネストルが果たした役割（それはきわめて大きかった）などについて綿密な検討に及んでおり、本来ならば『原初年代記』について語ろうとするとき、そうした手続きを抜きにするわけにはいかないのであるが、ここではかれの検討の過程をたどることは省略せざるをえない。ただここで断っておかなければならないのは、以上のごときシャーフマトフの見解が『原初年代記』研究史上に画期をもたらし、その後多くの研究者によって受け入れられることとなったとはいえ、あくまでも仮説であるということである。現存する写本が十四世紀以降のものであることが、『原初年代記』成立史の研究を難しくしているのであるが、それがまたさまざまな点でシャーフマトフ説への批判や修正をもうみ出していることは認識しておかなければならない。その緻密なテクスト・クリティークが驚異的な成果をうんだことは広く認められるところで、本書においてもとくにウラジーミル公の洗礼記事の分析に際しこれにおおいに学びたいと考えているが（第七章3）、テクスト・クリティークに力点をおくあまり他の諸要素についての検討が十分でないことや、今日に伝わらない諸史料の存在についてのかれの仮説が十分に論証されているとは言い難いことなどが指摘されている。

シャーフマトフ以後の研究状況について一言しておくと、ソヴィエトを代表する研究者（M・D・プリショールコフ、D・S・リハチョフ、L・V・チェレプニーン、A・N・ナソーノフ、M・N・チホミーロフ、Ia・S・ルリエーなど）は、具体的な諸問題においてはかれと必ずしも一致しない独自の見解を表明しつつも、基本的にはシャーフマトフ説を受け入れたといえる。(23)

もちろんかれに批判的な立場に立つ研究者もいなかったわけではないが、かれらとてシャーフマトフに匹敵する形でアンチテーゼを出しているとは認めがたい。とくに問題とされたのは「最古集成」の存在をめぐってである。ルィバコフなど年代記の編纂史をより前（たとえば十世紀末）に始まったと考える立場と、これをシャーフマトフよりは遅い時期にずらす立場などが提唱されている。(24) ここでそれらに立ち入って論じることはしないが、いずれにしてもシャーフマトフが今日の『原初年代記』研究の起点にあることは否定しがたい。「『原初年代記』を読む」ことを目的とする本書でも、こうした研究状況をできるだけ念頭におきながら読み進めなければならないと思っている。

さて以下に『原初年代記』がいかなる事柄について記しているか、その内容をみていきたいが、その前にルーシの年代記における年代表記について一言しておく必要がある。『原初年代記』は六三六〇年の項から年代を記し始める（邦訳一七頁）。これはビザンツにおける年代表記法（世界創造ないし世界開闢紀元による計算法）に基づいている。すなわちビザンツでは、世界はキリスト生誕年から遡って五五〇八年前に創造されたと考えられた。したがって基本的には、ロシアの諸年代記に記される年代からこの数を差し引くと、西暦年次が得られる。六三六〇年は西暦八五二年ということになる。基本的にというのは、ビザンツ式のこの世界創造年は一月一日を年の初めとしてはおらず、通常は九月一日をもって始められるからである（九月年）。ただロシアではキリスト教導入以後十四世紀頃までは、三月一日をもって始まる暦年（三月年）も採用されていた。これは九月年の場合より半年遅く始まった（また超三月年というのもあったが、これは九月年に比して半年早く始まった）。そこで年代記に月日が記されている場合、その西暦年次はある程度はっきりしてくる。たとえば、六四二〇年（西暦九一一―九一二年）の項に記されるルーシ・ビザンツ条約は、その締結日が一応九月二日と読み取れる記述になっている（先の注にも記したように、別の読みもあるが、ここでは大方の見解に従っておく）。この場合、この年は九月年で記述されていると考えられるので、条約締結日は西暦九一一年となる。また六五七四年（西暦一〇六六―一〇六七年）の項にはロスチスラフ・ウラジーミロヴィチ公の暗殺日（二月三日）が明記されている。この時は三月一日がはじまりなので、西暦でいえばこれは一〇六七年ということになる。[25]

さて『原初年代記』はいくつかの部分から構成されている。

最初の部分（邦訳では第一章「スラヴ民族のおこり」と題される）は、「創世記」に始まる聖書の記述を援用しながら、ルーシをはじめとするスラヴ族の歴史をキリスト教的「世界史」の中に位置づけようとしている。それによれば、スラヴ諸族はノアの子ヤペテから出て、かれらが当時居住する諸地域に住みつくようになった。ノアの子らの子孫、とりわけヤペテに遡及されるスラヴ族を中心とする諸族と他のさまざまな諸部族名が列挙され、その居住地や、ときにスラヴ族の初期の歴史や慣習に関する情報が書き込まれる。スラヴ族は最初ドナウ川流域に住んでいたとされ

（いうまでもなくあくまでも年代記編者の考えである）、そこから東北方向へ拡散した諸族（いわゆる東スラヴ人）がルーシの地の住人となった。興味深いさまざまな伝説の類も記される。たとえば、聖使徒アンデレのルーシ訪問、キエフを建てた三兄弟（キー、シチェク、ホリフ）に関する記述などであるが、オブルィ（アヴァール）族の侵入とそれによるドゥレビ族（東スラヴ諸族の一）支配、ハザールによるポリャーネ族（キエフ地域に居住する東スラヴ族の一）支配とそれに対する課税の記事などは、明らかに歴史的事実を背景にもっている（モンゴル系といわれる遊牧民アヴァールは六世紀後半に南ルーシを経由してパンノニア平原に姿を現し、ヨーロッパ東部に一大勢力を築いた。ハザールについてはすでに記した）。このあたりの記述はポリャーネ族に対する書き手の好意的なまなざしを感じさせる。ドニェプル中流域（キエフ付近）に住むポリャーネ族は「野獣のような」生活をするドレヴリャーネ族（キエフの北西方に居住する同じく東スラヴ族の一）と対照的に、「温和で静かな慣習をもっている」と称賛される。「ポリャーネ族」はのちに「ルーシ」と呼ばれるようになり、年代記編者にとってあきらかにそれこそが「ルーシ」の中核を構成する主役である。[26]

『原初年代記』は六三六〇（八五二）年の項に至ってはじめて年代を明記する。ここからが本来の編年体による年代記の始まりとみることができる。それまでの伝説的なルーシの歴史がここではじめて世界史のなかに具体的に組込まれ、確かな地位を得たといえる。もっとも、ここで表示される年代は正確なものではない。年代記は、この年ビザンツで「ミカエルが皇帝として治め始めた」としているが、ミカエル（該当するのはミカエル三世である）の正確な即位年は八四二年である。年代記はルーシ史を「世界史」の中に位置づけうる年として勢い込んでその年次を記したが、実は客観的に正確な情報をもっていなかった、あるいはとくに正確を期していなかったことがわかる。[27]

それはともかくとして、この八五二年の項から本来のルーシの歴史についての記述がはじまる（邦訳では第二章「ルーシの起源」の部分である）。ここではまず、「アダムから［ノアの］洪水まで二二四二年、洪水からアブラハムまで一〇八二年……」という具合に、「聖書」に基づく人類史の流れがそれぞれの節目にいたるまでの経過年数を示しながら、先のビザンツ皇帝ミカエル治世まで、さらにそこからルーシ諸公、すなわちオレーグ「公」からスヴャトポルク（イジャスラヴィチ、キエフ大公在位一〇九三―一一一三年）にいたるまでたどられる。これらの数字はもちろん当時信じられていたところを記したものに過ぎないし（年代記作者は九世紀ビザンツの歴史家ゲオルギオス・ハマルトーロス（ゲオルギオス・モナコス）の年代記によりつつ記している）[28]、歴史時代の部分についても不正確な点が多いが（たとえば、ローマ皇帝コンスタンティノス一世の即位をキリスト生誕後の三一八年目とするなどである。正しくは西暦三一三年とあるべきところ）、ただルーシ諸公の在位年などについては、ある程度実際のそれを反映したものとみなすことができる。たとえば、ウラジーミル（聖）公の在位期間は「三七年」とされている。年代記が後にウラジーミル治世について記述する際には（邦訳第七章）、同公の治世が九八〇年に始まったかのようになっており、また没年は一〇一五年とはっきりしているので、「三七年」は一見して誤りであるようにみえる。しかし、もし他の史料から推測されるように（これについては後述する）、公が九七八年に即位したと仮定できるならば、「三七年」は正確ということになる。

「ルーシの起源」の部分でもっとも注目されるのは、六三七〇（八六二）年の項である。ここには先にも記したが、リューリク三兄弟（ヴァリャーギ諸公）の到来、かれらによる北部ルーシ支配、いわゆる「ヴァリャーギ招致伝説」が記される。キエフ・ルーシ国家が北方からの到来者により建国されたとする「ノルマン説」の根拠となった記述である。この重要な問題についてはすでにリハチョフの見解を紹介しておいた。「招致伝説」に関しては、本章補論2でテクストの問題および近年の研究動向について若干の紹介と検討を試みるが、ここではさしあたり木崎を別にして、唯一の邦語文献である国本の労作『ロシア国家の起源』をとりあげることで問題の一端を明らかにしておきたい[29]。

この書は、古代ロシア国家成立の前提にかかわるソヴィエト考古学の研究動向を主な分析対象としており、論じられるのは主に九世紀後半までに関してである。キエフ国家のその後の展開を中心に考える本書とはその意味で課題を異にしている。したがってその成果を十分に斟酌することはできないが、「古ルーシ国」の成立を検討対象とした最後の二章（「ヴァリャーギ招致伝説とその背景」、「古ルーシ国の成立」）は本書にとっても直接関係を有している。そのなかで国本は「ヴァリャーギ」をノルマン人とみなす一方で、それを「ルーシ」とは別ものと考える。かれによれば、「招致伝説」にいわれるノルマン人の到来は事実的背景をもつとしても、ノルマン人の到来する以前の八世紀末に、すでにバルト系スラヴ人（リューゲン島付近の海洋民族、これが「ルーシ」であるとする）が現れ、九世紀の早い段階でドニェプル川中流域にまで進出していたという。その後に現れたノルマン人らはやがて南下してキエフのルーシを占領し、その段階で自らも「ルーシ」と呼ばれるようになったとする。国本は、最初にキエフを占領したバルト・スラヴ人（「ルーシ」）をその後南下してきたオレーグの率いるヴァリャーグ人が支配することによって、「古ルーシ国」が建国された（年代記では八八二年とされる）と考えているのである。ここで国本は、A・A・シャーフマトフの「南のルーシ、北のヴァリャーギ」説（スカンディナヴィア人が二波にわたって到来したとする見解）を採用している。ただ最初に到来した「ルーシ」を「バルト・スラヴ系」とみる点でシャーフマトフと異なっている。バルト・スラヴをもちだすことにより、「ノルマン説」、「反ノルマン説」双方に顔を立てたような結論になっているが、国本が研究に従事した時期にソヴィエトでバルト・スラヴに注目する研究（V・B・ヴィリンバーホフ、A・G・クジミーンら）が大きな関心を集めることがあったとしても、相当に不自然な立論になっているようにみえる。本書の著者の考えでは、国本はバルト・スラヴに執着することによって、古ルーシ史上否定しえない役割を演じた「ノルマン人」の位置づけに苦しむ結果に陥っているのである(30)。

リューリクの後を継いだオレーグの治世から、年代記の本来の歴史的叙述が始まる。九世紀の後半から十二世紀の初頭までの歴史が、あくまでもキエフとその公の立場から、主にキエフ・ペチェールスキー修道院（またキエフのヴィドゥビツキー修道院）の修道士らの目をとおして描かれるのである。

編年体で記される年代記の主要部分も、ヤロスラフ大公の単独支配権の確立（一〇三六年の項。ヤロスラフは「ルーシの地の専制君主」（samovlastets Rus'stei zemli）となったと記される。一七一頁）以前と以後とでは、やや叙述の質に違いがみられる。このとき以前に関する記述は、多くの場合、伝承や伝説、作り話の類に依拠している。口承による資料に依存する度合いが高く、歴史的信憑性の点でより問題が大きいといえる。もちろんビザンツ、なかには初期ルーシの諸著作が利用される場合もある。ビザンツの作品でいえば、もっともよく利用されているのは、先にも記したゲオルギオス・ハマルトーロスの年代記（九世紀）である（それは八四二年まで記され、その後の九四八年の部分までは別の作者、シメオン・ロゴテーテスの手になる）。キリスト教導入後急速に普及したと推測される古ルーシ語（教会スラヴ語）による諸作品、とくに府主教イラリオンの作品（『律法と恩寵に関する説教』）やネストルの『聖ボリス・聖グレープ伝』（いわゆる『講話』）なども利用される。ルーシ・ビザンツ間条約のテクストなども重要な史料となっている。(31)

このようにして年代記は、オレーグによるキエフ占領、南北ルーシの支配について記述した後、さらに順次、イーゴリ、その寡婦オリガ、スヴャトスラフ、ヤロポルクの治世を辿っていく。そこではキエフから諸地方・諸族への遠征（征服戦争）、とりわけビザンツとの関係（コンスタンティノープル遠征）に焦点が定められている。その間に描かれるオリガの「復讐」やかの女の「洗礼」についての記事は精彩を放っている。

キエフ・ルーシの最盛期を現出したのはとくにヤロスラフ大公であったと考えられるが、ヤロスラフ以前の記述でもっとも重要視されているのは、いうまでもなくウラジーミル公の洗礼とその後のルーシのキリスト教化の歩みである。後述するようにこれには大きなスペースが割かれている。これは本書の中心課題でもある。後に特別な章において（第七章）、これを見ることにする。

これに対しヤロスラフ治世の後半以降については、年代記の記述は、諸事件の当事者や作者自身の目撃・見聞情報に依拠する度合いを強めていく。たとえば、一〇五一年の項（キエフ・ペチェールスキー修道院開基物語）には、「悪くつまらないしもべであるわたしが当時十七歳のとき、かれのところへやって来て受け入れてもらった」とある。ここで「かれ」と呼ばれているのは当時の修道院長フェオドーシーで、「わたし」は通常ネストルであると考えられている。ただシャーフマトフはこれに反対しており、断定することは憚られる。[32] また一〇九一年の項では、ペチェールスキー院の修道院長（イオアン）らの命で、フェオドーシーの遺体を修道院内の教会に移した時の様子が描かれているが、ここも「最初の証人」となった「罪深いわたし」の体験談となっている。リハチョフなどはここの「わたし」もネストルと考えているが、これにも異論がある。[33] このようにこれら二つのケースの「わたし」が具体的に誰であるかについては議論のあるところではあるが、ともかくも自ら直接の当事者であるか、あるいは目撃者がこの箇所を記述したとされている。第一人称によって記される部分はほかにもある。少なくとも八か所は数えられる（上記以外に、一〇六五年、既述の一〇九三年、一〇九六年に二か所、一〇九七年、一一〇六年の項）。

年代記作者にとって最大の情報源となったのは、キエフの軍司令官ヴィシャタとその子千人長ヤンであろう。年代記作者はヤン・ヴィシャチチについて「かれから多くの物語を聞き、かれから聞いたことを年代記に書き記した」と、ヤンが情報源であることを明記している（一一〇六年、邦訳三〇四頁）。ヤンはこの年に九十歳まで生きて死んだとされており、ヤロスラフ大公以降の歴史の、自ら演じ手でありまた重要な生き証人でもあった。ヴィシャタとヤンの父子はイーゴリ公の軍司令官スヴェネリド（『原初年代記』六〇頁、九四五年の項に初めて登場する）の子ミスチシャ=リュト（九四五年、九七五年の項、六一、八六頁）に遡る名門の出である。リュトの子はノヴゴロドの市長（ポサードニク）ドブルィニャ（ウラジーミルのおじ）であり、その血統はさらに、同コンスタンチン、同オストロミール（『オストロミール福音書』の）を経てヴィシャタに至っているのである。ヴィシャタ、ヤン父子はしたがって、少なくとも七代にわたってノヴゴロド、キエフの政治・軍事上の中枢を占めた家門の出で、いわばキエフ国家の最大機密に通じた存在であったといってよい。十一世紀後半から年代記にかかわった著者・編者たちは、ヴィシャタ、ヤン父子と半世紀以上にわたって親密な関係を結び、かれらから膨大な情報を引き出したと考えられる。(34)

ヤロスラフ以後の時代については、年代記編者の注意は大公権をめぐる諸公間の果てしない内訌に向けられている。ヤロスラフを継いだのはイジャスラフ、スヴャトスラフ、フセヴォロドの三人の子であった。かれらの間にも争いは絶えなかったが、ヤロスラフの孫の世代になって(フセヴォロド大公が没した一〇九三年後)、内訌が激化するのである(第十一章参照)。これに加えて、十一世紀後半からそれまでのペチェネグ人に代わって南部ステップ地帯に現れたポロヴェツとの戦いも年代記作者の強い憂慮を引き起こした。ポロヴェツとの戦いは熾烈で、ときに一〇六八年の場合のように、キエフに政変をもたらすような影響を与える。『原初年代記』の最後の部分の主役となるスヴャトポルク・イジャスラヴィチ大公治世(一〇九三―一一一三年)においても、諸公間紛争とポロヴェツとの戦いが年代記の主要関心事であり続ける。いうまでもなく編者は、諸公が協力してルーシの地を外敵から首尾よく防衛することを願っているのである。

以上にその概略をみてきた『原初年代記』は、わが国でもこれまで何人かの研究者や研究者グループによって翻訳、紹介されてきた(除村吉太郎、木崎良平、中村喜和、古代ロシア研究会等)。本書ではもっぱら、古代ロシア研究会訳(訳者代表―國本、山口、中条)を利用する。除村吉太郎訳『ロシヤ年代記』は、『原初年代記』に続き、イパーチー本所収の『キエフ年代記』および『ガリーチ゠ヴォルィニ年代記』の訳をも含んでおり、六六一九(一一一一)年から六七九七(一二八九)年までの部分を付け加える形になっている。戦前の出版で、現代ロシア語訳からの重訳、しかも抄訳で、その意味では注意が必要ではあるが、丹念に訳されており、注や訳者解説も丁寧で参照に値する。木崎訳は大学紀要に分けて掲載されているため、利用が困難で、本書では系統的な利用を断念した。

2　ヨーロッパ史料における「ルーシ」

「ルーシ」の語義（語源）をめぐっては、前節にも記したように（とくに国本の著書との関連箇所、さらに本章注（17）、（18）、（30））、研究史上一大問題として今日なお議論され続けている。今日その語源を北欧系の言語のうちに求める見方（これを条件付でノルマン説と言っておこう）が広く受け入れられていることは確かであるが、問題が完全に解決を見たというわけにはいかない。この見方をする研究者は「ルーシ」の語源問題はほぼ解決済みと考える。かれらはおおむね、エトノス名としての古ルーシ語の rusʼ が、フィン語の ruotsi（スウェーデン人の意）と同様に、古スカンディナヴィア語の原型、たとえば *rōþ-, *rōþ-(u)z- など（いずれも「漕ぐ」に関係する語）に遡ると考える。しかしこれには言語学的に重大な問題があることも指摘されており、解決済みとは言い難い[35]。一方反ノルマン主義者は、エトノス名としての rusʼ の起源を東ヨーロッパ（ロシア平原）の南部地域に探し続けている（たとえば既述のごとく、ルィバコフはドニエプルの支流ロシ川にこれを求める。またO・N・トルバチョフは黒海北岸地帯の一部のインド・アーリア系住民の言語に求める）[36]。

ところでA・V・ナザレンコによれば、双方の見方に疑問点が残っているが、後者には前者以上に問題があり、採用しがたい。というのも、たとえばロシ川は最古の時代には Rъs の形を取っていたと推測され、かりにそれが Rosʼ に転化したとしても、その時期は早くとも十三世紀前半のことと考えられるからである。古ルーシ語の「ルーシ」rusʼ が最古の時代からのスラヴ語に起源をもつという見方は到底受け入れられないという[37]。

もっともさらにナザレンコに従うならば、真の問題はノルマン説、反ノルマン説のどちらをとるかということではない。むしろ双方が共通して誤った方法論的前提に立っていることが問題なのである。すなわち、双方共に、エトノス名としての「ルーシ」の起源をエトノス（ひいてはロシア国家）自体の起源と考えているが、これは正しくない。もし「ルーシ」名称の所有主（エトノス集団）の、最古の時代のエトノス的実態を学問的に明らかにしうるのであれば、それもよいであろう。しかし今となってそれは望むべくもない。今日なしうるのは最古の「ルーシ」の言語学的な解明にすぎない。それこそが取り組まれるべき課題と再認識しなければならない[38]。

●『ベルタン年代記』における「ロース」について

さて「ルーシ」の語が言及される最古の例の一つとしてよく取り上げられるのが、『ベルタン（ベルティヌス）年代記』(Annales Bertiniani) 中の記述である。これはいわゆる『フランク諸王の年代記』の西フランク版続編で、八二九年で中断している同年代記を、八八二年のところまで書き進めている。本稿に関連する部分は後のトロア司教プルーデンティウスの筆になる。『ベルタン年代記』では「ルーシ」は「ロース」(Rhos) として言及されている。「ルーシ」と「ロース」の相違ないし関係については、さしあたり前者が基本的にラテン文献に、後者はギリシア文献に現れる同義の語と理解しておきたい[39]。年代記のこの部分の記述はロシア史研究者にはよく知られており、関連文献も多い[40]。まずはここに現れる「ロース」の語と、そう自称する人々がどこから来たのかについて考えてみよう。最初に司教プルーデンティウスが八三九年のこととして記すところを以下に要約しておく[41]。

この年、当時インゲルハイム（ライン河畔、プファルツ）の宮廷に滞在していた西ローマ皇帝（フランク王）ルードヴィヒ敬虔王（カール大帝の子）の下に、ビザンツ皇帝テオフィロスからの使節団が訪れた。使節団の目的は両皇帝間の「講和と永久の友誼」の確認であったが、かれらには「ロース」(Rhos) と自称する何人かの者たちが同行していた。かれらは「カガン」(chacanus) という称号 (ないし名) の王からテオフィロス帝の下に「友誼」のために派遣されたという。テオフィロスはルードヴィヒに宛てた親書 (今日に伝わらない) のなかで、これらの「ロース」について次のような要請を行ったという。かれら (「ロース」) はコンスタンティノープルへ来る際に、「野蛮で獰猛な民の地」を通ってきた。かれらが帰国に際して同じ道を通るのは危険なので、かれらが安全に帰還できるよう配慮を願いたいと。

これに対しルードヴィヒが、これら「ロース」がどのような存在かを本人たちに問いただした結果、これらが「スウェーデン人」(Sueones) であることが確認された。かれらの答えはルードヴィヒにとっては驚きでもあり、疑念を抱かせるものでもあった。当時帝国は頻繁にノルマン人 (デーン、またスウェーデン系ヴァイキング) の侵入に悩まされていたからである。ルードヴィヒは「ロース」が一種のスパイではないかとの疑念を抱いたのである。フランク皇帝のビザンツ皇帝への返事は、かれの疑念に根拠がないと判明した暁には、かれらを無事に帰国させるよう手配する、しかしもし疑念が晴れないようなら、そのままコンスタンティノープルへ送り返すというものであった。

これらの「ロース」がその後どうなったかについては記されていない。

以上に要約した『ベルタン年代記』の記述にはいくつもの興味をそそられる問題がある。なかでもスウェーデン人と判明したこれらの「ロース」はどこから来たのか、そしてかれらはどのような集団かという問題はとくに重要である。普通であれば、ドニェプル中流域 (キエフ) に根拠地をおく、われわれにもなじみの「ルーシ」と考えるところである (現に意識してかどうか、つまり問題の所在を理解してのことかどうかはともかくとして、そういう前提で議論を進める研究者が多い)。しかし九世紀前半の段階で簡単にそう言い切ってよいのかは問題となる。『原初年代記』の記述から判断するならば、「ルーシ」はこのころまだロシアに姿を現さず、いわんやキエフ方面へも進出していなかったからである（オレーグらの「ルーシ」が北部ロシアから南下しキエフを征服するのは八八二年のこととされている。オレーグ以前に同じく北方系のアスコリドとジールらが一時キエフを支配していたが（年代記では二人は「かれ［リューリク］の種族ではなかったが、貴族」、「家臣」であったとされている。二〇頁）、それとてリューリクのルーシ到来（八六二年）以後のことである）。

ではこの「ロース」とは何か、かれらはキエフからでないとすればどこから来たのか。それについては以下にみるようにさまざまな説が提唱されている。しかしどの説にも確実な根拠があるわけではない。

これとの関連で考えておかなければならないのは、「ロース」の首長とされる「カガン」とはいったいどのような称号か、どの国の首長のことをさすのかという点である。「カガン」の称号の意味、とりわけルーシ諸公と関連づけられた際の意味については後述する（本章補論1）。ここでは『ベルタン年代記』の「カガン」に限定して考える。研究者の中には、ここの「カガン」は、当時ロシア南東部で強力な勢力を誇っていたハザール国の君主であると考える者がいる。つまり、スウェーデン人と判明した「ロース」がハザールの外交使節として（ハザールのカガンの命によって）ビザンツに派遣され、ハザールへの（あるいはそこからさらに北のスカンディナヴィア方面へか）帰路の安全を求めてインゲルハイムに連れて来られたとするのである。一見すると想定しにくい事例であるが、そう主張する者もいるのである(42)。

しかし圧倒的多数の研究者の考えるところでは、「カガン」は「ロース」自身の君主の称号である。つまり「ロース」は自国の支配者カガンの命でビザンツへ派遣されたということになる。ではこの「ロース」の所在地はどこかであるが、既述のごとくキエフ（ドニェプル川中流域）と考えるのが通例である。とくに反ノルマン主義者はそう考える。かれらはドニェプル中流域ではノルマン人の到来以前にすでにスラヴ人が国家を創建していたと主張する。したがって、この「ロース」はキエフからきたスラヴ系の人々であり、かれら自身の首長が「カガン」を称していたということになる。[43] だがこれは既述のごとく『原初年代記』の記述のみならず、『ベルタン年代記』の記述（これらの者は「スウェーデン人」であったとする）とも矛盾する。
かくてこうした矛盾を無視できないと考える研究者らは別の候補地の探索へ向かうこととなる。具体的にはスカンディナヴィア（スウェーデン中央地域）や北部ロシア（古ラドガ、またイリメニ湖畔地域、ヴォルホフ川流出口付近のリュリコーヴォ・ゴロジシチェなど）、さらにはヴォルガ上流域地方（サルスコエ・ゴロジシチェなどいわゆるヤロスラヴリ・ヴォルガ地域）、南部ロシア（黒海・アゾフ海沿岸地域）など実にさまざまである。各説は、とくにそれぞれの地域で行われている考古学的発掘調査の成果を積極的に取り入れてスウェーデン人「ロース」の根拠地を明らかにしようとしている。以上のうちとくに北部ロシア諸地域を想定する場合は、通常「ロース」はスラヴではなく、スカンディナヴィア系と考えられることになる。[44]
「ロース」がハザールの「カガン」により派遣されたのか、それとも自国（その場所が問題となるが）の「カガン」の命で派遣されたのか、この二説にはそれぞれそれなりの根拠もあって、単純にどちらかに決定するというわけにはいかない。前者の場合、中世においては外国人を自国使節として用いることは珍しいことではなかったので、スウェーデン人がハザール君主に雇われ外交分野で活躍したこともあったかもしれない。また当時ビザンツとハザール間には外交使節の交換も実際に頻繁にあった（とくにこの時期両国関係は急接近したことが知られている。九世紀前半、おそらく三〇年代には、ハザール側の要請でビザンツから多数の土木・建築技術者が派遣され、ドン河畔のサルケルなど一連の要塞が建造されたことはその現れであった。これらの要塞はマジャールやペチェネグなどの遊牧民や、急速に勢力を増してきたドニエプル地方の「ルーシ」の攻勢に対処することを目的としていたという[45]）。しかし実際にハザールが外交分野でスウェーデン人を用いたことを伝える史料はない。加えてこの説の最大の問題は、「ロース」の帰路が危険とされているところである。ビザンツからハザールへ帰るのに安全性を理由にドイツ経由で、というのは理解し難いところである。

他方後者の説であるが、スウェーデン人が北方（のいずれかの地域）へ帰還するのにドイツを経由するという点は理解しやすい。ただしハザールから遠く離れたスウェーデンや北部ロシアの首長が「カガン」と自称したとされているのは、問題となると考えられる。[46] ハザール君主の権威を借りようとしたとしても、なぜ遠く離れた北辺の地でハザールの称号なのか理解しかねる。ハザール君主の権威がそれほどに強大であったとも考えにくい（この点黒海沿岸説などは問題ないが、ただしこちらの場合帰路の「危険」云々の問題が残る）。とりわけスカンディナヴィアから直接到来したとする説は採用しがたい。スカンディナヴィアに近接するドイツ側が、これらが自称する「ロース」について知らなかった（尋問してはじめて知った）などというのは不自然である。その「ロース」がスカンディナヴィアからロシア北部へ、またさらに中部へ進出した段階でハザールと遭遇あるいは対決し、「カガン」の称号を採用したということは考えられる。しかしそうであれば、「ロース」はロシア中央部（ドニェプル中流域）から来たと言うべきであろう。

フランクリン／シェパードなどはこの「ロース」の所在地の候補地として四地域（スウェーデン中部、古ラドガ、リュリコーヴォ・ゴロジシチェ、ヴォルガ上流域）をあげ、結論としてはイリメニ湖畔のリュリコーヴォ・ゴロジシチェ（のちのホルムガルド＝ノヴゴロド地域）をもっとも可能性が高いとするが、ドニェプル中流域は候補地としては考慮されていない。この時期にスカンディナヴィア人はまだ中・南部ロシアへ進出していなかったのみならず、この地域そのものが未発達であったと考えているのである（キエフに確認されるこの時期の防御施設はハザールのものであったとすら主張する）。[47] この点についてはすぐに立ち返るが、本書の著者は『ベルタン年代記』の「ロース」問題を考える際に、ドニェプル中流域を除外することはできないと考えている。いずれにせよかれらの結論（リュリコーヴォ・ゴロジシチェ説）は、その首長が「カガン」と称したという点で大きな問題を抱えていると考える。

『ベルタン年代記』の「ロース」をめぐる問題に関する研究状況はおよそ以上のごとくである。ここで本書の著者の考えるところを明らかにしておく必要があるであろう。

著者は、フランクリン／シェパードやロシアの多くの研究者とは異なって、すでに九世紀にスカンディナヴィア系集団（武装し富の獲得を目指していたであろう）がドニェプル中流域に現れ、一定程度の政治組織を形成するに至っていたと考える（ロシアの研究者の場合も九世紀段階でキエフがすでに相当の発達を遂げていたことは当然承認するが、その主体をスカンディナヴィア人ではなく、スラヴ人と考えるのである）。つまり「ロース」はドニェプル中流域からの者たち（「スウェーデン人」）であったと考える。かれらの首長が「カガン」を称したことは、その意図はともかくとして（それについては後に検討する）、ハザールとの地理的近接性からして自然なことであった。問題はいうまでもなく、第一に、九世紀前半においてこの地域にスカンディナヴィア人の進出（定住）を想定することができるかであり、それと関連して、キエフがこの時点でその中心地にふさわしく成長していたかである。いずれも研究史上議論が紛糾しているところである。

第一の点に関して、多くの考古学者の見解によれば、これまでのところ九世紀の時点でこの地域にスカンディナヴィア人が出現したことを証拠だてる遺跡や痕跡は知られていない。それらは西ドヴィナ―ドニェプル―ヴォルガ上流域の分水嶺より北の地域に限定されている。つまりグニョズドヴォなどのドニェプル上流域（現スモレンスク付近）を南限として、それ以南ではスカンディナヴィア系遺跡は見つかっていないのである。(48) それでは『ベルタン年代記』のスウェーデン系「ロース」はドニェプル中流域からの者ではなかったと結論づけるべきなのであろうか。そう簡単に言いきってしまうわけにはいかない。著者が上述のような考古学研究状況にもかかわらず、九世紀前半におけるスカンディナヴィア人のこの地域への進出の可能性が否定できないと考えるのは、以下にもみるごとく、すでに同じころにこの地から来たと推定できる「ルーシ」が西方ドナウ川中流域に姿を現し、そのことがドイツ（ラテン語）諸史料に反映を見せているからである（第四章）。すでにこの時期にスカンディナヴィア人を構成要素に含む「ルーシ」の何らかの組織がこの地に形成されていたと推測することができるのである。既述のごとく、シャーフマトフなども二波にわたるスカンディナヴィア人の最初の一団（ルーシ）がこの方面に姿を現し、やがて遅れて現れたヴァリャーギによって取って代わられる時期を八―九世紀と考えていたことを、ここで想起しておくのもよいであろう（上述六一頁、また本章注（30）を参照）。

順を追ってみていこう。まずスカンディナヴィア人のドニェプル中流域への進出の考古学的痕跡が残されていないという事実についてである。これはどのように説明されるであろうか。著者はスカンディナヴィア人が九世紀前半にこの地域に出現していた可能性は排除されていないと考える。かれらは八世紀末にはすでに東方へ進出し始めていた。当初かれらは主にヴォルガ川方面へ向かったが[49]、一部がこの地域へも現れたことは、後述するところからもおそらく十分に推測できると考える。ただ数的にはそれほど多くはなかったであろう。土着のスラヴ人を従えることはできたが（あるいはかれらは支配者ではなく、最初は富を求めるたんなる武装商人ないし傭兵として到来したのかもしれない）、すでにこの地にある程度の政治組織を作り上げていた圧倒的多数のスラヴ人に比較した場合、きわめて少数であった。したがってスラヴ人を従えて、あるいはかれらと共に従来以上の強力な政治組織を樹立したとしても、日常生活上、また文化的に急速にスラヴ化するのは避けられなかった。いずれにせよかれら自身のエトノス性を示す明確な考古学的痕跡を残すにいたらなかった理由はおそらくこの点にある[50]。

では九世紀段階でのキエフの発達度についてはどう考えるべきであろうか。はたしてこの時期にキエフに政治的中心にふさわしい都市が形成されていたと考えることはできるのであろうか。この問題についても長い研究の歴史があり、ここでそれに立ち入って検討を加えることはできないが、以下に最近の研究動向にある程度ふれておく必要はあろう[51]。

キエフは一九八二年に都市成立千五百年祭を大々的に祝った。五世紀末にはすでにその歴史が始まったと広く考えられているのである。祝祭そのものはあくまでも政治社会的目的から行われたと言ってよいが[52]、背景にこれを支える「学術」研究があったことも確かである。こうした研究を代表するのはB・A・ルィバコフやP・P・トロチコ（それぞれやがてソヴィエト、またウクライナの科学アカデミー会員となる）と考えることができる。

たとえばルィバコフは早くから、スキタイ人（その農業を営むスコロトゥイ人）のうちにスラヴ人の祖先をみようとするなどスラヴ人の歴史を可能な限り早期に（紀元前にまで）遡らせる志向性を示していたが、キエフの歴史も五世紀には始まっていたとする。かれはそれを考古学的に検証しようとする一方、『原初年代記』でキエフを建てたとされる「キー、シチェク、ホリフ三兄弟」を実在の人物と見立てるなどして、これを立証しようとしたのである[53]。

一方トロチコもキエフの歴史を「古代化」しようとする志向性の点では同様である。かれは「キー伝説」に関するルィバコフの見解を受け入れただけでなく、キエフに拠点をおく研究者としてキエフがすでに五世紀末―六世紀以来都市としての歩みを始めたことを主張した。かれによれば、最初の集落がドニェプル右岸に成立した後（成立の具体的状況は明らかにされていない、というより明らかにしえない）、六―七世紀に「萌芽的都市」へ成長、八―九世紀に「初期封建都市」へと発展、そして九―十世紀には十分に発達した中世都市となったという[54]。キエフの早期における成立、またその後の急速な発展に関するトロチコの見解は広く受け入れられ、いわば公式的な地位を獲得したと言ってよいが、それはあくまでも社会的、政治的な場においてである。歴史家、考古学者のあいだでこれが無条件で認められたわけではなかった。むしろ批判的な研究者が多かったといったほうがよい。たしかにトロチコは考古学研究の成果を十分に援用している。しかし問題はそれらがかれの信じるような結論を確かに裏づけるものであったかである。学問的にはトロチコの解釈ははなはだ疑問である。たとえば、キエフ最古の居住跡の残る地域（いわゆる「城山」、ザームコヴァヤ・ガラー）には、早くは六―七世紀に遡る文化層が確認されるという（古キエフの都市図は第九章2にあげておいた)。しかしそれが後の「ルーシ」の祖先となる住人の居住跡といえるかどうかは明白でない。スラヴ人の痕跡を示す遺物(陶器など)はより後の時代になって確認されるだけでなく、最古の層とその後の九―十世紀のキエフの地層との間には断絶を示す痕跡のあることが指摘されているのである。古キエフ史の大家、考古学者M・K・カールゲルは「城山」における最古の居住跡を最終的には八―十世紀と(やや漠然と)結論づけ、それを都市(ゴロド)というよりは「ゴロジシチェ」(防塞集落跡)と表現している。もっともそれですら最古の居住地が城壁で囲まれていたかのような誤解を招くとしてE・ミューレによって批判されている。後者はこれをむしろ「セリシチェ」(村的集落跡)と呼ぶべきであると考えている。[55]

ところで「城山」のすぐ南側に位置する「古キエフ丘」(スタロキエフスカヤないしアンドレーエフスカヤ・ガラー、古キエフの支配層の拠点、ウラジーミルやヤロスラフの町のある所)の北西部分(約二ヘクタール)が最古の時代に濠と土塁で囲まれていたことが明らかにされている(濠はその後規模を拡大するキエフにとって障害となり、おそらくは十世紀末のウラジーミル公治世に埋められたと推測される。二十世紀の数度の発掘調査によってそのことが明らかとなった)。それが明確にいつの時期のものかは見解が分かれているが、カールゲルは八―十世紀と考えている。[56]一方、下層民の居住区とされる「ポドール(ポディール)」(ドニェプル川沿いの低地帯)が集落化され始めたのはやや遅れ九―十世紀のこととみるべきであるように思われる。[57]

問題は以上のごとき考古学的知見をどう解釈するかであるが、本書の著者はルィバコフやP・P・トロチコのように「ルーシのキエフ」の起源を五、六世紀にまで遡らせようとする立場には与しない。ただ、今ここで問題としている九世紀前半の時点に関して言えば、すでにスラヴ人はもとより、新たに北方から到来しつつあった「ヴァリャーギ」もドニェプル中流域に何らかの形で住み着いていた可能性を仮定して差支えないと考えている。はっきりしているのは、実は上記の考古学的資料からだけではこうした点に関し明確な回答を期待できないということである。著者が九世紀に関して上のように推測する根拠の一つは、繰り返しになるが、この時期ドイツ南部（ドナウ中流域）方面に姿を現し、その地のラテン語史料にさまざまな形で書き留められた「ルーシ」が、まさにこの方面からの到来者と推測できることにある。実際、後に検討するように（第四章）、九世紀にはハザールに発しドニェプル中流域を西方ドイツ諸地域と結びつける道が機能していたと考えることができそうなのである。キエフ方面からきた「ルーシ」がすでに九世紀にはドナウ諸地域と活発な経済関係を結んでいたということである。こうしたことは『原初年代記』（の編者ら）の視野にはまったく入っていなかったのである。

さらにスカンディナヴィア人がこのころすでにビザンツにおいて活躍していたことも、おそらくはかれらが当時すでにドニェプル中流域になんらかの拠点を構えるに至っていたことの傍証となる。

まず九世紀前半（あるいは初頭）には黒海南西部沿岸のビザンツ諸都市に対する「ロース」の襲撃がビザンツ文献で伝えられている[58]。いうまでもなくこうした記述から直ちに「歴史的事実」を引き出すことはできないが、もし九世紀前半に「ロース」がビザンツに姿を現していたとするならば、かれらはどのようなルートで黒海南西岸にまで到達したのかが問われなければならなくなる。スカンディナヴィア人が九世紀前半のビザンツに現れていた可能性を示す証拠はほかにもある。八二五年頃、「インゴル」なる者が（スカンディナヴィア系の「イングヴァール」Ingvarr と推測される）ニカイア府主教となったことが知られているという。また皇帝バシレイオス一世の妃エウドキア（八三七年頃の生まれ）は父の名にちなんでインゲリーナと呼ばれていたという。かの女の父の名も「イングヴァール」であったと推測できる[59]。ビザンツ文献ではかれらは「Ῥῶς ロース」と呼ばれたが、M・V・ビビコフやE・A・メリニコヴァらによれば、これはスカンディナヴィア人の自称（rōþs）に直接遡及される語であった[60]。スカンディナヴィアがギリシアとある程度の経済的交流を開始したのも同じころであると言われる。これはスカンディナヴィアにおいてビザンツのミリアレシオン銀貨がわずかとはいえ発掘されているところから推測されるのである（九世紀に関してはまだ少なかったと考えられる）[61]。

このように、スカンディナヴィア人の存在がわずかではあれすでに九世紀に推測されるとしたならば、はたしてかれらはどのようにして黒海に進出し、さらにビザンツへ到達したのであろうか。一般的にはかれらはルーシを通って帝国に到達したと考えられている[62]。かりにそうであるとしても、いわゆる「ヴァリャーギからグレキ（ギリシア）への道」が目に見えて機能し始めるのは、既述のごとく、また『原初年代記』の記述などによるならば、九世紀末以降のことである（ルーシの最初のコンスタンティノープル遠征は八六六年、ノヴゴロドを発したオレーグが南下してキエフを統合するのは八八二年とされる）。それ以前についても同様に考えてよいのであろうか。むしろ初期の段階ではかれらはヴォルガ川から（連水陸路などを通り）ドン川へ出て黒海に入ったのではないだろうか。アラブ銀貨の北ヨーロッパへの流入経路（その圧倒的多数はドニェプルではなくもっぱらヴォルガを通ったという[63]）から考えても、その方が可能性が高そうである。しかしその場合であっても、すなわちヴォルガ中下流域経由と仮定しても、その方面でもスカンディナヴィア人の定住（居住）を裏づける遺跡は発見されていないのである。その意味では、こちらもドニェプル中流域とさほど事情は変わらないともいえる。かれらがバルト海―北部ルーシ―ヴォルガ―ドン経路でビザンツ入りしたという結論を出すこともまたできないことになる。

先に著者は、九世紀段階でドニェプル中流域に進出、定着したスカンディナヴィア人は数が少なく、明確な痕跡を残さなかったと記した。いまやこれを若干修正し、かれらは早い段階では定着したというよりは、この地域をビザンツ等へ向かう経由地として利用したと考えた方がよいかもしれない。九世紀前半の段階では、スカンディナヴィア人は必ずしも確固たる政治組織としてドニェプル中流域に定着したのではなく、そこを経由地として富の獲得を主目的にビザンツへ、あるいは西方へ向かったと考えた方がよいように思う。フランクリン／シェパードらが『ベルタン年代記』の「ロース」の根拠地として、この地域を最初から除外した理由はまさにこの点（つまりドニェプル中流域にスカンディナヴィア人の「確固たる」拠点、定住地はまだ築かれていなかったということ）にあったように思われる。おそらくそのような前提を排除して、著者のごとくに考えるならば、インゲルハイムに現れた「スウェーデン人」（「ロース」）を北部ロシアからドニエプル中流域にかけての地域で活躍を始めていたスカンディナヴィア人とみることは十分に可能であるし、それがもっとも自然な見方であるように思う。

以上、『ベルタン年代記』の「ロース」とは、北部ロシアからドニエプル中流域にかけての地域で活動していたスウェーデン人中心の勢力であった可能性が高いという結論に到達したが(64)、それではその首長が「カガン」の称号を採用したことは、いったい何を意味していたのであろうか。これについては古ルーシ諸公の称号の問題をより広い視点から検討する際に改めて考えることにして（本章補論1）、いまはその前に「ルーシ」の語のより根源的な形態についてみておきたい。

●南ドイツ（ラテン語）史料における「ルーシ」

これまで『ベルタン年代記』における「ロース」についてみてきたが、これは「ルーシ」（「ロース」）の使用例の最古のひとつ（それも具体的な情報に富む例）ではあっても、これをもって「ロース」をただちに「ルーシ」の最古の形態と言ってしまうわけにいかない。むしろそれはビザンツにおける使用例と考えるべきであるようにみえる。『ベルタン年代記』においてラテン語形でRhosと記される語の元来のギリシア語表記はおそらくῬῶςであったであろう（テオフィロス帝のギリシア語書簡原本が残されていないので厳密な形態は不明である。ただしその後の事例からみても、「ルーシ」のごとく-ū-（長い-u-）ではなく、「ロース」のように-ō-（長い-o-）の形であったことは確かであろう。「ルーシ」の語は、「ロース」型、すなわち-ō-型とは異なるものであろう）。それはビザンツにそのように呼ばれる人々が早くからいたことを示してはいるが（初期にはそれはほぼスカンディナヴィア系であったろう）、「ルーシ」の語がそこから直接に引き出されたとはいえないのである。

それでは「ルーシ」の形は、最初はどこで現れるのであろうか。A・V・ナザレンコによれば、それはドイツ諸地方においてラテン語形で書き留められた諸事例に原型をもつという。本書の著者はナザレンコの見解は注目に値すると考えている。そこでかれの見解を以下にみてみたい[65]。歴史・言語学者としてナザレンコは、長い研究の歴史のあるこの問題に関して、とくに説得力に富む見解を表明していると著者には思われる。

「ルーシ」人は、初期中世の西方ヨーロッパ人、とりわけゲルマン系の人々にとって珍しい存在ではなかった。ドイツ諸地域のラテン語文献は、もっとも早い段階での、エトノス名としての、あるいは政治集団名としての「ルーシ」にひんぱんに言及している。というよりギリシア・ビザンツやアラブ語史料におけるよりはるかに多く言及している。またそこに現れる「ルーシ」の語形もさまざまで多様性に富む。たとえば、ビザンツ史料では「ルーシ」は基本的には二つの語形でしか現れないが（Ῥῶς および Ῥούσ(ι)οι）[66]、西方の文献では、これに比しておどろくほどに多様である。すなわち、Rhos, Ruz(z)i, Rugi, Rus(c)i, Ruszi, Ruizi, Ruzeni, Rus(s)i, Rut(h)eni, Rutuli, Ruzarii, Reuteni などの形がみられる。もちろん、西方の文献にこうした形態で現れる語のすべてが、われわれが考えている「ルーシ」を表現したものかどうかは問題となる。その個々の事例については、それを否定する研究者も少なくない[67]。しかしナザレンコによれば、これらはほぼすべての場合において「ルーシ」を表すか、それと関係する語であることは、相当程度確かなものと考えてよさそうである[68]。ただここではさしあたり、「ルーシ」とみなすことのできる語が早くからさまざまな形で西方の諸文献に姿を現し始めていることを確認するにとどめておこう。これらの語は、早くは九世紀初頭から中葉にかけての文献において言及され始めると推測できるという。

そこで西方におけるさまざまな事例であるが、それをみるまえに、ここで九世紀初頭以降の西方文献に「ルーシ」への言及があることの意味をあらためて確認しておかなければならない。

先にもふれたことと重なるが、『原初年代記』によれば、「ルーシ」という国名はビザンツ皇帝ミカエル三世のときの八五二年に始まったとされている（邦訳一七頁）。この年代自体は数え方の点で疑問のあるところであるが、いまそれについては問題にしない（三三三―三三四頁、邦訳者注3を参照）。またよく知られた同八六二年の項では、その年に「ヴァリャーギのルーシ」族のリューリクら三兄弟が招かれ、ノヴゴロドなど北ロシアの地にやってきたとされ、「ルーシ」の国はかれらから呼び名をえたと記される（一九頁）。そしてリューリクの死後、公となったオレーグがリューリクの子のイーゴリを擁して南下し、ドニェプル中流域のキエフを奪ったのが八八二年のこととされている。つまり、『原初年代記』ではいわゆる「ルーシ」の始まりは九世紀中葉から後半にかけてのこととされているのである。

したがってもしそれ以前の西方文献に「ルーシ」と思しきエトノスないし政治組織あるいは地域名が現れるとするならば、『原初年代記』の記述を考慮に入れる場合には、以下のいずれかとして考える以外にない。一つは、九世紀中葉以前の西方文献に現れる「ルーシ」はドニェプル中流域のではなく、どこかそれ以外のたとえば、北方スカンディナヴィア方面、あるいはせいぜいが北部ロシアのいずれかのエトノスや政治組織に関係していると考えるのである。すでにみたようにこのように考える研究者も多かったが、本書の著者の考えではそれは正しくなかった。他の可能性としては、この場合むしろ『原初年代記』の記述に問題があり、ドニェプル中流域に「ルーシ」が成立したのは年代記の記すより相当に早い時期のことであったと考えるのである。さらにこれらの見方とはやや異なって、そもそも年代記の記述自体が（年代というよりは）虚構であるとする立場もあるかもしれない。この場合は、「ルーシ」は北方系（ノルマン人）とはまったく関係なく、たとえば南部諸地方のロシ川などの地名に由来するロシア土着のエトノス名で、それがノルマン人の到来以前にすでにドニェプル中流域において政治集団として成立していたと考えることになる。

以上はすべて考えられることであり、いずれかと単純に決めることはできないが、西方で書き留められた「ルーシ」

に限定して考えるなら、第四章でもみるように、第二の可能性が高いといえる。南ドイツ（ドナウ川中流域地方）とキエフ方面とを結ぶ交易路がすでに成立しており、「ルーシ」商人の存在も推測できるからである。ただしその際の「ルーシ」のエトノスがスカンディナヴィア系に限定できるかは問題となる。上述のように、本書の著者は北方系の「ルーシ」が、すでに九世紀初頭の段階でドニェプル中流域に何らかの形で成立（あるいは存在）していたと考えるが、西方で書き留められた「ルーシ」人はスラヴ化していた可能性が高い。そのように言える考古学的な理由はすでに先にみたが、以下にはさらにナザレンコに従いつつ言語学的な面からもみることとする。だがいずれにせよここで重要なのは、すでに九世紀初頭にドニェプル中流域に形成されつつあった「ルーシ」という政治集団が何らかの仕方で西方の人々と接触をもち、その地でいち早く書き留められるにいたっていたということである。

さてナザレンコによれば、西方の諸文献で「ルーシ」を表す上記の諸形態のなかで最古のものは Ruzi など、語幹に -z- をもつ形態で、まず古高・中高ドイツ語（地域的にはバイエルンなど南東ドイツ）に現れたという[69]。それはその後低地ドイツ地方（ザクセンなど）で Ruci, Rusci など -c-、-s- をもつ形で用いられるようになった。九―十一世紀の文献における使われ方である。おそらく西方ではバイエルンなどでもっとも早く、おそくとも九世紀中頃までには、「ルーシ」の名が文献に書き留められるようになったと考えられている。いっぽう最古の時代の表記（Rūzāra や Ruzzi）の語根にすでに長い -u- が現れることから、そのように表記されるエトノス名はスラヴ語的な形であったとナザレンコは考える（これに対しスカンディナヴィア語のプロトタイプとして想定されるのは、既述のごとく rōþs であるが、最古の時代のラテン語表記にはこちらは現れない）。このことはこの名称の持ち主たちは、そのエトノス的な原初形態がどうであったにせよ、九世紀前半にはスラヴ語形の自称エトノス名を所持していたということを意味する。この時点ではその言語学的起源はともかくとして、「ルーシ」は先にも指摘したように、スラヴ化していたと言いかえることもできる。このような「ルーシ」が最初に西方の諸文献に名を留めるようになったことが何を意味するかは、本書においてさらに解き明かされるべき重要な課題となる（第四章）。

補論1　ルーシ諸公の称号「カガン」と「クニャージ（公）」について

『ベルタン年代記』に記される「ロース」は自らの首長を「カガン」（ハカン、chacanus）と呼んだが、元来トルコ・モンゴル系遊牧民の首長の称号といわれる「カガン」はスラヴ世界でも早くから知られていたと推測される。とくに六世紀に、モンゴル系と言われる遊牧族アヴァールが東方からヨーロッパ東部へ進出して以後、ビザンツのみならず当のアヴァールにも支配されることとなったスラヴ諸族（こちらもバルカン半島方面に姿を現してそれほど時が経っていなかった）にとって、「カガン」が遊牧諸族の強力な支配者であることは広く認識されていたであろう。『原初年代記』もアヴァールについては言及しており（「オブルィ」）、かれらがヘラクレイオス帝のころ（七世紀前半）ビザンツを攻撃し、スラヴ諸族を苦しめたことを記している（邦訳一一―一二頁）[70]。ただとくに東スラヴ人主体のキエフ・ルーシに限定して言えば、「カガン」の称号はむしろハザール国家による支配とより強く結び付けられていたと言ってよいであろう。

多くの研究者は、『ベルタン年代記』の「ロース」の「カガン」をかれらのたんなる自称ではなく、国際的に認知された公式的な称号であったと考えている。このことは八七一年のドイツ皇帝ルードヴィヒ二世（前記ルードヴィヒ敬虔王の孫）のビザンツ皇帝バシレイオス一世にあてた書簡によっても裏づけられるかもしれない。ルードヴィヒ二世の書簡はバシレイオス一世への返書であるが、バシレイオスはその今に伝わらない書簡で、ビザンツ皇帝官房における諸君主の呼称（称号）についてなんらかの記述をしたと推測される。ルードヴィヒはおそらくそれに関連して、次のように反論したのである。「［われわれの下で］カガン chaganus と呼ばれるのはアヴァールの君主である。ハザール Gazani やノルトマンニ Nortmanni の君主ではない。ヴルガール［ドナウ・ブルガール］の君主 princeps もそうではなく、［かれらは］ヴルガール王 rex ないし主君 dominus と呼ばれるのである」[71]。

つまりルードヴィヒの反論からすると、バシレイオスは「ハザール」や「ノルトマンニ」の君主らを「カガン」と呼んだと推測される（ここでは「ノルトマンニ」を多くの研究者とともに「ノルマン人、すなわちロース」のことと理解する）。しかしながら実際にバシレイオスがそう呼んだかどうかはわからない。少なくともそのような証拠はない。むしろビザンツ皇帝官房が「ロース」の君主を別の語で呼んだことを示す史料がある。たとえば、やや後の十世紀になってからの記述であるが、コンスタンティノス七世ポルフィロゲネトスはルーシの君主を「アルコン」ないし「アルコンティッサ」の称号で呼んでいるのである（たとえば、摂政オリガが「アルコンティッサ」と呼ばれていることについては後述第五章2を参照）。むしろ後にみるように、こちらのほうが公式的な立場と考えることもできる。こうなるとビザンツの史料だけでは、ルーシの君主がどう呼ばれたか一義的には決め難い。

この点アラブやペルシアなどの東方の諸史料はより明確である。それらは「カガン」がルーシ諸公の広く認知された公式的称号であることをほぼ一致して伝えているのである。九世紀後半のルーシについて伝える東方史料は少なくないが、たとえばペルシア人地理学者のイブン・ルスタ ibn Rosteh の『貴重な宝飾品の書』（十世紀初）をみてみよう。次のように記される（基本的にT・M・カリーニナ訳による）。

「ルーシ ar-rusiia に関して言えば、かれらは湖に囲まれた島に住んでいる。かれらの住む島は三日の行程の広がりをもち、森や沼に覆われ、湿気が多く不健康で［悪臭を放っており］、人がそこに足を踏み入れた途端、あまりの水分の多さにじっと立っていることができない。かれらにはツァーリ（王、malik）がいて、ハカン―ルス［ルーシのハカン］と呼ばれる。かれらはスラヴ人を攻撃する際に、船で遠征し、陸へ上がるやこれを捕虜に取り、ハザール人やブルガール人のもとへ連行し、そこで売りさばくのである。かれらには耕地はなく、ただスラヴ人の地から［捕虜を］

連れてくることで生きている。かれらに男子が生まれると、かれ［ルーシ］はその子に抜身の剣を与え、それをこの子の前において言う。『わしはお前に財産を何も残さない。お前にはこの剣で手に入れるもの以外何もないのだ』と」。[72]

東方にはこのイブン・ルスタをはじめとして、「ルーシ人の島」について記す一連の記述が知られていて、[73]その具体的所在地をめぐってはさまざまに論じられている。大部分の研究者はこれをロシア北部のいずれかの地と考えるが、バルト海南東部、ロシア南部、ヴォルガ中流域などを考える者もいる。[74]本書ではこの点に立ち入ることはしないが、イブン・ルスタの伝える「ルーシ」が湖沼地帯に住んで（そこは農業に適さない）、近接するスラヴ人地域を襲い、その住民を捕えてハザールやヴォルガ・ブルガールに売り渡したり、戦闘を主たる生業としたりする存在であることが読み取れる。「ルーシ人」の居住地を北部ロシアと考える研究者が多いのもうなずける。「島」というのは気になるが（ここからバルト海上の「リューゲン島」などが想起される場合もある）、これを河川や湖沼の多い地域と考えれば、ある程度は納得も行く。またここに「ルーシ」と「スラヴ」が異なる存在であることが示されていることは重要である。それゆえ本書の著者は、この「ルーシ人の島」をロシア北部のどこかの湖沼地帯（たとえばヴォルホフ川がイリメニ湖に注ぎ込む、後のノヴゴロド／ゴロジシチェの地など）とする立場に傾いている。[75]

さてイブン・ルスタによれば、「ルーシ」の首長は「ハカン」を称していた。この点は他の諸記述によっても確認できる。[76]ハザールについて相対的に多くの情報に接していた東方の著述家は、元来ハザール君主を表す「ハカン」（カガン）の称号がこの地域の「ルーシ」によっても採用されていた（あるいはルーシにも適用できる）と考えていたのである。

それでは九世紀段階の「ルーシ」の首長が「カガン」と自称した、あるいは多くの史家の考えるように、公式の称号として「カガン」を採用したのは、いかなる意図からであったのであろうか。研究史上さまざまな見解が出されているが、コノヴァーロヴァはこれを二説に分類することができるとする。[77]それによると、一方の説では、すでに政治的に相当活性化していた「ロース」（ルーシ）にあっては（そのエトノス的社会的内実、あるいはその所在地の問題はともかくとして）、「カガン」称号の採用は「ルーシ」自身の首長がそれにふさわしい存在であることを誇示したことを意味した。かれらはハザールからの自立を志向していたともいえる（A・N・サハロフ、B・N・フロリャ、A・P・ノヴォセーリツェフ、A・A・ゴールスキー、V・V・セドフなど）[78]。もう一方の見方によれば、「ルーシ」はこの称号の採用により、逆にハザールの「家臣」であることを自認した。すなわちルーシは、テュルク・ハザール的国際システムの正式な一員として認知されることを望んだのだという[79]。「ルーシ」の自立性を強調するかどうかで両者は対立するが、双方ともに「ルーシ」の「国家性」の始まりを九世紀前半という早い段階に設定する点では異ならないともいえる。簡単にどちらかの説に決定するというわけにはいかないが、この段階でいきなりハザールからの自立を主張したとするのは相当無理があると思う。その意味では後者の説の方が妥当性が高い。だがいずれの場合でも、『原初年代記』の描くところ（九世紀後半にリューリクら「ルーシ」が北方から到来してはじめてロシア国家が成立したとする、いわゆる「ヴァリャーギ招致伝説」）とは大きく異なる状況が想定されていることはたしかである。

ところで以上のように、「カガン」称号の採用の意味については見解が分かれていたが、そもそもルーシの首長は、実際に最初は「カガン」と、そしてそうとのみ自称したのであろうか。かれらが北方的に「コヌング（王）」、あるいはスラヴ的に「クニャージ（公）」を名乗ることはなかったのであろうか。これは問題となる点であると考えられるが、実はこれをルーシの史料によって確かめることはできない。ルーシにはこの点に関して証言する同時代記述は存在しないからである。『原初年代記』ではルーシの支配者は最初から一貫して「公」と呼ばれているが（ルーシ諸公だけでなく、ハザールやヴォルガのボルガリ／ブルガール、さらにはペチェネグなど遊牧諸民族の首長などもすべて「公」と記される）、既述のごとくこの年代記の最終的な成立は十二世紀初頭であった。最初期のルーシ首長がどう称していたのか、正確なところはわからないのである。

この問題の答えをさぐるため、ルーシ公を「カガン」と呼ぶその他の事例を検討しておこう。十世紀のルーシ史料で該当する例は知られていない。十一―十二世紀の文献でもこのような事例は多くはないが（上述のごとく、『原初年代記』ではそもそも「カガン」についての言及は一度しかなく、しかもそれはハザールとの関係においてであった）、その中でもっとも重要なのは、ルーシ出身者で初めてキエフ府主教となったイラリオンの『律法と恩寵に関する説教』（十一世紀中葉）であろう。イラリオンとその『説教』については本書でもこれから繰り返しふれることになるが、この『説教』ではウラジーミル聖公について三度、ヤロスラフ賢公について二度（うち一度はいわゆる「信仰告白」の部分）、「カガン」の呼称が用いられている。[80] イラリオンがなぜほかならぬルーシを代表する両公をこう呼んだのか、さまざまな理由が考えられている。かつてはイラリオンがハザールに近接するトムトロカンの出身であることを重視する説、かれがドナウ・ブルガール（元来が遊牧民であり、キリスト教に改宗したボリス公（王）などもカン／ハカンを名乗っていた）の史料に基づいて自著を物したとする説、これらとはまったく異なってかれの出自が北方にあることを主張する説など、さまざまに主張されたが、[81] いまやこうした外的な要因による説明に大きな意味を認める必要はないであろう。

むしろイラリオンがどのような意図で両公を「カガン」と呼んだのかが重要であろう。ただしこれに関しても史家の見解は一致していない。ある者はこの場合「カガン」の使用をたんなる時代錯誤と考える。イラリオンがすでに実質的意味を失っていたこの称号を用いたのは、たんにかつてのハザール君主の権勢を想起してのことであったとする。[82] 他方、この称号の使用に、より積極的な意味を認める研究者も少なくない。たとえば、十一世紀の中頃までルーシにおいて「カガン」は「単独（「専制」的）および合法的支配権の象徴」であったことを指摘して、その採用はキエフ公によるルーシの他の諸公に対する優位性の、さらにはビザンツからの自立性の主張を意味したとする。[83] それぞれの説にそれなりに説得力が認められるが、本書の著者は、「カガン」の称号にとくにビザンツからの自立の志向、いわんや反ビザンツ的主張があるとする、よくみられる見解には与しない。ビザンツとの関係で自己主張をするのになぜこの段階になって「カガン」なのか明らかでないからである。かつてのブルガール（ブルガリア）の君主のように「バシレウス（皇帝）」を僭称するというのであれば理解しやすい。この問題はヤロスラフ賢公によるイラリオンの抜擢に反ビザンツ的な志向をみるかどうかという点とも関連してくるが、これについては後にあらためて検討する（第九章）。著者としては、ヤロスラフ賢公にルーシ国家の国際舞台における地位向上をめざす志向が強かったことは確かと考えるので、こうした志向と結びついた府主教イラリオンの高揚した感情が表現されたものとみている。ただそれをとくに反ビザンツ的志向ととる理由はない。そうした捉え方は当時のルーシの置かれていた状況を矮小化して理解することにもなるであろう。ルーシは当時西方との関係を含めより広い国際環境の中にあったことを思うべきであろう。

イラリオンによる「カガン」使用の意図について、最後に、その『説教』自体の主張からこれを解釈しようという試みにふれておきたい。D・ナスターゼは、イラリオンが「カガン」の使用によって、ルーシをハザールの「継承」国家として描き出そうとしたのではないかと推測している。[84] イラリオンは『説教』において、「律法」(旧約)と「恩寵」(新約）の対比、ユダヤ教・キリスト教の相違と継承関係についての思索を通して、新キリスト教国家ルーシの将来性を高らかに宣言している。「カガン」は両宗教を象徴するハザールとルーシとの間の継承性を表現しているとするのである。示唆に富む興味深い指摘である。しかしこの解釈がイラリオンの真意を捉えているかとなると、本書の著者としては大いに疑問を感じる。ルーシ国家をキリスト教世界のなかに高らかに位置づけようとしたイラリオンに、「ユダヤ教」国家ハザールとの継承性を強調する志向が本当にあったかどうかはむしろ疑問となるからである。おそらくイラリオンのなかには、ウラジーミルとヤロスラフ両大公（そして両者が君臨するルーシ国家）が通常の公（国家）とは異なる特別の存在であることを強調する意図はあった。また当時のルーシがいまだ遊牧諸民族（ペチェネグ、後にはポロヴェツなど）と厳しい対立状態にあったことが、「カガン」の称号の使用を促したことも考えられる。ナスターゼは当時のキエフにハザール的、ユダヤ教的影響力が強くあったと考え、そのことを背景に上記のごとき推測に至っているが、イラリオンのうちにそうした志向を読み取ることが正しいとは思えない。[85]その後十二世紀になると、ルーシ諸公にこの称号を適用しようとする傾向は一部の地方（チェルニゴフ）諸公の場合を除いて、ほぼ影を潜める。[86]ルーシの君主はもっぱら「公」と呼ばれ、またそう自称するようになった。

以上のような状況から、ルーシ君主は初期には「カガン」を称し、後にある時点からスラヴ的に「公」を称するようになったと主張する研究者もいる。たとえば、『原初年代記』の各種用語について詳細に検討した言語学者のA・S・リヴォフは、「カガン」を初期ルーシ諸公が実際に自身のものとして使用した称号であったが、年代記作者（ら）がそれを一貫して「クニャージ」に置き換えて記述したとみている。つまり初期には実際に用いられた称号であった「カガン」が、後に（十一世紀以後）出現した「公」の称号によって駆逐されたというのである。[87]もっとも研究者の多くは必ずしもそうは考えない。かれらはルーシの首長が最初から「カガン」が「公」を名乗ったことを自明の前提としているのである。たとえばノヴォセーリツェフは東方での用例にかんがみ、「カガン」が「最高位の権力者」を意味し、ルーシでは「大公」に対応する語であったと考える。つまりルーシにおいて「大公」の称号が正式に用いられるようになる以前には、「カガン」が最高権力を象徴する用語として用いられたと考えられるとする。ノヴォセーリツェフによれば、ルーシの首長は最初から「公」を名乗ったが「最高位の権力」を誇示するときにしばらくの間「カガン」を用いたということになる。[88]一方これとは逆の見解を提唱したのがA・A・ゴールスキーである。かれによれば、「カガン」はルーシでは「公」や「大公」に後れて出現した。「カガン」が用いられたのは、キエフ公に従属する東スラヴ諸族長からキエフ公自身を際立たせるためであったとする。かれは「カガン」が用いられた時期を九―十一世紀中葉と考えているので、「公」はいうまでもなく、「大公」ですらその時期にはすでに使用されていたとみていることになる。[89]

こうした研究状況のなかで、はたしてキエフ諸公の称号についてどのように考えるのがよいのであろうか。ルーシの首長はほんとうにリヴォフの主張するように、最初は「公」を名乗ることはなかったのであろうか。リヴォフの見解は検討の素材を『原初年代記』に限定しすぎているようにみえる。本書の著者にとっては、メリニコヴァが近年表明した見解のほうが適切であるように思われる。そこでこれをみておこう。かの女は「古ルーシの初期の称号における『公』と『カガン』」という論文の中で、次のように主張する。

まず古ルーシ語の「公《クニャージ》」は原ゲルマン（ゴート）語のkuningazに由来すると考えられるが(90)、後者はすでに原スラヴ時代（具体的にいつかは明記されない）にスラヴ語に取り込まれ、南および西スラヴのみならず、東スラヴ諸語にもその反映をみせていた。イブン・ホルダドベー（九世紀三〇年代）ら東方の一部の著述者も、「ルーシ」がスラヴの一部であるということと同時に、スラヴの首長の称号が「公」であることをも伝えている。それゆえ「公」の出現は十一世紀末などではなく、最古の時代に遡り、九世紀には「公」と「カガン」の両称号が並行して用いられたと考えてよい。以上である(91)。

さてここまでの検討から本書の著者としては結論的に以下のように考えたい。

おそらくルーシの首長の称号として「公」の語は最初からあった。ただ現実には支配権力が未成熟であったので、最初期に常に「公」と、あるいはそうとのみ名乗ったかどうかははっきりしない。自己の権力を誇示するときに「カガン」を借用した可能性はある。いうまでもなくハザール君主の権威にあやかろうとしてのことである。この称号はときに後代になっても用いられることがあった（イラリオンの場合など）。ただルーシの首長が初期にもっぱら「カガン」を名乗ったということではないように見える。また「カガン」を用いた場合でも、とくにイラリオンの用法に限定して言えば、そこにハザールからの継承性の志向や反ビザンツ的主張を読み取るべきではないと考える。イラリオンにキエフ公の権威を内外に対し強調しようとする志向はあったと考えられる。かれにとって「カガン」はそれを示すためのひとつの手段であった。しかしそれもハザールの衰退が決定的となってやがて時代錯誤となり、十二世紀にはほとんど使用されなくなった。自前の称号（公）がより現実的となり、キエフ公の権威を強調するためには「大公」を称することで足りるようになった。十二、十三世紀には「大公」の称号が本格的に使用されることとなる。

キエフ首長そして君主の称号については以上で十分であろう。この項を終えるにあたって一点だけ断っておけば、これまでキエフ首長（君主）は、常にそしてそもそもの初めから「公」のみを称していたと考えられることが多かったが、これはやや非歴史的な見方であった。『原初年代記』にそう記されていることでそう思われたのであろうが、最初から存在した用語であるとはいえ、時の経過と共に次第に使用されるようになったと考えるのが適切であるように思われる。

補論2　「ヴァリャーギ招致伝説（物語）」について

ロシア国家の歴史が「海の向こう」から招致されたヴァリャーギのリューリクら三兄弟による統治に始まるとする伝説は、それを伝える『原初年代記』の成立以来今日にいたるまで、常にロシアの「歴史家」にとって最大の関心事であった。建国をめぐる伝説はどの国家、どの時代においても、常に「今の」時点との関連において再解釈され、新たな装いを帯びつつ信じられ続ける。ルーシにおいても同様で、それは自国の成り立ちに関心を寄せるすべての人々にロシア国家創建の様相についてのイメージをさまざまに与えてきたのである。

ところがこの伝説ほどにロシア人の自尊心を傷つけるものも他になかったと言ってよい。それはあたかもロシア人に自ら国を建てそれを治める能力がなかったかのような観念や主張を生み出したからである。「ヴァリャーギ」はノルマン人と考えられたので、伝説によりながらロシア国家の起源を語る者はノルマン主義者といわれ、かれらと、これを否定し建国の主役をスラヴ人と主張する反ノルマン主義者との間に、激しい論争が行われたことはよく知られている。

本補論ではこの論争の過程をたどることはしない。それは一書を必要とするほどに膨大な作業になるからである。[92] ここでは「伝説」をめぐるいくつかの論点に絞って検討を行う。まず最初に、「伝説」が伝えられるテクスト状況について確認し、それについて若干の考察を試みる。ついでテクストが伝える「招致物語」をどのように理解するのが適切なのか、とくに近年の諸研究にみられる動向に注目しながら考えてみる。そして最後にこの問題をめぐって今日のロシアにみられる一つの傾向についてふれておきたい。

●「招致物語」とテクストの問題

「物語」は既述のとおり『原初年代記』八六二年の項にみられる。これまでの論者はほとんどこれによりながら自説を展開してきた。しかし、すでにシャーフマトフやリハチョフを例にあげながら記したように、そのテクスト自体、本来的な形を伝えているかどうかは疑問であった。同じく『原初年代記』(『過ぎし年月の物語』)でも写本によって(主な写本だけでも、ラヴレンチー、トロイツキー、ラジヴィウ/ラジヴィル、イパーチーなどがあげられる)大きな相違のあることは、もちろんよく知られた事実である。そのうち「ラヴレンチー本」と「イパーチー本」(それぞれ『ロシア年代記全集』*PSRL* の第一、第二巻である)を比較してみただけでも、そこにはいくつもの(ときに本質的な)違いがみられるのである。たとえば、前者ではリューリクが最初に支配した町は不明である。というかこの箇所は脱漏があり、空白となっている。ただ校訂者がこれを別の写本(トロイツキー本)から補って括弧つきで「ノヴゴロド」と記している(「ラヴレンチー本」を底本とする邦訳もこの補充を容れて訳している)。これにたいし、後者(「イパーチー」など)では、リューリクは「ラドガ」に座したとされる。[93] これはほんの一例に過ぎない。いずれにせよ、

「物語」を伝えるテクストは、実は写本によってさまざまであることがまず認識されなければならない。従来、「物語」をめぐる研究と論争はどういうわけか、ほとんど例外なくラヴレンチー本のみに基づいて行われてきた。これはやや理解しがたいことであるが、事実である。少なくとも依拠するテクストの特徴（他の写本に比してどうなのか）について認識することは、研究の出発点であろう。

問題はそれだけではない。実は『原初年代記』（十二世紀一〇年代の成立）には、すでにみたとおりシャーフマトフによれば、いくつかの先行する諸形態（集成）（「最古集成」、「一〇七三年集成」、「原初集成」など）があった（シャーフマトフは最古のテクストの復元にも取り組んだ）。「物語」テクストが、それらの諸集成にも（どの段階でかはともかくとして）すでに現れていた可能性が考えられる。『原初年代記』が必ずしも「原初的」な形態を伝えているわけではないのである。(94) もっともここでそれらを考慮に入れて「物語」の分析を行うことはしない。やはり復元テクストはあくまでも仮説に基づくにすぎないからである。ただし、『ノヴゴロド第一年代記（新輯、そのコミシオンヌィ写本）』（以下『ノヴ第一（新輯）』と略記）に、シャーフマトフが「原初集成」と呼んだ先行形態がある程度反映されているということは確かと考えてよいように思う（本章上述五四―五五頁参照）。『ノヴ第一（新輯）』の「物語」記事が、『原初年代記』（ラヴレンチー本）のそれより原初的形態を留めているといえるかどうかは微妙である。単純にそう考えるわけにいかないことはシャーフマトフ自身指摘するところであり、また以下にみるように「物語」の内容自体からもそのことはうかがわれる（『ノヴ第一（新輯）』版「物語」にも相当の矛盾や不自然な点がみられるのである）。しかし両写本の「物語」を比較検討することは、「物語」の本来的な在り方を知るうえで無意味ではないと考えられる。以下にそれを試みようと思う。(95)

●『原初年代記』と『ノヴゴロド第一年代記（新輯、コミシオンヌィ写本）』における「物語」

『原初年代記』（ラヴレンチー本）では、「物語」は基本的には八六二年の項に記される。以下にこれを関連する前後の部分（八五二年から八八二年の項）と合わせてみておく（邦訳一八―二四頁）。

八五二年―ビザンツ皇帝ミカエル（三世）の治世が始まる。このときに「ルーシの地」の呼び名も始まった。

八五九年―「海の向こう」のヴァリャーギがロシア北部の諸族（チュジ、スロヴェネ、メリャ、「すべての」クリヴィチ）から貢物を取り立てる。（南部ロシアではハザールがポリャーネ族らに課税する）。

八六二年―北部ロシア諸族がヴァリャーギを追い払う。しかしその後内紛が始まり秩序が失われる。そのため諸族は改めて、ヴァリャーギの招致を決め、これに応じてリューリクら三兄弟が到来する。このヴァリャーギは「ルーシ」を自称している。「ルーシの地」はかれらから呼び名をえたとされる。二人の弟の死後リューリクが単独支配者となる。リューリクの下から二人のヴァリャーギ（アスコリドとジール。二人は「かれ［リューリク］」の種族ではない」が、かれの「家臣」また「貴族」であった）が南方へ去り、キエフに定着、「ポリャーネの地を統治し始める」。

八六六年―アスコリドとジール率いる「ルーシ」がコンスタンティノープルへ遠征を行うが、失敗する。

八七九年―リューリクが死に臨んで「一族の者」オレーグに「公位を委ねる」。同時に幼児イーゴリをかれに託す。

八八二年―オレーグがイーゴリを擁して、ドニェプル川方面に進出、スモレンスク、リューベチなどを手に入れ、さらにキエフに進み、アスコリドとジールを殺害、自ら「公となってキエフに座す」。

以上には、「物語」部分（八六二年の項）に限定しても、一見して問題と思われる点がいくつも指摘できる。たとえば、リューリクの座した町が写本によって異なることについてはすでに指摘した。そのほかにも、リューリクを招いた諸族のリストに写本によって相違がみられること（右記の「すべてのクリヴィチ」vsekh krivichekh は、写本によっては「ヴェシ［族］およびクリヴィチ［族］」V'si i Krivichi となっている）[96]、三兄弟の支配地（ノヴゴロド、ベロオーゼロ、イズボルスク）と、かれらを招いた北部ロシア諸族の居住地域、また二人の弟の死後リューリクが家臣たちに分け与えた町々のリスト（ポロツク、ロストフ、ベロオーゼロ、ムーロム）とが合致（符合）しないこと、また「ルーシ」の名が、ある場合にはヴァリャーギの一部を、別の場合には全ルーシの地を指すものとなっていることなどである。

しかし何よりも問題となるのは、そもそもこの「ルーシ」の呼称が「ヴァリャーギ」から出たとされていることであろう。ここではリューリクらの率いるヴァリャーギが「ルーシ」を自称したとされているが、スカンディナヴィアにそのようなエトノス名が見出されないことが多くの研究者を悩ませてきた。これはやがて、既述のごとく、北部ロシアにやってきたスウェーデン人を先住民であるフィン人が呼んだ語（ruotsi）に関連づけて理解するのが一般的となったが、年代記にはこうしたことは一切書かれておらず、またこうした説明も全面的に承認されているとはいえない状況にある。

一方『ノヴ第一（新輯、コミシオンヌィ写本）』では、「物語」はどのようになっているであろうか。

こちらでは「物語」は八五四年の項に含まれている（これは同年代記で年代が記される最初の項でもある）。この項はいくつもの部分から構成される相当に長い記事となっているが、冒頭に「ルーシの地の始まり」と記され、これがいわばこの項全体の標題となっている。

この項に含まれる諸部分とは以下のごとき内容のものである。

最初はキー、シチェク、ホリフ三兄弟（および姉妹のルィベジ）によるキエフ創建の物語である（キエフの名は「キー」

にちなむとされる)。キエフ地方に住むのはポリャーネ族である(『原初年代記』ではこの話は年代が付される項より以前の部分にでてくる。邦訳九頁)。

ついでルーシのギリシア遠征の記述がくる。遠征の時期は「この時期」(キーらの時期と読める)、ビザンツではミカエル(三世)が皇帝であったとされているので、あたかもキーらの「ルーシ」が九世紀中頃に帝都を攻撃したかのようになっているが、『原初年代記』では、ミカエル治世の遠征はアスコリドとジールによるとされていた(『ノヴ第一(新輯)』でアスコリドらが登場するのは、以下にみる通りもっと後になってからのことである)。

遠征記事に続くのが、ハザールによるポリャーネ族に対する課税の記述である(ポリャーネは貢税として「剣」を差し出し、ハザール側の警戒心を呼び起こしている)。これは「[三]兄弟」の死後のこととされている(この話は『原初年代記』(ラヴレンチー本)にもあるが、こちらでは年代が示される以前のこととされている。一五―一六頁)。

この後に二人のヴァリャーギ「公」アスコリドとジールによるキエフとポリャーネ族支配の話が続く。そして「招致物語」はアスコリドらの話の後にくる(ただし、「招致」自体は「キー、シチェク、ホリフの時」のこととされ、記述が前後、というより混乱している)。

『ノヴ第一(新輯)』における「物語」の内容に立ち入る前に、引き続き八五四年の項の記述をたどっておく。「物語」の後には、リューリクの子イーゴリが成長し、かれが「軍司令官」オレーグとともにドニェプル方面へ進出、キエフを占領する話がくる。イーゴリはアスコリドとジールを計略により殺害し、キエフ公位につく。かれには「多くのヴァリャーギ[すなわち]スロヴェネの者たちがおり、そこから、そのほかの者たち[も]ルーシと呼ばれた」とされる(ここは解釈が難しく、一応こう訳したが、問題となるところである)。そしてこの年の項の締めくくりとして、最後にイーゴリがプスコフから妻オリガを迎えたこと、二人の間にスヴャトスラフが生まれたことが記される[97]。

以上に明らかなごとく、『ノヴ第一(新輯)』の「ルーシの地の始まり」の項(八五四年)には、『原初年代記』の八五二年（ミカエル三世治世の始まりと「ルーシの地」の呼称の始まり）から、八六二年の「招致物語」、さらには八八二年の項（オレーグが「幼いイーゴリを抱いて」ドニェプル方面に進出、キエフをアスコリドとジールから奪い、オレーグ自身がキエフ公位につく）までの記述が含まれている（一部には上述のように、それより前つまり年代が記される以前のことも含まれる）。

それでは、『ノヴ第一（新輯）』における「物語」部分の内容がどのようになっているかをみてみよう。

「キー、シチェク、ホリフの時代」、スロヴェネ（族）と呼ばれるノヴゴロドの民やクリヴィチとメリャ族（そして後にはチュジ族もこれに付け加えられる）がヴァリャーギに貢税（白リスやイタチの毛皮）を支払っていたが、「抑圧」に耐えられずに蜂起し、かれらを「海の向こうへ」追い払う。しかし諸族間に争いがおこり、「正義」が失われる。そこで諸族は「われらを治め、法に従って支配する公を探し求めよう」と話し合う。かれらは「海の向こうのヴァリャーギのもとへ行き、『われらの地は広くて豊かであるが、秩序がない。われらのもとへ来て、われらを支配せよ』と言った」。かくて選ばれた三人の兄弟が従士らを引き連れてノヴゴロドへやってくる。年長のリューリクはノヴゴロドに、次のシネウスはベロオーゼロに、三番目のトルヴォルはイズボルスクに座した。「そしてこれらのヴァリャーギ、これらの渡来者からルーシは呼び名をえた。またこれらの者からルーシの地が［そのように］呼ばれるようになった。そしてノヴゴロドの人々は今日にいたるまでヴァリャーギの氏族から出ているのである」。

以上が『ノヴ第一（新輯）』における「物語」の内容である。ここには『原初年代記』の八五九年と八六二年の二年分がまとめて記されている。

双方の「物語」は基本的部分において共通しており、大きな相違があるようにはみえない。ただいくつかの違いがあることも明白である。細部は措いておいて、ここではもっとも本質的と思われる点に注目してみたい。

まず『原初年代記』においては、「物語」の核心(主張)はルーシ建国の由来を明らかにすることにあるとみてよい。「海の向こう」からリューリクら三兄弟が招致され、兄弟の死後リューリクが単独支配者（となり、その後の王朝の始祖）となったというのが「物語」の核心である。後代の人々もまさにこのように理解したのであり、それゆえにこそ「物語」は激しい論争の原因ともなったと考えられる。

これにたいし『ノヴ第一（新輯）』では、「物語」はあくまでも「ルーシの地の始まり」(あるいは「ルーシ」の名称の始まり）を解明する大きな物語の一部分である。『原初年代記』でも名称の由来（起源）は問題となっていた。しかしそこでは「ルーシ」のテーマは建国問題に比して副次的であるようにみえる。他方、『ノヴ第一（新輯)』では「ルーシの地の始まり」が主題であり、「物語」はそれを解明するひとつの手立てとされている。加えてこちらでは「ルーシの地の始まり」はそもそもキー、シチェク、ホリフら三兄弟によるキエフ創建の話から始められている。リューリク招致は大きな話の一コマにすぎない。

『原初年代記』でリューリクによる「建国」がどのように描かれているかをみてみよう。それはアスコリドとジールの取り扱いによく表れている。ここでは二人はリューリクの「家臣」、「貴族」とされ、リューリクの「許し」を得てキエフを支配し、その後帝都遠征に出かけている。そしてリューリクの死後には、その遺子イーゴリを擁するオレーグにより殺害され（その際オレーグらはアスコリドらに幼児イーゴリをかざしながら、「これこそリューリクの子」と言ったという）、キエフは奪われる。この時点で南北のロシアが統一されたかの如くに描かれている。あくまでもリューリクが建国の主体とみなされ、かれによる支配権（王朝）の樹立が主題となっているのである。

実はリューリクとその王朝の成立を高らかに宣言したかのごとき『原初年代記』にもやや不整合がみられる。アスコリドとジール殺害後キエフ公位についたのは、オレーグ自身とされているからである。オレーグは「一族の者」ではあるが、リューリクとの関係は明らかにされていない。そのかれが「公位」につくのはやや理解し難い。リューリクの遺子イーゴリは「きわめて幼かった」とされるが、仮にそうであったとしてもオレーグはせいぜいが「摂政」ないし後見人とされるべきところであろう。にもかかわらずオレーグが「公となってキエフに座した」と明記されるだけでなく、かれは「蛇にかまれて」死ぬまで（九一二年）その座に留まり続けるのである。イーゴリが公位につくのはその後のことで、このときかれはおそらくはすでに三十代半ばになっていた。だがこの点を今は措いておこう。『原初年代記』版「物語」がリューリクによる王朝の創始を告げる建国伝説という基本的性格を有することは明らかであるからである。

他方『ノヴ第一（新輯）』では、アスコリドとジールは「公」とされ、リューリクとは独立にキエフを支配したことになっている。リューリクらが招致されたのは「キー、シチェク、ホリフ」の時代と記されているので、アスコリドとジールがリューリク到来以前にキエフを支配していたとは言えないが、二人に関する記述は「物語」より前に置かれており、この辺の事情はあいまいにされている。『原初年代記』版「物語」ではルーシの建国者として強調されていたリューリクであるが、『ノヴ第一（新輯）』では、立ち位置がやや低められていると言ってよい。ただしリューリク死後に南下してアスコリドらを殺害、キエフを統治したのはイーゴリとされており、その点ではこちらの方がリューリク―イーゴリと続く王朝の成立の説明としてはよりすぐれていると言える。こちらではオレーグはイーゴリの「軍司令官」とされ、二人の君臣関係が明確になっているのである。

しかしこうした側面があるにもかかわらず、『ノヴ第一（新輯）』では、「物語」がルーシの呼称の起源に関する一連の諸事象の中でつつましい位置を占めるに過ぎないことも確かである。置かれているコンテクストが『原初年代記』の場合とではまったく異なっているのである。『ノヴ第一（新輯）』版「物語」では、リューリクによる建国、また王朝の始まりがとくに宣言されているわけではない。それゆえもし後の「歴史家」たちがこちらの版を手元においていたとするならば、論争が実際にそうであったほどに激しくなっていたかどうかは疑ってみてもよいように思われる（なお『イパーチー年代記』においても、「物語」は八六二年の項に置かれており、基本的には『原初年代記』（ラヴレンチー本）の場合と同様に考えることができる）。

それでは『ノヴ第一（新輯）』の八五四年の項が主題として掲げた「ルーシの地の始まり」、また「ルーシ」の呼称（その起源）についてはどうであろうか。『ノヴ第一（新輯）』版「物語」においてそれはどのように説明されているのであろうか。

こちらの「物語」ではリューリク三兄弟が到来し、それぞれがそれぞれの町に座したことが記された後、すぐ続けて次のように記される。繰り返しになるがもう一度みてみよう。

「そしてこれらのヴァリャーギ、これらの渡来者からルーシは呼び名をえた。またこれらの者からルーシの地が［そのように］呼ばれるようになった。そしてノヴゴロドの人々は今日にいたるまでヴァリャーギの氏族から出ているのである(98)」。

『ノヴ第一（新輯）』におけるこの「説明」は実は説明になっていない。これを読んでもおそらく読む者は「ルーシ」の由来を理解できない。ヴァリャーギがすなわちルーシであることの説明が与えられていないからである。類似の箇所は、「物語」に続くイーゴリとその「軍司令官」オレーグによるアスコリドとジール殺害、キエフ奪取の記事中にも出てくる。先にも引用したが、イーゴリがキエフに座して公となったことが記された後、「そしてかれ［イーゴリ］には多くのヴァリャーギ、［すなわち］スロヴェネの者たちがおり、そこからそのほかの者たち［も］ルーシと呼ばれた」と続く。しかしここでもヴァリャーギとスロヴェネまたルーシは等置されるだけで、結局どうしてこれら、とりわけ前二者（ヴァリャーギとスロヴェネ）と後者（ルーシ）が同じなのかの説明はない。

『ノヴ第一（新輯）』版「物語」は「ルーシの地の始まり」という標題を掲げながら、結局明確な説明はしなかった。というよりむしろ、編者は説明する必要を感じていないのである。その理由は、同じ問題の『原初年代記』における取り扱いをみるとき少しはわかってくるように思う。こちらでは年代記編者が、自ら理解できるようにと考えたのか、少々説明を詳しくしているからである。

まず北部ロシア諸族が一度は追い出したヴァリャーギの下へ再び行って、公を求めたときのことである。「かれら［諸族］は海の向こう、ヴァリャーギ［の下］へルーシ［の下］へ行った」(k Variagom k Rusi) と記される（邦訳一九頁）。ここでは『ノヴ第一（新輯）』版にはなかった「ルーシ［の下］へ」の語が付け加えられている。「ルーシ」がヴァリャーギ族（少なくともその一部）であることが明確にされているのである。それでも不十分と考えたのか、編者はすぐに続けて「このようにヴァリャーギは自らをルーシと呼んでいたからである」とダメ押ししている。『原初年代記』版では、「ルーシ」はヴァリャーギ（その一部か）の自称であると説明されているのである。これはすでにみたように、シャーフマトフやリハチョフが鋭く指摘したところであった。[99]『原初年代記』の編者（ネストル、あるいは第二版のシリヴェストル）は、『ノヴ第一（新輯）』版にはなかった文言を付け加えることで、ヴァリャーギがすなわちルーシであることを明快に「説明」したといえる。

これとの関連で、すでに『ノヴ第一（新輯）』において、本来スラヴ人であったと信じられるノヴゴロド人が「ヴァリャーギの氏族の出」とされていることの意味も考えておく必要がある。これはおそらくスカンディナヴィア系ヴァリャーギが北部ロシアに早くから進出し、土着民（フィン・ウゴル系およびスラヴ系）となんらかの関係をとり結んでいたという事実（たんに武装商人、傭兵的到来者であったのか、それとも土着民をある程度従えたのか、はともかくとして）が背景にある。[100]シャーフマトフも強調したように、「物語」自体ノヴゴロドなど北部において形成された伝承に基づくと考えられるが、この伝承も同じ事実からでている。いずれにせよ、北部（ノヴゴロド）の年代記編者はヴァリャーギの北部における実在にうながされて、「ヴァリャーギすなわちルーシ」説を当然のこととして（それゆえ詳しい説明なしに）「物語」を編んだが、これはたとえば南のキエフの人々にはにわかには理解しかねることであった。キエフで『原初年代記』が編まれたのは十二世紀初頭のことであったが、このころにはノヴゴロドは、南のキエフと同じくほぼ完全にスラヴ人の都市となっていたからである。『原初年代記』の編者は、ここで補足説明が必要と考えたように見える。すなわち編者は「ノヴゴロド民はヴァリャーギの氏族からでたノヴゴロドの人々である」（邦訳十九頁、*PSRL*.I:20; *PVL*.s.13. 同意語反復のやや理解しにくい文章である）と記すが、ここまでは先の『ノヴ第一（新輯）』とほぼ同じことを言っている。しかし『原初年代記』はこれにすぐ続いて「［かれらは］以前はスロヴェネであったのである」とわざわざ説明文を付け加えている（言うまでもなくこの「説明」が正しいかどうかは別問題である）。ノヴゴロド民をヴァリャーギの子孫と認めるのにやぶさかではないが、それでは読者は理解できないと考えて、補足的「説明」をしたと考えられるのである。

ここまで見て来て、ただちに気づくことがある。既述のとおり、シャーフマトフ、とりわけリハチョフは『原初年代記』こそが、さまざまな補足を行って（とくに「ルーシの下へ」の語の追記である）、後のノルマン説の基を作ったと主張したが、よく見ると、そうした補足（追記）のない『ノヴ第一（新輯）』においても、結局はヴァリャーギすなわちルーシであることは当然のこととして共通に信じられていたということである。丁寧に説明するかどうか、という違いはあったにしても、両年代記が同じ前提にたっていたことには変わりはない。『原初年代記』の編者が意図的にノルマン説の方向に導いたというわけではなかったともいえる。

かくして以上の考察から、「物語」は「ルーシ」の、とりわけ名称の起源を北のスカンディナヴィアに求め、そこから初期の建国者をも導き出したが、それは必ずしも『原初年代記』編者らによる強引な創作活動の結果とはいえないという結論が得られたように思う[101]。

● 近年の諸研究における「物語」理解

さて以上に、ノルマン論争がこれまで度を越して激しく行われることになった要因のひとつに、もっぱら『原初年代記』版「物語」テクストのみが参照されたことがあったと考えられることについて記した。十八世紀以降の民族主義の時代には、ロシア人史家のなかにリューリクを含むヴァリャーギをスラヴ人とする主張が現れる。ソヴィエト時代になると、歴史発展における経済的、内在的そして土着的要素を重視する立場が支配的となり、スラヴ人説の主張は一層強められた。ソヴィエト史家の大勢は、ヴァリャーギのノルマン性を否認するか、否認しないまでもかれらが東ヨーロッパ（ロシア）に出現する以前に（すなわち八世紀末までに）、すでに東スラヴ人の間で封建諸関係と国家が形成され始めていたことを主張した。第二次世界大戦後の冷戦期にも、スラヴ民族に自立的発展能力を否認した戦前のナチス的主張の背後に「招致伝説」があったと理解され（実際そうであったが）、さらに激しい拒否反応が示された。「物語」は根も葉もないまったくの虚構とする見方が支配的となった。研究者によっては「物語」を年代記作者の捏造と主張する者もいたのである。[102]

しかしここでも問題はそう単純ではない。以下に記すように、ソヴィエトの歴史研究にもさまざまなニュアンスがあるのである。「物語」が年代記編者により創りだされ、さまざまな編集の手が加えられたことが確かであるとはいえ、その背後に、一定の歴史的事実が横たわっていることはソヴィエトにおいても次第に認識されるようになったのである。このような動向のなかで注目されるのがV・T・パシュートの見解である。

ソヴィエトの歴史研究者の中でも早くから隣接する西方諸国や地域（とりわけリトアニア）との関係また境界問題に関心を寄せてきたパシュートは、すでに前世紀の六〇年代に、「招致」の事実性ないしその可能性を承認したうえで、招致する側(国家形成以前の北部ロシア諸族)と招致される側(ヴァリャーギ諸公とその従士団)との間に一種「契約的」な関係が結ばれたことを指摘した。[103]このような立場は後述するように、すでに帝政期にも表明されたことがあり、このときはじめて唱えられたわけではない。しかしかつてのいわば理念的な思考というのではなく、あくまでも歴史学的探究の中から表明されるに至ったことが重要である。もっとも北部ロシア諸族とヴァリャーギ諸公とが「契約」関係にあったとする主張には、ある種の違和感も禁じ得ない。はたして国家創建にあたって実際にそうしたことがあり得たのかという疑問である。むしろ征服やむき出しの暴力支配を想定した方が事実に近いのではなかろうか。おそらく「契約」の語を今日的に理解するならば、たしかにそうした関係は考えにくい。もちろん「平和的な」交易関係もあったに違いない。しかし政治的支配や国家の樹立という場合には、やはり武力による征服を第一に考えるべきではないか、と思われるであろう。現に多くの人がそう考えたからこそ、それに対する反発も強かったのである。しかし逆に武力による支配を想定するにせよ(それも一度限りではなく、何次にもわたって大小さまざまな遠征や衝突があったであろう)、広範囲にわたる長期的支配権の樹立が少人数の征服者の武力のみによっては不可能であったことも容易に想像できる。広領域における、圧倒的多数の土着住民(フィン系やスラヴ系)の支配には、ある種の契約関係は不可欠であったと考えることもできる。当時広く存在したと考えられる「民会」制度もこうした「契約」関係(公権力と各種住民との)を抜きにしては考えられない[104]。

現にパシュートを支持する研究者も現れた。V・L・ヤーニンとB・A・コルチンがノヴゴロドに関する考古学研究の成果に基づいて、ノヴゴロドのよく知られた「公［選出］における自由」の原則が従来考えられてきたように十二世紀になって成立したわけではなく、すでに十一世紀、さらに十世紀にも行われていたこと、こうした慣行の年代記的表現が「招致伝説」であったことを主張する。かれらはノヴゴロドにおける公の居館の所在地(郊外のゴロジシチェ。九世紀後半—十世紀のスカンディナヴィア系発掘物はそこに集中している)と民会の開催場所(ジェチーネツ(砦、内城)の内部)とを考古学的に特定することなどで、公権力が同市においては「領域外」的存在であったことを指摘する。ヤーニンらは「招致伝説」のうちに古来の「民会伝統」の外来公権力に対する勝利を読みとるのである[105]。

実はこの場合パシュートやヤーニンらは、帝政末期のA・A・シャーフマトフの研究に大きく依存していると考えられる。シャーフマトフはすでに一九〇四年にとくに「物語」を考察対象とした論文を発表していたが、「契約」との関連で重要なのは、一九〇八年の年代記に関する古典的研究（『古ルーシ年代記諸集成研究』）である。かれはその第十三章において「物語」を取り上げ、招致伝説が二つの史料系統（キエフ系、およびとくにノヴゴロド系）に依拠しており、しかも独自の「傾向性」をもつ年代記作者（「原初集成」）による意図的編纂作業の結果生み出されたことを明らかにした。かれはそこにおいて「物語」のなかでも、とくに「公招致」と住民の公への「自発的臣従」という要素がノヴゴロドの政治体制、すなわち公を外部から独自に招聘し、約定を結んで防衛を主とする任務を委ねるという慣行を反映させたものであることを論じたのである。[106]

ソヴィエト崩壊後、「物語」を「約定（契約）」の視点から改めてとり上げたのがE・A・メリニコヴァとV・Ia・ペトルーヒンである。[107] かれらは「物語」をヨーロッパ全域における建国伝説（ローマ、チェコ、スカンディナヴィア、とりわけアングロ・サクソンなど）と比較する中で[108]その歴史性を確認し、さらに年代記テクストをあらためて分析することにより、「約定」に関するパシュートらの結論を追認している。

「物語」の背景にノヴゴロド的「契約」慣習をみてとる観点は問題の本質にかかわるものであり、きわめて刺激的である。しかしこれをそのまま受け入れることができるとは思われない。少なくともこうした慣習がノヴゴロドに固有のものとしてそもその初めからあったと考えるとするならば（メリニコヴァ／ペトルーヒンらがそう主張しているわけではないが、そのように「誤解」される可能性はある）、大いに問題である。「ノルマン説」の問題が学術研究の枠を超えて、民族主義や政治また国民の意識の領域にまで及んでいることを想起するとき、「契約」慣習を持ちだす視点には、事実としてのスカンディナヴィア人の存在と役割を強調する近年の研究動向に危惧を覚える側からの、一種の対抗策（ないし中和策）の提示という側面（またそうした意図）を疑われる懼れもある。実際帝政期のスラヴ派などからはこうした意味で類似の主張がなされたことがあった。[109] もちろんメリニコヴァらがかつてみられたような、いわばプリミティブな伝統的「反ノルマン説」とは無縁であること、それどころかかれらはむしろスカンディナヴィア人の役割を、したがって「招致」自体の事実性を承認する側に立っていることは認められなければならない。しかしながらそもそもの初めから「契約」関係を想定することには、やはり無理がある。あくまでも「物語」がいわば口承次元から「記述」作品へと形を変える段階で、そうした関係が考慮に入れられたということであろう。「契約」理論は、「物語」を後代の現実を基に解釈した結果という側面が強いと言うべきであるように思う。

こうした意味でメリニコヴァらとはまた異なった視点から「物語」を理解しようという立場も新たに表明されている。先に「物語」テクストを本書の著者なりに分析したが、その際に参考にしたP・S・ステファノーヴィチの論文（「『ヴァリャーギ招致物語』か、あるいはOrigo Gentis Russorumか？」）がそれである。ステファノーヴィチはこの論文でシャーフマトフの複雑なテクスト論を丹念にフォローするなかで、そこから独自の結論を引き出した。すなわち、『ノヴ第一（新輯）』版の「物語」は『原初年代記』のそれに比し明らかに原初的であり、「原初集成」の形態を留めていること、後者（『原初年代記』）は前者のテクスト（それだけ）を手元において、これに改変を加えたと考えられることを主張したのである。シャーフマトフはこれほどまでに明確に前後関係を主張したわけではなかった。これに対しステファノーヴィチは独自の考察から、単純にして明快な結論に到達した。こうした結論から得られるのは、すでに本補論でもみたように、「物語」は本来（すなわち『ノヴ第一（新輯）』版では）独立した作品ではなく、「ルーシの地の始まり」というより大きなテーマのなかの一要素にすぎなかったとする視点である。このことはステファノーヴィチの言い方に従えば、「物語」は従来考えられたような「建国」物語ではなく、「民族の起源説話」（Origo gentis）として理解すべきであるということになる。

「民族の起源説話」とは何か。それはここ五十年ほどのあいだ欧米の諸研究者により活発に議論されてきたテーマの一つである。これについては最近三佐川亮宏が「ドイツ史の始まり」との関連で紹介している。[110] 詳細はそちらを参照していただきたいが、中世ヨーロッパにおいてヨルダネス、カッシオドールス（『ゴート人の歴史』、六世紀中葉）から、サクソ・グラマティクス（『デーン人の事績録』、十二世紀末）にいたる数多くのケース（ないし作品）が例として知られている。[111]ステファノーヴィチは「物語」もその一つとしてみる視点が要請されていることを主張するのである。

「物語」とヨーロッパ各地の民族起源説話とのあいだには多くの類似点が存在する。たとえば、支配者（民族）の到来とエトノス名の獲得というモチーフは共通である。さらに前者のモチーフと関連する、外来の支配者とされるのは多くの場合「兄弟」（しばしば三人）であり、かれらの到来自体は他の民族による「招致」の結果であることも広くみられる共通点である。この点でとくにコルヴァイのヴィドゥキントの『ザクセン史』が伝えるブリトン人によるサクソン人招請の際の口上が「物語」のそれに酷似していることが注目される（「［ブリトン人は］広大で、果てしなき自らの地、さまざまな幸にあふれるその地を、汝らの支配に委ねる意向であり[112]……」）。これまでこうした類似性は多かれ少なかれ偶然的なもの、あるいはせいぜいが、歴史発展の段階が同じで類似の政治社会的また生活的諸条件により産みだされたものとされていた。[113]しかしステファノーヴィチはこうした説明では不十分と考える。「物語」とヴィドゥキントの間にみられる類似性はより直接的な関係か、あるいは共通の史料の存在を仮定してはじめて理解可能となるというのである。ステファノーヴィチの結論を以下に記そう。

かれによれば、古ルーシの年代記作者がヴィドゥキントに直接接した（それを借用した）証拠はない。ただ両者は若干のずれはあるもののほぼ同時代人とみてよい（ヴィドゥキントの著述は九六〇年代末—九七〇年代初、対するに「物語」の最古版の成立は十一世紀初と考えられている）。それゆえ両者には共通の史料ともいうべきものがあったと考える必要がある（それは記述史料ではなく、おそらくは口承文学の類であったろう）。コルヴァイ修道院がスカンディナヴィアと古来強い関係を有していたこと、ルーシもその点では同様であったのみならず、十一世紀ルーシとニーダーザクセン地方（コルヴァイ修道院の所在地）の間には政治的関係があったこと（後述本書第十章）などを考慮に入れるならば、双方にはスカンディナヴィアに伝わるサガのごとき口承文学が共通に知られていた可能性を想定することもできよう[114]。

とりわけ「自発的な招致」というモチーフは、ヴィドゥキントの『ザクセン史』以外に、ベーダの『アングル人の教会史』（七三一年）にも（ヴィドゥキントはそこからサクソン人によるブリタニア定住の主題を借用したと考えられる）、さらにはいずれもノルマン人招致を伝える少なくとも次の三作品にも知られているという。そのうちモンテカッシーノの二人の修道士（Amatus Casiensis と Leo Ostiensis）の手になる二作品は、十一世紀初のサレルノへのノルマン人の到来について記述している（十一世紀末の作）。もう一つの作品は Giraldus Cambrensis の著作で、ノルウェー人（Ostman）によるアイルランド征服について伝えている。これら三作品には、住民によるノルマン人の「自発的招致」のモチーフ以外に、招致を受けてやってきた「兄弟」に関する記述もみられる。なかでもギラルドゥスの記述は「物語」に近く、そこではアイルランドは「麗しき地」（terram optimam）と呼ばれ、やってきたノルマン人兄弟は三人で、かれらはその後三都市を建てたとされているという。

ステファノーヴィチによれば、これらの諸作品に顕著な共通点が存在することは、それらの基盤に何らかの共通の史料の存在を仮定して初めて理解可能となるという。かれが想定するそうした史料とは、ノルマン人の間に流布する一つの類型に基づく口承の物語のごときものである。それはヨーロッパ各地に広く進出したアングロ・サクソン人、ノルウェー人、ノルマンディーやイタリアのノルマン人、そして東方ロシア方面におけるヴァリャーギ人など、北ゲルマン諸族の間に広くみられた口承の民族起源説話の類であった。それゆえ「物語」を建国伝説としてとらえ、背景に横たわる諸事実との関連でこれを解釈しようとする従来の方法は、ある意味では的外れであった。自発的招致というテーマはあくまでも広く流布した説話（伝説）であり、ここに直接的に事実の反映を読み取るべきではない。その意味では先の「契約」理論も牽強付会の感が強い。ルーシにおけるノルマン人の存在と役割自体は否定できない。しかし「物語」はその事実の文学的表現以上のものではないということになる。ステファノーヴィチの結論には学ぶべき点が多いと考える。[115]

●近年の「反ノルマン主義」的傾向について

さて本補論を締めくくるにあたって最後に、今日のロシアにみえるひとつの決して好ましいとはいえない傾向についてふれておきたい。ソヴィエトが崩壊し、歴史研究に対する公然たる強制や抑圧がなくなったようにみえる今日のロシアでは、ノルマン人の初期ルーシ史における関与をまったく否定するような極端な言説は、少なくとも研究者の間では影を潜めたといってよい（これについてはすでに前章において記した）。これは言うまでもなくその間の歴史学、言語学、考古学などの研究上の進展があったからであるが（とりわけ関連するスカンディナヴィア史資料の翻訳出版や発掘、研究が注目される。その一端は本書第八章、とりわけ第十章において示す）、欧米の諸研究に対するロシア研究者の態度に変化が出て、それらをより真剣に考慮に入れる必要性が認識されてきたことも作用したと考えられる（かつてソヴィエト時代とりわけ東西の冷戦期には、この面では逆で、対決姿勢のみが目立っていたことは周知のとおりである）。[116]

ところがこれに真っ向から対立する人々も依然として跡を絶たない。これは招致伝説（「物語」）のごとき微妙な問題では避けられない現象と言ってよいが、近年、「伝統的」な、端的に言って時代錯誤的な反ノルマン主義的図書の出版がロシアにおいて目立つようになってきた。古ルーシ史上におけるスカンディナヴィア的要素の新たな確認という状況に、ある種の人々が危機感を募らせてきた結果であると考えられる。いくつか例を挙げよう。

二〇〇三年に出た『ロシア歴史協会誌』第八巻（通巻一五六号）は「反ノルマニズム」と題されている。[117]この雑誌は、元来は帝政期の重要な学術誌で（『帝国ロシア歴史協会誌』*Sbornik Imperatorskogo Russkogo Istoricheskogo Obshchestva* 略して *S(I)RIO* が当時の名称である）、ロシア史に関する重要な史料の刊行を主要な目的としていた（本書でも一部利用している）。詳しい紹介は省略するが、第一巻が一八六七年に出されて以来一九一六年まで全一四八巻が刊行され、諸外国との間の外交文書など貴重な史料が多くはここに初めて刊行されたが、ロシア革命の混乱期に発行が停止された。それがソヴィエト崩壊後にいつの間にか復刊され（復刊の詳しいいきさつ、また「協会」の実態は不明である）、ここで問題となる第八巻は通巻一五六号の番号が付されている。権威ある同名の論集にあやかろうとしたと考えられるが、まったく異質の刊行物とみたほうがよい。まずここには史料の刊行は基本的になく、もっぱら「論文」集となっていて（もちろんその内容が問題であるが）、すでに体裁からして帝政期の権威ある学術誌とは異なる。学術誌であれば「反ノルマン主義」などと銘うつこともなかったであろう。後述するようにこの語は（したがって「ノルマン主義」の語もであるが）学術的にはすでに「死語」と言ってよいからである。少なくとも両派が互いに誹謗中傷し合うような（正確に言えば、「反ノルマニスト」が権力を笠に着て「ノルマン的」要素について論じる研究者を抑圧対象として非難告発する）時代はすでに過去のものとなったといってよい。中身を見ると、「反ノルマニズム」と題された主要部分には十三本の「論文」が掲載されている。ただその内容をここで検討することが必要とは思われない。多くは学術的とは言いかねるからである。疑いもなくその中で「最良」の論者であろうA・N・サハロフは自ら学術的であることを標榜するが、少なくともかれは近年の膨大な研究蓄積を考慮に入れた議論を展開してはいない。かれの「ノルマニスト」E・A・メリニコヴァに対する批判は（s.13）、古くからの非難のたんなる繰り返しである。サハロフ以外の論者（なかには研究者とは言いかねる者も多い）については論評を省略する。後述するN・F・コトリャルの書評がこの書を手厳しく批判しているのでそちらに委ねよう。[118]

二〇一〇年に出た『ロシア史からのノルマン人の追放』と題される論集にも驚かされる。[119]「ノルマン人の追放」というのは、かつて（一九五五年）Ｎ・Ｎ・イリイナがパリで出版した著書のタイトルとまったく同じで、おそらくはイリイナの著書からの借用であるが（イリイナのこの著書も論集冒頭に再録されている。ナターリヤ・ニコラーエヴナ・イリイナは、高名な哲学者、宗教思想家Ｉ・Ａ・イリインの夫人）、かの女が反ノルマン主義の立場に立つ理由はそれなりに理解できる。Ｎ・Ｎ・イリイナは夫と共に西欧亡命中に（夫妻は一九二二年「反ソ活動」の廉で国外追放となり、ベルリンに向かった。ナチスの政権掌握後の一九三八年、スイスに逃れチュリッヒ近郊に滞在した）、ナチス要人が「ヴァリャーギ招致伝説」などを根拠にスラヴ民族の「劣等性」を公言する状況に憤りを感じていたと伝えられる。イリイナの著書はあくまでも当時の政治状況に触発されたいわば「社会評論的」著述であったのである。こうした著述を著書の副題は「ロシア歴史学の当面の課題」となっているが、ここに著述の動機がよく表れている。この半世紀以上経た現時点で、研究のその後の進展も、研究者を取り巻く内外の状況の変化もまったく考慮せずに、適切な解説もなしにそのまま再録することが問題であることは言うまでもない。この論文集にはさらにその研究手法で問題のあるＡ・Ｇ・クジミーンや（本章注（25）を参照）、学術性においてとかく問題とされる上記Ａ・Ｎ・サハロフなどの諸論文が掲載されている（ちなみにこの論文集は二〇〇四年に亡くなったＡ・Ｇ・クジミーンに捧げられている）。なお本書の著者の手元にはこのシリーズの第二冊として同じ二〇一〇年に出版された『歴史学におけるヴァリャーギ―ルーシ問題』もあるが、そこには故クジミーンの他にサハロフやとくにＶ・Ｖ・フォミン（リペツク大学講師）の「ロシア・ノルマニストらのロモノーソフ嫌い」と題された三〇〇頁を超える大「論文」などが掲載されている。しかしその学術性は保証の限りではない(120)。

すでにこのような傾向に対しては、先にあげたウクライナの中世史研究者Ｎ・Ｆ・コトリャルが「失われた時」への感傷として一蹴する論文を著わしている（上記注（118））。コトリャルの論集に対する批判は手厳しい。かれによればすでに「ノルマニズム」（や「反ノルマニズム」）などという語は「二百年以上前から」現実的意味を失っている。

古ルーシ史におけるノルマン人の関与は、研究史上確立された共通認識となっている（その事実ではなく、どう解釈するかが問われているのである）。こうした状況の中で、論集の刊行は無意味であるのみならず、各所収論文の内容もほとんど学術的とはいえない。とくに論集の中心的人物、科学アカデミー準会員（候補）、A・N・サハロフに対する批判には驚かされる。その具体的内容に立ち入ることは省略するが、コトリャルはサハロフの学者としての基本的資質をも疑っている（コトリャルは党出版部門の重要官僚であったサハロフが一九八〇年の著書『古ルーシの外交』を自力で執筆したかどうかさえ疑問視している！[121]）。

本書の著者はコトリャルのサハロフら「反ノルマン主義者」に対する批判は基本的に正しいと考えている。ただこの問題が上述のように、ロシア国民の民族、政治意識と深くかかわっている以上、さまざまな形で今後も議論の対象となり続けるであろうと予測する。であればなおさら「研究者」にはいっそうの自覚と慎重な態度が要請されることになる[122]。

第二章注

（1）以下については、基本的にはA・A・シャーフマトフ（Shakhmatov, *Istoriia Russkogo Letopisaniia*.I-2(Povest' vremennykh let. 以下 *PVL*)., s.528-565;Shakhmatov, *Istoriia Russkogo Letopisaniia*.I-1(*Razyskaniia*), s.23-31）、およびD・S・リハチョフ（*PVL*（1999）s.271-358）に依拠している。またS・H・クロス（Cross, *The Russian Primary Chronicle*. p.3-30）、Iu・A・リモーノフ（Limonov, *Letopisanie*）、O・V・トヴォーロゴフ（*SKKDR*.Vyp.1, s.337-343）、Th・S・ヌーナン（*MERSH*.v.32, p.144-149）なども参考にした。なお国本『ロシア国家の起源』第一章も本年代記の成立についてM・N・チホミーロフによりながら概観している。

（2）たとえば比較的新しい例として、キエフ・ルーシ史の概説書 Franklin/ Shepard, *The Emergence of Rus* また古ルーシ史の概説書 Martin, *Medieval Russia* など。G・ヴェルナツキーなどは *Primary Chronicle* と並んで、*Book of Annals* なども記すが、こちらは一般的ではない（Vernadsky, *Kievan Russia*.p.vi）。ただ英語圏でも学術論文などでは『過ぎし年月の物語』*The Tale of Bygone Years* が用いられることがある。

（3）なおフランスやドイツでは依然として『ネストル年代記』の表記が用いられることもあり、そうでない場合に（とくに学術的文献で）『過ぎし年月の物語』（*Le Récit des temps passés* また *Die Erzählung von den vergangenen Jahren*）の方が用いられる。なお『ロシア原初年代記』の呼び方が便宜的であることについては、本書第一章注（1）でも別の側面から（「ロシア」の語との関連において）記しておいた。

（4）*PSRL*. I:1-286; *PVL*.s.7-121[tekst](D・S・リハチョフによる校訂). ラヴレンチー写本以外では、ラジヴィウ（ラジヴィル）、モスクワ—アカデミー写本、また今は失われたがM・D・プリショールコフによって復元されたトロイツキー写本などに含まれる(Priselkov, *Troitskaia Letopis'*.s.51-471)。

（5）*PSRL*.II:1-285. なおリハチョフ編の *PVL*.s.121-129 に「イパーチー年代記による続編」として一一一〇年の続きから一一一七年までの記述が掲げられている。こちらの版はイパーチー写本以外には、フレーブニコフ写本、またフレーブニコフに遡及される後代の三つの写本（ポゴージン、クラクフ、エルモーリン）に含まれる。

（6）Shakhmatov, *Istoriia Russkogo Letopisaniia*.I-1(*Razyskaniia*).s.23-24; *SKKDR*.Vyp.1, s.337-342.『原初年代記』の基本的な三版に関するシャーフマトフの見解を以下にまとめておく。①基本となる第一版は一一一二年にキエフ・ペチェールスキー修道院において修道士ネストルによって編まれた。それはスヴャトポルク大公に共感的な編纂であったが、広く普及せず、スヴャトポルク没後失われてしまった。②ただ南西ルーシ・ガーリチ地方（ペレムィシリないしテレボーヴリ）のヴァシリコ・ロスチスラヴィチ公の聴罪司祭ヴァシーリーが一一一三—一一一六年に、基本版を簡潔化しつつ転写した。その際、ヴァシーリーは一〇九七—一〇九九／一一〇〇年の出来事（ヴァシリコ公に対する目つぶしなど、リューベチ諸公会議後の内訌）についての自身（「わたし」）の見聞記を書き加えている。③基本版に対する改訂作業は、一一一六年に聖ミハイル・ヴィドゥビツキー修道院院長シリヴェストルによって行われた。これが第二版で、ここではスヴャトポルクは後景に退き、代わってウラジーミル・モノマフの活躍が好意的に描かれている。一〇九七—一〇九九／一一〇〇年の記述に関しては、シリヴェストルはさきのヴァシーリーの記述を利用している。④年代記編纂がヴィドゥビツキー修道院へ移ったことに衝撃を受けたペチェールスキー修道院側は、モノマフの子ムスチスラフの聴罪司祭（ペチェールスキー院の出身者、氏名不詳）に新たな改訂版（第三版）の作成を依頼（命令）した。第三版の編者は一一一八年に作業を行い、その土台にはシリヴェストル版を据えたが（ネストル（第一）版は上述のごとくそのころには失われていた)、モノマフに関連するさまざまな記事を付け加え、一一一七年の項まで記述した。かれは自分の集成の末尾近くにモノマフの子らへの「教訓」を組み込んだ(Shakhmatov, *Istoriia Russkogo Letopisaniia*.I-2(*PVL*),s.528 sl. とくに s.554)。

以上のごとき三つの版を中心とする最古の諸写本の相互関係(とくに一一一八年の第三版の存在)に関するシャーフマトフの見解には批判的な研究者もいる。L・ミュラー、M・Kh・アレシコフスキー、O・V・トヴォーロゴフらである。そのうちたとえばトヴォーロゴフは *BLDR*.I, s.62-315 において『原初年代記』テクストをイパーチー写本によって刊行したが、このことはかれが通説に疑問を抱いていることを示している。かれの批判はここで利用している *SKKDR*. Vyp.1 の執筆項目中にもみられるが、その後一九九七年に発表した論文「第三版は存在したか?」においても、第三版の存在を否定するミュラーを支持しつつその説の補強を試みている(Tvorogov, Sushchestvovala li tret'ia redaktsiia?)。かれによれば、一一一六年のシリヴェストル版が現存する唯一の版であり、イパーチー写本やその他類似の写本にその後の「新たな」(第三の)版をみたり、とくにそれをノヴゴロド公ムスチスラフ(後の大公)と結びつけたりする見解にはまったく根拠がないという。

(7)引用文中の「ルーシの地」ruskaia zemlia および『過ぎし年月の』vremian'nykh let は、邦訳では、「ルーシの国」また「年ごとの」となっている。

(8)『原初年代記』の標題は写本によって異なり、いくつものヴァリエーションがあるが、具体的には、それらは Shakhmatov, *Istoriia Russkogo Letopisaniia*.I-2(*PVL*), s.528, prim., 1 に紹介されている。

(9)モノマフの「教訓」は一一一七年の執筆と考えられている(そこには一一一七年の事柄についても記述されているのである。なお「教訓」執筆の時期の問題については、さしあたり *PVL*.s.514-515 のリハチョフの解説を参照)。それにもかかわらず、「教訓」がラヴレンチー本(それが主に伝えるとされるシリヴェストル版の成立は一一一六年、「教訓」成立以前のことである)のみに含まれている(そして逆に一一一八年版に主に依拠するとされるイパーチー本の方には含まれていない)理由は、本書の著者の考えでは、説明されなければならない(先にみたとおり、シャーフマトフによれば、「教訓」は元来一一一八年(第三)版に組み込まれたのである)。

先にシャーフマトフによりながら、ラヴレンチー本がシリヴェストル版(第二版)を、イパーチー本が一一一八年版(ペチェールスキー版、第三版)を伝えていると記したが、実はかれは、これらの版がその後純粋な形で後世に伝えられたわけではなかったことを強調している。『原初年代記』後に成立する種々の年代記集成(各地の、さまざまな時期に編まれた年代記類を集めた集成)

は混合的な性格を帯びるのが通例であった。換言すれば、今日に伝わるさまざまな年代記集成（いずれも十四／十五世紀以降の写本で伝わる）のどれ一つとして純粋に第二版、ないし第三版を伝えるものではなかったのである。筆写者はときに誤りを犯し、ときに他の史料から取り入れ、あるいは自らの考えで加筆、修正を行ったが、それ以上に両版の特徴を複合させたり、取捨選択したりして自身の年代記集を作り上げた。たとえば『ラヴレンチー年代記（写本）』は基本的にはシリヴェストル版を伝えるが、一一一八年（第三、ペチェールスキー）版からも借用したり、それによって修正したりしているのである。イパーチー年代記は基本的には後者のペチェールスキー版を伝えるが、シリヴェストル版によって修正したり補筆したりしている。一事が万事で、今日われわれが手にする諸年代記集成（写本）はきわめて複雑な経過を経て成立するに至っているというのである（Shakhmatov, *Istoriia Russkogo Letopisaniia*.I-2(*PVL*), s.554-557）。モノマフの「教訓」がラヴレンチー本に現れ、イパーチー本に現れないことの理由はこのような事情から説明されなければならない。おそらくはラヴレンチーその人か、ないしはかれが依拠した資料（人物）が自身の判断で「教訓」を一一一八年版から自身の編んだ年代記の「一〇九六年の項」に挿入したと考えられるのである。また以上のことはShakhmatov, *Istoriia Russkogo Letopisaniia*.I-1(*Razyskaniia*), s.23-24の説明の理解にとっても当てはまるように思われる。すなわちシャーフマトフはここでは、ネストル版とそれを基盤においたシリヴェストル版とを合わせて第一版、一一一八年に編まれた版を第二版として取り扱っているが、これら両版はその後諸集成の基盤におかれることになり、時と共に双方が相互に影響を与え合い、結果として今日に伝わる年代記の諸版は「混合的な版」となっているとしている。たとえばラヴレンチー写本は「第一版」（シリヴェストル版）を他よりもよく伝えていることで最良の写本といえるが、「第二版」からも相当に影響を受けているという。イパーチー写本の場合は、主に「第二版」に従っているが、「第一版」の諸特徴も多くみられるという。ここでの説明はまさに上記のことに関連している。

（10）Shakhmatov, *Istoriia Russkogo Letopisaniia*.I-1(*Razyskaniia*), s.23-31, 350-356

（11）Cross.*The Russian Primary Chronicle*.p.6-12

（12）Shakhmatov, *Istoriia Russkogo Letopisaniia*.I-2(*PVL*), s.540-541. なおネストルの『講話』を含む兄弟聖人ボリスとグレープ『伝』については後に（第八章）改めて論じるが、これらには邦訳がある。中村『ロシア中世物語集』四三—六九頁（『フェオドーシー伝』、抄訳）。なかでも近年の三浦清美によるこれらを含む諸作品の一連の翻訳紹介は貴重である。三浦「中世ロシア文学図書館（II）」五九—七一頁（『講話』）、三浦「『聖者列伝（III）』」一九八—二二六頁（フェオドーシー伝）。

(13) 三浦『聖者列伝（II）』、七二頁

(14) シャーフマトフの論文「年代記者としてのネストル」（一九一三年）はネストルを二つの伝記（ボリス・グレープ伝およびフェオドーシー伝）のみの作者として見る研究者（イヴァン・フランコら）を批判して、かれが『原初年代記』の編者でもあることを論証しようとしたものである（Shakhmatov, *Istoriia Russkogo Letopisaniia*.I-2, s.413-427）。

(15) *PVL*.s.330-344

(16) Shakhmatov, *Istoriia Russkogo Letopisaniia*.I-2(Skazanie o prizvanii variagov), s.185-188. さらに本章補論2を参照。

(17)「ルーシ」の名称の由来をめぐっては、第一章注（1）を参照。この問題については既述のごとく長い研究の歴史がある。これには補論2でも立ち戻るが、さしあたり、Khaburgaev, *Etnonimiia «Povest' vremennykh let»*, s.216-220; Mel'nikova/Petrukhin, Nazvanie «Rus'» v etnokul'turnoi istorii; Schramm, "Die Herkunft des Namens Rus'"; id."Viel Lärm um vier Buchstaben";Danylenko,"The name 'Rus''" をあげておく。いずれもルーシの名称を北方起源とみている点で、本書の著者としては妥当と考える研究であり、リハチョフとは異なる立場に立っている。なおルーシの起源を南方にみる考え方については後にもふれるが、さしあたり *Ocherki istorii SSSR. III-IX vv.*, s.741-745（B・A・ルィバコフ、ロシ川流域起源説）をあげておく。これらの点についてはさらに本章注（18）、（30）、（36）をみられたい。邦語文献では先にもあげたが、半世紀以上前の木崎『「ルーシ」という語の意味』が古典的業績である。木崎は当時知られていた文献を駆使して五／六世紀から十三世紀にいたる史料におけるこの語の用例を丹念に分析していて、数々の注目すべき見解を表明している。木崎は「ルーシ」をノルマン人とする認識に立つ（ただし語源は必ずしもスカンディナヴィアにあるわけではないとする）。

(18) ロシア（ルーシ）の起源に関する「ノルマン説」および「反ノルマン説」をめぐる問題は十八世紀から今日に至るまで、二世紀半以上に及ぶ論争と研究の歴史があり、それは中世ロシア研究史上の最大の問題と言って過言でない。「ルーシ」の語の言語学的側面には（もとよりその研究史の一端にというにすぎないが）、本章2においてふれることとするが、研究史上この問題は古ルーシ国家の建国問題と関連させて、一義的な解答がきわめて難しい形に設定されたために、議論は複雑をきわめたと言ってよい。研究が民族主義や意識の問題と切り離しがたく結び付けられ、そのため学術的探究という性質を保つことが困難となったのである。しかしいま問題をルーシにおけるスカンディナヴィア人の存在とその役割という具合に限定するならば、それは相当明瞭になってきたといってよい。すなわち、ヴァリャーギがスカンディナヴィア系の人々であり、かれらがルーシにおいて相当重要な

役割を演じたということは、今日学問的には（つまり研究者間では）ほぼ承認されているといえるのである。つまりは『原初年代記』中の「ヴァリャーギ招致伝説」自体は作り話であったとしても、その背後にノルマン人の進出という事実のあったことは否定できないということである。ソヴィエト時代の（とりわけ二十世紀三〇年代以降の）研究者の多くは反ノルマニストであり、古ルーシ国家をノルマン人による「建国」とすることを拒否したのであるが、それにとどまらず、多くの場合ルーシにおけるノルマン人の存在とかれらの役割をも否定しようとした。ところが、リハチョフやマヴロージン、キルピーチュニコフなど代表的「反ノルマニスト」ですら、「ノルマン人」が一定の役割を果たしたこと自体は否定しなかったのである。この問題について参照すべき文献はほとんど無数にあるが、ここでは「反ノルマン主義」（後述するように、今日ではこうした表現はすでに時代錯誤的になっているが）の立場のものとして、Shaskol'skii, *Normanskaia teoriia v sovremennoi burzhuaznoi nauke.* および同著者の次の二論文 Normanskaia problema v sovetskoi istoriografii;O roli normannov v Drevnei Rusi、さらにはP・トロチコによる欧米の研究者の研究に対するレヴュー論文 Tolochko, Spornye voprosy.s.101-104, 108-119 を、「ノルマン主義」的立場のものとしては、比較的新しいものとしてとくに、Mel'nikova, Skandinavy na Baltiisko-Volzhskom puti v IX-X vekakh;Mel'nikova, Skandinavy v protsessakh obrazovaniia Drevnerusskogo gosudarstva;Petrukhin, *Rus' v IX-X vekakh*.s.132-181;Khlevov, *Normanskaia problema* をあげておく。とくに最後者（フレーヴォフ）は研究の歴史をたどりながら、とりわけ考古学研究の分野での顕著な進展が問題の性質を大きく変え、いまやスカンディナヴィア人の役割について否定することは不可能であると結論づけている。かれはG・S・レベジェフの「環バルト亜大陸文明」構想を取り上げ、ルーシを広域的環境の中において研究する必要性を強調する。かれはまた二種類の規準（一方は史資料の種類や質、他方はパラダイムないしコンセプトによる）に基づく研究史の二種類の時代区分を試みており（ibid., s.82-87）、これはきわめて有益で、今後実際に研究史の検討を行うときには少なくともこうした区分が必要となるであろうと考える。なおフレーヴォフによれば、ノルマン説、反ノルマン説の論争についての、これまでに発表されたもっともすぐれた研究史的素描は、レニングラード（サンクト・ペテルブルク）の研究者L・S・クレインの著書であるというが、このクレインの本は一九六〇年に執筆されながら、今日まで日の目を見ることがなかった。それが二〇〇九年に出版されたので、ここにあげておく（Klein, *Spor o variagakh*）。クレインは新たに執筆したその序文で、ソヴィエト時代にノルマニストであることがいかに困難であったか、今日では研究（とりわけ考古学研究）がいっそう進展して、研究者としてヴァリャーギ（ノルマン人）の役割を否定することは不可能になっているにもかかわらず、いまだに「超《ウルトラ》民族主義」的偏見から、非学術的見解を表明し続ける「学者」のいることを指摘している（具体的にA・N・サハロフの名が挙げられている。ジャーナリストやその他の人々については言うまでもない)。超民族主義的立場からの相変わらずの見解表明については本章補論2において具体的にふれたい。なおノルマン論争に関し、欧米の研究者の多くはノルマン説(主義)の立場に立つが、最近アメリカのCh・ラッフェンスパーガーは、この問題はほぼ解決ずみと考えている。かれは、反ノルマン主義はソヴィエト政権の崩壊とともにその主な後援者を失ったとすら記す。もっとも今日のロシアにもこれを主張する人々が少なくないので、ここまで単純化することは問題であるが、ノルマン人の役割に限定するならば、ある程度妥当な見方といえる(Raffensperger, *Reimagining Europe*. p.3,194)。

(19) Shakhmatov, *Istoriia Russkogo Letopisaniia*.I-1(*Razyskaniia*), s.29-30; Priselkov, *Ocherki po tserkovno-politicheskoi istorii*.s.301-302

(20) Shakhmatov, *Istoriia Russkogo Letopisaniia*.I-1(*Razyskaniia*), s.24-30, 353-354.「原初集成」が何年の項まで書かれていたか、それがどこで終わっていたかに関しては、その後異論も出された。たとえばL・V・チェレプニーンは一〇九七年の「リューベチ会議」の項までと考えている(Cherepnin, «Povest' Vremennykh Let», s.293-333)。

(21) Priselkov, *Istoriia russkogo letopisaniia* .s.5, 34, 36-38

(22) Shakhmatov, *Istoriia Russkogo Letopisaniia*.I-1(*Razyskaniia*), s.37-38, 351-353. シャーフマトフは「最古集成」のテクストを復元している。ibid., s.359-430

(23) シャーフマトフ以後の代表的研究者の「独自の見解」について一例を記す。リハチョフは「最古集成」の成立時期について、次のような批判を展開している。シャーフマトフによれば、「最古集成」はヤロスラフ治世の一〇三七—一〇三九年に編まれたが、それは一人の人物による統一のとれた作品ではなかった。すくなくともそれは二つの基本的な構成部分からなっていた。一つはルーシ最初のキリスト教徒に関する教会に起源を有する作品で、他は異教時代の初期のルーシ諸公に関する世俗的口承に基づく部分である。シャーフマトフのこのような見解に対しリハチョフは、「最古集成」の中心的部分を構成するのが、かれが条件付きで言うところの「最初期のルーシにおけるキリスト教普及の物語」であることを主張する。それは全部で六つの部分(オリガの洗礼およびその死をめぐる二つの物語、またルーシ最初の殉教者であるヴァリャーギ・キリスト教徒をめぐる、さらには「ルーシの洗礼」、ボリスとグレープ、ヤロスラフ賢公をめぐる各物語)からなる記述であるが、これらはその様式、文体、目的、思想において一体的な作品であり、最初のルーシ人府主教イラリオンの『律法と恩寵についての説教』と同じ、ないしそれにごく近い人物による作品とみなしうる。これらが書かれたのは一〇三七年ではありえず、より遅く十一世紀四〇年代と考えなければならないという（Likhachev, *Russkie letopisi.* s.62-70;*PVL*.s.304-315）。ここではリハチョフの見解をそのまま受け入れられるかどうかの判断は差し控えたい。本書の著者には、リハチョフが「キリスト教普及の物語」とイラリオンの著述との類似性を強調するあまり、やや結論を急ぎすぎているように思われる。とくにもっぱら思想内容（傾向）の類似性から両作品の著者を同一人物とするには議論があまりにもおおざっぱに過ぎ、にわかには賛成できない。しかしこれについてこれ以上論じることはできない。いずれにせよ、リハチョフのこの修正意見が万全なものでなかったことはたしかで、かれの見解は多くの研究者によって受け入れられもしたが、批判もまたなされることとなった（この場合批判は主に「キリスト教普及の物語」とイラリオンとの関係にむけられ、必ずしも「最古集成」の構成をめぐる点に関するものではなかった）。有力な批判者はポーランドのアンジェイ・ポッペである。かれによれば、リハチョフのいわゆる「キリスト教普及の物語」とイラリオンの著述との間には、仔細に検討すれば、成立時期のみならず、東西両教会の関係その他の理解の仕方において大きな違いのあることが指摘でき、同一の著者（つまりイラリオン）の作品とみなすことは到底できない。たとえば「普及の物語」の執筆時期は十一世紀後半、とくに一〇五四年の東西両教会分裂後の成立と考える必要があるという。ポッペはシャーフマトフの「最古集成」の成立を一〇三九年とする見解に対しても批判的である。シャーフマトフはヤロスラフ治世の一〇三七年にキエフ府主教座が創設されたと考え、それと「最古集成」の成立を結びつけたのであるが、ポッペは「最古集成」中のウラジーミルの洗礼や、ボリスとグレープの殺害、とりわけヤロスラフの「大いなる町」や聖ソフィヤ教会の建築活動に関する箇所が、右にみたように十一世紀後半になってから記述されたものと考え、シャーフマトフを批判したのである。かれやリハチョフがシャーフマトフの「最古集成」の存在自体を否定しているとは思えないが、『原初年代記』の編纂過程はより複雑であったと考えているように思われる。「最古集成」はリハチョフの言う「キリスト教普及の物語」だけから構成されていたわけではないので（ポッペは「キリスト教普及の物語」自体にもさらに二つの物語を付け加えるべきとしている。使徒アンデレに関するそれと、スラヴの使徒キュリロスとメトーディオスに関するそれとである）、かりにリハチョフ、さらにはポッペの批判が正しいとしても、相当古い段階で（一〇三七―一〇三九年かどうかはともかくとして）「最古集成」のごとき作品が成立し、それが後に編集の手を加えられて、最終的に「原初集成」を経て『原初年代記』の成立に至ったとするシャーフマトフのシェーマ自体が覆されているわけではない。両人にもそこまで批判を徹底する意図はないようにみえる。その意味では、リハチョフの見解もそれに対するポッペの批判もシャーフマトフ説に対する部分的疑問と言うことができるであろう。本書の著者は、「最古集成」の成立時期はともかくとして、年代記中の「キリスト教普及の物語」は何度かの編纂過程を経て、最終的に、ポッへの指摘するように、十一世紀後半に完成された形を取ったと理解すべきであろうと考えている（Poppe, "The Original Status", p.8-10. さらに Poppe, "Two Concepts", p.488-504）。

（24）たとえばV・M・イストリンやN・K・ニコリスキー、B・A・ルィバコフ、A・G・クジミーンなど。なかでもルィバコフは最古の集成を十世紀末、ウラジーミルの時代に遡らせる（年ごとの覚書的記述であれば九世紀中頃アスコリドの時代にまで遡るとする）など大胆な仮説を表明する（Rybakov, *Drevniaia Rus'*.s.173-192, 159-173）。シャーフマトフの研究の是非をめぐる議論はその後も止むことがなく続けられ、本書の著者にとっても全体像の把握は容易なところではないが、これについてはさしあたりSenderovich, Metod Shakhmatova 論文（二〇〇〇年）が参考になる。かれはシャーフマトフの歴史言語学的方法を俎上にのせ、それが限定的な意味しかもたないことを指摘している。また最近の Shaikin, *Povest' Vremennykh Let* は、シャーフマトフ以降の研究が『原初年代記』を集成的文献として取り扱う方法を取っているが、それから距離をおいて、これを一体的な文献としてみるべきことを主張するなど、新たな方法の模索ないし視点の転換を志向していることをうかがわせている。

（25）古ルーシの年代算定法(記述)をめぐっては Berezhkov, *Khronologiia.* が基本的文献である。また『原初年代記』の年代記述をめぐっては Kuz'min, *Nachal'nye etapy.*s.221-295 も詳しいが、最近両者に批判的な研究が現れた。Tsyb, *Drevnerusskoe vremiaischislenie* である。ツィフは、ベレシコフが年代記において三月年と超三月年が共存することを認識しつつその現れ方を厳密に検討した点では評価するが、結局ベレシコフが双方の関係を機械的にとらえ、古ルーシにおける年代算定法がほぼ単一の原則に基づいているという誤った見解に行き着いたと批判する。一方クジミーンにたいしては、かれがとくに『原初年代記』の年代記述法を詳細に検討した点は評価しつつも、その分析に厳密さに欠けるところがあり、処々でなされる個々の判断には疑問点が少なくないと批判した。ツィフ自身の見解によれば、十一―十二世紀の年代算定法は「多様」であり、年代記の編者、作者らはそれぞれの方法でこれを記述していることを知る必要があるとするものである。ツィフは、従来ともすると年代記編者の「勘違い」や「誤り」とされてきた諸矛盾がそれぞれ依拠する原則の違いであり、必ずしも誤りとみるべきではないとするのである。ただし本書でこれ以上にこの問題を論じることはできない。なおクジミーンの年代記研究の手法をめぐっては、ソヴィエトでもリハチョフやチェレプニーンなどの代表的研究者らによる手厳しい批判があり（これについてはさしあたり、拙稿「『ルーシの洗礼』と最近のソヴィエト史学」二八―三三、四二頁、注（20）を参照）、ツィフの批判もこれを踏まえてのものである。

（26）邦訳十二、二七頁。なお『原初年代記』には二種類の「ポリャーネ」が出てくる。一つは後のポーランド人の祖である西スラヴ族のそれで、他がドニエプル中流域のそれである。年代記が主に記述するのは言うまでもなく後者であるが、邦訳の索引では後者を指す多くの事例を「西スラヴ」の方に分類しており、誤解を招くことになっている。ポリャーネをはじめとする東スラヴ諸族のエトノス形成史については、さしあたりソヴィエトの考古学者V・V・セドフを参照（Sedov, *Vostochnye slaviane*）。反ノルマン主義の立場からではあるが、研究史を十分に踏まえており有益である（東スラヴのポリャーネについてはs.106-113）。

（27）年代記作者がどのようにしてこの部分を「八五二年」とするに至ったかについては、クロスがシャーフマトフによりながら解説している。Cross, *The Russian Primary Chronicle*, p.30

（28）この年代記については山口「ゲオルギー・ハマルトーロス」を参照。

（29）国本『ロシア国家の起源』三一八―三七四頁。なお国本の著書の研究史上の意義と問題点、また今後の研究上の課題については、すでに田中陽兒が論じている（『歴史学研究』四五四号）。木崎の著書については本章注（17）を参照。木崎はその著書の二四―三五頁で「招致物語」について論じている。

（30）北のヴァリャーギ及び南のルーシに関するシャーフマトフの見解はさしあたり、Shakhmatov, *Istoriia Russkogo Letopisaniia*.I-1(*Razyskaniia*), s.224-227を参照。なおソヴィエトの反ノルマニストは通常「ルーシ」名称の南方起源（たとえばキエフ南方のドニエプル川支流ロシ川などに由来させる）を主張するが、その際ときにシャーフマトフを根拠とすることがある。たとえば、Rybakov, *Kievskaia Rus'*（第二版）.s.55 sl., とくにs.85-90。さらにs.284 sl., とくにs.301-303. しかしながらかれらはその際、シャーフマトフが最初に北方より到来し、キエフに定着した「ルーシ」をスカンディナヴィア系であるとしていたこと（つまり「ルーシ」名称のスカンディナヴィア起源説）を忘れ（ないし無視し）ているのである。またヴィリンバーホフやクジミーンの「ルーシ」＝バルト・スラヴ説に対する有力なソヴィエト史家らによる批判については、拙稿『ルーシの洗礼』と最近のソヴィエト史学」四二頁、注（19）を参照。

さて国本『ロシア国家の起源』にふれた機会を利用して、さらにその他の邦語文献二点についても言及しておきたい。まずは清水『スラヴ民族史の研究』である。これはスラヴ民族を広く視野に入れ、その起源を論じた書で、膨大な研究文献を渉猟し、さまざまな論点に言及していて貴重である。ただ基本的には九世紀以降に焦点を当てた本書と異なってそれ以前に関する考察が中心を占めていること、利用文献が膨大にわたるが、それゆえか逆に個々の論点における考察が表面的にとどまり、全体として概説的であると判断されるところから、十分に参照することはしなかった。次に、邦訳されたマヴロージンの『ロシア民族の起源』

（石黒訳）である。マヴロージンは一九八七年に他界したソヴィエトを代表するレニングラードの古ルーシ研究者である（かれが近代のとくに農奴農民運動のすぐれた研究者でもあることはここでは措いておく）。かれが反ノルマン主義の立場に立つ研究者であることはいうまでもない。マヴロージンの一九七八年の著書が一九九三年という時点でどういう意図で邦訳刊行されたかははっきりしないが（というのも誤解を恐れずに記すならば、著者がいかに代表的研究者であるとはいえ、数ある専門家の中の一人に過ぎないことは否めないからである。その意味で訳者自らが解説を記すことなく他界されたことは残念であった）、いずれにせよほとんど類書がないとはいえ、こうした書物が有意義となるにはそれなりの適切な解説があってのこととなる。さてマヴロージンはスラヴ、東スラヴ、古ルーシ民族（体）（「ナロード」、「ナロードノスチ」）の歴史的形成について緻密な議論を展開しながら古代ロシア国家の成立状況についても論じている。かれによれば、古代ロシア国家はオレーグ公の働きによってキエフとノヴゴロドが統一されたときに成立した。つまりかれは「建国」問題の検討に際しては、オレーグ以前のリューリクの到来（いわゆる「ヴァリャーギ招致」）の件はまったく考慮に入れていないのである（ちなみにここのところの邦訳（一八六頁）は不正確である。八八二年、オレーグ公が「ノーヴゴロドに遠征した結果」は、オレーグが「ノーヴゴロドからキエフに遠征した結果」とあるべきところ）。ここに著者の立場がよく出ている。著者が「招致伝説」に言及するのは、最終第六章「『ルーシ』『ロシア』『ルースキイ』の語源について」においてである。ここで著者は「ルーシ」をスカンディナヴィアと結びつけるあらゆる立場を批判的に検討し、「ルーシ」は年代記のいう「ヴァリャーギ」到来以前から（東）スラヴの地にあったことを主張する。かれによればリューリク「招致」物語は、年代記を完成に導いたウラジーミル・モノマフ公の「政治的野心と政治的利害」の結果作られた伝説であったという。本書でも後にみることになるが（第十一章）、モノマフは一一一三年のキエフ民の暴動の結果大公位に就いたという背景がこうした虚構を必要としたというのである。マヴロージンの見解は一つの立場を見事に表現している。しかし研究史上に占める位置が明確にされて初めて、こうした翻訳書も有益な参考文献となりうるのである。

（31）『原初年代記』の史料の問題については、さしあたり Cross, *The Russian Primary Chronicle*.p.23-30 をみられたい。すでにシャーフマトフがこの問題に特別の論文をあて、そのなかでとくに以下の十二点の「史料」について詳細な分析を加えていた。（1）新約、旧約聖書の諸書、（2）ゲオルギオス・ハマルトーロス年代記とその続編、（3）ニケフォロスの簡略年代記、（4）バシレイオス・ネオス伝、（5）特別構成の年代記、（6）キプロスのエピファニオス、（7）書物のスラヴ語への翻訳の物語、（8）パタラの（偽）メトーディオス、（9）神罰の教え、（10）ギリシア人との諸条約、（11）哲学者の陳述、（12）使徒アンデレの伝説。Shakhmatov, "Povest' vremennykh let" i ee istochniki.s.36-150

（32）一〇五一年の項のフェオドーシーの「悪くつまらないしもべであるわたし」がネストルであるとするのは、リハチョフや年代記の邦訳者である（*PVL*.s.488; 邦訳、四七一頁注12）。他方シャーフマトフはネストルがペチェールスキー修道院に入ったのは、フェオドーシーを継いだステファン修道院長のときで（一〇七四—七八年）、そのときかれは二十五歳（年代記にあるように十七歳ではなく）であったことを指摘して、この項の著者がネストルではありえないことを主張する（Shakhmatov, *Istoriia Russkogo Letopisaniia*.I-2(Nestor letopisets), s.422-423）。

（33）*PVL*.s.506. 邦訳者は、シャーフマトフもネストル説であるかのように記すが（四九五頁注5、ただし典拠は示されていない）、シャーフマトフ自身は、前注にあげた論文の同じ箇所において、一〇九一年のフェオドーシーの遺骸遷移の記述および、それに続くフェオドーシー頌もネストルの手になることはあり得ないと明記している。その理由も先に示したのと同じである。

（34）ヴィシャータ、ヤン父子については、*PVL*.s.276-280, 323-326（リハチョフの解説）などを参照。

（35）フィン語でスウェーデン人を表す ruotsi, *rōtsi が「ルーシ」の基盤にあることは早くから指摘されてきたが、その後もこれをめぐっては長く議論され続けている。たとえば二十世紀の七〇年代末にウプサラで行われた「北欧諸国とビザンツ」（*Les pays du nord et Byzance*）に関する国際学会においてもこの問題に関して少なくとも次の二点の報告がなされた。Ekbo, "The etymology of Finnish Ruotsi";Falk, "Einige Bemerkungen". 一方、ノルマン説の立場に立つ者でも、たとえばドイツのG・シュラムのように問題性を自覚している場合が少なくない（Schramm, "Die Herkunft des Namens Rus'", S.14-16）。ただシュラムはその後この問題がフィン語の ruotsi 説で決着済みと考え、その立場から近年の「学界」にみられる「騒音（喧騒、混乱）」を批判している。かれはその際とくにロシアと欧米の八人の研究者をとりあげるが、本書でも言及した者としては、A・ダニレンコ（ニューヨーク）、O・N・トルバチョフ（モスクワ）、V・V・セドフ（モスクワ）、A・V・ナザレンコ（モスクワ）らが論評の対象とされている（Schramm, "Viel Lärm um vier Buchstaben"(2007)）。

（36）*Ocherki istorii SSSR.III-IX vv*., s.741-745（B・A・ルィバコフ）; Rybakov, *Kievskaia Rus'*.s.85-90;*Ocherki istorii SSSR.IX-XV vv*. ch. I(IX-XIII vv.), s.76-79（B・D・グレコフ）; Trubachev, *V poiskakh edinstva*.s.184-265

（37）Nazarenko, *Drevniaia Rus'*.s.11-14. ナザレンコは上記のごとく「ルーシ」の語の由来に関する反ノルマン説的見解に対し批判的であるが、一方正当にもノルマン説のそれにも疑問点が残ることを指摘する。かれのこうした立場はノルマン説を主張するドイツの歴史家、言語学者G・シュラムの近著（Schramm, *Altrusslands Anfang*.2002）を厳しく批判した大部の書評論文（Nazarenko, Novyi svet na proiskhozhdenie Drevnei Rusi?）によく表れている。

（38）Nazarenko, *Drevniaia Rus'*.s.12.「ルーシ」の語源の問題とエトノスおよび国家の起源の問題を峻別すべきことは、すでに『原初年代記』における「民族名称（用語）」の問題を考察した（一九七九年）G・A・ハブルガーエフも力説したところであった（Khaburgaev, *Etnonimiia «Povest' vremennykh let»*.s.216-218）。これとの関連で興味深いのは、反ノルマン主義的立場に立つ考古学者V・V・セドフの次のような見解である。かれはノルマン主義的立場の最近の代表者メリニコヴァ／ペトルーヒンの研究を取り上げながら次のように記す。「かりに言語学的視点から roþs>ruotsi/rootsi>rus' という捉え方が採択可能であるとしても、歴史・考古学的視点からはそれは正当化されない」。Sedov, Russkii kaganat.s.14-15(prim.52). こうしてかれは自身の考古学者としての立場からノルマン説の成立しえないことを主張するのであるが、かれの立場は、言語学的視点に留意した場合ノルマン説にある程度の妥当性があることを承認した形になっている。もちろんセドフ自身は最終的には、言語学的側面にかかわる部分では上記トルバチョフの説を採用し、これを自身の結論にもっとも適合的であると考えている。自らが言語学分野では非専門家であることを自覚した上での見解表明で、最終的結論の是非はともかくとして、良心的な態度であるといえよう。なお従来の「ノルマン論争」においては、「ルーシ」の語の起源とエトノスさらには国家自体のそれとを区別することの少なかったことが、論争を過熱させてきたひとつの原因であることは今日十分に認識しておくべきであると考える。本章補論2で検討する「ヴァリャーギ招致」物語をめぐる論争の異常な激しさにもこのことが関係していると考えるが、ここでは、これを区別せずに（むしろナイーブにも同一して）論じたソヴィエトの大御所ルィバコフに対して、すでに早い段階で同じソヴィエト史家（R・I・アヴァネーソフ）の側から批判が出されていたこと、しかしこうした批判は長い間、十分に考慮されることのなかったことを指摘しておくにとどめる（Rybakov, Problema obrazovaniia drevnerusskoi narodnosti.s.43;Avanesov, K voprosam obrazovaniia.s.50-51, prim., 6, 7. アヴァネーソフは、古ルーシ「民族体」形成史に関するルィバコフ論文の画期的意義を強調する一方、「ついでのことながら」としつつ、短く鋭く上記のごとき疑問を注記している）。

（39）「ルーシ」と「ロース」の語、とりわけ後者については、さしあたりSolov'ev, Vizantiiskoe imia Rossii 論文、また本節でも後述するところを参照されたい。

（40）関連研究としてはさしあたり、Riasanovsky, "The Embassy of 838 Revised";Hellmann, "Westeuropäische Kontakte".S.81-83;Litavrin,

Vizantiia.s.37-46;Duczko, *Viking Rus*.p.10-59 をあげておく。邦語では木崎『「ルーシ」という語の意味』七〇―七六頁

（41）要約はロシア語訳（ナザレンコ）により行う。*Drevniaia Rus' v svete*…IV, s.17-21. なおこの部分の（　）は要約者（栗生沢）による。

（42）たとえば Vasil'evskii, *Trudy*.III, s.CXVII;Dvornik, *The Making*.p.63

（43）とくに、Rybakov, K voprosu o roli khazarskogo kaganata.s.134-135;Riasanovsky, "The Embassy of 838 Revised".p.2-5;Sakharov, Russkoe posol'stvo. s.248-253 など。このうちサハロフ論文は、八三八―八三九年の「ロース」使節のとくに「外交」面にかかわる諸問題が従来十分に検討されてこなかったことを指摘して、自らこの課題に取り組んだものであるが、論文では本論に先立ってノルマン主義の立場を批判しつつ、この使節がキエフのスラヴ人国家から派遣されたものであることを強調している。

以下にさらに反ノルマン主義的立場からのこの問題に対する近年の重要な研究をひとつ上げておきたい。先にもふれた考古学者のV・V・セドフは、ロシア史におけるスカンディナヴィア人の役割を十分に認識しつつも、それがあてはまるのは九世紀末以降に関してであり、それ以前にドン川からドニエプル川に至る地域（ヴォルィンツェフスカヤ文化地域）において活躍したのは東スラヴ人であったと主張する。かれによると、ビザンツ経由でインゲルハイムにやってきた「ロース」はこの文化の担い手で（セドフは「ロース」一行中にスカンディナヴィア出身者も含まれていた可能性を考えている。「スウェーデン人」と判明したのはその者たちであったという）、その首長が「カガン」を名乗ったのは、この時点でスラヴ人の組織はすでに政治的にある程度成長しており（「ルーシ・カガン国《カガナート》」の成立）、ハザールのカガンからの自立性を主張し始めていたことを物語っているとする。この時点ではまだ「首都」というべき中心地は形成されていなかったが、すでにキエフがその方向への発展を始めていたと考えている（Sedov, Russkii kaganat.s.8-11, 14）。

（44）これらの各説については、Stender-Petersen, *Varangica*.p.82-83 (IV.Zur Rus'-Frage), p.246-247(XIV.Chetyre etapa russko-variazhskikh otnoshenii)（ロシア北部、イズボルスク・ラドガ・ベロオーゼロに囲まれた地域とする説）; Novosel'tsev, *Khazarskoe gosudarstvo i ego rol'*.s.199 sl., 205-211（古ラドガに成立した「ルーシ・カガナート（カガン国）」説）; Petrukhin, *Nachalo etnokul'turnoi istorii*.s.89（古ラドガないしヴォルガ上流域説）; Duczko, *Viking Rus*.p.31-33, 59（古ラドガ説）; Pritsak, "The Origin of Rus'".p.267-268;Pritsak, *The Origin of Rus'*.p.28（ヴォルガ・ルーシ・カガナート、ロストフ付近とする）; Vernadsky, *Ancient Russia*.p.281-282（アゾフ海沿岸地域説）などを参照。

（45）Artamonov, *Istoriia Khazar*.s.303-312;Naumenko, Vizantiisko-khazarskie otnosheniia.s.231-232

（46）この点を問題にしない研究者もいる。たとえばE・A・メリニコヴァなどは、ビザンツ史料でスウェーデン人の首長が「カガン」と呼ばれていることを当然のことと考えているのか、その前提で議論を展開している（Mel'nikova, «Kniaz'» i «kagan».s.145, 146）。しかしビザンツでスウェーデン系首長がそう呼ばれたとするならば、その北欧人はルーシ経由で到来し（ロシアの南部平原でハザールと接触し）たがゆえに「カガン」と結び付けられたと考えられるのであり、もしそうであるならば、直接スウェーデンから来たとは言い難い。それゆえ本書の著者はこの点は問題になりうると考えている（後述も参照）。なお早くにはここの「カガン」をハザールなど遊牧民の首長の称号ではなく、古ノース語の人名（たとえばHákon）ととる研究者もいた。この場合はこの「ロース」をスウェーデン系としても矛盾しないことになるが、ただ今日ではこの説を受け入れる研究者は一部の例外を除いてほとんどみうけられない（Blöndal, *The Varangians of Byzantium*.p.33, note 1）。

（47）Franklin/ Shepard, *The Emergence of Rus*.p.29-50, 91-97

（48）Nazarenko, *Dve Rus'*.s.17. さらに本章注（38）にあげたセドフの見解、また Franklin/ Shepard, *The Emergence of Rus*.p.107;Mel'nikova, Skandinavy v protsessakh.s.65 など。

（49）バルト海とヴォルガ川を結ぶ道については、Dubov, *Velikii Volzhskii Put'*.s.60 i sl.、またとくにスカンディナヴィア人との関連については、さしあたり Mel'nikova, Skandinavy na Baltiisko-volzhskom puti 論文を参照。

（50）長年ドニェプル上流域のグニョズドヴォ埋葬遺跡（現スモレンスクの西方数キロメートル）の考古学調査にあたったD・A・アヴドゥシンによれば、そこの九百五十のクルガン（墳丘）のうちスカンディナヴィア系とみられるのは五十ほどでしかないという。すなわちグニョズドヴォの住民に占めるヴァリャーギの割合は五％ほどであった（アヴドゥシンのこの見解については Sedov, *Vostochnye slaviane*.s.252 によった）。アヴドゥシンはとくに先鋭的な反ノルマニストとして知られ、かれを含む二十世紀三〇年代以降のソヴィエトの考古学研究に対してはときに学術的な意味での疑念が表明されることがあるが（たとえば Rüß, "Die Varägerfrage". とくに S.4-5, 11 のコメント）、それはおいておいて、ひとまずかれの上記結論を容れたうえで判断するならば、スカンディナヴィア人はグニョズドヴォまではわずかとはいえ確実に進出居住するにいたっていたということができ、さらにそこからドニェプルを南下して中流域キエフ方面にまで進出していた可能性を想定したとしてもそれほどおかしいとは思われない。もちろんそう仮定したとしても、その数がきわめて少なかった（明確にスカンディナヴィア的遺跡を残すことはなかった）ことも認識しておく必要があるのはたしかである（断るまでもないことであるが、アヴドゥシンやセドフ自身が早期の段階でスカンディナヴィア人のキエフ地方への進出を想定しているわけではない）。上記アヴドゥシンらはスカンディナヴィア的な要素をできるだけ低くみることに懸命であるが（たとえば実際に発掘されたスカンディナヴィア装飾品などを、スカンディナヴィア人居住者が残したものではなく、さまざまな方法で持ち込まれた品と解釈しようとするなど）、これに対しＡ・Ｖ・アルツィホフスキーなどは断定的な結論を控え、より慎重に事実を見きわめようとしていることがうかがえる（Artsikhovskii, Arkheologicheskie dannye po variazhskomu voprosu.s.36-41）。考古学研究に内在する困難性がここにも現れているといえる。

（51）都市キエフの成立に関する考古学研究の歴史については、さしあたりＪ・コールマー論文（Callmer, “The archaeology of Kiev”）、さらにＥ・ミューレの二論文（Mühle, “Die Anfänge Kievs”;Miule, K voprosu）が参考になる。

（52）千五百年祭を記念してさまざまな出版や遺跡復元事業が行われた。たとえば三巻本（四冊）の『キエフ史』の出版（*Istoriia Kieva*. V trekh tomakh, chetyrekh knigakh.Kiev, 1982-1986. 本書に関係するのが第一巻「古代・中世キエフ」である）や「黄金の門」の復元などである。「黄金の門」については本書第九章2を参照。

（53）『原初年代記』は最初の章でキーを長兄とする三兄弟を登場させ、次のように記す。「いまボリチェフの坂がある山にキーが住み、いまシチェコヴィツァと呼ばれる山にシチェクが、また三番目の山にホリフが住んでいた……そして最年長の兄の名にちなんで町をつくり、キエフと呼んだ」（九頁）。さらに八六二年の項で、アスコリドとジールがリューリクの下を去り、コンスタンティノープル遠征に向かう途中キエフに留まったとき、二人は「かつて三人の兄弟キー、シチェク、ホリフが……この町をつくり、滅びました」とポリャーネ族の住人から聞かされている（二〇頁）。ルィバコフはこの「キー」を、五三三年頃に皇帝ユスティニアノス一世（ないしはアナスタシオス一世（四九一―五一八年在位））に戦士として仕えたとされるヒルブディオス（Khil'budii/Chilbudios/Chilbudius）と同一人物と考え、その実在性を主張したのである（Rybakov, *Drevniaia Rus'*.s.32-36;Rybakov, *Gerodotova Skifiia*.s.195 i sl.; Rybakov, Gorod Kiia.s.32-34）。もちろんこれにはソヴィエトを含む内外の研究者から強い疑義が出され、いまこれを繰り返す研究者はまずいない。たとえばＩ・Ｐ・シャスコーリスキーはルィバコフの名は明記しないが、あきらかにかれを念頭においてキーをそのまま実在人物と結びつけるような試みに強く反対している（Shaskol'skii, Kogda zhe voznik Kiev？s.70-72）。さらにMühle, “Die Anfänge Kievs”.S.87-88, Anm.65;Miule, K voprosu.s.121をも参照。

（54）Tolochko, *Drevnii Kiev*(1976), s.8 i sl. とくにs.18, 20, 24 i sl.; Tolochko, *Drevnii Kiev*(1983), s.18 i sl.64-82;Tolochko, Proiskhozhdenie.s.43など。なお注（52）にあげた『キエフ史』第一巻（古代・中世のキエフ）の本書にかかわる部分（第二章「古代スラヴ人とキエ

フの成立」第2、3節、第三章「十―十三世紀前半キエフの社会経済発展」）の執筆もトロチコである。

（55）Karger, *Drevnii Kiev*.T, 1, s.92-97, 115; Mühle, “Die Anfänge Kievs”.S.82-84;Miule, K voprosu.s.119

（56）Karger, *Drevnii Kiev*.T.1, s.98-105;Mühle, “Die Anfänge Kievs”. S.84f., 94f., 100-101; Mühle, K voprosu.s.120-124, 127

（57）Mühle, “Die Anfänge Kievs”. S.94f., 101; Mühle, K voprosu.s.124-126, 127

（58）たとえば「アマストリスのゲオルギオス伝」の末尾には都市アマストリスへの「ロース」の襲撃についての記述がある（Vasil’evskii, *Trudy*.T.III, s.CVIII i sl.）。この伝記に描かれる襲撃の史実性をめぐる問題については、M・V・ビビコフが簡潔に論じている。*Drevniaia Rus’ v svete*... II, s.129

（59）以上については Mel’nikova, Skandinavy v protsessakh.s.65.prim.82

（60）Bibikov/ Mel’nikova/ Petrukhin, Rannye etapy.s.35-39

（61）W・ドゥチコが紹介しているところによれば、ヴァイキング時代のスウェーデン（とくにゴートランド）で発掘されたビザンツ貨幣は四百ほどが知られているという。ほとんどはミリアレシア銀貨で、その四分の一が九三一―九七六年、約二百がバシレイオス二世とコンスタンティノス八世治世（九七七―九八九年）、さらに百二十三が一〇二八―一〇五五年のものとされている。ただし以上を、ゴートランドで発掘された他の諸地域からの貨幣（イスラム圏からは六万、ドイツからは四万、イングランドからは二万五千）と比較すれば、比較しがたいほどに少ないことは認識しておくべきであろう（Duczko, “Byzantine Presence”. p.293）。ただスカンディナヴィアとビザンツとの経済交流が（その規模はともあれ）、十世紀（おそらくはすでに九世紀）から行われ始めたことがわかる、というだけのことかもしれない。

（62）Blöndal, *The Varangians*.p.8

（63）Mel’nikova/ Nikitin/ Fomin, Graffiti na kuficheskikh monetakh Petergofskogo klada, s.38-41;Nakhapetian/ Fomin, Graffiti na kuficheskikh monetakh.s.140-142

（64）以上に『ベルタン年代記』の「ロース」はドニエプル中流域のルーシ（後の「キエフ・ルーシ」のいわば前身）であると考えられることを記した。しかしここまでこの点に関する研究状況をきちんと紹介することはできなかった。いまそれをみておきたい。実はこの立場に立つ研究者は多数派であるといって差し支えない。既述のように、反ノルマン主義者は一般にこの立場に立つ（ただスカンディナヴィア人の進出は否定する）。それとは違った意味でこう考える（すなわち「ロース」をスカンディナヴィア系とみたうえでこの立場に立つ）近年の研究者としては、まずロシアのビザンツ研究者G・G・リタヴリンがあげられる。かれは二〇〇〇年の著書で特別に『ベルタン年代記』に一節を費やし、この問題を詳細に論じる。かれは上記ノヴォセーリツェフの立場（「ロース」をスカンディナヴィア人が古ラドガに樹立した「カガン国」とする）に共感を示しつつも、これをビザンツやハザールとの関係から、すでにドニェプル中流域に進出したキエフやチェルニゴフ地方のルーシとする立場をもっとも妥当と考えるに至っている（Litavrin, *Vizantiia*.s.37 sl. とくに42-44）。他にはコノヴァーロヴァが重要である。かの女は「ロース」のエトノスをめぐる議論には直接立ち入らないが、これをスカンディナヴィア人とする前提で議論している。その上で「ルーシ」の支配者が「カガン」と名乗った理由を詳しく検討する（Konovalova, O vozmozhnykh istochnikakh.s.114-115）。「カガン」称号をめぐるコノヴァーロヴァを含む諸研究者の見解については後に立ち戻る（補論1）。またナザレンコはここの「ロース」をラドガやリュリコーヴォ・ゴロジシチェ、さらにはヴォルガ上流域（沿ヴォルガ・ヤロスラヴリ地域）などと結びつける最近の傾向の問題性を指摘しながら（これらの北部地域の支配者がトルコ系の称号を採用する必然性の点で疑問があるとするのである）、その上でドニェプル中流域説を採用している。かれこそがこの地域が早くから東西を結ぶルート上の重要拠点であったことを主張する研究者の代表である（*Drevniaia Rus' v svete*...IV, s.20, prim.14）。ナザレンコはまた一般読者向けに書いた論文（Nazarenko, Dve Rusi）において自説をわかりやすくまとめて解説している（本書後述参照）。さらに本書の著者は上述のごとき自身の見解をまとめるにあたって、とくにメリニコヴァの近年の論考から大きな示唆を受けたので、それも参照されたい（Mel'nikova, Skandinavy v protsessakh.s.53 i sl., とくに66-67）。最後に、わが国でもすでに国本『ロシア国家の起源』（三三七―三四〇、三六八―三六九頁）がこの問題をとりあげ、独自の立場を表明していることにふれておく。かれも『ベルタン年代記』における「ロース」の所在地をキエフとしているので、以上の史家と基本的に同じ立場にたつといえるが、ただ立ち入った考察がなされているわけではない。また既述のとおり、これをバルト・スラヴ系とみる（その「ハカン」がスウェーデン人を派遣したとする）ところが独特である。本書の著者の考えでは、国本はバルト・スラヴ人に固執するあまり、その結論も不自然になっているように思われる。

（65）Nazarenko, *Drevniaia Rus'*.s.11-50

（66）これに関連してソヴィエトの研究者A・V・ソロヴィヨフの次の見解は興味深い。すなわちかれはロシアの国名〈Rossiia〉がギリシア語形「ロース」Rhos の影響で形成されたことを指摘する。かれによれば、十四世紀までのロシアでは国名と人名のいずれも「ルーシ」-u- の形をとっていたが、これがその後ギリシア語形の影響により現在のような形になったとするのである（ただかれは「ルーシ」自体の起源については検討していない)。Solov'ev, Vizantiiskoe imia Rossii.s.134-155

(67) たとえば、E・ツェルナー(Zöllner, "Rugier oder Russen". S.108-119)は、すでにふれた(詳しくはさらに後述参照)「ラッフェルシュテット関税規定」中のrugiについて、これを五世紀に東ゲルマン族の一つが居住していたRugilandの住民とみて、いわゆる「ルーシ」とみる説を批判した。なお国本『ロシア国家の起源』(三三三―三三七頁)は「ルーギ」を(その他の類似の語とともに)「ルーシ」とみる点ではナザレンコに対立するとはいえないが、これをバルト海上リューゲン島のバルト・スラヴ系住民とみる点で、通常の「ルーシ」説には批判的であるといえる。国本はこの点ではV・B・ヴィリンバーホフやA・G・クジミーンに従っている。

(68) たとえばナザレンコは前注のツェルナーに対し、Rugilandの存在期間が短期であったこと(五世紀八〇年代にイタリアの支配者(王)オドアケルによって滅ぼされてしまう)を指摘するなど詳細な批判を展開している(Nazarenko, *Drevniaia Rus'*. s.83-86)。またかれはrugiなどの語を「ルーシ」とみなすロシア内外の計十六人の有力な研究者の名を注記して、自説が決して孤立したものでないことを力説する(ibid., s.82)。なお従来から「ルーシ」(「ロース」)の語が早くは五世紀のビザンツ文献に認められることなどを主張して、「ルーシ」問題を早期に遡らせて考える研究者も多くみられたが、これにたいし木崎はこれらの例を詳しく分析したうえで退け、問題をノルマン人がロシアへ到来する八世紀末以降に限定すべきことを正当にも指摘している(『「ルーシ」という語の意味』第一部)。この点は本書の立場に通じる。

(69) ナザレンコによれば、西方におけるrus'/Rus'の語の最古の記述例は、年代を八六二/八六三年と推定できる一文書中にみられる(東フランク、ルードヴィヒ二世ドイツ人王の文書、DD Lud.II)。そこにはRûzâramarchaという地名が現れるが、おそらくこれが「ルーシ」に関係する最初の事例と考えられるという。この例は九世紀後半のものであるが、地名自体は以前から存在していたと推測しうる。ナザレンコはバイエルンなどでは「ルーシ」(Ruziの形)は、遅くとも九世紀初から中頃には成立していたと推測している(Nazarenko, *Drevniaia Rus'*. s.14-18, 49, 104-111)。この文書および地名については改めて第四章2でとり上げる(後述一九七―一九八頁参照)。

(70)「カガン」の語はルーシ諸史料では主にkaganの形で現れる。しかし他の諸史料では「ハカン/カカン」khakanの形で現れることが多い(『ベルタン年代記』のchacanusも基本的に同じ形)。khagan(ハガン/カガン)の形もみられる。「ハン/カン」などの語も基本的には同根に遡及される。V・V・バルトリドは「オルホン碑文」の例から最前者(kagan)が正しい形であるとするが(Bartol'd, *Sochinenie*.II, ch.1, M., 1963, s.32)、本節では「正しさ pravil'nost'」、つまり本来の語形をめぐる問題には立ち入らない。

ノヴォセーリツェフはkhakanとkaganを同義として取り扱っている。これらの語の諸史料における現れ方をめぐってはさしあたり、Novosel'tsev, K voprosu.s.151-152を参照されたい。

なおここで「カガン」の『原初年代記』における用例についてみておく。『原初年代記』ではルーシ諸公が「カガン」と呼ばれることはない。そもそも「カガン」自体の使用例は少なく、おそらく九六五年の項の一度だけである。しかもそれはルーシではなくハザール君主との関連で用いられる。次のように記される。「スヴャトスラフはハザールに向かって兵を進めた。一方ハザールは（これを）聞き、自分の公カガンとともに迎え撃とうと出撃し（両軍が）戦い始めた……そしてスヴャトスラフがハザールに勝ち、かれらの町ベラ・ヴェジャ［サルケル］を占領した」（邦訳七四―七五頁）。これはハザールがスヴャトスラフ公の軍に敗れ、国家としての存在に事実上終止符が打たれた有名な戦いに関する簡潔な記述であるが、ここでは「カガン」はハザールの公の称号であるのか、その名前であるのか判然としない書き方がなされている。*PSRL.*I:65のテクストでは人名ととらえられている（大文字で記され、また人名索引にひかれている。s.549）。リハチョフ編の*PVL*でもテクスト（s.31）では大文字で記されていて人名ともとれるが、人名索引（s.556）には拾われていない。少なくとも『原初年代記』にとって「カガン」はルーシ諸公の称号ではないし、使い慣れた用語でもないといえる。

(71) *Drevniaia Rus'v svete*...IV, s.23-24（ナザレンコ訳）。最後のヴルガールに関する箇所は解釈が難しいところであるが、一応上のように訳した。

(72) *Drevniaia Rus'v svete*...III, s.47-48

(73) イブン・ルスタの「ルーシ人の島」に関する記述の基盤に横たわるのは、九世紀七〇―九〇年代の作と推測され、研究者間で『東欧諸民族をめぐる作者不詳の覚書』と呼ばれる著述であるが、イブン・ルスタにその古い形が留められているという。その後これが削られたり書き加えられたりしながら、後代の多くのアラブ・ペルシア語作品に姿を現しているが、それらの作品のリストは、*Drevniaia Rus'v svete*...III, s.47-48, prim., 10（T・M・カリーニナ）にみることができる。

(74) 研究史上イブン・ルスタの「ルーシ人の島」（通常「ルーシ・カガナート（カガン国）」のこととされる）の所在地を北部ロシアに求めるのが一般的である。この立場をとる研究者の氏名だけを記すと、V・トムセン、V・V・バルトリド、A・A・シャーフマトフ、H・ウォヴミャインスキ、A・P・ノヴォセーリツェフ、S・フランクリン／J・シェパードなどである。バルト海域説はW・B・ヴィリンバーホフ、A・G・クジミーンら、ロシア南部説はA・Ia・ガルカーヴィ、B・A・ルィバコフ、V・V・

セドフなどにみられる。

(75) 著者はイブン・ルスタの「ルーシ人の島」の所在地を北部ロシア・ヴォルホフ川地域（ノヴゴロド付近）と推測したが、ここで一つ想起されるのは、ノヴゴロドが北欧の文献で「ホルムガルド」と呼ばれていたという事実である。T・N・ジャクソンによれば、この語はすべての種類の古スカンディナヴィア史料に百回以上検証できるというが、それは古北欧語で「島の上の町」を意味する語である。イブン・ルスタはこのことを知っていたのかもしれない（Dzhakson, *AUSTR Í GÖRÐUM*.p.83 f.）。なおスカンディナヴィア史料におけるルーシに関しては、後にあらためて検討する（第十章1）。

ところでフランスのビザンツ研究者C・ツッカーマンもこうした見解を表明する一人である（Zuckerman, Dva etapa'、二〇〇一年論文）。この論文は近年の業績でもあり、新たな主張もみられ、若干の議論の対象ともなったので、ここに簡単に紹介しておきたい。ツッカーマンは「ルーシ／ロース」のスカンディナヴィア起源を確認したうえで、「ルーシ・カガン国」の所在地をヴォルホフ川流域（ラドガとノヴゴロド＝ゴロジシチェ地域）に比定する。ルーシ・カガン国の位置を現ロシアの北部地域に比定する見解自体は新しいものではない。むしろ既述のように、これが一般的な見解であった。ツッカーマンの主張の新たな点は以下にかかわる。すなわちかれは、この「ルーシ・カガン国」という「ノルマン的国家形態」の存在期間を九世紀三〇年代から七〇年代初にかけてのことと明確化しながら、リューリクの（ラドガへの）出現はその四半世紀後（八九五年頃）のことであったとするのである（そしてこれを第二のルーシ国とみる）。ツッカーマンはこのように二段階にわたる古ルーシ国家形成史を提唱した。ある意味ではシャーフマトフなどのスカンディナヴィア系の二波にわたる到来説を彷彿とさせる見解であるが、リューリクの出現時期を大分遅らせて考えているのみならず、論証の方法がまったく異なっており（シャーフマトフの場合はテクスト批判とその分析を基本とする）、同日には論じられない。かれの論文（原論文は二〇〇〇年）はその後ロシア語にも翻訳され（上記）、*Slaviano-vedenie*（『スラヴ学』）誌上で若干の論争を引き起こすこととなる。これに対するペトルーヒン、セドフらの批判をも参照されたい。Petrukhin, O "Russkom kaganate";Sedov, O rusakh i russkom kaganate;Kalinina, Vostochnye istochniki;Ivanov, Kontseptsiia K.Tsukermana. そのうちペトルーヒンは、諸史料における「カガン」への言及箇所（六か所）に関するツッカーマンの分析を再吟味しながら、その主張は「リューリク朝を三十年若返らせた」だけであって、その実、年代記の記述をなぞったものにすぎないと批判した。またセドフは「ルーシ」をスラヴ人とみる立場からツッカーマンを批判し、「ルーシ・カガン国」は南ロシア（ドニエプルとドネツ両河川間地域、考古学的にはヴォルインツェフスカヤ文化地帯、ハザーリヤに隣接する地域）に位置したことを改めて主張した。

(76)『世界の東西の境界』(Hudud al'Alam)、イブン・ガルディジ ibn Mahmud Gardizi など (*Drevniaia Rus' v svete*...III, s.55, 58)。
(77) Konovalova, O vozmozhnykh istochnikakh.s.108-109
(78) この点については Sedov, Russkii kaganat.s.9. 考古学者V・V・セドフについては先の注においても記したが(本章注(26)、(38)、(43)など)、九世紀前半のドニェプル中流域にすでにスラヴ人の国家が形成されており、その首長がほかならぬ「ハカン」を名乗っていたことをとくに明確に主張する代表的研究者である。
(79) V・G・ヴァシリエフスキー、O・プリツァーク、P・B・ゴールデン、V・V・トレパヴロフなどである。言うまでもなく各自さまざまな議論を展開するが、大筋ではルーシのカガンがハザール・カガンの家臣となり、ルーシ国はハザール国際システムの一員となったとする点で共通している。このうちゴールデンの場合は、ルーシの公がより下位の称号ではなく、「カガン」という最高位の称号を認められるに至った理由を、マジャール人の登場の前に窮地に陥ったハザール側の、ルーシの武力を利用しようとしての譲歩であったと説明する。そしてマジャールが西方へ去り、その脅威が消滅すると同時に「ルーシ・カガン国」の必然性も消えたという。ゴールデンはルーシ「カガン国」の存在を一時的、例外的なものと考えているのである(Golden, "The Question of the Rus' Qaganate".p.88, 96-97)。
(80) *BLDR*.I.s.26, 42, 44, 52, 60 ; Moldovan, *Slovo o zakone*.s.78, 91-92, 99 (モルドヴァンのテクストにはいわゆる「信仰告白」ispovedanie very は含まれていない)。Müller, *Des Metropoliten Ilarion Lobrede*.S.13, Anm.2. 三浦「中世ロシア文学図書館(III)」七八、八四、八七、九〇頁など。三浦の邦訳は貴重な貢献である。ただし「カガン」の訳語「可汗」は適切とはいえない。また原文にはないところでも「可汗」としているところがあり(本来はたんに「かれ(ウラジーミル)は」とすべきところ)、この点からも注意が必要となる。なおイラリオン(とその『説教』)については本書でも繰り返しふれることになるが、かれの府主教への抜擢についてはとくに第九章で検討することになる。
(81) これら諸説は、Müller, *Des Metropoliten Ilarion Lobrede*.S.146-147 に紹介されている。
(82) たとえば、Golden, "The Question of the Rus' Quganate".p.97;Nazarenko, Poriadok prestolonaslediia.s.514-515. この問題についてはさらに、Konovalova, O vozmozhnykh istochnikakh.s.110, 128(prim.16, 17)をも参照。
(83) Novosel'tsev, K voprosu.s.157-159;Petrukhin, *Nachalo etnokul'turnoi istorii*.s.108, 114; L'vov, *Leksika*.s.197-207
(84) Nastase, "La Succession Khazare"

（85）十一世紀ルーシにおける「カガン」の用例としてさらに次の例も知られている。キエフ・ソフィヤ聖堂（外側北部回廊の窓の開口部）にキリル文字で刻まれた銘文（十一世紀後半）がある。それは「主よ、われらのカガンを救いたまえ」‹Spasi, g[ospod]i, kag[a] na nashego› と読める。ソフィヤ聖堂の十一—十四世紀の百余りの銘文や線刻画（文字）を調査したS・A・ヴィソツキーによれば、ここで「カガン」と呼ばれているのは、その部分に描かれた聖ニコライのフレスコ画との関係から、ヤロスラフ賢公の子スヴャトスラフ（大公在位一〇七三—七六年、洗礼名をニコライといった）と推測できるという。上の文では「カガン」は存命者と推測されるので、この銘文がスヴャトスラフの死（一〇七六年十二月二十七日）以前に刻みこまれたことも推測できるという（Vysotskii, *Drevnerusskie nadpisi*.s.49-52(No.13). その Tabl.XVII, XVIII に写真とそれを書き写したものがある）。ここの「カガン」の意味も上述と同じように考えられるべきであろうが、いずれにせよ、こうした例が今後さらに増えるようであれば、「カガン」の呼称がそれほど珍しいものではなく、また時代錯誤的でもなかった可能性について改めて考える必要がでてくるかもしれない。

（86）ときに十二世紀の例として『イーゴリ遠征物語』が挙げられることがあるが、これを確実な用例と言えるかどうかは微妙である。『物語』の末尾近くに「いにしえのヤロスラフの時代の歌い手たちが『ああコガン・オレーグの妻よ……』と歌った」という箇所がある（この部分の訳は本書の著者による）。ここで「コガン」と言われるオレーグは、本書でものちにふれることになる（とくに第十一章を参照）チェルニゴフやトムトロカンの公オレーグ・スヴャトスラヴィチ（ヤロスラフ賢公の孫）のことと考えられるが、どういう意味でこう言われているかは、『物語』からはまったく判断できない。あるいはかれが遊牧民ポロヴェツと強い結びつきをもっていたことに起因するとも考えられるが、いずれにせよこれは詩歌であり、しかもこの箇所の解釈をめぐっては諸説紛々で、そもそもここの「コガン」を「カガン」とはとらない、あるいは大きな意義を認めない研究者も多い。邦訳（木村訳）一二〇—一二一頁は「コガン」の語をまったく考慮していない。この点では中村編訳『ロシア中世物語集』中の『軍記』訳も同様である。現代ロシア語訳においては、右の引用（拙訳）と同様に、あるいは「オレーグ・カガンの妻よ」のように訳されている（*PLDR.XII v.*, s.386-387;*BDRL*.t.4, s.266-267）。同注（*PLDR.XII v.*, s.687.*BDRL* ではこれに関する注はない）では、「カガン」がルーシ諸公に適用されたハザール君主の称号と記されるのみで、それ以上に詳しい説明はない。注釈者（O・V・トヴォーロゴフ）が「カガン」はある時期のルーシ諸公に「一般的に」適用された称号であったと考えているのかどうかも定かでない。『イーゴリ』の用例についてこれ以上の詮索は無用であろう。なお東方諸史料の多くは、既述のごとく初期ルーシ首長を「カガン」と呼んだと考えられるが、後代、すなわち十—十二世紀に関しては、ルーシ諸公の称号として「マーリク」（アラビア語）や「パードシャー」（ペルシア語）

が用いられ、「カガン」と呼んだ例は知られていない。この点についてはNovosel'tsev, Vostochnye istochniki.s.411-415をみられたい。

（87）L'vov, *Leksika*.s.198-200

（88）Novosel'tsev, K voprosu.s.157

（89）Konovalova, O vozmozhnykh istochnikakh.s.110による。ゴールスキーは一方では、「カガン」の称号がハザールのカンに対抗して用いられたことを指摘し、それがハザールの衰退とともに使用されなくなった（十一世紀末）ことをも主張する点では正しいといえる。ただかれが「公」や「大公」の称号を自明のものと考えているとすれば、それは受け入れがたい。Gorskii, Kievskaia Rus'.s.42-43

（90）Fasmer (Vasmer), *Etimologicheskii slovar'*. T.II, s.266

（91）Mel'nikova, «Kniaz'» i «kagan».s.144-145. なおイブン・ホルダドベーがルーシ君主の称号を「公」と記しているとされる典拠は*Drevniaia Rus' v svete*...III, s.25である。イブン・ホルダドベーはその『さまざまな道と国々の書』において、「アスーサカリバ［スラヴ人］」の君主はknaz［と呼ばれる］と読み下せる書き方をしているという（T・M・カリーニナの訳と注。原写本ではアラビア語でk.nanまたk.badとなっているという）。（またイブン・ホルダドベーがルーシをスラヴ人の一種とみていることについては本書第一章、二三―二四頁を、ホルダドベーの著作の時期については第一章注（11）を参照。メリニコヴァは九世紀三〇年代と考えている）。以上のメリニコヴァの見解はコノヴァーロヴァもほぼ同意するところである。Konovalova, O vozmozhnykh istochnikakh.s.121. ところでメリニコヴァはさらに続けて、「カガン」はもっぱらスカンディナヴィア・ルーシが使用し、「公」はスラヴ人首長に適用されたとするが、このように「カガン」と「公」の担い手を明確に二分することが正しいとは思われない。かの女は『ベルタン年代記』の例に縛られ、それをそのまま前提としているように思われる。メリニコヴァは、両称号はこうして十一世紀後半から末にかけて、担い手を異にしながらも併存したが、スカンディナヴィア系上層部のスラヴ化が完了するに至って（これが十一世紀後半―末のことであるという）、またハザール国家の消滅もあって、「カガン」のほうは用いられなくなったと考えているが（Mel'nikova, «Kniaz'» i «kagan».s.146）、この点もそう明確に言い切れるのかどうか疑問に思う。

（92）ノルマン主義論争史に関する文献だけでも相当数に上る。先に本章注（18）において、研究状況について概観し、同時に比較的近年の総括的文献をいくつかあげておいた。ここでとくに早い段階における（二十世紀中葉までの）論争状況についての文献を追記すると、Moshin, Variago-russkii vopros;Schmidt, "The Varangian problem";Alpatov, Variazhskii vopros. などが参考になる。
　論争はピョートル一世以後の時代、つまり近代になって歴史家の間で本格的に交わされるようになったといえるが、そのときには本来の「招致伝説」は若干形を変えていた、あるいは新たな要素が付け加えられるに至っていた。そのことは論争の在り方に一定の影響を与えた可能性があるので、まずは以下にその点について一言しておきたい。

ロシアは十三世紀のドイツ騎士修道会軍（「北の十字軍」）やモンゴル軍の侵入以後長らくヨーロッパと「断絶」ないし「孤立」状態にあったが、十五世紀後半から十六世紀にかけてヨーロッパとの再会を果たすこととなった（この時期におけるモスクワ・ロシアとヨーロッパ諸地域とのさまざまな形での交流の再開については、さしあたり拙稿「モスクワの外国人村」、また『世界歴史体系　ロシア史　1』、二一〇―二一二頁を参照されたい）。その際にロシア国家（とその君主）の起源と由来に関する新たな伝説が形成されたのである。それは「ウラジーミル諸公物語」と呼ばれる作品のなかにその姿を現す。

新たな伝説では、ヨーロッパ人にとってそもそもあまり馴染のなかったリューリクがローマ皇帝アウグストゥスと結びつけられ、「ウラジーミル諸公」（ウラジーミル大公国の諸公、とりわけモスクワ諸公のこと）はリューリクを通じてローマ皇帝の子孫と位置づけられることとなったのである。この伝説ではリューリクがローマ属州の「プルスの地」（プロイセン）から呼ばれてきたとされている（拙稿「『ウラジーミル諸公物語』覚書」四一―四三頁）。リューリクが「ヴァリャーギ」であることは言及されなくなり、ローマ帝国と関連づけられることでなんとかロシア国家の伝統にその名を留めることができたともいえる。あるいはバルト海方面への進出を狙っていたモスクワ国家がかつてヴァリャーギにより「統治された」ことを押し隠そうとしたのかもしれない。その後イヴァン雷帝後の動乱時代を経てロマノフ朝が成立し、近代ロシア帝国が樹立される時期に「反ノルマン主義」の気運が芽生えたのは、この延長線上のことであったと考えることができる。アンナ治世（十八世紀三〇年代）のいわゆる「ドイツ人支配」の時代を経て、G・F・ミュラーやA・L・シュレーツァーなどのドイツ系学者の唱えるノルマン主義的建国説にたいし、ロシア人で初めて科学アカデミー会員となったM・V・ロモノーソフらが激しく反発して（かれ自身はノルマン人に代わってバルト・スラヴ人の役割を強調した）「論争」が本格的にスタートしたことの背景には、以上のような事情があったのである。

（93）*PSRL.I:20*. 邦訳十九頁 ;*PSRL.II:14*. なお邦訳者は、ラヴレンチー写本には「ノヴゴロドに座した」が脱落し、イパーチーなどではここが「ラドガ」となっていることを正確に注記している（三三九頁注3）。その上で「ラドガ」の方が「ノヴゴロド」より以前に建設されたと考えられることをも指摘する。ただここから、あたかも「ラドガ」説をとるイパーチー本の方が原初的な読みであるかのように考えるとしたら（邦訳者がそのように主張しているわけではないが、そのように誤解される恐れはある）、それは必ずしも正しくない。ラドガがノヴゴロド（「新しい町」を意味する）に比してより古い町であることはおそらく確かである

（ただし「新しい町」に対する「古い（あるいは元の）町」がラドガであるかどうかは別問題である。Ａ・Ｎ・キルピーチュニコフなどのように、まさに古ラドガこそが「元の」町であると主張する研究者もいるが、本書では先にむしろゴロジシチェがそれと考えられる可能性のあることを指摘しておいた。なおラドガの成立史に関しては本書第一章注（９）を参照。キルピーチュニコフの見解は、Kirpichnikov, Skazanie o prizvanii variagov.s.37-38）。しかし「招致物語」のさまざまなテクストにおいてどちらの読みがより原初的形態を留めているかは、また別の問題である。シャーフマトフなどは「原初集成」ではこの箇所が「ノヴゴロド」となっていると推測して、むしろこちらの方がより原初的な読みであるとしている。「ラドガ」はかれの言う「第三版」（一一一八年版）で現れるという（Shakhmatov, *Istoriia Russkogo Letopisaniia*.I-2(Skazanie o prizvanii), s.207, 208, 209）。リハチョフもこうした事情を説明しながら、両方の版に接したラヴレンチー本の編者が両者間の矛盾に気づき、ここを空白のままに放置したことを指摘し、この編者が「歴史家」として良心的であったとしている（*PVL*.s.404-405）。「ノヴゴロド」をより原初的読みとするシャーフマトフ、リハチョフの見方には、反論もある。たとえばＡ・Ｇ・クジミーンである（Kuz'min, K voprosu o proiskhozhdenii.s.45-46）。ただしここでこの問題にこれ以上に立ち入ることは控える。

（94）Shakhmatov, *Istoriia Russkogo Letopisaniia*.I-2(Skazanie o prizvanii), s.185-190

（95）以下の考察に際して著者はとりわけ、Stefanovich, «Skazanie o prizvanii variagov» 論文から大きな示唆を受けた（とくに s.534-559）。ただし本稿が同論文の緻密なテクスト分析のすべてを忠実になぞっているわけではない。

（96）Shakhmatov, *Istoriia Russkogo Letopisaniia*.I-2(*PVL*.s.597); *PVL*.s.131（リハチョフによるラヴレンチー写本テクスト八五九年の項に対する「異読」注）。クロスはここをとくに断ることもなく「ヴェシ族」the Ves' と訳している(Cross, *The Russian Primary Chronicle*.p.59)。（なお引用に際し、「クリヴィチ」を krivichi と小文字にしたり、Krivichi と大文字にしたりするのは、引用する原本の違いによっており、本質的な違いを見てとる必要はない。「ヴェシ」の場合も同様である。）

（97）*PSRL*.III:104-107

（98）*PSRL*.III:106

（99）Shakhmatov, *Istoriia Russkogo Letopisaniia*.I-2(Skazanie o prizvanii), s.185-188, 208; *PVL*.s.336-338, 400-404. 先述五三頁参照。

（100）注意すべきは、実はスラヴ人も北部ロシアでは南方ないし西方からの移住民であったことである。かれらがいつ頃から、どの程度の規模とペースでこの地域に進出したかは、議論の対象となっている。さしあたりは Sedov, *Vostochnye slaviane*.s.29-45（東スラヴ人のプリピャチ川以北、ドニェプル上流域への進出・浸透は基本的には八世紀からとする。これはより早く六、七世紀からと主張するP・N・トレチャコフなどを批判する形になっている）、さらには Goehrke, *Frühzeit des Ostslaventums*.S.28-32 を参照（ドイツの歴史家ゲールケの著書に対しては、ナザレンコが大部の丁寧な書評を書いている。批判的でありながらも、これがとりわけ外国の研究者による貴重な研究動向概観となっていることを、正当にも評価している。*SR*.1(1996), s.154-185）。

（101）ここで『原初年代記』のエトノス名称をとくに考察の対象としたG・A・ハブルガーエフが、「ルーシ」の語の北方起源について言語学的に検証したことを想起しておこう。かれは rus' の語尾の形態から、それが氏族制の解体期のフィン、バルト語族の呼称と同様の特徴を有していること、ルーシ等の諸種族は森林地帯の東スラブ諸族と隣接して、あるいはまじりあって特定地域（非遊牧地域）に居住していることを説き、南方起源ではありえないことを指摘したのである（Khaburgaev, *Etnonimiia «Povest' vremennykh let»*.s.167-170, 215-220）。

（102）たとえば、B・A・ルィバコフは二十世紀八〇年代になっても、「何者かの手が『過ぎし年月の物語』からもっとも興味深い諸頁を削除し、ヴァリャーギ諸公の招致に関するノヴゴロド的伝説によって置き換えた」と記していたのである。かれによれば、『原初年代記』は本来反ノルマン主義的な内容であったというのである。Rybakov, *Kievskaia Rus'*.s.142（一九九三年版（第二版）による。初版は一九八二年）. ルィバコフやその他のソヴィエト研究者の「ルーシ」のスラヴ起源論については本書でも先にふれたところである（第一章注（5）、第二章注（17）、（18）、（30）、（36）などを参照）。

（103）Novosel'tsev i dr., *Drevnerusskoe gosudarstvo*.s.83-86（パシュート担当部分「古ルーシ国家の構造の特徴」）

（104）パシュートによる「民会」および「契約 riad」論をも参照（Novosel'tsev i dr., *Drevnerusskoe gosudarstvo*.s.24-34, 34-51）。なお本書の著者はかつて古ルーシ都市の成立に際して「約定（契約）」がはたした役割と意味に関するパシュートの見解を紹介したことがある（拙稿「ロシア中世都市」、六五―六六頁）。ここではさらに「約定（契約）riad」という語の年代記の「物語」における現れ方について一言しておく。この語は『原初年代記』の「ラヴレンチー写本」には現れない（それゆえ邦訳にもでてこない）。しかし「イパーチー写本」には次のように現れる。「かれら［北部ロシア諸族］は言った。『われらを約定と法によって po riadu po pravu 統治し支配するような公を自分たちで探し求めよう』」（*PSRL*.II:14）。ちなみにここのところは「ラヴレンチー本」では「法によって裁くような公」（邦訳一九頁）、『ノヴ第一（新輯）』では「法によって支配するような公」（*PSRL*.III:106）となっている（『ノヴ第一（古輯）』にはそもそもこの部分の記述はない）。

(105) Ianin/ Kolchin, Itogi i perspektivy novgorodskoi arkheologii.s.45-47. ヤーニンは後に「ノヴゴロドのロシア史における役割」にふれた際にもこの点を強調している。Ianin, *Srednevekovyi Novgorod*. s.11-12

(106) Shakhmatov, *Istoriia Russkogo Letopisaniia*.I-1(*Razyskaniia*), s.202-207, 216-227. 年代記テクストの緻密な分析に基づくシャーフマトフの見解は、本書の著者の考えでは、「伝説」の虚構性の根拠としても、逆に「伝説」が生み出された事実的背景への思索を促す論拠としても用いられることができた。パシュートらはこの意味で後者の側面を展開させたものと考えることができる。

(107) Mel'nikova/ Petrukhin, «Riad» legendy o prizvanii variagov.(1990), s.219-229; Mel'nikova/ Petrukhin, Legenda o «prizvanii variagov» (1995), s.44-57. さらに後に両者はそれぞれ単独でこの問題に立ち返って近年の反ノルマン主義の復活傾向を批判し、自説の補強を試みている。いずれも *DGVE*.2005 g.(2008) 所収の三論文、Mel'nikova, Riurik i vozniknovenie vostochnoslavianskoi gosudarstvennosti.s.47-75; Petrukhin, Prizvanie variagov.s.33-46; Petrukhin, Skazanie o prizvanii variagov.s.76-83

(108) これとの関連で興味深いのはメリニコヴァ／ペトルーヒンによる、デンマークのスラヴィストA・ステンダー＝ペーターセンの見解の紹介である。ステンダー＝ペーターセンによれば、一〇六六年のノルマン・コンクウェストの後、かの地からの亡命者がコンスタンティノープルやキエフに現れ、アングロ・サクソンの（ブリテン島への）招致伝説を伝えたという。それがルーシの年代記作者にも一つの刺激を与えたというのである。メリニコヴァ／ペトルーヒン自身は、外国からの支配者の招致ないし移住・到来という伝説は当時のヨーロッパで広くみられたものであったので、確実な証拠もなしに直接的影響を想定することは行き過ぎであると考えている。E・A・ルィゼフスカヤなどもステンダー＝ペーターセンの見解には懐疑的である。ステンダー＝ペーターセンは以上のごとき見解をその一九三四年の著書（Stender-Petersen A., *Die Varägersage als Quelle der altrussischen Chronik*. Aarhus, 1934）で発表したが、本書が利用したのはStender-Petersen, *Varangica*(1953) 所収の諸論文である（ここではとくにChetyre etapa.s.253-254）。ルイゼフスカヤの見解は、Rydzevskaia, *Drevniaia Rus' i Skandinaviia*.s.166 である。なおこの問題については本節でも以下でもう一度たち戻る。

(109) こうした例の一つとして帝政期のスラヴ派の立場にたつ歴史家、モスクワ大学教授のI・D・ベリャーエフの見解を見ておこう。かれの著述で本稿との関連で重要なのは「ルーシにおけるゼームシチナと選挙原則の運命」（一八六四―六六年）である。ベリャーエフによれば、ルーシにおいては、公権力と住民権力（zemskaia vlast'）は最初から並存していた。後者は「民会」と住民により選出された諸権力（百人長、長老、裁判官、軍司令官など）からなるが、公とその従士団に対し独立した要素としてあった。かれは当時のもう一つの有力な立場であったいわゆる「国家学派」の歴史家らとは異なって、後に「地方自治」（ゼームストヴォ）と呼ばれるに至る住民権力を強調する側に立っていたのである。ベリャーエフの「招致伝説」に対する見方もこうした原則からなされていた。それによれば、ヴァリャーギ公の招致は「ノヴゴロドのミール」（ノヴゴロドの地）が内訌の抑止と「ミール」維持の目的で（ただそのためにのみ）自発的に行ったものであり、公による支配を受け入れそれへの従属を承認したわけではなかったという。そのため公はスラヴ人の中心都市ノヴゴロド（最高権力「民会」の所在地）に居住することを許されず、いくつかの附属都市（prigorod）を与えられたにすぎなかった。つまりベリャーエフによれば、公の「招致」の意味はきわめて限定されたものであったのである。ここにはたしかに先にみた「契約理論」に通じるものが見受けられる。しかしベリャーエフの見解が現実を捉えたものというよりは、かれが理想と考えたルーシの姿を描いたに過ぎないことは指摘するまでもない（Beliaev, *Sud'by zemshchiny*.s.23-30. なおベリャーエフの論文の書かれる経緯等に関してはその二〇〇四年版編者Iu・V・クリヴォシェーエフの解説を参照されたい）。またベリャーエフは後に別の著作（『ロシア法史講義』（一八七九年））でも、公招致後の公権とゼームシチナとの関係を描いているが、そこでも、リューリクは単独支配者となった後にノヴゴロド民から課された「条件」に反して権力を行使するに至ったが、にもかかわらずその権力がきわめて限定されたものであったことを強調している。後にオレーグがキエフ方面に「去った」のは、ノヴゴロド地方における公権の制限に不満を感じてのことであったと説明されている（Beliaev, *Lektsii po istorii*.s.63-70）。ベリャーエフはロシアにおける「農村共同体」の起源をめぐり「国家学派」の創始者のひとりB・N・チチェーリンとの間で論争になったことでも知られているが、両者間には当然のことながら、ヴァリャーギの招致をどう見るかについても、見解の相違があった。ベリャーエフはチチェーリンがヴァリャーギを征服者と考えたのを批判し、ヴァリャーギは秩序維持を目的として招かれただけであること、それゆえその権力がルーシの古来からの自立的共同体の根本を覆すことにはならなかったことを主張した。両者間の「共同体起源」論争については、杉浦『ロシア自由主義の政治思想』一〇八―一一二頁、ロシア史学史上「国家学派」として知られる立場については、鳥山『ロシア・東欧の国家と社会』第九章を参照。

（110）三佐川『ドイツ史の始まり』九六―九八、三七六―三八五頁

（111）H・グルントマンが「物語」（ネストル）を含む全部で十七の作品ないし作者名を挙げているという（三佐川『ドイツ史の始まり』三七六頁）。

（112）*Die Sachsengeschichte des Widukind*.I.VIII, S.9. なおヴィドゥキント『ザクセン史』については、三佐川『ドイツ史の始まり』一二

三―一二八頁に言及がある（いうまでもなく著者の視点からの考察である）。

（113）たとえば、Rydzevskaia, *Drevniaia Rus' i Skandinaviia*.s.166.『原初年代記』の邦訳者注は「物語」についてのリハチョフの見解を紹介しているが、かれも年代記作者が外国から支配者を導き出してきた理由を、中世ヨーロッパにおけるその他の事例と同様に歴史的諸条件の一致により説明しているという（邦訳三四一頁）。

（114）ステファノーヴィチによれば、こうした推測はすでに十九世紀中葉にポーランドのW・A・マチェヨフスキやロシアのA・A・クーニクらにみられるという（Stefanovich, «Skazanie o prizvanii variagov».s.567, prim.127）。

（115）‹Origo gentis› という概念を『原初年代記』との関連で最初に検討したのは、ポーランドの研究者J・バナシキェーヴィチであったように思われる。かれは論文 Banaszkiewicz, "Slavonic Origines Regni" (1989) において、チェコ（コスマスの年代記、一一一九―一一二五年）、ポーランド（クラクフ司教ヴィンケンティウスの年代記、一二〇二―一二二三年）、そしてルーシの『原初年代記』をとり上げ、三民族の起源説話を比較するという興味深い試みを行った。ただしルーシの場合についてかれが対象としたのは、ヴァリャーギ「招致物語」ではなく、キーによるキエフ創建とポリャーネ族支配伝説であった。

（116）ソヴィエト崩壊前後のロシアではそれまで見られなかった勢いで欧米の諸研究のロシア語への翻訳紹介が進んでいる。以下に古ルーシ史のみに関して著者が気付いた限りで若干の例を挙げておく（各ロシア版の訳者、タイトル名等は巻末文献一覧を参照、なおカッコ内の年代はロシア語版の出版年を示す）。Fennell, *The Crisis* (1989); Podskalsky, *Christentum* (1996); Vernadsky, *Ancient Russia* (1996); Vernadsky, *Kievan Russia* (1996); Schramm, *Nordpontische Ströme* (1997); Golb and Pritsak, *Khazarian Hebrew Documents* (1997); Franklin, *Writing* (2000); Franklin/ Shepard, *The Emergence of Rus* (2000); Dvornik, *The Slavs in European History* (2001) など。

（117）«*Antinormanizm*». *SRIO*.T.8(156), M., 2003

（118）Kotliar, V toske po utrachennomu vremeni

（119）*Izgnanie Normannov iz Russkoi Istorii*.Sb.statei i monografi.Sostavl. i red.V.V.Fomina. M., 2010. (=Seriia «Izgnanie normannov iz russkoi istorii».Vyp.1)

（120）*Variago-russkii vopros v istoriografi*.Sb.statei i monografi.Sostavl. i red.V.V.Fomina.M., 2010(=Seriia «Izgnanie normannov iz russkoi istorii».Vyp.2) ただ正確を期して付言するが、こちらの論集に亡命スラヴィストV・A・モーシンの前世紀三〇年代の論文が再録されていることなど部分的には評価できないわけではない。モーシン論文は当時の論争状況を知るうえで貴重であるばかりでなく、今日入手が困難だからである。これにはV・V・フォミンがいちおうコメンタリーを付している。

(121) ここで中世史研究者、ウクライナ・科学アカデミー準会員である、評者コトリャル自身の「古ルーシ国家」建国論について、本稿とも関連するので、簡単に紹介しておきたい。まずかれは「国家」とそれ以前の「初期種族公支配体制」(plemennye kniazheniia) とを明確に区別する。かれは国家 (ないし国家的状態 gosudarstvennost')が、従来のようにいわばマルクス主義的立場に立って内在的にのみ、いわば下からの力でのみ形成されたとは考えていない。かれによれば、古ルーシ国家は九世紀にアスコリドの到来と共にドニェプル中流域で始まったという。つまりかれはキエフ国家がスカンディナヴィア人によっていわば上から (外在的に) 建国された側面があると考えているのである。ソヴィエト期の研究方法に対する反省があると考えられる。ただここで注目されるのは、国家性をもたらしたのは北方からの諸公ではあるが、成立したのは南部においてであったとされていることである。ウクライナ人史家としてのコトリャルの真骨頂がここに現れていると言ってもよい (通常はノヴゴロドやラドガで国家が形成され、そこから南部地域を統合してキエフ国家が成立したと考えられてきた)。コトリャルはさらにキエフ国家はオレーグ治世に貢納体制を整えることにより「初期封建」段階が始まり、ウラジーミルが周辺諸族を統合することによりこの体制を一層推し進め (ウラジーミルの国家はE・A・メリニコヴァに倣って「ドルジーナ国家」と呼ばれる)、ヤロスラフのときに「初期封建君主制」国家として一応の完成をみるとしている (Kotliar, *Drevnerusskaia gosudarstvennost'*, *s.9-69*)。

(122) 本補論を含む本書全体の脱稿後に、「ノルマン説」をめぐる問題に関する注目すべき邦語論文が発表されたので、ここに補注の形でこれについて一言しておきたい。岸「ヴァリャーギ・ルーシ問題」である。岸論文は研究史によく踏み込んでおり、近年の研究動向にも留意しての本格的な労作である。この問題を独立に論じたものとしては、わが国では木崎論文 (一九六二年) や国本の著書を別にすればほとんど唯一と言ってよい。ただその副題 (「スウェーデン説批判」) が示すように、本書とは研究手法と視点において大きく異なっている。以下の論評はもっぱらこの点にかかわる。視点が異なるというのは、岸が「反ノルマン説」(岸はノルマンをとくに「スウェーデン」に限定して論じる) の立場をとるが、本書はそうではない、という意味においてではない。本書は今日「ノルマン説」と「反ノルマン説」とを対立させ、そのいずれが正しいかの決着をはかろうとするかのような視点が問題ではないかと考えている。すでにそうした問題の立て方自体が過去のものとなったと考えているのである。これについてはすでに記したが (早くは国本もその一九七六年の著書の序文で、リハチョフにたしなめられた経験として同様のことを記している。その経験は一九六〇年代のことである)、あらためて説明がいるのかもしれない。

岸は論文冒頭で、「現代ロシアで復活した」「ノルマニズム」に対する批判を目的とするとその立場を明快にする。もちろん本書はこれとは正反対の見方をしている。すでにそうした意味では問題そのものが存在を止めたのに、いまだに「反ノルマニズム」だとか、いわんやロシア史からの「ノルマン人の追放」を叫ぶ人々（つまりいわゆる「反ノルマニスト」）のいることがむしろ問題だと考えている。言語学の立場から問題解明に努めたF・B・ウスペンスキーの言い方を借りれば、研究者を「ノルマン派」「反ノルマン派」に分かつ時代はすでに過ぎ去ったのである（Uspenskii, *Skandinavy.s.*12）。問題が過去のものとなったというのは、具体的に言えば、「ノルマン人」の一定の役割は否定できないこと、ただしそれは建国問題とは直接には関係しないこと、国家形成の問題においてはソヴィエト史家の主張が多くの点で合理的と考えられることなどを言っている。こうしたことはいまや大方の研究者の了解事項となったと言ってよい。もちろんウスペンスキー自身が認めるように、問題がなくなったというのではない。むしろ研究者間の見解の対立はある意味では激しさを増している。ただそれはあくまでも学術研究の枠内での論争であって、ともすると陥りがちな政治的な非難合戦ではないということである。こうした問題が世にかまびすしく議論され続けているからといって、研究者が愛国主義や民族主義的「言説」に過剰に反応し、いわんやいずれかの側に与するかのごとき態度を取ることはけっして好ましいことではなかろう。

こうした意味で岸論文が熱心に主張するところ（すなわち「聖アンデレ伝説」、「招致伝説」、「九〇七年遠征物語」等々を題材に議論を進めながら、ノルマン説の成り立たないことを「論証」する）に具体的に立ち入って論評することはさし控えたい。岸論文が、それぞれの点においてあらかじめ明確にした自らの立場の証明のために、史料を読み解こうとしているようにみえるからである（上の諸論点はノルマン、反ノルマンといった視点からのみではなく、より広い視野をもって慎重に考察する必要があるものばかりである）。ここでは問題と考えられる若干の点にふれるにとどめる。

まず岸は、「リューリク朝のノルマン起源を認めていた点で」ソヴィエト学者の多くは「ノルマニスト」であったと正当にも記している（四頁）。にもかかわらず岸がこの問題を取り上げる理由はおそらくノルマニズムの「復活」現象が目に余ると考えてのことであろうが、この捉え方はどうであろうか。本書の著者にはノルマニズムではなく「反ノルマニズム」の復活こそが、異様で由々しき問題のようにみえる。岸が「復活したノルマニズム」批判に際してときに依拠する「学者」の多く（ルィバコフ、クジミーン、V・V・フォミンなど）の研究手法については、本書の著者は、すでに記した如く、いささか疑念を抱いている。少なくともかれらは専門研究者の間で広く支持を受けているとは言い難い。かれらの立場をとるのならば、それなりの説明があってしかるべきであろう。次に岸は、北欧史家がこの問題に「参戦」した、ないし「ロシア史へ介入した」と記すのは（五頁）、十八世紀時点に関してならばある意味理解可能な表現と言ってよいかもしれないが、今日の北欧や西欧の歴史家たちも含めてこのように言うとするならば、やはり問題であろう。今日の研究はもはや当時とは異なる次元に入っていると考える。また「ルーシ」が「ビザンツのロースのラテン世界での変形」、「ロースはビザンツから直接ではなく、ヨーロッパを経由してロシアに入った」（八頁）は注目すべき見解といえるが、その証明はなされていない。典拠も示されているとは言い難い。ことがそれほど単純でないことが、本書でも先に示したとおり、研究者を悩ませてきたのである。

岸論文後半部（ヴァリャーギ論）も論点が多岐にわたっており、分析は詳細、具体的である。本書も第十章においてこれについて論じたが、本書の目的は限定的であった、つまり本書はもっぱら年代記記述の検討・分析、またメリニコヴァやペトルーヒンに学ぶことを主目的にしたので、いま岸論文の論点のすべてを十分に検討する余裕と準備はない。いくつかの点について若干の感想を記す。まず「ヴァリャーギ」の語が史料に最初に現れるのはスキリツェスの『年代記』の一〇三四年の記述とし、それ以前についてはその存在が疑われるとしている点である（一三頁以下）。ある意味では岸の疑問はよく理解できる。とりわけ『原初年代記』の編纂時期（最終的には十二世紀初のこと）などを考慮に入れれば、そうである。しかしスキリツェス以前には本当に使用されなかったのか、著者は確認できない。言葉の不使用が現象の不在をただちに意味するものでないこともいうまでもない。岸が典拠のひとつとするV・トムセン自身、岸自身が記すように（一三頁）、この語の出現が「ほとんど一世紀も」遡る可能性について論じている（Thomsen, *The Relations*.p.107）。後述するようにメリニコヴァ／ペトルーヒンも十世紀末のことと考えている。かれらがすべて「ノルマニスト」であるという理由でそうした見解をすべて無視するというわけにはいくまい。サガの執筆や『原初年代記』の編纂時期がはるかに後のことであることを根拠に、それ以前に関する記述内容を疑うことは間違いではないが、たんに否定し去ってよいということではなかろう。よもや年代記の執筆時点以前に関する記述のすべてが無意味であるとするわけではあるまい。またこれとの関連で岸はシャーフマトフの「最古集成」（一〇三七／一〇三九年）を今日支持されていないとするが、そう言い切ってよいのであろうか。岸の典拠はV・K・ジボロフの大学教科書であるが（三七頁、注78）、シャーフマトフ説の検討もないままに（それは簡単にできることではないが）、このような断定を行ってよいはずはない。岸が「原初集成」、またそれに先立つ「ニコン集成」を承認しているらしいことはかれ自身の以前の論考からうかがえるが、それ以前の編集状況をどう考えているのか、やはり説明が必要であろう。かりに「最古集成」が疑われるにせよ、これを疑問視する研究者自身が相当（あるいはより）早い段階で編纂史が始まっていたことは承認しているのである。次に、十世紀段階では「ヴァリャーギからグレキへの道」ではなく、「キエフからグレキへの道」、すなわち南半分だけが機能していたとする岸の見解についてである。このきわめて興味深い考え方の背景には（少なくとも部分的には）、ノヴゴロドの発展を比較的に遅い時期とみて、それがキエフと結びついたのがオリガ治世（十世紀中頃）とする判断があるようにみえる（一五頁以下）。しかしノヴゴロドの起源を十世紀三〇年代とするのはどうであろうか。岸はアカデミー版『世界史』第二巻（二〇一二年）の記述（メリニコヴァ）を唯一の典拠にそう断じるが、もちろんそれでは十分ではない（これについては多くの研究がある。少なくとも、まずは Ianin/ Aleshkovskii, Proiskhozhdenie Novgoroda;Khoroshev, Proiskhozhdenie Novgoroda; Goehrke, "Gross-Novgorod", S.438-442; Mühle, *Die Städtischen Handelszentren.* S.75-79 などが参照されるべきであろう。「新しい町」ノヴゴロドに比し、「古い町」がどこかの問題。ラドガを考える者が多いが、ノヴゴロドのいわゆる市場側の、後にスラヴェンスキー区と呼ばれるようになる区域（スラヴノ、スラヴェンスキー・ホルム）を念頭におき、その後にできたソフィヤ側のジェチーネツ（砦）を「新しい町」とみる者もいる（ヤーニンら）。さらに南へ数キロのいわゆる（リュリコーヴォ）ゴロジシチェを「古い町」とみる研究者も多い。この場合、後者も合わせてノヴゴロドの成立史を考える必要が出てくる。もちろんノヴゴロドに限定せず、ラドガ等も含めつつルート沿いの地域全体を考慮する必要もでてこよう）。岸論文はヘロドトスなどさまざまな「史料」を視野に入れ、研究文献も数多く渉猟しながらの労作ではあるが（反面散漫になるところもないわけではない）、最初に定められた結論にたどりつくべくすべての断片的資料を駆使して、いかにも直線的断定的に進みすぎていると言ったら言い過ぎであろうか。長い研究の歴史と膨大な参考文献の存在する「ヴァリャーギ・ルーシ」問題のごとき課題にどう接近すべきかは、本書の著者にとってもそう簡単に答えられない難問である。問題をいくつかに分け、論点を絞りながら（どのように絞るかが問題となるが、それは試行錯誤しながらと言うよりほかない）、史料を、そして不可欠な関連文献を丹念に読み進めるよりほかないのではないかと思っている。

第三章　「ルーシの洗礼」以前のキリスト教（1）

1　聖アンデレ伝説および初期の諸情報

ロシアがキリスト教を公式的に受け入れたのは十世紀末のウラジーミル大公治世のことである。通常は九八八年のことと考えられているが、研究史上この年代の決定に関してはさまざまな見解がある。なかにはこれを長期的な過程と考えて、年代を決定すること自体に懐疑的な研究者も存在する。ただここでこの問題については立ち入らない。後にみるように（第七章）、ウラジーミルによるキリスト教の導入については、『原初年代記』の六四九四年から六四九六年の項（九八六年―九八八年）にかけて詳細な記述がある。キリスト教の受容はロシアにとって本質的な意味をもった。ロシアはそれ以後、キリスト教文明圏に属する国として歩み始めたからである。ロシアがたとえばイスラーム文明圏に属していた場合のことを想像するならば、このことの意味はいくら強調してもしすぎることはない。

いうまでもなく、ロシアがこのとき突然キリスト教国となったわけではない。導入後のキリスト教化の過程もそうであるが、導入までの経緯も長期的であった。それゆえ改宗以前のキリスト教との接触の様相についても見ておく必要があろう。ルーシがこの面でも西方との関係のなかで歩んだことが間接的にせよ明らかになってくるのである。

ロシア人の祖先はいつ頃からキリスト教に接するようになったのであろうか。史料的に裏づけられるのは九世紀頃からのことでしかない。にもかかわらず、キリスト教自体の成立期にまで遡って論じられることがある。それはたとえば、『原初年代記』が十二使徒のひとりアンデレ（アンドレイ）を登場させ、ロシア・キリスト教の歴史をその時期にまで遡らせようとしていたことを受けた形でなされる（八頁）。そのほかにも、ローマ時代の聖人やローマ教皇、皇帝の名とロシアとを結び付けるさまざまな伝説の類もある。いわばロシア・キリスト教の歴史に箔をつけようとするかのようである。しかしわれわれはこうした動きにあまり煩わされる必要はなかろう。[1]

ただ聖アンデレ伝説については、後のロシア人がこれに相当の関心を寄せたことが知られており、あっさりと無視することもできない。『原初年代記』自体は九八三年の項で「ここ［ルーシ］で使徒たちが教えたことはなかった」と記し（九七—九八頁）、いわば伝説の事実性を否定している。[2]しかしF・ドゥヴォルニクによれば、ビザンツには使徒アンデレを重視する立場があって、それがルーシにも伝えられたと考えられるという。それによると、ビザンツではコンスタンティノープル総主教座の使徒性（apostolicity、すなわち使徒に直結する由緒ある教会であること）が主張される時には、エフェスス教会を組織したとされる福音書記者ヨハネの名が持ちだされるのが通例であった（九世紀の総主教フォティオスやイグナティオスの場合）。しかし他方では、早くからコンスタンティノープル教会の始まりを使徒アンデレと結びつける考え方も存在し、十世紀末にはこちらをビザンツ教会の公式的な伝統にすえるような試みもなされるようになったという（シメオン・メタフラステスなど）。後者の立場が大きくクローズアップされるのは一二〇四年（第四回十字軍）後、東西両教会の対立が激しくなって以降のことであるが、それ以前にも『原初年代記』が編纂されたころ（十二世紀初）には、伝説はコンスタンティノープルのストゥディオス修道院を介してキエフ・ペチェールスキー修道院に知られるようになっており、その結果年代記にもその姿を現すに至ったという。ちなみにルーシで最初のロシア人府主教となったイラリオン（『律法と恩寵に関する説教』）などは、こちらの伝統には属さず（イラリオンがアンデレ伝説を意識的に排除したことについては、A・ポッペが力説している）、「学識豊かな」総主教フォティオスやイグナティオスらの立場に連なっていたという[3]。

このようにアンデレ伝説はルーシのキリスト教にとって一定の意味をもったといえるが、ルーシの洗礼の歴史的経緯をたどる際には一応除外して考えることができる。ルーシ自体が歴史的に問題となるのは、前章でみたとおり、早くとも九世紀になってからのことであるからである。ただ、この伝説が後のルーシ（ロシア）人に大きな影響を与えたことには注意が必要である。かれらは使徒の名を付した教会を建立し（最初の例はおそらく『イパーチー年代記』一〇八六年の項にみられる[4]）、アンドレイを名乗った諸公も珍しくなかった。アンドレイ・ドーブルィ公（モノマフの子、一一四二年没）、アンドレイ・ボゴリューブスキー公（一一七四年没）などがよく知られている。またフセヴォロド・ヤロスラヴィチ公（大公、一〇九三年没）は洗礼名がアンドレイであった。ウラジーミル・モノマフ公（大公、一一二五年没）の場合もその可能性のあることが指摘されている[5]。

モスクワ時代に入っても、たとえば、イヴァン雷帝が一五八二年に教皇特使（アントニオ・ポッセヴィーノ）に対し次のように答えたことがよく知られている。「われらはすでにキリストの教会が創設されたそもそもの最初からキリストの信仰を受け入れたのである。かつて使徒ペテロの兄弟アンドレイがわが国を訪れ、（その後）ローマへ向かったときのことである……それゆえモスコーヴィヤのわれらはキリストの信仰を、汝らがイタリアで受け入れたのとまったく同じ時に受け入れたのである[6]」。雷帝はアンドレイをロシア・キリスト教の古さを示す証拠として巧みに利用しているのである。

アンドレイに関する年代記記事を伝説ととらえた場合に問題として残るのは、これを記した年代記作者（編者）の意図である。通常指摘されるのは、アンドレイを持ちだすことにより、首都キエフとルーシ自体の聖化をはかろうとしたという点である。ときには年代記作者が、ルーシのキリスト教化の遅れ（他のスラヴ諸国と比較してのことである）を残念に思い、これを何とか埋め合わせようとしたことが指摘される。アンドレイによりルーシ教会の伝統と栄光を際立たせようとしたというわけである。さらにはルーシの「最初の洗礼者」が、ビザンツ教会の誰それではなく、ほかならぬ聖アンドレイであるとすることにより、ルーシ教会がビザンツ教会に対しいくぶん距離をおこうとした可能性を指摘する者もいる。こうしたことのすべてが考えられうるが、すべては推測以上のものではない。アンドレイ伝説がウラジーミル聖公の列聖問題（ウラジーミルが速やかには列聖されなかったという問題）に関係している可能性もあるが、それについては後述する（本書第七章3）。たしかにこの御伽噺的な記述にあまり大きな意味を求めるのは問題であるが、当時の人々にとってはそれが少なからぬ意味をもっていたことも確かである。これを単に、アンドレイが北部ロシアでみたというロシア風サウナ（蒸し風呂）をめぐるエピソード（『原初年代記』八頁）として片づけることは逆に問題であろう。

さて九世紀になると次第に情報が増え、それらをあっさり否定することもできなくなる。たとえば、スグダイア（クリミア半島の町ロシア名スロジ／スダク）の聖ステファン（ステパノス）伝の記述である。そこにはノヴゴロドの「ブラブリン」とよばれる公のスグダイア攻撃とその後のかれの改宗に関する記述がみえるのである。もっともこの場合は、「ブラブリン」が歴史上のどの公のことをいうのか不明であるし、記述自体の信憑性を疑う研究者も多い[7]。また『原初年代記』の八六二年と八八二年の項に記されるアスコリド（とジール）を最初のキリスト教徒とする見解も出されている。これはかれらが八六六年（実際には既述の如く、八六〇年）にビザンツを攻撃したとされていることとの関連で推測されたものであるが、しかしこれにも確たる根拠があるわけではない。アスコリドは西方ラテン（カトリック）教会の手で洗礼を受けたなどとされることもあるが、これにも否定的な研究者が多い[8]。

重要なのは、先にもみたアラブ（ペルシア人）のイブン・ホルダドベー（フルダーズビフ）の記述（九世紀八〇年代か）である。かれは、アラブ諸国で交易に従事している「ルーシ商人」がキリスト教徒を名乗り、庇護民（異教徒）に課される人頭税（ジズヤ）を支払っていると伝えている[9]。この場合、「ルーシ商人」が商取引に課されるより高額の税を逃れるためにこう申し立てただけなのかもしれないが、ルーシの公式的なキリスト教化以前に、一部の者たちがすでにキリスト教を受け入れていたという可能性もある。ただこれ以上のことは不明である。

九世紀の史料のなかで、はるかに重要な意味をもつのはコンスタンティノープル総主教フォティオス（在位八五八―八六七、八七七―八八六年）の証言である。

フォティオスはビザンツ教会の権威を主張して、ときに皇帝とまたローマ教会と激しく対立した（後者に関しては一般に「フォティオスの離教」と呼ばれる）総主教であるが、その八六〇年の説教において、先にもふれたルーシのコンスタンティノープル攻撃に二度にわたって言及したことでロシア史研究者にもよく知られている[10]。本書にとってとくに重要なのは、八六七年のアレクサンドリアその他の東方総主教に宛てられたかれの回状である。その中に次のように記されている。

「以前の不信仰からキリストにおける信仰へと改宗したのはこの民族［ブルガリア人］だけではない。すべての者にはるかによく知られ、凶暴で血に飢えた残虐な性格ですべての者をしのぐ、かのロースといわれる民もまたそうなのである。かれらは周囲の民を服属させ、その結果ははなはだしく傲慢となり、このローマ帝国自体にまで反抗の手をあげるにいたった。だがいまやかれらも、それまでの神を知らぬ異教信仰から偽りなき清きキリスト教の教えに変わったのである。そしてかれらはこれまでのわれらに対する暴虐とははなはだしい無法行為の代わりに、進んで自身をわれらの臣下ならびに心穏やかな朋友となしたのである。しかもかれらは信仰に対する篤い思いと情熱をたぎらせ、自ら主教と牧者を受け入れ、キリスト教の儀式に熱心に力の限り励んでいるのである[11]」。

フォティオスのこの記述をどう読むか。研究史上さまざまな見解が出され、簡単には結論を出すことのできない状況にある。一つの問題は、フォティオスの伝えるこのいわばルーシの「最初の洗礼」ともいうべき重要な事象について、『原初年代記』がまったく何も記していないことである。もちろんこの時の「洗礼」が小規模あるいは一部地域にのみかかわるもので、この後ルーシにキリスト教が定着する間もなく、やがて教徒の存在が絶えたということも考えられる。あるいは年代記作者が、のちの「ルーシの洗礼者」ウラジーミル公の功績が低められることを恐れて、百年以上前の重要な事象に目をつぶったのかもしれない。そのほかさまざまな説明がなされるが、それにしてもロシア・キリスト教史上きわめて重要と考えられる出来事に関するルーシ史料のこうした沈黙は、事象自体の事実性に対する疑念をも呼び起こすこととなった。

本書の著者は、フォティオスの記述が、以下に記す状況から判断して、基本的には事実を伝えていると考えているが、記述自体に問題があることにもふれておかなければなるまい。

たとえば、かれの伝えるルーシ（「ロース」）の洗礼は皇帝ミカエル三世のときのことである（フォティオスはこのミカエルを殺害して即位したバシレイオス一世によって罷免されている。バシレイオス即位後総主教にはイグナティオスが返り咲く）。ところが同じ洗礼に関する記述はコンスタンティノス七世ポルフィロゲネトスの著述（祖父バシレイオス一世の伝記、それはのちに『続テオファネス』第五巻ともなる）にもみられ、そこでは、「好戦的で異教を信じるロースの民」に金、銀、絹の衣服を与えて和睦し、キリスト教を受け入れさせたのはバシレイオス一世であるとされているのである。この喰い違いはどう説明されるべきであろうか。ここでも、当時の政治情勢の複雑さ（バシレイオス一世によるミカエル三世の暗殺、それと連動する形での総主教フォティオスとイグナティオスの交代劇等々）を背景にした説明、このときのルーシの洗礼は二度にわたって行われたとする説、さらにはコンスタンティノス七世がミカエルの功績を祖父バシレイオスのものとするために故意に事実をねじ曲げたとする説などさまざまである。

ここでは、このときルーシを洗礼に導いたのがいずれの皇帝であったのかという問題には立ち入らず、フォティオスの記述自体についてさらに考えてみたい（フォティオスの記述に限定すると言ったからといって、本書の著者がコンスタンティノス・ポルフィロゲネトスの証言を事実に反するものと考えているわけではない。なるほどコンスタンティノスは祖父バシレイオスの功績を強調するために、ミカエル三世やフォティオスの名にふれずにすますことぐらいはしたかもしれない。しかし事実を歪曲することまではしなかったと考える。というのも、以下に示す通り、ミカエル三世もそうであったが、バシレイオス一世もまったく同じように、ルーシなど周辺の異教諸民族のキリスト教化に対しては熱心であったし、また現にそれを実行しようとしたからである。二人ともに周辺の異教諸民族の改宗に多大な関心を抱いていたのである）。

さてフォティオスの伝える「ロース」（ルーシ）の洗礼の発端は、やはり八六〇年のルーシによるコンスタンティノープル攻撃であったであろう。この攻撃自体はなんとか撃退されたが[12]、ビザンツ側の受けた衝撃はきわめて大きかった。ビザンツ外交は北方に現れた新たな勢力を考慮に入れざるをえなくされた。それをキリスト教化し、ビザンツ文明圏に取り込む必要性がでてきたのである。おそらくここで帝国側はキエフに対する宣教に乗り出したであろう。その結果がフォティオスの回状にいわれるルーシの洗礼であり、ルーシによる聖職者の受け入れであったと考えられる[13]。

「ロース」の洗礼が孤立した事例でなかったことは、以下からも理解できる。すなわち、帝国は八六二／八六三年頃にたまたま北西方のモラヴィア国から舞い込んできた宣教師派遣の要請に対し、のちにスラヴの使徒と呼ばれるようになるキュリロスとメトーディオス兄弟を派遣し、その教化に努めているのである。この兄弟はその伝記によれば[14]、すでにそれ以前に（八六〇年頃か）ユダヤ教を奉じるハザールへの宣教の旅に出かけている。兄弟については次節で改めてふれるが、キュリロスはすでに九世紀五〇年代にブルガリアやシリアへも宣教の旅に出ていたと推測されている。シリアではアラブ人イスラーム教徒との間で宗教論争を行っている。いずれもかれの判断というよりは帝国外交との関係でなされた活動であり、当時アラブ勢力との戦いに全力をあげていた帝国がいかに周辺諸国のキリスト教化に懸命になっていたかを示している。ブルガリアのキリスト教化も八六四年のことであった。セルビア人もバシレイオス一世のときに宣教師の派遣を求めたとする史料もある。先の「ロース」（ルーシ）の洗礼もこうした流れのなかで考えられる必要がある。

このようにフォティオスらが伝えるルーシ人の改宗は事実であったと考えられるが、それではこのときの「改宗」はどのようなものと考えるべきなのであろうか。おそらくフォティオスが回状で東方諸教会に対し描いて見せた改宗ルーシの像はやや誇張されていた。ルーシの一部（地域）、あるいはその一時的な改宗があったことはおそらくたしかであるが、それは大規模かつ永続的なものではなかった。受け入れたと伝えられる主教や大主教、その下に組織されたであろう教会組織も部分的なものに留まり、しかも根付いたようにはみえない。キエフがキリスト教に全面的に帰依し、それがキエフに安定的に定着するのは、百年以上も後のウラジーミル治世を待つ必要があった。

このことは先にふれた九一一年のビザンツ・ルーシ条約からも推測できる。そこでは条約締結のルーシ側当事者は「自分たちの神ペルンとヴォロス」にかけて誓っており、ルーシ人は「キリスト教徒」（「グレキ」とも記される。つまりギリシア人のこと）と対峙的に取り扱われているのである（『原初年代記』三二頁）。たとえその半世紀前に「最初の洗礼」が行われていたとしても、その後キエフのキリスト教徒は存在を止めたか、少なくともキリスト教化がそれほど進展しなかったと考えられる。ところが九四四年の条約では事情は変わっている。この時点で当事者として現れるルーシ人には、「洗礼を受けている」者とそうでない者とが混在しているのである（五二―五三頁）。それがさらに四半世紀後の九七一年条約になると、ルーシのキリスト教徒への言及は再びなくなる（八三―八四頁）。これはルーシ側の代表者がキリスト教に対し否定的な立場をとるスヴャトスラフ公であったということとも関係があろう。九七一年条約における記述がキエフ・ルーシ全体の状況を反映していたかどうかは即断できない。いずれにせよ、これらの条約文からは、八六〇年代に存在を確認されていたルーシのキリスト教徒がその後順調にその勢力を伸ばしたとは言い難いこと、しかし他方、ウラジーミルによる公式的な受容に先立つ時期にキエフに少なからぬキリスト教徒が存在したこと自体は否定できないことが言えそうである。

公式的「洗礼」以前のキリスト教徒の存在を推測させるその他の記述もみておきたい。先に八六〇年に帝都を攻撃したのがアスコリドとジールでありうることに言及したが、『原初年代記』ではかれらがノヴゴロドから来たオレーグらに殺害された後、キエフ近郊の山上に葬られたことが記され、さらに「そこ［かれらが葬られた山］にはいまオルマの邸がある。その墓の上にオルマが聖ニコラの教会を建てた」とされている（二四頁）。教会が建てられた時期は不明であるが、いずれにせよウラジーミル治世以前のことであったと考えることができるので、これも初期キリスト教徒の存在の傍証となるかもしれない[15]。

また先に、イーゴリ治世の九四四年の条約文中に「洗礼をうけている」ルーシ人への言及があることにふれたが、ただこの場合、その多くは「キリスト教徒のヴァリャーギだった」ともされているので、いまだルーシのスラヴ人の間にキリスト教がさほどひろがっていなかった、と考えることもできる[16]。しかし他方では、この者らは「大本山教会」の聖イリヤ（の教会）にかけて誓約したと記される（これに対し「洗礼をうけていないルーシ人は、自分の盾、自分の抜身の剣……を置き」、かれらの神「ペルン」にかけて誓っている。五八頁）。キエフに大本山教会があったとなれば、その下には一定の教会組織も存在していたことが推測される。ある程度の拡大はあったのである。

公式的改宗以前のルーシにおけるキリスト教徒の存在について物語る最大の事例は公妃オリガの洗礼である。これについては章を改めて論じるが（第五章）、それに先立ってこれもすでに何度かふれておいた「スラヴの使徒」キュリロスとメトーディオスの宣教とルーシとの関係についてみておく必要があろう。

2　キュリロス—メトーディオスとルーシ

「スラヴの使徒」をめぐる研究文献は、ほとんどその概要すら把握しきれないほどに膨大である。両兄弟「使徒」は、ロシアは言うに及ばずスラヴ各国の研究者の注目を惹きつけてきただけではない。欧米のスラヴ学者もかれらに特別の関心を払っているからである。それゆえここでは断るまでもなく、二人とルーシとの直接の関連をめぐる問題に限定して研究史の一端にふれてみたいというに過ぎない。

最初に、両聖人の生涯についていくつかの文献によりながら簡単にまとめておく[17]。

キュリロス（俗名コンスタンティノス、スラヴ名はキリル。八二六／七—八六九年）とメトーディオス（俗名ミカエル、スラヴ名メフォージー。八一五頃—八八五年）兄弟はビザンツ帝国の役人の子としてテッサロニケで生まれた。兄弟はやがてコンスタンティノープルに出て、兄メトーディオスは役人となったが、その後小アジアのオリュンポス山のある修道院に入り修道士となった。弟のコンスタンティノスは学問の道に入り、のちの総主教フォティオスなどの教えをうけた。かれはやがて「哲学者」とまでよばれるようになった。かれはその才能を見込まれ、帝国当局によりアラブ地域やハザールへ派遣され、外交や宗教上の困難な任務にあたった。

八六二年頃、モラヴィア公ラスチスラフからの使者がコンスタンティノープルに現れ、スラヴ語のできる宣教師の派遣を求めてきた。同国ではすでにフランク王国のドイツ人聖職者が活動しており、キリスト教自体は相当に浸透していた。公はこのままでは王国の影響が強まり、スラヴの独立性が失われることを恐れたと考えられる。ビザンツ皇帝ミカエル三世は要請を受け入れ、両兄弟を派遣した。コンスタンティノスは出立する前に、スラヴ文字を創作し（いわゆるグラゴル文字。かれが創った文字をのちのロシア文字などの基となったキリル文字であるとする見解もあったが、今日ではそれはほぼ一致して誤りと考えられている。この点については後に第九章であらためてふれる）、それを用いて福音書などを翻訳して、モラヴィアへ持参した。かれが生まれ育った地方にスラヴ（南スラヴ）人が多く住んでいたことから、かれらの言葉（マケドニア方言）を知っていたのである。

モラヴィアにおいて両兄弟は聖書やビザンツ教会の典礼書の翻訳を続行する一方、住民の教化に努めた。これがフランク（ドイツ）人聖職者の反発を招いたことは想像に難くない。とくに問題となったのは、聖書をヘブライ語、ギリシア語、ラテン語の聖なる三言語以外の言葉（つまりスラヴ語）へ翻訳し、礼拝をスラヴ語で行ったことであった。両兄弟はドイツ教会側の妨害行為をローマ教皇庁に訴えた。教皇ハドリアヌス二世はかれらの訴えを聴き入れ、かれらは教皇から正式に礼拝における教会スラヴ語の使用を認められた[18]。

コンスタンティノスは八六九年ローマに客死した。臨終に際し、かれは修道士名キュリロスをえた。

弟の死後、メトーディオスは教皇の指示で、このころ独自の司教を求めていたコツェル公の要請を受ける形で、パンノニア（モラヴィアの南）へ赴き、シルミウム大司教に叙階された。しかしその後、かれの庇護者であったラスチスラフが敵対するスヴァトプルク公により追い落とされると、かれはフランク人によって捕えられ、南ドイツのシュヴァーベン地方に幽閉された。かれは二年半後に教皇の命で幽囚の身を解かれモラヴィアに戻り、それから八八五年に世を去るまで、教皇の庇護のもとに同地で活動を続けた。その間、モラヴィアでは旧約聖書を含む教会諸文献、ビザンツ教会法集等の翻訳が行われたという。コンスタンティノス（キュリロス）の伝記もこの時期に成立したという。メトーディオスは死の直前、名をゴラズドというモラヴィア人の弟子を後継者に任命した。

メトーディオス没後、フランク教会の巻き返しが成功し、スラヴ典礼によるモラヴィア教会は間もなく一掃された。メトーディオスの信奉者の一部はダルマチア（クロアチアの地方）へ逃れた。さらに多くの弟子たちが、二人の指導者クリメントとナウムに率いられてブルガリアへ逃れ、キリスト教を受け入れたばかりのボリス公（王）の庇護を受けた。ブルガリアの地に「スラヴの使徒」らの遺産が根付くこととなった。ボリス公はクリメントをマケドニア地方における布教に従事させ、後にかれを主教に任じたという。「スラヴの使徒」の伝統はブルガリアにおいてシメオン公（八九三―九二七年）のときにさらに輝きを増すこととなった。のちにルーシがウラジーミル大公の下でキリスト教を導入したとき、かれらはビザンツの典礼と並んで、ブルガリアで花開いたスラヴ典礼を受け入れたと考えられる。

さて、キュリロスとメトーディオス兄弟の生涯はおよそ以上のごとくであったと言えるが、本稿が問題とするのは、かれらとルーシ（のキリスト教）との関連性である。

兄弟が「スラヴの使徒」としてルーシにおいても特別の存在とみなされたことはいうまでもない。かれらが「スラヴ文字」を創造し、聖書をはじめとする教会文典の翻訳に従事したことは、スラヴの民にかれら自身の言語によって「神を賛美する」可能性を与えることとなり、ルーシ人（そして後のロシア人）にとっても計り知れない意味をもったのである。そうした意味で兄弟がロシアに対し大きな影響を与えたことはどの研究者にとってもいわば自明の事柄であった。このことをよく示す例を一つだけ挙げよう。

ビザンツとスラヴ世界の関係に特別の関心を寄せたF・ドゥヴォルニクに『スラヴ諸国におけるビザンツの宣教活動』という著書がある（一九七〇年）。副題が「聖コンスタンティノス―キリルと聖メトーディオス」である。ドゥヴォルニクはその最終第九章「ビザンツとキエフ・ルーシにおけるキリル・メトーディオスの遺産」をまさに本節と同じ課題にあてている。(19) ただかれがここに記したその内容は本節の意図するところとはやや異なっている。かれは聖アンデレ伝説から始めて、（東）スラヴ人の黒海沿岸地域への進出、ビザンツ帝国からの宣教の試み、ロース人の帝都攻撃による両者の直接的交流の始まり、オリガの受洗からウラジーミルによる「ルーシの洗礼」と書き進め、ここではじめてスラヴ文字と文献のルーシへの流入、ビザンツ文化のルーシへの影響の諸相についてふれ、最後にビザンツ政治理念の影響がモスクワ第三ローマ理念の誕生を促した次第を描いている。ドゥヴォルニクにあってはキュリロス・

メトーディオスの影響とは、総体としてのビザンツ文明のそれにほかならなかったのである。

本書の著者が意図しているのはこれとはやや異なって、より直接的、また限定されたものである。それは兄弟の活動が初期ルーシ教会にどの程度知られており、ルーシの人々はそれに対しどのような反応を示したのかということである。具体的には『原初年代記』にかれらのことがどのように描かれているかをまずは知りたいということである。『原初年代記』は六四〇六（八九八）年の項で両兄弟にふれている（二七―二八頁）。言及されるのはここ一か所だけである。すでにそれだけでも、両聖人の重要性にかんがみて、首をかしげたくなる。なぜこの年の項で言及したのかもよくわからない。言及はやや唐突に行われる。作者は、ハンガリー人（年代記では「ウグリ」）によるスラヴ諸族の分断支配に言及したついでに、元来「スラヴ民族は一つであった」ことを強調したい思いに駆られて、「スラヴの使徒」によるスラヴ文字創作の偉業にふれてみたにすぎないという印象をうける。

記述の内容にも問題がある。この記述には、かれらとルーシの直接的関連をうかがわせるものはほとんど認められない。それだけでない。そこには事実に反する点も数多くみうけられる。年代記作者は「スラヴの使徒」の偉大さを十分に認識しながらも、それがルーシにとっての意味を特別に強調しようとはしていない。事実に反するのは、たとえば以下の点である。まずビザンツへ使節を派遣したモラヴィア側当事者として、ラスチスラフは当然としても、かれと並んでスヴァトプルク、さらにはパンノニア公コツェルもあげられている。コツェルはドイツ王の家臣であり、少なくともこのときの使節の派遣とは関係していなかった。[20] この三人のスラヴ諸公は『メトーディオス伝』が伝える、のちのローマ教皇ハドリアヌスの書簡のなかに並んで出てくる。[21]『原初年代記』作者はこの箇所に影響されて三人を併記したのかもしれない。また両兄弟の父（レオン）はこのときすでに故人となっていたが、この箇所ではまだ存命中であるかのように描かれている。コンスタンティノスがスラヴ文字を作ったのはモラヴィアへの出立以前のことであったが、モラヴィアで作ったかのような記述も問題である。その他にも不正確な点はあるが、とりわけ重大なのは、コンスタンティノスが教皇の支持を取り付けてブルガリアへ赴き、その地で布教したと記されていることである。かれがローマですでに客死していたことは先に記したとおりである。

年代記作者がすべての事実に関し正確な情報を有していると考えることはもちろんできない。またそもそもかれらが今日の歴史家のように、「事実」を最大限に究めようとしたと期待するわけにもいくまい。しかし、ルーシのキリスト教徒にとっても最高度に重要な聖人に関するこうした不正確な知識は、一見するとかれらがルーシにとってやや遠い間接的な存在であったことを物語っているようにもみえる。

もっとも両聖人がルーシと直接関連があると主張する研究者も存在する。[22] たしかに両聖人の伝記の書かれたのが聖人の没後間もなくのこと（『コンスタンティノス伝』の場合、聖人没後のほぼ十年後、つまり九世紀七〇年代から九〇年代初にかけてギリシア語で記され、間もなくスラヴ語に訳されたという）であるので、伝記がルーシにも早くに伝えられていた可能性は高い。『原初年代記』の両聖人の取り扱い方にやや問題があるとしても、かれらに対する関心が低く、知識も乏しかったとただちに結論づけられるわけではない。しかしいずれにせよ、両聖人の伝記自体今日には十五世紀以後の写本によってしか伝えられていない。[23] それ以前のことに関しては間接的な方法でしか明らかにしえない。大胆な結論は差し控えるべきであるのかもしれない。[24]

ところで先に両聖人とルーシとの間に直接的関係を主張する研究者についてふれたが、その際に論拠の一つとされた点にやはりふれておくのが適切であろう。それは『コンスタンティノス伝』（いわゆるパンノニア伝説）中の次の一節である。

「さて、哲人［コンスタンティノス］はその地［ハザール国クリミアのケルソン］でシリアの文字で書かれた福音書と詩編を見いだし、またそのことばを話す者を見いだした[25]」。

問題となるのは引用文中の「シリアの文字」である。実はこの語は伝記のもっとも信頼できるテクストでは（既述のごとく、原本は存在しない。今日伝わるのは十五世紀以降の写本である）、「ルーシ文字」と読みうる表記で出てくる。研究者の多くは、フランスの研究者A・ヴァイヤンに従って、筆写者が元来「シリア文字」とあったのを誤って、あるいは理解できずに、「ルーシ文字」と書いたと理解している。[26]

この箇所をめぐってはさまざまな解釈が存在するが、[27]ここで重要なのは、やはり「ルーシ文字」説であろう。これは当然予想されるところであるが、古くからロシアのスラヴ研究者を中心に根強く主張され続けている。もしこの主張が認められるなら、コンスタンティノスがスラヴ文字（それがグラゴル文字か、キリル文字かはともかくとして）を創作する以前に、ルーシには固有の文字が存在していたということになる。スラヴ学の権威D・S・リハチョフもこのような立場に傾いている一人である。かれによれば、キュリロスが創造したスラヴ文字の基礎には、かれがケルソンで発見した「ルーシ文字」が横たわっているという信念が古ルーシ社会に広がっていたことを示す証拠があるという。つまりリハチョフの考えでは、キュリロスはスラヴ文字の最初の創造者ではなく、すでにかれ以前に何らかの「ルーシ」文字が存在しており、それをキュリロスが自らのスラヴ文字を創作する際に参考にした可能性があるというのである。[28]

本書の著者には、B・N・フロリャが両聖人伝のテクストを中心に詳細な解説を付して出版した『スラヴ文語の起源』（本章注（26））のなかで、「シリア文字」説をめぐる問題について詳述した諸論拠の方が正しいように思えるが、この件について断定的な解決策を提起できるわけではない。ただリハチョフの見解が、ある時期のルーシ社会に、コンスタンティノス（キュリロス）が自らルーシ南部において発見した文字を参考に「スラヴ文字」を作成したとする「信念」のあったことを示すにせよ、そういう文字がそれ以前に存在したこと自体を証明するものでないことは明らかである。リハチョフはアラブ史料などを引用しつつ、キリスト教導入以前のルーシになんらかの文字が存在した可能性にもふれるが、かりにそれ自体は否定できないとしても、それと先の「ルーシ文字」がどう結びつくのかは明らかでない。いずれにせよ、フロリャも記すごとく、そうした「ルーシ文字」の痕跡も、その存在を裏づける確実な証拠も一切ないのである。(29)

以上に「スラヴの使徒」とルーシの関係が間接的であると思われることを記してきた。間接的であることが、影響力の弱かったことを意味するわけではもちろんないが、少なくとも当時の史料に関係性が強く現れていなかったことは否定できない。こうした状況の中で、研究者の中には、両聖人をいま少しルーシに近づけることができるのではないかと考え、それを示すような史料の模索を行う者がいる。近年A・V・ナザレンコが行っているそうした試みの一つを以下にみていきたい。両兄弟とルーシの関係が漠然としたままという状況が大きく変わるかどうかは何とも言えないが、今後の研究の方向性を示唆するものであることは確かである。(30)

ナザレンコは両聖人がモラヴィアで活躍したころ、二人の視野にはモラヴィアのみならず、ルーシを含むスラヴ諸地域のことが広く入っていたことを主張する。かれは両聖人の活動の痕跡を求めて、いずれも従来こうした観点からは注目されたことのなかった二つの文書に目を向ける。それはドイツ南シュヴァーベンのライヒェナウ修道院と関係する二文書、『バイエルンの地理学者』(Geographus Bavarus) および『兄弟誓約の書』(Liber confranitatum) である。

そのうち『兄弟誓約の書』には、ナザレンコによれば、「スラヴの使徒」のモラヴィアにおける布教活動に直接関与していた人々の氏名のみならず、両使徒自身の氏名も記録されているという。まずライヒェナウ修道院(「島の兄弟団」と記される。同院はボーデン湖の島の上にあった)の「存命修道士リスト」(Nomina vivorum fratrum Insulanensium. このリストはその主要部分が、修道院長がエレバルトであった時期の八二四/八二五年に編まれ、その後補充されていった)の冒頭の空欄部分に、ヘイトン修道院長(八〇六—八二三年)の名とともに、九世紀中頃の筆跡とみられる文字でメトーディオスの名が書き加えられている。

ついで『誓約の書』本文に、メトーディオスら六名の者の名がギリシア文字で記されている(メトーディオス本人のほかにレオン、イグナティオス、イオアキン、シュメオン、ドラガイス）。これは従来、たんに同院を訪れたギリシア人巡礼者の名と考えられていたが、その後二十世紀六〇年代になると、ほかならぬスラヴの使徒およびその弟子たちのことと考える研究者が現れ、ナザレンコはこれをさらに独自の論拠をもって補強したのである。いまここでこの論証過程を詳しくみることはしないが、この立場はロシアの有力な研究者B・N・フロリャも、ライヒェナウ院の名簿を刊行したK・シュミットらも採用するところとなり、基本的に承認されるにいたったといってよい。もしそうであるならば、同院の「物故修道士名簿」（Nomina defenctorum fratrum Insulanensium）の最初に現れる「キュリロス」は当然のことながら、かのメトーディオスの弟コンスタンティノスの修道士名を指すと考えられることとなる。コンスタンティノスは、既述のとおり、ローマに客死し、キュリロスの名を得たが、同院と何らかのかかわりをもったことから、このリストに記入されたと推測されるのである。

ところでコンスタンティノス＝キュリロス自身がライヒェナウ修道院にいたことがあるかどうかははっきりしない。むしろ、おそらくはメトーディオスの方が同院の名誉ある滞在者であったことがあり、それとの関連で弟のほうも物故者名簿に記入されることとなったということなのかもしれない。ではメトーディオスの同院滞在は確かかといえば、これも『兄弟誓約の書』の検討の結果から、そう推測されるということなのである。かれはローマから北方の地へ戻ったのちに、フランク側により捕えられ、南ドイツ（シュヴァーベン）に留め置かれたことのあることにはすでにふれたが、それがライヒェナウであったと推測されるのである。かれがシュヴァーベンのどこかほかの地に幽閉され、教皇の命でそこから解放されてモラヴィアへ戻る途中に、ライヒェナウにしばらく滞在したという可能性も考えられるが、これ以上のことははっきりとさせられない。

ところでナザレンコのいう、ライヒェナウ修道院と関係するもう一つの文書『バイエルンの地理学者』であるが、この文書はナザレンコに従えば、メトーディオスがライヒェナウ修道院に滞在したとして、その滞在時期にあたる八七〇年代初め以後に同院で編まれている。[31] この著作の内容は、元々の書名「ドナウ川以北の諸都市、諸地方の記述」が示すように、東フランク王国と境界を接する諸地方、諸民族の目録である。ただし実際にはその視野ははるかに広く、エルベ川からヴォルガ川にかけて、またバルト海からドナウ川にいたるきわめて広範囲にわたる地域のエトノス名が列挙されている。そのなかの後半部、末尾近くに Caziri（ハザール）と Forsderen liudi（不明、liudi はスラヴ語の「人々」か？）に挟まれる形で Ruzzi、すなわちルーシがあげられているのである。[32]

この文書に含まれるセルビア（ソルブ）・ラウジッツ、マウォポールスカ（小ポーランド）、チェコ・モラヴィアまたドナウ沿岸地域の東ヨーロッパ諸族に関する情報は、おそらくメトーディオスないしその弟子たちが直接収集したもので、ここには聖人の視野がモラヴィアに限定されずに、スラヴ諸地域、諸族に向かって広く開かれていたことが示されている。注目すべきは、これらの地域や諸族は、年代記の「ヴァリャーギからグレキへの道」と対照的に、いわば条件付きで「ドイツからハザールへの道」[33]とも表現されるべきルート上にある地域であり、そこに居住する諸族である。ルーシとの関連では、これらのことはさらに以下のことを示唆している。従来、キエフ・ルーシのキリスト教はもっぱらビザンツ（およびブルガリア）との関係でのみ考慮されてきたが、スラヴの使徒がこの「ドイツからハザールへの道」沿いのスラヴ諸族に大きな関心を抱いていたことは、かれらが総主教フォティオスのときにキエフへ派遣されたというビザンツ宣教師らと直接的な関係をもっていたことを推測させるという。兄弟のモラヴィア派遣は、先にもふれたように、当時の帝国の、ルーシを含む北方の諸国に対する一連の外交的・宗教的働きかけ（宣教活動）の一環であった。スラヴ文字を作成してモラヴィアへ赴いた兄弟が、ルーシをも視野に入れて活動していたことは十分にありうるとナザレンコは考えている。史料中にその直接的痕跡が残されていないとはいえ、兄弟ないしその弟子たちとキエフとのあいだに何らかの関係があったとかれは推測しているのである。両聖人とルーシの直接の関係を示すというにはあまりに細すぎる糸のような感じもするが、今後の研究の可能性を模索する試みの一つとみることができるように思う。

さて公式的な洗礼以前のルーシに少なからぬキリスト教徒のいたこと、またその時期のキリスト教がいかなるものであったかについて、より鮮明なイメージを与えてくれるのは、公妃オリガの洗礼である。これが次の課題となる。ただその検討に移る前にさらに、もう少し考えておきたいことがある。右にメトーディオスとその弟子たちがルーシなど「ドイツからハザールへの道」沿いのスラヴ諸族に関心を寄せていたことに言及したが、それとの関連で、ルーシを東西と結びつけるこの道が実際どのようなもので、九―十世紀段階でどの程度の意味を有していたかについてみておきたいのである。この道については第二章においてもふれた。次章においてこれについてより立ち入って検討する。

第三章注

（1）これについてはさしあたり、拙稿『ルーシの洗礼』とソヴィエト史学」一一頁を参照。邦訳されたロシア正教会の通史なども参考になるが、本書で検討する諸論点に立ち入って論じるものはほとんどない。一点だけ挙げておく。ニコリスキー『ロシア教会史』七頁以下。

（2）使徒アンデレの「ルーシ」の地訪問の旅に関する年代記の記述をめぐっては多くの文献がある。正教会が表向きこの記述の「事実性」を疑うことはない。研究史上は、使徒の黒海北岸における宣教に信憑性を認める者がいないわけではないが、アンデレが後のルーシの地にまでその足を延ばしたとする点については、ほとんどの研究者が懐疑的である（その中には教会史家のゴルビンスキーも含まれる。Golubinskii, *Istoriia Russkoi Tserkvi*.T.I-1, s.19-34, とくに s.28-30）。

（3）Dvornik, *The Idea of Apostolicity*,p.160f., 196f., 223-264, 289f.;Poppe, "Two Concepts", p.497-499

（4）*PSRL*.II:197. フセヴォロド・ヤロスラヴィチ（ペレヤスラヴリ公、後のキエフ大公、洗礼名アンドレイ）がキエフに聖アンドレイ教会を建立したと記される（一〇八六年）。

（5）ウラジーミル・モノマフ自身は自分の洗礼名を「ヴァシーリー」と記している（「モノマフの教訓」、『原初年代記』一〇九六年の項、二五九頁）。おそらくそれが正しいと考えられる（かれの曾祖父で、同名のウラジーミル聖公もそうであった）。ただし後のモスクワ時代の記述にはモノマフの洗礼名を「アンドレイ」としているものがある（『ニコン年代記』*PSRL*.IX-248, 251など）。近年ルーシ諸公の命名法について大部の研究書を著わしたリトヴィナ／ウスペンスキーによれば、「アンドレイ」は、ペレヤスラヴリを拠点としてキエフ大公となったフセヴォロド・ヤロスラヴィチ（前注参照）の家門（その子ウラジーミル・モノマフにちなんでモノマフ一門ともいわれる）に伝統的な名となったという。フセヴォロドの洗礼名がそうであっただけでなく（そして上記のようにモノマフの洗礼名の場合もその可能性がある）、モノマフの子の一人（アンドレイ・ドーブルィ）、ボゴリュープスキーと呼ばれたモノマフの孫、また一門のアレクサンドル・ネフスキーの弟（アンドレイ・ヤロスラヴィチ）と子（アンドレイ・アレクサンドロヴィチ、後の北東ルーシのウラジーミル大公、一三〇四年没）などは俗名をアンドレイと称したことが知られている。またその後のトヴェーリやモスクワ諸公家にもこの名は広くみられることとなったという。ただこの名が伝統的に広く採用される一方、それぞれの場合にいかなる「アンドレイ」が念頭におかれていたのかは自明ではなかった。本書が問題とする「ルーシの最初の使徒」ばかりでなく、アンドレイ・ストラティラート、アンドレイ・クリツキー（クレタの）、アンドレイ・ユロージヴィなど、ルーシではさまざまな「聖人アンドレイ」が崇拝対象となっていたことが知られているからである。それゆえたしかにイエスの「弟子アンドレイ」が問題となっているかどうかについては、それぞれの場合において慎重に検討する必要があるが、多くの場合それは容易でない（Litvina/ Uspenskii, *Vybor imeni*.s.124-131, 497-498, 507-508 i sl.）。

（6）Possevino, *Istoricheskie Sochineniia o Rossii*, s.79

（7）たとえばVasil'evskii, Vvedenie v Zhitie sv.Stefana Surozhskogo. s.CCLXIII.『聖ステファン伝』のテクスト（ギリシア語、ロシア語）は ibid.s.72-76, 77-98

（8）Vlasto, *The Entry of the Slavs into Christendom*.p.244. アスコリドの洗礼問題については、Podskalsky, *Christentum*.S.14, Anm.59

（9）*Drevniaia Rus' v svete*…III, s.31（本書第一章二三—二四頁を参照）

（10）ルーシの「改宗」に関する総主教フォティオスの記述をめぐる以下の考察は、G・G・リタヴリンに依拠するところが大きい（Litavrin, *Vizantiia*.s.47-60）。リタヴリンによれば、「ロース」の帝都攻撃は八六〇年六月十八日のことである。この日付を伝えるのは総主教フォティオスの八六〇年の説教である。フォティオスは「ロース」の帝都攻撃の直後（六月二十三日）とルーシ軍の撤退直後（六月二十五日ないし七月初め）に市民を前に説教を行い、攻撃が神の配剤によるものであり、嵐により災難を免れたのも神の恩寵のゆえであることを説いているのである。Litavrin, *Vizantiia*.s.48-49. このときの「ロース人」の攻撃については『続テオファネス』（『年代記』、ミカエル三世治世の著作）にも記述がある（*Drvniaia Rus' v svete*...II.s.177-178（Ia・N・リュバールスキー訳））。

(11) *Drevniaia Rus' v svete*...II, s.132（P・V・クゼンコフの露訳による）

(12) 八六〇年の「ロース／ルーシ」による帝都攻撃全般に関してはVasiliev, *The Russian attack*を参照（この攻撃については本書でも第一章注（5）ですでにふれた）。ヴァシリエフはこの遠征に関するギリシア、スラヴ語諸史料、またロシア、ソヴィエトにおける研究史を徹底して検証し、その上で、この「ロース」が八四〇年頃にスカンディナヴィア系によってキエフに樹立されたルーシであることを「論証」する。この点を含むロース軍の規模、攻撃の様子、その首尾などについてはさらに、Levchenko, *Ocherki*. s.57-90; Litavrin, *Vizantiia*.s.47-60をも参照。レフチェンコもリタヴリンもこの「ルーシ」をキエフのそれと理解する点でヴァシリエフに同調する。本書もすでに前章（2の『ベルタン年代記』の箇所）で詳述したように、同じ理解の上に立っている。このときの「ロース」をキエフ以外に求める説について、上記諸研究者によりながら参考までに記すと、これを早くにロシア南部に到達していたゴート人などと結びつける見方と並んで、とくに強く見られたのが、黒海沿岸（アゾフやクリミア地方）の住民と結び付けて考える立場である（E・E・ゴルビンスキーやV・G・ヴァシリエフスキーら）。ヴァシリエフらはこれを否定しているのである。

(13) 帝都攻撃後改宗した「ロース人」は、八六七年までにはビザンツから主教を、八七四年頃には総主教イグナティオスから大主教を受け入れたと伝えられる（*Drevniaia Rus' v svete*...II.s.132（フォティオスの回状）, s.178（『続テオファネス』））。

(14) 邦訳がある。木村、岩田訳「コンスタンティノス一代記」および同「メトーディオス一代記」。

(15)『原初年代記』では上の引用にすぐ続いて、「またジールの墓は聖イリーナの教会の裏手にある」と記されるが、こちらのイリーナ教会のほうは、後代ヤロスラフ大公の時期の建立であることが知られているので、最初期のキリスト教についての証言とみることはできない。

(16) クロスはここで問題となっているキリスト教徒は東方教会にではなく、ローマ教会に属していたと考えている。もっともこの場合はまた別種の問題がでてくるが、クロスも確たる証拠があってそう主張しているわけではないので、これについては指摘するにとどめておく。Cross, *The Russian Primary Chronicle*.p.238, n.53

(17) 以下は主に、Obolensky, "Sts.Cyril and Methodius"; Obolensky, "The Heritage of Cyril and Methodius";Vlasto, *The Entry of the Slavs*.

p.27-85; *MERSH*.v.8, p.127-130 (G.P.Majeska) によっている。

(18) なおその後東方正教会はドイツ教会やカトリック教会側によるこの批判を「三言語主義」ないし「ピラト主義」と呼んで（福音書にローマ総督ピラトが磔刑に処したキリストの十字架に「ユダヤ人の王」とする罪状書きが付けられたと記されているが、その言語がヘブライ語、ギリシア語、ラテン語の三言語であったとする伝説からこう呼ばれた）、反批判を行うことになるが、これについては本書第十二章を参照。キュリロス、メトーディオス兄弟のこの点に関するカトリック批判は『コンスタンティノス伝』（『スラヴ研究』32、二〇五―二〇六頁）、『メトーディオス伝』（『スラヴ研究』33、八頁）にみえる。この点についてはさらにDvornik, *Byzantine Missions among the Slavs*.p.115, 129-130, 367(note 29) を参照。

(19) Dvornik, *Byzantine Missions among the Slavs*.p.259-282, 414-418

(20)『コンスタンティノス伝』では、「諸公およびモラヴィア人たちと会議を」開いてビザンツへ使者を派遣したのは「ラスチスラフ」一人とされている（『スラヴ研究』32、二〇三頁）。一方『メトーディオス伝』では、「ラスチスラフがスヴァトプルクとともに」使者を派遣したとされている（『スラヴ研究』33、七頁）。

(21)『スラヴ研究』33、九頁

(22) たとえば、帝政期のパンスラヴィストV・I・ラマンスキーは『文部省雑誌』(*ZhMNP*) に、兄弟聖人がルーシに直接宣教を行ったことを主張する大論文を発表した（一九〇三―一九〇四年）。これにはV・パルホメンコや（一九一三年）、N・ポロンスカヤ（一九一七年）らが反論し、論争となった。本書はこの論争に立ち入らないが、それについてはさしあたり、Podskalsky, *Christentum*. S.14-15 を参照。

(23)『スラヴ研究』31、一頁

(24)『原初年代記』八九八年の項の記述は、シャーフマトフによれば、年代記作者の手によるものではなく、ある史料を利用して作られたものであった。シャーフマトフはこの史料を「書物のスラヴ語への翻訳物語」と名付け、ルーシではなく、北西スラヴ地方、おそらくはモラヴィアで書かれたと考えた。それはチェコの聖人伝「ヴァーツラフ伝」などと共にルーシに伝えられたが（後者はネストルのボリス・グレープ伝、いわゆる『講話』にその痕跡を残している）、それは十一世紀（十二世紀初頭以前）のことであったとされる。この史料（「翻訳物語」）はコンスタンティノス、メトーディオスの伝記、とりわけ後者を利用して書かれたが、シャーフマトフはこの今は伝わらない「翻訳物語」の原テクストを復元する作業にも取り組み、その成果を公表している。かれはまた年代記編者がこれを八九八年の項においた理由、また編者が多くの誤りを犯した理由についても興味深い考察を行っている(Shakhmatov, «Povest' vremennykh let».s.80-92. 復元された原テクストは同 s.90-91)。本書の著者は『原初年代記』(その編者)が「スラヴの使徒」について十分な知識も関心ももっていなかったのではないかとするがごとき疑問を記したが、兄弟の活躍した時代からやや遅れて活動を開始したルーシ人にとって、これはある意味やむを得ないことであったといえるかもしれない。ただ、この疑問は疑問として残るにせよ、兄弟の偉業がルーシに与えた影響を強調するD・オボレンスキーの次のような見解も軽視できないと考える。すなわちオボレンスキーは、シャーフマトフの言う「翻訳物語」にふれながら、そこに多くの誤りが含まれながらも、三言語主義異端への批判、聖書の翻訳また教会でのスラヴ語の使用への賛美、ルーシ人が「使徒」の創造した文字を通してモラヴィア（チェコ）人やブルガリア人と共通の存在となったという自覚、さらにはメトーディオスを介して使徒パウロの弟子となったという認識（以上の特徴のすべてが『原初年代記』の八九八年の項にみられるという）を指摘し、こうした点からルーシが「スラヴの使徒」と完全につながっていると考えることができるとしたのである（Obolensky, "The Heritage of Cyril and Methodius", p.51-56)。『原初年代記』自体に直接的言及が多くはないとはいえ、シャーフマトフ以下、ドゥヴォルニク、オボレンスキーら多くの史家にとって、「スラヴの使徒」がルーシに対してもった意味に疑問の余地はないとするのが大方の考え方である。

(25) 同31、一三頁

(26) 引用文からも明らかなように邦訳者も「シリア文字」説を採用している。なおヴァイヤンの見解は Vaillant, "Les 'lettres russes'" p.75-77 にみられる。この問題に関しては、*Skazaniia o nachale slavianskoi pis'mennosti.* s.115-117 においてB・N・フロリャが簡にして要をえた解説をしている。

(27) たとえば、ドゥヴォルニクはここを四世紀のウルフィラスの聖書翻訳を念頭において「ゴート文字」と読んでいる。Dvornik, *Les Légends de Constantin.*p.184-189. ヴァイヤンの上記コメント（notules）はそもそもドゥヴォルニクに対する反論として書かれている。

(28) *PVL.* s.412

(29) 比較的最近の研究者では、A・G・クジミーンがルーシのキリスト教におけるキュリロス・メトーディオス的伝統について強調している。かれはそれにより、ルーシのキリスト教がビザンツとも、ローマとも異なる独自性を備えていることを力説する。Kuz'min, Zapadnye traditsii. s.21-54. ただ兄弟の考え方をクジミーンのようにまったく独自のものとして孤立させ、ルーシにそうした特徴が強く現れたとする見方には疑問も残る。クジミーンの「洗礼」論については本書の著者もかつて論じたことがある（拙稿「『ルーシの洗礼』と最近のソヴィエト史学」二八―三三頁）。

（30）Nazarenko, *Drevniaia Rus'*.s.51-70

（31）実はこの文書がたしかにライヒェナウ修道院と関係するかどうかは、論証される必要がある。文書の成立時期と場所の問題に関するナザレンコの見解は、Nazarenko, *Drevniaia Rus'*.s.56-64. ナザレンコはこれをレーゲンスブルクないしザルツブルクと結びつける説を退け、ライヒェナウ説を採用するのである。

（32）Nazarenko, *Drevniaia Rus'*.s.53-54 にラテン語原文。ibid.s.54-55 にナザレンコによるロシア語訳 ;*Drevniaia Rus' v svete*...IV, s.25-30 にも同人によるロシア語訳がある。

（33）この道はナザレンコが条件付きでこう呼んだ。Nazarenko, *Drevniaia Rus'*.s.78

第四章　「ドイツからハザールへの道」上のルーシ

1　ルーシと西方諸地域——『原初年代記』における「チェヒ」、「リャヒ」

『原初年代記』には、すでに指摘したとおり、「ヴァリャーギからグレキへの道」ないしそれに関係する諸事象への言及が多い。キエフ国家の主要な領域もこの道沿いに形成されたと通常考えられている。しかし注意深くみてみると、年代記はルーシの西方の出来事にも目をつぶっているわけではない。その支配領域も必ずしも南北にのみ伸びていたわけではない。たとえば、オレーグは九〇七年にキエフに支配権を樹立してまもなく、大軍を率いてギリシア攻撃に出立するが、これには西ブク川上流域からサン川（ヴィスワ川上流へ南東から流れ込む支流）方面にかけて居住していたとみられるホルヴァーチ族も兵を出していた（三〇頁）。このことはキエフが当時はるか西方にまで勢力を伸ばしていたことを暗示している。(1)

また『原初年代記』には記述がないが、イーゴリ治世には「レンザネーノイ／レンジャーネ」とよばれるスラヴ系種族もキエフの支配を受けていたことが知られている。(2) レンジャーネはポーランド人を表す語の古形に由来する種族名と考えられるが、おそらくはヴィスワ川方面に居住するこの種族も一時キエフに服属していた。イーゴリ公は九四五年頃、キエフの北西方面にいたドレヴリャーネ族の反乱にあい殺害される。その結果ドレヴリャーネ族が一時的にキエフから「独立」を獲得する（六一頁以下）。こうして当然のことながら、さらにその西方に位置した諸族（ヴォルイニャーネ、ホルヴァーチ、レンジャーネら）もキエフ支配下から離脱して行ったと考えられる。ただしドレヴリャーネの独立はほんの束の間のことであった。イーゴリの寡婦オリガがこれを再征服し、さらに九七七年にはヤロポルク公がこれを弟（オレーグ）の手から奪う形でこの地を一層強くキエフに結び付けることになったからである（八七―八八頁）。

九八一年にはキエフを手に入れたばかりのウラジーミルがこの北西諸地域へ遠征を行ったとされる。年代記は、ウラジーミル公が九八一年に「リャヒ［の地］へ遠征し、かれらの町ペレムィシリ、チェルヴェン、およびその他の町々を占領した。それらはいまでもルーシの支配下にある」と記す（九五頁）。ここで言われる「リャヒ」は当時のポーランド人を指す語で、ペレムィシリはサン河畔のガーリチ地方の町である（現ポーランドのプシェムィシリ）。また年代記は何度か「チェルヴェンの町々」に言及するが（ほかに一六三、一七〇頁など）、これらはいずれも西ブク川上流域地方にあるチェルヴェン、ブジスク、ベルズ、ヴォルィニなどのことである。「九八一年に占領された」という「チェルヴェンの町々」は以後一〇一八年までキエフの支配下にあったが、ウラジーミル没後にルーシ国内を襲った内紛の際に、一時的にポーランドのボレスワフ一世勇敢公（王）によって占領された（一六二頁）。ルーシ側はヤロスラフ公治世の一〇三〇年と翌三一年にこの地を攻め奪還している[3]（一七〇頁）。

以上年代記の記述に従えば、十世紀から十一世紀前半のキエフ国家には「ヴァリャーギからグレキへの道」沿いの諸地方のみならず、西方（東方もであるが）諸地方も広く含まれていた。年代記に明記されてはいないが、キエフを西ブク川上流域（「チェルヴェンの町々」）さらにはサン川方面（ペレムィシリなど）を経てクラクフ方面へ導く道があったと推測することができる。そして当時のチェコ国家が東西に広い形状をなしていたことを考慮に入れるならば、この道はプラハへ、さらにはレーゲンスブルク方面へつながっていたと考えることもできよう。

ところで『原初年代記』は九八三年の項で、ウラジーミル公が「ヤトヴァーギ」の地域を征服したことを伝えている(九五頁)。ヤトヴァーギはバルト(リトアニア)系の種族で、プリピャチ川の北、西ブク川とニェマン川上流の間(ベレスチエ地方、ベレスチエは現ブレスト・リトフスク)に位置していた。したがってヤトヴァーギはキエフにとっては北西方の諸地域との連絡確保のためには障害となる存在であり、征服されるべき対象であった。年代記は、だいぶ後のことになるが、一〇三八年にもヤロスラフ大公がかれらを攻めたと伝えている(一七四頁)。キエフはこのベレスチエ地方にも早くから関心を示していた。九世紀末から十世紀初にかけてヴィスワ川とプリピャチ川に挟まれた地方にはクーファ(ユーフラテス川中流域)銀貨が大量に発掘されるという。(4) そこから見て、遅くとも九世紀八〇年代にはこの地域を通る交易路が機能していたと考えられる。後に詳しく見ることになるが(第八章)、ウラジーミル没後の後継者争いでヤロスラフに敗れたスヴャトポルクが担架に乗せられてベレスチエに運ばれ、さらにリャヒの国(ポーランド)を経てチェヒ(チェコ)方面に逃れ、そこで死んだとする記述もある(一〇一九年の項、一六五頁)。ベレスチエはルーシからポーランド方面へむかう重要な経由地の一つであったのである。

キエフ諸公がなにゆえレンジャーネ、ホルヴァーチといった諸族の住むはるか西方の地域(とくにペレムィシリ、チェルヴェン、ベレスチエ)に強い関心を示したのであろうか。それはこれらの地域がルーシにとって経済的、戦略的に重要な意味を有しているからであろう。ルーシが十世紀から十一世紀にかけて、これらの地域をめぐって最初は古チェコ国家と、ついでポーランドと対立状態にあったことを指摘する研究者もいる。(5) そうした指摘が正しいとするならば、それもこの地域の重要性が早くから認識されていたことの証左といえるかもしれない。しかし如何せん史料が少なすぎる。この地域を通って西方へ向かう道にこれまで十分な注意が払われてきたとはいえない。

『原初年代記』自体、この方面にはあまり関心を抱いていないようにみえる。本節では、年代記でとくに当時のチェコ人とポーランド人を指す語（「チェヒ」および「リャヒ」）がどのように用いられているかをみるなかで、このことについて考えてみたい。

チェヒとリャヒの両民族は、双方が互いに近い間柄にあることを知っていたが（たとえばイラーセク『チェコの伝説と歴史』（浦井訳）などからそれがうかがえる）、『原初年代記』もこの両民族とルーシが同じ起源を有するきわめて近い関係にあることを認識していた。同八九八年の項に次のように記されている。「スロヴェネの民族は一つであった。ドナウに沿って定住し、（後に）ウグリ［マジャール人］によって占領されたスロヴェネ、モラヴァ、チェヒとリャヒ、およびいまルーシと呼ばれているポリャーネである」（二七頁）。ルーシがチェヒやリャヒと近い関係にあることは『原初年代記』だけの認識ではなかった。よく知られた「チェヒ、ルーシ、リャヒ」の三兄弟伝説が想起される。これは十三世紀ポズナニのある年代記作者が伝えるものであるが（「いにしえの書物に、パンノニア［ドナウ中流域］は全スラヴ族の母であり、源であると書かれている……このようにこのパンノニアにおいて、パンノニア公パンのもとに三人の息子が生まれた。長子はレフ、二番目はルース、そして三番目はチェフと呼ばれた。この三兄弟からやがて［子孫が増えて］氏族が、そして民族が生まれ、かれらは三つの王国、レフ国［ポーランド］、ルース国、チェフ国［チェコ］の始祖となったのである」）、あくまでも伝説であるとはいえ、ここにはスラヴは一つという思想と同時に（なるほど「レフ」を長子とするポーランド的な立場からではある）、三民族が緊密な関係をもっていたことが暗示されているとみることができる。(6)

ところが『原初年代記』の記述全般からみると、そのことは必ずしも強調されているようには見えないのである。そこでまずはチェヒについての記述がどうなっているかをみてみよう。

最初に注目されるのは、先にも見たが九六九年の項、スヴャトスラフが国の中心をキエフからドナウ河畔ペレヤスラヴェツに移そうと考えたときのことである。その地は交易に便がよく、「グレキからは黄金、錦、酒、種々の果物が、チェヒやウグリ（ハンガリー）からは銀と馬」がやってくる、と記される。南北の道とともに、この場合はドナウ川を通じて西方とルーシ南部をつなぐルートの存在が示唆されている。

次いで、ウラジーミル公の即位直後の記事である。キリスト教に改宗する前の公は「情欲に負け」、多数の妻や妾をもっていたとされる。具体的には「妻」は五人とされる。そのうち名前が知られているのは一人（ポロツク公の娘のログネジ）だけであり、他は「グレキの女」、「ボルガリの女」と並んで「チェヒの女」が二名である。特記されている五人中、二人がチェコ女性であったということは、それ自体ルーシにとってチェヒが相当の意味をもっていたことを暗示している。後にさらに立ち入って検討する必要があろう（第六、第七章を参照）。

さらに九九六年の項には、ウラジーミルが「リャヒのボレスワフ［一世］、ウグリのイシュトヴァン［一世］、チェヒのオルドジフと平和に暮らしており、かれらの間には平和と友好があった」と記されている。これは列挙されている諸公の在位時期から判断して、おそらくもっと後の時期の、ウラジーミル治世最晩年の状況を伝えたものと考えられる（ボレスワフ一世の在位は九九二―一〇二五年、イシュトヴァーン一世九九七―一〇三八年、オルドジフ一〇一二―一〇三三年）。年代記作者がこの箇所でルーシと西方三国（ポーランド、ハンガリー、チェコ）の関係について言及したことは、やや唐突な感じがしないでもないが、ただこの箇所からだけでも（もっとも、ここ以外には三国がそろって言及されることはない）、これら三国との関係がルーシにとって一定の意味をもっていたことを読み取ることはできよう。ルーシと三国との間に相当の接触（「平和と友好」の、また逆に対立的な関係も含めて）があったことはそれぞれの地理的位置からして当然のことであるが、年代記がそれを正確に表現しているかどうかはまた別問題である。

次はこれも先にふれた一〇一九年の項である。父ウラジーミル没後の兄弟間の衝突が描かれているが、ヤロスラフに敗北したスヴャトポルクがパニックに陥り、リャヒを通りチェヒ方面に逃れて死んだとする記事である。年代記はスヴャトポルクがこの方面へ逃亡した理由を記していないが、かれが意味もなくそちらへ逃げたわけではなかろう。ポーランドないしチェコでは保護が与えられると期待した可能性がある。この点についてもまた後に考える必要があろう。

最後は一〇七六年の項である。ウラジーミル・モノマフ公が従兄弟のオレーグとともに「リャヒを助け、チェヒに兵を進めた」とのみ記されている。ここでもルーシとチェコ・ポーランド間の複雑な関係が背景にあることを想像させるが、年代記作者はそれ以上に話を展開させることはない。

以上に示されたように、『原初年代記』のルーシとチェコの関係に対する関心は、たしかにそれほど大きなものではない。両者の関係がきわめて近いと認識されていたわりにはあまり注目されなかったといってよい。はたして年代記は当時の両者の関係を正確に表現しているると言えるであろうか。

この時期（十世紀頃）におけるルーシ・チェコ関係についてさらに考えてみよう。このころのチェコ（初期プシェミスル朝の時代）は成立直後の神聖ローマ帝国の影響を強く受け、皇帝に臣従しながらも、他方ではその支配領域をかつてのモラヴィア国東部（現代のスロヴァキア）からクラクフ方面にまで広げていたことが知られている。F・ドゥヴォルニクによれば、十世紀六〇年代にプラハを含むヨーロッパ各地を訪れたスペインのユダヤ人イブラヒム・イブン・ヤクブが、チェコ公（ボレスラフ一世）がクラクフを領有していたことを裏づける記述を残しているという。その部分をドゥヴォルニクに従って引用しよう。

「今日（スラヴ人には―ドゥヴォルニク）四人の王がいる。ブルガリア［ブルガール］人の王、プラハ、ボヘミアおよびクラクフの王であるブイスラフ［ボレスラフ］、北方の王メシェクォト［ミェシコ］そしてナクン［オボドリト人の公］である……ブイスラフの国について言えば、それはプラハの町から、三週間の行程の距離のクラクフの町にまで及んでいる。それはトルコ人の地と長い境界で接している。プラハの町は石とモルタルで出来ており、その地域の大商業中心地である。クラクフの町からはロシア［ルーシ］人やスラヴ人が交易用の商品を携えてやってくる。これにトルコ領のイスラーム教徒、ユダヤ人そしてトルコ人が加わる。かれらも自身の商品や貨幣をもたらす。代わりに奴隷、錫、各種毛皮を手に入れるのである」(7)。

同じドゥヴォルニクによれば、クラクフが十世紀後半にチェコ王の支配下にあったことは十二世紀のチェコの年代記作者、プラハのコスマスによっても裏づけられている。コスマスはプラハ司教座の管轄権がクラクフに及ぶと伝えているという(8)。

もしドゥヴォルニク（そしてかれが依拠するイブラヒム・イブン・ヤクブやコスマス）の見解が受け入れられるとするならば、『原初年代記』がさほど関心を示していないとはいえ、ルーシは、クラクフ方面などはるか東方へ勢力を広げていたチェコ（ボヘミア）と、直接に境界を接し、早い段階から交易を行っていたこと（プラハは「大商業中心地」であり、ルーシ人も交易に訪れていたとされている）、そしてそれが相当の重要性を有していたことが十分に推測できることになろう(9)。初期キエフ・ルーシのありようを考えるとき、これまで以上に東西の関係に注意する必要がありそうである。

次に、ルーシとポーランドとの関係はどういう状況にあったのであろうか。

『原初年代記』はこちらに対してははるかに大きな関心を寄せている。これはある意味自然であった。すぐ西隣で急速に成長しつつあったポーランドに年代記作者の注意がより強く向けられるのは当然であったからである。なおポーランドは『原初年代記』の最初の部分では、リャヒ、ポリャーネ、ルチチ、マゾフシャネ、ポモリャネ、ラジミチ、ヴャチチなどと種族ごとの個別名で表現されている。これらの種族名の多くは居住地域の川などの名にちなむものである（そのうちポリャーネについて、『原初年代記』に二種のそれが出てくることについては先にふれた。ここで問題となるのは西スラヴのそれである）。その後ポーランド国家の形成が進むにつれてこれらの諸族名は次第に「リャヒ」

に集約されるようになったと考えられる。

まず九八四年の項からみてみよう。「ラジミチはリャヒの……出で、貢税をルーシに支払っており、いまにいたるまで賦役の義務を果たしている」（九八頁）。ラジミチはキエフの北東、チェルニゴフからスモレンスク方面にかけて（ドニェプル川とデスナ川上流域の間に）居住する種族で、「リャヒの出」と言われている通り、以前には西方に居住していて、いつの時点かは不明であるが、その後東方へと移動してきたことがうかがえる（同じことがオカー川上・中流域にいたヴャチチ族についてもいえる）。

九九六年の「リャヒのボレスワフ」についてはすでに記した。

ヤロスラフ治世（一〇一五年以降）にはいると、リャヒへの言及は大幅に増えてくる。まず一〇一六年から一〇一九年にかけての項では、ヤロスラフが兄スヴャトポルクを破ってキエフ大公位に就くまでの経緯が記され、それとの関連で頻繁にリャヒへの言及がなされる（一六二―一六五頁）。

一〇一六年には、これもすでにみたように、ヤロスラフに敗北したスヴャトポルクが「リャヒの地へ逃げた」とされ、一〇一八年では、このスヴャトポルクが、ポーランドのボレスワフ一世自身が率いる軍に支援されて巻き返しをはかり、キエフに入城したと記される（「ボレスワフ（一世）がスヴャトポルクと共にリャヒを率い、ヤロスラフに向かってやってきた」。これを迎え撃ったヤロスラフは敗北を喫し、「ノヴゴロドへ逃れ、ボレスワフはスヴャトポルクと共にキエフに入った」）。しかしながらこののちボレスワフとスヴャトポルクの間に対立が生じ、キエフにいたボレスワフ以下の「リャヒ」はスヴャトポルクや住民の蜂起にあって「逃げ出し」（「ボレスワフ（一世）はキエフにいたが……スヴャトポルクは『町中にいるすべてのリャヒを殺せ』と言い、（人々は）リャヒを殺した」）、「チェルヴェンの町々」を奪いつつ、「自分の国へ」帰っていく。そして一〇一九年の項で、最終的に敗北したスヴャトポルクが「担架」でベレスチエへ運ばれ、さらに「リャヒの国を通り、リャヒとチェヒの間の荒野に逃げて来て……自分の生涯を終えた」と、先にも記したごとき展開をみせる。
スヴャトポルクが一〇一六年にキエフから、ほかでもないポーランドへ逃れた理由の一つには、かれがボレスワフ一世の娘（名は知られていない）と結婚していたことがあった。娘婿と舅は、一度は目論んだ通りにキエフを手に入れるが、やがて二人の間に亀裂が入り、それがもとでスヴャトポルクはヤロスラフに敗れ、最後にはルーシから逃げ出して異郷の地（「リャヒとチェヒの間の荒野」）であえない最期をとげることになる。ルーシとポーランドは王族間に婚姻が行われるなど緊密な関係にあったが、すでにそれだけではすまないほどに複雑な、ときに緊張した政治的関係になっていたといえる。(10)

次に一〇三〇年の項である。「ヤロスラフはベルズを占領した……このころリャヒの偉大なボレスワフ（一世）が死に、リャヒの国に反乱がおこった。人々は蜂起して司教、司祭、貴族らを殺した。かれらの間に騒乱があった」（一七〇頁）。ベルズは「チェルヴェンの町々」の一つである。一〇二五年のボレスワフ一世の死後、ミェシコ二世が跡を継ぐが、一〇三一年になると兄弟らが反旗を翻し、周辺諸国（デンマーク、ハンガリー、「神聖ローマ帝国」、さらにはルーシ）の諸勢力がそれぞれポーランドへの勢力拡大をねらうことになる。翌一〇三一年の項には次のようにある。「ヤロスラフと［その弟］ムスチスラフは多くの軍勢を集めてリャヒに兵を進め、再びチェルヴェンの町々を占領してリャヒの国を戦い取り、多くのリャヒを連れてきて、かれらを（二人で）分けた」（同一七〇頁）。キエフ諸公はポーランドにおける「騒乱」に乗じて、「チェルヴェンの町々」を奪還しようとしたのである。年代記はルーシ諸公が西方の状況に敏感に反応していたことを正確に認識している。

ヤロスラフの子らの時代（一〇五四年以降）における記述も少なくない。一〇六八年から翌六九年にかけての項では、ヤロスラフの三人の子、イジャスラフ（大公）、およびスヴャトスラフ、フセヴォロドとかれらの再従兄弟、ポロツク公フセスラフとの大公位争いとの関連でリャヒへの言及がなされている（一九五、一九七―一九八頁）（なおヤロスラフ後の政治状況について詳しくは第十一章で検討する)。
まず一〇六八年に「イジャスラフはリャヒへ逃げた」とある。これはキエフの住民がフセスラフ公を牢から解放し、イジャスラフの屋敷を襲ったからである。イジャスラフもミェシコ二世の娘ゲルトルードを妻としており、その関係でポーランドへ逃れたのであろう(当時のポーランド王はボレスワフ二世であったが、かれはミェシコ二世の孫であり、ゲルトルードの甥にあたる。またボレスワフ二世の母、すなわち父カジミェシ一世の妻ドブロネガ―マリヤは、イジャスラフの叔母にあたっていた)。

さてイジャスラフの逃走ののち、フセスラフがキエフ大公の座についた。ところが翌一〇六九年になると、「イジャスラフはボレスワフ(二世)と共にフセスラフに対し兵を進めた」と記される。イジャスラフもまたポーランド王の支援を受けて巻き返しを図っているのである。

この後の展開は当時のキエフ大公位のおかれていた状況をよく示していて興味深い。すなわち、イジャスラフとポーランド王の軍に対し一度は迎え撃つ態勢をとったフセスラフが「キエフの人々に隠れて」逃亡してしまうのである。見捨てられた形となったキエフ住民は「民会 veche を開いて」協議し、その上でイジャスラフの二人の弟(スヴャトスラフとフセヴォロド)に仲介を要請する。もしイジャスラフがポーランド王と手を切るなら、大公位への復帰を認める、という方針を示すのである。もしこの要請をイジャスラフが拒否し、あくまでもポーランド軍と共に武力でキエフ奪還を図ろうとするなら、かれらキエフ民は「自分たちの町[キエフ]を焼き払い、グレキの国へ行く」と伝えさせる。キエフ民とかれらの民会が重要な意味をもっていることをうかがわせるが、ここでこの点について立ち入って検討する余裕はない[11]。提案が受け入れられない場合には「グレキの国へ行く」というキエフ民の意向が何を意味するのかも興味深いが、これについてもここでこれ以上に考究することはしない。イジャスラフの二人の弟は、もし兄があくまでもポーランド軍と共に攻め寄せるなら、自分たちがキエフのために兄と戦うと誓って、キエフ民(というより反イジャスラフ運動を指導した上層市民というべきか）を安心させる一方で、兄の説得にかかる。イジャスラフは結局「リャヒを残し、ボレスワフ（二世）と共に僅かなリャヒを率いて進んだ」。キエフ民の提案を半ば呑んだというところであろうか。その上で、息子（のムスチスラフ）をキエフに先発させ、反イジャスラフ（親フセスラフ）派に残酷な制裁を行った上で（「七十人を斬り殺し、他の者は盲目にし、また他の者は罪もないのに調べもせずに殺した」）、自ら帰還して大公位に復した。その後「かれは食糧を手に入れるようにリャヒを方々に行かせたので、（人々は）ひそかにリャヒを殺した。ボレスワフ（二世）は自分のリャヒの国に帰った」とされる。

ボレスワフ二世は曾祖父（ボレスワフ一世）と同様に、キエフ支配の野望を最終的にはくじかれ、逃げ帰ったわけであるが、ここにも緊張した両国関係の一端が示されているのである。すでに当時のルーシ人がポーランド人を好ましからぬ隣人とみていたことは、一〇七四年の項の「悪魔がリャヒ人の姿をしてマントを着て歩き回り」（二一三頁）という文章からもうかがわれる。これはペチェールスキー修道院長フェオドーシーについての長い追悼文中に出てくる一節であるが、早い段階（少なくとも年代記が最終的に成立した十二世紀初頭の段階）におけるルーシ人のポーランド人に対するこうした反感は、隣接し競い合う二国間の歴史そのものの反映であったといえよう。

こうしてイジャスラフの復位で一応の決着を見た大公位をめぐる争いであったが、一〇七三年には今度は三兄弟の間が分裂し、新たな内紛にいたる。このときは次兄のスヴャトスラフが弟フセヴォロドを「だまして……イジャスラフにけしかけ」、下の二兄弟が長兄に対抗することとなった。かくてイジャスラフは「多くの財産をもってリャヒに逃げたが、「リャヒはそのすべてをかれから奪い、かれを自分たちのもとから追放した」（二〇六―二〇七頁）。一〇六九年のときには、キエフを奪還するまではポーランド兵の援助を受けながら、最終的にはかれらに対し裏切を働いたイジャスラフは、ここで手厳しく仕返しをされた形になっている。両国は諸公がお互いに婚姻関係で結ばれながらも、状況によってはときに激しく敵対する関係にあったのである。

もっとも一〇七七年の項では、イジャスラフは再び「リャヒを率いて兵を進め」、その間大公位についていた弟のフセヴォロドから大公位の奪還を目指したとされる（スヴャトスラフは一〇七六年末に死去していた）。四年前にポーランド人に欺かれ追放されたイジャスラフがどのようにして再びポーランド側の支援を受けるにいたったか年代記は説明していないが、めまぐるしい駆け引きが展開されていたことをうかがわせる（複雑なのは、既述のごとく年代記が一〇七六年の項で、イジャスラフと対立していた二人の弟スヴャトスラフとフセヴォロドの陣営が「リャヒを助けて、チェヒに兵を進めた」としていることである。ルーシで大公位をめぐって対立する二陣営がそれぞれ別々にポーランドとの間に結びつきをもっていることがうかがえる。二人の弟の陣営のポーランドとの結びつき、反チェコの動きは、皇帝ハインリヒ四世と教皇グレゴリウス七世との争い、前者へのチェコ公ヴラチスラフ二世の、後者へのボレスワフ二世の加担と関係する国際政治上の複雑な状況が背景にあるが、ここではこれ以上に検討することはできない）。いずれにせよイジャスラフとフセヴォロドの両者はこのときヴォルイニで講和にいたり、かくてイジャスラフは三たびキエフの大公位に復すこととなった（二二〇―二二一頁）。

次いで一〇八五年の項である。この年、イジャスラフ（すでに故人となっていた）の子ヤロポルクが大公フセヴォロドに対し謀反を企み（「ヤロポルクは……フセヴォロドに対して兵を進めたいと思っていた」）、大公の子ウラジーミル（モノマフ）の攻撃をうける。ヤロポルクはこれに対抗できず、「自分の母と従士団をルチスクに残してリャヒに逃げた……ウラジーミル［モノマフ］は……ヤロポルクの母［ゲルトルード］と妻……をキエフへ［捕虜として］連れてきて、かれの財産を取りあげた」（二二八頁）。ヤロポルクも母ゲルトルードとの縁でポーランドへ逃れたのであった。当時のポーランド公はヴワディスワフ一世ヘルマンであったが、かれはヤロポルクの従兄弟にあたっていた。

ところでこのヤロポルク・イジャスラヴィチの反大公的な動きは、キエフによく見られた「反乱」の一つであったが、年代記作者はヤロポルクに対しやや特別の感情を抱いているようにみえる。ヤロポルクはポーランドへ逃走したが、その翌年（一〇八六年）帰国し、大公側と妥協に達する（「リャヒからやって来て、ウラジーミル［モノマフ］と和を結んだ」）。そしてかれはヴォルイニのヴォロジーメリを与えられ、そこの公位についたが、直後に暗殺されてしまう。年代記では暗殺にいたる状況は詳らかにされていない。たんに「悪魔の唆しと邪悪な人々のために」と記されるだけである（二二九頁）（これに関しては一〇九七年の項を参照。そこでは、ダヴィド・イーゴレヴィチが大公スヴャトポルク・イジャスラヴィチに対し、「あなたの兄ヤロポルクを殺したのは誰か［あなたはわかっているでしょう］」と、あたかもヴァシリコ・ロスチスラヴィチ（ヤロスラフの長子ウラジーミルの孫）が犯人であるかのように「偽りの言葉」を発している（二七八―二七九頁）。これについては後述参照）。やや特異なのは年代記のこれに続く記述である。ヤロポルクの遺骸はキエフに運ばれ、フセヴォロド大公、ウラジーミル・モノマフ公をはじめとする多くの人々の参列の下に、府主教以下の聖職者によって盛大な葬儀が執り行われる。そして次のように称えられる。「かれは罪がないのに自分の兄弟によって追放され、辱められ、略奪され、ついに悲惨な死を遂げたが、永遠の生命と平安とを得た。至福なこの公は、きわめて物静かで柔和で恭順であり……かれは全収入の十分の一を毎年聖母教会に捧げ……」（二二九頁）。年代記の（この部分の）作者はヤロポルクの行動を何か断罪すべき行為とは見ていないのである。かれはウラジーミル聖公没後の大公位継承争いの中で殺害され、その後列聖された「ボリスとグレープ」のように（後述）、あたかも過酷な運命を静かに受け入れた聖人ででもあるかのように描かれている。ここには教会の立場からの、大公フセヴォロドやその子ウラジーミル・モノマフら時の権力者に対するひそかな非難の声を見て取ることもできるかもしれない。

さて次は一〇九七年の項である。この年にはルーシ国制史上重要な出来事の一つ、いわゆる「リューベチ諸公会議」が行われた。『原初年代記』はこの会議とそれに続く諸公間の争いについて詳しく記している(邦訳二七八―二九四頁)。そしてこの記事のなかでリャヒへの言及も繰り返しなされるのである。

ここでリューベチ会議とその後の複雑な諸公間紛争の経緯についてみることは、『原初年代記』における「リャヒ」の取り扱いに関する本章の課題から大きく逸れることになりかねないが、ルーシ国内の重要な出来事が「リャヒ」と無縁なところで生起しているわけではないことを示すためにも、会議とその後の紛争について以下にみておきたい。

まずこの会議についてここに必要な限りにおいてまとめておこう。

リューベチはキエフの北約一五〇キロのドニェプル川沿いの町である。この町に諸公が集まって行った協議の目的は、ヤロスラフ賢公の三人の子（イジャスラフ、スヴャトスラフ、フセヴォロド）の時代が終わり（一〇九三年フセヴォロド大公が没した）、その後のキエフ大公国の統治体制をどうするか決定することであった。単純化して言えば、上記三人の兄弟が順次大公となった十一世紀後半には、各大公家がそれぞれ特定地域との結びつきを強め、大公位の交代がおきるたびに支配地を変えることに疲れ、土着化する傾向を示したのである。諸公家は当然のことながら他公家による自領域への介入を排除し、自領域の自家門による排他的支配を志向し始めた。他公家の領地への介入や、より上位の都市の支配を希求する志向は、当然のことながら諸公間の激しい対立、ルーシ全体にとって好ましからぬ内紛の勃発を意味した。従来キエフ大公国は全体としてすべての公家の共有領土と考えられ、キエフ大公位の交代、新大公の誕生は、諸公による支配地（都市、公国）の変更、諸公の文字通りの移動を引き起こしていたが、そうした体制がもはや維持しがたくなったのである。時代は「年長制」に基づく兄弟間の公位継承を許さなくなっていた。諸公間の内訌の防止がリューベチ諸公会議の差し迫った課題であった[12]。

一〇九七年、リューベチに集まったのはキエフ大公スヴャトポルク・イジャスラヴィチ（イジャスラフ公家）、ウラジーミル・フセヴォロドヴィチ・モノマフ（フセヴォロド公家、大公の従兄弟、次期大公）、ダヴィド・イーゴレヴィチ（イーゴリ公家、ヴォルイニのヴォロジーメリ公、大公の従兄弟）、ヴァシリコ・ロスチスラヴィチ（ウラジーミル［ヤロスラヴィチ］公家、ガーリチのテレボーヴリ公、大公の再従兄弟）、ダヴィド・スヴャトスラヴィチ（スヴャトスラフ公家、スモレンスク・チェルニゴフ公、大公の従兄弟）、その弟オレーグ・スヴャトスラヴィチ（スヴャトスラフ公家、元トムトロカン公、当時ムーロムを領有、大公の従兄弟）の六名である（なお上の「公家」というのは順次大公位にあったヤロスラフの三人の子、イジャスラフ、スヴャトスラフ、フセヴォロドと、大公位にはつかなかったが同じくヤロスラフの他の二人の子ウラジーミルとイーゴリを祖とみた場合の本書著者による便宜的な呼び方である。各公家はヤロスラフの指示（後述する「遺言」、第十一章1を参照）を受けて以来、それまでにある程度固定化した支配領域を有するに至っていた。たとえば、イジャスラフ公家はキエフ、トゥーロフなど、スヴャトスラフ公家はチェルニゴフなど、フセヴォロド公家はペレヤスラヴリ、ロストフなど、ウラジーミル公家はペレムィシリなど、イーゴリ公家はヴォルイニのヴォロジーメリ（ウラジーミル・ヴォルインスキー）などといった具合である。ただキエフ（大公位）はともかくとして、それ以外の地の支配圏をめぐって各公家に争いが起きてきた。とくにフセヴォロド没後間もなく始まった諸公間の内訌（オレーグ・スヴャトスラヴィチのチェルニゴフ奪還の動きがきっかけとなった）以降、各公の領有する地域が目まぐるしく変化したことについては注意が必要である）。なおリューベチ諸公会議とその後勃発した内紛に関連する諸公の系図を一八四―一八五頁に掲げる。図には以下本節で直接言及されるわけではないが、『原初年代記』に現れる諸公はできるだけ拾っておいた。

会議において、各公家は相互にそれぞれの「世襲領地」を尊重するという原則がたてられ、「今後もし［この原則に反して］誰かが誰かに立ち向かうならば」、他のすべての諸公が一致して「その者に立ち向かう」という誓約が十字架にかけてなされた。

リューベチ会議はキエフ大公国の政治的分裂を決定づけた重要な会議となったが、現状維持というその精神にも拘らず、その後枝分かれし、数的に増加し続ける各公家間に（各地域が経済的に急速に発展をとげつつあったという事情も背景にある）、領土拡大あるいは覇権を求める争いが起きるのは自然の成り行きであり、その兆しは早くも会議の

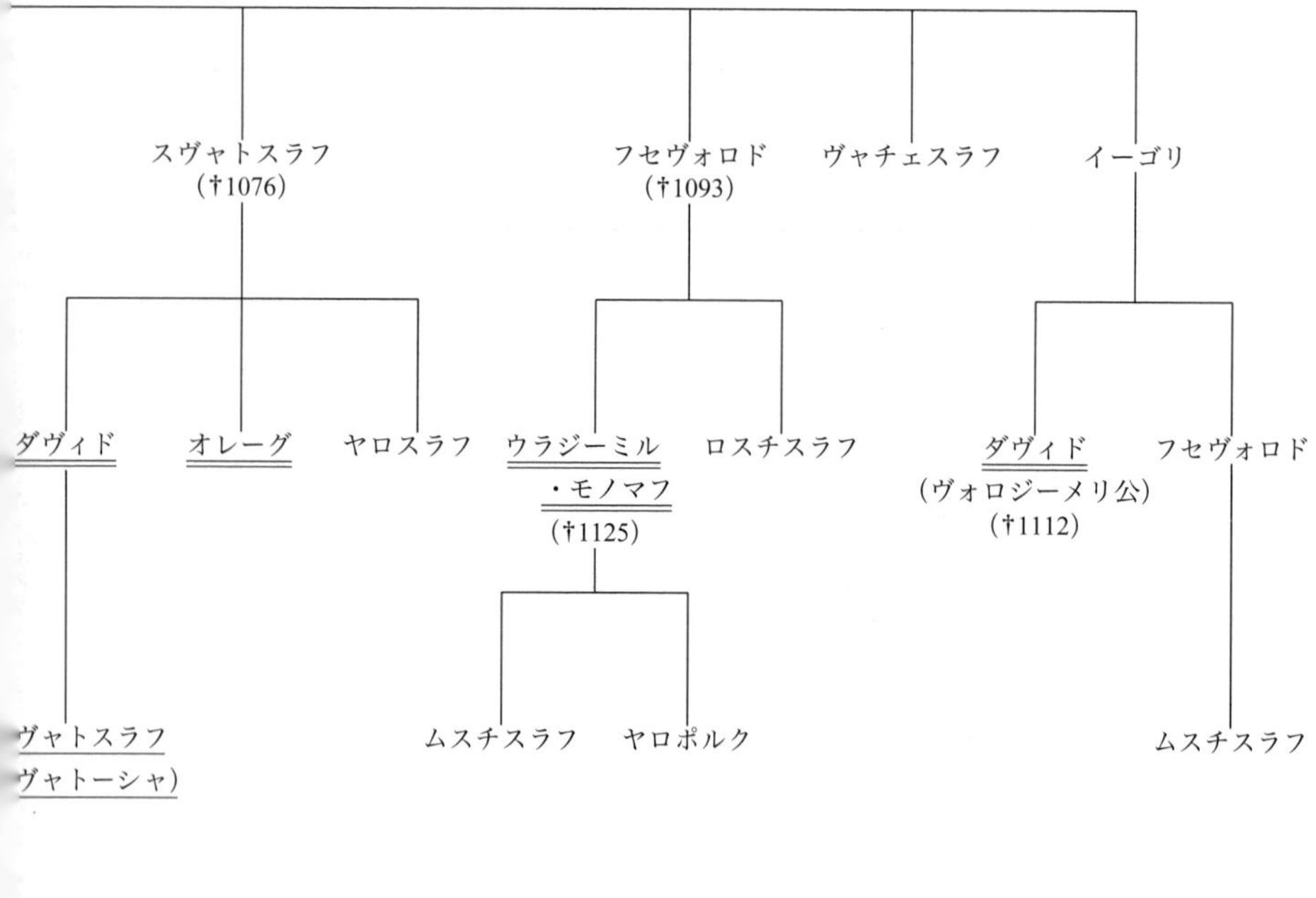
スヴャトスラフ
(†1076)
フセヴォロド
(†1093)
ヴャチェスラフ
イーゴリ
ダヴィド
オレーグ
ヤロスラフ
ウラジーミル
・モノマフ
(†1125)
ロスチスラフ
ダヴィド
(ヴォロジーメリ公)
(†1112)
フセヴォロド
ヴャトスラフ
ヴャトーシャ)
ムスチスラフ
ヤロポルク
ムスチスラフ

〈リューベチ諸公会議（1097年）関連諸公図〉

（二重下線は会議に参加した諸公，下線はその後の内紛に関与した諸公，†は没年）

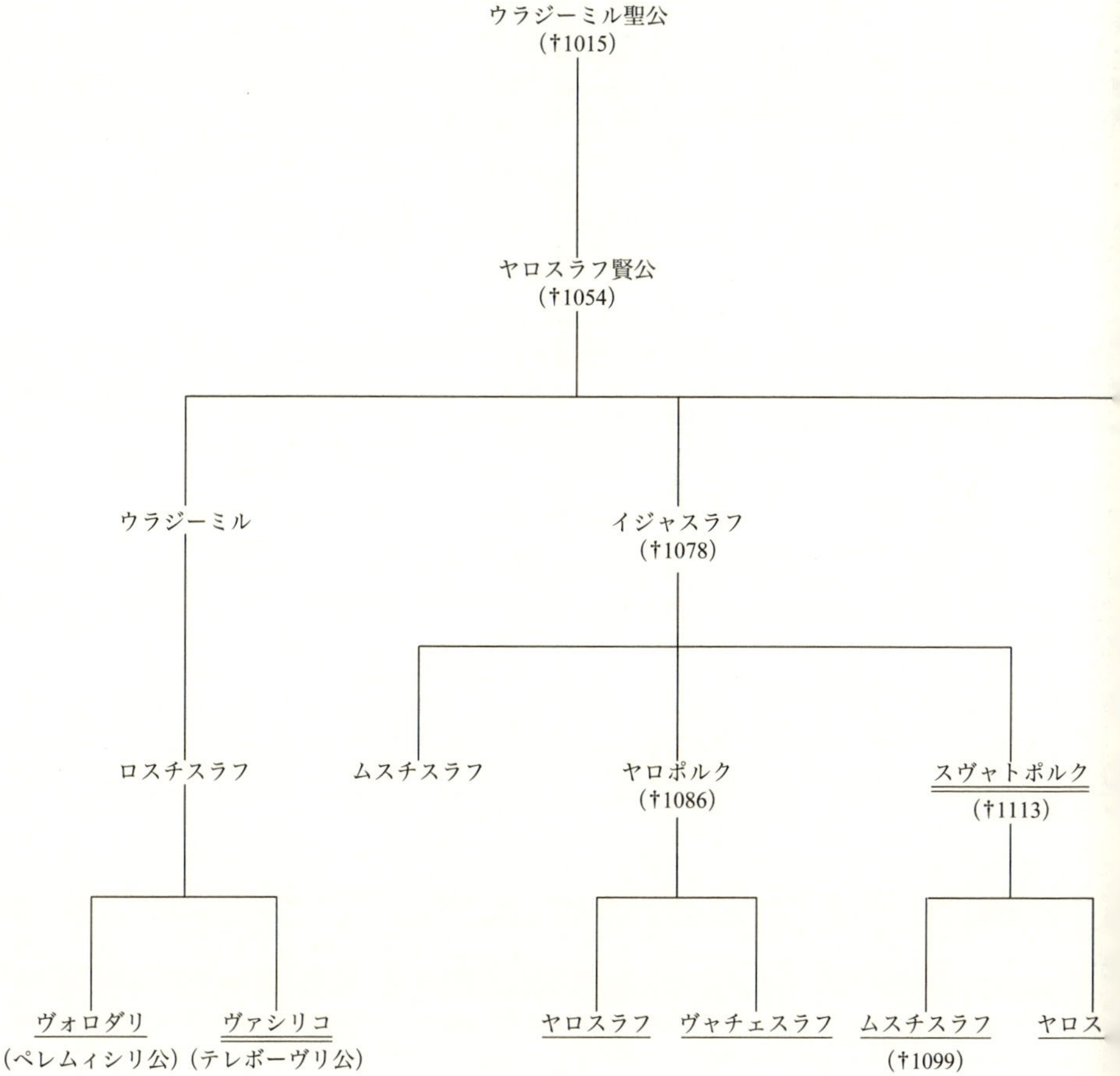

直後からみられた。すなわち年代記作者は、同じ年の項で、ダヴィド・イーゴレヴィチの策謀に端を発する諸公間紛争の勃発を伝えている。

それによると、ダヴィド・イーゴレヴィチは大公スヴャトポルクに対し、ヴァシリコ・ロスチスラヴィチ公がウラジーミル・モノマフ公と共謀して、反大公陰謀を企てていると告発したのである（年代記作者によればそれは「偽りの」告発であった）。その際、ダヴィド公はスヴャトポルク大公に対し、その兄ヤロポルクを殺害したのはヴァシリコであることをほのめかしている（先述本章一八一頁参照）。ここにさしあたり一方にダヴィド・イーゴレヴィチ＝スヴャトポルク連合が、他方にヴァシリコ・ロスチスラヴィチ＝ウラジーミル・モノマフ連合が成立しているのを確認できる（その際年代記によれば、スヴャトポルク大公は受動的に、すなわちあくまでもダヴィド公により欺かれたという形に描かれている。またウラジーミル・モノマフも反大公陰謀などには無関係であり、ダヴィドにより誣告されたとされている。当時の二人の実力者、すなわち「現」ならびに「次期」大公の責任が過度に追及されることのないよう年代記編者が慎重に配慮したという印象をうける）。

両陣営の争いは次のような展開をたどる。まずダヴィド＝スヴャトポルク連合はヴァシリコを「大公領内」で捕え、両眼を潰してしまう（その時の様子が年代記に生々しく描かれる。二八一―二八三頁）。これを知ったウラジーミル・モノマフは他の諸公（ダヴィドとオレーグの両スヴャトスラヴィチ兄弟）に呼びかけ、大公を詰問し、ダヴィド・イーゴレヴィチに責任を押し付けて言い逃れする大公を攻撃しようとする。しかし先の大公フセヴォロドの寡婦（ウラジーミル・モノマフの義理の母）や府主教らが「ルーシの地のために」仲介に入り、ここに大公スヴャトポルクとウラジーミル・モノマフの両陣営間に和議がなる（ヤロスラフ賢公の子イジャスラフとフセヴォロドの両家門、さらにこの場合にはスヴャトスラフの一門も加わって、三家門間の提携関係が復活したのである）。大公はダヴィド・イーゴレヴィチを「捕えるか、追放する」ことを約束させられる。

一方、諸公連合の攻撃対象となったダヴィド・イーゴレヴィチ公は、自らがその両眼をつぶし自領（ヴォロジーメリ）に閉じ込めていたほかならぬヴァシリコ・ロスチスラヴィチに仲介を要請する。すなわち、ダヴィドはヴァシリコに対しその旧領の返還を約束し、ヴァシリコがモノマフと大公に、自分（ダヴィド）に対する攻撃の中止を働きかけるよう頼み込んだのである。こうして窮地を脱したダヴィド・イーゴレヴィチは、しかしながらその後（「復活祭がやってくると」）、ヴァシリコの領地を奪おうとして兵を繰り出したとされる（年代記はダヴィドのヴァシリコへの仲介要請の経緯についても、かれのそれに続くヴァシリコ領攻撃、いわば再度の裏切り行為についても、たんにそう記すのみで、説明してはいない）。ここでヴァシリコの兄ヴォロダリ・ロスチスラヴィチ（ペレムィシリ公）が登場し、ダヴィドを攻める。敗走したダヴィドは、ヴァシリコを釈放することでこの時は何とか「和を結ぶ」ことに成功する。しかし両者の対立は続く。「春になると」ヴォロダリとヴァシリコ兄弟の軍は、ヴォロジーメリに立てこもったダヴィドを攻撃する。もっともここで兄弟が「町の人々」に引き渡しを要求するのは、ダヴィド自身ではなく、かれを「悪事」へと導いた側近である（諸公は相互に血縁関係にあり、かれらの間には統治階級として守るべき共通の利害、ソヴィエトの研究者に倣って言えば、階級的共通利害があったということになろうか）。側近のうちの二人が引き渡され、残酷に処刑される。兄弟の軍は包囲を解いて撤退する。ダヴィドはまたもや窮地を脱することができたのである。ヴァシリコに好意的であった年代記作者も、かれのこの「二度目の復讐」には批判的である（ヴァシリコらはすでにヴォロジーメリ攻撃の前にダヴィド側の町フセヴォロジにおいて「罪のない人々に対して復讐」をはたらいていた）。「復讐は神に任せるべき」だからである。

他方、ダヴィド追放を誓約した大公スヴャトポルクはこれを実行に移そうとする。ダヴィドは危険を察知し、「助けを求めてリャヒのヴワディスワフ（一世）のもとに」逃れる。ヴワディスワフはダヴィドとスヴャトポルク大公との間の仲介に立つ。しかしポーランド王の仲介は実を結ぶことはなかった（年代記作者はヴワディスワフが両陣営から大金（「黄金」）をせしめて何もせず、両者を「欺いた」と非難している）。スヴャトポルクはヴォロジーメリに立てこもるダヴィドを七週間にわたって攻める。その後両者に休戦が成立し（年代記はその経緯については記さない）、ダヴィドは町を出てチェルヴェンにいたり、さらに結局のところ「リャヒのもとに逃れる」。ルーシの内紛にリャヒが深くかかわっていたことをうかがわせている。

ダヴィドを追放したスヴャトポルク大公は、今度は「父と兄弟の領土」の奪還を目的（理由）としてヴォロダリとヴァシリコ兄弟を攻める。年代記は大公のこの攻撃が、十字架にかけて誓約されたリューベチ諸公会議決定に違反するものであることを、ヴァシリコの口を通じて非難している（邦訳二九〇―二九一頁）。大公がヴォロダリ、ヴァシリコ兄弟を攻撃した理由の一つに、かつてダヴィドから聞かされた、ヴァシリコが兄ヤロポルクの殺害犯であるとする話を真に受けていたこともあったのかもしれない。いずれにせよ大公側の会議決定違反で始まった両陣営の衝突は大公側の敗北に終わり、大公は逃走する羽目になる。しかしヴォロダリとヴァシリコはこれを追撃することはしない。「自分の境界の内にとどまるべき」（他領を侵してはならない）と考えたからである。これはリューベチ会議の精神に従った行為ではあるが、当時としては例外的な自粛の行為であったといえる。ところがスヴャトポルクはなおもヴォロダリら兄弟の領地への要求を捨てずに、今度はこともあろうにウグリ（ハンガリー）に接近し、ヴォロダリらを挟撃しようと画策する。大公自身が復讐のためかあるいは領地争いのためにか、いずれにせよ異民族と手を結んだのである（ヴォロダリらの領土がルーシの最南西部にあったことが、大公をハンガリーに接近させることとなったのであろう）。大公の子ヤロスラフの率いる軍とハンガリー軍（「カールマーン王と二人の主教」に率いられていた）がヴォロダリを攻め、ペレムィシリの町を包囲する。ここにダヴィド・イーゴレヴィチが「リャヒのもとから来て、自分の妻をヴォロダリのもとに置き」、自らは当時ルーシの南東辺にいた遊牧民ポロヴェツのもとへ向かい、その軍を率いて、ハンガリー軍を攻めようとする。ここにこれまで敵対していたヴァシリコ・ヴォロダリ兄弟とダヴィド・イーゴレヴィチとの間に連携が成立したのである。かれらにポロヴェツが加勢し、大公とハンガリー王の連合軍と対峙する事態となった。ルーシ諸公間の内紛はハンガリー、ポーランド、そしてポロヴェツを巻き込む「国際」紛争の様相を呈するにいたった。

それぞれ百人と三百人のダヴィド軍とポロヴェツの兵は、「十万」のハンガリー軍を破り（ハンガリー人「四万」が死んだと記される[13]）、敗れた大公の子ヤロスラフは「リャヒのもとに逃れべレスチエに来た」。勝利したダヴィドは大公の別の子ムスチスラフ（ヤロスラフの兄）の町ヴォロジーメリを囲み、ムスチスラフを死に至らしめるが、ここで大公の働き掛けで乗り出したスヴャトーシャ（スヴャトスラフ）・ダヴィドヴィチ（大公の再従兄弟）がダヴィド・イーゴレヴィチを攻撃し、ダヴィドは敗走する。ダヴィドはポロヴェツのもとへ逃れ、再び巻き返しを図るが、結局スヴャトーシャと和を結ぶ。その後ダヴィドはヴォロジーメリを奪還してその公位に「座した」とされる。二年後かれはスヴャトポルク大公、ウラジーミル・モノマフらの圧力でヴォロジーメリを出て、ドロゴブジに移り、そこで死んだ（このように年代記作者は一〇九七年の項で、スヴャトポルク大公らとダヴィドとの対立の最終局面について簡単にまとめて記しているが、それについては一〇九九年、また一一〇〇年の項であらためて詳細に記述される。二九四―二九六頁）。ヴォロジーメリの町は大公の陣営に帰し、大公の子ヤロスラフがここに座した、とされて、この年の項の長い記述は終わっている。

ダヴィド・イーゴレヴィチの策謀ではじまった凄惨な諸公間戦争は、最終的にはダヴィドが自領を奪われながらも（代替地は保証された）、天寿を全うして終わった形になっている。年代記作者は自らの見解と立場をその都度鮮明にしながらも、いわば記述者としての枠（則というべきか）を越えず、全体としては淡々と（そしておそらくは正確に）事件の経緯を描いているのである。興味深いのは、この年のことを記述した作者がヴァシーリーという名の人物であり、それが「わたし」として登場していることである。かれはヴォロジーメリにいて、ダヴィド・イーゴレヴィチの使いとしてヴァシリコ・ロスチスラヴィチにダヴィドの希望を伝えたことになっている（邦訳二八六頁）。この「ヴァシーリー」はここだけに現れる人物で詳細は不明である。A・A・シャーフマトフやS・H・クロスはこの人物をヴァシリコ・ロスチスラヴィチ公の聴罪修道士と推測している。そのかれが自らの主人であるヴァシリコの敵であったダヴィドに泣きつかれて主人にダヴィドの希望を伝えたと考えられる。かれはまたスヴャトポルク大公に対し批判的な書き方をしているので、スヴャトポルクの死後、つまりウラジーミル・モノマフ公が大公位についた（一一一三年）後に事件について執筆し、それが『原初年代記』に取り込まれたと考えられるとする。(14)

ここまで長々と紹介してきたリューベチ会議とその後の諸公間紛争の記事における、「リャヒ」への言及はどのようなものであろうか。改めてこれをみてみたい。

まず注目されるのは、この年の項の、いわば悲劇のヒーローであるヴァシリコ・ロスチスラヴィチの言である。両眼を潰されたかれはその後ヴォロジーメリ（ダヴィド・イーゴレヴィチの本拠）に運ばれ、そこで囚われの身となる。そのヴァシリコのもとにダヴィドの使者（上記、この事件の記述者でもある「わたし」）が現れる。ダヴィドに頼まれた使者は自らの主人であるヴァシリコにダヴィドの要望を伝える。それはヴァシリコが、ダヴィドを攻撃しようとする大公およびウラジーミル・モノマフの下に赴き、攻撃を中止するよう働きかけてくれるように要請するものであった。その時ヴァシリコは「わたし」に応えて大要次のように述べている（二八六―二八八頁）。

ダヴィドは自分（ヴァシリコ）の血に満足せず、依然として自分をリャヒに引き渡そうと画策している。自分はこれまでルーシの国の仇を討つために、リャヒと戦い、かれらに「多くの禍を」与えてきた（実際、ヴァシリコは一〇九二年、ポロヴェツと共にポーランド領を攻撃している）。したがってリャヒの国へ渡されれば、手厳しい報復が自分を待っているだろう。しかし自分はそれを恐れない。そもそも今回のこと（両眼を潰され、さらにさまざまな危難にあわされていること）で自分はダヴィドを恨んではいない。これらのことは「神が自分（ヴァシリコ）の高慢のゆえに、自分にもたらされた」のであるから。そして「神が自分を柔和なものとされた」ので、自分はダヴィドの要請を容れて、大公とモノマフにダヴィド攻撃を中止するよう働きかけよう、と。

　年代記作者（「わたし」）はダヴィドの「悪事」や重ねがさねの裏切り行為を強くは咎めず、すべてヴァシリコの深い信仰心によって解決させようとしているかのごとくである。しかしこれはあくまでも教会（「わたし」）の立場からの説明であろう（もちろん最終的にはこの記述を取り込んだ『原初年代記』の立場でもあった）。われわれはあくまでもその背景に、当時リューベチ会議の決定にもかかわらず、諸公間抗争が激化している状況のあることを読み取るべきであろう。そしてここでポーランドはまたもやルーシ諸公の宿敵として登場していることも確認できるのである。

　リャヒへの言及はさらに、大公スヴャトポルクのダヴィド追討との関連で続く（二八九―二九〇頁）。次のように記されている。「スヴャトポルクはダヴィドを追い払うことを約束し、ベレスチエのリャヒのもとへ助力を求めに行った[15]」。かくしてベレスチエでは、自らのもとへ逃れてきたダヴィドを伴ったヴワディスワフ側と、スヴャトポルク側との間に交渉が行われることになったが、スヴャトポルク側のダヴィドに対する敵対心に変化はなく、交渉は決裂した形になった。

　この記述からは、対立するにいたったスヴャトポルクとダヴィドがそれぞれ別個に、ポーランド側に助力を得ようとしていることがうかがえる。通常敵として立ち現れるポーランド人がときにルーシ人にとって（しかもこのときは相対立する双方の側にとって）助力（味方）ともなりうる存在であったのである。ポーランド自体、国内が必ずしも一つでなかったことを考えれば、これは理解できないことではないが、年代記がそうした事情について説明することはまずない。さて、このときヴワディスワフは上記のとおり、双方の間を調停し、「和解させること」を約束したが、結局それは成功せず、ダヴィドはスヴャトポルクの攻撃をうけてヴォロジーメリの町を脱出し、「リャヒのもとに逃れた」のであった。年代記作者は、既述のごとく、リャヒ（この場合ポーランド王ヴワディスワフ）が双方を「欺いて……黄金を取った」と非難している。年代記作者のポーランドに対する根強い反感が垣間見えるような「非難」である。

先にも示したとおり、諸公間紛争はその後も続くが、ここでこれ以上それにかかわる必要はないであろう。ルーシ諸公にとってポーランドが常に念頭に入れておかなければならないという意味で重要な隣国であり、両国が緊密な関係にあったことが示されれば、十分であるからである。両国の緊密な関係は一一〇二年の項における、スヴャトポルク大公の娘スビスラヴァが「リャヒのボレスワフ（三世）に嫁いだ」とする記述（二九九頁）からも裏づけられる。ルーシ諸公とポーランドを含む西方諸国の王族との婚姻関係については、後にあらためて検討するが（第十章参照）、特別にポーランドに関心を抱いているわけではない年代記作者も、事実としての両国の緊密な関係にさまざまな形で言及せざるを得なかったといえよう。

2　「ドイツからハザールへの道」

前節でルーシを東西に結びつける太い道が存在すると考えられること、そして実際にルーシと「チェヒ」や「リャヒ」との間にはさまざまな交流が行われていたことについて記した。本節ではナザレンコが「ドイツ［人の下］からハザール［人の下］への道」と呼んだこのルート（本書第三章注（33））について具体的に検討してみたい。ところでこれまでの研究者はこの東西の道について十分に注意を払ってきたとは言いがたい[16]。その原因のひとつはこれに関する史料が多いとはいえなかったことがあるが、研究者による史料の読み方にも、また研究者自身の考え方にも問題がなかったわけではない。

たとえば、『原初年代記』の作者が修道士としての自身の関心の所在にしたがって、そのまなざしを主に正教会の中心地コンスタンティノープルへ向け、その後のロシアの研究者もそれに影響されて南北の交通路のみを強調しすぎる傾向のあったことについてはすでに記した。西欧でも、以下に示すように、九―十世紀のフランスやヴェネツィアから南ドイツ、バイエルンなどの沿ドナウ地域にいたるいくつかの通商路に関してはよく研究されてきたが、その南ドイツ、バイエルンがさらに東方の東スラヴ人地域と強く結びついていたことに対しては注意が払われなかったのである。むしろそれは東方へはつながっていないとアプリオリに考えられてきた。すでに本書の第一章でもふれたとおり、十世紀におけるキエフ―クラクフ―プラハ経由の通商路の存在が指摘されながら、その意味を突きつめて問うことはなされなかった。奴隷を扱うルーシ商人の存在が指摘されながら、西方へ輸出される奴隷の供給地は西スラヴ地域に限定されるのが普通であった。ルーシなど東スラヴ地域からの奴隷はもっぱら南方ビザンツや、南東中央アジアや近東市場へ向かったとされてきた。ルーシを西方と、また東西両スラヴ間を相互に結びつける注目に値する道はないと暗黙のうちに考えられてきたのである。これにはその後の歴史的展開も大きく作用した。すなわちルーシは十三世紀以降、一方では東方から押し寄せたモンゴルの支配下におかれ（「タタールのくびき」）、他方では北西方面から聖戦を標榜して攻撃してきたリヴォニア並びにドイツ騎士修道会、また急速に勢力を拡大し始めたリトアニアと対峙し常に臨戦状態におかれることとなった。「ヨーロッパ」はおろか、西スラヴ諸国との交流も断たれ、東スラヴのルーシはいわば孤立した歩みを余儀なくされた。のちのモスクワ国家はこうした歩みの中から出現することになる。こうしたモスクワの立場から回顧された初期ルーシ像に一定のゆがみが生じることは致し方ない。しかしそのことは十分に認識しておかなければならないだろう。はたして同時代史料はこの点どう証言しているか、いま一度検討してみる必要があると考える所以である。

「ドイツからハザールへの道」の存在について、間接的ながらもっともよく証言しているのは、すでにふれた十世紀初頭の史料、「ラッフェルシュテット関税規定」であろう。そこでこの史料にいま一度注目してみる。

この『規定』《Inquisitio de teloneis Raffelstettensis》は東フランク王ルードヴィヒ四世（幼童王）の命で十世紀初頭（おそらくは九〇四―九〇六年）に発布された、バイエルン東部地方（オストマルクとその西のトラウンガウ、イン川とエンス川間の沿ドナウ地域）の関税に関する規定である。ドナウ中流域を経由する交易に関するユニークな史料である。ラッフェルシュテットはエンス川がドナウに注ぎこむ地点に位置する町で、ここで問題が審議されたことからこのように命名された。この地方はバイエルンの中心都市レーゲンスブルクと政治、経済、宗教上密接な関係をもっており、その意味で『規定』は、十世紀初頭におけるバイエルン東部の国際政治・通商関係の状況をある程度反映したものとみることができる。『規定』のここに関係する箇所をナザレンコのロシア語訳を参考にしながら以下に訳出しておこう(17)。

「[IV]もしこの国のバイエルン人Bawariとスラヴ人Sclaviが、この地[トラウンガウのリンツ市場―ナザレンコ注]に奴隷mancipiaないし馬、ないし雄牛、ないしその他の自分の財物をもって、食糧の購入のために滞在するなら、この地の望む場所のどこにおいても、税の支払いなしに必需品の購入が認められる」（引用文中の［IV］は編訳者ナザレンコによる区分。以下同様）。

「[VI]交易のためにルーシRugisから、あるいはボヘミアBoemanisからやってきたスラヴ人はもしドナウ沿岸のいずれかの場所で、あるいはin Rotalariis［ロドリ川流域、ロドリはドナウ川左岸支流、ドナウにリンツのやや上流で北から注ぎ込む］ないしin Reodariis［ドナウの北、ロドリ川以東の地］のどこかで商いをしようとするなら、蜜蠟の荷駄の各々から一 scoti の値の二 massiola を納める。運送人一人の積み荷から同じ値の一 massiola［を納める］。奴隷 mancipia あるいは馬を売ろうとするなら、女奴隷 ancilla 一人から一 tremissa ずつ納める。牡馬一頭についても同額。男奴隷 servus 一人については一 saiga。雌馬も同額。ここで売買するバイエルン人およびこの国のスラヴ人はなんらの支払いも要求されない」。

「（IX）商人、すなわちユダヤ人 Iudei その他の商人は、かれらがどこの出であろうと、この国からであろうと他の国からであろうと、奴隷について、また他の商品についても同様に、以前の諸王の時代にそうであったごとくに、法に定められた税を支払う」。

引用の訳文に原語が混じったことで読みにくくなっているが、これはやむを得ないところもあるのでご容赦いただくとして、引用文中でまず注目されるのは、［VI］の Rugis からのスラヴ（Sclavi）商人が、ドナウ川流域の特定の地域で交易する際に支払う関税額について記されている箇所である。対象となっている商品は蜜蠟、奴隷（女奴隷と男のそれについて分けて記される）、馬である。ここで問題とされるべき点はいくつもあるが（たとえば関税の額を示す数値やその単位などについて）、それについては立ち入らない（したがって原語をそのままにしておいた[18]）。いまここで問われるべきは、Rugis とはどのような人々かという点である。

十、十一世紀のドイツを中心とするラテン語文献で rugi が多くの場合「ルーシ」人を指したことはすでに示した（本書第二章2を参照）。この点はナザレンコによれば、ロシアのみならず西欧の諸研究者の多くも承認するところである[19]。

もちろんこの箇所の Rugis を「ルーシ」人とは考えない研究者もいる。たとえば、これをチェコ（ボヘミア）人とみたり、あるいは既述のごとく、五世紀にその存在が確認される東ゲルマン系のルーギ人と結びつけたりする説が存在する。しかしボヘミア人ととるのでは、次に「あるいはボヘミアBoemanis」とあるのが理解できなくなるし、古代ゲルマン系ルーギ人の場合は、かれらがその後まもなく存在を止めただけでなく（西ローマ最後の皇帝を廃位させたかのオドアケルによって滅ぼされてしまう）、バイエルン・オストマルクの史料ではそうしたエトノス名も、かれらの居住した場所をさすという地名Rugilandも知られていないことが問題となる。なによりも『規定』ではこのルーギはスラヴ人と明記されているのである。[20]

ここではRugisがチェコ（ボヘミア）人と並んで言及されていることに注意すべきであろう。Rugisはおそらくチェコ人と同じようなルートでこの地にやってきた人々であったと考えられる。すなわちかれらはバイエルン東部のドナウ川沿いのこの地域へ、北からプラハ経由で到来した可能性が考えられる。もしかれらをドニェプル流域のルーシ人とみて、かれらがその方面からやってきたのであれば、普通、ドナウ中流域へはその東の方からドナウを遡ってやってくるのではないかと考えられるであろう。後にもふれるように、それまでそのようなルートが存在していたことは確かである。しかしそのルートは九世紀末以降東方からパンノニア方面へ進出したハンガリー人の存在によって遮断された形になっていた。ハンガリー人の進出以来しばらくの間、まさにプラハがドニェプル流域のルーシを中央ヨーロッパと結びつける重要な中継地となっていた。キエフ—チェルヴェン諸都市（ヴォルィニ地方）—ガーリチ地方—クラクフ—プラハ、そしてバイエルンの中心地レーゲンスブルクを結ぶ交易路が存在していたと考えられるのである。すでにふれたように、十世紀後半のユダヤ人イブラヒム・イブン・ヤクブも、プラハが大商業中心地のひとつであり、そこにキエフから陸路ペレムィシリ（ガーリチ地方）およびクラクフを経てルーシ商人もやってきたと記している。これは時代をもう少し遡っても妥当する事実である。このようなドニェプル流域のスラヴ人ルーシ、ないしスラヴ化したルーシが、『規定』によれば、プラハを経由してドナウ沿いのこの地域へも出現したとされているようにみえるのである。引用文の［VI］にみられるin Rotalaris（ロドリ川流域）やin Reodariisなどの地名も、ドナウの北側に沿う地域で、北のプラハからドナウ流域へ至る途上にあることもこのことを裏づけているかもしれない。

　上記の商品の種類（蜜蠟、奴隷）も、Rugisがドニェプル中流域のルーシであることを示しているようにみえる。これらの商品こそルーシがもっともよく取り扱った商品だからである。馬の場合は問題となりうるが、ルーシ商人が南部ロシア・ステップ地帯のペチェネグ人ら遊牧諸民族から、あるいはハンガリーにおいて入手してドナウ中流域に持ち込んだ可能性が考えられる。[21]そこに毛皮のことが記されていないことは疑念をよぶが、それには関税が課されなかったこともあって、ここにはあげられなかったと考えられる。

　この時期バイエルン東部に到来する外国人としては、このルーシ人とチェコ人がとくに目立ち、また重要であったことがうかがわれる。ほかに予想される、たとえばハンガリー人は東バイエルンの人々にとっていまだ友好的な通商相手とはいえなかった。モラヴィア人の場合は十分に想定されるが、かれらについては『規定』の別のところで言及されているという。

　かくて『規定』によれば、遅くとも十世紀初頭には、ドニェプル中流域のルーシがドナウ中流域と（おそらくはプラハ経由で）相当程度結びついていたことが十分な根拠をもって推測できることになる。

　それではこのルートはいつ頃から知られていたのであろうか。ルーシはいつ頃からドナウ中流域に姿を現したと考えられるであろうか。これとの関連でときに言及されるのが九世紀後半の東フランク王ルードヴィヒ二世（ドイツ人王）の一文書である。それは王が東バイエルンの（ニーダー）アルタイヒ（［Nieder-］Altaich）の修道院へあてた領地確認の文書（八六二／八六三年六月十六日付）であるが、その中に次のような一節がある。ナザレンコによりながら訳出してみよう。[22]

「この修道院の所領には Scalcobah という名で呼ばれる土地が属している。これは西方へ Dagodeosmarcha まで流れる小川であるが、そこから東へ Rûzâramarcha まで、同様にエンス川沿いの森の Cidalaribah まで［流れている。］この森はドナウと Ibis［現 Ybbs イプス川］および Hurul［ウルル川］の間に広がり、南へ山の頂にまで続いている……」。

ここにはいくつかの川の名（エンス、イプス、ウルル）を除いて、今日では同定しがたい地名が相次いで現れ、なかなか内容を把握することはむずかしいが（したがって原語のまま記した）、注目すべきなのは「ルザラマルク」Rûzâramarcha という地名である。

すでに示したように当時の西方の史料中 Rûzâri は「ルーシ」の表記法の一つであった。もしそうであるならば、この「ルザラマルク」をルーシ人と何らかのつながりのある地名と理解することができるかもしれない[23]。現にナザレンコはそのように理解している。そしてそれは「ルーシマルク」という意味でルザラマルクと呼ばれたのではなかったかという推測につながる。

先にもふれたが（本書第二章2）、もし『原初年代記』の記述を信じるならば、いうまでもなくこうした推測は成り立たない。同年代記によれば、ルーシがドニェプル中流域に進出するのは九世紀後半で、この文書の時期以降のことであるからである。しかしすでに記したとおり、年代記の年代記述をそのままに受け取ることはできない。ルーシはすでに九世紀初頭にはドニェプル中流域に存在していたと推測できる。であるならば、ルードヴィヒ二世文書のルザラマルクを何らかの形でこの「ルーシ」と関係する地名と理解することは十分に可能なのである[24]。

ところでナザレンコによれば、このルザラマルクの位置はある程度具体的に絞り込むことができる。かれによれば、上に引用した文中のエンス川（現オーストリア東部）はドナウ川に南から注いでいる。イプス川も同じく、そのやや下流でドナウに南から注ぐ。ウルルはイプス川に南西方から注ぎ込むその支流である。そのほかの地名はいずれも今日では正確に特定することは難しい。しかしこれまでの研究者の探求の試みを参考に、ある程度は明らかにできるという。すなわち、ルザラマルクはドナウとイプスとの合流点のやや上流にある現Neustadl付近（Greiner Strudelと呼ばれる急流地点よりやや下流）の地名と考えるのがもっとも妥当である。その地名および位置は、東方からドナウ沿いに来たルーシ商人がGreiner Strudelの難所にかかる直前で積み荷を降ろしたり、交易に従事したりしたことを間接的に証言するものと考えられるという。

さてもし「ルザラマルク」が東方からドナウを遡ってやってきたルーシ人と（そしていうまでもなく、ドナウ中流域方面からドニェプル方面へ出かけ、その地で交易したドイツ人らとも）密接にかかわる地名（すなわち「ルーシマルク」）であるとする推測が受け入れられるならば、ルードヴィヒ二世の文書は、すでに九世紀後半に（おそらくはそれより前から）ルーシ人（その多くは商人）が相当数この地域に現れていたこと（あるいはここを拠点とするドイツ人らが、「ルーシ」の地との交易に従事していたこと）を示しているであろう。そしてまたこのことは、『ラッフェルシュテット関税規定』により十世紀初頭には確実にその存在が推測される「ドイツからハザールへの道」が、九世紀後半のルードヴィヒ二世の文書に基づいて、さらに半世紀以上前から利用されていたとする結論にもつながるであろう。先にもふれたような（本書第二章2）、九世紀初頭から中葉にかけての西方の諸文献に「ルーシ」と思しき語がさまざまな形で書き留められていたことを合わせ考慮するならば、こうした推測はさらに現実味を帯びることになる。

このように九世紀後半には成立していたとほぼ考えてよいこのルートについて、次にやや別の観点からもう少し具体的に検討してみたい。

ルーシを東西に貫いて走るルートについてある程度具体的な資料を提供するのは、上でもふれたが、中世ヨーロッパにおける奴隷貿易の事例である。この分野については比較的に研究が進んでいる[25]。

ベルギーの中世史家C・フェルリンデンらの研究[26]によって明らかにされたところによると、中世ヨーロッパにおける奴隷貿易の主な中継地はヴェネツィア、アルルと並んで後ウマイヤ朝カリフ国家のコルドバである。とりわけ最後者はスラヴ人奴隷を含むヨーロッパ奴隷貿易の最大の取引市場であった。ここから奴隷はアフリカや中近東イスラーム諸国へ運ばれていった。

その際中心的な役割を担ったのは既述のごとく、ユダヤ商人（ラダニヤ）である[27]。かれらはヨーロッパ東部のスラヴ人地域においても同様に重要な担い手であったと推測されている。上の『ラッフェルシュテット規定』ももっぱら奴隷を扱うユダヤ商人について特別に言及していた（[IX]）。ここではユダヤ商人は、外国から来た商人とともに、関税の支払いを要求されている。一方、同［VI］では「バイエルン人およびこの国のスラヴ人はなんらの支払いも要求されない」ともされているので、ユダヤ商人（と外来商人）は明確に関税免除の特権から除外されていたことがわかる。注目すべきは、ここでかれらが扱う商品としては奴隷のみがあげられていることである。バイエルン東部において奴隷が主要商品であったことがうかがわれる。ユダヤ商人らが免税特権を与えられなかった理由の一つに、かれらがほかならぬ奴隷を対象とする遠隔地貿易に従事していたこともあったと考えられる（その背景にキリスト教会側からのかれらに対する反発があったことはいうまでもない[28]）。

さてこうした中世奴隷貿易の中心地のひとつがプラハであった。

プラハが奴隷貿易の中心の一つであったことは、すでにふれたイブラヒム・イブン・ヤクブ（かれ自身スペインで活躍したユダヤ人である）の記述からもうかがえるが、その他の史料もこれについて証言している。たとえば、プラハ司教、聖アダルベルト＝ヴォイチェフの伝記によれば、九六〇年代に司教はプラハにおける奴隷売買を厳しく非難しているという。かれがチェコを離れざるを得なくされた一因は、その奴隷貿易に対する批判が当時の公権力の怒りを招いたことにもあると考えられる。[29]

九―十世紀のヨーロッパ市場に相当数のスラヴ人奴隷が流れ込んでいたことは、ヨーロッパ諸語における「奴隷」（ドイツ語のSklave、フランス語esclave、スペイン語esclavo/vaなど）の語源がスラヴ人を表す語（中世ラテン語sclavus）にあったことからも推測できるが、[30]次のような事実もこれを物語っている。たとえば、コルドバでは八世紀末から九世紀にかけて、五千の異国人兵士の部隊の存在が知られているが、それは多くがスラヴ人であった可能性がある。[31]またアブドゥッラフマーン三世の治世（九一二―九六一年）には、コルドバに三つの異なる時点でそれぞれ三千七百五十人、六千八十七人、一万三千七百五十人の奴隷がいたとする記録があるという。これも研究者の中にスペインに連行されてきたスラヴ人とするものがいる。[32]またもう一つの経路でドナウ中流域から南のヴェネツィアへ運ばれたスラヴ人奴隷に言及する史料もある。たとえば、『聖ナウム伝』（十世紀前半）である。それはスラヴの使徒聖メトーディオスの若干の弟子たちが、モラヴィアで囚われの身となり、ユダヤ商人に奴隷として売られ、ヴェネツィアへ運ばれたことを記している。[33]

このように奴隷は東部バイエルンから二つのルートで西方世界へもたらされた。[34]

一つはオーストリア・アルプスを越えてヴェネツィアへのルートである。[35]他の一つはバイエルンからアルプスを北から迂回して西へ向かいドイツ南西部を経てローヌ渓谷に出、リヨンからアルルにいたり、そこから船でスペインへと運ばれるルートである。

バイエルンやシュヴァーベンなど南ドイツ経由の国際奴隷貿易については、これらの地域外へ奴隷輸出を禁止する法令が早くから出されていたという事実も証言している。こうした禁令は七七二年のバイエルン司教会議の決定においてすでにみられる（「何びとも自分のであれ、逃亡した者であれ、奴隷を、かれ［バイエルン公］の国の境界外へ売ってはならない」）。同様の禁令は『アレマン人法典』にもみられるという[36]。

ヴェネツィア市場では、奴隷の主要部分はおそらくアドリア海沿岸地域の南スラヴ人地域から調達された。しかしここに記した東部バイエルンから連行された奴隷もある部分を占めていたと考えられる。九世紀中頃から後半にかけてヴェネツィアとフランク諸王との間に締結された三度の条約（八四〇、八八〇、八八八年）において、ヴェネツィア側はフランク王国からの奴隷を売却しないよう再三求められているという[37]。半世紀足らずの間に順次結ばれた三条約においてこうした要求が繰り返されているのは、フランク側が自国の奴隷の外国市場への輸出を結局のところ阻止できなかったことを示しているようにみえる（十世紀のオットー一世の時代の同種の文書では奴隷貿易問題はほとんど取り上げられていない。したがってこの時代にはユダヤ商人のこのルートによる奴隷貿易は相当程度減少していたと推測される）。それはともかく、九世紀にこのような禁止条項を含む条約が結ばれたことで、ヴェネツィア側は奴隷をフランク王国の外に、とりわけそれと境界を接するスラヴの地に求めたことが容易に想像される。おそらくヴェネツィアでもスラヴ人奴隷(アドリア海沿岸地域のみならず東部バイエルンの東方に横たわる地域のそれをも含めて)が相当部分を占めたと推測されるのである。

次に東部バイエルンからシュヴァーベンなど南ドイツを経てさらに西方、スペインへ向かうルートである。こちらもドナウ河畔の Lorch から Ovilava（現 Wels）を経て今日の南バイエルンを抜け、Brigantium（現ボーデン湖畔 Bregenz）に出る。ここからはザンクト・ガレンを通るか、あるいはライン川を遡り、チューリヒ湖へ出てさらに西南方向へ進むかしてローヌ渓谷へ入ることができる。この道の存在は八―九世紀の史料で確認されているという。

このように遅くとも九世紀の史料には、イベリア半島から東方ハザールの地へいたる道の西方部分、すなわちコルドバから南フランスを経て東バイエルンへ向かうルートがはっきりと記述されていた。

もとよりこうしたルートをもっぱら奴隷貿易によって説明することは不自然であろう。陸路で長距離にわたって奴隷を搬送するなどそう一般的ではなかったであろう。中世ヨーロッパ奴隷貿易が主に海路、地中海を経由するものであったことは断るまでもない。ここに示された西方ルートは奴隷のみならずモノを含むすべてのヒトと商品が行き来する道であったのである。いずれにせよ、ここではこうしたルートが存在したことが示されれば十分である。

さて次に問われるべきは、このルートの東方部分である。この東方部分について直接的に言及する史料はほとんどない。しかしすでにみたように（本書第一章）、『原初年代記』の記述からでもキエフがいくつかのルートでクラクフやプラハと結びつけられていたことは推測できた。次の史料も「ドイツからハザールへの道」の存在（その東方部分をも含めて）を証言しているとみることができるかもしれない。

それはすでにふれた、十世紀中頃のコルドバ王国（後ウマイヤ朝、西カリフ国）の高官、ユダヤ人ハスダイ・イブン・シャフルト（シャプルト）の書簡（九六〇年代）である。この人物は、はるか東方にユダヤ教を国教とする国（ハザール国家）のあることを聞きつけ、その国王ヨセフに長文の手紙を書き、何とかしてそれをかの地へ届けようと腐心していた。かれの書簡の中に、次のような記述がある。

ハスダイ・シャフルトのもとへ G-b-lim'ov（スラヴ人、おそらくチェコ人）の王の使節（かれは二人のユダヤ人を伴っていた）がやって来てかれに次のように言ったというのである。「われらに汝［ハスダイ・シャフルト］の手紙を渡されたい。われらがそれを G-b-lim'ov［チェコ］のツァーリ［公ないし王］に届けよう。そうすればかれは……汝の手紙を Kh-n-g-rin［ハンガリー――露訳者P・K・ココフツォフ］に住むイスラエル人に送るだろう。まったく同様に［かれらは］それをルースの国へ送るだろう。そこから B-l-gar［ヴォルガ・ブルガールの国］へ、こうして汝の手紙は、汝の望む通りに、汝が望む地へといたるであろう」[38]。

これはハスダイに書簡を届けると約束した人物（引用文中の「われら」、チェコの使者、ユダヤ商人であろうか、いずれにせよかれは二人のユダヤ人を伴っていたと記されている）がハスダイに対し、東部ヨーロッパから東方ヴォルガ川方面に広がるユダヤ人間の交通連絡網を介するならば、かれの書簡は容易にハザールへ送り届けられることを伝えた文面であるが、ここから九世紀以降存在していた上記のルートが十世紀にも継続して用いられていたことが改めて裏づけられる。実は引用部分の「ルーシ」は、ヘブライ語原文では「ルーム（ビザンツ）」と読むことも可能な書き方となっているという。ただここに関しては書簡の編者注（V・Ia・ペトルーヒン）は、コンテクストからして「ルーシ」の読みをとるべきだと考えている。[39]

九世紀末という早い段階に関する情報を提供するイブン・ホルダドベーも同様に、「ドイツからハザールへの道」について言及していると考えることができる。かれは先に引用した（第一章、二三―二四頁）ルーシに関する文章に続いて次のように記す。

「かれら［ユダヤ商人＝ラダ［ザ］ニーヤ］が陸路でたどる道について言えば、かれらはアンダルス［スペイン］、ないしフランク人［の国］から陸路［?］スース・アル―アクサ［モロッコの大西洋岸の港か］へ行き、タンジェールへ向かう。その後トゥニス、その後エジプト、その後ラムレ［パレスチナの町、ヤッファの東］、その後ダマスクス、その後クーファ［イラクの町］、その後バグダード、その後バスラ、その後アフワズ［イラク南西部の町］、その後ファルサ［イラン南西地域］、その後キルマン［イラン南西地域］、その後シンド［インダス川下流以西の地域］、その後ヒンドゥ、そしてキタイ［中国］にいたる。ときにはかれらはルーム［イタリアないしビザンツ］の背後の、スラヴ人の国へ行き、その後ハザールの町ハムリジュ、その後ジュルジャンの海［カスピ海］へ、その後バルフ［ホラサン東部の大商業中心地、現アフガニスタンのワジラバード付近］、マヴェランナルフ［シルダリヤ川とアムダリヤ川間の地域］、その後トグズグズ人のヴルトゥ［トクズ―オグーズ人の町］、その後キタイにいたる」。[40]

ここで著者（イブン・ホルダドベー）は、スペインないしフランスから出立するユダヤ商人（これを著者はar-radaniiaないしradanityと呼ぶ）がカリフ国の中心、さらにそこから中国にいたるのは北アフリカ経由であることを記している。おそらくこれが当時もっともよく利用された道であったであろう。しかしながら著者はさらに、かれらが途中からいわば脇道に入ることもありうることにふれている。すなわち「ときには」ユダヤ商人はイタリアないしビザンツ経由でスラヴの地へ入り、その後ハザール人の国から中央アジアを経て中国へいたるというのである。もしこの記述が信頼に値するとするならば、すでに九世紀の段階で地中海域からスラヴの地を経て東方ハザールへ通じる商業路が存在する（なるほど具体性に欠ける情報ではあるが）ことをイブン・ホルダドベーは証言していることになる。

もとよりことはそう単純ではない。この記述からだけでそうした結論が出せるかは問題となるし、またイブン・ホルダドベーの著述自体にかかわるいくつもの疑問点を解明したうえでなければ、なかなか確定的なことは言えない。実はかれの記述には、この部分に限定しても、多くの問題があるのである。まず研究史上は、引用文中の「ルーム」をどう理解するかが問題とされてきた。これは通常であればビザンツないしイタリアである。そのどちらかということであるが、ただこの点はここではあまり重要ではない。本書の著者にとっては、先に奴隷貿易にふれた際に示したバイエルン東部とヴェネツィアの結びつきを考慮に入れるならば、イタリア説をとりたいところではあるが、しかしいまはそれを一応おいておこう。北アフリカを東進したユダヤ商人が、おそらくはいずれかの場所で地中海を渡ってイタリアないしビザンツに出て、さらに北上してスラヴ地域に至ったと考えれば、いまはそれ以上のことを詮索する必要はないであろう。

問題はむしろ、イブン・ホルダドベーのロシア語訳者（T・M・カリーニナ）も指摘するように、写本によっては、ここは「アルメニア」とも読めるところにある。かの女によれば、この方が古銭学資料の存在から判断すれば、合理的であるという。すなわち北アフリカからシリア、小アジアを通ってカフカースへ入り、そこから東ヨーロッパのスラヴ人地域へ抜ける道である。これはとくに八世紀末から九世紀初にかけてよく利用されたルートであるという。しかしもし著者がスペインや南フランスを起点としダマスクスやバグダードを経てインドや中国にいたるルートを描いているとするならば、カフカースを経由する道はいかにも不自然である。カフカースを越えた後わざわざその西方ないし西北方のスラヴ人地域に寄ってからハザールへ向かうのもやや腑に落ちない。ここは「ルーム」（おそらくはイタリア、とりわけ大商業中心地のヴェネツィア）から北のスラヴ人地域へ向かい、そこから改めて東進してハザール国、さらには中央アジアを経由すると考える方が、自然であるように思われる。

以上、西方スペインからヨーロッパ内部を経由して（上記の西方ルート。いま見たばかりのイブン・ホルダドベーではなるほど北アフリカ経由の道が描かれていたが、他方ではそこから地中海を渡ってイタリア、さらにアルプスを越えてバイエルンにいたる道も考えられていた）スラヴ人地域に入り、そこからハザール人の下へ向かう道が九世紀後半には存在していた可能性が示された。もとよりイブン・ホルダドベーのあいまいな証言を過度に信頼するわけにはいくまい。何よりもそれがこの段階では孤立した史料であることは認識しておかなければならない。

だがここですでに本章1で記したことを考慮に入れることが求められる。すなわち初期キエフ・ルーシ諸公は大いに西方に関心を抱き、積極的に西方との交渉を重ねていたという事実である。キエフからクラクフ、プラハに至るルートが十分に推測できるという結論がそこではえられていた。この点を併せ考えると、西方ルートがそれに対応する東方ルートと結びついていたという結論を導き出したとしてもそう不自然ではないと思う。

最後に以上に示されたことを、やや補足を交えながら簡単にまとめ、さらにおぼろげながら明らかにされた東西のルートのその後の様子についてみておこう。(41)

ドニェプル中流域のルーシ人のドナウ中流域方面への出現、ないしその逆のドナウ中流域のドイツ人らのドニェプル中流域への出現は遅くとも九世紀初頭には始まっていた。そのことは九世紀初頭に遡る南ドイツの諸文献における

「ルーシ」と思しきエトノス名の古代および中世上部ドイツ語による諸表記から推測することができる。またルードヴィヒ二世の九世紀後半の一文書にはルーシとの関係を示す地名（「ルザラマルク」）がみられたこともそれを部分的に裏づけている。

この時期の両者間を結ぶルートは主に二つであった。一つは南ルーシからカルパチア山脈を越え、ドナウ川に出てそれを遡る道（およびその逆方向のもの）と、もう一つは、ドニェプル中流域からチェルヴェン諸都市を経てヴィスワ川上流地域に出て、そこからモラヴァ川沿いに南下してドナウ中流域に出る道（およびその逆方向のもの）とである。九世紀後半のモラヴィア国家の繁栄を考えると、後者も相当に有力なルートであったと思われる。

しかしながらこれら（とくに前者）のルートは九世紀末から十世紀にかけてのハンガリー人の進出によって廃れることとなった。そのことを表しているのが、十世紀初頭の文書『ラッフェルシュテット関税規定』である。それはもはやバイエルン・オストマルクへ東方からドナウ川沿いの道を通って来る異国人にふれることはない。『規定』から推測されるルートはヴィスワ上流域からプラハに出、そこからさらに西進するか、南下してドナウ中流域に出る道であった。それはハンガリー人地域を回避するルートでもあった。

より後の時代になると、状況は再び変化している。『規定』に続く十二世紀末から十三世紀三〇年代にかけての三種のオーストリアの通商関税規定（一一九一／九二年のシュタイエル公オットカール四世のエンス関税規定、一一九二年七月のオーストリア公レオポルド五世がエンスのレーゲンスブルク商人に与えた通商関税特権文書、一二三〇年代のオーストリア公レオポルド六世の通商規定）のすべてにおいて、古ルーシ商人ないしルーシと交易する商人に言及されているが、そこに描かれる交易ルートは、それまで知られていたルート（キエフ―クラクフ―プラハ―レーゲンスブルク、ないしその逆）とはまったく別の、より南のルート（キエフ―ペレムィシリ［後のガーリチ］―いくつかの峠でカルパチアを越え―ハンガリー―ドナウを遡ってレーゲンスブルクへ、ないしその逆）を想定している。そこではプラハ経由の道はまったく考えられておらず、すべてがエンスを経由することになっていた。

この十二、十三世紀にルーシの商人や商品が通ったルートは、実は九世紀前半から知られるものであった。それはすでに東フランク王ルードヴィヒ・ドイツ人王の文書（八三七年のザルツブルク・聖ペトロ修道院に与えた文書）に言及されている。さらに言えば、それは後期ローマ時代から知られる道（Boiodurum［パッサウ］― Carnuntum［ウィーンとブラチスラヴァの間］のドナウ右岸を通る）とほぼ重なるルートであった。それはまた上記の『ラッフェルシュテット規定』では、「法の道」strata legitima と、また他の史料では「公道」strata publica ないし「王の道」via regia などと表記され、古くからの主要なルートであったといってよい。上記の「ルザラマルク」はまさにこのルート上のエンス税関のやや東に位置していたのである。

したがってルーシからレーゲンスブルク方面にいたる東西を結ぶルートは、九世紀末―十世紀初のハンガリー人のパンノニア進出を境に大きく変化したことがわかる。すなわち九世紀初（ないしそれより若干早い時期）に始まったルーシを貫く東西の交流は、主にドナウを経由するルートであった。ルーシ商人が沿ドナウ地域に到来した主要なルートはこの時期にはおそらくはモラヴィア経由であった。当時はモラヴィア国家の繁栄の時期であったからである。しかしこの道は、ハンガリー人の進出、モラヴィア国家の滅亡（十世紀初）後、さらに北・西よりのクラクフやプラハを経由する道に変化した。プラハがちょうどそのころ経済・政治的中心地として発展を遂げた理由の一つはここにもみることができるかもしれない。だがこの道もやがてはハンガリーがキリスト教を受け入れ、ヨーロッパの一員としての地歩を固めるにつれてその意味を減少させ、再びドナウをより多く利用する道が意味を増すこととなったのである。

このようにルーシが早くから南北を結ぶ「ヴァリャーギからグレキへの道」と並んで、東西を結ぶ「ドイツからハザールへの道」の上に存したことは、十分に認識しておく必要があると考える。

第四章注

(1) ホルヴァーチとは後に「クロアチア」人として知られるようになる民族を表す語である。ホルヴァーチはすでに『原初年代記』冒頭の「スラヴ民族のおこり」の部分に出てくるが、それが具体的にどこにいたかは記されていない。同年代記には「白い（ベールィエ）ホルヴァーチ」も出てくるが（五頁）、これはリハチョフによれば洗礼を受けていないクロアチア人のことで、コンスタンティノス七世ポルフィロゲネトスが「バイエルン、ハンガリーに近く、ヴィスワ川あたりに」いたと記しているという（*PVL*.s.385. さらに邦訳三二二頁、注127）。

(2) これを伝えるのはコンスタンティノス・ポルフィロゲネトスの『帝国統治論』である（山口訳『古代ロシア研究』IX、一四七―一四八頁）。それによれば、レンザネーノイと呼ばれる種族はキエフへの「貢納者」であった。これが『原初年代記』のどの種族に当たるかについて研究者間で見解は一致していない。これについてはさしあたり、Khaburgaev, *Etnonimiia «Povest' vremennykh let»*, s.186-187 を参照（luchane のことと考えるのがもっとも妥当とする）。

(3) 九八一年のリャヒ遠征に関しては第七章2で改めて検討する。

(4) 九―十三世紀における西ブク―プリピャチ川を結ぶ交易路、そこを挟んでさらに東西に広がる経路（ポーランドからさらにその西方へ、またドニェプル流域を経てさらに東方へと向かう道）については、Potin, *Drevniaia Rus' i evropeiskie gosudarstva*.s.179-184; また Perkhavko, Rasprostranenie plomb drogichinskogo tipa.s.237-238 を参照。両研究者ともに古銭学の立場から（後者の場合は西ブク河畔の都市ドロヒーチン（現ポーランドの東部の町）に焦点を合わせながら）上記両河川を結ぶ交易路の重要性を指摘している。

(5) Nazarenko, *Drevniaia Rus'*.s.77-78. この時期のチェコ、ポーランド、ルーシの関係全般に関しては、さしあたり Pashuto, *Vneshniaia politika*.s.31-48, 55-56 を参照。

(6) Niderle, *Slavianskie Drevnosti*.s.22 を参照。「いにしえの書物に」云々の引用は Pashuto, *Vneshniaia politika*.s.31 によった。

(7) Dvornik, *The Making*.p.80-81. 以上の箇所は *Drevniaia Rus' v svete*...III, s.78-80 にもみられる（T・M・カリーニナ訳。イブン・ヤクブのスラヴ、ルーシ、ハザールに関する記述は十一世紀のアラブ人アル・バクリによってのみ伝えられるという）。ただしこちらにはボレスラフを「プラハ、ボヘミアとクラクフの王」とする最初の部分は含まれていない。

(8) *Die Chronik der Böhmen*.II-37, S.137-138; *Drevniaia Rus' v svete*...IV.s.186-187. さらに Dvornik, *The Making*.p.77-79

（9）V・D・コロリュクによれば、十世紀八〇―九〇年代初めにクラクフがチェコ領に含まれていたことは、今日のポーランド、チェコ、ロシア（ソヴィエト）の研究者の共通の認識である（Koroliuk, *Zapadnye slaviane*. s.80）。

ところで以上にみてきた初期中世におけるチェコとルーシの関係に関する研究史について一言しておきたい。言うまでもなくこの分野はチェコ、ロシア、ポーランド三国（さらにドイツをも含むべきであろうが）を中心に研究が進められてきたが、ここでは本書が直接参照したロシアの研究の一端について記すにとどめる。おそらくこの面での古典的研究は第二次世界大戦前にプラハで出版されたA・V・フロローフスキーの大著である（Florovskii, *Chekhi i Vostochnye slaviane*）。これは十八世紀に至る両国の関係史を論じた二巻本で、第一部が十世紀から十三世紀までを扱っている（一九三五年刊行、第二部は十五―十八世紀までを扱い、大戦後の一九四七年の刊行）。この書はソヴィエトの研究者にも一目置かれたが（たとえば、パシュートによれば、第一部はその情報量の豊富さで「いまだに凌駕されていない」という。Pashuto, *Vneshniaia politika*.s.12）、これはフロローフスキーが、革命ロシアからの「被追放者」であった（かれ自身がそう記す。Florovskii, *Chekhi i Vostochnye slaviane*.T.I, s.XV）ことを考慮に入れるならば、注目すべき高評価であろう。フロローフスキーは、ウラジーミル時代（十世紀末）に、クラクフがチェコ国家に帰属し、その結果チェコ・ルーシ両国の支配領域が直接的に接していたことを証明するために多くの頁を割いている（ibid.T.I, s.25-36）。かれは改宗前のウラジーミルの「チェヒ女」との結婚についても立ち入って論じているが（ibid.T.I, s.14-21, 41-43）、これについては本書でも後に（第六章二九七頁以下、とくに注（22））改めて見ることにする。なおフロローフスキーはその後も故国に戻ることはなかったと伝えられるが、やがてソヴィエト政府から市民権を認められ、同歴史学界でも一応公認された形になった。かれは第二次大戦後あらためてキエフ時代におけるチェコ・ルーシ関係、とりわけ通商関係に焦点を合わせた論文をソヴィエトで発表している。とくに先の大著の出版以降に著しい発展を遂げたソヴィエトの古銭学、考古学研究の成果を取りいれている点は重要である（Florovskii, Cheshsko-russkie torgovye otnosheniia）。かれにやや遅れて同じくオデッサで司祭の家に生まれ、これまた革命後西方に逃れその後著名となる正教神学者G・V・フロローフスキー（一時ユーラシア派的な活動をした）はかれの弟である（Blane (ed.) *Georges Florovsky* .p.21）。兄のフロローフスキーは一九六八年三月にプラハで亡くなったが、そのとき『ソ連邦史』誌に出た追悼記事では、かれが一九二一年以後プラハのカレル大学において研究を続行したと記されるのみで、詳しい経歴については記されず、不明なままになっている。G・V・フロローフスキーとの関係についても言うまでもなくふれられていない（*ISSSR*.1969-2, s.251. 著者はP・A・ザイオンチコフスキー）。

さらにロシア（ソヴィエト期）の他の研究をみてみると、初期キエフ時代（十一世紀末まで）のルーシ・チェコ関係については、上記パシュートがそのよく知られた外交史概説においてふれているが（Pashuto, *Vneshniaia politika*.s.55-56）、たとえばルーシ・ポーランド関係(ibid.s.31-48)に比較するときわめて簡略である。他方ルーシと西スラヴ諸国の関係史に関する、これも先に記したV・D・コロリュクの研究（Koroliuk, *Zapadnye slaviane*）は、ルーシとポーランド、ポーランドとチェコの関係を（ドイツの動向を考慮に入れながら）それぞれ立ち入って検討してはいるものの個別的であり、ルーシ・チェコ関係についてはこれらと比べても間接的な考察に留まっている。両国間の直接的な関係には十分な注意が払われていない印象を受ける。つまるところパシュートやコロリュクにおいては、ルーシ・チェコ間の直接的関係はそれほど濃密でなかったと考えられているように思われる。こうしたなかで興味深いのが、N・N・イリインの以下の指摘である（これは兄弟聖人ボリスとグレープに関する研究のなかでのことである。かれのこの研究については第八章で改めてとり上げる）。すなわちイリインは、十―十一世紀キエフにおいてチェコの聖人ヴァーツラフ（とその祖母リュドミーラ）の伝記が知られていたことを指摘して、両国の文化的関係の深さを強調したのであるが、その際注目されるのは、イリインが『聖ヴァーツラフ伝』は、十世紀中頃から十一世紀中頃にかけて直接（通常考えられているように、ブルガリアを経由してでなく）キエフに伝えられたと推測していることである（Il'in, *Letopisnaia stat'ia*.s.44-65, とくに51-52）。つまりかれはチェヒ・ルーシ間が文化的に(そしておそらくは通商的にも)直接的に結びつけられていたと考えているのである。これに関してさらに上記Florovskii, *Chekhi i Vostochnye slaviane*.s.98-157, とくにs.114-142をも参照。『聖ヴァーツラフ伝』のテクストは*BLDR*.II, s.168-175（コメンタリーはs.523-527, A.A.Turilovによるテクスト校訂、露訳、コメンタリー）。邦訳がある。三浦「中世ロシア文学図書館（III）」九〇―九三頁（「聖ヴャチェスラフ伝」）。また*SKKDR*. Vyp.1, s.181-183 (E.A.Fet)

（10）スヴャトポルクとボレスワフ一世勇敢公の娘との結婚について『原初年代記』には記述はない。それについて記すのは、唯一メルゼブルクのティトマルの年代記である。Thietmar, *Chronik*, IV, 58; VII, 65, 72f.; VIII, 32; *Drevniaia Rus' v svete*...IV, s.67, 73, 80. ティトマルは一〇一八年のボレスワフ一世のルーシ攻撃とその成果についても詳しく記している（Ibid., VIII, 31-32）。この結婚についてはさらに後述参照（第八章注（9））。メルゼブルクのティトマルについては本書でも以下に繰り返しふれることになるが、作者自身の経歴やその『年代記』等については、さしあたり*Drevniaia Rus' v svete*...IV, s.63-65を参照。また三佐川『ドイツ史の始まり』第九章第一、第二節にも言及がある。

（11）一〇六八年のキエフ民の蜂起は帝政ロシアとソヴィエト史学とを問わず、とくに人気の高いテーマであって、研究も多い。これについてはヤロスラフ賢公後の状況について検討する際に（第十一章）改めてとり上げたい。

（12）「リューベチ諸公会議」についても本書第十一章において改めて検討するが、さしあたり Grekov, *Kievskaia Rus'*.s.493-495 に会議についての簡潔な説明がある。またここに記したキエフ国家における「年長制」や公国領有制、公位継承制度についても、第十一章補論で検討する。

（13）バランスを著しく欠くここの兵力情報は到底そのまま受け取るわけにはいかない。おそらくこの部分の著者（年代記のこの年の項にみえる、後述の「わたし」）の依拠した史料が口承のものであった（たとえばここの記述にもみえる、ポロヴェツの勇士アルトゥノパを称える「勝利の歌」などのごとき）可能性が考えられる。*PVL*.s.536（リハチョフの解説）

（14）シャーフマトフの見解は本書第二章注（6）を参照。Cross, *The Russian Primary Chronicle*.p.27-28。これに対しリハチョフはこの「わたし」をヴィドゥビツキー修道院の修道士と考えている。もっともリハチョフも「わたし」がウラジーミル・モノマフの意を受けて記述したと考えている点では同様である。*PVL*.s.348

（15）邦訳二八九頁ではたんにスヴャトポルクが「リャヒのもとへ出発した」となっている。しかしここはクロスのように、「リャヒのもとへ助力を求めに行った」と訳すべきであろう。すなわち、邦訳では大公が何のためにベレスチエの「リャヒのもとへ出発した」のか定かでないが、この文の少し後の二九〇頁に、ポーランド王の助力を求めて逃れてきたダヴィドに対し、ポーランド人が「スヴャトポルクは私たちを［ベレスチエでの］集まりに招いている」と伝えている。ここから、スヴャトポルクがベレスチエのポーランド人に援助を求め接触していると推測できるのである。

（16）すでに記したように、帝政期ロシアのビザンツ史研究者V・G・ヴァシリエフスキーが「古キエフのレーゲンスブルクとの交易」と題する論文を発表し、既述の『ラッフェルシュテット関税規定』をはじめとするさまざまな史料を分析して、ルーシとレーゲンスブルク間の交易と経路について論じたことがあった。たとえば、かれはある文書中にみえる「ルザーリー Ruzarii」をルーシとの交易に従事するレーゲンスブルク商人団を指す語とみるなどしたが、かれの見解は本節で扱う十一世紀末以前の時代については当てはまらないと考えられ、欧米の研究者の注目を大きくひくことはなかった。Vasil'evskii, Drevniaia torgovlia Kieva s Regensburgom. s.144-148. この状況は一九〇五年にかれの論文のドイツ語版が現れた後でもそう変わらなかったようにみえる（Wasiliewski, "Kiews Handel mit Regensburg"）。

（17）*Drevniaia Rus' v svete*…IV, s.32-35; Nazarenko, *Drevniaia Rus'*.s.82, 94

（18）これらの数値や単位については、さしあたり *Drevniaia Rus' v svete*...IV, s.34, prim. 17, 18, 21, 22 を参照。
（19）Nazarenko, s.45-48, 82-86. すでに上記ヴァシリエフスキーが『ラッフェルシュテット規定』の rugi 問題について検討を加え、「近年の大多数の研究者が……［これを］キエフ・ルーシから来たスラヴ人と理解している」と記していた。かれによれば、むしろロシア人研究者の方が、これほど早い時期にルーシ商人がかくも遠方に足を延ばしていたことに戸惑いを覚え、これを「ルーシ人」と理解することに逡巡していると伝えている。Vasil'evskii, Drevniaia torgovlia Kieva s Regensburgom.s.127-132
（20）たとえば Zöllner であるが、かれの見解とそれが成立しがたいことについては第二章注（67）、（68）をみられたい。
（21）Vasil'evskii, Drevniaia torgovlia Kieva s Regensburgom.s.130-131
（22）Nazarenko, *Drevniaia Rus'*.s.105. なおこの文書についても先に言及した（第二章2、注（69））。
（23）マルク marcha は古代上部ドイツ語で、地理的小単位、農村共同体を表す語であるという。Nazarenko, *Drevniaia Rus'*.s.15
（24）アメリカのO・プリツァークもこのルザラマルクをキエフ・ルーシと関係づけている。だがかれの見解には問題がある。かれはルザラマルクを『ザルツブルク大司教コンラート伝』中の marchia Ruthenorum と同一視しているからである。しかるに後者は時代的にも、場所的にも異なる地名である。すなわちこちらの方は十二―十三世紀の、ドラーヴァ川とサヴァ川に囲まれた地域に位置し、ナザレンコの論じるルザラマルクとはまったく関係がない（Pritsak, "The Origin of the Name Rus/ Rus'". p.50-51）。
（25）この問題には本書第一章でも若干ふれた（二九―三〇頁参照）。中世ロシアの奴隷貿易については、わが国でもすでにあげた松木「14 - 15世紀の黒海沿岸とロシア」以外に、同「古代ロシア国家と奴隷貿易」がある。後者の論文の対象とする時期は本書と重なるが、ルーシの奴隷貿易の実態については、その後の時代を扱った前者の方が具体的な情報、とくに十四―十五世紀ロシアとクリミア半島のイタリア人商人を介しての奴隷貿易に関する豊富な情報を提供していてより参考になる。この論文は、ロシアまたカフカース等からの奴隷が南方クリミアへ運ばれそこから地中海を経て各地へ売りさばかれた様子を詳述している。言うまでもなくそれが主なルートであった。本書はそれに加えて、東西の交易路の可能性を考察しようとしているというにすぎない。
（26）Verlinden, *L'esclavage dans l'Europe Médiéval*. T.I-II(1955, 1977)
（27）Geissler, *Die Juden in Deutschland und Bayern*.S.169-171
（28）Nazarenko, *Drevniaia Rus'*.s.94
（29）ibid.

（30）Verlinden, "Encore sur les origines de sclavus=esclave" (*L'esclavage dans l'Europe Médiéval*.T.II, p.999-1010.Annexes:I)

（31）Verlinden, *L'esclavage dans l'Europe Médiéval*.T. I, p.213

（32）ibid., p.214

（33）Dvornik, *Byzantine Missions among the Slavs*. p.234 による。

（34）以下については主に Nazarenko, *Drevniaia Rus'*. s.94-101 によっている。

（35）ドナウ流域の Laureacum=Lorch［現 Enns か］から Ovilava ＝現 Wels、Gabromagus ＝現 Windischgarsten、Matucacium ＝現 Althofen 付近、Virunum ＝現 Klagenfurt 付近、Villach を経て、Aquileia= 現ヴェネツィアへ至るルートである。

（36）Nazarenko, *Drevniaia Rus'*.s.97

（37）ibid., s.95

（38）*Drevniaia Rus' v svete*…III, s.193（P・K・ココフツォフによるロシア語訳）。シャフルトの書簡については、プリェートニェヴァ『ハザール　謎の帝国』一八─二〇頁に、またそれに対するハザールのカガン（王）ヨセフの返書についても、同二一─三一頁に説明がある。ヨセフの返書は同書（二二三─二四六頁）に訳者（城田）によって訳されている（シャフルト書簡の訳はない）。なおシャフルト書簡の「G-b-lim'ov」をシャフルト本人はスラヴ人（al-Saklab'ov）のことと記しているが、具体的にどこの国（民族）を指すかについて見解が分かれている。上記プリェートニェヴァはドイツと、書簡の露訳者ココフツォフはポーランドとっているが、ナザレンコはプラハを通るルートがもっとも適切であるとする立場からこれをチェコと理解している。本書の著者も一応これに従いたい。*Drevniaia Rus' v svete*…III, s.191(prim.15)（V・Ia・ペトルーヒンの注）; Nazarenko, *Drevniaia Rus'*.s.98

（39）*Drevniaia Rus' v svete*…III, s.193(prim.22)（V・Ia・ペトルーヒンの注）

（40）*Drevniaia Rus' v svete*…III, s.31-32

（41）以下は Nazarenko, *Drevniaia Rus'*.s.101-111 による。

第五章　オリガの洗礼——「ルーシの洗礼」以前のキリスト教（2）

1　摂政オリガ

「すべての人より賢明」（『原初年代記』邦訳一二二頁）と称えられたオリガは、ロシア史上最初に活躍した女性というだけではなかった。イーゴリ公の妻であったかの女は、夫の亡き後に幼いスヴャトスラフ公に代わって国を治めたすぐれた為政者であったのみならず、ロシアで最初にキリスト教を受け入れた君主でもあった。キリスト教の受容が新生ロシア国家にとって本質的な意味をもったことはすでに指摘したが、かの女こそが後のウラジーミル聖公（オリガの孫である）による「ルーシの洗礼」に先鞭をつけたと言いうるのである。

本章はこのオリガによるキリスト教の受容の次第とその意味について検討するが、ここでも当時のルーシが「ヨーロッパ」と無縁な存在でなかったことが示されるであろう。

オリガについての史料も他のテーマにおける場合と同様に決して多くはない。『原初年代記』はその一つで主要なものであるが、まずはこれを繙きながら、この稀有な女性についてその伝えるところをみていきたい。

『原初年代記』は九〇三年の項で初めてかの女に言及する。この年人々は成長したイーゴリ公の妻としてかの女をプスコフから連れてきたという。かの女の生年は知られていない。夫イーゴリの没年（『原初年代記』では九四五年）と息子スヴャトスラフの生年（年代記に記述はないが、さしあたり九四二年頃としておく。後述参照）などとの関連から、さまざまに推定されているが、確実なことはわからない。後代の年代記に、イーゴリに嫁いだのが十歳の時であったとする記述が見える。[1] もしそうだとするとかの女は八九三年頃に生まれたことになるが、それ自体がきわめて不確かな情報である。オリガという名前はスカンディナヴィア系の「ヘルガ Helga」に由来すると考えられることが多いが（出自についても同様である。また夫イーゴリも同じくスカンディナヴィア系で、おそらくはイングヴァール Ingvar/Invar ないしインガーリ Inghari に由来するとされる）[2]、ソヴィエト時代に行われたかの女の曾孫にあたるヤロスラフ公の頭骨の人類学的分析の結果から、かの女はむしろプスコフ付近にいたスラヴ系スロヴェネ族の出であった可能性があるとする見解もだされている。[3]

● イーゴリ公

その後しばらくの間かの女に関する言及はない。年代記がかの女に再び注目するのは、イーゴリ公が反乱を起こしたドレヴリャーネ族（東スラヴの一種族、九世紀末からキエフの支配を受けていた）により殺害された後のことである。イーゴリ自身、かれの後見人、ないし前任の公であったオレーグの影に隠れて（リューリクの「一族の者」とされるオレーグは、年代記の八七九年の項で、リューリクの死に臨んでその息子とされる幼いイーゴリを委ねられていたが、その後自身がキエフ公位についたかの如くに記されている）、年代記作者の注意を十分にひいていたとは言えないが、九一二年とされるオレーグの死後、ようやくキエフ公として前面に現れる形になっている。このときすでに三十歳代の半ばになっていたと考えられる。[4] イーゴリがこうしていわば親政を開始してから、ドレヴリャーネ族により殺害される九四五年までのかれの治世に関する年代記の記述を簡単にまとめておこう。

　最初の数年間に関しては、親政開始後まもなくドレヴリャーネ族が反乱をおこし、かれがそれと戦わざるを得なくされたこと、かれの治世に初めて遊牧民族であるペチェネグ族が攻めてきて、それはルーシ、ビザンツ、ブルガリア間の国際関係のなかで一定の役割を果たすに至ったことが簡潔に記されるに過ぎない。年代記のイーゴリ治世の箇所には、何も記されないいわば空白の年代が多くあるが、たとえば九一六年から九四〇年までの二十五年間は、九二〇年の項に「イーゴリがペチェネグと戦った」と短く記される以外には、かれとかれの統治に関してはまったく記述がない（ビザンツ関係の記事が若干記されるのみである）。そして九四一年の項になってようやくかれのビザンツ遠征に関する記述が現れる。イーゴリのこのときの遠征は最終的に失敗に終わり、公は何とか逃げ帰るが、かれは屈辱的な敗北を忘れることができない。そこでただちに「海の向こうのヴァリャーギ」を呼びよせるなどさらに多くの軍勢を集め、九四四年に再度（「自分の仇を討とうとして」）ビザンツ遠征を敢行する。ルーシ側のこのときの軍事的圧力はギリシア側を譲歩させ、その結果が同年のルーシ・ビザンツ間条約の締結となる。年代記はその内容を九四五年の項で詳細に伝えている（邦訳五一―六〇頁）。イーゴリ治世に関してはこの部分以外にはあたかも何事もなかったかのような印象すらうける。

　ところで九四五年の項は二部構成となっている。最初の部分がルーシ・ビザンツ条約の記述である。一方、後半部分はドレヴリャーネ族に厳しい貢税を課そうとしたイーゴリがかれらの反乱にあって殺害され、その結果寡婦となったオリガがドレヴリャーネ族に対し夫の復讐を三度にわたってなし遂げる記事となっている。オリガについて初めて詳細に語られるのが、まさにこの復讐劇においてである。

●寡婦オリガの復讐

　年代記が物語るこの復讐劇は以下のようなものであった（邦訳六〇―六五頁）。

まず、イーゴリを殺害して勝ち誇るドレヴリャーネ族はオリガにかれらの公マールの妻となるよう要求する。オリガはこれを受け入れる振りをして、かれらが送ろうとする使節団に敬意を表するためと偽って、使節団を「船に乗せたまま」運ぶよう提案する。このようにして到着した使節団をあらかじめ掘ってあった大きな穴に投げ込み生き埋めにしてしまう。第一の復讐である。ついでオリガは、今度は自ら使者を送り、かの女を迎えるための「身分の高い家臣を派遣」するように申し入れる。こうしてやって来た正式な使節団に、オリガは入浴を勧め、風呂場に入った使節団を閉じ込めて焼き殺させる。第二の復讐である。最後にかの女自身がドレヴリャーネ族の下へ出かける。そして婚礼の前に夫の追悼会を催したいと言って、ドレヴリャーネ族を酒席に招き、蜜酒に酔ったドレヴリャーネ族五千人を自らの従士団に斬り殺させる。

以上が有名なオリガの復讐である。ただし復讐劇はこれで終わったわけではなかった。いわば第四の復讐劇が続くのである。すなわち、年代記は翌九四六年の項で、オリガとその子のスヴャトスラフがドレヴリャーネ征討軍を出したことを伝える。戦争は長引き、オリガらはドレヴリャーネが籠城するイスコロステニの町を一夏（あるいは一年）かけても落とすことができない。そこでオリガは一計を案じ、包囲を解く条件に「少しだけの」要求に応じるよう提案する。その要求とは「一軒から三羽の鳩と三羽の雀」を出すことである。ドレヴリャーネは喜んでこれに応じるが、オリガはそのようにして得た鳩や雀に「硫黄」を入れた小袋を結わえて放つよう兵士に命じる。鳩や雀はそれぞれ巣に飛び帰り、やがて町中のあちこちから火の手が上がる。かくてオリガの軍勢は町を占領することに成功する。かの女はその後町の長老を捕え、住民の一部を殺し、残る者は奴隷にし、ドレヴリャーネ族に重い貢税を課した。このようにして復讐劇は完全に幕を下ろしたのである。

年代記が伝える以上のような復讐劇は、今日からみると伝説的、民間説話的な色彩が濃く、そのまま真実と考えられるものではない。たとえば「火災をおこす鳥」のモチーフはイングランドをはじめ西欧各地に広く見られ、おそらくはスカンディナヴィア経由でルーシに伝わったものである[5]。またこのような「残酷な」復讐劇を詳細に物語る年代記作者の真意も測りがたい。とりわけ後に聖人として崇められることとなる、理想的な女性によるものとして記述することは、問題となるかもしれない。しかし妻による亡き夫のための復讐は古代末期ないし初期中世のヨーロッパにおいては珍らしいことではなかった（『ニーベルンゲンの歌』におけるクリームヒルトの例など）。むしろ「血讐（血の復讐）」という言葉があるように、公（国家）権力が未発達の時代には、親族たるもの、男女にかかわらず、その一族の死に対しては自ら復讐の義務を負っていたという事実が基底にあることを理解すべきであろう[6]。ここではむしろ支配者一族に当然期待された責務をオリガが見事に果たした、その賢く巧みな行為、つまりオリガの知謀が称えられているとみるべきであろう。

● 摂政オリガの「行財政改革」

さて夫の恨みを晴らしたオリガはただちにキエフにおいてルーシ支配の立て直しにかかる。年代記は翌九四七年の項でオリガによる、研究史上「行財政改革」と呼ばれる方策について簡潔に記している。すでに年代記は前年の項で、オリガがドレヴリャーネ族に課した貢税の三分の二がキエフに（いうまでもなくルーシ国家の首都、そこに座す君主であるスヴャトスラフのもとへ）、残りがヴィシェゴロド（ドニェプル河畔、キエフの北約一五キロ。オリガの居館があった）に振り分けられたと記している。オリガはその後さらに息子と共に「ドレヴリャーネの国を巡り、法規（ウスタフ）と上納金（ウローク）を定めた」とされる。かの女がドレヴリャーネ族征討後ただちにキエフによる支配の再構築に取り組んだことがうかがえる。九四七年の項にはさらに次のように記される。

「オリガはノヴゴロドに行き、ムスタ［川］に沿って貢物納入所（ポヴォスト）と貢税（ダーニ）を定め、またルガ［川］に沿って貢租（オブローク）と貢税を［定めた］。かの女の猟場は全国にわたっており、標識、料地、貢物納入所もある。

かの女の橇が今でもプスコフにある。またドニェプル［川］とデスナ［川］に沿って鳥網場が［あり］、かの女の村オリジチもいまでもある」（六八頁）。

ドレヴリャーネ族の反乱を鎮圧したオリガのその後の統治の全貌を知ることは困難である。九四六年から翌年にかけてかの女が行ったことは旧ドレヴリャーネ領やノヴゴロド地方（ムスタ川およびルガ川流域）に限定されるようにみえる。またかの女が定めたという貢物納入所（ポゴスト、年代記ではポヴォスト povost）などの施設（あるいは制度）が具体的にどういうもので、それらがかの女により初めて整備されたのかどうかも不明である。これについては研究史上もさまざまな見解が出されているが、いずれも仮説に留まっている。[7] ここでは以下の点を確認しておくにとどめたい。

年代記が初期キエフ国家の行財政政策ないし制度に関して簡潔的にせよ記録するのはこれがはじめてで、たとえばイーゴリ治世についてはこの種の記述は皆無であった。このことを考慮に入れるならば、年代記作者は、オリガが以前の諸公に比して為政者として格段にすぐれた存在であったことに強い印象を受けていたと考えることができる。オリガの時代には、それまでもっぱら軍事力に依存していたキエフ国家が、行財政の整備を本格的に遂行せざるをえなくさせられていた。かの女はそうしたいわば時代の要請を的確にとらえ、自らの課題を見事に遂行したと考えることができよう。

2　オリガの洗礼

●『原初年代記』の記述

さて国内行財政機構の整備を終えたオリガは「キエフの息子のもとに戻り、かれと睦まじく過ごしていた」（九四七年の項）とされるが、その後の七年間について年代記は何も語らない。九五五年の項にいたって、年代記はオリガがビザンツ帝国の首都コンスタンティノープルへ向かったことを伝える。オリガの受洗の記事はここで記されるのである。年代記のこの部分を引用しておこう。

「オリガはグレキ（の国）へ行き、ツァーリグラード［帝都、コンスタンティノープル］に着いた。当時ヨハネス・ツィミスケスという名の皇帝がいた。オリガはかれのもとに行ったのである。皇帝はかの女の顔が非常に美しく聡明であるのを見て、知恵に驚き、かの女に話しかけ、『お前は私と共にこの町で君臨するのにふさわしい』と言った。かの女は意味を悟って、皇帝に『私は異教徒です。もしあなたが私を洗礼させようとするなら、自分で私を洗礼してください。そうでなければ私は洗礼を受けません』と言った。そこで皇帝は総主教と共にかの女を洗礼した」（六九頁）。

これが『原初年代記』の伝えるオリガの受洗の経緯である。その簡潔で物語的あるいは説話的な記述に驚かされるが、かえって当時の人々にはリアルに思われたかもしれない。もっとも年代記は上の記述に続いてすぐに、洗礼を受けたオリガの喜び（「身も心も喜んだ」）、総主教によるキリスト教信仰についての教え、かの女の洗礼名ヘレナ（「オレーナ」）が帝国においてキリスト教を公認した偉大なる皇帝コンスタンティヌス一世の母の名にちなむことなどを伝え、洗礼の意義を強調することを忘れてはいない。

さてオリガの洗礼の後、皇帝は、今度ははっきりとかの女に結婚を迫る。これに対するかの女の対応はよく知られている。オリガは「私に自分で洗礼し、私を娘と呼びながら……娶ろうとするのはどうでしょうか。キリスト教徒のなかにはそのような掟はありません」と言ったという。皇帝はかの女の機智に感心し、多くの贈り物「黄金と銀、錦と種々の器物」を与えて、「自分の娘」を去らせたという。

以上の記述から判断するならば、オリガは九五五年（より正確に言えば九五四年から翌年にかけて）、コンスタンティノープルで洗礼を受けたということになる。しかし事実がこの通りであったと考えることはできるであろうか。内容が物語的であることを別にしても、すでに年代記の記述自体のなかに重大な疑問点が見出される。

まずオリガの帝都訪問は皇帝ヨハネス（一世）・ツィミスケスの治世とされているが、同帝は九六九―九七六年の在位である。オリガが九五五年に洗礼を受けたとするならば、皇帝はコンスタンティノス七世ポルフィロゲネトス（在位九一三―九五九年）でなければならなかった。実はここでヨハネス・ツィミスケスとするのは、『原初年代記』のいくつかある写本のなかのラヴレンチー本である。邦訳はこれを底本としている。同年代記のほかの写本（ラジヴィウ、モスクワ―アカデミー、イパーチー、フレーブニコフ）では、皇帝名は「レオンの子コンスタンティン」とされている。つまり皇帝レオンの子、上記コンスタンティノス七世である。後述するように、研究史上もオリガが洗礼を受けたときの皇帝は同帝とされているだけでなく、実はオリガの洗礼名「ヘレナ」はこの皇帝の妻の名でもあり、オリガがこの洗礼名を名乗るのはビザンツの慣例にも従っているので、この方が正しいと考えられるのである（年代記では、「ヘレナ」はコンスタンティヌス大帝の母の名とのみ説明されていた）。上記諸写本の筆者らはラヴレンチー本の明らかな誤りに気づき、訂正を加えたものと考えられる(8)。

九五五年にオリガが相当の高齢になっていたことも指摘しておくべきであろう（かの女は先に記したところから、このころすでに六十歳を越えていたと推測される）。年代記の皇帝による求婚の話はその意味で真に説話的である。ただこの点は、いわば何とか読者の興味を惹きつけようとする年代記作者の作為であったと考えるならば、さほど大きな問題ではない。リハチョフは、オリガの洗礼についての正教会側が作成した基本的バージョンに、年代記作者が世俗的、民間説話的な要素を付け加えたと考え、その経緯を説明している(9)。

いずれにせよ、以上のことは年代記の記述に問題がないわけではないことを示している。つまりオリガの受洗について、『原初年代記』の記述からだけでは正確なことはわからないということになる。

●コンスタンティノス七世の『儀典の書』

他方において、この問題についてはさらにいくつかの史料が知られている。そこで主なものを以下にみていくことにする。

まず何よりも、先にもふれた皇帝コンスタンティノス七世ポルフィロゲネトス自身が相当部分を執筆（あるいは編纂）したとされる『ビザンツ宮廷の儀式について』(Constantini Porphyrogenneti imperatoris «De cerimoniis aulae byzantinae»、いわゆる『儀典の書』、原文ギリシア語）である。その第二巻第十五章に、オリガがコンスタンティノープルの宮廷で迎接されたときの様子が詳細に描かれている。G・G・リタヴリンの露訳によりながらその内容をかいつまんで紹介する(10)（以下に要約するコンスタンティノスの記述には理解の難しい箇所が数多くある。説明や注が必要となるが、煩雑になるのを避けるため、多くは要約文中に直接（　）で記す。やや長めの注は要約のすぐ後に［a,b,c… の順で］別記する）。

『儀典の書』、第二巻第十五章要約

もう一つの接見。ルーシのオリガ[a]。

ルーシのアルコンティッサ（公女）オリガの接見は九月九日、（週の）第四の日（水曜日）に行われた[b]。かの女は側近の女性たち、親族のアルコンティッサたち[c]、もっとも高貴なお付きの女性たちと共に到着した。かの女の後にはルーシのアルコン（公）たちの使者（ないし代理）と商人たちも続いた。かの女は宮殿内のいくつもの広間や柱廊を通って進み、アエグスタエウスの間《ま》に着席した。皇帝が宮殿（内宮）に入ると、接見が行われる。かの女はアエグスタエウスの間《ま》から導かれ、（「ユスティニアノス［二世］の間《ま》」に隣接する）建物（スキラ）に入り、着席する。

一方、皇后（ヘレネ・ラカペネ）が自らの座（「バシレウス、テオフィロス帝（八二九—四二年在位）の大玉座」）に着席し、かの女の嫁（テオファノ、帝位継承者ロマノスの妻）も席（テオフィロス帝の大玉座の傍らの黄金の椅子）に着く。同時に全宦官も入室する。そして各種の高位高官らが宦官長、衛士に導かれて入室する。高官の第一はゾステ（宮廷女官用の爵位）、第二はマギストリッサ（マギストロス＝宮廷長官の妻ないし女性宮廷長官か、以下同様）、第三はパトリキッサ（パトリキオス＝貴族の妻）、第四はプロトスパタリッサ—オフィキアーリ（主席帯剣護衛の妻）、以下その他の高官の妻らである。

この後はじめてアルコンティッサ（オリガ）が宦官長と二人の衛士に導かれて（「ユスティニアノス（二世）の間《ま》」に）入室する。かの女の後に、かの女の親族のアルコンティッサたち、および主だったお付の者たちが続いた（すべて女性の随身）。宦官長がアウグスタ（皇后）に代わってかの女（オリガ）に質問する。オリガは再び隣の建物（スキラ）に移って腰を掛ける。

皇后は玉座から立ち上がり、黄金の間（クリュソトリクリン）のロビーを経て宮殿の「新館」を通り、皇后の居室に入る。その後アルコンティッサ（オリガ）が親族およびお付の者たちと共に、同じくユスティニアノスの間、黄金の間のロビーを通り新館に入り、そこでしばし休息する。さらにバシレウス（皇帝コンスタンティノス七世）がアウグスタ（皇后）およびその子らと共に着席すると、アルコンティッサが新館の間から呼び招かれ、皇帝の命で腰を下ろし、かの女は望む通りに皇帝と言葉を交わす。

同日、同じユスティニアノスの間で招宴が行われた。皇后とその嫁が先の席に着く。他方、アルコンティッサは傍らに立つ。宴席長が仕来りどおりにアルコンティッサら（オリガの親族の女性ら、さらにおそらくはビザンツ宮廷の高位の女性らも含む）を招くと、かれらは皇帝の前でうつ伏せの儀礼を行う。アルコンティッサ（オリガ）は（皇后らに対し）頭をやや下げ、規則通りに、その前に立っていた同じ場所の貴賓席に座る。この場には聖十二使徒教会および聖《ハギア》ソフィア聖堂の聖歌隊がおり、皇帝賛歌を歌う。劇場のあらゆる出し物も繰り広げられる。

同時に黄金の間ではもう一つの招宴が催されている。そこではルーシのアルコンたちのすべての使者、アルコンティッサ（オリガ）の随身、親族および商人たちが宴席に連なっている。招宴後かれらはそれぞれ金子を賜わる。アルコンティッサの甥は三十ミリアレシオン[d]、八人の随身は各二十、二十人の使者は各十二、四十三人の商人は各十二、聖職者のグレゴリオスは八、二人の通訳は各十二、スヴャトスラフ公の家臣[e]は各五、使者の従者六人は各三、アルコンティッサ自身の通訳は十五ミリアレシオンである。

皇帝が宴席を離れるとアリステテリオン（朝食の間）においてデザートが振る舞われる。ここにはペンタピルギオン（宝物の間）にあった黄金の小卓がおかれている。この小卓上に真珠や宝石で飾られたデザートの大杯が並べられている。

この席に着くのは皇帝（コンスタンティノス七世）、ロマノス（コンスタンティノス七世の子、後の皇帝ロマノス二世）、すなわち緋色の産室で生まれた（ポルフィロゲネトス）皇帝、同じく緋色の産室で生まれたかれらの子たち、嫁（ロマノスの妻テオファノ）およびアルコンティッサ（オリガ）である。ここでアルコンティッサに宝石で飾られた黄金の大杯に入れた五百ミリアレシオンが賜与される。かの女の六人の側近女性には各二十、かの女の十八人のお付の女性には各八ミリアレシオンである[f]。

十月十八日の日曜日、黄金の間で招宴が催された[g]。皇帝がロース（ルーシ）人らと席に着いた。さらにもう一つの招宴が聖パウロ教会のペンタクヴクレイオン（五室の間）で行われた。そこには皇后と緋色の産室で生まれたかの女の子ら、嫁およびアルコンティッサが席に着いた。アルコンティッサに二百ミリアレシオンが賜与された。かの女の甥には二十、聖職者のグレゴリオスには八、かの女の十六人の女性には各十二、かの女の十八人の端女（αἱ δοῦλαι）には各六、二十二人の使者には各十二、四十四人の商人には各六、二人の通訳には各十二ミリアレシオンが与えられた。

『儀典の書』第二巻第十五章要約注

［a］「ロースのエルガ」と記されている（τῆς Ἔλγας τῆς Ῥωσένης）。

［b］何年のことかは記されていない。この点は後述するように研究史上の問題となっている。

［c］このようにコンスタンティノスはオリガのことを「アルコンティッサ」（ἀρχόντισσα）と呼んだ。諸公（男性形）は「アルコン」（ἄρχον）である（第一人者、首長の意）。これは『原初年代記』九一二年のルーシ・ビザンツ条約文中にみえる「われらの光輝ある公」や「光輝ある貴族」たち、あるいは九四五年の条約文中の、大公イーゴリと並び記される「あらゆる公たち」や「かれの貴族たち」と同様の者を指すと考えることができよう。

［d］「甥」は従兄弟とも訳せる語（ἀνεψιός）。オリガの「甥」が具体的に誰のことをいうのかは不明。一ミリアレシオンは、Mazal, *Handbuch. S.257* によれば、一ソリドゥスの十二分の一の価値の金貨（ユスティニアノス一世治世）であるが、ほかならぬこの箇所につけられたG・G・リタヴリンの注では、金フントの千分の一の銀貨とされている。一応こちらに従いたい（*Drevniaia Rus' v svete*…II,s.146.prim.2)。

［e］複数名。何人かは不明。リタヴリンは五人と推測している（Litavrin, Sostav posol'stva Ol'gi. s.73）。

［f］この箇所には嫁への言及はあるが、皇后についてはない。

［g］リタヴリンの訳では「九月十八日」とあるが、これは誤植か誤訳。もし最初の接見が前述のとおり、九月九日水曜日であったとするならば、第二の接見が行われた九月十八日が日曜となることはありえない。ナザレンコなどはここを「十月」のこととしている。

コンスタンティノス七世はオリガ接見の様子をおよそ以上のように伝えている。われわれはここから実に多くの貴重な情報をひきだすことができる。なかでも重要なのは、オリガには多数の随身がおり、かの女が大使節団を率いていたことである。招宴を伴う接見は二度行われたが（九月九日と十月十八日）、最初の時に同行した者の総数は八十余名になる。同行者はそれぞれ下賜金を得ている。このことの意味については以下で検討するが、『原初年代記』の九五五年の項で、オリガの機智に感心した皇帝が「かの女に多くの贈り物、黄金と銀……を与えた」と表現されているのは、具体的には以上のごときことを指していたのかもしれない。またオリガとその直接の側近（二十四人）はその後のデザートの際に、再度特別の下賜金を下賜されている。こちらの者たちが上の人数に含まれているかどうかははっきりしない。もし含まれていないとすれば、使節団の総数は百十人近くに上る。[11] 二度目の接見の際に同行した者も百余人に上る。[12]

この百人を超える大使節団のなかでとくに注目に値するのは、一つには「アルコンらの使者」（ないし「代理」）（οἱ ἀποκρισιάριοι τῶν ἀρχόντων）と称される者たちで、二十人（二度目は二十二人）に上っていた。これは主にルーシ各地方権力の利害代表者であったと考えられるが、いずれにせよオリガの帝都訪問が政治、外交、宗教上の当時のルーシ国家全体の焦眉の問題解決のために計画実施された一大国家事業であったことが推測される。[13] もう一つ重要なのは商人（οἱ πραγματευταί）の多さである。こちらはもっと多く、四十三人ないし四十四人にも上る。当時のルーシがビザンツとの交易をきわめて重視していたことがうかがえる。

ところで既述のとおり、コンスタンティノス七世はオリガの帝都訪問については記述しながら、その「洗礼」に関しては一切言及していない。にもかかわらず、『儀典の書』がオリガの洗礼問題についての最重要史料の一つとみなされるのは、まさに皇帝のこの「沈黙」が何を意味するかが、研究史上の大問題となっているからである。

まずこの点から考えてみたい。研究者のなかには皇帝の「沈黙」に決定的な意味をもたせて、オリガは帝都を訪問したとき（あるいは少なくとも皇帝による接見ないし『儀典の書』執筆の時点で）、まだ異教徒であったと考える者がいる。異教国家の君主がキリスト教徒であったならば、皇帝は必ずやそれに言及したであろうと考えるのである。この場合には、たとえばオリガはこの後にもう一度受洗のために帝都を訪れたとするような見解につながる。あるいは、この「沈黙」はオリガが異教徒であることの決定的な証言とはならないにせよ、少なくともオリガがコンスタンティノープルで（あるいはコンスタンティノス帝の下で）受洗したことは否定していると主張される場合がある。この場合、オリガはすでに帝都訪問以前に、たとえばキエフで洗礼を受けていたなどとする立場につながる。

ビザンツ史学の泰斗G・オストロゴルスキーがまさにこうした主張をしているので、ここで手短にかれの見解をみておく。

オストロゴルスキーはオリガの洗礼に関し特別の論文を発表しているが[14]、そのなかで『儀典の書』を、多くの論者のように、「宮廷儀礼」の手引書としてのみ見ることは適切でないと主張する。それによれば『儀典の書』は基本的には手引書として規範的な性格を有するが（つまり個々の歴史的事象の記述を目的とした作品ではない）、内容的には雑多な構成をしており、その意味では箇所によっては規範的でもあれば、歴史的具体的な性格を有していることもある。とくにオリガ接見の箇所には「歴史的記録」という意味合いが強くでている。したがって一部の研究者のごとく、皇帝がこの書において、オリガの洗礼のごとき個別具体的なことには言及しなかったと考えるわけにはいかない。オストロゴルスキーによれば、皇帝がオリガの洗礼について記述しなかったのは、確かな理由があってのことであった。すなわち皇帝の「沈黙」は、オリガの洗礼自体ではなく、かの女がコンスタンティノープルで受洗したことを否定しているのである。皇帝がオリガに高い栄誉を与え、大いに歓待していることから判断して、オリガはキリスト教徒として皇帝に迎えられたと考えるべきであり、かの女はすでにキエフにおいて受洗していた（九五四／九五五年）と考えられるというのである。

本書の著者はこの問題でオストロゴルスキーの立場には立たない。皇帝の「沈黙」がことさらにオリガの洗礼地をコンスタンティノープルとする見方を否定しているようにはみえないからである。その理由のひとつに、『原初年代記』を含む他のほとんどすべての史料がコンスタンティノープルを洗礼地としていることがある。さらに、オストロゴルスキーの研究の意味は小さくないと考えるが、かれの立場では、後述するようなオリガのドイツ王への接触の事実を説得的に説明することができないように思われるからでもある。本書の著者は、オリガがビザンツ皇帝と何らかの原因があって対立した、あるいは少なくともかの女は帝国を訪問した際に何らかの不満を抱いて帰国した、そしてそのためにドイツ王への接触をはかったと考えている。オストロゴルスキーの考え方では、その対立ないし不満の原因が説明できなくなるのである。これについては後に立ち返る。

オリガの同行者中にグレゴリオスなる「司祭」のいることが何を意味するのかも問題となる。これがどのような人物であるのかは不明である。もしこの人物を、相当数の論者のようにオリガの聴罪司祭ととるならば、かの女が帝都訪問時にはすでにキリスト教徒であった（すでに自国で洗礼を受けていた）という可能性も考えられる[15]。しかしこれも後述するように、そう断定してよいとは思えない。そもそもかれをオリガの同行者とみる見方を否定し、ビザンツ帝国の官僚の一人とみる者もいるのである。ともかくもそれも含めてすべてが研究史上の問題となっている。

コンスタンティノス帝がオリガのことをエルガ（オリガ）とのみ記し、その洗礼名（ヘレナ、ルーシ流にはエレーナ）では呼んでいないことも、検討されるべき問題となる。

● オリガの帝都訪問の時期

しかしこの問題を含むその他の問題については、以下にあらためて検討することにして、その前にまずオリガがいつ帝都を訪れたかを考えておこう。『原初年代記』ではオリガが帝都へ行ったときに洗礼を受けたとされており、まずこの時期をはっきりさせておきたいと思うからである。

『儀典の書』によれば、皇帝によるオリガの接見は二度、「九月九日、水曜」および「十月十八日、日曜」に行われた。既述のとおり、そこには何年のことかは記されていない。ただコンスタンティノス七世在位期間中、この双方の日付と曜日の組み合わせが可能なのは、九四六年と九五七年だけであるという。ところでオリガの帝都訪問年について、諸史料の記述は一致していなかった。しかしこの点についてはコンスタンティノス七世の記述がもっとも信頼に値することが、諸研究者によりほぼ認められている。そこでオリガの帝都滞在時期としては、上記九四六年と九五七年のどちらがよりふさわしいかを考えればよいことになる。これについても意見はさまざまであるが、最近ナザレンコが他の諸史料も考慮に入れつつ詳細に検討し、九五七年がもっとも蓋然性が高いとする結論に傾いている。[16]かれの検討は詳細を極めており、ここでそれに立ち入ることは控える。しかしこの結論は諸研究の中でもっとも説得力をもっているように思われる。多くの研究者の見解とも一致する。本書もこの結論に従っておきたい。

● オリガの洗礼――時期と場所

さてオリガの帝都訪問年（皇帝により記述されたオリガ迎接の年）が一応九五七年と確定されたとして、次に明らかにされるべきは、かの女の洗礼の時期とその場所である。

既述のとおり、『儀典の書』にはオリガの洗礼についての言及はなかったが、他のいくつかの史料にはこれに関する多少の記述がある。『原初年代記』以外には、たとえば『プリュムのレギノ年代記、続編』(Regionis abbatis Prumiensis Chronicon cum continuatione Treverensi. 以下『続レギノ』と記す）が注目される。この『続レギノ』は、おそらくは九七三年以後に著わされた年代記で作者不詳であるが（一般には初代マグデブルク大司教アダルベルトの著である可能性が高いと考えられている）、それによれば、皇帝ロマノス（一世、二世のどちらであるかは記されていない）の治世に、コンスタンティノープルで受洗した「ルーギ」の女王「ヘレナ」の使者（Legati Helenae reginae

Rugorum）がドイツ国王オットー一世（在位九三六―九七三年、皇帝九六二―九七三年）の前に現れたという。この史料はルーシのキリスト教問題を考える際にきわめて重要であるので本章でも後に改めてみることにするが（二三九頁以下）、いまはヘレナ（ヘレナは既述のとおりオリガの洗礼名）がコンスタンティノープルで受洗したと明記されていることに留意しておこう。(17)

またなるほど時代はやや下がるが、ビザンツの年代記作者ヨハネス・スキリツェス（十一世紀後半）も、およそ次のように伝えている。すなわち、かつてローマ（ビザンツ）人に対し船隊を率いて攻撃してきたロースのアルコン（イーゴリのことであろう）の、エルガという名の妻が、夫の死後コンスタンティノープルを訪問した。（その地で？・）洗礼を受け真の信仰に身を委ねたかの女はその信仰にふさわしい名誉をもって迎えられ、その後、国へ帰って行った、というのである。(18)これと同様の証言は十二世紀の歴史家ヨハネス・ゾナラスにも見られるという。(19)

オリガの洗礼年と場所に関する主要な史料はほぼ以上のごとくであるが、この問題に対する研究者の見方は大きく三つの立場に分けることができよう。

大多数の研究者はいうまでもなく、コンスタンティノープル説である。ただその場合でもオリガの帝都訪問（したがってまた受洗）の時期や、洗礼を授けた皇帝が誰であるかについての考え方はさまざまである。皇帝名としては、すでに記されたが、コンスタンティノス七世や、ヨハネス・ツィミスケス、ロマノス（一世と二世の双方）などがあげられている。時期についても早くはロマノス一世治世（九四四年以前）とする説から、九四六年、九五五年、九五七年、遅くは九六〇年などとする説までいくつもある。洗礼に関するコンスタンティノス七世の沈黙の理由についても、既述のとおりたんに著作の目的（宮廷儀式の記述）からいって記す必要がなかったとする場合もあれば、皇帝とオリガ（というよりは当時のビザンツとルーシ）の間の微妙な関係をもち出して説明する研究者もおり、上記のオストロゴルスキーらの見解なども含め、実に多様である。

同じコンスタンティノープル説であるが、オリガが帝都を二度訪問したと考える研究者も多い[20]。そのうちD・オボレンスキーの見解をみておく。かれによれば、オリガは最初九四六年か九五七年に帝都を訪れた。このときかの女はまだ異教徒であった。コンスタンティノス帝がかの女の洗礼について記述しなかったのはその意味で当然であった。このときのオリガの目的は政治的、通商的なものであった。自身の受洗の意志の表明と高位聖職者派遣の要請も目的の一つにあったであろう。しかし交渉は失敗で、かの女は皇帝側から期待した譲歩を引き出すことができなかった。そこでオリガは九五九年にドイツへ使者を送り、司教の派遣を求めた。その間、ドイツから司教が派遣されてくる前に、ビザンツから、コンスタンティノス七世が死去し、ロマノス二世が即位したことを伝える知らせが届いた。オリガは新帝に期待をかけ、再度、九六〇年に帝都を訪問し、そのとき洗礼を受けた[21]。

オボレンスキーに代表される見解には納得させられる部分も少なくなく、きわめて興味深いものとなっている。帝都で受洗したとする点では通説的でもある。しかし二度も帝都を訪問したとするのは、当時の旅の困難性（しかも先にみたように相当の規模の随員を伴っていた）を考えるとやや不自然な感がする。厳しく言えば、コンスタンティノス七世の著書と『続レギノ』をつぎ合わせ、独自の推論を展開したに過ぎないといえないこともない。数ある仮説の一つと理解しておきたいと思う。考慮すべき点はまだまだあるのである。

オリガの洗礼地に関する第二の説はこれをブルガリアと結び付けて考える立場である。この説を最初に提唱したのは、十九世紀末のレオニード（カヴェーリン）といわれる。それによれば、オリガはドナウ・ブルガール（つまりブルガリア）の生まれで、すでにルーシ到来前に故郷で受洗していたという[22]。スラヴ化しつつあったブルガリアがルーシに先駆けてキリスト教化し、第三章でみたように、スラヴの使徒メトーディオスの弟子らの避難（定着）先となったという事実がこの説の背後にある。十世紀におけるキリスト教ブルガリアとルーシ間には盛んな交流があったことが推測されているが、それも重要な要因であろう。この説はその後ブルガリア人研究者V・ニコラーエフなどにより継承、展開されている[23]。これとの関連で、オリガの使節団一行のリストにみえる司祭グレゴリオスもブルガリア人とする主張があるが、かれについてはギリシア人説も、ラテン人（カトリック教徒）説もあり、すべてがあいまいな根拠に基づいていると言わざるをえないので、これ以上は展開しない[24]。

オリガをブルガリアと結びつける説は、それ自体としては根拠不十分と言わざるをえない。研究者であってこの説に与する者が多いとはいえない。ただそれはルーシのキリスト教化に際してブルガリアがはたした役割について改めて注意を喚起しているようにみえる。周知のように『原初年代記』やそのほかのルーシ史料にブルガリアに関する情報が極端に少なく、ときにルーシ知識人の「親ギリシア」、その裏返しとしての「嫌ブルガリア」的傾向の存在を指摘する研究者もいるほどである[25]。従来ともすると、ルーシへのビザンツ文化の影響は直接的であったと考えられてきたが、なかには逆に、ルーシの精神文化においてビザンツとの直接的接触やギリシア的要素は、ブルガリア経由のメトーディオス的伝統を核とする諸要素に比べて二義的であったと考える研究者もいることに留意すべきであろう[26]。この点について立ち入って論じる準備は本書の著者にはないが、今後の研究の課題の一つではあろう（この点については上掲F・J・トムソン論文（本章注（24））が現時点での説得力ある議論を展開しているが、それについては後に立ち戻りたい。第七章を参照）。

第三の立場はオリガの洗礼地をキエフとするものである。これはコンスタンティノープル説を批判する研究者の多くがとる立場である[27]。その際、場所をキエフとしながらも、時期については必ずしも研究者の見解は一致していない。ここでは先にもふれたが、すぐれた教会史家E・ゴルビンスキーの見解を見ておく。かれはこの問題のクロノロジーに関し、修道士（mnikh）ヤコフの著作（『ウラジーミルの追憶と頌詞』）の記述をとくに信憑性のあるものと考えて、オリガの洗礼はキエフで九五四年に行われたと結論づける[28]。すなわち、オリガは帝都に現れたとき（これをゴルビンスキーは九五五年のこととする）、すでにキリスト教徒であった。かの女は帝都を訪れる以前にキエフで受洗していたのである（それを九五四年とするのは、ヤコフがオリガは洗礼を受けて以後十五年間生きて、九六九年に亡くなったと記しているからである）。九五五年の帝都訪問の目的は聖地コンスタンティノープルをその目で見たいという個人的、信仰的なものであったとする。

以上がオリガの洗礼の時期と場所をめぐるおおよその研究状況であるが、これをふまえながらも、われわれは繰返しになるところも多いが、いくつかの基本的な史料に基づきながら結論として以下のように考えたい。

まずオリガがコンスタンティノープルを訪れたのは、コンスタンティノス七世の『儀典の書』と大多数の研究者、とりわけ最近のナザレンコに従って、九五七年（しかもこのときだけ）のことと考える。その際すでに記したように、オストロゴルスキーらの主張にも拘らず、皇帝がオリガの受洗について沈黙していることを根拠に、洗礼地をコンスタンティノープル以外の場所とするわけにはいかない。というのも、皇帝は自著において、とくにオリガ個人について記述するのではなく、かの女を含む外国からの賓客の迎接、その他の儀式の在り方について記すことを主要目的としていたと考えるからである。その著書の目的に沿って記述するなかで、かの女個人の洗礼に言及する必然性を必ずしも感じなかったともいえる。この問題は『儀典の書』のなかでのオリガの、というより新生ルーシ国のビザンツ外交全体において占める位置とも関係しているが、それについてはまた後述したい（本章、二五五頁以下）。ロシアの研究者には（たとえば上記ゴルビンスキーなど）、オリガの洗礼というロシア史上決定的に重要な事実について、もしそれが実際に帝都で行われたのであれば、皇帝が沈黙するはずがないと決めつけてしまう傾向がみられるように思う。だが皇帝はロシアについてのみ記述しているわけでも、またロシアを他国に比べて格段重要なものと特別視していたわけでもなかったことを考慮に入れるべきであろう。

オリガ一行に司祭グレゴリオスがいたことについてはどう理解したらよいのであろうか。上記ゴルビンスキーらのように、かの女はすでにキリスト教徒であった（つまりすでにキエフで受洗していた）と考えるべきであると思われるかもしれない。しかしいまだキリスト教が十分に広まっていなかったキエフにおいて、摂政とはいえ支配者が公然と洗礼式を執り行うには、教会や聖職者の組織が未整備であった。仮にひそかにそれを行ったとしても、露見すれば当然伝統的立場からの強い反発が考えられた（後述する息子スヴャトスラフの否定的態度を思うべきである）。そうした状況下で本国で洗礼式を強行することは危険ですらあった。おそらく司祭グレゴリオスの存在は、かの女の帝都訪問の目的の一つにすでに受洗が含まれており、その準備やビザンツ側との交渉があらかじめなされていたことの結果であったと考えたい。グレゴリオスはあるいはビザンツ側から準備のために前もって派遣され、一定期間オリガと行動を共にした聖職者であった可能性も考えられる。

コンスタンティノス七世がオリガを洗礼名の「ヘレナ」ではなく、俗名の「エルガ（オリガ）」と記述していることに注目して、かの女は帝都訪問時（正確には皇帝に拝謁したとき、ないし皇帝による『儀典の書』執筆の時期）にはいまだ異教徒であったと考える研究者もいる。[29] もしこの推測が成り立つようであれば、オリガは九五七年ではなく、その後のある時点で（たとえば次のロマノス二世単独皇帝期にもう一度帝都を訪れて）受洗したという可能性もでてくる。この場合は先にふれた帝都二度訪問説となる。

この点も今日にいたるまで繰り返し問題とされるところではあるが、オリガがこの時点で非キリスト教徒であったことを示す決定的な論拠とはなりにくい。『儀典の書』は、すでに述べたように、異国の賓客を迎接する際の儀式についての記述を目的とした公式的意味合いの強い著作と考えられるが、それにもかかわらず、異国の君主名を洗礼名で記さなかったことにそれほど大きな問題があるようには見えない。国家としていまだ異教段階にあった故国で呼ばれていた名（その意味で自称）をそのまま採用したと考えるほうが自然に思われるからである。[30] 現にこうした事例はほかにもあり、たとえばヨハネス・スキリツェスはオリガがキリスト教徒であることを知りながら、やはり「エルガ」と記し続けている。かれは後のキエフ大公ウラジーミルが受洗後バシレイオス二世の妹アンナと結婚したことをめぐる記述においても、ウラジーミルをそのまま俗名で記し続けている（ウラジーミルの洗礼名はヴァシーリーであった）。またブルガリアのボリス公（洗礼名はミハイル）についての記述においても同様であったという。[31]『儀典の書』がスキリツェスの著述とは異なって、公式的な性格をもつということを考慮にいれたとしても、前者がオリガのことを洗礼名で記さなかったことをそれほど問題にする必要はないと考える。ちなみにコンスタンティノスが『儀典の書』の当該箇所でオリガのことを「エルガ」と記すのは三度だけである。[32] 基本的にはアルコンティッサ（公女）と呼んでいた。このあたりにも、皇帝が「エルガ」という呼び方にそれほどこだわっていなかったことが示されているかもしれない。さらに加えて、キリスト教受容後のルーシでも最初期（十一世紀初頭まで）においては、諸公を洗礼名ではなく俗名で呼び続け、むしろそうした俗名（公としての呼び名）こそが公式的な呼び方であった可能性すら指摘されている。たとえば、最近発見されたウラジーミルの子ヤロスラフ（賢公）のノヴゴロド公時代の印章は、表面には「ルーシの公、ヤロスラフ」とあり、かれの洗礼名ゲオルギーは裏面に刻まれているにすぎないという。[33] もしそうであるならば、オリガも帝都訪問時には、洗礼後も自らを公式的にオリガ（エルガ）と名乗り、コンスタンティノス七世もそれに従った、という可能性もでてくる。

オリガの洗礼地がコンスタンティノープルであることは多くの史料が記すところでもあった。これをあらためてまとめておくと、ロシアの史料では『原初年代記』、修道士ヤコフの『ウラジーミルの追憶と頌詞』がそうである。ビザンツ史料では、上の『儀典の書』はともかくとして、スキリツェス、ゾナラスなどがそうであった。すでに記した西方史料『続レギノ』などもそうであった。これに対しキエフをその地と明記する史料は事実上ないと言ってよい。史料的にみてオリガの洗礼地がコンスタンティノープルであることは否定しがたいのである。

●帝都訪問の理由・目的

以上にオリガの帝都訪問の時期および受洗の場所と年代について一応の結論が得られたが、つぎに問われるべきは、かの女の帝都訪問の理由ないし目的であろう。いったいオリガは何ゆえ、あるいは何のために帝都を訪れたのか。

オリガがこの訪問の際にコンスタンティノス七世のもとで洗礼を受けたとするならば、洗礼自体が大きな目的であったことは十分に推測できる。最大の目的であったと言ってもよいかもしれない。もし訪問するまでは異教徒であり、にもかかわらず司祭を同行していたとするならば、かの女には洗礼への意志がすでに固まっていたと考えてもよいであろう。その際オリガが事実上の君主としてルーシ国家のキリスト教化をも同時に志向したかどうかについては、何とも言えない。ソヴィエト時代には、キリスト教は封建国家のイデオロギー的基盤という側面が強調される一方、オリガ時代のルーシは社会・経済的に未発達で、国家としてキリスト教を受け入れる段階になかった、そうした条件（社会の封建化および国家統合の進展）ができるのはウラジーミル公治世であったとされてきた。オリガ期からウラジーミル公による「ルーシの洗礼」の時期までわずか三十年余であるので、両時代の社会経済発展の差異をこのように決定的なものととらえるのはもちろん正しくなかろう。またそれ以上に問題なのは、主観的意図（洗礼の決意というような）と社会政治的条件とをストレートに結びつけるような考え方であろう。いずれにせよ、まさにウラジーミル公治世にルーシ全体のキリスト教化が可能となる条件（前提）ができあがったとされてきた。こうした立場からすれば、オリガにはそうした志向などなかった、あるいは仮にあったとしても機が熟していなかったとされることになる。[34] ルーシのキリスト教化については、支配者としてのオリガやウラジーミルの個性（思想やその行動様式）、その時々の国際環境、とりわけ国内の政治状況などを、つまりは社会経済的というよりは、宗教政治的な条件を考慮に入れなければ理解することはできないと考えるが、これについては指摘するにとどめておく。

ともあれオリガ自身の洗礼が帝都訪問の目的の一つに入っていたことは否定できない。ただそれのみが目的であったとするわけにはいかない。オリガは摂政とはいえ、一国の支配者であった。かの女にはその立場からの目的があったと考える必要があろう。国家としてキリスト教を受容することも、可能であればもちろん最大の目的となったであろう。しかしそのためには国内のとりわけ政治的な条件が整っていなかった。息子のスヴャトスラフとその従士団などエリート層の相当部分にまだ新宗教に対する反感が強かったことがおそらくは決定的であった。したがって、オリガが望みえたのはせいぜい個人的な洗礼であった。しかし支配者としてかの女は自身の洗礼を通じて何らかの国家的な目的の実現を志向したと考えるべきであろう。あえて言うならば、それこそが主要な、そして秘められた（今日明確にしがたいという意味で）目的であった。

ここにいう主要な目的とは、具体的には、オリガ一行（使節団）の構成からうかがえるように、広い意味での政治的、また通商的なものであったであろう。既述のとおり、かの女の使節団にはルーシの支配階層に属す者が多く含まれていた(地方諸公から派遣された二十人、ないし二十二人の「使者(ないし代理)」)。商人も四十三人ないし四十四人が入っていた。

オリガの使節団がとくに何を求めていたかについての記述はないが、推測することは可能である。当時ルーシが大帝国ビザンツとの間にできる限り有利な条件での通商関係を樹立しようとしていたことは確実に推測できる。ルーシは既述のとおりすでに少なくとも二度帝国との間に条約を結んでいたからである（九一一年とオリガの帝都訪問直前の九四四年である）。そこに認められる若干の「不利」な条件をかれらが変更しようとしていたことは十分に考えられる。たとえば帝都に入城を認められる商人数は五十人に制限されていた。制限は撤廃されるべきであろう。またルーシ商人は城壁外（の聖母教会のそば）に居を構えることとなっていた。城壁内への居住が認められるべきである。かれらは越冬も認められなかった。初夏に来ても初秋には帰国せざるをえなくされていた。買い付ける錦の量も制限されていた。これらも撤廃すべきであろう（『原初年代記』九四五年の項)。おそらくオリガの使節団の要求のなかにこうした点が含まれていたことはたしかと考えられる。

政治外交的に帝国との関係を改善したいという欲求も当然考えられる。当時の両国関係が一般的にどのようなものであったかについては後述するが、ルーシは当時帝国にしばしば兵員を派遣していた。言うまでもなく帝国側からの要請に従ってのことである。九四九年の帝国軍のクレタ遠征には（これは失敗に終わった）ルーシ兵が六百二十九人加わっていたと伝えられる。またバルダス・フォーカスによる九五四年のアラブ要塞ハダートの包囲に際しては、ビザンツ軍中にブルガール人、アルメニア人に交じってルーシ人も入っていた。翌年にはニケフォロス・フォーカスも同要塞を包囲したが、その軍中にもブルガール人と並んでルーシ人がいたという。[35] ここには当時の両国関係のありようが垣間見えているが（帝国は北方に新たに出現したルーシの軍事力を外交手段を駆使してなんとか利用しようとしているのである。当然ルーシ側は多額の見返りを要求したことであろう）、それはともかくとして、こうした関係からルーシ側は、報酬としての金品の要求から、支配者間における姻戚関係の樹立の要望にいたるまでさまざまな要求をビザンツ側に突き付けていたと考えられるのである。

●ドイツ王への使節派遣――『続レギノ年代記』の記述をめぐって

オリガの帝都訪問の目的について考える際にとくに重要なのは、かの女がキエフへ戻った後の九五九年に、ドイツ王オットー一世のもとへ使節を派遣したと西方の史料で伝えられていることである。当時のドイツ・ビザンツ関係が必ずしも良好でなかったことを考えると、オリガのこの動きはやや不可解なものにみえる。はたしてオリガは自らビザンツ皇帝と会見した直後にドイツ国王との接触をはかることにより、何を目指そうとしたのであろうか。この問いはおそらくオリガの帝都訪問とその地における受洗の目的と意味についていま少し具体的に考えさせるきっかけになると思う。

順を追ってみていこう。

オリガのオットー一世への接触の試みについて伝えるのは、すでにふれた『続レギノ年代記』である。それゆえ、この記述を少々詳しく見ておきたい。

プリュム（トリーアのやや北）の修道院長レギノ（Regino Prumiensis、九一五年没）の年代記はフランスおよびドイツの初期中世史に関するよく知られた史料である。それは九〇六年までの記述を含むが、九〇七年から九六七年までの続編がここに関係する。続編の著者は不詳（アノニムス）であるが、今日ではほぼ初代マグデブルク大司教アダルベルト（九六八―九八一年在任）であろうと考えられている。ナザレンコによれば、続編は九七三年以後に書かれたと推測される。アダルベルトはマグデブルク大司教となる前の九六一年から翌年にかけてルーシへ布教司教として派遣されたことで、ロシア史研究者にもよく知られた人物である。そのかれの記述がここで問題となるのである。オリガによるオットー一世に対する使者の派遣とそれに続く司教アダルベルトのキエフ訪問について、『原初年代記』などロシア史料は一切ふれていないので、『続レギノ』の記述はいっそう重要になる。ナザレンコの訳によりながら、以下に関連部分を引用する。（（　）は露訳原文。［　］は訳者の説明ないし補足である）。

「九五九年。（国王オットー一世はスラヴ人に対する遠征に再度出立した。）[a] ルーギ［ルーシ］の女王ヘレナの使者が王［オットー一世］の前に現れ、かれらの民のために司教と司祭を任命［し派遣］するよう要請した。女王はコンスタンティノープルにおいてコンスタンティノープル皇帝ロマノスの治世に洗礼を授けられていた。要請は後に明らかになるように、偽りのものであった」。

「九六〇年。王は主の降誕祭をフランコノフルド［今日のフランクフルト・アム・マイン］で祝った。その地で聖アルバン修道院のリブティウスが尊敬すべき［ハンブルク―ブレーメン］大司教アダルダグスによりルーギの民の司教に叙階された」。

「九六一年。リブティウスがこの年の二月十五日に没した。その前年［に予定されていたルーシへ］の派遣は何らかの理由で遅延し、実行されていなかった。［マインツ］大司教ヴィルヘルムスの助言と推薦によりかれの職務を代わって引き継いだのは、聖マクシミン修道院のアダルベルトゥスである。かれは大司教からよりよき知らせを期待しており、またそれ以前に大司教の前にいかなる過失も犯したことがなかったが、かくて異境の地へと向かわなければならなくなったのである。敬神の念篤き国王は、かれを厳かにルーギの民のための［司教に］任命したあと、常のごとく大いなる憐れみをもってかれに必要となるものをすべて与えた」。

「九六二年。この年、ルーギ人のための司教に任命されたアダルベルトゥスは、自らがそのために派遣されたことを何一つ達成することなく、自分の努力が徒労に終わったことを知って帰国する。帰国途上、かれの［同行者のうちの］何人かが殺害された。かれ自身も幾多の困難にあい、かろうじて窮地を脱した。王［オットー二世のこと[b]］のもとに帰着した［アダルベルトゥスは］憐れみをもって迎えられ、神に愛される大司教ヴィルヘルムスは、かれ自身が推進した［アダルベルトゥスの］遠方への旅のはなはだしい苦難の埋め合わせとして、かれ［アダルベルトゥス］に財産を供与し、さらにあたかも兄弟が兄弟になすがごとくに、あらゆる便宜をはかってやった。［ヴィルヘルムスは］かれを保護するために皇帝［イタリア遠征中のオットー一世］に書簡を送りさえした。［アダルベルトゥス］は皇帝の帰還を宮廷で待つよう指示をうけた」。

「九六六年。皇帝は主の降誕祭をコロニア［現ケルン］で祝った。その地でかれはロータリンゲン王国の国事を自らの裁量で行っていたのである。ヴァイセンブルク修道院長エルカンベルトゥスが物故した。皇帝は［後任の］修道院長として修道士らに選出されたアダルベルトゥスを任じた。［以前］ルーギ人のための司教として任じられたことのある人物である[36]」。

『続レギノ年代記』九五九―九六六年への注

（a）九五七―九六〇年、オットー一世はポラーベン人、すなわちエルベ・スラヴ人と戦っている。

（b）オットー二世の父、オットー一世は前年イタリア遠征に出立していた。一世は九六二年二月二日、ローマで教皇ヨハネス十二世より皇帝に戴冠された。息子のオットー二世は九六一年五月、共同国王として戴冠され、マインツ大司教ヴィルヘルムスの庇護のもとに父王不在中のドイツ統治を委ねられていた。父の死後九七三年より皇帝（―九八三年）となる。

以上が『続レギノ年代記』のオリガ期のルーシに関連する記述である。[37]

ここに記されていることは、すでに指摘したように、『原初年代記』などロシアの史料ではまったくふれられていない。それがなぜであるのかは重要な問題であるが、それについては推測するほかない。後代のルーシの正教会当局は言うに及ばず、正教徒の修道士である年代記作者が、オリガの西方（カトリック）教会への接触という事実に戸惑い、これに言及することを躊躇したのかもしれない。いずれにせよ、ロシア史料の沈黙はこの『続レギノ』の重要性をさらに高めるものとなっている。

『続レギノ』の記述によれば、「ルーギ」の女王ヘレナ（オリガの洗礼名。ロシア語ではエレーナ）はコンスタンティノープルで「皇帝ロマノス」のときに洗礼を受け、さらに九五九年にオットー一世のもとに使者を派遣して、司教と司祭（聖職者）の派遣を求めたという。年代記の著者がここで「コンスタンティノープル皇帝」と表記して、「ローマ皇帝」としていないことは興味深い。東西の両皇帝の間に、本来ただ一人しかいないはずの「ローマ皇帝」のタイトルをめぐって対立があったことと関係があろう。またここでは皇帝ロマノスが一世であるのか、二世であるのかは明記されていない。既述のとおり、本書の著者はオリガの洗礼を九五七年のことと考えている。したがってここでの「ロマノス」は二世と考える。ロマノス二世が単独皇帝であったのは九五九―九六三年であるが、九四六／九四七年以来、父コンスタンティノス七世と共同皇帝であったので、一応の説明はつく。

さてオリガの所望したルーシの司教に最初に選ばれたのはリブティウスなる人物であった。かれについてはここに記されている以上のことは知られていない。いずれにしてもリブティウスはルーシへの出立が何らかの原因で遅れている間に他界する。代わって任命されたのは、トリーアのマクシミン修道院修道士アダルベルト（アダルベルトゥス）である。かれを推挙したのはマインツ大司教ヴィルヘルム（ヴィルヘルムス、オットー一世の婚外子）である。年代記の記述からは、アダルベルトがルーシへの司教としての任命に不満を感じていたことがうかがわれる。アダルベルトは当時、聖ベネディクトゥスが始めた修道院改革運動に熱心だったといわれ（マクシミン修道院は改革運動の中心のひとつであった）、僻遠の地における布教活動にはあまり情熱（ないし魅力）を感じなかったのかもしれない。

いずれにせよ、アダルベルトはそのルーシへの布教の旅については多くを語らなかった。少なくともかれが書いたとされる『続レギノ』は、かれがキエフでどのように迎えられたのか、キエフでいったい何があったのかについては記していない。ただかれが「何一つ達成することなく、自分の努力が徒労に終わったことを知って帰国する」と記されていることから、布教活動が失敗に終わったことは明白である。帰路、かれの同行者の何人かが「殺害され」、かれ自身命からがら帰国をはたしたことも伝えられる。年代記作者が、オリガの要請が「偽りのものであった」と記すのは、こうしたことに関係すると考えられるが、「偽り」が具体的に何を意味するのかは推測するほかない。そのころ成年を迎え、統治に関与（あるいは統治権を要求）し始めたスヴャトスラフ公（ら反キリスト教勢力）による弾圧があったと推測する研究者が多いが、それを直接裏づける史料はない。他方、これらがキエフで起こったとは記されていないので、「苦難」が帰路の長旅に伴うなんらかの事故であった可能性も考えられなくもない。またアダルベルト自身もキエフで生命の危険にさらされたかのように記す研究者もいるが、それにも確かな根拠があるわけではない。(38)

さて次に、オリガの西方ドイツ王への接触の動機であるが、どのような理由で、また何を目的としてかの女は使節を西方へ派遣したのであろうか。

研究者の多くは、オリガがドイツ王に接触をはかったのは、かの女がコンスタンティノープルで求めて得られなかったことをドイツ王に期待したからだと考える。この捉え方は正しいように思われる。つまりは、オリガのドイツ王への使節派遣の動機ないし目的は、かの女のコンスタンティノープル訪問のそれと直接的に関連していたと考えられるのである。具体的には、『続レギノ』にルーシの使節がドイツ王に「司教および司祭ら」の派遣を要請したと記されているように、オリガはビザンツで主教を求めたが与えられなかったとか、主教ではなく大主教を求めたのだとか、さまざまな推測がなされている。主教を求めても得られなかったというのは不思議な感じもするが、たとえば、V・T・パシュートは「ルーシにキリスト教を導入する」（ルーシのキリスト教化）というオリガの志向そのものがビザンツから拒絶され、そのためドイツ王に接触したと考えている。ルーシにキリスト教化はまだ早すぎるとみなされたということであろう。[39] しかしながらビザンツがルーシのキリスト教化自体に反対したとは考えにくい。パシュートはビザンツ政府がルーシをいまだ「大いなるキリスト教諸列強の序列」に連なる資格がないと考えたかのように記すが、その序列にも上から下までさまざまな位置があったわけで、そのいずれにもふさわしくないと考えたとは思われないからである。むしろ帝国としては、ここですげなく拒絶するのではなく、何らかの形でルーシ側の要請に応じるような方策を取ったほうが外交上好ましかったであろうと考えられる。[40]

またオリガが将来のルーシに自立的な教会組織を望んだが拒否され、そのためにドイツ王（とドイツ教会）へ接近したと主張する研究者も多い。[41] ラーポフにいたってはさらに大胆に、オリガがオットー一世の帝国教会政策、つまり教会を国家の主導下におく政策に魅せられたとすら考えている。[42] もし本当にそうであるならば、摂政としてのオリガの慧眼には、将来の課題を先取りしているという意味で驚嘆すべきものがあったといえるかもしれない。しかし後述するようにこれはやや非歴史的な見方であるように思う。またオリガのドイツ王との接触は、ビザンツ側に圧力をかけるための一種の外交上の駆け引きであったと考えられる場合もある。つまりオリガは、コンスタンティノープルが教会行政上、ないしその他の問題でルーシ側の期待に応えようとしなかったことで、ドイツへの接近をはかり、ビザンツ側から譲歩を引き出そうとしたというのである。本書の著者にとってはむしろこちらの方が現実的に思える。[43] これについては後に改めて考えたい（二六〇頁以下、とくに二六四頁を参照）。

以上にみた諸研究者が『続レギノ』の記述を全面的に肯定したうえで議論していることを批判する者もいる。こうした批判は、ルーシ・ビザンツ関係の親密性を強調する研究者から出されることが多い。本書の著者はこうした批判は当たらないと考えるが、一応紹介しておく。それによると、オリガがドイツ王に接近し、司教のルーシへの派遣を求めたことなどはそもそも事実ではないという。いわば『続レギノ』の記述の信憑性を否定する見方である。たとえば、教会史家A・V・カルタシェフは、「ルーシの使者」を称する者たちの話は「まったくのフィクション」で、かれらは私利を図る冒険主義者にすぎなかったという。[44] またB・Ia・ラムは、これらの使者を、キエフでの苦い体験を根に持つアダルベルトが、自らの行為を正当化しようとして捏造したものとみている。[45] もちろんすでに記したようにそうした可能性も排除することはできないが、これらが慎重さを欠いた議論であることはたしかである。少なくとも、たとえば、アダルベルトの記述の信憑性を疑うならば、かれとかれの著述の全体、また執筆の意図や状況について（さらに当時の国際状況なども含めて）十分に検討したうえで結論を出すべきであろう。そうした手続き抜きの議論は乱暴で、その後のカトリック勢力の攻勢に強い警戒感を抱いた民族主義の時代の歴史家たちの、外国とくに西方諸国に対する敵対心や過度の「恐れ」に通じるものを想起させる（この点はソヴィエト時代に一層強められたが、ただ『続レギノ』の信憑性を真っ向から否定する研究者がソヴィエト期であってもそれほどいたようにはみえない）。かれらはいわば西方諸勢力が自分たちをギリシア（ビザンツ）文明圏から引きはがそうとしたと感じたのである。こうした感覚では、東西両教会の関係がまだ流動的であった時代のオリガの行動を正確に理解することはできないだろう。

同じくルーシ・ビザンツ関係の親密性を強調しながら、これとは異なってオリガが使者を送ったことを事実として承認する一方で、かの女の目的が司教派遣要請などではなかったことを主張する立場もある（では何を求めたのかは、史料に記述がない以上、推測することができるだけであるとする）。この場合は、ルーシ側の意図がどこにあったにせよ、むしろオットー一世の側が司教の派遣を望み提案したとする。オットー一世がルーシ使節の到来を好機ととらえて、ルーシへの布教と影響力の拡大をはかったと考えるのである。かくてアダルベルト派遣は、ドイツ側のカトリック布教、勢力拡大の野望の強さを表すものであったということになる。こうした見解も早くから出されていたが[46]、これもロシアが最初から一貫して揺らぐことのない正教国であったとする立場に固執する、上記と同類の非歴史的見解と言えよう。

本書の著者の考えでは、オリガのドイツ王への使者派遣にかかわる一連の動きをかの女自身とルーシのキリスト教化に関連させて考えること自体は間違いではない。ただこの場合問題は、それのみに関心を集中させると、他の諸要素に注意が行かなくなることにある。後述するように、オリガにはルーシのキリスト教化をめぐる問題以外においてもビザンツと対立するところがあったようにみえるからである。従来の研究者はほとんどの場合において、これを教会行政上の問題とのみ考えて、あたかもビザンツとルーシに、ルーシのいまだ成立してもいない教会組織をめぐって重大な齟齬が生じ、そのためにオリガがビザンツおよび正教会との関係を断ってドイツおよびカトリック教会へなびいたかのごとき錯覚に陥っていたようにみえる。もちろんこうした教会問題にかかわるなんらかの行き違いのあった可能性を完全に排除することはできない。とりわけ、キリスト教化ではルーシに先行したブルガリアの例を想起するならば、そういえる。しかしそれ以外の問題点にも留意すべきであるように思う。

ここでやや回り道になるが、キリスト教化の問題におけるブルガリアの場合を少々みておきたい。

ブルガリアのボリス公（王）の洗礼（八六四／八六五年）、その臣民のキリスト教化は最終的にビザンツ帝国とその教会の指導下に行われた。その際、公の受洗前後に、かれが東フランク王ルードヴィヒ二世（ドイツ人王）、ならびにローマ教皇ニコラウス一世に接触をはかり、ブルガリアのキリスト教化をめぐって本国内においてのみならず、ビザンツ、ローマ、東フランク国家との間で複雑な駆け引きが行われたことはよく知られている。ビザンツからキリスト教を採用した場合、同国が宗教的のみならず、政治的にも帝国に従属するようになることをボリス公が心底恐れていたことは確かであろう。それを何とか免れようとしてのフランク王や教皇庁への接近であった。フランク王も、ローマ教皇もボリス公の危惧を察し、これに積極的に対応（あるいは利用）しようとしたことが知られている。ニコラウス一世にいたっては、ボリスからの教会組織や生活に関する百項目を超す質問に対し丁寧に答えたが、その書簡は今日にまで伝えられている（ボリスの質問書簡は残っていない）。この教皇書簡から、ボリスがたんなる外交的ポーズからではなく、実際に自己の教会をローマ教会に所属させようと考えていたことがうかがわれる。(47)

ただオリガ期におけるルーシの洗礼について検討する際に、ブルガリアの事例を参考にすることはよいとしても、それは慎重に行う必要があることもたしかである。両国のおかれた状況を考えると、多くの研究者のように、これをまったく同様に考えてよいとは思えないからである。とくにルーシはブルガリアと違い、ビザンツ帝国と境界を接することもなく遠方の地であった（問題となりうるとすれば、当時ビザンツの支配下にあったといってよいクリミアや黒海北岸に限定されよう）。教会組織上においても、いわんや政治的には、ルーシは帝国の直接的支配を恐れる必要はさほどなかったのである（後述第九章補論1参照）。ブルガリアの場合は、ボリス公以前の時代からすでに帝国との和戦両面での接触が濃密であり、ビザンツからのキリスト教の影響も早くに始まり、しかも強かった。政治的、精神的両面での独立喪失の危険性は格段に高く、現にブルガリアはやがて帝国に吸収されてしまう。これにたいし、ルーシはオリガ時代になっても依然として異教社会であり、キリスト教化の程度は高くはなかった。支配層もオリガを除き、子のスヴャトスラフにみられるように、依然として反キリスト教的であり、オリガ自身の洗礼も個人的、非公式的に考えざるをえなかった。こうした状況下で、いまだ展望さえ描けない将来のルーシ教会の組織問題を中心に据えての議論（主教ではなく大主教、あるいは総主教をすら求めたとしたり、コンスタンティノープルからの自立を求めてカトリック陣営に接近したというような）はルーシのおかれていた状況を顧みない、やや先走った（その意味で非歴史的な）議論であるように思われる。

また、もしオリガがビザンツに失望して、ドイツ国王ないしドイツ教会に接近したと仮定したとしても、ドイツがビザンツ以上にルーシ教会に自立性を与える保証などまず考えられない。ドイツの事情について、オリガのルーシがまったく無知であったとも考えにくい。この意味ではかりに接近するならローマ教会の方がよかったと思われるが、オリガがローマへ接近したとする史料（情報）はまったくない。このようにドイツ教会とローマ教皇庁とは区別して考える必要があろう。しかしいずれにせよオリガが将来のルーシ教会の所属先としてドイツ教会を望んだとするわけにはいくまい。既述のようにラーポフなどはオリガがオットー一世の教会管理政策に惹かれてかれに接触をはかったと主張したが、これなどはまさに当時のルーシの現実を考慮していないという意味で、非歴史的な議論といってよい。以上のことからすると、ルーシをブルガリアとの直接的アナロジーで考えることには慎重であるべきであるように思う。

なおオリガのドイツ王への接近を、一つのキリスト教世界の形成を目指す「キュリロス・メトーディオス的伝統」に沿ったもの、つまりオリガが東西両教会の和合をはかったと考える研究者もいるが[48]、これなどもルーシにおけるスラヴの使徒の伝統を強調しすぎているのみならず、同じく当時のルーシがおかれた状況を考慮に入れていない点で、これまた非歴史的な議論である。本書では先にキュリロス・メトーディオスがルーシをも含むスラヴ圏を広く視野に入れて活動していた可能性のあることを指摘したが（第三章）、だからといって、この段階でオリガの側にそうした認識があったとは考えにくい。またこれもすでに記したとおり、八八五年のメトーディオスの死後その弟子たちがモラヴィアを追われ、ボリス公の歓迎を受けてブルガリアに安住の地を見出したが、ルーシにおいてそうしたスラヴの使徒との直接的関係があったことは知られていないのである。ルーシとブルガリアはここでもやや異なった状況にあった。

ところで、オリガがブルガリアのボリスと異なって、ローマ教皇には接触をはからなかった点について、フランスの歴史家J-P・アリニョンがとくに問題としているので、それについて一言しておきたい[49]。アリニョンによれば、新司教座の創設はローマ教皇庁の専権事項であった。オリガはそれを知りながら、わざわざドイツ国王（とその教会）のみに働きかけた。これはオリガにそもそも真剣にカトリックの司教を求める意図のなかったことを示している。ではオリガの目的は何であったか。オリガは宗教的ではなく、おそらくは通商条約の締結という経済的な目的を抱いて西方へ目を向けた。一方、オットー一世側はオリガからの使節の到来を好機ととらえ、アダルベルトを司教としてキエフへ派遣したが、それは九五一年以来皇帝の称号の獲得を目指していたオットーが、シャルルマーニュ大帝以来の「皇帝としての諸特権」を事実上行使している姿をローマ教皇側に誇示したいと考えたからであった。かくしてアダルベルトの派遣を、ルーシ側のイニシアティブに帰すことは正しくない。アダルベルトが喜んでキエフに向かったのでもなく、またルーシ側にかれを歓迎する意向のなかったことも、こうした事情から説明できる。アダルベルトの使命は、そのころキエフで政治状況が急変したこともあって（スヴャトスラフによる権力掌握）、成果を生むことなく終わった。

アリニョンの見解は、オリガのルーシが、百年前のボリス公のブルガリアの場合と異なって、ローマ教皇庁に接触しなかった理由に着目していて、たいへん興味深い。しかしこれには、ナザレンコの強い批判がある[50]。

批判のひとつは、オットー一世には司教叙任権がなかったので、ルーシへの新司教の任命（九五九年）に際してはローマ教皇の裁可を仰ぐ必要があったとされている点にかかわる。ナザレンコによれば、ルーシ新司教に予定されていたリブティウスに按手礼を行ったハンブルク・ブレーメン大司教アダルダグスは、北部ヨーロッパ地域において新司教を叙任（司教区設立）する権限（ius ordinandi）をすでに教皇（アガペートゥス二世、九四六―九五五年）自身から与えられていたという（Adam Bremensis の証言）。オットーは教皇よりハンブルク大司教に与えられたこの新司教叙任権（それは次期教皇、ヨハネス十二世（九五五―九六四年）によっても撤回されていない）を根拠にルーシ司教区を設立することができたという。これは皇帝の称号を志向するオットー一世の教会政策にも合致していた。現に王は、すでに九四八年頃に五つの新司教区を設置していた。ドイツ王国内のスラヴ人地域に二（ハーヴェルベルクおよびブランデンブルク）、デンマークに三（シュレスウィッヒ、リーベ、アールフス）である。その際、教皇庁の関与がうかがわれるのは最初の二つだけで（それも教皇の裁可云々ではなく、教皇特使の「助言」により、とされている）、他の三司教区については、ルーシ司教区の場合同様、教皇の関与はみられない。オリガは、西方における教会・政治状況に十分に通じたうえでドイツ王に接触したと考えられる。かの女はドイツ国王が新司教区設立の権限のみならず、それを現実化する実力をも兼ね備えていることをよく知っていた。オリガは、ハンブルク大司教（アダルダグス）のデンマークでの活発な布教活動に関し、スカンディナヴィアからの到来者（本来の「ルーシ」、かれらはデンマークなどの事情に詳しかった）を通じて熟知していたのである。

またアリニョンは次の事実を考慮に入れていない。すなわち十世紀中葉のローマ教皇庁は、それ以前のローマとは異なる状況下におかれていた。九世紀中葉のニコラウス一世の時代には、ローマはコンスタンティノープルとブルガリアのキリスト教化をめぐって指導権争いを演じた。またヨハネス八世はモラヴィア・パンノニアの自立的大司教座の設立をめぐって東フランク王ルードヴィヒ・ドイツ人王およびバイエルン司教と激しく対立した。ところが十世紀に入るとローマ教皇庁の権威は低下し、ヨハネス十二世にいたってはロンバルディア諸公と北イタリア王ベレンガル（ベレンガリオ）二世との間を右往左往するありさまであった。もはやドイツ王と対峙することも、遠くキエフのことまでを慮る余裕もなかったのである。かくてオリガがローマではなくドイツ王に接触を図ったことを理由に、そこに真剣な宗教的動機がなかったとするわけにはいかない。そもそもオリガがもっぱら経済通商的な目的からドイツへ使節を派遣したとする根拠も薄弱である。ナザレンコはこのようにアリニョンを批判したのである。

以上オリガのドイツ王への使節派遣の動機（目的）に関する史家のさまざまな立場を見てきた。いずれも問題解決のためには十分に納得できるものではなかったように思う。では結局のところこの問題はどう考えればよいのであろうか。

●帝都におけるオリガの不満

本書の著者としては、オリガのドイツへの使者派遣には、先にも記したように、かの女のビザンツ皇帝とのあいだにみられたある種の行き違いが絡んでいたと考えている。それも将来のルーシ教会の組織をめぐる問題においてというよりは（教会問題では大きな対立はなかった）、より政治外交的な諸論点にかかわる行き違いが背景にあったと考える。

まず九五七年の帝都訪問がオリガにとって（皇帝にとってもだが）満足のいくものでなかったことは、『原初年代記』の次の記述からもうかがえる。年代記作者は、九五七年にかの女がビザンツからキエフに帰着した後のこととして、次のように伝えている（年代記はそれをすべて九五五年の項にまとめて記す）。

「オリガがキエフに着くと、グレキの皇帝はかの女のもとに使者を送って、『私は多くのものをお前に贈った。お前が次のように言っていたからである。「もし私がルーシに戻ったならば、多くの贈り物、すなわち、チェーリャジ[奴隷]、蠟、毛皮、および援軍をあなたに贈りましょう」と』と言った。オリガは使者たちに答えて言った。『[皇帝に]こう言いなさい。「もし私が金角湾に（とどまった）のと同じように、私の国のポチャイナ（川）に（来て）とどまるならば、私はあなたに与えましょう」と』。オリガはこう言ってこれらの使者を去らせた」（七一―七二頁）。

オリガは帰国後に、皇帝側からなされた要求（帰国後オリガが皇帝に送ると約束した「贈り物」の催促）に対し、皇帝も自らキエフに足を運び、キエフ城下のポチャイナ川に、かの女自身が帝都を訪問した際に城外の金角湾（コンスタンティノープルと対岸ガラタとのあいだの入江）でそうしたように、待機するならば、要求に応じましょうと答えさせたのである。[51]

ここでオリガは、暗に自らが以前金角湾で待機させられた（おそらく相当長期間におよんだのであろう）ことに抗議しているのであるが、ビザンツ皇帝と自身を対等と考えているかのような調子が見えて驚かされる。しかしオリガの不満はもっと奥深いところからきていた。かの女がビザンツで自身の洗礼、また将来に予定されるルーシの洗礼について、さらには政治、通商、その他の重要案件にかかわる交渉を行ったと考えられることについてはすでに記したが、その交渉がいずれかの点で不調に終わった可能性が高いのである。

かの女の不満の原因についていま少しさぐってみよう。

『原初年代記』は、ここに紹介した部分を除いては、オリガがビザンツにおいて大歓迎されたかのような書き方をしている。皇帝はオリガを「自分の娘」と呼んだと記されるが、これが事実なら、後述のごとく、かの女はビザンツ皇帝によって、きわめて高い栄誉を与えられたことになる。それはたとえばブルガリアのツァーリ（王）がキリスト教を受け入れて「息子」と呼ばれたのと同じ扱いをされたといってよい。皇帝はさらにオリガに多くの贈り物をも与えたとされている。皇帝だけではない。総主教もかの女を祝福し、「かの女は心安らかに自分の国に向かい、キエフに着いた」と記されている（七〇―七一頁）。研究者の中にもオリガは大歓迎されたと考える者が少なくない。たとえば、既述のごとくオストロゴルスキーがそうである。かれによれば、『儀典の書』の記述はオリガが皇帝からきわめて大きな栄誉をもって迎接されたことを示しているという。具体的にはたとえば、かの女は一国の女君として、皇帝のみならず、特別に皇后によっても接見されている。また公式的な接見後には、より親密ないわば私的な迎接もなされている。ここでかの女は着席を許されているが、これは特別な者のみに認められる大きな特権であった。かの女の随身は皇后の前で床にひれ伏す拝礼を行ったが（προσκυνησάντων）、オリガは頭を軽く下げただけである。しかしながらオリガに示された最大級の敬意は、かの女が「ゾステ（帯剣貴族）」（ζωστὴ πατρικία）の爵位に相当する待遇を受けていることである。「帯剣貴族」は皇族女性に与えられる最高の爵位である。なるほどオリガにこの称号が正式に付与されたわけではなかったが、かの女に対する扱いはまさにこの称号の所有者になされるそれとまったく同じであった。オリガはビザンツ宮廷の最高位の女性ら（ゾステ）と共に皇帝と同じテーブルに着くことを認められているのである（通常ここのところは、オリガはゾステと共に、だが皇帝らとは別のテーブルに着いた、と解釈されているが、オストロゴルスキーは上のように理解している[52]）。

しかし、『原初年代記』の先に引用した部分やその他の諸史料は、オリガに対する応接が、そのニュアンスにおいて実際にはやや異なるものであったことを示しているようにみえる。

ここでコンスタンティノス七世自身の記述をもう一度見てみよう。皇帝がオリガの宮廷訪問について伝えているところを他の諸史料と比較してみると、そこからはオストロゴルスキーの見解とは異なって、オリガがけっして大歓迎されたとは言えないことがみえてくる。すなわち、既述のとおり、皇帝はオリガとその使節団の各構成員に下賜金を与えたが、それが問題となるのである。というのも実はその額が、アルメニアやイベリア（ほぼ現在のグルジア）の支配層、ハンガリー諸公、ブルガリアのツァーリ、ペータルらの場合に比してはるかに下回るものであったことが、レフチェンコらによって指摘されているからである[53]。このことは早くからロシアの歴史家たちにも認識されていた。すでにN・M・カラムジンが、皇帝からの下賜金が貧弱なものであることを、「礼節のみが」オリガをして「十六チェルヴォーネッツ」の贈り物を受け取らせた、と表現している。[54] 同じく帝政期のM・P・ポゴージンにいたっては、誇り高いオリガが「取るに足らぬ贈り物にいたく傷つけられた」とすら記している。[55] 歴史家のなかにはこれは「贈り物」というよりは、外国からの使者（かれらは比較的に長期間帝都に滞在したであろう）に与えられる「月極めの扶持 mesiachna」ないし「外交使節への手当」と考える者もいる。パシュートやサハロフなどがそうであるが、サハロフの場合はやや複雑で、下賜金は「手当」であるので、その額の多寡を問題にすること、つまりはビザンツ側によるオリガ迎接が外国君主にとって「ふさわしいもの」であったかどうかをこの額によって判断するのは無意味であると考えている。[56] 本書の著者には『儀典の書』の書き方からして、これが扶持や手当といった性格のものではなかったように思われるが、少なくとも一国の支配者に与えられるものとして貧弱であったことはたしかであろう。

しかし実はこれについても正反対の立場がある。皇帝からの下賜金、とくにオリガに対するそれが大金で、「豊かな贈り物」であったとみるべきだと考える研究者もいるのである。たとえば、アリニョンである。かれはカラムジンらの考え方を知ったうえでそれと逆の見解を主張しているので、ことは単純ではない。アリニョンによれば、オリガは二度にわたり金子を下賜されているが、その合計額七百ミリアレシオンは、金貨六十ノミスマに相当する。これはビザンツ宮廷における女性皇族に与えられる最高位の爵位保有者ゾステが通常下賜される額の三倍であって、決して低額ではなかったという。[57] こうなるとこれが高額であったかどうか、本書の著者には判断する十分な材料はない。ただ著者としては、問題は絶対額として高いか低いかではなく、レフチェンコも言うように、ひとつには他国の使者や君主との比較でどうかということであると考える。そう考えると、これがオリガを満足させる「贈り物」であったかどうかははなはだ疑問となってくる。加えてここではさらに、二度の接見に際してオリガに下賜された金子の額（五百と二百）に大きな差があることの意味も問わなければならないと考える。ただこれについては後述する。

●オリガの誤算、皇帝との間の「対立」点

さて以上にオリガが感じたであろう不満について検討してきたが、金角湾上で長期間待たされたり、下賜金の額に問題があったりしたことが、もしそれが事実であったならば、オリガにある種の屈辱感を与えたことは否定できないように思う。もっとも問題は、そのことが主要な原因でかの女がビザンツとの関係を断ち、西方へ接近したかのように考えることができるかどうかである。どうやらそうではないように思う。オリガが感じた屈辱感を指摘しただけで問題を処理してしまうわけにはいかないということである。

もっともこれについて最終的な判断を下す前に、ここで当時のルーシがビザンツ帝国にとっていかなる存在であったのかを見ておく必要がある。帝国はルーシを、そしてその君主であるオリガを、どのような存在とみて応対したのかということである。当時のビザンツ皇帝官房では、帝国の立場からみたヨーロッパやアジアの諸国の、いわばランクづけが行われていたことが知られている。コンスタンティノス七世ポルフィロゲネトスのもう一つの著作『帝国の統治について』（De administrando imperio、九四八―九五二年頃の著作、以下『帝国統治論』と記す）にそれが示されている。

『帝国統治論』は、ビザンツ帝国（正式には「ローマ帝国」である）からみた周辺諸国に関する情報を集めたものであるが、コンスタンティノス七世が息子のロマノス（のちの皇帝ロマノス二世）の帝王学のために著わした一種の外交政策上の手引きである。それによれば、当時（オリガが帝国を訪れる直前の時期）の周辺諸国はビザンツから見て、いくつかのカテゴリーに分けられるという。コンスタンティノスはそれを、皇帝自身と外国の支配者との関係という視点（ビザンツ皇帝を家父長、諸外国の君主をその擬制的家族の成員とみる）からみて区分している。幸い渡辺金一『中世ローマ帝国』（第一章）がこれを紹介しているので、それによりながら具体的にみていきたい。(58)

まずその支配者がビザンツ皇帝にとってもっとも近く、したがってもっとも尊重されるのは、帝国に近接するキリ

スト教諸国の君主である。国で言えば大アルメニア、アラニア（カフカース北部）、ブルガリアである。それらの支配者は皇帝の「子」（霊的な子）とみなされる。

次のランクに位置づけられるのは、皇帝の霊的な「兄弟」とみなされる諸支配者の国である。ドイツ、フランス、イタリアのキリスト教諸国がこれにあたる。

それに続くのは、「友」とみなされた諸支配者の国である。エジプトやインドなどである。

さらにその後に位置付けられたのが、前記の国々と同じく独立した存在ではあるが、その支配者が皇帝とはいまだ親しい関係を取り結んでいない国々である。これには当時キリスト教化が緒についたばかりのハンガリーやルーシが該当し、他方ではキリスト教以外の宗教を奉じる地域や国々、すなわち、ハザール、ペチェネグ、カイラワーン（北アフリカ、現チュニジア）、カリフ国、イェーメンなども入る。

そして最後に位置付けられたのが、カフカース、バルカン、南イタリアの地域的諸勢力である。これらは皇帝の宗主権に直属する「臣民」とみなされたという。

以上の『帝国統治論』にみえるランク付けは、同じコンスタンティノスの『儀典の書』における、帝国から諸支配者に与えられた称号を見ることでも裏づけられる。すなわち「子」の称号を与えられた大アルメニアやブルガリアの支配者が最初にくる。次いで「兄弟」の称号をえたのがドイツやフランス、イタリアの支配者である。その次は「友」の称号でよばれるインドやエジプトの支配者である。他方、これら三ランクの下に位置付けられる国々の支配者には皇帝との縁故関係を示す呼称（称号）は与えられていなかった。このようなビザンツ外交の最底辺に位置付けられた支配者としては、『儀典の書』では、（一）アルメニア、イベリア（現グルジア）、アバスギアの諸地方の小支配者、ローマ、ヴェネツィア、サルディニア、カプア、サレルノ、ナポリ、アマルフィ、ガエタの諸支配者、モラヴィア、セルビア、クロアチアの諸地方的小支配者、（二）一方でハンガリー、ルーシの支配者、他方ではハザールのカカン（カガン）、ペチェネグのカカン、カイラワーンのエミール、アラブ人カリフ、イェーメンの長など非キリスト教支配者があげられている。

さて、もし以上のような「外国元首ランキング表」が帝国の皇帝官房に存在し、それにしたがって外国君主や使節に対する応接方法や儀式、また手順が定まっていたとするならば、先に詳しく見た、『儀典の書』におけるルーシの使節団に対する記述もそうした前提で見られなければならないことはいうまでもない。オリガに対する帝国側の応対は、よく整備されたシステムに従ったものにほかならなかったのである。

具体的に言えば、ルーシは当時のビザンツ外交においては、非キリスト教国としてハンガリーやペチェネグと並び、最低ランクに位置付けられていた。ルーシの支配者と皇帝との関係が疎遠であったというだけでない。国としての重要度もおそらくは低かった。たとえば皇帝の擬制的親族というビザンツ国制の基本から言えば、ルーシと同じく疎遠とみなされたバグダートのカリフは（当時の帝国にとってそれは最大の敵であった。両国は交戦状態にあったので「疎遠」なのも当然であった）、外交書簡においてはきわめて丁重な呼びかけがなされていたという。同じく非キリスト教徒のハザールのカカンも「もっとも高貴、かつもっとも栄誉ある」という形容詞を添えて呼びかけられていた。これに対し、ルーシの公の場合は、「ルーシのアルコンへ」と、名誉を示す一切の形容語なしに呼びかけられていた。文書に吊り下げられる印章も、ハザールのカカンに対しては三金ソリドゥスの価値のものであったのに比し、ルーシへの文書には二金ソリドゥスの価値しかない印章であったという(59)。

九世紀以降、帝国のはるか北辺において次第にその勢力を築き始め、史料的に確認される限りでは八六〇年以来その軍事力をもって帝国をしばしば脅かしてきたルーシが、コンスタンティノス七世にとって好ましい相手であることはありえなかった（前世紀の総主教フォティオスの伝えるルーシの洗礼は十分な成果を生んでいなかった）。かれにとっては、繰り返される攻撃を何とかして事前に食い止めることがおそらくは対ルーシ外交の最大の目標であったであろう。あるいは外交手段を駆使してペチェネグ人やハンガリー、その他の敵対勢力に対してルーシの軍事力を利用することができれば最善と考えたであろう。ルーシはその限りで考慮に値する対象であるにすぎなかったのである。

それゆえ、オリガの使節団がコンスタンティノープルに現れた時、帝国側は規定通りの応接をした。ルーシの軍勢がしばしば帝国に侵入したり、ときには逆に援軍となって駆けつけたり、あるいはルーシがときに巧妙なビザンツ外交の駒となって国際関係上割り振られた役割を忠実に果たしていた限り、最低ランクに位置付けられたとはいえ、それなりの配慮がなされたことは十分に推測できるが、それでもいまだ国としてキリスト教を受け入れておらず、しかも僻遠の地にある新興勢力に過ぎなかったのである。むしろ、だからこそオリガは国全体としては不可能であるにしても、かの女自身だけでも率先してキリスト教を受け入れ、皇帝との個人的関係を取り結ぶことに努めようとしたと考えられる。その結果がおそらくは九五七年の帝都訪問であり、自らの受洗であったであろう。オリガの受洗が、後述するように、皇帝による接見の前であったと仮定できるならば、かの女はキリスト教徒として、『儀典の書』の記述からみて、皇帝一家からある程度親密な応対を受けたと判断することもできよう。金角湾で長期間待機を余儀なくされたり、下賜金が「低額」であったことは、ロシアの研究者が考えるほどに意外なことではなかったと考えられる。オリガが皇帝からの使者に対し皮肉をもって返答したかのように伝える『原初年代記』の先に引用した箇所は、その意味で年代記編纂者による後代の付加であった可能性が高い。

したがってオリガのオットー一世への使節派遣の意図をめぐっては、かの女個人の屈辱感といった要素だけで判断することは正しくないであろう。それ以外の理由を考慮に入れる必要があるのである。これに関する著者の見方を以下にまとめて記そう。著者はここでもとくにナザレンコの研究から多くを学んでいる。

まずオリガは九五七年、大使節団を率いてコンスタンティノープルを訪れた。

皇帝コンスタンティノス七世の最初の接見は九月九日のことであった。しかしかの女は、キエフからの船旅の可能な時期から考えてすでに初夏には帝都入りしていたと考えられる。したがってかの女は接見まで相当の期間「金角湾」上で待たされた。おそらく洗礼はこの間に、つまり皇帝による接見、その後の外交交渉以前に行われた。既述のごとく、かの女はすでに受洗の意志を固めて帝都入りしたと考えられる。洗礼がその後に予定されていた接見と外交交渉に有利に働くだろうという計算もあったであろう。ただその期待はどうやら裏切られたようにみえる。

接見は二度行われた。最初は九月九日、二度目は十月十八日であった。外交折衝は、以下に記すごとく、おそらくはこの五週間余の期間に行われた。一行のキエフへの帰国の旅は、すでに船旅のシーズンが終了しかかっていたこともあり、年が明けた翌シーズン早々のことであったと考えられる。つまりオリガ一行は帝都で冬を越したのである。帰国後の九五八年（か九五九年）、皇帝からの答礼の使者がキエフに現れる（これは上述のように、『原初年代記』では九五五年のこととして、オリガの帝都訪問・受洗記事の末尾に記されている）。皇帝からの使者のキエフ到来後の九五九年に、オリガはビザンツ側がかの女の要望（それが何であったかが以下に解き明かされるべき問題である）に応えようとしていないことを確認した上で、使者をオットー一世の宮廷に派遣した。ナザレンコの推測によれば、ルーシの使者は早ければ七月にはドイツ入りし、王の「対スラヴ［ポラーベン］遠征」からの帰還（早くとも十月）を待って、謁見を許された。ここで使者は、オリガの司教派遣の要請を伝え、王はそれを受け入れた。『続レギノ』の記述を疑う特別の理由はないようにみえる。

ルーシへの司教として最終的に任命されたアダルベルトが九六一年にキエフ入りしたことも事実と認められる。ただしかれはキエフで歓迎されることはなく、空しく帰国するよりほかなかった。本書の著者のように、オリガがビザンツ側ととくに教会組織問題で激しく対立したわけではないと考える立場からすれば、アダルベルトのこの無為の帰国は、オリガに初めからドイツ教会の指導と監督をうける意志のなかったこと（あるいはかの女がそれほど真剣でなかったこと）を意味している。かの女はあくまでもビザンツ側との関係を念頭において、ドイツ側に接触したにすぎないと考えられるのである。後述するように、かの女は当時ドイツ・ビザンツ関係が緊張状態にあったことを知っていた。ルーシ側の要請が「偽りのもの」とする『続レギノ』の記述はこうしたことを表していたであろう。

またこのころスヴャトスラフが成長して自ら統治に関与し始めたことも大きかったかもしれない。スヴャトスラフは、ドイツ人司教を受け入れるどころか、キリスト教そのものに耳を貸すことがなかったのである（『原初年代記』では、かれが成人に達したのは九六四年のことであるかのように記されており、アダルベルトのキエフ滞在時にはオリガが依然として実権を握っていた可能性はあるが、かの女がそのころすでに七十歳に近かったことを思うとき、やはりスヴャトスラフの影響力が増していたことは否定できない）。アダルベルトのキエフ滞在がかれにとって不本意に終わったことの背景には以上のごとき事情があったのである。

このように考えてくると、オリガのドイツ王への接近は、やはりその前のかの女のビザンツ訪問において真実何があったのかという問題を抜きにしては考えられないことになる。いったいオリガ使節団がコンスタンティノープルで行った交渉とは何についてのものであったのだろうか。

くどいようであるが、いま一度オリガの帝都訪問とそこにおけるかの女と皇帝との間におきた問題を明確にしておく必要がある。オリガは自らの帝都滞在に際して、自身の目論見がはずれたと考え、それがきっかけでドイツ王に接触を求めたことはたしかであろう。いったいかの女はビザンツ滞在中にほかならぬどの点で不満を感じたのであろうか。それはオリガと皇帝側との交渉が不調に終わったことに対する不満であったであろう。では交渉はどの点で不調に終わったのであろうか。この設問に答えるためには、あらためて交渉が何時行われたのか、それが不調に終わったとどこから言えるのかについて明らかにしておかなければならない。その後でオリガの不満とは具体的に何であったのか考えてみる。

まず交渉の時期であるが、それはすでに記したように、最初の接見が行われた後に始められ、二度目の接見までの五週間余りの間になされたと推測される。その一つの根拠は、すでに言及したオリガに対する皇帝からの下賜金である。それが全体として高額のものと言えるかどうかは微妙であることをさきに指摘したが、むしろ問題となるのは最初のときに比し二度目のときが相当に削減されていることである（五百ミリアレシオンから二百へ）。これはリタヴリンがコンスタンティノスの『儀典の書』の検討に基づいて指摘したところであるが、たとえばバグダートのカリフが派遣した使節の場合、二度の接見に際して与えられた額は、二度とも同額（五百ミリアレシオン）であったという[60]。もしこの指摘が正しいとするならば、オリガの場合、一国の君主（使節ではなく）として、下賜された額が必ずしも高額といえないだけでなく、二度目は大きく減額されたということになる。そうであるならば、これは二度の接見の間に事情に変化が出てきたことを示していることになろう。それはその間に進められていた交渉が不調に終わり、皇帝側のルーシを見る目が厳しくなった（あるいは皇帝の側にルーシに対する失望感がでてきた）ことを示しているであろう。この推測が正しければ、オリガは交渉の結果にたしかに不満を感じながらキエフへ帰ったことになる。

それではオリガの不満（あるいは不首尾に終わった交渉）とは具体的にどのようなものであったのであろうか。『儀典の書』にみられた下賜金の減額の問題をさらに具体的にみておこう。

下賜金の減額はオリガのみならず、かの女の随身（οἱ ἄνθρωποι, ロシア語で liudi）や「商人」にもかかわっていた。随身に関しては二度目の接見後には言及がなく、はたして二度目の下賜金があったのかどうかも不明である。あるいはなかったから言及されなかったのかもしれない。またオリガの側近女性やお付の女性（二度目の場合には、「端女」（女奴隷）と表記されている）も減額されている。商人の場合も二度目は半額にされている。他方その他の者たち（とくに「使者」、この場合ルーシの地方の諸公から派遣された者たち）の場合は、基本的に、あるいは大きくは減額されていない。減額はオリガ自身（およびその側近）と商人らにとくに関係していることが確認できる。これに意味があるとするならば、ビザンツ側は交渉の過程において（あるいはその結果）、とくにオリガ自身（とその側近）、また商人を狙い撃ちするかのようにして減額を行ったということになる。

オリガの不満について、研究史上はすでに記したように、ビザンツ正教会と将来のルーシ教会との関係をめぐる問題にあったと考えられてきた。その要求がかなえられなかったために、ドイツ教会へ接近したとする考え方である。しかしすでに記したように、ここで両国間にとって重大な論点となったのは、教会問題であるよりは、おそらくはルーシ、ビザンツ間の政治・通商上の問題であった。すでにみたオリガの使節団の構成自体がそのことを暗示していた。第一章で記したように、オリガの帝都訪問当時、両国間にはオレーグおよびイーゴリが結んだ通商条約（九一一年、九四四年）が存在していた。その条約はルーシを他国に比べてある程度優遇したものであった（本書第一章二六頁、また同注（15））。しかしそこにルーシ側にとって撤廃ないし改定してほしい諸条項があったことについてもすでに記した（本章二三八頁）。オリガはおそらく、自身の受洗とその結果みえてくるルーシ国の将来のキリスト教化の展望をもち出して、ビザンツ側がこれらを撤廃し、ルーシ商人にさらに有利な条約を認めるよう要望したと考えられる。しかし要望は受け入れられなかった。それがかなえられるのは、かの女の孫ウラジーミルによる「ルーシの洗礼」が行われた後のことである。

しかしオリガの不満はこうした条約改正問題からのみきていたわけではないと考えられる。おそらくもう一つの点がより重要であった。すなわちオリガはこのとき息子スヴャトスラフとビザンツ皇女との婚姻を要望したと考えられるのである。皇帝家との縁組、これはいうまでもなく重大な問題であった。オリガにとってはどうしても実現したい願望であった。実現すればビザンツとの間に政治外交的な同盟関係が樹立される展望も出てくる。しかしビザンツ側にとってこれは無礼な申し出にほかならなかった。帝国にとって、ルーシはいまだ格の低い、油断ならない危険な異教国で、慎重な対応は要するものの、帝国皇室との親族関係を認められるような相手とは思われなかったのである。

それゆえ当然のことながらオリガの申し出は却下された。そう考えられる理由については以下にみるが、いずれにせよオリガは大きな失望を感じつつ帰国することとなった。

オリガがスヴャトスラフとビザンツ皇女との婚姻によりルーシの国際的な地位を高めようとした可能性については、多くの研究者によって指摘されている[61]。これについても『儀典の書』から何らかの示唆がえられそうである。オリガの使節団には「スヴャトスラフの家臣（人々）οἱ ἄνθρωποι τοῦ Σφενδοσθλάβου」も入っていた。人数は記されていないが、リタヴリンはこれを五人と推測していた（本章二二五―二二六頁、注（e））。かれらに与えられた下賜金は各五ミリアレシオンであった。これは驚くほどに低額である。かれらが次期キエフ公から派遣されたその家臣であることを想起するならば驚きは一層強くなる。それはオリガの随身（「人々」、各二十を拝領している）よりはるかに少なく、オリガのお付の女性（最初は各八、二度目は「端女（奴隷女）」と表記され、各六を賜与されている）をも下回る額である。これがスヴャトスラフをとくに念頭においての措置であるとするならば、その意味は重大である。スヴャトスラフの家臣は、二度目の接見にはおそらく出席しなかった。出席を拒否したのかもしれない。あるいは謁見を許されなかったのかもしれない。いずれにせよ二度目にはかれらについては言及されていない。

ナザレンコはここからオリガが息子と皇女との婚姻を要望したが、帝国側から拒絶され、そのことが『儀典の書』にこうした形で表現されたと考えている。『儀典の書』の記述にここまでのことを読み込むことが妥当なのかどうか、判断は難しいが、興味深い一つの有力な仮説と考えたい[62]。

なおコンスタンティノス七世が、異国の王家（それは「バルバロイ」つまり夷狄とみなされた）からなされる皇帝家との婚姻関係樹立の要望に対して、常に厳しい態度で臨んでいたことはよく知られており[63]、そうした意味においても、かりにオリガがそうした要望を持ち出してきたとするならば、皇帝は相当にいらだちを覚えたであろうことは容易に想像できる。オリガの失望も大きかったということになる。

かくて、オリガの帝都訪問は、ビザンツとルーシの双方にとって不満の残るものとなった。とりわけ自身の洗礼をテコに、ビザンツ皇帝家との姻戚関係を打ち立て、さらには条約改正をも実現しようとしたオリガの落胆は大きかった。『原初年代記』の九五五年の項の末尾にみられた、皇帝使節に対するオリガの皮肉に満ちた返答は、たとえ記述自体は後代の付加と考えられるとしても、それをよく示していたといえる。かの女は自らの不満をただちにドイツ王への使者派遣、司教の派遣要請という形で表現した。しかし既述のごとくそこにオリガの真意はなかった。かの女が自身の洗礼後ビザンツ側からルーシに派遣されるはずであった主教（ないし大主教）[64]を拒否したと主張されることもあるが、そうしたことはなかったであろう。宗教問題ではビザンツとの間にそう大きな対立があったとは考えにくいからである。ビザンツ教会が将来のルーシ教会の在り方について高圧的な態度を示したことに不満を感じたというようなことはあったかもしれない。しかしそこは既述のとおり、ブルガリアの場合とはやや異なっていた。決定的な対立点はそこにはなかった。オリガが受洗という形で誠意をみせたにもかかわらず、皇帝家との縁組などの要望が受け入れられなかったことがむしろ問題となった。そこから、あたかも西方（カトリック）教会にすべてを委ねるかのようなポーズをしてビザンツ側に圧力を加えようとしたと考えられるのである。

オリガのドイツへの接触の真の目的が、ルーシ教会の所属先を西方教会に求めたことでも、西方からの「司教」派遣でもなかったことは、おそらく実際にキエフ入りしたアダルベルトが、ほとんど何事もなしえずに、間もなくキエフを退去せざるをえなくされた（あるいは追放されたという可能性もある）ことに表れている。アダルベルトのキエフ訪問の不首尾の原因の一つに、かれのキエフ入りが何らかの事情で遅れているうちに、ビザンツ・ルーシ関係に大きな変化がおきた（改善された）ことも考えられる。このあたりの事情もきわめて複雑であるので、以下にみておきたい。

まずそもそも当時のビザンツ・ルーシ関係がどうであったかであるが、この場合はドイツをも含めより広く考える必要がある。すなわち、オリガのコンスタンティノープル訪問後しばらくした九六二年（二月二日）に、オットー一世はローマで教皇から帝冠を受け、後に「神聖ローマ」と呼ばれるようになる帝国の初代皇帝となった。ドイツ王がローマ皇帝を「僭称」したことは当然、真の皇帝を自認するビザンツ皇帝を激怒させた。九六三年に即位したビザンツ皇帝ニケフォロス二世（九六三—九六九年）が、九六八年にオットーから派遣された使節（クレモナのリウトプランド）を「あたかも捕虜」のごとく侮蔑的に扱ったことはその一つの表れであった。(65)

それではここで問題となっているコンスタンティノス七世の時期のビザンツ・ドイツ両国関係はどうであったのであろうか。すくなくともコンスタンティノスが単独で統治するようになってからの治世晩年(九四五—九五九年)には、両国の外交関係に後のニケフォロス二世時代におけるような厳しさはいまだみられなかったと考えられる。もちろん、たとえば、オットー一世が提唱した、かれの姪ヘドヴィッヒ（オットーの弟バイエルン大公ハインリヒの娘）とロマノス二世（コンスタンティノス七世の子）の婚姻計画（九五二／九五三年）が挫折する（ロマノス二世はテオファノと再婚した）ということもあったが、(66)それが両国関係を断絶に導くというようなことはなかった。要するに、オットー一世が帝冠を求め出したのがいつなのかはともかくとして、少なくともコンスタンティノス七世治世には対立は公然化していなかったのである。オットー一世のイタリア政策もいまだロンバルディアにおける個々の、しかも成功に至らない軍事行動に留まっており、それが帝国側の決定的な反発を引き起こすのは、まだ先のことであった。

ところがこうしたいわば平和的な関係は、コンスタンティノスの没後間もなく、九六〇年の前半には、おそらく突然、緊張したものに変わっていく。そのあたりの経緯をナザレンコは次のようにまとめている。(67)

九五九年十一月九日、コンスタンティノス七世が没する。跡を継いだロマノス二世の政府は基本的には、父帝時代の外交政策を継続する方針であった。政府は「ブルガリア人やその他の西と東の諸国民」に使節を派遣し友好関係を確認する。同様の使節はドイツ王にも派遣されたと考えられる。ロマノス二世の使節はフランクフルト・アム・マインにおそらく（コンスタンティノープルから海路ヴェネツィアまで三週間ほどかかることを考慮すると）同年十二月のキリスト降誕祭のころ、ないしその少々後に到着する。この地でビザンツの使節団は、ルーシからの使者一行に遭遇した可能性がある（ナザレンコは、ルーシ使者のドイツ王の宮廷到着は夏、オットーに謁見を許されたのは十月以後と考えている。したがって十二月にルーシ使者がまだフランクフルトにいたかどうかは不明であるが、可能性は否定できない）。いずれにせよ、ビザンツからの使節はルーシ布教のためのドイツ人司教が任命されたばかりであることを知ったと考えられる。もちろん使節はこの事実をただちにコンスタンティノープルへ知らせるべく、急使を派遣したであろう。急使は九六〇年早々（一月か二月には）この知らせをコンスタンティノープルへもたらしたと考えられる。ビザンツ政府はルーシ（オリガ）に裏切られたと感じ、同時にドイツに対して激しく反発したであろう。

ビザンツ政府のドイツへの態度がこの時に突然変わったことを示す証拠があるという。それは九六〇年六月のヴェネツィアのドージェ（統領）・ペトロ四世カンディアニ［?-］の命令書（decretum）である。総督はそのなかで、ヴェネツィアの船舶がザクセン、バイエルン、ロンバルディアからの文書をコンスタンティノープルへ運ぶことを禁じたのである。その理由は、これらの国々からの文書がビザンツ宮廷を激怒させており、その結果、ヴェネツィア共和国自体のビザンツ帝国あて文書も「侮辱をもって」取り扱われることとなったことにあるという。ここにはそれまで普通に行われていたビザンツ・ドイツ諸国間の外交的交信が突然困難になった状況が反映されている。

さらに同じ九六〇年、クレモナ司教リウトプランドが、エピルス海岸に近いパクソス（パクソイ）島にいたことが知られているが、このことも同様の事情を反映している。このときリウトプランドはおそらくはオットー一世の使者としてコンスタンティノープルへ向かう途上にあったと考えられている。かれが実際に使者として帝都に到達したかどうかは、研究者によって見解を異にしている。リウトプランドは自身のコンスタンティノープル滞在を二度と記しているので（最初はおそらくは九四九年、イタリア王ベレンガル二世の使者として、二度目は九六八年、オットー一世の使者として）、おそらくこのときは帝都に行き着かなかったと考えられる。なぜ九六〇年のときは帝都にたどり着けなかったのであろうか。ナザレンコによれば、リウトプランドはビザンツ宮廷により受け入れを拒否されたという。これもこの年におけるビザンツ・ドイツ間関係の突然の悪化に起因していると考えられるというのである。

九六〇年におけるビザンツ・ドイツ間の急激な関係悪化をオリガのドイツへの使者の派遣と初めて結びつけたのは、イギリスの研究者K・レイザーであったように思われるが[68]、もしレイザーの主張するとおりであったとするならば、オリガの試みは、きわめて大きな影響力をふるったことになる。それはビザンツ・ドイツ関係に一時的な緊張激化をもたらした少なくともひとつの原因となったからである。

その後のルーシ、ビザンツ、ドイツ間の動きは以下のようになる。

オットー一世は、オリガの要望を受けて、ルーシへの布教司教の派遣を決定した。ルーシ布教がうまくいくならば、それ以後形成されるルーシ教会が公式的にドイツ教会の管轄下に入ることとなる。すくなくともオットーはそう期待した。しかしここでオットーは、このことがビザンツとの間に相当の摩擦を引き起こすであろうことをも考慮したにちがいない。そうなれば、かれの宿望であった「皇帝」の称号へのビザンツ皇帝による承認はおぼつかないものとなる。二つを天秤にかければ、後者の方がはるかに重要であるとオットーは考えたであろう。ここでオットーはすでに任命した司教の派遣を躊躇した。『続レギノ』に司教リブティウスの派遣が「何らかの理由で遅延し、実行されなかった」とあるのは、おそらくこうした事情と関係がある。リウトプランドの九六〇年のパクソス島滞在も（それがコンスタンティノープルを目指す途上のことであったと仮定できるならば）、王がリウトプランドをコンスタンティノープルへ派遣することにより、「ルーシ問題」をカードにして皇帝称号をめぐる帝国との交渉を有利に進めようとしていたことの表れであった可能性も考えられる。

それにもかかわらず九六一年夏には、アダルベルト司教はルーシへ向かっている。これはおそらくドイツ側が皇帝称号問題のある限り、ビザンツとの緊張激化は結局のところ避けられないと観念したからであろう。ルーシ問題はその限りではドイツにとって外交カードにはなりえなかったのである。実際、九六二年のオットー一世の戴冠以後対立は公然化した。なるほど直接的な武力衝突はニケフォロス二世治世の九六七年からであった。しかし九六〇年、突然両者間に走ることとなった緊張は、ロマノス二世の短い治世にも緩和されることはなかった[69]。九六三年春の教皇ヨハネス十二世の、ビザンツを反オットーの武力対決に引き込もうという試みは、ロマノス二世期のビザンツがドイツに対して敵対的な関係にあったことを間接的に証明するものであろう（ビザンツとハンガリーへ派遣された教皇使節は親オットーの立場に立つベネヴェント・カプア公パンドルフ一世により、おそらくはこの年の五月に捕えられることとなり、所期の目的を達することはできなかった）。

ロマノス二世政府がすでに九六〇年以来反ドイツ的な立場に傾いていたとするならば、その時期にはルーシ・ビザンツ関係は再び元の、親密とは言えないにせよ、通常の関係に戻っていたと考えることができる。オリガのドイツへの接近は一時的エピソードに留まったのである。オリガはコンスタンティノス七世に対しては求められた「援軍」を拒否したことが知られているが、ロマノス二世治下のクレタ島におけるニケフォロス・フォーカス軍の対アラブ作戦にはルーシから援軍が送られていた（九六〇年八月―九六一年三月）。先に記したロマノスが送ったと考えられる「西と東の諸国民」への親書はおそらくはキエフにも送られ、九六〇年早々ないし遅くとも春には届いたと推測される。というのも、それを受けたルーシの増援部隊が夏の内にコンスタンティノープルへ出立し、八月にはクレタ島へ渡ったと考えられるからである。もっともこれらはすべて仮説以上のものではない。このときクレタに遠征したビザンツ軍内にルーシ人のいたことは事実であるにしても、それが新たにこの時にルーシから送られた部隊であったとは限らない。以前から現地にいたルーシ人であった可能性もある。いずれにせよこれを明らかにする確かな証拠はない。スヴャトスラフは九六五年にハザール遠征軍を出したが（『原初年代記』七四―七五頁、研究史上ハザールはこの攻撃で壊滅的な打撃を受けたとされる）、それなどもロマノス二世治世のとはいわずとも、当時のビザンツ・ルーシ関係が緊張していたならば、容易に実現することではなかったと考えられる。

ビザンツ・ルーシ関係の急速な正常化はアダルベルトのキエフ布教が成功する可能性を閉ざしたといえる。新司教は何一つ達成することなく、キエフを立ち去り帰国しなければならなかった。もちろんこの時次第にオリガの影響力を排除しながら、スヴャトスラフが実権を握り始めたことは決定的であった。かれは母親の勧めにもかかわらず、キリスト教に対し否定的な姿勢を崩さなかったからである。アダルベルトの布教はおろか、ビザンツのキリスト教ですら勢力拡大を阻まれたのである。アダルベルトの同行者が帰路殺害されたことに反キリスト教的なスヴャトスラフの手が関係していた可能性はもちろんある。すでに指摘したように、キエフにおいておこったことかどうか不明なので、関係していないことも考えられるが、この点での真相は明らかにすべくもない。

3　オリガとスヴャトスラフ

『原初年代記』は九五五年の項でオリガの洗礼についてまとめて記した後、しばらくはまったく沈黙している。そして九年後になって（九六四年の項）、子のスヴャトスラフ公が成年に達したことを伝える。A・A・シャーフマトフによると、スヴャトスラフの没年は九七〇年と考えられ（年代記では九七二年）、そこからスヴャトスラフの生年は九四二年と推測されるので、もっと早くに成人を迎えていたことになる。[70] このあたりの時代に関しては、年代記の「年代」記述をそのまま受けとるわけにはいかない。矛盾が多すぎるのである。[71]

さて年代記によると、スヴャトスラフは典型的な戦士で、軍勢を率いて「豹のように身軽に行動し、多くの戦争を行った」という。その際かれの軍は輜重車を伴わず、大鍋も持たず、肉は直接炭火で焼いて食べ、また天幕は持たず野天で鞍を枕に眠ったという。かれは軍を東方オカー川、またヴォルガ川方面に進め、翌九六五年にはハザール国を征服した。引き続きかれはヴャチチ（東スラヴ族の一）を破り、九六七年にはブルガリア方面に進出し、ドナウ河畔のペレヤスラヴェツに拠点をおいて、ギリシア人からも貢税を取り立てたとされる。

だが九六八年には、ペチェネグ族[72]がスヴャトスラフ不在中のキエフを攻撃し、オリガは三人の孫（ヤロポルク、オレーグ、ウラジーミル）とともに籠城を余儀なくされる。キエフ民はペレヤスラヴェツにいたスヴャトスラフに急使を送り、その結果スヴャトスラフが軍勢と共に駆けつけて、オリガらは辛うじて窮地を脱することができた。このころスヴャトスラフは、すでに本書第一章でも記したが、物流の中心であるペレヤスラヴェツ（ドナウ川河畔）への遷都（というかそこを都に新たな国を建てること）を考えていた。キエフからかれの下へ派遣された使者は、かれが対外戦争に明け暮れ、「自分の国を顧みない」と非難したが、かれが遷都の意図を諦めることはなかったようにみえる。というのも、かれはキエフをペチェネグ人の手から解放すると、再びペレヤスラヴェツに戻ろうとしているからである。かれは一度は老いた母の懇願によってそれを断念するが、母の死後、キエフを長子のヤロポルクに委ね、今度は実際にペレヤスラヴェツに行ってしまう。かれの目はあくまでもこの物流の中心にいながら、南のビザンツ帝国に向けられていたように見える。

さてオリガは九六九年に没したが[73]『原初年代記』によれば、かの女は「追悼会」をしないよう遺言しており、自分の司祭により埋葬された。追悼会（トリズナ）というのは、古代スラヴ族の死者を弔う儀式で、一種の戦争遊戯、また通夜の宴会であったが、異教徒の風習であったため、オリガはそれを望まなかったのである[74]。年代記作者は「至福なるオリガ」を、「日の出の前の明星」、「夜明けの前の空焼け」、さらには「泥の中の真珠」と形容し、かの女が「キリスト教徒の国の先駆け」であったことを称える言葉を連ねている。

オリガに対する賛美は後に、既述の修道士ヤコフの『ウラジーミルの追憶と頌詞』にもその一部として取り込まれ、かの女はロシア正教会により聖人として崇められた（ただしオリガが正式に、すなわち教会によって然るべき手続きを踏んで列聖された時期は不明である。列聖がすでにウラジーミル公治世に行われたと主張されることがあるが、ゴルビンスキーによれば、それを示すたしかな証拠はない。ウラジーミル公治世にキエフに建立されたデシャチンナヤ（十分の一）教会（聖母教会ともいわれた）にオリガの遺骸が移されたという記事が後代の年代記『スチェペーンナヤ・クニーガ』にみられ、ウラジーミルによる同教会の建立は修道士ヤコフによっても確認されているので、その可能性は十分にあると思うが、これがそのままオリガの列聖を示すものかどうかは微妙である。しかしいずれにしても「ルーシの洗礼」後のかなり早い段階でオリガ崇拝が成立していたことはおそらく確かである[75]。

スヴャトスラフ公の治政については、かれのいくつかの軍事遠征を除いて、ほとんど何も知られていない。かれは母の没後、キエフをヤロポルクに、次男のオレーグを「ドレヴリャーネの地」（キエフの北西方の地である）に据えて、自身はすでに記したようにペレヤスラヴェツへ向かった（九七〇年）。もう一人の子のウラジーミルの場合は、ノヴゴロドへ赴くこととなったが、それは二人の兄がそれを拒んだからである。後に商業都市として繁栄するノヴゴロドも当時はキエフからみていまだ僻遠の地、諸公にとって垂涎の的ではなかったようにみえる。実際このときのイニシアティブはノヴゴロド側からきた。ノヴゴロドの民が「公」の派遣をスヴャトスラフに要請し、もし公子の誰も来てくれないようならば、「自分たちで公を探す」と言って、キエフ公に圧力をかけているのである。いずれにせよウラジーミルのノヴゴロド行きはキエフからの公派遣の最初の事例となった。

さてドナウ方面へ去ったスヴャトスラフはその後ブルガリアと戦い、さらにビザンツ帝国をも攻め、かくて九七一年の講和の締結にいたった。両国間に知られる最後の条約であり、『原初年代記』に序文と四条からなる条約文が記されているが、実質的にはルーシ側が譲歩し、爾後帝国に対し平和を守ることを誓約させられたものであった。この講和に至る経緯についての『原初年代記』の記述はきわめて傾向的である。なによりもビザンツとの戦いはルーシ側の完敗であったが、年代記の記述はまったく逆で、スヴャトスラフ側が苦戦を制し、巧みな交渉（外交というべきか）によって「休戦」に持ち込むことに成功したかのように描かれているのである。こうした事情がわかるのは、ビザンツ側の史料がこれについて詳しく書き留めているからである。ビザンツ史料が正しいと決めつけてかかるわけにはいかないが、以下にみるようにこの場合はこちらの方が事実に近い記述をしていると考えられる。

ビザンツ史料でスヴャトスラフのビザンツ遠征についてもっとも詳細に記すのは十世紀後半の歴史家レオン・ディアコノスの『歴史』である。この書はコンスタンティノス七世の没年からヨハネス・ツィミスケス帝の終わりまでの歴史（九五九年—九七六年）を主たる内容としているが、とくにビザンツ軍とスヴャトスラフ軍との衝突にふれるのはその第八、第九巻である。(76)

ディアコノスによれば、九六九年、皇帝ヨハネス・ツィミスケスは外交交渉を通じて、「スフェンドスラフ」（スヴャトスラフ）の率いる「タウロスキタイ人」ないし「タウル人」（ともにルーシ人のことを指す）を、ビザンツに敵対するブルガリア人を討つためドナウ下流域へ向かわせることに成功する。スヴャトスラフ軍の対ブルガリア戦（九六九—九七〇年）の様子が詳しく描かれる。スヴャトスラフはフィリッポポリス近郊の戦いに勝利し、同市を奪取したが、その後自らさらに南下する気配をみせる。ここにいたってヨハネス・ツィミスケスはスヴャトスラフとの交渉に入る。いうまでもなくルーシ軍がビザンツ領を侵すことのないよう防止策をとるためである。その際皇帝のスヴャトスラフ宛て親書には、先のイーゴリ（「インゴル」）公の対ビザンツ遠征がルーシ側の大敗北に終わり、その結果条約締結に至ったことを想起させる記述が含まれていたという。皇帝はスヴャトスラフがイーゴリの二の舞を踏まぬようそれとなく警告したのである。ところがスヴャトスラフはこれに対し、逆にコンスタンティノープル攻撃の意図を明らかにすることで応じる。スヴャトスラフはハンガリー人やブルガリア人にも加勢を求め、軍を強化してビザンツ領に侵入する。九七〇年のアルカディオポリスの凄惨な戦いは、双方に数千の損失を出しながらもビザンツ側の勝利に終わる。翌九七一年春、ヨハネス・ツィミスケスはスヴャトスラフ軍に対する新たな遠征にむけてアドリアノープルを発する。『歴史』の第八巻はこの遠征をめぐる描写にあてられている。それはプレスラヴァ（プレスラフ、第一次ブルガリア帝国首都）における戦いの記述に始まり、ドリストル（ドロストル、ドナウ河畔の町、現シリストラ）の戦いの描写に終わっている。次の第九巻は九七一年七月二十一日のドリストルの戦いの記述である。ビザンツ軍はこれに勝利し、敗れたスヴャトスラフは休戦を乞い、残兵を率いて故国を目指す。しかしその帰路待ち伏せするペチェネグ人により殺害される。

レオンはスヴャトスラフ軍が敗れたドリストル決戦の状況を次のように描写している。

「スヴャトスラフ自身、矢傷を負っておびただしい血を流し、あわや捕らえられるところであった。かれを救ったのは迫りくる夜の闇であった。この戦いで一万五千五百人のスキタイ［ロース＝ルーシ］人が斃れたと言われる。［戦場からは］二万もの盾とおびただしい数の剣がひろい集められた……スヴャトスラフはその夜まんじりともせずに死んだ戦士たちを悼み、憤怒と悲嘆にくれて過ごした。しかし［帝国の］無敵の軍と装備に対しては何事もなしえないと知るや、かれは分別ある軍司令官として、苦境を前に雄々しく振る舞うことを義務と心得、軍を救うことに全力を傾けた。それゆえ夜が明けるとかれは皇帝ヨハネスに使者を派遣し、以下のような条件を示して休戦を乞うこととした。すなわちタウロスキタイ［ロース＝ルーシ］人はローマ［ビザンツ］人にドリストルを譲り渡す。捕虜を解放し、ミシヤ［モエシア、ブルガリア］を退去し、故国へ引き上げる。一方ローマ人はかれらが船で帰国することを認め、途中火砲を積んだ船……でかれらを攻撃しないことを約束する［ルーシ側はいわゆる「ギリシアの火」をおおいに恐れていた。『原初年代記』は九四一年にイーゴリ軍がビザンツの「火を備えた船」に手痛い敗北を喫したことを伝えている］。加えてかれらに糧食を支給する。また将来通商のためにビザンツ［コンスタンティノープル］に派遣される者たちを、以前の取り決めにあるごとく、「友」とみなすであろう……皇帝は……［ルーシ側の］条件を喜んで受け入れ、かれらと同盟と協定を結び、かれらに一人につき二メディムナ［約二十キログラム］ずつの穀物を与えた。ロースの軍は六万人を数えたが、穀物を受け取ったのは死を免れたわずか二万二千人であったという。それ以外の三万八千人はローマ人の武器の前に斃れたのである」[77]。

レオンによれば、休戦協定締結後スヴャトスラフは皇帝と面会を求め、両者はあい会した。この会見の様子についてのレオンの描写はおおいに興味をそそられるが（その際かれはスヴャトスラフの相貌についても描写している）、ここでは省略する。レオンはその後帰国の途についたスヴャトスラフが、ペチェネグ人の待ち伏せにあって殺害されたことについても記しているが、この件に関しては『原初年代記』の記述の方が精彩を放っている。すなわち『原初年代記』によれば、スヴャトスラフはビザンツからの帰路ドニェプル河口付近で越冬し、翌春（九七二年）、早瀬（パローギ）にさしかかった時に、ペチェネグ人の襲撃をうけ殺害されたのである[78]。ペチェネグ人はスヴャトスラフの頭蓋骨に金を張り、それで酒を飲んだと記されている。「最後のヴァイキング」と言われる英雄にふさわしい末期がよく描かれているように思われる。

最後に、オリガ洗礼後の、スヴャトスラフ期のルーシにおけるキリスト教の状況についてみておきたい。オリガは生前、当然のことながら、子のスヴャトスラフもキリスト教に帰依することを望み、かれに洗礼を勧めている。そのことは年代記の九五五年におけるかの女自身の洗礼記事の最後の部分で記されている。この時のスヴャトスラフの返答はよく知られている。かれは母の勧めを「気にもかけず、耳にも入れようとしなかった」。そして「どうして私だけが異国の掟を受け入れられましょう。さもないと（私の）従士団がこのことを嘲るでしょう」と言って自らが受洗することは拒否したとされている。

オリガ受洗後のキリスト教の運命についてはよく知られていない。すでにふれたように、ドイツ人司教アダルベルトのキエフ訪問（九六一—九六二年）は完全な失敗に終わったといえるが、その原因は通常、スヴャトスラフの反キリスト教的立場に求められていた。スヴャトスラフ期にキリスト教徒への迫害があったことを明記する「史料」も存在する。タチーシチェフの伝える『ヨアキム年代記』である。ただこれを、後述する理由から、そのまま受け取ることができるかどうかは問題となる。[79] いずれにせよここからスヴャトスラフの姿勢を正確に見極めることは難しい。『原初年代記』では「もし誰か洗礼を受けようとする者があれば、（人々は）妨害はしなかったが、その人を嘲笑した」とも記されており（七二頁）、母の宗教に対する弾圧などはなく、むしろ無関心であったと解釈することも可能だからである。そうは言っても、逆にオリガの宗教が広く受け入れられていたわけでもなかった。キリスト教が普及したことを物語る積極的な証拠は知られていない。それどころか、九七一年のビザンツとの条約文には、ルーシ側が条約を遵守しなかった場合、「われらの神ペルン……ヴォロス」から罰せられると記され、以前の条約文のように（九四四年のイーゴリの条約）、キリスト教の信仰への言及はみられないのである（本書第三章、一五二頁参照）。これはスヴャトスラフ自身の率いる軍が条約締結の当事者であったこととともかかわっているが、少なくともかれの従士団中にはキリスト教徒はほとんどいなかったと考えられる。

第五章注

（１）十六—十七世紀にウスチューク・ヴェリーキーで編まれた『アルハンゲロゴーロツキー年代記《レトピーセッツ》』に次のような一節がある。「イーゴリが六四二〇[九一二]年に統治し始めた。イーゴリはキエフに座した……かれはプスコフで結婚した。十歳のオリガを妻にした。というのもかの女が非常に美しく、賢かったからである」(*PSRL.XXXVII:58*)。『原初年代記』では、イーゴリは「父」とされるリューリクの没年に（八七九年）幼少であったとされているので、もしかれが「九〇三年」に結婚したとするならば、少なくとも二十四歳にはなっていたことになる。

（２）のちのモスクワ時代の年代記である『スチェペーンナヤ・クニーガ』が、かの女を「ヴァリャーギ族の出」、すなわちスカンディナヴィア系と明記していることも想起される（*PSRL.XXI-1:6*）。

（3）ヤロスラフの頭骨の調査は一九三九年に行われた（キエフ・ソフィヤ聖堂に安置されていた石棺が開けられたのである）。それについてはさしあたり、Karpov, *Iaroslav Mudryi*.s.461-462(prim.13), 469-470(prim.28) を参照。ヤロスラフの頭骨調査の結果、その頭蓋の形態は北方系ではなく、ノヴゴロド地方のスロヴェネつまりはスラヴ系であることが判明したという。この結果から三代遡るオリガの出自についての結論は、G・ヴェルナツキーによれば、次のような類推の筋道を通って引き出されたと考えられる。まずヤロスラフの母(ログネジ)は年代記の記述からほぼスカンディナヴィア系と確認される(後述)。父ウラジーミル聖公はスヴャトスラフ公とマルシャ（オリガの鍵番とされる）の子である。スヴャトスラフの父イーゴリ（オリガの夫、ヤロスラフの曾祖父）がスカンディナヴィア系であることはほぼ疑いない。以上からヤロスラフのスラヴ系の要素はマルシャかオリガから来たと推測される。しかるにA・A・シャーフマトフによれば、マルシャは北方系であった可能性が高い。残りはオリガである。かの女はスロヴェネ系であって、イーゴリとの結婚に際しスカンディナヴィア系の名を付けられた。以上が推測の流れである（Vernadsky, *Kievan Russia*.p.39, 82-83）。歴史研究ではこうした推論はよくなされ、他に十分な判断材料がないからにはそれもやむを得ない側面がある。だがこうした類推には実に多くの問題が含まれていることも確かである。それは指摘するまでもないことであるが、確認しておく必要はある。まず『原初年代記』の記述（ここにかかわるほぼすべての部分）に関し、そのまま「事実」と受け取ることは到底できない。また年代記がすべてを伝えていると考えることもできない。各種年代記情報が一致しているわけでもない。さらにヤロスラフに至るイーゴリ、スヴャトスラフ、ウラジーミルには、それぞれ多くの妻がいたと考えるべきであるが、すべての妻について記されている（あるいは正確に記述されている）わけでもない。ヤロスラフの母や父の、母となりうる女性の範囲は広かったと考えるのが自然である。かくてすべては不確かな状況のなかでのことである。もしそうしたことに無頓着に、年代記の「物語的な」記述を、現代の「学術的」調査（一部に関してなされているにすぎない）の結果と直接に突き合わせて、しかも類推に類推を重ねて一定の結論を出し、さらにそれを何か重大な意味のあることとして（たとえば、ノルマン説の、あるいはそれへの批判の根拠として）用いるとするならば、当然問題が生じてくる。あくまでも仮説的、限定的な参考意見として留めておくべきであろう。

（4）『原初年代記』では、イーゴリはリューリクの子とされるが、これを疑問視する史家が少なくない。というのも、そもそもリューリク自身が伝説的人物であり、その実在性が疑われるが、それをいまおいておくとしても、父リューリクの死の時点で（八七九年)、子（イーゴリ）は幼かったとされる。そのイーゴリの死は九四五年であり、父子の年齢の開きが大きすぎるからである。イーゴリはオリガと九〇三年に結婚したとされる。かれらの子（スヴャトスラフ）は父の死亡時は未成年であった。このあたりもつながりが自然でない。スヴャトスラフの母はオリガでなかった可能性もある。年代記は伝説的なリューリクとイーゴリを結びつけるのに苦労している感じがするが、歴史的実在と信じられるイーゴリ自身についても、不明な点が多いのである。このことはかれを擁してキエフを支配したオレーグや（かれはリューリクの「一族の者」とされることも、イーゴリの「軍司令官」とされることもある。このあたりのことは本書第二章補論2においてもふれておいた）、イーゴリの妻オリガについても同様で、十世紀半ばまでは、かれらが実在人物と仮定したとしても、伝説的で半ば闇に閉ざされた時代であったといわざるをえない。

（5）Cross, *The Russian Primary Chronicle*, p.239.n. 57

（6）ルーシにおける「血讐」(krovavaia mest', Blutrache, blood feud) については、さしあたり勝田「ルス法典研究」一〇七頁以下を参照。

（7）たとえばソヴィエトの研究者S・V・ユシコフは、オリガの「行財政改革」について、それが『原初年代記』から推測されるよりも広範囲におよぶ全ルーシ的な（ただしヴォルガ、オカー川方面のヴャチチ族の地域は除く）改革であったことを主張した。そして改革の動機については、ドレヴリャーネ族の反乱の結果、キエフによるルーシ支配が脆弱な基盤に基づいていることにオリガら支配層が気づいたことにあるとし、それゆえオリガらは地方の土着的種族諸公を排除し、キエフ大公直属の行財政機関を各地に設立することを目ざしたとする。ユシコフによれば、オリガが各地に設立したポゴストとは原義としてはクリュチエフスキーが主張したように、商業的拠点、市場の意味であるが、ここでは行財政、司法上の中心を意味しており、キエフの地方支配の拠点であったという。年代記の記述からここまでのことが言えるのかどうかいささか疑問であるが、これはユシコフの初期キエフ国家の性格づけ全般から演繹された見解であり、多かれ少なかれ、ソヴィエト時代の研究者に共通した見方であったと言える（Iushkov, *Obshchestvenno-politicheskii stroi*.s.108-110）。なおB・D・グレコフは、『原初年代記』の先に引用した文中の、プスコフにあったという「橇」について、興味深い説明をしている。かれによれば、これはオリガが実際にノヴゴロド地方を自ら回って指図したことを示す物証であり、当時の人々が記念としてプスコフに保存していたものであるという。その意味でそれは、ピョートル大帝のボートがペテルブルクに保存されているのと同様の意味をもつという（Grekov, *Kievskaia Rus'*. s.296-298）。

（8）本書が全集第一巻（*PSRL*.I:60）と並んで利用するリハチョフによる刊本もラヴレンチー本を底本とするが、こちらはこの箇所についてはラジヴィウ本の読みを採用し、訂正している（*PVL*.s.29, 133, 441）。

（9）*PVL.s.440-441.* これに関してA・A・シャーフマトフは、『原初年代記』の「オリガの受洗」関連記事の基礎には教会に起源を有する聖者伝的記述が横たわっており、のちに民間説話的な物語により補充されたと理解し、これが研究史上通説の位置を占めてきたが（リハチョフも基本的にこの立場に立つ）、これに対する批判的な立場ももちろんある。近年ではたとえば、L・ミュラーが双方の部分の前後関係を逆に、すなわち民間説話的要素が先で、後に教会により聖者伝風に仕立てあげられたと考えているが、ここでこの問題にこれ以上には立ち入らない（Shakhmatov, *Istoriia Russkogo Letopisaniia.*I-1(*Razyskaniia*). s.91-96;Müller, "Die Erzählung der 'Nestorchronik'", S.787-789）。

（10）*Drevniaia Rus' v svete*...II, s.143-146; なおJ・フェザーストーン論文中の、『儀典の書』第二巻第十五章（ほぼ全章）の英訳をも参照する。Featherstone, "Ol'ga's Visit to Constantinople", p.297-305

（11）Litavrin, Sostav posol'stva Ol'gi.s.74 はオリガを含め総勢百十二人［うち女性がオリガ以外に二十四人、男性八十七人］とする（最初の接見の場合）。なおかれは既述のごとくスヴャトスラフの家臣を五人と推測している。

（12）Litavrin, Sostav posol'stva Ol'gi.s.74-75 では、オリガを含め総勢百五人［うち女性はオリガ以外に三十四人とする（二度目の接見の場合）。

（13）リタヴリンは、『儀典の書』に記されたルーシ使節団には各構成員が同行した召使いや奴隷などもいたと考え、総数では千五百人を下らないと見積もっている（Litavrin, Sostav posol'stva Ol'gi.s.89）。想像を絶する数字であるが、一つの参考として記しておく。場合によっては後のピョートル一世（大帝）の有名な大「西欧使節団」（一六九七―九八年、二百五十人とも三百人ともいわれている）に匹敵する、というかそれをはるかに上回る規模の一大国家事業であったということになる。

（14）Ostrogorskii, Vizantiia i kievskaia kniaginia Ol'ga. s.1460-1463

（15）上記オストロゴルスキーの理解であるが（Ostrogorskii, Vizantiia i kievskaia kniaginia Ol'ga.s.1463-1464; オストロゴルスキー『ビザンツ帝国史』四〇五頁、注27）、教会史家のゴルビンスキーもこうした立場に立っている（Golubinskii, *Istoriia Russkoi Tserkvi.*I/1, s.76-79）。

（16）Nazarenko, *Drevniaia Rus'*.s.220-263

（17）*Drevniaia rus' v svete*...IV, s.45-46.『続レギノ年代記』についてはさらに後述する。なおこの年代記については三佐川『ドイツ史の始まり』第七章第三節（2）に説明がある。『続レギノ』のこの箇所における「ルーギ」がドニェプル中流域のルーシを指すと考えられることについてはすでにふれた（本書第二章2、また Nazarenko, *Drevniaia Rus'*.s.264-266）。

(18) «Synopsis historiarum»、十一世紀後半の執筆。Nazarenko, *Drevniaia Rus'.s.266-267* による。

(19) Levchenko, *Ocherki.s.222*

(20) A・A・シャーフマトフ、M・D・プリショールコフらにはじまり、近年ではG・G・リタヴリン、A・ポッペなどである (Shakhmatov, *Istoriia Russkogo Letopisaniia*.I-1(*Razyskaniia*).s.95-96; Priselkov, *Ocherki po tserkovno-politicheskoi istorii*.s.9-14;Litavrin, Russko-vizantiiskie sviazi, s.41-52;Litavrin, K voprosu ob obstoiatel'stvakh.s.55-57;Poppe, "Once again concerning the Baptism", p.271-277)。D・オボレンスキーもこの立場であるが、これについては次注参照。

(21) Obolensky, "Ol'ga's Conversion".p.145-158

(22) 既述のとおり、『原初年代記』はオリガをプスコフ出身と伝えていたが、このプスコフを類似の名称をもつブルガリアの都市と解釈した説である。Thomson, "The Bulgarian Contribution".p.234 による。

(23) ソヴィエトの代表的中世史学者M・N・チホミーロフも、すべては「推測」の部類に属するとしつつも、この説が十分に成立可能であることを認めている。Tikhomirov, *Istoricheskie sviazi Rossii*. s.106-107

(24) Thomson, "The Bulgarian Contribution". p.235-237

(25) Priselkov, *Ocherki po tserkovno-politicheskoi istorii.s.82-87*

(26) 著名な正教神学者G・フロローフスキーは、キエフ・ルーシにおけるギリシア的、ブルガリア的両要素間の「衝突」、「闘争」について語ることもできるとすら記す (Florovskii, *Puti Russkogo bogosloviia.s.5*)。

(27) 既述のゴルビンスキーやオストロゴルスキーらであるが、さらにフランスのアリニョン (Arin'on, Mezhdunarodnye otnosheniia Kievskoi Rusi.s.113-124) もそうである。

(28) ヤコフの著作テクストは、Zimin, Pamiat' i pokhvala Iakova Mnikha, *s.67-75* にみられる。とくにその *s.70* を参照。また *BLDR*.I, s.316-326 にも所収されている。その s.316, 318, 524 を参照。ただしこちらはジミーンとは別の写本によっており、「オリガへの頌詞」は含まれていない。ゴルビンスキーはヤコフのこの作品の成立時期を十一世紀とみたが、その後の研究では、オリガに関する部分は後の時代になって付け加えられたとみられるようになっている。いずれにせよこの作品は十五世紀末以降の写本でしか伝わらない (*SKKDR*. Vyp.1, s.288-290)。また注意しなければならないのは、ヤコフ自身は、オリガの洗礼地としてはコンスタンティノープルを考えていることである (Golubinskii, *Istoriia Russkoi Tserkvi*.I-1, *s.77-79*)。ヤコフのこの著作は本書ではウラジーミルの洗礼を考える際に（第七章）あらためて検討の対象とする。

（29）たとえば、Litavrin, K voprosu ob obstoiatel'stvakh.s.52-54;Litavrin, Russko-vizantiiskie sviazi.s.41-46; Obolensky, "Ol'ga's Conversion". p.151

（30）先にもふれたが、まさにこの点を批判したのがオストロゴルスキーであったが（オストロゴルスキーは、オリガがキエフで洗礼を受けた後もエルガ（オリガ）と名乗り続けたと主張する）、そのオストロゴルスキーにも批判がある。たとえば、リタヴリン Litavrin, Russko-vizantiiskie sviazi, s.44-45 である。本書の著者はこの点ではリタヴリンに従いたい。かれのオリガの洗礼に関する見解の主要部分、つまりコンスタンティノープル二度訪問説（最初は九四六年、二度目が九五七年。二度目のときに帝都で受洗したとする）については同意できないにせよ。

（31）これに関しては Nazarenko, *Drevniaia Rus'*.s.273-274 を参照。

（32）Litavrin, Russko-vizantiiskie sviazi, s.45

（33）Nazarenko, *Drevniaia Rus'*.s.274-275

（34）こうした考え方をする研究者は少なくなかったが、若干の例を挙げると、Sakharov, *Diplomatiia Drevnei Rusi*.s.283-284;Sukhov, Sotsial'nye predposylki.s.8-20; Novosel'tsev, Priniatie khristianstva.s.97-122 など。

（35）以上については Levchenko, *Ocherki*.s.172-237（とくに s.216-217）、また Pashuto, *Vneshniaia politika*.s.57-88;Sakharov, *Diplomatiia Drevnei Rusi*.s.209-258 をも参照。

（36）*Drevniaia Rus' v svete*...IV.s.45-49. この年代記の記述についてはすでに本章二三〇―二三一頁、また注（17）においてふれた。

（37）ナザレンコによれば（Nazarenko, *Drevniaia Rus'*.s.263-266）、十一世紀のその他多くの史料に、オリガとは明記されていないものの、当時のルーシの使者がオットー一世の宮廷に現れ、司教など布教使を派遣するよう求めたとする記述がみられるという。その主なものの第一は、ヘルスフェルト修道院（フランケン北東部）の今は失われた年代記に遡る諸年代記で、そのなかの、たとえば『ヒルデスハイム年代記』（一〇六〇年代）の九六〇年の項に、次のように記されているという。

「オットー王のもとにルーシの民から使者 legati Rusciae gentis がやってきて、王がその司教の中からかれら［ルーシ人］に真理の道を教示する者を誰か派遣してくれるようにと懇願した。使者らは、かれらが異教の習慣を捨て去り、キリスト教信仰を受け入れることを確約した。王はかれらの懇請を受け入れ、かれらに信仰正しき司教のアダルベルトを派遣した。だがかれらは、その後の顚末から明らかになるように、すべてにおいて虚偽を申し立てていたのであった」（*Drevniaia Rus' v svete*...IV.s.105-106)。ほぼ同じ記述が『アルタハ年代記』や『クヴェトリンブルク年代記』などにもみられる（*Drevniaia Rus' v svete*...IV.s.109;ibid., s.84)。そのほかのグループに属する史料としては、マグデブルク大司教座と関係する諸史料もこうした情報を伝えている。これはアダルベルト自身が初代大司教であった事実からしても理解しやすいことであるが、たとえばメルゼブルクのティトマルの年代記などがそうである（Thietmar, *Chronik*.II:22.S.56-57;*Drevniaia Rus' v svete*...IV.s.65-66)。ただこのグループでは、アダルベルトがかつてルーシへ派遣され、異教徒により不当にも乱暴に追放されたという点については記されるものの、オリガからの王への使者派遣については言及されていない。いずれにせよ、西方では、ルーシ使節のオットー一世の宮廷への出現と司教派遣の要請は、このように相互に独立するいくつかの系統の史料で直接、間接に広く裏づけられている。なおアリニョン Arin'on, Mezhdunarodnye otnosheniia, s.115 などは、大部分の西欧史料のルーシ使節に関する記述が『続レギノ』のそれをほぼそのまま踏襲したものと考えているが、ここでみたようにナザレンコは、オリガが派遣した使節に関する情報が相互に独立する系統の諸史料によって伝えられていることを指摘し、アリニョンらの見方を退けている（Nazarenko, *Drevniaia Rus'*.s.264-266, 292)。

（38）ナザレンコはその著書第六章「《全スラヴ族の大司教座》：ルーシとマグデブルク布教大司教座。十世紀六〇年代」（Nazarenko, *Drevniaia Rus'*.s.311-338）において、アダルベルトのキエフからの無為の帰還とその理由およびその間の経緯を、その後のオットー一世によるマグデブルク大司教座の新設、およびアダルベルトの初代大司教への任命と関連づけて論じているので、ここでみておきたい。それによると、オットー一世はローマとの合意の下に九六八年に「全スラヴ人」（といっても帝国の南東部のすでにザルツブルク大司教座の管轄下にあったスラヴ諸民族は除く）への布教と指導のためにマグデブルク大司教座を設置したが、その初代大司教に選んだのは、ほかならぬ前キエフ司教のアダルベルトであった。アダルベルトの任命はおそらくは、オットーがマグデブルク大司教管区にルーシをも含めて考えていたことと結びついている。同大司教区にルーシは含まれていないと考える研究者が多いが（たとえば、ポーランド人研究者A・ポッペ）、ナザレンコはこれを批判し、オットーのマグデブルク大司教座創設の意図のなかにはルーシへの布教も入っていたと考える。ところで、アダルベルトの大司教抜擢には大きな障害があった。それは名目的とはいえ依然としてキエフ司教である者を、別の（大）司教座に任命することは、教会法上の問題があったからである。アダルベルト自身そうした問題を認識していた。かれが『続レギノ』その他の著述において、自身がキエフへ布教に赴きながら、その地で異教徒により暴力的に追放されたかのように記したのは、まさにそうした理由からであった。本人の怠惰や失態ではなく、やむを得ず任地を去らなければならなかったとすれば、話は別であるからである。ナザレンコはアダルベルトが自身のキエフ退去についてあいまいな記述をしていることに関して以上のように推測したが、もしこれが正しいとするならば、時に諸研究者が、アダルベルト自身の記述を根拠に、かれがキエフで迫害にあったかのように主張したとしても、それをそのまま受け入れるわけにはいかなくなる。アダルベルトの記述をある程度割り引いて考える必要が出てくるからである。ただし、ナザレンコの見解がかりに受け入れられるとしても、キエフが西方教会にとって、さまざまな意味で布教の困難な地であったという事実は動かないだろう。

（39）Pashuto, *Vneshniaia Politika*.s.66-68. なおパシュートが、オリガは帝都に「キリスト教徒」として現れたとしていることには注意が必要である。つまりオリガはすでにキエフで受洗していたとかれは考えているのである。

（40）ルーシのキリスト教化をめぐる問題のもっともすぐれた研究者の一人であるポーランドのA・ポッペも、オリガの不満の原因が主教派遣をめぐる問題にあったと考えている。すなわちかれは、ビザンツ側がいったんは司教派遣を確約しながら、国内事情（皇帝と総主教らの対立）から派遣が遅れたと考えるのである。Poppe, "Once again concerning the Baptism", p.275-276. 帝国内の諸事情もたしかに重要な要因であったことは疑いない。しかしこの場合、司教派遣の遅れを待ちきれずにドイツにそれを求めたとするような考え方にそれほど説得力があるようには思われない。もしオリガがそのようなことでドイツ王に援助を求めたとするならば、ビザンツ宮廷側から大きな反発が来ることは当然予想されたはずで、それはそれで大問題を引き起こすことになったであろうと考えられるからである。

（41）Priselkov, *Ocherki tserkovno-politicheskoi istorii*.s.9 sl. プリショールコフはその著書の第一章第四節でオリガの洗礼について検討しているが、この節の表題「聖オリガの自立的聖職者組織設立問題解決の試みとその挫折」がすでにかれの主張内容を表現している。レフチェンコも基本的にこの立場に立つ。Levchenko, *Ocherki*.s.233-235. かれによれば、オリガは「キエフ国家におけるキリスト教会組織」問題でドイツとビザンツの双方に接触したが、その背景には、当時東西両教会はいまだ分裂していなかったことがあるという。ルーシは自らの意志にしたがって東西両教会のどちらにでも所属しえたというのである。希望すれば実現したかどうかはともかくとして、東西両教会がいまだ分裂していなかったとするレフチェンコの指摘は基本的には正しいが、果たしてオリガが本当にそう考えたかどうかは問題となる。さらにVernadsky, *Kievan Russia*.p.41;Kuz'min, Priniatie khristianstva.s.13;Poppe, "Once again concerning the Baptism" 論文も同様の立場に立つ。

（42）Rapov, *Russkaia tserkov'*.s.182-183

（43）Pashuto, *Vneshniaia politika*.s.119-120;Rapov, *Russkaia tserkov'*. s.182-184 など。

（44）Kartashev, *Ocherki po istorii Russkoi tserkvi*.T.I.s.102-103

（45）Ramm, *Papstvo i Rus'*.s.33-35

（46）古くは教会史家ゴルビンスキーがこうした見解を表明する（Golubinskii, *Istoriia Russkoi Tserkvi*.I-1, s.70-71）。今日ではA・N・サハロフもオリガの使節派遣を事実としながら（派遣の目的は宗教的なものではなく、ルーシの国際的地位の向上を図ったとする）、他方で、オットー一世を「宗教的狂信家」、「戦闘的キリスト教政治家」と断じて、王がルーシ教会をドイツの支配下におこうとしたかのように主張する（Sakharov, *Diplomatiia drevnei Rusi*.s.293-298, 314）。しかしオットーに対するこうした見方も問題であるが、当時のルーシ国家が外交的にヨーロッパ諸国との対等性を追求したかのような主張をすることも非歴史的で、説得力に欠けると言わざるをえない。

（47）Vlasto, *The Entry of the Slavs into Christendom*. p.158-165;Obolensky, *The Byzantine Commonwealth*. p.84-97; Litavrin, Vvedenie khristianstva. s.30-67; ブラウニング『ビザンツ帝国とブルガリア』、一九六―二一三頁

（48）たとえばポーランドの歴史家H・パシキェヴィチである（Paszkiewicz, *The Origin of Russia*. p.42-43）。

（49）Arin'on, Mezhdunarodnye otnosheniia.s.121

（50）Nazarenko, *Drevniaia Rus'*.s.293-297

（51）ポチャイナ川はドニェプル川の右岸へ注ぎこむ支流（第九章2、五四九頁のキエフ都市図を参照）。当時のキエフの町は、『原初年代記』九四五年の項にあるように、丘の上にあり、ドニェプル河畔の「ポドーリエ（ポドール）」（丘のすそ野にあたる低地。のちに市場などが立つ住民居住区となる）はいまだ十分に発達していなかった（「当時水がキエフの山のそばを流れていて人々はポドーリエに住んでおらず……」六一頁）。ポチャイナ川はこの丘（町）の下側を流れてドニェプルに注いでいた。そこには埠頭があり、人々はそこに船をつけ、『イーゴリ公遠征物語』にも謳われるボリチェフの坂を通って町へ登って行ったのである。ドレヴリャーネ族がオリガに族長マールとの結婚を迫る使者を送ったとき、使者らが船を泊めた「ボリチェフの坂の下」はこの埠頭であったと考えられる。

（52）Ostrogorskii, Vizantiia i Kievskaia kniaginia, s.1466 sl. さらに Arin'on, Mezhdunarodnye otnosheniia.s.120;Featherstone, "Ol'ga's Visit to

Constantinople".p.309-310を参照。

（53）Levchenko, *Ocherki*.s.231-232

（54）Karamzin, *Istoriia Gosudarstva Rossiiskogo*. Kn.I, T.I, gl.VII, s.102. カラムジンはここで、オリガが二度目の接見の時に与えられた二百ミリアレシオンをロシアの金貨で十六チェルヴォーネッツと換算しているのであるが（カラムジンの時代には一チェルヴォーネッツはおよそ十ルーブリであったので、下賜金は百六十ルーブリ相当額ということになる）、カラムジンよりやや若いプーシキンが、その戯曲『ボリス・ゴドノフ』の出版を皇帝（ニコライ一世）に差し止められたとき、これで一万五千ルーブリが奪われることになると書いたと広く伝えられているので、カラムジンはオリガに与えられた下賜金がきわめて少額と考えていることがわかる。

（55）Pogodin, *Drevniaia russkaia istoriia*.I, s.38-40 ;Levchenko, *Ocherki*.s.232

（56）Sakharov, *Diplomatiia Drevnei Rusi*.s.289-290

（57）Arin'on, Mezhdunarodnye otnosheniia, s.114, 120. なおノミスマをソリドゥスと同義ととらえるならば、一ソリドゥスは本来、金四・五グラムであった。Mazal, *Handbuch*.S.258, 262

（58）なお『帝国統治論』は部分的に邦訳されている。山口巌訳『帝国統治論Ⅰ - Ⅳ』、これは原書の序文、第一—第九章の訳および詳しい訳注で、ビザンツの北方にいたパツィナキトイ（ペチェネグ）、ロース（ルーシ）、トルコイ（マジャール）、ブルガロイなどについて叙述する部分が訳されている。ここで立ち入ることはできないが、山口訳のとくにⅣは原書第九章の訳で、この章はリューリクの子イーゴリ公の時代のロース（ルーシ人）が、丸太船に乗りローシアからコンスタンティノープルを訪れる際のドニエプル川の七つの早瀬を越える様子や早瀬の呼び名、冬季間に行われるキエフ諸公のポリュージエ（巡回徴貢）についてふれていて、当時のルーシについての貴重な情報源となっている。なお七つの早瀬およびポリュージエについては、本章後述注（78）また第十章六五三—六五五頁をみられたい。

（59）Levchenko, *Ocherki*.s.211-212

（60）Litavrin, Sostav posol'stva Ol'gi. s.89-92

（61）たとえばPashuto, *Vneshniaia politika*.s.66;Sakharov, *Diplomatiia Drevnei Rusi*.s.290-292

（62）Nazarenko, *Drevniaia Rus'*, s.301-302. この点を別の意味で重視する者もいる。たとえば、ソヴィエトの研究者ラーポフはここにオリガとスヴャトスラフ間の権力争いの結果を見て取っている。母と子との間の権力闘争があった可能性はもちろん否定できない。しかしそうした事柄がビザンツ皇帝の著書の中に表現されているとは到底思われない。Rapov, *Russkaia Tserkov'*.s.158-159

（63）たとえば、後述第七章。皇女アンナとウラジーミルの結婚に関する箇所を参照。またこれに関しては『帝国統治論』第十三章に関するM・V・ビビコフのコメント *Drevniaia Rus' v svete*...II, s.149 をみられたい。コンスタンティノスはこの第十三章において、後継者にたいし「北方の蛮族」（ハザール、ハンガリー、ルーシ人など）の帝国に対する「身の程を知らない」要求に譲歩することのないよう命じているが、その中には皇帝のみの特権である「権力の標章」や「ギリシアの火」（一種の火炎放射器）と並んで、皇室の一員との婚姻関係に対する要求も含まれていた。なおリタヴリンは、皇帝がとくにオリガとの苦い経験に基づいてこの第十三章を執筆した可能性のあることを指摘している。Litavrin, Russko-vizantiiskie sviazi, s.49

（64）史料では「ルーシ大主教」への言及もときにみられる。たとえばコンスタンティノス七世による皇帝バシレイオス『伝』（『続テオファノス』）中においてである。*Drevniaia Rus' v svete*...II, s.178 を参照。

（65）オストロゴルスキー『ビザンツ帝国史』、三六四―三六五頁

（66）Leyser, "The Tenth Century in Byzantine-Western Relations", p.35

（67）Nazarenko, *Drevniaia Rus'*.s.303-307

（68）Leyser, "The Tenth Century in Byzantine-Western Relations", p.29-30, 50, note 8

（69）ロマノス二世はオットー一世の皇帝の称号を承認したが、ニケフォロスがそれを取り消したとするW・オーンゾルゲの説については、ナザレンコは批判的である。かれはロマノス二世政府を親ドイツ的とみる見方に反対する(Nazarenko, *Drevniaia Rus'*.s.307)。

（70）シャーフマトフによれば、年代記の「最古のキエフ集成」はスヴャトスラフの没年を六四七八（九七〇）年としているという。修道士ヤコフの「ウラジーミルへの追憶と称賛」も同様である。それが後に「原初集成」において六四八〇年とされ（オリガの没年を六四七七（九六九）年とした関係からである）、それが『原初年代記』の記述になったという（Shakhmatov, *Istoriia Russkogo Letopisaniia*.I-1(*Razyskaniia*).s.105;*PVL*.s.442(リハチョフ)）。スヴャトスラフの治世（生涯といってもよい）は二十八年とされるので（『原初年代記』九七二年の項）、没年を九七〇年と考えると、生年は九四二年ということになる。

（71）『原初年代記』におけるイーゴリ、オリガ、二人の間から生まれたスヴャトスラフについての記述、とりわけそのクロノロジーは矛盾に満ちている（かれらに先立つリューリク、オレーグに関しては言うまでもない）。それゆえ記述される断片的な「年代」を整合的に理解することはほとんど不可能である。これについては本章の注（4）においても指摘したが、以下に改めてまとめ

て考察しておく（あくまでも『原初年代記』の記述に基づきながらの「考察」である）。
まずイーゴリ公について。八七九年（リューリク没年）にかれは幼児であった（邦訳者注ではイーゴリの生年は同年かその一年前と推測されている）。九〇三年オリガと結婚する（イーゴリは二十四歳ぐらいと推測できるのでこれは理解できる）。九一三年（三十四歳頃か）キエフ公となる。九四五年殺害される（六十六歳頃）。イーゴリだけを考えると、一応理解できる生涯である（老齢になってからの対ビザンツ、対ドレヴリャーネ遠征などはやや問題となりうる）。しかしオリガ、スヴャトスラフの場合を併せ考えるとどうであろうか。

オリガとスヴャトスラフの場合。オリガは九〇三年、イーゴリの妻となる（オリガは何歳であったか、生年についての記述はないので不明である。結婚可能な年齢と推測される十二歳と仮定すれば八九一年の生まれとなる）。九四五年（イーゴリが殺害された時）、オリガは「幼い」スヴャトスラフと共にキエフにいた（スヴャトスラフの生年は、このとき三歳と仮定して九四二年。オリガがかれを産んだのは五十一歳のことになる）。九四六年オリガが「スヴャトスラフと共に」ドレヴリャーネ族を攻める（スヴャトスラフ四歳か。「攻めた」とされるのはオリガであるので、幼児を連れて危険な戦いに赴いたということになる）。九五五年、オリガ（六十四歳か）がコンスタンティノープルへ行き洗礼を受ける。このとき皇帝から求婚される。九六四年、スヴャトスラフ「成年に達する」（すでに二十二歳になっていたので、やや不自然な記述）。九七〇年スヴャトスラフ（二十八歳か）、ヤロポルク、オレーグ、ウラジーミルをそれぞれキエフ、ドレヴリャーネの国、ノヴゴロドに据え、自身はペレヤスラヴェツに行く。ヤロポルクら三人はスヴャトスラフの子と考えられている（九六八年の項に三人は「オリガの孫」と記される。厳密に言えば、三人の父が誰かはここには記されていないが）。九七二年、スヴャトスラフ殺害される。ここでの問題はその治世が「二八年」とされていることである。おそらくイーゴリが没して（九四五年）ただちに後を継いだと考えられている。それはよいとして、そのかれに三人の子（九七〇年には成人、ないし少なくとも相当の年齢に達していたと考えられる）がいたとなると、まったく理解できなくなる。あるいは生年を九四二年より遡らせる必要があるかもしれない。

以上が、年代記の記述の理解困難なところである。こうした不自然な記述を説明したり、あるいはそれが難しいとあって修正しようとしたりする試みが、これまで数多くなされてきた。それについてはさしあたり、Korolev, *Sviatoslav*.s.31 i sl. を参照されたい。ここではその一例としてB・A・ルィバコフの試みを紹介する。

ルィバコフは諸矛盾を解消するために、なによりもイーゴリとオリガの結婚の時期を繰り下げ（より後のこととし）ようとする。かれはスヴャトスラフの誕生を九四二年とする見方を採用し、父母の結婚はその直前と設定する。かれは次のように記す。「古ルーシにおいて女性は十六―十八の年齢で結婚する。それゆえオリガの生年は九二四―九二七年と計算される。皇帝コンスタンティノス七世と会見した時には、かの女は二十八―三十二歳であった。かの女はたしかに若い寡婦とよばれるにふさわしかったであろう」。ルィバコフは全体的に二十年ほど繰り下げることによって、年代記の理解を容易にしえると考えたのである（Rybakov, *Kievskaia Rus'*.s.369）。ただしこの場合でもスヴャトスラフと三人の子の関係は不可解なままである。

(72) ペチェネグ（複数形でペチェネギ）族はトルコ系遊牧民族。『原初年代記』によれば、かれらがルーシを初めて攻撃したのは九一五年のことである。年代記は九六八年の項でもペチェネグが「初めてルーシの地に攻めてきた」と記している（四五、七五頁）。九世紀初めにヴォルガ方面からドナウ川流域に進出し、ルーシのみならずビザンツにとっても一大脅威となったトルコ系ペチェネグ族についてはコンスタンティノス七世・ポルフィロゲネトスもその『帝国統治論』において「パツィナキトイ」として詳細に記述している（山口訳「帝国統治論（Ⅱ）」、『古代ロシア研究』Ⅶ、一一二―一三三頁）。本書第九章注（3）をも参照。研究としては Pletneva, *Pechenegi, torki i polovtsy*. また *MERSH*.27, p.126-133(Th.S.Noonan) も参考になる。

(73) 今日のロシア正教会では、命日は旧暦の七月十一日（新暦では七月二十四日）とされている。この日付は、修道士ヤコフの『ウラジーミル公の追憶と頌詞』のいくつかの写本中にみられる「オリガへの頌詞」部分に出てくるが、「オリガへの頌詞」は、すでに記したとおり、後代の付加であると考えられている。「オリガへの頌詞」の末尾には、オリガが受洗後十五年間生きて、九六九年七月十一日に亡くなったとする記述がみられる（Zimin, *Pamiat' i pokhvala*.s.70. テクストは s.67-75.「オリガへの頌詞」部分は s.69-71）。なおすでに記したとおり、*BLDR*.1, s.316-326 中のテクストには「オリガへの頌詞」（その前半部）は含まれていない。この日付は後代の年代記、たとえば、『スチェペーンナヤ・クニーガ』の聖オリガ伝の部分にもみられる（*PSRL*.XXI-1:24, 31）。

(74)『原初年代記』邦訳はオリガが死後「平地に埋葬された」と訳し、これはかの女がキリスト教徒であって、異教徒に伝統的な「クルガン（盛り墓）」を築くのを禁止したためと説明する（七八頁、また三九五頁、九六九年の項の訳者注1。ただし原文の「na meste」を「平地に」と訳し、またそのように解釈することができるかどうかは問題となる。リハチョフはこの箇所に付した解説において、ここでは「どのような場所か」が明記されていないとしつつ（つまりリハチョフはこれを「（ある、どこか不明の）場所に」と理解している）、プローグ（教会暦聖者伝）の記述（zapoveda emu pogresti s zemleiu rovno, a mogily ne suti...）ではじめて「平地」へ埋葬し、クルガンは築かないよう指示されていることがわかると結論づけるのである（*PVL*.s.445）。年代記の記述に限って言えば、オリガがキリスト教徒であることは、あくまでもかの女が追悼会を禁じたこと、またかの女には「司祭」がいて、そのかれが埋葬式を執り行ったことから判断されると考えるべきであろう。これは一見して些細なことのように思われるかもしれないが、九七七年の項のオレーグ・スヴャトスラヴィチ公の埋葬に際しても「na meste」とされていることの理解のためにも、また一〇四四年の項のヤロポルクとオレーグ兄弟の「骨の洗礼」の理解にとっても重要なのである。オレーグの場合は「ヴルチーの町のそばの na meste」に埋葬されたとなっているが、もしこれを「平地」と訳すならば（実際邦訳ではそうなっている）、オレーグもキリスト教徒であったのかと問うことも可能となるからである。後述するように（第六章）かれの兄ヤロポルクは洗礼を受けていた可能性が高いが、オレーグがそうであったという記述も、またこれを根拠にそう主張する研究者もいないのである。

(75) Golubinskii, *Istoriia Russkoi Tserkvi*, I-1, *s.72-73;PSRL.*XXI-1:27;*Zimin*, Pamiat' i pokhvala.s.68, 72;*BLDR.*I, s.318, 324

(76) *Drevniaia Rus' v svete*...II, s.189-215（M・V・ビビコフの解説およびM・M・コプィレンコの訳）。レオン・ディアコノスについては若干増補されて次にも見られる。Bibikov, *Vyzantinorossica.*II, s.281-314

(77) *Drevniaia Rus' v svete*...II, s.211-212. 以上についてはさらにオストロゴルスキー『ビザンツ帝国史』三六九―三七〇頁。スヴャトスラフのこの間の外交をどう評価するか、またこの九七一年条約の性格については、Levchenko, *Ocherki.s.*238 sl. とくに s.253-290;Sakharov A.N. *Diplomatiia Sviatoslava.* M., 1982, s.183-203 をみられたい。

(78)「早瀬」とはキエフの南方およそ五〇〇キロにあるドニェプル川の難所である。コンスタンティノス七世がその『帝国統治論』第九章において七つの「早瀬」について解説している。山口訳『古代ロシア研究』XVにこの箇所の訳がある。なおスヴャトスラフの没年に関し、ヤコフ『ウラジーミルの追憶と頌詩』は九七一年と伝えている。これについては後述第七章三五九―三六〇頁を参照。

(79) タチーシチェフの『ロシア史』第一部第四章「ノヴゴロド主教ヨアキムの歴史について」のなかに、スヴャトスラフの治世にキリスト教徒に対する「中傷」があり、公がかれらを拷問にかけ死に至らしめたこと、キリスト教徒は喜んで殉教したことを伝える記述があり、それに続いて次のように記されている。「かれ［スヴャトスラフ］はかれらが不従順であるのを見て……、キエフに人を送り、キリスト教徒の教会堂を破壊し火にかけるよう命じた。そしてまもなく、すべてのキリスト教徒を滅ぼそうと願って、自ら［キエフへ］でかけた」（Tatishchev, *Istoriia Rossiiskaia.*T.1.s.111）。こうした記述を信頼することができるか、すなわち『ヨアキム年代記』の史料的価値の問題については後述、第六章二九二頁を参照。

第六章　ヤロポルク・スヴャトスラヴィチ公（九七二―九七八年）

ロシア史上、スヴャトスラフの子ヤロポルクのことが取りざたされることはあまりない。それほど印象の薄い公といっていい。『原初年代記』では、父の死後キエフ公となったヤロポルクは弟のオレーグ（「ドレヴリャーネの地」の公）と戦ってこれを死に至らしめたが、それを知った異母弟のウラジーミル（ノヴゴロド公）が「海を渡って逃げた」、すなわち北方スカンディナヴィア方面へ逃れたために、ヤロポルクがルーシ単独の支配者となったとされる（八六―八八頁）。年代記はこの兄弟間の争いが、オレーグによるスヴェネリド（ヤロポルクの軍司令官）の子リュトの殺害を契機におこった偶発的な事件であるかのように記すが、これが兄弟諸公間におけるキエフ公位継承争いであったことはほぼ間違いなかろう。でなければ、上の二人の兄の争いに無関係のはずのウラジーミルが「海を渡って逃げ」る必要などなかったからである。

九七七年にキエフ公位を確実にしたヤロポルクは、九八〇年にウラジーミルが海の彼方から「ヴァリャーギ」（スカンディナヴィア人）を率いて戻ってくると、挑戦者の前にあえなく敗れ、殺害されてしまう（おそらく二十歳代前半の若さであったと考えられる）。年代記の記述によれば、ヤロポルクはこのとき、ウラジーミル側に寝返った軍司令官ブルドの奸計により殺害されたことになっている。キエフ大公となったウラジーミルはその後ルーシをキリスト教に導き、やがて「聖公」と呼ばれ、ロシア史上もっとも偉大な君主の一人とみられるようになる。一方、ヤロポルクは特別の印象を残すこともなくロシア人の記憶から消え去っていく(1)。

『原初年代記』の伝えるヤロポルク公の生涯はほぼ以上に尽きる。もしこれだけであるならば、本書がかれのことをとり上げる意味はない。しかしかれに関係する記述がほかにいくつか知られている。そのなかに本書にとっても見のがすことのできない内容が含まれているので、以下にそれを見ていきたい。

まず後のモスクワ時代の若干の年代記である。それらのなかに、ヤロポルク治世の末期、かれの下にビザンツとローマの使者が現れたとする記述がみえる。たとえば、十六世紀の『ニコン年代記』九七九／九八〇年の項である。次のように記されている。「同年、ギリシアのツァーリ［皇帝］からヤロポルクの下に使者が訪れ、かれとの間に平和と友好［の条約］を結び、かれに、父と祖父に対するのと同様の、貢税［の支払い］を約束した。同年、ヤロポルクの下にローマ教皇から使者がやってきた(2)」。同様の記述は『ヴォスクレセンスカヤ年代記』にもみられるが(3)、こちらではビザンツ使節への言及のみで、ローマからのそれにはふれられていない。

右の記述にみられる、ギリシア皇帝がヤロポルクに、父と祖父（すなわちスヴャトスラフとイーゴリ）に対すると同様に、貢税支払いを約束したというのは、おそらくは既述の九四四年と九七一年条約前後の事態を念頭においてのことと推測できるが、ヤロポルク治世にも実際にこうしたことがあったかどうかは、これを確認する手段が他にないので不明である。ただこの点については指摘するだけにしておく。ここで本書が検討したいのは、ヤロポルクの下を訪れたとされる「ローマ教皇」からの使者についてである。はたして使者の目的、また来訪に至った経緯はどのようなものであったのであろうか。もしこの記述が信頼に値するなら、ヤロポルク公治世にルーシと西方との間になんらかの関係のあったことを証言する貴重な情報となる。もちろん古ルーシに関する後代の年代記の伝える情報は、十分に注意して扱う必要がある。とくに『ニコン年代記』の場合、十六世紀二〇年代にモスクワ府主教ダニールの周辺で編まれたという成立状況からしてすでに、取扱いに慎重を要する年代記であることが明らかである。後代の成立というばかりでない。強国への道を急速に歩み始めていたモスクワ国家の政治的主張を色濃く反映する作品であるからでもある。(4) この年代記では、キエフ・ルーシ諸公とローマ教皇庁との間に接触のあったことが、いま検討対象になっている九七九年以外にも、九八八、九九一、九九四、一〇〇〇―一〇〇一、一〇九一年などの項において記されているが、(5) M・N・チホミーロフなどはこれらの記述が十五世紀末から十六世紀にかけて「創作された」可能性をみている。当時のモスクワ国家はローマ教皇やルネサンスのイタリアなど西方諸国に対し強い関心を寄せていた。それは西方から各種の専門家や技術者を招聘し、国力増強のみならず、国際社会における威信の強化をも図っていた。(6) そうした関心からキエフ期についても遡って、西方との結びつきを強調した可能性があるというのである。(7) 一方、十五世紀後半のローマ教皇庁も、東西両教会の統一やキリスト教諸勢力による対オスマン戦線の構築を志向して、モスクワに接近をはかっていた。(8) こうした事情や、さらにはヤロポルクやウラジーミルの時代のローマ教皇庁に、はるか東方のルーシとの直接的関係を求める余裕が後代におけるほどにあったとは思われないという事情を勘案するならば、チホミーロフの指摘にもそれなりの根拠があることになる。

ただ本書の著者はチホミーロフとは若干異なった印象をもっている。すなわち、著者はヤロポルクの時代のルーシと西方との間には従来考えられてきた以上に関係があったのではないかと推測している。したがってこの場合『ニコン年代記』などの記述がまったくの「創作」であるとは考えない。ただ同年代記に幾分の信頼をおくとしても、そこから何か具体的情報が得られるわけでないことも確かである。それだけではない。ヤロポルクに対する西方からの接触がかりに事実であったとしても、それがたしかに教皇庁からのものであったかは疑問となる。むしろオリガの時と同じように、当時のルーシにとっては、オットー一世や二世のドイツとの関係の方がより現実的に想定されるように思われる。そこで以下にこうした点について考えてみることにする。

ただその前に、いわゆる『ヨアキム年代記』の情報にも目を向けておきたい。それは十八世紀ロシアの歴史家V・N・タチーシチェフがその『ロシア史』のなかで紹介する、現在に伝わらない年代記である。タチーシチェフによれば、そこにはヤロポルクと弟ウラジーミル公との対立に関連して、およそ以下のように記されている。キエフの住民は、ヤロポルクとウラジーミル両公の対立に際して後者を支持したが、その理由は、かれらにはヤロポルクが我慢ならなかったからである。「というのもヤロポルクがキリスト教徒に大きな自由を与えたからである」。ヤロポルクは「誰に対しても柔和で、憐れみ深く、キリスト教徒を愛し、自身は民のことを慮って洗礼をうけなかったが、誰であれ［洗礼を望む者には］それを禁じることがなかった」[9]。

『ヨアキム年代記』はおよそ以上のように伝えているが、もし実際に記述されたとおりであるなら、それはヤロポルクの宗教的立場についてのきわめて重大な証言ということになる。研究史上しばしば、ヤロポルクを親キリスト教的、ときには親カトリック的とする見方までもが表明されてきたが、それはまさに『ヨアキム年代記』のこうした記述に依拠してのことであった[10]。

しかしながらここでも史料問題が立ちはだかる。『ヨアキム年代記』に関しては、『ニコン年代記』以上に大きな疑義が出されている。年代記そのものが今日に伝わらず、それを伝えるのがタチーシチェフだけであるからであるが、研究者によってはその信憑性をまったく認めない者も多い。本書の著者はこれをタチーシチェフによる「創作」（あるいは捏造）とまできめつけるべきではないと考えている。しかしだからといってその古ルーシに関する記述を吟味なしにそのまま信じてよいということにはならない[11]。それゆえ『ヨアキム年代記』を根拠にヤロポルクの宗教的立場について何か確定的な結論を出すことは控えるべきであると思っている。他のより確実な史料を探しだす必要がある。

ヤロポルクがドイツ王と接触していたらしいことは、十一世紀ザクセンの、ヘルスフェルトのランペルト（Lampertus

Hersfeldensis）の年代記（『編年誌』、Annales）から推測できる。ランペルトはドイツ王（皇帝）オットー一世が、九七三年の復活祭にクヴェトリンブルクで開いた帝国会議に、他国からの使者と並んでルーシの使者も出席していたことを伝えているのである。この記述はアダルベルトのキエフ派遣が失敗に終わった後も、オットー一世が東方はるか遠方のルーシを自らの外交の視野に入れ続けていたことを物語るとともに、オリガとスヴャトスラフ後のルーシが西方世界とまったく無縁の存在であったわけではないことをも示している。

ランペルトの年代記の該当箇所を以下に、引用しておこう。引用と訳注はナザレンコのロシア語訳によるが、かれによると年代記の執筆時期は一〇七七―一〇七九年である。[12]

「九七二年。〈ギリシア皇帝〉がオットー二世に妃としてテオファノを送り届けてきた[a]。オットー一世は息子のオットー二世とともにイタリアを離れた」。

「九七三年。皇帝老オットー［一世］は若皇帝［オットー二世］とともにクヴェトリンブルクに到着した[b]。かれはその地で三月二十三日、聖なる復活祭を祝った。その場には多くの国々の使節が訪れていた。すなわち、ローマ人（Romani）、ギリシア人（Greci）[c]、ベネヴェント人（Beneventi）、イタリア人（Itali）、ハンガリー人（Ungarii）、デーン人（Dani）、スラヴ人（Sclavi）[d]、ブルガリア人（Burgarii）[e]、およびルーシ人（Rusci）[f]が多くの贈り物をもってやってきた」。

ランペルト『編年誌』九七二、九七三年への注

（a）〈ギリシア皇帝〉とはビザンツ皇帝ヨハネス一世ツィミスケスのこと。テオファノはヨハネス一世の親族、おそらく姪であった。
オットー一世は息子のために「緋の産室生まれの」皇女を求めていたが、実際にやってきたのはマケドニア朝の出ではないヨハネス一世皇帝の親族、したがって「緋の産室生まれ」ではない皇女のテオファノであった。

（b）オットー二世は九六七年ローマで共同皇帝として戴冠されていた。
（c）ビザンツ皇帝ヨハネス一世の使節。
（d）おそらくポーランドのミェシコ一世およびチェコのボレスラフ二世の使節。ボレスラフ二世はオットー一世の要求で自身が出席したと考えられる。
（e）おそらくブルガリア西部地方からの使節。同国東部は当時ビザンツ支配下にあった。
（f）具体的にどのような「ルーシ」使節かは不明。九七三年春ということからヤロポルク公から派遣された使節であろうと推測される。F・ドゥヴォルニクは、ヤロポルクのルーシがボヘミア（それはドイツ帝国の一部を構成すると考えられていた）の仲介でオットー一世と接触するに至ったと考えている（Dvornik, *The Making*. p.91,167）。

ランペルトの記述は、おそらくはヤロポルクがオットー一世と二世の下へ派遣したと思われるルーシ使節に言及していてきわめて興味深い。クヴェトリンブルク会議は、オットー一世がドイツ諸侯や周辺諸国の君主らに対し、ビザンツ皇帝がザクセン朝の王位継承者に対し皇女を嫁がせることによってオットーが新たに獲得した皇帝の称号を承認したことを広く誇示する絶好の機会を提供した。このような会議に「ルーシ」君主の使節がおそらくは招かれて参列したことは、新生ルーシ国家にとって相当の意味をもつ出来事であったであろう。しかしそれもここまでである。ヤロポルクについてここから具体的に何かそれ以上にわかるわけではない。史料は絶望的に乏しいと言わざるをえない。こうした状況のなかで例によってナザレンコがさらなる探求を試みているので、以下にそれをみてみたい(13)。ナザレンコの試みは壮大である。かれはヤロポルクのルーシを当時の国際状況のなかにおきながら、広くとらえようとする。その際かれは、ドイツとバイエルン・チェコとの対立、後二者とポーランドとの協調関係を背景に、前者（ドイツ）とルーシの同盟関係を推測するのである。

まずはヤロポルク期のルーシとドイツが同盟関係にあったとされる点についてみてみよう。

ナザレンコがヤロポルクとオットー二世（オットー一世は上記クヴェトリンブルク会議直後の九七三年五月に他界していた）との間に同盟関係を想定しうるとする根拠は、シュヴァーベンのヴェルフェン家の家系図にある。この家系図によれば、同家の一人、ルドルフ伯（九九二年頃没）はイータという女性と結婚したが、かの女はエーニンゲン(Öhningen)のクノー伯の娘であった。クノー伯の妻は、研究史上議論のあるところではあるが、皇帝オットー一世の娘、オットー二世の姉妹であった可能性がある。クノー伯にはほかにも娘がいたが、その一人（前記イータの姉妹）は（家系図によると）氏名不詳の「ルーシの王」(rex Rugorum)に嫁いでいる。N・バウムガルテンやかれに従う多くの研究者はこの「ルーシの王」をウラジーミル（聖公）とみている[14]。ヴェルフェン家の系図はかつてその信憑性に疑問をもたれたこともあったが、今日ではほぼ信頼しうる史料であるとされている。そしてその段階で謎の人物クノー伯とは、シュヴァーベン公コンラート（九九七年没）のことであることも明らかにされた。その結果、このクノー＝コンラートの娘のルーシ王との結婚が九七〇年代のことである可能性が高くなった。そうなるとこのルーシ王とは、これまでのようにウラジーミル（聖公）ではなく、ヤロポルクと考えたほうがよいことになる。

このようにもしヤロポルクがクノーことコンラート伯の娘、つまりオットー二世の姪（オットー二世の姉妹の娘、オットー一世の孫でもある）と結婚したとなれば[15]、クノー＝コンラートは、当時バイエルン・チェコ・ポーランドと戦争状態（九七四―九七七年）にあったオットー二世のもっとも有力な同盟者の一人であったので、ヤロポルクはこの結婚によって皇帝側についたことになり、他方ではチェコ公ボレスラフ二世に対して敵対的な立場に立つことを鮮明にしたこととなる。チェコ公は、皇帝に反旗を翻した「喧嘩屋」(der Zänker)と呼ばれるバイエルン大公ハインリヒ二世のもっとも積極的な同盟者であった。キエフ公にはチェコ公と敵対する理由が最初からあった。両者は、西ブク川上流域地方、とりわけチェルヴェンスキー諸都市（『原初年代記』の「チェルヴェンの町々」）に対する支配権をめぐって対立していたのである。この地方は、すでにみたように（第四章1）、キエフ公イーゴリの死後ルーシの支配下からはなれ、クラクフ地方（マウォポールスカ）をも領有するチェコ国家の勢力下に入っていた。それは西方とルーシとを結ぶ重要な交通ルート（バイエルン・オストマルク—プラハ—クラクフ—キエフ）上にあった。ただ皇帝がヤロポルクのルーシに期待をかけたとすれば、それははかない夢に終わった。ヤロポルクが九七八年にウラジーミル陣営の巻き返しにあって、殺害されてしまったからである。

すでに以上にみてきたナザレンコのルーシ・ドイツ関係に関する二論文（本章注（13））からだけでも、ヤロポルク（およびかれとウラジーミルら弟たちとの関係）に関する本章冒頭に紹介した『原初年代記』の記述がいかにも皮相かつ非現実的であるかが明らかとなる。それはヤロポルクら兄弟間の争いの複雑な、政治的いわんや国際関係的背景にはまったく無頓着である。ところでナザレンコはその後二〇〇一年に公刊した著書において、ヤロポルクとドイツとの関係に関しさらに一歩進めて論じている。

それによれば、オットー二世の対バイエルン公との戦いにおいては、オットーとヤロポルク間のドイツ・ルーシ（キエフ）同盟とボレスラフとウラジーミル間のチェコ・ノヴゴロド同盟（後者におそらくはもう一人の兄弟オレーグも味方していた）が対峙する形になった。このことはキエフ公位を求めて争ったヤロポルクら三兄弟がそれぞれチェコとの間に有した関係の性質をみることでも、推測できる。すなわち、ヤロポルクについては、すでに記したとおり、キエフ公として西ブク川上流域地方をめぐってチェコと敵対する関係にあった。次にオレーグの場合であるが、かれがチェコ公家と婚姻関係で結ばれていた可能性を示す資料がモラヴィアに残されているという[16]。

ウラジーミルのチェコとの関係はより複雑である。かれがキエフ公位につく以前のノヴゴロド公時代のことが問題となってくる。本書でもすでにふれたが（第四章、一七三頁）、『原初年代記』の九八〇年の項に次のようにみえる。いまだかれがキリスト教に改宗する以前のことである。

「ウラジーミルは情欲に負け、女たちを娶った……かれはログネジにイジャスラフ、ムスチスラフ、ヤロスラフ、フセヴォロドの四人の息子と二人の娘を産ませ、グレキ［ギリシア］の女にはスヴャトポルクを、チェヒ［チェコ］の女にはヴィシェスラフを、他の（チェヒの）女にはスヴャトスラフとムスチスラフ［スタニスラフ？］を、ボルガリ［ブルガリア］の女にはボリスとグレープを（産ませた）」（九三頁）。

すなわち、改宗以前のウラジーミルの妻（五人があげられている）のうちの二人が「チェヒの女」であったと記されている。二人の名前や素性は知られていない。チェコ人妻の一人はヴィシェスラフを、他の一人はスヴャトスラフとムスチスラフ（スタニスラフ？）を産んだとされる。ウラジーミルがどういう経緯でチェコ女性を二人も妻としていたのか。その理由は不明であるが、いずれにせよかれは何らかの形でチェコと強く結びついていたことが推測される。

ところでここはウラジーミルの子について論じる所ではないが、このことがかれのチェコとの関係を知るためだけではなく、スヴャトスラフ（キエフ公）没（『原初年代記』では九七二年）後のキエフ公位継承争いの状況を知る上でも重要なので、さらに続ける。実は『原初年代記』にはもう一か所、ウラジーミルの子らに言及した箇所がある。それは九八八年の項である。ここで年代記作者はウラジーミルの洗礼についての長い記述を終えた後、ウラジーミルには十二人の息子がいたとして、その名を列挙するのである。ヴィシェスラフ、イジャスラフ、ヤロスラフ、スヴャトポルク……という具合である。年代記作者はその上で、ウラジーミルが息子らを諸都市に公として据えたことを記している。ヴィシェスラフはノヴゴロドに、イジャスラフはポロツクに、スヴャトポルクはトゥーロフに、ヤロスラフはロストフに据えられたという（邦訳一三四頁）。ここのウラジーミルの子らのリストは年齢順になっているとされることが多いが、確かにそうかどうかは問題となる（たとえば、九八八年の最初のリストでは三人目と四人目がヤロスラフ、スヴャトポルクとなっている。他方、それに続く諸都市への配置のところでは、順序が逆になっている）。ただ最年長者がヴィシェスラフであるらしいことは確認できる。九八八年の項の二種類のリストのいずれにおいてもヴィシェスラフが最初にあげられ、しかも「最年長者」と明記されてもいるからである。かれがノヴゴロドを得ていることも、これ以後に形成される慣習から判断して、長子であることを示している可能性が高い。
かくて年代記の二か所の記述を合わせると、どうやらウラジーミルの最初の子は、チェヒの女から生まれたヴィシェスラフであったらしいことがわかる。『原初年代記』に従えば、ウラジーミルがこの「チェヒの女」を妻としたのは九八〇年以前のことであるが、この結婚は具体的にはいつのことなのであろうか。またそれが明らかになった場合、そのことは何を意味しているのであろうか。ナザレンコはこのような問題意識をもって探求を続けるのである。[17]
さて「チェヒの女」との結婚はいつのことかであるが、その前に、ウラジーミルが「チェヒの女」、それも二人ものチェコ女性と結婚したのは、事実とみることができるかどうかを調べておく必要がある。というのもウラジーミルの妻と子については、作者不詳のボリスとグレープの『物語』(Skazanie o Borise i Glebe) にも言及があり、そこではやや異なる記述がなされているからである。ボリスとグレープについては第八章で詳しく検討するが、二人はウラジーミルの子で、父亡きあとに兄のスヴャトポルクによって殺害され、後にロシア正教会史上初めて公式的に列聖された兄弟である。二人に関する上記『物語』に次のように記されている。
「ウラジーミルには十二人の息子があったが、一人の妻からではなかった。かれらの母親はそれぞれ異なっていた。長男はヴィシェスラフである。ついでイジャスラフ、三番目がスヴャトポルクである。この人物がかの悪辣なる殺人[ボリスとグレープの殺害]を企んだ。かれの母親はギリシア女で、以前は修道尼であった。ウラジーミルの兄ヤロポルクがかの女の顔の美しさに魅惑され、還俗させて妻にしたのである。かの女から呪われたスヴャトポルクが生まれた。ウラジーミルはこの時まだ異教徒であったが、ヤロポルクを殺し、その身重の妻をわがものとしたのである。まさにかの女からこの呪われたスヴャトポルクが生まれた。かれは二人の父をもち、この二人は兄弟であった。このためウラジーミルはかれを愛さなかった。かれが自分の子ではなかったからである。ウラジーミルはまたログネダ[ログネジ]から四人の息子をえた。イジャスラフ、ムスチスラフ、ヤロスラフ、フセヴォロドである。別の[妻]からスヴャトスラフとムスチスラフ［スタニスラフ？］を、ブルガリア人［の妻］からはボリスとグレープをえた。そしてウラジーミルはかれらすべてをさまざまな地の公に据えた。これについては別のところで述べよう……」。[18]
この『物語』には、ウラジーミルに「チェヒ女」の妻がいたという記述はない。妻としては、ギリシア女性、ログネダ、「別の」女性、ブルガリア女性の四人しか挙げられていない。長男とされるヴィシェスラフの母が『原初年代記』では「チェヒの女」の子とされるが、ここではそのことは記されていない。はたして『原初年代記』とボリス・グレープ『物語』のどちらの記述が正しいのであろうか。必ずしも両記述間に密接な関係を想定する（すなわち、一方が他方を参考にして執筆したと考える）必要はないが、どちらがより真実に近い記述となっているのであろうか。[19]二作品間の関係の問題（それも相当に複雑な問題である。第八章を参照）はさておくとして、この箇所に限定して言えば、『原初年代記』の方がウラジーミルの子と妻に関して、おそらくはより完成されたリストを提供してくれるということができる。『物語』の方は欠陥が目につくのである。つまりそこでは、子の数を十二人としながら、実際には九人（ここではムスチスラフ以外に、イジャスラフも二度記されている。両者をそれぞれ別人と数えても十一人）しか挙げられていない。この十二という「数字」は、『物語』の作者が『原初年代記』の九八八年の項から借用したのかもしれない（『原初年代記』ではともかくも十二人の名があげられている）。またヴィシェスラフを最年長者とする情報も同じ箇所からえられたであろう（子らのリストの順番が生まれた順といえるかどうかも難しいが、この段階で一点だけ指摘しておくと、年代記ではヤロスラフとスヴャトポルクの順番はこの順になっているが（それぞれ三番目と四番目）、『物語』ではスヴャトポルクが三番目とされ、ログネジの子ら（イジャスラフ、ムスチスラフ、ヤロスラフ、フセヴォロド）より先に生まれたかのようになっている。こうした違いを含む、諸論点についてはあらためて考えてみたい）。
さらに『物語』は先に引用した文の末尾で、ウラジーミルによる子らの各地への配置について言及し、「これについては別のところで述べよう」と記すが、実際にはどこにおいても記述されることはなかった（『原初年代記』では配置についても記述されている)。『物語』は、少なくともこの箇所については『原初年代記』九八八年の箇所に比較して多くの欠陥を含むといってまちがいなかろう。これが両作品の関係、つまりどちらが原初的か、あるいは二次的かを示すかどうかは別にしてもである。

したがってウラジーミルの二人のチェコ人妻に関する『原初年代記』の情報を、『物語』を引き合いに出して疑う必要はないと考える[20]。

『原初年代記』で「他の(チェヒの)女」の子供の一人とされるスヴャトスラフの運命も、母親のチェコ出身を間接的に裏づけているといえる。というのも、スヴャトスラフは一〇一五年に兄スヴャトポルクにより殺害されたとされているからである。ウグリのもとに逃げ」たが、その途中「ウゴリ山脈で」スヴャトポルクの配下により殺害されたとされているからである。「ウグリとはハンガリーの意で、当時ハンガリーはチェコ方面に勢力を伸ばしていた。ウゴリ山脈とはカルパチア山脈を指している[21]。スヴャトスラフは兄の魔手から逃れて母親と関係のあるチェコ方面を目指したが(何らかの助力を求めたのであろう)、その途中殺害された可能性があるのである。後代の『ニコン年代記』一〇〇二年の項では、このスヴャトスラフ公にヤンというチェコ風の名の子が生まれたとする記事があるが、この命名なども(それが事実と仮定した場合)かれとチェコとの結びつきを暗示しているかもしれない[22]。

以上にウラジーミルの「チェヒの女」との婚姻は事実とみなしうるという結論がえられた。それでは二人のチェコ女性との結婚(とりわけ最初の)はいつのことであったであろうか。かれの改宗(九八八年頃)以前ということははっきりしている。年代記が九八〇年の項で記しているので、この年より前と考えることもできよう。ナザレンコはこれをより明確にしようとする。かれによれば、チェコ女性の子である長子ヴィシェスラフの誕生時期は不明であるが、『原初年代記』九八八年で三番目に挙げられているヤロスラフについては、『原初年代記』一〇五四年の項において七十六歳で没したと伝えられている(一八四頁)。『イパーチー年代記』ではその日付も厳密に記される(一〇五四年二月二十日、土曜日）[23]。そこからかれの生年が九七九年（二月二十日）以前、つまりは九七八年の秋から九七九年初の冬のころと推測できる。[24]同じ母から生まれたイジャスラフはそれ以前、遅くとも九七八年の初めの生まれ、ヴィシェスラフはさらにそれ以前ということになる。ウラジーミルの「チェヒの女」（二人のうちの最初）との結婚は遅くとも九七六年末から九七七年初にかけて（だがおそらくそれよりもっと前に）行われていたと推測される。これはウラジーミルがキエフ公位につく前、まだノヴゴロド公であった時期のことである。

これはいったい何を意味しているのであろうか。この時期にはドイツ王オットー二世とキエフ公ヤロポルクとの間に同盟関係ができており、ドイツ王はチェコ公ボレスラフ二世と対立していた。したがってウラジーミルがチェコ女性（おそらくは公女の一人）と結婚したことは、ノヴゴロドとチェコとの間にも同盟関係が成立していたことを意味するであろう。キエフ公とノヴゴロド公との対立がドイツとチェコとの対立と関連していたのである。一方、先に、キエフ公スヴャトスラフのもう一人の子オレーグ（「ドレヴリャーネの地」の公）もチェコと結びついていた可能性について指摘した。オレーグもウラジーミルと結びついて、ヤロポルクに対抗したと考えられる。当然かれはチェコ側に立ってドイツに敵対した可能性が高い。ルーシ国内のキエフ公位継承戦争が国際的な関連性を有していたのである。

ここでは省略せざるをえないが、ナザレンコはさらに細部にわたる検討を経たうえで、この間の一連の経緯について以下のような結論に至っている。

一方のオットー二世とヤロポルクとの、他方のオレーグ、ウラジーミル、チェコ公ボレスラフ間のそれぞれの同盟をめぐる交渉は九七五年（おそらく九七五―九七六年の冬）に行われた。ノヴゴロド公ウラジーミルのチェコ女性との婚姻もこの時期のことと考えるべきであろう。九七六年夏、ウラジーミルはキエフ寄りの姿勢を明確にしていたポロツクを攻め落とす（『原初年代記』では九八〇年とされる。ポロツク征服の原因は、ポロツク公の娘ログネジがウラジーミルを「奴隷の子」と呼んで侮辱し、ヤロポルクとの結婚を望んだことに求められている）。同じころ、ヤロポルクはオレーグが逃げ込んだオヴルチー（「ヴルチー」）の町を攻め落とす。オレーグの敗死を知ってウラジーミルは「海を渡って」逃れる。九七六年秋ないし九七七年春のことである（『原初年代記』はウラジーミルの上記ポロツク攻略を、オレーグの死およびウラジーミルの逃走（そして帰還）の後のこととするが、ナザレンコはこの順序が逆であると考えているのである）。九七七年夏、キエフ公の軍が西ブク川方面でチェコ軍と交戦する（ナザレンコは、ヤロポルクの上記オレーグの町オヴルチー攻めがチェコ軍との交戦前に行われたと考える。オヴルチーはキエフから西ブク川地方にいたる途上にあり、チェコへの進軍に際しあらかじめ攻略しておく必要があったのである）。九七七年秋ないし九七八年春、ウラジーミルは「ヴァリャーギ」戦士を率いてノヴゴロドに戻り、九七八年六月にはキエフを奪取する。このときヤロポルクが殺害される（『原初年代記』はウラジーミルのキエフ入城、ヤロポルクの没年を九八〇年とするが、ナザレンコは、既述のように、ここで修道士ヤコフの記述に従って九七八年とする）。

以上の経緯を年表にしてまとめておく。

九七五年末—九七六年初　一方のヤロポルク、オットー二世、他方のオレーグ、ウラジーミル、ボレスラフ、両陣営がそれぞれに同盟締結交渉を行う。ウラジーミル（ノヴゴロド公）のチェコ公女との結婚

九七六年夏　ウラジーミルがポロツクを攻略

九七六年秋—九七七年春　ヤロポルクがオヴルチーを攻略。オレーグ死。ウラジーミル「海を渡って」逃亡

九七七年夏　ヤロポルクのキエフ軍がチェコ軍と西ブク川方面で交戦

九七七年秋—九七八年春　ウラジーミルが「ヴァリャーギ」を率いてノヴゴロドへ帰還

九七八年六月　ウラジーミルがキエフを奪取、ヤロポルク死す

さてスヴャトスラフ公没（九七二年）後の、ヤロポルク、オレーグ、ウラジーミル三兄弟の時期のルーシの状況を以上のようにとらえることができるとするならば、この時期にもオリガの時代に続いて、ルーシはドイツやチェコの状況と深くかかわっていたと言ってよい（ここでポーランドの動向も当然考慮しなければならないが、この点に立ち入ることは断念する）。しかしそれだけではない、ヤロポルク公について考察している本章にとって、かれのドイツ王の親族との結婚が事実であったとすれば、そのことはさらに重要な結論に導くことになる。この結婚は、かれのキリスト教への改宗を前提としていたと考えられるからである。すでにみたように『ヨアキム年代記』は別にしても、研究史上ヤロポルクをキリスト教と結びつける主張は早くからなされていた（本章二九二頁、また注（10）を参照）。そうした主張は根拠薄弱とされることが多かったが、ここにおいてそれが事実である可能性が出てきたのである。

この点についてナザレンコの探究をさらにみていきたい。

ナザレンコは結論から言えば、ヤロポルクが九七五／九七六年から九七八年にかけてキエフで洗礼を受けたと考えている。かれはこの時期にドイツから布教使がキエフを訪れたと推測する。史料的には直接確認されないこうした事態が想定されるのは、すでに検討したオットー一世とオリガの接触（九五九年）、布教使アダルベルトの派遣（九六一／二年）を嚆矢として始まったドイツとルーシの関係がそれを示唆しているからである。すなわちこうである。

アダルベルト司教のルーシへの派遣（九六一―九六二年）は失敗に終わったが、ドイツ側からすれば、キエフは依然としてその布教司教区であり続けた。そしてキエフのスヴャトスラフ公のバルカン方面への進出（対ビザンツ戦争、九六八―九七一年）の始まりは、ドイツ側に再びルーシにたいし期待を抱かせた。オットー一世が九六八年にマグデブルクに、「全スラヴ人」への宣教を志向して大司教座を創設した時、ルーシも重要な対象として認識されていたと考える必要がある。その初代大司教は、かつてルーシ司教に任命されたアダルベルトその人であった。

そして九七三年春のクヴェトリンブルク帝国会議である。この会議は通常の帝国会議と異なって、再建されて間もない西方帝国の勢威をビザンツその他の諸国に見せつけることを一つの目的としていたように見える。すでにランペルトの年代記を引用して示したとおり、会議にはビザンツ、ローマ、イタリア（ロンバルディア）など多くの国々から使節が訪れた。チェコ公のボレスラフ二世は自ら姿を見せた。ポーランドのミェシコ一世は自身の子を送り込んできたと考えられる。ルーシの使節の場合も、その派遣には儀礼的とばかりはいえない要素があった。すなわち会議の場では、おそらくプラハ司教座設置案が審議されたが（九七三年設置）、そうなれば、同司教座（そしておそらくは同時に議論されたモラヴィア司教座）の管轄範囲も当然議論の対象となった。ところでその東方境界は、西ブク川地方やストゥイリ川地方に及んでいた。[25] 当時のキエフ国家はこの地方に勢力を拡大させようとしており、重大な関心を抱いていた。帝国政府によるルーシ使節派遣要請の背景にはおそらくこうした事情があったと考えられる。当然ルーシ側にもこれに積極的に応える意欲があった。かくて上記会議にルーシ使節も姿を現すこととなったのである。

このようにドイツ・チェコ戦争が始まる頃、オットー二世の視野には明確にルーシのことが入っていた。オットー二世のキエフへの注目は、初代マグデブルク大司教アダルベルトの存在によっても掻き立てられた。皇帝軍のチェコへの遠征（九七五年、および九七六年）の前後には皇帝と大司教は頻繁に連絡を取り合っていたという。こうしたこととの関連で、オットー二世治世の九七〇年代にドイツからハンガリーおよびルーシに布教使が派遣されたと考えられる。そう考えられるさらなる根拠があるという。

ここで注目されるのが以下の西方の二つの史料である。

一つは、ペトルス・ダミアーヌスの『ロムアルドゥス伝』である。ここにはクヴェーアフルトのブルーノの、ルーシおよびペチェネグ人の下での布教活動のことが描かれているが、これが問題となってくる。もう一つはアングレームの修道士アデマール・シャバンヌの『年代記』中の、同じブルーノに関する言及である。

まずペトルス・ダミアーヌス『ロムアルドゥス伝』をみよう。

ペトルス・ダミアーヌス（ダミアーニ、一〇七二年没）はイタリアの著名な神学者で、オスティア司教、枢機卿である。『ロムアルドゥス伝』は一〇四一／四二年に執筆されたと推測される。聖ロムアルドゥスはカマルドリ会の創始者である。この聖者伝のなかで、クヴェーアフルトのブルーノ（Bruno Querfurtensis、修道士名ボニファティウス、一〇〇九年没）が、ルーシおよびペチェネグ人の下で布教活動を行ったとき（一〇〇八年）のことに話が及んでいる。それはおおよそ以下のような内容である。ナザレンコの露訳によりながらみてみる。(26)

ブルーノ（ボニファティウス）は「ルーシの王」（rex Russorum）の下に現れ、キリスト教のことを熱心に説き始めた。王はかれが素足で粗末な修道服だけを身にまとっているのを見て、かれの目的が金品にあると解した。そこで王は聖人に、望む通りの富をあたえるので、無駄話をやめるよう言った。ボニファティウスはすぐに宿舎に戻り、司教の高価な礼服に着替えて改めて王の前に立った。王はこれを見て次のように言った。「いまやわれわれにも、汝を邪説に追いやったのが窮乏や貧困ではなく、真理に対する無知であることがわかった。もし汝がどうしてもわれわれに汝の言葉を信じさせようと思うのなら、少し離して二つの薪の山を作り、火をつけよ……そして汝は燃え盛る炎の間を通ってみよ……もし汝が、そんなことがあろうとも思えないが、無事であったなら、われらは皆、何も言わずに汝の神を信じよう」。ボニファティウスは豪華な典礼用祭服を身につけ、聖水と香炉をもちながら、言われる通りに燃え盛る炎の間を通ったが、かれはまったく火傷を負うこともなく無事であった。これを見た王とその場にいた者たちは驚いて聖人の足元に駆けより、涙ながらに赦しを乞い、洗礼を授けるよう熱心に願った。その後洗礼を求める多くの民衆がつめかけたので、聖人はかれらを近くの湖に導いて、洗礼を授けた。王はボニファティウスと離れることを望まず、王国を息子に譲る決心をした。一方王は、かれと共にいた兄弟が改宗を望まなかったので、ボニファティウスの不在の折に、この兄弟を殺してしまった。もう一人の兄弟は、王と離れて住んでいたが、聖人がかれの下に来たとき、その言葉に耳を貸さず、兄弟［王］の改宗のことで聖人に怒りを抱き、ただちに聖人を捕え、兄弟［王］が聖人を救出することを恐れて、目の前で聖人の首をはねるよう命じた。だが命令が実行されたとき、兄弟自身とかれと共にいたすべての者たちが、目が見えなくなり、体が凝固して話すことも聞くことも、また身動きもできなくなってしまった。これを聞かされた王は、大いに悲しみ、兄弟とすべての者たちを死に渡そうと思った。しかし王はその場に来り、殉教者の遺骸と、その場に石のように立っている兄弟らを目にするや、考えを変え、これらの者たちのために神に祈り、憐れみ深き主がかれらに失われた感覚を再び与えるよう乞い願った。そしてもし、かれらが神を信仰することに同意するなら、かれらの罪を赦し、かれらに再び生命を与えるように、もし同意しないときには、すべての者が苦い死の苦しみに渡されるようにと祈ったのである。王とキリスト教徒たちの長い祈りの後、身動きのできなくなっていた者たちに再び感覚が戻り、かれらに真の救いをもたらす信仰を受け入れる気持ちも芽生えだし、かれらは直ちに涙ながらに犯した犯罪に対する赦しを乞い、熱い気持ちで洗礼を受け入れた。そして聖なる殉教者の遺骸の上には教会が建立されたのであった。

以上がダミアーヌスの伝える、ブルーノ＝ボニファティウスのルーシ宣教の次第である。聖ブルーノの殉教地は実際にはプルス人の地（のちのプロイセン）であるが、それについては問わないでおこう。また上の記述から、その後の西方教会には、ブルーノ（こそ）がルーシの洗礼者であるとする説が流布していたというが[27]、それについても問題としないでおこう。ここで重要なのは、この話が、上で見てきた『原初年代記』のスヴャトスラフ公の三人の子の間の公位継承争いの経緯を彷彿とさせるということである。もちろん時期的には異なっているが（ブルーノのルーシ行きは事実であるが、既述のとおり一〇〇八年のことである）、ダミアーヌスの記述でも三人の兄弟諸公が登場し、うち一人（オレーグ）は「王」である長兄（ヤロポルク）の近く（「ドレヴリャーネの地」）において、長兄により殺害されている。他の兄弟（ウラジーミル）は「離れて」遠方（ノヴゴロド）にいる。そして弟二人が長兄に対抗しているのである。

しかしこれについてさらに検討を進める前に、もう一つの史料アデマール・シャバンヌの『年代記』（Adémar de Chabannes. Chronique）をみておこう。アデマール（一〇三四年没）はアングレーム（アキテーヌ）の修道士で、説教集や歴史書の著者として知られている。なかでもフランク史について記述した『年代記』（一〇三〇年頃の作）が重要である。その最初の版では（第三章第三七節）、皇帝オットー三世（皇帝在位九八三―一〇〇二年）の宣教の熱意についてふれながら、皇帝が「神の思し召しにより、ハンガリー人とその王をキリストの信仰に向かわせようとされた」と記すのみであったが、その後の版（いわゆるC［第三］版）では、この箇所に長い補遺が付け加えられているという。それは大要以下のごときものであった（要約ではあるが、若干の項目についての注は別記する）[28]。

皇帝には二人の尊き司教がいた。一人はプラハ大司教の聖アダルベルト（ヴォイチェフ）である。他はアウグスブルク司教、聖ブルーノである[a]。皇帝はアダルベルトを布教のためスラヴ人の下へ（「プラハ……とポーランド」へ）送った。ブルーノは司教の座に、自分に代わりオドルリクス（Odolricus）という名の者を就けるよう皇帝に推薦し、自らはアダルベルトの範にならい、白ハンガリー[b]へ赴いた。アダルベルトは四地域を信仰に導いた。ポーランド、スクラヴァニア（Sclavania）、ヴァレドニア（Waredonia［不詳］）、クラコヴィア（Cracovia）である。その後かれは「ペチェネグ人の地へ」（provintia Pincenatorum）行き、そこで亡くなった[c]。スラヴ人（ポーランド）の王ボレスワフ一世（Botasclavus）は、アダルベルトの遺骸を買い取り、かれを記念して修道院を建てた。一方、聖ブルーノはハンガリー地域とルーシと呼ばれるもう一つの地域を信仰に導いた。かれはゲーザという名のハンガリー王に洗礼を授けた。その洗礼名はステファンである。王はブルーノに息子にも洗礼を授けさせ、息子に自分と同じ名前をつけた（ステファンすなわちイシュトヴァーン）。だがその後聖ブルーノがペチェネグ人の下へ赴き、キリストのことを宣べ伝えたとき、かれは以前の聖アダルベルトと同様に殉教を遂げたのである。(d) かれの遺骸はルーシの民が大金を費やして買い取った。かれらはその地に聖人を記念して修道院を建てた。しばらくしてからルーシを一人のギリシア人の司教が訪れ、その国のまだ偶像を崇拝していた地域を改宗させ、ひげを蓄えるなどのギリシアの習慣を押し付けた。ブルーノの後継者であるオドルリクス司教はアウグスブルクの城外に、かれを記念する修道院を建てた。

アデマール・シャバンヌ『年代記』要約注

（a）上記のクヴェーアフルトのブルーノ（九七〇頃―一〇〇九年）のこと。ただし聖ブルーノは布教大司教であり、特定の司教区はもたなかった。ほぼ同じ時期にブルーノという名のこれも有名なアウグスブルク司教がいたが、これは別人である。

（b）「白ハンガリー」（ハンガリー人）は、トランシルヴァニアのセーケイ人をさす「黒ハンガリー」と区別して用いられたという（ナザレンコ、*Drevniaia Rus' v svete...*IV.s.57）。『原初年代記』における用法とは異なるが（そこでは訳注で「白ウグリ」はブルガールの一部、「黒ウグリ」はハンガリー人とされている。三二七、三二九頁）、書き手の所属も、対象とする時代も異なっているので、それ自体はありえないことではない。いずれにせよここでこの点にこれ以上に立ち入ることはできない。

（c）アダルベルトは実際にはプルス人の地、のちのプロイセンにおいて殉教した。

（d）既述のようにブルーノも、アダルベルト同様、実際にはプルス人の地で殉教を遂げた。

以上のごとくアデマールも、ペトルス・ダミアーヌス同様、クヴェーアフルトのブルーノのルーシ（およびペチェネグ）訪問について記している。ここにはすでに指摘したごとく、多くの時代錯誤的な記述があり、そのままに受け取るわけにはいかない。だが注目すべきは、両者の記述においては、ブルーノのルーシ布教は、ルーシのギリシア人による布教・洗礼以前のことと考えられていることである。ところが、ブルーノのキエフ滞在は実際には、既述のごとく一〇〇八年のことであった。どうやら両者の記述においては、ブルーノのルーシ訪問が、ヤロポルク治世にもなされていた可能性の高い氏名不詳の布教使らのそれと混同されていたと考えることができる。上の二史料が十一世紀初のこととして描いた出来事には、十世紀七〇年代にあったことも影を落としていた可能性があるのである。ここには単なるアナクロニズムとして片づけられない事実的背景が反映されていたとみるべきである。

かくてナザレンコはこれらの、相互に孤立し矛盾する断片的な史料情報を総合的に勘案して、以下のような結論に到達する。

ペトルス・ダミアーヌスらの、十一世紀初のルーシに関する記述には、十世紀七〇年代中頃の状況が強く反映されている。ヤロポルク公と二人の弟オレーグ、ウラジーミル両公との対立はキエフ公位継承、またキエフ公による他地域への支配権の拡大の志向をめぐる争いであったが、そのいわば国内問題はルーシとドイツとの政治的、とりわけ宗教的関係の問題と密接に絡んでいた。弟たちはドイツからの布教使の受け入れをめぐって兄と対立し、布教使すなわちキリスト教の受け入れを拒否したと考えられる。このドイツ人布教使の派遣は、オットー二世とヤロポルクとの間に同盟交渉がなされた時期（九七五―九七六年の冬）からヤロポルクが殺害される（九七八年六月）までの間になされた。そしてヤロポルクはこれを受け入れ、二人の弟はこれに反対した。ヤロポルクはこのとき布教使の手から洗礼さえも受けたと推測される。兄弟諸公間の対立は国内の宗教体制をどう構築するかの問題と絡んで進行し、結局は、この時点では反キリスト教の立場を固持したウラジーミルが勝利を収めた。

以上にヤロポルクがキリスト教の洗礼を受けた可能性にふれたが、そう推測できるさらなる理由もみておこう。(29)『原初年代記』の一〇四四年の項（ヤロスラフ賢公治世）に次のような謎めいた一節がある。

「（人々は）スヴャトスラフの子である二人の公ヤロポルクとオレーグ［の遺体・遺骨］を掘り起こした。二人の骨は洗礼を施され、聖母教会に安置された」[30]。

邦訳者はこの箇所を「(人々は)……二人の公ヤロポルクとオレーグを埋葬し、二人の骨を洗礼し……」と訳すが(一七六頁)、これは不正確というか誤りである。この訳では、なぜ六十数年もたってから両公が「埋葬」され(なければならなかっ)たのか、という疑問がおきてくるからである。もちろん先のように訳しなおしたとしても、この一節が謎に包まれていることに変わりはない。しかしそれでも先のように原文に忠実に訳すことによって、この時期になって両公の遺体(骨)が、何らかの理由で「掘り起こ」され、その骨を改めて(かどうかは問題となるが)洗礼し、これを正式に安置したようであるということがわかってくるのである。

これに関係するものとして、年代記の九七七年の項に、オレーグの墓についての記述がある。オレーグはヤロポルク軍に攻められて、ヴルチー(オヴルチー)に逃げ込み、そこで命を落とすのであるが、その後「(人々は)オレーグをヴルチーの町のそばの地に埋葬した。かれの墓は今でもヴルチーのそばにある」と記されている(八八頁)[31]。ヤロポルクもその後まもなくウラジーミルの手の者により殺害されるが、かれの墓についての記述はない。したがって、少なくともヴルチーのそばにあったオレーグの墓が六十数年後に「掘り起こ」されたのを契機に、ヤロポルクの遺体(骨)もどこからか移されてきて、双方が共に洗礼を施され、改めて「聖母教会」(デシャチンナヤ教会)に安置されたということになろう。なおこの聖母教会はキエフ大公家のいわば王室(公家)教会ともいうべき存在で、ウラジーミルの祖母オリガとウラジーミル自身(またその妻アンナ)の棺もここにおかれていた。

ヤロスラフ公治世のこの出来事はいったい何を意味しているのであろうか。ナザレンコは、ヤロポルクの「遺骨」の「洗礼」をヤロスラフ公による伯父ヤロポルクに対する「堅信礼」の施行を意味すると解釈する。ヤロポルクは、ヤロスラフにとって伯父であったとはいえ、父であるキエフ大公ウラジーミルの敵として殺害され、歴史の舞台から抹殺された存在であった。しかしヤロスラフ公は、どこかに密かに(しかしおそらく丁重に)葬られていた伯父の遺骸を何らかの理由から「掘り起こし」、盛大にその霊を慰め、聖母教会に正式に安置した。教会法では異教徒として死去した者を教会に埋葬することは禁じられていた。しかし、ヤロポルクが生前既に洗礼を受けていたとするならば、それは可能であった。一〇四四年の出来事は二度目の洗礼を意味する「堅信礼」が執り行われたと理解することができる。ただヤロスラフの時代には、ヤロポルクが洗礼を受けたことは忘れられていたとも考えられる。その場合には死後の洗礼式が行われたということになる。あるいはまた、ヤロポルクの洗礼がとくにドイツ人聖職者によるものであったことで、後のルーシ教会の当局者がむしろ意識的にその事実を隠そうとしたということも考えられうる。その場合には、ヤロスラフはそうした事態をルーシ（正）教会の立場から正常化したといえるかもしれない。一方、オレーグはウラジーミル大公の兄であり、味方であった。かれの墓の場所は正式に知られていたであろう。かれはキリスト教徒ではなかったが、ヤロスラフは、この際死後の「洗礼式」を挙行し、ヤロポルク共々正式に安置したと考えられるという。死後の「洗礼」は厳密には教会法違反であったが、過渡期における例外措置であったというのである。[32]

ナザレンコはさらに、ヤロポルクに洗礼を授けたドイツ人聖職者をめぐる問題にまで踏み込んでいる。[33] それによれば、ビザンツの著述家ケカウメノスのいわゆる『ストラテギコン』（Cecaumeni Strategicon. 十一世紀後半）のなかに、ビザンツ皇帝バシレイオス二世治世（九七六―一〇二五年）の四年目（九七九年頃）に「フランギアの皇帝の甥ペトルス某」がコンスタンティノープルを訪れたとする記述があるという。この「ペトルス某」は他の史料でも「ドイツ人の王の真の甥［ないし親族］」とされている人物であるが、ビザンツ皇帝はかれを自分の勤務に受け入れ、スパタリオス（帯剣護衛）の称号を与え、テマ長官の下につかえる部隊指揮官としたという。この人物についてのナザレンコの探究と推論についてここでは紹介を控えるが、かれが到達した結論はきわめて興味深い。それは以下のごとくである。

ケカウメノスの記す「フランギアの皇帝」の「甥」のペトルスは、オットー二世のルーシへの使節団の一員で、キエフを訪れたが、そこからさらにコンスタンティノープルに向かった。こう言える根拠は次の三点である。第一に、ドイツのルーシへの使節団にはヤロポルクの結婚相手の親族が同行したと推測されること。第二に、ヤロポルクの洗礼名はペテロ（ペトルス）であったと考えられるが[34]、それは当然のことながら教父（洗礼親）の名でもあったこと。第三に、ドイツ使節団のキエフ出立の時期は、ペトルスのコンスタンティノープル滞在時期に符号すること。以上である。たしかにこのドイツ皇帝の甥ペトルスと先にあげたクノー＝コンラートとが何らかの関係にあったことを史料的に裏づけることはできない。したがって、以上はあくまでも推測の域を出ないことは認識しておくべきである。

以上に紹介したナザレンコの推論はきわめて大胆な発想に基づいている。史料的には直接的に裏づけられない事柄に関するこうした推論は、歴史学研究の常道からいえば、やや行き過ぎの感がしないでもない。しかしもともと史料的に恵まれない時代、地域、そして分野である。こうした問題に関する歴史学的な手続きを十分に踏みながらの推論は、むしろ歓迎すべき試みであろう。その推論の各段階、各局面にかかわる諸問題について研究史上さまざまな立場が表明されていたことについては、すでにある程度ふれてきた。ナザレンコ自身がそれらに十分に配慮しつつこうした結論に到達したのであった。したがって、それを無条件で全面的に受け入れるわけにはいかないにせよ、これを学問的な刺激にみちた仮説として評価できると本書の著者は考える。

ところで著者としては、本章を終えるにあたって蛇足ではあるが、ウラジーミル公が、ナザレンコの主張したようにヤロポルクと宗教的に対立していたとしても、この両者の対立が、キリスト教をドイツから受容すべきかどうかをめぐるものではなかったことについて一言しておきたい。そうした可能性も排除できないが、ヤロポルク対ウラジーミルの対立は、宗教的に言って、カトリック対ギリシア正教のそれではなく、キリスト教か否かの問題であったというべきである（その点ではこの対立は前代のオリガとその子スヴャトスラフの対立に相通ずる）。ナザレンコはこの点についてとくに論じていないが、オットー二世側がルーシをドイツ教会の管轄下におこうと志向したことは十分に考えられる。しかしヤロポルク側は、とくにビザンツ教会を排除してドイツ教会を選んだわけではなかったであろう。カトリックかギリシア正教かの問題はもちろん存在した。しかしドイツ教会をビザンツ教会と同等の選択肢とするには、ルーシとドイツの関係は十分に緊密とは言い難かった。ルーシを取り巻く環境が全体的に見てビザンツの方向を指していたことは否定できないのである。そしてなによりも、カトリック教会と正教会との抜き差しならぬ対立関係が出来し、ルーシがカトリックか正教かの決断を迫られる時期はまだはるか先のことであったのである。

第六章注

（1）『原初年代記』は上記のごとく、ヤロポルクの死を九八〇年の項で描いている。しかし修道士ヤコフの『ウラジーミルの追憶と頌詞』は、ウラジーミルのキエフ入城を九七八年六月十一日としているので、こちらを取るとすれば、ヤロポルク殺害は二年ほど前のこと、九七八年（六月十一日以前）と理解しなければならない（Zimin, Pamiat' i pokhvala. *s.72; BLDR.I, s.326*）。後者（*BLDR.I*）のテクストの校訂者N・I・ミリュチェンコは、他のすべての史料がヤロポルクの没年を九七八年とするヤコフの記述を裏づけているとコメントしている（s.527）。本書でも以下基本的には九七八年説を採用する。

（2）*PSRL.IX*: 39

（3）*PSRL.VII*: 292.（『ヴォスクレセンスキー写本による年代記』）

（4）『ニコン年代記』（*PSRL.IX-XIII*）は最古の時代から十六世紀にいたるまでのルーシの歴史について記すロシア最大の年代記である（後に十七世紀に至るまで書き加えられる）。

同年代記は過去の諸年代記の記述はもとより、今に伝わらない多くの史料や情報を取りこみ編纂しているため（したがって記述される情報はきわめて多量で貴重であるが、その信憑性をめぐる問題もまた大きい。いずれにせよ特定の立場から記述された傾向的な史料であり、そのことがまた重要な意味をもっているのである）、依拠する史料、編纂の経緯、写本状況は複雑で、編纂主体、成立時期と場所についてさまざまな見解が出されている。編纂時期について従来は一五三九―一五四二年説（N・F・ラヴロフ）や十六世紀五〇年代説（S・P・ローザノフ）などが有力とされてきたが（シャーフマトフも長期にわたる研究の過程でさまざまに見解を変えつつも、最終的には後者、すなわち五〇年代説に傾いている）、ソヴィエトの研究者Ｂ・Ｍ・クロスが一九八〇年にまとめた著書において、その根幹的な部分（オボレンスキー写本の一五二〇年の項まで）は一五二〇年代末にモスクワ府主教ダニールの下で作成されたことを明らかにしている。同年代記はその後の、たとえばイヴァン雷帝治世に関しても膨大な情報を含むので、編纂作業自体はさらに続けられることになるが、要するに基本的には、モスクワ国家と教会の立場からみたルーシの歴史書ということになる。その後クロスの研究を凌駕する研究はでていない。クロスはいうまでもなく、編者の人となりや思想傾向についても分析をしており、研究史的に貴重な貢献となっている（Kloss, *Nikonovskii svod.* s.7-18, 19-54, 88-95, 96-103）。またわが国では田中（「『ニコン年代記』とダニール府主教」）がクロスの研究について論じている。なお同年代記が『ニコン』の名で呼ばれるのは、その一写本が十七世紀の総主教ニコン（書物の膨大な収集でも知られる）の下にあったことに由来する。英訳がある（Zenkovsky, *The Nikonian Chronicle*）。シャーフマトフの最終的見解はブロックガウス―エフロン百科事典第二五巻にみられる（= Shakhmatov, *Istoriia Russkogo Letopisania*.II, s.585-593（付録）, とくに s.592）。

（5）*PSRL*.IX: 56, 64, 65, 68, 116

（6）さしあたり拙稿「モスクワの外国人村」を参照。

（7）Tikhomirov, *Istochnikovedenie.* s.255

（8）たとえば、ビザンツ最後の皇帝の姪ゾエのイヴァン三世との結婚（一四七二年）に際してのローマとモスクワとの間に交わされた外交交渉など。これについてはさしあたり、拙稿「モスクワ第三ローマ理念考」、中村「ゾエの結婚」、また Pierling, *La Russie et le Saint-Siége*.I, p.130 ff. さらにはやや立場に偏りがあるが、Winter, *Russland und das Papsttum.* S.174-176 などを参照されたい。

（9）Tatishchev, *Istoriia Rossiiskaia*.T.I. s.111-112

（10）Priselkov, *Ocherki po tserkovno-politicheskoi istorii.* s.21-23; Vlasto, *The Entry of the Slavs.* p.253-254; Labunka, "Religious Centers and their Missions", p.175-182

（11）この点でチホミーロフの次のような結論は首肯できる。かれは一方ではタチーシチェフがこの年代記を創作したとする説を退けながら、他方ではこれを古ルーシ史の史料として用いることについては懐疑的であるのである。Tatishchev, *Istoriia Rossiiskaia*.T.I. s.39-53（タチーシチェフの利用史料に関するチホミーロフの解説論文、『ヨアキム』に関しては s.50-52）（= Tikhomirov, *Russkoe Letopisanie.* s.66-83 に再録、とくに s.79-82）

（12）*Drevniaia Rus' v svete...*IV, s.116-117. なおヘルスフェルトのランペルトについては三佐川『ドイツ史の始まり』第十一章第四節参照。ランペルトの原文は *Lamperti Hersfeldensis Annales* (MGH SS rer.Germ., [38])

（13）Nazarenko, Rus' i Germaniia v 70-e gody X veka. s.38-89; Nazarenko, Rus' i Germaniia v IX-X vv. s.105-106

（14）ロシア諸公の系図研究で名高いN・A・バウムガルテンは、この「ルーシの王」をウラジーミル聖公と理解した。すなわち、聖公はキリスト教への改宗後ビザンツ皇女アンナと結婚したが、アンナの没（一〇一一／一二年）後に、クノー伯の娘と再婚したとする（バウムガルテンのこの見解が最初に示されたのは、Baumgarten N. "Le dernier marriage de St.Vladimir" (1930) 論文 (p.167-168) である。さらに同 "Saint Vladimir" p.118 f. をも参照。かれの一九二七年論文、"Généalogie et mariages".Table.1では、たんに一〇一一年に結婚した事実のみが記されている）。バウムガルテンの理解はその後多くの研究者に受け継がれた（たとえば、Koroliuk, *Zapadnye slaviane.* s.227; Pashuto, *Vneshniaia politika.* s.122-123, 419）。しかしながらナザレンコによれば、この理解は正しくない。そもそもバウムガルテンは、西欧では長い間、クノー伯に関する上記の情報が伝説の類とみなされていたことを認識せずに（したがってそもそもが誤った前提の上で）、議論を進めていたからである。その後（またバウムガルテン没後）の研究史のなかでヴェルフェン家の系図は基本的には信頼に足る史料であるとされることとなったが、その段階で、本文にも記すように、かれの結論も誤りであることが明らかになったのである。Nazarenko, *Drevniaia Rus'*. s.361

（15）以上の複雑な関係はナザレンコがその後編んだ『外国史料から見た古ルーシ』第四巻（二〇一〇年）巻末のいくつかの系図である程度辿ることができる。ナザレンコはそこではヤロポルクの妻の名をリフリント（Richlint）と推測している。これはその母（オットー一世の娘）の名と同じである。以上に関してはさらに同書の「ヴェルフェン家系図」の箇所に付された注等も参照。*Drevniaia Rus' v svete...*IV, s.376-377, 378-379, 390-391(Genealogicheskie Tablitsy.II, III, IXa), s.188-190 (prim.8)

（16）Nazarenko, *Drevniaia Rus'*. s.368-369

（17）なお『原初年代記』の上記二箇所に記されるウラジーミルの子の数に違いがあることを含めウラジーミルの子をめぐる問題は相当に複雑である。ウラジーミルの子（のリスト）については他にも史料がある。それを含めこの問題については改めて第八章で考えることになる。ここに記した子の数の違いについてのみ記しておくと（九八〇年の項では子の数は十人。ここでムスチスラフの名が二度現れるが、一応それは別人とみておく。九八八年の項では十二人である。この問題については、さしあたり、*PVL*.s.451のリハチョフの注、および邦訳四〇四頁、注15の邦訳者の注をみよ）、これを矛盾ととらえる必要はかならずしもない。ウラジーミルは改宗後に新たに何度か妻を迎えている可能性も考えられるからである。もっともいずれにせよラヴレンチー本だけをみても、年代記の記述にいくつもの理解困難な点があることだけはたしかである。

(18) *BLDR.I*, s.32. 邦訳がある。福岡星児「ボリスとグレープの物語」。引用は一一一―一一二頁。福岡論文はすぐれた訳と詳細な解説を含むが、訳者の手元にはまだ一貫したテクストがなく(当時のことでやむをえないことである)、訳者はいくつかのアンソロジーを組み合わせてテクストを「復元」して訳している。比較的最近三浦清美も邦訳を発表している。三浦「中世ロシア文学図書館(II) 聖ボリスと聖グレープにまつわる物語」。引用は四五頁。これは上記の *BLDR* 所収のテクストの邦訳である。三浦「図書館(II)」は『物語』以外に、これと密接な関係をもつ他の二つの史料(『奇跡についての物語』および、ネストルのいわゆる『講話』)の邦訳をも含み、きわめて有用である。本書でも基本的に三浦訳を利用するが、訳文を若干変えている場合がある。

(19)『物語』を中心とするいわゆるボリス・グレープ作品群をめぐる諸問題、さらにはその『原初年代記』との関係については、さしあたり、上掲福岡および三浦論文、また *SKKDR*.Vyp.1, s.398-408 をみよ。この問題はシャーフマトフの年代記研究から導き出された諸結論の是非をめぐる問題と関連して、研究史上大きな論点となっているが、それについて、さらには「ボリスとグレープ」をめぐる問題については、本書でも第八章において改めて考える。

(20)『物語』で「チェヒの女」に言及されなかったのはなぜか、その理由について、以下に本書の著者の考えを記しておく。著者は、そこに何か特別の深い理由があったとは考えない。氏名不詳の『物語』作者は、ウラジーミルの子らについて『原初年代記』の二か所の情報を合わせて自ら記述した際に、まず年齢順に子を列挙し始めたが、スヴャトポルクのところに来て、かれがいかに「呪われた」人物かを記す必要があると感じ、方針を変え、今度は母親順に子を挙げ始めたと考えられる。スヴャトポルクが呪われているのは、母親がヤロポルクとウラジーミルの二人を夫としたことに原因があると強調したくて、母親中心に話が変わったのである。イジャスラフが二度出てくるのはそのためである。ところがヴィシェスラフについてはすでに冒頭箇所で母親にふれずに挙げたために、「チェヒの女」には言及されなかった。したがって「別の［妻］」が本来は「別の(チェヒの)女」であったが、最初の「チェヒの女」への言及がなかったために、こちらの方の「(チェヒの)」も記されなかったと考えられる。単なる記述方法の混乱から、「チェヒの女」は消えてしまったということなのである。

(21) なお『原初年代記』のこの箇所の訳(一五九頁)は問題である。邦訳では、「ウグリのもとに」逃げたのがスヴャトポルクであるかのごとくになっているからである。逃げたのはあくまでもスヴャトスラフである。邦訳者らがここで逃げたのがスヴャトポルクであると考えた理由のひとつに、あるいは次のような事情があったかもしれない。すなわち年代記（一〇一九年の項）によれば、スヴャトポルクは最終的にはヤロスラフに敗れて、チェコ方面に逃れそこで死んだとされているのである（一六五頁）。しかしスヴャトスラフが殺害されたのはスヴャトポルクの最終的敗北より前の一〇一五年のことであり、しかもスヴャトポルクの逃走経路も「リャヒの国を通り、リャヒとチェヒの間の荒野」へ向かうものであって、カルパチアを通るものではなかったのである。

（22）*PSRL.IX:68.* ウラジーミルの妻、二人の「チェヒの女」について以上が本書の著者の考えであるが、ここでさらにフロローフスキーのこの問題に対する見解にふれておく。すでにふれたように（第四章注（9））、フロローフスキーはこの件に関してもすでに検討していた（Florovskii, *Chekhi i Vostochnye slaviane*.I, s.14-21, 41-43）。もっとも本書で以上に記したことに、かれの研究から付け加えるべき点は多くはない。かれは『原初年代記』の記述（二人のチェコ人妻、各々の結婚からの子、すなわち第一の妻からヴィシェスラフ、第二からスヴャトスラフとムスチスラフ）を、さらに他の多くの諸情報を加味して詳細な考察を行っている。他の情報とはたとえば、聖ウラジーミル伝（特別構成の、いわゆるプリギンスキー集成版伝記）でも妻の数が十二人となっていること、またタチーシチェフの「ネストル年代記」ではヴィシェスラフはログネジの子とされ、最初のチェコ人妻の子はヴャチェスラフとなっていること、また若干の後代の年代記でも第一のチェコ人妻の子はヴャチェスラフであり、他方もう一人の妻の子はスヴャトスラフとスタニスラフ（ムスチスラフの名が消えている）となっていることなどである。しかし検討の結果これらの諸情報が『原初年代記』などの基本情報に取って代わるべき信憑性のある情報とはみなせないとする。本書の立場と一致する結論である。かれはまたチェコ人妻からの三人の子の（十二人の子ら全員のとも関連するが）長幼（年齢）順について、チェコ人妻は二人ではなく一人であった可能性について、その名および出自について（公女であったか）などの問題も検討している。チェコ人妻の問題は、当然のことながらウラジーミルのすべての結婚がどういう順序で行われたのか、妻と妾の違いは何かなどの問題にも関連する。かれは最後にはチェコ人妻のウラジーミルの「受洗」に対する影響の可能性についても論じている。これらすべての検討の結果、明確な結論は出せないにしても、要するに重要なのは、ウラジーミルにはチェコ出身の妻がおり、そこからの子もいたという事実なのだとする結論をえるのである。フロローフスキーの検討は詳細できわめて貴重である。そして結論も慎重かつ妥当である。それは本書の著者の到達した結論を裏づけるものとなっている。なお上のタチーシチェフの「ネストル年代記」（Letoskazanie Nestora）とは、Tatishchev, *Istoriia Rossiiskaia*.II に所収されているイジャスラフ（二世）・ムスチスラヴィチ大公治世までのテクストのことである（s.25-193. チェコ人妻に言及する箇所は *s.56*）。

（23）*PSRL*.II:150

（24）ヤロスラフの出生については、後述第十章、ヤロスラフと「ヴァリャーギ」の箇所六〇五—六〇六頁をも参照。

（25）Dvornik, *The Making*. p.77-78

（26）*Drevniaia Rus' v svete*...IV.s.90-92;Nazarenko, *Drevniaia Rus'*.s.340-341; すでにゴルビンスキーにも批判的なコメントと露訳がある。Golubinskii, *Istoriia Russkoi Tserkvi*.I-1, s.216-218

（27）ナザレンコによれば、たとえばレオン・マルシクの『年代記』Leonis Marsicani Chronica がそう記しているという（Nazarenko, *Drevniaia Rus'*.s.342)。

（28）Nazarenko, *Drevniaia Rus'*.s.343-345; *Drevniaia Rus' v svete*...IV, s.88-89

（29）Nazarenko, *Drevniaia Rus'*.s.375-380, 389-390

（30）邦訳一七六頁。*PVL*.s.67;*PSRL*.I:155

（31）なおオレーグの墓の所在地をめぐって、邦訳は「ヴルチーの町のそばの平地」と訳すが、ここでは「平地」ではなくたんに「町のそばの地」と訳す。これについては第五章注（74）において指摘、検討した。

（32）一〇四四年の「遺骨の洗礼」に関しては、後に「ボリス・グレープ崇拝」に関する箇所で、A・ポッペ説との関連でもう一度立ち返る。第八章注（95）を参照。

（33）Nazarenko, *Drevniaia Rus'*.s.380-388

（34）Nazarenko, *Drevniaia Rus'*.s.382. リトヴィナ／ウスペンスキーは、リューリク諸公の氏名に関する共著の付録に、諸公のキリスト教名一覧を掲げているが、そのなかでヤロポルク・スヴャトスラヴィチ公の箇所では、注部分にそのキリスト教名を「ピョートル（ペテロ）」とする説のあることにふれ、典拠としてナザレンコの著書を挙げている（Litvina/ Uspenskii, *Vybor imeni*.s.622, prim.745)。

第七章　ウラジーミル・スヴャトスラヴィチ公と「ルーシの洗礼」

聖公とも称えられるウラジーミル公について、『原初年代記』は相当に詳細な記述を残している。邦訳では第七章を「ヴラヂミルの治世」としてまとめているが（九二―一四八頁）、すでにヤロポルク治世を扱った第六章の末尾からウラジーミルについての記述は始まっている。記述の中心を占めるのはもちろん「ルーシの洗礼」のテーマであるが、年代記作者はかれの君主としての行動についてもある程度の注意は払っている。本章では、まずは年代記の記述を読み進めながらウラジーミルがキエフに君臨するまでの経緯を見るが、それに続いて公の時代のルーシがおかれていた国際環境を確認したうえで、「ルーシの洗礼」の諸問題に取り組むこととしたい。「洗礼」は、いうまでもなくルーシ内部の孤立した出来事ではなかったからである。

1　キエフへの道

ウラジーミルが兄ヤロポルクを死に追いやり、キエフ公に収まったのは、既述のとおり、九七八年（六月十一日以前）のことであったと考えられる（本書第六章注（1）を参照）。『原初年代記』の編者はこのあたりの詳しい事情に通じていなかったためか、あるいは編集上の判断からか、いずれにせよ一連の出来事を九八〇年の項にまとめて記している（八八—九五頁）。したがってその記述は厳密に正確とはいえないが、出来事の筋道についてはおおよそ正しく記述しているとみることができる。以下繰り返しになる部分もあるが、年代記に従ってウラジーミルがキエフ公位につくまでの経緯をたどっておこう。

ウラジーミルは父スヴャトスラフの存命中はノヴゴロド公であった。『原初年代記』九七〇年の項に、かれがノヴゴロド公となったいきさつが記されている。ノヴゴロド民がスヴャトスラフに公の派遣を求めてきた際に、他の子ら（ヤロポルクとオレーグ）がこれを断ったのに、ウラジーミルが母（マルシャ）の兄ドブルィニャの勧めもあって、これを受けたというのである（七九頁）。のちに経済的繁栄を誇り、その「共和制」的政体で名をはせるようになる大都市も、この段階では、国の中心（ドニェプル川中流域）からはるか僻遠の、まだそれほど魅力的な存在とはみられていなかったのかもしれない。ただすでにこの段階でノヴゴロド民が自らの公を自発的、能動的に求めたとされているることは、興味深い。ノヴゴロド民はこのとき、もしスヴャトスラフがいずれの子をも派遣しないのであれば、自分たち自身が「公を探し出す」と発言したかのように伝えられている。先に「ヴァリャーギ招致」伝説にふれた際に、その背景に諸公とノヴゴロド間の「契約（約定）」締結の慣習があるとみる研究者の存在することにふれたが（第二章補論2）、そうした慣習の確立は後の時代（たとえば『原初年代記』編纂の時期）のことと考えるべきであるとはいえ、ここにはルーシ史においてノヴゴロドが占める特別な位置が示されているとみることができる。いずれにせよ、ウラジーミルはノヴゴロド公となった。

スヴャトスラフ没後の兄弟間の大公位継承争いの中で、ヤロポルクによるオレーグ殺害の報に接したウラジーミルは、兄を「恐れて海を渡って逃げた」とされる。九七七年の項である。そして三年後の九八〇年にかれは「ヴァリャーギ」を引き連れて帰還し、兄の代官に支配されていたノヴゴロドを奪還する。ウラジーミルは北方の地で兵力を募り、態勢を立て直してきたのである。かれのスカンディナヴィア方面との強い結びつきを示す記述であるが、これについては後に改めて考える（第十章）。ノヴゴロドで再起したウラジーミルの、キエフ大公ヤロポルクとの戦いの最終局面が始まる。キエフへの進軍途上、ウラジーミルはまずは西ドヴィナ河畔に位置するポロツクを攻め滅ぼす。『原初年代記』九八〇年の項にはウラジーミルによるポロツク攻略に関し、興味深いエピソードがつづられている（八八―八九頁）。

ポロツクには当時「海の向こうから来た」ログヴォロドが君臨していた。ウラジーミルも「海の向こうから来た」リューリクの子孫なので、ログヴォロドと同じヴァリャーギ系の公であったといってよい。ただログヴォロドの方は比較的新しくルーシへ到来した別系統と考えられる。[1] ウラジーミルはこのログヴォロドの娘ログネジに結婚を申し込む。しかしログネジはウラジーミルを「奴隷の子」と呼んで、これを拒否する。「奴隷の子」と呼ばれたのは、ウラジーミルの母マルシャがかの摂政オリガ（ウラジーミルの祖母でもある）の「鍵番」であったからである。[2] ログネジはむしろキエフ公であったウラジーミルの兄ヤロポルクを結婚相手に望んだとされる。憤怒の念に駆られたウラジーミルは「ポロツクに攻めてきて、ログヴォロドとその二人の息子を殺し、かれの娘［ログネジ］を妻とし」たという。

ウラジーミルのポロツク公女との結婚の話は年代記の別の箇所（また別の年代記）においても、やや形を変えより詳細な内容を伴って現れる。[3]『ラヴレンチー年代記』（その最初の部分が『原初年代記』である）の一一二八年の項（いわゆる『スーズダリ年代記』）に、おそらくはより古い層（ノヴゴロドの伝承）に遡ると推測される、より詳細な変種がみられる。それを以下に引用しておこう。

「ログヴォロドがポロツクの地を取り、公として支配したとき、またウラジーミルがノヴゴロドにあって、いまだ年若く異教徒であったころ、かれにはドブルィニャという軍司令官がいた。この男は勇敢で政治的能力に長けていた。

この者がログヴォロドに［使者を］送って、その娘をウラジーミルのために貰い受けたいと言わせた。父［ログヴォロド］は娘に尋ねた。『お前はウラジーミルに嫁ぎたいか』と。娘は答えた。『わたしは奴隷の子の靴を脱がせたくはありません。わたしはヤロポルクを欲します』と。このログヴォロドは海の向こうからやって来て、自分のポルテスク［ポロツク］の国 volost' を支配していたのである。ウラジーミルはこれを聞くと、『奴隷の子に嫁ぎたくない』という言葉に激怒した。ドブルィニャは［ウラジーミルを］哀れに思い、また憤怒に駆られた。二人は戦士を集めてポルテスクに進軍し、ログヴォロドを打ち負かした。ログヴォロドは町［砦］に逃げ込んだが、［ドブルィニャらの］軍は突撃を加え、これを落とし、かれ自身［ログヴォロド］もその妻も、また娘をも捕らえた。ドブルィニャはログヴォロドと娘に罵詈雑言を浴びせ、かの女を［お前こそ］奴隷の娘と呼んだ。そしてウラジーミルにかの女の父と母の前で関係するよう命じた。その後かの女の父を殺害し、［ウラジーミルは］かの女を妻とした」。

「この後ウラジーミルはかの女を『ゴレスラーヴァ』［「ゴーレ」すなわち「苦しみ、不幸」から造られた語、「苦しみの娘」ほどの意か］の名で呼んだ。かの女はイジャスラフを産んだ。しかしながらウラジーミルは他にも多くの妻をもち、かの女を軽んじるようになった。あるときかれがかの女のもとに来て眠った。［夜中に］かの女は短剣でかれを殺害しようとしたが、かれが目覚めて、かの女の手をおさえた［ために未遂に終わった］。かの女はかれに言った。『わたしはひどく怒っているのです。あなたがわたしのゆえに父を殺し、その地を奪ったからです。そして今あなたは、わたしもまたわが幼子をも愛しておりません』。［ウラジーミルは］かの女にあたかも婚礼の日のように、皇妃の衣装をすべて身につけるよう命じた。そして部屋の中の美しく飾った寝台の上に座るよう告げた。それからかれが部屋に来て［剣で］かの女を打とうとした。そのときかの女は次のようにした。かの女は息子のイジャスラフの手に抜身の剣を握らせ、次のように言った。『父が入って来たなら、前に進み出てかれにこう言いなさい。「父よ、あなたは一人で生きていこうとお考えなのですか」と』。ウラジーミルはかれに言った。『誰がお前をここに来させたのか』。そして自分の剣を放り投げ、貴族たちを呼んで、かれらに事の次第を伝えた。かれらは言った。『もはやあなたの息子を母親ゆえに殺害するようなことはなさりませぬように。むしろかの女のために父祖の地を再興し、かの女とその子にそれをお与えなさい』、と。ウラジーミルは町を整え、かれらにそれを与え、それをイジャスラヴリと名付けた。それ以来ログヴォロドの孫たちはヤロスラフの孫たちに刀を振り上げるようになったのである」[4]。

ここに引用（訳出）した『スーズダリ年代記』（一一二八年の項）の記述は、『原初年代記』九八〇年の項と比較して大分詳細になっているだけでなく、いくつかの重大な相違点をも含んでいる。たとえば、ドブルィニャが主導的役割を演じている点である。ドブルィニャは既述のとおりウラジーミルの伯父（母マルシャの兄）であり、基本的にはノヴゴロド地方のさまざまな伝承や物語において活躍する人物である[5]。このことから一一二八年の記述がノヴゴロド起源のより古層の形態を伝えていることが推測できる。ただ本書にとってさしあたり重要なのは、ポロツク公女ログネジの運命である。ここに描かれる「ウラジーミルの結婚の物語」では、ログネジはイジャスラフだけの母親であり、結婚後しばらくして息子と共にポロツクへ戻ったとされている。これにたいし『原初年代記』では、ログネジはウラジーミルとの間に四人の子を産んだことになっている。イジャスラフ、ムスチスラフ、ヤロスラフ、フセヴォロドである（九八〇年の項、九三頁）。「結婚の物語」の二つのバージョン間の違いは一見して相当に大きなもののようにみえる。一一二八年の方では、一時はウラジーミル殺害を試みたログネジが許されて（かあるいは追放されてか）唯一人の子イジャスラフとともにポロツクに戻り（戻され）、そこのいわば半ば独立した公国の君主となった。それ以後ポロツク公国はイジャスラフの孫の代に至るまでキエフに対し挑戦し続けたと、その反キエフ的な性格が強調されているのである。他方『原初年代記』の方では、ポロツクはすでに九七〇年頃には後にキエフ公となるウラジーミルにより征服され（その立役者はドブルィニャであったであろう）、妻とされたログネジは、おそらくはウラジーミルがキリスト教を受け入れ、ビザンツから正妻となる皇女（アンナ）を迎えるまでの間に（ウラジーミルの洗礼と皇女との結婚は本章の主題のひとつである）、四人の子の母親となってキエフに留まっており、ポロツクがキエフとことくに対立することはなかったと考えられているのである。

いったい二つのバージョンのどちらが歴史的事実に近いと考えるべきであろうか。問題をこう立てても、おそらくこれに答える決定的な史料などというものは存在しない。むしろこの二つのバージョンは当時のキエフ・ルーシの複雑な内部状況を垣間見させてくれる資料として読まれるべきであろう。

おそらくポロツクがウラジーミル治世にキエフ大公国に従属していたことは否定できないであろう。ウラジーミルによる征服以前に大公国の領土となっていた可能性もある（ウラジーミルがログネジに結婚を申し込んだこと、ログネジが「ヤロポルクを欲する」と述べたとされることは、ポロツクがすでにヤロポルクのキエフに従属しており、ウラジーミルはこれを自分の手に獲得しようとしたと解釈することも可能である）。ただポロツクが常にキエフの安定的な領土であったと考えることは出来まい。もっとも『原初年代記』がこれについて伝えるところは多くはない。[6]そこには、一〇二一年の項でブリャチスラフ（上記イジャスラフの子）がノヴゴロドを攻め、ヤロスラフ賢公の反撃を受けて敗退したことが短く記される以外は、一〇四四年以後のフセスラフ公（ブリャチスラフの子）の活躍が伝えられるだけである。[7]『原初年代記』では、この一〇四四年から半世紀以上にわたってポロツク公であったフセスラフが、もっぱら自立的、反キエフ的な公として特記されているが、[8]それ以前のポロツクに関しての言及は少ないのである。

はたしてキエフ大公国におけるポロツクの存在はどのように位置づけられるであろうか。

ポロツクが少なくとも十一世紀中葉（フセスラフ・ブリャチスラヴィチ公期）からキエフにしばしば敵対行動に出たことは確かである（そして後に見るように、フセスラフ公は一度は大公位さえ手にいれた）。しかしログネジとその「唯一人の子」とされるイジャスラフを反キエフ的ポロツクの祖とみる見方（つまりポロツクはそもそもの初めから自立的、反キエフ的であったとする）はあくまでも「説話」に根拠をおいており、確かなものというわけにはいかない。先の『スーズダリ年代記』などに見えるバージョンではポロツク公ログヴォロドがヴァリャーギ系であることが重視されていた。ポロツクはこれを根拠にキエフとは異質な国であると考えられており、そのことが両国の対立の大きな原因となっているかのように認識されていた。ログネジに対する非道な仕打ちの説話が産み出された背景にもおそらくはこの点があったと考えられる。しかしながら、すでに指摘した通り、リューリク家自体が元来ヴァリャーギ系であったこと、ウラジーミル自身ヴァリャーギと強い関係を有していることは後述するところからも明らかであり（第十章）、また周知の事実であった。それゆえこの点に対立の主因があるかのような見方が正しいとは思われない。

本書の著者は、フセスラフ公期の両者の対立の原因は、後述するように、ポロツク公家がキエフ大公位継承権をある時期に喪失したことと関係していると考えている。キエフ大公位継承制度については後に立ち戻るが（第十一章、とくに補論）、あらかじめ簡単に記しておくと、ウラジーミルは治世のある時点で（年代記では九八八年の項、「洗礼」記事の後）イジャスラフをポロツク公に任じたが、このイジャスラフは一〇〇一年に父に先んじて死去する（ウラジーミルの没年は一〇一五年）。父より先に故人となった（つまり本人が大公位につかなかった）場合、その家門は大公位継承権を喪失したものとみなされるのが当時の公位継承上の慣習であった（いわゆる「イズゴイ」公、すなわち「公位資格喪失者」の問題である）。後にみるように、ポロツク公家は、大公位継承はおろか、大公国内の諸領地分有をめぐる争いにおいても不利な立場に立たされるが（そしてそれがまた野心的フセスラフ公の不満を募らせた）、ポロツクの反キエフ的立場の始まりと理由はこうした点との関連で説明されなければならない(9)。このような観点に立つと、反キエフ的態度、また当時の公国領有にかかわる支配的体制への反発は、実はポロツクのみに固有の特徴ではなかったことがみえてくる。ヤロスラフ賢公の子の世代でも、長子のウラジーミルの家門が同じように大公位継承権を喪失していた。ヤロスラフの孫の世代でもこうした家門は少なくなかった（たとえば、ヤロスラフの孫ボリス・ヴャチェスラヴィチ公などは継承権を有していなかった)。また理由は異なるが、反キエフ的立場ということになると、目立つのはポロツク以上にむしろチェルニゴフ公国(とそれと強く結びつくトムトロカン)であった(これについては第十一章で詳しく検討する)。さらにはノヴゴロドにもそういう側面はあったし、十一世紀末のリューベチ諸公会議前後には北東ルーシ諸公また南西ルーシ諸公も、必ずしも大公位をめぐってではなかったが、世襲的自領の保全を求めて、ポロツクに劣らずにルーシの内政を混乱させたのである。[10] ログネジをめぐる「結婚」の説話的内容の興味深さに欺かれて、ポロツクのみを孤立させてみることになると、歴史的現実を見失うことになるように思われる。

さて、キエフ公ヤロポルク側についていたポロツクを征服したウラジーミルは、その後キエフへ進撃し、キエフ軍司令官ブルドを抱き込むことによりヤロポルク殺害に成功する。ウラジーミルはさらに、かれの再起を支えたヴァリャーギが不穏当な動きを見せ始めるやかれらを巧みにビザンツ攻撃に向かわせ、いわば厄介払いをする。かくてキエフにおけるかれの単独支配が始まる。

『原初年代記』はこれ以後ウラジーミルの「洗礼」に注意を集中させて行く。

2　治世初期のルーシと国際環境(九七〇年代末—九八〇年代)

年代記における「洗礼」記事は大きく二つの部分に分けることができる。前半部(邦訳九二—九八頁)は「洗礼」以前のウラジーミルの姿を描き、後半部が本来の「洗礼」記事となる。こちらの方が分量的にも圧倒的に大きい(九九—一四八頁)。

前半部においては、およそ九八〇年から九八五年のことまでが記される。ここではウラジーミルは「淫行」に身を委ねる罪深い異教徒である。かれは多くの女たちを娶り、各地に何百人もの妾をかかえているとされる。かれが妻たちとの間にもうけた子らのこと、とりわけ、兄ヤロポルクの妻（もともとはギリシアの修道尼であった）を我がものとし、そこから生まれたスヴャトポルクが「姦通の子」であることが強調されるのは、まさにここにおいてである。ウラジーミルはまた異教徒の君主として、キエフにおける旧来の宗教の建て直しをはかる。「かれは［キエフの］丘の上の塔邸の外に一連の偶像を立てた。それらは頭が銀で口髭が黄金の木製のペルン、さらにホルス、ダジボグ、ストリボグ、シマリグルとモコシである。（人々は）それらを神と呼び、生贄を捧げ、自分の息子や娘を供えていた」と記される（九八〇年の項、九二―九三頁）[11]。かれはまたキリスト教徒の迫害者でもある。かれはキリスト教徒のヴァリャーギ父子を異教の神々に生贄として捧げるべく殺害する（九八三年の項、九五―九八頁）。

●「リャヒ」遠征が語るもの

興味深いのは九八一年の項である。この部分については本書第四章1でもふれたが、あらためてみてみたい。短く次のように記される。「［ウラジーミルは］リャヒに行き、かれらの町ペレムィシリ、チェルヴェン、およびその他の町々を占領した。それらはいまでもルーシの支配下にある。この年にかれはヴャチチをも打ち負かし……」（九五頁）。

ここではキエフに君臨したウラジーミルが、いわば領土拡大に乗り出したかのごとくに記されている。たしかにかれはさらに翌九八二年にも再度ヴャチチを攻め、九八三年にはヤトヴャーギに、九八四年にはラジミチに、九八五年にはボルガリに遠征を行っている。年代記はこれらの年の項ではこうした諸遠征について簡潔に記すのみで、その意図や経緯についてはなんら説明を加えないのみならず、その他のことについては、上記ヴァリャーギ父子の殺害（生贄）の件を除き、何も述べていない。

このように年代記の記述は断片的でその真意をはかることは困難であるが、上の九八一年のキエフ公の「リャヒ」遠征に関する記述は、ルーシ・ポーランド関係についての最古の情報のひとつであり、その意味できわめて重要と考えられる。この記述からはたしかにウラジーミルがキエフ公となって以来、精力的に対外発展に取り組んだという印象が与えられる。もちろんそうした可能性は否定できない。しかし苦労の末にキエフを奪取した直後のこの対外遠征には、何か不自然なものがあるようにみえる。現にリャヒ遠征記事の直後に見えるヴャチチやラジミチ族などへの遠征は、領土拡大というよりは、いまだ足元の固まらないウラジーミルの支配権に対し国内諸地方で反乱が続発し、これに対しウラジーミルが余儀なくされた鎮圧行動とみる必要があるように思われる。実際にそうみる研究者がいる。そうなるとこの時点での、はるか西方遠方の「リャヒ」の地への遠征というのはいったい何であったのかという疑問も出てくる。研究者らは、ウラジーミルの「リャヒ」遠征に対しある種の疑念を抱いているのである。

まずこの年のリャヒ、すなわちポーランドへの遠征は、他の同時代史料によってはほとんど裏づけられない。それのみならず、この遠征は当時の政治状況にも合致しない。つまり遠征は事実ではない可能性がある。このような疑念を表明した代表的研究者V・D・コロリュクの見解をみてみよう。かれによれば、この時期ペレムィシリやチェルヴェンなどの地方はポーランドの支配下にはなかった。それは当時まだ自立的な存在であったスラヴ諸族（ホルヴァーチ、ドゥレビ）の住む領域であり、ウラジーミルはキエフからクラクフやプラハに至る道の途上にあるこれらの諸族を討とうとしたと考えられる。したがってポーランド領への攻撃と伝える『原初年代記』の記述は、これらの地方がポーランド領となって以降の時期の、編者の手になるものである。コロリュクは、ルーシ・ポーランド関係があたかも「最古の時代から」常に敵対的であったとする広くみられる観念が、この記述をひとつの根拠にしていることに対する反論として、以上のような主張を展開したのであるが、年代記のこの部分を後代の編者による挿入とみる見解をただちに承認することはできないにせよ、主張自体には考慮すべき点が多々あると考える。[12]『原初年代記』の遠征記事を単純に領土拡大戦争などと理解するわけにはいかないのである。

チェルヴェンやペレムィシリ地方が当時ポーランド領でなかったことはいくつかの史料からも裏づけられる。既述のイブラヒム・イブン・ヤクブの証言からすれば、当時クラクフはチェコ（ボレスラフ一世）に属していたと考えられ、そうであるならばそのさらに東方に横たわる地域をポーランド領とみることは難しくなる。コロリュクはここに住むスラヴ諸族がまだ自立性を維持していたとみているが、むしろチェコの影響力が及んでいた可能性が考えられる。クラクフがこの時期チェコ領に含まれるとする点はプラハのコスマス（一一二五年没）の『ボヘミア（チェコ）年代記』によっても確認される。それによれば九七三年に創設されたプラハ司教座の管轄区域は、東方ではブク川とストゥイリ川地域に達しており、クラクフもそのうちに含まれるという。コスマスの記述から判断して、少なくとも十世紀の末まではクラクフ地方はチェコの支配圏にあったということができる[13]（第四章一七四―一七五頁をも参照）。

ウラジーミルの「リャヒ」遠征に関する『原初年代記』とコスマスの年代記などとの間にある以上のごとき矛盾は、どのように解決されるべきであろうか。研究史上はさまざまな立場がある。両年代記のどちらかを誤りとする立場、あるいは前者における「リャヒ」を単純にポーランドとるのではなく、そのエトノスを当時の状況に合わせて理解しつつ両年代記の両立をはかろうとするもの[14]、その他である。

この点について、本書の著者に十分な根拠に基づく解決策があるわけではない。したがってここでもナザレンコの考察を紹介するにとどめる[15]。ナザレンコは、このわずかな、しかもあいまいな史料しか存在しない問題において、ひとつの仮説を提唱する。それによれば、ウラジーミル治世の初期には、ルーシはドイツと同盟関係にあった、これはそれぞれがチェコとの対抗上採用を余儀なくされた関係であり、そもそもは先にみたように（本書第六章）、すでにウラジーミルの兄ヤロポルクの時代に結ばれていたものであった。ウラジーミルがキエフに入場後自己の立場（親チェコ）を変え、以前からのキエフとドイツとの同盟関係に基づいて行動したと考えるとき、先の両年代記間にみられた矛盾が解消するという。具体的にみて行こう。

ナザレンコはウラジーミルがキエフ入城直後に、遠く西方・西北国境地帯への遠征を行ったことは事実と考える。

これらの地方が当時ポーランドに属していたかどうかは史料的に確認されずむしろ疑わしいが、少なくとも年代記の編纂された時期（十二世紀初）にはポーランド領となっていたこれらの地方の獲得をねらって、ウラジーミルが行動を起こしたことは確かであると考えるのである。公がキエフ支配のまだ安定しない状況で、なぜこのような対外進出を試みることができたのか。ナザレンコはその理由を、すでに以前から続いていた上記のルーシ・ドイツ同盟関係から説明する。この同盟のおかげで、無謀ともいえる遠征を敢行することができたとするのである。かれによると、以前から対立していたドイツとチェコは九七八年に一応和解し、両国関係は好転する。ところがそのあおりを受けてそれまでチェコと結んでドイツに対抗していたポーランドの立場が微妙になる。ポーランドはドイツに単独で向き合わなければならなくなる。ドイツ・ポーランド関係が緊迫化する。九七九年の十一月から十二月にかけて、オットー二世が「何らかのスラヴ人」を攻撃したことが知られているが、このスラヴ人はおそらくミェシコ一世のポーランドのことを指している。ウラジーミルの遠征はまさにこれと連動していた可能性が高い。キエフのルーシはそれまでもドイツと結んでチェコと対立しながら、西方国境地域に大いに関心を示していたが、このたびはチェコの動きは収まり、ポーランドはその精力を西のドイツに集中することを余儀なくされるにいたった。ルーシにとって好機が到来したのである。

一方、二度にわたるヴャチチ族（キエフの東方、オカー川上・中流域）への遠征（とくに二度目）は、ウラジーミルの対「リャヒ」遠征を好機ととらえて同族が反乱を起こしたことから行われたものであろう。ラジミチ遠征の場合も同様であったと推測される。年代記作者も認識している通り、ヴャチチ、ラジミチ両族はもともと「リャヒ」の出であるが（一二頁）、このこと自体はウラジーミルの「リャヒ」遠征と特別の関係があったと考える必要はない。ヴャチチ、ラジミチ両族は故地を後にしてから大分時が経っていたからである。他方、「ヤトヴャーギ」（古リトアニア族の一、西ブク下流とニェマン上流に挟まれた地域に住んでいた）は地域的にも比較的に近接しており、それへの遠征は、おそらくリャヒ遠征と密接に関連し、これを補完するものであったと考えられる。ボルガリ遠征についても年代記にははっきりとした説明はない。これがヴォルガ・ブルガールとドナウのそれ（バルカンのブルガリア人）のどちらであるかは、研究史上議論がある。しかしここは、グレコフが詳細な論拠を挙げながら主張したように、ヴォルガ・ブルガールを念頭においていたと考えておこう。リハチョフもこれを支持している。[16] ここでは何らかの原因でキエフと「ボルガリ」間に対立が生じ、キエフの側からの攻撃が行われたということであろう。ただ年代記の同年の項によれば、ウラジーミルはこの遠征直後に講和を結びキエフに帰還していることには注意が必要である。

以上のような仮説が成立するとナザレンコが考える理由のひとつに、かれがこの「リャヒ」遠征を、『原初年代記』と異なって、九七九年のこととみていることがある。かれによれば、年代記の初期の段階に関する年代の記述は相対化して考えなければならないが、ここの場合は、たとえば、ウラジーミルのキエフ公位獲得の時期が九七八年六月と考えられるのに、年代記は九八〇年としているところからも推測できるように、二年ほど前倒しして考える必要がある。九八一年のこととされた「リャヒ」遠征は、実際には九七九年に行われたというのである。この年のオットー二世のポーランド攻撃に呼応して、ウラジーミルも東からポーランドに対し攻勢を仕掛けたとナザレンコは考えるのである。

ウラジーミルがポーランドに遠征したことは、ルーシの側ではその後も記憶にとどめており、後の年代記にそれを裏づける記述がみられる。『ガーリチ・ヴォルィニ年代記』の一二二九年の項に次のように記されている。「（ルーシ諸公は）栄誉とともに己の地に侵攻した。国土を洗礼した偉大なるウラジーミル公を除き、他のどの公もリャヒの地へかくも深く入り込んだことはなかった」[17]。これは、南西ルーシ・ガーリチ公国のダニールとヴァシリコのロマーノヴィチ兄弟が、クラクフのレシェク白公没後（一二二七年）の内紛に介入し、カリシュ（ポーランド中西部）を包囲したときのことを述べたものであるが、十三世紀の年代記作者は、ウラジーミルがかつてポーランドの地で戦ったことを記憶していたことになる。もちろんこの記述について、その信憑性を疑う研究者もいないではない。たとえば、すでにあげたコロリュクがそうである。かれはこれを誇張された、しかも誤った観念に基づく記述と考えている。またA・B・ゴロフコもこれを、聖ウラジーミルを称えようとしての記述で、信憑性に欠けると考える。[18] たしかに聖公を称えようとして事実でないことを記したということはありうる。すくなくともウラジーミルがはるかカリシュ方面にまで進出したことを裏づける証拠はない。だがもし『ガーリチ・ヴォルィニ年代記』が誰かを称えようとするならば、それはウラジーミルではなく、ガーリチのロマーノヴィチ諸公であったはずである。ここでわざわざウラジーミルを持ちだして「称える」必要などなかったと考えられる。したがってこの場合、同年代記の記述にはそれなりの事実的裏づけがあったとみてもよいように思う。

以上にウラジーミル公の治世初期には、かれはドイツとの外交上の関係を利用しつつ、あるいはその要請に応じる形で、東西へ積極的に打って出、さらに国内の諸部族の反乱に立ち向かった様子が示された。

しかしそもそもかれの時代、ルーシの国際環境はどうなっていたのであろうか。この点については大雑把な形では第一章に示したことからある程度理解していただくことができよう。ルーシは南北のみならず、東西に横たわるさまざまな国々や諸民族との密接な関係のなかで存在していた。『原初年代記』の九八六—九八七年の項に、かれの下に周辺諸国からそれぞれの国の宗教を説き勧める使節団が訪れ、これにたいしウラジーミルが諸宗教の教義やその実態を調査する使節団を派遣した様子が描かれている。研究史上「諸信仰の吟味」ないし「選択」といわれる出来事である（九九—一二二頁）。この問題は後述するように、実際に年代記の記すような形で行われたと考える必要はなく、あくまでも年代記作者の創作的記述であるが、当時のルーシがおかれていた国際的環境を巧みに表現したものと考えることができる。

3 「ルーシの洗礼」

●『原初年代記』の記述（九八六―九八八年）

さて、ウラジーミル公のキリスト教受容、またそれに続くキエフ民に対する洗礼（いわゆる「ルーシの洗礼」）の問題である。最初にこれに関する『原初年代記』の記述をみておこう。

それは九八六―九八八年の項に詳しく記されている。

まず諸外国からウラジーミルのもとへ使節が到来し、それぞれの信仰を推奨するという出来事（研究史上にいわれる「諸信仰の提案」predlozhenie ver）について、次のように記されている。

「ムハンマドを信仰するボルガリ［bolgary very bokh'miche］がきて、『あなたは賢明で思慮深い公ですが掟を知りません。わたしたちの掟を信じ、ムハンマド［Bokhmit］を礼拝しなさい』と言った。ウラジーミルは『お前たちの信仰はどのようなものか』と言った。かれらは言った。『わたしたちは神を信仰しています。ムハンマドはわたしたちに教えて、こう言いました。割礼をしなさい。また豚肉を食べず、酒を飲んではなりません。その代り死後には女たちと淫行することができます、と』……」（九九頁）。

「ボルガリ」（ヴォルガ・ブルガールのことであろう[19]）の使者の説明はさらに続くが、これにたいし正教キリスト教の立場にたつ年代記作者は、それらが「偽り」の教えであり、詳しくは「恥ずかしくて書くことができない」と記す。「淫行を好む」ウラジーミル自身にとっても、割礼の教え、また豚肉と酒の禁止は気に入らず、「ルーシ人には飲むことが楽しみなのだ。それなしには生きていく甲斐がない」（同頁）と後に有名になるセリフをもって、これを拒絶する。

続いて、「ネムツィ」が「教皇」から派遣されてやってくる。ネムツィはドイツ人ないしは西方のカトリック教徒を指す語である（この時代には西方、北西方からくる異国人を広くさしたが、具体的にどこからの人々であったかは何とも言えない)。ここに記されるかれらの教えそれ自体には、特筆することはない。その説明も短い。またウラジーミル自身も説かれる教義にとくに反論するわけではなく、たんに「帰れ、わたしたちの父祖がそれを受け入れなかったのだから」(一〇〇頁)と述べるだけである。こうした拒絶的とはいえ、いわば素っ気ない返答をどうみるかは難しいところである。ルーシ教会はカトリックに対し常に厳しい批判的態度を取っていたと考える立場からすれば、年代記編者のこの淡白な態度は理解しにくくなる。ここには年代記編纂当時のルーシ聖職者の対カトリック観が幾分かは表現されているといえるかもしれない(この点については本書第十二章1であらためて考える[20])。

次にやってきたのはハザールのユダヤ教徒である。かれらは自分たちの信仰を「割礼を行い、豚肉も兎の肉も食べず、安息日を守る」ものであると説明する。ウラジーミルはユダヤ教徒がかつて神の怒りをかい、「国々に散らされ」、いまかれらの国は「キリスト教徒のものになっている」ことを知り、そのような者たちの信仰を受け入れるわけにはいかないと答える。

最後に訪れたのが「グレキ[ギリシア人]の哲学者」である。「哲学者」というのは、おそらくかつて同じくビザンツからモラヴィアへ派遣された「スラヴの使徒」コンスタンティノス(キリル)がそう呼ばれていたことをうけている[21]。ウラジーミルの前に現れたギリシア人「哲学者」は最初にイスラーム教、ローマ・カトリック、ユダヤ教の教えをそれぞれ手短に批判した後、ウラジーミルの要望に応じて、自らの信仰の解説にはいる。それは天地創造に始まり、旧約聖書に従ってユダヤ民族の歴史がたどられ、イエス・キリストの生誕、十字架の死と復活、その後の使徒らの宣教、最後の審判にまで及ぶ。「哲学者」は最後に「主の裁き」の場面が描かれる「帳」をウラジーミルに見せて、永遠の苦悩を免れたければ、洗礼を受けるよう勧めてその長い陳述を終えている。このギリシア「哲学者」による信仰の解説(「哲学者の陳述」rech' filosofa)は詳細かつ具体的で、年代記の九八六年記事の大部分がこれにあてられているが(邦訳一〇〇—一一九頁)、このことは哲学者の教えこそが、ウラジーミル自身にとって(またおそらくは年代記編者、さらには年代記の読み手にとっても）最善と考えられていたことを暗示している。ところが、ウラジーミルの哲学者に対する返答は意外な形をとる。かれは期待されるような洗礼への決意を述べるのではなく、「あらゆる信仰について吟味しようと思い」、「しばらく待とう」と答えるのである。ここまでが九八六年の項である。

翌九八七年の項では、上の思いがけぬ展開を受けて、ウラジーミルが「貴族と町の長老」を呼び集めて協議する事態となったことが記される。ウラジーミルは貴族らに手短に諸国からの使節の到来について伝えた後、どうすべきか助言を求める。その結果が諸信仰に関する調査団の派遣である。研究史上、「諸信仰の吟味」ないし「調査」、さらには「選択」（ispytanie ver ないし vybor ver）といわれる出来事である。使節団が派遣されたのは、具体的にはボルガリ、ネムツィ、グレキに対してである（一一九―一二二頁）。ハザールに対して派遣されたとは記されていない。ハザールはすでに実質的に国家としての存在を止めており、政治的にはもとより、その宗教（ユダヤ教）も影響力を喪失していたからであろう。[22] ウラジーミル期（あるいは年代記編纂時）のルーシにとって真に考慮されるべき対象はイスラーム、カトリックおよび正教キリスト教のみであったと考えられる。「諸信仰の提案」と「吟味（調査）」の記事が厳密に対応しないことは、『原初年代記』のそれぞれの部分の作者が異なっているか、あるいはそれぞれの記述の依拠する資料が異なっていたことを示すものであるかもしれない。

前年の記述にやや意外なところのあったことを指摘したが、厳密に言えば、この年の項についても年代記の記述はやや不自然である。すなわち冒頭で、ウラジーミルは前年の諸使節の到来について報告した後、貴族らに対し「ところでお前たちはどう考えるか」と問う。これは、どの「宗教」がよいと考えるか、と尋ねているのであるが、これに対する貴族らの回答が微妙にずれている。かれらの答えは、調査団を派遣してそれぞれの宗教の「勤行と、[人々が]どのように神に仕えているのかを調べなさい」というものであった。すなわちここでは、「信仰」つまりはその教義の問題が「勤行（礼拝）」の問題にすり替えられているのである。たしかに年代記の記述では、ウラジーミルも貴族らもこの微妙なずれを気にしている様子はなく、調査団の出立に際しては、「手はじめにかれら［ここではボルガリ］の信仰を調べよ」と、いわば正確にその使命（「信仰」すなわち教義を調査するという任務）が表現されている。微妙にずれた記述が修復されていると言ってもよい。当時のルーシ人は教義も典礼もとくに区別していなかった、あるいはむしろ典礼を重視していた証拠とみることもできようが、他方では年代記のこの部分からも、それが一人の人物の作ではなく、あるいは何段階かの編集を経ていることの痕跡を見て取ることができるかもしれない。

さて、「十人の数の身分が高く、思慮深い家臣」からなる使節団は順次各国を回る（これを文字通りとるならば、調査活動は相当に長期間に及んだことであろう）。帰国後の報告では、まずボルガリについて、モスクでかれらは「帯を締めずに立って礼拝し……狂ったようにあちこち見廻していた」とされる。使節団の答申は「かれらには楽しみがなく、悲しみとひどい悪臭があり、その掟はよくない」というものであった。ネムツィについては簡潔に、その勤行には「どのような美しさもない」とされるのみである。最後のグレキ訪問に関しては、かれらが聖堂に案内された時の様子が報告される。「わたしたちは天上にいたのか地上にいたのかわかりませんでした。地上にはこのような光景も美しさもなく、また物語ることもできないからです。あそこでは神は人々と共におられ、かれらの勤行がすべての国にまさっていることだけは間違いありません。わたしたちはあの美しさを忘れることができません」。いずれも「美しさ」にこだわる姿勢がみえて興味深いが、貴族たちのウラジーミルに対する報告の結論は次のようである。「もしもグレキの掟が悪かったならば、すべての人々より賢明であったあなたの祖母オリガは、受け入れなかったでしょう」。

以上が「諸信仰の吟味」に関する記述である。ウラジーミルの選択の方向性はすでに定まっているようなものであるが、ウラジーミルはここでまたもや貴族らに「われわれはどこで洗礼を受けようか」と問うことになっている。いまだ「どこで」かが、すなわちどの宗教を選択すべきかが決まっていないかの如くである。貴族らはこれに対し「あなたの望むところで」と答える。ここでのウラジーミルと貴族とのやり取りもいささか奇妙であるが、これについては後述する。いずれにせよ、年代記の記述はここで途切れ、最終的な決断はまたまた持ち越される。翌九八八年の項では、局面が劇的に変化する。

九八八年の項は、ウラジーミルによる「グレキの町ケルソン」（クリミア半島）への遠征記事で始まる。この記事も既述の「リャヒ」遠征（九八一年の項）などと同様に、説明抜きでまったく唐突に始まっている。ケルソンはクリミア半島にあるビザンツ帝国に属する都市である。紀元前五世紀に遡るといわれるギリシア植民市に起源を発し、ビザンツ帝国時代には北方内陸地帯から運び込まれる獣皮や、蜜臘を帝国にもたらす重要な商業拠点であった[23]。ここにウラジーミルが唐突に攻め寄せたというのである。理由や経緯が不明というだけではない。同じ『原初年代記』がスヴャトスラフの治世のこととして伝えるビザンツ・ルーシ間条約（九七一年の項）に次のような条項があることを想起するならば、これはきわめて異常なことである。すなわち条約において、ルーシ側は「われは貴国に対して決して企みをなさず……貴国およびギリシア人の支配のもとにある（国）に［軍勢を］差し向けず、またケルソンの国 vlast' korsun'skuiu にも……ボルガリ［ドナウ・ブルガールであろう］の国にも（差し向けないであろう）」と誓約しているのである（八三頁）。ここでケルソンが特記されていることは、この都市が両国関係において通商上のみならず、戦略上も重要な意味をもっていたことを示すものであろう。ウラジーミルが父の結んだ条約にあっさりと違反したと考えるべきなのであろうか。特別の理由があったと考えるべきであろうが、一体それは何であったのであろうか。後に検討してみる必要があろう。

さて、ケルソンはウラジーミル軍に対し頑強に抵抗する。だがアナスタシオスという名の町民の内通があって、ウラジーミルは町の水源を断つことに成功し、これを降伏させる。かれはこの間、町の攻略に成功した暁には「洗礼を受ける」ことを誓っている[24]。アナスタシオスは、年代記のその後の記述から、ケルソンの聖職者であることがわかる。

さてケルソンを奪取したウラジーミルは、ビザンツのバシレイオス（二世）とコンスタンティノス（八世）の兄弟皇帝に使者を送り、町の占領について知らせ、かれらの「未婚の妹」アンナを妻として与えるよう要求する。もし拒絶されるようなら、コンスタンティノープルを攻撃する意図であることも伝える。両皇帝は悲嘆にくれるが、結局ウラジーミルの「洗礼」を条件にこれを認める。ウラジーミルは条件に同意する。他方、アンナはルーシ行きを「捕虜に行くようなもの。死ぬ方がましです」と言って拒むが、結局は説得され、ビザンツの「二、三の高官、および司祭たち」とともにルーシに赴く。(25) ウラジーミルは、アンナのケルソン到着後、洗礼を受け、それから婚礼の式が行われる手はずになっていたが、受洗前に突然、目が見えなくなる。アンナはウラジーミルに「急ぎ洗礼を受けること」を勧める。かくてケルソンの主教とアンナに同行した聖職者らがかれに洗礼を授け、公の眼病はたちまち癒される。かれの従士団もこれをみて洗礼を受ける。公の洗礼場所はケルソンの町の中央に立つ聖ヴァシーリー教会とされている。

年代記はこの後、ウラジーミルに対し正教の教義を詳細に説き明かし、かれが異端の誘惑に屈することのないようにと教える。これは一種の信仰告白ないし「信条」(simvol very、すなわちクレド)となっている。三位一体の神について、キリストについて、聖なる七つの公会議について、「ラテンの国の教え」(カトリック)に対する批判などが、長々と語り聞かせられる。教えを説いたのが誰かは明記されない。かれに洗礼を授けたケルソンの主教か、年代記の作者か、あるいは先にも登場し正教の教義を詳しく解説した「哲学者」か、何とも言えない。それはともかくとして、教えが終わると、ウラジーミルは、皇女とアナスタシオスらケルソンの聖職者らを連れ、キエフへ帰還する。その際公は、町で以前発見されたという聖クリメント(クレメンス、第四代ローマ教皇、九二―一〇一年頃)とその弟子フィエボスの遺体とともに、「自分の祝福のため」(公自身の教会で行われる礼拝のためにの意味であろうか)教会の器物とイコンをもキエフへ持ち帰ったとされる。またケルソンの町自体はアンナとの結婚の、いわば事後的な「結納」として帝国へ返還される。

キエフに戻ったウラジーミルは異教の神々の像の破壊を命じ、キエフ市民のすべてに「ドニェプル川」において洗礼を受けるようふれを出す。

神々の像の破壊の場面は次のように描かれる。ウラジーミルは「偶像をひっくり返し、あるものは切り刻み、また他のものは火にかけるように命じた。かれはペルン[雷と稲妻の神、異教の主神]を馬の尾に結び付け、山からボリチェフ（の坂）をルチャイ川へ引っぱって行くように命じ、棒でたたくように十二人の家臣をつけた[26]」。「（人々はペルンをルチャイ川）から引っぱってきて、ドニェプル川へ投げ込んだ。ウラジーミルは命じて言った。『もし（ペルンが）どこかに漂っていたら、お前たちは早瀬を通り過ぎるまでそれを岸から突き放せ。（早瀬を通り過ぎたら）それを放っておいてよい』」（邦訳一三〇―一三一頁）。

人々の洗礼場面は以下のようである。「翌朝、ウラジーミルは皇女の司祭たちまたケルソンの（司祭ら）とともにドニェプル川に行った。そこに無数の人々が集まった。（人々は）水に入った。ある者は首まで、ある者は胸まで、幼い者は岸近くで、他の者は幼児を抱き、大人は歩きまわっていた。司祭たちは立ったままで祈りを唱え……」（一三一頁）。洗礼はキエフ市民だけではなく、「すべての町と村の人々」にも授けられた。ウラジーミルは「町ごとに教会を築き、司祭をおいた」。またかれは「使者を送って貴族の子弟を連れてこさせ、聖書を学ばせた」（一三二頁）。こうしてルーシの公式的、本格的なキリスト教化が始まったとされる。

ここまでウラジーミル公の「洗礼」とその後のルーシ民の洗礼（「ルーシの洗礼」）に関する『原初年代記』の記述をみてきた。その内容を改めてまとめる必要はないであろう。問題は、『原初年代記』はどの程度まで事実を伝えているかという点にある。九八六年から九八八年にかけて、実際に年代記の描写するようなこと、すなわち諸外国の布教使節の到来（「諸信仰の提案」）、ウラジーミルの側による調査団の諸国への派遣（「諸信仰の吟味（調査）」）、ギリシア正教の選択という最終的決断、ウラジーミルによるケルソン攻撃とそれに続くかれの受洗、皇女アンナとの結婚、そして最後にキエフ民の受洗（ルーシのキリスト教化）といったことが、『原初年代記』の記すような形で実際に行われたのか、という問題である。

このことは、別の言い方をすれば、『原初年代記』が「ルーシの洗礼」について以上のように伝えることで、いったい何を言わんとしていたのかという問題でもあるが、さらにそれ以前に、そもそもキリスト教の選択は必然であったのか、他の宗教、とりわけイスラームを選択するという道はなかったのか、という設問も可能であろう。前者の問いは「ルーシの洗礼」の総体にかかわるものなので、本章全体をもって答えるよりほかない。後者の問題も、容易に答えられるような性質のものではないが、困難を承知の上でここで取り急ぎ著者の見解を記しておく。というか、すでに記したような当時のルーシを取り囲む国際環境を想起していただくことで、お分かりいただけると思う。そうした環境から言って、ルーシが採用すべき宗教はおそらくギリシア正教以外には考えられなかったということである。ルーシはほかのどの国にもましてビザンツとの強い関係と影響のなかで存在していた。後述するように、イスラーム採用の可能性もなかったわけではないが、イスラーム圏との関係はビザンツとのそれに比し、密度も薄く、副次的なものに留まっていた。ビザンツからの働きかけも、ビザンツに対する関心も、他に比しはるかに強かったことを念頭におくと、ルーシの正教圏入りはある程度必然というべき側面をもっていたのである。[27]

さて『原初年代記』の「ルーシの洗礼」記事はどの程度事実によって裏づけられるのであろうか。このような問いを発するのは、「諸信仰の提案」や「吟味」を、歴史的事実とは無関係の、年代記作者による創作と考える研究者も多いからである。[28] 本書の著者は、たしかに二、三年の間にこうしたことが実際に起きたかどうかは疑問であり、必ずしもそう考える必要はないと思っている。ここに年代記作者の「文学的創作」の手が加わっていたことは疑いないであろう。少なくとも年代記作者の手元に創作の模範となるような諸作品（史料）があったことは、これまでの研究でも指摘されている。たとえば、諸外国からの使節団の到来、「諸信仰の提案」であるが、これに類したことは、当時ヨーロッパの東辺の地域で広く行われていたことが知られている。すでにふれたスラヴの使徒キュリロスの伝記には、「哲人（哲学者）」がハザール王の宮廷を訪れ、当地のユダヤ教徒たちと神学論争をする場面が延々と記されている。論争においては当然イスラーム教をどう評価するかも問題となっている。[29]また『原初年代記』の「哲学者の陳述」の基礎にはボリス王の洗礼に関するブルガリアの物語が横たわっていることもシャーフマトフやプリショールコフ以来たびたび指摘されている。[30]

ところで先にハザール宮廷の話が出てきたが、それとの関連でいえば、興味深いのはハザール王（カガン）ヨセフの書簡である。すでに記したように（第一章）、コルドバのユダヤ人高官ハスダイ・イブン・シャプルトは、はるか東方に存在するというユダヤ教を奉じる国家のことを聞きつけ、その王に書簡を送ったが（十世紀中葉）、驚くべきことに書簡は王の下に届いただけでなく、王はこれに返書を認めたという。ヨセフという名のこの王はその返書の中で、かれらがコンスタンティノープルのキリスト教とイスラーム教の布教を受けながら、最終的にイスラエルの教えを採用した次第を詳細に記している。ハザール宮廷での「諸信仰の提案」やそこで繰り広げられた諸宗教間の論戦について、ウラジーミル期のキエフに知られていたかどうかは不明であるが、こうした光景が当時のヨーロッパの東辺地域で珍しくなかったことは容易に想像できる。[31]

また研究史上、上記「諸信仰の提案」記事中のギリシア「哲学者の陳述」（『原初年代記』九八六年の項の大部分を占める）の典拠となった「史料」の問題が大きく取り上げられている。シャーフマトフは「哲学者の陳述」には内容的に類似の諸作品（たとえばパレヤー、すなわち各種の旧約聖書抄）が存在することは認めつつも、基本的にはそれを『原初年代記』の編者のひとりが独自に作成したものとする結論に達している。つまりかれの見解では年代記の編者は何か出来合いの作品を年代記中に取りこんだのではなく、基本的にはそれを作成したと考えたのである。[32]これにたいし「哲学者の陳述」にはモデルがあったことを強調する研究者もいる。たとえばA・S・リヴォフは「陳述」の中に西スラヴ語また東ブルガリア語的要素がみられることから、「陳述」はあるギリシア語の作品が基になっており、それがモラヴィアで古スラヴ（教会スラヴ）語に翻訳され、この翻訳が東ブルガリアで編集の手を加えられて、早くも十一世紀前半にはルーシに伝えられた（シャーフマトフの推測する一〇三九年「最古集成」には入っていた）と推測している。いうまでもなくキュリロスとメトーディオスの活動と結びついた作品が基になっていると考えているのである。[33] またS・フランクリンは「陳述」が少なくともギリシア起源のある歴史的作品（ある現存しないビザンツの編纂物とゲオルギオス・ハマルトーロスなどいくつかのスラヴ語へ翻訳された諸史料の集成、かれはこれをcompendium/compendiaと呼ぶ）に強く依存していることを主張している。[34]

このように「哲学者の陳述」の史料問題も最終的に解決したといえる状況にはないが、それでも『原初年代記』の「陳述」が当時この地域に広く認められた現象に基づいていたと推測しても、そう間違いではないであろう。ゴルビンスキーのように単なる創作と決めつけることは適切でないといえよう。既述のごとく、ルーシを取り巻く当時の国際環境もこうした現象が広くおこりえたことを示している。ルーシ側がビザンツの宗教に関心を示していたこと、またビザンツ側もルーシのキリスト教化に大きな利害関心を抱いていたことは、オリガの例を想起するまでもなく、まったく自然に考えられる。他の国々、また諸宗教の場合も同じである。[35]

当時ルーシを取り巻く国々の間でそれぞれの宗教について盛んに宣伝合戦が行われていたことはよく知られている。それについてみるために、ここではルーシに対するイスラーム教の布教に関して伝える興味深い史料に注目してみる。

それはセルジューク朝宮廷付医師アル・マルヴァージの記述で（十一世紀末—十二世紀初）、およそ以下のようなことを伝えている。[36]

ルーシ人（アル・ルシア）はあるときキリスト教に改宗したが、その結果、武力（戦争）による富の獲得が行われなくなり、かれらは疲弊した。そこでかれらはイスラーム教へ関心を抱き始めた。そして「ブラドミル」という「称号」をもつ支配者が、使者として四人の側近をホラズム王に派遣した。ホラズム側はこれをうけてルーシに教師を派遣し、かくてルーシ人はイスラームに改宗するに至った。

この話をそのまま真実と考えるわけにはいかない。伝えられる時代も（それはヒジュラ暦三〇〇年、西暦九一二―九一三年のこととされている）、またルーシ人が一度はキリスト教を受け入れながら、最終的にイスラームへ改宗したかのような記述も、他の史料によってはまったく裏づけられない。時代の点でいえば、「ブラドミル」を「称号」ではなく支配者名の「ウラジーミル」と理解することができるならば、十世紀後半（から十一世紀初）とも考えられるが、年代的にはウラジーミル公治世よりも半世紀以上前のこととされているので、問題は残る（もっともアル・マルヴァージのアラビア語テクストを英訳とともに刊行したV・F・ミノルスキーによれば、上の「三〇〇年」の下二桁は原文からは削られており、後にゼロに置き換えられた可能性があるという。そうであれば、それは西暦九一二／三年とは限定できず、ウラジーミルの治世をも含む可能性が出てくる）(37)。ただマルヴァージの記述を考慮に入れるならば、ルーシではキリスト教はいうまでもなく、イスラームの布教も行われていた可能性、またルーシ側がそれにある程度の関心を寄せていた可能性も排除できないことになる。『原初年代記』ではイスラームの代表としてヴォルガ・ブルガールのことが念頭におかれていたが、後者がホラズムと密接な関係をもっていたこともよく知られている。あるいはまた上の記述は、キエフ以外のどこかルーシの一地域がイスラームを受け入れたことを示唆しているのかもしれない。いずれにせよ、周辺諸国からの各種の宗教的働きかけをまったく排除して考えることはできないだろう。カトリック教会の場合はその可能性がより強くなる。ローマ教皇庁やドイツ・神聖ローマ帝国がこのころ、広く（ポーランドその他の西スラヴ諸族、ブルガリアなどの東スラヴ族、さらにハンガリー、スウェーデンやノルウェーなど北欧諸国などに対し）宣教活動に力を入れていたことは周知のとおりである。ルーシもその対象に入っていた可能性があり、オットー諸王がルーシに大きな関心を抱いていたことはすでにみたところである。

他方では、『原初年代記』の記述をそのまま事実と受け取るわけにいかないことも確かである。作者による創作の部分があるというだけではない。改めて指摘するまでもないが、編者や作者は一定の傾向性をもっていたし（年代記は総じてギリシア正教会の立場から書かれていたが、同じく正教の立場に立つとはいっても、その時々の、あるいは各部分の執筆者のおかれた場、たとえばどの修道院に属していたかや状況はさまざまで、かれらもそれぞれに固有の事情を抱えていた）、必ずしも正確な事実の伝達を目的として編纂、執筆したわけでもない。むしろその傾向性の中にこそ、読み方次第では、歴史的現実にせまりうる鍵が隠されていると考えるべきであろう。

それゆえここでの課題は、当然のことながら年代記の記述をそのまま受け入れるのではなく、いま少し分析を加え、また他の諸史料をも参考にしながら、できるだけ「ルーシの洗礼」の歴史的実態にせまることである。

●「ケルソン伝説」

『原初年代記』の洗礼記事を読んでいると、先にも記したが、ウラジーミルはギリシアの「哲学者」の詳細な説明にほぼ納得し、そのまま受洗に至っても不自然ではないという書き方がなされていた。ところがその後の記述ではそうはならず、ウラジーミルは「しばらく待とう」と述べて、貴族ら側近に相談し、調査団の派遣に及んだのであった（九八六年の項）。同様に、調査団の報告を受けた時にも、「ギリシアの掟」で決着を見たかのようでありながら、受洗へと進むことはなく、ウラジーミルはここで奇妙にも、洗礼の場所をどこにすべきかという問いを貴族たちに発し、その後いっさいの説明もないままに「そして一年が過ぎた」とされていたのである（九八七年）。奇妙にもと記したが、それまで問われていたのは、いずれの「掟」を導入するかという宗教（信仰）選択の問題であったのに、ここでは「洗礼地」の問題にすり替わっているからである。さきに宗教（信仰）選択の問題が提起されながら、宗教儀式（典礼様式）のそれにすり替えられていたのとよく似ている。さらに九八八年の項になると、ウラジーミルは、ここでも何らの説明もないまま唐突にケルソンに遠征することになっており、その後も、ケルソンを奪取できたなら「洗礼を受けよう」とまで述べながらこれを行わず、ようやくビザンツ皇女との結婚が決まって初めて受洗にいたったのである。もっともこれもすんなりとではなかった。皇女がかれのもとへ到着したあと、突然襲われた眼病の回復をまって（さらに皇女の助言を得て）ようやく実現されるという有様であった。

　このように『原初年代記』の記述が紆余曲折し、不自然であることは明白である。それが意図的であるとするなら、「洗礼」がいかに大事業であるかを強調しようとしての文学的技巧であったのかもしれない。あるいはそこには、年代記が幾重にも手を加えられて今ある形になったことが示されているのかもしれない。

　なかでももっとも不自然なのは、ウラジーミルのケルソン遠征記事である。ウラジーミルはなぜケルソンを攻撃したのであろうか。その目的は何であったのか。この遠征はかれの洗礼に真に関係していたのか、そうであったとしてどうかかわっていたのか。そもそもかれに洗礼を決断させた最大の理由は何であったのか。これらについて年代記作者はいっさい説明していない。一見して、年代記作者は洗礼地がケルソンであったことを示すために（そのためにのみ）ケルソン攻撃にふれ、そのため早い段階で固まっていたウラジーミルの改宗の意志決定を引き延ばした（それも二度にわたって）のではないか、とすら思われるのである。

　『原初年代記』におけるウラジーミルのケルソン遠征記事の不自然さに目を向けたのは、ほかならぬシャーフマトフであった。かれは年代記の分析を進める中で、「ルーシの洗礼」記事においてこの中心的な部分が上述のように人工的であることに気付き、その年代記研究は大きく進展することとなったのである。

　シャーフマトフによれば、『原初年代記』のウラジーミル公「洗礼」記事は、異なる二つの物語から構成されている。[38]一つは、ウラジーミルが「諸信仰の吟味」の結果、とりわけギリシア「哲学者の陳述」を聞いて、そのままキエフで受洗したとする物語である。他は、ウラジーミルがビザンツ皇女の降嫁を条件に洗礼を受け入れ、それがケルソンで行われたとするものである（こちらをシャーフマトフは「ケルソン伝説」と呼ぶ）。いうまでもなく『原初年代記』の編者は以上の二説のうちケルソン伝説を採用したのであるが、その際かれは異説の存在を認識していた。かれは公がケルソンにおいて洗礼したことを伝えた後で、「真実を知らない者はかれがキエフで、また他の者はヴァシリエフで洗礼を受けたかのように言っており、またその他の者たちは違うことを言っている」（一二五頁）と記し、年代記編纂当時異説が存在したことを認めている。なおヴァシリエフはキエフの南西三五キロ、ストゥグナ河畔にあった公領地（現ヴァシリコフ）である（ストゥグナはキエフの南で西方からドニェプル川に注ぐ川）。

『原初年代記』の編者の立場は以上のごとくであったが、シャーフマトフによれば、年代記の最古の形態（「最古集成」、一〇三七／三九年頃成立）においては、キエフ説がとられていた。ケルソン伝説はその後に、『原初年代記』の記述に組み込まれて、今日伝えられるような形になったという。

いつの段階でこうしたことがおきたのかについて、シャーフマトフは次のように考えている。「ケルソン伝説」は十一世紀後半、おそらくはその第四四半期、年代記の「原初集成」成立（一〇九三年）の直前に形成された。それは「原初集成」が編まれる際に、その編者によって年代記に取り込まれ、今日みられる形（『原初年代記』）になったと考えられるという。[39]

シャーフマトフはウラジーミルの「洗礼」に関する二種類の説、とりわけケルソン伝説の性質と起源、その原初的な形態を明らかにしようとして、年代記のみならず、いくつか存在するウラジーミル伝のすべて（とりわけ、プリギンスキー集成中に含まれるいわゆる「特別構成のウラジーミル伝」）、かれの洗礼に関するさまざまな物語（povesti）、ウラジーミル教会規定の諸写本等々の分析を進めた。かれは『原初年代記』によって伝えられるケルソン伝説は、その原初的な形態から大きくかけ離れたものになっていると考え（年代記の編者が手を加えたからである）、いわば伝説の復元を試みたのであるが、その結果到達した結論は以下のごとくであった。これについては、プリショールコフが要領よくまとめて記しているので、ここではこちらに基づきながら以下に要約する。[40]

本来の伝説は、ウラジーミル公の異教時代の偶像崇拝、また異教の神々に捧げられた生贄について語るところ（「その［生贄の］血でルーシの地を汚した」）から始まる。かれの「淫蕩な生活」（多くの妻、各地においた多数の妾）についての記述がこれに続く（『原初年代記』九八〇年の項にその痕跡が留められている）。

公はこれだけでは満足せず、自分の軍司令官オレーグ（『原初年代記』ではウラジーミルの軍司令官にこの名の人物はいない）をケルソン公のもとへ派遣し、後者にその娘を差し出すよう要求する。ケルソン公はウラジーミルが異教徒であることを理由にこれを拒絶する。これに対しウラジーミルは征討軍を送る。かれはヴァリャーグのジチベルン（Zhd'bern、『原初年代記』には出てこない）の裏切りのおかげで町を陥落させる。ジチベルンは町から通信文をつけた矢を放ち、陸側からこれを攻撃するよう知らせてきたのである。町を攻略後ウラジーミルは両親の目の前で娘を凌辱する。この両親をもウラジーミルは「三日後に」殺害する。さらに娘をジチベルンに与え、かれをケルソンの代官に据える。その後、ウラジーミルは軍司令官のオレーグとジチベルンを帝都コンスタンティノープルへ使者として派遣し、両皇帝（コンスタンティノスとバシレイオス）に、かれらの妹アンナとの結婚を申し込む。拒絶の場合は帝都をケルソンと同じ運命に遭わせると威嚇することも忘れない。両皇帝は聖職者会議と協議の上、ウラジーミルの受洗を条件にこれを承諾する。このときウラジーミルは自身の家臣を「すべての諸民族［国々］に対する」使者として派遣し、「かれらの掟［信仰］について、かれらがいかに信仰しているかについて調べ」させる。使者たちが帰国し、帝都の「礼拝」を最善とする報告をもたらす。それを受けたウラジーミルは、ギリシアの信仰を「正しい、輝ける教え」と認め、これに決定し、皇帝らに受洗の意志を伝えさせる（シャーフマトフは、「伝説」ではこのときの調査団がビザンツに関しては、首都というよりケルソンを訪れたことになっていた可能性があると推測している）。皇帝らは妹を説得してケルソンへ行かせる。しかしアンナがケルソンに到着するや、ウラジーミルは受洗の約束を反故にしようとする。かれには失明の神罰が下される。かれはアンナの助言を受け急きょ受洗する。かれは視力を取り戻す。この奇跡をみたウラジーミルの側近らも洗礼を決意する。ウラジーミルのアンナとの婚姻がなるや、皇帝らは総主教フォティオス（この時期にこの名の総主教は知られていない）と共に、ウラジーミルのもとへ多くの贈り物、諸聖人の遺体、そして「府主教ミカエル（ミハイル）」を送る。ウラジーミルはケルソンを「皇女に対する結納として」皇帝らに返還する。かれは皇女、府主教ミカエル、主教アナスタシオス、ケルソンの司祭たちその他の教会の聖職者を引き連れてキエフへ帰還する。その際ケルソンから教会の器物、聖クリメント（クレメンス）とフィーフ（フォエボス）の遺体、イコン、書物、「青銅の二つの像と青銅の四頭の馬」を持ち帰る。キエフに戻ったウラジーミルは、異教の偶像を破壊し、すべての民を集め洗礼を受けさせる。その後かれはすべての町や村に教会を建て、住民に洗礼を受けさせる。

ウラジーミルはまた「府主教の祝福により」教会（その後デシャチンナヤ、十分の一の教会と呼ばれる）を建立し、それを「ケルソンの主教アナスタシオスに委ね、そこで勤行するようにケルソンの司祭らを任命した。かれはケルソンから持ち帰ったものをすべてそこに収めた」。（しばらくして）公は新しい教会のなかで祈った後、この教会に収入の十分の一（デシャチーナ）を与え、祭日を定めて祝う（『原初年代記』では、デシャチンナヤ教会の起工と竣工、十分の一税の付与については九八九年と九九六年の項で記されている）。伝説はこの後、ウラジーミルの慈善行為、その死について伝え、短い賛辞によってすべてを締めくくっている（ウラジーミルの死の記述は『原初年代記』では一〇一五年の項である）。

以上がシャーフマトフの復元した「ケルソン伝説」の「原初的な」形態である。それは『原初年代記』九八八年の項の基盤に横たわっているという。ただし後述するように年代記と異なる部分が相当にある。編者が自らの作品（年代記）に適合的に修正を加えつつ、また取捨選択しながら取り込んだのである。(41)

シャーフマトフによる伝説の原初的形態復元の試み、また『原初年代記』で伝えられる伝説がこれに対し第二次的である（手を加えられている）とする主張には、言うまでもなく反対意見もある。たとえばN・セレブリャンスキーやR・V・ジダーノフらである。[42]セレブリャンスキーらの批判はポッペもこれを支持しており、ケルソン伝説の原初形態についてのシャーフマトフの見解はそのままでは維持しがたいようにも思えるが、本書の著者はこれに対する判断を留保したい。ただここで注意すべきは、この点でシャーフマトフに批判的なポッペも、ウラジーミルの洗礼地をケルソンとする伝説の主張（そしてそれに依拠した『原初年代記』の記述）自体は、「洗礼」の事実に基づかない、謬説とみていることである。[43]

さて「ケルソン伝説」の本来の内容がおよそ以上のごとくであったとするならば、「ルーシの洗礼」に関する『原初年代記』の記述は、基本的には（少なくとも洗礼地をケルソンとする点で）それに依拠していることが明らかであるが、他方そこには伝説と大きく異なるところもあることがわかる。このことは「ウラジーミルの洗礼」に関する『原初年代記』の記述がおおざっぱに言って、伝説を取り込んだ「原初集成」の編者による部分と、さらに遡って「最古集成」に遡及される部分とに区分することができることを意味していよう。そこで以下にはシャーフマトフによりつつ具体的にこの区分を行ってみたい。

最初に、『原初年代記』九八六年の項である。

まず、諸国の使節によるウラジーミルへの「諸信仰の提案」、なかでもとくにギリシア「哲学者」の陳述の記事である。これは「ケルソン伝説」とは関係がなく、すでに「最古集成」にみられた記述と考えることができる。同「集成」はウラジーミルの洗礼をまさに「哲学者」の教えと関連させ、それがキエフで行われたとしていたのである。この「哲学者」は既述のとおり、そこではキリルという名で登場していた（それ自体は時代錯誤的記述である）。ウラジーミルはかれの教えを受け、とりわけその「最後の審判」の絵を見せられ、「もしあなたが正しい者らとともに［絵にあるように］右手に立つことを望まれるならば、洗礼を受けなさい」（『原初年代記』邦訳一一九頁）という言葉を聞いて、洗礼に同意する。これが「最古集成」の編者の意図であった。したがって九八六年の項はほぼ「最古集成」から引き継がれていたと考えることができる。

ところが後の「原初集成」の編者は、ケルソン伝説の方が正しい、あるいは少なくとも魅力的であると考えた。伝説を受け入れた「原初集成」の編者は、「哲学者」の教えを受けた後のウラジーミルに、「（受洗は）しばらく待とう」とあいまいな態度を取らせたのである。したがって、これに続く九八七年以降の記述は、「最古集成」の編者の意図とは大きく異なる内容になっていった。ところでそれについてみる前に、ここでなぜ「原初集成」の編者がケルソン伝説を受け入れたのかについて考えておく必要があろう。実はその理由は定かではないが、シャーフマトフによれば、おそらく次のような判断からであった。

年代記が執筆され始めた時期（「最古集成」編纂期）の、すなわち早ければ十一世紀三〇年代のルーシの人々は、ウラジーミルがキエフ（ないしキエフ近郊のヴァシリエフ）で受洗したこと、ケルソン遠征は実際に行われたがそれは洗礼後のことであったこと（事実そうであったと考えられるが、この点については後述する）等については記憶していた。ただ洗礼がいかにして、どのような状況下で、またどういう理由あるいは動機からなされるにいたったかは、すでに忘れられていた。あるいは最初からあいまいであったのかもしれない。洗礼後すでに半世紀近くもたっていたからである。「最古集成」の編者はあらたにさまざまな言い伝えや断片的諸記述から洗礼の歴史を再構築しなければならなかった。そのようにして「キエフ説」を基盤とする洗礼物語が成立した。しかしその半世紀後の「原初集成」の編者は、その間に黒海沿岸地方で成立した、より精彩ある魅力的な「ケルソン伝説」を受け入れ、こちらを基本に自己の年代記を編み直した。伝説が民衆の間に謳われていたさまざまな歴史歌謡や、口承物語をふんだんに取り込んでいたことがかれを惹きつけた理由の一つであった。また「最古集成」の記述自体にやや問題が感じられたことも改変の理由にあげられるかもしれない。すなわち、そこにおける「哲学者」の陳述は他の作品からの借用と思われ（ブルガリアのツァーリ・ボリスの洗礼（八六五年）に関する作品、後述参照）、内容的に不自然と考えられたこともあった。また哲学者名をキリルとするような明らかなアナクロニズムがあったことなども問題と感じられたのかもしれない（キリルの名がここに出てきた理由についてもシャーフマトフは論じている）。いずれにせよ、以上のような理由で、それまで伝えられていた洗礼の経緯を大きく変更する現行の記述が成立したと推測されている。

続いて『原初年代記』九八七年の項である。それを「最古集成」に遡る記述とみることはできるであろうか。それとも「原初集成」にいたって編集されたのであろうか。

ここは、ウラジーミルの貴族らとの協議、かれらへの諮問に関する記述に始まり、諸国への調査使節団の派遣（「諸信仰の吟味」）、使節の帰国とその報告、かれらによる「ギリシアの掟」の推奨（オリガの洗礼の例示）ときて、最後にウラジーミルによる洗礼地に関する問いが記される。ウラジーミルがある段階で諸国へ調査団を派遣し、その結果を受けてギリシア正教の導入に至ったことは、事実であるかどうかはともかくとして（後述）、十分に想定されえた。それゆえ貴族らとの協議、かれらに対する諮問の記事（貴族らに対する「お前たちはどう考えるか。どう答えるか」（一一九頁）の設問まで）は「最古集成」にすでにあったとみることができる。しかしそれに続く、貴族らによる調査団派遣の助言から、調査団帰国後の報告などは、おそらく「原初集成」の編者が考え出したものであった。かれは、ウラジーミルの洗礼を先延ばしする（ケルソンでの洗礼へと導く）ために、これらの出来事を案出したと考えられる。ただ調査団の報告に続く、貴族らがオリガの例を持ち出して「ギリシアの掟」を推奨する部分は、「最古集成」に遡及されるものであろう。

このように貴族らは正教を推奨したが、それでことが決着したわけではなかった。これにすぐ続いて、ウラジーミルは「どこで洗礼を受けようか」と再び尋ねたからである。この問いと、これに対する貴族らの回答「あなたの望むところで」はまたもや「原初集成」の編者の手になるものであろう。この両者のやり取りが奇妙であることはすでに指摘した。ウラジーミルが、宗教選択の問題が問われているところで、洗礼地の問題を持ちだしているからである。また貴族らの回答もほとんど意味のないものであった。答えを公自身に委ねてしまっているからである。むしろ貴族らの回答は、公の設問が無意味なものであることを浮き彫りにしていると言った方がよい。それは洗礼地としてのケルソンを持ちだすための「原初集成」編者の作為的設問であったとみることができる。

おそらくここのところは、本来は、九八七年の項の冒頭の、ウラジーミルによる貴族らへの諮問(「お前たちはどう考えるか」)に対して、貴族らがオリガの例を持ち出して(これはこの年の項の末尾にみえる)、「ギリシアの掟」を採用すべきであると回答するという形になっていた。これが「最古集成」における原初的な形態であった。だが洗礼地をケルソンと考えた「原初集成」の編者は、洗礼の時期をさらに遅らせるべく(なぜならケルソン遠征は後述するように、洗礼後の九八九年のことであったからである)、その間に調査団の派遣、かれらによる報告(「諸信仰の吟味」)の記事を挿入し、最後にさらにウラジーミルに「どこで洗礼を受けようか」と質問させたと考えられるのである。

以上をまとめるならば、おそらく「原初集成」の編者は、ケルソン伝説を採用したために元来の洗礼の筋書きに生じた不具合(ウラジーミルの二度にわたる「逡巡」)を何とか説明しなければならないと考えた。そこで最初の逡巡に際しては、貴族らとの協議(九八七年の項の冒頭、これはすでに「最古集成」にあったであろう)に続いて、使節団の派遣、かれらによる調査結果の報告が考え出された(九八七年の項の主要部分)。ついで二度目には、洗礼地についての問いが考案された(九八七年の末尾)。こうして洗礼地としてのケルソンが導きだされ、九八八年の項(ケルソン遠征、そしてそこでの洗礼)に至った。「原初集成」においてこうしたことが可能であった背景には、ウラジーミル治世に実際にケルソン遠征が行われたという事情があった。現実の遠征はケルソン伝説やそれを受けた「原初集成」（さらには『原初年代記』）の記すところとはちがって、洗礼後「三年目」の九八九年のことであり（ヤコフの『ウラジーミルの追憶と頌詞』その他による。研究者の多くにより遠征が九八九年に行われたことは確認されている。後述参照）、それが行われた理由やその目的もまったく異なるものであったが（後述）、これが行われたという事実は存在したのである。編者はこれを利用して、九八八年の項にすべてをまとめて記した。編者にとって重要であったのは洗礼地としてのケルソンであって、それへの遠征ではなく、町の奪取ですらなかった。したがってその描写は民間説話的な内容に満たされ、興味深くはあるが、事実とは無縁のものとなった。編者にとっては遠征がなぜ行われたのか、その歴史的背景が何かなどはまったくどうでもよいことであった。かくて遠征は唐突に行われたかのような描き方になったのである。

九八八年の項の記述を詳しくみる必要はないように思う。

冒頭のウラジーミルのケルソン遠征の記事については、年代記の記述からはその実際（町は海路攻撃されたのかそれとも陸路か、内通者はアナスタシオスかそれともジチベルンかなど）について知ることは困難である。ここでこれらのことについて立ち入る余裕はない。シャーフマトフは「最古集成」においては、攻撃は陸路で行われ、アナスタシオスの内通を得て（ただし聖職者のかれが「矢を放つ」ことはなかったであろうという）、食糧補給路を断って陥落させたと考えている。海路により、ジチベルンの裏切りを利用し、水道管を破壊して陥落させたとするのは「ケルソン伝説」であるという(44)。

アナスタシオスの内通があって町を陥落させる展望が出てきたとき、ウラジーミルは「天を仰いで、『もしこれが実現したなら、わたし自身も洗礼を受けよう』と言った」とされる（一一三頁）。この部分は言うまでもなく「最古集成」にはなかった。そこではウラジーミルは既に（ケルソン遠征以前にキエフで）洗礼を受けたことになっていたからである。一方、これはケルソン伝説に由来する文言でもない。伝説ではウラジーミルは町の奪取にそれほど熱心であったとは考えられていないからである。かれの目的は町の奪取というよりは、町の支配者の娘を手に入れることであった。それでは伝説を採用した「原初集成」の編者の場合はどうであったであろうか。かれにとっては、ケルソンはあくまでも洗礼地として重要であった。それゆえ上の文言はウラジーミルの洗礼を中心に考えていた「原初集成」の編者がなんとか辻褄を合わせようとして考案したセリフであったといえよう。

これに続く、ウラジーミルによるビザンツ皇女を求めるギリシア皇帝への使節派遣の記事は、分析がきわめて困難な箇所である。それが「最古集成」ないしケルソン伝説のどちらに遡及されるべきかを示す明確な証拠がないからである。ただし次のことは言えよう。

この記事は基本的にはケルソン伝説に依拠している。というのも帝都に対して示唆された攻撃も、ケルソン遠征も、ともに「嫁」の獲得を目的としているからである（なるほど前者では皇妹であり、後者では公女という違いはあったが）。またウラジーミルが皇帝らに対し、拒絶の場合は、コンスタンティノープルもケルソンと同様の運命にあわせると脅迫していることも注目される。というのも、年代記はここで実際には、ウラジーミルがケルソンで何をしたかは記していないからである。伝説では陥落後のケルソンに対し残酷な仕打ちがなされていた。おそらく「原初集成」の編者は、ケルソン伝説に基づいて帝都への使節派遣を記しながら、伝説が伝えるこの蛮行については記すことを控えた。しかし「同じこと」という言葉で、伝説にいわれる蛮行を念頭においていたことは間違いないであろう。この記事が伝説を基にしていると考えられる一つの根拠である。

ウラジーミルと両皇帝間の折衝、その結果としてのウラジーミルによる受洗の決意、皇女の到来、奇跡の治癒（視力の回復）を経てのウラジーミルの受洗、これらも（細部はともかくとして）ケルソン伝説に遡及される部分であろう。ただ「最古集成」にも、ウラジーミルと皇帝らの間の折衝（和議）、皇女の降嫁に関してはすでに（おそらくきわめて簡潔にではあったが）記されていたと考えられる。これらは歴史的事実を背景としているからである（それらが事実であると考えられる根拠については後述する）。

ウラジーミルの受洗に続くのは、公に対する信仰の教え（信経、信仰のシンボル）の記述である（「（人々は）かれにキリスト教の信仰を伝えて、『異端者のだれかがあなたを誘惑しても、次のように言って信仰を守りなさい』と言った」に続く長文の「信経」の解説。邦訳一二五―一三〇頁）。ここではこれを教えた者が誰かは明らかにされておらず、三人称の不特定者（邦訳では「（人々は）」とされていたが、おそらく先の（九八六年の項の）「哲学者」であったと考えるべきであろう。シャーフマトフはここから先の「哲学者の陳述」とここの「信仰の教え（信経）」が同一の史料から借用されたものと考え、この史料をブルガリアのツァーリ・ボリスの洗礼（八六五年）に関する作品と推測している。ここでかれの推論とその根拠について詳しくみることはしないが、ルーシのキリスト教化をブルガリアと結び付けて考えたプリショールコフの見解とふれ合う側面のあることを考えるとき、きわめて興味深い立論といえるであろう。ただしこれにはジダーノフによる鋭い批判があり、この点に関してはジダーノフの批判は正鵠を射ていると考えられるが、立ち入って論じることはできない(45)。

一つだけ「信経」の内容についてコメントしておくと、そこには半アリウス派的な文言のみられることが指摘されている。すなわち、ここには二種類の「信経」が混在していると考えられるという。一つは、「唯一の父なる神、天と地の全能なる創造者を信ず」ではじまる信経であり、他は「人から生まれたのではない唯一の父なる神を信ず」で始まるものである。シャーフマトフによれば、おそらく「最古集成」では、ここのところは前者の信経のみからなっていた。後者は「原初集成」の編者が付け加えたという。こちらの編者がここで新たに利用した史料（旧約聖書抄、Paleia Khronograficheskaia）が後者の信経を含んでいたからである。半ばアリウス派的というのは、後者の信経では「一つの本性」（edinosushchen）とあるべきところで「相似た本性」（podobnosushchen）という用語が使われているからである（邦訳では後者は「同じもの」と訳されている。一二七頁）。

結局、シャーフマトフは、この箇所について次のように考えた。「最古集成」の編者は、ボリスの洗礼に関するブルガリア作品の影響を受けて、ウラジーミルの洗礼に続けて長文の「信経」を記述した。その基本はニカイア・コンスタンティノープル信経であった。ところが「原初集成」の編者は、同信経によりつつも、別の作品をも利用し、半ばアリウス派的な信経をも持ち込んだ。なにゆえ『原初年代記』に半アリウス派的信経が持ち込まれたのかについて、シャーフマトフは不明としている。しかしこの点について「原初集成」の編者が明確に理解して、つまり自覚的にこのような加筆修正を行ったのかは疑ってみてもよいように思われる。年代記の編纂に従事した当時のルーシの聖職者らがかつてキリスト教界で激しく展開された三位一体論争にどれだけの知識を有し、また関心を払っていたのか、確たる根拠もなしに判断することはできないが、「原初集成」の編者らが、論争の結果にそれほど縛られることなく、入手できた諸史料を広く利用して執筆した結果、半ば異端的文言を含む記述となって現れたと考えることもできるように思われる。(46)

『原初年代記』の「ルーシの洗礼」記事はさらに続く。すでに記したように、ウラジーミルはケルソンでの受洗後、「皇女とアナスタシオスとケルソンの修道士らを連れ」、聖人らの遺体や教会の聖器物、イコンなどを携えてキエフに帰還する。その後キエフで異教の偶像が破壊され、キエフ民のドニェプル川での洗礼が行われる。他地域の町や村でも住民に対する洗礼が行われ、さらにウラジーミルは処々に教会を建て、貴族の子弟らに聖書を学ばせる。年代記作者の「ルーシの洗礼」に対する感謝と喜びの言葉が記され、最後にウラジーミルの子らも受洗したこと、かれらの諸地域への配置、諸都市の建設についての記述で九八八年の項は終わっている。シャーフマトフはこれらについても、「最古集成」に遡及される部分の特定を試みているが、それについては省略したい。

以上にシャーフマトフによりながら、『原初年代記』における「ルーシの洗礼」記事（九八六―九八八年）を見てきた。

それは基本的にはケルソン伝説を取り込んだ「原初集成」を引き継ぐものであったが、なかには「最古集成」に遡及されるべき部分が相当に含まれていた。これまで個々の部分についていわばその仕分けを試みたが、それはいうまでもなく「洗礼」の実際の経緯に迫ろうと考えてのことである。それではここに示されたような、「最古集成」に遡る部分をつなぎ合わせたなら、「洗礼」の実際の経緯に到達することができるのであろうか。ある程度近づくことはできるかもしれないが、そう単純ではないことも明らかである。「最古集成」の記述であっても、洗礼の事実から大きくかけ離れていることも十分にありうるからである。「最古集成」自体が、先にも指摘したように「洗礼」後しばらく（少なくとも半世紀）たってから編まれた作品であった。そこで以下には、こうした観点からいま一度『原初年代記』の記述をたどりつつ、できる限り「洗礼」の実際に迫っていきたい。その際、中心となるのはやはりケルソン遠征の問題である。『原初年代記』だけでは問題の解決は不可能である。他の史料も援用する必要が出てくる。

●年代記以外の史料

ここで遅ればせながら、「ルーシの洗礼」に関する史料状況をみておきたい。ルーシはいうに及ばず、ビザンツ、アラブ、その他諸地域の諸史料を参照する必要がある。

まずルーシ史料であるが、『原初年代記』以外に、各種ウラジーミル伝、とりわけ修道士ヤコフの『ウラジーミルの追憶と頌詞』が重要となってくる。

ついで、ケルソンは当時ビザンツ帝国の都市であった。その意味でもビザンツ史料が欠かせない。なかでもレオン・ディアコノス（十世紀後半）、またヨハネス・スキリツェス（十一―十二世紀初）が重要である。

アラブ史料も「ルーシの洗礼」についての重要な情報を伝えている。とりわけアンティオキアのヤフヤー（一〇六六年頃没）の年代記、またアッバス朝の宰相であるアブー・シュジャー（一〇九五年没）の記述が不可欠である。その他、アルメニア（タロン）のステファノス（別名アソギク、一〇一五年頃没）も参照されるべきであろう。

以下順を追ってみていこう。

ルーシ史料のうち『原初年代記』はすでに検討したが、その結果について要点のみを記しておくと、この年代記は同時代人の記録ではなく、およそ洗礼後一世紀余りを経て成立した史料であった。編者にとって「洗礼」はすでに「霧の中」の出来事であり、記述には多くの矛盾がみられた。編者は「ケルソン」伝説を取り入れたが、それは「洗礼」がルーシに対する神の恩寵の結果であることをもっともよく物語っていると思われたからであろう。編者にとっては神の御旨と栄光を示すことがもっとも肝要であり、事柄が生起した経緯や歴史的、政治的背景にそれとして注意が払われることはなかった。しかも伝説にはビザンツ教会の立場を重んじる一定の傾向性があった。それゆえここから「洗礼」の事実的経緯を正確に知ることはきわめてむずかしい。

これと並ぶ重要な史料となるのは、いくつかのバージョンで知られるウラジーミル公の伝記、とりわけ修道士ヤコフの『ウラジーミルの追憶と頌詞』である。その成立時期についてはさまざまな見解があり明確にしがたい（十一世紀後半から十三世紀後半にかけてとさまざまに考えられている）[47]。この作品は通常三部分から成ると考えられている。最初が「ウラジーミルの追憶とかれへの頌詞」である。これに「オリガへの頌詞」が続く。そして最後の部分（「オリガの孫、至福なるウラジーミル公は自ら洗礼を受け……」で始まる）が本来の「ウラジーミル伝」である。それはウラジーミルの伝記のなかでもっとも早い時期のものであり、『原初集成』に先立つ諸情報が含まれていると考えられている。なかでもその中の「聖ウラジーミル公の祈り」の箇所にはかれの治世に関する重要な年代情報が数多く含まれる。そこで以下にこの箇所を訳出しておく。

「その聖なる洗礼の後、至福なるウラジーミル公は二十八年間生きた。洗礼後の第二年目かれは早瀬《パローギ》に行き、第三年目にはケルソンの町を奪い、第四年目には石造の聖母教会を起工し、第五年目にペレヤスラヴリ［の町］を建造し始め、第九年目にキリストを愛する至福なるウラジーミル公は聖母教会に対し自分の財産から十分の一を与えた……スヴャトスラフ公がペチェネギに殺害されると、ヤロポルクがキエフに、自分の父スヴャトスラフの座に就いた。オレーグ［ヤロポルクの弟、ウラジーミルの兄］は軍勢とともに行ったが、ヴルチーの町のそばで橋が軍勢を乗せたまま折れ、［落ちた］オレーグは堀で圧死した。またヤロポルクはキエフでウラジーミルの手の者らに殺害された。かくてウラジーミル公が自分の父スヴャトスラフの没後第八年目の六四八六［九七八］年六月十一日にキエフに座した。ウラジーミル公は自分の兄弟ヤロポルク殺害後の第十年目に洗礼を受けた。至福なるウラジーミル公は異教徒であったときに、神を知らずに行ったすべてのことを悔い、嘆き悲しんだ……六五二三［一〇一五］年七月十五日、われらの主イエス・キリストにおいて安らかに眠りについた(48)」。

この記述からウラジーミルに関するさまざまな貴重な情報が得られる。

まず公の「洗礼」の時期について、二通りの記述がある。一つは、洗礼をヤロポルク公殺害の第十年とするものである。他は、公が「洗礼」後二十八年間生きたとするものである。この場合はその没年も（月日まで、すなわち六五二三年七月十五日と）明記されているので、それに従えば「洗礼」の年は六四九五年ということになる。またヤロポルクの殺害は先にみたところでは六四八六（九七八）年であった。これら両記述は一致してかれの「洗礼」が六四九五年のことであったという結論に導く（「三月年」と「九月年」とでは違ってくるが、「三月年」では西暦九八七年三月一日から九八八年二月二十八日までの期間を示す。「洗礼」の月日は記されていないので九八七年の可能性の方が高いということになる）。『原初年代記』ではそれは六四九六年（九八八年の可能性が高い）のこととされていた。

次にケルソン遠征は、洗礼後の「第三年」とあり、六四九七（九八九）年となる。ヤコフは「ケルソン伝説」を採用した「原初集成」（そして『原初年代記』）とは異なる年代を伝えている。かれはウラジーミルがケルソン奪取後そこで洗礼を受けたとする同伝説を否定しているのである。ウラジーミルの父スヴャトスラフの没年は『原初年代記』では六四八〇（九七二）年とされているが、ここでは六四七九（厳密に言えば、九七〇―九七一ないし、九七一―九七二）年とされているようにみえる（ウラジーミルのキエフでの即位が「父の没後第八年目の六四八六年」とある）。さらにウラジーミルが兄ヤロポルクを殺害してキエフに入城し、キエフに君臨し始めたのは六四八六（九七八）年六月十一日と記されている。この日付は『原初年代記』にも（そこではそれは九八〇年の項に記されている）、また初期のその他のいかなる史料にも見られない。また同年代記で六四九七（九八九）年とされている「聖母教会」の起工は、ヤコフの記述では「洗礼」後の「第四年」、すなわち六四九八（九九〇）年となる。さらに『原初年代記』では、聖母教会に「わたしの財産と町々の十分の一［デシャチーナ］の部分」を与えたとされるのは六五〇四（九九六）年であるが、ヤコフの記述では六五〇三（九九五）年（洗礼後第九年）となっている。なおヤコフに従えば、このキエフの聖母デシャチンナヤ教会がキエフ・ルーシで最初の石造建築ということにもなる。[49]

ウラジーミルの「洗礼」をはじめとするさまざまな伝記的事項に関するヤコフの以上のような年代の記述がどの程度信頼できるのか、簡単には言えない。しかしウラジーミルの没年や洗礼後の存命期間、キエフ公位就任時期などについてはより事実に近いと考えることができるし、また記述されたいくつかの出来事（聖母教会の起工、ペレヤスラヴリ（町、砦）の建造、聖母教会への「十分の一」の付与）の順序が『原初年代記』における記述と一致する（それぞれが何年のことか、各事象間の間隔などについては異なる）ことなどから考えて、そこには『原初年代記』（さらには「原初集成」）の成立より以前の時期の情報が基になっていると判断することができる。ヤコフの年代記述は相対的に信頼度が高いと考えられるのである。シャーフマトフやその後の研究者もおよそこうした立場に立っている。[50]

問題となるのはおそらくスヴャトスラフの没年で、ヤコフはこれを上述のように、六四七九（もっとも可能性が高いのは九七一―九七二）年であるかのような記述をしていた。ここは『原初年代記』では六四八〇（九七二）年の春とされており、研究史上これを疑う必要性は指摘されていない。N・I・ミリュチェンコは九七一年末からの越冬中（翌春になってから）殺害されたと解釈しこれをとくに矛盾とは考えていない。妥当な見方であろう。[51]

ヤコフの作品にはさらにウラジーミルの洗礼名がヴァシーリーであることも記されている。これはいうまでもなくビザンツ皇帝バシレイオス二世にちなんだもので、後者が洗礼親と考えられているのである（ちなみにヤコフでは、オリガの洗礼名が「エレーナ［オレーナ］」であることも明らかにされている。これは受洗当時のビザンツ皇帝コンスタンティノス七世ポルフィロゲネトスの妻ヘレナにちなんだ名である。「ヘレナ」はまたローマ帝国をキリスト教に導いたコンスタンティヌス（一世）大帝の母の名でもあり、『原初年代記』の説明（九五五年の項、邦訳七〇頁）ではこちらの方を採用している）。またかれはコンスタンティヌス大帝に比較されている。『原初年代記』では、ウラジーミルをコンスタンティヌス大帝に比較する箇所はあるが（一〇一五年の項、一四七頁）、かれの洗礼名への言及はない。

ルーシ史料のなかで次に参照されるべきは、イラリオン（のちの府主教）の『律法と恩寵についての説教』（十一世紀中葉）、またボリスとグレープの二つの伝記、すなわちネストルの『聖殉教者ボリスとグレープの生涯に関する講話』（十一世紀八〇年代ないし十二世紀初、以下ネストル『講話』と略記する）、および作者不詳の『聖殉教者ボリスとグレープの物語、受難および頌詞』（シャーフマトフによれば一一一五年以後の作、『物語』と略記）である。もっともこれらは、ウラジーミルの洗礼の思想的、歴史的意味について考える際に重要となってくる一方、洗礼の経過についての具体的な情報はそれほど多くはない。それゆえこれらの著作については後に（本章後述、さらに第八、第九章で）改めてとり上げることにする。

ただ、ここでも必要な限りのことは記しておこう。イラリオンの『説教』では、ウラジーミルのケルソン遠征にはまったく言及されていない。他方そこにはウラジーミルの洗礼名ヴァシーリーへの言及はある。[52] またネストルの『講話』では、ウラジーミルの洗礼は六四九五（九八七）年のこととされ、その洗礼名（ヴァシーリー）も記され、さらにウラジーミルを「第二のコンスタンティン」(コンスタンティヌス大帝)と称える言葉もみえる。他方ここでもケルソン遠征へは言及されていない。また『物語』でも、ウラジーミルは洗礼名をヴァシーリーと言い、亡くなったのは洗礼後二十八年経過してからであったとされている。二つのボリス・グレープ伝が上の修道士ヤコフの伝統に連なっていることがうかがわれる。[53]

次にビザンツ史料である。実はビザンツでは、ウラジーミル公が派遣したルーシ軍やかれの皇女との結婚等に関する記述はないわけではないが(けっして多くはない)、ほかならぬかれの「洗礼」についての言及はほとんどみかけられないことが研究史上よく指摘される。北方に台頭しつつあったルーシのキリスト教化は帝国にとってもそれなりの意味をもつ出来事であったと考えられるので、ビザンツ史料のこの「沈黙」はいかにも奇妙である。これについては従来さまざまな説明が試みられてきた。ビザンツ帝国の文人の誇り高いメンタリティを指摘して、かれらが諸外国の動向に大きな注意を払うことはなかったという説明がよくなされた。とくに北方の蛮族のことなどかれらの関心外にあったとするのである。またルーシのキリスト教化はある一時期の大事業というより、その影響を徐々に現す長期的現象であり、そのことが外国の同時代人にとっては認識されにくかったと考えられることもある。さらに研究者のなかには、ルーシの洗礼は、ビザンツ側からすれば、すでに総主教フォティオスの時代(九世紀半ばから後半)に実現された既成事実であったために、ウラジーミルの時のことを改めて特記することはしなかったと考える者もいる。ルーシのキリスト教化はフォティオス後、オリガの洗礼(十世紀半ば)を経て徐々に進行し、ウラジーミルの改宗後も長く続いた現象であったというわけである。その他「洗礼」に際して、あるいはまた初期ルーシ教会の組織化の問題をめぐり、ビザンツとルーシの間にある種の緊張関係があったことを理由にあげる者もおり、実にさまざまである。どうやらビザンツ側が「ルーシの洗礼」に対し大きな関心を払わなかったことは否定できない事実である。[54]

ビザンツ史料で九八六―九八七年の出来事にふれる史料のひとつは、レオン・ディアコノスの『歴史』（十世紀末）である。その第十巻にきわめて簡潔ながら、ウラジーミル公のケルソン遠征に言及する記述がみられる。「そしてこのとき［空に］現れた星がまた別の重大な不幸を指し示していた。その後夜遅く天の北の方に現れ、すべての者を驚かした火柱［もそうであった。］実際これらはタウロスキティア人［ルーシ人］によるケルソンの奪取とミシャン人［ブルガリア人］によるヴェリヤ［ベロイア、テッサロニケの西方約五〇キロの町］の占領を示していた(55)」。

このとき天空に現れた諸現象については、後述するアンティオキアのヤフヤーおよびアルメニアのステファノス（タロンの）によってさらに時期を限定できる。あらかじめ結論を記しておくと、ルーシ軍によるケルソン奪取は九八九年四月七日（火柱、おそらくオーロラの出現）から同年七月二十七日（その日に彗星が現れ、二十日間見えていたという）にかけてのことであった。ケルソン遠征が『原初年代記』の記述とは異なって、九八九年のこととされている(56)。前述ヤコフの記述を裏づけるものとなっている。

次に注目されるのはやや時代は下がるが、十一世紀末の年代記作者ヨハネス・スキリツェスである。かれはウラジーミルが結婚相手に所望したビザンツ皇女アンナについて、その生年を含め記述している。アンナについて史料的に知られるところは、これもある意味では奇妙な話であるが、多くはないのである。M・V・ビビコフによれば、スキリツェスは、アンナの父である皇帝ロマノス二世の死にふれた後、次のように記しているという。

「かれ［皇帝ロマノス］の権力を継承したのは、その息子たち、バシレイオス［二世］とコンスタンティノス［八世］であり、また［かれらの］母テオファノ［つまりロマノスの妻］である。この母はかれ［皇帝］の死の二日前に娘を産み、アンナと名付けた(57)」。

ロマノス二世の死は九六三年三月十五日であるので、アンナは同年三月十三日の生まれということになる。ウラジーミルのもとへ嫁いできたのは、『原初年代記』に従ってそれを九八八年のこととするならば、二十五歳頃のことであった。ビビコフによれば、皇帝バシレイオスは「戦争における援軍としてかれら［ルーシ軍］を呼び寄せた。このようにしてアルコン・ウラジーミルを自分の妹アンナのおかげで弟としたのである」と記しているという。これを文字通り受け取るならば、アンナ降嫁はルーシの軍事的援助獲得のために余儀なくされたもの、つまり皇帝側は援軍を得る前にアンナをウラジーミルのもとへ送り、結婚させたということになる。スキリツェスの記述の厳密性については研究史上疑義が出されており、実際にそうであったかどうかは何とも言えないが、もし信頼できるとするならば貴重な証言である。もっともここまで書いているのならば、「洗礼」についてはどうかと問いたくなるが、それについての言及はない。ただ皇女との結婚は洗礼を前提としていると推測することはできる。スキリツェスの記述は年代記作者ヨハネス・ゾナラス（『世界年代記』、十二世紀半ば）にそのまま引き継がれているという。[58]

これよりやや前の著名な歴史家ミカエル・プセロス（『年代記』第一部、十一世紀五〇―六〇年代）にも、バシレイオス二世が「タウロスキティア人」（ルーシ人）やその他の異国人戦士を用いてバルダス・フォーカスの反乱軍を不意打ちにし、これを壊滅させたことを伝える簡潔な記述がある。ただかれにもルーシ君主の洗礼に関する（ビザンツ皇女との結婚に関してもだが）言及はない。[59]

次はアラブ史料である。まず取り上げられるべきは、アンティオキアのキリスト教徒、ヤフヤー・イブン・サイードの『歴史』である。その記述は他の諸著述に比較して相対的に正確また厳密であることが知られているが、とりわけビザンツ皇女（名は記されていない）とウラジーミルとの結婚の経緯についてふれていて貴重である。しかしそれだけでなく、当時のルーシとビザンツとの関係、というよりビザンツ帝国の窮状が皇帝をしてルーシに接触を求めざるをえなくさせた事情が明瞭に示されている点でとくに重要である。関連する部分を露訳（V・R・ローゼン訳）によりながら引用しよう。

「かれ［バシレイオス二世―露訳者］の状況は危機的となった。皇帝バシレイオスはかれ［バルダス・フォーカス］の軍事力と自分に対するかれの勝利ゆえに不安に見舞われた。皇帝は資金も底をつき苦境も極まって、それまでの敵であったルーシ［アルールース］の君主［ウラジーミル］に使者を派遣した。困難な状況にあるかれに助力を与えるよう乞うたのである。かれ［ルーシの君主］はこれに同意した。かれらは相互に婚姻に関する協定を結んだ。ルーシの君主はバシレイオスの妹と結婚した。かれ［バシレイオス］はかれ［ウラジーミル］に、本人とかれの国のすべての民が洗礼を受けるという条件をつけた。それは強大な民であった。そのころルーシ人はいかなる掟［宗教］にも属さず、いかなる信仰も抱いていなかった。その後皇帝バシレイオスはかれ［ウラジーミル］に府主教や主教らを送り、この者らは［ルーシの］君主とかれの地に住むすべての者らに洗礼を授けた。そして［バシレイオスは］かれのもとに自分の妹を送り、かの女はルーシの国に多くの教会を建てた。かれらの間で婚姻の件が定まったとき、ルーシの軍勢がやって来て、バシレイオスのもとにあったギリシアの軍勢に加わり、かくて連合軍はバルダス・フォーカスに対し陸路および海路で出撃し、アーラスブリ［Ahrasubulī、クリュソポリスのこと］へ向かった。かれらはフォーカスを破り、バシレイオス皇帝は沿岸地方を占領し、フォーカスの手中にあったすべての艦船を手に入れた[60]」。

以上がヤフヤーの伝えるビザンツ帝国の窮状（バルダス・フォーカスの反乱）に関する記事であるが、このローゼン訳とは別にP・カヴェラウが上記引用の直前部分をも合わせて独訳している。そこではフォーカスの反乱勃発の時期がセレウコス紀元とヒジュラ暦（イスラーム暦）とで明記されており、西暦ではそれは九八七年九月十四日水曜日にあたるという。ビザンツ史上の重要な出来事の年月日がアラブ史料に記録を留めていたということである。そしてフォーカス軍はその後ドリュライオン（フリュギア北部の町）まで、さらに「海岸」までを占領し、反乱軍はさらにボスポロス海峡沿いのクリュソポリスまで進出したという[61]。

さてヤフヤーの記述によれば、すべての事柄の発端は、内乱に悩まされるビザンツ皇帝からウラジーミルに対し援軍要請がなされたことにあった。これに対しウラジーミルは両国が敵対的な関係にあったにもかかわらず援軍派遣を受諾したが、それは皇女との結婚（皇女降嫁）という願ってもない展開となったからであろう。結婚話がどちらから出されたのかは明らかでないが、ウラジーミル側が援軍提供の代償として要求した可能性が強い。すでに記したビザンツ皇室の伝統からして、皇帝側からそうした提案があったとは考えにくいからである。ただし援軍がどうしても必要とあって皇帝側から出された可能性も否定できない。だがいずれにせよ、「洗礼」は（それは結婚の前提であったであろう）当時のビザンツ・ルーシ関係のなかから出てきたのであり、そのきっかけが援軍要請という形でビザンツ側からきたことは明らかであった。

アラブ史料として次に参照されるべきは、一世紀ほど後のアブー・シュジャーであろう。かれはアッバス朝カリフ、ムクタディーの宰相（ワズィール）で、その著述（ミスカワイヒの『諸国家の経験』の続編）の中でルーシの洗礼について、上記ヤフヤーとはまた若干異なった内容の記述を残している。該当部分を露訳（T・ケズマ訳）により引用しておこう。(62)

「バルダス［フォーカス］は、［バルダス・スクレーロスと］決別した後、コンスタンティノープル近郊に布陣し、ビザンツ皇帝バシレイオスとコンスタンティノスに宣戦を布告した。全般的気運はかれの側にあった。軍も住民もかれを支持していた。両皇帝は町とその難攻不落の要塞内にわずかばかりの人々とともに残された。両皇帝はいかなる方法で自分たちの揺れ動く状況に安定を取り戻したのであろうか。

かれらの状況がぐらつき始めたころ、かれらはルーシ［アルー—ルシヤ］の君主との協議に入り、かれに援軍を求めた。これに対し、かれ［ルーシの君主］はかれらの妹と自身との結婚を提案した。かれらはこれに同意した。しかし女は信仰の異なる者の妻となることに抵抗した。この件に関し協議が始められた。その結果ルーシの君主がキリスト教に改宗することとなった。かくして婚姻がなり、女はかれに［妻として］与えられた。かれは両者［皇帝］に援軍として自分の従士らの大部隊を送った。すべてが力強く剛毅の者たちであった。援軍がコンスタンティノープルに着くと、それはバルダス［フォーカス］を迎え撃つべく船で海を渡った。この者［バルダス・フォーカス］は、かれら［ルーシ兵］を見てもたいして気にも留めずに、かれら［ルーシ兵］がなんと思い上がったことをするのかと、嘲笑ったのである。かれら［ルーシ兵］が上陸し、敵と同じ場所に見《まみ》えるや、双方の間に激しい戦闘がおこった。勝者となったのはルーシ人であった。かれらはバルダス［フォーカス］を殺害し、その軍兵は散り散りになった」。

アブー・シュジャーも、バルダス・フォーカスの反乱がビザンツ皇帝（ここでは両兄弟皇帝）をしてウラジーミルに接近させた事情を記述している。ただヤフヤーと異なるのは、皇女との結婚話はルーシの側から出されたと明記されていること、これにたいし皇女が異教徒との結婚を拒み、そのことがウラジーミルの洗礼につながったと記されている点である。こちらの方が『原初年代記』の記述に近いといえるが、事実そうであったかどうかは判断しがたい。ウラジーミルが結婚を望むなら、受洗はどのみち（皇女の抵抗の有無にかかわらず）前提条件であったであろうからである。もちろん皇女の「抵抗」が事態の経過を簡潔に伝える著述の中で言及されているので、それが事実であった可能性は高いといえるかもしれない。もう一点、こちらでは、反乱軍を破ったのはもっぱらルーシ軍であったかのような記述をしている。その意味ではこちらの方がヤフヤーに比し、ルーシ軍の役割を強調しているといえる。

ルーシの洗礼に関するアラブ史料の中で特異ともいえるのは、アル・マルヴァージである。この十一世紀末―十二世紀初のセルジューク朝宮廷付医師であった人物の記述については、すでに紹介したが（本章三四二―三四三頁）、ウラジーミルと思しき公がイスラームに帰依したかのような記述以外にも、ウラジーミルが即位当初、異教崇拝を強化し、キリスト教徒を迫害した様子にふれるなど、『原初年代記』の記述に重なる部分もあり、十世紀末ルーシの状況に関する貴重な史料となっている。(63)

以上にルーシ、ビザンツ、アラブの主な史料をみてきた。その他にも見るべき史料はある。とくにアルメニア人、タロンのステファノス（別名アソギク Asoghik）の記述（『アルメニア史』）は欠かせない。まさにここで扱う出来事の同時代人として貴重な情報を伝えている。これはP・カヴェラウのアラブ史料集に付録として収録されているので、それによりながら引用しておく(64)。

「かれ［バシレイオス二世］がさらに進軍しようとしたその日に、ある些細なことが原因でギリシア［軍］の陣営内で大きな戦いがおこった［一〇〇〇年のビザンツ軍によるカフカース遠征の際のことである―Kawerau］。すなわち、ギリシア軍の近くにクロパラテース［宮廷監察官、ビザンツ宮廷の宮廷職］のダヴィド王［イベリア／グルジアの王］の諸公や貴族らが宿営していた。ルーシの歩兵部隊のある者が自分の馬のために草を取ってこようと［陣営］外に出たとき、イベリア［グルジア］人の一人がかれからその草を奪い取ろうとした。かの者［ルーシ人］が叫び声をあげると、かれの側から一人が助太刀に駆け付けた。同様に、イベリア人の側でも仲間に加勢を求め、何人かがやって来て、はじめのルーシ人を殺害した。だがこれに対しその場にいたルーシ人の全員が戦いに立ち上がった。それは投槍と楯で武装した六千人の歩兵で、皇帝バシレイオスがルーシの王に要請し［て送らせ］たものである。このときかれ［皇帝］はかれ［ルーシ王］に自身の妹を妻として与えた。ルーシ人はまたこのときキリスト教信仰に改宗したのであった。一方、タイク［アルメニアの地方名、黒海の南東沿岸地域］の諸公と貴族らがみなかれら［ルーシ兵］に対抗した。かれら［タイクの諸公ら］がかれら［ルーシ兵］と戦ったとき、パトリアルフと呼ばれた［イベリアの］大公と……その他大勢が斃れた。その高慢ゆえに神の怒りがかれらに対し下されたのである」。

タロンのステファノスの、ルーシの洗礼に関する記述は、ついでにふれられた偶然のものであった。かれはここでは、そもそもバシレイオス二世の一〇〇〇年のイベリア（グルジア）遠征について記そうとしていた。皇帝はイベリア王ダヴィドの死に乗じてこの地方を併合しようとしたのである。[65] しかしステファノスがその際偶然におこった混乱にふれた箇所から、ルーシ軍が皇帝の遠征軍に加わっていたことが明らかになる。その数は六千人で、援軍の派遣に際してルーシ王が皇女の降嫁を受けたこと、その際かれは洗礼を受けたことが明らかになっただけでなく、ルーシ軍は少なくとも一〇〇〇年まで帝国内で皇帝の手足となって働いていたことも知られるのである。この「六千人」という数字は、その後ウラジーミルが反乱に悩むバシレイオス二世に送った援軍の兵数として、多くの研究者が採用しているところである。しかし厳密に言うと、これは一〇〇〇年の皇帝のイベリア遠征軍中のルーシ兵の数であり、これをそのままウラジーミルが当初送った援軍数とみることはできない。当初の部隊がその後増強されたかもしれないし、かりに当初の部隊がそのまま皇帝の麾下に留まっていたとするなら、一〇〇〇年の時点では相当に数を減らしていたとも考えられるからである。

タロンのステファノスの記述の信憑性については、オストロゴルスキーなどの厳しい意見がある。[66] しかしここに引用した箇所については、ヤフヤーやその他の記述と符合する点もあり、カフカース出身の同時代人の記録として、まったくの「空想的物語」とは言い切れない情報のように思う。

●「洗礼」の経緯

さて主要諸史料の伝えるところが以上のごとくであるとすれば、「洗礼」は実際にはどのような経緯で行われたのであろうか。

まずすべての発端が、ビザンツ帝国内の危機的状況、またそのために余儀なくされた皇帝のルーシへの援軍派遣要請にあったことは、確かと考えてよかろう。諸研究者もほぼ一致してこれを認めている。『原初年代記』はこの点にはまったく言及していなかった。皇帝の要請に端を発した「洗礼」の経緯を、オストロゴルスキーが以下のごとく巧みにまとめているので、少々長くなるが、引用しておこう。バルダス・フォーカスの反乱軍が小アジア全土を手中に収め、九八八年初めに首都に迫った後のことである。

「正統皇帝の地位は、絶望的なものとなった。今では国外からの救援だけが、皇帝を敗戦から救える状況となった。バシレイオス二世帝は、この事態を早期に認識し、キエフ公国のウラジーミル公に救援を求めた。九八八年春、六千人のルーシ族の兵士がビザンツ領に現れ、この有名なヴァイキング・ルーシ族の戦闘部隊が、最後の瞬間に皇帝の危急を救った。皇帝自らが……クリュソポリス市近郊で反乱軍を大破したからである。九八九年四月十三日のアビュドスの戦いが、戦況を決定的なものとした。この時、バルダス・フォーカスは、多分心臓発作が原因で亡くなっている。反乱の機運は挫折した、バルダス・スクレロスによる再度の反乱も平和裡に解決をみて……バルダスは降伏した。ヴァイキング・ルーシ族の戦闘部隊は、ビザンツ皇帝軍に編入され、後続のヴァイキングやその他のノルマン人の参加によりビザンツ軍内部では重要な役割を果たした。

キエフ公国のウラジーミル公は……報酬として、もし彼と彼の部族が洗礼を受けるなら、皇帝の姉妹である、緋衣の間で誕生したアンナを妻とすることを許された。それはきわめて大幅な譲歩と言えた。何故なら、未だかつて緋衣の間で誕生した皇女は、誰一人として外国へ降嫁したことはなかったからである……この若きルーシ王国の支配者に初めて、緋衣の間で誕生した正統王家の女性との婚姻が、他に例を見ない名誉として与えられたのである。このような婚姻は、ビザンツの伝統とビザンツ人の自意識に強く反するものであった。それで、危機が去ると、首都ではあの危急存亡の秋《とき》の約束を反故にしようという機運が出てきた。ウラジーミル公は、皇女の降嫁を迫るためにクリミア半島のビザンツ領に戦闘を仕掛け、ケルソン市を占領しなければならなかった（九八九年夏）[67]」。

オストロゴルスキーの見解を確認しておこう。まずビザンツ皇帝から救援要請があり（それがいつのことかは記されていない）、九八八年春、六千のルーシ兵が帝国領に入り、クリュソポリスの戦闘で（時期は不明）、ついでアビュドスで（九八九年四月十三日）皇帝軍を助けて反乱軍を破った。援軍派遣に先立ってウラジーミルは皇妹アンナ降嫁の確約を得ていた。しかし危機を脱した皇帝は約束を反故にしたので、ウラジーミルは九八九年夏ケルソンを奪ったというものである。「アンナ降嫁」は援軍派遣に対する「報酬」であり、「洗礼」は結婚のための前提である。アンナ降嫁は皇帝側が言い出したのか、ウラジーミル側が要求したのか、はっきりしないが、オストロゴルスキーの書き方では、皇帝側がしぶしぶ呑んだというよりは、援軍がどうしても必要で、自ら進んで提案したような印象を受ける。皇帝側は、すくなくとも援軍が実際に派遣されるまでは、いかなる犠牲を払ってでもルーシ側を納得させようとしたものと思われる。この場合、「洗礼」がどの時点でなされたのかもはっきりしないが、結婚の前提であったとすれば、援軍派遣を了承した時点で、ないし派遣後それほど時をおかずに実行した可能性がある。すでに援軍を派遣し受洗もしたのに、アンナが送られてこなかったことにウラジーミルは憤ったかのごとく記されているからである。もっともその場合、洗礼はどこで、誰の手で行われたのかという問題が出てくるが、オストロゴルスキーはそこまでは記していない。いずれにせよ、結婚自体はケルソン占領後に可能となるのであり、かれにあっては「洗礼」と「結婚」（の時期と場所）が必ずしも結び付けられているわけではないようにみえる。

これと似たような、だが肝心なところでは相当に異なる見解を、『原初年代記』の邦訳者もケルソン遠征の箇所に付した注で記している（この場合主要典拠とされているのはS・H・クロスである）。

それによれば、ビザンツ皇帝側からウラジーミルへの援軍要請があり、それに続いて両者間に交渉が行われたのが九八七―九八八年の冬、そのときアンナとの結婚を「条件」として「洗礼」が承諾され、援軍が実際に派遣されたのは九八八年春のことであった。しかし危機を脱した皇帝側がアンナ降嫁の約束を実行しなかったので、ウラジーミルは九八九年春、ケルソンを攻撃した（夏に占領）。ビザンツ側はやむを得ず同年秋、約束を実行する。ウラジーミルはその後九八九年か九九〇年に洗礼を受けた。結婚も同時に行われた[68]。

邦訳者（とクロス）の見解では、ルーシ側が援軍派遣の「条件」として結婚（アンナ降嫁）を要求し、ビザンツ側がその前提として洗礼を求めた、つまり援軍派遣要請はビザンツ側からきたが、その後のイニシアティブはルーシ側にあると考えられているようにみえる。ここでは、ケルソン攻撃（と占領）という圧力に屈した皇帝側がアンナを送って初めて、結婚も「洗礼」も行われたことになる。結婚と「洗礼」がケルソンで行われたと『原初年代記』が記しているこことを追認する形になっている。邦訳者（とクロス）が「ケルソン伝説」が「完全に確証されたとはいえぬまでも、史実によって立証される」（四三一頁）と記す所以もここにある。

このようにウラジーミルの洗礼の発端についてはほぼ一致していたとしても、その実際の経緯については、諸研究者の見解は微妙にニュアンスが異なっていた（年代記邦訳者の場合、「ケルソン伝説」を肯定する点では、本書の立場とはまったく対立的ですらある）。それをあらためて整理する必要はないであろう。以下にはともかくも著者の考えるところを記してみる。その際、すでに示した諸史料、またオストロゴルスキーを含む諸研究者を参考にするのは言うまでもないが、著者としては、ポーランドの研究者アンジェイ・ポッペがこれまでのところこの問題についてのもっとも説得力ある議論を展開していると考えるので、これを基本におきながらまとめてみることにする。(69)

発端はやはりビザンツの政治状況である。

ことはロマノス二世（九五九—九六三年在位）の子バシレイオス二世が実権を握る九八五年から始めるのが適切である。この年皇帝バシレイオスは、それまでの実力者である、かれ自身の大叔父・宦官バシレイオスを失脚させ、実権を掌握した。皇帝バシレイオスは二歳年下の弟コンスタンティノス八世と共同皇帝の地位にあったが、弟は政治的能力に欠け、実際に九七六年から大叔父の補佐をうけて統治したのは兄の方であった。『原初年代記』を含め、二人の皇帝を並記する場合も多く、それはそれで正確であるが、兄一人の名をあげるだけでも必ずしも誤りとはいえない。むしろその方が実態に即しているといえるかもしれない。(70)

バシレイオス二世は翌九八六年、マケドニア方面で帝国領を侵し始めたブルガリアのサムイル王に対し反攻に出るも、逆に敗北を喫する（トラヤヌスの門の戦い、九八六年八月十七日）。後に「ブルガリア人殺し」と恐れられるバシレイオスも敵の手強さにたじろぎ、敗北後まもない時点ですでに、ブルガリアの北方のルーシに同盟を求めて接触を試みた可能性がある。かつてキエフ公スヴャトスラフがブルガリアを叩き、帝国の苦境を救ったことを想起したのかもしれない。その時の九七一年条約ではルーシ軍が帝国の敵と戦うことが定められていた（『原初年代記』八四頁）。

ポッペもバシレイオス二世がすでにこの時点で（九八六年秋）使節をキエフへ派遣したと考えている。少なくとも最初は対ブルガリア戦との関連でルーシに援軍が求められたのである（あるいはこの段階ではまだたんにルーシ軍にブルガリアの背後で行動を起こすよう促すといった程度であったかもしれない）。ポッペのこの使節派遣に関する推測は、アブー・シュジャーの記述（「かれらはルーシの君主との協議に入り、かれに援軍を求めた。これに対し、かれ［ルーシの君主］はかれらの妹と自身との結婚を提案した……この件に関し協議が始められた。その結果……」）に基づいている。アブー・シュジャーの記述はバルダス・フォーカスの反乱との関連でなされたものであるが、ポッペはこれを別様に解釈する。すなわちかれは援軍派遣に関するビザンツ・ルーシ間の交渉が九八七年晩夏―初秋には妥結していたと判断し（下記のごとくルーシの援軍の到着時期から逆算しての推測。大規模な援軍派遣には相当長期にわたる準備期間が必要と考えられている）、遡って交渉開始は前年の秋と考えたのである。このようにして、ポッペはビザンツ・ルーシ間交渉の開始時期をオストロゴルスキーなどよりは早く設定している。ポッペの見方は通説的なそれとは異なるが、こうした見方をする研究者もいないわけではない。帝政期のV・G・ヴァシリエフスキーなどがそうである。[71]

ブルガリアに敗北を喫して数か月後の九八六年十二月、帝国内でバルダス・スクレーロスの反乱が勃発する（スクレーロスはすでに九七六年に自らを皇帝と称して反乱を起こしたことがあったが、九七九年、政権側に抜擢されたバルダス・フォーカスによって破られ、バグダードのカリフ宮廷に逃れていた)。スクレーロスは、バシレイオス二世がブルガリア軍に敗れ苦境にあえいでいるのを見て、九八六年末再度反乱に立ち上がり、九八七年二月にはメリテネ(現トルコ中東部マラティヤ)にまで進出、皇帝を宣言する。

バシレイオス二世は再びバルダス・フォーカスを登用して、スクレーロス軍に当たらせようとする(九八七年四月)。フォーカスは有能な軍人ではあったが、野心的で自らヨハネス・ツィミスケス帝時代に反乱を企てたことがあったほどで(その野望はそのときはバルダス・スクレーロスによって挫かれていた)、バシレイオス二世もかれを信用していたわけではなかったが、事態が深刻でかれに頼らざるをえなくされたのである。しかしフォーカスは登用された直後の九八七年四月か五月、密かに宿敵スクレーロスに接触し、ほどなく両者は帝国を二分することで合意する(遅くとも六月)。バシレイオス二世はバルダス・フォーカスの裏切りについてほどなく情報を得る。この知らせをもたらしたのは、スクレーロスの子ロマノスで、かれはフォーカスに不信感をいだいており、父に対する陰謀が行われていると考え、皇帝に注進に及んだのであった。

案の定というかロマノス・スクレーロスが危惧した通り、バルダス・フォーカスは策略を用いてバルダス・スクレーロスを捕え、カッパドキアで自ら皇帝を宣言する(九八七年八―九月)。

バシレイオス二世は内外の絶望的な状況のなかで(フォーカスの乱以外にも危機的事象が相次ぐ。すなわち、帝国軍中の精鋭部隊であるアルメニア人およびイベリア人部隊の反乱軍への合流、軍及び土地所有貴族層の反皇帝的動き、教会内の反皇帝派の暗躍、帝国臣民層の各種の不満、ブルガリアからの脅威も続行、などなど)、ともかくも反乱軍に対抗できる強力な援軍を探し求める。バシレイオスは新たな反乱(バルダス・フォーカスの)勃発以前にすでにルーシ君主と交渉を始めていたが(前述)、反乱の報がもたらされた後には援軍要請の交渉を加速させる。そうでなければ、ルーシ軍がかくもすみやかに救援に駆けつけることはできなかったであろう(後述)。

すなわち、二人の対立皇帝の提携の情報がもたらされると（九八七年五―六月）、バシレイオス二世はただちに（遅くとも六月中に）あらたな全権使節をキエフへ派遣する。使節はおよそ五十日でキエフに到着する（この時期は黒海航海に最適の季節で、四―六日で帝都からドニェプル河口に到着。九〇〇キロメートル先のキエフまでは川を遡って四十日。もしルーシ側があらかじめ帝国使節派遣の知らせを受けていて、キエフ南方五〇〇キロメートルの「早瀬《パローギ》」まで出迎え、そこから陸路馬で案内したとするならば、十日は短縮できるという）。あらたな使節団のキエフ入りは、九八七年七―八月のことであった。かくてポッペによれば、バシレイオス二世がバルダス・フォーカス軍のボスポロス海峡沿岸（小アジア側）への到達後はじめてキエフへ使節を派遣したとする、ヤフヤーに依拠する通説的見解（たとえばオストロゴルスキーやヴェルナツキーは九八八年初め、ヤフヤーのロシア語訳者ローゼンは九八七年末とする）はもはや受け入れられないという。

九八七年夏にキエフ入りした帝国使節（いまや対ブルガリア戦というより、バルダス・フォーカスの乱鎮圧のための緊急の援軍派遣要請を使命としていた）は、その使命の重要性にかんがみ、相当の人物がこれを率いていたと考えるべきである。ポッペはこれを前セバステ（ビザンツ属州アルメニアの中心都市）府主教テオフィラクトスと推測する。典拠の一つはタロンのステファノス（アソギク）で、そこにはこのころ（九八六―九八七年）セバステ府主教（氏名は記されていない）がアルメニアの聖職者らとの関係悪化のため現地を離れ、その後皇帝によりブルガリアへ和平交渉のため派遣されたことが記されている。かれはこのとき皇帝の妹とブルガリア王との婚姻の交渉にもあたったとされる（もっともこのとき皇帝側は偽って別の女性を送り、それが露見して、この元府主教はブルガリアで焼き殺されたとされる。ポッペはいうまでもなくこの部分の信憑性は否定する）。もう一つの典拠は《De translationibus》と題される一文書で、そこにはバシレイオス二世治世にセバステ府主教テオフィラクトスがルーシに移されたとする記述があるという。E・ホーニックマンはこれをルーシ初代府主教とみている[72]（テオフィラクトスについてはさらに後述、キエフ府主教座組織に関する箇所を参照)。ポッペはこの二つの史料を結び付けてテオフィラクトスの派遣されたのはブルガリアではありえず、ルーシと考えるべきであり、それは帝国の危機に際しての援軍要請のためであり(そのとき皇女との婚姻についても協議された)、交渉妥結後かれはそのまま最初のキエフ府主教とされたと推測するのである。

このときのビザンツ・ルーシ間交渉で協議されたのは、主に援軍の派遣、ウラジーミルと皇帝の妹との結婚、ウラジーミルおよびその民の洗礼の三点その他であった。

交渉の結果、ウラジーミルは全臣民と共に受洗することを約束し、国家のキリスト教化を図るため、コンスタンティノープル総主教座に所属する独自の主教座をルーシに設立すること、ビザンツ側は聖職者を派遣し、ルーシ教会の組織化にあたることがきめられた。またビザンツの両皇帝は妹アンナとルーシ公との婚姻を認め、かくて両王朝が姻戚関係により結ばれることを承諾した。そして最後に、ウラジーミルは帝国内の反乱軍と戦うために「数千人」からなる援軍をすみやかに派遣することを約束した。[73]

ポッペによれば、ルーシ軍によるケルソン遠征も先の交渉の協議事項であった。ここはポッペの見解の中でももっともユニークというべきところで、かれはケルソン遠征が皇帝側の要請により行われたと考えるのである。かれによれば、ケルソン遠征は通説のいうような反皇帝的行為ではありえなかった。一方で大規模な援軍を派遣し、その軍が帝国内で皇帝のために戦っていながら、他方で援軍を派遣した当のウラジーミルがケルソンで反皇帝的行動に出るはずはないという考え方である。したがって、ケルソンが反皇帝陣営についたために、それを皇帝に代わって懲らす目的で遠征が行われたと考えたのである。通説ではウラジーミルのケルソン遠征は、アンナ降嫁の約束実現を渋った皇帝側に対する圧力として行われたとされていたのにたいし、ポッペは、アンナ降嫁が速やかに実行され、ウラジーミルのケルソン攻撃は帝国内の反乱が粉砕された後の残存反皇帝勢力に対する掃討作戦、つまり親皇帝的作戦と考えているのである。この見解は一見して奇抜であるが、すでにM・I・アルタモーノフなどに先例があり、今日でも、これを基本的に支持する研究者がいないわけではない。[74]本書の著者としては、ポッペ説を受け入れるとしても、ケルソン攻撃を必ずしもかれの言うように親ビザンツ的な行動とする必要はないように思うが（つまり、基本的には親ビザンツで、援軍も派遣したが、たとえば皇女アンナとの結婚問題が筋書き通りには進展しなかったので、圧力を加えるぐらいのことはしたと考えることもできるのではないかということである。この場合、ケルソンが必ずしも反皇帝陣営に走ったと考える必要もなくなる。ウラジーミル軍がかなり手ひどくケルソンを破壊・略奪していることを引き合いに出して、それが反皇帝陣営に走ったがゆえの懲罰作戦の結果とみる必要も必ずしもないように思われる。その意味ではこのときケルソンが実際に大規模に破壊されたのかどうか、疑ってみることもできよう）、いずれにせよ、もしポッペ説が正しいとなれば、「洗礼」の経過は、『原初年代記』やそれに採用された「ケルソン伝説」の伝えるところと大きく異なるものとなってくることは確かである。[75]

皇帝側にとって合意事項のすみやかな実行、とりわけ強力な援軍が手遅れにならないうちに到着することがもっとも肝要であった。ルーシ側が相当数の派遣軍（数百ではなく数千）の準備（遠征軍の編成、すなわち兵員の各地からの招集、大小の船舶・糧食の準備等）に要する期間や軍の帝国への移動日数を考慮すれば、交渉は九八七年の九月（初秋）には妥結していたと考えなければならない。冬の間に遠征軍を編成し、それは翌春航行が可能となってキエフを出立、ドニェプル川・黒海を経由して帝都に向かうのである。早ければ一か月足らずで（二十六―三十日）帝都に到着する（あるいは早くとも一か月はかかる）と推測されている。遠征軍のボスポロス海峡到着は九八八年六月といったところである。[76]

ポッペはウラジーミルの洗礼は交渉妥結後すみやかに（おそらく九八八年一月六日、公現祭に）行われたと考える（既述のごとく、修道士ヤコフやボリス・グレープ伝『物語』は「洗礼」を六四九五年のこととしていた。これは西暦で言えば、九八七年三月から九八八年二月のことである。九八八年一月は世界創造紀元では六四九五年で、ヤコフの記述通りということになる）。キエフではそれまでも相当数の者がキリスト教を受け入れており、公式的なキリスト教化の前提がすでにある程度形成されていたことが強調される。またアンナが帝国から到着する(早ければ九八八年夏)以前にウラジーミルの洗礼が行われている必要があった。洗礼式は、帝国使節団（前年八月にはキエフ入りしていた、上記）のなかの聖職者が交渉終了後もキエフに残り、かれらが執り行った。ポッペは、臣民の洗礼も引き続きほどなくして（ウラジーミルの受洗後すぐに、ないしは九八八年の復活祭かペンテコステ、すなわち四月か五月に）行われたと考えている。

アンナの到着、結婚の時期（早ければ九八八年夏）についても、特別に検討する必要がある（アンナその人についてはすでに本章注（25）で若干ふれておいた）。

まず、ドイツのオットー諸王のビザンツの皇女にたいする求婚の試みが失敗に終わった経緯を念頭におくならば、新興勢力のルーシの君主がビザンツ帝国から「緋の産室生まれ」の皇女を獲得しえたのはなぜかが問題となる。その点を別にしても、いずれにせよ交渉を開始して一年足らずで皇女がキエフにやってくると考えることができるかどうかが、問われなければならない。

オットー諸王の場合、オットー一世が九六七年に、その子オットー二世のためにビザンツ宮廷に「緋の産室生まれ」の皇女を求め、皇帝ニケフォロス・フォーカスと交渉した際には、三年を費やしながら、結局希望はかなえられなかった。ちなみにオットー側がこの時求めたのが当時四歳とされるアンナであった可能性が指摘されている。もしそうであるならば、ドイツ王家に対しては拒否された当の女性が、その二十年余り後にキエフ公に与えられたということになる。[77] ビザンツ皇帝が異国の君主に対する皇室女性の降嫁に強く反対していたことについては再言しない（とくにコンスタンティノス七世ポルフィロゲネトスの記述、前述第五章二六三頁、また同章注（63）参照）。オットー二世はその後、結局、皇帝ヨハネス一世・ツィミスケスの姪テオファノを妻に迎えるが（九七二年四月、ローマで結婚式が行われた）、かの女は「緋の産室生まれ」の皇女ではなかった。それでもこのときの結婚が実現するに際しては一年半の外交交渉が必要であった。オットー三世の場合は、その「緋の産室生まれ」の皇女との結婚を求める試みは六年以上続いたが、これも実現しなかった。

オットー諸王がこのようにいわば悪戦苦闘して、なおかつ成功しなかったとするならば、ルーシの成功はいったい何を物語っているのであろうか。一つには今回の場合は、皇帝がおかれた絶望的状況が結婚話の発端となったことと関係があるようにみえる。帝国はルーシからの援軍（しかも六千を超える大軍）を絶対的に必要としていた。そのため皇帝側はコンスタンティノス七世ポルフィロゲネトスが明確に表現した禁を破る形で、「北方の蛮族」へのアンナ降嫁をすみやかに実現させたのである。それだけバシレイオス二世のおかれていた状況が絶望的であったともいえる。

他方この結婚は、ルーシにとっても可能な限りすみやかに実現させたい大事業であった。それが進境著しい新興国家の君主にとって国の内外に対しその威信を高めるもっとも効果的な方法であったことは疑いない。ウラジーミルは皇帝の一族（「皇帝の義兄弟」ὁ γαμβρός τοῦ βασιλέως）に名を連ねるためには、皇女との結婚および洗礼が必要なことをよく理解していたであろう。

さてこのように双方の側が合意事項の遅滞なき実現を希求していたので、ことは迅速に進められた。まず九八七年秋には、ルーシ側から花嫁を迎える使節団がコンスタンティノープルに向け出立する。両国間の交渉は九八七年九月には（つまり帝国の使節到着後一か月足らずで）妥結し、結婚（その前提としての「洗礼」）、また援軍派遣について合意ができていたと考える。キエフからの使節団には、交渉にあたっていたビザンツ側使節団の一部も同行した。一行は帝都に九八七年十月（遅くとも十一月初め）には到着したと推測される。ルーシからの使節団は帝都で結婚に関する協定に調印し、翌九八八年夏、アンナ一行を伴ってキエフに帰着する。その際ウラジーミルはアンナを出迎えに

「早瀬《パローギ》」まで、すなわちドニェプル川の有名な難所まで出迎えに行っている（修道士ヤコフの「洗礼後の第二年目かれは早瀬《パローギ》に行った」をポッペはこう解釈する）。

他方、キエフに残っていたビザンツ使節団のなかの聖職者は、ウラジーミルとその臣民の洗礼の準備に入り、あるいはまた他の使節団員とともに援軍派遣をはじめとする懸案事項の詰めにあたった。

さてルーシ援軍の皇帝のもとへの到着の時期であるが、これは既述のごとく準備期間などを考えると、早くとも九八八年六月のことであった。一方、反乱軍（バルダス・フォーカス軍）との最初の決戦であるクリュソポリス（ボスポラス海峡沿いの現ユスキュダル）の戦いは、通説では同年夏のことと考えられている。その場合、帝都に到着したルーシ軍は、時をおかずに皇帝軍とともにクリュソポリスへ向かい、反乱軍と戦ったことになる。これに対しポッペはクリュソポリスの戦いの日時をより精確に定めようとする。かれはレオン・ディアコノスやスキリツェスの記述から、クリュソポリスの戦いと反乱軍が最終的に敗北したアビュドスの戦い（その時期は九八九年四月十三日と知られている）とは、時間的にそれほど開いていなかったと判断し、クリュソポリスの戦いは九八九年一月後半から二月初めにかけてのことであったと推測する。これも通説とはだいぶ異なる判断である。ルーシ軍は帝都到着後約半年の間、帝国内の状況把握、皇帝軍との共同作戦のための準備や訓練にあてることができた。冬季の戦闘はルーシ軍の得意とするところでもあった。こうして皇帝とルーシ公の合同軍はクリュソポリスで奇襲攻撃をかけ、反乱軍に対し大勝利を収めることができたという。その約十―十二週間後の四月十三日には、反乱軍はアビュドス（ヘレスポントゥス／チャナッカレ海峡の小アジア側の町）で最終的に敗北し、バルダス・フォーカスもこの時発作を起こして死亡、帝国は一応危機を脱した。

さて先に、キエフでのビザンツ・ルーシ間交渉では、ルーシ軍によるケルソン攻撃に関する取り決めもなされたことを指摘した。いまやケルソン遠征にかかわるクロノロジーについても見ておく必要があろう。ケルソン陥落は既述のごとく、諸史料（レオン・ディアコノス、ヤフヤー）によりつつ、九八九年四月から七月のあいだのことと推測されていた。ポッペは、アビュドスにおける反乱軍の壊滅の報がケルソンに入ってまもなく、アナスタシオスなどの親皇帝派がウラジーミルのルーシ包囲軍と連絡を取り、ほどなくケルソンは陥落し、ルーシ軍により略奪されたと考える。ルーシ軍は、既述のごとく水路ケルソンに向かった可能性が高いが、その場合すでに前年（九八八年）の秋にはキエフを出立し、そのままケルソン包囲に入っていたと考えられる。

結論的にポッペの見解が、ウラジーミルの洗礼（および結婚の）地をケルソンとする「同伝説」と『原初年代記』の記述を否定するものであることは、あらためて断るまでもない。かれはそれがキエフで行われたと考えているのである。

以上がポッペにより復元された「洗礼」の経緯である。やや錯綜しているので、以下に年表風にまとめておく。

九八六年八月十七日　バシレイオス二世軍ブルガリア軍に敗北。時をおかず、皇帝はルーシへ援軍を求める使節を派遣

九八六年秋　ビザンツ使節、キエフでルーシ側と交渉開始（協定成立は翌年晩夏／初秋ないし九月）

九八六年十二月　バルダス・スクレーロスの反乱（九八七年二月　同皇帝宣言）

九八七年四月　バシレイオス、バルダス・フォーカスを反乱鎮圧に起用

九八七年四―五月　両バルダス、帝国二分で合意

九八七年五―六月　バシレイオス、フォーカスの裏切りを知り、キエフへ新たな使節派遣

九八七年七―八月　ビザンツ使節、キエフ着。援軍要請の交渉加速

九八七年八―九月　バルダス・フォーカス、スクレーロスを捕え、自ら皇帝宣言

九八七年九月頃　ビザンツ・ルーシ交渉基本的に合意みる。合意事項―援軍派遣（ルーシ側準備に着手）、アンナ降嫁（出迎えの使節団、キエフを出立、十月帝都到着）

九八八年一月六日（公現祭）　ウラジーミル、キエフで受洗。引き続き、ないし同年四―五月（復活祭ないし五旬節）に臣民の洗礼（「ルーシの洗礼」）

九八八年四―五月　ルーシ軍（七千五百人）キエフ出立、六月（一か月足らずで）帝都到着

九八八年夏　アンナ、ルーシ使節団に伴われキエフ到着（ウラジーミルはドニェプル川の「早瀬《パローギ》」まで出迎える）、その後結婚

九八八年秋　ウラジーミル、軍を率いてケルソンへ、ケルソンを包囲

九八九年一月後半―二月初　クリュソポリスの戦い（帝国・ルーシ合同軍、反乱軍を破る）

九八九年四月十三日　アビュドスの戦い（反乱軍壊滅、バルダス・フォーカス死）

九八九年四―五月（七月二十七日以前）　ウラジーミル軍、ケルソンを攻略

以下は参考までに、その後の事態である。

九八九―九九〇年　ルーシ軍、小アジアでイベリア反乱兵と戦う

九九一年初　ルーシ軍、帝国軍とともにブルガリアへ遠征

九九五年　ルーシ軍、帝国東方国境で戦闘に従事

ポッペに依拠しつつ以上のごとくに整理した「ルーシの洗礼」の経緯は、いうまでもなくひとつの仮説でしかない。ただシャーフマトフの分析などからも明らかになったように、『原初年代記』のウラジーミルの「洗礼」記事には多

くの矛盾が存在していること、またウラジーミルのケルソン遠征が、『原初年代記』の説くところとはまったく異なる背景をもつこともルーシ以外の諸史料から明らかになったからには、もはや『原初年代記』の記述をそのまま信用することはできなくなったといえる。もちろんポッペ説にも問題となりうる点は少なくない。たとえば、バシレイオス二世のルーシへの接触をすでに九八六年の段階に設定する点、ビザンツ・ルーシ間の交渉がすみやかに合意に達し、しかもすべての合意事項がさしたる支障もなくすみやかに実行に移された（時間的順序としては、まずウラジーミルと「ルーシの洗礼」が、ついで援軍が帝都に到着し、最後にアンナがキエフ入りする）とする点などは、相当の反論を呼びそうである。双方の側が事をいかに迅速に運ぼうと望んだとしても、そう簡単に進むのか疑問に思えないわけでもない。ポッペの見解は合理的に推定された計画表にすぎないのではないかという懸念も出てくるかもしれない。なかでも肝心のケルソン遠征に関する見解（ケルソンの反乱側への加担、それに対するルーシ軍の懲罰遠征が親ビザンツ的性格を有すること）は、最大の論点となる可能性がある。本書ではこれらについて独自の検討を加える準備はないが、ケルソン遠征がポッペ説の根幹をなす問題であることはたしかである。ただウラジーミルがケルソンで「洗礼」を受けたとする「ケルソン伝説」に依拠する『原初年代記』の主張が、すでに示したように、相当に無理を含むものであることを念頭におくならば、洗礼地をキエフとするかれの説が全体として真実に近く、より高い説得力をもっていると言えるように思う。すくなくとも今後の議論の基礎にはなると評価することができよう。

●初期ルーシ教会の組織

ウラジーミルの「洗礼」に続く展開、すなわちキリスト教のルーシ全域への普及と初期教会の組織化をめぐる問題について、本書では立ち入って検討することはできない。おおよその論点を概観するに留めたい(78)。

問題となるのはまず、ルーシのキリスト教化はすみやかに行われたのかという点である。これについて、同時代人のなかでは、後に府主教となるイラリオンが次のように記している（同時代とはいっても「ルーシの洗礼」から半世紀以上もたってからのことである）。「かれ[ウラジーミル]の敬虔なる命令に逆らう者はひとりとしていなかった」。「そして一瞬のうちにわれらの国土のすべてがキリストを称え始め」、「使徒のラッパと福音の轟がすべての町々に響きわたった」[79]。イラリオンはもちろんウラジーミルの偉業を称え、キリスト教以前と以後では劇的な変化がおこったことを強調するためにこう記したのであるが、これがその後の教会史家においても一般的な見方であった。すなわち、正教会の立場からは、それが短期間で順調に行われたと肯定的に答えられることが多かったのである[80]。しかし研究史的には事情はやや異なっている。すなわち、「プチャータは剣もて、ドブルィニャは火もて洗礼した」という表現があるが[81]、キリスト教化が、今日的な言い方をするならば、強制的、ときに暴力的に行われたことは否定すべくもないと考えられているのである。こうした上からの命令による改宗は当時においては、ある意味当然のことであった。これを今日的観点から宗教的「寛容・不寛容」や「自由・強制」の問題として扱うことはあまり意味がないといってよい。

今日、以下のことはほぼ共通の認識となっている。すなわち、新しい宗教への帰依者がすでに「ルーシの洗礼」に先立って相当数いたとしても、臣民の大部分の改宗は公権力による上からの命令で強制的に行われたこと、これに対しときには激しい抵抗も示されたこと、キリスト教化は数十年というような単位ではなく、数世紀を費やして進行したこと、とくに住民の思考法と生活様式を幾分かでも変えるのは容易でなかったことなどである[82]。キリスト教と伝統宗教との並存ないし混在状態は長く続いた。いわゆる「二重信仰」といわれる状態であるが、宗教を生活と切り離して考えるわけにはいかないこと、純粋、完全なキリスト教といったものもあり得ないことを考慮に入れれば、それはある意味当然のことであった。ソヴィエト時代の初期にはこの信仰強制や宗教一般の「非科学的」な側面がとくに強調され、結果的にキリスト教化が否定的な現象であったとして排斥された。こうした立場はその後公式的に修正され[83]、キリスト教化が一定の歴史的意義を有すことが承認されることとなったが（ただし、正教会がその後もロシア「封建社会」において搾取的寄生的性格を保ち、その度合いを時代と共に強めて、結局は否定されるべき存在となったとする見方は基本的には維持された）、それはともかくとして、キリスト教ロシアの誕生が曲折に満ち複雑な経緯をたどったことは広く認められることとなった。(84)

一方、「洗礼」後の初期ルーシ教会の組織、とりわけそれがどこの教会の管轄に属し、どのような地位を有していたのかという問題は、史料が乏しいこともあり、見解が大きく分かれる事態になっている。問題のこのような立て方は、一見して奇妙に思われるかもしれない。ルーシ教会がコンスタンティノープル総主教区の一府主教管区として同総主教の管轄下にあったことは、いわば常識に属すことと思われているからである。しかし史料は必ずしもそれを明確にしているわけではない。ここでも『原初年代記』の記述が問題の根源にある。というよりそこでは「洗礼」直後のルーシ教会がどのように組織されたかという問題については、ほとんど何も記述されていないといったほうがよい。

まず、『原初年代記』の記述はほぼ以下に限定されている。

ウラジーミルは「洗礼」後、「皇女とアナスタシオスとケルソンの司祭らを連れ」、また諸聖人の遺体やイコン、さらに教会の器物などをもってキエフに戻っている（一三〇頁）。公はまたアナスタシオスらケルソンのギリシア人聖職者をキエフに連れ帰り、キエフに聖母教会を建立してその責任者（主席司祭か）としてアナスタシオスを任じたとも記される。ウラジーミルがケルソンで洗礼を受けたとするのは、既述のとおり、きわめて疑わしい「主張」であるが、かれのケルソン攻略自体は歴史的事実であるので、そこの聖職者をキエフのキリスト教化に際して重用した可能性は十分に考えられる。ただしこのことから、アナスタシオスこそがウラジーミルの指示（あるいは信任）を受けて初期ルーシ教会の組織化にあたった主役であるかのように主張するならば、それはやや飛躍した見方といわざるをえない。(85) こうした見方は後述する「ケルソン・テーゼ」の一変種とみることができるが、ウラジーミルが洗礼直後にとった措置とキエフ教会の組織化の問題はいささか次元を異にする問題と言うべきである。教会の組織化はコンスタンティノープル総主教座との直接的関係の中で次第に形を整えていったと考えるべきであろう。

しかしながらこの後も、年代記はウラジーミルが臣民にドニェプル川で洗礼を授けさせ、処々に新たに教会を建て、貴族の子弟らに聖書を学ばせたことなどについて伝えはするものの、教会の組織や法的地位について、つまりルーシ教会とコンスタンティノープル総主教座との関係、また最初の指導者（それがどのような人物でその資格、位階は何か）、さらにルーシ国内の教会組織等々については、まったくふれることがない。

これについてある程度の情報を提供するのは、ほぼ半世紀後の、ヤロスラフ治世の一〇三七年の項である。「ヤロスラフは大きな町の基礎をおいた……かれは府主教座のソフィヤ教会……を定礎した」と記される（一七二頁）。これはヤロスラフ賢公によるキエフの（いわゆる「ヤロスラフの町」の）造営について記述した箇所であるが、ここではじめて、どうやらキエフにはある時点から府主教座がおかれており、この年にその府主教座教会としての（石造の）ソフィヤ教会（聖堂）の建立が始まったことがわかるのである。[86] 続いて、一〇三九年の項に「ヤロスラフの父ウラジーミルが建てた聖母教会が、府主教フェオペンプトによって浄められた」と、府主教の名がはじめて記される（一七四頁）。はたしてルーシに府主教座がおかれたのはいつのことであろうか。ほかならぬ一〇三七年を府主教座設置の年とするよくみられる主張が、必ずしも正しいといえないことは明らかであるが（年代記の記述は、一〇三七年に府主教座教会としての聖ソフィヤ教会が建立されたことを明らかにするだけである）、それではいつ設置されたのか。はたしてそもその初めから、つまり「ルーシの洗礼」と同時に設置されたと考えることができるのか。またフェオペンプトとは誰で、かれが最初のキエフ府主教といえるのか。そもそもこのキエフ府主教座はどこの管轄を受けていたのか。他の史料にも視野を広げてみる必要はあるが、諸史料の記述はきわめて断片的、また相互に矛盾しているので、問題解決は容易ではないし、現に膨大な研究上の蓄積がある。

このように史料は初期の、つまり「ルーシの洗礼」後約半世紀間のルーシ教会組織についてはほとんど沈黙している。

この沈黙は研究者にさまざまな仮説を提唱させている。本書の著者には、教会史に固有のこのいわば純専門的な問題に新たに独自の立場から取り組む準備も意図もない。ただ、この問題はウラジーミルの洗礼の意味、さらにはかれの時代のルーシ・ビザンツ関係、ひいては当時ルーシがおかれていた国際状況の問題に大きくかかわるがゆえに、少々その研究史を振り返ってみることにする。

幸いにもこれについては、ドイツのL・ミュラーがやや古いが行き届いた論文（いまや古典的研究と言ってよい）を書いているので、[87]まずはこれを中心にみておく。ミュラーによれば、ウラジーミルによるキリスト教導入後、府主教フェオペンプトの名が記される一〇三九年までの五十年間のルーシ教会の法的地位について研究史上さまざまな主張がなされてきたが、それは次のような八テーゼにまとめられるという。まずビザンツ・テーゼ、これはルーシ教会が最初からコンスタンティノープル総主教座の管轄下にあったとするもの。ついで、ブルガリア、トムトロカン、ケルソン、ペレヤスラヴリ、ローマの各教会による管轄を想定する諸テーゼ、さらにはルーシ教会が固定的領域を有しない布教主教区であったこと、あるいは自治教会教区の地位にあったことを主張する二テーゼである（ミュラーはあげないが、ほかにもスカンディナヴィア・テーゼなどが唱えられることもある。これは本書第十章でふれるノルウェー王オーラヴ・トリュグヴァソンを念頭においたテーゼである）。

このなかでミュラーを含む大多数の研究者がとる立場は、言うまでもなくビザンツ・テーゼであるが、ブルガリア・テーゼもかつては有力と考えられた。これはウラジーミルがルーシ教会のコンスタンティノープルからの自立を望んで、オフリド大主教座（一時総主教座）の管轄下に入ったとする立場で、すでに何度かふれたプリショールコフやブルガリアのV・ニコラーエフがその代表者である。[88]トムトロカン（ケルチ海峡にのぞむ地）教会の影響力を強調するのはとくにG・ヴェルナツキーで、かれは九世紀のフォティオス総主教による「ロース」のキリスト教化に際してここに主教座がおかれ、ウラジーミルはここからの聖職者の手で受洗したと考えるのである。[89]ケルソン・テーゼは先にふれた『原初年代記』の記述をよりどころにしているが、研究者としてはF・ドゥヴォルニクが代表的である。かれは初期ルーシ教会がビザンツ教会の指導下にあったと考える点ではビザンツ・テーゼに立つといってよいが、帝国都市であるケルソンからの聖職者の役割を強調するのである。[90] ペレヤスラヴリ・テーゼもビザンツ教会の管轄を承認する点ではビザンツ・テーゼの一変種であるが、初期の府主教座の所在地をペラヤスラヴリ（キエフ南東約九〇キロメートルにある。当時キエフ、ノヴゴロドに次ぐ第三の都市とみなされた）と考える立場である。これはゴルビンスキーなどが唱える説で、『原初年代記』一〇八九年の項の記述（「ペレヤスラヴリの聖ミハイル教会が……府主教エフラエムによって浄められた……以前ペレヤスラヴリには府主教座があったからである」二三二頁。訳文はやや変えてある）などを根拠にしている。[91] ローマ・テーゼは、ルーシ教会が最初ブルガリア王ボリスの例に従ってローマ教会の管轄を受け入れたとする立場で、N・de・バウムガルテンなどによって主張される。[92] 布教主教区説は教会史家A・M・アンマンによって提唱されたもので、ウラジーミルがコンスタンティノープルへの従属を嫌って、自国を明確な領域や管轄関係を定めない布教区とすることを望んだとするのである。[93] 最後の自治教会教区説はルーシ教会がどの教会の管轄にも属さない自治的存在であったとするもので、なかでもN・ゼルノーフはケルソンのアナスタシオスに注目し、かれが初期キエフ教会を指導し、コンスタンティノープルからもローマからも独立した教会を創り上げたと考えた。[94]

ミュラー自身は、既述のごとく大方の研究者と共に（ミュラーがあげるのはV・ローランやE・ホーニックマンであるが、A・P・ヴラストやA・ポッペなどもそうである。後述参照）、ビザンツ・テーゼの正しいことを確信しており、その他の諸テーゼには根拠がほとんど、あるいはまったくないと考えている。かれはとくにビザンツ・テーゼに対してなされる主要な反対論を検討し、その上で最後に同テーゼを妥当とする論拠について要約している。

ミュラーによれば、ビザンツ・テーゼを批判する研究者の主要根拠は次の三点である。まず批判者らは、ビザンツ側とウラジーミルとの間に緊張関係を見て、ウラジーミルがビザンツ教会の管轄を嫌ったことがその背景にあったとする。後述するように、ウラジーミルの列聖は十三世紀にずれこんだが、それはコンスタンティノープルがルーシとの緊張関係（つまりルーシ教会の不服従）を理由に早い段階でのかれの列聖に反対したからだと考える。つぎに根拠とされるのが、『原初年代記』に一〇三九年以前のギリシア人高位聖職者についての記述がみられないことである。この沈黙はそもそもビザンツからルーシへの府主教の派遣がなかったことの証拠とみるのである。第三に、年代記の一〇三七年の項（上記）の解釈に基づく批判である。すなわち、それまで大主教座であったルーシ教会が、一〇三七年になってコンスタンティノープル総主教管轄下の「府主教座」とされたと解釈し、この年までは逆にビザンツ教会の管轄権はなかったと考えるのである（これはそれまでのルーシ教会がオフリドやローマその他の諸教会の管轄下にあったとみる見方につながることにもなる）。あるいはそれまでのルーシ教会が自治教会であったとみる研究者にとっては、「一〇三七年の決定」は、この年ルーシ教会がコンスタンティノープル総主教管区に府主教座として「組み込まれた」ことを意味し、これは自治権の喪失という意味で「格下げ」であったとする、いわば逆の見方につながる。もちろんミュラーにとっては、一〇三七年の記述をこのように読むことは正しくなく、これを含む上記すべての反対論拠はすべて誤った解釈に基づいているということになる[95]。

ミュラーが最後に要約するビザンツ・テーゼを妥当とする積極的な論拠は以下のごとくである。

1　ビザンツ帝国が異国の君主の洗礼とかれへの皇女降嫁を推進しながら、その教会の組織を自国の教会組織の外に放置することなどありえなかったのみならず、そうしたことがあったとする確かな史料的根拠もないこと。

2　洗礼後のキエフで強力に進められた教会建築はすべてビザンツ職人によるビザンツ様式にもとづく建築で、これはキエフとコンスタンティノープルの関係が正常、緊密であったことを示すこと。

3　主教の配置換えなどについて記すビザンツ諸史料［後述するNotitiae Episcopatuumなど］は初期ルーシ教会におけるギリシア人高位聖職者の存在を確認している。

4　皇帝バシレイオス二世がウラジーミルへ「府主教や主教を派遣し」、かれらがかれとその民とに洗礼を授けたとするアンティオキアのヤフヤーの年代記記述。

5　最初期に建立されたルーシ諸教会はビザンツ的に命名されていること。

6　ウラジーミルとヤロスラフ治世の古銭学、印章学的知見もビザンツの影響を示す。

ミュラーは最後にイラリオンの『説教』を取り上げ、以上の結論が『説教』においても支持されていることを記して論文を結んでいる。

さて研究状況はおよそ以上のごとくであるが、今日この問題はミュラーの主張するごとく、ほぼビザンツ・テーゼで決着したと考えてよいように思われる。とくにA・ポッペがその綿密な史料分析を通じてこれを改めて確認したことは重要である。(96)その後においても、ギリシア人研究者タキアオスが「ルーシ教会が本来コンスタンティノープルではなく、ブルガリア教会の管轄に属していたとする古い見解は、いまや多かれ少なかれ放棄された」と記しているが、これは研究の現状を正しく表現しているとみることができる。(97)

キエフ・ルーシに対するブルガリアの影響を広い意味で指摘することは今日でもよくある。しかしほかならぬ上記の意味でのブルガリア・テーゼをいま改めて主張する者はほとんどいないと言ってよい。このあたりの事情をよく示すものとして、キエフ・ルーシのビザンツ文化受容におけるブルガリアの役割について考察したF・J・トムソンの論文をみておきたい。トムソンによると、この問題に関する確実な史料はほとんどなく、そのゆえもあって研究史上実にさまざまな主張が展開されてきたという。たとえば、オリガがコンスタンティノープルで洗礼を受けた後、ブルガリア語（古代教会スラヴ語）の書籍を持って帰国したというような主張である。それ以外にも、スヴャトスラフがブルガリアに遠征した際に多数の写本を戦利品として手に入れた、あるいはビザンツによるブルガリア併合に際して同国人が多数キエフへ亡命した、またウラジーミル公から皇帝バシレイオス二世へ派遣されたルーシの援軍が、ブルガリアでビザンツ軍が獲得した戦利品の相当部分を与えられたが、そのなかにビザンツの書籍が多量に含まれていたとする説などがそうである。ところが以上はすべて史料的には裏づけられない「憶測」にすぎない。この時期のルーシで確実にブルガリアに起源を有する文献の写しと言えるのは、一〇五六―五七年のオストロミール福音書など数点に限られているという（トムソンは全部で六点ほどを列挙している）。もっともトムソンは、第一次ブルガリア帝国の滅亡後（ブルガリアは、東部が九七一年、西部は一〇一八年にビザンツにより併合された）、ブルガリアからのスラヴ語文献のルーシへの流入が途絶えたとするギリシア（ビザンツ）主義的な主張には与しない。かれによれば、こうした見方はビザンツ側がブルガリアで「仮借なきギリシア化」政策を推進したことを暗黙の前提としているが、そうした前提には根拠がない。ビザンツによる併合後もブルガリアにおけるスラヴ文化の存在（展開）は続いたとみるべきで、したがってルーシへのその影響も併合により途切れたわけではないとする。ただこの点をも含めすべての面で確実な史料はほとんど存在せず、研究者は自らの判断において慎重であるべきであるというのである。トムソンは、ブルガリアで受容されたビザンツ文化が相当程度スラヴ化されてその地に根付いたことを確認するが、それがさらにどのようにしてキエフ・ルーシへもたらされたのかという問題は、依然として「謎」のままに留まっていると結論づけている。確かなのは、キエフ・ルーシにおけるビザンツ文化の受容がブルガリアを経由したことであり（中継されたのみならず、ビザンツ文化がブルガリア化して伝えられたという意味においても）、そのことは、たとえ具体像を描くことは困難であるにせよ、否定できないということだけであるという(98)。

さて、「洗礼」後のルーシ教会がコンスタンティノープル総主教座の管轄下にあったとするならば、それはいったいどのような組織を有していたのであろうか。最初の指導者は誰で、年代記の一〇三九年の項に現れるフェオペンプトとはどのような存在であったのであろうか。この問題もこれまで専門家の間でさまざまに論じられてきた。それを見通すことは困難である。ここではその一端をみるにとどめておく。

『原初年代記』の邦訳者は、「府主教テオペンプトス（フェオペンプト）」についての注においてクロスの見解を紹介している。(99) それによると、いくつかの史料はフェオペンプト以前の府主教と伝えられる人物の名を記しているという。まず、「洗礼」後の最初の府主教としては、『ソフィヤ第一年代記』がレオンをあげるのに対し、『スチェペーンナヤ・クニーガ』はミカエルを、そしてその後任としてレオンをあげているという。他方、ネストルのボリス・グレープ伝（『講話』）と修道士ヤコフ（『ウラジーミルの追憶と頌詞』）はフェオペンプト以前にイオアンという名の府主教（多くの場合「大主教」と呼ばれている）がいたことを伝えている。ここではフェオペンプト以前の府主教と思しき人物が三名あげられているわけである。クロスは最初期のキエフ府主教に関する情報が断片的でしかも相互に矛盾していると ころから、最初期のルーシ教会がコンスタンティノープル総主教座の管轄下にあったことを疑問視するにいたってい る。しかしクロス自身が確かな根拠を挙げているわけではない。本書では先に記したとおり、この点はすでにほぼビザンツ・テーゼで決着済みと考えている。問題は、それではその最初期のキエフ府主教がどのような人物であったのかということである。モンゴル侵入以前の「キエフ府主教」（十二世紀後半からは「キエフおよび全ルーシの府主教」と称した）については、かつてゴルビンスキーがそのリストを作成したことがある。今日それが援用されることは少ないが、いちおうここに掲げておこう。

（1）レオン、（2）ヨアン一世、（3）フェオペンプト、（4）キリル一世、（5）イラリオン、（6）エフレム、（7）ゲオルギー、（8）ヨアン二世、（9）ヨアン三世、（10）ニコライ、（11）ニキフォル、（12）ニキータ、（13）ミハイル、（14）クリム／クリメント、（15）コンスタンチン一世、（16）フェオドール、（17）ヨアン四世、（18）コンスタンチン二世、（19）ニキフォル二世、（20）ガヴリール、（21）ディオニーシー、（22）マトフェイ、

(23) キリル二世、(24) イオシフ

ゴルビンスキーの考えでは、以上のうち確実にキエフ府主教といえるのはレオンを初代とする二十一名、やや疑問のある三名を加えた場合に上記のごとく二十四名になるという[100]。

これに対しこの問題について今日もっとも立ち入った考察を加えたのはA・ポッペである。かれは詳細な論拠を示しつつ、一九八二年に以下のようなリストを作成した。それをここに示す（なお在位年を記したリストは本書巻末に掲げる）。ポッペは全部で二十三人を数えているが、そのうち二人のルーシ人（イラリオンとクリム・スモリャチチ）を除くすべてをギリシア人と考え、その名をギリシア風に表記している。ポッペはまた各府主教の経歴や府主教位就任後のルーシにおける事績についても可能な限りの情報を集めているが（もちろんキエフ着任以前のビザンツにおけるそれについて知られるところは多くはない）、それについては省略する[101]。なおポッペのリストは、キエフ期の「国家と教会」関係についてすぐれた研究を著わしたソヴィエトの研究者シチャーポフの採用するところでもある[102]。

(1) テオフィラクトス、(2) ヨハンネス一世、(3) テオペンプトス、(4) イラリオン、(5) エフライム、(6) ゲオルギオス、(7) ヨハンネス二世プロドロモス、(8) ヨハンネス三世、(9) ニコラオス、(10) ニケフォロス一世、(11) ニケタス、(12) ミカエル一世、(13) クリム（クリメント）・スモリャチチ、(14) コンスタンティノス一世、(15) テオドロス、(16) ヨハンネス四世、(17) コンスタンティノス二世、(18) ミカエル二世、(19) ニケフォロス二世、(20) マタイオス、(21) キュリロス一世、(22) ヨゼフス、(23) キュリロス二世

ポッペによれば、ルーシ教会は最初から、コンスタンティノープル総主教座の管轄下の第六十番目の府主教座と

して組織された（一〇八七年頃の公式記録 Notitia Episcopatuum に全部で八十の府主教座がリストアップされており、その六十番目に「ローシア ἡ Ῥωσία」が記されているのである）。それはこの記録の分析から九九七年以前に（つまりはキリスト教の公式的導入後まもなく）設置されたと推測しうる。そしてそのほかのいくつかの史料（ニケフォロス・カリストス・クサントプーロスなど）の分析から、最初の府主教がセバスティア（セバステ）からルーシに移されたと考えられるテオフィラクトスであることもほぼ確かであるとする。[103]

さてキエフ時代（九八八年から、府主教座が北方へ移される一二八一年まで）の府主教は、ポッペによれば、上のリストに示されたように、全部で二十三人である。ポッペは、これまで知られていたいくつかのリスト[104]には史料批判の面で少なからざる問題があったと考え、それらのリストから次の六名を削除している。それはミカエル（ミハイル）とレオン（レオンチー）（ともに十世紀末から十一世紀初にかけて）、キュリロス（キリル、一〇四〇年代）、ディオニュシオス（ディオニーシー）とガヴリエル（ガヴリール、十三世紀初）、ペテルス（一二四四年頃）である。つまりポッペは、ゴルビンスキーのリストで言えば、初代レオン、キリル一世、ディオニーシー、ガヴリールの四人は史料的根拠が薄弱で、実在の府主教とは認めがたいと考えている（ポッペのリストの「キュリロス一世」はゴルビンスキー・リストの「キリル二世」にあたる。ポッペの「キュリロス二世」はゴルビンスキー・リストに対応する者がいない）。他の二人（ミカエルとペテルス）はゴルビンスキーも初めから自身のリストに載せていない。

なお先にポッペが「キエフ府主教」は二人を除きすべてコンスタンティノープルから送られたギリシア人と考えていることについて記した。この点には注意が必要である。キエフ府主教が全部で何人おり、それがどのような人々であったかについては、既述のとおり、意見が分かれていたが、二人のルーシ人以外は全員がギリシア人ないし少なくともギリシア出身者（ビザンツから送られてきた聖職者）であるということは、これまでほぼ通説といってよい考え方であった。しかし実はこれもそう単純ではなく、あらためて確認されなければならない問題なのである。

ゴルビンスキーによれば、二人のルーシ人を除くキエフ府主教のうち確実にギリシア人と言えるのはわずかで、少なくとも七人についてはその民族的出自を確認する史料は欠けているという。かれは結論的には、これらの者たちもコンスタンティノープルで選出、叙階されたギリシア人と推測するに至っているが、より厳格な手続きを要求する研究者もいる。たとえば、D・オボレンスキーは、ギリシア人と確言できる府主教はキリル二世（ポッペのリストのキュリロス一世）のみであると考えている。オボレンスキーはここから、十一―十二世紀においては、キエフ府主教の叙任権が基本的にあるいは独占的にコンスタンティノープルにあったとする従来の見方、また二人のルーシ人以外の府主教が全員ビザンツで叙階されたとする見方は維持できないとする。[105] ポッペの見解はこうした根強くある疑問に答え、これを退けるという意味をも有しているのである。

さてキエフ教会が最初からコンスタンティノープル総主教の管轄下にあったとするなら、ルーシとビザンツの教会行政上の関係はいかなるものであったであろうか。キエフ府主教が基本的に帝都で叙階（叙聖）された限り、この関係が総主教と府主教の通常の関係の枠組みの中で考えられることは当然である。もちろんルーシがビザンツ帝国の政治的支配をうけない独立の、しかも広大な領土を有する「強大な」国家である限り（実はルーシがビザンツの政治支配をうけない独立の国家であるかどうかも論証されるべき点であるが、これについては後述する）、教会行政的にその管轄下にあったとしても、その特殊性に起因する問題は種々あって、単純に「通常の関係」という原則に従って理解するわけにはいかない。とくに二人のルーシ人府主教（イラリオンとクリメント・スモリャチチ）の選出が、この「通常の関係」になにか異質な局面をもたらすことがなかったのかは明らかにされなければならない。というのも、二人の選出は、上述のごとく、ルーシ・ビザンツ間にある種の対立ないし断絶をもたらしたと考える研究者が少なくないからである。こうした考え方はヤロスラフ治世のルーシにビザンツからの独立志向が強くあったことを物語るものとして、帝政時代から唱えられてきたが、その傾向はソヴィエト時代になってさらに強まり、リハチョフのようなソヴィエト中世文化史研究を代表する研究者もこれを強く主張した。[106] しかしこの問題は後にヤロスラフの治世を扱う際に、ルーシとビザンツの関係全般にかかわる問題として、先に記した両国の政治的関係の問題をも含めてあらためて論じることにする（第九章2、さらに補論1）。

初期ルーシ教会の組織に関する本節を終えるにあたって、最後に二点、ルーシ全土の教会の組織化について、そして初期教会の経済的（財政的）基盤の問題について、付言しておきたい。

ポッペは先にみた歴代キエフ府主教名表を作成するとともに、ルーシ各地の主教座についてもその組織化の状況を明らかにしようとしている。[107] それによると、公式的洗礼後まもなくの十世紀末の段階で、キエフ府主教座にはベルゴロド、ノヴゴロド、チェルニゴフ、ポロツク、ペレヤスラヴリ各主教座が付属していることが史料的に確認できるという。キエフと各地の主教座、各主教（これも多くはギリシア人であった）とキエフ府主教との具体的な関係については、それを詳細に知りうる史料は存在しない。ただ主教座の設置状況からして、少なくともコンスタンティノープルとキエフがルーシの教会組織の整備に早くから着手していたことはたしかである。組織化はその後さらに進み十一世紀にはユリエフ、ロストフ、ウラジーミル・ヴォルインスキー、トゥーロフ、十二世紀になるとさらにスモレンスク、ガーリチ（ハーリチ）、リャザンなどが付け加わった。十三世紀には最大で十八の主教座が確認できるという。[108] 広大な領土のキリスト教化が各地方都市を拠点にしながら少しずつ進められたということである。農村部を含めてその影響力が広く浸透するのは、修道院などの展開状況を見る必要があるが、本書ではそれに立ち入る余裕はない。[109]

次に初期教会を維持存続させた経済的基盤の問題であるが、『原初年代記』には、ウラジーミルが「ルーシの洗礼」の事業をひとまず終えた翌九八九年に、ギリシアから職人を呼び寄せ、キエフに「聖母教会」を建立、それをケルソンの人アナスタシオスに委ねたという記述がある。さらにこれを受ける形で九九六年の項に次のように記されている。「ウラジーミルは教会ができあがったのを見て」神に祈り、「わたしはこの聖母教会にわたしの財産とわたしの町の（貢税）から十分の一を与えます」と言った（邦訳一三五、一三八頁）。

キエフ聖母教会は「洗礼」直後にウラジーミルにより建立されたキエフ最初の石造教会であったが、ときに主張されるような府主教座教会ではなく、大公家の教会（kniazheskaia tserkov', capella regia）であったと考えられる。そしてこの教会に大公の財産や「町々」の貢税の「十分の一」が与えられたというのである。「十分の一」というのは、いわゆる「公のデシャチーナ desiatina」のことで、最初期の教会を物質的に支える主要な経済的基盤であった。この教会は後にはここから、聖母デシャチンナヤ教会と呼ばれるようになる。(110)

「デシャチーナ」については他にも記述があり（たとえば、「ウラジーミルの教会規定」第三条、またボリス・グレープ『講話』、さらには『ルースカヤ・プラウダ』簡素編纂、第四十一条など）(111)、それが実際にどのようなものであったのか、ある程度のイメージはつかめるが、具体的に最初期（たとえば、ウラジーミル治世）についてはどうであったのかを知ることは難しい。とくに時代を特定してその時々の実態を明らかにすることは困難である。教会組織の拡大とともに、そして何よりも社会経済の構造変化により、デシャチーナ自体が変化していった（そしてやがて他の種類の財源、たとえば、教会による所領経営の展開などによって取って代わられていく）と考えられるからである。

本書ではこの点について立ち入ることはしない。ただIa・N・シチャーポフがこれについて詳しい考察を行っているので、さしあたりはそちらを参照していただきたい。かれは公の「貢税ダーニ」からのデシャチーナについて、また裁判（手数料や罰金）、そして商取引からのそれについて、さらにはその規模（割合）について、それぞれ詳細に論じている。最後の規模の問題についてのみ付言しておくと、「十分の一」と言いながら、実際には公と教会の取り分はさまざまで、『プラウダ』（簡素編纂第四十一条）などでは、裁判からの収入は公と教会が五対一の割合で受け取っている。[112] つまりデシャチーナはこの場合二〇%ということになる。十五世紀ノヴゴロドなどでは、裁判や商取引からの収入は、公と教会（ノヴゴロド大主教）が折半する場合さえあったという。[113]

研究史上もっとも議論されているのは、ルーシにおけるデシャチーナ制度の起源をめぐる問題である。ルーシがビザンツの主導でキリスト教化されたにせよ、デシャチーナ制度自体がそこから導入されたわけでないことは、早くから指摘されていた（たとえばA・E・プレスニャコフ）。[114] ビザンツにもそれがまったく知られなかったわけではないが、教会を維持する恒常的かつ主要な制度ではなかったことが指摘された。これに関しビザンツ以上に注目を引いたのはカトリック圏における制度である。ルーシのデシャチーナをむしろカトリック的西方のそれと関連づける考え方である。もちろん双方の制度には大きな相違があった。西方ではそれが全教区民から徴収され、義務的恒常的なものとなったが、ルーシでは後述するように、基本的に公の収入（貢税など）からの一部が教会に提供されたのである。ただルーシがキリスト教化したころには西方でこの制度が広く普及するようになっていたがゆえに、さまざまな経路でこれがルーシにも知られるようになったと考えられたのである。[115]

デシャチーナの制度を外から持ち込まれたとする見解にとくに強く反発したのはソヴィエトの研究者である。ことに西方起源を主張する見解には批判が強い（たとえばレフチェンコ）。[116] なかでもシチャーポフは、デシャチーナ制度がルーシ（スラヴ）に固有の制度であることをとくに主張した。かれはルーシのデシャチーナ制度の特殊性を強調する。それによると、ルーシではそれは私的ではなく、「中央集権的な形態」をとった。すなわちルーシでは西方のように、個々の農民や都市民がキリスト教信仰のために収入の一部を差し出したのではなく、公が住民から徴収した収入の一部を、全住民の名において教会に支払ったのである。シチャーポフによれば、キリスト教信仰を保証する制度としてのデシャチーナはローマ法にもビザンツにも知られていなかった。また西欧では私的制度としてのデシャチーナはカロリング諸王によって八—九世紀に導入された。これらの点から判断して、古ルーシのそれは他のキリスト教諸国から借用されたのではなく、スラヴ的、土着的起源を有していると考えるべきであるとする。シチャーポフはとくにポーランドとルーシの土着的慣習に類似性を見出す。かれはさらに考察を進めて自説を具体的に検証する作業も行っているが、それについては省略する。[117]

本書の著者にはこの点についても独自の見解を提唱する準備はない。ただ研究史上かまびすしく議論されるこの問題に明快な回答が期待できるとは思っていない。この点は多くの研究者が自覚しているところでもあるが、ときに自説に固執するあまり極端な立論に走る傾向もみられる。

キリスト教会における十分の一税については、考え方としてはすでに旧約聖書にみられるところであり（創世記二八・二二、レビ記二七・三〇―三二）、あえて言うならば、キリスト教世界に限らずまた聖俗を問わず諸社会に広く類似の慣習が存在するとすらいえる。こうしたなかでもちろん、たとえばこの制度のドイツ（とりわけザクセン）からの導入の可能性を考慮に入れて、ウラジーミル公とオットー諸王との交流の有無を探るといった有意義な探究を期待することもできようが、もし確実な根拠もなしに特定の結論に固執することになれば問題が生じる。逆もまたしかりで、たとえばシチャーポフはルーシの制度を厳密に規定し、そうした形でポーランドなどは別にして、他の地域の制度とはまったく異なると考えるのも、やや極端な立論であるようにみえる。とくに厳格に実施されたとも思えないデシャチーナ制度であるが、これを狭く規定しすぎると、他地域との共通性に目を閉ざすことになるのではないかと危惧する。フランクリン／シェパードのように、こうした探究を無意味とまで決めつける必要もないとは思うが[118]、現在のところ起源問題は曖昧模糊としており、史料状況からして一義的な回答は期待できないとしか言いようがない。

●ウラジーミルの遅れた「列聖」

ウラジーミル公は自ら「洗礼」を受けただけでなく、その臣民全体をキリスト教に導いたことで聖公（sviatoi）と称えられることとなった。はたしてかれはいつから聖人とみなされるようになったのであろうか。洗礼直後からであろうか。それともしばらく経ってからのことであろうか。こうした問いもあるいは奇妙に感じられるかもしれない。ルーシをキリスト教化した公が最初から聖人であったことに何の疑いもないと思われるかもしれないからである。しかしロシア教会の最初の聖人がウラジーミルの二人の子「ボリスとグレープ」であることは、よく知られた事実である。この兄弟聖人のことについてはまた後に考えるが（第八章）、ウラジーミル公の列聖時期については、実はよくわかっていないのである。もし公が早い段階で「聖人」として敬われる事態にならなかったとするならば、当然のことながらそれはなぜかという疑問が出てくることになろう。そもそもかれの「洗礼」や臣民への新宗教の強制が最初のころには「偉業」とはみなされなかった可能性もあるかもしれないのである。

しかしながら問題はそういうことではなかったようにみえる。ウラジーミル列聖の試み、あるいはその聖性の主張が早くからなされたことは確かだと考えられるからである。すでに『原初年代記』でもその死の年（一〇一五年）の項で、かれは「新しいコンスタンティヌス［一世、大帝］」と称えられている。『原初年代記』の成立が後代（最終的成立は十二世紀初頭）であったとしても、ウラジーミル公が偉業を成し遂げたと早くから考えられたことは否定できない。公に対する崇拝がキエフやおそらくはノヴゴロドを含む一部地域で早くから始まっていたことも知られている。ウラジーミルが建立したというキエフの聖母デシャチンナヤ教会（九八九年の項）や、「ケルソン伝説」で（かりに「伝説」自体が虚構に満ちていたとしても）かれの洗礼場所とされた同地の聖ヴァシーリー教会（九八八年の項）が初期の公崇拝の拠点であったであろう（既述のように、ヴァシーリーはウラジーミルの洗礼名であった）。また『原初年代記』より前に、イラリオンや修道士ヤコフも、さらにはボリス・グレープ伝『講話』作者のネストルもルーシの洗礼者としてのウラジーミルを称えていたことも想起される。かれらの著作は十一世紀中頃から後半にかけてのものである。

古ルーシの諸文献ではウラジーミルの聖性がさまざまな語を用いて強調されている。かれは「至福なる」、「幸いなる」、「聖なる」、「敬神の」(blazhennyi, blagovernyi, sviatyi, blagochestivyi) などの形容詞と共に言及される。しかし問題はこれらの語の意味、あるいは用法が必ずしも厳密ではなく、かれがそのとき実際にロシア教会により正式に聖人とみなされていたのかどうかは確認しがたい。「列聖」はカトリック教会においても最初のうちは明確な概念ではなかったが、やがて次第に整備され、厳格に規定された手続きを伴って実現されるものとなった。一方、ギリシアおよびルーシ正教会にも聖人崇拝の慣習は早くからあったが、こちらにおける「列聖」はあいまいで漠然とした性格を有し続けた。たとえばルーシでは長い間、ある地域に限定された、その地の主教による列聖といったことが行われ、全国的(あるいは全正教会の)教会会議の決定によらない聖人も数多く誕生している。それが多少なりとも整備され公式化されるのは、ロシアでは十六世紀中葉のモスクワ府主教マカーリーのとき(一五四七、一五四九年)のことであった[119]。

ウラジーミル公が現在、正教会によって「使徒にも似た ravnoapostol'nyi」と形容される聖人であることもよく知られている。現行のロシア正教会カレンダーではかれの命日にあたる七月二十八日(旧暦では七月十五日)に、その日に記念されるべき聖人として「使徒にも似た大公ウラジーミル、聖なる洗礼名ヴァシーリー」の名が記載されている(それ以外の、少なくともいくつかの正教会地域の教会暦においても同様である)。しかしこの表現は上記のモスクワ府主教マカーリーのときに遡及されるものと考えられている[120]。ウラジーミルがマカーリー府主教期以前から聖人とみなされていたことは確実であるが、ではいつからかとなると確定することが難しいのである。

結論から記そう。今日多くの研究者がほぼ一致して認めるところでは、公が聖人とされたのは没後相当期間を経てからのことである。こう考えられる理由についての諸研究者の見解については以下にみるが、さしあたりそれを示すいくつかの状況証拠をみておこう。まず第一に、正式に聖人とみなされるためには、通常『聖者伝』が編まれていなければならないが、ウラジーミルの場合それは早い段階では作成されなかった。最初の本格的な『伝』の成立は十六世紀になってからのことである。それ以前には簡潔な伝記（教会暦風簡略聖者伝、プローログないしシナクサーリ／シナクサリオンと呼ばれる）は存在したが、それですら早くて十二世紀末になってからのことであった[121]。第二に、聖ウラジーミルを描いたイコンも十五世紀以前のものは知られていない。その後の時代においてもかれを描いたイコンはきわめて少ない[122]。かれの名を付す教会も早い時期の建立とみることはできない[123]。またその数も少ない。これらのことは早い段階での公の列聖がなかったことを暗示している。

またかれに関する人名学的知見も以上を裏づけているといえるかもしれない。V・ヴォドフによれば、その後のルーシの歴史においてウラジーミル（ないしヴォロジーメル）の名をもつ諸公はさほど多くは知られていない。ウラジーミルを名乗る場合でも、諸公はこれとは別にキリスト教名（洗礼名）をもつことが多かった。ウラジーミル聖公自身、洗礼名をヴァシーリーといったが、たとえば、北東ルーシ（スーズダリ）地方のヴォロジーメル・コンスタンチーノヴィチ（ウグリチ公、一二四九年没）は、ディミートリー（デメトリオス）とも呼ばれた。また南西ルーシ（ヴォルイニ）地方のヴォロジーメル・ヴァシリコヴィチ公（一二八八年没）も洗礼名をイオアン（ヨハンネス）といった。これらの事例は、ウラジーミルという名が、非キリスト教的な響きをもつ名であることを暗示している。つまり、ルーシを洗礼に導いたウラジーミルは、長いあいだ非キリスト教的・異教的なニュアンスの名をもつ公と認識され、記憶され続けたと考えられるのである。かれの教会による聖化がその没後相当の期間を経てゆっくりと進行したにすぎなかったことを物語る一つの傍証とみることもできよう[124]。

さらにもしかれが早期に列聖されていたならば、それは年代記作者にとっても重要事件であったと思われるが、年代記にはそういった記述が一切ないことにも留意する必要があろう。この点でとくに興味深いのが『原初年代記』の一〇一五年の項の記述である。すでにみたように、年代記はウラジーミルをコンスタンティヌス一世になぞらえた後、さらに次のように記している。

「かれがルーシの地に洗礼を施すことによってどれほどの善をなしたかは、驚くべきことである。［それにもかかわらず―栗生沢］わたしたちはキリスト教徒であるのにこの人の功績に対して感謝の意をあらわさない。もしかれがわたしたちに洗礼を施さなかったとしたら、わたしたちはわたしたちの祖先が滅びたようにいまも悪魔の誘惑の中にあったであろう。またもしわたしたちが熱意をもち、かれの亡くなった日にかれのために神に祈りをささげていたならば、神はかれに対するわたしたちの熱意を見られてかれを称えられたであろう。わたしたちはかれのために神に祈らなければならない……」（一四八頁、傍点栗生沢）(125)。

ここで年代記作者は、ウラジーミルがルーシを洗礼に導いた偉大な存在であるにもかかわらず、人々（「わたしたち」）から感謝されなかったと記している。もし亡くなったときに当時の人々がしかるべき感謝の念を表明していたならば、すなわち聖人にふさわしく敬っていたならば、神もかれを「称えられた」にちがいないというのである。「称えた」の意味をどうとるかは問題となりうるし（後述）、『原初年代記』のこの記述がいつの時点のものか確実に知ることは難しいが（かりに『最古集成』に遡るとしても、一〇三七年以後のものであり、『原初集成』段階の記述ならば、十一世紀末ということになる）、いずれにせよ、神はウラジーミルを「称える」ことにはならなかった、その責任は「わたしたち」にあると年代記編者は記しているのである。洗礼直後のあるいはウラジーミル没後間もなくの、列聖はなかったと推測されるのである。

それでは、ウラジーミルは没後しばらくしてから、あるいは一定期間を経て後ならば、たとえば『原初年代記』が編纂された十一世紀末から十二世紀初頭には、聖人として崇拝されたと考えることはできるであろうか。たしかにそう主張する者もいる。たとえばN・セレブリャンスキー、またソヴィエト時代のA・S・ホローシェフらがこうした主張を行っている。しかしながら少なくとも年代記（一〇一五年の項）の解釈については、かれらが正しいとは考えられない。多くの場合、かれらのこの問題の取り扱いは厳密さに欠けるだけでなく、ホローシェフの場合などは、史料解釈の点でも誤りを犯しているようにみえる。たとえばかれは、一一七四年にクリャジマ河畔の町ウラジーミルの「黄金の門」上の「教会の宝座」がウラジーミル公に捧げられたと記すが、かれが挙げる典拠（『ラヴレンチー（スーズダリ）年代記』の一一七四年の項）はそれを裏づけてはいないのである。[126]

ウラジーミルはいったいなぜ早い段階で、聖人として称えられなかったのであろうか。[127] これについて、たとえばプリショールコフは、ウラジーミル期のルーシ・ビザンツ間の対立関係を指摘する。すなわち、ウラジーミルは「洗礼」後、ルーシ教会の組織化にあたってコンスタンティノープル教会の管轄を望まず、ブルガリア（オフリド）教会に接近したが、このことがコンスタンティノープル（皇帝バシレイオス二世および総主教）の怒りを招いたというのである。コンスタンティノープルはそもそも、管轄下の諸民族教会が固有の聖人を創りだすことをあまり歓迎しなかった。というより皇帝と総主教の意向を無視した列聖など教会法的に問題とみられたので、ビザンツは管轄下の諸民族教会のこうした意味での独自の動きは極力抑えようとした。加えてウラジーミルの場合には、かれ個人にここに記したような、コンスタンティノープルの反感を買う理由があった。ウラジーミルの後継者（ヤロスラフ）の時代になり、一〇三七年にコンスタンティノープルで叙階された最初の（とプリショールコフが考える）府主教がキエフに着任した後も、ウラジーミルのかつての反ビザンツ的行為は忘れられておらず、かれのすみやかな列聖は行われぬままになったという。[128]

こうしたビザンツの反対を理由にあげる研究者は少なくない。プリショールコフのブルガリア・テーゼを受け入れる教会史家のカルタシェフがそうであるし、[129] トムトロカン・テーゼを提唱したヴェルナツキーもこの点では同じである。[130] しかし本書は、既述のように、これらの諸テーゼを受け入れがたいものと考えている。それゆえウラジーミル列聖の遅れの理由は、当然のことながら別の点に求めるべきであると考える。

そこで一つ考えられるのは、ウラジーミルの「好色」な性格に関する根強い言説である。『原初年代記』（九八〇年の項）にも記述はあるが、かれについての噂は西方でも広く知られていたようで、ザクセン（メルゼブルク）のティトマルに次のような一説がある。

「ルーシの王ウラジーミル rex Wlodemirus によってなされた不正にふれておこう。かれはギリシアからヘレナという名の妻をめとった。以前かの女はオットー三世と婚約したことがあるが、陰謀によってかれ［オットー］から奪い取られたのであった。かれ［ウラジーミル］はかの女の懇請によって聖なるキリスト教信仰を受け入れた。だがかれはこの信仰をよき行為で飾らなかった。というのもかれは節制を知らぬ常軌を逸した放蕩者であり、弱きダナイ人［ギリシア人］に対し激しい圧迫を加えたからである……」[131]。

ティトマルの記述には誤りもあり[132]、その点では注意を要するが、いずれにせよ、ここではウラジーミルは受洗後も素行が修まらず、放蕩が続いたとされている。

このようにウラジーミルの「好色」な性格は広く知られていた。もしこれが事実なら、聖人にふさわしくないと考えられた可能性はある。ビザンツ当局のみならず、ルーシ教会自体、あるいはヤロスラフなどウラジーミルの後継者もが、かれを聖人に推すことを躊躇する雰囲気があったのかもしれない。

しかしどうもそうではなかったように見える。それは、ウラジーミルが必ずしも「好色」でなかったからというのではない。そもそもウラジーミルの素行と「洗礼」の関係については当時二種類の描き方があったように思う。

一つは、異教時代のウラジーミルの性格や素行を否定的に描く一方、洗礼に際して劇的な「回心」がおこったことを強調する描き方である。ここでは「洗礼」という神のあふれんばかりの恩寵が強調されることになる。他はいうまでもなく、ウラジーミルが異教時代から一貫して行い正しい、聖人にふさわしい人物であったとする、いわば典型的に聖人伝的な描き方である。おそらく双方ともに教会の側から出た記述法と考えられるが、前者の方が、時間的にはともかく理念的には原初的で、後者はキリスト教的・教会的な考え方が浸透するにいたって次第に主流となった描き方といえるかもしれない。

前者の描き方の典型として、『原初年代記』の記述を想い起こしてみたい。九八〇年の項では、受洗以前のウラジーミルが異教の神々を新たに立てる様子が描かれ、引き続き、かれの一夫多妻や多数の妾について、またその好色ぶりが描かれていた。しかし同時にかれは「最後には救いを見出した」とも記されている。その後の九八三年の項では、キリスト教徒であったヴァリャーギ父子がウラジーミルの命令で殉教を遂げる話が出てくる。そして九八八年の項では受洗後のウラジーミルのキリスト教君主としての目覚ましい活躍ぶりが描かれ、九九六年の項では「すべての乞食や貧しい者」に対する慈善行為が強調されている。そして一〇一五年の死と追悼の記述が続く。要するに、年代記作者は受洗以前のウラジーミルを「熱烈な異教徒」、「姦通者」、「キリスト教徒の迫害者」ととらえ、逆に受洗後のかれを「熱心なキリスト教徒」にして「慈悲深い貧民愛の君主」と対比的に描くのである。ここには言ってみれば、新約聖書の迫害者サウロ、すなわち改宗後の使徒パウロにみられるような劇的な奇跡的転生物語が再生されていると言ってよい。年代記作者自身、ウラジーミルは「以前こそいまわしい情欲を望んでいたが、後には使徒が『罪のまし加わったところには恵みもますます満ちあふれた』（ロマ五・二〇）と伝えているように、ひたすら悔い改めた」とパウロの著作を引用しながら（一四七頁）、これを裏づけている。またかれはウラジーミルの改宗の動機の一つとして「失明」のモチーフを用いているが（九八八年の項）、これもまたパウロの回心を想起させる。

一方、ウラジーミルは最初から行い正しき、「惜しみなき施し主」として描かれる場合もある。たとえばイラリオンの『律法と恩寵についての説教』がそうである。[133] ここではウラジーミルが「貧民を愛する」君主であることが繰り返し事細かに描かれる。将来の府主教はルーシの洗礼者を、「ローマの地」にキリスト教をもたらした使徒ペテロ、パウロと、また「アシヤ、エフェソス、パトモス」に福音を伝えた神学者ヨハネ［東方教会では「福音書記者」ヨハネに同じ］、インドに対するトマス、エジプトに対するマルコと比べた後、その功績を数え上げ、さらにかれと皇帝コンスタンティヌス大帝との類似性を長々とたどる。そのうえで、イラリオンはウラジーミルにむかって直接次のように呼びかける。「主は、コンスタンティヌス大帝に対するのと同様に、汝を天においてかれと同じ栄光と名誉に与かる者とされた。汝がその生涯において得た正しい信仰のゆえである」[134]。

修道士ヤコフの場合も同様である。かれはイラリオンに倣うかのように、ウラジーミルを次のように称えている。「ああ至福なる者よ。幾重にも［三重に］至福なるウラジーミル公よ。汝は信仰篤く、キリストを愛し、旅人を厚くもてなした。汝には神より多くの報奨が与えられるであろう」[135]。

たしかにこれら二人の著者において、ウラジーミルのこうしたあり方が洗礼後に初めて現れたものとして描かれているのか、それともかれに生得の性質として最初からあったと理解されているのかは判然としない。本書の著者には、イラリオンらにおいてはウラジーミルが最初から有徳の君主であり、そのことが神の恩寵を呼び寄せ、洗礼につながったかのごとくに描かれているように思えるが、いずれにせよ二人の著者は異教時代のウラジーミルの行動にはほとんど関心を払わず、ひたすらかれの行い正しい生活ぶりを強調しようとしている。この点ネストルの『講話』はより明確である。ネストルは「貧民愛」が異教時代からのウラジーミルの本来的な性質と考えている。ウラジーミルは首尾一貫して聖人にふさわしい君主であったというわけである。

以上のようにウラジーミルの「好色ぶり」をどう見るかについては、最初から二つの見方があったように思われる。一つはそれを認めつつ、洗礼後の回心を強調する見方である。他は最初からそのようなものはなかったかのように記す方法であった。それゆえティトマルが伝えるウラジーミルの「好色」が、かれの列聖の障害になったかのような捉え方はややピントがずれているといってよさそうである。現に蛇足のようではあるが、ティトマル自身が先の引用のやや後の箇所で、自身の主張を取り消すような記述をしていることにふれておく必要があるだろう。次のように記されている。

「かの王は生まれながら淫蕩の性格を有していたが、ヴィーナスの祭服をまとってますますその傾向を強めた。だがわれらの救い主キリストはわれらに破滅のもとになるあまたの行き過ぎの腰に帯を締めて準備するように命じた。かれはいかなる誘惑をも現すことなく節制［の必要なこと］を知っておられる。王はもえ続ける灯火《ともしび》についての説教師たちの教え［ルカ一二・三五］を聴いて、かつて犯した罪の穢れを熱心な惜しみなき施しにより洗い清めたのである(136)」。

ここではウラジーミルは受洗後行いを改めたとされているのである。同じ著者によるこのように矛盾する記述をどう理解すべきか、むずかしいところであるが、ナザレンコの言うところに従えば、先の引用部分とこちらのとでは、ウラジーミルに関する情報源が異なっており、そこから生じた矛盾ということになる(137)。いずれにせよ、ティトマルが最初の引用部分で伝えるような、受洗後もウラジーミルは「好色」であり続けたとする主張は、やや誇張された記述と言えそうである。そうであればなおさら、かれの「好色ぶり」が列聖の妨げとなったとする主張は受け入れがたくなる。

同様のことは、ヴィリーナにも謳われるほどによく知られるウラジーミルの宴会好きの性格についても言うことができる。たしかに『原初年代記』は、受洗後のかれが「町の人々や多くの人々を集めて」「盛大な祭り」（prazdnik velik）を行い、また乞食と貧民に対し大盤振る舞いをしたことを伝えている。また公があたかも日曜日ごとに「宴会」を催し（pir tvoriti）、人々を楽しませたかのような記述もなされている（九九六年の項、一三八―一三九頁）。既述のごとく、公が飲酒を好み、それを禁じるイスラーム教を拒絶したという「諸信仰の吟味」中のくだりもよく知られている。かれは民衆の間でも宴会好きな公として知られていた。勇士ドゥナイについて謳ったヴィリーナは次のように始められる。

「ところはキーエフの都のなか、心やさしいウラジーミル公の宮殿で、はれやかな酒宴がひらかれていた。居並ぶ客はあまたの諸公と貴族たち、強力無双の勇士たちのほか、商売いとなむ商人たちと村々の百姓たちが一人のこらず招かれていた……」。ウラジーミルのキエフの宮殿の広間は、再三「(酒)宴もよおす」という枕詞(形容詞)つきで語られるほどであったのである。(138)

ウラジーミルの宴会好みの、おおらかで豪快な性格は民衆によってはむしろ肯定的にとらえられていたといってよい。それが教会的聖性とは必ずしも適合的ではなかったとしても、ロシアの民衆にとってはいうまでもなく(ことによると正教会にとっても)、必ずしも忌避されるべきものとは捉えられていなかった可能性がある。これをもって列聖の遅れを説明することはできないというべきであろう。

ではほかに考えられる理由はあるのだろうか。教会史家のゴルビンスキーは、ウラジーミルには「奇跡」物語が伝えられていないことを指摘する。聖人であれば当然期待される死後の奇跡(朽ちぬ遺体、そこから発せられる芳香、病人の癒しなど)がウラジーミルの場合には伝えられていないことが大きかったというのである。(139)これにはミュラーやフェンネルなども賛意を表明しており、またヴォドフに至っては、先の『原初年代記』一〇一五年の項の、神がかれを「称えられた」はずである(のにそうしなかった)とする記述を、没後のその墓前における「奇跡」の欠如を暗示するものと考えているほどである。したがってゴルビンスキーの見解は、いまのところ決定的であるかどうかはともかくとして、有力な仮説ということができる。(140)たしかに死後の奇跡の有無は当時の人々にとっては重大であったように見える。それがウラジーミルの場合に何故ないとされたのかは明らかでないが、いずれにせよ、たとえば修道士ヤコフはこのことを認識していたがゆえに、「愛する者よ、われらはかれ[ウラジーミル]が死後奇跡を行わなかったとしても驚きはしない。というのも、多くの聖なる義人が奇跡を行わなかったからである。かれらはそれでも聖人であった。これについては聖金口ヨアン［ヨハンネス・クリュソストモス］があるところで次のように述べている……(41)」と記し、ウラジーミルを擁護したのであった。この問題が当時の教会を悩ませていた可能性はおおいにある。なによりも、ウラジーミルを賛美したはずのイラリオンが府主教座に登ったあと（なるほどそれは三年ほどと短期間のことであったが）、ウラジーミルの列聖を実現させたとも、またそれに尽力したとも伝えられていないことは致命的であった。この点は後のルーシ人府主教クリメントの場合においても同様である。かれもとくにウラジーミルの列聖に努めたとは伝えられていない。ウラジーミルの列聖が当時のルーシ教会にとって困難な課題であったことが推測されるのである。この問題についてはさらに次章で考えてみたいと思う。

ところでヨーロッパに広く目を向けると、臣民をキリスト教に導いた君主はウラジーミルだけではなかった。ウラジーミルの「列聖」問題を、さらに諸外国の君主の例を参考に考えてみるとき、また別の側面が見えてくるように思う。一国あるいは一民族のキリスト教化に道を開いた君主で、聖人とならなかった者は少なくない。たとえば、初代フランク国王クローヴィス（五一一年没）がそうである。かれは三千人の従兵とともにアリウス派からカトリックに改宗したと伝えられ、そのことはその後のフランク史にとって大きな意味をもったにもかかわらず、列聖はされなかった。ブルガリアを正教キリスト教に導いた（八六四年）ボリス王（洗礼名ミハイル）も聖人とされた形跡はない。それに代わるようにしてかれの孫のペータル王（九六九年没）が没後間もなく聖人として敬われたことが知られているが（ビザンツの支配を実質的に受け入れ、帝国との敵対関係を終わらせたことが大きかったようにみえる）、ボリス自身は聖人とはならなかった。ウラジーミルと同時代人のポーランドのミェシコ一世(九九二年没)もそうである。ポーランドもルーシの場合と似たような条件に促され、ルーシに先立ってキリスト教（カトリック）化したが（九六六年）、その立役者がミェシコであった。かれはとりわけ西からの神聖ローマ帝国の圧力に抗すべく、ボヘミア公ボレスラフ一世と結んで国のキリスト教化を断行したが、列聖はされなかった。おそらくかれの没後まもなく、プラハ司教ヴォイチェフ（アダルベルトゥス）がボヘミアを追われてポーランドに来たり、プロイセン人への布教のさなかに殉教死を遂げ（九九七年）、あたかもミェシコに代わるかのようにポーランドの守護聖人とみなされるにいたったことが、ミェシコ列聖の必要性を減じさせたと考えられる。あるいはまたその八十余年後の一〇七九年に、時の国王ボレスワフ二世の手で残酷に処刑されたクラクフ司教スタニスワフが、その後ローマ教皇庁により聖人に列せられ（一二五三年）、正真正銘のポーランドの守護聖人とみなされるようになったことも大きく作用したにちがいない。ヴォイチェフといいスタニスワフといい、そのミェシコ一世との関係は、ウラジーミルに対するボリスとグレープと似ているところがあるといえるかもしれない。

他方、同じく臣民の改宗のイニシアティブをとったことで、聖人に列せられた者も多い。たとえば、早い例ではブルグンド族を（アリウス派から）カトリックに改宗させたジギスムンド王（五二三年没）である。北欧ではノルウェーのオーラヴ二世（一〇二八年没）もそうである。

いったい先のクローヴィスやボリスまたミェシコと、ここのジギスムンド、オーラヴとの間には何か決定的な違いがあるのだろうか。ここでただちに気づくことは、後二者が前三者とは違って非業の死を遂げていることである。そしてまさにこの特徴こそが聖人（王）となる不可欠の条件であったことが指摘されている。(142) 戦場で斃れるにせよ、政治的陰謀により死に至らしめられるにせよ、キリストの受難を想起させる非業の死が、君主の列聖に際して重視されたようにみえる。こうした例はさらにあげることができる。デンマーク王クヌーズ聖王（一〇八五／一〇八六年没）は力ずくで国民の改宗を強行し、反発を受けて戦場に倒れた。かれの甥、オボドリト族の公クヌーズ・ラヴァルドも同様だったという（一一三一年没）。ルーシにとってとくに重要であったのがチェコ（ボヘミア）公の聖ヴァーツラフである（九二九年没）。かれはボヘミアのカトリック化を促進したが、敵対する弟ボレスラフ一世の側により暗殺され、聖人に列せられたのである。既述のように、かれの伝記はキエフにも伝えられよく知られていた。

V・ヴォドフによれば、「非業の死」は十二世紀にいたるまで、ヨーロッパにおける君主の列聖の必要条件であったという。このことはハインリヒ二世（神聖ローマ皇帝、一〇二〇―一〇二四年）やカール大帝（シャルルマーニュ、八一四年没）の例を考えれば、ある程度納得がいく。ハインリヒの場合は、異教徒（ヴェンド人）への布教やクリュニーの修道院改革を支援するなどして、理想的なキリスト教君主とみなされたが、その列聖は容易ではなく、ようやく没後一世紀以上たって実現した（一一四六年）。非業の死を遂げたわけではなかったことが遅延につながったひとつの原因であったと考えられる。またカールの場合は、没後三五〇年もたってから対立教皇パスカリス三世（一一六四―六八年在位）により聖人と宣せられたが（一一六五年）、これはその後有効とはみなされなかった。対立教皇の手になる明らかに非合法な列聖であったからであるが、大帝自身が非業の死を迎えたわけでなかったことも作用したにちがいない。非業の死という規準をルーシの場合で考えてみると、これに当てはまるのは、まさにウラジーミルの二人の子ボリスとグレープであり、かれらこそが最初の聖人にふさわしい存在とみなされるようになった。かくてそうでなくとも問題を抱えていたウラジーミルの列聖はますますその緊急性を失い後景に退くことになったと考えられる。

このように殉教はいうまでもなく、たとえ非宗教的な原因によるものであっても「非業の死」自体が聖人の誕生において重要な要件とされたことに疑問の余地はないが、この点で例外的といえるのがハンガリー王イシュトヴァーン一世（九九七―一〇三八年在位）である。かれは強制力をもちいて国のキリスト教化を推進したことでウラジーミルとよく似ている。あるいは後者に比しはるかに暴力的であったと言ってよい。ところがかれは暗殺されるなど非業の死を遂げたのではなかったにもかかわらず、没後間もなく（一〇八三年）聖人に列せられた。かれが築いた国はその後「聖イシュトヴァーンの国」と呼ばれ、近代においてはハンガリー民族主義の大きな支えとみなされることとなった。その意味でイシュトヴァーンはウラジーミルとはだいぶ異なっている。前者が後世のハンガリー史においてもった意味は、ロシア史における後者以上のものがあるといえるかもしれない。なぜイシュトヴァーンが没後比較的早く列聖されることができたのか、それにはおそらくは当時の政治状況が大きくかかわっていたと思われる。十一世紀後半に王位に就いたラースロー一世（一〇七七―一〇九五年在位）は、イシュトヴァーン没後の数十年にわたる政治的混乱を収拾し、王国の統一を回復することができた。それにより王国の建設者イシュトヴァーンの政治的偉業も復興された。その一方で、ラースローは叙任権闘争のさなかにある教皇グレゴリウス七世を支持し、イシュトヴァーンの列聖を実現させることに成功したのである。かれは没後自らも聖人に列せられている。ここでは、ラースロー一世の働き（その事業はさらにその甥のカールマーン（一〇九五―一一一六年）によって引き継がれた）が大きかったのに対し、ルーシにおいてはウラジーミル自身の事績の質の問題はおくとしても、かれの事業を継ぎ、それを「復興」させる者が欠如したことが響いたといえるかもしれない。かれの後に継承戦争を制して大公位に就いたのは子のヤロスラフであったが、ヤロスラフは晩年の父ウラジーミルと対立していたことが知られている（次章）。いずれにせよ、ヤロスラフはウラジーミルにとって、イシュトヴァーンにとってのラースローではなかったのである。

イシュトヴァーンの例は、ウラジーミルがしばしばコンスタンティヌス一世（大帝）になぞらえられていたことを想起させてくれる。すでにみたように、イラリオン、修道士ヤコフ、『原初年代記』一〇一五年の項などにそうした記述があった。ウラジーミルが「キリスト教国家」としてのルーシを創建したことが、コンスタンティヌスの偉業を思わせると考えられたのである。もちろん同じく「キリスト教国家」とはいっても、一方はローマ帝国であり、他方はキエフ公国という誕生して間もない小国であった。ただ両君主の役割に似たものがあったというにすぎない。ところで、コンスタンティヌス大帝は、ラテン的西方においてはとくに聖人とみなされた形跡はない。しかしギリシア的東方のローマ（ビザンツ）においては、かれは紛うかたなき聖人であった。かれの創建した「キリスト教帝国」はギリシア世界においてはだれの目にも明らかであった。かれは東方正教会において「第十三の使徒」たる聖人として崇拝されることとなった。一方ウラジーミルの場合は長い間そのようにはみなされなかった。ウラジーミルが創建したとされる「キリスト教的ルーシ帝国」自体の内実は問わないまでも、かれが築いた政治体制が永続化したとは言い難かったからである。かれはときに「専制君主」(samod'rzh'ts')と呼ばれた[143]。「専制」がいったいどういう意味で使われたのかは問題となるし、そもそもそうした実態があったのかとなるとまったく疑問であるが、少なくとも十一世紀末―十二世紀初(『原初年代記』成立の時である)のルーシの著述家たちの目にはそう見えたのであろう。しかしながら、かれらの時代には「専制」体制、すなわち曲がりなりにも一人のキエフ公の下に国がまとまっていた状態はすでにはるか遠い過去のものとなっていた。ヤロスラフがウラジーミルの事業を引き継ぎさらに発展させたかのように見えた時もあったが(かれも『原初年代記』一〇三六年の項で「専制君主」(samovlastets)と呼ばれている)、いずれにせよかれの没(一〇五四年)後キエフ国家が次第に分裂へと突き進んだことは明らかであった(後述第十一章)。都市キエフも、コンスタンティヌスの移り住んだ町がその名で呼ばれるようになったのとはちがって、「ウラジーミルの町」と呼ばれることはなかった(そう呼ばれたのはキエフの一部、実際にかれが築いたと考えられる区域に限定されていた)。都市キエフはヤロスラフによって根本的に改造され、拡充されてしまったのである。イシュトヴァーンの政治的事業が後継者たちによって引き継がれ、しかもその功績がかれに帰せられたのとは大きな違いであったのである。

さらにもう一点忘れてならないことがある。国を統一し、全権力を一身に集めた君主と称えられたウラジーミルといい、ヤロスラフといい、その「専制権力」は、権力争いにはつきもので珍しいことでなかったとはいえ、いずれも血なまぐさい兄弟殺しに伴われていたことである。ウラジーミルの場合は、兄ヤロポルクを殺害してキエフの大公位を手に入れた。ヤロスラフは兄スヴャトポルクの死に直接かかわったわけではなかったが、兄を敗走させ、その死の原因となったことはたしかである。さらにヤロスラフが二人の弟ボリスとグレープの死に無関係であったとは言い難かった。後述するように、かれこそが殺害の張本人とする説は受け入れがたいが、かれがそれを阻止できなかった(あるいは、そうしようとしなかった)ことはおそらく確かである。かれもそれに加担していたことを主張する有力な研究者もいるのである。いずれにせよその後罪なくして死を受け入れたボリスとグレープの存在が決定的となり、そうでなくとも数々の問題を抱えるウラジーミルの早期の列聖は望み薄となったといえる。

最後に、イラリオンらがウラジーミルの功績として強調したルーシにおけるキリスト教の創始者（ルーシの「使徒」）の役割は、少なくとも当分の間はかれではなく、使徒アンデレ（アンドレイ）に帰せられたことも指摘しておく必要がある。『原初年代記』が伝える使徒アンデレのルーシ訪問伝説は、ミュラーの推測によれば、おそらくは、使徒の名を自らの洗礼名としたフセヴォロド・ヤロスラヴィチがキエフ大公位にあった時期（一〇七八―一〇九三年）に年代記に入り込んだ。[144]元来ルーシでは、既述のごとく、『原初年代記』自体が嘆いたとおり、使徒の到来や宣教はなかったと考えられていた。[145]これに対し、ルーシが「使徒」とは無縁の地であることに当惑した聖職者らの「戸惑い」を受けて、この部分がこのころに年代記に書き込まれることとなった可能性がある。それはまさにボリスとグレープがルーシ正教会によって聖人とみなされた時期（おそらく一〇七二年頃、後述）に符合すると考えられる。ここでウラジーミルは「ルーシの洗礼者」という名誉を使徒アンデレに譲り渡す形になったといえる。[146]

かくてウラジーミルは没後暫くの間は、「ルーシの使徒」としても、また支配者王朝を神に執り成しその聖化をはかる者（すなわちルーシの「守護聖人」）としても、崇拝される事態にはならなかったのである。それぞれの役割が使徒アンデレ、およびボリスとグレープの両聖人によってよりふさわしく演じられたのである。ウラジーミルの創建した「キリスト教帝国」も、一方ではコンスタンティヌスの帝国に比肩されながらも、確固たる安定した国家とは言い難く、公の死後諸公間争いの泥沼にはまり込むことになり、この傾向は一層強められたのである。

さて以上にウラジーミルの列聖が大きく遅れた理由について種々考えてきた。本節の結論としては、この遅延には本人の性格や素行の問題は本質的には関係せず、おそらくは奇跡や苦難（非業の死）の有無の問題がより大きくかかわっている可能性を示唆した。またイシュトヴァーンの例から、ウラジーミル以後の政治状況が、そしてまた後継諸大公の列聖問題に対するかかわり方も関係がありそうなことを指摘した。聖アンデレ伝説の登場、とりわけ兄弟聖人ボリス・グレープ崇拝の成立がウラジーミル列聖の前に立ちはだかることとなったのも大きかった。このようにさまざまな要因が幾重にも絡み合ってウラジーミルの列聖が遅れることとなったと考えられるのである。

それでは最後に、聖人ウラジーミルの誕生は具体的にいつのことなのか、諸研究者の見解を紹介しながらみておくことにする。ゴルビンスキーは、ウラジーミル崇拝が始まったのはアレクサンドル・ネフスキーのノヴゴロド公時代(一二三六―一二五二年)であったとする。ネフスキーの伝記中に、「聖」ウラジーミルへの言及があることに注目した見解である。それによると、きっかけとなったのは、ネフスキーによるスウェーデン人に対する勝利(ネヴァ河畔の戦い)であるという。この戦いは一二四〇年七月十五日のことと伝えられ、それがまたウラジーミル公の命日とも考えられるのである。(147)

ただしこれには疑問も残る。というのも、ゴルビンスキーはネフスキーの伝記中に聖ウラジーミルへの言及があるとするが、そう簡単には言えないからである。ネヴァ河畔の戦いについて伝えるもっとも早い段階の史料と目されるのは『ノヴゴロド第一年代記(古輯)』であるが、その一二四〇年の項には、次のように記されるだけである。「スヴェイ[スウェーデン人]が大軍でやってきた……アレクサンドル公は一刻の猶予もせず……攻めかかり……かれらを打ち負かした。七月十五日、聖キュリアコスと聖ユリタの日、カルケドンの六百三十人の聖教父の集いの主日のことであった(148)」。

ここでは七月十五日はキュリアコスとユリタ(四世紀にディオクレティアヌスの大迫害に際し殉教したとされる幼児とその母)、またカルケドン会議の記念日とされるのみで、ウラジーミルへの言及はないのである。

同様のことは当のアレクサンドル・ネフスキーの『伝記』についても言いうる。伝記の最古の形を伝えるとされる版(Ps版、『プスコフ第二年代記』に含まれる)では、次のように記される。「[アレクサンドル・ネフスキーは]七月十五日、日曜日に、かれら［敵］に対し軍を進めた。かれは聖なる受難者ボリスとグレープに対し深い信仰を抱いていた」[149]。

ここでは七月十五日とあるのみで、ウラジーミルには（キュリアコスとユリタ、カルケドンの集いについても同様であるが）言及がない。ただボリスとグレープには言及されている。ところがこの両聖人は逆に七月十五日とは関係がなく（二人の記念日は七月二十四日である）、ただ戦いの前日にその地域の長老（ペルグイという名の守備隊長）の前に姿を現し、アレクサンドル公を助けると告げたとされているだけである。

たしかにネフスキー『伝』のなかに、ウラジーミル公の名が現れる版も存在する（キュリアコスとユリタらの名と並記される）。たとえばある版では次のようになっている。「［アレクサンドル・ネフスキーは］カルケドンの宗教会議に集まった六百三十人の聖なる教父たちと、聖なる殉教者キュリアコスと聖ユリタ、ルーシの地を洗礼した聖公ウラジーミルの記念日の七月十五日の日曜日に、かれら［敵］に向かって軍を進めた。かれは聖なる受難者ボリスとグレープに対し深い信仰を抱いていた」[150]。これとほぼ同じ文章は『ラヴレンチー（スーズダリ）年代記』の一二六三年の項におかれた『伝』[151]にもみえる。

しかしながらいま引用した文中の「カルケドンの……教父たちと……キュリアコスとユリタ……ウラジーミルの記念日の」の部分は、上記の原初的と考えられうるテクスト（Ps版）には見られないのである[152]。

かくてネヴァ河畔の戦い後のアレクサンドル・ネフスキー崇拝との関連でウラジーミルが列聖されたとするゴルビンスキーらの見解は、決定的とは言えないように思う。

この問題は正教会がある時点で公を列聖した「事実」（そうした決定がなされたと仮定して）が伝えられていないので、問題の明快な解決は望むべくもないが、比較的最近フェンネルがこれに関し新たな説を披露しているのでここに紹介しておく。かれによれば、ウラジーミルの列聖時期は十三世紀末（一二八三―一三〇五年）の可能性が高いという。それによると、まずネフスキー『伝』が最初に著わされたとき（かれはベグノーフに従って、『伝』の執筆時期を一二八三年頃と、またその著者をキエフ府主教キリルないしその周辺の人物と考えている）、ウラジーミルはまだ列聖されていなかったと考える。上記のごとく、ネフスキー伝の最古の写本、いわゆるPs版にウラジーミルの名が出てこないからである。一方、『ラヴレンチー（スーズダリ）年代記』が成立した一三〇五年には、その一二六三年の項におかれた『伝』にはウラジーミルの名が記されていることから、かれの列聖はそのときまでには実現していたと考えた。フェンネルによれば、これはキエフ府主教がギリシア人のマクシムであった時期（一二八七—一三〇五年）に符合するという。そこからかれはさらに筆を進めて、おそらくは一二八四年に府主教マクシムが全ルーシの主教会議を招集したとき（この会議自体については『ニコン年代記』に言及がある）、ウラジーミルの列聖が実現した可能性があると推測するに至っている。フェンネル説は重要な点で推測に基づいているが、これまで検討してきたところからみて、一つの有力な仮説として評価することができるように思う[153]。

一方この項を閉じるにあたって、聖人としてのウラジーミルの誕生をより早期と考える有力な研究者も依然として存在することにふれておく必要があろう。B・A・ウスペンスキーとN・I・ミリュチェンコである。

記号論で有名な構造言語学者ボリス・ウスペンスキーには、古ルーシにおける歴史認識の問題を検討した一連の著述があるが（「古ルーシにおける歴史認識と『モスクワ・第三ローマ』論」（一九九六年）、『ツァーリと総主教——ロシアにおける権力のカリスマ』（一九九八年）など）、そのひとつに『ボリスとグレープ』（二〇〇〇年）がある。かれは十二世紀末—十三世紀初の教会規定にウラジーミル伝が含まれていること（さらに十三世紀のプロローグ、いわゆる簡略版聖人伝のいくつかの例）を挙げ、公の列聖が遅れたとする通説は受け入れがたいことを主張する。ウスペンスキー自身はウラジーミル崇拝がすでに十一世紀中に成立していたと考えている。ただここで注意すべきは、ウラジーミルも両聖人ボリス・グレープと「一体となって」称えられたとしていることである。つまりウスペンスキーはすべての始まりが聖人ボリス・グレープの誕生にあったと考えているのである。[154]

最近「聖」ウラジーミルに関する諸史料の包括的な分析を試みたミリュチェンコもより早期とする説を提唱している。かれによれば、府主教イラリオンや修道士ヤコフの著述が著わされた時期（十一世紀中—後半）にはウラジーミルは聖人とみなされていた。しかし公が公式的に列聖される前に、『原初年代記』（すでに『原初集成』）の編纂段階で公に対する崇拝の機運は弱まった（ルーシの洗礼者としてはむしろ使徒アンデレの役割が評価された）。つまりミリュチェンコによれば、公の没後間もなくの列聖がなかったという事実は否定できない。しかしながら、公のプロローグ版聖人伝が成立する段階で（それは遅くとも十二世紀六〇年代には成立していたとみることができる）、公に対する崇拝が復活した。その意味で十二世紀第三四半期にはすでにウラジーミルが公式的に聖人と認められていたと考えることができるとするのである。[155]

ウスペンスキー、とくにミリュチェンコの研究は関連資料の綿密な分析に基づくものであり、説得力があると言えるが、ウスペンスキーの場合でもボリス・グレープが最初の聖人であり、ウラジーミルも子でもある両兄弟との関連で崇拝されたという事実は否定されていない。というよりウスペンスキーにとっては神聖キリスト教国ルーシのすべての始まりはボリス・グレープの聖人化にあった。ウラジーミルはかれらとの抱き合わせではじめて崇められたとされる。またミリュチェンコの場合も、問題はかれがあくまでも簡略聖人伝を重視する立場に立っていることである。本格的な聖者伝はキエフ時代には著わされなかったことを考えると、以上に指摘したさまざまな事象をどう評価するかという問題はまだ残されているように思われる。とりわけボリスとグレープの列聖が早期に成立していたことと比較して、二人の父の方はなぜ遅れ、付随的であったのかという問題は残る。引き続き検討が必要であるように思われる。

●「洗礼」の歴史的意義

「ルーシの洗礼」がロシアの歴史にとって本質的な意味を有したことはあらためて確認するまでもない。ルーシはキリスト教を受け入れることで文明国ビザンツからあらゆる面で多大な恩恵を受け、キリスト教は国家と国民の基本的性格を形作る土台となった。ロシアがこれ以後ヨーロッパ文化圏の東端に位置して、キリスト教諸国との関係を基本にしながらその歴史を歩み始めたことの意味はいかに強調してもしすぎることはない。「洗礼」後、ルーシがキリスト教世界のなかでどのような地位を得たか、とりわけビザンツとの関係に生じた変化については、先に教会制度の組織化の問題をみた際にある程度ふれたので、以下には「洗礼」後の西方世界との関係についていささか考えておきたい。ここでの最初の手がかりは、前章においてもふれた(三〇五頁以下)、クヴェーアフルト(東部ザクセン)のブルーノ(九七五頃―一〇〇九年、修道名ボニファティウス)である。

ブルーノは神聖ローマ帝国の東方辺境地域の異教徒への布教者、殉教者として、同じく異教徒への布教の最中に殉教したプラハ司教アダルベルト(九五六―九九七年、ヴォイチェフ)と並んで、よく知られている。われわれにとってとくに重要なのは、かれがキエフにおいてウラジーミル(聖公)に直接接触し、そのことについての記述を残しているからである。かれはその生涯の最晩年に、布教大司教として(archiepiscopus gentium)ハンガリー経由でペチェネグ人(トルコ系遊牧民)の下へ布教に赴いた。それはかれがバルト海南岸地域のプルス人の下で殉教(一〇〇九年三月九日)を遂げる前年のことである。ペチェネグ人の下にむかう途上(またその帰路に)、かれはキエフを通ったが、そのときのことを、自身の主君、ドイツ王(のち皇帝として戴冠)ハインリヒ二世にあてた「書簡」において記している。書簡はおそらくペチェネグ人の下から戻って、今度は北のプルス人の下へ向かう直前のポーランドで書かれた(一〇〇八年末)と推測される。まずはやや長くなるが関連部分をナザレンコによりながら訳しておこう[156]。

「われらがハンガリー人 Ungri の下を去ってから、早くもまる一年……がたちました。そこでは多くの時を無為にすごしました。われらはペチェネグ人 Pezenegi の下へ出立しました。それは異教徒のなかでももっとも残忍［な種族］です。ルーシの君主 senior Ruzorum は権力と富において強大ですが、かれは一か月にわたって、わたしの意に反してわたしを引き留めました。あたかもわたしが自ら滅びの道を望んでいるかのように考えたのです。かれはその間絶えず、かくも狂気に満ちた民の下へ行かぬようわたしを説得しようとしました。かれの言うところでは、この民の下でわたしは新たな生命（人々）ではなく、ただ死、それももっとも恥ずべき死のみを見出すであろうというのです。しかしわたしを思い止まらせることはできず、取るに足らぬわたしのことで見た夢に恐ろしくなって、二日の間、兵を率いてわたしに同道し、自身の王国の最果ての境界線まで送って来たのです。これは遊牧民との戦いのための強力な防御柵で四方から囲まれた長大な境界線です。かれは馬から飛び降りると、同輩らとともに先を行くわたしの後につき従って、自分の最良の家臣らとともに城門外へ出ました。かれはある丘の上に立ちました。われらは別の丘に立ちました。わたしは両手にもった十字架をしっかりと抱え、聖なる讃美歌『ペテロよ、汝はわれを愛するや。わたしの子羊を養いなさい』［ヨハネ二一・一五―一七］を大声で歌いました。応唱が終わると、君主はわれらに己の最良の家臣［の一人］をよこし、次のように言わせました。『わたしは汝をわが領土が終わり、敵の地の始まるところまで見送って来た。わたしは明日の第三時［朝の九時］までに汝が死の苦しみを味わうことになることを知っている［先の夢のことであろう］。だが主の名において汝に願いたい。己が若い命を滅びに渡し、わたしの名を汚すことにならないようにと』。わたしは答えて言いました。『主が汝に天国［の門］を開かれるように、汝もわれらに異教徒への道を開かれますように』と」。

「ハインリヒへの書簡」はこの後、ブルーノがペチェネグ人の領域に入り、死の危険にさらされながら「日曜日」に（ペチェネグ領に入って五日目のこと）なんとか本営の一つに到着し、そこでこれまた苦労して、それが「善意」の訪問であることを理解させ、結局五か月間滞在したこと、その間に「約三十人をキリスト教に改宗させた」こと、さらにはルーシとの間に「講和」を成立させたことを伝えている。

おそらくブルーノは、「書簡」に明記されているわけではないが、キエフ公からペチェネグ人との間に講和条約を締結することを託されていたと考えることができる。これに関連してさらに次のように記されている。

「[ペチェネグ人は言った。]『もし講和が確固たるものであるなら、われらはすべて、汝が教えたように、よろこんでキリスト教徒となろう。もしルーシの君主が取り決めを破るならば、われらにはキリスト教はなく、戦いがあるのみだ』。条約を結んだ後わたしはルーシの君主の下に戻りました。かれは神の[事業]のためにこれをよしとされ、人質として息子を[ペチェネグ人の下へ]差出しました。われらもわれらの随身の一人を司教に任じました。君主はこの後、かれ[司教]を自身の息子とともに[ペチェネグ人の]地のただ中におかれたのです。こうして主、われらの救い主のいと高き栄光のために、地に住むすべての異教徒のなかでももっとも悪質で、もっとも残忍な民のあいだにキリスト教の戒めが打ち立てられたのです」。

ブルーノのペチェネグ人への布教、その旅の往復の途上のキエフ滞在について、検討されるべき点は多くある。たとえば、かれが仲介したペチェネグ・ルーシ間講和条約とはいかなるもので、どのような効果をもったのか、キエフ公が差し出したという人質（公の息子）とは具体的には誰のことか、改宗した三十人のペチェネグ人、またかれがペチェネグ教区に任命したという司教のその後の運命はどうであったかなどなどである。しかしながらここでそれらの点に立ち入ることはできない。[157] 本書にとって重要なのはむしろ、ブルーノがキエフ公の名を明記していないという点のほうであろう。かれはキエフ公をたんに「ルーシの君主」と呼んでいる。ブルーノのルーシ訪問について立ち入って検討しているM・ヘルマンによれば、これはブルーノが、たとえば当時のポーランド公についてはその名（ボレスワフ・フローブリ勇敢公）を明記しているのとは大きく異なるという。[158] しかしこの点については、そう大きな問題と考える必要はないように思う。というのもこの「君主」がウラジーミル公であることを疑う理由はほとんどないからである。研究史上もこれにたいし疑義が出されたことはない。また次のようなこともある。すなわち「書簡」ではハンガリー国王イシュトヴァーン一世についても言及されているが、その名も記されていない。ウラジーミルの場合も同じように何らかの理由で（おそらくは自明のこととして）記述されなかったと考えられる。いずれにせよ、ヘルマン自身がこの点をこれ以上に掘り下げてはいない。書簡が旅の途中に書かれたという特殊な状況も考慮に入れられなければならないだろう。

より大きな問題は、これに関してヘルマンが次のような推論を展開していることである。すなわち「書簡」では、キエフ公はルーシ「王国」（regnum）の「君主」（senior）と呼ばれている。この呼び方は、ブルーノ自身の「君主」ハインリヒ二世に対するものと同じである。ブルーノのルーシに対する態度は、ポーランドのボレスワフ一世に対するものとは明らかな違いをみせている。なるほどボレスワフも「君主 senior」（ないし「領国の主人」dominus terrae）と呼ばれているが、ブルーノにとってボレスワフは「王国」（regnum）の君主ではない。ブルーノはハインリヒ王がポーランドを「王国」とみていなかったことをよく知っていた（ハインリヒはポーランド公を独立の王国の君主ではなく、自身の家臣とみなしていたと考えられる）。ブルーノは布教大司教として、ドイツ・ポーランド両国国内やその北東地方に未だ多数いる異教諸族のキリスト教化を使命としていた。両キリスト教国同士の敵対関係は（それはときに異教徒と手を結んで相手に対抗するほどに激しかった。たとえばハインリヒは、異教種族のリュティチ(ヴィレーチ）と結んでボレスワフと戦ってすらいる）、この崇高な事業にとって大きな障害となっていた。ブルーノはハインリヒに対する書簡でポーランドを「王国」、またその君主を「国王」と呼んで皇帝を刺激することを避けたのである。他方ブルーノはルーシについてはこれを「王国」すなわち独立国とみなし、ポーランドの場合とは異なる取り扱いをしている。これはかれが、ドイツ皇帝はルーシを対ポーランドの潜在的同盟国と考えていたことを知っていたからであり、しかも政治的には明らかに帝国の外にあったからでもある。

かくして、ヘルマンによれば、ブルーノの書簡ははからずも、キリスト教受容後のルーシがヨーロッパの東部辺境に位置する重要な要素としてうかびあがってきたこと、とりわけ各地に強力な勢力を保っていた異教徒の改宗事業における一拠点となったことを明確に証言することになった。ブルーノはこの書簡において、帝国とポーランド間のみならず、ポーランド・ルーシ間にも和解の必要なことを説いたのみならず（もし帝国・ポーランド間に講和が成立するなら、それはポーランド・ルーシ間の接近をも可能とするであろう）、キエフ・ペチェネグ間をも取り持つことによって、ヨーロッパ東部のキリスト教化のために　キリスト教諸君主全体の協働関係の必要なことを示そうと願ったのであった。[159]

ヘルマンの見解のすべてが説得的であるわけではない。ブルーノが親しく会見し、自ら国境まで二日間にわたって見送ってくれた「君主」の名を記さなかった理由は依然として不明なままと言ってもよい。ブルーノの著作における「君主 senior」や「王 rex」の用法があいまいで、書簡におけるその使用例からヘルマンのごとき明快な結論を引き出すことは無理であるとする指摘もある。[160] しかしブルーノがその布教大司教としての使命感から、皇帝を説得し、ポーランドやルーシの君主と協力して、東部ヨーロッパのキリスト教化を推進しようとした点をヘルマンは正しく指摘したと言ってよいように思う。

以上のことは、ルーシがキリスト教の受容後、ヨーロッパの一員として重要な位置を占めるに至ったことを示すもののように思われる。

本書の著者はブルーノのキエフ滞在からペチェネグ宣教にいたる経緯に関し以上のように考えているが、これとは異なる見方をする者もいないわけではない。たとえばO・M・ラーポフはブルーノをあくまでもローマ教会の布教師とみて、これをコンスタンティノープルひいてはルーシ教会の意向に反して、ペチェネグやポーランド・ルーシ両国の北方に横たわる諸族（ヤトヴャーギやプルス）の改宗（カトリック化）をはかったと考えている。ラーポフの見方からするならば（かれがそう明記しているわけでないが）、ウラジーミルがブルーノを「引き留めた」のは、ローマ教会側のそうした意図を見抜いた大公がそれを制止しようとしたということになろう。もちろん本書の著者はそうは考えない。ブルーノの書簡自体の記述の仕方から見て、ラーポフのような読みは正しくないと考えられるからであるが、さらに決定的なのは、ブルーノのキエフ滞在時点で、東西の教会間の対立（ないし「断絶」）をラーポフほどに決定的なものとみることはできないと考えるからである。とくに当時のルーシ当局が後の時代ほどに反カトリック的な立場を鮮明にしていたと考えることはできないと思う。この点については後にまた立ち返るが（第十二章）、ウラジーミルの祖母オリガがドイツ王とその教会に自ら接触を求めたように（その結果が先に記したように、後のマグデブルク初代大司教アダルベルトの失敗に終わったキエフ訪問である）、ウラジーミルも西方教会との関係に後代のごとくに反発したとは考えられない。ラーポフのブルーノ論は、ブルーノを「ルーシの洗礼者」とみる見方（同時代の西方の諸著述家、たとえばペトルス・ダミアニやアデマールなど、また後の西部ウクライナのウニアート教会の代表者らによって主張されたような）が根拠のないものであることを詳細に論証している点で正しく、貴重である。しかしブルーノをローマ教会の代表者とみてこれをビザンツやルーシ教会に真っ向から対立させる見方を受け入れることは到底できない。[161]

ところで次に「ルーシの洗礼」の歴史的意義全般の問題であるが、本書の著者はかつてこれについては少々ふれたことがあるので繰り返しは避けたい。[162] ただ著者がそこで紹介したD・S・リハチョフの「ルーシの洗礼」についての総括的評価（「千年の経験の事前の総括」）が依然としてその価値を失っていないと考えられるので、それについて以下にあらためて記す。

リハチョフによれば、洗礼の意義は以下のごとき点にあった。まず第一に、ロシア文化がキリスト教の導入とともに一挙に花開いたことである。とりわけ文字（言葉）の宗教であるキリスト教の精髄が当時最盛期を迎えていたビザンツ文化とともに伝えられたことは決定的であった。洗礼の半世紀余り後にイラリオンによって著わされた『律法と恩寵に関する説教』は独創性にとむ作品であり、ルーシが早くもヨーロッパ思想の神学・歴史哲学の本質を学びとりそれを独自の思想に昇華させるにいたったことを示している。また建築分野においても、先にキリスト教化していた近隣諸国（チェコ、モラヴィア、ポーランド）において小規模な、美的観点からしても拙いといわざるをえない教会堂しか建てられなかったのに比し、ソフィヤ教会（キエフ、ノヴゴロド、ポロツク）をはじめとする大石造建築が続々と建てられるなど、驚異的な成果を誇った（キエフ・ソフィヤ教会の建立については本書第九章2であらためてみる）。第二に、洗礼は多民族国家ルーシに政治的統一を可能とするイデオロギー的基盤をもたらした。それまでの宗教は個々の種族、地方によって異なっており、国家に共通性を与える基盤としては適当ではなかった。第三に、こうして導入されたキリスト教は「比較的」容易に、また平和裡に全土に浸透しえた。異教に対する弾圧は他の国々・地域の場合に比して過酷ではなかった。土着の宗教（異教）はその後も長く生活慣習のなかに残るが、それは宗教として存在を続けたのではなく、そのエコロジカルな側面がキリスト教に包摂されて生命力を保ったのである。これが「二重信仰」といわれる現象の内実である。二つの宗教（キリスト教と異教）が長らく対峙したわけではない。第四に、ルーシのキリスト教は哲学的要素を重視するカトリック信仰と異なって、美的モメントに重きをおくものであったが、そうした特徴はすでにウラジーミル聖公の洗礼において明瞭に現れていた。ロシアにおいてすぐれた哲学者が何よりもまず芸術家であり、作家であったことの理由はここにある。第五に、上述のように、洗礼の結果ルーシは文章語をもつこととなったが、この面で特別の役割をはたしたのが修道院であった。それは「洗礼」とともに組織され拡大し、辺境にキリスト教と書き言葉をはじめとする文化をもたらした。（のちのモスクワ時代以降のことになるが）シベリアは武器によってというよりは、書物によって征服されたのである。リハチョフの「総括」はさらに、キエフ時代以後のロシアの歴史における正教と正教会の在り方、およびその特徴にふれていて、それはそれで大変興味深いが、ここでは省略する。[163]

以下には、「洗礼」がルーシにもたらした変化についてさらに具体的なイメージをもつことができるように、リハチョフが第一、および第五点目にあげた文字の使用（記述文学、文章語の誕生）の問題に焦点を当て、その実態をみるなかで洗礼の意義について別な側面から考えてみたい。

『原初年代記』は「洗礼」後のウラジーミルについて次のように記している。

ウラジーミルは「貴族の子弟を連れて来させ、聖書を学ばせ始めた。これらの子どもたちの母親はまだ信仰が固まっていなかったので、死者を悼んで泣くように、かれらを思って泣いた。これらの者が聖書を学ぶようになると、ルーシの地で、『かの日々に耳の聞こえない者が聖書の言葉を聞き、どもる者の言葉が明瞭になるであろう』と言われる預言が実現した」（一三二頁）。

この年代記の記述からは、ウラジーミルが受洗後、貴族の子弟から始めてただちに国民の教育に着手したかのような印象をうける。リハチョフも指摘したように、歴史を長期的な視点から見るとき、こうした記述はおそらくけっして間違いというわけではない。しかしこれはウラジーミルに対する一種の賛辞である。これを文字通りとって、「洗礼」後読み書きの文化が一挙に花開いたと考えるならば、やはり、かの時代の現実認識としては不正確と言わざるをえない。

先に本書でもふれたように、「スラヴの使徒」キュリロスとメトーディオス兄弟によって考案されたスラヴ文字は、ルーシの「洗礼」の時点で百年以上もの歴史をもっていた。ルーシ人はなかでもキリル文字として知られる文字を採用した。[164] ルーシには早くからキリスト教徒がいたこともすでに指摘した（ルーシ・ビザンツ間条約文中の記述、また公妃オリガの例など）。ルーシに先立ってキリスト教化したブルガリアとの頻繁な交渉もあった。したがってスラヴ

（キリル）文字を用いるルーシ人が相当程度いたとしても不思議ではない。ただその普及度を明確に示す証拠には欠けている。キリル文字が用いられたもっとも早い例として今日知られるのは、グニョズドヴォ（現スモレンスクの西方数キロメートル）で発見された壺に記された一単語で（所有者の名か、あるいはその中身の物品名か「からし」（？）と読めるという）、十世紀初頭ないし前半のものとされている。その他いくつかの例が知られているが、ヤロスラフ（賢公）治世も終わろうとする十一世紀中頃までは、現在に伝わる東スラヴ文字の記述例はきわめて稀なのである。[165]

その意味で、「洗礼」が文章語の普及において明確な画期となったと言うことはできない。フランクリンは「洗礼」後の約六十年間に確認される例を列挙している。いくつかの貨幣の銘（「玉座のウラジーミル」など）、ノヴゴロド白樺文書のいくつかの文字、一振りの剣に記された作成者の名、チェルニゴフの棺の蓋に記された三人の聖人の名などである。[166]もちろん現存例が少ないからといって、事例そのものが少なかったと決めつけるわけにはいかない。それでも洗礼直後に一気に普及したと考えるには無理がある。読み書きの普及はヤロスラフ治世の後半になってようやくある程度目に見える形で普及し始めたと考えるべきであろう。読み書きの普及は漸進的で、その意味ではキリスト教化の進展と軌を一にしていたといえるかもしれない。ルーシの場合、キリスト教化は、たとえば既述の教会組織の整備、修道院等の普及などから判断される限り、表面的には急速に進んだようにみえるが、信仰の内面化という意味においてはそうではなかったのであり、読み書きの能力の向上についても同様であったのである。それは教育施設の整備や、そもそも教育に対する考え方、生活の質や基盤の問題等々と密接に関係する大問題であるが、ここで初期ルーシ時代におけるこうした問題に立ち入ることは断念せざるをえない。[167]

これとの関連で、やはり避けて通ることのできないのが、『原初年代記』で伝えられるビザンツ・ルーシ間の条約である。すでにふれたとおり、十世紀にすくなくとも三度にわたって締結されたと伝えられている（九一一年、九四四年、九七一年）。多くの研究者の見解では、条約締結に際して作成された文書は双方の側によって保持されたという。

ビザンツ側がギリシア語原文を、ルーシ側はその翻訳をというのである。[168]

しかしルーシ側の保持した文書が翻訳されたテクストだとしても問題が残る。キリスト教の公式的受容以前の段階でそれが何語への翻訳であったのかは自明な問題ではないのである。（東）スラヴ語（古ブルガリア語）への訳か、これとは異なる「古ルーシ（ロース）語」（この場合非スラヴ語、さらにいえば北方スカンディナヴィア系の語ということになろうか）への訳かという問題である。その背景には、条約を結んだ「ルーシ」、また条約に先立ち帝国を攻撃した「ルーシ」とはいったい何者であったのか、それはたしかにドニェプル中流域のキエフからきたのか、その場合にはおそらくはスラヴ化した「ルーシ」と推測できるが、はたして確実にそう言い切れるのかなど、すでに九世紀における「ルーシ」のビザンツ攻撃に関し論じた際に提起された問いが潜んでいる。ただしこの点について本書はすでに一定の結論を示しておいた（第二章2）。

こうした問いが可能であるのは、とくに九一一年条約の場合（九四四年、九七一年の場合にはその度合いは減じるが、基本的には同様である）、かりにルーシ側が東スラヴ語テクストを保持したと仮定した場合にも、今度は、ただちに「洗礼」以前のルーシでそれがどれだけ可能だったのかという疑問がでてくるからである。当時のルーシにおいて「文書行政」について述べることができるかという問題でもある。もちろん当時のキエフ公の下にビザンツとの交渉にあたる人員や通訳がいたことは確かであろう（初期においてもっとも想定しやすいのは、ギリシア語、スラヴ語双方の能力をもつブルガリア人であったであろう）。しかしそれをどのような機関が担当し、どの程度組織化されていたか、文書行政をつかさどる官房などというものはあったのか、すべては不明である。当初は、ヨーロッパのその他の地域でみられたように、キリスト教化とともに到来した聖職者（ルーシの場合、ギリシア人やブルガリア人）がその読み書きの能力をもって諸公に仕えたと考えられるが（その意味で、たとえば公妃オリガの場合、受洗後帝都からそうした人員を伴って帰還した可能性は高い。すでにかの女の帝都訪問団中に、第五章においてみたように、グレゴリオスなる司祭が同行していたが、かれはそうした人員の指導的立場にあった可能性もある)、その後の反(ないし非)キリスト教的なスヴャトスラフ公、そして「洗礼」以前のウラジーミル公の治世ではどうであったのか、不明というより、疑問の方が多いのである。上の条約文が伝えられるのは『原初年代記』においてである。これが最終的に書き留められたのは十二世紀初頭のことである。『原初年代記』に先行する版(「原初集成」)の痕跡を残しているとみられる『ノヴゴロド第一年代記(「新輯」)』(その一〇一六年以前の部分。「古輯」にはそもそも一〇一六年以前の部分はない)には、条約文はおろか条約についての記述もない。十世紀にオレーグやイーゴリ、そしてスヴャトスラフらキエフ諸公とビザンツ側との間に何らかの了解事項のあったこと自体は、当時の両国関係、また「条約」文中に記される事柄(当事者の名、合意事項等々)の現実的性格から判断しても、疑う必要はなかろう。しかしそれが今日に伝えられるような整然とした形を取っていたのかは疑問である。ルーシ側が武力を背景に引き出した口頭の約束が後に整理されて書き記されたと推測したとしてもそう乱暴ではないと考えられる[169]。

ともあれキリスト教がルーシに初めて本格的な記述文化を可能としたこと自体は明らかである。このことの意義は十分に認識されなければならない。その意味でウラジーミル以前におけるスラヴ文字の普及を過大に評価することは正しくないだろう。あくまでも「洗礼」後に記述文化は栄えたのである。ただしそれがあたかも「洗礼」とともに一挙に開花し、ルーシが突如として文明国家に変貌を遂げたかのように考えることも、当然のことながらできない。キリスト教がルーシにもたらした変化、影響についてはより長期的な視点でみる必要があるということである。それがはっきり目に見える形をとるのはヤロスラフ賢公の時代、それもその治世後半を待たなければならない。これについては後に改めて検討することになる(第九章補論2)。

（1）L・V・アレクセーエフはポロツクへのヴァリャーギ（ログヴォロド公）到来を十世紀中頃（から六〇―七〇年代）と推測している。Alekseev, *Polotskaia zemlia*.s.238

（2）このことは九七〇年の項（邦訳七九頁）に記されている。「奴隷の子」については後述、第十章（六〇五頁）をも参照。

（3）Shakhmatov, *Istoriia Russkogo Letopisaniia*.I-1(*Razyskaniia*).s.177-178

（4）『古代ロシア研究』XX、三二―三六頁。*PSRL*.I:299-301.（引用は邦訳によったが、訳文を部分的に変えている場合がある。）同様の、しかしこれより幾分詳細な物語は他の後代の多くの年代記にも現れる。たとえば『ニコン年代記』（同一一二八年の項）の場合は *PSRL*.IX:155-156 である。なおログネジの運命についてはさらに別のバージョンも伝えられているが、それについては後述第八章注（2）をみられたい。

（5）Shakhmatov, *Istoriia Russkogo Letopisaniia*.I-1(*Razyskaniia*).s.131. 後のブィリーナではかれは「ドブルィニャ・ニキーティチ」の名で登場するが、ここではブィリーナの人物像には立ち入らないでおく。これについてはさしあたり、中村『ロシア英雄叙事詩』、一三四―一八〇、三九四―三九六頁を参照。

（6）『原初年代記』では九八〇年の項以前には、ポロツクに対する言及は二度だけである。最初が八六二年の項で、単独支配者となったリューリクが家臣にポロツクを分与している。二度目は九〇七年の項、オレーグの対ビザンツ遠征に「オレーグの配下にある」ポロツク公が参加している（一九、三二頁）。もしこれらの記事を真に受けるならば、ポロツクは最初からルーシ国の一部であったということになるが、実際そうであったかどうかはわからない（後代の現実を年代記作者が早い時代に投影して描いた可能性もある）。かりにそうであったとしてもその支配の実態（たんに貢納関係に留まったのか、それとも直接的支配下に組み込まれたのか、等々）については何とも言えない。確かなことは、ウラジーミルがそれを征服しなければならなかったとすれば、少なくともポロツクはリューリク／オレーグ以後にキエフから離脱し自立的存在となっていたか、あるいはキエフが改めてこれを征服する必要に迫られたと考えなければならないことである。

（7）その他に、一〇〇〇年にログネジ、翌一〇〇一年にイジャスラフ、一〇〇三年にその子フセスラフが世を去ったことが短く記述されるだけである（一四三、一四四頁）。なお一〇二一年のブリャチスラフ公とヤロスラフとの対立後、おそらくポロツク、キエフ両国が妥協に達したことはすでにナソーノフやアレクセーエフの指摘するところである（Nasonov, *«Russkaia zemlia»*.s.135-137;Alekseev, *Polotskaia zemlia*.s.241）。

（8）きわめてユニークな存在であるフセスラフ・ブリャチスラヴィチ公については後に改めてふれる（第十一章七四四頁以下、とりわけ七四七頁を参照）。

（9）「イズゴイ」公の問題については、クリュチェフスキー『ロシア史講話1』二一九―二二〇頁参照。ポロツクがウラジーミル治世からキエフに従属し、キエフ大公国の一構成要素であり続けたこと、またウラジーミルの子イジャスラフ（ポロツク公）が父に先立って死去して以来、同公家（一門）は大公位継承権を喪失したこと、のちにポロツク公（イジャスラフの子ブリャチスラフ）にはヤロスラフの治世になってヴィテプスクなどの町が与えられたが、それはキエフ大公への忠誠に対するいわば代償としてであったこと等について Nazarenko, Dinasticheskii stroi Riurikovichei.s.65-67 が説得的に論じている。

（10）リューベチ諸公会議については第四章ですでにその概略を説明しておいた。また第十一章でもヤロスラフ賢公の孫の世代における政治状況との関連でこの会議にふれることになる。

（11）キリスト教以前の東スラヴ族に「固有」の神々とされるもののなかで、ペルンは雷と稲妻の神、農業の神、主神的存在で公や従士団の守護神とみなされていた。年代記では「頭が銀で、口髭が黄金の木製」の像であったと記される。ホルスについてはよくわかっていない。ダジボグは贈り物をもたらす太陽の神。ストリボグは風の神。シマリグルについてもはっきりしないが、家の霊と収穫の神が混合した存在とみられる。モコシは家の女霊で、家事を司ったと考えられる。またこの年の記述には出てこないヴォロス神も重要である。それはオレーグがギリシアと結んだ条約文でルーシ側が誓った際の神としてペルンと並んで出てくるからである。家畜の神と記されている。後に財産をつかさどる神、貨幣や商業の神として崇拝されたと考えられる。本書では「異教」をめぐる諸問題に立ち入ることはしないが、これについてはさしあたり、Rybakov, *Iazychestvo* がまずは参照されるべき研究であろう。また栗原『ロシア民俗夜話』がキリスト教以前に遡るルーシの神々について民俗学の視点から広く論じていて参考になる。最近ヴォロス神についての論文が発表されたので、ここにあげておく（中堀「中世ロシアの異教神ヴォロス」）。

（12）Koroliuk, *Zapadnye slaviane*.s.75-90, 146-147. いうまでもなくコロリュクに対し批判的な研究者もいる。たとえば Pashuto, *Vneshniaia politika*.s.33, 308 である。なおコロリュクが言及する「ドゥレビ」は西ヴォルィニ地方にいたと考えられる東スラヴ族の一つで、『原初年代記』では九〇七年の項を最後に言及されなくなる。後のヴォルィニャーネやブジャーネの前身と考えられる。Sedov, *Vostochnye slaviane*. s.92-94

（13）コスマス『ボヘミア年代記』の該当箇所は *Die Chronik der Böhmen*.II-37, S.137-138. ロシア語訳（ナザレンコ）がある（*Drevniaia*

Rus' v svete...IV.s.186-187)。さらにNazarenko, *Drevniaia Rus'*.s.394を参照。

(14) たとえばポーランドの中世史家G・ラブーダは、『原初年代記』九八一年の「リャヒ」をコンスタンティノス七世などが伝える「レンザネーノイ」と同種の種族と理解し、年代記が伝えるウラジーミルの対「リャヒ」遠征は事実を伝えていると主張している。かれによれば、「チェルヴェン」や「ペレムィシリ」の地がこのころプラハ司教区域にあったとしても、チェコによる支配はきわめてゆるやかであり、この地域はリャヒ（ポーランド）系の手にあったとみてよく、そのため年代記にもそのように記されたと考えているのである。一つの考え方である（Labuda, "Der Zug des russischen Großfürsten Vladimir"）。なお「レンザネーノイ」に関しては上述第四章一六九―一七〇頁、また同注（2）を参照。

(15) Nazarenko, *Drevniaia Rus'*.s.404-411

(16) *PVL*.s.453. 年代記邦訳四〇七頁は、リハチョフがドナウ・ブルガール説をとっているかのように記すが、これは誤解であろう。ところで本文でも指摘したが、ドナウ・ブルガール説をとる研究者も多い。たとえば、Shakhmatov, *Istoriia Russkogo Letopisaniia*. I-1(*Razyskaniia*).s.131-132やPriselkov, *Ocherki po tserkovno-politicheskoi istorii*.s.23-24である。その際の論拠はウラジーミル軍が「船と馬」で進軍したとされていることである。またプリショールコフは、ウラジーミルが父スヴャトスラフの野望を引き継いで、ビザンツの攻勢にあえぐ当時のドナウ・ブルガールを攻撃したが、成功しなかったとする。その際軍事行動が短期に終わったことから、これはとくにビザンツと示し合わせたものではなかったと考えている。本書ではヴォルガ・ブルガール説をとったが、その理由の一つは、キエフの権力掌握直後のウラジーミルにドナウ・ブルガールを攻撃して領土拡大をもくろむ余裕はなかったと考えるからである（プリショールコフも考えたように、ビザンツ外交と関係のない単独の行動であったとするなら、なおさらそうであろう）。他方ヴォルガ・ブルガールに対しては余儀なくされた戦いであった可能性がある。もちろんどちらの説をとるにせよ仮説でしかないことは認めなければならない。なおルーシとヴォルガ・ブルガールの最古の時代から中世全体における関係については、さしあたりは、記述史料（年代記、東方からの旅行者の記述その他）のみならず、豊富な考古学的資料に基づくM・D・ポルボヤーリノヴァの概観を参照されたい（Poluboiarinova, *Rus' i Volzhskaia Bolgariia*)。

(17) *PSRL*.II:758; 除村訳、五四五頁

(18) Koroliuk, *Zapadnye slaviane*.s.96;Golovko, *Drevniaia Rus' i Pol'sha*. s.13-15

(19) ここもキリスト教受容以前のドナウ・ブルガールである可能性も考えられないわけではないが、時期の点で問題が残る。こ

の場合はヴォルガ・ブルガールをさすものとみてほぼ間違いない。キエフへやってきた「ボルガリ」については、さしあたりGrekov/ Kalinin, Bulgarskoe gosudarstvo.s.140 ;Tolochko, "Volodimer Sjjatoslavic's choice", p.820-822を参照。

(20) ギリシア正教の教えを説いた「哲学者の陳述」を言語学的観点から考察したA・S・リヴォフがこれとの関連で、興味深い見解を表明している。かれによれば、ウラジーミルの前に最後に現れたギリシアの「哲学者」のカトリック批判もそれほど厳しいものではなかったが、このことは「哲学者の陳述」がルーシの年代記に取り込まれたのが早い段階であった（すなわち、シャーフマトフのいう一〇三九年の「最古集成」にすでに入っていた）ことを示しているというのである。年代記に十一世紀の前半（すなわち東西両教会のシスマ以前）に取り込まれたことが、「哲学者」のカトリック批判の穏健さとなって現れたというのである(L'vov, Issledovanie rechi filosofa.s.395-396, prim.160)。本書の著者は先にウラジーミルのカトリック拒絶の態度を淡白と記したが、これと類似の見解といえる。ただし、本書の立場は第十二章においても詳述するが、リヴォフとはやや異なって、一〇五四年シスマの後もしばらくは、ルーシ聖職者の反カトリック的態度は変わらず、後のたとえばモスクワ時代にみられるような激しさは示されなかったと考えている。したがって本書の立場からすれば、年代記のカトリック批判が後代におけるほど激しくなかったことが、「哲学者の陳述」が「最古集成」にすでにあったことの論拠とは必ずしもならない。なおリヴォフは「哲学者の陳述」が本来独立の作品で、それが後に手を加えられてルーシの年代記に取り込まれたと考えているが、それについては後述参照。

(21) 実際後述するように、シャーフマトフによれば「最古集成」ではこの箇所でキリルの名が添えられていたという（Shakhmatov, *Istoriia Russkogo Letopisaniia*.I-1(*Razyskaniia*).s.114, 166)。また後代のいくつかの年代記にも、この箇所で「キリル」の名が現れている例がある。『ノヴゴロド第四』や『ソフィヤ第一』年代記である（*PSRL*.IV-1:61;*PSRL*.VI-1:73-74)。しかしここで「最古集成」に「キリル」の名がみられた経緯と理由について立ち入ることはできない。いずれにせよ、九八六年の項でキリル（八六九年没）を登場させること自体はいうまでもなく非歴史的である。

(22) 調査団がハザールへ派遣されなかったことについて、研究史上さまざまな見解が表明されている。ひとつは、このころすでにハザール人がユダヤ教から離れイスラームに改宗していたことを指摘し、この部分に関する『原初年代記』の記述に疑問を呈するものである。これはアル―ムカダーシ（一〇〇〇年頃没）のなかにある証言に依拠するものである。*Drevniaia Rus' v svete*..., III. s.95-96. もしキエフにおけるユダヤ教の布教がハザール人によるものでなかったら、いったいどこからのユダヤ教徒であったかと問うことも可能である。これにはクリミア半島などハザール以外の、あるいはその一部の他地域、あるいはキエフ在住のユダヤ教徒を想定する立場がある。とくに、既述のとおり（本書第一章）、キエフには相当数のユダヤ教徒が居住していた可能性があるので、キエフ在住ユダヤ教徒説はそれなりに根拠をもつ。しかしいずれにせよ、『原初年代記』の編者はユダヤ教をもはや魅力ある宗教とは考えなかったようにみえる。年代記が編纂された十二世紀初の状況を表しているとみるべきなのかもしれない。

(23) ケルソン（ケルソネス）はクリミア半島の現セヴァストーポリ市域内にある古代都市。紀元前四二二―四二一年にヘラクレイア・ポンティカ（黒海南岸）からの移住者により建てられたと伝えられるギリシア植民都市である。中世にはビザンツ都市として発展する。ロシア内陸部とビザンツを結ぶ交易などで栄えた。五―十一世紀においては黒海北岸地方における最大の都市であった。ルーシとは九世紀初から直接的接触が始まった。都市としては十五世紀頃まで存在した。遺跡の発掘調査は十九世紀前半から行われている（*SIE.XV*:573-574）。とくに初期中世（五―十世紀）のケルソンについては、Iakobson, *Rannesrednevekovyi Khersones*.s.17-66が参考になる。

(24) 邦訳一三〇、一三五、一三八、一六三頁。なお邦訳一六三頁の「十人長のアナスタシオス」（一〇一八年の項）は誤り。ここは「十分の一教会［デシャチンナヤ教会、ウラジーミルが財産と町々の十分の一の部分を与えたとされる聖母教会のこと］の［おそらくは司祭］アナスタシオス」と訳すべきところである。同一三八頁参照。

(25) ここの記述からはアンナがごく少人数の随身とともにルーシ入りしたような印象をうけるが、おそらく相当の人数を伴ってきたと考えるべきであろう。第五章で記したように、三十年余り前にオリガがコンスタンティノープルを訪れた時には優に百人を超える大使節団を率いていたことをわれわれは知っているからである。ローマ帝国の「緋の産室生まれの」皇女の降嫁である。おそらくオリガの場合を下回る規模であったとは考えにくい。なお次章でも示すように、この皇女アンナに関して『原初年代記』をはじめとするルーシの史料は、奇妙なことに、あまり多くの注意を払っているようには見えない。アンナについては後にあらためてふれるが、さしあたり、ドイツのF・ケムプファーがかの女のキエフ入りの文化的な意味を強調する論考を発表しているので、それにふれておく（Kämpfer, "Eine Residenz";ibid., "Von heidnischer Bildwelt".S.126-131）。ケムプファーによれば、ビザンツ皇女の僻遠の蛮族国家への降嫁はきわめて重大な出来事であった。ここまでは多くの研究者も認識するところである。ケムプファーの独自性はそこからかれが引き出した結論である。すなわちかれによれば、皇帝たち（アンナの二人の兄）は妹の無念を慰めるべく、かの女がキエフにおいても「皇女」としての生活を営むことができるよう配慮したというのである。ケムプファーは『原初年代記』の「公の邸は町の中にあり……塔邸が山の上の聖母教会のうしろにある。そこに石造りの塔があったからである」（六一頁、九四五年の項）という記述にみえる「聖母教会のうしろにある」石造の塔邸をウラジーミルがアンナのために建てた居館（言うまでもなく皇帝たちの強い要請と援助を受けて造営されたのである）とみる。ケムプファーによれば、聖母（デシャチンナヤ）教会もかの女のキエフ生活を支えるべく建てられたが、後の発掘調査結果からもうかがえる通り、そのためにはギリシアから多数の石工、モザイク工、フレスコやイコン画家がキエフに送り込まれたと考える必要がある。このようにして短時日のうちにコンスタンティノープルの宮廷を範とした一大建築群が出現するに至ったのである。ソフィヤ教会もその一つであった。ウラジーミルは洗礼後独自の貨幣鋳造を始めるが、これもビザンツのそれに倣ったものであったという。ケムプファーによれば、ルーシがキリスト教導入後、類似の状況にあった東ヨーロッパのどの国にもみられなかったほどにビザンツ文化の成果を急速に受け入れることができた大きな理由は、アンナのキエフ入りに求められるというのである。聖母教会（デシャチンナヤ教会）やソフィヤ教会の建立については後に立ち返る（第九章）。なお本書ではウラジーミル治世以降に始まった独自の貨幣鋳造についてふれることができなかった。これについてはさしあたり、Sotnikova/ Spasskii, *Tysiacheletie drevneishikh monet*.s.60-81, 115-180を参照。

（26）「ルチャイ川」（Ruchai）は、『原初年代記』の索引によれば（*PSRL*.I:563）、ルィベジ川のことを言うという。邦訳者九六八年の項注5（三九四―五頁）もそう理解している。ただしその場合「ボリチェフ（の坂）からルチャイ川へ」、さらにはそこからドニェプル川へという年代記の記述は理解しがたくなる。クロスはこれをポチャイナ川のことと解釈しているようにみえる。こちらの方が理解は容易になる。Cross, *The Russian Primary Chronicle*. p.249, 238-239

（27）ルーシとオリエント諸国の関係の専門家であるA・P・ノヴォセーリツェフがこうした結論に到達していることは重みをもつ。Novosel'tsev, Vostok v bor'be za religioznoe vliianie na Rusi; Novosel'tsev, Priniatie khristianstva;Novosel'tsev, Khristianstvo, Islam i Iudaizmの各論文を参照。またこの時代とテーマにかかわる研究者もほとんどがこうした立場に立っていることも指摘しておきたい。数多い例のなかからここではロシアの指導的なビザンツ史家の一人G・G・リタヴリンの例をあげておこう。かれは、比較的最近（二〇〇〇年）のビザンツ、ブルガリア、ルーシの関係を論じた著書のなかで次のように記している。「この書の主要な目的は……ルーシのビザンツ帝国との関係がかかえるあらゆる劇的変化と複雑性にもかかわらず、キリスト教のビザンツからの受容がルーシにとって避けられなかったことを示すことにある」（Litavrin, *Vizantiia*.s.6-7）。なおルーシのキリスト教化問題をわが国で最初に論じたのは田中陽兒「キーエフ国家における正教の国教化」（一九六九年）であるといえるが、田中もルーシがより高段階の生産力に支えられる社会へ向かうには、ビザンツ的イデオロギーを導入する以外になかったことを疑っていない。田中は当時のルーシを取り囲む国際環境を十分に考慮に入れながらも、政治・社会経済的に変貌をとげつつあるキエフ国家がビザンツ正教圏に引き寄せられていった過程、その状況と論理を考察した。ルーシのキリスト教化を問題としてどのように設定すべきかに関する示唆に富む論考といえる。本書における取り組みなどはこうした試みの上に初めて可能となったと考えている。

（28）そのなかには教会史家であるゴルビンスキーも含まれる。Golubinskii, *Istoriia Russkoi Tserkvi.* T.I-1, s.105-127. もっともゴルビンスキーの場合は、年代記記事の創作性（虚構性）を強調したが、それはルーシの洗礼がウラジーミルの「選択」の結果などではなく、神の恩寵、すなわち天啓によるものであることを示そうとしてのことであった点に注意する必要があろう。

（29）「コンスタンティノス一代記」『スラヴ研究』31、一二一—一七頁。同32、一九一—二〇一頁

（30）Shakhmatov, *Istoriia Russkogo Letopisaniia.*I-1(*Razyskaniia*).s.117-118; Priselkov, *Ocherki po tserkovno-politicheskoi istorii.*s.24-26, 40;Priselkov, *Istyoriia russkogo letopisaniia.s.27*

（31）プリェートニェヴァ『ハザール』に「ヨセフの返書」（短小版）の訳が付録として収められている。同書二二三—二四六頁

（32）Shakhmatov, "Povest' vremennykh let" i ee istochniki.s.122-149. シャーフマトフの「哲学者の陳述」の史料に関する見解も複雑である。一九〇八年の著書ではブルガリアのボリスに関する洗礼物語からの影響を指摘したが（Shakhmatov, *Istoriia Russkogo Letopisaniia.* I-1(*Razyskaniia*).s.117-118）、死後刊行された「『過ぎし年月の物語』とその史料」論文では、右に記したように論じている。見解に変化があったのか、類似の作品はいくつか存在するが、最終的には年代記作者が独自に執筆したと考えているのか、理解が難しいところである。

（33）L'vov, Issledovanie rechi filosofa.s.392-396

（34）Franklin, "Some Apocryphal Sources".p.4-6, 15-16, 16-19, 22-24; Shepard, "Some Remarks on the Sources".p.65-66, 79f.

（35）この問題についてとくに論じたキエフのP・トロチコの見解（Tolochko, "Volodimer Svjatoslavic's choice"）について、ここでとくに一言しておきたい。トロチコが『原初年代記』における「諸宗教の提案」や「吟味」、その結果としてのウラジーミルによる正教の「選択」を歴史的事実に基づくものと主張する点に無理はない。しかしその論証法には問題がある。かれは後代の『ニコン年代記』やタチーシチェフの伝える年代記を多用し、なんの留保もなくそれらを事実史料として扱っているからである。こうした論証法は本書の著者には受け入れがたく思う。

（36）*Drevniaia Rus' v svete…*III, s.59-61（T・M・カリーニナ訳による）;*Drevniaia Rus' v svete…*(Mel'nikova, pod red.) s.233-235;Kawerau,

Arabische Quellen.S.23-26

（37）Kawerrau, *Arabische Quellen*.S.25, Anm.12 による。

（38）以下は Shakhmatov, *Istoriia Russkogo Letopisaniia*.I-1(*Razyskaniia*).s.105-123（第五章「ウラジーミルとかれの洗礼に関する年代記の記述」）による。

（39）これに対したとえばリハチョフは、ケルソン伝説を年代記に取り込んだのはキエフ・ペチェールスキー修道院の修道士ニコンであると考えている。このニコンはキエフ大公イジャスラフの怒りにあってトムトロカンに逃れていたことがあり、その際に黒海北岸地方に広がっていたケルソン伝説を知るに至ったという。リハチョフの見解に従えば、ケルソン伝説は「ニコン集成」（一〇七三年）成立の段階で年代記に取り込まれ、それが最終的に『原初年代記』にまで至ったということになる。リハチョフはケルソン伝説の成立を、シャーフマトフより早い時期と考えていることになる。かれはV・L・コマローヴィチに従って、洗礼地をケルソンとする伝説の成立をより早く六〇—七〇年代と考えている（Likhachev, *Russkie Letopisi*.s.87-88;*PVL*.s.319-322, 458）。シャーフマトフも言うまでもなくニコンとトムトロカンとの密接な関係を承知しており、『原初年代記』九八八年の項のケルソンに関するトポグラフィーが詳細で厳密であることについてはニコンの役割を認めているが、伝説そのものの年代記における出現はより後の時期のことと考えているのである（Shakhmatov, *Istoriia Russkogo Letopisaniia*.I-1(*Razyskaniia*).s.289-291）。なお『原初年代記』の編纂史、とりわけ先行する諸年代記集成（「最古集成」、「ニコン集成」、「原初集成」等）に関するシャーフマトフの見解については、本書第二章1をみられたい。

（40）Priselkov, *Ocherki po tserkovno-politicheskoi istorii*.s.274-276

（41）以上が、シャーフマトフが最初一九〇六年の«Korsunskaia legenda o kreshchenii Vladimira»論文で復元に取り組み、その後その著書 *Razyskaniia*（一九〇八年）において修正を試みた結果に基づく伝説の内容である。この伝説は既述のごとく、十一世紀第四四半期の成立と考えられているが、本来であるならば、これがどのような思想的傾向をもっていたか、何を目的として語られたのか、つまりはどこでどのような人々によって語られたものであったのかについても究明されなければならないであろう。本書でこれを行う余裕はないが、プリショールコフがわかりやすい説明を行っているので、ここに紹介しておく。かれによれば、「最古集成」にみられたキエフ説と比較すると、伝説では「洗礼」におけるウラジーミル公の役割は低められている。キエフ説ではウラジーミルは「哲学者の陳述」に接して自らの意志で洗礼へ向かうことになっていた。これに対し伝説ではかれはケルソン公の娘を獲得するためにのみ洗礼に同意するのである。しかもこちらではかれは淫乱で血に飢えた悪辣非道の存在である。もちろん受洗後の大転換（回心）を考えての記述ではあろう。しかし基本的にはこれはウラジーミルを、諸公がドルジーナ（従士団）と共に略奪遠征に精を出していた時期のブイリーナ（民話）的公の形象として描いたものと考えることができよう。こうした伝説が後に年代記に取り込まれたのは、それがもつ物語的な魅力からだけではない。それは洗礼地をビザンツ帝国の一部であるケルソンとすることにより、ウラジーミル公とルーシ教会を直接的に帝国と結びつけることを目的としていた。伝説をこうした形に作り上げたのはケルソンのギリシア人聖職者であった。この人物は後にキエフのデシャチンナヤ教会を拠点に活躍したと考えられる。ここには後にヤロスラフ大公によって創建されたルーシ教会の中心（総本山）ソフィヤ教会に対して、デシャチンナヤ教会とギリシア教会の権威を高める意図も隠されていた。プリショールコフによれば、ケルソン伝説が年代記に取り込まれた際の年代記編者の意図はこのようなものであったが、この伝説こそがまた「ルーシの洗礼者」ウラジーミルの列聖を遅らせることになった一つの大きな原因であったことも指摘している。一つの参考になる考え方である。Priselkov, *Ocherki po tserkovno-politicheskoi istorii.* s.276-278. ウラジーミルの列聖問題は後に改めて検討する。

（42）Serebrianskii, *Drevnerusskie kniazheskie zhitiia*.s.43-81; Zhdanov, Kreshchenie Rusi.s.15-25

（43）Poppe, "Political Background", p.209-210, 238

（44）以上については年代記邦訳四三〇―四三二頁に、クロスおよびリハチョフに従った注記がみられる。ただしそこでの「アナスタシオス」に関する注（四三二頁、注5）については、注意を要する。そこでは「原初年代記のはじめの集成よりはるか以前に作られたヴラヂミル伝はこれとは別の説を伝えている」とされており、「ジュチベルン」がこの「はじめの集成よりはるか以前」の「ウラジーミル伝」に出てきており、アナスタシオスは後にこれに代わって登場した人物、と受け取られかねない注となっているからである。まず邦訳注でいわれる「はじめの集成」というのは、本書（つまりはシャーフマトフ）のいう「原初集成」のことであり、それより「はるか以前」の「ウラジーミル伝」というのは先に記した「特別構成のウラジーミル伝」のことで、ここにケルソン伝説が書き留められているということを理解する必要がある。したがってここで「はるか以前」とされているのは問題、むしろ誤訳で、正しくはたんに「以前」としなければならない（邦訳者が利用したリハチョフの原文 *PVL*, s.459 でもそうなっている）。ケルソン伝説はたしかに「原初集成」より前の成立であるが、それは「はるか以前」ではなく、むしろ既述のとおり「直前」あるいは「わずか前」と言った方がよいのである。ここのところが理解されていないと、あたかもジチベルンが年代記の本来の内通者であると誤解されてしまう。正しくは「最古集成」段階ですでにアナスタシオスの名が出てきており、後に成立したケルソン伝説において、初めてジチベルンという名が（アナスタシオスに代わって）出てくる。しかし「原初集成」の編者はジチベルンの名は採用せずに、アナスタシオスをそのまま用いた。ただ「矢を放った」とする部分はケルソン伝説から採用したが、「放った」のが聖職者であるのは奇妙なので、ここではアナスタシオスが聖職者ということは伏せられた（既述のごとく、同じ年代記のその後の記述では聖職者であることが明記されている）ということなのである。

（45）Zhdanov, Kreshchenie Rusi 論文。

（46）なおシャーフマトフによれば、信仰の教えには、信経に続いて、反ラテン的文章（「ラテンの国から教えを受けるな」に続くカトリック批判。邦訳一二八―一三〇頁）が含まれているが、これも「最古集成」にあった。しかしそれは元来九世紀の総主教フォティオスの手になるものであった。「原初集成」はここでも上記史料によりながら修正を加え、結局現行のような形になったという。Shakhmatov, *Istoriia Russkogo Letopisaniia*.I-1(*Razyskaniia*).s.118-120

（47）この作品（«Pamiat' i pokhvala kniaziu russkomu Vladimiru»）については、第五章においても言及した。とくにその注（28）を参照。作品の今日に伝わる最古の写本は十五世紀のものである。Zimin, Pamiat' i pokhvala.s.66-75;*BLDR*.I, s.316-327, 524-527. 写本状況や研究についてはとくに *SKKDR*.Vyp.1, s.288-290 を参照。なお *BLDR*.I のテクストには「オリガへの頌詞」は含まれていない。

（48）Zimin, Pamiat' i pokhvala.*s.72;BLDR*.I.s.324, 326

（49）ポッペやシチャーポフは聖母デシャチンナヤ教会をウラジーミルの、つまりはキエフ公家の「王室教会」capella regia, kniazheskaia tserkov' であったと考えている。これに対しこれを最初の府主教座教会とみる研究者も多い。たとえばP・P・トロチコである。しかし『原初年代記』九九六年の項にはデシャチンナヤ教会を「ケルソンのアナスタシオス」に委ねたと明記されており、アナスタシオスが府主教でなかったことは明白であるので、トロチコなどの考えには根拠がないことになる。その後そう時をおかずに建立された木造のソフィヤ教会が府主教座教会であったと考えるべきである。Poppe, "The Building of the Church of St.Sophia". p.18, 24; Shchapov, *Gosudarstvo i tserkov'*.s.28;Tolochko, *Drevniaia Rus'*.s.73. 聖ソフィヤ教会については後述本章注（86）を参照。

（50）Shakhmatov, *Istoriia Russkogo Letopisaniia*.I-1(*Razyskaniia*).s.31-40

（51）*BLDR*.I.s.527. シャーフマトフは「最古集成」ではスヴャトスラフの死が六四七八年（三月暦の春）と想定されていたと考えたが、これと最古のウラジーミル伝（『ウラジーミルの追憶と頌詞』）から算定される年代とは一致しているとする。シャーフマトフも後者（本書でいう修道士ヤコフの著作）の記述が信頼できると考えていることになる。Shakhmatov, *Istoriia Russkogo Letopisaniia. I-1(Razyskaniia)*. s.105. さらには本書第五章二六九頁、同注（70）を参照。

（52）三浦「中世ロシア文学図書館（III）」、八四頁。*BLDR*.I.s.44; Moldovan, *Slovo o zakone*.s.93. なおイラリオンの『律法と恩寵についての説教』のテクストおよびその成立時期等については、下記本章注（133）を参照。

（53）三浦「中世ロシア文学図書館（II）」、六〇、四五頁

（54）ギリシア史料の「沈黙」に関しては、たとえばLevchenko, *Ocherki*.s.348;Obolensky, *The Byzantine Commonwealth*.p.193 が言及している。ただ レフチェンコもオボレンスキーも事実を指摘するにとどまっている。やや立ち入っているのは、Poppe, "How the Conversion of Rus' was understood".p.287-291 で、本書のここでの記述も主にポッペに依拠している。

（55）*Drevniaia Rus' v svete*…II, s.215（M・M・コプィレンコの訳による）

（56）ケルソン陥落がレオン・ディアコノスの記す「火柱」出現の九八九年四月七日以後のこととする以上の考え方は、ヴァシリエフスキー以来の通説といってよいが、これには反対もある。たとえば、ソヴィエトのO・M・ラーポフはレオン・ディアコノスの「火柱」はオーロラであったが、ヤフヤーの記す異常現象は火山の噴火であったことなどを主張して、両者を別物と見、ケルソン陥落の時期を「火柱」の出現時期と切り離し、時期的により広い範囲に位置付けることを提案している。ラーポフは結論的に、ケルソン遠征は九八九年五月末—六月初以降、九か月の包囲後これを陥落させたのが九九〇年四月（ないし五月）と考えている。レオン・ディアコノスの「火柱」出現時期については、その後J・シェパードも綿密な分析を加えた後、ラーポフ説に分があるとしている。Vasil'evskii, *Trudy*.t.II, s.100-101;Rapov, O date priniatiia khristianstva; Shepard, "Some Remarks on the Sources", p.85-93. 通説に対する重大な疑義と言ってよいが、本書でこの問題をこれ以上展開することは控える。シェパード自身も、自らの史料分析から得られた結論に基づいてさらにケルソン奪取の「絶対的年代」を提案することは断念している。

（57）*Drevniaia Rus' v svete*…（pod red.Mel'nikovoi）, s.110（同書第二部、ビビコフの執筆）による。

（58）スキリツェスとゾナラスの著作の該当箇所は残念ながら *Drevniaia Rus' v svete*…II には含まれていない。これについてはMel'nikova 編の上掲書（前注（57））によった。スキリツェスの記述が厳密性の点で問題となることについては、Shepard, "Some Remarks on the Sources", p.71 を参照。

（59）*Drevniaia Rus' v svete*…II, s.236

（60）*Drevniaia Rus' v svete*…III, s.106（V・R・ローゼン訳）;Kawerau, *Arabische Quellen*.S.16-18
（61）Kawerau, *Arabische Quellen*.S.16
（62）*Drevniaia Rus' v svete*…III, s.107-108（T.Kezma 訳）;Kawerau, *Arabische Quellen*.S.21-22
（63）*Drevniaia Rus' v svete*…III, s.59-61
（64）Kawerau, *Arabische Quellen*.S.43-44
（65）ビザンツ軍のカフカース遠征の背景はやや複雑であるが、概略以下のごとくであった。イベリアのダヴィドはビザンツ帝国のバルダス・フォーカス反乱軍側に加担したが、フォーカス敗死の報を受けて皇帝に赦しを請い、自分の死後自国を皇帝に遺贈するという誓約と引き換えに、赦免を受けていた。一〇〇〇年かれは死去する。これは皇帝の使嗾による暗殺であったと伝えられる。ダヴィド王の生前の「誓約」を実現させようと皇帝軍はイベリアに入り、それを帝国領に併合しようとした。以上である。したがって、このとき表面的にはギリシア軍とイベリア軍は敵対関係にはなかった。以上はKawerau, *Arabische Quellen*.S.42-43による。
（66）オストロゴルスキー『ビザンツ帝国史』第四章第六節注（5）、（6）（四〇七頁）。もっともオストロゴルスキーの否定的な評価は、厳密に言えば、ステファノスの「ビザンツ・ブルガリア」関係についての記述に関するものである。
（67）オストロゴルスキー『ビザンツ帝国史』三七七―三七八頁
（68）邦訳四三〇―四三一頁、注2。Cross, *Russian Primary Chronicle*.p. 247-248
（69）Poppe, "The Political Background". 以下の記述は主にポッペ論文（執筆は一九七六年）の第四節（p.224-244）に依拠している。個々の論点でその都度同論文の該当頁を示すことはしない。
（70）このあたりの事情、また当時の帝国内外の状況については、オストロゴルスキー『ビザンツ帝国史』第四章第六節を参照。
（71）Vasil'evskii, *Trudy*.II, s.86-88
（72）Honigmann, "Studies".p.148
（73）ポッペは、タロンのステファノスが六千人と伝える援軍数を、まずは「数千人」規模としつつ、さらに分析を進めて、最終的には七千五百人ほどと推測している。バシレイオス二世がブルガリア軍を壊滅させた際（一〇一四年）のビザンツ軍（一万五千人）の半分がルーシ兵であったと推測し、それとほぼ同数がこの時に派遣されたと考えるのである。いずれにせよ、六千といい、七千五百といい、当時のルーシの動員可能な兵力から考えて大軍であった。キエフ国家の軍事力については、やや古いがGrekov,

Kievskaia Rus'. s.306-348 が詳しく分析を試みている。

（74）M.I.Artamonov, L.Müller, V.Vodoff, G.M.Filist, J.Fennell らであるが、ここでそれぞれの文献を記すことはしない（拙稿「『ルーシの洗礼』と最近のソヴィエト史学」一六―一七頁を参照されたい）。ポドスカールスキーに至ってはポッペ説をもっとも説得力ある見解と評価する（Podskalsky, *Christentum*.S.18-19）。

（75）ポッペ説をはっきりと拒否するのは、Obolensky, "Cherson and the Conversion of Rus'."(1989) 論文である。Shepard, "Some Remarks on the Sources"(1992) も「ルーシの洗礼」の主要史料を検討する中で、たとえば、ケルソン奪取を親ギリシア的な行動とみて、しかも「火柱」出現以後のこととするポッペ説の成立しがたいことを主張している。またV・Ia・ペトルーヒンは、ポッペ説を「機知にとむ鋭い仮説」と評価しながらも、ルーシが大規模な援軍を帝国に派遣する一方で、ケルソンをも包囲攻撃することなど現実にできたのかと、こちらは「戦術的な」疑問を投げかける。そしてこれにやや奇抜な解決策を提示する。すなわちペトルーヒンは、ウラジーミル治世にルーシに滞在したと「サガ」（修道士オッドによる。後述）に記される後のノルウェー王オーラヴ・トリュグヴァソンとその従士団こそが、ビザンツ皇帝への援軍として派遣されたとするのである。そのためウラジーミルにはまだ兵員的に余裕があり、これがかれにケルソン遠征を可能とさせたという。ペトルーヒンはウラジーミルのケルソン遠征を通説通りに考えて差支えないという立場に立っている。ペトルーヒンの解決策も奇抜で、こちらはこちらでやや首をかしげたくなるが、近年の古銭学研究の成果などを紹介しながらの興味深い見解で、また本書でも後に検討するウラジーミルとオーラヴ王との関係の問題もあるので、ポッペ説に対するひとつの反対意見としてここに紹介しておく（Petrukhin, Olav Triuggvason.s.31-33）。オーラヴ王については本書第十章1を参照。

（76）ヴァシリエフスキーなどは陸路ブルガリア経由で移動したと考えている（Vasil'evskii, *Trudy*.II, s.118）。これは帝国側がそもそも対ブルガリア戦のためにルーシに援軍を要請したとするかれの見解からすれば（ポッペの出発点もそうであったが）、ある意味で合理的といえるが、ポッペは時間がかかりすぎるとみてその可能性は低いとする。

（77）ポッペによれば、九八七年七月にノワイヨンでフランス国王に即位したばかりのユーグ・カペーもその子ロベールのためにビザンツ皇女の手を求めたという。これは九八七年クリスマス直後に書かれた、国王からバシレイオス二世、コンスタンティノス八世両帝にあてられた書簡（ランス大司教秘書オリヤックのジェルベール［後の教皇シルヴェステル二世］の書簡集）に基づいているが、ポッペはこの皇女がほかならぬ両皇帝の妹アンナであると推測している。ところでこのロベールはその後まもなく（九八八年四月以前)、別の女性(フランドル伯アルヌルフ二世の寡婦スザンナか)と結婚している。ポッペによれば、先の書簡は実際にはビザンツ宮廷に送られなかった。つまりビザンツ皇女との結婚計画は早々と断念されたわけであるが、その理由は、ビザンツ皇女のルーシ公との婚姻についての情報が九八八年の一月頃フランス宮廷にもたらされたことにあったとする(Poppe, "The Political Background".p.232-235)。

(78)著者はかつて初期教会の組織化をめぐる研究動向についてもふれたことがある。拙稿『「ルーシの洗礼」と最近のソヴィエト史学」一九—二一頁

(79)三浦「中世ロシア文学図書館(III)」八四—八五頁(訳文は若干変わっている場合がある)。*BLDR*.I.s.44, 46; Moldovan, *Slovo o zakone*.*s*.93

(80)もちろんなかには例外もあり、少なからざる騒乱、ときに公然たる反抗のあったことを指摘する教会史家もいたことは否定できない。たとえば、Golubinskii, *Istoriia Russkoi Tserkvi*.I-1, s.176

(81)『ヨアキム年代記』中の文言(Tatishchev, *Istoriia Rossiiskaia*.I, s.113)。『ヨアキム年代記』の歴史的信憑性の問題については、本書第六章二九二頁、同注(11)を参照。なおプチャータはキエフの千人長、ドブルィニャはウラジーミルのおじで軍司令官である。

(82)『原初年代記』には、「ルーシの洗礼」後も、占師や妖術師が各地に現れ、ときに「蜂起」(反乱)を起こしたり、指導したりしたことが記されている。たとえば、一〇二四年(「この年に占師たちがスーズダリで蜂起し、悪魔の教えと唆しによって……裕福な人々を殺した」、一六八頁)、また一〇七一年(「このころ悪魔に誘惑された占師が……キエフに来て……」、一九九頁)の項である(さらに一〇四四、一〇九一年の項など)。一〇七一年の場合には、「かつてロストフの地方に飢饉があったとき、ヤロスラヴリに二人の占師が現れ」、その者たちが「多くの女を殺した」とされる。二人の占師は三百人余りの人々を従えてさらにベロオーゼロにやって来たが、キエフの千人長(ヴィシャータの子ヤン)によって成敗されたことが年代記に記されている。この年の項は、異教的迷信についての詳しい説明を含んでいて(もちろん正教会の立場からである)、きわめて興味深い記述となっている(一九九—二〇五頁)。

(83)Bakhrushin, K voprosu o kreshchenii. これについては拙稿『「ルーシの洗礼」とソヴィエト史学」二一、四一頁注(16)を参照。

(84)なおキリスト教の普及・拡大といった人の内面にかかわる宗教事象が、どのようにして測定されうるのかはむずかしい問題であるが、それを推し測る一つの要素が以下に検討する教会組織の拡大・整備の状況であり、史料が不足している初期の時代に関

してはさらに、墓制の変化などを探る考古学的研究が考えられる。ロシア考古学研究は、キリスト教的墓制（円形塚を築く以前の形態から、火葬にせず棺に入れ掘り下げられた地中に埋葬する形態）のみられる地域を明らかにし、それがドニェプル中流域を中心に、そこから東方へスラ川、セイム川流域からクルスクに至る地方へと拡大したと推測している。他方、キエフの北西方に横たわるドレヴリャーネ族の地域では比較的長期にわたって伝統的な墓制が残存していたという。建前としては新しい宗教を受け入れても、送葬様式等内面にかかわる点では変更は長い時間を要したということであろう。しかしこれについてもこれ以上立ち入ることはできない。さしあたり Franklin/Shepard, *The Emergence of Rus*.p.174-175 を参照。

（85）たとえば、Franklin/Shepard, *The Emergence of Rus*.p.227

（86）聖ソフィヤ教会の建立については、さしあたり Poppe, “The Original Status”. p.9; Poppe, “The Building of of the Church of St Sophia” をみられたい。聖ソフィヤ教会は府主教座教会として石造で建立された。しかし同教会が最初に建立されたのは一〇一七年のことで、このときには木造であった。『ノヴゴロド第一年代記』、メルゼブルクのティトマルなどに関連記述があるがこれについては後述参照。クロスはソフィヤ教会が一〇三七年に初めて建立されたと考えているが（Cross, *The Russian Primary Chronicle*.p.258）、これは正しくない。

（87）Müller, “Zum Problem des hierarchischen Status”

（88）Priselkov, *Ocherki po tserkovno-politicheskoi istorii*.s.33 sl.

（89）Vernadsky, *Kievan Russia*.p.66-69

（90）Dvornik, *The Making*. p.169-179

（91）Golubinskii, *Istoriia Russkoi Tserkvi*, I-1, s.328-329. なおA・ポッペによれば、ペレヤスラヴリは一〇七二年以後（一一〇〇年頃まで）名目的府主教座都市であったという。またチェルニゴフも一〇六〇年以後（一〇八五年頃まで）同様の地位にあったという。Podskalsky, *Christentum*. S.281. 両府主教座についてはさらに本章後述注（107）、（108）をも参照。

（92）Baumgarten, “Saint Vladimir et la Conversion”, p.94-99, 100 et suiv.

（93）Ammann, *Untersuchungen*.S.35-40

（94）Zernov, “Vladimir and the Origin of the Russian Church”, p.132-136. さらに Zernov, *Eastern Christendom*.p.111-112、またゼルノーフ『ロシア正教会の歴史』二七―二八頁

(95) Müller, “Zum Problem des hierarchischen Status”, S.48-75

(96) Poppe, “The Original Status”, p.5-20

(97) Tachiaos, “The Greek Metropolitans of Kievan Rus’”, p.430, n.3. ルーシ・ビザンツ関係を専門に研究したLevchenko, *Ocherki*.s.373-378もビザンツ説の立場から初期教会組織の問題を扱っている。もっともその際レフチェンコは、ウラジーミルが自らケルソンのアナスタシオスを主教として抜擢したことを指摘して、いわばルーシ（とその公）の自立性を主張しているが、先にも指摘したとおり、アナスタシオスの抜擢は最初期のいわば一時的な措置とみるべきであろう。これをルーシ教会聖職者組織の形成問題と直結させて考えることが適切であるとは思われない。また『原初年代記』でもアナスタシオスは「ケルソンの人」と呼ばれ、聖職者であることは確かであるが、「主教」と記されることはない。この点は上記ゼルノフがとくに検討の対象とした問題でもあった。

(98) Thomson, “The Bulgarian Contribution”

(99) 邦訳四六五―四六六頁注２。Cross, *The Russian Primary Chronicle*.p.259-260

(100) Golubinskii, *Istoriia Russkoi Tserkvi*.I-1, s.285-289

(101) Podskalsky, *Christentum*.Anhänge.S.282-301(zusammengestellt von A.Poppe)

(102) Shchapov, *Gosudarstvo i tserkov’*. s.191-206

(103) Poppe, “The Origianal Status”.p.26-35. また前述三七五頁参照。テオフィラクトスについてはその後に知られるようになった新史料に基づいて、さらにJ・シェパードもかれをセバスティアから移されたこと、「最初とはいわなくとも、早い時期のロシア府主教の一人」であることを追認している。Shepard, “Some Remarks on the Sources”, p.81-85

(104) ゴルビンスキーによれば、そうした十七世紀以降知られている府主教名表がかれのもの以外に七点あるという。Golubinskii, *Istoriia Russkoi Tserkvi*.I-1, s.284-285.prim.1

(105) Obolensky, “Byzantium, Kiev and Moscow”. なおオボレンスキーのこの論文は、さらに重大な主張を含んでいる。というかこちらの方が論文の主要なテーゼである。すなわち、かれはキエフ時代後の一二三七―一三七八年のルーシ［キエフ］府主教がビザンツ人とルーシ人により交互に占められてきた事実（このこと自体は広く承認されている）を指摘し、こうした慣習はキエフ時代にも原則的には行われていた可能性のあることを主張したのである。これは二人のルーシ人を除くキエフ時代の府主教のすべてがビザンツから派遣されてきたギリシア人とする通説（しかもその際、二人のルーシ人の選出は総主教座の意向に反して強行された反ビザンツ的な行動であったとする）と真っ向から対立する見解であり、きわめて刺激的な主張である。オボレンスキーは現にイラリオンとクリメント以外にもさらに六人がルーシで選出され、コンスタンティノープルで叙階された、それゆえかれらがルーシ人であった可能性のあることを指摘している。かれの見解はタチーシチェフに大きく依存しているので、その点で大きな問題を抱えているといわざるをえないが、たんにビザンツから「やってきた」と記されているだけで、ビザンツ人とするような議論がもはやできなくなったことは確かであろうと思う。なお二人を除くキエフ府主教がギリシア出身者とする古くからの通説は、帝政期の教会史家P・ソコロフの十五世紀初頭までのルーシの高位聖職者に関する大著において詳細に論じられているが、ソコロフはビザンツ政府が、ウラジーミル聖公期にギリシア人とルーシ人とを交互にルーシ府主教に任命するという条件に同意したとするかのごとき主張は「お笑い草」であるとして一笑に付していた（Sokolov, *Russkii arkhierei*.s.39-40）。

（106）*PVL*.s.486. リハチョフはほとんどレフチェンコを踏襲している。Levchenko, *Ocherki*.s.400-401

（107）なお十一世紀後半にはキエフ以外にチェルニゴフとペレヤスラヴリにも一時的ながら府主教のいたことが知られている。たとえば『原初年代記』一〇八九年の項にペレヤスラヴリの府主教エフラエムに関する記述がある（邦訳二三一頁、邦訳注四九四頁、注4、5を参照）。ただしこれは名目的ないわゆる名義府主教（tituliaturnaia mitropoliia）であり、かれらには属主教を任命する権限はなかったと考えるべきであろう。この問題に関してはPoppe, Russkie mitropolii 論文、また Shchapov, *Gosudarstvo i tserkov'*.s.56-62、また本章注（91）、さらに次注を参照。

（108）Podskalsky, *Christentum*.S.280-282. 詳しくは Poppe, "L'organisation diocésaine" および Poppe, "Werdegang der Diözesanstruktur" 論文を参照。なお *Drevniaia Rus' v svete*...II, s.248-251 の「コンスタンティノープル教会主教座名表 Notitiae Episcopatuum」中に「ローシアのキエフに属する主教座」リスト（十三世紀末―十四世紀初の時点）が掲げられている。ビビコフの訳と解説によれば、そこには「大ローシア」に十二、「小ローシア」に八の、計二十主教座が挙げられている。最後に前注に記したごとく、十一世紀後半のルーシにはキエフ以外にも、一時的にせよチェルニゴフとペレヤスラヴリにも府主教座が存在したことが主張されることがある。ここでこの問題には立ち入らないが、おそらくこれはヤロスラフ賢公後の、後述するかれの子らによる、研究史上に言われる「三頭体制」の成立と関係がある。ヤロスラフ没後その三人の子イジャスラフ、スヴャトスラフ、フセヴォロドがそれぞれキエフ、チェルニゴフ、ペレヤスラヴリに根拠をおき、並び立つ情勢となったが、このことが教会行政上にも影を落としたのである。ただしコンスタンティノープルがこれを認めたということではなかったと考えられる。いわゆる「三頭体制」については本書第十一章、ヤロスラフの子らの「府主教座」については、Nazarenko, Mitropolii Iaroslavichei. 論文を参照。

（109）キエフ・ペチェールスキー修道院を中心とするルーシにおける修道院制度の発展の歴史について参照すべき文献はいうまでもなく膨大である。キエフ時代の修道院制度に関する研究状況の簡にして要を得た紹介は、Podskalsky, *Chrisutentum*.S.50-56 であろう。またロシア修道院の通史としてすぐれているのは、依然として Smolitsch, *Russisches Mönchtum* であろう。それは最初期から一九一七年までのロシア修道院制度の「成立、発展そして基本的特質」を扱っている(キエフ時代に関しては S.54-78)。またゴルビンスキーの教会史はキエフ・前モンゴル期を扱った第一部第二巻第六章で「修道制度」を検討している（Golubinskii, *Istoriia Russkoi Tserkvi*. I-2, s.552-790)。付録としてキエフ時代の修道院のリストも記載されている（s.746-776)。

（110）Shchapov, *Gosudarstvo i tserkov'*.s.28-30. なおこの教会の建築年については、『イパーチー年代記』*PSRL*.II:106 などでは九九一年に始まったとされている。こちらの方が優先されるべきであると考えられる。建築年が九九一―九九六年であることについては、さしあたり Podskalsky, *Christentum*.S.22-23, Anm.99 を参照。

（111）宮野「ウラジーミルの教会規定」九一頁。三浦訳「ボリス・グレープ物語」『中世ロシア文学図書館（II）』六七頁。勝田『ルス法典研究』四三五頁

（112）*PRP*.Vyp.I, s.104;*RZ*.T.I.s.63

（113）Shchapov, Tserkov' v sisteme.s.297-315;Shchapov, *Gosudarstvo i tserkov'*.s.76-85

（114）Presniakov, *Lektsii*.s.115. プレスニャコフはこの制度を西欧と結び付けようとする。

（115）たとえば、Hellmann, "Vladimir der Heilige".S.407. ヘルマンは後述するクヴェーアフルトのブルーノを通じてザクセンの慣習が伝えられた可能性について示唆している。さらに Rüß, "Das Reich von Kiev".S.309. 近年においてもウラジーミルのデシャチーナをカトリック（とくにポーランドの）教会から受け継いだ制度であると改めて主張する研究者がいる。たとえば Sverdlov, *Domongol'skaia Rus'*.s.286-287 である。

（116）Levchenko, *Ocherki*. s.371. とくにプレスニャコフに対する批判である。

（117）Shchapov, *Gosudarstvo i tserkov'*.s.85-87. さらに Shchapov, Tserkov' v sisteme.s.315-326 を参照。後者には詳細な研究史的分析がある。

（118）Franklin/Shepard, *The Emergence of Rus*.p.231

（119）府主教マカーリー期の二度の教会会議における列聖の実際については、Golubinskii, *Istoriia kanonizatsii*.s.92-109. ゴルビンスキー

によれば、ルーシではそれまで聖人とみなされていたのが二十二人、マカーリーによる二度の教会会議で新たに列聖されたのが三十九人、したがって、十六世紀中葉には合計六十一名がロシア正教会の聖人とされるに至ったという。なおルーシなど東スラヴ圏における「列聖」kanonizatsiia の語の意味については、ゴルビンスキー同書 s.11-12; Vodoff, "Pourquoi?", p.446-448 を参照。「列聖」は元来カトリック教会で用いられた語で、ラテン語で canonizatio、canonisatio と表記される（この語自体はいうまでもなくギリシア語の κανών から導き出されているが、それは元来カタログや名簿を意味するにすぎなかった）。なおキエフからモスクワ時代までの「列聖」問題を扱ったA・S・ホローシェフの著書は（Khoroshev, *Politicheskaia istoriia russkoi kanonizatsii*）、反宗教宣伝の徹底化を目的としており、その意味で護教的な諸「研究」と同程度に注意を要するものとなっている（府主教マカーリー期については、s.170-176 で扱われている）。

(120) *SRIa. XI-XVII vv.*t.21, s.113("ravnoapostol'nyi")

(121) 従来ウラジーミルのプローログ版伝記（簡略聖者伝）の存在は早くとも十三世紀末と考えられてきたが、最近ミリュチェンコが最古の写本を分析して、すでに十二世紀第四四半期には存在していたとする結論に到達している（Miliutenko, *Kniaz' Vladimir.* s.162-181）。しかしたとえミリュチェンコの結論が正しくとも、あくまでも簡略版の時期が若干早まるというにとどまる。

(122) ウラジーミル崇拝が早くから行われていたと考えられる北西ルーシ、とくにプスコフの次のイコンが、管見の限りもっとも古いものに属す。それは一九四八年以来プスコフ歴史・建築博物館に所蔵されている縦一二八センチメートル、横七〇センチメートルの比較的大型のイコンで、「生神女［聖母］就寝とキエフ諸公、ウラジーミル、ボリスとグレープ Uspenie i Kievskie kniaz'ia Vladimir, Boris i Gleb」と題されている。十五（ないし十六）世紀の作品とみられている。*Pskov. Art Treasures and Architectural Monuments.*Plates 14/15（編者は十五世紀と記している）; 同じものは *Pskovskaia Ikona.*Reproduktsii.No.141 にもみられるが、こちらでは十六世紀の作品と記載されている。イコンは上下に分かれており、上には聖母就寝の図、下にボリスとグレープ、二人の間に挟まれてウラジーミルのそれぞれの全身図が描かれている。後者の s.315 に説明がある。また同様にウラジーミルを中央にし、ボリスとグレープと三人が描かれた十六世紀第一四半期のモスクワ派の作とされるイコンも知られている。「ウラジーミル、ボリスとグレープ。ボリス・グレープの伝記付き」と題された一三八センチメートル × 一二〇センチメートルのイコンである。三人の全身図の周りに十六枚のボリス・グレープ伝の諸場面の絵が配置されている（Antonova/ Mneva, *Katalog drevnerusskoi zhivopisi.*t.II, Illiustratsii.No.17-20. 説明は s.60-61）。類似のイコンは他にも知られているが（たとえば、Antonova/ Mneva, *Katalog drevnerusskoi*

zhivopisi.t.I, Illiustratsii.No.84-85. 説明 *s*.125-127）、ただこちらは本来「ボリスとグレープ」だけを描いたイコンで（十五世紀のノヴゴロド派作品）、後になって（一六二〇—三〇年代）その周囲にかれらの「伝記」を描く小さな十六枚の絵が付け合わされ（こちらはモスクワ派の作品）、その最初の絵（最上段の向かって左端）に大公ウラジーミルが登場する（ボリスを対ペチェネグ戦に送り出す場面）だけのものである。上記いずれのイコンにおいても主役はウラジーミルというよりは、ボリスとグレープである。さらに十六世紀中頃の作ではあるが、「戦う教会」と題された特異なイコンも興味をそそられる。これは異教徒の国（カザン・カン国を念頭においている）の征服に向かうキリスト教徒の軍（イヴァン雷帝時代のモスクワ軍）を描いた大型（横三・九六メートル、縦一・四四メートル）のイコンであるが、そこにもウラジーミル大公がボリスとグレープを伴って行軍に加わる姿が描かれている。もっともここではウラジーミルらは軍列の後部に描かれていて、明らかに雷帝はもとより、同名のウラジーミル・モノマフより小さく描かれていることが問題となるが、このイコンについてはすでに検討したこともあるので、ここでこれ以上に立ち入ることは控える（拙稿「いわゆる『戦う教会』のイコンについて」）。いずれにせよ以上にみたように、本書の著者はウラジーミルが単独で描かれる早い時期のイコンを知らない。イコンを含む古ルーシの絵画を網羅的に取り上げた上記 Antonova/ Mneva の *Katalog*（第一巻は十一—十六世紀初まで、第二巻は十六世紀—十八世紀初までをカバーする）にも、こうしたイコンは採録されていない。ウラジーミルが古ルーシの人々にとってもった意味が小さかったとは言わないまでも、比較的地味な位置を占めていたことは確かであろう。

（123）『ノヴゴロド第一年代記（古輯）』一三一一年の項に「同年、大主教ダヴィドは、ネレフスキー区の出口の城門の上に石造の聖ウラジーミル（教会）を建立した」とあるが、おそらくはこれがもっとも早い時期のウラジーミルに捧げられた教会である（*PSRL*. III:93;『古代ロシア研究』XVIII、四五頁）。

（124）Vodoff, "Pourquoi ?"p.448

（125）邦訳では、最後の部分は「またもしもわたしたちが……かれの亡くなった日にかれのために神に祈りをささげたならば、神はかれに対するわたしたちの熱意を見られてかれを称えられるであろう」とするが（傍点は栗生沢）、本書では本文に引用したように訳したい。

（126）Serebrianskii, *Drevnerusskie kniazheskie zhitiia*.*s*.59;Khoroshev, *Politicheskaia istoriia russkoi kanonizatsii*. *s*.48. ホローシェフの挙げる典拠は *PSRL*.I, pod 1174 goda. であるが、そこにかれの主張の根拠となる記述はみられない。

（127）以下の考察は著者によるものであるが、全体としてとくにV・ヴォドフの論文に大いに学ぶところがあった（Vodoff, "Pourquoi ?" p.446-466）。

（128）Priselkov, *Ocherki po tserkovno-politicheskoi istorii*.s.67-69, 99-115, 303

（129）Kartashev, *Ocherki*.I, s.131

（130）Vernadsky, *Kievan Russia*.p.70

（131）Thietmar. *Chronik*.VII, 72, S.432-435; *Drevniaiaa Rus' v svete*...IV[VII-72], s.72-73

（132）たとえば、ウラジーミルの妻の名はヘレナではなく、アンナである。またこの妻は以前にオットー三世と婚約したとされるが、後者がビザンツ皇女と婚約したのは九九五年のことであり、当然のことながらこれをアンナと考えることはできない。オットーが婚約したのは、おそらくはビザンツ皇帝コンスタンティノス八世の娘の一人、ゾエかテオドラであった、などなど。なお引用文中の、ウラジーミルの「ダナイ」、すなわちギリシア人に対する激しい抑圧（これが「不正」とされているのであるが）が何を意味するのか、はっきりしない。これが単数女性系であれば「ヘレナ」（つまりこの場合アンナ）に対する不当な仕打ちと考えてよいだろうが、複数形になっている。そこでかれのケルソン遠征のことを指すと解釈する研究者が多い。

（133）«Slovo o zakone i blagodati mitropolita Kievskogo Ilariona» 今日多くの研究者により一〇三七―一〇五〇年、より精確にはおそらく一〇四九―一〇五〇年に執筆されたと考えられている。説教は将来の府主教によって、おそらくは一〇四〇年代のある時点にキエフの聖母デシャチンナヤ教会のウラジーミルの棺の傍らで、ヤロスラフ公らの立ち並ぶ前で行われた。テクストは *BLDR*.I, s.26-61; Moldovan, *Slovo o zakone*. s.78-108. 邦訳は三浦『中世ロシア文学図書館（III）』七八―九〇頁。執筆時期については、*BLDR*.I, s.480;Moldovan, *Slovo o zakone*.s.5, 70; さらに諸研究の中ではさしあたり、Müller, *Ilarion Werke*.S.14-18;Poppe, O vremeni zarozhdeniia Borisa i Gleba.s.22-23 を参照されたい。説教は内容的に三部に分かれている。最初は旧約（モーセの律法）に対する新約（キリストの福音）の優位性を説き、第二部でその福音が全世界に、「わがルーシの民」のもとにいたるまであまねく伝えられたことが述べられる。そして最後の部分がルーシを福音に導いたウラジーミルに対する賛美となっている（そして当然のことながら、説教の聞き手であったその子ヤロスラフもその対象に含まれている）。

（134）*BLDR*.I, s.42-50;Moldovan, *Slovo o zakone*.s.91-97. 三浦「中世ロシア文学図書館（III）」八四―八六頁

（135）Zimin, Pamiat' i pokhvala Iakova.s.68;*BLDR*.I, s.318

（136）ここは理解が難しいところであるが、以上のように訳した。Thietmar, *Chronik*, VII-74, S.436-437;*Drevniaia Rus' v svete*…IV[VII-74], s.76

（137）前者は反ルーシ、反ウラジーミル的なポーランド王ボレスワフの陣営、とくに王の下に逃れ、その後王の対ルーシ遠征に加わったスヴャトポルクの側から得られた情報であり、後者はウラジーミルが受洗後劇的な回心を遂げたことを伝える、後の聖者伝につながる情報ということである。ただ後者の情報も同じくポーランド王のルーシ遠征に加わっていた兵、ただしこちらは遠征後無事故郷のザクセンへ帰還した兵からもたらされたという。このザクセン兵はキエフで、ウラジーミルを称える初期の聖者伝的言説に接していたと考えられるという（Nazarenko, *Drevniaia Rus'*,s.439-440, 460-462）。さらに本書後述（次章）参照。

（138）中村喜和編訳『ロシア英雄叙事詩　ブィリーナ』二六〇頁。引用中句読点等は引用者による。（井桁貞敏編著『ロシア民衆文学　中』では九六―九七頁）。「（酒）宴もよおす」の語は同上中村編訳、六五、七〇、七五頁などにみえる。

（139）Golubinskii, *Istoriia Russkoi Tserkvi*.I-1, s.185-186

（140）Müller, "Zum Problem", S.50-52;Fennell, "The Canonization", p.301;Vodoff, "Pourquoi?", p.453

（141）Zimin, Pamiat' i pokhvala Iakova. s.70;*BLDR*.I, s.320, 322

（142）Vodoff, "Pourquoi?", p.457

（143）三浦「聖ボリスと聖グレープ（『物語』）」（「中世ロシア文学館（II）」）四五頁。*BLDR*.I, s.328

（144）Müller, "Probleme der Christianisierung", S.67-77

（145）「ここで使徒たちが教えたことはなかったし……」（『原初年代記』九八三年の項、九七頁）。似たような表現はネストルのボリス・グレープ伝（『講和』）にもみえる。「使徒たちもかれら［ルーシ人］のもとにはやってこなかった……」Miliutenko, *Boris i Gleb*.s.358. 三浦「聖ボリスと聖グレープ」（『講和』）六〇頁。さらにイラリオンの『説教』中の「汝は使徒が汝の地にやってくるのを見はしなかった」も同様に理解できよう。Moldovan, *Slovo o zakone*. s.95;*BLDR*.I, s.46. なお三浦「中世ロシアの説教」（「ロシア文学図書館（III）」）八五頁はここを次のように訳している。「……使徒たちを、そなたはご覧にならなかったでしょうか」。しかしここでイラリオンが言いたかったのは、「ウラジーミルは福音書のトマスのように、見ずに信じた。これこそ驚くべき奇跡だ」ということであろう。いずれにせよここでは「使徒」は単数で用いられている。

（146）ミリュチェンコは、ルーシにキリスト教を伝えたのが使徒アンデレであったとする観念こそがウラジーミル崇拝の広範な普及を阻んだ主要原因であったとすら考えている。かれによれば、こうした観念は『原初年代記』が編纂されたキエフ・ペチェールスキー修道院にコンスタンティノープルのストゥディオス修道院を介して伝えられていたという。Miliutenko, *Kniaz' Vladimir.* s.405-407. 聖アンデレ伝説については、上述、本書第三章1を参照されたい。ところで『原初年代記』にはアンデレだけでなく、パウロとその後継者アンドロニコスをもルーシを含むスラヴの使徒とする言説も見られる。それは八九八年の項で、ここはそもそも本来の「スラヴの使徒」コンスタンティノスとメトーディオスについてふれたところであるが、さらに遡ってパウロにも言及するに至っているのである。邦訳二八―二九頁。ここには『原初年代記』が時代と共に幾重にも編集の手が加えられてこうした事態になっていることが示されていると考えることができるが、さらにことのついでに筆を進めると、研究史上は以上のごときアンデレやパウロ、さらにはコンスタンティノス・メトーディオス兄弟などの「使徒ら」に類似した役割を、ほかにも聖クリメント／クレメンスに担わせようとする見解も提唱されている。第四代ローマ教皇クレメンス一世については、『原初年代記』九八八年の項でその遺体がウラジーミルによってケルソンからキエフへ移されたと記されているが、この記述を重視する見解である。もっとも、『原初年代記』編纂期にはこのように考えられた可能性は否定できないだろうが、聖クレメンス／クリメントがその後のロシア史においてそれほど広く崇拝されたわけではないので、この見解については指摘しておくにとどめる。ミリュチェンコもこれをとくに重視する立場に立ってはいない。Miliutenko, *Kniaz' Vladimir.*s.407-409

(147) Golubinskii, *Istoriia kanonizatsii.* s.63-64; この考え方はフェドートフにもみえる。Fedotov, *Sviatye Drevnei Rusi.*s.91

(148) *PSRL.*III:77、『古代ロシア研究』XVII、一三〇頁

(149) Begunov, *Pamiatniki russkoi literatury.*s.164. いわゆるPs写本に基づく「第一版」。『ネフスキー伝』およびその諸版については拙著『タタールのくびき』第五章をみられたい。

(150) Begunov, *Pamiatniki russkoi literatury.*s.164.prim.36-37. いわゆるL版である。

(151) いわゆるLv版。*PSRL.*I:479

(152) なおこの部分は中村訳（『ロシア中世物語集』二四二―二四三頁）では次のようになっている。「公は、カルケドンの宗教会議に集まった六三〇人の聖なる教父たちと、聖殉教者キュリクスとユリタの祝日にあたる七月十五日の日曜日に、敵と遭遇した。公はつねづね聖なる受難者ボリースとグレープを深く信仰していた」。中村訳は上のベグノフのテクスト、いわゆるPs版を底本としたとされるが、訳文ではカルケドン会議と、キュリクス、ユリタに言及しつつも、なぜかほかならぬウラジーミルについての

み言及がない。この部分に関しては、どうやらPs版ともまた先のL版とも異なる、ウラジーミルへの言及を含まない異読、いわゆるB、R、U版のいずれかが採用されていると推測されるが正確なところはわからない。

(153) Fennell, "The Canonization", p.299-304

(154) Uspenskii, *Boris i Gleb*.s.43-46, 81-87

(155) Miliutenko, *Kniaz' Vladimir*. s.33-80, 162-181, 403-410

(156) *Drevniaia Rus' v svete*…IV, s.57-61. なおブルーノ（修道士名ボニファティウス）の略歴とドイツ王ハインリヒ二世宛て書簡（テクストの刊本、翻訳、研究文献）については、さしあたり同 s.55-57 を参照。また三佐川『ドイツ史の始まり』（第九章第一、第三節）をも参照。

(157)「人質」の息子の問題に関しては、後にふれる（第八章四九二頁、また同章注（69）を参照）。またルーシ・ペチェネグ間条約の実際の「効果」については、『原初年代記』ではたしかに、ブルーノの到来以降一〇一五年までは、両者が軍事的に衝突したという記述はない（というか実は年代記では両軍の衝突は九九七年のそれを最後にこの時までは何も伝えられていない）。一〇一五年の項にいたってそうした記述がなされる。おそらくブルーノの尽力の結果結ばれたと考えられる講和は、数年間はその効果を保ったが、ウラジーミルが死んだ年に、当時の慣習通りに失効したとみなされ（つまり条約の一方の当事者が欠けた時点で失効したと推測される）、戦争状態が再開されたと考えることができる。ペチェネグ司教区やペチェネグ人キリスト教徒のその後の運命については伝えられていない。

(158) Hellmann, "Vladimir der Heilige".S.404-405

(159) Hellmann, "Vladimir der Heilige".S.405-408

(160) *Drevniaia Rus' v svete*…IV, s.58, prim.7

(161) Rapov, *Russkaia tserkov'*.s.378-390

(162) 拙稿「『ルーシの洗礼』と最近のソヴィエト史学」二一一―二一五頁

(163) Likhachev, Predvaritel'nye itogi.s.9-12

(164) もっとも今日では一般的に、キュリロス（キリル）の創ったのはキリル文字（ギリシア文字に基づいている）ではなく、グラゴル文字（より東方的な特徴をもつ）であったと考えられている。グラゴル文字が先にあり、その後にキリル文字が考案されたとする考え方である。グラゴル文字とキリル文字について、また両者の関係をめぐる問題については言うまでもなく無数の文献があるが、ここではさしあたり Franklin, *Writing*.p.93-100; Podskalsky, *Christentum*.S.56-63 をあげておく。グラゴル文字はたんに早いというだけでなく、その存在がキュリロス以前に遡ると主張する研究者もいる。Prokhorov, Glagolitsa sredi missionerskikh azbuk. 邦語ではさしあたり佐藤『ロシア語史入門』、一五一一八頁を参照。

(165) Lunt, "The Language of Rus'", p.279-280;Franklin, *Writing*.p.76:n.267, p.98, 121. なお近年A・A・メディンツェヴァが「碑銘学」史料の分析からキリスト教以前のルーシにおける文字使用の例についてあらためて検討を加えている（Medyntseva, Gramotnost' v Drevnei Rusi. とくに s.230-255）。このような研究が貴重であることはいうまでもない。ただしそこから十世紀末以前のルーシで文字がある程度使用されていた（このことは否定できない）ことが証明されたとしても、それがどの程度普及したのかを推測することは容易ではない。本書が問題とするのは、もっぱら文字使用とりわけ各種の記述文学が「洗礼」後どのような展開をとげたのかという点（この点ではキリスト教の導入が決定的な意味をもったことはこれまた否定しがたい）にかかわる。

(166) Franklin/Shepard, *The Emergence of Rus*.p.219

(167) これとの関連で興味深いのは、キリスト教導入後ルーシが膨大な教会関連文献をギリシア語から翻訳し、あるいはブルガリア等ですでに翻訳された文献を持ち込みながら、他方ではホメーロスやアリストテレスなど古典関係の翻訳は行わなかったとしばしば指摘されることである。これは要するに、中世に初めて国家建設を行った、つまり「古典古代」を自身の歴史としては経験しなかったルーシ人にとってある意味で自然なことであったが、このことがまた逆にかれらの思想の在り方や教育観に一定の影響を及ぼすことになったと考えられる。しかしこれはまた特別に論じられるべき課題である。さしあたり、Podskalsky, *Christentum*.S.63-72;Franklin, *Writing*.p.101-106.「洗礼」以後の記述文化をとりまく環境の変化については Franklin, *Writing*.p.120-127 が手際よく論じている。

(168) たとえばリハチョフによれば、ビザンツが諸外国と条約を結ぶ場合、条約文は二通作成され、一方は皇帝の名で、他方は相手国の元首の名で書かれた。前者が原本、後者はその写しであった。九四五年条約の第十六条に「我々は同意の結果、二枚の羊皮紙にすべてを書き記し、一枚の羊皮紙はわが帝国におく……」という記述がみえるが（『原初年代記』五七―五八頁）、これはそのことを示している。相手国ではギリシア語原本から自らの言語に翻訳された条約文をも所有し保管した（*PVL*.s.339-340）。他方A・A・ジミーンはこれとは異なる説明をする。すなわち、九一一年の条約の場合、双方の側がそれぞれの言語で（「ルーシ」側は「古ルーシ語」で、ビザンツ側はギリシア語で）これを作成し、それを相手側に渡したとする。またそれぞれは相手側から渡されたテクストの自国語訳を作成して、実際上の役に立てたという（*PRP*.Vyp.1.s.4-5）。ジミーンの方が条約当事者双方の対等性を強調した形となっているが、はたしてこうした説明はどうであろうか。キリスト教の公式的導入以前の書き言葉としての「古ルーシ語」とはどのようなものか（スラヴ語かスカンディナヴィア系の言語か）を含め、とりわけジミーンの説明を受け入れるのは難しいように思う。

（169）ルーシ・ビザンツ条約文テクスト（現代ロシア語訳、注、文献等をあわせ）は、年代記以外に、*PRP*.Vyp.1, s.6-70 にもみられる。条約をめぐる上記のごとき問題については、先に示したリハチョフやジミーン、フランクリンの見解以外には、さらに以下を参照。Levchenko, *Ocherki*.s.99-108;Kashtanov, *Iz istorii russkogo srednevekovogo istochnika*.s.4-57. なお十世紀のルーシ・ビザンツ間条約については、本書第一章の注（6）、（14）、（15）をも参照。

第八章　「呪われた」スヴャトポルクとヤロスラフ「賢公」
——大公位継承争いと「ボリス・グレープ」崇拝の成立

1　ウラジーミル没後の状況

●『原初年代記』の記述

ウラジーミルの後、キエフ大公位にはその子スヴャトポルクがついた。しかしかれの治世は長くは続かなかった。ウラジーミルの子らの間にキエフの座をめぐって激しい争いがおこり、スヴャトポルクは結局、弟ヤロスラフに支配権を奪われてしまったからである。後述するように、ノヴゴロドから軍を進めてドニェプル河畔でスヴャトポルクを敗走させた（一〇一六年、リューベチの戦い）ヤロスラフが、キエフで「父と祖父の座」につく。その後一度はポーランド王とペチェネグ人の支援を受けたスヴャトポルクの反撃をうけキエフを失うが、一〇一九年には再度、今度は最終的にスヴャトポルクを破り、大公位を確かなものとすることに成功した。ただしこれでヤロスラフの権力が万全となったわけではなく、しばらくは不安定な時代が続くが、最終的にはかれの単独支配が確定し（一〇三六年）、ヤロスラフはやがて「賢公」と呼ばれ、その治世（一〇五四年まで）は大公国がもっとも輝きを放った時代と言われるまでになった。だがヤロスラフ「賢公」そのひと、またその治世については次章においてみることとし、さしあたり本章ではヤロスラフが大公位を確実にするまでの経緯をみる。それはかれの二人の弟ボリスとグレープの死、そしてその後の両人の列聖へむけた動きと密接に関連していた。はたしてこの間の事情はいかなるものであったのか。まずは『原初年代記』の語るところに耳を傾けることとしたい。

やや遡ることになるが、ウラジーミルの治世も終わるころ、かれとその子ヤロスラフの関係は抜き差しならぬものとなっていた。

『原初年代記』の一〇一四年の項に次のように記される。

「ヤロスラフがノヴゴロドにいたとき、キエフ［の大公］には約定により毎年二千グリヴナを納め、ノヴゴロドの従士らには一千（グリヴナ）を分け与えていた。ノヴゴロドの代官はすべてこのように納めてきたが、ヤロスラフはこれをキエフの自分の父に納めなかった。そこでウラジーミルは『道を整え、橋をかけよ』と言った。自分の子ヤロスラフに向かって兵を進めようと思ったからである。しかしかれは病気になった」（一四五頁）[1]。

興味深いことに、ここにはキエフとノヴゴロドの関係が突如危機に瀕したことが記されている。ヤロスラフがキエフへの従属関係を断ち切ろうとしたからである。かれがこうした決断にいたったきっかけ、あるいは理由は不明であるが[2]、いずれにせよ父と子の関係は一触即発の状態となった。

一〇一五年の項はこれに続く事態について次のように記す。

「ウラジーミルがヤロスラフに向かって兵を進めようとしていると、ヤロスラフは海の向こうに使者を送り、自分の父を恐れてヴァリャーギを連れてこさせた。しかし神は悪魔を喜ばせるようなことはしなかった。ウラジーミルが病気になったのである。このときかれのもとにはボリスがいた。ペチェネギがルーシに向かって兵を進めると、(ウラジーミルは)かれらに向かってボリスを派遣した。自分が重病だったからである。かれはその病によって七月十五日に生涯を終えた。かれはベレストヴォで死に、(人々は)かれ(の死)を隠した。スヴャトポルクがキエフにいたからである……」(一四五頁)。

人々がウラジーミルの死を「隠した」のはなぜか気になるが、その意味については後に考えることとして(後述四六九頁、また本章注(26)、(64)を参照)、今は先に進もう(ノヴゴロドと「海の向こう」との関係、またノヴゴロドにおけるヴァリャーギの役割、さらにはルーシとペチェネグ/ペチェネギとの関係も問題となるが、これについても後述する)。

年代記ではこの後、ウラジーミルの遺体の埋葬について記されるが、まさにこの箇所で、本書でも先にふれた、「ルーシの洗礼者」の偉大な功績に対する賛辞(かれは「自分と自分の民を洗礼した大ローマの新しいコンスタンティヌス(一世)である……」)とともに、それにもかかわらず人々がかれに十分な感謝をささげていないとする年代記編者の慨嘆の念が表明されている(前章参照)。

ところで一〇一五年の記述は上のウラジーミル臨終の記事で終わっているわけではない。この後「ボリスの殺害について」という標題がつけられた、長い、一見して独立の作品が続いている。(3)

「ボリスの殺害について」の内容はおよそ以下のごとくである。

まず、キエフの座についたスヴャトポルクはキエフ民に対し人気取り政策に出るが(「キエフの人々……に財産を(分け)与え始めた」)、キエフ民の支持をえることはできなかった(「かれらの心はかれと共にはなかった」)。キエフ民の心は、ウラジーミルによりペチェネグとの戦いに派遣されたボリスの側にあったことが示される。ボリスはこのときペチェネグ軍とは遭遇せずに引き返すのであるが、その途中、父なる大公薨去の情報が入って、陣営は動揺する。かれの従士団は兄スヴャトポルクとの決戦を主張するが、ボリスは「長兄」に対する反抗の献策を退ける。落胆した従士団と軍勢の主力はかれのもとを去る。

一方、「カインのたくらみ」を用いてボリス殺害を企てるスヴャトポルクの手の者らが(「プチシャ、タレツ、エロヴィッチ、リャシコ」とその名が明記される)、リト川(アリタ川。ドニェプルの支流トルベジ川に注ぐ。その合流地点にペレヤスラヴリが位置する)のほとりにいたボリスを夜陰に乗じて襲う。幕舎で朝の祈りをささげている公を槍で突き刺したとされる。年代記はその様子を聖書の言葉をちりばめながら詳しく描く。「至福なる」ボリスが無抵抗で「殉教者」の仲間入りをしたことが強調される。かれの遺体は「(人々が)ひそかにヴィシェゴロドに運んできて、聖ヴァシーリー教会のそばに安置した」と記される。いっぽうプチシャら暗殺犯は「悪魔より悪い」と非難される。「悪魔は神を恐れるが、悪人は神も恐れない」からである。

ボリスに続いてスヴャトポルクはグレープをも亡き者にしようとする。グレープはスヴャトポルクからの父危篤の情報に欺かれ、キエフへ向かうが[4]、途中スモレンスク付近でヤロスラフの使者から、父はすでに死に、ボリスがスヴャトポルクにより殺害されたことを知らされる。ヤロスラフはグレープにキエフ行きを思い止まらせようとしたのであるが、グレープはボリスの死を嘆き、兄と同じ運命を受け入れることを望む(「わたしは兄とともに死んだ方がましです」)。グレープはスヴャトポルクの手の者(ここでもその名が明らかにされている)により殺害され、その遺体は「川岸の二本の丸太の間に捨てられた」。後に人々がグレープの遺体をそこから移し、ボリスの墓(ヴィシェゴロドの聖ヴァシーリー教会)のわきに安置したとされる[5]。

「ボリスの殺害について」においては、この後、兄弟を賛美する長い祈りの文が記されている。兄弟は治癒の奇跡を行い、ルーシの守護者となったことが明らかにされる（「喜びなさい、ルーシの地のキリストの二人の受難者よ。あなたがたは信仰と愛情をもってあなたがたのもとにやって来た者たちに治癒を与えたのです」一五七頁）。かれらがウラジーミルの場合と異なって、早い段階で聖人とみなされるようになったことをうかがわせる記述である。

これに続いてスヴャトポルクの権力掌握について記述される。「呪われた邪悪なスヴャトポルクは、スヴャトスラフ［スヴャトポルクの弟、ヤロスラフの兄］がウグリ［ハンガリーの地］に逃げたので、ウゴルの山々［カルパチア山脈］に人をやり、かれを殺害した。かれは『自分の兄弟をすべて殺し、ルーシの権力を一人で取ろう』と考え始めた(6)」。こうしてかれはキエフに君臨し始めたという。

一方、まだ父の死の情報に接する前のヤロスラフはノヴゴロドにいたが、そこで市民との間で険悪な関係になっていた。かれの従士団の中心であったヴァリャーギが市民に「乱暴を働き」、激高した市民がかれらを襲い「皆殺しにした」からである。これにたいしヤロスラフは、襲撃した主だった市民を捕え、これを「斬り殺した」。公と市民との間が戦争状態となったと言ってよい。ヤロスラフがはっきりとヴァリャーギ従士団の側に立っていたことがわかる。しかしこの段階で、キエフにいた妹のペレドスラーヴァからかれのもとに、父の死、さらにはスヴャトポルクによるボリスとグレープの殺害、スヴャトポルクのキエフ掌握（大公位就任）についての知らせが入る。ヤロスラフは急きょ民会を招集し、市民と和解し、対スヴャトポルク戦のためかれらの協力をえることに成功する。かれは「ヴァリャーギ一千と他の軍勢四万」を集めて、スヴャトポルクに向かって進撃する(7)。これにたいしスヴャトポルクもペチェネグ族の助力を得て迎撃の態勢を整え、両軍はドニェプル川を挟んでリューベチ付近で対峙する（西側右岸にヤロスラフ軍、東側左岸にスヴャトポルク軍）。ここまでが一〇一五年の項である。

両軍の対峙に続く戦闘の場面の描写から一〇一六年の項に入る。邦訳ではここから「第九章　ヤロスラフの治世」（一六一—一八四頁）が始まる。以下には、ヤロスラフ、スヴャトポルク両者の戦いが最終的に決着をみる一〇一九年までの経緯を、『原初年代記』によりながらたどることにする。

一〇一六年の項では、三か月間の対峙を経て、スヴャトポルクの軍司令官による挑発をきっかけに、ヤロスラフ軍が「翌朝」ドニェプルを渡河し、攻勢に出たことが記される。時はすでに「結氷期に向かっていた」。激しい斬り合いが行われるが、ペチェネグ軍の到着が遅れたこともあり、スヴャトポルク側が敗北を喫する。スヴャトポルクは「リャヒ」の国（ポーランド）へ逃れる。一方ヤロスラフはキエフで「父と祖父の座についた」が、それはかれが「ノヴゴロドに（君臨して）二十八年目」のことであった。この記述をどう理解すべきか難しいところであるが[8]、一方、戦いに敗れたスヴャトポルクについても年代記の記述ははっきりしない。ここでかれはリャヒの国に逃れたとされている。これは当時のポーランド王ボレスワフ一世がかれの岳父であったことと関係があろう。かれは王の娘（名は不詳）と結婚していたのである[9]。ところが『ノヴゴロド第一年代記（古輯）』のほうでは、かれはリューベチの戦いの後ペチェネグ人のもとへ逃れたとも記されている[10]。これも十分にありえるが、このあたり『ノヴゴロド第一』の記述はあいまい、ないし矛盾しているようにもみえる。どちらが正しいのかはっきりしないが、以下にみるように、『原初年代記』ではこの後の一〇一八年の項で、スヴャトポルクがヤロスラフ軍の攻勢をうけてペチェネグのもとへ逃げたとされているので、一〇一六年にはポーランドへ逃れたと考える方がよいのかもしれない。とはいえスヴャトポルクのペチェネグとの関係は相当に深く、頻繁な行き来がなされていたとも考えられる。

戦いはさらに続く。一〇一八年の項では、スヴャトポルクがポーランド軍の支援を受けてボレスワフ王と共にルーシへ押し寄せたことが記される[11]。ヤロスラフも「ルーシ、ヴァリャーギ、スロヴェネ」の軍勢を集めてこれに対抗し、両軍は西ブク河畔で衝突する。場所からいってヤロスラフ側がポーランド方面（両国の境界地域）へ大きく進軍して迎撃したことになる。けっして受身的であったわけではない。メルゼブルクのティトマルによれば戦闘は七月二十二日に行われた[12]。この時はポーランド側が勝利する。ヤロスラフは「四人の家臣とともにノヴゴロドに逃れ」、スヴャトポルクはボレスワフとともにキエフに入城する。ティトマルによれば、スヴャトポルクのキエフ入城は八月十四日のことである。(13)

本拠地のノヴゴロドに戻ったヤロスラフはさらに「海の向こう」に逃げようとするが、代官コスニャチンに率いられる「ノヴゴロドの人々」が公の船を破壊して強く諫めたために翻意し、資金を調達したうえヴァリャーギを雇い、多くの軍勢を集めて、改めて反撃の態勢を整える。かつてヤロスラフとあれほど激しく対立したノヴゴロド民が、そのときもそうであったが、このときもまたヤロスラフを支え、対スヴャトポルク戦に積極的な態度を示すにいたった理由は、おそらくはそれが商業都市としてのノヴゴロド市自体の利益（自立性の確保）につながると考えられたことにあったであろう。長い間ノヴゴロド公であったヤロスラフの方がかれらの利益を尊重してくれると考えられたであろうし、ヤロスラフの北方ヴァリャーギ世界との強い結びつきも、(14)北方との経済的関係を重視するノヴゴロド市民には重要に思われたと推測される。

一方、キエフではスヴャトポルクとボレスワフの間に対立が生じ、スヴャトポルクは「町中のすべてのリャヒを殺す」よう命令を出す。(15)ボレスワフは「ヤロスラフの財産をとり、かれの貴族と姉妹たちを伴ってキエフから逃げ出した」(16)。こうしてスヴャトポルクが単独でキエフを治めはじめたのであるが、すでに記したようにそれは長続きしなかった。ヤロスラフ軍がキエフに迫り、かれはペチェネグのもとへ逃げ出したからである。

一〇一九年の項に入って、スヴャトポルクが今度はペチェネグの大軍を率いてキエフを攻めようとした次第が記される。ヤロスラフもこれを迎え撃つべく、リト川のほとりに陣をしく。これはボリスが殺害された場所でもある。ヤロスラフはここで「天に両手をあげて」、つまり亡き（聖なる）「二人の弟」にむかって、神への祈りを通してかれを助けるよう願い求める。そのためもあってか、三度にわたる激しい戦いはヤロスラフの勝利に終わる。敗れたスヴャトポルクは「担架に乗せられ……ベレスチエに運ばれ」、最後には「リャヒとチェヒの間の荒野」において「悲惨のうちにその生涯を終えた」。[17]『原初年代記』はスヴャトポルクを、兄弟を殺害し「七つの復讐を受けた」カイン、同じく悪行をそれと知りつつ犯し「七十［七］の」復讐を受けたレメク（創世記四・一三―一四）、そして七十人の兄弟を殺害して王となったというアビメレク（士師記八・二九以下）になぞらえる一方、ヤロスラフが従士団とともに激戦を制し、いわば大仕事を終えて後「キエフの座についた」ことを伝え、一〇一九年の項を締めくくっている。

以上が『原初年代記』の描く、ウラジーミル没後の大公位をめぐる争いのおおよその経緯である。年代記がヤロスラフ側の立場に立ってこの間の事情を描いていることは明らかである。大公位争いはまさに「賢公」ヤロスラフと、三人もの弟（ボリス、グレープそしてスヴャトスラフ）を殺害した「呪われた」スヴャトポルクとの戦いとして描かれ、前者の勝利を伝えることにより、その支配の正当性を明らかにしようとしている。[18]

スヴャトポルクにより殺害されたボリスとグレープについては、両名がやがてルーシ最初の「聖人」となることを予期させる描き方がなされていた。[19]大公位争いと兄弟の列聖は何らかの関連があると考えることができそうである。この二つの事柄が実際にどう関連するのかが本章の大きなテーマであるが、そのまえに大公位継承争いが、真に『原初年代記』の伝えるような経緯で行われたのか、さらに検討を続けたい。結論から述べると、『原初年代記』の記述は相当程度事実を反映していると考えることができるが、記されていない事柄も多い。その記述の個々の点については疑問を抱く研究者もいないわけではない。他の史料ではどうなっているかという問題もある。以下にはそうした点についてみてみる。

●メルゼブルクのティトマルの『年代記』

すでに示されたように、ウラジーミル後の大公位継承争いにはポーランド王ボレスワフ一世が大きくかかわっていた。それゆえ当時のルーシ・ポーランド関係、さらにはポーランドにとってのみならずルーシにとっても大きな存在であったドイツ帝国の動向も視野に入れて考えてみる必要がある。こうした事柄に関して多くの貴重な情報を伝えるのは、これまでにも何度かふれたザクセンはメルゼブルクのティトマルである。一部繰り返しになるところもあるが、かれがその『年代記』において記すところをまず見てみたい。その第七巻は基本的に一〇一四年からかれの死の年（一〇一八年）までの間に書かれているが、そのなかに以下のような記述がある。[20]

「話を続けよう。ルーシの王ウラジーミル rex Wlodemirus によってなされた不正にふれておこう。かれはギリシアからヘレナという名の妻をめとった。以前かの女はオットー三世と婚約したことがあるが、陰謀によってかれ［オットー］から奪い取られたのであった。かれ［ウラジーミル］はかの女の懇請によって聖なるキリスト教信仰を受け入れた。だがかれはこの信仰をよき行為で飾らなかった。というのもかれは節制を知らぬ常軌を逸した放蕩者であり、弱きダナイ人［ギリシア人］に対し激しい圧迫を加えたからである。かれには三人の息子がいた。そのうちの一人［スヴャトポルク］にかれはわれらの抑圧者ボレスワフ公の娘を妻として与えた。ポーランド人はこの娘と共にサルサエ・コルベルゲンシス［ソリ・コウォブジェク、ドイツでコールベルクと呼ばれる都市］の司教レインベルヌスを送りこんできた……先にふれた王［ウラジーミル］はかれの子がボレスワフにそそのかされてひそかにかれに反抗しようとしていることを知って、その子を妻とともに、またこの者［司教］をも共に捕らえ、それぞれ別々に牢獄に閉じ込めた。聖なる教父は獄中で熱心に主を称えながら、公然とはなしえなかったことを人知れず行ったのである……」（VII,72）。

さらに続く節（VII,73）には以下のようにある。

「かの王の名［ウラジーミル］はときに平和の権力を意味すると理解されているが、これは正しくない［ティトマルはスラヴ語を解したといわれる。ウラジーミルの名の前半部は「支配」（権力）と、後半の「ミール」は「世界」

などとともに「平和」をも意味する語であったところから上のような記述となったと考えられる」。というのも不信心者のあいだにみられる揺れ動き落ち着くところのない平和が真の平和とよばれることはない……わが師パウロの証言によれば、主は姦淫する者を罰せられるからである。一方、ボレスワフはこれらすべてのこと［司教の殉教死］を知り、なんとしてでも復讐を遂げようと、常に思っていた。その後、かの王はすべての遺産を二人の子［ドイツ語訳者 **W.Trillmich** の注ではヤロスラフとボリス］に残した後、日が満ちて［高齢になって］死んだ。第三の子［スヴャトポルク］はそれまで獄中にいたが、後に自らそこを脱し、妻をかの地に残したまま、岳父のもとへ逃れた」。

以上の引用で、キエフ大公位継承争いに関係して重要になってくるのは、まず、ウラジーミルに「三人の息子」がいたとされているところである。既述のごとく、『原初年代記』などではかれには十二人の男子がいたとされていたが、ティトマルはおそらく後継者争いに直接関係したのは三人だけだったと考えているのであろう。それは通常スヴャトポルク、ヤロスラフ、ボリスであったと考えられている。[21] このうちスヴャトポルクについてはおそらく問題はない。ティトマルは先に、ボレスワフが三番目の娘（名は記されていない）をウラジーミル「王」の息子の一人と結婚させたと記していた。[22] この息子がスヴャトポルクであることは、『原初年代記』の記述から判断して（スヴャトポルクはボレスワフのもとに難をさけ、その支援を受けている）ほぼ間違いない。ヤロスラフについても、研究史上ほとんど問題にされていない。ウラジーミル没後の継承戦争に自ら参戦し、最終的に勝利して大公位についたのはかれであるからである。ただし父の臨終に際して、父と対立状態にあったヤロスラフが父によりすんなりと後継者と考えられたかどうかは疑ってみてもよい。後述するポッペ説はまさにこうした疑問を前提として組み立てられている。ではもしヤロスラフでないとすれば、ティトマルは他のどの子を考えていたことになるのであろうか。これについてはまた後に立ち返ることにしたい。次にボリスであるが、かれをここで想定することは妥当といえるであろうか。結論的に言えば、ティトマルがボリスを後継候補の一人と考えていたことは確かであると思う。『原初年代記』はウラジーミルの死に際して、ボリスが父のもとにおり、当時キエフを脅かそうとしたペチェネグ人に対し大公の従士団とその軍を率いて出撃したことを伝えている（邦訳一四五頁）。おそらくその意味でボリスこそ鍵をにぎる重要人物のひとりとみることができそうであるし、ティトマルの念頭にあったのもかれであろうと考える。[23]

以上のように、ティトマルにみられるウラジーミルの「三人の子」については、さまざまな見解が出されている。スヴャトポルクをその一人（父により捕えられた子）とみることに反対する研究者は管見の限りではいない。あとの二人をどう見るかが見解の分かれるところであった。上述のようにヤロスラフとボリスとするのが多くの研究者の立場であるが、そのほかにも、ヤロスラフの強力な対抗者であった（『原初年代記』一〇二四年の項）ムスチスラフの名をあげる研究者がいる。たとえば、N・N・イリインは二人をヤロスラフとムスチスラフと、V・D・コロリュクはボリスとムスチスラフとみている。[24] この点についてはまた後に立ち返る。

さてティトマルによれば、「三人の子」のうちスヴャトポルクはポーランド王にそそのかされて反抗を企てたために、妻（つまりボレスワフの娘）らとともにウラジーミルによって捕えられたとされている。つまり父の死亡時、スヴャトポルクは拘束されていたことになる。少なくとも自由の身ではなかった。これはルーシの史料にはない記述である。『原初年代記』ではスヴャトポルクは、父の死亡時にキエフにいたと明記されている。実は『原初年代記』の記述においても、かれがキエフで自由の身であったかどうかは不明なのであるが、ただ少なくともかれと父との間に確執があったとは伝えられていない。かれはその後三人の弟を次々に殺害したとされ、リューベチにおいてヤロスラフ軍に敗北を喫した後に、ポーランド王のもとへ逃れたとされていたのである。ネストルのボリス・グレープ伝（『講話』）では、スヴャトポルクがキエフではなく、どこかその近くにいたと読める書き方がされている。[25] ネストルの考え方からすると、スヴャトポルクは自分の拠点ではなく（かれはトゥーロフ公であった。『原初年代記』九八八年の項、一三四頁）、どこかキエフの近く（北方一五キロのヴィシェゴロドあたりか）にいたことになる（もし自由の身であったと仮定するならば、父の死後ただちに権力をうかがうことができるよう近くにいたのかもしれない。あるいはもし囚われの身ということならば、父の監視の目の届くところにおかれていたということになろう）。これにたいしティトマルの記述では、スヴャトポルクは「獄中」にあり、父の死後そこを脱し、急ぎ（「妻を残したまま」）ポーランド王のもとへ走ったと考えられている。

スヴャトポルクが「獄中」にあったとするティトマルの記述が、なぜ重要なのかは、この場合次のような問題がでてくるからである。もしスヴャトポルクが「妻を残したまま」、つまりはおそらくはあわてて逃亡しなければならなかったとするならば、かれが獄中から脱したとき、キエフはすでに「誰か」の手に入っていたことを意味するであろう。そうであるからこそ、かれは自らキエフに乗り込み権力を掌握するのではなく、あわてて逃げたと考えられるのである。この「誰か」はヤロスラフではありえない。かれは当時はるか北方ノヴゴロドにいたからである。そして一〇一八年にスヴャトポルクがまさにこのヤロスラフと、西ブク河畔で戦った（この戦いについては『原初年代記』も、そしてティトマルも伝えている）。ということは、スヴャトポルクのポーランド亡命中に、ヤロスラフがノヴゴロドを出てキエフをこの「誰か」から奪っていたのではないか、という疑問が出てくる。

このように考え、そしてこの「誰か」とはいったい何者かという問いを自らに出した研究者がいる。

すでにふれたように、『原初年代記』によれば、ウラジーミルはその臨終のときに自らのそば近くにボリスをおいていた。このときルーシを攻撃してきたペチェネグ軍を迎え撃つべくキエフから出陣したのはこのボリスであった。かれには大公軍の指揮権が与えられた形になった。もちろんこれはたまたま父の臨終のときに、かれだけがキエフにいたがゆえの臨時的な措置に過ぎなかったのかもしれない。しかしそうではあるまい。『原初年代記』は同じ箇所で「スヴャトポルクがキエフにいた」とも伝えている。これはどう理解すべきなのであろうか。もし長兄スヴャトポルクがキエフにいながら、かれには大公軍の指揮権が委ねられなかったとするならば、これはかれが父と対立し、父により後継者とはみなされていなかったことを意味するのではないであろうか。つまりこの場合、スヴャトポルクが父により拘束されていたとするティトマルの記述は正しかったということになる。もしスヴャトポルクがキエフにおり、しかも自由の身であったとするならば、長男であるかれこそが大公の名代として軍を指揮していた（対ペチェネグ戦に出陣するかどうかはともかくとして）と考えるのが自然であろう。

先にも記したように、リハチョフを含め研究者の中には、ウラジーミルが自身の後継者としてボリスを考えていたと主張する者が少なくない。『原初年代記』一〇一五年の記述がそれを裏づけているとする見解である。もしそうであるならば、ウラジーミルの臨終時に権力を握っていた上記の「誰か」とはボリスのことであり、このボリスを排除したのが北方からきたヤロスラフであったということになろう。この場合、ヤロスラフはボリスを亡きものにし、その後ポーランド王の支援を受けるスヴャトポルクの挑戦を退けたのである。ボリス（そしてグレープ）の殺害犯はスヴャトポルクではなくヤロスラフであったとする、きわめて重大な結論が導き出されることになる。

もっともリハチョフ自身がこのような大胆な結論に至っているわけではない。たとえば、父の臨終後「（人々は）かれ（の死）を隠した」とする『原初年代記』の記述について、かれは次のような論を展開している。ここは通常、死を隠しながら、他方で公然と葬儀を行ったという意味で、年代記の記述は「矛盾」していると解釈され、さまざまな説明が試みられているところであるが（邦訳者注、四五二頁を参照）、リハチョフは、人々が「死を隠した」のは、父の死を公然化することを望まないスヴャトポルクの命令があったからと解釈し、これを矛盾とはみなさないという立場をとっている。公然化すれば、人々がボリスを擁立する可能性が出てきて、キエフで権力に就いたばかりの自分にとって由々しきことになると考えたということであろう。つまりリハチョフはあくまでもウラジーミルの死後はスヴャトポルクがキエフで権力を握った（かれが父により排除され、不自由な身とされていたわけではなかった）と考えているのである。[26]

●N・N・イリインの仮説

これにたいし、父の死後権力を握ったのはボリスで、スヴャトポルクはティトマルの記す如く、権力を握る状況にはなく、ただキエフを脱出してポーランドへ逃げ去る以外になかった。キエフの支配権を握ったボリスを亡き者にしたのはスヴャトポルクではありえず、ヤロスラフであったと考えた研究者が実際にいた。ソヴィエトの研究者N・N・イリインである。

イリインは、一九五七年に、まさに『原初年代記』一〇一五年の記事を考察の対象とした著書(『年代記六五二三年[一〇一五年]の項とその史料』)を発表したが、そのなかで、『原初年代記』の記述を、かつてシャーフマトフが主張したように、ボリスとグレープの殺害事件に関する原初的な記述とみなすことはできないこと、むしろそれは作者不明の『聖なる殉教者ボリスとグレープの物語、受難、[そして]頌詞』(本書では『物語』と略記してきた。三浦訳がある)を基に編まれた二次的なものであることを主張した。[27] その上でイリインは一〇一五年の歴史的真相を求めて、さまざまな史料――『物語』にはみられない年代記諸写本中の「諸事実」、ポーランドの年代記、ティトマルの年代記、エイムンド・サガ、『キリストのための聖なる受難者ロマンとダヴィド(ボリスとグレープ)の奇蹟の物語』(三浦訳『奇跡の物語』)、府主教イオアンの奉神礼、ボリスとグレープの『生涯と死に関する講話』(ネストル著、三浦訳『講話』)など――を分析し、その結果、次のような重大な結論をえるにいたった。

すなわち、『原初年代記』の伝えるヤロスラフとスヴャトポルクの争いの経緯には訂正されるべき点が多くあること、とくにボリスを殺したのは(それはおそらく一〇一五年ではなく、一〇一八年のことであった)スヴャトポルクの送った刺客ではなく、ヤロスラフの傭兵のヴァリャーギであったこと、もっともかれらも殺害をヤロスラフの命令によってではなく、いわば独断で行ったこと等である。[28]

●『エイムンド・サガ』

このような結論にたどり着くに際して、イリインは上記のメルゼブルクのティトマルの年代記とともに、北欧に伝わる『エイムンド・サガ』を重視している。そこにウラジーミル没後のルーシに関する重要な歴史的事実が反映していると考えたのである。ティトマルの年代記についてはすでに紹介した。イリインのティトマル理解（そこからどのような結論をいかに導き出したか）については後に検討することにして、ここではまず『エイムンド・サガ』について、イリインがそれをどう利用したのかについてみてみたい。なおサガの詳しい内容（要約）は本節末尾の「補遺」において紹介したので、そちらをご覧いただきたい。ここではその要点だけを記しておく。[29]

ノルウェーで領国を失ったエイムンドは、東方の地ルーシ（ガルダリキ）で大公ウラジーミルの没後三人の兄弟間に領土争いが起きたことを知り、従士団を率い富と名誉を求めてルーシに赴く。そして三人兄弟の一人（ヤリツレイフ）を助けて他の兄弟（ブリツラフ）と二度戦って勝ち、三度目にはこれを（ヤリツレイフの黙認のもと）殺害する。しかしその後報奨金をめぐってヤリツレイフと決裂、第三の兄弟（ヴァルチラフ）のもとに走り、今度はこれを助けてヤリツレイフに対抗する。最後にはヤリツレイフに嫁いでいたインギゲルド（スウェーデン王の娘）と協力して講和にこぎつけ、ルーシを分け合い、自らも領土を手に入れ功成り名を遂げる。

アイスランドを中心に数多く伝わるサガを歴史史料としてどう利用するかは大問題であり、本来ならばここから始めなければならないが、[30]ここで取り急ぎ強調しておきたいのは、そこでは東方「ガルダリキ（ガルザリーキ）」つまりルーシの地がいわば日常的な存在として認識されていたということである。「ガルダリキ」に直接間接に言及するサガ（その他の北欧文献）は多い[31]。本書でそれをすべて検討の対象とすることはもちろんできない。後にいくつかについてみてみたいとは考えるが、本書の著者としてはこれまでこうした「史料」をまったく考慮の外においてきたことは大きな怠慢であったと恥じ入るほかない。

さて、イリインが『エイムンド・サガ』をどう扱ったかであるが、かれはおおよそ以下のように考えた。

まず『エイムンド・サガ』にはルーシ史に関する「多くの生の歴史資料が含まれている」。「その叙述と一〇一五―一〇二一年のルーシの諸事件との関連性は、このサガのテクスト全編を通じて追跡することができる」[32]。このように考えるイリインはサガの「ヤリツレイフ」をヤロスラフと、「ブリツラフ」をスヴャトポルクと、「ヴァルチラフ」をブリャチスラフ（イジャスラヴィチ、ポロツク公でヤロスラフの甥）と考えた[33]。もっともイリインによれば、三人のうち「ブリツラフ」に関しては、事情はやや複雑である。「ブリツラフ」は複数の歴史上の人物を一つに集約した「何らかの集合名」と考えられるからである。それは第一義的には「スヴャトポルク」を表したが、それのみならず「ヤリツレイフの当時の敵のすべて」をも象徴しているとみることができる。つまりそこにはスヴャトポルクとともに、かれの後ろ盾であったポーランド王ボレスワフ一世も（「ブリツラフ」の名自体はこの「ボレスワフ」からきているだろう）、ヤロスラフのもう一人の兄弟ボリスも暗示されている[34]。かくてイリインによれば、サガは、エイムンドによるブリツラフ（スヴャトポルク）の殺害について語りながら、ヤロスラフの送った刺客（ヴァリャーギ）による「ボリスの殺害」をも物語っていたというのである（サガにおいてもブリツラフはエイムンドらヴァリャーギによって殺害されている）。「サガにおけるこの事件の記述は、その一連のディテールにおいて、既述のボリスとグレープの『物語』と、それに続いて『原初年代記』が語るボリス殺害記事と一致している」[35]。

かくてイリインは、ボリスの殺害を「呪われたスヴャトポルク」の仕業とする定説に重大な疑義を投げかけたのであるが、こうした見解は正しいといえるであろうか。結論から言えば、著者の見るところ、イリインの見解にはやはり大きな無理がある。

かれの研究が厳密なテクスト批判に基づく独創的、実証的なものであることは疑いない。福岡論文はイリインの『エイムンド・サガ』理解について立ち入って論じているわけではないが、イリインの研究自体には説得力があるとさえ評価している。多くの研究者がイリインから重要な示唆を受けていることはその後の研究史が示すところでもある。しかし「サガ」の取り扱い、とりわけそれを根拠にボリス「殺害」の真相を解明しうるとした立場については、大きな疑問を感じざるをえない。

問題の第一は、『エイムンド・サガ』をどのような「史料」とみるか、それを確実な「史料」とみなすことができるか、という点にある。『エイムンド・サガ』は従来から歴史「史料」というよりは、あくまでも「文学」作品であることが広く認識されていた。ただその一方で、「サガ」の伝える状況があまりにもよくルーシの現実を反映しているように見えたために、それが歴史的現実を何らかの意味で表現しているとも考えられてきた。だがその延長上で、確実な証拠に欠けるままに大胆な仮説の論拠としてこれが用いられるようになると、問題が発生する。イリインの場合もその一例と言えるように思う。実はこのサガがそのテクスト成立史や伝承の在り方を含め厳密な研究の対象となったのは、それほど古いことではない。E・A・メリニコヴァによれば、それは前世紀の八〇年代になってからのことで、イリインの著書が現れて相当経ってからのことである。[36] すでにテクストの原文とロシア語訳（E・A・ルィゼフスカヤ訳）を刊行したT・N・ジャクソンが、『エイムンド・サガ』においては、歴史的現実がサガに特有の文学的紋切型と奇抜な形で絡み合っており、これをそのまま史料として利用することはできないと考えていた。かの女は『エイムンド・サガ』のコメンタリーの部分において、こうした観点からテクストの詳しい分析を試みている。[37] それによれば、たとえばエイムンドがブリツラフを殺害し、ヤリツレイフの前に切り離された首級を持参する場面は、古代スカンディナヴィアおよび古典古代の文学においても類似の場面を見出すことができるという。『エイムンド・サガ』は歴史的事実の記述というよりは文学的定型を組み合わせた作品にすぎないというのである。

この点をさらに強調したのはメリニコヴァ編『外国史料から見た古ルーシ』中の「ヤロスラフ賢公は兄弟殺しの犯人であったか」と題された節である（第五部第四章第二節）。この節はまさにこの問題にあてられたものであるのでここでみておこう。(38)

それによれば、『エイムンド・サガ』においては文学的なモチーフが強すぎるので、その記述を現実を反映したものとみることはできない。その主題はあくまでもスカンディナヴィア人戦士エイムンドの賛美（英雄視）にあった。このことはサガが、エイムンドをポロツクの王とすることで大団円を迎えていることからもうかがえる。もちろんそれは事実ではない。ポロツクは『原初年代記』にも記されるように、すでに十世紀末にはキエフ国家の支配下に組み込まれていたからである（年代記によれば、ポロツクはほかならぬウラジーミル公によって征服され、その最初の公となったのはウラジーミルの子イジャスラフであった）。『原初年代記』のこの記述を疑う合理的な批判はこれまでのところ誰からも出されていない。その後ポロツク公の系統に変化があったとも伝えられていない。エイムンドをポロツク王とするのは、主人公が最後に名誉と富を得ることを常道とするサガの定型に従った架空の話にすぎない。年代記にはポロツクがウラジーミルによって征服されるまではログヴォロド（ヴァリャーギ系である）の支配下にあったとも記されているが、これも事実であろう。「サガ」はおそらくその時期の記憶を長く保存しており、文学としてまた時代錯誤的にエイムンドに結びつけたと考えられる。

『エイムンド・サガ』は「王のサガ」のなかでもとくに文学的な性格（明白な文学的様式、繰り返し、紋切型の多用）を強く示している。たとえば、そこでは「ブリツラフのヤリツレイフに対する三度の攻撃」、「エイムンドのヤリツレイフへの三度の助言」、「ヤリツレイフとエイムンドの三度の条約締結」、「ヤリツレイフのヴァリャーギらへの報奨金支払いの三度の拒絶」、「ブリツラフの死亡に関する二度の噂」など、明らかに文学作品に特徴的な性質が色濃く現れている。エピソードの多くが西ヨーロッパやビザンツの文学に広く類似のものをもっているという。とくに戦闘場面におけるさまざまな「術策」(城壁の前に濠を掘り木の枝でカモフラージュする、城壁上に貴金属を飾って敵を惑わす、敵の王の天幕を綱で地面にまで引き曲げた木から綱を断って跳ね上げるなど)の描写はヴァイキングの武勇談に特徴的で、それは古典古代文学にまで遡及されるもの、あるいはビザンツ文学等からの借用であった。

「サガ」に描かれるヤリツレイフとブリツラフの戦闘場面についてみると、そこに部分的ながら歴史的事実が反映されていることは否めない。サガは三度の戦闘があったと伝える。そして最後の戦いにおいてブリツラフはエイムンドにより殺害される。各戦闘の間にブリツラフは国外に逃れ、新たな兵力を確保し、兄弟に対し次の戦闘を仕掛けてくる。そこには『原初年代記』に描かれる一〇一五年から一〇一九年にかけての状況が垣間見られるといってよい。年代記の方では、まず一〇一六年のヤロスラフとスヴャトポルクのリューベチにおける戦いがあり、このとき敗れたスヴャトポルクは岳父ボレスワフ一世のもとへ逃れる。一〇一八年の西ブク川の戦いでは敗れたヤロスラフがキエフを放棄し、ノヴゴロドへ逃れる。最後に(三度目である)一〇一九年のリト[アリタ]川の戦いはスヴャトポルクの敗走、そしてその死(殺害されたわけではなかったが)により決着をみる。サガはそうした経緯をある程度彷彿させてくれる。だが「ある程度」というにすぎない。

たとえば同じく三度の戦闘とされながら、サガでは、いずれの戦闘に際してもブリツラフが仕掛け人と認識されている。すなわちまさにブリツラフがヤリツレイフを攻撃し(あるいはそれを画策し)、後者は防衛を余儀なくされている。しかしこれは『原初年代記』におけるヤロスラフの積極的な立場と明らかに矛盾している。年代記では一〇一五年に兵を率いてノヴゴロドからキエフへ進発したのはヤロスラフの方であった。サガがヤリツレイフ=ヤロスラフの「防衛」的、ないし受身的な立場を強調するのは、サガ自体の基本目的から来ている。ヤロスラフを防衛的に描くことで、主人公エイムンドの華々しい活躍ぶりを際立たせることができる。これによりエイムンドは単なる助言者、協力者から救済者という主役的地位に立つことが可能となる。さらにブリツラフの度重なる攻撃はエイムンドらヴァリャーギ戦士の存在意義をますます高めることにつながる。窮地に立つヤリツレイフはエイムンドとの協定を二度にわたり改定せざるを得なくされる。その都度報奨金の額は引き上げられる。サガの主人公の富と名誉への夢はこうして実現へと導かれる。

さらによくみてみると、サガの三度の衝突のなかで、年代記の伝える兄弟間の戦闘に合致するのは、おそらく最初のものだけである（一〇一六年、リューベチ河畔の戦い）。ここには確かにサガと年代記の記述に共通の点がみられる。年代記では最初攻勢に出たのはヤロスラフであったとされているが、これはある意味では兄弟殺しというスヴャトポルクからの攻撃がすでになされたことに対する正当防衛的な行動とみなされている（「兄弟［ボリスとグレープ］を殺しはじめたのはわたし［ヤロスラフ］ではなくかれ［スヴャトポルク］です……かれはわたしに対してもこのようにするでしょう……」一六〇頁）。この点でサガの記述と絶対的に対立するわけではない。次に、年代記のヤロスラフの陣中にヴァリャーギ兵のいたことが明記されているが、この点はまさしくスカンディナヴィア人の活躍をえがくサガそのものの主題でもある。両軍が川を挟んで対峙するのも共通である。双方の軍がそれぞれ一定期間（年代記では三か月間、サガでは四日間）陣営にとどまって仕掛けようとしなかったことも共通である。

しかしながらサガの二度目、三度目の戦闘場面には、現実をうかがわせるものはほとんどない。それは事実上たんなる軍事的諸「術策」の描写で、古スカンディナヴィア、およびビザンツ文学からの借用にすぎない。ただ最初の戦いに敗北したブリツラフが「ビヤルマランド［ベロモーリエか］」へ逃がれ、二度目の攻撃に際しては「ビヤルマ人」を率いてきたとされる点、また三度目にはブリツラフの軍中に「チュルク人とブロクメン［ヴラフ］人」がいたとされている点は注意が必要であろう。年代記では一〇一八年に（一〇一五／一〇一六年ではなかろう）スヴャトポルクがペチェネグ人のもとへ逃れ、翌一〇一九年にかれらとともにルーシへ戻ってきたとされている。おそらくサガの編者はこうしたさまざまな辺境の異族人がスヴャトポルクの軍中にいたことを聞き知っていたのであろう。そして自ら三度と考えた戦いの二度目、三度目のなかにそれを組み込んだのであろう。しかしその情報は正確なものではなく(サガの編者は「ペチェネグ」という固有名詞は知らなかった)、記述に現実的外見性を与えるだけの不正確なものにとどまったと考えられる。現実を反映しているかのように見える三度の戦闘場面も、よくみてみれば、ほとんど現実に対応していないと考えたほうがよいようにみえる。

最後にブリツラフ＝スヴャトポルクの死についてみてみる。サガではブリツラフは綱をくくりつけられ、たわんだ木の反発力により天幕が跳ね上げられた後に殺害されることになっている。このモチーフは古典古代に遡るよく知られたものである。それだけではない。エイムンドがブリツラフの首をヤリツレイフに見せたとき、ヤリツレイフは「顔を赤らめる」。サガのこの場面は『ハーラル苛烈王のサガ』(後述)にほとんど同じエピソードを見出すことができるという。ヤリツレイフはエイムンドにブリツラフ殺害をほのめかす。しかし明確に指示したわけではない。『ハーラル王のサガ』では、デーン王スヴェンがヴァイキングのハーコンにかつての養い子を殺害するよう教唆する、しかし命令することまではしない。ヤリツレイフもスヴェンも実行された殺害をたしかに非難する。そこまでは望んでいなかったというわけである。しかし殺害者(エイムンド、ハーコン)を罰することはしない。かくてブリツラフ殺害のエピソードはすべて伝統的なモチーフの継ぎ合わせにすぎない。そこには現実を忠実に反映するものは何もないと言ってよい。

以上が「ヤロスラフは……犯人であったか」論文の内容である。それはこのサガを歴史史料として利用することは基本的にできないとする結論に至っている。

以上で十分と考えるが、さらに加えて、「サガ」を歴史「史料」とみるならば説明しがたい多くの矛盾点のあることも指摘しておこう。たとえば、エイムンドがヤリツレイフ王のもとを訪れたとき、かれは王とその妻インギゲルドのもてなしを受けている。しかしインギゲルドがヤロスラフと結婚したのは、一〇一九年夏から秋のことと考えられるので（後述）、エイムンドのルーシ到来はその後のこととなる。そうであるならば、それはヤロスラフとスヴャトポルクの争いがほぼ決着を見た後のことである。かくてエイムンドが両者間の戦いに関与することは不可能であったことになる。[39]「サガ」にはこうした矛盾が多すぎるのである。

議論がここまでくると、当然のこととしてそもそも「エイムンド」なる人物について、これを歴史的存在といえるのかどうかを問う声が出てきても不思議ではない。これについてはその実在性をあっさりと否定する声がある一方で、[40]その名がより早い時期のサガ、『旅人イングヴァールのサガ』に登場することを指摘し、双方のエイムンドが同一人物である可能性にふれながら、実在性までは否定できないとする者もいる。[41]少なくとも異なる時期に編まれたサガに、同じくルーシで、同じような時期に活躍した人物を「エイムンド」と名付けさせたような存在が実際にいたと考えてもよいように思われる。ただそれもここまでである。実在の可能性については首肯できても、その具体的ありようを確実に知る術はないのである。

● ナザレンコのイリイン批判とルーシ・ポーランド・ドイツ関係

以上のごとくメリニコヴァらは「ボリス殺し」の責任をヤロスラフにあるとするイリインの大胆な仮説を根拠薄弱として退けたが、さらにこの仮説を別の側面から批判したナザレンコの批判についてもみておきたい。ナザレンコはとくにイリインのティトマル理解の誤りを問題にしている。[42]ナザレンコのこの批判は当時のルーシのおかれていた国際的環境のもつ意義についてあらためて注意を喚起するものともなっており、その意味でも重要である。

イリインはティトマルの記述を根拠に、スヴャトポルクが父ウラジーミルの死後ただちにキエフを脱し、ポーランドへ走ったと考えた。一〇一五年七月十五日の後すぐ、夏のうちにスヴャトポルクはキエフを出たとするのである。そこから組み立てられたその後の大公位継承争いの経緯は、『原初年代記』が記すウラジーミル没後の全事態の意味とクロノロジーを完全に否定するものとなる。すなわち『原初年代記』によれば、内戦の元凶、兄弟殺しの犯人はスヴャトポルクであり、弟たちの復讐を誓うヤロスラフとスヴャトポルクとの最初の戦闘（リューベチ河畔の戦い）は一〇一六年（「結氷期」すなわち晩秋か初冬）になって行われた。これにたいしイリインは一〇一六年の戦闘を否定し、両者間の戦闘は一〇一九年に一度行われただけであると考えているようにみえる。「ようにみえる」というのは、イリインは他方では、リューベチの戦いがあった可能性にも言及しながら、その場合は一〇一六年ではなく、一〇一五年であったとしているからである（この場合、スヴャトポルクが父の死後キエフに君臨した可能性を認めることになるが、その場合でも在位期間はわずか二か月ばかりのことで、戦いに敗れた後ポーランドへ逃げたという）。イリインはこうしてスヴャトポルクがボリス、グレープを殺害することはできなかった（すぐに逃走したから）と主張するのであるが、そこから殺害犯がヤロスラフであったということには必ずしもならないだろう。つまりイリインはヤロスラフこそが殺害犯であったとする確実、積極的な証拠を出しえていないのである。

ところでイリインは上のようにティトマルを読んだが、ナザレンコによればこれは正しくない。まずナザレンコによれば、イリインはティトマルの年代記の編纂状況について無頓着である。つまり他の点では厳密なかれもこの点には十分に配慮していない。ナザレンコによれば、ティトマルの年代記には確かに誤った（読者を誤解させる）記述がある。しかしそのテクスト編纂状況を考慮するならば、なぜティトマルが不正確になったか、それを正しく理解するにはどうするのがよいのかがわかるようになる。

ナザレンコによるティトマルの記述の検討は複雑をきわめていて、ここで丁寧に見るわけにはいかないが[43]、要点のひとつはティトマル『年代記』のVII,65におけるボレスワフのルーシ遠征を、一〇一七年に行われた「他のどの史料にもふれられていない遠征」とみる点にある。ここの記述を引用しておこう。

ティトマルは後述するポーランド・ドイツ間の一〇一八年一月末のブディシン（バウツェン）条約成立の前の段階における両国関係（およそ一〇一七年十—十一月以降）についてふれ、以下のように記す。

「［ドイツ皇帝ハインリヒ二世は］ルーシ王［rex Ruszorum、ヤロスラフのこと］がその使節を通じてかれ［皇帝］に約束していたとおり、ボレスワフを攻撃したが、ある都市を奪ったのみで、かの地でそれ以上何も手に入れなかったことを知った。かの公［dux、ボレスワフ］はその後、軍を率いてかれ［ヤロスラフ］の王国に侵入し、長い間追放されていたかれの兄弟で自分の娘婿［スヴャトポルク］を即位させた。そして満足して帰国した」[44]（VII,65）。


上記ボレスワフの遠征は、通常、『原初年代記』の一〇一八年の項の遠征と同一のものとみられているが、年代記の方では、ボレスワフが西ブク河畔の戦いでヤロスラフを破った後、いったんはキエフを占領しながら、何らかの理由でスヴャトポルクと対立し、後者に追われて逃げ帰ったとされている。ところがティトマルの上の「遠征」では、ボレスワフは「満足して」帰国したとされている。ナザレンコはこの点に注目し、両者を同じ遠征と見ることはできないと考える。同じ遠征とみる研究者は（大部分がそうであるが）その一方で、ティトマルの記述には多くの矛盾や不正確な点があり、ここはそのひとつであることを指摘して、問題を解決（ないし解消）させている。他方ナザレンコは、ティトマルの記述が、そのテクストの編纂の歴史を考慮して読むならば、おおむね正確であるとみながら（かれはティトマルが何故「不正確」になったか、その理由をも明らかにしようとしているがここでは立ち入らない）、ティトマルがここで年代記や「その他のどの史料にもふれられていない」遠征（ティトマルのテクストのかつての刊行者の一人R・ホルツマンの言）について言及していると考えた（その遠征は前年の一〇一七年に行われたとする）[45]。

ナザレンコのこうした解釈は、一つにはティトマルのテクスト・クリティク、またその編集状況の分析から来ているが（それによれば、VII巻のほとんどは一〇一七年に執筆されており、一〇一八年夏の遠征については記述されえなかったし、その後にそれについて付記された痕跡もないという）、他方では当時のドイツ（ハインリヒ二世、在位九七三—一〇二四年）・ポーランド（ボレスワフ一世、在位九九二—一〇二五年）・ルーシ（ウラジーミル治世晩年から死後にかけての）関係の綿密な分析からも来ている。

その分析によれば、ウラジーミルの死の前後からヤロスラフ治世にかけて、この三国間には複雑な関係史が展開されていた。基本的にはポーランドが西でドイツ帝国と、東でルーシと対立しており、ポーランドを間に挟んでドイツとルーシ間に一種の同盟関係が成立していた[46]。ドイツ・ポーランド間にはウラジーミルの死の年にハインリヒ二世にとって三度目の軍事衝突がおこり、その年の八—九月にはボレスワフ側が勝利を収めていた。両国関係はその後ハインリヒが西方（ブルグンド、ロートリンゲン）で忙殺された際にはボレスワフ側が挑戦的な行動をとるなど、必ずしも帝国（皇帝）の意向通りには行かない状況が続いたが、一〇一七年初頭にはボレスワフ側が「突然」講和を求める動きをする。この時かれはルーシに対しても似たような行動をとっている。この時の講和の提案はドイツ側が受け入れるところとならず、両国の緊張関係は続き、同年の七月にはドイツ軍がエルベ川を越えて両者間に戦端が開かれる（皇帝軍が敗北する）。その後紆余曲折を経て一〇一八年一月末ブディシン（バウツェン）で両国間に条約が成立する。少なくともボレスワフはこれにより、帝国とルーシの同盟関係にくさびを打ち込もうとしたと考えられている。

ここからも推測できるようにポーランド・ルーシ間関係も基本的には敵対的であった[47]。ウラジーミルの死後、まずスヴャトポルクがボレスワフのもとへ逃れている。それが厳密にいつのことであったのかがここでの大きな問題であるが、『原初年代記』では、何度も記したとおり、リューベチの戦いの後、すなわち一〇一六年—一〇一七年の冬のこととされていた。イリインはこれを一〇一五年、ウラジーミルの死後ただちに、と主張したのであった。両国間には、『原初年代記』によれば、一〇一八年の西ブク河畔の戦いがあったが、上述のように、ティトマルはヤロスラフ側からのボレスワフ領への侵入（以前ヤロスラフがそれについて皇帝に「約束」していた）、さらには「他のどの史料にもふれられていない」ボレスワフの対ルーシ遠征（一〇一七年）などについても記している。

そのようななかではたしてスヴャトポルクが父の死後ただちにキエフからポーランドへ逃れたとするイリインの理解は肯定されうるであろうか。

ナザレンコによれば、ドイツ、ポーランド、ルーシ間の当時の関係史を考慮するとき、これは考えられないという。もしスヴャトポルクが一〇一五年段階でボレスワフの宮廷に姿を現していたならば、ボレスワフはかれをそれこそすみやかに対ルーシ積極策に利用しようとしたであろう。東方で攻勢に出るためには対ドイツ関係を安定させる必要があったであろう。その時期のドイツ・ポーランド関係はボレスワフ側に有利な状況にあった。もしかれがこのとき講和を結ぼうと欲したら、皇帝側はそれに応じる可能性が大であった。ところがこの時期にはボレスワフはそうした動きをまったくみせていない。かれが（「突然」）講和を求めたのは、すでに記したとおり、一〇一七年の初頭になってからのことであった。これはそのやや前に（一〇一六年末から翌年早々にかけて）スヴャトポルクが逃れてきたと（『原初年代記』の記述どおりに）仮定してはじめて理解可能となる。

ナザレンコの国際関係に関する立ち入った検討からなされたこうした結論を受け入れるべきかどうか、それが説得的であるかどうかといえば、やや心もとない。史料状況から言ってやむを得ないとしても推測の部分が多すぎるからである。しかしかれがティトマルを含め諸史料の証言を全体として考慮に入れながら、『原初年代記』に記される事態の推移の全体的なクロノロジーがもっとも自然であると結論づけるとき、これを論駁することもまたむずかしい。これに対し、一〇一五年以降の事態をイリイン説に基づいて再構築してえられる結論がきわめて不自然であることは確かである。『原初年代記』の記述を全面的に否定することになるイリイン説を受け入れるのは困難なのである。

● ウラジーミル没後の事態の推移、その再構成の試み

さて以上にナザレンコによりながらティトマルの記述を考えてみた。『原初年代記』の記述を全体として受け入れるなかで、ティトマルにしか見られない記述をも考慮に入れるとするならば、ウラジーミル後の事態はどう推移したと考えるべきなのであろうか。以下に、繰り返しとなる部分も多いが、ナザレンコに導かれながら、新たに推測される事態の推移を復元してみたい。基本的には『原初年代記』とティトマルの記述をあわせて考えて行こうというのである。

一〇一五年七月十五日、ウラジーミル没。

スヴャトポルク（ウラジーミルの存命中に、ポーランド王との関係から反乱の嫌疑を受け、父により拘束されていた[48]）は、おそらく拘束状態を脱し、キエフの支配権を一時的に掌握する（一〇一六年秋までの一年と数か月間である、おそらくキエフないしヴィシェゴロドなどの支持者の支援を受けていた）。本来ウラジーミルは自身の後継者としてボリスを考えていたが、ボリスは対ペチェネグ戦に出陣していて、キエフは手薄であった。そのころ父に対して反抗の意志を鮮明にしていたノヴゴロド公ヤロスラフも後継者としては考慮されていなかった（『原初年代記』一〇一四年の項）。その後まもなく、ボリスとグレープ（そして年代記はスヴャトスラフもと伝える）が死を迎える。スヴャトポルクがそれを指示したとするのが同年代記である。

翌一〇一六年晩秋（初冬）、リューベチの戦い。スヴャトポルクがヤロスラフに敗れ、ポーランド王ボレスワフ一世の宮廷に逃れる（一〇一六─一〇一七年の冬）。

年代記はこの後一〇一八年に西ブク河畔で、ボレスワフ、スヴャトポルク軍とヤロスラフ軍が交戦したことについて記すが、ティトマルはその間に次のような出来事のあったことを伝える。

一〇一七年初、ボレスワフが東西で講和を画策する。ドイツに対しては、ルーシとの同盟関係の破棄を求めたが、これは拒否される。ポーランド・ドイツ関係は緊張が続き夏（七月）にはドイツ軍がエルベを越え、ポーランド領へ侵入。しかし敗北し、九月初に撤退。ボレスワフはルーシに対しても、おそらく近い将来の対ルーシ遠征を念頭において、さしあたりは接近（講和）を図る。このときボレスワフはウラジーミルの娘ペレドスラーヴァとの結婚を求める。しかしルーシ側に拒絶される(49)。

一〇一七年十―十一月、ボレスワフの使節がメルゼブルク滞在中の皇帝のもとに現れ、休戦交渉を提案、皇帝側これに応じる(50)。

この間（厳密な時期は不明）、

一〇一七年、「ルーシ王」ヤロスラフがボレスワフ領を攻撃（これについてはヤロスラフ側があらかじめ皇帝にその使節を通じて「約束していた」）。おそらく国境の重要拠点ベレスチエ（後のブレスト・リトフスク）を占領(51)。

一〇一七年末―一〇一八年初ボレスワフのルーシ遠征。これはティトマルのみにみられ、「他のどの史料にもふれられていない」遠征である。先のヤロスラフによるポーランド遠征の際に奪われたベレスチエを奪還するための反撃の遠征と考えられるが、一方その一年前にスヴャトポルクがボレスワフの宮廷に難を避けてきたこと、そしてこのたびのドイツとの休戦交渉開始（上記十―十一月）で西方国境が安定したことが背景にあった。この遠征でボレスワフはスヴャトポルクをベレスチエ公に就ける(52)。ただしこの時はキエフにまで進出する動きは示さなかったと考えられる。

ボレスワフは「満足して帰国」する。

一〇一八年一月三十日、ドイツ・ポーランド間にブディシン（バウツェン）休戦条約が結ばれる。

その後一〇一八年の（夏）、ボレスワフとスヴャトポルクのルーシ遠征（『原初年代記』一〇一八年の項）。西ブク河畔の戦い。ボレスワフ側が勝利し、キエフへ進撃。敗北したヤロスラフはノヴゴロドへ逃れる。ボレスワフ軍の西ブク川到達とそのキエフ入城の時期は、それぞれ一〇一八年七月二十二日、また同年八月十四日である。[53]

キエフ入城後しばらくしてボレスワフとスヴャトポルク間に対立が生じ（その原因は年代記にも記されない。推測される原因については本章注（15）を参照）、ボレスワフはキエフを追われ、ポーランドへ逃げ帰る。

一〇一八—一〇一九年、ヤロスラフがノヴゴロドで態勢を整え、キエフへ軍を進める。スヴャトポルクがキエフから逃走し、ペチェネグ人のもとへ行く。

一〇一九年リト河畔の戦い。敗れたスヴャトポルクは敗走、担架に乗せられ「ベレスチエ」に運ばれ、最後には「リャヒとチェヒの間の荒野」で生涯を終える。

●A・ポッペ説

これまでイリインの大胆な仮説についてみながら、最終的にはそれが受け入れがたいこと、この間の経緯は基本的には『原初年代記』やティトマルに依拠しつつここに復元されたような形で進んだと考えられることを記してきた。ところで、以上は本書の著者がおおよそ妥当と考えた結論であり、本来ならばここで本節の記述を終えるところではあるが、この段階で以下に、ウラジーミル没後の大公位継承争いに関してA・ポッペが提唱した説に、どうしてもふれておく必要があると考える。それはボリスとグレープの母親を、ウラジーミルが九八八年に結婚した「ポルフィロゲネタ(緋の産室生まれ)」、すなわちビザンツ皇女のアンナと推測するところから出発した仮説である。『原初年代記』では兄弟の母親は「ボルガリの女」とされていた（九八〇年の項、九三頁）。ポッペはこれを否定しながら、一見して奇抜な着想の上に立って、ウラジーミル後の事態に関する新たな見解を提示したのである。それはボリス・グレープの列聖に関するきわめて刺激的な仮説ともなっているので、ふれずにすますわけにはいかないのである。

ポッペの仮説は一九九五年の論文「一〇一五年七月十五日後のキエフ大公位継承をめぐる戦い」において提唱され

た。[54]

それはおおよそ以下のような内容である。

ウラジーミルとビザンツ皇女アンナとの結婚はきわめて重要な出来事であったが、『原初年代記』をはじめとするルーシの諸史料はこの結婚の重要性とその結びつきから生まれた子供に関してはほとんど何も語っていない。あたかも意識的に沈黙しているかのようである。たとえばアラブの歴史家ヤフヤーがアンナは多くの教会を建設したと称賛しているのに対し（本書第七章三六四—三六五頁参照）、ルーシをキリスト教に導いたウラジーミルを賛美したイラリオンは、かの女についてはまったくふれていない。これはきわめて異様である。イラリオンはウラジーミルの父スヴャトスラフ、その父母（ウラジーミルの祖父母）イーゴリとオリガ、またウラジーミルの子ヤロスラフ（それはイラリオン自身の庇護者でもある）とその妻イリーナ（インギゲルド）、またその子らには言及している。しかしほかならぬアンナにはふれない。[55] イラリオンの説教はウラジーミルの命日に、かれの石棺の前で行われたが、ティトマルによれば、石棺は「かれの妃」（アンナ）のそれと並んでおかれていたという。[56] たしかにかれがアンナについてふれないのはいかにも奇妙である。

年代記もアンナについては、ウラジーミルの洗礼とかの女との結婚の箇所（九八八年の項）を除くと、一〇一一年の項で短く「ウラジーミルの妃アンナが亡くなった」と記すのみである（一四四頁）。かの女自身の人となり、またかの女から生まれた子（がいたかどうかも含めて）に関してはまったく伝えるところがない。年代記などによればウラジーミルの子（男子）は十二人であったが、そこにはアンナからの子は含まれていない。アンナに子がいなかった可能性もあるが、いたと考えてもおかしくない。ビザンツ皇帝家との姻戚関係はキエフ大公家にとってきわめて重要であったと考えられるが、この関係がその後のキエフ大公家の在り方に何らかの作用を及ぼしたことを暗示する記述もない。たしかにビザンツ側がこの姻戚関係を利用して、たとえばキエフ国家を政治的に支配したり、あるいはそうした影響力を行使したりしたことはなかったと考えられる。つまりいわゆる「洗礼」後のルーシの「ビザンツ化」は、少なくとも政治的な面では否定される（後述第九章補論1を参照）。しかしながら諸史料の「沈黙」は、むしろ逆にこの結婚が両国間の関係に大きな、端的に言って否定的な作用をもたらしたが故であるかのような印象を与えている。ポッペは、ウラジーミル後の大公位継承争いはまさにウラジーミルとアンナの結婚にその大きな原因を有していたと考える。ルーシの諸史料がかの女にふれようとしなかったのはそのためであるというのである。

ポッペによれば、『原初年代記』に依拠する通説では、ボリスとグレープの殺害を「呪われた」スヴャトポルクひとりの責任に帰すが、これは受け入れがたい。「長子」であり、それゆえ「正当な」後継者であるスヴャトポルクが、実際にキエフ（と大公位）を手に入れながら、なにゆえ年下の、しかも兄である自分への服従を公言する弟たちを殺害する必要があったのか説明がつかないからである。他方、スヴャトポルクは、もっとも危険なライバルで、真っ先に排除すべきと考えられるヤロスラフに対しては、そうした試みをしたようにはみえない（両者の戦いはボリス・グレープ殺害後のこと、しかもそれを仕掛けたのはヤロスラフである）。これも理解しがたいことである。[57]

ポッペによれば、このときの大公位継承争いは、ウラジーミルがアンナとの結婚から生まれた子に大公位を継がせようと考えたことからおこった。アンナには子供がいたこと、男子ではボリスとグレープがそれであったこと、ウラジーミルはアンナの強い働きかけがあって、晩年ボリスを後継者としようとしていたことを、ポッペはまず立証しようとする。[58]

アンナの生年は九六三年三月十三日で（スキリツェス、本書第七章三六三頁参照）、結婚当時二十五、二十六歳であった（一方ウラジーミルは三十―三十三歳）。両者間に子があっても不思議ではない。ティトマルはウラジーミルの九人の娘が、一〇一八年八月十四日にボレスワフとスヴャトポルクを出迎えにキエフのソフィヤ聖堂に現れたと記すが、[59]娘たちの少なくとも一人はアンナの子であったと推測できる（ポッペによれば、ノヴゴロドのポサードニク、オストロミールの妻はウラジーミルの娘で、名をテオファナと言った。これはアンナの母の名と同じである。かの女はアンナの子であった可能性がある)。

ボリスもアンナの子と考えられる。その洗礼名ロマンは、アンナの父ロマノス二世からきていると考えられるからである。(60) グレープの洗礼名(ダヴィド)をアンナと結びつける根拠はないが、ダヴィデの名がもつキリスト教的、聖書的意義をアンナがとくに考慮に入れた可能性が考えられる。

それではボリスとグレープの作者不詳の『物語』、またそれに依拠した『原初年代記』はなぜ両者の母を「ボルガリ(ブルガール)の女」としたのであろうか。(61) ポッペはこの問いに対し、編者(作者)を含む当時の人々が真相を隠そうとしたと答える。それは大公位継承争いの原因にかかわる政治的理由からであった。なぜほかならぬ「ボルガリの女」とされたかといえば、それはアンナがその系譜上ブルガリアとのつながりをもっており、おそらくは「ブルガリア女」の別名で呼ばれていたからであろうという。かの女はビザンツ宮廷においてブルガリア王女らと共に暮らす機会があり、ブルガリア語なまりのスラヴ語を話した可能性についてもふれられている。いずれにせよ、そこではボリス・グレープの母親をアンナと明記することははばかられたというのである。

ポッペによればウラジーミル没後の大公位継承争いは、ウラジーミルが妻アンナの強い要請により二人の間の子ボリス(そしてグレープ)を後継者に据えようとしたことからおこった。(62) ティトマルが「その後、かの王[ウラジーミル]はすべての遺産を二人の子に残した後、日が満ちて[高齢になって]死んだ。第三の子[スヴャトポルク]はそれまで獄中にいた」と記すときの「二人の子」は、ボリスとグレープのことを指すと考えられる。(63) 通常この「二人の子」は、既述のとおり(本章四六七頁)、ヤロスラフとボリスと考えられているが、ポッペはこれを否定するのである。ウラジーミルの後継者(ボリス)指名に対し、まず反対したのが年長者のスヴャトポルクであった。かれは岳父ポーランド王ボレスワフ一世の後押しを受けて反ウラジーミル「陰謀」を企み、父により捕らえられ監禁されてしまう。[64] ついで父の後継者指名に異議を唱えたのがノヴゴロド公ヤロスラフであった。これについては年代記では、かれがキエフへの貢納支払いを拒否して父と対立したという具合に表現されている（一〇一四年の項）。つまりスヴャトポルクとヤロスラフはともに後継者問題で晩年の父に対し反抗していたのである。二人だけでなく、他の子らもこの点では同一の立場に立っていた可能性が高い。少なくとも、『原初年代記』において一〇二二、一〇二三年からヤロスラフに対し戦いを挑んだとされるトムトロカンのムスチスラフはそうであったといえる。いずれにせよボリス・グレープ以外の子はすべてウラジーミルの洗礼以前の結婚から生まれており、教会から見れば厳密には「非公式（非キリスト教的）な結婚による子」であったのである。

スヴャトポルクがボリスだけでなく、おそらくは若かったグレープ（ポッペは十五歳ぐらいと推測している）までをも殺害した理由はまさにかれもビザンツ皇女の子であったことにある。ここでポッペが兄弟の直接の殺害者をスヴャトポルクと考えていることには注意が必要である。かれはこの点ではイリイン説ではなく、通説の立場に立っている。ただ後述のように、殺害は他の兄弟諸公全員の意志でもあったとする点で、通説とは異なっているのである。

ボリス・グレープこそが大公位の継承者であったと考えられる根拠は、両人が、そしてまさに両人のみが殺害されたという事実である。ポッペは第三の犠牲者（スヴャトスラフ）に関する年代記の記述（一〇一五年の項）を後代の付記で、事実を伝えるものではないと考えている。「スヴャトスラフ」はネストルによって年代記の編纂段階（十二世紀初）で初めてもちだされた。ネストルがボリス・グレープの『講話』を書いたときには（一〇八〇年頃）、スヴャトスラフには言及していなかった。すなわち『講話』では、スヴャトポルクがボリス・グレープ殺害後、「他の兄弟」をも殺害して「専制権力」の樹立をはかったが、神がそれを許さなかったとされるのみである。[65] 一〇一五年以後の大公位継承争いにおいて、殺害されたのはボリス・グレープだけで、他の兄弟の誰も犠牲とはならなかった。スヴャトポルクですら、敗走させられ、悲惨な最期を遂げたとはいえ、殺害はされなかった。一〇三六年にヤロスラフによって継承権を奪われたスジスラフも、二十四年間牢に閉じ込められはしたが、殺害はされず、釈放後修道士となることを強制されただけであった（『原初年代記』、邦訳一七二、一八六頁）。

すでに記したように、ボリスとグレープを実際に殺害したのはスヴャトポルクであったろう。しかしそれはウラジーミルの他の結婚から生まれたすべての子らの望んだことでもあった。ボリス・グレープの殺害は、ウラジーミルのボリス後継者指名がルーシをビザンツにより強く従属させることになることを恐れた諸公の一致した意志でもあったのである。その意味でそれは「国家理性」的犯罪、「政治的処刑」であった。殺害はいわば密かに行われ、真相については当分の間闇の中に隠された。

この政治的犯罪に対するルーシ教会の態度についてポッペは以下のように考えている。

ルーシ教会は大公位継承争いにおいてどちらの側にも与しないよう慎重に振る舞った。むしろ両陣営（アンナ・ボリス側とスヴャトポルク側、そして兄弟殺害後はスヴャトポルク側とヤロスラフ側）の和解を仲介し、教会の存在意義を高めようと努力した。ティトマルに依拠して推測するならば、キエフ教会「大主教」（府主教）、おそらくヨハンネス一世はソフィヤ聖堂でボレスワフとスヴャトポルクを出迎え、その後遅くとも一〇一八年九月にはノヴゴロドのヤロスラフのもとへ赴き、両陣営を交渉の場に導こうとしている。ティトマルは次のように記している。府主教はボレスワフの依頼を受けて、「ヤロスラフに対しかれ［ボレスワフ］の妹［スヴャトポルクの妻。スヴャトポルクと共にウラジーミルにより拘束されたが、ボレスワフがポーランドへ逃げ帰った後ヤロスラフによりノヴゴロドへ連行されたと推測されている］を引き渡すよう要請した。かれ［ボレスワフ］自身はかれ［ヤロスラフ］に対し、その妻、継母、妹たち［ボレスワフがキエフを去る際にポーランドへ連行していた］を引き渡すことを確約した」[66]。つまりヤロスラフ、ボレスワフ双方がそれぞれ囚われの身であった肉親を釈放し合うことについて、教会を通じて協議したというのである。

定着し始めたキリスト教的道徳の立場からすれば恐るべき犯罪が行われた後、教会はしばらくの間沈黙を保った。年代記やボリス・グレープの伝記類に大公位継承争いについての真相をうかがわせるような記述がみられないのはそのためである。ヤロスラフ大公の地位が確実なものとなるにつれ、年代記の作者や編者、聖者伝の書き手たちは次第にヤロスラフを正当化し、かれを中心におく立場から執筆をし始めた。ヤロスラフの反スヴャトポルク的行動は、兄弟の殺害者に対する「復讐」として意味づけられ、正当性を与えられる。[67] 教会が良心の呵責と共に守ってきた沈黙のヴェールは、時と共に兄弟を殉教者として聖化する強力なインセンティブとなった。兄弟は、神により権力を授けられた年長者に対する絶対的な服従者として、また福音書の教えのために自己を犠牲にした聖者として、列聖される必要があった。兄弟の死は、演出次第では当時のキエフ国家と社会の秩序維持のための格好の模範例となることが確実に予想された。ボリスとグレープの列聖は世紀後半に急速に推し進められた。正確にいつかれらが列聖されたかについては議論がある。ポッペ自身は一〇七二年の、兄弟の遺骸の遷移式（『原初年代記』邦訳二〇五―二〇六頁）の際に列聖されたと考える。これに対しL・ミュラーは一〇三六年をその時とする。[68] ここでは、遅くとも世紀末にはルーシにおいて初めて正式に列聖された兄弟に対する崇拝が広く受け入れられるようになる、と言うにとどめておこう。その時期と経緯、具体的状況については次節であらためて特別に論じたいと思う。

さて以上にポッペの見解を紹介してきたが、この大胆で魅力ある仮説をわれわれとしてはどのように考えればよいのであろうか。

ポッペの見解のすべてが十分に説得力をもつということはできないだろう。その中核となる仮説（ボリス・グレープをビザンツ皇女アンナの子とする）をかれはさまざまな方面から立証しようとするが、確実な証拠を出しえたわけではない。ポッペはスヴャトポルクが当時「最年長」であり、「正当な後継者」であったと断定して議論を進めるが、これも既述のとおり、疑問のない事実とまではいえない。「年長の」「正当な後継者」が弟たちを亡き者にする理由は、普通ならば、ないと考えたのであるが、その前提が絶対的に確実であるわけではないのである。もっとも、スヴャトポルクとボリス・グレープ兄弟だけの関係としてみる場合には、この点は確かであった。兄弟にとってスヴャトポルクが兄であり、また兄弟もかれを兄と考えていたことは、その通りであっただろう。その兄が服従を公言する二人の弟だけ（スヴャトスラフを除外することが正しいとして）を殺害したのにはそれなりの理由があったとする点でポッペは慧眼であったとも言える。

ポッペはその一九九五年論文の最後の部分でウラジーミル後の大公位継承争いの経緯をかれの立場から復元している。そこには興味深い諸事実が数多く提示されている。それをここで詳しく見ることはしないが、たとえば、ウラジーミルがアンナの子を後継者と決定したのは一〇〇八年と考えられること（ポッペの考えでは、この年スヴャトポルクがペチェネグ人の下へ人質として送られた。これは年長者スヴャトポルクが後継者の地位から外されたことを意味しているとする。ただこの点についてはナザレンコなどによる批判がある[69]）、ウラジーミルは他の子らのかれに対する陰謀について一〇一三年の早い段階で知るに至り、首謀者とみたスヴャトポルクを拘束したこと、ウラジーミルの死後スヴャトポルクはキエフにいた支持者らの手で解放され、そのままキエフで権力を掌握したこと（ここはイリイン説とは異なっている）、そしてペチェネグ遠征から戻ったボリスから大公軍の指揮権を、おそらくは平和裡に引き継いだこと（ポッペはここではボリス・グレープの『物語』、また『原初年代記』、ネストルの『講話』におけるボリスの兄に対する服従の記述をそのまま受け入れている）、にもかかわらず兄弟はその後殺害されなければならなかったこと、大公位をめぐる真の争いは兄弟の殺害後にスヴャトポルクとヤロスラフの間で行われるにいたったこと等々について踏み込んで論じている。

本書の著者としては、ポッペがボリス・グレープの『物語』やネストルの『講話』にたいしやや無批判であると感じるところがないわけではないが（とくに、兄弟のスヴャトポルクに対する従順、つまり無抵抗の態度、また兄弟殺害の経緯また時期をこれら聖者伝の伝える通りに考えていることなど）、かれの仮説が兄弟の殺害に関するひとつの魅力的な説明となっていることは否定できないと考えている。それは本書が先に復元したごとき一〇一五年以後の経緯に大きな修正を迫るものでもない。むしろ兄弟殺害の意味について新たな視点から深く考えさせるものとなっている。その意味でそれは袋小路に陥った感のあるこれまでの研究状況に新たな展開の可能性を与えるものと評価できるように思う。

補遺　『エイムンド・サガ』——要約とイリインの解釈

古代アイスランド人の間にみられた説話文学サガの歴史史料としての問題をめぐっては多くの議論があり、イリイン説の是非を検討するに際しても最終的にはこの点が問題となるが、それについては先に記した。以下には標記サガの詳しい内容をみてみたい。それは少なくともルーシから遠く離れたアイスランドにいたる北欧全域において、はるか東方の「ルーシ」（ガルダリキ）がどのような形で認識されていたかをよく示していると考えるからである。少なくともこのサガはルーシを、北欧を含む広い世界の中においてみることが必要であることを教えてくれる（なおこの補遺にかかわる注は、本章の他の注とは別個にこの部分のすぐ後に、（a）、（b）、（c）……として記す）。

『エイムンド・サガ』（そのテクスト等については本章注（29）を参照）によれば、主人公エイムンドはノルウェーのハーラル美髪王（九世紀末—十世紀前半）の子孫で、聖オーラヴ（二世）ハーラルソン（在位一〇一五—一〇二八年）の遠縁にあたる人物である。[a]

以下には、T・N・ジャクソンによる校訂テクスト、E・A・ルィゼフスカヤのロシア語訳によりながら「サガ」の内容を要約しておく(b)。

V.6.2.1「エイムンドとラグナル」　エイムンドはルーシ(「ガルダリキ Garðariki」)について以下のように語り、同じくハーラル美髪王を祖先にもつ仲間ラグナルに協力をあおいだ。すなわち、ルーシの王ウラジーミル(「コヌング・ヴァリデマール」)が死に、三人の子が後を継いだ。長男の名は「ブリツラフ」で、かれがキエフ(「ケヌガルド Kœnugarðr」)―「これは最良の公国である」)をはじめとする国土の最大部分を受け継いだ。二番目の子は「ヤリツレイフ」、三番目は「ヴァルチラフ」である。ヤリツレイフはノヴゴロド(「ホルムガルド Hólmgarðr」)、ヴァルチラフはポロツク(「パルテスキヤ Palteskja」)を得た。ところがかれらの間には領土の分配をめぐって争いがおこった。そこで「わたし」(エイムンド)は、ルーシへ行って、いずれかの王のもとに滞在しよう[仕えよう]と思うと。

V.6.2.2「エイムンド、ガルダリキに至る」　エイムンドとラグナルはガルダリキに向けて出発し、後者の望みにしたがって、ヤリツレイフ王のもとホルムガルドに至った。ヤリツレイフはスウェーデン王オーラヴ(ウーロヴ・シェートコヌング)の娘インギゲルドを妻としていた。ヤリツレイフと公妃(王妃)は二人を酒宴に招きもてなした。ことに王妃は「心が広く気前の良い」ことで知られていた。王はそうではなかったが、「よき君主で権威があった」。

V.6.2.3「エイムンドがヤリツレイフ王と条約を結ぶ」　エイムンドは王に次のように言う。われらには勇敢な戦士がいる。われらは汝ら三人の兄弟のなかで、もっともよく報いてくれる者に仕え、富と名誉を得たいと願う、と。ヤリツレイフは問う。汝ら「ノルマン人」は「賢明で勇敢」である。汝らの助力を得たいが、それはどのような条件で可能かと。エイムンドは、まずすべての従士に住居を提供し、十分な糧食と武器を用意し、その上で全戦士に「一銀エイリル」と各舵手に「一・五銀エイリル」を支払うよう要求する。王は最後の条件に難色を示す。銀貨で支払うことなどできなかったからである。これにたいし、エイムンドは「ビーバー、クロテン、その他汝の国で容易に手に入れられる物品」でもよいと告げる。また戦闘に際し戦利品があった場合には、それを「貨幣」で支払うよう、平時には「より少なくても」よいことが伝えられる。かくして結ばれた契約（条約）の有効期間は十二か月間である。[c]

V.6.2.4「エイムンドがガルダリキで勝利する」 しばらくしてブリツラフ王からヤリツレイフ王のもとに使者が来て、後者の領地のいくつかの地方と都市との割譲を要求する。ヤリツレイフはエイムンドに相談して、譲歩した場合のことも考えるが、結局要求を拒否することを決断する。ブリツラフの使者の主君に対する報告から、エイムンドのもとにいるノルマン人の数が「六百」であることがわかる。両陣営が兵を集め戦闘準備に入る。ブリツラフの軍が押し寄せ、両軍は「川沿いの大きな森」のある場所で遭遇する。激しい戦闘は結局ヤリツレイフ王側の勝利に終わる。ブリツラフはこの戦いで戦死したとうわさされる。勝利はとりわけエイムンドとノルマン人の働きと認められ、かれらは契約に従って報奨と栄誉を獲得する。

V.6.2.5「エイムンドの助言」 その後しばらくは平和が続く。ヤリツレイフはエイムンドの助言と武力により守られて、自国とブリツラフから奪った国の双方を何事もなく支配する。だがエイムンドらノルマン人に対する支払いは滞りがちになる。エイムンド王はヤリツレイフ王に問う。「契約を遵守して十分に支払い続けるか、それとも自分たちが他の君主のもとに去ることを容認するか」と。王は平時なので支払いを削減したいこと、それに不服であれば契約は更新せずともよいことを伝える。そこでエイムンドは王に対し、ブリツラフの死は単なるうわさで、かれが生きている可能性のあることを示唆する。エイムンドによれば、ブリツラフは「ビヤルマランド」（べロモリエ＝白海か、英訳ではペルミヤ＝ペルミ）で生きており、再起をはかって軍勢を集めているという。驚く王にエイムンドはさらに「三週間後には」ブリツラフが攻撃してくることを知らせる。契約がさらに十二か月間延長されることになる。ヤリツレイフ王はエイムンドの助言に従って軍を集め、全軍が集まるまで城内に留まることにする。

V.6.2.6「兄弟間の戦い」 ヤリツレイフ王は戦争の準備をする。エイムンドは従士らを森にやって木を伐り、敵の矢が城内に届かぬよう枝を外側に向けて城壁（木柵）上に設置するよう命じる。さらに町の周りに濠を掘り水で満たし、上を木々で覆って地面と変わらぬようにさせるなどの備えをする。また女たちに貴金属を太い棒につけそれを木柵上にさらすよう命じる。ブリツラフの大軍が押し寄せ、激しい戦いが始まる。敵は陽光に輝く貴金属に我を忘れ、まっしぐらに駆けつけて、濠に落ち多数が死ぬ。しかしヤリツレイフ王が守る城門では敵の攻撃に苦戦し、敵はついに城内に突入する。王自身足に傷を負う(d)。エイムンドは自分の守る城門をラグナルに委ね、ヤリツレイフの救援に駆けつける。敵は「ノルマン人」の猛反撃に耐え兼ね、敗走する。エイムンドは森までこれを追撃し、敵の旗手を殺害する。ブリツラフ王も死んだと伝えられる。ヤリツレイフ軍は再び勝利を収めた。エイムンドは改めて王の感謝を受ける。しかし報奨の面では問題が残る。王は契約通りに報奨を支払うことができない。

V.6.2.7「報奨をめぐる問題続く」 ある時エイムンド王はヤリツレイフ王に対し、かれらはこれまでヤリツレイフが約束した報酬額以上にかれに多くの富をもたらしたことを指摘し、偉大なる王にふさわしくかれらに十分な報奨を与えるべきことを要求する。両者の間に報奨をめぐる意見の不一致が続く。ふたたびブリツラフ王の生死をめぐる両者の判断の違いが表面化する。ヤリツレイフは敵軍旗が手に入った以上ブリツラフは戦死したと考えるべきことを主張するが、エイムンドは墓の所在が確認できないこと、ブリツラフが「チュルクランド」（トルコないし遊牧民のもと）で生きており、「半月（二―三週間）後には」チュルク人と「ブロクメン人」（「ヴラフ」＝ワラキア人か）を率いて再び攻め寄せようとしているという情報について知らせる。情報によれば、ブリツラフはキリスト教を捨て去り、ガルダリキを奪った後にはそれをチュルク人らとで分割しようと企てているという。エイムンドとヤリツレイフ両王間で改めて敵に対する戦い方についての協議が始まる。やがてブリツラフが大軍を率いてガルダリキに押し寄せたという情報が入る。しかしエイムンドは何事もなかったかのように振る舞う。人々はかれには敵に向かう勇気が失せたのではないかといぶかる。だがかれには何らかの秘策がある。

V.6.2.8「エイムンドがブリツラフ王を殺害する」　ある朝エイムンドは馬の準備をさせ、ラグナルら総勢十二人のみで出発する。(e)　一行は商人の姿をして、ブリツラフ軍の行軍路にある森の前に広がる草原にやってくると、さまざまな仕掛けを施す。とりわけブリツラフが幕屋を張ると見定めた場所に立つ大きな樫の木に綱をかけ、それを地面に接するまで引き綱を固定する。ブリツラフ軍が到着し予想通りの場所に設営する。夜間エイムンドらはブリツラフの幕屋の支柱の先に綱を結び付け、綱を切って木を跳ね上げさせて王の幕屋を空中に放り出す。同時に幕屋を襲い、王を殺害し首級を取って、森に隠していた馬で素早く帰還する。ヤリツレイフ王は差し出された首を見て「顔を赤らめた」（驚愕する、あるいは困惑した顔をするの意であろう）。かれはブリツラフの軍のその後の動向を大いに恐れるが、敵軍は、エイムンドの予想通り、ブリツラフ王の死の状況が分からずに相互に疑心暗鬼となり、内部から崩壊していく。エイムンドは草原に戻ると王の遺体を確保し、町に戻る。ブリツラフの遺体はその首と共に手厚く葬られる。全土がヤリツレイフに忠誠を誓い、王の支配が確立する。

V.6.2.9「エイムンド王がヤリツレイフに別れを告げ、その兄弟のもとへ向かう」　夏が去り冬が去る。事態は変わらず、支払いが滞る。ヤリツレイフの臣下の中には兄弟殺し（ブリツラフ殺害）の忌まわしい記憶が残り、ノルマン人の横暴ぶりに対する不満がくすぶっている。エイムンドがヤリツレイフに、もはや王は自分たちを必要としていないのではないかと問う。王はこれまでの尽力に謝意を述べるが、報奨についての色よい返答はない。エイムンドは王と別れ、その弟ヴァルチラフのもとへ行く意向であることを伝え、船に戻り、かねてからの手筈通りただちに出航しようとする。ヤリツレイフの妃（インギゲルドであるが、ここではなぜかその名は記されない）は夫に言う。もしかれ［エイムンド］が「去って、その結果ヤリツレイフ王」とすべてを分有することになれば、将来面倒なことになると。ヤリツレイフは、エイムンドを始末しようと応じる。王妃はヤール（侯）のログンヴァルド・ウルフソンら何人かの従者を連れ、河畔に赴き、出航せんとするエイムンドに面会を求める。危険を察知したラグナルがエイムンドに同行を申し出る。エイムンドはこれを退け、王妃に会うが、王妃が伏兵を配置していることに気付き、伏兵が飛び出す寸前に逃れることに成功する。ラグナルらが逆襲し伏兵らを捕え、連行しようとする。エイムンドは、王妃との友誼の続行を願い、かれらを解き放つ。

エイムンドらはヴァルチラフ王のもとへ行く。エイムンドはヴァルチラフ王に、これまでヤリツレイフとの間にあったこと、ヤリツレイフがヴァルチラフの領土を奪おうとしていることを伝える。その上でヴァルチラフ王がかれの助力を必要とし、かれを受けいれる用意があるかどうかを問う。ヴァルチラフ王は従士団と相談して、エイムンドを受けいれることを決断する。両者間に契約が結ばれる。

V.6.2.10「ヤリツレイフとヴァルチラフの兄弟間の講和条約」ヤリツレイフ王からヴァルチラフ王のもとへ、国境付近の領土の割譲を求める使者が到来する。ヴァルチラフ王はエイムンドに助言を求める。エイムンドはひとたび屈するなら要求がエスカレートすることを説き、飢える狼との決戦を覚悟するよう助言する。軍の招集には半月かかることを踏まえたうえで、会戦の場所を定め、使者にそれを伝える。両軍が国境近くの会戦場所に集結し、数日間対峙する。ヴァルチラフは早期決戦を主張するが、エイムンドは状況が好ましくないときには、急ぐ必要のないこと、とくに影響力の強い敵の王妃インギゲルドが姿を現さないうちは待機すべきことを説く。さらに七日間が経つ。

ある雨天の暗い夜、エイムンドはラグナルだけを伴って陣営を離れ、ヤリツレイフの軍営の背後に横たわる森の道わきに潜む。かれは敵軍がこの道を通ると考えたのである。しばらくすると、道を誰かが通る物音がする。女性がおり、前に一人、後ろに一人従者が付き従う。王妃に違いないとにらみ、かの女の馬を倒し、瞬時に王妃をかどわかす。つき従う者たちは何が起こったかわからない。誰か（トロールかもしれない）が道を走ったかと思うと馬が倒れ王妃は忽然と姿を消したからである。

ヴァルチラフ王の陣中に囚われの身となった王妃は、エイムンド王に講和条約の締結を呼び掛ける。エイムンドはヴァルチラフに王妃の意向を伝える。ヴァルチラフは王妃が、夫のヤリツレイフ王の利益を最優先させていることを知り、難色を示す。エイムンドは現状を下回る条件での講和には応じないことを説き、納得させる。インギゲルド王妃が講和条約締結を主宰することがヴァルチラフ王の名で宣言される。王妃の差配で諸王が集会し、王妃はエイムンド王とその従士団に守られて登場する。かくして条約が厳かに締結される。ヤリツレイフ王は「ガルダリキの最良部分であるホルムガルドを手にする」(f)。ヴァルチラフはケヌガルドとその他の部分をとる。これによりかれの領土は従来の一・五倍となる。またエイムンドにはパルテスキヤが与えられる。「なぜならわれらはかれがガルダリキを去ることを望まないからである」。エイムンドは全ガルダリキの防衛の責務をも負う。ガルダリキ全体の王となるのはヤリツレイフ王である。ヤールのログンヴァルドはこれまで通りアルデイギュボルグ（Aldeigjuborg）（スターラヤ・ラドガ）を手にする。

条約は全国民の承認を受ける。かくて「すべての難事業」はエイムンド王とインギゲルドが解決するところとなった。すべての者がそれぞれの領地へ戻っていった。ヴァルチラフ王は三冬を生き、病をえて他界した。これ以上愛された王はいなかった。かれの後ヤリツレイフが権力を握り、双方の公国を支配した。エイムンド王は自国に君臨したが、老齢に達する前に、子を残すことなく病死した。それはすべての者にとって大きな損失であった。というのもエイムンド以上に賢明な異国人はガルダリキにはいなかったからである。かれがヤリツレイフの国を防衛している間、ガルダリキに対する外部からの攻撃はなかった。エイムンドは病床に伏したとき、自国をラグナルに委ねた。これはヤリツレイフとインギゲルドも了解するところであった。ログンヴァルド・ウルフソンはアルデイギュボルグのヤール（侯）であった。かれとインギゲルドは母親同士が姉妹であった。かれは偉大なる指揮官で、ヤリツレイフ王に貢納し、高齢となるまで生きた。聖オーラヴ（二世）・ハーラルソンがガルダリキにいたとき、かれはログンヴァルド・ウルフソンのもとに逗留した。かれらの間にはもっとも深い友情があった。オーラヴ王がこの地にいたとき、すべての栄誉ある貴人がかれを大いに愛したが、誰よりもそうだったのがヤール・ログンヴァルドであった。またインギゲルド王妃もそうであった。インギゲルドとオーラヴとは密かな愛で結び付けられていたのである。(a)

長くなったが、以上が本書の著者がやや大胆に要約した『エイムンド・サガ』の内容である。イリインは主にこのサガとティトマルの『年代記』に基づいて、既述のごとき大胆な仮説に行き着いたのであった。本書は上述のごとくこうした立場には立たないが、サガなどの北方の文献にルーシとその歴史が、微妙な形で、しかし顕著に反映されていたことは以上の要約からも十分にうかがわれるであろう。

補遺の注

（a）歴史的人物としてのエイムンドについては、Mel'nikova,Eimund Khringsson,s.146-149を参照。サガはかれが「王（コヌング）」であると記し、また美髪王の子孫とも伝えるが、これは脚色である。Pallson/Edwards,*Vikings in Russia*,p.8などはエイムンドを虚構の人物と断定するが、イリインはもちろん、メリニコヴァも実在の可能性を認めている。後者によれば、『旅人イングヴァールの遠征のサガ』（遠征自体は事実とみなしうる）に「ルーシにおけるエイムンド」への言及があるという。『イングヴァールのサガ』の序文のエイムンドの系譜は『エイムンド・サガ』の伝えるところとは異なっている（こちらではエイムンドはイングヴァールの父となっている）。ただ両サガにおけるエイムンドはきわめて類似しており、両者は同一人物とみなしうるという。また中部スウェーデンのルーン碑文に二十か所以上この名が出てくる。ここからメリニコヴァはエイムンドを実在のヴァイキングで、おそらくはスウェーデン人、ヤロスラフのもとで一〇一〇年代後半に仕えたとする。ただ『エイムンド・サガ』自体の成立は大分後のことで、通常十三世紀末と考えられているが、むしろ十四世紀（第三四半期）になってから編纂されたと考えた方がよさそうである。Mel’nikova,Eimund Khringsson.s.146

（b）*Drevniaia Rus’ v svete...*V.(Chast’.V.6.2.1~V.6.2.10),s.121-138; Rydzevskaia,*Drevniaia Rus’ i Skandinaviia*.s.89-104; Palsson/ Edwards, *Vikings in Russia*.p.69-89. なお要約文の V.6.2.1 等の記号は、*Drevniaia Rus’ v svete...*V. の当該部分の編者T・N・ジャクソンによる区分記号である。

（c）ルーシ諸公とかれらに仕えるスカンディナヴィア人との間の「契約」に言及する史料は少なくないが、その内容にまで立ち入っている例は多くはない。この点『エイムンド・サガ』のこの箇所は貴重な「情報」を伝えている。両者間の契約条件、とりわけ支払額、その種類と方法などについて、メリニコヴァはとくにこのサガに基づいて興味深い考察を行っている。Mel’nikova, «Saga ob Eimunde».s.289-295 を参照。

（d）ヤロスラフは足が不自由（跛者）であったと言われる（『トヴェーリ年代記』（十六世紀）九八八年の項。*PSRL*.XV(Tverskaia Letopis’):112-113;Karpov,*Iaroslav Mudryi*.s.17-18）。サガの作者はこのことを知っていた可能性がある。

（e）何人かの名があげられる。そのうちの一人はアイスランド人のビョルンである。かれについてのサガが伝えられており（「ビョルンのサガ」*Drevniaia Rus’ v svete...*V.(VII.2),s.201-203）、それによれば、その生涯は九八九—一〇二四年で、若いころガルダリキへ行き「ヴァリダマール王」のもとで仕えたとされている。

（f）この部分はこれまでの話の内容と明らかに矛盾する。V.6.2.1では「キエフ（ケヌガルド）」が最良の公国とされていた。

（g）聖オーラヴ（二世）のルーシ滞在については後述する（第十章1、ii、b）。

2　ボリス・グレープ崇拝の成立

ボリス・グレープに対する崇拝はかれらの父ウラジーミルの場合とは異なって、比較的早い時期に成立した。兄弟は父のようにルーシをキリスト教に導いたわけでもなく、またキリスト教信仰のゆえに殉教したり、とくに模範的な生活を送ったりしたわけでもなかったが[70]、ある意味スムーズに聖人への道をたどったといってよい。その理由についてはさまざまに考えられるが、ポッペ流に言えば、かれらは痛ましい「政治的」犠牲者であり、その殺害を傍観し沈黙した教会としては、かれらを聖化することによって、良心の呵責から免れたいと思ったということかもしれない。あるいはまた後継者争いに関係した諸公、とりわけヤロスラフ（賢公）の側にも、兄弟の聖化を促進する「政治的」な理由があったと推測する見方もある。もっともその場合でも、後に広く解釈されることとなる意味での（つまりキエフ大公・年長者への服従の奨励という）「政治的」な意図がはじめからあったかどうかは微妙である。政治的といってもさまざまな意味があるのである。一方、ボリス・グレープ崇拝が最初はもっぱら宗教的・道徳的な性格をもっていたことを主張する研究者もいる。たとえばミリュチェンコは、初期の段階ではボリス・グレープ崇拝が、かれらの死後のとくに治癒の奇跡に引き寄せられた庶民の間において、いわば「下から」はじまり、諸公など上層階級がそれを受け入れるのは後になってからのことと考えている[71]。このように兄弟聖人誕生の経緯についてはさまざまな見解が表明されている。崇拝が比較的早く始まったとしてもその状況や正確な時期については意見が分かれているのである。以下にはそうした事情について少々立ち入って検討してみたい。崇拝また列聖時期の問題がたんに狭い教会史的な問題にとどまらず、当時のルーシ社会の抱えるさまざまな側面に密接にかかわっていると考えるからである[72]。

しかしその前に、これまでもボリス・グレープ崇拝に関するいくつかの作品にふれてきたが、ここで遅ればせながらこの問題に関する主要な史料、およびそれらの相互関係に関する研究史を一瞥しておきたい。

● ボリス・グレープ研究の基本史料

兄弟に関する研究の基本史料（「ボリス・グレープ作品群」Boriso-Glebskii tsikl）は主に以下の三点である（下記の『奇跡物語』を独立の作品ととらえるなら、四点ということになる）。

第一に『原初年代記』の一〇一五年、一〇七二年（以上『ラヴレンチー』本）、一一一五年（『イパーチー』本）の記述である。これについては前節においてひととおり見たので、ここでは繰り返さない。

第二は、作者不詳の『聖なる殉教者ボリスとグレープの受難と奇跡の物語』と呼ばれる作品である（たんに『ボリスとグレープの物語』と呼ばれることもある。本書では『物語』と略記してきた）。これは写本の数がもっとも多く、年代記と並ぶ最重要史料と見ることができる。これまで「作品群」のテクスト研究にもっとも徹底して取り組んだのは前世紀初頭のS・A・ブゴスラーフスキーであったと考えられるが、かれは全部で二百五十五写本を検討した。そのうち『物語』の写本は百六十五本であったという。

なお『物語』は二つの部分、兄弟の死を中心に描く『物語と受難と頌詞』（三浦訳「中世ロシア文学図書館（II）」、四五—五二頁）および後半部の『奇跡物語』（三浦訳同上五二—五九頁）から成るが、その後半部を独立の作品とみる考え方もある。後述のように、最初から両部分が一つのまとまりをなしていたと考えるのがシャーフマトフである（後述ミュラーもこの立場である）。これにたいしブゴスラーフスキーらは両者が別個の作品で、後半部が後に付加されたとみる（ポッペも基本的にはこちらの立場に立つ）。

第三は、ネストルの『聖なる殉教者ボリスとグレープの生涯と死に関する講話』（『講話』と略記、三浦訳同上五九—七一頁）である。ここには教会の立場からみて聖人にふさわしい兄弟の生活や行動が聖書からの豊富な引用を伴って描かれ、もっとも聖者伝的な作品といえる。人名や地名などの固有名詞を記すことは稀で具体性に欠けるが、逆に普遍的な性格を有している。

その他に『奉神礼』[73]またプローログ（教会暦簡略聖者伝）やパレミーニク（礼拝で読まれる教訓的な祈禱文集、旧約抜粋集）なども史料となるが、これらについては省略する。

上記主要三作品はそれぞれまったく独立した作品ではない。各々の内容に一定の共通点、また関連性のあることは疑いない。それではそれぞれの成立時期、相互関係はどうなっているのであろうか。どれがもっとも原初的な作品と見ることができるのであろうか。これまで多くの研究者がこの問題に取り組んできたが、一致した理解にいたっていないといってよい。この難問を本書があらためて独自に検討対象とすることはできない。簡単に結論を導きだすこともできない。ただ『物語』を中心にすえながら、主な研究者の見解を概観することで、問題の一端を示すにとどめたいと思う。

『物語』の最古の写本は十二―十三世紀の「ウスペンスキー集成」に含まれている。この写本では『物語』は、上述のごとく、二つの部分からなっている。

①ボリス・グレープの死、ヤロスラフとスヴャトポルクの戦い、ヤロスラフ治世における、グレープの遺骸のスモレンスク近郊からヴィシェゴロドへの遷移とボリスの墓の傍らへの安置について記し、両聖人への賛辞によって閉じられる（『物語と受難と頌詞』）。

②は「キリストのための聖受難者ロマンとダヴィドによる奇跡の物語」という標題をもつ（『奇跡物語』、ロマンとダヴィドは兄弟の洗礼名）。兄弟の死後の奇跡、ヴィシェゴロドにおけるかれらに捧げられた教会の建立、一〇七二年と一一一五年の遺骸の遷移式について記される。[74]

写本の多くは①の部分だけを含む。①と②の関係については既述のごとく意見が分かれている。シャーフマトフらは『物語』に最初から『奇跡物語』が含まれていたと考える。ブゴスラーフスキーらは前後半部がそれぞれ別の時期に成立したと考える。最初に成立した①に、後に成立した②が付け加えられたとするのである（双方を別個の独立の作品と言い切ってしまう場合もある）。

もし前者の見解をとるならば、『物語』の成立は一一一五年以前ではない、ということになる。他方、後者の立場に立つならば、『物語』（①だけ、『物語と受難と頌詞』）は相当に早い時期に成立したと考えられる（ブゴスラーフスキーは一〇五〇年代初頭と考えたが、福岡も指摘するように、この説を支持する研究者はほとんどいない。ポッペは一〇七二―一〇七六年とする）。

『物語』と年代記の記述の間には主題の内容、その展開過程からいって一致点が多い。明確にはしがたいが、相互に強い関係のあったことが推測される。

一方『物語』と『講話』（ネストル）は相当に異質の作品である。ただし一方の作者が他方を知っていた可能性までは否定できない（ある程度の共通点はある）。

三史料の関係についての研究者の見解はさまざまであるが、いくつかの型にまとめられる。

1　『物語』を原初的な作品とする。年代記の記述と『講話』はそれに基づく。
2　原初的なのは年代記の記述である。それを基盤として『物語』と『講話』が作成された。
3　『物語』は年代記と『講話』に基づいて書かれた（『物語』は、年代記記述はもとより、『講話』より後の作品）。
4　三作品共に、今日には伝わらない共通の史料に基づいて作成された。

研究史の早い段階では、『物語』の作者はキエフ・ペチェールスキー修道院の修道士ヤコフ（十一世紀の）であると考えられた。その後の研究ではこの見解は放棄されたようにみえる。[75]初期の写本では『作者不詳の物語』とされているからである。ただし近年、ミリュチェンコは改めてヤコフ説をもっとも可能性が高いものと主張している。[76] 問題はここでも未解決であるが、本章では「作者不明」としたままで取り扱いたい。

以下に主要研究者のなかで、まずとくにシャーフマトフとブゴスラーフスキーの見解についてみる。両者は相対立する二つの代表的な見解を表明し、その後の研究者に多大な影響を与えたからである。

シャーフマトフはルーシにおける最古の年代記編纂史研究との関連においてボリス・グレープ作品群の分析を行った。[77] かれの結論は、『物語』が『原初年代記』（正確には『原初集成』段階のそれ）とネストルの『講話』の双方に基づいて作成されたというものである（上記第3の型）。つまり『物語』の成立は一一一五年以後であり、そこにははじめから上記の①と②が含まれていたと考えられているのである。『講話』の執筆年は十一世紀八〇年代とされている。

のちにかれはブゴスラーフスキーの研究を受けて三作品の相互関係について自説に修正を加え、三作品には今日に伝わらない共通の史料（ないし諸史料）が存在したと考えるに至っている。この現存しない共通の史料の存在を想定する研究者は少なくない。

たとえば、L・ミュラーがその一人で、かれによればヤロスラフのスヴャトポルクに対する最終的勝利の後、キエフ大公の宮廷でボリス・グレープ兄弟の死とヤロスラフの勝利に関する「サガ」的タイプの作品が成立した。ヤロスラフは府主教ヨハンネス（一世、ミュラーはその在位期間を一〇三九年以前と考えている）に（かれの下で両聖人の遺骸が掘り起こされ、七月二十四日が祭日と定められた）ボリスとグレープに関する「物語」の作成を依頼し、ヨハンネスはかれの物語（「原物語 Urlegende」）を上記「サガ」や諸伝承に基づきギリシア語で執筆した。ヨハンネスの「原物語」も先の「サガ」的作品も今日に伝わらないが、その後の「作品群」の基となる。年代記記述は両史料を用いて歴史作品を作り上げ、『物語』は「原物語」と年代記記述に基づいて、説教ないし祭典用の式辞の趣をもつ作品として作成され、その末尾には聖人への賛辞と祈りが付け加えられた。『物語』の成立は十一世紀末――十二世紀初（一一一五年頃まで）のことである。『講話』はネストルにより聖者伝として作成された。その史料は『物語』と同じ史料群であった。成立年代はシャーフマトフと同様、十一世紀八〇年代と考えられている[78]。

一方ブゴスラーフスキーは三作品に共通の、今日に伝わらない史料の存在を否定する。かれもボリス・グレープに関する原初的なテクストは年代記記述であると考える。もちろん現在の『原初年代記』のそれよりもはるかに古い段階の年代記である。『物語』（上記①のみの）はこの古年代記記述を基盤に成立した。それはヤロスラフの指示で十一世紀後半に入ってすぐに（五〇年代初頭）作成された。それはヤロスラフとボリス・グレープ兄弟の双方への頌詞であった。その後この原初的な『物語』にボリスの外貌に短くふれる部分と『奇跡物語』が付け加えられる。ネストルの『講話』は一一〇八―一一一五年の成立である。ネストルは『物語』を利用して自己の作品を執筆した。

ブゴスラーフスキーは『奇跡物語』の分析に多大な労力を傾注した。かれによれば、『奇跡物語』は「ヴィシェゴロド覚書」（同地の教会で作成された）に基づいており、三人の書き手による三部から構成されている。それぞれの部分は一〇八九―一一〇五年、一〇九七―一一一一年、一一一五―一一一八年に成立した。最後の部分の作者が『奇跡物語』全体をひとつにまとめ、それは「ウスペンスキー集成」において今日に伝えられることとなった。ブゴスラーフスキーは『物語』（①のみ）と『奇跡物語』を独立の二作品と考えるに至っている[79]。

ブゴスラーフスキーの見解は、ボリス・グレープ研究に多大の精力を注いでいるポッペにより基本的な部分で受け継がれている。ポッペの両聖人崇拝の成立に関する見解はのちに詳しくみるが、ここではかれの三史料に関する理解をみておきたい。かれはミュラーと活発な論争を展開しているのでその意味でもこれは必要である。

ポッペによれば、『物語』（受難に関する上記の①のみ）と『奇跡物語』は異なる時期に成立した別個の作品である。構成上も、作品の性格上も異なる。両作品のうち原初的なのは『物語』（①）である。そのことは両部分（①と②）がまとまって現れる写本において、両部分の間に明確な挿入部（「ボリスについて、かれがどのような外貌をしていたか」。三浦訳五二頁）のあることが示している。ポッペによれば、聖人の受難の『物語』（①）は一〇七二年の遷移式との関連で一〇七二―七六年に執筆された（執筆年についてポッペは見解を変化させている。一九九五年論文ではこのようになっている）。一方、『奇跡物語』の作者は二名である（ブゴスラーフスキーと異なる点）。第一の作者は、夢に現れた聖ゲオルギオスによりボリスとグレープ教会に行くよう指示され、治癒された盲者の奇跡（第六の奇跡）までの部分を書いた。一〇七六年以後のこととされる。第二の作者は残りの部分を一一一五―一一一七年に書き加えた。後者はウラジーミル・モノマフ公に近い人物であった。

ポッペは『物語』と年代記記述の関係については、前者が原初的で、後者はそれに基づいて編まれたと考えている。かれによるとネストルの『講話』も『物語』を基に一〇八〇年代初に書かれたという。[80]

ウラジーミル没後の状況に関する『原初年代記』の記述が「エイムンド・サガ」やティトマルを利用することによって正しく解釈されうることを説き、ボリスの殺害犯をスヴャトポルクとする通説に異議を唱えたイリインも、ボリス・グレープに関する『物語』と年代記記述の相互関係について自身の立場を明らかにしている。まずかれは『物語』が原初的には兄弟の死に関する部分（上記①）だけからなり、『奇跡物語』は含まれていなかったことを説く（ブゴスラーフスキー説）。この原初的な『物語』（①）は一〇七二年頃に成立した。それは当時ルーシでもよく知られていたチェコの二人の聖人リュドミーラとヴァーツラフの伝記の影響を強く受けて執筆された。この『物語』がボリス・グレープに関する原初的、基本的な作品となった。年代記記述はそれに基づいて書かれている。その際年代記は、当然予想されるように、『物語』から聖者伝的要素を極力削除し、歴史的な外見を与えることに腐心している。[81]

最後に近年の研究者ミリュチェンコの見解をみておく。かれはシャーフマトフ、ブゴスラーフスキー双方の見解を利用しつつ、独自のアプローチを試みている。

かれによれば、ボリスとグレープの殺害に関する記述は、今日に知られているプローログ（教会暦簡略聖者伝）の第一版にその最古の形態を留めている。おそらくはそれに基づいて年代記の『最古集成』における「ボリスの殺害について」が編まれ（『最古集成』はシャーフマトフによれば十一世紀三〇年代の成立、本書第二章参照）、そこから『物語と受難』（上記①）が作成された。

『物語と受難』はおそらくは、ヤロスラフによる兄弟の遺骸の掘り起こしの行われた一〇五一―一〇五二年の直前に編まれた（ミリュチェンコは兄弟の遺骸の遷移式がヤロスラフ治世にも行われたと考えている）。いずれにしても一〇七二年のヤロスラフの子らによる遺骸の遷移式（これについては『原初年代記』に記されている）以前に成立したことは確かである。『物語と受難』はその後一一一五年頃（ウラジーミル・モノマフ期の遺骸の遷移式の直前）に、『原初集成』ないし『原初年代記』の初期の版の情報を利用して補充され、今日一般に作者不詳の『物語』と呼ばれる作品（上記『物語』①と②）が成立した。

一方『原初年代記』ないし『原初集成』（シャーフマトフによる）にみられる「ボリスの殺害について」は一〇九〇年頃の成立と考えられる。『最古集成』と『物語と受難』がその基礎におかれていたことは言うまでもない。ネストルの『講話』は一〇七八―一〇八八年、おそらくは一〇八〇年代前半に編まれたと考えられる。(82)

以上に「ボリス・グレープ作品群」、とくにその三大作品をめぐる諸研究のあらましを紹介してみた。しかしここから何か明確な結論を引き出すことは困難である。ただ本書の著者にはシャーフマトフの見解にもかかわらず、作者不詳の『物語』を一つの作品と見ることはやや無理であるように思われる。写本伝統でまとめられて伝えられるにせよ、それはやはり兄弟の殺害（受難）に関する部分（『物語と受難』）と、奇跡を中心に述べられる部分とに分けて考えるべきであるようにみえる。そうであれば、当然その成立年代もシャーフマトフらの主張とは異なって考えられることになる。このような意味で早い段階（といってもそれがいつかが問題であるが、ブゴスラーフスキーの十一世紀五〇年代初というのは考えにくい）に成立した『物語と受難』（上記『物語』の①）と年代記記述との関係についても、簡単に結論は出しがたい。とくに年代記（『原初年代記』）自体がさまざまな段階を経て成立している以上、一概にそれと『物語』のどちらが先かを決定することはほぼ不可能である。年代記に先行する現存しない諸史料に関する諸見解も説得力のあるなしにかかわらず、あくまでも仮説であり、決定的な説明とみなすことはできまい。結局のところ、ネストルの『講話』については研究者間にそう大きな見解の差異はないと言ってよいであろう（およそ十一世紀八〇年代の作とする）。そのほかの諸論点については、本書では強いてこれ以上の結論を求めることは断念せざるをえない。本書ではこれら三史料の相互関係の問題は棚上げせざるをえない。したがってどれかを決定的とする立場には立たずに、それぞれの記述を突き合わせながら、以下ボリス・グレープ崇拝が成立した時期およびその経緯に関する問題を可能な限りにおいて考察してみたい。

● 崇拝成立の時期と経緯

まず兄弟への崇拝が始められた時期の問題である。いうまでもなく、兄弟がある特定の時期に教会会議などにおいて正式に「列聖」されたわけではなかったので、これは本来微妙な問題である（「列聖」の意味については本書第七章四〇一頁、また同章注（119）を参照されたい）。研究史上はこの点について見解が大きく二つに分かれている。一つはすでにヤロスラフ治世に崇拝が始まっていたとする早期説である。もう一つはより後代（十一世紀後半から十二世紀初）に始まったことを主張する説である。

多くの研究者が重視するのは、一〇七二年の兄弟の遺骸の新教会への遷移の儀式である。これについては『原初年代記』やボリス・グレープ伝（『奇跡物語』、ネストル『講話』）が伝えている。この儀式をもって兄弟は国家と教会により公式的に聖人に列せられた、あるいは少なくともこの時までには聖人とみなされるに至っていたと考える研究者が多い[83]。

『原初年代記』によりながらこの年の儀式についてみておこう。

「（人々は）聖受難者ボリスとグレープ［の遺骸］を移した。ヤロスラフの［三人の］子、イジャスラフ、スヴャトスラフ、フセヴォロド、またその時の府主教ゲオルギオス［以下二名の主教、さらにペチェールスキー修道院長フェオドーシーをはじめとする四名の修道院長の名が続く］が集まり、祭りを行い、荘厳に祝ってかれらを新しい教会に移した。その教会はイジャスラフが造ったものであり、いまもなおある……」（二〇五—二〇六頁）。

遷移の儀式が行われた場所はヴィシェゴロドである（ドニェプル川沿いのキエフから一五キロほど上流の町）。年代記の記述からはヴィシェゴロドであることはわかりにくいが、聖者伝を合わせ読むとき、そうと知られるのである[84]。ここに大公イジャスラフ以下ヤロスラフの三人の子や府主教ゲオルギオスその他上記の聖職者、修道院長らが集まり、ヴィシェゴロドの古い教会に安置されていたボリスの木製の柩を三人の公が肩に担いで運んだうえで、その遺骸を石棺に移し、以前から石棺に納められていたグレープの遺骸と共に、イジャスラフ大公が同じヴィシェゴロドに新築した木造のボリス・グレープ教会へと移したのである[85]。

この儀式は兄弟が、たしかに一〇七二年には教会（府主教以下高位聖職者）と国家（キエフ大公以下の諸公）により聖人とみなされていたことを示す重要な証拠とみることができる。このとき木造の柩から石棺に移されたボリスの遺骸は朽ちておらず、芳香を放ったと記されている（またこれを見た府主教は「恐怖」に襲われたとも記されるが、それが意味するところについては後に検討する）。聖者伝には、その前後にかれらの柩や墓の周りでさまざまな不思議な現象や奇跡がおこったことも記される。すでに指摘したことであるが、奇跡を行う力は聖なる存在であることを示すもっとも重要な要件のひとつとみなされていた。この時の儀式が兄弟の聖性を広く示すものであったことは否定すべくもない。

研究者のなかにこの年の重要性自体を否定する者はいない。しかしながら、かりにそうであるとしても、はたしてその時に初めて兄弟が聖人として崇拝されたのかと問う声が出たとしても不思議ではない。そもそも兄弟崇拝はいつ頃から始まったのかという問題である。ここに早期説が提唱されるゆえんも存在する。

早期説といっても多様である。いずれもヤロスラフ治世にすでに崇拝がはじまっていたことを主張する立場であるが、多くは一〇二〇年から一〇三九年を主張する。もっとも早い時期を想定する研究者の代表はシャーフマトフで、かれは兄弟の殺害された日が七月二十四日、日曜日と伝えられていることから判断して、一〇二〇年か一〇二六年と特定している。[86] シャーフマトフのように年代を特定するまでにはいたらずとも、聖者伝の記述をそのまま受け取って、ヤロスラフ大公と府主教ヨハンネス（イオアン一世、ポッペによれば在位一〇一八年以前―一〇三〇年頃）のときに列聖されたと考える者は多い。[87] しかし早期説でもっとも精力的に議論を展開するのはおそらくL・ミュラーである。

ミュラーはすでに一九五九年に、本書でも先に詳しく紹介した、最初期のルーシ教会組織についての有名な論文の中で、ボリスとグレープはヤロスラフ治世の、府主教がヨハンネス（一世）であった時期に聖人として崇拝されるようになったと主張した。[88] ヤロスラフとヨハンネスの時期とする論拠は聖者伝である。そこに二人の名が記され、すでに両聖人の遺骸がそのときに移されたことが記されているのである。いわば上記一〇七二年に先立つ、遺骸の第一回目の遷移に際してである。[89]

ミュラーはその後まさにこの問題を扱った二つの論文において、諸論点について詳しく検討し、自説をさらに補強している。[90] かれは、ヨハンネスが府主教であった時期を一〇三九年以前であったと考え、兄弟に対する崇拝はそれ以前に成立していたとする。かれはとくに一九九五年論文（「列聖の時期について」）を、一〇七二年説を主張するポッペ説の検討にあて、ポッペの論拠を九点にまとめたうえで各点について詳細に検討し、ポッペ説を全面的に退けているので、ここで当のポッペの見解に目を転じてみたい。

ポッペも早くから自説（一〇七二年説）を提唱していたが、それを本格的に展開したものとして一九七三年の「ボリス・グレープ崇拝の形成時期について」論文が重要である。[91]

ポッペがここで主張したのは、まず第一に、後に（一〇五一年）府主教となるイラリオンが（このルーシ出身の最初の府主教についてはこれまでも何度も言及したが、その府主教選任の経緯については次章で改めて論じる）、その直前（一〇四九―五〇年）にヤロスラフやその妻（「エリーナ」、すなわちイリーナ＝インギゲルドのこと）らの面前で行った、ウラジーミル聖公を称える有名な説教（『律法と恩寵に関する説教』）において、ボリスとグレープへ言及していないこと、そのことの重要性である。これは消極的な論拠（ex silentio）であるが、ここからポッペは両兄弟が説教時にはまだ聖人として崇拝されていなかった可能性が高いと考えたのである。

次いでポッペは、兄弟の殺害者とされた人物の「呪われた名」（スヴャトポルク）に注目する。これについてはすでに記したが（本章注（18）を参照）、兄弟の殺害（一〇一五年）後も、ルーシ諸公の中にこの名で呼ばれる者が三名いることをどう見るかという問題である。とくに注目すべきは世紀末に大公となったスヴャトポルク・イジャスラヴィチ（在位一〇九三―一一一三年、ヤロスラフの孫）である。かれの生年はほぼ確実に一〇五〇年と特定できる。もしこのころすでにボリスとグレープが聖人とみなされていたとするなら、その殺害者もほぼ確実に「呪われた」者とされていたであろう。そのような名を父親（イジャスラフ・ヤロスラヴィチ、後の大公）が自身の子に与えることは考えにくいというのである。それゆえ十一世紀中頃までは少なくともまだ兄弟への崇拝は始まっていなかったとする。[92]

次の論点も公の人名学にかかわる。ポッペによれば、少なからざる研究者が聖者伝に依拠しながら、ヤロスラフ大公は権力掌握後（すなわち一〇三六年以後）積極的に二人の弟の列聖に着手したと考えているという。[93] しかしポッペはこれには批判的である。ヤロスラフは六人の子（およそ一〇二〇年から一〇四〇年の生まれ）の誰にも、ボリス（洗礼名ロマン)、グレープ(同ダヴィド)の名を付けることをしなかった。これは自ら兄弟の仇を討つと勢い込んでいたとされるヤロスラフが、この時点になっても二人をとくに崇拝すべき人物とはみていなかったことを示していると考えるのである。一方ヤロスラフのわかっているだけで十五人の孫のうち、五人が二人の名を付けられている[94]。これらの例をもってただちに、ヤロスラフの孫の誕生の時期(およそ一〇四五年以降)に、ボリス・グレープ崇拝が成立したといえるかどうかについて、ポッペは慎重である。かれは「ボリス・グレープ兄弟への関心の目覚め」があったことは確かであるとするにとどまっている[95]。

ポッペがより重視するのはポロツク公フセスラフ・ブリャチスラヴィチ(一一〇一年没)の例である。フセスラフ公は七人の子をもうけたが、そのうちの四人にロマン、グレープ、ボリス、ダヴィドの名を与えている。これら四人の子の生年は(また生まれた順序も)はっきりしない。ポッペは十一世紀五〇年代から七〇年代の生まれと推測している。そしてこの命名はポロツク公の政治的マニフェストであったと考える。ポッペによれば、フセスラフ公はキエフに対してポロツクの自立性を主張する必要に迫られ、子らをボリス、グレープと名付けることにより、強者(キエフ大公)の不当な圧力に対し自公国の権利を宗教的・道徳的に擁護しようとしたとするのである。ポッペの指摘は、フセスラフの祖父イジャスラフ(ウラジーミル聖公の子)が父より早く世を去り(一〇〇一年、父ウラジーミルは一〇一五年の没)、そのためその一門(ポロツク公家)がキエフ大公権を継ぐ権利を喪失したとおそらくはみなされていたことを考慮に入れるとき[96]、きわめて興味深く、また適切なものと考えられる。たしかにフセスラフ・ブリャチスラヴィチは、その後一時キエフ大公位を手に入れることになるが(一〇六八年)、これは後にみるように、非常時の例外的な現象であったと考えるべきであろう。いずれにせよ、ポロツク公家のおかれていた特殊な事情がフセスラフ公に、その子らにボリスとグレープの名(あるいはその洗礼名)を与えさせることとなったと考えられるのである。またフセスラフの子らが、後の兄弟聖人の俗名(ボリスとグレープ)だけでなく、キリスト教名(ロマン、ダヴィド)

でも命名されたことは、ポッペも指摘する通り、兄弟の宗教的崇拝の特徴がすでに幾分かは出てきたことを示すものと考えてもよいように思われる。公式的列聖のための前提条件が世紀半ば以降にできつつあったということである。[97]

以上、ポッペによれば、一部の諸公家においてはすでに十一世紀四〇年代後半からボリス・グレープ崇拝の萌芽は認められたが、それでは府主教ヨハンネスの時代に（ミュラーによれば一〇三九年以前）すでに崇拝（あるいは列聖）が行われていたとする見方（上記の早期説）は首肯できるのであろうか。これが次の問題である。すでに記したとおり、これはあくまでも聖者伝に基づく見方である。ポッペは聖者伝における府主教ヨハンネスに関する記述は信用できないとして否認する。一つにはポッペの考えでは、ヨハンネスがキエフ府主教であったのは一〇一八年頃から一〇三〇年頃までのことであるが（既述のとおり、ポッペの考えでは、キエフ府主教ヨハンネスは三人存在する。『原初年代記』の邦訳者は二人と考えているが、これはポッペに従えば、誤りである。ここで問題となっているのは、三人のなかの最初の「ヨハンネス一世」である）、この時期ヤロスラフはいまだにキエフに確固たる基盤を確立することができないでいた。かれは依然としてムスチスラフの挑戦を受けており、自身の権力基盤はむしろノヴゴロドにおいていたと考えられるからである。ヤロスラフがこの段階でキエフにおいて弟たちの列聖に乗り出したとは考えにくい。ヤロスラフとヨハンネス（一世）とのこの面での協働（そして上記の第一回とされる遷移式）はなかったとポッペは考えているのである。

以上がポッペの一〇七二年説のおおよその内容である。これにたいしミュラーは上記一九九二年と一九九五年の二論文で全面的な批判を展開したが、ポッペも同じ一九九五年の（同じ雑誌に掲載された）論文において再度ただちに反論を展開する。しかしここで両者間の議論の応酬をこれ以上たどる必要はないであろう。本書の著者としてはこの問題に関しては、ややポッペに分があると考えているので、ポッペが最終的に自説を補強している点についてのみ以下に記しておきたい。

まずポッペがあらためて強調するのは、大公ヤロスラフと府主教ヨハンネス(一世)とがボリス・グレープ崇拝に関して協働した事実はないという点である。とくにヨハンネスが無関係であることの確認である。これをポッペはとくに両聖人に捧げられた最初の聖者伝ともいうべき「奉神礼」(Sluzhba svv.muchenikam Borisu i Glebu)の著者をヨハンネス(一世)とする古くからみられる見解を批判する形で行う。[98]「奉神礼」が問題となるのは、聖人として崇拝される人物には、礼拝の場で唱えられるべき祈禱文が必須であるからである。ポッペは作者がヨハンネスとされる「奉神礼」を十一世紀八〇年代の作品とする立場(つまりヨハンネス一世の手によるものではないとする)を表明していたが、ミュラーによって直接的な証拠を出しえていないと批判されたことを受けて、あらためて作者とされる「ヨハンネス」が、ヨハンネス一世ではありえないことを、「奉神礼」のテクストそのものの分析によって示そうとしたのである。[99]かれはここで「奉神礼」の作者がボリスとグレープの『受難と奇跡物語』のみならずネストルの『講話』をも利用していること、したがってその成立は早くとも八〇年代初頭以後であることを「論証した」(『受難と奇跡物語』やネストルの『講話』、また『原初年代記』のボリス・グレープ関連記事などの成立年代や上記三作品間の関係についてのポッペの見解はすでに見た)。かれによれば、作者とされたヨハンネスは一世ではありえず、二世(在位一〇七六/七七―一〇八九年)であるということになる。

ポッペは一九九五年論文で、あらためて一〇七二年の儀式こそが正式な「兄弟崇拝の確立」の画期となったことを論じ、また諸公の「人名学的」検討を深めつつヤロスラフ期にリューリク諸公家において祖先崇拝の伝統が形成されたことを主張する。その上でかれはこの祖先崇拝がその後「キリスト教化」されていく経緯についても検討するが、[100]これらについては省略する。

以上、主にミュラーとポッペの見解を中心に見てきた。本書の著者はボリス・グレープ崇拝の成立に関しては、ポッペの方に説得力があると感じているが、それをまとめると以下のようになる。

ボリスとグレープにたいする崇拝は、ある程度公式的にという意味では、ヤロスラフ治世の晩年に始まった。それはイラリオンが府主教であったときのこと（一〇五一―五三年）と考えられる（先にふれた『説教』――そこではボリス・グレープへの言及はなされていなかった――を行ったやや後のことである）。イラリオンがヤロスラフ公により、コンスタンティノープル総主教の意向に反して任命されたとする見方が正しいとするならば（ポッペはこのように考えている。この点ミュラーは異なる見方をする。本書の著者もこの問題に関しては、必ずしもポッペのようには考えないが、これについては次章で改めて立ち返る。第九章補論1参照）、ボリス・グレープ崇拝を推進すべき役割をもつ聖者伝等がイラリオンの名に言及しないことはある意味で当然のことであった。『奇跡物語』の作者はおそらく、本来ならば府主教としてイラリオンの名を挙げるべきところ、その代わりにはるか以前の府主教イオアン（ヨハンネス一世）の名をもちだした可能性が考えられるとする。

もっとも以上の説明は確かな根拠により裏づけられたものではない。ボリス・グレープ崇拝はより自然な道筋で成立した可能性も否定できない。すなわち、それは奇跡を目の当たりにするなどして兄弟の聖性を信じるにいたった者たち、とりわけ一部の諸公家のなかで自然に芽生えた祖先を敬う感情の上に成立したということも考えられる。一〇七二年に兄弟が洗礼名（ロマンとダヴィド）によってではなく、俗名（ボリスとグレープ）によって崇拝されるに至ったのは、とくに初期におけるこうした諸公家内の祖先崇拝が作用したからなのかもしれない。ただ一〇七二年の儀式を演出した教会当局者、またその意を体した『奇跡物語』の作者らは、兄弟崇拝の芽生えの時期についても聖者伝にふさわしく脚色して（つまり前倒しして）描いたと推測される。ヤロスラフ大公とイオアン（ヨハンネス一世）府主教がにぎにぎしく登場することとなったのはこうした事情からであったろう。

ポッペによりながら考える場合、ボリス・グレープ崇拝はおよそ以上のような経緯で成立した。すべては仮説的であり、本書の著者として必ずしも全面的に賛成できるわけではないが（とくにイラリオンの選出の次第に関しては疑問が残る）、この問題にもっとも詳しい研究者の一人の見解でもあるので、一つの有力な作業仮説とみておくこととしたい。

最後にポッペ同様に、近年早期説に批判的な立場を表明したミリュチェンコの見解にも一言しておく。ミリュチェンコもヤロスラフが早い段階ではボリス・グレープ崇拝に熱心ではなかったこと、同公が崇拝に歩み出したのは治世晩年であったことを主張している。ただかれはポッペとは異なって、第一回目の遺骸の遷移（一〇五一―五二年のこととする）は実際に行われたと考えている。府主教もイオアン一世で差し支えないという意見である。ミリュチェンコはイオアンがイラリオンの前任者であると考え、その死の直前にヤロスラフ共々遷移式に列席したとするのである。イオアンの在任時期に関するかれの見解はポッペのそれとは大きく異なる、これまた一つの仮説でしかない。ポッペとミリュチェンコのさらなる大きな違いは、前者がヤロスラフ治世末期にボリス・グレープ兄弟への関心が高まり兄弟への崇拝の萌芽がみられ始めたとするのにたいし、後者はこのころには（第一回の遷移式）、すでに「下から」始まっていた崇拝が大きく前進し、それが一〇七二年の儀式において確立したと主張する点にある。[101]

この項を終えるにあたって二点付け加えておきたい。

一つは、ボリスとグレープはルーシで最初に列聖された人物であるが、コンスタンティノープル総主教座のこれに対する態度はどうであったのかという問題である。すでにみたように、初期のルーシ教会とコンスタンティノープル教会との関係の問題は重要ではあるが、明らかにすることの難しい課題である。本書の立場は一応ウラジーミルの洗礼の箇所（第七章）で記しておいた。本書はこの点では基本的にはミュラーの説に依拠している。

それではボリス・グレープ崇拝の成立に際してコンスタンティノープルはいかなる立場に立っていたのであろうか。すでにみた『原初年代記』の一〇七二年の項や聖者伝にはこの点で興味深いエピソードが記されている。すなわちこの年に行われた兄弟の遺骸の遷移式の際のことであるが、府主教ゲオルギオスが、棺に納められていたボリスの遺骸が芳香を放つのを目の当たりにして「恐怖にとらわれた」という。そして「かれは二人への信仰が固まっていなかった」とその理由までもが記されている。[102] このエピソードを府主教がルーシ教会による兄弟の列聖に反対していたことを示すものとみる者がいる。ゲオルギオスは「ギリシアから」きたとされているので（年代記一〇五一年の項、一八二頁）、このことはさらにコンスタンティノープルがこの列聖に反対していたことを示すものともされる。[103]

はたしてどうであろうか。本書の著者は必ずしもそう解釈する必要はないと考える。聖者伝では、府主教イオアンも以前（いわゆる第一回遷移式の際）に同じような反応をみせたかのように記されており（三浦訳五三、六六頁）、こうした反応はそれほど珍しいことではなく、むしろお定まりのものであったとさえいえる。ある意味では、誕生したばかりの教会が異端的な方向へ逸脱することのないよう配慮すべき使命をおびた教会組織の長としては、当然の反応であったとも考えられる（いうまでもなく軽々に奇跡を認めることは異端的あるいは魔術的傾向を助長することになりかねなかったからである）。もしコンスタンティノープル総主教が兄弟の列聖に反対していたとするならば、府主教（ギリシア出身である）はその後いともあっさりと懺悔し、兄弟の賛美また聖化に転じるといったことはなかったであろう。[104] これに関しポッペは兄弟の列聖がルーシ教会におけるいわば地方的なそれであったので、コンスタンティノープル総主教座による承認はとくに必要とされなかったと考えている。[105] 妥当な指摘であると思う。ルーシ教会とコンスタンティノープル教会の関係をことさら対立的に描くことはかえって事の本質を見失うことになりかねないと考える。

次にふれておかなければならないのは、一一一五年の兄弟の遺骸の遷移式に関してである。『イパーチー年代記』一一一五年の項にも、両聖人の遺骸の遷移式についての記述がある（こちらは五月二日とされている）。このときは大公ウラジーミル・フセヴォロドヴィチ（モノマフ）とスヴャトスラフ・ヤロスラヴィチ公の二人の子（ダヴィドとオレーグ）の三人がヴィシェゴロドに集まり、府主教ニケフォロス（一世）以下の高位聖職者らの司式の下、あらたに建立された石造教会へボリスとグレープの石棺（聖櫃）を移したのである。この時モノマフ公とスヴャトスラフ公の子らとの間に聖人の石棺を教会のどこに置くかで論争がおこったとする、これまた興味深い出来事が記されているが（ここにはその後の両公家、モノマフ一門とオレーグ一門間の対立が暗示されていると考えることができる）、ここでそれに立ち入ることはできない(106)。

問題は一一一五年の遺骸の遷移式をどうみるかである。兄弟崇拝の成立に関しこちらの遷移式をより重視する見解もないわけではないが、本書の著者としては、このときの式をとくに決定的に重視する（あるいは一〇七二年に比しより大きく評価する）特別の理由はないものと考えている。おそらくこれは聖人の棺を新たな石造教会へ遷移することを祝った、盛大ではあるがいわば通常の儀式と考えることができる。あるいは次のようにとらえるのがより適切かもしれない。すなわち、ポッペを含めて諸研究者はこれまである特定の時点を決定的と考えるような傾向にあったが、聖人崇拝の成立というような問題においては、すでに指摘したように、この時期にあってはとりわけ正教会による「列聖」（式）などは行われなかったと考えられるので、より長期的なスパンで漸進的段階的に考える方が現実的ではないかということである。すなわち、兄弟への崇拝はヤロスラフ治世最晩年におぼろげな形をとるようになり、それが一〇七二年にはじめて公式的な承認を受け、さらに一一一五年にも崇拝をより強固にするような儀式が行われ、いわば漸進的に進んだと考えるべきなのである。

ボリス・グレープ崇拝が漸進的に進んだと考えられる一つの理由は、早い段階では、両人がほかならぬ年長者また権力者に対する従順な服従者として強調されることはなかったという事実である。十一世紀の諸記述（『最古集成』、『原初集成』など年代記的作品、その他ボリス・グレープ聖者伝の類など）はたしかに諸公間の内訌を非難してはいるが、その際必ずしもボリス・グレープの模範例をもち出したわけではない。たとえば、『原初年代記』一〇七三年の項では（もちろん『原初集成』に遡る記事である）、ヤロスラフの子らの間に対立がおき（長子イジャスラフが弟スヴャトスラフとフセヴォロドによってキエフから追放された）、対立の首謀者であったスヴャトスラフが強く非難されている。しかしここでかれの叔父たちの模範例が出されることはない。また一〇九七年の有名なリューベチ諸公会議後の事態に関しても同じである（これについてはすでにみた）。十二世紀初めのウラジーミル・モノマフ大公の場合についても同様のことが言える。モノマフ公は上述のとおり、一一一五年にはヴィシェゴロドで荘厳な儀式を行って両聖人の棺をきらびやかに飾り立てて新石造教会へ移したし、さらにその二年後にはリト河畔のボリスが殺害された場所にやはり石造教会を建立しかれに捧げている。[107] かれの大叔父たちに対する尊崇の念は確かである。しかしかれは、たとえば従兄弟のオレーグ・スヴャトスラヴィチへの書簡（いわゆる「モノマフの手紙」、『原初年代記』一〇九六年の項、邦訳二七二―二七六頁）では、この従兄弟がかれ（モノマフ）自身の子イジャスラフを戦死させた張本人であるにもかかわらず、従兄弟に和解をよびかけつつ、しかも双方に共通の祖先（ボリスとグレープ）の例をもちだすことはしなかったのである。そうした方が、今日から見ればよかったと思われるにもかかわらずである。同じことはかれの「教訓」（同一〇九六年の項、邦訳二五九―二七二頁）においてもいえる。その冒頭でモノマフは、かれの別の従兄弟たち（イジャスラフの子スヴャトポルクとスヴャトスラフの子グレープの二人）からロスチスラフ・ウラジーミロヴィチ（ヤロスラフ賢公の孫）の二人の子らに対する遠征に誘われながら、これを拒否しているが（兄弟親族間の争いに反対しているのである）、ここでもボリスとグレープに言及することはしていない。両聖人を政治的な意味で称賛したと考えられるネストルでさえ、その『フェオドーシー伝』において、かれらに言及することが適切と思われるところでそうしていないことも注目される。すなわち、ネストルは、兄のイジャスラフ大公をキエフから追放した弟のスヴャトスラフ公を非難した聖フェオドーシーの「勇気」についてふれつつ聖人を称賛しながら、その口を通じてボリスとグレープの例をもち出すことはしなかったのである。[108]

以上の例は、ボリス・グレープ崇拝が初期の段階では、必ずしも年長者の権力に対する服従という政治的な意味において理解されていたわけではなかったことを示している。兄弟は、初期の段階では理不尽な悪に対する無抵抗といういわば福音書的な意味で称えられることの方が多かったといえるかもしれない。後代に強く意識されることになる政治的な理解が定着するまでにはしばらくの時が必要であったといわなければならない。

第八章注

（1）「約定により」urokom はI・I・スレズネフスキーに従った。邦訳では「上納金として」となっている。スレズネフスキーはこの urok を ugovor, uslovie のこととする（Sreznevskii, *Materialy*. III: 1257）。キエフとノヴゴロドには年々の支払いに関しなんらかの取り決めがなされていたと考えられる。ところで邦訳の「ノヴゴロドでは一（グリヴナ）が従士たちに……」は「一千（グリヴナ）が……」とすべきところ。ここで毎年定期的に報奨を与えられるノヴゴロドの「従士」とは、おそらくは後述するような「海の向こう」からの「ヴァリャーギ」傭兵（それが公の従士団《ドルジーナ》の主要部分を構成するようになったのであろう）を意味しているだろう。ノヴゴロドの「ヴァリャーギ」傭兵への支払いについては年代記八八二年の項でも、オレーグの時代「ヴァリャーギ」に三百グリヴナが「ダーニ（貢税）」として支払われ、それはヤロスラフが死ぬまで支払われたと記されている（邦訳二四頁）。額は変わっているが、これが長い間の慣習であったのであろう。なおノヴゴロドが毎年キエフに支払いを義務付けられていたという「二千グリヴナ」は銀換算で約四百キログラムであったという（Poppe, "Losers on Earth", p.144）。

（2）ウラジーミルとヤロスラフ父子の関係がけっして良好でなかったことは、たとえば、ヤロスラフが九八八年（ウラジーミルの洗礼後）の時点でロストフ公に任じられたと記されていることからもうかがえる（邦訳一三四頁）。ロストフがこのころ他都市との比較でどの程度の重要性が与えられていたか明確には判断しがたいが、すくなくとも最重要都市（チェルニゴフ、ペレヤスラヴリまたノヴゴロドのごとき）ではなかった。かれはその後ノヴゴロド公に任じられるが（一〇一〇年頃）、それはそれまでその公であった兄のヴィシェスラフが亡くなったからであった。このときかれには兄が少なくとも一人存命していたが（スヴャトポルク）、こちらも後述するように、ティトマルによれば、父に疎まれており、監禁されていた（あるいはそれが危惧される状態にあった）（本章後述参照）。こうしてやっと重要拠点の一つノヴゴロドの公に収まった後ほどなくして父に公然と反旗を翻したのである。

ところでこの貢納拒否事件であるが、研究者の中には、そこに至ったきっかけのひとつとして、ウラジーミルが受洗後ビザンツ皇女アンナを妻に迎えたことをあげる者がいる（Birnbaum, "Yaroslav's Varangian Connection", p.18）。ヤロスラフの母は既述のとおり、スカンディナヴィア系のログネジであった。ヤロスラフがいわば「正妻」の子ではなくなったことが父子の間の確執の背景にあるというのである。この見解はウラジーミル後の大公位継承争いの原因をめぐるA・ポッペ説に符合する点もあり、きわめて示唆的である（本章後述参照）。なおアンナが「正妻」に収まった後のログネジの運命についてもいくつかの説が伝えられている。その一つが、後代の年代記（『トヴェーリ年代記』）九八八年の項「ログネジについて」という項目のなかにみられる。それによるとかの女は最初ある貴族のもとに嫁ぐことを勧められたがこれを拒絶し、かの女自身洗礼を受けて修道女（アナスタシーヤ）となったという（*PSRL.XV.*(Tverskaia Letopis'):112-113）。かの女の没年は『原初年代記』に簡潔に一〇〇〇年と記されている。ログネジの運命に関しては他にも、とりわけポロツク公国と関連させる説もあり、これについては本書第七章（三二一―三二六頁）、また後述参照。

（3）これは邦訳では、ウラジーミル治世にあてられた第七章とは区別して、独立の「第八章　スヴャトポルクの治世」として取り扱われている。邦訳一四九―一六〇頁。しかしこちらもすべて一〇一五年の項のなかでのことである。リハチョフは、この「ボリスの殺害について」をかれの言う「ルーシにおけるキリスト教普及の物語」の一構成部分で、最初期の「ボリス・グレープ伝」の一つとみている。かれによれば、これはその後年代記のこの箇所に取り込まれて現在に伝わっているという（*PVL.s.471*）。なおリハチョフの言う「ルーシにおけるキリスト教普及の物語」については、本書第二章注（23）をみられたい。

（4）グレープはムーロム公であったので、おそらくはそこから出立したと考えられるが、ただその場合は「馬で」出かけたとする『原初年代記』の記述は理解しがたくなる。ムーロムからならば、ただちに船でオカー川を下り、そこから年代記も伝えるようにヴォルガ川に出たであろうからである。その後はヴォルガを遡って、上流域でドニェプル水域に出て、キエフまで下るということになろう。これでも大変な長旅である。しかし陸路で向かうよりは容易であったであろう。それゆえ研究者の中には、かれはボリスの拠点であったロストフにおり、そこから「馬で」北西方面に向かってヴォルガへ出て遡り、さらにドニェプルに入ってキエフへ向かったと考える者もいる（*PVL.s.472*）。

（5）グレープの遺体が放置されたという「二本の丸太の間」をめぐっては三浦清美が特別に考察の対象としている（三浦「ボリスとグレープの列聖」論文）。三浦はこれを「残置された死者」という「民俗学の知見」を用いて分析しようとする。関心のある方は直接お読みいただきたい。ここでは本書の著者の視点から一言しておきたい。三浦の考察は興味深いが、時代状況から切り離されている（「民俗学」的であるからであろう）。かりに三浦の主張するとおりであったとしても、当時の教会（年代記の編者や聖者伝作者）はそうした意味付けをしなかったわけで、その理由はなぜか説明のほしいところである。本書の著者にとっては、この点こそが問われるべき重要な論点である。このような立場からみると、三浦が到達したボリス・グレープの「列聖の歴史的意義」に関する見解は、あまりに一般論的で漠然としている。十分に吟味されていない記述も多い。たとえば、兄弟の死がキリストの受難を思わせることから、兄弟とキリストは「同一視」されたと断じて（たんに「なぞらえられた」のではなかったのか）、それをキリスト教に対する「冒瀆」としたり、「ビザンツ側が同一視を許した」のはなぜかと問うてみたり（「許した」とはどういうことなのか。三浦はビザンツ側が「許す」ことを列聖の絶対条件と考えているが、アプリオリに、すなわち当時のビザンツ・ルーシ間関係を検討せずにそうしたことが言えるのであろうか）、ビザンツ教会では「人が神になる可能性」を認める気分が強かったとしたり（そう読めるような史料もあるだろう。しかし、三浦はとくに指摘していないが、かりに近代ロシア文学でそうした問題が強く意識されたことがあったとして（このことはよく知られている）、ビザンツやキエフ・ルーシ期にそれと同じ意味でそうした思考法が強かったと簡単に言えるのであろうか。またそれとボリス・グレープの列聖問題を単純に結びつけて論じることは正しいのであろうか。こうした考え方からするならば、そもそもこれ以外にも多く見られる他の俗人諸公の列聖はどう考えられるのであろうか）、ヤロスラフ期に「戦国の気風」（？）が強かったのでそれを「なんとか鎮めよう」としたとか、歴代大公が「ことごとく［？］非業の死を遂げ」、大公家は「呪われた家系」であるなどとされるが、なるほどそういう側面もあったかもしれないが、何もその時代だけ時代が荒んでいたのでも、またリューリク家諸公だけが「非業の死」に見舞われたわけでもなかったであろう。さらに「事件」が、兄弟殺しの源泉は「情欲というきわめて旧約聖書的な認識」の発見を示唆しているというのは本当だろうか。そもそも「旧約聖書」あるいは『創世記』的な認識を「性と暴力」の近接した関係などというありきたりの「真理」として理解できるのであろうか。「地上における神の代理人（アウトクラトール、サモジェルジェッツ）」（？）の「政治理念のロジック」はモスクワの場合とは異なって、キエフにおいては成り立たない、その理由はまだビザンツ皇帝が君臨し続けているからというのは、たんに三浦の考える短絡化された「ロジック」に過ぎないのではないか。結局、三浦の考察は、ボリス・グレープ崇拝が民衆の間に広まり根付くことになった理由についての理解を幾分かは深めるものであるかもしれない（「残置された死者」の「祟り」の強調！）。しかしボリスとグレープが列聖された歴史的経緯の解明にどれだけ寄与しえているのか、またキエフ・ルーシを「ビザンツ教会圏に踏みとどまらせた」理由についての説得力ある説明となっているのか、本書の著者には判断しかねる。ボリス・グレープにせよ、ウラジーミルにせよかれらの列聖をめぐる問題については、本書でもすでに示したとおり、また後に少々立ち入って検討するとおり、多くの研究者が頭を悩ませてきたところである。いま少し丁寧な考察が要請されているように思われる（なおこの部分の脱稿後しばらくして、三浦の新たな論文「『ボリスとグレープについての物語』」（二〇一三年六月）をみる機会をえた。これは『物語』の最後の部分に現れるひとつの文章の解釈を試みた論考である。三浦の「文献学的」に緻密な分析については本書の著者としては論評をさし控えたい。また今回はやや慎重な表現となってはいるが、先の論文の主張はほぼ繰り返されているとみられるので、全体としても本書の著者の先の論考に対する上記感想に変化はない。「キリスト教と異教の融合過程」というとき、いったい何が問題となるのか、それはどのような方法で解明できるのか、本書の著者にはそうした点が重要であると考えるが、いまこれを自ら掘り下げて検討する余裕はない。残念ながら疑問を呈するにとどめざるをえない）。

（6）すでに指摘したように（第六章注（21））、邦訳一五九頁では、ここは「スヴャトポルクはウグリのもとに逃げる途中、人をやってウゴリ山脈でスヴャトスラフを殺し……」とあり、スヴャトポルク自身がウグリに逃げたかのようになっている。これは誤訳であろう。この時点でかれがどこへであろうと「逃げる」必要などなかった。

（7）邦訳一六〇頁の「ヴァリャーギ四千」は誤り。ラヴレンチー本ではヴァリャーギは「一千」となっている。「四万」は原文通りだが、『ノヴゴロド第一年代記（新輯）』一〇一六年の項のこれに対応する箇所では、ヤロスラフが集めた軍勢は全部で四千で、その内訳が「ヴァリャーギ一千、ノヴゴロド人三千」となっている。全体的に見てこちらの方がより現実的な数字のように思われる（*PSRL*. III:175.『古代ロシア研究』XII、三三頁、「新輯」から補われている部分）。

（8）一〇一六年にヤロスラフが二十八年間ノヴゴロドに君臨していたとするならば、かれがノヴゴロド公となったのは十歳のときということになる（かれの生年は九七八年であったと考えられる）。これを幼すぎるとして疑問視する声もあるが、ありえないことではなかった。問題は『原初年代記』九八八年の項の、ウラジーミルによる子らの諸都市への配置の記述では、ヤロスラフがロストフ公に任じられていることである。このときノヴゴロドには長子と考えられるヴィシェスラフ（没年一〇一〇年）が任じられた（一三四頁）。現に「ノヴゴロドで」と記すのはラヴレンチー写本（邦訳一六二頁はこれに基づいている）であり、ラジヴィウ本など多くの写本ではそうとは記されていないのである。後者の記述にしたがえば、ヤロスラフは一〇一六年に「生年二十八歳」であったという意味になる。もっともこちらは明らかに誤りである。生年が九七八年とするならば、一〇一六年には三十八歳であったからである。ちなみにリハチョフのテクストでは、「ノヴゴロドで」は削除されている（*PVL.s.63*. これに関する注 *s.474*. さらに s.137 の異本注 1016-29 をも参照）。また『イパーチー年代記』などでも「ノヴゴロドで」の語はなく、しかも「二十八年」のところが「十八年」となっている（*PSRL*.II:129）。ヤロスラフがこのとき十八歳ということはありえないことなので、こちらはまったくの誤りである。『イパーチー』の編者は、あるいはノヴゴロド公として十八年君臨したと言いたかったのかもしれないが、テクストからそのようには読めない。ところで同じ『イパーチー』はヤロスラフがキエフに入城したのを一〇一七年としている（*PSRL*.II:130）。このあたりは、一〇一六年、一七年のどちらが「正確」か、判断しがたい。なおヤロスラフの生年については（ウラジーミルのその他の子らのことも含めて）、本書第六章において論じておいた。

（9）スヴャトポルクとボレスワフ一世の娘との結婚については第四章注（10）を参照。Thietmar, *Chronik*, IV, 58;VII, 65, 72f.;VIII, 32;*Drevniaia Rus' v svete*...IV, s.67, 73, 80（ティトマルのA・V・ナザレンコによる露訳）。なお結婚の年については、Kisaki, *Genealogical Tables*.Table.2 は一〇一三年とする。ただしこの系図では根拠は示されていない。ポッペは一〇一四年以前、早ければ一〇一〇年としながら、一〇一一年頃とも記す。Poppe, "Der Kampf um die Kiever Thronfolge", S.285, 292. この件についてはナザレンコが立ち入って検討しており、ボレスワフの「一〇一三年のルーシ遠征」(Thietmar, *Chronik*.VII, 72) 前後と推測するに至っている。Nazarenko, *Nemetskie latinoiazychnye istochniki*. s.167-170, komment.52; *Drevniaia Rus' v svete*...IV.s.73, prim.68

（10）『古代ロシア研究』XII、三四頁

（11）ティトマルによれば、このときのボレスワフ軍には、三百のザクセン人、五百のハンガリー人、千のペチェネグ人が加わっていたという。Thietmar, *Chronik*.VIII, 32(S.474);*Drevniaia Rus' v svete*...IV, s.82. 後述第十章六六二―六六三頁をも参照。

（12）Thietmar, *Chronik*.VIII, 31(S.472); *Drevniaia Rus' v svete*...IV, s.78-79

（13）Thietmar, *Chronik*.VIII, 32(S.474); *Drevniaia Rus' v svete*...IV, s.80

（14）年代記の邦訳者はこの箇所に付された注（四五九頁）で、ヤロスラフとスウェーデン王ウーロヴ・シェートコヌングとの同盟関係、その結果としてのかれと王の娘インギゲルドとの結婚に注意を促している。この結婚やヤロスラフのヴァリャーギとの関係については本書でも次章で改めて検討する。

（15）両者間の対立の原因については伝えられていない。しかしこの場合は推測することが可能である。ボレスワフがキエフ占領中にドイツ皇帝ハインリヒ二世その他にあてて外交上の書信を送っていることが知られているが、その際かれは東ヨーロッパ全域

の最高君主であるかのような態度を表明していたという。岳父であるボレスワフが婿を利用して自らキエフ大公に収まり、場合によってはキエフ（国家）のポーランドへの併合を画策した可能性が考えられるのである。ボレスワフのこうした態度がスヴャトポルクの反発を招いたであろうことは容易に想像できる（Stender-Petersen, *Varangica*(VI."Yaroslav und die Väringer"), S.123-124)。もっとも、ボレスワフ一世にここまでの大胆な計画があったかどうかは微妙である。ボレスワフが第一に考えていたのは、ポーランド・ルーシの境界地域に横たわる「チェルヴェン諸都市」の奪還であったとみるのが、従来多くの研究者がとる立場であった。この地は既述のごとく、九八一年にウラジーミルによってポーランドから奪われていたからである。一〇一八年のキエフ遠征におけるボレスワフ王の意図と目的の問題については、さしあたりKoroliuk, *Zapadnye slaviane*.s.251-258を参照。コロリュク自身は、王がキエフ大公位をも手に入れようとしたことがスヴャトポルクの反発を呼び、キエフを去ることとなったが、それは追い出されたのではなく、膨大な戦利品とともに自らの意志で「引き揚げた」のだと主張する。ところで、『原初年代記』のこの年の記述自体に疑いを抱いた研究者もいる。たとえばシャーフマトフは、ここの記述が後の一〇六九年の項（ポーランド王ボレスワフ二世の支援を受けたイジャスラフ・ヤロスラヴィチ公が王とともにキエフに入城、その後イジャスラフ側が「ひそかにリャヒを殺し」、ボレスワフ二世は「リャヒに帰った」）に酷似していることから、これを事実の記述ではなく年代記編者による創作（後代の挿入）と考えたのである（Shakhmatov, *Istoriia Russkogo Letopisaniia*.I-1(*Razyskaniia*).s.296-297)。もっともこれにたいし多くの研究者は、実際に半世紀のときを刻んで似たような状況が繰り返されたと考え、年代記の記述を疑う必要はないとした。これについてはKoroliuk, *Zapadnye slaviane*.s.258-259;*PVL*.s.622（M・B・スヴェルドロフの補注）を参照。

(16) ボレスワフがこのとき連れて帰ったというヤロスラフの「姉妹たち」sestreは双数で示されている。そのうちの一人は、『ノヴゴロド第四年代記』などの記述から判断して、先にも出てきたペレドスラーヴァであったと考えられる（*PSRL*.IV-1:108-109; Thietmar, *Chronik*.VIII, 32, Anm.106;*Drevniaia Rus' v svete*...IV.s.82, prim.118)。

(17)「リャヒとチェヒの間の荒野」をたんに「どこか遠くへ」逃げたと解釈する見方もあるが（*PVL*.s.477)、ここで年代記作者はおよそ文字通りの意味で考えていたととりたい。この箇所については本書第四章1においてもふれた（一七一、一七三―一七四頁）。

(18) スヴャトポルクは兄弟殺しのゆえに「呪われた公」と形容されたが、そう呼ばれるもうひとつ考えられる理由についてもみておきたい。それは上でもふれたかれの出生の秘密である。すなわちかれは『原初年代記』や、作者不詳のボリス・グレープの『物語』（後述）においてヤロポルクとウラジーミルの「二人の父によって［生まれた］」（あるいは「二人の父をもつ」）子とされていた。かれの母はギリシア人で修道女であったが、ヤロポルクにより強引に還俗させられ、その妻となったのを、のちにウラジーミルがヤロポルク殺害後に自らの妻としたというのである。もっとも同時に、ウラジーミルが娶ったときには、かの女は「身ごもっていた」ともされており、もしそうであるならば、スヴャトポルクの父がヤロポルクであったことははっきりしている。「二人の父」はあくまでも比喩的にとるべきであろうが、それにもかかわらず、たとえば、中世ロシア諸公の命名法について検討したA・F・リトヴィナ、F・B・ウスペンスキーなどは、スヴャトポルクの父を「ヤロポルクないしウラジーミル」とあいまいなままにしている。(Litvina/ Uspenskii, *Vybor imeni*.s.605, 723［索引］)。いずれにせよ「二人の父」の所業が厳しく非難され（一方は強引に修道女を妻とし、他方は年代記の表現で言えば、それを「正式の結婚によらずに娶った」）、そのことが子に因果となって現れ、子は「呪われた」者、「姦通の子」とされることとなったと考えられる。ただ年代記がスヴャトポルクは「九八〇年」のウラジーミルによるヤロポルク殺害、キエフ公即位以後に生まれたかのように記すことは、奇妙である。スヴャトポルクはヤロスラフ（九七八年生まれ）より年長と考えられるからである。すでにみたように、ナザレンコはウラジーミルの即位年を年代記記述より二年前倒しにして九七八年と考えているが（第六章注（1）を参照）、そのときスヴャトポルクがすでに誕生していたかどうか年代記作者にはわからなくなっていたのかもしれない。こうしたことからあいまいな、ときに矛盾した記述になったと推測される。いずれにせよ、年代記や『物語』をはじめとする聖者伝的伝統は、スヴャトポルクを「呪われた」人物と決めつけたいばかりに、事実はどうであれあらゆる手段を講じたという印象である。

ところでスヴャトポルクが「呪われた」と非難されるようになるのは、実はボリス・グレープの殺害後しばらく時を経てからのことと考えられる。かれから権力を奪取したヤロスラフの支配権が固まって以後、またボリスとグレープ崇拝がはじまるとともに、「呪われた」スヴャトポルク像も形成されていったと考えられる。当初スヴャトポルクが必ずしも「呪われた」とみられていなかったもっとも明白な証拠は、兄弟殺害後もしばらくのあいだ諸公間にこの名をもつ公がみられるという事実である。たとえば後のキエフ大公、スヴャトポルク・イジャスラヴィチ（在位一〇九三―一一一三）がそうであるし、その曾孫にもこの名をもつ公がいた（トゥーロフ公スヴャトポルク・ユーリエヴィチ、一一四四年以後の生まれ）。ウラジーミル・モノマフの孫にもその名の人物のいたことが知られている（スヴャトポルク・ムスチスラヴィチ、一一二二年以前の生まれ）(Litvina/ Uspenskii, *Vybor imeni*.s.722-723［索引］)。好んでつけられた名であったかどうかはともかくとして、こうした例はこの名が相当後の時期に至るまで、必ずしも唾棄すべきものとはみなされていなかったことを示している。これについてはさらに後述参照。

(19) H・リュスが「理由は不明であるが、ボリスとグレープのみが……崇拝された」と記すように、Rüß, "Das Reich von Kiev".S.315、同じくスヴャトポルクに殺害されたというスヴャトスラフを除外して、なにゆえボリス・グレープの二人だけが聖人とされたのか、本来ならば考えてみる必要があろう。この点については、A・ポッペが一つの説明を試みている。前者と後二者とではそれぞれ母親が異なることが関係していると考えたのである。しかしこれについては後述する。

(20) Thietmar, *Chronik*.VII, 72, 73(S.432-435); *Drevniaia Rus' v svete*...IV, s.72-76. ティトマルとその『年代記』については、本書第四章注(10)を参照。

(21) たとえば上記のごとく、本書で利用した Thietmar, *Chronik*. のドイツ語訳者 W.Trillmich がそうである。S.434, Anm.252

(22) Thietmar, *Chronik*.IV, 58(S.174-175); *Drevniaia Rus' v svete*...IV, s.66-67

(23) 後述するようにリハチョフもウラジーミルがボリスを後継者にしようと考えていたと推測している(*PVL*.s. 470)。なお『原初年代記』の上記の記述以外の諸部分も、ボリスが父により後継者と考えられていたことを示しているようにみえる。すなわち、一〇一五年の「ボリスの殺害について」の項において、対ペチェネグ遠征中のボリスに父の死の情報が入り、ボリスは父を思って泣く。その際「かれは父によって誰よりも愛されていたから」と記される。またウラジーミルの従士団がボリスをキエフの座に擁立する場面もある(「あなたのもとには父の従士団と軍勢があります。行ってキエフの父の座につきなさい」)。言うまでもなくボリスはこれを断ったのであるが(「私は自分の長兄に手を上げることはできません」)、こうしたことから、相当数の研究者がウラジーミルはボリスを後継者に考えており、臨終の際にかれをそば近くにおいていたのはその故であったとする。『原初年代記』に類似した記述は実は他の年代記にもみられる。たとえばモスクワ時代の『ウスチューク年代記(集成)』には、ウラジーミルの従士団がボリスに対し次のように言ったことが紹介されている。「わが主よ、わたしたちはあなたの良き父によりあなたのもとにおかれました。われらをあなたと共に行かせてください……そうすればキエフから[スヴャトポルクを]追い出し、あなたがキエフに座すようにしましょう。あなたの父があなたをわれらに委ねたのですから」(*PSRL*.XXXVII:25(マツィエヴィチャ写本)、また s.64(アルハンゲロゴーロツキー年代記《レトピーセッツ》))。後述するA・ポッペはボリス(とグレープ兄弟)をビザンツ皇女アンナの子と考え、ウラジーミルがボリスをこそ後継者としようとして、そのことがかれの死後子らの間に凄惨な後継者争いを引き起こした原因であったと主張したが、ボリスがアンナの子であるかどうかはともかくとして、ウラジーミルがかれを後継者と考えていたのはほぼ確かであるように思われる。なおキエフ期における大公位継承法・慣習については後にあらためて考える(第十一章、とくに補論)。

(24) Il'in, *Letopisnaia stat'ia*.s.104-105;Koroliuk, *Zapadnye slaviane*.s.235-239

(25) 「[スヴャトポルクは] これ [父の死] を知ると……すぐにキエフの町までやってきた」、三浦「中世ロシア文学図書館（II）」六二頁

(26) *PVL*.s.470. なお「死を隠した」についてA・ポッペはリハチョフとはまったく異なる解釈をしている。「隠した」のは、ボリス側であったというのである。これについては後述本章注（64）をみられたい。

(27) このようにイリインはシャーフマトフにたいし批判的であるが、ここでその批判自体に立ち入ることはできない。イリインの著書とシャーフマトフ批判については、ありがたいことにすでに福岡論文（「ボリスとグレープの物語」）がその要点を紹介しているので、そちらを参照されたい。

(28) イリイン説はさまざまなニュアンスを伴いつつも、何人かの研究者によって支持されている。たとえば、Členov, "Zur Frage der Schuld";Rüß, "Das Reich von Kiev". S.315;Khoroshev, *Politicheskaia istoriia russkoi kanonizatsii*.s.25-31;Golovko, *Drevniaia Rus' i Pol'sha*.s.23-25;Danilevskii, *Drevniaia Rus' glazami sovremennikov*.s.346-347 など。

(29) なお『エイムンド・サガ』は「フラート島写本」(Flateyjarbók) 中の「聖オーラヴ・サガ」のなかに含まれており、いわゆる「王のサガ」の諸作品中の断片を構成する「サーット」þattr（「紡がれたもの」の意、普通「挿話」とか「話」と訳されている。ロシア語では priad'）であることから、「エイムンドの話」(Eymundar þattr Hringssonar、ロシア語では Priad' ob Eimunde) と呼ばれることの方が多い。ただ本書では便宜的にサガと表記する。以下に記す要点も、本節「補遺」における要約も *Drevniaia Rus' v svete*... V.s.121-138（T・N・ジャクソン解説、訳）;Dzhakson, *Islandskie korolevskie sagi*.s.87-119 によっている（なお英訳がある。Palsson/Edwards, *Vikings in Russia*）。文学作品、歴史史料としてのサガ一般については、さしあたり菅原『ゲルマン北欧の英雄伝説』二〇三―二三一頁、および『サガ選集』二七四―二八九頁の菅原による解説がその全体像を知るうえで参考になる。それによるとサガは未刊行のものを含めると数百点にのぼる（刊行されているのはサーットを含め少なくとも二百以上）という。わが国でも古くから紹介され始め、いまでは相当多くの作品が訳されているが、「エイムンド」については管見の限り紹介されていない。本来ならば原語から邦訳するのがいちばんよいが、「補遺」において要約紹介するにとどめざるをえない。

(30) この点についてはさしあたりステブリン＝カメンスキー『サガのこころ』、また熊野『サガから歴史へ』第一章を参照されたい。本書の著者にこの点について独自に考察を加える準備はないが、関連してひとつだけ意見を述べておきたい。サガ研究においては、これを「文学」としてとらえればよいとする立場がときに見受けられるように思うが、これはどうであろうか。文学には違いないし、

サガの多くは神話的また奇想天外な話に満ちていることを思えば、そうした立場も分からなくもない。しかし問題はそれで事足れりとすることである。おそらくサガは今日われわれの周りにあふれる、たとえばさまざまな時代小説の類いとはまったく別種の「文学」であることを認識すべきであろう。サガが作られた時代の人々にとって楽しいお話や読み物であったとしても、それは今の我々にとっての娯楽とは異なる意味をもっていたであろう。それはかれらにとって楽しい話であるばかりでなく、かれらの「過去と現代」について物語る唯一の資料であった。それは後の時代のわれわれにとっても、その時代と人間を知るための唯一の「史料」である。神話や奇想天外のお話の中に、当時の人々にとっての「真実」と「史実」を求める努力なしに済ますことは、知的探究心に欠けるというそしりを免れないだけでなく、おそらく「文学」としてのサガを理解することにもならないであろうと思う。

（31）「ガルダリキ」(Garðariki) は古スカンディナヴィア語文献でルーシを指して呼んだ語。スカールド詩人ハッルフレズの詩節に最初の例がみられるという（十世紀末）。古スカンディナヴィア人がラドガからヴォルホフ川沿いにスラヴ人の地深くに入り込んだ際にみた「一連の防備を施された集落」のことをこう呼んだ (*Drevniaia Rus' v svete*... V, s.57, prim.6;s.58, prim.16（T・N・ジャクソン))。研究としては Rydzevskaia、*Drevniaia Rus'*.s.143-151;Dzhakson, O nazvanii Rusi Garðar.133-143 を参照。「ガルダリキ」に関係する北欧の諸作品については、本書で基本史料集として利用してきた *Drvniaia Rus' v svete*... の第五巻がそれらを一書にまとめ、露訳している。なお古スカンディナヴィア人がルーシを指したとされる語には「ガルダリキ」以外にも「ガルダル」(Garðar) などが知られている。ロシア史学ではクリュチェフスキー（『ロシア史講話』）以来「ガルダリキ」が一般的に使用される。厳密に言うならば、ジャクソンも指摘するように、「ガルダル」の方が古形で、上述のように十世紀末（九九六年）に最初の例がみられるという（十三世紀第一三半期の文献で伝えられる）。「ガルダリキ」は十二世紀末以降のサガに書き留められた形で、意味としてはほぼ同じと考えることができる。この語は本文でも括弧に示したように「ガルザリーキ」と表記される場合がある（谷口訳『ヘイムスクリングラ（一）』四〇頁など）。本書では「ガルダリキ」と表記するが、あくまでも便宜的である。他の古ノルド語固有名詞の表記についても、本書は厳密に統一的な原則に従うことはできなかった。なおサガ等における東方地域の地理的呼称に関しては、Dzhakson, *Islandskie korolevskie sagi(do 1000g.)*, s.244-259;Dzhakson, *Islandskie korolevskie sagi(pervaia tret' XI v.)*, s.194-211;Dzhakson, *AUSTR Í GÖRÐUM* を参照されたい。

（32）Il'in, *Letopisnaia stat'ia*.s.92

（33）ちなみにサガの三人兄弟をルーシ史上の誰とみるかについて、研究者間に若干の見解の相違があるが、基本的にはここに記したイリインの見方が、そこにさまざまなニュアンスを加味しながらも受け入れられている。この点についてはさらに本節の補遺を参照。三人のうちとくに「ヤリツレイフ」＝ヤロスラフについては、第十章注（61）を参照。

（34）Il'in, *Letopisnaia stat'ia*.s.95, 141

（35）ibid., s.160-161

（36）Mel'nikova, Eimund Khringsson.s.144, 158

（37）Dzhakson, *Islandkie korolevskie sagi(pervaia tret'XI v.)*.s.161-174

（38）Byl li Iaroslav Mudryi ubiitsei svoego brata?//Mel'nikova(red.), *Drevniaia Rus'*.s.515-522. この箇所（論文）の著者ははっきりしないが、G・V・グラズィリナ、T・N・ジャクソン、それにメリニコヴァの共著と考えられる。

（39）Dzhakson, *Islandskie korolevskie sagi(pervaia tret'XI v.)*.s.153-161. ヤロスラフとインギゲルドの結婚については後にあらためて検討するが（第十章2）、この結婚については他の史料によっても確認され、事実とみなしうる。さしあたり、Mel'nikova, Eimund Khringsson.s.146; Hellmann, "Die Heiratspolitik Jaroslavs" を参照。またインギゲルドの人物像については、Mel'nikova, Eimund Khringsson. s.154-157 を参照。「サガ」ではかの女は美しく、賢く、決断力に富み、気前の良いスウェーデン人女王である。他方ヤリツレイフ（ヤロスラフ）は、鈍重で吝嗇のルーシ王とされ、対照的に描かれる。

（40）たとえば、サガの英訳者たちは「エイムンド」は作者により「創作された」人物と記す（Palsson/ Edwards, *Vikings in Russia*.p.8）。

（41）Mel'nikova, Eimund Khringsson.s.147.「イングヴァールのサガ」は *Drevniaia Rus' v svete... V*, s.243-254 にみられる。エイムンドの名は s.245-246 にみえる。

（42）Nazarenko, *Drevniaia Rus'*.s.453-455

（43）Nazarenko, *Drevniaia Rus'*.s.454-476

（44）ここの訳はナザレンコによる露訳に従った。とくに「[ヤロスラフは] ある都市を奪ったのみで、かの地でそれ以上何も手に入れなかった」の部分はナザレンコの独自の解釈によるものである。この部分は多くの場合、別様に理解されてきたが（たとえば、独訳では、ヤロスラフは都市を包囲したが、その前で何もすることができなかった、という意味にとっている）、ナザレンコはこれを、一〇一七年にヤロスラフがボレスワフ領を攻撃し、戦果は多くはなかったが、ひとつの都市［ベレスチエ］は奪い取った、という意味に取るべきであるとするのである（*Drevniaia Rus' v svete*...IV, s.71-72）。この引用文でヤロスラフが「王」と、ボレスワフが「公」と記されているのは、ナザレンコによれば、ティトマルがボレスワフを皇帝の家臣とみ、それにたいしヤロスラフを帝国とは独立の国家の君主とみていたことを示しているという。

（45）この場合、ティトマルの情報が正確であるとするならば、ボレスワフがスヴャトポルクを即位させたというのはキエフ大公位のことではなく、別の町［ベレスチエ］の公位を念頭においていたということになる。

（46）Thietmar, *Chronik*.VII, 65; *Drevniaia Rus' v svete*...IV, s.71 にも、ヤロスラフがドイツへ派遣した「使節」への言及がある。

（47）すでにふれたとおり、『原初年代記』においても九八一年の項に両者間にはじめて衝突のあったことが記されている。この「リャヒ」遠征については本書第七章1を参照。

（48）Thietmar, *Chronik*.VII, 72; *Drevniaia Rus' v svete*...IV, s.74

（49）Thietmar, *Chronik*.VIII, 32; *Drevniaia Rus' v svete*...IV, s.81-82, prim.118

（50）Thietmar, *Chronik*.VII, 50-51, 59-61, 63-65; *Drevniaia Rus' v svete*...IV, s.70-72（こちらでは Thietmar, *Chronik*.VII, 65 の部分のみ）

（51）Thietmar, *Chronik*.VII, 65; *Drevniaia Rus' v svete*...IV, s.70-72. ベレスチエはヤロスラフの「兄弟［スヴャトポルク］」の領土であった（Thietmar, *Chronik*.VIII, 32; *Drevniaia Rus' v svete*...IV, s.79, prim.105）。

（52）Thietmar, *Chronik*.VII, 65; *Drevniaia Rus' v svete*...IV, s.72. のちにリト河畔の戦いで最終的に敗れたスヴャトポルクが担架に乗せられてベレスチエに運ばれてきた（『原初年代記』邦訳一六五頁）のも、こうしたことがあったからと考えられる。

（53）Thietmar, *Chronik*.VIII, 31-32; *Drevniaia Rus' v svete*...IV, s.78, 80

（54）Poppe, "Der Kampf um die Kiever Thronfolge". ポッペは後に次の論文でもこの説に立ち戻り、ボリスらの死の真相についてのみならず、その後の崇拝の成立の経緯についても改めて詳細に論じている。Poppe, "Losers on Earth"

（55）Moldovan, *Slovo o zakone*, s.91, 97, 98;*BLDR*.I, s.42, 48, 50. 三浦「中世ロシア文学館（III）」八四、八六、八七頁

（56）Thietmar, *Chronik*.VII, 74; *Drevniaia Rus' v svete*...IV, s.77, prim.93

（57）ここでポッペがスヴャトポルクを一〇一五年当時「長子」で、「正当な後継者」であると決めつけていることは気になる。本書の著者の考えではこれは証明されなければならないことである。ポッペがこれを十分に行っているようにはみえない。たとえば、かれは『原初年代記』一〇一五年の項、「ボリスの殺害について」の冒頭部分を「スヴャトポルクはキエフで『正当な後継者として』

父の座についた」と訳しつつ引用しているが、これは正確ではない。ここはたんに「スヴャトポルクは自分の父のあとキエフに座し……」と訳すべきところである（年代記邦訳はその点正確である）。スヴャトポルクが当時「長子」であったかどうかは微妙なところで、たしかにボリス・グレープの『物語』ではスヴャトポルクが当時は最年長のような書き方がなされてはいるが、『原初年代記』九八八年の項には、ヤロスラフの方がかれよりも先に記されている箇所もある（邦訳一三四頁）。また同九八〇年の項では、ムスチスラフの方が同じ母から生まれながらヤロスラフより先に記され、かれの方が年長であった可能性すらうかがわせている。ヤロスラフおよびスヴャトポルクを含むその兄弟の生年や、長幼関係については、Tolochko, O proiskhozhdenii Iaroslava 論文が最近あらためて論じている。ここでそれには立ち入らないが、複数の女性を妻としていたウラジーミルの子らの年齢順に関しては慎重な取り扱いが要請されるところである。

（58）ボリス、グレープ兄弟をアンナの子とする見解はすでにS・M・ソロヴィヨフにおいてみられる。かれはウラジーミルによるボリスの後継者指名、また一〇一四年のヤロスラフの父に対する反抗などは、両兄弟がアンナの子であると仮定してはじめて理解可能となることを、おそらくははじめて指摘した。Solov'ev, *Istoriia Rossii*.Kn.I, T.1, s.204, 321. ソロヴィヨフによると、これに関する史料的根拠は『ヨアキム年代記』およびいわゆる『トヴェーリ年代記』のなかにあるという（ibid., s.321.prim.290）。なおウラジーミルがボリスを後継者と考えていた可能性については、すでに上記ティトマルの記述の紹介の際に記しておいた（本章四六六―四六七頁、また注（23））。ポッペ説はこれらを受けたものということができる。

（59）Thietmar, *Chronik*.VIII, 32; *Drevniaia Rus' v svete*…IV, s.80-82

（60）ボリスの洗礼名がロマンであることはいくつかの史料から知ることができる。これについては、Litvina/ Uspenskii, *Vybor imeni*. s.477-478 を参照。ポッペによれば、プリショールコフもボリスとグレープの洗礼名を重視しており、その点では正しい。ただプリショールコフがそれを自説（ブルガリア・テーゼ、既述第七章）との関連で主張することは受け入れられないとする（Poppe, "Der Kampf um die Kiever Thronfolge".S.279, Anm.13;Priselkov, *Ocherki po tserkovno-politicheskoi istorii*. s.36-38, 70-74）。ただし上記リトヴィナ／ウスペンスキーは、ボリスの洗礼名をプリショールコフと同様に、あくまでもブルガリアとの関連で説明している。ボリス、グレープの母が『原初年代記』で「ボルガリの女」とされていることを受けてのことであるが、この点ではリトヴィナ／ウスペンスキーはポッペと立場を異にしていることになる。

（61）ポッペは、本書でも後に改めて検討するように、ボリスとグレープに関する『原初年代記』の記述を『物語』に比して二次的なものと考えている。『物語』が原初的で、それを後に『原初年代記』の編者が利用したとする。この点ではポッペはシャーフマトフに批判的で、イリインの立場に立っている。

（62）ポッペはアンナが、『原初年代記』が描くような、たんに帝国の危機を救うためと説得されて不承不承キエフ入りした受身的な人物ではなく、キエフ大公妃となる以上、自らルーシのキリスト教化を推進したいと願う積極的な女性であったと考えている。このことはその後かれがルーシのキリスト教化の歴史についてあらためて概観した次の論文において強調されている。Poppe, "The Christianization and ecclesiastical structure", p.375.n.48. この点で、キエフ入りしたアンナの大きな役割について、ポッペとは別の意味で強調したF・ケムプファーの見解も想起される（Kämpfer, "Eine Residenz für Anne Porphyrogenneta"）。これについては上述第七章注（25）を参照。

（63）Thietmar, *Chronik*.VII, 73; *Drevniaia Rus' v svete*…IV, s.75-76, 73, prim., 67

（64）以上は主にティトマルの記述に基づくポッペの推論である。一方の『原初年代記』はスヴャトポルクと父の間に対立があったとは伝えていないが、ポッペによればそれを推測させる箇所はある。先にもふれた「（人々は）その［ウラジーミルの］死を隠した。スヴャトポルクがキエフにいたからである」とする箇所である。この場合ウラジーミルの「死を隠した」のは父により後継者とされたボリス側であり、スヴャトポルクに行動を起こすきっかけを与えたくないという理由からであったということになる。また大公位に就いた後のスヴャトポルクがキエフ民から拒絶されたとされる所からもそう推測できるとする。これと丁度逆のようなリハチョフの解釈については、本書四六九頁を参照。

（65）既述のとおり、ポッペはボリス・グレープに関しては『原初年代記』の記述をそもそも第二次的と考えている。なお三浦は『講話』の邦訳注100において、ミリュチェンコによりながら、「他の兄弟」とはスヴャトスラフのことと記すが、これは『原初年代記』の説明に従えば、ということである（「中世ロシア文学図書館（II）」六四、七四頁）。ところが『講話』のこの箇所では prochaia brat'ia という語が用いられている。これは「他の兄弟たち」と訳すのが適切な集合名詞であり、スヴャトスラフを含むとしてもかれだけを特定したものと決めつけるわけにはいかないであろう。ネストルの言い方では、スヴャトポルクは兄弟全員を殺害して専制権力者となろうとしたが、それを果たすことはできなかったという意味になろう。Miliutenko, *Boris i Gleb*.s.376, 401

（66）Thietmar, *Chronik*.VIII, 32, 33; *Drevniaia Rus' v svete*…IV. s.79-83

（67）『原初年代記』で、ヤロスラフはスヴャトポルクに対し兵を進めるに際し「兄弟を殺し始めたのはわたしではなくかれです。神

がわたしの兄弟の血の復讐者となられますように」と述べている。一〇一五年の項、邦訳一六〇頁

（68）Müller, “Zur Frage nach dem Zeitpunkt.”

（69）ナザレンコは、人質となるのは通常幼児でありスヴャトポルクではありえないとしてポッペを批判した（*Drevniaia Rus’ v svete*… IV. s.61, prim.27）。なお、ウラジーミルがペチェネグ人の下に送った「人質」については、クヴェーアフルトのブルーノが伝えているが、これについては本書第七章四二〇―四二二頁、また同章注（157）を参照。

（70）このような理由から一部には、ボリスとグレープを「殉教者」聖人（mucheniki/martyrs）ではなく、それと区別して「受難者」聖人（strastoterptsy/sufferers）と呼ぶ研究者もいる（たとえば Fedotov, *The Russian Religious Mind*.p.95, 104-105）。ただこれらの語は本来同義と考えてもよいようにみえる。ボリス・ウスペンスキーも記すように、何か厳密な区別を含意しているとは考えにくい（Uspenskii, *Boris i Gleb*.s.12-13）。それゆえここではこの点はとくに考慮しないこととする。むしろ問題となるのは、教え（信仰）のために死に至ったわけではない兄弟がなにゆえ「聖人」とみなされたかということであり、それこそがここでの課題である。フェドートフが区別する真意も、かれの探究の方向もこの点に向けられている。

（71）Miliuchenko, *Boris i Gleb*.s.7-9, s.43 sl.; さらに Lenhoff, *The Martyred Princes*.p.48 も同様の指摘をする。

（72）以下の考察に際して参照したのは主に次の文献である。福岡「ボリスとグレープ」; Müller, “Neuere Forschungen”;Poppe, O zarozhdenii kul’ta;Poppe, “Losers on Earth”; Podskalsky, *Christentum*.S.108f.;Miliuchenko, *Boris i Gleb*;*SKKDR*.Vyp.1, s.398-408 (L.A.Dmitriev); *BLDR*.I.s.527-529 (L.A.Dmitriev)

（73）Golubinskii, *Istoriia Russkoi Tserkvi*.I-2, s.508-513

（74）*Uspenskii sbornik XII-XIII vv.*, s.42-58（『物語』）, 58-71（『奇跡物語』）

（75）*SKKDR*.Vyp.1, s.401;Podskalsky, *Christentum*.S.108

（76）Miliuchenko, *Boris i Gleb*.s.172-177

（77）Shakhmatov, *Istoriia Russkogo Letopisaniia*.I-1(*Razyskaniia*).s.41-83

（78）Müller, “Neuere Forschungen”, S.298f.

（79）Bugoslavskii, *Drevnerusskie literaturnye proizvedeniia*.s.63 sl. ブゴスラーフスキーの見解については福岡「ボリスとグレープ」一〇五―一〇七頁。*SKKDR*.Vyp.1, s.402 が手際よくまとめている。

（80）Poppe, O zarozhdenii kul'ta.s.21-25

（81）Il'in, *Letopisnaia stat'ia*.s.21-70. 福岡「ボリスとグレープ」一〇七―一〇九頁

（82）Miliuchenko, *Boris i Gleb*.s.57-58

（83）たとえば福岡「ボリスとグレープ」一〇一頁。とくにこの年を強調する研究者の代表はポッペである。Poppe, O vremeni zarozhdeniia kul'ta;Poppe, O zarozhdenii kul'ta;Poppe, "Losers on Earth". ポッペ説については以下に検討する。またホローシェフもこの年を決定的とみる。Khoroshev, *Politicheskaia istoriia*.s.13-21

（84）三浦訳（「中世ロシア文学図書館（II）」）五三―五四、六五―六八頁。『原初年代記』二〇六、四八一頁（訳注3）。リハチョフはボリス・グレープの遺骸はどこから運ばれたのかと問いながら、『ノヴゴロド第一年代記』シノド本では、リト河畔から運ばれたとされていることを指摘する一方、これは誤りで、同じヴィシェゴロド内での遷移であったことを明らかにしている。リト河畔はボリス殺害の地とされる場所である（*PVL*.s.500;『古代ロシア研究』XII、三六頁；*PSRL*.III:17)。

（85）『原初年代記』（ラヴレンチー本）では遷移式は五月二日に行われたと記されるが、リハチョフなどによれば、これはイパーチー本にあるように、五月二十日とすべきところである（邦訳四八一頁、注4。*PSRL*.II:172;*PVL*.s.500-501）。ネストル『講話』も一〇七二年五月二十日と明記している（三浦訳六八頁）。『奇跡物語』では年月日は記されていない。

（86）Shakhmatov, *Istoriia Russkogo Letopisaniia*.I-1(*Razyskaniia*).s.58(prim.3)

（87）たとえばゴルビンスキーがそうである。Golubinskii, *Istoriia Russkoi Tserkvi*.I-2, s.385-387;Golubinskii, *Istoriia kanonizatsii*.s.44-51

（88）Müller, "Zum Problem des hierarchischen Status", S.39-40

（89）『奇跡物語』では、ヤロスラフは兄弟の柩の前で行われたある奇跡について聞き、府主教ヨハンネス（一世であろう）の助言により、五つの丸屋根をもつ大きな教会を建て、そこに両聖人の遺骸を運び込んだことが記されている（三浦訳五四頁）。ネストル『講話』にも同様のより詳細な記述がある（三浦訳六六―六七頁）。いずれの場合にも遷移の日が七月二十四日とされてはいるが、何年のことかは記されていない。

（90）Müller, "Zur Frage nach dem Zeitpunkt"(1992); Müller, O vremeni kanonizatsii(1995).

（91）すでに二十世紀六〇年代にはこうした結論に到達していた。Poppe, O roli ikonograficheskikh izobrazhenii 論文。一九七三年論文はPoppe, O vremeni zarozhdeniia kul'ta である。

(92) スヴャトポルク名をもつ他の二人の公は、前述のとおり、一人が、一一二一年以前に生まれたスヴャトポルク・ムスチスラヴィチ（ウラジーミル・モノマフの孫）であり、もう一人が、一一四四年以後に生まれたスヴャトポルク・ユーリエヴィチ、上記スヴャトポルク・イジャスラヴィチ大公の曾孫である。二人とも十二世紀二〇―四〇年代の生まれで、相当後の時代までこの名がつけられたことがわかる。もちろん好んでつけられた名であったかどうかは別である。

(93) たとえば作者不詳の『受難と頌詞』では次のように記される。ヤロスラフは「この邪悪な殺人に我慢できず……スヴャトポルクに対して兵をあげ……両手を天に差しあげて［神に］言った。『わが弟の血があなたに叫び声をあげています……彼に復讐してください』」。さらに「復讐」に成功し、全土を掌握した後、ヤロスラフはすぐさま「聖なる者たちの遺骸を……探しはじめた」。ここではヤロスラフがスヴャトポルクを追放した後ただちに兄弟の遺骸を探し、その聖化に積極的に取り組んだかのように描かれているのである（いわゆる『物語』、三浦訳五〇―五一頁）。

(94) スヴャトスラフ・ヤロスラヴィチの五人の子のうちの三人、グレープ、ダヴィド、ロマン、いずれも一〇四五―一〇五五年の生まれ。ヴャチェスラフ・ヤロスラヴィチの子ボリス、一〇五六年頃の生まれ。イーゴリ・ヤロスラヴィチの子の一人、ダヴィド、一〇五八―一〇六〇年の生まれ。

(95) のちの論考でポッペは以上の事例を、ヤロスラフ公家に芽生えた「祖先崇拝」の傾向との関連で説明しようとしている。兄弟は最初受難者というよりは、公家のために犠牲となった祖先として尊ばれたというのである。ポッペはヤロスラフが祖先崇拝を重視したことの根拠のひとつとして、『原初年代記』一〇四四年の項の、スヴャトスラフ大公の子ヤロポルクとオレーグ兄弟の「遺骨の洗礼」記事をあげる。本書もすでにこの事例について、ヤロポルク公に関するナザレンコ説を検討する際にふれたが、これをポッペはヤロスラフ公家の「祖先崇拝」と結び付けて理解するのである。Poppe, O zarozhdenii kul'ta.s.56-68; Poppe, "Losers on Earth".p.150-157. なおポッペとは別の観点からF・B・ウスペンスキーもこの問題を取り上げ、ヤロスラフによる二人の伯父の「骨の洗礼」はスカンディナヴィアに類似の例が見出され、ヤロスラフは「ヴァリャーギ的」先例に学んだ可能性のあること、それは明らかに祖先崇拝の追求と関係していたことを主張している（Uspenskii, Kreshchenie kostei Olega i Iaropolka）。

(96) 本書第七章三二五頁を参照。キエフ大公位継承制度については、後に改めてふれるが（第十一章）、さしあたり八重樫「順番制について」を参照。

(97) フセスラフ・ブリャチスラヴィチは既にみたように、一時的にせよ大公位についたきわめて重要かつ特異な人物として『原初年代記』（一〇六八年から翌年にかけての項）に描かれる。かれについてはヤロスラフ後のルーシについて考察する際にあらためて立ち返る（第十一章七四七頁以下、また同章注（18））。なおルーシのリュリコーヴィチ諸公の洗礼名に関する情報は Litvina/Uspenskii, *Vybor imeni.*Prilozhenie.s.461-626 にまとめられていて便利である。フセスラフ・ブリャチスラヴィチ公の四人の子ロマン、グレープ、ボリス、ダヴィドについては、同 s.596, 522-523, 480-481, 527-528 を参照。なおポッペはふれなかったが、フセスラフ公のもう一人の子ログヴォロドも洗礼名をボリスといったことが時に主張される（たとえば、Alekseev, *Polotskaia zemlia.*s.230;Rapov, *Kniazheskie vladeniia.*s.56, 58-59）。しかしこれは後代の年代記（『グスティンスカヤ』）にのみ根拠をおくもので、信頼に足る情報とは言えない。子の一人がすでにボリスと名付けられている状況を考慮するならば、他の子がたとえ洗礼名とはいえ、同じ名前を名乗ったとは考えにくい。リトヴィナ／ウスペンスキーも記すようにログヴォロドの洗礼名は不詳と言うべきであろう（Litvina/Uspenskii, *Vybor imeni.*s.594-595）。

（98）二十世紀初頭の教会史家 N.Nikol'skii らによって主張された。ミュラーもこの立場に立つ。さらに Lenhoff, *The Martyred Princes.*p.45-48, 56-65; Hollingsworth, *The Hagiography.*p.XXX も同様である。なおこの「奉神礼」の最古の版は他の諸版とならんで Abramovich D.I. *Zhitiia sviatykh muchenikov Borisa i Gleba i sluzhby im.*Petrograd, 1916 において刊行されたという。本書の著者がみたのは、Golubinskii, *Istoriia Russkoi Tserkvi.*I-2, s.508-513 である。

（99）Poppe, O zarozhdenii kul'ta.s.31-45

（100）Poppe, O zarozhdenii kul'ta.s.45-56, 56-68

（101）Miliuchenko, *Boris i Gleb.*s.39-56

（102）邦訳二〇六頁。『奇跡物語』でも、「恐怖が府主教を襲った。かれはこの聖者たちをあまり信じていなかったからである」とあり、ネストル『講話』では、「府主教は心のなかで大いに畏れ……言った。『主よ、わたしが罪を犯しました……不信心でありましたことをお赦しください』」とある（三浦訳五四、六八頁）。

（103）たとえば、Fedotov, *The Russian Religious Mind.*p.95

（104）たとえば、『奇跡物語』では、イオアンの場合は「そのあとそれ［疑念］は神への晴れやかで確固とした気持ち、神への歓喜にとってかわった」と記される（三浦訳五三頁）。ここには兄弟の列聖を推進するルーシ教会とコンスタンティノープルとの間に深刻な対立のあったことを示唆するなんの要素もない。

（105）Poppe, O vremeni zarozhdeniia.s.16
（106）*PSRL*.II:280-282. 除村訳二二八―二二九頁
（107）*PSRL*.II:285. 除村訳二三二頁
（108）三浦訳「『聖者列伝（III）』」、二三〇―二三一頁

第九章　「賢公」ヤロスラフ・ウラジーミロヴィチ

1　ヤロスラフによる単独支配の樹立

スヴャトポルクとの対決を制したヤロスラフがその後ただちにキエフでその栄えある統治を開始しえたわけではなかった。『原初年代記』はスヴャトポルクの「悲惨な」末路について伝えた後に、同じ一〇一九年の項の末尾で「ヤロスラフはキエフに座し、勝利と偉大な功績を顕して自分の従士団とともに汗を拭った」と、あたかもヤロスラフ支配が完全に確立したかのように記すが（一六六頁）、これは事態をやや単純化している。年代記自体はその後の推移について詳しく語ることはないが、それでもいくつかの重大な事件がおこったことをうかがわせている。

まず一〇二一年の項である。この年ポロツク公ブリャチスラフ・イジャスラヴィチ（ウラジーミル聖公の孫、ヤロスラフの甥）がノヴゴロドに兵を進め同市を占領したあと、多数の住民を捕え、かれらの財産を奪ったという。ヤロスラフはこの反大公的行為を咎め、ただちにキエフを出立して、「七日目には」ポロツクへ戻る途上のブリャチスラフ軍を捕捉しこれを撃破、捕虜となっていたノヴゴロド民を解放して、故郷へ帰還させたとされる。スヴャトポルクを打倒し全土を手中に収めたかに思われたヤロスラフに、まだその権威に従わない公のいたことがわかる。当時ポロツク公家がキエフ大公家内でどのような状況におかれていたかは、ウラジーミル（聖公）がキエフ大公位を手にする経緯にふれたところで簡単に記しておいたが（第七章1）、そこでも指摘したとおり、この公家の諸公は大公位を継ぐ権利を喪失したとみなされていた。そういうこともあって大公位を求めて直接キエフを攻撃することはせずに、裕福なノヴゴロドに目を向けたと考えられる。しかしノヴゴロドはヤロスラフの拠点都市であった。それゆえブリャチスラフの行動は紛れもなく全ルーシの大公の権威に対する挑戦であった。大公がただちに反撃した所以である。

翌一〇二二年の項からは、年代記作者の注意はヤロスラフの兄弟で、ルーシの最南端に位置したトムトロカンの公であったムスチスラフの動向に向けられている。ムスチスラフは、カソギ人（北カフカースにいたアディゲ族のこと、チェルケス人とも呼ばれる）を従属させ、さらにはハザール人をも従えて、一〇二三年にヤロスラフに対し攻撃を仕掛けてくる。かれは公然と大公位を目指したと考えられる。一〇二四年の項に「ヤロスラフがノヴゴロドにいたとき、ムスチスラフが……キエフにやってきたが、キエフの人々はかれを受け入れなかった。かれは立ち去ってチェルニゴフの座についた」と記されている（一六八頁）。ここからはムスチスラフが遠路はるばるトムトロカンよりルーシの中央部（ドニェプル中流域）を目指して進出し、キエフに入城したが、キエフ民との間で折り合いがつかず、そこを退去し、チェルニゴフ（キエフの北北東約一四〇キロ）に座したということがわかる。先にスヴャトポルク・ウラジーミロヴィチも父の死後キエフに入り、キエフ民を買収しようとしたが、結局かれらの支持を得ることができずに、それがかれの不成功の遠因となったことをみたが（第八章、四五九頁）、ムスチスラフの場合も同様の事態に直面したのである。キエフ・ルーシにおける都市とその住民の役割ないし位置を再認識させる出来事である（キエフにおける都市と都市民の役割をめぐる問題に関しては、さらに後述第十章注（11）、また第十一章1、一〇六八年のキエフ民の暴動の箇所を参照）。

一方このころヤロスラフがどうしていたかといえば、年代記も記すように、かれはキエフにはおらず、ノヴゴロドにいた。これが一時的なことであったのか、それとも大公位獲得後もノヴゴロドにとどまり続けたのかは不明である。前述のように一〇二一年にはキエフにいたことがはっきりしているので、一時的なことであったろう。しかしかれがこの時点でいまだキエフに本拠を移すことができず、そのままノヴゴロドを拠点としていた可能性も否定できない。いずれにせよかれがキエフにいなかったことがムスチスラフのキエフ入城を容易にさせたことは疑いない。ムスチスラフのドニェプル中流域への進出は、ヤロスラフによるキエフの本拠地化をいよいよ困難なものとした。

年代記は、さらにこのとき「占師 volkhvy［妖術師］」に扇動された民衆蜂起がスーズダリの地（北東ルーシ地方）におこったことを伝える。これはヤロスラフの地方都市支配の状況のみならず、キエフ・ルーシにおけるキリスト教の普及と定着の程度をも推測させてくれる興味深い記事である。ヤロスラフはただちに蜂起の鎮圧にあたったが、かれがキエフ統治に専念できなかったひとつの理由がこういったところにもあるのかもしれない。かれが北部ルーシ支配の安定化に忙殺されていた可能性もある。さてヤロスラフは蜂起鎮圧後スーズダリからノヴゴロドに戻るが、この段階で「海の向こう」へ使者を派遣し、「ヴァリャーギ」傭兵を集めようとする。ヤロスラフ治世における「ヴァリャーギ」の存在については後に改めて検討するが（次章）、かれはこのとき「ヴァリャーギ」の助力を得て、中央へ進出してきたムスチスラフとの決戦に備えようとしたと考えられる。

両軍は一〇二四年にリストベン（チェルニゴフの北の村）において激突した。ヤロスラフ軍の主力は「ヴァリャーギ」傭兵であった。これに対しムスチスラフ軍には「セーヴェル人」（チェルニゴフの東方、デスナ、セイム、スラ諸河川の流域にすむ東スラヴ人）がいた。それぞれの従士団（ドルジーナ）が両公の周りを固めていたことは言うまでもない。激戦はムスチスラフ側の勝利で終わる。ヤロスラフはノヴゴロドへ逃げ帰り、ヴァリャーギは「海の向こうへ去った」。だがこのあと事態は思わぬ展開を見せる。勝者であるムスチスラフが「ヤロスラフに使者を送って、『自分のキエフに座しなさい。あなたは長兄です。だがこの国［チェルニゴフ］はわたしのものにしてください』と言った」というのである(一六九頁)。両者間に何があって勝者が譲歩したのか、年代記は一切説明していない。ムスチスラフは「年長者」に敬意を払い、譲歩したかのようなことになっている。研究者の中には、ムスチスラフの方がヤロスラフより年長であったと考える者もいるくらいなので、[1] 年代記の記述はやや不可解でもある。

勝者の譲歩の理由はその後の状況をみることによって幾分の推測は可能である。

ムスチスラフのこの唐突な譲歩はヤロスラフにとっても、信じがたいことであった。年代記はさらに続けて次のように記す。「けれどもヤロスラフは和睦するまではあえてキエフに来ようとはしなかった。ムスチスラフはチェルニゴフに座し、ヤロスラフはノヴゴロドに（座していた）。そしてキエフにはヤロスラフの家臣たちがいた」。両者間が依然として緊張していたことがうかがえる。しかしそれはともかくヤロスラフはムスチスラフの譲歩を好機ととらえ「和睦」を急いだようにみえる。一〇二六年の項に次のように記される。「ヤロスラフは多くの軍勢を集め、キエフにやって来て……ムスチスラフと和を結んだ。二人はルーシの国をドニェプルに沿って分割した。ヤロスラフはこちら側［ドニェプル以西］を、ムスチスラフは向こう側［ドニェプル以東］をとったのである。二人は平和と兄弟愛のうちに暮らし始め、内紛と反乱は止み、国内に大きな平穏があった」(一六九頁)。

一〇二六年に成立した両者間の和睦はたんに消極的な勢力均衡というわけではなかった。両者が目指したものは五年後の一〇三一年に具体的な姿を取って現れる。この年「ヤロスラフとムスチスラフは多くの軍勢を集めてリャヒに兵を進め、再びチェルヴェンの町々を占領してリャヒの国を奪い取り、多くのリャヒを連れてきて、かれらを（二人で）分けた。ヤロスラフは自分の（捕虜）をロシ川流域においた」(一七〇頁)。

ここからはヤロスラフとムスチスラフが少なくとも対外関係が一つの要因となって講和し、勢力分割に甘んじたらしいことがうかがえる。両者は協力してポーランドとの積年の係争地である「チェルヴェンの町々」を奪取しているのである。[2] 対外的な緊張はポーランドとの間のことだけではなかった。ヤロスラフは「リャヒ」の捕虜をドニエプル下流域（キエフの南方）の支流ロシ川沿いに配置している。これが南方からキエフをうかがうペチェネグ人などの遊牧民に対する防衛を意図した措置であることは疑いない。[3] ムスチスラフの譲歩とヤロスラフとの間の「和睦」の背後には、当時のルーシが外部世界との関係の中でおかれていた厳しい状況があったらしいことが推測される。そもそもはるか南方のトムトロカンにいたムスチスラフがドニエプル中流域への進出を企てた背景にも、中央への進出の野望というだけでなく、遊牧諸民族との不断の緊張状態から解放されたいという願望のあったことも考えられる（先のペチェネグ人についていえば、その黒海沿岸への進出はすでに八世紀に始まっており、トムトロカンも早くから不断の攻撃に悩まされていたのである）。

　このように分割統治は軍事的に優勢であったムスチスラフの譲歩の結果成立したとされるが、一時的ではなく長期的な方向性をもっていた可能性が指摘されている。少なくともムスチスラフにはキエフ国家の東半分を長期的に支配しようとする意図があったと考えられる。かれはチェルニゴフを自国の首都にふさわしい都市に改造する計画をもっていたことが指摘されている。[4] かれが新たに城壁をめぐらした市域は当時としては広大であり、その塁壁は高さ四メートル、周囲二・五キロに及んだ。かれはまた公の宮殿建築の一環として公家の付属教会である救世主変容《スパソ・プレオブラジェンスキー》教会の建造に着手したが、それは同市では最初の、全ルーシにおいても数少ない石造建築で、縦三二メートル、幅二一・五メートル、三つの身廊と三つの後陣、五つの丸屋根をもつ壮大な建築であったという。ムスチスラフはこの教会の建立のため、コンスタンティノープルから技師や職人を招いた。[5] かれがそれまでいたトムトロカンはコンスタンティノープルと経済的に強い結びつきを有していたが、その経験がチェルニゴフでも役に立ったと考えられる。

　ヤロスラフは一〇三六年に単独支配権を握る。それは唐突に、ある意味では偶然に実現された。強力なライバルであったムスチスラフが急死したのである。『原初年代記』一〇三六年の項は次のように始まる。「ムスチスラフが狩に出かけ、病気になって死に、[その遺体は]かれ自身が定礎した聖救世主教会に安置された……この後ヤロスラフがかれのすべての権力をとり、ルーシの地の専制君主となった[6]」。

軍事力に勝るムスチスラフが長命を保っていたらどうであったかと問うのは無益であるが、ヤロスラフの単独支配権が偶然も幸いして実現されたことは認識しておいていいだろう。ムスチスラフに後継者がいなかったこともヤロスラフには幸いした（ムスチスラフの唯一の子エウスターフィーは父に先立って一〇三三年に他界していた）。

ヤロスラフに残された潜在的な脅威は、ただ一人残った兄弟スジスラフだけであった。かれについて知られるところは少ない。かれはウラジーミル聖公のおそらくは末子であったが（九八八年の項、生年は不詳である）、年代記はまさにムスチスラフが死去した一〇三六年の項で、スジスラフについて「中傷する者がいて」、ヤロスラフがかれを「プスコフの牢につないだ」と記す。ここからスジスラフはそれまでプスコフ公であったとする研究者もいるが（後代の年代記にもそうした記述がある）、それは疑わしい。いずれにせよかれの生涯やおかれていた状況について具体的に知るすべはない。確かなのは、ヤロスラフがムスチスラフの死による全権力掌握後、一種の予防措置として末の弟を排除したが、その生命までも奪うことはしなかったということである（スジスラフはその後ヤロスラフの子らの世代になって、一〇五九年に釈放され、修道士として余生を送った。没年は一〇六三年である）。ヤロスラフは「専制君主」というより、唯一人の支配者となったのである。

2　ヤロスラフ「賢公」

単独支配者となったヤロスラフは、その後「賢公」と呼ばれ、キエフ・ルーシはかれの治世に最盛期を迎えたと言われる。『原初年代記』一〇三七年の項は次のように始められている。

「ヤロスラフは大きな町の基礎を築いた。その町には黄金の門がある。かれは府主教座の聖ソフィヤ教会を、またその後黄金の門に聖母［受胎］告知教会を、その後に聖ゲオルギー修道院および聖イリーナ修道院を定礎した。この時代にキリスト教の信仰がだんだん実って広がり、修道士がだんだん増え、次々と修道院ができた。ヤロスラフは教会の法規を大切にし、聖職者、とくに修道士を大切にし、聖書に熱心であり、しばしば夜も昼もそれを読んでいた。またかれは多くの書記を集め、（聖書を）グレキ（の言葉）からスロヴェネの文字に訳し、多くの聖書および写本を写した……かれの父ウラジーミルが耕して（大地を）軟らかくした。すなわち洗礼によって啓蒙したのである……われわれは聖書の教えを受け入れて収穫している……」（一七二―一七三頁）。

年代記の編者はウラジーミルとその子ヤロスラフの時代をひとまとまりの時代ととらえ、両公を大いに称賛しているのである。

同様の賛美は、後にルーシ出身者としてはじめて府主教位につくことになるイラリオンの著作にもみられる。イラリオンはまだベレストヴォ（キエフの南郊外）の宮殿付聖使徒教会司祭であったとき、「ルーシの洗礼者」ウラジーミル聖公の棺を前にして、当の聖公を称える説教を行ったが、それはやがて『律法と恩寵に関する説教』として結実し、キエフ・ルーシを代表する哲学的文学作品となった。この説教が行われたのは、キエフにある大公家付属の教会（聖母デシャチンナヤ教会）においてであった。その場にはヤロスラフ大公以下その妃また子ら親族が参列していた[7]。説教においてイラリオンはウラジーミルに対し、棺から起き上がりキエフ・ルーシの繁栄ぶりをその目で見るようにと、次のように促している。「起き上がりなさい……そして見なさい、汝の子を！　汝が愛したその子をその目でよく見なさい！……汝の地の見事に飾り立てられた玉座を見なさい。そして歓喜し悦びなさい[8]」。ここで言われるウラジーミルの愛しい「子」とは言うまでもなく、ヤロスラフのことである。

ヤロスラフが「賢公」と呼ばれ後代の人々から称賛を受けるようになった理由は、以上の年代記とイラリオンの引用からも十分に推測することができる。それは、かれの聖書（書物）にたいする深い関心、教会の拡充（教会堂の建立と修道院の設立のみならず、教会組織の整備、ルーシの人イラリオンの府主教への抜擢など）、都市キエフの建設、「ルースカヤ・プラウダ」等法典の編纂整備、ヨーロッパ諸国との姻戚関係の樹立によるキエフ国家の威信の向上など、要するにキエフ・ルーシの黄金時代を現出させたことであるが[9]、以下にこうした点のいくつかについて、それらが実際にはどのようなものであったのか、少々具体的にみておきたい。

● 「大きな町」の建造――第二のコンスタンティノープルを目指して

まずはヤロスラフが行ったという首都キエフの大規模な改造についてである[10]。

ヤロスラフのキエフはウラジーミル期のそれに比べ規模が格段に大きくなった。次頁の都市図（概念図）を見ていただきたい。「古キエフの丘」（スタロキエフスカヤ・ガラー）にあったいわゆる「ウラジーミルの町」（城砦、ジェチーネッツ）は土塁と濠に囲まれた約一〇ヘクタールの広さであった。ヤロスラフがその南側に接して新たに建造した「大きな町」（いわゆる「ヤロスラフの町」）は六〇ヘクタールを越えていた。それを囲む土塁は総延長三・五キロ、土塁の幅は基底部で三〇メートル、高さは一一メートル、その上に作られた木柵も考慮に入れると最高一六メートルに達した。「古キエフの丘」上のウラジーミル、ヤロスラフ両公の町を含むキエフの中心部（そこには公や府主教の館、主要な教会、貴族や富裕市民の家々、その他一部の手工業者の仕事場などがあった）は全体として「上の町」（ヴェルフニー・ゴロド）と呼ばれ、八〇ヘクタール以上あった。この呼び方は低地にある「ポドール」（商工業人居住区、原義は山の裾野に横たわる平地の意）に対するものであった。「ポドール」はウラジーミルの町の北東ドニェプル川沿いに位置していた。

ヤロスラフの町は城外へ通じる三つの塔門を備えていた。南に向かっては主門である石造の「黄金の門」（ゾロティ

キエフとその周辺

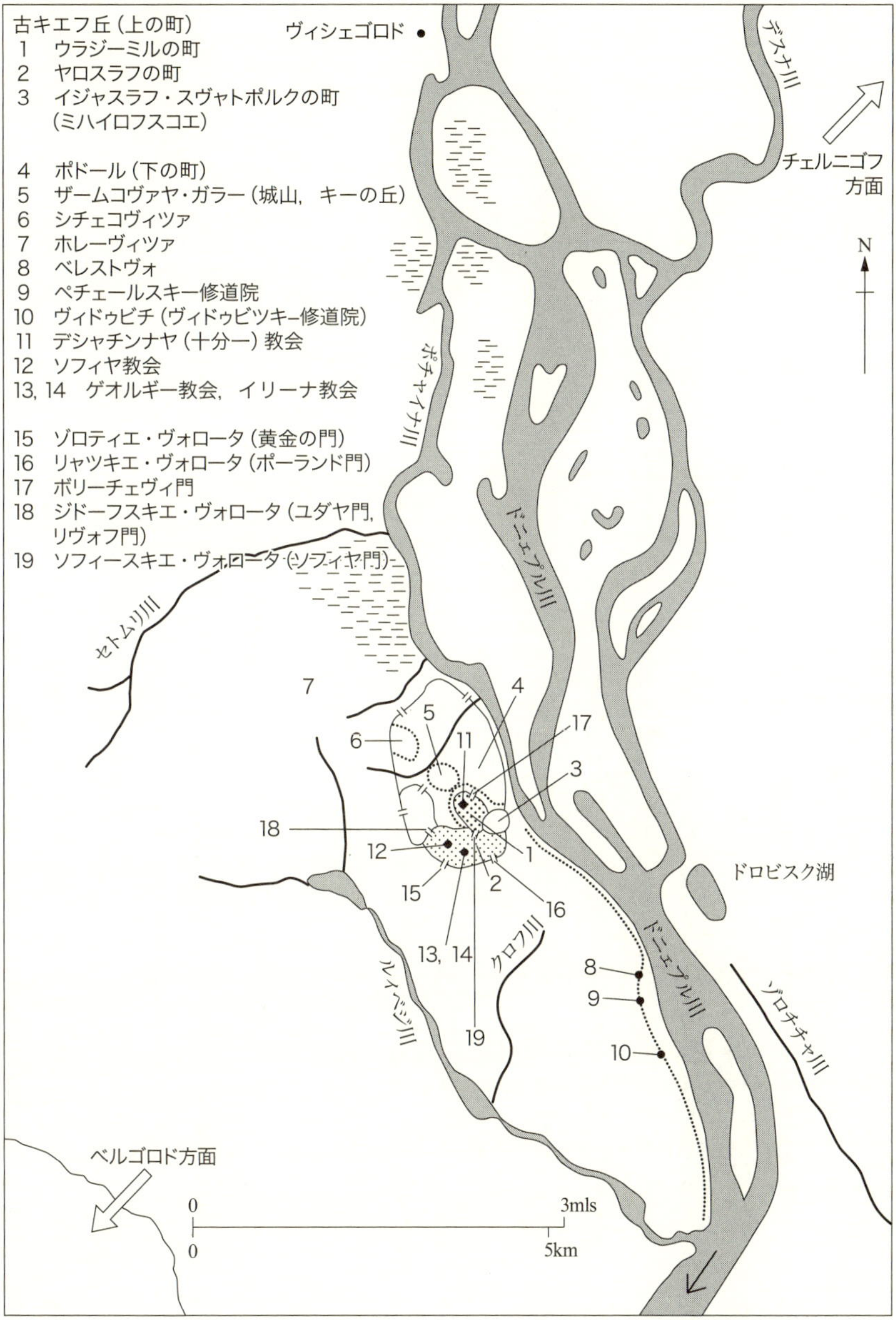

Franklin/Shepard, *The Emergence of Rus*. p.412; Karger, *Drevnii Kiev*. T. II（付図）などより作成

エ・ヴォロータ）、南西方向へはユダヤ門（ジドーフスキエ、後にリヴォフスキエ・ヴォロータと呼ばれる）、南東方向へはポーランド（リャヒ）門（リャツキエ）である。後二者はおそらく木造であった。ウラジーミルの町とヤロスラフの町をつなぐのはソフィヤ門であった。

ヤロスラフは自らの町を建造するとき、明らかにコンスタンティノープルをモデルにしようとした。新たなキリスト教国家の首都を建設するという意図からであったが、それだけではない。建築に携わる人も技術もそこに求められなければならなかったのである。もちろん建築技師の名も、その人数も、またかれらがキエフ入りした状況もわかっていない。ただヤロスラフの城壁を含む諸建築そのものがこのことを物語っているのである[11]。

ヤロスラフはかれの町を多くの教会で飾ろうとした。年代記一〇三七年の項には聖ソフィヤ教会、聖母受胎告知教会、聖ゲオルギー修道院、聖イリーナ修道院を建てたと記されている（修道院内には、当然のことながら聖堂、その他の諸教会が建てられていった）[12]。なかでも聖ソフィヤはキエフを代表する教会となった。以下にこの教会についてみておきたい。

石造のソフィヤ教会はA・ポッペによれば、一〇三七年から一〇四六／四七年にかけて建築された。ルーシの府主教座教会であるこの教会の建築時期と状況をめぐってはこれまた長い研究の歴史があるが、ここでそれを詳しくみることはできない。これについても史料の徹底した分析に基づく幾多の論文を発表しているポッペに一応は従っておきたい。かれは一九八一年に自身のそれまでの研究をまとめる形で発表した論文において[13]、およそ以下のような見解を表明した[14]。まずかれはこれまでの諸研究が厳密な史料批判を行うことのなかったことを批判し、二次文献をできるだけ避けてもっぱら第一次史料に基づくつもりであることを述べる。その上で①石造の聖ソフィヤはヤロスラフ治世の一〇三七年から一〇四六／四七年にかけて、府主教座聖堂として建造された。石造の聖ソフィヤの建立時期をこれ以前（たとえば一〇一七―一〇三七年）に設定したり、これ以後に設定したりする見解が広くみられるが、それは正しくない。②聖ソフィヤ教会は一〇三七年以前にもすでにあったが、それは木造の教会であった。ただ最初から府主教座聖堂であったことは認められなければならない。ティトマルの伝える一〇一七年に焼けた教会（それは翌年再建された）、また『ノヴゴロド第一年代記（古輯）』一〇一七／一八年の項に記されるキエフのソフィヤ教会はこの木造の聖ソフィヤのことを指している。③ウラジーミルが九九〇年代（『原初年代記』によれば九八九―九九六年）に建立したルーシ最初の石造教会（聖母デシャチンナヤ）は大公家の「王室教会」capella regia であった。これを聖ソフィヤ建立以前の府主教座教会とみる見方は誤りである。[15] ④聖ソフィヤの建築は全体としてヤロスラフ期に完成したと考えるべきで、その構造が複雑であるからといってそれが何次にもわたり段階的に増築され、その後に完成をみたと考えるべきではない。およそ以上である。ポッペ説を否定する研究者ももちろんいる。たとえばP・トロチコである。かれはすでに一九六九年のウクライナ語論文で石造の聖ソフィヤがより早く一〇一七年に定礎されていたことなどを主張した。[16] しかしこれらの研究者の見解も多様であるので、ここで立ち入って検討することはしない。ポッペの上記見解中に基本的な問題点はほぼ包摂されていると考えるからである。[17]

ヤロスラフの建立になる石造の聖ソフィヤ教会は、ヤロスラフの町のほぼ中央部に、公の居館（「ヤロスラフの館」）とは別にそこから相当に離れた場所に位置していた。[18]「ヤロスラフの館」はかつての城砦「ウラジーミルの町」の中にあり、その中央部やや東より、デシャチンナヤ教会と三聖者教会の間にあったと考えられている。それゆえヤロスラフの館からソフィヤ聖堂へ向かうには、ウラジーミルの町からソフィヤ門を通ってヤロスラフの町へ入り、さらに南へ黄金の門の方へ向かって進む必要があった。聖ソフィヤは府主教座聖堂であり、ちょうどコンスタンティノープルの聖《ハギア》ソフィアが総主教座聖堂であったのと同様であった。ハギア・ソフィアが帝都で他を圧倒する最大の教会であったのと同様に、聖ソフィヤはキエフで最大の教会建築であった。聖堂の中心部は巨大な丸屋根をもつ正方形で、一辺が二九・三メートル、丸屋根の高さは二八・八メートルであった。それは通常の三つではなく五つの身廊（ネーヴ、

nef）と後陣（アプス、apsida）を有していた。教会には全部で十三の丸屋根があった。それは東部を除く三方から二階建ての回廊によって囲まれ（東部には後陣があった）、北西と南西の隅に階段をもつ塔があって二階部へ上がれるようにされた。かくて幅は全体で五六・四メートル、後陣を含む東西の長さは四一・七メートルであった。それはハギア・ソフィアや西方諸国の諸聖堂と比較してとくに巨大と言うわけにはいかないが、ドニェプルを見下ろすように聳え立つ新興キリスト教国家の誇る大伽藍であった。ヤロスラフはこのように新たな都市（ヤロスラフの町）の中心部に、ルーシ教会の本山教会（それに隣接して府主教の居館）を建立し、そこに独立した宗教中心地を設けたのである。[19]

　ヤロスラフが聖ソフィヤをこのような場所に建立したことは、一見すると奇異な感じを与える。かれの居館は従前どおり旧城砦内にあり、新たな宗教中心地から切り離された格好になったからである。しかしそれは外見だけのことであった。すなわち、ヤロスラフは聖ソフィヤに隣接して、その南側に聖ゲオルギー修道院（教会）を、さらにその西側に聖イリーナ女子修道院（教会）を建立しているが、聖ゲオルギーと聖イリーナはそれぞれヤロスラフとヤロスラフ公妃（インギゲルド）の洗礼名であった。ヤロスラフはこのようにして、かれらが聖ソフィヤとともにあることを象徴的に示そうとしたと考えられる。かれのこうした志向はこれまた帝都におけるビザンツ皇帝家のそれを模倣したものであったといわれる。

　聖ソフィヤはその建築技術から言っても、内部の装飾様式から言っても、ほとんどビザンツ建築そのもので、ルーシのハギア・ソフィアと言ってよかった。それはビザンツから招かれた技師と職人、画家の指導によって造られた。言うまでもなく、キエフの特殊事情に起因する諸特徴もあったが、[20]いたるところにギリシア（ビザンツ）的特徴が現れていた。モザイク画に添えられた文字や文章はすべてギリシア文字で記され、回廊に至る階段に描かれた画面もコンスタンティノープル宮廷の生活の場面（楕円形大競技場《ヒッポドローム》、音楽師など）を題材にしていた。このようなビザンツ型モデルに従った聖ソフィヤはその後ノヴゴロドにも、またポロックにも建立された。[21]

以上が聖ソフィヤ教会に代表されるヤロスラフ期の教会建築の概観である。ヤロスラフはこれに加えて、外部からの訪問者に新都の聖性を誇示するかのような壮大な主門（黄金の門）を築き、その上に聖母受胎告知教会《ブラゴヴェシチェンスカヤ》を建立させた。これも帝都を範にしていた。黄金の門はその後バトゥの侵入の際に破壊され以後廃墟となったが、近代になり何度もの考古学調査が行われ、その構造、外観が明らかになっている。今日みられるのは考古学者らによって「復元された」再建されたものであるが[22]、首都を防御する主門にふさわしく、二層の壮大な建築物であった。下の部分はアーチ型の門で奥行が二五メートル余、幅（広さ）が六・五メートル、高さは一二メートルあった。それはたんなる城門ではなく、凱旋門の役割を果たすことになっていた。上層部は塔となっていたが、その上部には聖母受胎告知教会が建立された。門の呼称はコンスタンティノープルの主門名にちなんでいた。この名称はときに門上の教会の燦然と輝く丸屋根や内部の装飾に金が用いられたことからきたとされることもあるが、それはおそらく正しくない。トロチコによれば、記述史料がこれを裏づけていないのみならず、考古学調査の際にも建築の当初金が使用された痕跡は見いだされなかったという。すくなくとも呼称の本来の由来はコンスタンティノープルの主門にあったと考えるべきである[23]。なお「黄金の門」はその後北東ルーシの中心都市、クリャジマ河畔のウラジーミルにも建築され（一一六四年）、ルーシの人々が帝都を強く長く意識し続けたことがうかがわれる[24]。

●ヤロスラフの立法活動

『原初年代記』にはヤロスラフが「教会の法規を大切にした」とも記されていた。たしかに広くかれの名で呼ばれる「教会法規」が多くの写本で今日に伝わっている。しかしこれについては後にみることにして、まずは『ヤロスラフの法典』と呼ばれる大公国の基本法典について調べておこう。

ロシア最古の法典は『ルースカヤ・プラウダ』と呼ばれる（以下『プラウダ』と略記）。『プラウダ』は中世ロシアにおいてモスクワ・ルーシの時代に至るまで長らく効力を有した国家の基本法典であった。そしてヤロスラフはこの『プラウダ』の最古の部分の公布者と広く考えられている。いうまでもなく『プラウダ』に関しても長い研究の歴史があり、したがって文献も膨大である。本書で軽々に論じるというわけにはいかない。しかし幸いにしてわが国では早くも前世紀の五〇年代に勝田吉太郎により邦訳が試みられ（底本は一九〇四年V・I・セルゲエーヴィチにより編輯されたテクスト）、研究史の概観もまた独自の研究も行われている。[25] 本書でもこれに導かれながら、必要な限りで「賢公」ヤロスラフの立法活動についてみてみたい。[26]

『プラウダ』は基本的に二（ないし三）版で知られている。もっとも広く用いられる版はいわゆる『敷衍編纂』（敷衍版）で、グレコフの編輯（一九四〇年）では百二十一条からなる。最古の写本は十三世紀に遡る。より早期に成立した版（『簡素編纂』、簡素版）も存在し、こちらは通常四十三条からなる。簡素版は十一世紀末ないし十二世紀初頭に編まれたと考えられている。ただこれは写本数からいっても少なく（最古の写本は十五世紀末のもの）、通常は敷衍版に含まれて伝わる。簡素版の前半部が（一から十八条まで、おそらくは四十二、四十三条も）ヤロスラフに帰せられる部分である。簡素版の後半部（十九―四十一条）はヤロスラフの子らに、敷衍版は同じくヤロスラフの子ら、また孫ウラジーミル・モノマフに帰せられている（研究者によっては第三の版として「縮小（簡略）版」の存在をあげる場合がある。成立時期はM・N・チホミーロフなどは十二世紀にまで遡及させるが、多くの研究者は、もっとも遅い版と考え、十五世紀、ときに十七世紀とみる。これは敷衍版を簡略化したものであるが、ここで特別に考慮することはしない）。

ヤロスラフに帰せられる部分の規定について、それがどのような性質のものであるか、以下具体的にみておこう。

第一条は「殺人」に関する規定である。それは親族に復讐（いわゆる「血讐」）を認め、それが許される親族の範囲を定めている。復讐者がいない場合には、補償（賠償）金が支払われる（四十グリヴナ）。第二―第十条は傷害や暴力行為の際に支払われる金額を定める。第十一―十八条は他人の財産（奴隷、馬、武器等々）に対する侵害の際の支払いについてである。ここには奴隷が自由人を「打った」場合の主人の責任の問題なども含まれる。

簡素版前半部は全体として、国家が犯罪を処罰（罰金）の対象として取り締まるというのではなく、私的な賠償金を通じて当事者同士の問題解決を仲裁する（あるいは被害者の救済を図る）という色合いが濃い[27]。狭義のヤロスラフの法典はその意味でもっぱら慣習をそのまま容れて定められたかのようである。『プラウダ』はヤロスラフ没後、その子、また孫らの時代にいたって順次補充され、公権力による犯罪取り締まりのための法規としてより完成された形を取っていくが、「賢公」ヤロスラフの法典は、きわめてプリミティブな形態に留まっていたように見える[28]。聖ソフィヤ教会の建立をはじめとする「大きな町」の建造に認められたような、帝都コンスタンティノープルを模倣するという野心的な姿勢が、ヤロスラフの法典編纂においてはみられないといってよい。物理的な意味で新キリスト教国家を建設することと、社会的、法的な内的構造に深くかかわる建設とでは、次元ないし難易度が異なるということであろう。

ヤロスラフがとにもかくにも法典を編纂したとするならば、それはロシア法の発達史という視点からみれば、たしかにきわめて重要な第一歩であった。このことは十分に認識しておかなければならない。しかしたとえば『ノヴゴロド第一年代記』のヤロスラフの立法活動に関する以下のような記述は大いに誤解を招くものである。

すなわち同年代記（新輯）は一〇一六年の項で、ヤロスラフがボリスとグレープの殺害者スヴャトポルクをキエフから放逐した後、ノヴゴロドから連れてきた兵（長老、スメルド農民、ノヴゴロド民）に報酬を与えて故郷へ帰還させたことを伝える。そのときヤロスラフは「かれらにプラウダを与え、規定［ウスタフ、後述の教会規定か］を書いて、次のように言った。『わたしが汝らのために書いたこの文書によりて生きよ』。……（以下これに続けて『プラウダ』簡素編纂のテクスト全文が掲げられる）[29]」。

『ノヴゴロド第一年代記（新輯）』のこの部分は明らかな時代錯誤を含んでいる。そもそも一〇一六年というのも問題であるが、ここであたかもヤロスラフが『プラウダ』（簡素編纂）の全体を定めたかのように記されていることが事実にまったく反しているのである。テクストの後半部をみればただちにわかるように（そこでは後半部がヤロスラフの子ら、イジャスラフ、スヴャトスラフ、フセヴォロドらの命により作成されたことを明記している）、年代記作者はより後の時代に編纂された部分をまとめて全体をヤロスラフに帰している。作者が長らくノヴゴロドに君臨したヤロスラフの功績を称えようとする意図は理解できるとしても、記述を鵜呑みにすることはできないのである。

ただ年代記作者が、ヤロスラフの法典がどのようにして作成されたのかについて一つの重要な示唆を与えてくれることには注意しておきたい。すなわち先の記述は、ヤロスラフが全土への支配権を確実にし、拠点を最終的にキエフに定めた時点で（一〇三六年以後であろう）、かつての支配地ノヴゴロドに対する統治の法的根拠を定めたことを明らかにしているとみることができる（それはヤロスラフがこれ以後もノヴゴロドを特別に重視していたことをも示すものであろう）。「ヤロスラフの法典」（簡素版前半部）の起源はこのようなところにあるといえるかもしれない。

さて以上は要するに、ヤロスラフの立法活動が重要であることは疑いないにせよ、その制定の実情については年代記の記述を額面通り受け取ることはできず、正確な認識をえるためには特別の検討が必要であるということであるが（もっともここでそれを行うことはできない）、同じことはかれの「教会規定」についてもあてはまる。ロシア法に関する諸史料集は通常その最初の巻に「ヤロスラフの規定（ウスタフ）」という法を収めている。「ウスタフ」は内容が教会にかかわる場合は「教会規定」と訳すのが適当と考えられる。実はヤロスラフの父ウラジーミル（聖公）にも「教会規定」があり、これが最初におかれ、ヤロスラフの規定はそれに続くということになるが、双方について同様のことが言える。(30) これら二つの教会規定については最近、宮野裕の翻訳と研究が発表され、大いに助けられることになったが、(31) これを参考にしながらヤロスラフとの関連を少々考えてみたい。

ここでいう「教会規定」とは、公権力が教会当局に一定の裁判特権を与えた規定であるが、たんに教会の内的案件のみならず、離婚などの家族、性道徳、さらには広く社会倫理その他の案件に関連しており、歴史上きわめて重要な文書である。ここでの問題はヤロスラフがこの規定に直接的にはどうかかわっていたかということである。こうした観点から「規定」を見ていくと、実はやや慎重にならざるをえない状況が浮かび上がってくる。

というのも「ヤロスラフの規定」は近代にいたるまで正教会当局にとって大きな意味をもち続けたが、実はどの部分がヤロスラフと真に結びつけられるのかはそう明確ではない。「規定」の今日に伝わる写本はもっとも古いもので一四二〇年代にしか遡らず（いわゆる拡大版）、そのようにして伝わる写本は基本的に五十六条からなるものと考えられている。各写本はそれ以後も時代と状況に合わせて加筆修正され、それぞれ相当に大きく内容を変化させるに至っており、そのためもあってあきらかにヤロスラフ時代に符合しない規定がみられる。したがってこれをなぜ「ヤロスラフの」というのか、そう自明ではない。こうしたことから研究史上、早くからこの部分全体を後代の「偽作」とする説も唱えられてきた。

これが「真作」であることを強く主張し、それを「論証した」のはIa・N・シチャーポフであったが、徹底したテクスト分析に基づくかれの研究をよくみると、「真作」かどうかは実はそう本質的な問題でないことが明らかになってくる。シチャーポフは「規定」の基本的な二つの版（拡大版と簡素版）がそれぞれ、ヤロスラフ時代に成立した「原初版」（今は伝わらない）に遡及されること、その後時代が経つにつれて「原初版」は改訂補充され、まず十二―十三世紀の交に「拡大版」が、その後十四世紀半ばにこれとは独立に（しかし「原初版」に依拠して）「簡素版」が成立したことを主張した（拡大版と簡素版は直接には関係しないという）(32)。かれはヤロスラフによる「原初版」の内容までも推測している（全四十二条からなるという）。

本書の著者はシチャーポフの研究を問題にしようと思っているわけではない。その批判的かつ綿密なテクスト分析と議論の進め方は説得的ですらある。問題は論理的に推論されることと現実とが必ずしも一致しない可能性があると考えられる点に存する。一つには、十二―十三世紀に成立したという「拡大版」自体が現存しない状況の中で（伝わるのは、最古の写本でもこの系統に属す十五世紀のものである)、十一世紀の「原初版」の内容を推測することは、相当に難しい作業にならざるをえないということである。こうした推測に基づく作業は『原初年代記』研究などにおいても行われてきたことでもあり、不可能とは言えない。しかしきわめて難しいことではある。とくに「教会規定」に関しては、『原初年代記』の場合以上に関連史料またその研究が不足していることを考えるとき、困難性はより高くなる。さらに「規定」は社会慣習やキリスト教倫理に関係する。社会慣習の変化は通常漸進的、長期的であり、時代による変化の態様を明確に把握し規定に反映させることはとくに難しい(その意味でシチャーポフが「規定」における貨幣単位に着目して諸写本の成立時期を明らかにしようとしたことは慧眼であったと思う)。そう考えると、ヤロスラフ治世について具体的なことが十分に分かっていない状況下では、研究者が後代の事象をヤロスラフ時代に安易に投影させたり、あるいはもっと厄介なのは、あらかじめ思い描いたヤロスラフ時代の「現実」にあてはめて「規定」の原初的な在り方を考えてしまうという危険性も指摘できる。

第二に、全四十二条からなるとされるヤロスラフの「規定」は「ヤロスラフの法典」(『プラウダ』簡素版の前半部)よりも大部なものとなる。「規定」が「法典」より大部であることが必ずしも不自然というわけではないが、シチャーポフはヤロスラフ期の文化状況を理想化、すくなくとも高く評価しすぎてはいないかという疑問がでてくる。この点を明らかにするためには「原初版」の内容を具体的に検討することも必要となってくるが、ここでは断念する。ただ全体的に見た場合、各種違反事項に際して厳密に定められた支払金が(罰金ならびに補償金など)どのようにして徴収されたのかがまずは問題となる。これは『プラウダ』の場合においても同様であるが、おそらく聖俗両権力が、あるいはとくに俗権がその執行にあたったと考えられるが、『プラウダ』諸条項の実施ですら容易でないと考えられる時代に、教会案件においてどの程度のことが考えられるか少なくとも問題となろう。こうした状況下で規定の「原初版」の内容を論理的に想定して問題解決ということにはなるまい。

もう一点、ヤロスラフは教会案件に対する俗権（諸公、公の行政官ら）の介入を禁じている（拡大版では五十四—五十六条）。これは教会法や「規定」としては当然の条項といえるが、しかしそれがたしかに当時の現実を伝えているかは疑問である。ロシア教会は一般に俗権に強く依存したと考えられる。とくに教会が上から公権力によって組織された初期においてはそうであったであろう。その時代には独自の経済（財政的）基盤を欠いていた。それがある程度の自由を享受するに至ったのは、十三世紀以降のモンゴル支配期においてであったとするのが一般的な見方である（ルーシ教会はモンゴル当局から「免税特権」（ヤルルィク、勅許状）を与えられた）[33]。とするならば、ルーシ教会がはじめから部分的にせよ「自由」を保証されていたとみることができるのか、疑問は残る。

さらに先にヤロスラフ期の文化状況のことに言及したが、やはり言語の問題、とくに文章語の普及（記述文化）の問題を避けて通るわけにはいかない。この問題についてはすでにある程度ふれたし[34]、本章でも後にあらためて検討するところであるが[35]、「規定」の問題とも関係してくるので、ここでも一言しておきたい。

ヤロスラフの「規定」は、上述のごとく十五世紀以降の写本でしか伝わらない。これは決して珍しいことではないので、この事実からただちに、「規定」が早い段階では文書化されていなかったなどと結論づけるわけにはいかない。もっともだからといって、逆にすでにヤロスラフ時代に「規定」は文典としてあったと決めてかかることもまた拙速にすぎる。このようなことを問題とするのは、キエフ・ルーシにおける文章語の普及が緩慢かつ漸進的であり、ときに主張されるほどすみやかではなかったと指摘されることがあるからである。たしかに教会関係文献はそれでも相対的に早く普及したと考えられる。だが他方で世俗行政に関する分野ではそれはきわめて緩慢に進展し、ルーシでは十二世紀以前にはほとんど見られなかったとすらいわれる。こうした見解を表明する一人にS・フランクリンがいるが、かれによれば、この時期、行政や商業分野において契約や取引は口頭や慣習によって行われるのが常態であったという[36]。

H・G・ラントの以下のごとき見解も同様のものとして理解することができる。すなわちラントによれば、九八八年以前にもキエフ・ルーシという多民族社会には識字能力（スラヴ語のみならず、ギリシア語、ユダヤ／ヘブライ語その他）を有する者はいた。もちろんそれは九八八年のキリスト教化後に飛躍的に拡大した。だが具体的に見ると、最初はギリシア人聖職者の影響が強く、教会ではギリシア語文書が大部分を占めた。スラヴ文献はそれを補ったが、初期にはブルガリアや西スラブ地域から持ち込まれた文書が主であった。いっぽうルーシ人自身が作りだした文書は少なく、ヤロスラフが単独支配権を確立して文化事業に精力を注ぎだす一〇三七年頃までは、教会また教育分野においてすらスラヴ語の広範な使用はみられなかった。その普及が確かなものとなるのはこれ以後であり、それもようやく一一〇〇年頃になって、ルーシの文人もこれを自身の表現手段として自由に使いこなせるようになった（その意味でイラリオンやネストルは例外と考えるべきであろう）。行政分野におけるスラヴ語の使用はさらに遅れ、ヤロスラフの子らの時代になってなんとか行われるようになった。それでも他国の例に比較すると、驚くほどに迅速な普及と言うべきであるが、やはり漸進的な過程であったことに変わりはない。ラントはこのように主張したのである。[37]フランクリンやラントの見解はやや極端と思えるところもあり、ロシアの研究者の側から強い批判も出されているが（この点については補論でもう一度立ち返る）、考慮に値すると思う。

たしかに、ヤロスラフの「規定」は俗権から発せられたものであるとはいえ、教会にかかわるものである。それゆえ文書化されていたと結論づけても何ら支障はないように見える。しかし、全体的に見て文章語の普及過程が漸進的であったとするならば、アプリオリにこれを文典であったと決めてかかるわけにいかないこともまた確かであろう。

こう考えてくると、シチャーポフの想定した原初版がたしかに「真作」であるかどうかはほとんど意味をもたなくなる。実際に用いられた規定は「ヤロスラフ」の名を冠しているだけで、内容はその時々の現実に適合的に改訂されているからである。宮野も記すように、それは「十一世紀に限定されることなく」、「前近代ロシア」という長期にわたる教会裁判権について考えることができる史料として重要である。だがまさにヤロスラフ時代に限定するならば、その現実を知るための史料としては十分に慎重な取り扱いが必要なのである。

さらにこれとも関連するが、「教会規定」というとき、とくにビザンツ教会法の影響を考慮の外に置くことも許されないであろう。ヤロスラフの「規定」もビザンツの原型ないし手本に依拠するところが多かったと推測されるが（それについて検証する作業はここではできない）、そのようにして出来上がった「規定」がかりに成文化されていたとしても、そのままルーシの現実を反映した（あるいは規定した）史料と見ることはできないというべきであろう。

以上に記したことはウラジーミルの「規定」の場合にもあてはまる。というよりこちらの方が問題はいっそう大きい。「ウラジーミルの規定」も多くの写本で伝わるが（二百本以上知られているという）、最古のものでも十三世紀末（十四世紀の写本の付録部分）に遡るにすぎない。内容的には教会に対する「十分の一」の付与や教会裁判権の承認に関連するが、もっとも早く成立したと考えられる版（オレニン版、十二世紀末—十三世紀初）で十一条、他の諸版でも十九条から構成される簡略な規定である。

この規定についてもシチャーポフの研究がもっとも重要と考えられている。かれによれば、ウラジーミルによる「規定」原本は今日に伝わらないが、それは確かに存在した[38]。現存する最古の写本は上述のように十三世紀末—十四世紀初のものであるが、その「原初型」は十二世紀後半にキエフ（ないしチェルニゴフあるいはウラジーミル・ザレスキー）で成立したとする。

この規定の信憑性が疑われるのは、ウラジーミル時代とはいわずともそれに近い時期に遡る写本が存在しないという理由からだけではない。文言のなかに数多くの矛盾点や時代錯誤が存在することも研究者を悩ませてきた。たとえば、多くの写本においてすでにその冒頭に近い部分で、ウラジーミルが洗礼を授けられたコンスタンティノープル総主教としてフォティオスの名が記され、当時の府主教としてミハイルやレオンの名が現れるのである。フォティオスは百年以上も前の総主教であり、府主教名も疑念を呼び起こす。シチャーポフらがそれでもこれを「真正」文書とみなすのは、ウラジーミルがたしかに「十分の一」を最初の教会（聖母教会）に付与したと信じられること（『原初年代記』九九六年の項その他）、さらにかれが地方に主教を任じ、諸地方教会に「ウスタフ」を発布したことが他の文書（「スヴャトスラフ・オリゴヴィチ公の規定」一一三七年）から推測できることなどの理由からである。シチャーポフの推論に無理はない。ただウラジーミル公が実際にこれを文書化したかどうかは依然として疑問が残るし、仮にそうであったとしても、ヤロスラフの規定のところで記したのと同様の問題は残る。真正であるかどうかを問うたり、文書の原初的内容を推定したりすることはもちろん重要であるが、逆にその「文書」から当時の現実を探ることには慎重にならざるを得ない。そういう意味でその「真正性」を強調しすぎることには、非学問的な動機すら垣間見え、それゆえこれをただちに首肯するというわけにはいかない。

ヤロスラフ治世はたしかに立法活動においても画期となった。しかしその実際について過大に評価することは控えなければならない。ヤロスラフはウラジーミルに続いて、この分野ではルーシの現実を自覚しそれに見合った形で、堅実な一歩を踏み出したと考えるにとどめるべきであるように思われる。

● キリスト教の普及——府主教イラリオンの抜擢

年代記ではヤロスラフは多くの教会や修道院を建て、教会の法規と修道士を尊重し、自ら聖書に親しみ、聖書やギリシア文献の翻訳を行わせ、かくしてルーシに「キリスト教の信仰が……広がった」と記されていた。本書でも第七章でウラジーミルの洗礼後教会組織が次第に整備されるにいたった様子を示しておいた。『原初年代記』その他の史料に具体的な記述がほとんどみられないにもかかわらず、ウラジーミルとヤロスラフの時代にこうした面で顕著な進展がみられたことはほぼ確かと言ってよい。

ここではとくに、イラリオンがルーシ出身者として初めてキエフ府主教に抜擢された経緯に焦点を合わせ、これと関連する諸問題を検討したい。ヤロスラフの「教会政策」という表現が可能であるとしたなら、いったいそれはどのようなものであったのか、当時のルーシ教会とビザンツ教会との関係はどうであったのかが中心的課題となる。

イラリオンについては、その『律法と恩寵に関する説教』との関連で本書でもなんどもふれたが、実はその経歴はよくわかっていない。かれの生没年すら不明である。『原初年代記』は一〇五一年の項においてはじめてイラリオンに言及し、かれが府主教に選ばれたことを簡潔に伝える。

「ヤロスラフは主教たちを集め、聖ソフィヤ教会においてルーシのイラリオンを府主教に任じた」（一七七頁）。

この文章の後、キエフ・ペチェールスキー修道院の開基とその名称の由来に関する記述が続くが、そのなかでさらに次のように記される。

「ヤロスラフはベレストヴォ（村）［キエフ近郊の村で公の居館があった］とそこの聖使徒教会を愛し、多くの修道司祭をおいていたが、そのなかに（イ）ラリオンという名の司祭がいた。かれは尊く、学識があり、苦行者であった。かれはベレストヴォ村から、もともとのペチェールスキー修道院があった、そして今もあるドニェプル川を望む丘に通い、そこで祈りをささげていた。そこに大きな森があったからである。かれは二サージェン［サージェンは約二・一メートル］の小さな洞窟を掘り……勤行をし、ひそかに神に祈るのであった。その後神が公の心に働きかけたので、（公は）かれを聖ソフィヤ（教会）において府主教に任命した。そしてこの洞窟はそのまま残った……」[39]（一七七―一七八頁）。

イラリオンの著述にも自らのことを語った箇所がある。かれの『説教』の一部と通常みなされている「信仰告白」の部分に、次のような記述がある。

「人を愛される神の恩寵により修道士であり司祭であるわたしイラリオンは、大いなる神に守護されたる都市キエフにおいて、神の御旨により、府主教、また牧者にして教導者となるべく、栄えある主教の位に叙階された。それは六五五九［一〇五一］年、ウラジーミル公の子、敬虔なるカガン・ヤロスラフの治世のことである。アーミン」[40]。

同時代史料としては、ほかにイラリオンに言及するものはないと言ってよい。ときにヤロスラフの「教会規定」の冒頭にヤロスラフが「府主教イラリオンと協議して」規定を作成したとあるのを引いて、イラリオンがヤロスラフに信頼される、大公の政策全般の推進者であったことを強調する研究者もいるが、この記述は厳密に言えば、たんに教会規定の作成について述べるにすぎない[41]。前述したとおり、この「規定」を広く一般化してみたり、これを根拠にヤロスラフ時代について何か具体的な判断をすることは慎むべきであると考える。またペチェールスキー修道院『聖者列伝』第八話に「本を書くのに巧み」な修道士イラリオンについての記述がある[42]。これを府主教座を退いた後のイラリオンととる研究者もいるが[43]、そうと明記されているわけではない。もしこれが元府主教であったならば、『列伝』の著者は何らかの仕方でそれについて示唆ぐらいはしたとも考えられる。この記述を根拠に「その後のイラリオン」の生涯を描くわけにはいかない。イラリオンという名の人物はそう珍しくなかったのである（たとえばロストフ主教にもイラリオンという人物がいた）。

後代の史料にも若干の記述がある。たとえば、モスクワ時代の『ニコン年代記』である。その六六五九（一〇五一）年の項に次のように記されている。

「ルーシの府主教がその主教たちにより選出された。ウラジーミルの子、スヴャトスラフの孫ヤロスラフはギリシア人と戦い対立状態にあった。そこでヤロスラフは己のルーシの主教たちと協議し、教会法と使徒らの規定とに基づき次のようにしようと考えた……ルーシの主教たちは会議を開き、ルーシの人イラリオンをキエフと全ルーシの府主教に選出した。かれらはこのように決定したが、これにより正教会の総主教とギリシア法の信仰から離反したわけではなかった。かれらはこれを高慢からではなく、当時［両者の間に］あった敵意と害悪を避けるために行ったのである」[44]。

ここには以下にも検討する通り、イラリオン選出の意味ないし背景についてうかがわせる重大な記述がある（とくにヤロスラフが「ギリシア人と戦い対立状態にあった」とする記述は重要である）。しかし十六世紀モスクワ国家の政策や立場を色濃く反映する『ニコン年代記』の記述から、キエフ・ルーシの実情に関する正確な情報を直接的に引き出しうるわけではない。少なくとも慎重にならなければならない。この点に関してはすでに指摘した（第六章注（4）を参照）。上の記述から得られる情報は、後代の人々が、イラリオン選出をどのように受け取り、解釈しようとしたかということでしかない。これはこれでまた興味深い点ではあるが、ここではその点を指摘しておくにとどめる。

以上にあらかた示した史料情報からはたして何がわかるのであろうか。

イラリオン研究でとくに多大な業績をあげたドイツのL・ミュラーは、イラリオンがギリシア、おそらくは聖山アトスで修行を積んだと推測している。これはアトスに二度も滞在したとされる初代ペチェールスキー修道院長アントニーとの密接な関係や、イラリオン自身のギリシアとの関係をうかがわせる記述、さらには『説教』に示される著者の高い神学的修辞学的素養を根拠とした推測であるが、もちろん決定的な証拠があるわけではない(45)。

さて、イラリオン選任に関して、研究史上最大の論点はその政治的、教会行政的背景であり、教会法的意味にかかわる問題であった。この点についても実にさまざまな見解が表明されてきた。なかでも多いのは、この行為にキエフ教会のコンスタンティノープル教会からの自立を志向するヤロスラフの強い意志をみてとる考え方である。こうした見解はとくにプリショールコフによって主張された。ウラジーミル後のルーシ教会組織の問題に関するかれの見解については本書でもすでにみたが、ヤロスラフの教会政策とのかかわりでもかれの見解は注目に値する。

プリショールコフの出発点は、ルーシ教会が最初コンスタンティノープルから距離をおき、当初はブルガリア教会（オフリド大主教座）の管轄を受け入れたとする考え方である。言うまでもなくビザンツからの自立性の確保という目的からである（本書はL・ミュラーら多くの研究者とともにこの見解に批判的な立場に立っている。第七章3を参照）。それがやがてブルガリアがビザンツ支配下に組み込まれたこともあって、ヤロスラフはルーシ教会をコンスタンティノープル総主教座管轄下に移し、ギリシアから府主教を受け入れることに決断する。一〇三七年のことであったという。プリショールコフはこの年までルーシには府主教がいなかったと考えているのである。ところがこの政策転換があった後も、ヤロスラフの自立を求める志向には変化がなく、これが一〇四三年のルーシ軍による帝都遠征攻撃となって現れる（この遠征については『原初年代記』に記述がある。本書でも後に検討する）。攻撃の切っ掛けが何であったかはともかくとして、ヤロスラフは武力でルーシ教会の自立を実現しようとしたというのである。攻撃はルーシ軍の敗北に終わるが、その後のビザンツ帝国の窮状（ペチェネグ軍による攻撃、また内戦）を好機ととらえ、ヤロスラフは一〇五一年イラリオンを府主教座に抜擢する行動に出る。すでにイラリオンはこれ以前にルーシ教会の隷属からの脱却、自治の獲得を第一の主張とする著書（『説教』）を著わしていた（プリショールコフは『説教』にはこのような主張が込められていたと理解しているのである）。イラリオンにはもう一つの眼目があり、それはウラジーミルのすみやかな列聖の実現の主張であったとする。ただここで注意すべきは、ヤロスラフはイラリオンを抜擢しながらも、総主教の叙任権自体を否定する意図はもっていなかったとされている点である。さてイラリオンは選出された後、帝都へ赴き、総主教の承認を得ようとしたが、それは得られなかった、これがかれが短期間で府主教座を降りなければならなかった（一〇五四年）理由である。これにはさらに別の要因も絡んでいた。両国関係の正常化を保証するものとして、ヤロスラフの子フセヴォロドとビザンツ皇女との婚姻計画が浮上してきたのである（この結婚については後にあらためて立ち戻るが、ここから生まれたのがモノマフとあだ名されるウラジーミル・フセヴォロドヴィチである。このビザンツ皇女はコンスタンティノス九世モノマコスの娘であったと考えられている）。こうした結婚が双方にとって大事業であることはすでに、ウラジーミル（聖公）とアンナの結婚のところで記しておいた。婚姻の成立のためにはルーシ側の大幅な「譲歩」が要求された。総主教の承認を受けられなかったイラリオンは舞台を降りざるをえなくされた。(46)

一〇五一年のイラリオンの選任に関するプリショールコフの見解は、さまざまなヴァリエーションを伴いながらも、少なからざる研究者の支持をうけた[47]。

しかしプリショールコフらのこうした見方が事態を正確にとらえたものとみることはできないであろう。かれらの見解には史料に裏づけられない点が目につくだけでなく、議論の展開にも相当に無理がみられるのである。

まずこれらの研究者はすでに指摘したように、ルーシ教会が初めから自立を希求していた、つまりはコンスタンティノープル教会の管轄を忌避したとする論証されていない前提に立つ。ウラジーミルもヤロスラフも、ルーシ諸公はみな自国とその教会の自立性を求めた、その意味で反ビザンツ的であったと考えているのである。プリショールコフの場合は、さらにルーシ教会は最初ブルガリア教会の管轄下に入ったと主張したが、こうした主張には明確な根拠が欠けている。ミュラーをはじめとする多くの研究者は、すでにみたとおり（第七章3）、ルーシ教会が最初からコンスタンティノープル総主教座に属す一府主教管区であったことを指摘し、それをほぼ論証したといってよい。

これとの関連で、最初の府主教がルーシに現れたのが（つまり府主教座の設置が）一〇三七年とする見方も否定されることになる。すでに示したように、『原初年代記』のこの年の項が府主教座の設置を述べていると考えることはできない。この年ヤロスラフがビザンツからはじめて府主教を受け入れたわけではないのである。

それでは一〇四三年のルーシ軍のビザンツ遠征はどう理解すべきであろうか。それはイラリオンの抜擢問題とどのようにかかわるのであろうか。

ルーシがその最古の時代からビザンツをたびたび攻撃したことはすでにふれた。このたびの遠征はその長い歴史の中で最後の大規模な企てであった。いわば文明国ビザンツに対する北方の未開国家ルーシによる軍事行動の最終章をなすものとしても重要な意味をもっている[48]。この遠征についてはこれまで紹介を怠ったが、実は『原初年代記』の同年の項にはっきりと描かれている（一七五―一七六頁）。この年ヤロスラフが子のウラジーミル（当時ノヴゴロド公であった）に命じてビザンツを攻撃させたのである。軍の指揮官には「ヤンの父ヴィシャータ」が任命された（かれについては『原初年代記』の編者に貴重な情報をもたらした人物としてすでに記しておいた。第二章1）。遠征は大失敗に終わり、悲惨な結果を招来したが（遠征軍には六千を下らぬ兵がいたが、ヴィシャータをはじめとする多くの兵が捕虜となり、眼を潰され、三年後に講和がなってようやく帰国を許されたという）、それにしてもキリスト教を受け入れ、まがりなりにもビザンツを盟主とする「キリスト教国家共同体」の一員となったと考えられるルーシによる、洗礼後半世紀以上経てのこの武力攻撃は、一連の流れの中でどう理解すべきなのであろうか。

軍事行動であるから両国が敵対関係にあったことは確かである。ここでの問題はこれをプリショールコフらのように、イラリオンの抜擢と関連させることができるかということである。はたしてヤロスラフが一〇四三年に教会政策的な目的をもって（あるいは少なくとも教会行政上の問題との絡みにおいて）、遠征軍を組織したと考えることはできるであろうか。

遠征に関し基本的史料にあたりながら、これまでもっとも堅実な議論を展開してきたのはおそらくA・ポッペ、G・G・リタヴリン、そしてJ・シェパードであろう。ここでは、あらためてこの遠征について論じたリタヴリンの近著や、イラリオンに関してとくに詳しいL・ミュラーをも考慮に入れながらこの問題に取り組んでみたい(49)。

リタヴリンは三大史料群（ルーシ、ビザンツ、東方系）の分析から、遠征をめぐる問題群を九点にまとめ（ルーシ遠征軍とビザンツ側の交渉、遠征は不意打ちであったか否か、遠征失敗に際しての「嵐」の影響、遠征軍の兵力、ビザンツ側の兵力、ルーシ側の要求賠償金額、海戦の場所、遠征の厳密な時期）、それぞれを検討しているが、その最後で最大の論点が遠征の原因・目的に関する問題であるとする。

リタヴリンによると、遠征は、ビザンツの対ルーシ政策における転換によって引き起こされた。ビザンツでは一〇四二年コンスタンティノス九世モノマコスが帝位につく。かれはそれまでの諸皇帝と異なってルーシに対し敵対的な政策を打ち出した。これはとくにビザンツ軍のなかで重要な役割を果たしてきたルーシ・ヴァリャーギ軍の存在に危惧の念を抱いた新帝が、軍の解体を考えたことと関連していた。コンスタンティノス九世に近い学者であったミカエル・プセロスの『年代記』中の記述[50]はこのような趣旨で理解すべきである。またヨハネス・スキリツェスがコンスタンティノープルの市場で商人間に乱闘があり、その際にルーシの有力者が殺害された事件について伝えているが[51]、これもルーシ人に対するビザンツ政府の特恵的待遇政策に変化が生じていたことを示唆している。新帝の反ルーシ政策にヤロスラフは激怒し、ウラジーミルの「改宗」以来ルーシ側が享受してきた通商上の諸権利の回復を実力で図る挙に出た。これが一〇四三年の遠征であった。ポッペはリタヴリンのこうした見方には批判的で、自らは一〇四二年秋から翌年春にかけておきたゲオルギオス・マニアケスの反乱との関連で遠征を説明する。ポッペの方が帝国の窮地に付け込もうとしたヤロスラフの能動性を強調したものとなっている。これに対してリタヴリンは、ポッペの見解の可能性は否定できないとしても、全体としてはビザンツ側の政策転換に真の原因が求められると反論する。

これら代表的な二人の研究者にたいし、シェパードはそれぞれの研究の重要性を十分に評価しつつも、二人とはまた異なる見解を表明する。シェパードによれば、遠征の原因として政治関係や状況の変化をもちだすことは適当でない。ここで決定的なのは、十一世紀になってもルーシにとって重要な意味をもち続けた対ビザンツ交易の問題であった。キエフ公にとってビザンツとの交易、文化関係を維持、推進することはもっとも重要な使命であったが、十一世紀になるとその使命遂行能力の点でキエフ公の立場に翳りが出てきた。ビザンツ側にとってルーシとキエフ公のもつ意義が薄れてきたからである。ヤロスラフ治世におきた帝国内ルーシ商人に対する危害（スキリツェスの伝えるところ）はこのことを白日の下にさらした。ビザンツ側のこのキエフ公に対する配慮のなさはヤロスラフの威信を大きく傷つけた。ヤロスラフは内外に対し、損なわれた利害と失われた威信の回復を大々的に誇示する必要に迫られ、このたびの大規模な遠征に立ち至った。シェパードの長大な論文の要点はこのようにまとめられるであろう。かれの「威信回復」論が大規模な遠征の説明として十分に説得的であるといえるかどうかやや疑問であるが、かれが丁寧な議論をしていることは認めたいと思う。いずれにせよ以上は三者三様の遠征（戦争）原因論であるが、ここでは問題解決が容易でないことを確認するにとどめ、本書の著者がこの点に関して独自の立場を提唱することは控えたいと思う。

本書が先に提起した問題にとって重要なのは、リタヴリンとポッペ、そしてシェパードの三者は遠征の原因をめぐっては以上のように対立したが、いずれも遠征がヤロスラフの教会政策とくに関係するものでないとする点では共通の立場に立っていることである。遠征をイラリオンの選出と関係づけて考える特別の必要はないのみならず、それは誤りでもあるというのである。(52)

それではかれの選出をどのように考えればよいのであろうか。おそらくそれはヤロスラフの治世全体から推測できるその君主としての志向（何を目指していたか）と結びついているように思う。

本書の著者はイラリオンの抜擢をもっぱらルーシ教会の自立への志向によって説明できるとは考えていない。また一〇四三年遠征の原因がイラリオン選出問題にあったとも考えない。ヤロスラフがイラリオンを抜擢した理由は、おそらくはルーシ国家と教会の全体的な地位、また威信の向上を図るという狙いからであったようにみえる。その際ヤロスラフの注意がビザンツとの関係にのみ向けられていたわけではなかったことが重要である。次章でも示されるように、かれの視野はより広くヨーロッパ全体に向けられていた。内外における威信向上の願望は、単独支配権を獲得してルーシ全土にはじめて自らの威光を及ぼすことができたと感じたヤロスラフに自然に現れたものであった。(53) 他方かれにはビザンツからの自立を図る必要などはまったくなかった。ルーシに対する政治的な干渉は、後述するようにもともとなかったし（あるいはあったとしてもそれほど現実的でも、深刻なものでもなかった）、教会行政的にもルーシ教会は最初からコンスタンティノープル総主教の管轄を受け入れていたからである。ただヤロスラフにとって、ギリシア人（ないしその出身者）ではなく、ルーシ人が府主教位に登ることができれば、それはそれで望ましいことであることは確かであった。かれの前には『説教』のようなすぐれた著作を物することのできる学識高い候補者がいた。

この時なんらかの事情で府主教座が空位状態にあった。かれは急きょ主教らを集め選出を実行した。ポッペによれば、地方主教会議でその長の選出を容認する教会法と、それに基づく古くからの伝統があったという[54]。もちろんコンスタンティノープル側はそれまで、総主教に叙任権を留保するより強力な法的慣習を優先し、それに従ってきた。しかしイラリオン選出に際しては従来の仕来りとは異なる地方主教会議による選出慣習が採用された。もしこれが常態化するなら問題が深刻化する可能性はあった。だがそれは一時的な行為に終わり、総主教による任命という常態が回復され、イラリオンは退去した（それがルーシ側の譲歩であったかどうかは何とも言えない）。ヤロスラフが世を去ったことも大きかったと思われる（イラリオンの退位が正確に何時のことかは不明である。おそらく一〇五四年二月のヤロスラフ没後まもなくのことであったと推測される）。いわば一時的に逸脱した事態が正されることとなったのである。

ミュラーは以上と同じ方向性に立ちながら、さらに一歩進めた解釈をしている。すなわちかれはイラリオンの選出を反ビザンツ的行為であるどころか、むしろビザンツ側の承認の上で行われたものと理解するのである。かれがこう考える理由としては、第一に、まさにこの時期にビザンツ皇女とヤロスラフの子フセヴォロドの縁談が進められ、それが一〇五二年に実現をみたことがある。もしイラリオン選出が反ビザンツ的行為であったならば、皇帝側がこのような重大な決断をすることはなかったであろう（この結婚については後述する。第十章注（117））。第二に、イラリオンの選出は、ローマとコンスタンティノープル両教会の大分裂（一〇五四年）の直前のことであった。もしこれがルーシ側の反ビザンツ的政策であったとするならば、それは当時緊張の最頂点にあった両教会関係者にとっても重大な関心事となったことであろう。ローマ側はこれを利用しようとしたとすら考えられる。ところが当時の文献はこれにまったく注目していない。ギリシア及びラテン語文献におけるこの「沈黙」は、もし真にそうであるならばきわめて重大なことである。キエフとコンスタンティノープル間に教会行政上の深刻な対立などなかったと考えるべきであろう。

リタヴリンや、ミュラー、幾分かはポッペ、シェパードに依拠して以上に記されたことも、推測に頼るところの多い仮説にすぎない。しかしイラリオンの事績について知られるところがきわめて少ない状況のなかで、ルーシの自立をことさらに主張する見解よりは実態に近いと本書の著者は考えている。当時のルーシにビザンツからの自立的志向性をことさらに強調しようとするのは、後代の民族主義的な視点をこの時代に投影させてしまうもののように思われる。史料の分析はそれを裏づけていないのである。

補論1　ビザンツ・ルーシ関係をどうみるか——ルーシ「従属国家」論について、またロシアに対するビザンツの影響の問題をめぐって

本書ではルーシとビザンツの関係をどのように見るべきか、その理念と実態について、とくに検討する余裕もないままにここに至った。先に第七章において、「洗礼」後のルーシ教会が初めからコンスタンティノープル総主教座の管轄下にあったと考えられることを記したが、その際、それにもかかわらず政治的な意味ではルーシがビザンツ支配を受けたわけではないことを合わせて指摘した。ただこのことは論証されなければならない問題であることも述べておいた。また本章においても、イラリオンの選出問題との関連で、ビザンツとルーシの関係にふれる機会があった。そこでここであらためてこの問題について考えてみようと思う。

ルーシ・ビザンツ関係をめぐっては、かつてとくにソヴィエト時代にルーシの自立性（あるいは独立性）を自明の前提と考える傾向が強かったように思う。このことはとくに論証する必要もないと考えられ、ほとんどの研究者がこうした前提の上で議論を進めてきた。したがってこうした研究者の明確な例を見つけることは意外に難しいが、ここではM・V・レフチェンコとV・T・パシュートの場合をみておく。

レフチェンコは、ルーシ・ビザンツ関係史に関するその著書の第八章（「十一世紀におけるルーシとビザンツ」）で、

すでにウラジーミル治世にルーシ府主教座がコンスタンティノープル総主教座の管轄下に設立されたこと、そしてそのことは両国にとってそれぞれ利点のあったことを指摘し、そのうえで次のように記している。「このことはルーシが府主教［ギリシア人である］の政治面での主張や要求に従うつもりがまったくなかったことで、いっそう」好都合であった、と。そしてさらに続けて、「一方、ルーシの史料には、帝国がルーシの政治的独立を侵害せんとしたことを示すような記述はなかった。またいずれかの『ギリシア人府主教』が（たとえかれが帝国の手先であったにせよ）、自らに特別の政治的役割を要求したことを少しでも示す証拠もみられない。こうしたことは実際ありえなかった。というのもウラジーミルがキリスト教を受容したころには、ルーシ国家は［それを許さぬほどに］十分に強力になっていたからである」と。[55] レフチェンコはいわば宗主国ビザンツであっても、ルーシの内政に干渉することなどできなかったし、そうしたことはありえなかったと考えているのである。

パシュートもこの点同様である。かれはルーシのビザンツからのキリスト教導入の肯定的意義を十分に評価する一方、その後もルーシ・ビザンツ間には以前からみられた「対立状況」が解消されずに続いたこと、両国は「同盟」関係に入ったが、独立国家としてのルーシはビザンツにとって油断ならない相手であり続けたことを強調している。[56]

帝政期の歴史家の場合には、これとは相当に異なる認識が一般的であったようにみえる。

かれらもルーシの自立性をまったく否定するわけではなかったが、ビザンツの影響力がより強調されたのである。たとえば、ルーシにおけるビザンツの文化的意義についての大著を著したV・イコンニコフは、ルーシのキリスト教導入からルーシ教会の自立化達成（すなわち一四四八年の独自のヨナ府主教の選出）までの時期を「教会関係におけるロシアのビザンツへの直接的従属の時代」と捉えながら、その期間中ビザンツ政府は常にロシアに対する自らの「政治的影響力を不動のものにしようと努めた」と考えている。かれによれば、ルーシの府主教は二年に一度コンスタンティノープルに上り、自身の職務について報告する義務を負っていたが、それはコンスタンティノープル総主教がルーシ府主教や主教らに対し「最高裁判権」を有していたからである。総主教はルーシ聖職者が何らかの理由で諸公（世俗権力）を告発した場合、それに対する審理権をも有しており、時には諸公側に不利な裁定をした。たとえば総主教はルーシ諸公の結婚に際し、地方教会からの告発を受けてその不当性を断罪したこともあった（ヤロスラヴリ公フェオドルのタタール・カン、メング・テミュルの娘との結婚（一二八五年頃）の場合など）。その際総主教は常に「ルーシ諸公がビザンツ皇帝に対し従属的地位にあることを明確にしようと努めた」のであった。イコンニコフはここで、コンスタンティノープル総主教アントニオス（四世）のモスクワ大公ヴァシーリー一世に宛てた有名な書簡（一三九三年）を引きあいに出している。この書簡で問題となっているのは次のような事情であった。ルーシ教会では礼拝式に際しビザンツ皇帝の名をあげかれのために祈る伝統があったが、ヴァシーリー一世はこれを禁じ、「わが国には教会はあるが、皇帝はいない」と言ったというのである。これについて報告を受けた総主教はヴァシーリーを諫め、「キリスト教徒にとって教会をもちながら、皇帝をもたないということはありえない。帝国と教会は相互に密接に結び付けられ一体をなしている。一方を他方から切り離すことは許されない」と記す。総主教は、正教圏では教会も帝国もひとつしかなく、それはコンスタンティノープル総主教とビザンツ皇帝によって体現される。ルーシは教会面でも政治面でも帝国に、そして一体をなす総主教と皇帝に従属していることを、ここで宣言しているのである。(57)

モスクワ諸大公（ツァーリ）の権力理念に関する古典的な研究（一八八九年）を著わしたM・ディヤーコノフも、その著書の第一章でビザンツと古ルーシとの教会・政治関係の問題を検討している。ディヤーコノフによれば、ルーシのキリスト教化に際し、コンスタンティノープル当局は次のような観点に立っていたという。すなわち、ルーシ教会はコンスタンティノープル教会の管轄に属す（総主教によるルーシの高位聖職者の任命）。総主教の管轄権はルーシ教会を介して大公権にも及ぶ（総主教ルカス・クリュソベルゲスのアンドレイ・ボゴリューブスキー公への書簡。一一六〇年）。一方、総主教は皇帝の下に位置するので、以上のことはすなわち、皇帝が総主教を介してルーシの教会と俗権の双方を統轄することを意味する。帝国のこうした立場はルーシ諸大公によっても一定程度受け入れられた(ヨハネス六世カンタクゼノス帝の書簡にみえるセミョン大公の見解表明。この書簡については後述)。しかしながらこうした立場は、実際には現実化されなかった。これはあくまでも理念のレベルにとどまったのである。帝国側もこうした立場をルーシ側に「命令」するのではなく、あくまでも「説得」しようとしたにすぎなかった。現実には両国関係には衝突する事例が多く、時代が下るとともにモスクワ側の自立的な姿勢が顕著になっていく[58]。

理念と現実を区別して考察したディヤーコノフに比して、同じく帝政期の教会史家P・ソコロフの場合はやや一方的である。かれはウラジーミルによるキリスト教導入後のルーシを、政治的にビザンツの「従属国家」(vassal'naia strana)、また教会行政的に「ビザンツの一管区」(provintsiia、属州)とみる立場を鮮明にする。その立場から十五世紀に至るルーシ教会のビザンツ出身の高位聖職者について、その任命の次第、ルーシにおける地位、かれらと諸公との関係等々について検討する。それによれば諸大公は「ルーシの洗礼」後ビザンツ宮廷の官職のひとつ「大膳職」(stol'nik)に任じられ、それを大いに誇りとしていた。皇帝と大公の間には後者の不服従はおろか、両者間の「対等性」を示唆するいかなる徴候もなかった。それゆえイラリオンの府主教選出も反ビザンツ的な行為ととらえるべきではなく、それをヤロスラフ大公の独立志向と関連させることも適当ではない。一〇四三年の対ビザンツ遠征もイラリオン選出とは無関係で、帝国内の商人間の衝突(ヨハネス・スキリツェス、上記)に端を発した偶発的軍事行動とみるべきである。現にこの軍事衝突の余波も三年後には収まり(講和条約締結、その後の捕虜の釈放)、やがてヤロスラフの子フセヴォロドと皇帝コンスタンティノス九世の娘との婚姻(そして一〇五三年のウラジーミル・モノマフの誕生)により、両国関係はむしろ好転することとなったという[59]。

以上さまざまな見方があったが、はたしてイコンニコフやソコロフのように、キリスト教受容後のルーシをビザンツの「従属国家」とみるような見方は正しいと言えるであろうか。これはやや極端な見方であると考えられるが、長い研究史のなかでときにこうした見方が姿を現すことがあるので、以下にこの点について少々研究史をたどりながら考えてみたい。

この問題をおそらく最初に特別の考察の対象としたのは、後に八六〇年のルーシの対コンスタンティノープル攻撃に関する研究で名をはせることになるA・A・ヴァシリエフであった。かれはまさに「古ロシアはビザンツの従属国家（a Vassal State）であったか」と題される論文（一九三二年）でこの問題を検討し、次のような結論に達した。第一に、ビザンツ側の政治理念によれば、ロシアはウラジーミルの洗礼とビザンツ皇女との婚姻以降、帝国の「従属国家」の一つとなった。ただし第二に、ロシア側の理解はこれとは異なっていた。キリスト教導入以後、たしかに帝国への「一定の従属性」は現実化した。しかしロシアの国力が向上するにつれて、帝国のロシアに対する主権の主張は弱まりほとんど存在しないまでになった。ただ皇帝が正教世界の唯一の支配者であるとする理念だけが帝国の滅亡の時まで維持された。これ以上の主張、たとえばロシアをビザンツの「属州」とみなし、ビザンツ皇帝の発布する法がロシアをも拘束したなどとする主張には、まったく根拠がない。もっとも第三に、西欧諸国では、ロシアの公をビザンツ皇帝の「家臣」とする見方が広く信じられていた。(60)

ヴァシリエフ論文にただちに反応したのはビザンツ史家のオストロゴルスキーであった。かれは一九三六年の「ビザンツ的国家ヒエラルヒー」論文において、古ルーシがビザンツ帝国に一時的であれ現実に政治的に従属したかのごとき見解を厳しく批判した。ただかれはルーシがビザンツ皇帝の「理念的高権」（die ideellen Hoheitsrechte/Überordnung）を承認したことは認め、その意味でルーシはビザンツを中心とするキリスト教世界（die christliche Oikumene）、かれの言う「ビザンツ的国家ヒエラルヒー」、ないし「ヒエラルヒー的世界秩序」の一員であったとした。(61)オストロゴルスキーのこの捉え方はその後広く受け入れられ、やがて類似のさまざまな観念、たとえばF・デルガーの「諸王の家族」（die Familie der Könige）や「諸公と諸民族の家族」（die Familie der Fürsten und Völker）、あるいはD・

オボレンスキーの「ビザンツ共同体」（Byzantine Commonwealth）などの形を取って表現されるが、これらはそれぞれ一定の独自色を有しつつも、ほぼ同種の考え方とみることができる。オボレンスキーによれば、ビザンツ皇帝はキリスト教共同体の長として、キリスト教ロシアに対し「疑似政治的管轄権」（meta-political jurisdiction）を有していたが、このことはルーシ諸公によっても認識され受け入れられたという。同様の見解は後の勃興期（十四世紀）のモスクワ・ルーシとビザンツとの関係について検討したJ・メイエンドルフによっても表明されている(62)。

この問題に関する比較的最近の論考はギリシアのE・クリュソスによるものである。かれは半世紀以上も前の上記ヴァシリエフ論文のタイトルをそのまま引用符に入れて発表した論考（一九九二年）において、ソコロフ流の「従属国家」論はもとより、それを批判した当のヴァシリエフ、さらにはその後のオストロゴルスキー以下の諸研究者の、ビザンツ皇帝にルーシに対する支配権（「主権」、「上級支配権」など）を少しでも認めるような見方のすべてに疑義を表明した(63)。

クリュソスの考察は簡にして要を得ていると考えられるので、少々立ち入って見てみよう。かれによれば、ルーシ諸公はたしかに皇帝の上級支配権を承認するかのような見解を表明したことがあった。たとえば、本書で対象とする時代の枠からは外れるが、既述のモスクワ大公セミョン（一三四一―五三年在位）にそうした表明があったという（セミョン大公のビザンツ皇帝ヨハネス・カンタクゼノス宛書簡(64)）。しかしこれを大公がロシアに対する皇帝の支配権を承認した証拠とみるわけにはいかない。モスクワ大公の見解表明は、自国の府主教座分裂という異常事態（当時キエフ府主教座に対抗してガーリチにも府主教座が設立されていた）を克服すべく皇帝に期待をかけていたモスクワ側の外交辞令とみるべきである。

皇帝権をどうみるかに関してルーシの著述家に大きな影響を与えたとされる六世紀ビザンツの輔祭アガペートゥスの著作についても、注意が必要である。たしかにアガペートゥスの「皇帝は肉体においては他の人間に同じであるが、権力においてはすべての人間の主である神のごとくである」という有名な文言は、ルーシでもよく知られ、しばしば引用されすらしたが、これもビザンツ皇帝のルーシに対する支配権が承認された証拠ととるわけにはいかない。むしろルーシにおいては、アガペートゥスの強調した皇帝の支配権は、「皇帝権」としてではなく、それをそのままルーシの大公権に引き移して理解されたと考えられる。ここでは皇帝の帝国内における地位とのアナロジーで、ほかならぬルーシ大公の自国内における地位が強調されているのである。かくてアガペートゥスはルーシ国内における「大公権」（のちのツァーリ権力、「教権」に対する「俗権」）の根拠づけのために利用されたと考えるべきであろう。(65)

注目すべきは『原初年代記』にはルーシがビザンツに従属することをほのめかすいかなる記述もみられないことである。むしろ九一一年以降何度か結ばれたビザンツ・ルーシ間条約が示す通り、両国は基本的に対等な関係で条約を締結した形になっている。このことは「ルーシの洗礼」後も変わらなかった。一〇四三年のルーシ軍の遠征の三年後に結ばれた条約テクストは伝えられていないが、「講和」が結ばれた状況は両国に従属関係のあったことを示してはいない。ビザンツ皇帝がルーシ公とは根本的に異なる特別の存在であることを示すものとして、ときに『原初年代記』一〇一五年の「ボリス殺害」記事中の一文が引かれることがある。そこでは神が「皇帝（tsesar'）と公（kniaz'）を定め、望む者に権力を与えられる」と記されている（邦訳一五九頁）。しかしこれは旧約のイザヤ書との関連で述べられた箇所であり、年代記作者は個々の国々やとりわけその指導者に正しき行いを求めたものと理解すべきである。かれが必ずしもビザンツ（「皇帝」）とルーシ（「公」）の関係を念頭において記したわけではない。

クリュソスはさらに、ミカエル・プセロスの「ロシア人の『反乱』」および「ローマ人のヘゲモニア」についてのヴァシリエフやオボレンスキーの解釈についても言及し、両者の理解が誤りであることを指摘するが、これについてはすでに記したので繰り返さない。(66)

クリュソスは西ヨーロッパでは、ルーシがビザンツ帝国支配下にあったと広く信じられていたとするヴァシリエフの主張についても批判的で、その論拠を検討している。一つの論拠はブレーメンのアダムである。ヴァシリエフによれば、アダムは「ルーシの首都はキエフであり、それはコンスタンティノープルの権力と競い合う、ギリシア最高の誇りである」と記している。(67) しかしこれをアダムが、キエフが帝国の一部であると考えていたことの証拠とみることは、必ずしも適切ではないとする。もう一つの論拠はフライジングのオットーが伝える、ビザンツ皇帝マヌエル・コムネノスとドイツ王（皇帝）コンラート三世の間の書簡（一一四五年）の事例である。そこでコンラートはマヌエルに、ルーシでドイツ人が盗賊に襲われ殺害されたことを伝え、皇帝として事情を調査した上で盗賊を罰するよう要請しているという。(68) たしかにここにはコンラートが、ルーシはビザンツの支配下（少なくとも影響下）にあったと認識していたことが示されている可能性はある。しかしヴァシリエフ自身が記すように、ここの「ルーシ」はルーシ南西部のガリツィアを指している可能性が高く、しかもまさにこの時期ガリツィアはビザンツの影響下にあったと考えられるという。必ずしもキエフのルーシが問題になっているわけではないのである。

クリュソスによれば、ルーシがビザンツに従属していたことをうかがわせる史料が一点だけある。それは八六七年の総主教フォティオスの回状である。フォティオスはここで、八六〇年のルーシによるコンスタンティノープル攻撃後のことを記述しているが、それによるとルーシはその後キリスト教に改宗し、帝国に敵対することを止め、「いまやかれらも、それまでの神を知らぬ異教信仰から偽りなき清きキリスト教の教えに変わった。そしてかれらはこれまでのわれらに対する暴虐とはなはだしい無法行為の代わりに、進んで自身をわれらの臣下ならびに心穏やかな朋友となしたのである」という。(69) ルーシ自身が皇帝の「臣下」を自認しているというのである。しかしたとえフォティオスの記述をそのまま認めるとしても、これはルーシの公式的「洗礼」の百年以上も前のことである。フォティオス時代のルーシの改宗がどのようなものであるか、すでに本書でも見たが（上述第三章1）、それはキエフ・ルーシ国全体の改宗でもなければ、永続的なものでもなかった。かりにその時点でルーシが一定程度従属していたとしても（その実際について判断する史料はない）、その後大きく変化を遂げた可能性が高い。けっして永続的に従属的であったとは思われない。フォティオスの記述を根拠にキエフ・ルーシが帝国支配を現実に甘受したと結論づけるわけにはいかないであろう。

かくてクリュソスは、古ルーシがビザンツの政治的従属国家であったことはいかなる形においてもなかったと結論づける。かれによれば、今日ほとんどの研究者がこの結論を受け入れるであろうという。その上でかれが最後に問題とするのは、こうした結論を受け入れながらも、他方で次のような主張をする有力な研究者（たとえばG・G・リタヴリン）のいることである。それは、ルーシがビザンツの従属国家でなかったのは、ひとえにルーシ側の実力ないし努力のおかげであり、ビザンツ側としては常にルーシを帝国に従属させようと望んでいた、とするような主張である。クリュソスはこうした、ルーシのいわば独立を守る能力を強調するような見方も事実に反するという。クリュソスによれば、ビザンツは最初からルーシに対する政治的支配権の行使など不可能であることを認識していた。ビザンツの政治的主張は精々がクリミア半島までで、それを越えて遠くキエフまでも政治的、いわんや軍事的影響力行使の対象とすることなど考えられなかった。むしろ帝国はルーシなどクリミア以北の諸勢力（ほかにペチェネグ、後にはクマン＝ポロヴェツ、モンゴル＝タタールなど）とは友好的、平和的関係の維持に努めた。こうした遠方の危険な諸勢力に対する「防御的政策」こそが帝国外交の真骨頂であったという。

かくてクリュソスの見解では、中世正教世界には、コンスタンティノープルとその皇帝を中心とする一体的世界という意識が形成されていた。これはとりわけキュリロスとメトーディオスの布教活動の結果できた感覚であり、そのことは否定できない。その意味では精神的な意味での「ビザンツ共同体」があったと考えてよい。しかしながら政治制度としてのビザンツ的「国家ヒエラルヒー」、あるいは「諸公・諸民族の家族」は存在せず、そうした観念は現実認識を妨げる「ゆがんだ鏡」にほかならないという。ビザンツ側がある場合に諸民族の支配者を「兄弟」、「子」、あるいは「甥」などと呼んだとしても（上述したコンスタンティノス・ポルフィロゲネトスの場合）、それはあくまでもビザンツ側からする理念的、外交的な言い回しにすぎず、呼ばれた方も自らを真に「子」などと考えて、それにふさわしい行動をとったわけではない。「子」と呼ばれた君主同士が相互に「兄弟」と感じたわけでもなかったのである。

以上にみてきたクリュソスのルーシ「従属国家」論批判は本書の著者にとってもほぼ妥当なものと判断される。ただ最後にクリュソスがリタヴリンを念頭において行った批判については一言しておきたい。クリュソスの批判は、ソヴィエトやロシアの研究者によく見られる（もっともかれらに限ったことではない）一種ナショナリスティックな傾向に対する危惧の念の表明としてはよく理解できる。しかし著者にはかれとリタヴリンの認識の間にそれほど大きな隔たりがあるとは思われない。クリュソスは、ビザンツにルーシを政治的、軍事的に支配しようなどという志向はまったくなかったことを強調した。おそらくそうであろう。しかしながら、当時ルーシ側にそうしたことへの恐れがなかったとは言い切れない。ある時点から、あるいはときにルーシ諸公が帝国ないし皇帝がギリシア人聖職者を通じて何らかの要求を行おうとしていると訝り警戒したとしても不思議でないし、そうしたことは実際にあったと考える。リタヴリンはそうしたルーシの立場により強く注意を払ったと考えることができると思う。たんなるナショナリズムの主張と一蹴することは、ソヴィエトやロシアの研究者間にも見られるさまざまなニュアンスを見落とすことになるだけでなく、ロシア人だけがそうした主張の虜になっているかのような、ときとして西欧諸国（この場合ギリシアも含む）の観察者にみられる悪しき傾向の現れであるように思われる。クリュソスとリタヴリンの違いはおそらく両者のおかれた場の違いと言ってよい。自己のおかれた場に過度に縛られることは厳に慎むべきであるが、おそらく現実自体が一義的にとらえきれない側面をもつ以上、ある程度の違いはむしろ自然と言ってよいように思う。

本補論を閉じるにあたって、最後にビザンツのロシアに対する影響の問題について一言しておきたい。これについて著者は以前不十分ながら若干論じたことがあるが[70]、先にも記したようなビザンツの影響力を過大に評価するような誤解がいまなお続いているように思えるので、やや古くなるがビザンツ史家Ａ・カジュダンのルーシ・ビザンツ間の

「王朝結婚」に関する論考（一九八八／八九年）[71]を取り上げて、誤解の解消に努めたい。

カジュダンは、キエフ国家が「ルーシの洗礼」後、一般にビザンツ共同体の一員となったとみなされていることについて、このテーゼは教会関係に限ってみれば、おそらく問題ないとしても、それ以外の側面においてどの程度妥当するのかを問う。かれはこの問いを限定的に、すなわち「十一―十二世紀ルーシ・ビザンツ間王朝結婚は両国の現実生活において特別の意味をもったのか、リューリク家のビザンツとの関係は［他に比較して］例外的に密接であったのか」という問題として検討する。かれの出発点は本書でもよく利用するN・de・バウムガルテンの系図研究である。バウムガルテンのリストによれば、ルーシとビザンツ間の王族結婚は十二例ある。[72]カジュダンはそのすべてを順に検討し、厳しい結論に到達しているが（バウムガルテンはほとんど全面的にルーシの「物語史料」に依拠しており、かれの挙げる例の多くは根拠薄弱である。ウラジーミル聖公の妻アンナとの結婚の場合を除いて、ビザンツ史料に明記された例もない等々）、それについてはここでは問題としない。カジュダンはバウムガルテンが、それでもルーシ公家と婚姻関係を結んだビザンツ以外の国々の例（一二〇〇年まで）を数多く集めた点を評価し、それを比較の材料として利用する。それによれば、ルーシとポーランド公家の婚姻は十六例（カジミェシ一世、ボレスワフ二世、同三世、同四世、ミェシコ三世、カジミェシ二世などの諸王を含む）、アングル人等スカンディナヴィア諸王家との事例十三（ハーラル苛烈王、ギーダ＝イングランド王ハロルド二世の娘を含む）、クマン女性との例十二、ドイツ諸家門とは十（皇帝ハインリヒ四世など）、ハンガリー王家九（アンドラーシュ一世、カールマーン、ゲーザ二世らの諸王）、カフカース諸公家七例、フランス二例（アンリ一世王など）、さらに少なからざる数のボヘミア、ポメラニア、シロンスクとの婚姻関係がリストアップされているという。カジュダンはこの不確かなリストからだけでも、ルーシがビザンツとよりは西方諸国をはじめとする他の国々との結合をはるかに多く選択していると結論づけられるとする。かれによれば、ルーシ諸公は（ビザンツ皇帝家もであるが）現実には西欧諸国やハンガリーとの婚姻関係をより多く望んだという(73)。その上でかれは、九八八年の「洗礼」後ルーシ世俗社会はどの程度「ビザンツ化したのか」という問いに答える責任はビザンツ史家ではなく、キエフ・ルーシ研究者にあると記して検討を終えている。キエフ・ルーシを、ビザンツとの関係を中心に考えることは適切である。とりわけ教会関係を含む精神史の分野では絶対的に重要である。しかし、世俗的諸側面についてはその限りではない。ルーシにおけるビザンツの意味は範囲を限定し一定の限度内で柔軟に考えられるべきなのである。

補論2　初期ルーシにおける記述文化の普及をめぐる問題

先に本章においてこの問題をめぐるS・フランクリンやH・G・ラントの慎重な見解を紹介しておいた。

ここではさらに古ルーシの翻訳活動に関するF・J・トムソンのより徹底した否定的見解についてもふれておきたい(74)。初期ルーシにおける文学活動がギリシア語からの翻訳を中心に行われたことはよく知られている。トムソンはこれとの関連で、キエフ・ルーシにおける翻訳活動の実態について検討している。トムソンがルーシにおけるビザンツ文化受容の問題をとくに「翻訳」という側面に焦点を合わせて考察するのは、ルーシ人が（イラリオンを例外として）ギリシア語文献を直接原語で読んだ形跡があまりないとみているからである。かれによれば、ルーシ人がビザンツ文献に親しんだのはもっぱら翻訳を通じてであったが、その翻訳もルーシ以外で（ビザンツ人やブルガリア人などにより）行われたという。これまでロシア・ソヴィエトの研究者のあいだでは（A・ソボレフスキー、V・イストリン、N・ドゥルノヴォらが代表である）、キエフ・ルーシではきわめて多くのギリシア語文献が翻訳されたとするのが一般的であった。たとえばソボレフスキーはモンゴル侵入以前の段階で、キエフ・ルーシで三十六（ないし三十七）点がスラヴ語に翻訳されたと考え、そのリストを作成した（一八九七、一九一〇年）。このリストはその後イストリンらにより訂正されたり、増補されたりして今日に至っているが、トムソンによれば、ソボレフスキーらのこうした見解は諸文献がほかならぬキエフ・ルーシにおいて翻訳されたと判断する際の「基準」の面で大きな問題を抱えており、これを無批判に受け入れることはできない。こうした見地からトムソンはこれまで「キエフ・ルーシにおける翻訳作品」とされてきた文献を七十点挙げ（トムソンの列挙する文献のリストは網羅的とはいえぬまでも、「ほとんど完全なリスト」（A・A・ピチハーゼ）と評価される）、それらを逐一検討する。[75] そこから得られた結論は、それらのいずれもが「疑問の余地なく」キエフ・ルーシの翻訳作品と判定されるわけにはいかないというものである。トムソンの検討例をいくつか紹介しよう。まず、聖書の「エステル書」（リストの1）。これはキエフ・ルーシで最初期の翻訳と目される文献であるが（通常セプチュアギンタからではなく、ヘブライ語からの訳と主張される）、トムソンによれば、それはむしろ今に伝わらないギリシア語版から、しかもキエフにおいてではなく南スラヴ人によって翻訳されたと考えられるという。また『原初年代記』も利用する史料、ゲオルギオス・ハマルトーロス『年代記』（リスト50）については、これをキエフで翻訳されたとするイストリン説にはいかなる言語学的根拠も存在しないこと、これまでも少なからぬ研究者が主張したように、それは十世紀ブルガリアにおける翻訳で、後にキエフで改訂されたと考えるべきことを説く。ヨセフスの『ユダヤ戦記』（リスト52）についても、文体的に「自由かつドラマティック」という理由で通常キエフの翻訳品と目されるが、そうした理由づけは根拠薄弱であると主張する。トムソンはこうした考察から、ルーシは「教養と真の霊性を欠く」ビザンツ修道制に固執するあまり、「ギリシア、ビザンツ文化の豊かな」古典的文化遺産から切り離された状態にあったとする結論に到達し、モスクワ時代までのルーシでは「知的沈黙」（Intellectual Silence）が支配していると結論づけるのである。[76]

本書の著者の考えでは、トムソンはやや厳しすぎる「基準」を設定してすべてに対して否定的になっているように見うけられる（したがってかれの「基準」を採用した場合、積極的、肯定的な結論に到達することが困難となる）。

たとえば、当時のブルガリアとルーシにおける翻訳を比較した場合、言語学的に明確に区別することがどこまで可能なのか、かりに可能であったとしても、当時の写本がほとんど伝わらない今日、それを後代の写本に依りながらどこまで識別できるのか、など多くの問題点がありそうである。トムソンのように厳密な基準を求める見解が出された以上、今後少なくともソボレフスキー以来の見解を無批判に繰り返すことはできなくなるが、トムソン自身の見解も暫定的、仮説的といわざるをえないであろう。

トムソンの論文に対してはただちにロシア研究者の側から反論がなされた。一九九六年にはA・A・アレクセーエフがトムソン批判論文を著わし、二〇一一年にはA・A・ピチハーゼがモンゴル侵入以前のルーシにおける翻訳活動を言語学的側面から全体的に論じた専門研究においてトムソンを批判している。ピチハーゼは、各翻訳文献が実際にルーシでなされたものか否かに関するトムソン自身の判断「基準」にも不備のあることを指摘して、結局ソボレフスキー以降の研究が全体としては首肯できるとする。[77] S・フランクリンもトムソンの問題提起の意義を認めながらも、その結論があまりに一方的、断定的であることを批判する。フランクリンによれば、トムソンはルーシ人によりルーシにおいて翻訳されたかどうかの問題に拘泥しすぎている。トムソンはルーシ人の手にした（ルーシに存在した）諸作品の多くがビザンツ人、ないしブルガリア人により翻訳されたと考えているが、誰がどこで翻訳したかを明らかにすることは困難であるばかりでなく、実はそれほど重要なことでもない。外から持ち込まれた文献であってもその地の文化の向上には寄与しうるからである。トムソンは、ルーシ人が自ら翻訳できなかったのは、かれらの学識が低かったからであると考えたが（トムソンはたとえば、ルーシの教会知識人には言語能力のみならず、「教義学的、哲学的」、つまり神学的な知識が欠如していたことを強調した）、こうした判断は断定的にすぎ、あまりに拙速である。[78]

S・フランクリンはこのようにトムソンを批判したが、かれ自身もトムソンほどにラディカルではないにせよ、この問題に対し慎重な見解を表明し、過大評価を戒めている。すなわちフランクリンによれば、「ルーシの洗礼」後における「文章語」の普及を物語る直接的な史料は驚くほどに少ない。「洗礼」後約半世紀間の状況については、直接的な史料はなく、後代の「物語史料」や若干の印章や碑銘によって判断する以外にないという。ただかれはヤロスラフの晩年、一〇五〇年頃を境に文章語(記述文化)が急速に普及したと考えられることを説いて、ヤロスラフ期の文化活動の意義をそれなりに評価し、それを前提として議論を進めている。(79) その際かれの主要な意図、関心は、既述のように、リテラシーのある程度の普及拡大が、なぜルーシにおいては文書化(documentation)を進展させなかったのか、その理由を問うことに向けられている。それによると、イングランドにおいては現存する十二世紀の文書が「数千」も数えられるのに対し、ルーシでは「一ダース」ほどでしかないという。ロシアの研究者は現存文書の少ないことの理由を種々挙げ(度重なる火災や外的侵入による破壊など)、また少ないことが必ずしも文書の作成されなかったことの証明にはならないことを主張するが、あまり説得的ではないとする。(80)

ところでフランクリンは現存する古ルーシの文書がイングランドのそれと比較してほとんど比較にならないことを指摘し、そうした前提で議論を展開したが、この前提にはやや問題がある。というのも近年のT・V・ギーモンの研究も明らかにするように、両国の比較、とくに文書量(数)の多寡の問題はより複雑な手続きを踏んだうえでなければ、簡単には論じられないからである。フランクリンが前提とした上のような見解は、欧米の研究者らにはよくみられ、ある意味では通説的といってよいが、遠く離れ接点のそう多くない二つの国の比較にはより慎重な取り組みが必要である。とくにフランクリンがイングランドとルーシの歴史的歩みに時期的に大きなずれのあることに留意していないのは問題である。端的に言ってローマ文化圏に組み込まれ、キリスト教化が(そして国家建設も)格段に早く始められたイングランドと、はるかに後れてキリスト教文化圏に参入した(しかもローマ支配を経験せず、古典時代を知らなかった)ルーシとを十二世紀の段階で単純に比較してもあまり意味がない。フランクリンのような前提に立てば、古ルーシと初期中世イングランドとを比較史的に論じることなどそれこそ無意味と言うことになろうが、まさにこれが可能であると考えたのがギーモンであった。ギーモンは大著『初期中世イングランドと古ルーシの歴史叙述――比較史研究』において、両国における歴史叙述にかかわる文書（書籍）の総合的な比較研究を試みている[81]。その際イングランドの場合は、五九七―一〇六六年を（キリスト教化からノルマン・コンクウェストまで）、古ルーシの場合は、九八八年から一四〇〇年頃を（キリスト教化から、およそ羊皮紙に代わって紙の使用され始める時期まで）検討時期として設定する。かれはこのように時期的なずれを承知で、「初期中世」という枠組みを設定することにより、両国の比較史が可能となると考えたのである。文書（それも歴史叙述に限定して）の比較は、それを生み出し、受容した社会や国家の特質を間接的とはいえ理解する一つの有力な方法であるばかりでなく、社会や国家自体を直接的に比較する場合に比べて容易であると考えられることから、近年ロシアにおいても研究が進んでいる分野であるが（「比較史料学」sravnichel'noe istochnikovedenie と呼ばれる[82]）、かれの研究もそうした流れの中から出てきたものである。両国の歴史叙述の諸形態が比較可能と考えられる理由は、本質的な類似点があるからである。すなわち双方の記述文化はともに、より進んだ文化をもつ国々の影響をうけてキリスト教を導入して後急速に進展した。しかも両国は初期中世ヨーロッパの多くの国々とは異なって、ラテン語（ルーシの場合ギリシア語）ではなく（イングランドの場合はラテン語のみではなく）、民族語による記述という形を取った。アングロ・サクソンの歴史叙述は相当早い時期に遡る相当数の手稿本（manuscripts,rukopisi）を現在に残している。一見してルーシではこの点まったく異なるように見える。しかし後述するように、初期中世（ルーシでは一四〇〇年まで）という枠を設定する場合、けっしてそうではなかった。加えて、イングランドにおける多数の手稿本に関する研究は初期ルーシ歴史叙述の分析に大きな示唆を与える。比較は可能なのである。

さてギーモンは「歴史叙述（記述）」の定義（範囲設定）を行ったうえで、その諸形態の比較分析、年代記作者の作業の具体的手順等に関する詳細な検討を行うのであるが、七〇〇頁に近い大著の内容をここで詳しく見ることはできない。ここでの問題は、初期中世ルーシにおける「文書（書籍、本）」一般の数量把握である。はたしてそれはフランクリンの記したように(研究者の多くも、いわばアプリオリにそうした印象を抱いている)、「きわめて少なかった」と言えるのであろうか。ギーモンによれば、現存する手稿本の数量確定はいうまでもなく容易ではない。手稿本の作成時期および場所の問題、外から持ち込まれた可能性、現存文書（コーデクスなど）が原初的な形態をそのまま留めているのか等々いくつもの困難な課題が指摘される。研究史上もさまざまな見解がある。かれはこうした問題を検討したうえで、暫定的ながら次のような結論に達している。それによれば、イングランドでは一〇六六年までの時期に「文書（本、冊子）」(kniga, kodeks = codex) の総数をおよそ九五〇点と見積もることができる。一方ルーシでは一四〇〇年までの時期に八百五十点ほどの文書の存在を確認できるという（イングランドの場合、そこで作成された文書のみならず、外から持ち込まれ、そこに「存在した」ものも含まれているのに対し、ルーシの場合はそこで「作成された」と考えられるもののみにかかわる数字なので、調整して見積もると、ルーシでもほぼ九百五十点と考えることができるという）。なおここではあくまでも「本」や冊子体が考慮に入れられている。個々の羊皮紙葉に書かれた文書(グラーモタ gramota) は含まれていない。イングランドの現存羊皮紙文書数は古ルーシのそれに比し格段に多く、その点では比較にならない。しかしルーシではノヴゴロド地方を中心に「白樺文書」が一千点以上発掘されており、上の数にそれは含まれていない。イングランドではこれに類したものは知られていないので、一概に古ルーシに文書（グラーモタ）が少ないとは言えないという[83]。

イングランドとルーシの比較は、もちろんこうした数量的要素のみでは不十分である。個々の文書のジャンルや記述内容・思想的特徴、記述者や読者の問題など多面的、総合的な分析が必要なことはいうまでもない。ただここでは、ギーモンによるならばルーシも「初期中世」という時間枠の中では、それなりに（そしてこれまで漠然と考えられてきた以上に）記述文化が進展していたと考えることができることを確認することで留めておきたいと思う。

本稿を終えるにあたって、以上と密接に関連するルーシにおけるギリシア語能力の問題についても一言しておく。キリスト教受容後のルーシでギリシア語がどの程度習得され、理解されたのかという問題である。上記トムソンがこの点についてはまったく否定的な立場に立っていることは言うまでもない。トムソンから距離をおいているフランクリンの場合も、この点についてそれほど楽観的な見方をするわけではない。すなわちかれによれば、ルーシにさまざまな分野でギリシア語を理解する人材がいたことは事実であるが、ギリシア人（やラテン人もである）教師のいる「学校」、ギリシア語からの翻訳推進計画（政策）、ギリシア語文献を集めた「図書館」などにふれる史料はまったく存在しない。V・N・タチーシチェフなどはそれらについて言及しているが[84]、それは「想像」の産物以外の何物でもないといわれる。事実として確認できるのは、十一世紀においてはギリシア語が多くの公的また権威ある分野で「顕著な」位置を占めており、その限りでルーシ人にも一定程度のギリシア語能力を推測できるが、十一世紀末以降になると、ギリシア語知識（そして教育環境）が十分に根付く前に、それも次第にスラヴ語によって取って代わられるようになったということである。そして結局のところギリシア語はキエフでは「遠い、理解しがたい」言語にとどまったという[85]。またギリシア語読解力の問題はすぐれて聖職者に関係するが、カトリック圏ではラテン語能力が中世中期以後（大学教育などを通じて）急速に俗人知識人間にも拡大していったのに対し、ルーシではそうした状況（俗人によるギリシア語能力の広範な習得）がみられなかったのみならず、聖職者に限ってもその能力は限定的にとどまったことが指摘されている[86]。これには言うまでもなく、ルーシでは最初から礼拝用語、文章語として民族語が採用されたことが関係しているが、それだけではなく、教育に対する考え方一般、また施設や制度面での不備も大きかったと考えられる。このようにして古ルーシの文化は古典文化から切り離され、それと同時にヨーロッパ文化一般からも次第に孤立したことが説かれるが、程度の問題があるとはいえ、こうした側面が強かったことは否定できないようにみえる。

第九章注

（1）Franklin/ Shepard, *The Emergence of Rus*.p.206

（2）この時のルーシ連合軍のポーランド攻撃は、ドイツ王コンラート二世の西方からの動きに呼応するものであった可能性が指摘されている。当時ミェシコ二世のポーランドはドイツと対立していたのみならず、王朝内にも内紛をかかえており、それをヤロスラフらが衝いたと考えられている。ルーシは西方との国際的な関連性のなかで動いていたのである（Pashuto, *Vneshniaia politika*.s.38;Golovko, *Drevniaia Rus'*.s.32-39）。なお「チェルヴェンの町々」をめぐるルーシ・ポーランドの対立については本書第四章1、第七章2を参照。

（3）当時ルーシはとりわけトルコ系遊牧民のペチェネグ人と激しく対立していた。ペチェネグ人諸勢力はたびたびルーシへ侵攻しただけではなく、ルーシ諸公の一部と結んで諸公間の内訌に介入し、重大な脅威となっていた。ペチェネグ人は『原初年代記』では九一五年の項に初めて登場する（四五頁）。その脅威は十世紀後半、とりわけウラジーミル治世以後とくに増大し、ヤロスラフ賢公もスヴャトポルクとの戦いでは後者と結んだペチェネグ人兵力にひどく悩まされた。またとくに一〇三六年にはキエフを包囲した「無数の」ペチェネグとの戦いは激戦で、『原初年代記』でもヤロスラフは「辛うじて」勝利したと記される（一七二頁）。ただしこのときの勝利をもって、ペチェネグ人の脅威は基本的に終わったといえる。代わってルーシの前に脅威として現れる遊牧民はポロヴェツである。ペチェネグ人については本書第五章注（72）を参照。

（4）J・ブランコフは、近年の考古学研究の成果によりながら、チェルニゴフ（キエフの一四〇キロメートル北、デスナ川にストリジェニ川がそそぎこむ地点）が八―九世紀から開け始め、十一世紀（ムスチスラフ公治世）に重要な政治拠点となったこと、その後十二世紀にかけキエフ型の都市として発展したことを主張している（Blankoff, "Černigov, Rivale de Kiev ?".p.148-153）。

（5）この教会建築については、たとえばKomech, *Drevnerusskoe zodchestvo*.s.134-168が多数の写真を用いて詳しく紹介、分析している。

（6）「専制君主」は年代記原文ではsamovlastetsである（*PSRL*.I:150;*PVL*.66、邦訳一七一頁）。『イパーチー』では六五四二（一〇三四）年の項においてedinovlastechと記される（*PSRL*.II:138）。あくまでも当時の人々の意識で「専制」的ということである。

（7）ミュラーによれば一〇五〇年七月十五日のウラジーミルの命日のことであった。Müller, *Die Werke*.S.14-15

（8）Moldovan, *Slovo o zakone*.s.98;*BLDR*.I.s.50;Müller, *Lobrede*.S.121-125. 三浦訳「中世ロシア文学図書館（III）」八六―八七頁

（9）ただし「賢公mudryi」という呼称はキエフ時代にはほとんど見られない。ヤロスラフがすでに存命中に（少なくとも治世の晩

年には）、同時代人により偉大な君主として敬われていたことはほぼ確かである。すでにみた『原初年代記』の記述がこれを裏づけている。またイラリオンによる賛美もすでにみた。のちの府主教の『説教』（十一世紀中頃、ヤロスラフ存命中に行われた）は本来ヤロスラフの父、「ルーシの洗礼」者ウラジーミルの賛美を目的として執筆されたが、父と並んで子も称賛されたのである。ヤロスラフにより府主教座に抜擢されたイラリオンは、当然のことながらヤロスラフの熱烈な賛美者であった。ただ上記両文献に「賢公」という呼称自体は見られない。たしかに『イパーチー年代記』（十二―十三世紀初）には「このいとも賢き公 premudryi kniaz' ヤロスラフ」という表現が見えるので（*PSRL.II*:139、一〇三七年の項）、この呼称はほとんど同時代的と言ってもよい。少なくとも相当に早い段階で公がそう呼ばれていたことをうかがわせるものではある。しかしキエフ時代にはヤロスラフは「偉大な veliki」とか、「円熟した、老練の staryi」という尊称とともに呼ばれるのが通常であった（前者は『ルーシ滅亡の物語』に、後者は『イーゴリ遠征物語』にみられる）。

ヤロスラフが早くから高い評価を受けたことは確かといえるが、他方で研究者の中には、ヤロスラフに対する同時代人の評価が必ずしも一致していたわけではないことを指摘する者もいる。たとえばルィバコフがそうした一人であるが、かれによれば、当時ヤロスラフを偉大な君主と称える評価と並んで、「残酷で背信的、臆病で無能な」公と貶める評価も存在したという。ルィバコフはノヴゴロドに今は失われた年代記（「オストロミールの年代記」Ostromirova letopis'）があって、それがヤロスラフに敵対的な立場を鮮明にしていたと考えている（オストロミールの父はヤロスラフにより処刑されたノヴゴロドのポサードニク（市長）、コンスタンチン・ドブルィニチであったという）（Rybakov, *Drevniaia Rus'*.s.193-206）。ルィバコフの「オストロミール」（とくにその父、またその名の年代記の存在）に関する仮説が正しいかどうかは何とも言いかねるが、すでにみたとおり、かつてシャーフマトフが『原初年代記』に先行する集成の存在を推測し、それが『ノヴゴロド第一年代記』の新輯版に痕跡を留めていることを主張したこともあり、あながち荒唐無稽と言うわけにはいかない。しかもわれわれも知っての通り、ヤロスラフは血なまぐさい大公位継承争いを勝ち抜いて君臨するに至った公でもあった。その最中にはボリス・グレープ殺害事件もあった。敵対的な評価があったとしても不思議ではないのである（なおここでは、サガ、たとえばすでにみた「エイムンド・サガ」における否定的評価については考慮に入れないでおく）。これについてはKarpov, *Iaroslav Mudryi*.s.6-7 をも参照。

（10）都市としての古キエフの形成については、本書第二章七二―七四頁を参照。この問題に関してはKarger, *Drevnii Kiev* が古典的研究である。ヤロスラフ時代のキエフについては、そのT.I, s.231 sl., とくに s.247-262. またその後の考古学研究の成果を加味した便利な書として Tolochko, *Drevnii Kiev*(1983), s.12-96 を参照。ただしカールゲルとトロチコの立場に相当の違いがあることについては上述参照。

（11）Tolochko, *Drevnii Kiev*(1983).s.188-192

（12）研究者によっては、ヤロスラフがこの年に聖母（デシャチンナヤ）教会をも建立、正確に言えば、再建したと考える者もいる（同教会は、『原初年代記』九八九年の項にあるように、ウラジーミル治世に建立されている。本書第七章三九六―三九七頁参照）。これは一〇三九年の記述「ウラジーミル［聖公］が建てた聖母教会が、府主教テオペン［プ］トスによって浄められた」（邦訳一七四頁）から推測された考え方で、S・H・クロスなどがこうした主張をしている。しかし聖母教会の再建をヤロスラフの手に帰すこの見解は受け入れがたい。クロスは一〇一七年の項にみえる記述「教会が焼けた」を、聖母教会のことと考えて、一〇三九年の項はこれを受けたものと解釈するが（Cross, *The Russian Primary Chronicle*.p.254）、この解釈は疑問である。焼けたとされる教会はティトマルの記述からしても（Thietmar, *Chronik*.VIII, 32;*Drevniaia Rus' v svete*…IV, s.80-81）、聖ソフィヤのことと解釈すべきと思われるからである。聖ソフィヤが一〇一七年時点で存在していたかどうかは問題となるが、これについては第七章注（86）参照。リハチョフもクロス同様に聖ソフィヤが一〇三七年にはじめて建立されたと考えているが、クロスとはまた異なる立場に立っている。リハチョフは『原初年代記』一〇三九年の項が「聖母教会」と記すのは「誤りであり」、この年に聖別されたのは聖ソフィヤでなければならないと解釈しているのである（*PVL*.s.483）。年代記の邦訳者たちは一〇一七年の注では、焼けた教会を聖ソフィヤと解釈する立場に立っているかのようにみえるが、一〇三九年の注では、クロス説をそのまま受け入れ、「一〇一七年の火事」で焼けた「デシャチンナヤ教会」が一〇三九年にヤロスラフによって再建されたと記す（四五八、四六四頁）。正しくは以下にもみるように、一〇一七年に消失した木造ソフィヤ教会がヤロスラフによって一〇三七年から石造に再建された、ということであろう。

（13）Poppe, "The Building of St Sophia", p.15, 47-50

（14）ポッペの研究はキエフ建築史研究で名高いA・I・コメチによっても支持されている。Komech, *Drnerusskoe zodchestvo*.s.178, 229-230

（15）たとえばA・A・ジミーンがこうした見解を表明している。*PRP*.Vyp.1, s.248

（16）Tolochko, *Drevnii Kiev*(1983), s.69-82

（17）ヤロスラフ期の石造のソフィヤ聖堂はかつて多くの研究者（V・N・ラザレフ、M・K・カールゲル、S・H・クロスら）によって、ヤロスラフ治世以後にまでわたり段階的に建増築され、結果として壮大な建造物となったと考えられた。しかしポッペは各構造の分析の結果、むしろ聖堂の全体がはじめにまとめて構想され、およそ十年を費やしてヤロスラフ治世に竣工したと考えている。コメチも、ポッペ説が必ずしも完全に論証されたとは言えないとしながらも、聖堂、全回廊、階段塔の建築の「同時性」について言及している。かれは壁画の作成については「時期的に近い二つの段階」の可能性にも言及する。いずれにしてもコメチも建築が長期にわたったことについては懐疑的であると考えられる。Komech, *Drevnerusskoe zodchestvo*.s.203-205; さらに Logvin, Novye nabliudeniia. s.154-160. 聖ソフィヤの建築は当初ロマネスク様式であったが、十七世紀末から十八世紀初にかけての修復工事の結果、今日ではウクライナ・バロック様式の外観を帯びるようになっている。

(18) 研究史上ヤロスラフの居館がソフィヤ聖堂と並んで立っていたと考えられたこともあったが、それはM・K・カールゲルら考古学者によって否定されるようになった（Karger, *Drevnii Kiev*.T.I, s.270-271）。なお以下については、Franklin/Shepard, *The Emergence of Rus*.p.210-212 が要領よくまとめている。なおキエフの「社会地誌」については Tolochko, *Drevnii Kiev*(1983), s.194-200 を参照。

(19) 聖ソフィヤの内部を飾る壁画やモザイク、イコンなども美術史的に価値が高いだけでなく、それぞれヤロスラフやその後の支配者、教会当局の意向を知るうえでも貴重な資料となっているが、それについては特別の考察が必要となる。さしあたりは Lazarev, Freski Sofii Kievskoi;Vysotskii, *Svetskie freski* などを参照。

(20) 研究史的には、聖ソフィヤの建築とりわけ絵画等に認められるルーシ「固有の」特徴を強調し、それがヤロスラフ期ルーシのビザンツ帝国からの独立志向を表現したものとする立場もあったが、おそらくそれは当時のビザンツ・ルーシ関係についての誤解から来ている。この問題については後に改めて立ち返るが、ここではさしあたり Komech, *Drevnerusskoe zodchestvo*.s.229-230 を参照。特徴はあったが（当然のことである）、それを必ずしも独立志向とみる必要はないということである。

(21) Cross, *Mediaeval Russian Churches*.Illustrations.Figure 8 にキエフ・ソフィヤ聖堂のヒッポドロームの場面のフレスコ画がみられる。同じソフィヤでも、ポロツクの場合はヤロスラフの活動とは独立に、フセスラフ・ブリャチスラヴィチ公によって建てられたと考えられる。このことは当時ポロツク公国がある程度独自の歩みをしていたことを物語っている。ただしそれがキエフ、とくにノヴゴロドのソフィヤ聖堂建築に従事したビザンツ職人らによって建てられたとみられることは、ポロツクもキエフ・ルーシの枠組みのなかにあったことを示している（Alekseev, *Polotskaia zemlia*.s.193-199）。ポロツクには「ルーシの洗礼」後まもなく主教座がおかれたとみられることも（本書第七章3）、この町がキエフ府主教座に属していたことを明確に裏づけている。

（22）『キエフ。百科便覧』によれば、復元は一九八二年（キエフ千五百年祭に際して、本書第二章七三頁参照）のことである（Kiev. *Entsiklopedicheskii spravochnik*.s.218 i Tablitsa.XXX-2）。

（23）Tolochko, *Drevnii Kiev*(1983), s.66-68

（24）W・フィリップはキエフと北東ルーシのウラジーミル（クリャジマ河畔）の「黄金の門」、その上に建立された聖母受胎告知教会などにとくに注目し、古ルーシの二つの首都がビザンツさらにはエルサレム（そしてさらには天のエルサレム）に遡及されるキリスト教帝国の伝統を意識的に継承し、首都の宗教的正当化、根拠づけを行おうとしたことを見事に論証した（Philipp, "Die religiöse Begründung".S.376-383）。

（25）勝田『ルス法典研究』

（26）なお『プラウダ』のテクストはソヴィエト時代に主なものだけでも三度刊行された（したがってあらたな邦訳が試みられてよい時期にはなっている）。*Pravda Russkaia*（Pod.red.Grekova'一九四〇年）; *PRP*.Vyp.1, s.73-232（一九五二年）; *RZ*.T.1, s.28-132（一九八四年）である。本書では主に *RZ*.T.1 を利用する。これはグレコフ編のテクストに依拠している。

（27）勝田『ルス法典研究』四八五―四九〇頁

（28）「プリミティブ」などと記したが、誤解のないように断っておくと、第一条にみられた「血讐」という氏族制的な慣習に関する規定をどう理解するかについては注意を要する。「ヤロスラフの子ら」の時代に血讐が廃止されたとする記述があるだけでなく（『敷衍編纂』第二条、*RZ*.T.1, s.64; 勝田『ルス法典研究』四四二頁）、すでにウラジーミル聖公のときにこれが禁止されていたという見方もあるからである。おそらく上記第一条の規定は血讐のできる範囲を制限し、できれば補償金で済ませようというヤロスラフ（政府）の意向を表現した規定ととらえることができる。たとえヤロスラフ時代に血讐の慣行が残存していたとしても、ヤロスラフ自身はそれを抑制しようとしていたと考えることができる。

（29）*PSRL*.III:175-180（邦訳はない）。

（30）*PRP*.Vyp.I, s.235-254, 257-285; *RZ*.T.1, s.134-162, 163-208. キエフ期に教会に与えられた諸公の規定（ウスタフ）はさらに何種類かが知られているが、それについては省略する。これについては *Drevnerusskie kniazheskie ustavy* に詳しい。

（31）宮野「ヤロスラフ賢公の教会規定」、同「ウラジーミル聖公の教会規定」

（32）拡大版が先に成立したこと、しかし簡素版を拡充してできたわけではないことについては、Shchapov, *Kniazheskie ustavy*.s.233

(33) モンゴルのカンからルーシの府主教に与えられた「ヤルルィク」、またモンゴル支配期のルーシ教会の状況については、さしあたり、拙著『タタールのくびき』四五頁（注46）を参照されたい。
(34) たとえば本書第三章一五八―一五九頁（『コンスタンティノス伝』における「ルーシ文字」・「シリア文字」の問題）。また第七章四二六―四三〇頁を参照。
(35) 問題そのものについては本章補論2をみられたい。さしあたりは *Sovetskaia istoriografiia.s.*251-255（Iu・A・リモーノフ「文章語の起源」）を参照。
(36) S・フランクリン論文（Franklin, "Literacy and Documentation"）は、一方ではリテラシー能力のとくに十一世紀半ば以降の順調な普及を指摘しながら、それが「文書化」を促す方向には必ずしも行かなかったこと、ロシアやソヴィエトの研究者の言う「行政の必要」がただちに文書行政を生み出すことにはならなかったこと、教会分野は別にして俗人についてはウラジーミル・モノマフの子ムスチスラフの系統における場合を例外として、初期の（一二〇〇年頃までの）商取引などの多くは口頭でなされたこと等を論じている。
(37) Lunt, "The Language of Rus'", p.295
(38) 全七条からなると推測されている。復元されたテクストは Shchapov, *Kniazheskie ustavy.s.*120-121
(39) 年代記では、この後ビザンツの聖山アトスで剃髪してアントニーと名付けられたルーシ人がやってきて、イラリオンが掘った洞窟のある場所に住みついたとする記述が続き、これが有名なキエフのペチェールスキー修道院の開基につながったとされる。ちなみにペチェールスキーとは「洞窟の」の意である。この話は『キエフ・ペチェールスキー修道院聖者列伝』第七話「ペチェールスキー修道院修道士ネストルによる物語　何故にペチェールスキー修道院と呼ばれたか」にも見られる。両者の内容はよく似ているが、一致しない部分もある。『原初年代記』では後に修道院ができる場所で最初に修行したのがイラリオンとなっているのに対し、『列伝』では最初はアントニーであったとするのである。アントニーの経歴は複雑であるが、『列伝』によれば、かれは若いころ聖山で剃髪し、一度ルーシに戻って後に修道院ができる場所で修行したが、スヴャトポルクのボリスとグレープ殺害後再び聖山に逃れ、ヤロスラフ治世になって再度ルーシに戻って元の洞窟に落ち着いた。その間その場所にはイラリオンが府主教になるまで修行のために通っていたということになっている（これについては三浦『聖者列伝』（I）』一三〇、一四三―一四五頁を参照）。また『列伝』第十四話「ウラジーミル・スーズダリ主教シモンのポリカルプへの書簡」では、「聖アントニー伝」（そのままの形では今に伝わらない）の記述として、府主教イラリオンはアントニーから剃髪を受けたと記されている。この記述が正しいとすると、『原初年代記』でイラリオンがあたかも先に「洞窟」において修行したとするのは、イラリオンを称えるための一種の脚色であった可能性が高い（三浦「『聖者列伝』（II）」七〇頁参照）。

（40）*BLDR*.I.s.60;Müller, *Lobrede*.S.143（Moldovan, *Slovo o zakone* にはこの部分はない）. 三浦「中世ロシア文学図書館（III）」九〇頁。なおヤロスラフにチュルク系の称号「カガン」が付されていることに関しては、第二章補論において検討しておいた（『説教』ではヤロスラフは二度こう呼ばれる。ちなみにウラジーミルも三度「カガン」と呼ばれている）。

（41）宮野「ヤロスラフ賢公の教会規定」、八六、九三頁

（42）三浦「『聖者列伝』（III）」二一一頁

（43）*SKKDR*.Vyp.1, s.199-200（N・N・ローゾフ）

（44）*PSRL*.IX:83

（45）Müller, *Lobrede*.S.2;ibid.*Die Werke*.S.9. ミュラーは後者の著書ではイラリオンが十一世紀四〇年代にヤロスラフの使節としてフランスに赴いたとすら推測している。その「ウラジーミルへの賛美」に西方、とくにフランス王の宮廷でしか知られていないという典礼様式が引用されていることを根拠としている（ibid.*Die Werke*.S.9-10, 44）。この点についてはさらに Nazarenko, 1054 i 1204 gody.s.318 をも参照。

（46）Priselkov, *Ocherki po tserkovno-politicheskoi istorii*.s.77-115. プリショールコフは以上のように、イラリオンの選出を一〇四三年の対ビザンツ遠征と関連づけ、すべてをヤロスラフ大公のビザンツからの自立志向という視点から説明しようとしたが、その際の重要なポイントの一つに一〇四三年遠征に関連してビザンツの歴史家ミカエル・プセロスが記した次の箇所に関するかれの解釈がある。すなわち、プセロスは上記遠征に関連してこう記す。「このバルバロイ［ルーシ］は『ギリシア人のヘゲモニア』に対し、いつの時代にも悪意と憎悪をたぎらせてきた。そしていつの時代にもさまざまな手段を講じてわれらと戦う口実を探してきた」と(Khronografiia.XCI.=*Drevniaia Rus' v svete*…II, s.237（Ia・N・リュバールスキー訳）による)。プリショールコフはここの「ヘゲモニア」を、まさにコンスタンティノープル総主教座のルーシ支配（ルーシのコンスタンティノープルへの従属）を示すものととらえたのである（実はかれの場合、それまでのルーシ教会のブルガリア＝オフリド大主教座への従属というかれ独自の立場とのからみで、以上についてもやや込み入った説明がなされているのであるが、ここではそれには立ち入らない）。かれはこれをさらにルーシの

「政治的従属」とも言い換えている。そしてこれこそがヤロスラフの「激怒」と「憤怒」を呼び起こし、大規模な軍事遠征に至ったと理解するのである。この理解はリハチョフなどの支持を受け、さらにルーシの自立性を強調する立場に共感する多くの歴史家（必ずしもこの問題を専門的に研究したわけではない人々）により広く受け入れられたように思う。しかしながら、こうした理解はおそらく正しくない。プリショールコフの「ギリシア人の支配（ヘゲモニア）」とする読みがそもそも正確ではないからである。ここは、原文は *Ρωμαϊκὴ ἡγεμονία* で、正しくは「ローマ人のヘゲモニア」すなわち「ローマ人の国家」と訳すべきところで、「ビザンツ帝国」のことを言っているに過ぎない。この点は早くはI・U・ブドーヴニッツが指摘したところで、ロシア語訳者（リュバールスキー）もそう訳している。このように正確に訳すなら、一〇四三年の遠征は、ルーシが早くから行ってきた多くの対ビザンツ遠征攻撃と同じ種類の攻撃であったと理解するのがもっとも自然であることになる。この語は、ビザンツ・ルーシ関係が支配・被支配のそれであったことをとくに表現するものではないのである。Priselkov, *Ocherki po tserkovno-politicheskoi istorii*.s.90;Likhachev, *Russkie letopisi*.s.44;Budovnits, *Obshchestvenno-politicheskaia mysl'*.s.60-74. なおミカエル・プセロスのこの表現をめぐってはD・オボレンスキーもこれを「ビザンツのルーシに対する政治的主権の伝統的な要求」の表現ととらえている。しかしギリシア人史家のE・クリュソスによれば、プセロスの記述においては、*Ρωμαϊκὴ ἡγεμονία* は単に「帝国」ないし「帝国政府」を意味するにすぎず、各所で用いられている *ἡγεμονία* の語がオボレンスキーの理解したような意味で使われている例はただの一度もないという。Obolensky, *Byzantine Commonwealth*.p.225;Chrysos, "Was Old Russia a Vassal State?".p.238. ここでプセロスの記述に関連してさらに一点ふれておきたい。実はプセロスは一〇四三年の遠征について記述した際に、Περὶ τῆς τῶν Ῥώσσων ἐπαναστάσεως という標題を付しているという。この標題をどう読むかでも議論は分かれている。ビザンツのルーシに対する政治的支配権を承認する研究者はこれを「ルーシの反乱（蜂起）について」と読み、ここにもルーシがビザンツに従属していた証拠をみるのである。他方政治的支配・被支配関係を否定する研究者は、ἐπαναστάσεως はたんに「攻撃」を意味するにすぎないとする。これについては前者の立場は、Vasiliev, "Was Old Russia a Vassal State?".p.353 を、後者の立場についてはChrysos, "'Was Old Russia a Vassal State?'".p.238 を参照。

(47) ヤロスラフとイラリオンがルーシ教会の自立を希求し、反ビザンツ的政策を推進したと考える研究者は少なくない。たとえば、Levchenko, *Ocherki*.s.393-400;Kartashev, *Ocherki po istorii*.s.164-170;*PVL*.（リハチョフ）s.486, 627;*SKKDR*.Vyp.1, s.199（N・N・ローゾフ）;*BLDR*.I, s.480（A・M・モルドヴァン）らがそうである。かれらはこの点ではプリショールコフと同様の立場に立つが、ただ後者の、最初期ルーシ教会がブルガリア教会管轄下にあったとする見方には必ずしも与しない。またプリショールコフは府主教座を降りたイラリオンと、十一世紀七〇年代から八〇年代にかけてキエフ・ペチェールスキー修道院の院長であったニコンとが同一人物である（つまりはイラリオンは退任後ペチェールスキーに赴き、名をニコンと変えた）と主張したが（Priselkov, *Ocherki po tserkovno-politicheskoi istorii*.s.181-184）、これを支持する研究者はほとんどいない。

（48）『原初年代記』一〇四三年の項によれば、大嵐で遠征軍の船団が岸に打ち上げられ、その兵数六千であったとする（邦訳一七五頁）。この兵数をそのまま受け取るかどうかはともかくとして、相当規模の遠征であったことはおそらく確かであろう。なお「最後の攻撃」と記したが（Franklin/ Shepard, *The Emergence of Rus*.p.216-217 などもそう記している。そこでは兵数一万とされている）、これ以後ルーシ・ビザンツ関係にまったく波風が立たなかったということではない。ウラジーミル・モノマフ治世の一一一六／一一一七年にいたっても、ルーシ軍はドナウ下流域の帝国領を何度かにわたって攻撃している（*PSRL*.II:283-284）。パシュートによれば、これはモノマフ公がビザンツ帝国内の混乱に乗じて行った攻撃であったが（僭称皇帝レオンの出現、モノマフは娘のマリツァを「レオン」と結婚させていた）、ただこれは遠征軍の規模が不明であるのみならず、帝国国境地帯への攻撃であるので（Pashuto, *Vneshniaia politika*.s.186-187;Levchenko, *Ocherki*.s.477）、一〇四三年を「最後のコンスタンティノープル遠征」としても誤りではなかろう。ちなみにモノマフ期の攻撃はモノマフ公が子らに命じて行わせたものであったが、後年公自身がビザンツ遠征を行ったとする伝説を生み出した（拙稿「『ウラジーミル諸公物語』」、四三―四四頁参照）。

（49）A・ポッペはすでに一九六八年のポーランド語で発表した著書においてこの問題を詳しく検討している。ここでは、Poppe, "La dernière expédition" 論文（一九七一年）を参照する。リタヴリンもほぼ同時にこの問題について自らの見解を表明し、ポッペとの間に論争が行われた。本稿では、かれの見解については近年の著書 Litavrin, *Vizantiia*.s.228-276 を参照にする。シェパードの論文は Shepard, "Why did the Russians attack?"（一九七八／一九七九年）、またミュラーの見解は、Müller, *Lobrede*.S.1-11, 24-28 による。

（50）*Drevniaia Rus'v svete*...II, s.237-240. とくに本章注（46）で指摘したプセロスの Khronografiia.XCI(s.237) 中の「ローマ人のヘゲモニア」の意味が重要である。リタヴリンはこれをビザンツのルーシに対する支配とみることを批判しているのである（Litavrin, *Vizantiia*.s.262）。

（51）スキリツェスの記述については、Mel'nikova(red.), *Drevniaia Rus'*.s.131 に紹介されている。

（52）ミュラーも、イラリオン選出が反ビザンツ的措置ではなかったとする根拠をさらに何点か挙げている。まず一〇五四年以後イラリオンがまったく消息を絶ち、翌年にはギリシア出身の新府主教（エフライム／エフレム）の存在が確認されていることに関して、これをイラリオンがいわばビザンツ当局の意向により突如解任され、新府主教が送りこまれてきたかのように解釈する諸研究者に対する批判である。ミュラーによれば、これはイラリオンが消息を絶ったとか、ビザンツ当局の意向で失脚したとかいうことではなく、かれがたんに府主教座を降り、それが記述されなかっただけのことである。そもそも年代記等の文献は府主教のみならず、聖職者の動向に常に十全な注意を払ってきたわけではない。むしろ多くの場合にまったく記録されないのが普通であった。史料の沈黙が重大な意味をもつとは限らないのである。さらにイラリオンが最初のルーシ人府主教として十分その資格があったと考えられるにもかかわらず列聖されなかったことを、ビザンツ側の反対によって説明する研究者も存在する。しかしこれも受け入れられない。そもそもキエフでは列聖の例は多くはなかった。ウラジーミル聖公ですら、列聖が大きく遅れたことはすでにみたとおりである。イラリオンの生涯（これも詳しくは知られていない）に奇跡の事績が伝えられていないことも列聖されなかった一因であったと考えられるとする（Müller, *Lobrede*.S.6）。

（53）ここで念のために断っておくが、先にシェパードが「威信」要因を重視していることにふれたが、本書の著者が「威信」と言う場合、シェパードと同じことを述べようとしているわけではない。著者の方がこの語をより一般的に用いている。

（54）Podskalsky, *Christentum*.S.285(Anhänge I, von Poppe)

（55）Levchenko, *Ocherki*.s.393. レフチェンコの以上に紹介した見解は、ブドーヴニッツもほぼまったく同一の文言で主張している。Budovnits, *Obshchestvenno-politicheskaia mysl'*.s.62-63. ブドーヴニッツの著書の出版はレフチェンコのよりも後であるが、どうやらブドーヴニッツ自身の注記（s.64, prim.37）によれば、ここはかれの方がさきに別の箇所で発表した見解をレフチェンコがその著書で採用したということのようである。

（56）Pashuto, *Vneshniaia politika*.s.76-77

（57）Ikonnikov, *Opyt izsledovaniia*.s.296-299. イコンニコフがふれた総主教アントニオスのモスクワ大公ヴァシーリー一世にあてた書簡（一三九三年）は、ロシア史研究者にもよく知られており、これに関しては多くの言及がある。書簡自体は*RIB*.VI.prilozhenie.s.265 sl. にロシア語訳で掲載されている（原文は言うまでもなくギリシア語）。これに言及、考察する研究は多く、たとえば次注にあげるディヤーコノフをはじめ、Savva, Moskovskie tsari.s.201-203;Schaeder, *Moskau das Dritte Rom*.S.1-3;Medlin, *Moscow and East Rome*. p.69-71 などである。

（58）D'iakonov, *Vlast' moskovskikh gosudarei*.s.1-29. なお上記の一一六〇年の総主教ルカス・クリュソベルゲスのアンドレイ・ボゴリュープスキー公への書簡は今日に伝わらないが、『ニコン年代記』に言及がある（*PSRL*.IX:223 sl.）。またヨハネス六世カンタクゼノス帝の書簡に言及されているセミョン大公の意見表明については、下記本章注（64）を参照。

（59）Sokolov, *Russkii arkhierei*.s.35-45

（60）Vasiliev, "Was Old Russia a Vassal State?", p.359-360

（61）Ostrogorsky, "Die byzantinische Staatenhierarchie"(1936)=(id.*Zur Byzantinischen Geschichte.* S.119-141);id. "The Byzantine Emperor and the Hierarchical World Order"

（62）Dölger, "Die 'Familie der Könige' im Mittelalter"(1940);id."Die mittelalterliche 'Familie'"(1943);Obolensky, *Byzantine Commonwealth*.p.1-2, 200-201; Meyendorff, *Byzantium and the Rise of Russia*.p.12-16, 278. 最近ラッフェンスパーガーは、オボレンスキーらの「ビザンツ共同体」が大きな誤解を生む観念であったことを指摘する研究を発表している。かれの批判は本補論の論点から多少それることになるが、オボレンスキーにふれた機会に、少々見ておきたい。ラッフェンスパーガーによれば、オボレンスキーは、ルーシやスラヴ諸国（諸民族）をもっぱらビザンツ共同体の一員と規定し、多くの研究者がこれを受け入れてきた。しかしこれはけっして正確な見方とはいえない。ビザンツは初期中世においてはルーシ（またスラヴ）のみのではなく、「全ヨーロッパの文化的主人」（the cultural magistra Europae）であったのであり、ルーシのみをビザンツに結び付け、ヨーロッパの他の部分から切り離してみることは適切ではない。ルーシは少なくとも十一世紀中葉（東西教会の分裂）までは、全ヨーロッパの一員とみなされなければならない（Raffensperger, *Reimagining Europe.* p.10-46）。ラッフェンスパーガーの見解は本書の著者のそれと重なる部分が多く、著者としてもこれを評価したいと考える。ルーシがビザンツから多くを学んだことは否定すべくもないが、それをもってルーシが、本書も指摘したように（序を参照）、あたかも非ヨーロッパ的な存在となったと理解することはできないと言うべきである。

（63）Chrysos, " 'Was Old Russia a Vassal State of Byzantium?' "

（64）なおセミョンの皇帝ヨハネス・カンタクゼノスあて書簡は今日に伝わらない。その内容は一三四七年の皇帝カンタクゼノスの大公あて返書からうかがわれる。それによるとセミョンは皇帝と総主教が「信仰の源、聖俗の法の教師」であることを認めているという。この時のセミョン大公と皇帝との間のやり取り、皇帝書簡の所在等についてはさしあたり Meyendorff, *Byzantium and the Rise of Russia*.p.160-161 を参照。

（65）この文言は、たとえば『ラヴレンチー（スーズダリ）年代記』六六八三（一一七五）年、アンドレイ・ボゴリュープスキー公暗殺記事中にみられる（*PSRL.I:370*）。その後も各所で引用されたが、その極めつけはモスクワ時代のヨシフ・ヴォロツキーの『啓蒙者』（十五世紀末―十六世紀初）第十六章である。ルーシではアガペートゥスはモスクワの大公・ツァーリ権力を権威づける重要な根拠であったのである。これについては拙稿「ヨシフ・ヴォロツキー（Ⅰ）」、一一六―一二四頁。ただしそこではヨシフがアガペートゥスに依拠したことについてはふれられなかった。これについては以下にみるI・シェフチェンコ論文、およびLur'e, *Ideologicheskaia bor'ba*.s.475-480を参照。この年代記やヨシフ・ヴォロツキーに引用された文言がアガペートゥスに遡及されることをおそらく最初に指摘したのはI・シェフチェンコである。かれはその有名な論文（Ševčenko, "A Neglected Byzantine Source"）のなかで、アガペートゥスの著述（のスラヴ訳）がルーシの文人に大きな影響を与えたことを指摘し、その状況を詳述している。かれによれば、アガペートゥスがルーシで知られるようになったのは十二世紀後半（七〇年代）で、それが全面的に利用されるようになるのは上記ヨシフ・ヴォロツキーをまたなければならなかった。その後もアガペートゥスの著述はイヴァン雷帝の専制君主論の根拠づけなどに利用されたが、興味深いことにクールプスキー公ら専制に対する批判者らによってもアガペートゥスは利用されたという。これはアガペートゥスが君主権の神的起源を説く一方で、その責任の重大さをも強調していたからで、ある意味では当然のことであった。シェフチェンコは、場合によってはアガペートゥスの著述は、君主に対する誡告という意味合いの方が強い（その意味では、本人が生きた時代のユスティニアノス一世に対する「秘められた批判」である可能性すらあった）と指摘している。たんなるむき出しの世俗権力賛美の文言ではなかったとするのである。いずれにせよ、シェフチェンコによって明らかにされたように、アガペートゥスをもちだしてキエフ公のビザンツ（皇帝）への従属性を論拠づけることはできない。アガペートゥスがルーシで知られるようになったのがキエフ時代も終わる頃であったということもあるが、かれはあくまでもルーシ国内の大公権の強化（そしてその批判）のために利用されたと考えられるのである。

(66) 本章注（46）を参照。クリュソスはさらに、十二世紀のビザンツの歴史家ヨハネス・キナモスの記述にも注意を向けているが、これについても省略したい。

(67) アダムの記述は、*Drevniaia Rus' v svete*...IV, s.128-129にみられる。

(68) *Drevniaia Rus' v svete*...IV, s.243-244. 本書簡については本書第一章三〇頁でも言及した。

(69) *Drevniaia Rus' v svete*...II, s.132. フォティオスのこの回状については、本書第三章一四九頁を参照。

(70) 井上・栗生沢『ビザンツとスラヴ』、五五一―五六二頁（拙稿「文庫版あとがき」）

（71）Kazhdan, "Rus'-Byzantine Princely Marriages"

（72）Baumgarten, "Généalogies et mariages occidentaux"

（73）本書では次章においてリューリク家と西方諸国（スカンディナヴィアを含む）との婚姻関係について検討する。

（74）Thomson, *The Reception of Byzantine Culture.* 所収の諸論文。

（75）Thomson, " 'Made in Russia' ".p.309-353. 最初一九九三年に発表されたこの論文が一九九九年の論文集（Thomson, *The Reception of Byzantine Culture*）に収録された段階では、リストは七十六にまで増やされている（ibid., Addenda:p.46-48）。

（76）Thomson, "The Corpus of Slavonic translations" 論文。

（77）Alekseev, Koe-chto o perevodakh; Pichkhadze, *Perevodcheskaia deiatel'nost'*（トムソン批判は s.11-15）

（78）Franklin, Po povodu «intellektual'nogo molchaniia»

（79）Franklin, "Literacy and Documentation", p.1-2;Franklin, *Writing*.p.120-127, 160f.

（80）Franklin, "Literacy and Documentation", p.18

（81）Gimon, *Istoriopisanie.*

（82）S・M・カシターノフ、M・F・ルミャンツェヴァらが中心である（Kashtanov, K teorii i praktiki;Rumiantseva, *Teoriia istorii*）。

（83）Gimon, *Istoriopisanie.* s.47-50. なおルーシにおける「白樺文書」（それは一九五一年のノヴゴロドにおける発掘のときに初めて世に知られることとなった）のもつ歴史学、言語学研究史上の巨大な意義については、松木論文（「白樺文書」）、またヤーニン『白樺の手紙を送りました』を参照。この新資料の発見・発掘以来、もはやルーシ人（とりわけ子供を含む市井の一般人、俗人）の識字能力を不当に貶めることはできなくなった。ただこれをノヴゴロド（やその他若干の都市）以外にも一般化できるかは今後の発見（発掘）状況にもかかっており、判断が難しいところである。

（84）Tatischev, *Istoriia Rossiiskaia*.III(1967), s.123-124, 206

（85）Franklin, "Greek in Kievan Rus'" p.71, 81

（86）E・ヘッシュも、モスクワ時代までのルーシ人のギリシア語能力を相対的に高く評価したA・ステンダー＝ペーターセンを批判することにより、過大評価を戒めている（Hösch, "Griechischkenntnisse", S.259-260）。

第十章　ルーシと西方諸国

1　ルーシとスカンディナヴィア

ルーシに最初に現れた西方の隣人はスカンディナヴィア人であった。それだけではない。すでにみたとおり、『原初年代記』によれば「ルーシ」という呼称そのものが「海の向こう」、すなわちスカンディナヴィア方面と関係があった。たしかにそうであったかについては激しい論争があるが（「ノルマン論争」）、それについては一応ふれたので、繰り返さない。いずれにせよ、ルーシがロシアの古称として受け入れられて以来、それとスカンディナヴィアとの関係は深かった。ただこの関係が研究史上然るべき取り扱いを受けてきたかどうかは疑問である。ノルマン・反ノルマン論争の激しさが研究者をこの問題から遠ざけたというか、問題深化の方向に進ませなかった感がある。わが国の研究者はそもそもこの時代にそれほど大きな関心を寄せることはなかったが、その点を差し引いても、とくにルーシとスカンディナヴィアとの関係はほとんど顧みられることなく今日に至っている。本章においてこの問題にあらためて注目し、この欠落を補いたいと考える。

i　ルーシにおける「ヴァリャーギ」について

『原初年代記』に最初に登場するスカンディナヴィア人は「ヴァリャーギ」と呼ばれる。そこでまずその存在について考えてみたい。

「ヴァリャーギ」はすでに冒頭部の「スラヴ民族のおこり」においてノアの子ヤペテの子孫の一族として姿を現すが、それに続く「ルーシの起源」におけるいわゆる「ヴァリャーギ招致物語（伝説）」（八六二年の項）以降、さまざまな局面で重要な役割をはたしている。そこでは多くの場合、かれらは「海の向こう」、つまりバルト海を越えて来たとされていた。第八章でとりあげた『エイムンド・サガ』からも判断されるように、かれらがスカンディナヴィア系の人々、西方史料でいうノルマン人であることは否定できない[1]。「ヴァリャーギ」が「ルーシ」とならんで、「古代ロシア国家」の起源にかかわるいわゆる「ノルマン説」の根幹をなす存在であることも確かである。しかし「ヴァリャーギ」はルーシ史の最初期にのみ登場する存在ではない。前章でもふれたように、かれらは十一世紀ヤロスラフの時代に至ってもなお重要な役割を演じていた。はたしてかれらはキエフ・ルーシにおいていつから活躍し、いつまでまたどのような役割を演じ続けたのであろうか。

「ヴァリャーギ」（variagi）の語は、かれらの故地であるスカンディナヴィア地域の史料にはほとんど現れないことが指摘されているが、もしそうだとするならば、そもそもかれらはどのような存在であったのかを根本から問わなければならない。ここではウラジーミルおよびヤロスラフ両公と「ヴァリャーギ」との関連について調べることからはじめたい。

●ウラジーミルおよびヤロスラフ両公と「ヴァリャーギ」

まず繰り返しも多くなるが、ウラジーミル・ヤロスラフの二代におけるルーシと「ヴァリャーギ」、またスカンディナヴィアとの関係を『原初年代記』によりながらみておこう。

『原初年代記』の編者が初期のルーシ諸公（リューリク、オレーグ、イーゴリ）をスカンディナヴィア系と考えていたことは確かである。実際かれらの名がそれぞれ、Hroerekr,Helgi,Ingvar(r)/Invarなどのスカンディナヴィア系の名に遡及されることがしばしば指摘されている。イーゴリの子スヴャトスラフの名はスラヴ系である。だがスヴャトスラフの治世にルーシのスラヴ化ないし土着化過程が進んだことは疑いないにせよ、年代記の伝える血統から判断するならば、かれも血筋的にはやはり北方系ということができる（かれの父母、イーゴリとオリガがともに北方系であることは、一部の例外はあるにせよ、多くの研究者により認められている）。

ではスヴャトスラフの子ウラジーミルはどうであろうか。かれの母はオリガの「鍵番」マルシャと伝えられる。かれはそのため、ポロツク公女ログネジから「奴隷の子」と呼ばれて激怒し、ポロツクを攻め滅ぼし、ログネジを妻の一人に加えたと記される（九七〇、九八〇年の項。七九、八八―八九頁）。この場合の「奴隷」の子という表現を文字通りに取る必要のないことはつとに指摘されている（マルシャはウラジーミルのおじ、貴族・軍司令官ドブルィニャの妹である）。問題はマルシャの血統、人類学的にみた素性である。ロシア生まれのデンマーク人研究者ステンダー―ペーターセンはマルシャを、年代記が短く「亡くなった」とのみ記す（一〇〇〇年の項、一四三頁）「マルフレージ（チ）」と同一人物と考えている。この見解はリハチョフやクロスにも支持されており、もしそれが正しいとするならば、この名は北方系の語（Malmfriþr ないし Malfriþr）に遡及されると考えられるので、マルシャも北方系である可能性が高く、したがってウラジーミルも同様ということになる(2)。

そうなるとヤロスラフもこの点かなりはっきりと北方系と言うことができる。『原初年代記』にはかれの母は上記のログネジであったと記される。ログネジがスカンディナヴィア系であることを年代記は明記している（かの女の父ログヴォロドはポロツク公で、「海の向こうから来た」とされる。九八〇年の項、八九頁）。父娘の名前はスカンディナヴィア系では、父 Ragnvald(r)、娘 Ragnheid(r) と考えられる。[3] もっともこれらはすべて年代記の伝える血筋から見た場合ということで、かりに伝えられるとおりであったとしても、そのことがかれらの日常生活や文化的存在としての人物そのものをも直接的に規定づけていたと決めつけるわけにはいかない。[4] あくまでも二人のキエフ大公が政治的、またその他の面でスカンディナヴィアとどのような関係を有していたのかを探るための一つの前提として、こうした背景にも留意する必要があるというにすぎない。以下はこうした視点に立ったうえでの検討である。

『原初年代記』によれば、ウラジーミルはスカンディナヴィアに滞在したことがあった。九七七年の項で、ウラジーミルは兄ヤロポルクを「恐れて海を渡って逃げた」とされる。かれがノヴゴロドに戻ったのは九八〇年のことであった(八八頁)。かれがその間(三年間)スカンディナヴィアに留まったと考える研究者もいるが(たとえば上記ステンダー―ペーターセン)、それを裏づける史料はなく、実際のところは不明としか言いようがない。それはともかく、かれの「ヴァリャーギ」との結びつきはおそらく強かった。ウラジーミルは「ヴァリャーギ」の武力を借りてポロツクを攻め滅ぼし、さらにキエフへ進んで兄ヤロポルクと戦っている。かれとヴァリャーギとの関係を示す例はすでにみたように、年代記には幾度も記されている（とくに九八〇年の項、また九八三年も参照）。明記されていない場合にも、たとえば、かれがキリスト教を受け入れる際に、ビザンツ皇帝から求められ派遣した軍のなかに相当数のヴァリャーギのいたことが確実に予想されるのである（たとえばV・Ia・ペトルーヒンの見解。本書第七章注（75）を参照）。

ヤロスラフの場合は、この点どうであったか。

かれとヴァリャーギの関係について『原初年代記』が記すところをみてみよう。

一〇一五年、ヤロスラフは父ウラジーミルとの戦いに備えて、「海の向こう」から「ヴァリャーギ」を呼び寄せた。

ヤロスラフ自身がスカンディナヴィア方面へ行ったとは記されていない。もし行かなかったとするならば、かれの北方との関係は父に比してやや希薄であったといえるかもしれない。ただしステンダー―ペーターセンなどは、ヤロスラフがこのときスウェーデンを訪れ、しかもそこで将来結婚することになるインギゲルドに出会ったとすら考えている。[5] インギゲルドに出会ったかどうかはともかくとして、ヤロスラフが後にポーランド王に支援されたスヴャトポルク公と戦って敗れノヴゴロドに逃げ帰ったとき、そのまま北方へ向かおうとしたと記されるところから判断して（一〇一八年の項、下記）、かれがスカンディナヴィア方面と相当のつながりがあり、一〇一五年に北方へ行った可能性も否定できない。関係が希薄になったと一概には言えないのである。もっともこれを裏づける確たる証拠もないので、これ以上憶測を続けるわけにはいかない。

同一〇一五年、ノヴゴロドのヤロスラフのもとにいた「多くのヴァリャーギ」が「ノヴゴロドの人々や女たちに乱暴を働いた」ことで、ノヴゴロド民の怒りを買い、「打ち殺された」[6]。ヤロスラフはこれにたいし、身分の高いノヴゴロド民を呼び集め、かれらを「だまして斬り殺した」。ノヴゴロド公であるヤロスラフは、「ヴァリャーギ」とノヴゴロド民との対立に際し、前者の側に立っていることがわかる。かれと「ヴァリャーギ」（あるいはここはむしろ「従士団」というべきか）との結びつきの強いことがうかがわれる。その後、父の死去、スヴャトポルクによるボリス・グレープ殺害の報が入ったことで、かれはノヴゴロド民と和解し、あらためてヴァリャーギ一千とノヴゴロド民四万とから成る軍を編成してスヴャトポルクとの戦いに赴く（このときのヤロスラフ軍の規模に関する『原初年代記』の記述にやや不正確な点のあることについては、本書第八章注（7）を参照）。

一〇一八年、ヤロスラフは「ルーシやヴァリャーギやスロヴェネ」から成る軍を編成し、スヴャトポルクを押し立てるボレスワフ（一世）王のポーランド軍と戦うも敗れる（西ブク河畔の戦い）。かれは「四人の家臣」とともに辛うじてノヴゴロドに逃げ帰り、そのまま「海の向こう」に逃れようとするが、ノヴゴロド民に引き留められ、再度キエフを目指すことになる。このときノヴゴロド民が集めた資金により、かれは「ヴァリャーギ」をおそらくは海の向こうで雇い入れ、大軍（「多くの軍勢」）を集めることができた。[7] その上ボレスワフがスヴャトポルクと仲たがいをしてポーランドへ引き上げたので、かれはスヴャトポルクを追い払ってキエフを手に入れることに成功する。

翌一〇一九年、ヤロスラフは、ペチェネグの加勢を得て攻め寄せたスヴャトポルクをリト河畔に破り、キエフ大公位を確保する。このときの三度にわたる激しい戦いに際してかれの軍中に「ヴァリャーギ」がいたかどうか言及されていないが、前年の経緯からして、当然その中核部分を構成していたと推測できる。

一〇二四年、ヤロスラフは弟ムスチスラフの挑戦を受ける。ムスチスラフは父ウラジーミルからトムトロカン公に据えられていたが（年代記九八八年の項）、このころスーズダリ地方の飢饉とそれに続く反乱の鎮圧に腐心していたヤロスラフの苦境に付け込んだのであろう、キエフに攻撃を仕掛けてきたのである。ヤロスラフはスーズダリの反乱を鎮圧すると、ノヴゴロドに入り、ムスチスラフに対抗すべくこのときも援軍を求めて「海の向こうへ」使者を送っている。このときやってきた「ヴァリャーギ」の頭目の名が知られている。「盲目の」ヤクン（その原語名は「ハーコン」であろう）がそれであるが、この人物については『ペチェールスキー聖者列伝』においても言及されている。[8] こちらではヤクンのほかにアフリカン（アルフレク（ル）か）、フリアンド、シュモン（シグムンド（ル）か）という三名のヴァリャーギ名が記され（そのうちおそらくフリアンドは人物名ではなく、シュモンに付された何らかの形容語、おそらくは修道士であることを表す語であったと推測される）、研究者のなかにはその同定を試みる者もいるが、[9] しかしそうした試みをそのまま裏づけるだけの証拠があるわけではない。むしろここで重要なのは、上記『聖者列伝』の冒頭（第一話）に「ヴァリャーギ」（とくにシュモン、カトリックであったかれはシモンと名を変え、正教徒となる）のことが取り上げられていること自体であるかもしれない。「ヴァリャーギ」の存在がルーシ社会にとってそれほど珍しくはなくなっていたことを暗示しているからである。ヤロスラフとヤクンの「ヴァリャーギ」軍はこのときムスチスラフと「セーヴェル」（デスナ、セイム河畔地域にいた東スラヴ族）の連合軍に敗れて、ヤロスラフはノヴゴロドへ、ヤクンは「海の向こう」に去ったとされる。(10)

この時のことに関連してキエフ政治史上重要なのは、すでに記したとおり、勝者であったムスチスラフが兄ヤロスラフにキエフを譲り、自分はチェルニゴフを拠点として確保するにとどまったことである（第九章1参照）。この間両者に何があったかは推測する以外にないが、戦闘に先立ってムスチスラフがトムトロカンからキエフにやってきたとき、「キエフの人々はかれを受け入れなかった」と記されている。ムスチスラフの譲歩の原因は、かれがキエフ民の支持をえることに失敗したことにあったのかもしれない。(11)それはともかくとして、ヤロスラフは「和睦するまではキエフに来ようとはしなかった」と、譲歩された後も警戒を怠らなかった。翌一〇二六年にヤロスラフ・ムスチスラフ両者間に協定がなり、ルーシがドニェプル川を挟んで東西に分割されたことが明らかにされる。いずれにせよヤロスラフは北方とのつながりの強いノヴゴロドに拠点をおく大公として描かれている。後述するように、北方のさまざまなサガにおいて、ヤロスラフは「ホルムガルド（ノヴゴロド）」の公と呼ばれるのが普通であるが、これも以上のような事情を反映しているのかもしれない。

一〇三六—三七年はヤロスラフ治世を前後に区分する分水嶺となった時期である。

まず一〇三六年、ムスチスラフが他界し（その唯一知られている男子エウスタフィーは父以前にすでに没していた）、ヤロスラフが単独支配者（samovlastets、邦訳では「専制君主」）となった。この年遊牧民ペチェネグがキエフを攻め、それにたいしヤロスラフは（このときかれはノヴゴロドにいた）「多くの軍勢、ヴァリャーギおよびスロヴェネを集め」、キエフにやって来て町の外に出て敵と戦った。ヤロスラフは「ヴァリャーギ」を主力とする軍によってかろうじて敵を撃退することに成功した（かれの軍は、中央に「ヴァリャーギ」、右翼にキエフの民、左翼にノヴゴロド民を配していた。戦闘を生業とする「ヴァリャーギ」がキエフ、ノヴゴロドの市民軍を率いて戦ったことがうかがえる）。敗北したペチェネグはこの年以降矛先をビザンツ方面へ転じ、ルーシにとっての主要な敵であることを止める。一〇三七年、ヤロスラフはすでにみたとおり、キエフの「大きな町」の基礎を築き、多数の教会、修道院、黄金の門などを建造し、また教会の法規を重んじ、修道士を保護し、自ら聖書を学んだだけでなく、それらを翻訳、筆写させ、人々に学ばせた。

ヤロスラフがルーシ全域にわたる単独支配権を樹立した後は、「ヴァリャーギ」に対する言及はなくなる。これはひとつには「ヴァリャーギ」が、少なくとも以上にみてきた諸事例からうかがえる限りでは、主にというよりもっぱら北方出身の戦士ないし傭兵を意味していたことと関係があろう。治世後半にはそれに対する需要が少なくなったのである。ただ一〇四三年のビザンツに対する最後の大規模な遠征は、この点で例外と考えるべきであろう（この遠征については前章2において検討した）。『原初年代記』の記述においてこの遠征に「ヴァリャーギ」が加わっていたとする記述はない。しかしこの大規模な遠征軍にヴァリャーギがまったく関与していなかったとは考えられない。他の年代記、たとえば『ソフィヤ第一年代記』にはこの遠征との関連でヴァリャーギについての言及があり[12]、おそらくこちらの方が正しく状況を伝えていると考えられる。『原初年代記』におけるこの沈黙の理由は不明である。一〇四三年の時期にはかれらの役割が従来に比して大きく低下していたと考えることは可能である。ただここでリハチョフが興味深い指摘をしている。『原初集成』段階（十一世紀末）ではヴァリャーギへの言及があったのが、『原初年代記』段階（十二世紀初）でそれが削除されたと考えられるというのである。リハチョフによれば『原初集成』では一〇四三年のルーシ軍中に「ヴァリャーギ」隊と「ルーシ」隊がいて、双方は対立的に描かれていたが、それが『原初年代記』の編者には都合が悪かったので、「ヴァリャーギ」が削除されたとするのである。リハチョフの主張の是非についてここで立ち入って検討することはできないが、すくなくとも一〇四三年時点においても「ヴァリャーギ」がルーシ軍中において重要な役割を果たし続けたことは否定できないように思われる[13]。

以上のように、一〇四三年の項を別にすれば、ヤロスラフ治世後半にはヴァリャーギに対する言及はなくなる。しかしこのことからこの時期スカンディナヴィア方面との関係が途絶えたと考えるとしたら、それは正しくない。ヤロスラフと北方との関係を考えるときには、『原初年代記』に集中的に現れた軍事的側面とは異なる、すくなくともさらに二つの側面が考慮されなければならない。ひとつはかれとかれの王朝が婚姻関係を通じてスカンディナヴィアを含む西方の諸王朝と広く結ばれていたことである。第二は、かれの宮廷には、ウラジーミル時代に続いてスカンディナヴィア出身の相当数の王族、貴人が滞在していたことが知られている（多くは亡命者としてである）。ところが『原初年代記』をはじめとするルーシの諸年代記は、これらの点についてふれることはほとんどない。それがなぜかは重要な論点となるが、いずれにせよ、年代記以外にも探究の目を向ける必要が出てくるのである。

●「ヴァリャーギ」とは何か

もっともこれらの点については、次節以降でみることとして、ここでは「ヴァリャーギ」自体についてさらに検討を続ける。問題は、「ヴァリャーギ」とはそもそもどのような存在か、かれらについて当のスカンディナヴィアで言及が少ないのはどうしてなのかということである。その際忘れてならないのは、時とともに「ヴァリャーギ」の意味や用法が変化しているということである。

それゆえ繰り返すようではあるが、やはり順を追ってみていかなければならない。

既述のとおり、『原初年代記』において「ヴァリャーギ」はすでに冒頭の「スラヴ民族のおこり」の箇所から登場するが、そこで注目されるのは、それが「ヴァリャーギ、スヴェイ［スウェーデン人］、ウルマネ［ノルウェー人］、ゴート、ルーシ、アグニャネ［アングル人］……」（邦訳四―五頁）のように、北欧系の諸エトノスと並んであげられていることである。北欧のひとつのエトノス、あるいはなんらかの総称として言及されていると考えることができる。もう一点注目されるのは、ここでそれは「ルーシ」などと並んで出てくるが、これはつまり両者はそれぞれ異なる別個のエトノスと理解されているということである。

次の章「ルーシの起源」に入って重要なのは、言うまでもなく八六二年の「ヴァリャーギ招致伝説」である（十九頁）。この「伝説」（「物語」）についてはすでに分析を試みたところであるが（第二章補論2）、「ヴァリャーギ」と「ルーシ」との関係に注目してあらためてみてみる。

八五九年「海の向こうのヴァリャーギがチュジとスロヴェネ、メリャとクリヴィチから貢税を取った」（チュジ以下ここに記される諸エトノスは当時北部ロシアに居住したスラヴ系や土着のフィン・ウゴル系諸族である）。

八六二年「［チュジ、スロヴェネ……らは］ヴァリャーギを海の向こうに追い払った……かれらは互いに戦いを始めた……かれらは海の向こうヴァリャーギのもとへ、ルーシのもとへ行った。このようにこれらのヴァリャーギは自らをルーシと呼んでいたからである。チュジ、スロヴェネ……らはルーシに言った。『……わたしたちを統治するために来てください』と」。

ここでは「ヴァリャーギ」と「ルーシ」は等置されている。これは両者が、呼称がちがうだけの同じ（ないし同種の）存在であるのか、あるいは邦訳注にもあるように、「ヴァリャーギ」のある特定集団（氏族あるいはグループ）が「ルーシ」と自称していたのかのどちらかであろう（三三八頁。後者の場合、「ルーシ」とは呼ばれない「ヴァリャーギ」もいたことになる。あるいはまた「ルーシ」は「ヴァリャーギ」の下位集団で、特別の種族（氏族）ないしグループということになる）。いずれにしても「ヴァリャーギ」と「ルーシ」はエトノス的には同じだが、区別された存在である。これは年代記冒頭部分とはあきらかに異なる用法である。冒頭部では、両者はそもそも別のエトノスととらえられていたからである。これは一見して矛盾である。おそらく次のように理解できるであろう。冒頭部における用法は、年代記が編まれた時期に（十一世紀のある時期から十二世紀初頭にかけて）、「ルーシ」がすでにキエフに中心をおく国家と社会あるいはその住民全体を意味しており、「海の向こう」から来たスカンディナヴィア系の「ヴァリャーギ」とは明確に異なる存在となっていたことを示している。つまりそこでは「ルーシ」の語の意味内容がすでに拡大していたのである。これにたいして、ルーシ国家の起源を明らかにすべく創作された「招致伝説」においては、「ルーシ」は「ヴァリャーギ」に等置され、かくしてそれが「ヴァリャーギ」に由来することが示されたのである。この点は既述のとおり、すでにリハチョフなどにより指摘されていた。ただしこれをリハチョフらのように矛盾ととらえるべきかどうかは微妙である。あるいはまた「伝説」におけるこうした捉え方（両者の等置）を年代記編者による「捏造」と考えるべきかどうかは研究者の視点によって異なってくる。「伝説」は創作であろう。しかし創作を通じて、総体として事実に近い認識を示したと考えることも可能である。

「ヴァリャーギ」とルーシを同一エトノスでありながら異なる「種族（氏族）ないしグループ」とみる、すなわち一方では等置しつつ他方ではこれを対置する捉え方は、『原初年代記』のその後の記述においても続くが、次第に対置する傾向が強くなる。

リューリクの家臣とされるアスコリドとジールに関する記述では、「ヴァリャーギ」とルーシの対置は一見してまだ目立たない。かれらはリューリクの許しをえてキエフを攻め、攻略後「この町にとどまり、多くのヴァリャーギを集める」。そして「八六六年に」（これは既述のごとく八六〇年が正しい）かれらはビザンツを攻撃するが、その軍はいまだ「ルーシ」と呼ばれている。「ヴァリャーギ」と「ルーシ」の等置（同一視）が続いているかのごとくである。しかしここは、かれらが少なくともビザンツ側から「ルーシ」と認識されていたと考えた方がよいかもしれない。加えてアスコリドとジールがキエフ（「この町」）で集めたとされる「ヴァリャーギ」は、おそらくかれらが北方から率いてきた従士団であったが、それがキエフに住み着いた後しばらくしてビザンツ遠征へ旅立った段階では「ルーシ」と呼ばれようになったと考えることもできる。「ヴァリャーギ」と「ルーシ」が異なる存在としてもとらえられ始め

ているのである。(14)

九〇七年のオレーグによるビザンツ攻撃の記述においては、この点がさらにはっきりしてくる。この年オレーグは「多くのヴァリャーギ、スロヴェネ、チュジとクリヴィチ、メリャ、ポリャーネ……」を伴って海陸からビザンツを攻撃する。かれらは「大スキタイ」と呼ばれたと記されるが（ヘロドトス以来のギリシア的呼称がここにその痕跡を留めているのであろう）、その後の記述では、むしろ一貫して「ルーシ」とまとめて表現されている。一見して「ヴァリャーギ」、「ルーシ」間に区別はないようにみえる。しかし注意してみてみると、ここでは「ルーシ」はオレーグの軍の中で「ヴァリャーギ」と等置されていないだけでなく、「ヴァリャーギ」などと並ぶ軍の一構成要素としてもあげられていない。そうではなく諸エトノスをまとめる用語として使用されている。少なくとも年代記作者は、ギリシア側が「ヴァリャーギ」など諸エトノスから成るオレーグ混成軍をまとめて「ルーシ」と認識していると考えたのである。「ルーシ」は「ヴァリャーギ」と異なる存在と理解されているのみならず、後者をも包摂するより上位の概念であるかのようである。その意味では先にみた「招致伝説」における両者の関係とはまったく逆である。おそらくここにも、年代記編纂時期の現実（その段階では「ルーシ」がキエフ社会全体を表現する語となっていた）が背後によこたわっている。

オレーグのビザンツ遠征軍に関してもうひとつ興味深いのは、「ルーシ」が「スロヴェネ」に対置されていることである。ギリシア側との条約締結に際して、オレーグはギリシア側に「ルーシのためには錦の、スロヴェネのためには絹の帆を」要求している（三二一―三二三頁）。いったいこれは何を意味しているのであろうか。おそらくここで「ルーシ」は北方から到来した異種族であることが強調されている。その意味でここでは「ルーシ」に「ヴァリャーギ」が包摂されているといってよい（そのように明記されているわけではないが）。「ルーシ」は土着の「スロヴェネ」（ヴァリャーギに先んじてこの地域に住みつくに至ったと考えられた東スラヴ人）に対置されているのである。ここでは「ルーシ」は「ヴァリャーギ」と同様の存在という意味をもち続けている。

やや遡るが、オレーグがリューリクの遺子イーゴリを擁してキエフのアスコリドとジールを攻め滅ぼしたとされたとき（八八二年）、かれのもとには「ヴァリャーギとスロヴェネその他の者がおり、［かれらはみな］ルーシと呼ばれた」と記されている。(15)「ヴァリャーギ」が「スロヴェネ」と別の存在とされていることは言うまでもないが、両者を包摂するとされる「ルーシ」も、少なくとも「スロヴェネ」の上位概念という意味では、それとは異なる側面をもつものと考えられている。

オレーグが九一二年にギリシアと結んだ条約文では、「ルーシ」と「キリスト教徒」が両条約当事者を代表するものとして対置されている（後者はその後においてはもっぱら「グレキ」（ギリシア人）と言い換えられている）。ルーシ側の代表団は「われわれルーシの一族」と自らを名乗り、「ルーシの大公オレーグ」やその貴族らにより、また「すべてのルーシ人から」遣わされたとされる。ここではもはや「ヴァリャーギ」への言及はない。「ルーシ」が「ヴァリャーギ」を（さらには「スロヴェネ」をも）包摂する概念となっている。もはやある意味、ここでいったんは「ヴァリャーギ」に言及する必要はなくなったといえるかもしれない。

九四一年のイーゴリによる対ビザンツ遠征軍はもっぱら「ルーシ」と呼ばれている。このときの遠征はギリシア側の反撃にあって失敗し（いわゆる「グレキの火」が使用された）、ルーシ軍は逃げ帰るが、再起を期したイーゴリはこのとき「多くの軍勢を集め始め、海の向こうに多くのヴァリャーギを呼びにやった」と記される。「海の向こう」へ「ヴァリャーギ」が呼びにやられたとされるのは、八六二年の「ヴァリャーギ」の招致伝説記事以来のことであった。ここでは「ヴァリャーギ」はあくまでも「海の向こう」から到来した非土着的要素とみなされている。スカンディナヴィア系であっても土着化しつつある、つまりは新規に「海の向こう」から呼ばれたのではない者ら（たとえば、上記のアスコリドとジールの、またオレーグの従士ら）はいまや「ルーシ」とみなされているといえる。

同じく北方系とされながら「海の向こう」からきた「ヴァリャーギ」と「土着の（というより土着化した）」「ルー

シ」の対照性が最初にくっきりと浮かび上がってくるのが、九四四年のイーゴリの対ビザンツ遠征軍の記述である[16]。次のように記される。「イーゴリは多くの軍勢を集めた。ヴァリャーギ、ルーシ、そしてポリャーネ、スロヴェネ、そしてクリヴィチ、そしてチヴェルツィ、そしてペチェネギを雇い……」(四九―五〇頁)[17]。ここでは「ルーシ」がポリャーネやスロヴェネなどルーシ諸地方に居住する諸族と並んで記され、それらの諸族とどういう関係にあるのかはっきりしないが、「ヴァリャーギ」と区別されていることは明白である。ただイーゴリ軍はここでも、続く部分で(オレーグの時と同様に)まとめて「ルーシ」とも呼ばれているので、ここでの記述がやや混乱していることは否定できない(ここで「ペチェネギ」は「ルーシ」には入っていない。以下のように明確に区別されている。「ルーシがやってきます。かれらはペチェネギを雇って味方にしています」)。九四四年条約は「ルーシの地のすべての民(人々)」の代表(使者)の名で締結されているが、かれらの氏名(シャーフマトフによれば全部で二十五名、それに商人が三十名)の相当数がスカンディナヴィア系である[18]。それを包摂するのが「ルーシ」であるが、かれらは「ヴァリャーギ」とは明確に区別されているのである。この時期のビザンツ皇帝コンスタンティノス七世ポルフィロゲネトスの著作に記される「ロース(ルーシ)の言葉」はスカンディナヴィア系であるので[19]、「ルーシ」がそのような存在であったことは確かであるが、その上で、到来したばかりの「ヴァリャーギ」とは区別される土着的存在となっていたと認識されているのである。

ウラジーミル・スヴャトスラヴィチ(聖公)がまだノヴゴロド公であったときに、兄ヤロポルクが弟オレーグを殺害したことを聞いて、「恐れて海を渡って逃げ」、その後「ヴァリャーギ」を引き連れて戻り、まずはポロツクを攻め落とし、さらにはキエフに迫って兄ヤロポルクをも死に至らしめたことはすでに記した(本書第六章冒頭部、および第七章1)。ウラジーミル軍の構成は「ヴァリャーギ、スロヴェネ、チュジおよびクリヴィチ」と記され(邦訳八九頁)、この書き方は伝統的である。しかしながらウラジーミルがキエフを取った後、「ヴァリャーギ」は「ルーシ」とは呼ばれずに、そのまま「ヴァリャーギ」と表記され続けるが、これまでとはやや異なる側面に注意が向けられるようになる。すなわち公（ウラジーミル）と従士団（「ヴァリャーギ」）の関係に対立する側面のあることが明らかにされているのである。ウラジーミルの「ヴァリャーギ」（の一部）はキエフを「自分たちの町」と呼び（「わたしたちがこれを占領したのです」。九二頁）、さらにウラジーミルに「身代金（住民一人あたり二グリヴナずつの otkup）」を要求している。これにたいするウラジーミルの対応は、公と「ヴァリャーギ」の関係の一面を示していて興味深い。すなわち公は「身代金」の徴収（と支払）を約束しながらもそれを履行せず、憤る「ヴァリャーギ」らが要求するままにビザンツへ行かせ（この場合「ヴァリャーギ」はより多くの報酬を期待できるビザンツ皇帝に護衛兵（親兵）として仕えるか、あるいは略奪とか富を獲得する他の手段を目論んだのであろう）、他方では急ぎょビザンツ皇帝にその旨を知らせて、警戒を怠らぬよう助言している。それだけではない、公は扱いの難しい「ヴァリャーギ」はこのように異国へ送り出す一方で、「身分が高く思慮深い」ヴァリャーギを選び出し、かれらには「町々を分け与えた」とも記されている。武装集団であるかれらを巧みに操っているのである。ここでは「ヴァリャーギ」はときに厄介な存在ともなりうる異族人という意味が強く出ている。もう一点興味深いのが、ここではルーシ経由でビザンツへ向かう「ヴァリャーギ」について記されていることである。同じような記述はイーゴリ治世の九四一年の項にもみられるが、ヴァリャーギがいわゆる「ヴァリャーギからグレキへの道」を通って、ルーシ経由でビザンツへ向かう例のひとつがここにはっきりと示されている。こうした例は決して珍しくはなくむしろ常態であったと考えられるが、それが記述されることはあまりなかったのである。その意味でここの記述は貴重である。

次のヤロスラフ時代の「ヴァリャーギ」についてはすでにみたとおりである。

ヤロスラフ期の一〇四三年のビザンツ遠征軍に「ヴァリャーギ」が含まれていたかどうかはともかくとして、ヤロスラフ期になって「ヴァリャーギ」はますますルーシ社会にとって異質の外的存在であることが明確になった。

以上を要約すると、「ヴァリャーギ」と「ルーシ」は年代記の記述の中でおよそ以下のような変遷を遂げてきた。最初、両者は同一視されていた（「招致伝説」）。その後両者は区別されるようになり、やがて「ヴァリャーギ」が個別的な集団となる中で、「ルーシ」が同じく個別的なエトノスを表す一方、ルーシ軍全体、さらにはキエフ社会全体をも表示する語となる。そして最後に、両者ははっきりと対置されるにいたった。十世紀後半からは「ヴァリャーギ」の異族人的性格、スラヴ族（「スロヴェネ」）やルーシ社会さらにはその住民に対置される存在であることが強調されるようになる。注意すべきは、とくに初期のスカンディナヴィア系の名をもついかなるキエフ諸公も（リューリク、オレーグ、イーゴリ、またオリガも含めて）、またその貴族、軍司令官らも「ヴァリャーギ」と呼ばれることはなかったことである。「ヴァリャーギ」はルーシ社会の外部に位置付けられる存在であった。

以上にみてきたすべての事例において「ヴァリャーギ」はスカンディナヴィア系の人々を表す語であった。それではそれを、初期にスカンディナヴィア系の諸公につき従ってやってきた従士団、あるいは自ら折にふれて到来した戦士、そしてやがては諸公がそこから呼び寄せた傭兵といった意味でのみ理解することはできるであろうか。

言うまでもなく、年代記にはこれとはややニュアンスの違う意味をもつ「ヴァリャーギ」も登場する。

ウラジーミル公が兄ヤロポルクを殺害させた際には「ヴァリャーギ」が大きな役割を果たしている。まず暗殺の実行犯はウラジーミル側の「二人のヴァリャーギ」であった（邦訳九一頁。これは後にスヴャトポルクにより派遣され瀕死の聖ボリスに止めを刺したとされる「二人のヴァリャーギ」のことを想起させる）。またウラジーミルに唆されてヤロポルクを裏切ったのは軍司令官ブルドであったが、そのブルドも、「ヴァリャーギ」と明記されているわけではないが、その名からしてスカンディナヴィア系であったと推測される。[20] さらにヤロポルクがブルドの奸計に乗ってウラジーミルのもとへ行こうとしたとき、これを思い止まらせようとしたヴァリャシコも、その名からしてヴァリャーギであったようにみえる。[21] ただこの者はヤロポルクが殺害された後、北方へではなくペチェネグ人のもとへ逃れている。これなどは「ヴァリャーギ」が当時すでに土着して久しく、かりに自身の出自が北方にあったとしても、そのことが決定的な意味をもちえなくなっていたことを示しているのかもしれない。以上はたんに二人の公のそれぞれの側にさまざまなヴァリャーギ戦士がいたことを示すに過ぎないともいえるが、それにとどまらず、ヴァリャーギが社会の多様な局面で重要な役割を演じるに至っていることをも示しているようにみえる。以下の例もこうした側面から見ることができよう。

九八三年の項に、洗礼前のウラジーミルが異教の神々に生贄を捧げるべく「キリスト教徒のヴァリャーギ（父子）」を殺害させた記事がみえる。かれらは「グレキ（ギリシア）からきた」とされ、キエフに邸をもっていた。かれらは公の従士ではないので、おそらくは商人であった。ルーシで伝えられている限り「最初の」殉教者でもあった。これは上で見てきたのとはまったく異なるタイプの「ヴァリャーギ」である。この話が事実を伝えているとすれば、いつのときか北方からビザンツへ至り（どういうルートでか、おそらくはキエフ経由でと考えるのがもっとも自然であろう）、しばらくの間（少なくとも、「グレキからきた」と表現されるぐらいの期間は）そこに滞在し（そしてそこでキリスト教を受け入れ）、しかる後に商業など非軍事的な目的でルーシへやってきた「ヴァリャーギ」がいたということになる。かれらはもしキエフで殉教死することがなかったら、その後スカンディナヴィア方面へ戻るといったこともあったかもしれない。

ヤロスラフ以後の時代には、ルーシ軍におけるスカンディナヴィア系戦士活用の記事はみられない。ルーシ・スカンディナヴィア間の軍事・政治的協働関係はヤロスラフ治世を最後に、それ以降はもはや伝えられていない。

他方で十一世紀中頃から目立ち始めるのが通商関係である。その際ルーシ側で主要な担い手となるのは、南ルーシ（キエフ）や北東ルーシ地方（ロストフ、スーズダリ）ではなく、ノヴゴロドやスモレンスク、ポロツク、プスコフなどのいわゆる北西ルーシ諸都市である。『イパーチー年代記』（南ルーシ系）や『ラヴレンチー年代記』（北東ルーシ系）に「ヴァリャーギ」やスカンディナヴィア系の諸民族への言及がなくなるのは、おそらくこうした事情もあってのことであろう。『イパーチー年代記』一一四八年の項には、スモレンスク公ロスチスラフがキエフの兄イジャスラフ公に「上流地方およびヴァリャーギからの贈り物を」与えたという記述があるが、これは例外的と考えてよかろう[22]。もっともこの場合スモレンスク公がかかわっていたので、不自然な記述というわけでもない。

北西ルーシ、とりわけノヴゴロドの年代記では事情はやや異なっている。『ノヴゴロド第一年代記（古輯）』では、一一三〇年の項に「ドニ［デンマーク、デーン人］」、「ゴティ［ゴートランド人］」、一一四二年の項に「スヴェイ（スウェーデン）の公」の語がみえる[23]。スカンディナヴィア方面の諸地域・住民を指すこれらの語はその後さらに頻度を増して現れる。一方、「ヴァリャーギ」もこれらと並んで使用され続けるが、ここで注意すべきなのは、この場合「ヴァリャーギ」はもっぱら総称として用いられていることである（あるいは、個々の呼称をあげることができないか、そうする必要がないかの場合に「ヴァリャーギ」として言及されていた）。たとえば同年代記の一二〇一年の項に、「（人々は）ヴァリャーギと講和しないで、海の向こうへ追放した……秋にヴァリャーギが陸路、和を求めてやってきた。（人々は）かれらと自分たちの総意によって和を結んだ」とある[24]。ここの「ヴァリャーギ」がいったいどこの誰であるかはわからない。今日ノヴゴロドがこの直前（一一八九―一一九九年）にゴートランドおよびドイツ諸都市との間に結んだ条約が知られているので[25]、これらの地域やその住民を指したものとみることができるかもしれない。いずれにせよ、北方「海の向こう」からやってきた人々といった意味が一般的になっている。

一二〇一年の事例は、おそらくノヴゴロドの年代記における「ヴァリャーギ」への言及の最後の例である。一二〇四年の項にも「ヴァリャーギ」への言及はあるが、これは十字軍によるコンスタンティノープル占領記事のなかでのことであり、ルーシにおけるそれに関する記述ではない[26]。

ノヴゴロド地方でより長期にわたって「ヴァリャーギ」への言及が続いたことは、この地方でスカンディナヴィア方面との軍事・経済的交流が強くまた長く続いたことを考慮に入れるとき、当然のことともいえるが、ノヴゴロドには「ヴァリャーギ通り」「ヴァリャーギ祭壇」などの地区や場所をさす語も知られていたという。また「ヴァリャーギ」はこの段階では「ネメツ／ネムツィ」などと同じく北西ヨーロッパ諸地域の人々やカトリック教徒をさすようにもなっていた。「ヴァリャーギの信仰」などという言い回しが知られていたという。(27)

以上にルーシ諸年代記における「ヴァリャーギ」関連記事をみてきた。結局かれらはスカンディナヴィア方面からやってきた、ときに商人等を含む（当時とくに早期には商人は普通武装していたので、軍事と交易を簡単に分けるわけにはいかない）、しかし戦士中心の集団であったことがわかる。単なる戦士集団（あるいはドルジーナと呼ばれる公の従士団）と言うだけでなく、ときに「ルーシ」軍全体の中で中核的な位置を占める戦闘部隊としてきわめて大きな役割を果たしていたことが確認できる。かれらは北方から到来したばかりであるか、あるいはすでに比較的長くルーシに居住しているかさまざまであるが、いずれにせよ、ルーシ社会やその住民とは異質の、異族人としての性格が強調されていた。他方、またそれとは別に、「ヴァリャーギ」は北方スカンディナヴィア方面の諸民族全体を総称する語としても用いられていた。スヴェイやゴート、あるいはウルマネといった個々の諸民族とは区別された存在として、言及されていたのである。この場合何か特別のエトノスというよりは総称的な意味で用いられていたと思われる。この用法は初期において顕著であったが、ノヴゴロドなどでは長く保たれたといえる。

ここにまとめられた二つの意味（スカンディナヴィア出身の戦士集団、およびスカンディナヴィア系諸族の総称）は、その他の文献、とりわけ法的文献においても確認できる。ここでは『ルースカヤ・プラウダ』や外交文書などにおける「ヴァリャーギ」の用法を立ち入って分析することは断念しなければならない。諸研究の成果だけを以下に簡単に紹介して先に進みたい。

『ルースカヤ・プラウダ』の最古の版（簡素編纂）中の「ヤロスラフの法典」には、二か所で「ヴァリャーギ」に関する言及がある（いずれも「コルビャーギ」と対で用いられる）。一つは暴力事件に関連して、かれらが被害者の場合は、通常の「目撃証人二名」を出す代わりに、「宣誓」を行うことで十分とされている（第十条）。他は、ヴァリャーギらが他人の奴隷（チェーリャジ）を隠匿した場合に関連してである（かれらがそのことを三日間申し立てず、そのことが旧所有者によって暴かれた場合、奴隷を返還するだけでなく、「侮辱した」として報償金の支払いを科された）（第十一条）[28]。同法典敷衍編纂中の「ヤロスラフの子らの改訂法典」にも、第十八、三十一条に「ヴァリャーギ」が現れる。第三十一条は「簡素編纂」第十条にほぼ同じ内容で、第十八条は、殺人の嫌疑がかけられた「ヴァリャーギ」らが、通常求められる七人ではなく、二人の「証人」を出すことでよいとされている。

以上、『ルースカヤ・プラウダ』では「ヴァリャーギ」は、「簡素編纂」第十一条の場合を除き、裁判手続き上、若干の優遇措置をうけている（証人を立てる代わりに宣誓、証人を七人ではなく二人）。「ヴァリャーギ」は（「コルビャーギ」と並んで）「異国人」の代名詞のような用いられ方をしており、かれらが戦士であったか商人であったかはともかくとして、スカンディナヴィア系の到来者が当時のルーシにおける外来人中もっとも目立つ存在であったことをうかがわせている。[29]

それではこうした「ヴァリャーギ」の語が、当のスカンディナヴィア諸史料においてほとんど見うけられないのはなぜなのであろうか。この語はそもそも最初にどこで用いられ、どのような経路でルーシに現れるようになったのであろうか。研究史上「ヴァリャーギ」の語源についてもさまざまに考えられている。M・ファスメルは次のように記す。

「ヴァリャーグ［単数形］。ルーシでスカンディナヴィア出身者を指す語。古ルーシ語で variag（варягъ）（十一世紀より）。（中略）中世ギリシア語 βάραγγος。中世ラテン語 varangus。〈ビザンツ皇帝護衛のために雇われた護衛兵〉（初出ケドレヌス［ヨハネス・スキリツェス］、一〇三四年）（中略）アラビア語 varank（十—十一世紀）。（中略）古スカンディナヴィア語 *váringr,vœringr からの借用。vár〈忠誠、保証、誓約〉から派生。すなわち〈同盟者、団体《コルポラツイオン》の成員〉

のこと。［古ルーシ語形の由来］をフランク人 friag（фряг）から（アヴァール人を介して）説明しようとするシャーフマトフ、プレスニャコフの提案は完全に誤り。（以下ロシア語版訳者O・N・トルバチョフも若干の説明を加えるが、これについては略）」[30]。

ファスメルの辞書では語源が古スカンディナヴィア語にあるとされているが、それがどのような経緯で古ルーシ語に現れたかははっきりしない。

いっぽうM・B・スヴェルドロフも語源について以下のような諸説を紹介している。最初にあげられるのはヴィリンバーホフ、クジミーン説（沿バルト・スラヴ説、クジミーンについてはさらにケルト説）であるが、スヴェルドロフがこれを妥当とみたから、というわけではないようにみえる。第二は、東ヨーロッパにおける、とくに商業的、次いで政治的に（ここには軍事的にという意味も含まれているだろう）活躍するスカンディナヴィア人を指すとする説である（M・ファスメル、E・A・ルィゼフスカヤ、A・ステンダー―ペーターセン、S・H・クロス）。おそらくはこれが大多数の研究者の見解といってよいが、この見方が「商人」の意を強調しすぎることを批判して、商人、武人、スカンディナヴィア人全般を指すとみるのがH・ウォヴミャインスキである。他方M・I・ステブリン―カメンスキーは variag の語源を古スカンディナヴィア語の vár、várar（誓言）、古アイスランド語 vær（契約）などのうちにみて（このこと自体は右にみたように、すでにファスメルにおいて指摘されている）、ルーシやビザンツで軍事的、商業的に雇用された際に契約を結んだスカンディナヴィア人を指すことを示唆した。外にO・プリツァーク説（商人に仕える護衛、使用人、船乗り）、G・シュラム、I・P・シャスコーリスキー説（スカンディナヴィア人傭兵）、さらには本書でも後述するメリニコヴァ／ペトルーヒン説に言及されている[31]。

どうやら元来が古スカンディナヴィア語と関連することは否定できないようにみえるが、以上に対し本書の著者に新たな知見を付け加える準備はない。以下には近年の業績の中から著者がとくに重要と考える次の研究に注目し、

「ヴァリャーギ」をどう見るべきかについて、さらに具体的な展望を得たいと考える。それはスヴェルドロフにも言及されていた、E・A・メリニコヴァ（古代・中世ルーシ・スカンディナヴィア関係を専門とする）と、V・Ia・ペトルーヒン（初期ルーシ考古学・諸民族史に詳しい）の共著論文である（「十―十一世紀ルーシとビザンツにおけるスカンディナヴィア人――〈ヴァリャーギ〉の呼称の歴史をめぐって」、一九九四年(32)）。

先にスカンディナヴィアでは「ヴァリャーギ」の使用例はほとんど見うけられないと書いたが、メリニコヴァ／ペトルーヒンによれば、これに相当する古スカンディナヴィア語がないわけではない。それはすでに多くの研究者の指摘するところでもあるが、サガその他の文献に現れる væringi である。ただこの語は、ルーシに富や名誉を求めて赴いた戦士や商人（つまりこれがルーシで言う「ヴァリャーギ」である）のことを指したわけではない。そうではなくビザンツ皇帝やその宮廷で主に軍事的に仕えたスカンディナヴィア人のことを言っていた。ビザンツで活躍するこうしたスカンディナヴィア人自体は十世紀前半から確認されるが、その数はその後増え、十一世紀のルーン文字の碑文資料からだけでも約三十の事例が知られるという(33)。

væringi という語がサガ等に現れる最初の例は、十世紀末のヴァイキング、コルスケッグの事例であるという。この人物は九八九年以後にビザンツに行き、そこで当地の「ヴェリング軍 væringjalið の長」となった。それ以降多くのスカンディナヴィア出身者が væringi としてサガなどに記述され、「ヴェリング軍」への言及も一般化するという。

もちろんビザンツに滞在するスカンディナヴィア人がすべて「ヴェリンギ」と呼ばれたわけではない。かれらを指す一般的な呼称はむしろ Grikklandsfari（ギリシア渡航者）であった。ある人物が「ヴェリンギ」とされた場合でも、サガなどでは通常さまざまな説明語とともに記された。たとえば、ヴェリング「軍」に勤めていたとか、皇帝の従士（親兵、hirðsmaðr）、ないし護衛兵（varðamaðr）であったとか、あるいはたんに皇帝の家臣（maðr）であったとかである。ときにはサガの編者は「ヴェリンギ」を「ノルマン人」（Norðmann）と対峙的に使用している。この二語は通常、後者が全体を総称し、前者がその何らかの部分をさす語であった。だが他方では、双方ともにビザンツ軍に勤務し、ともに何らかの行事や儀式に出席しつつも、明確に異なる存在として、しかも対峙的に用いられることもあった。

両者のこうした区分はビザンツ諸史料においてもみられる。そこにみられる βάραγγοι は、一方ではビザンツ皇帝の近衛部隊（親衛隊、従士団）として比較的少数の特権的な集団を意味したが、他方では、同様にスカンディナヴィア戦士でありながら、ときに数千人を数え、同盟軍部隊としてビザンツ軍の一構成部分をなしている場合もあった。前者（親衛隊等）はときに「宮廷の」バランゴイと、後者は「外的な」それと呼ばれることもあった。サガなどの「ヴェリンギ」がこの特権的な「宮廷」バランゴイに、そして「ノルマン」が「外的な」それに対応していた可能性も十分に考えられる。

以上のように、スカンディナヴィア史料における「ヴェリンギ」がビザンツ史料における「バランゴイ」にほぼ対応しているとするならば、スカンディナヴィア戦士がビザンツで十世紀末になってはじめて「バランゴイ」と表記されるようになった理由も理解しやすくなる。

すなわち、メリニコヴァ／ペトルーヒンによるならば、ビザンツ史料に βάραγγοι への言及がみられるのは十世紀末以降である。[34] これはビザンツにおいてスカンディナヴィア系戦士がこの呼称で呼ばれるようになったのが、皇帝の親衛隊としての「バランゴイ部隊」が組織され、それまでのアルメニア人部隊に取って代わるようになってからのことであることを示している。かれらによればそれは九八〇年代のある時点以降のことであり、まさしくキエフのウラジーミル公によるビザンツ皇帝への大規模な援軍の派遣（本書第七章3を参照）がその契機となっている可能性が高いという。そしてビザンツで十世紀末に「バランゴイ」と呼ばれるようになった者たちがその後スカンディナヴィアへ帰還し、この地域でもこれに由来する「ヴェリンギ」の語が、サガなどに現れるようになったと推測する。かくてメリニコヴァ／ペトルーヒンによれば、ビザンツで「バランゴイ」、のちにスカンディナヴィアで「ヴェリンギ」と呼ばれた戦士らのこうした呼び名は、そもそもはルーシの「ヴァリャーギ」にその起源をもつということになる。

「ヴァリャーギ」の呼称がそもそもルーシで成立したとする両研究者のこうした見解は衝撃的である。[35] 著者の見るところでは、通常はまったく異なる理解がなされているからである。たとえば、ドイツのG・シュラムの見解を以下に記そう。かれはまさにこの問題を取り上げた論文において、これまで提唱されてきた諸説を検討し、その多くを退けた後に、今や残るのは「古典的な」説であるとする。今や唯一検討に値する「古典的」見解とシュラムが記すのは、以下のごときものである。まず語源は古ノルド語として想定される*wārangR であろう。それはその後古アイスランド語の væringi に引き継がれ、その後ギリシアに赴いたスカンディナヴィア戦士を通じてギリシア語に（βάραγγοι）、さらにそこからルーシ語（varjagi）に入った。以上が「古典的」見解であるが、シュラムによれば、ルーシにおけるヴァリャーギの語の出現（借用）は相当に早い時期（八五〇―八七〇年代以前）のことであるという。[36]

これはメリニコヴァらとはまったく逆の考え方である。はたしてメリニコヴァ／ペトルーヒンの説をどうみるべきか。本書の著者がここで結論を出すことにはためらいを覚える。この点に関する判断は留保し、引き続き両人の見解を見ていくこととしたい。

さてメリニコヴァ／ペトルーヒンによれば、スカンディナヴィアではギリシアへ行った者、そしてその帰還者をルーシにおける「ヴァリャーギ」（そしてギリシアにおけるその呼称「バランゴイ」）にちなんで「ヴェリンギ」と呼んだのであったが、スカンディナヴィア史料でほかならぬ「ルーシ」に行った（ないしそこに滞在した）者をこう呼ぶ例はあまり知られていない。しかしないわけではない。少なくとも二例知られているという。

ひとつは「ヘイダの戦いのサガ」（または「(ヴェレスコフの)荒野の戦いのサガ」）中のアイスランド人バルディ・グトムントソンに関する記述で、そこでは、バルディが旅に出て「ガルダリキ［ルーシ］に至った。そこで［ヤロスラフ賢公に］仕えることとなった。かれはその地でヴェリンギとともにあったが［með væringjum］、すべてのノルマン人にとってかれは大物に思われた……」と記されているという[37]。

メリニコヴァ／ペトルーヒンは、ここの「ヴェリンギ」と「ノルマン人」を同系ながら異なる存在と理解する。バルディがルーシに赴いたのはおよそ一〇二〇年代のことと考えられている。すでにこの時ビザンツでは「バランゴイ」親衛隊が組織されていた。バルディがルーシに到達した折に「ヴェリンギ」と呼ばれたのは、総称として用いられた「ノルマン人」とは異なって、とくに武勇にすぐれていたからであろう。ここではバルディがビザンツへ行ったことがあるとは記されていない。それでも「ヴェリンギ」の一員であったと記されているのは、この語がルーシとのかかわりのみにおいて用いられていることを示す[38]。

もうひとつの例は、聖オーラヴ（二世ハーラルソン）の奇跡物語のひとつにおける言及で、以下のように記されている。「東方のガルディ［ルーシ］において、あるヴェリングが若い奴隷を買った。その男［奴隷］は唖者で、話すことができなかった。しかしかれは賢く多くのことに通じていた。だれもかれがいかなる種族の者であるかを知らなかった。かれはそのことを聞かれても何も話すことができなかったからである。だが多くの者がこの者はノルウェー人に違いないと言っていた。というのもかれはかれら［ノルウェー人］がするように武器を作り、ヴェリンギだけが行うように身を飾っているからだ[39]……」。

以上はルーシで「ヴェリング」とされるある人物の買った奴隷が、これまた北方系ノルウェー人であることが判明し、しかも「ヴェリング」のように身を飾っていたというやや奇妙な物語であるが、話の筋はその後、この奴隷が主人を転々と変えるなかで、あるとき解放され、「ホルムガルド」（ノヴゴロド）に至り、そこである「よき女性」のもとに居場所を見つけたが、かの女の夢に現れた聖オーラヴの執り成しで癒され、発話能力も与えられたという風に展開する。ここに現れる唖者の「ヴェリンギ」は武人ともまたビザンツへ行ったことがあるとも言われていない。むしろ武器製造職人であるかのように記されている。それでも「ヴェリンギ」varingus と呼ばれているのは、メリニコヴァ

／ペトルーヒンによれば、この物語がノヴゴロドにあったと考えられる聖オーラヴ教会の周辺で作られたと考えられることと関連している。すなわち、ここの varingus は古スカンディナヴィア語の væringi（vœringi）よりは、古ルーシ語の「ヴァリャーギ variagi」の語形を反映していた可能性が高いというのである。ルーシでは「ヴァリャーギ」は北方からの到来者を意味しており、必ずしもビザンツへ行った者を意味するものではなかったからである。

ルーシで言われる「ヴァリャーギ」、スカンディナヴィアの「ヴェリンギ」、ビザンツの「バランゴイ」の三者の関係は、メリニコヴァ／ペトルーヒンによれば、以上に示された如くであるが、これを結論的にまとめると、およそ次のようになる。(40)

まずこの語は北方スカンディナヴィアの出身者がルーシにおいて自分たちを「ヴァリャーギ variagi」と呼んだことがそもそもの始まりである。その元来の形は wárangR（*várangar）であった（G・シュラムの提唱するような væringi/pl.væringjar ＜ *wāringjan- ではなく）と考えられる。「ヴァリャーギ」はエトノスを指す語としてルーシにおいて十世紀末―十一世紀初以前に（というかむしろそれを相当に遡る時期に）用いられるようになった。(41) この語の意味、あるいはルーシにおいてこの語が出現するに至った事情は、『原初年代記』が伝えるイーゴリ公治世の九四一年の記述から推測することができる。この年、イーゴリがビザンツへ送った遠征軍が帝国軍に敗北し、イーゴリは自らの軍（「ルーシ」）をあてにすることができなくなり、「海の向こう」から別のスカンディナヴィア傭兵を呼び集めた。こうした「海の向こう」からの募兵は以前にもあったと考えられるが、年代記に明確にその記録を残すのはこの時が初めてのことであった（いうまでもなく八六二年の「ヴァリャーギ招致伝説」記事は別にしてである）。イーゴリはおそらくこの時傭兵らとの間に「協定 riad」を結び互いに誓約し合ったと考えられるが、この「誓約」を意味するスカンディナヴィア語から「ヴァリャーギ」の語が生じたと推測されるのである（既述のごとく、*várangar は vár すなわち「忠誠、保障、誓い」の意から派生した）。

一方ビザンツでは、キエフのウラジーミル公がそこに援軍を派遣して以来、皇帝のもとに仕える北方出身の戦士を「バランゴイ」と呼ぶようになった。これはルーシの「ヴァリャーギ」から造りだされた語であった。おそらくはかれらが多くの場合、ルーシで「ヴァリャーギからグレキへの道」といわれた道を通ってやってきたからであろう。そしてかれらがその後スカンディナヴィアへ戻るようになって、サガなどにおいてかれらを指して「ヴェリンギ」と呼び表すようになった。

ルーシでは「ヴァリャーギ」は「協定 riad」によって募られたスカンディナヴィア戦士・傭兵、「公の従士、親衛兵」の意味で用いられ、その形で根を下ろした。(42) それは「ルーシ」とは異なる存在であった。「ヴァリャーギ」はあくまでも「海の向こう」から到来した「異族人」であり、「ヴァリャーギからグレキへの道」を通って行き来し、ときにルーシに滞在した。スラヴ的伝統を欠き、スカンディナヴィア出身者として、その総称としても古ルーシ文献にその姿を留め、ある時点まで用いられた。ヤロスラフ治世晩年、そしてかれの没後、「ヴァリャーギ」とりわけ戦士集団としてのそれに関する言及は、少なくとも南ルーシではなくなる。考えられる理由は、ヤロスラフ以後ルーシでは政治的分裂が進みルーシ自体の魅力が薄れるとともに、ポロヴェツら遊牧民の襲撃が激しくなり、ルーシ経由のビザンツおよび東南方イスラーム圏との交易ルートがさびれたことである。またビザンツにおけるスカンディナヴィア系ルーシ（ヴァリャーギ）に対する需要も減少し始めた。とくに一〇七九年の反乱後アレクシオス・コムネノス帝はかれらに依拠することを止め、もっぱらアングロ・サクソン系傭兵を用い始めたことが知られている。かれらのある部分は一〇六六年（ノルマン・コンクェスト）の後、イングランドを離れビザンツに活躍の場を求めたという。ルーシにおける「ヴァリャーギ」の存在はこうして終焉を迎えたと考えられるという。(43)

ヴァリャーギの語源に関するメリニコヴァ／ペトルーヒンの見解もきわめて魅力的であるが、あくまでも仮説である。「ヴァリャーギ」の語源の問題がはたしてかれらの主張する通りであるのか、そもそもウラジーミル治世にビザンツに派遣されたルーシ兵（「ヴァリャーギ」）が「バランゴイ」軍の起源であるという見方が受け入れられるかどうか、さらに検討を要するように思うが、それは今後の課題となる。

ii　ルーシにおけるスカンディナヴィア諸王

ウラジーミル、ヤロスラフ両公時代のルーシはスカンディナヴィア方面においてもよく知られていた。また既述のごとく、「ガルダリキ」の名も広く行き渡っていた。それは両公の時代に多数のヴァリャーギがルーシに姿を現したからであるが、とりわけそれらのなかにスカンディナヴィアの王侯貴族らが多く混じっていたことが大きかった。かれらはルーシに足を踏み入れ、両公の宮廷に出入りし、ルーシを拠点に広く活躍、最後には故国へ帰還し、しかもそのことがサガをはじめとする古スカンディナヴィア文学作品に広く痕跡を留めたのである。これらの作品はその際当然のことながらウラジーミル、ヤロスラフ両公についても言及したのであった。以下には両公の宮廷に姿を現したスカンディナヴィア諸王の例を中心にすえながら、北方世界の代表者たちがルーシにおいてどのような存在としてあったのかをみてみたい。

ところでルーシの諸年代記は「ヴァリャーギ招致」伝説やヴァリャーギ一般については言及するものの、実在するこれら北方の諸王についてはまったく伝えるところがない。『原初年代記』をはじめとするルーシの諸史料が、今日のわれわれにとってきわめて重要と思われる事柄について言及していないこと自体は不思議なことではない。たとえば、すでに第七章において記したように、ウラジーミル公がビザンツから「緋の産室生まれの」皇女アンナを妃に迎えたことは、ルーシにとって最重要な出来事であったと言ってよい。しかし結婚後のアンナについてルーシ史料はほとんど何も語らない。ウラジーミル後の後継者問題においてアンナとおそらくはかの女から生まれたと推測されるその子らが果たした役割は重大であると考えられるのに、史料は何も伝えないのである。また後述するように、ヤロスラフの娘の一人アンナは、後のフランス王アンリ一世と結婚している（一〇五一年）。またヤロスラフの孫娘のエウプラクシヤも、カノッサの屈辱の当事者ドイツ皇帝ハインリヒ四世と再婚している。しかしわれわれがこれらのことについて知るのは、後にみるように基本的に西方の史料のみによっているのである。それゆえ、ルーシの史料がルーシに滞在したスカンディナヴィア諸王について伝えていないとしても、それをもってただちにこれらの諸王のルーシ滞在の事実性が疑われるということにはならない。おそらくはルーシの著述家にとって集団としてのヴァリャーギの存在が、個々の諸王に比較して圧倒的な量感をもって迫ってきたことを意味するものかもしれない。あるいはまたそうした事例は特記されるほどに珍しいことではなかったということなのかもしれない。

いずれにせよ、ルーシ史料に直接的な言及が欠けている以上、利用できる文献は主にスカンディナヴィア古代（中世）文学の諸作品となる。すでに指摘したように、これらの作品から事実をつかみ取るには大きな困難を伴うが、すくなくとも当時の北方の人々がどのように考えていたかを推測することは可能である。困難性を認識したうえでスカンディナヴィア諸王のルーシにおける存在の状況を可能な限りさぐってみよう。

「王のサガ」とよばれる諸作品はルーシを訪れたことがほぼ確実に推測できるとくに四人のノルウェー王（コヌング）に強い関心をよせている。オーラヴ一世トリュグヴァソン（在位九九四／九九五―九九九／一〇〇〇年）、オーラヴ二世ハーラルソン（聖王、一〇一四／一五―一〇二八年）、その子マグヌス・オーラソン（善王、一〇三五／三六―一〇四七年）、ハーラル・ハルドラーダ・シグルソン（苛烈王、一〇四六―一〇六六年）である。かれらについてはこれまでも利用してきた『外国史料に現れた古ルーシ』第五巻（スカンディナヴィア史料）その他が知られる限りの資料をまとめており、たいへん便利である。また二〇〇〇年にはT・N・ジャクソンが『ルーシにおける四人のノルウェー王《コヌング》』を著わした[44]。また幸いにして近年諸王について詳しく物語る『ヘイムスクリングラ』など重要なサガの邦訳も手にすることができるようになった（下記）。これらによりながら、かれらの波乱にとんだ生涯に少しでもふれてみよう。なおスカンディナヴィアの王家からそれとしてはじめて王女を妃に迎えたキエフ公はヤロスラフであるが、このようにしてルーシにやってきたスウェーデン王オーラヴ／ウーロヴ・シェートコヌングの娘インギゲルドについては次節で改めてとり上げる。

a　ウラジーミル聖公とオーラヴ一世トリュグヴァソン

オーラヴ・トリュグヴァソンは九六八／九六九年の生まれと伝えられる[45]。かれはノルウェー王ハーラル美髪王（?—九三一年頃）の曾孫とされる。オーラヴ王については多くのサガ等に記述があるが、なかでも重要なのは『オーラヴ・トリュグヴァソンのサガ』である。これはいくつかの版で知られているが、その最古のものはシンゲイラル修道院のオッド・スノラソンのラテン語のサガ（一一九〇年頃）であり（これは今日に伝わらない）、それは古スカンディナヴィア語訳の三本の写本に含まれて伝わるという。その後もさまざまな版が作成され物語は詳細、長大になったが、ここで取り上げるのは一二三〇年頃にスノッリ・ストゥルルソンの編んだ『ヘイムスクリングラ』（一二三〇年頃の成立）中のそれである。『ヘイムスクリングラ』は神話時代からスヴェッレ王（一一七七年即位）直前までのノルウェー王朝の歴史を描いているが、ここで取りあげるオーラヴ・トリュグヴァソン王と聖王オーラヴをそれぞれの主人公とする二つのサガが主要部分を占めている。『オーラヴ・トリュグヴァソンのサガ』は全百十三章からなる[46]。オーラヴ・トリュグヴァソンにはアイスランドの諸年代記も言及しており、その記述から生年が上記のごとく九六八ないし九六九年、「エイストランド」（エスト人の地、エストニア）で囚われたのが（後述）九七一年、ガルダリキ（ルーシ）到来は九七七ないし九七八年、ノルウェーへの帰還は九八六ないし九八七年であったことが推測されるという。ルーシ滞在は八年から九年間ということになる。かれのシュリンガル諸島での受洗は九九三年、ノルウェー王への即位は九九五年、最期を遂げるスヴォルドの海戦は九九九ないし一〇〇〇年のこととされている。

サガは内容的に三部に分けることができるが（幼少・青年期から国王即位まで、ノルウェーおよびアイスランドにおける宣教活動、最後の戦い）、ルーシとの関係で重要なのは、第一部（第五十章まで）の前半部分である。そこから以下のことが明らかとなる。

オーラヴの父トリュグッヴィ（ノルウェー南東部の地方王）が殺害された後、母アストリズは幼いオーラヴを連れて商人らの一行と共にガルダリキ（谷口訳では「ガルザリーキ」）に向かう。そこでは母の兄シグルズが「ホルムガルド（ノヴゴロドのこと、「ホルムガルズ」）王ヴァルディマル」（ヴァルディマルはウラジーミルのこと。後者がいまだノヴゴロド公であった時期のことと考えられているのであろう）の下で貢納徴収役として仕えている。しかしルーシへ向かう途中、エスト人に捕らえられ、オーラヴは母親から離されて売られる。かれは三人目の主人一家の下で六年間をすごす。そこでの扱いはよかった（第一、六章）。シグルズはたまたま「エイストランド」の市場で美しい少年を見かけ、それが妹の子であることを知って買いうけ、ホルムガルドへ連れ帰る。少年の生い立ちは伏せたままである（第七章）。オーラヴはホルムガルドの市場で見つけたクレルコンという名の男を斧で打殺す。それはエイストランドでかれを買い求め、その際かれの養父であった老人を用無しとして殺害した男であった。シグルズは「王妃アロギーヤ」のもとに少年を連れて行き、かれを保護するよう懇願する。王妃は美少年を守ることを承諾する。ホルムガルドでは一部の者を除いて人を殺害する者は死に渡されるという法があり、民衆が王妃に少年の引き渡しを求めて館に押し寄せる。王が介入し、結局王妃が和解金を支払うことで少年は救われる。以後少年は王妃の手厚い保護を受ける。ところでガルダリキには王族の者は王の許可なしにそこに滞在してはならないという法があった。ここに至ってシグルズは王妃に、少年の生い立ちを明かし、少年が父の死後故国で危険な状況に立ち至ったことを伝える。王妃は王（ヴァルディマル）に事情を説明し、王は少年を自身の庇護下におくことを承諾する。王は少年を王族にふさわしく待遇する。オーラヴはこの時九歳、ヴァルディマル王の下にさらに九年いた。かれは「だれよりも秀麗で、身の丈が高く、力強く、北欧人について話題にのぼる技芸においても余人を圧倒していた」(第八章)。オーラヴはヴァルディマル王の宮廷で養育され、やがて王の軍の司令官にまで昇進し、幾多の戦いで大いに軍功をあげる。かれは王から与えられた資金で組織された自らの部隊を擁していた。かれは自己の兵に気前よく、かれらから大いに愛された。だが嫉妬に駆られた人々は王に、かれが王と国にとって危険な存在となりうること、王に並ぶ実力者である王妃の側につく可能性を示唆し、かれをあまり重用することのないよう具申する。王のかれに対する疑念が募る。これを察したオーラヴは王妃にノルドランド（北方）への帰還の意向を伝え、別れを告げる（第二十一章）[47]。

オーラヴのルーシ滞在中の出来事は以上のごとくであるが、ノルウェー帰還後かれは、九九五年頃に王位に就き、一〇〇〇年に戦死するまでその座にあったという。

サガの以上のごとき記述をどの程度事実に合致すると考えることができるのであろうか。かれが実在の人物であることはノルウェー史上疑われることはない。ではかれのルーシ（ノヴゴロド）滞在についてはどうであろうか。それもおそらく確かである。ジャクソンによれば、スカールド詩人ハッルフレズ・オッタルスソン（オーラヴと同時代人である）のオーラヴをうたった歌謡（九九六年作）に、シグヴァト・ソルザルソンの句が引用されているが（「王［オーラヴ］」は……ガルディ［「ガルダリキ」］においてその鋭き剣を血で染めた」）、これをオーラヴがルーシに赴いたことの証拠（それも唯一の）とみることができるという[48]。

滞在自体は確かであるとして、オーラヴのルーシにおけるさまざまな活躍についてはどうであろうか。これはいうまでもなくそのまま受け入れることはできない。本書の著者には、想像力豊かなサガ作者による創作と考えた方がよいと思われるが、いずれにせよルーシ諸史料を含めこれらを裏づける記述は存在しない。ウラジーミル期のルーシの公妃があたかも公に匹敵する兵力を擁していたとされるのも疑問である。また北欧出身の重臣（シグルズ）と密接な関係をもつ公妃アロギーヤとは誰のことか（『原初年代記』に記される同じく北方系のログネジのことであろうか。年代記ではウラジーミルがポロツクを征服し、その支配者（ログヴォロド）の娘ログネジを妻としたことになっている。しかしかの女とノヴゴロドとの関連については知られていない）など、さまざまな疑問が浮かぶが、これに答える術はない。さらにサガではホルムガルドには「一部の者」を除いて人を殺害する者は死に渡されるという法があったと記されているが、ここでいう「一部の者」とは原文では具体的には「追放刑に処された者」となっている。「追放刑に処された者」を殺害しても咎められないという規定の存在は理論的には十分考えられるが、実際にこうした法がノヴゴロドにあったか著者は知らない。少なくとも『ルースカヤ・プラウダ』の簡素本（そのとくに「ヤロスラフの法典」部分は最古の形態を留める）にこうした規定はない。こうしたことから考えると、ここでは君主権の発達をみなかったアイスランドの法慣習が書き込まれているとみた方がよいのかもしれない。ウラジーミル期のルーシの現実をここから読み取ることはできないというべきであろう。

オーラヴのルーシ滞在との関連で興味深いのは、修道士オッドの同名の別のサガ（いわゆるA版）では、かれがウラジーミルとガルダリキの住民の洗礼に一役買ったと記されていることである。この部分をジャクソンによりながらみてみよう。

ガルディ（ルーシ）の王ヴァルディマルの年老いた母（サガ作者はオリガのことを念頭においていると考える研究者がいる。もしそれが正しければ、母ではなく祖母というべきところ）は予言者であった。あるユール祭（異教時代の冬の祭り、後のキリスト降誕祭）の最初の晩、宴会を前にして王は慣例通りに、老母に王国の未来を占ってもらう。かの女の答えは以下のようであった。そのころノレグ（ノルウェー）で王に子が生まれ、「今年」かれがこの地（ルーシ）で養育されることになること、その子は尊く、将来栄えある軍事指導者となり、ヴァルディマル王に多くの幸をもたらすこと、その後は若くして故国へ戻り、生まれながらの権利をもつその国の王位に就き大いに称えられるが、王位には短期間しかとどまらないこと、などである（第六章）。さらに第九章では、ルーシ到来後のオーラヴが異教の神々を拝まず、異教徒である王に随行する際にも、王が異教寺院に入っても自らは入らず外に留まっていること、王がかれの身に神々の罰が下ることのないように、神々を拝むようかれに強く勧めても、それに応じることはできないと答えること、すなわち両者の間に一種の宗教「論争」が展開されることが記される（この「論争」は、『原初年代記』九八三年の項の、ギリシアから来たヴァリャーギ・キリスト教徒によるルーシ側異教徒への反論（論争）を想起させる。下記参照）。続いて第十三章では、オーラヴの見た夢が記される。かれが高い岩山に登り上を見上げて目にした天国の様子と、降りて下を見た時の地獄の様子が対比的に描かれる。かれは夢で指示されたように兵とともに「グリクランド」（ギリシア）へ向かい、そこで洗礼を受け、自分に洗礼を授けた主教にルーシへの同行を求める。ルーシに戻ったオーラヴは王と王妃を説得し、逡巡する王を王妃の協力をえてついに洗礼へと踏み切らせる。全国民もその範にならって洗礼を受ける。その後オーラヴはルーシを去るが、かれの名声は足を踏み入れたいたるところで、すなわち「ガルダヴェルジ」（ガルダリキ）のみならず、全北方世界においても鳴り響いた。かくてその名声はノレグにも達したのである。[49]

もしサガの伝える通りであるとするならば、ウラジーミルによる「ルーシの洗礼」は本書（第七章）がすでに明らかにしたのとはまったく異なる経緯をたどったことになろう。研究者のなかにはこの記述を信用に値すると考える者もいるが、多くの研究者は懐疑的である。ジャクソンによれば、スカンディナヴィア人がルーシの洗礼に決定的な役割を果たしたとする見解は二十世紀前半までは欧米の学界に賛同者がいたが[50]、世紀後半にはもはやそれもいなくなったという。[51] サガ作者は事実を記したというよりは、はるかアイスランドにまで伝わるルーシに関するおぼろげな知識（たとえば、ビザンツは東方正教会の中心地であること、ルーシのキリスト教化はビザンツの主導によりウラジーミル公治世に行われたことなど）を、主人公（かれはビザンツで洗礼を受け、その後ルーシに戻ったとされている）を英雄・偉人として描きだすという目的のために利用したにすぎないようにみえる。

それではオッドの記述はまったくの事実無根と断ずるべきであろうか。事実ではないがたんなる虚言というわけでもないと言うべきかもしれない。というのもここに描かれる、たとえば、オーラヴとヴァルディマルの異教の神々に関する「論争」は、『原初年代記』九八三年の項に記される記述を彷彿させるところがあるからである。年代記ではウラジーミルが、ギリシアから来たキリスト教徒であるヴァリャーギの息子を神々の生贄に捧げようとした際に、ヴァリャーギが「[あなた方の信仰しているのは]神々ではなく木です。今日はあっても、明日は朽ち果ててしまうでしょう」云々と反論する様子が描かれている（邦訳九六―九七頁）。研究者によってはオッドのサガの該当部分をベーダの『イングランド人の教会史』と結び付けて考える者もいる。こうした見方が適切かどうか判断は分かれるが、要するにこうした出来事は当時のイングランドから北欧、さらにはルーシにいたる北ヨーロッパ全域に広く見られ、一種共通の観念ができていたことを示しているように見える。こうしたことがルーシで起こったと断定はできないが、それに類することがあった可能性を示しているとはいえよう。オッドの記述と『原初年代記』のそれからはまた、北方からルーシに来り、しばらく滞在した後にビザンツへ向かい、そこでキリスト教徒となって再度ルーシを訪れた（最終的には北方へ帰還したのかもしれない）ヴァリャーギがいた（というより少なくなかった）ことも推測できる。サガを根拠に具体的事実を語ることはできないとしても、サガが当時広く見られた現象を基盤において作られたことは否定できないように思う。そこには当時スカンディナヴィアとルーシ、そしてビザンツを結びつける現実が反映されていたとみることができるのである。これとの関連でさらに付言するならば、オーラヴ・トリュグヴァソンはサガ的伝統では北方世界のキリスト教の宣教者とみなされている。かれはアイスランド人の下へ宣教師を派遣し、かれらに改宗を迫ったことが『アイスランド人の書』（アリ・ソルギルスソン著）に記されている。[52]かれがウラジーミルとルーシを洗礼に導いたとする主張は受け入れられない。しかしオッドが主人公の偉業を強調する目的のために、はるか東方で起きた大事業にかれをかかわらせることで、作者にとっての世界とその内部で起きている変化を自分なりに表現したものと考えることができよう。

b　ヤロスラフ賢公とオーラヴ二世ハーラルソン（聖王）およびマグヌス・オーラソン

オーラヴ二世はノルウェー王ハーラル美髪王の五代目の子孫と伝えられる。かれは後世の人々からノルウェーの統一者にしてキリスト教化の立役者として聖王と崇められる（在位一〇一四頃―二八年）。かれの生年は伝えられていないが、ジャクソンも記すように普通九九五年と考えられている。かれはデンマークのクヌーズ王（イングランド王カヌート、在位一〇一六―三五年）と戦って敗れ、ノルウェーを去らざるを得なくなり、スウェーデンさらにはルーシへと渡った。ルーシ滞在は一〇二九年秋から翌三〇年春までと短期間であった。その後王位奪還をもくろんでルーシから帰国するが、一〇三〇年デンマーク王とノルウェー豪族らの連合軍との戦いで敗死し（スティックレスタの戦い）、王位はクヌーズの手に渡る。死後間もなくノルウェー人の間にかれへの崇拝の念が強まり、早くも一〇三一年（八月三日）には聖人と宣せられ（ローマ教皇庁による正式な列聖は大分後の一八八八年になってからである）、王位も一〇三五年かれの子マグヌスの手に戻された[53]。

聖オーラヴに言及する「史料」は多種多様で、その数も少なくない。ジャクソンによれば、王のとくに早期の列聖後に、教会に関係する諸テクスト（典礼文や聖者伝、奇跡集の類）が多数現れたが、これと並んで世俗的作品も著わされた。早くはセームンド・シグーソンの『ノルウェー諸王小史』やアリ・ソルギルスソンの『アイスランド人の書』である。いずれも十二世紀初にラテン語で書かれたと思しきこれらの作品の原本は今日に伝わらないが、アイスランドとノルウェー史叙述の嚆矢となったという。これら両書やそれに続く諸記述、また口碑伝承やスカールド詩などを基盤に十二世紀末―十三世紀初以降、聖オーラヴに関するサガが編まれ始める。それらはノルウェー史の重要な一構成部分としての聖王の生涯に関するサガと、個々の独立した叙述としてのそれの二タイプに分類できるが、王に関するもっとも詳しい情報を含むのが前者に属す、前述のスノッリ・ストゥルルソンの『ヘイムスクリングラ』である。『ヘイムスクリングラ』はノルウェー諸王をめぐる全部で十六のサガから構成されているが、『オーラヴ聖王のサガ』はそのなかでもっとも大部のもので、全二百五十一章からなる。[54]

以下はこのサガによりながらみていく。

オーラヴ聖王と東方「ガルダリキ」の関係に言及するのは、サガも後半の第百八十一章である（訳者による標題は「オーラヴ王、ノヴゴロドへ向かう」[55]）。サガは年代を記すことはないが、それが折にふれて記す季節を示す語（「秋に」、「年の初めに」、「ユール祭の後」などなど）の分析や諸史料との対照から、その後の研究で一〇二九年のこととされる。王はこの時点ですでにノルウェーを去らざるをえなくされており、スウェーデンを経て東方へ向かったのである。次のように記されている。

オーラヴ王は「夏に（船で）出発し、東のガルダリキのヤリツレイフ王（ヤロスラフ賢公のこと、後述本章注（61）を参照）とインギゲルド王妃のもとに着くまで休まなかった。王妃アストリドと王女ウルヴヒルドはスウェーデンに残った。だが王は息子マグヌスとともに東に向かった。ヤリツレイフ王はオーラヴ王を歓迎し、オーラヴに自分のもとに滞在するよう勧めその部下を扶養するのに必要な費用のため領土の一部を提供した。オーラヴは感謝とともにこれをうけ、そこに滞在した」[56]。

オーラヴ・ハーラルソン王の生涯を描いたものとしては、サガの諸版をはじめとして十指に余る作品が知られているが[57]、事実上そのすべてがさまざまな形でノルウェー国内における王への敵対活動の激化、その結果としてのかれの国外退去、ルーシへの逃亡に言及しているという。上記サガでいえば、デンマーク王クヌーズとの戦いにおける敗北（一

○二六年、ヘルガオーの戦い、第百五十章）に続き、国内諸有力者の離反（第百五十六章、「王に対する裏切り」）、クヌーズ王によるノルウェー征服（第百七十一章）、国内の敵との戦いの後、スウェーデンへの出国（第百七十六―百七十八、百八十章）、さらに上記引用にあるようにノヴゴロドへの到来という具合である。

それゆえ王のルーシ到来は歴史的事実とみてもよいと考えられるが、この意味で決定的なのはスカールド詩にそれが謳われていることである（第百八十三章に引用される「黄金の眉詩人ビャルニ」の歌）。これはスカールド詩の性格からして（上述参照）、「真実」をうたった可能性が高いと考えられている。ルーシの史料からは知られない事実がここに記録を留めていると考えることができる。

しかしオーラヴがかれを襲った困難な事情からノルウェーを離れざるをえなかったとして、なにゆえ亡命先がルーシであったのであろうか。歴史的にみれば、オーラヴがルーシを目指したことは、それほど突飛なことではなかった。すでにみたように、北方の地からは多くのヴァリャーギが東方へ進出し、スカンディナヴィアはルーシに固く結び付けられていたからである。オーラヴが初期のヴァリャーギらと同様に、カスピ海から東方イスラーム圏への経済商業的関心を有していたことが推測できるが（上記注（55）参照）、それだけではない。かれは若いころから各地でヴァイキングとして活躍していたことが知られている。サガはオーラヴが幼少のころから武芸に秀で、東に西にヴァイキング活動を行い（西方ではイングランドからフランス、スペイン、さらにはジブラルタルへ至り、エルサレムをすら目指そうとしたという。第十一―十八章）、ノルウェー帰還後諸勢力を倒して王を名乗るまで（第三十七章）、戦いに明け暮れていたことを伝えている。たとえば第十九章は訳者により「十五回目の戦い」と題されている。また第二百四十六章では王は「大きな戦いを二十回も経験した」と記す（これにはおそらく最後のスティックレスタの戦いも含まれている）。一方ルーシ諸公もスカンディナヴィア人の軍事的能力を高く評価していた。上の記述のすべてが信頼に値するかどうかは問題であるが、オーラヴがルーシでヤロスラフ公のために軍人として働いた可能性は高いように思われる。ただそれを裏づけるルーシの史料は存在しない。

ところで『サガ』がオーラヴに対して抱く関心は、実はこうしたこととはまったく関係がない。サガの関心はオーラヴとヤロスラフ公がそれぞれの妻を通じて親戚関係にあった（アストリドとインギゲルドは姉妹であった）ことに向けられている。サガはオーラヴとヤロスラフがそれぞれにスウェーデン王オーラヴ（ウーロヴ・シェートコヌング）の二人の娘を妃にするまでの経緯について詳しく記述するのである。

それによると、ノルウェー王となった（一〇一四年頃）聖オーラヴはスウェーデンの同名の王との敵対関係に終止符を打つ必要に迫られる。サガ第六十八章は両国の和睦への試みが始まったことを伝える。和睦交渉は聖王オーラヴのもとに滞在していたアイスランド人ヒャルティを仲介者として行われるが、その過程で聖王オーラヴとスウェーデン王女インギゲルドの間に結婚話がもちあがる。インギゲルドはオーラヴに強く惹かれる（第七十二、七十八章）。しかしながらこの結婚はスウェーデン王の反対で実現せず、聖王は結局のところインギゲルドの妹アストリドと結婚することになる（第八十、八十八、八十九、九十二章）。ノルウェーとスウェーデンの講和は（聖王オーラヴの願ったような形においてではなかったが）なんとか実現することとなった。

スウェーデン王オーラヴ・シェートコヌングが娘インギゲルドとノルウェー王との結婚に反対したのは、両王間に激しい敵対意識があったからであるが（それはもっぱらスウェーデン王のノルウェー王に対する一方的な憎悪として描き出される）、他方では、そのときルーシのヤロスラフ公からインギゲルドに対する結婚の申し込みがなされたこともあった（第九十一、九十三章）。これはルーシが対ポーランド政策の一環としてスウェーデンに接近したことを示すものと推測できるが、もちろんそうしたことがサガに記されることはない。スウェーデン側としてもこれに乗り気であったことは研究史上指摘されているとおりである。[58]かくてインギゲルドはヤロスラフに嫁ぐことになるが、興味深いのはその際かの女は、自身の親族でもあるヤール（侯）のログンヴァルド・ウルフソンを伴ってノヴゴロドへ行く許可を父王に願い出たとされていることである。このログンヴァルドはオーラヴ聖王の親友でもあった（第六十七、九十一章）。インギゲルドはルーシ到来後、「結婚の贈り物」としてえた「アルデイギュボルグ」（スターラヤ・ラドガ）をログンヴァルドへ与えている（第九十三章）[59]。ログンヴァルドは先にみた『エイムンド・サガ』においてもインギゲルドにつき従ってルーシに来た貴人として描かれていた。かれは聖王オーラヴの親友として、後に聖王がルーシに逃れてきたとき、かれの下に滞在したと記されている（第八章四九七―五〇〇頁、「補遺　エイムンド・サガ」V.6.2.9-V.6.2.10）。かれはインギゲルドをノルウェー王に結び付け、スウェーデン、ノルウェー両王を和解させようと働いたためにスウェーデン王に疎まれていた。スウェーデン王はログンヴァルドが王の前に二度と姿を現さないことを条件にインギゲルドの要望を認めたのであった[60]。

　インギゲルドとヤロスラフの結婚についてはのちに再び立ち返ることとして（本章2、i）、聖王オーラヴに戻ろう。オーラヴのノヴゴロド到来の経緯は以上のとおりであるが、かれのルーシ滞在中のことはよくわかっていない。かれがノヴゴロドにおいてサガのいう「ヤリツレイフ」[61]とその妃インギゲルドから具体的にどのように遇されたかは、サガによって描き方に若干の違いがあるという。どのサガもかれが大いに歓迎されたことについてはほぼ異口同音であるが、それが具体的にどのような歓迎であったのかはよくわからない。

『オーラヴ聖王のサガ』では、「部下の扶養」のため土地を提供されたと記される。「歓迎された」というのは実際の状況をいうよりは、おそらく主人公の立場をよく描こうとするサガの作者らの一種の常套句であったと考えたほうがよい。ただサガは第百八十七章において、オーラヴがルーシ滞在中に自身の行く末について思い悩んでいたこと（帰国してノルウェー王位奪還を目指すべきかどうか）を伝え、ヤロスラフとインギゲルドがかれの帰国に反対して、かれが「かれらのもとに長く滞在し、ブルガリアという国を支配するようすすめた」と記す。第百九十一章においても、同様の提案を繰り返している（「オーラヴにふさわしいと思われる国［ルーシ国内のいずれかの地域］を支配すべきである」）。インギゲルドはともかく、ヤロスラフがオーラヴに帰国を思い止まらせようとしたとあるのをそのまま信じることができるかは微妙であるが、それはさておき、ここに言われる「ブルガリア」はルーシ国の一部で、異教徒の住む地とされている。異教徒が住むというのであれば、これはイスラームを奉じるヴォルガ・ブルガールのことであろうが、キリスト教徒は通常イスラーム教徒を「異教徒」（ロシア語で iazychniki）とは言わなかったので、解釈に戸惑うことになる。またルーシがヴォルガ・ブルガールを支配したことはなかったという事実からも、サガの記述を文字通り受け取ることは困難である。あるいはサガの記述を歴史的事実と付き合わせようとする態度そのものが問題となるかもしれない。ここはステンダー＝ペーターセンが指摘するように、ノルウェーに戻るのではなく中近東方面との交易拠点であるヴォルガ・ブルガール征討を目指すべきだ、あるいはそれを目指すのならそうしてもよいという提案（あるいは許可）であったのかもしれない。しかしこれについてもこれ以上憶測を続けるわけにはいかない[62]。

このように聖王オーラヴのルーシ滞在中の様子は不明としか言いようがないが[63]、そうこうしているうちにルーシのオーラヴのもとに、当時ノルウェーを支配していたヤール（侯）のハーコンの死の報が伝えられる。これをもたらしたのはかつてのかれの臣下（軍司令官）で、一度はデンマーク側に寝返ったがオーラヴに対する忠誠心を取り戻したビョルンである。オーラヴは逡巡の末、帰国を決意する。かれが息子のマグヌスをヤロスラフのもとに残して出立した（第百九十二章）後の運命について繰り返すことは不要であろう。かれが帰国早々スティックレスタの戦いに敗れ戦死する様子が、英雄の死にふさわしく描かれる（第二百二十八章）。それは「八月一日の四日前の水曜日」（一〇三〇年七月二十九日）のことであったという（第二百三十五章）。

聖王オーラヴがルーシを去るにあたってヤロスラフとインギゲルドのもとに残したとされるマグヌス善王オーラソン（オーラヴスソン）についても、各種サガその他の作品に言及がある。しかし父の場合と同様に、かれのルーシにおける具体的滞在状況はよくわかっていない。たとえば、『ヘイムスクリングラ』にはかれについても独立のサガ（『マグヌス善王のサガ』全三十七章）が含まれているが、ルーシとの関連では、新「事実」をうかがわせる記述はほとんどないといってよい[64]。サガ自体が、かれのルーシからスウェーデンへの出立（そこからさらにノルウェーを目指すのである）を伝えるところから筆を起こしている。ただそのときかれは十一歳になっていたと記されているので（第一章）、ルーシ滞在期間がおおよそ（五、六年と）推測されるだけである。それゆえここではかれの生涯をジャクソンによりながら簡単に要約するにとどめる[65]。

オーラヴ聖王の子マグヌスは一〇二四年に生まれた。かれが父に連れられてルーシに来たのは五歳のころということになる[66]。かれの母はアルヴヒルドで、王の「側女」であった（『オーラヴ聖王のサガ』第百二十二章）。マグヌスがルーシを去って最初スウェーデンに至ったとき、かれの王位奪還のための兵力を提供するなど物心両面でかれを支えたアストリド（聖王の妃、またヤロスラフ公妃インギゲルドの妹）は（『善王のサガ』第一章）、かれの「義母」であった。マグヌスの帰国はクヌーズ王の死（一〇三五年十一月十二／十三日）後のことと考える研究者もいるが、『善王のサガ』から判断される限り、すでにその報の伝わる以前に、国内からの迎えが来て、ルーシを出立したと考えたほうがよいようである。いずれにせよ、帰国後マグヌスは、時をおかずに国王と宣せられ（デンマーク王クヌーズの子スヴェインは逃亡した）、その後国外に対してはデンマークに支配権を広げ、ヴェンド人と戦い、イングランドへの領有権を主張する一方、国内諸勢力を押さえ、国民の諫言に耳を傾け、法を改め、善政をしいたので、「国民みなから愛され、マグヌス善王」と呼ばれたという（第十六章）。「善王のサガ」は、デンマークを手中に収めたマグヌスが、イングランドへ使者を送って、その支配権をも要求するところで終わっている（イングランド王「ヤトヴァルズ」、すなわちエドワード証聖者王の回答は、言うまでもなく断固拒否であった）。晩年マグヌスはノルウェーの支配権をビザンツからルーシ経由で帰ってきた叔父、ハーラル・シグルソン（苛烈王）と分け合うことになるが、その死（一〇四七年十月二十五日）については、『ハーラル苛烈王のサガ』第二十八章において記述されることになる（『ヘイムスクリングラ（四）』四七―四八頁）。

c　ハーラル・シグルソン苛烈王

サガ（後述）の伝えるところによると、後にノルウェー王となるハーラル・シグルソン（シグルダ（ザ）ルソン、苛烈王、生年一〇一五年頃、在位一〇四六―六六年）は、およそ十年の間をおいて二度ルーシを訪れたとされている。(67) かれは故国を逃れてルーシに至りしばらく滞在した後、ビザンツにわたった。そこで長らく皇帝のもとで軍人として仕えたが、やがてルーシを経て再び故国を目指し、ついには王位に登るという波乱万丈の生涯を歩んだ。ここには「ヴァリャーギ」の典型的事例が示されているといえる。

ハーラル苛烈王を主人公とするサガも各種の版で伝えられている。(68) したがって記述内容もさまざまに異なるが、本書ではそれらすべてを考慮にいれて検討することはできない。『ハーラル苛烈王のサガ』はスノッリ・ストゥルルソンの『ヘイムスクリングラ』にも含まれているので、以下では主にこれによりながら、ハーラル王とルーシならびにビザンツとのかかわりをみていきたい。(69)

『苛烈王のサガ』によれば、ハーラル王は先にみたオーラヴ聖王と母を同じくする兄弟で、父は「雌豚のシグルド」といった（第一章）。先にみた『聖王のサガ』は、聖王が母の再婚相手である「継父、雌豚のシグルド」に養育されたことを伝えている（第一章）。ハーラルはスティックレスタの戦い（一〇三〇年）に参戦し兄を助けたが、兄は戦死、ハーラル自身も負傷してしまう。このとき「弱冠十五歳」であったという。戦場を脱して回復をはかった後、山を越えてスウェーデンに逃れ、「翌春」その地で船を手に入れ、「夏に」仲間と共にさらにガルダリキ（ルーシ）のヤリツレイフ（ヤロスラフ賢公）のもとへ向かった。ヤロスラフはかれを歓迎し、ヤール・ログンヴァルドの子エイリフ（「エイリーヴ」）と並ぶ「国土防衛軍の隊長」に任じた（ログンヴァルドは既述の『エイムンド・サガ』にも記されていた通り、ヤロスラフの妃インギゲルドの親族で、かの女がヤロスラフと結婚した際に、ルーシに連れてきたのであった。かの女はその際「結婚の祝いに贈られた」ラドガをかれに与えたとされていた。もしログンヴァルドがこの時すでに死去していたと仮定すれば、その子のエイリフがラドガを相続、支配していたと推測される）。軍の指揮官となったハーラルは「数年間」ルーシに留まった後、大軍を率いて「グリクランド」（ギリシア）に向かい、「ミクラガルド（ズ）」すなわちコンスタンティノープルに至ったという（第一、二章）。

　ハーラルの十年に及んだというビザンツ帝国における滞在と活動については、サガ第三章から第十五章にかけて描かれる。ハーラルがビザンツの土を踏んだのがいつであったかは、当然かれのルーシ出立の時期と関係してくるが、正確には不明である。ただ時の支配者は「王妃ゾエとミカエル・カタラクトス」であったと記される（第三章）。この「ゾエ」はコンスタンティノス八世（在位一〇二五―二八年）の娘で、ロマノス三世（在位一〇二八―三四年）の妃であろう。かの女は夫ロマノスが「命を落とした」後、若きミカエル（四世、在位一〇三四―四一年）と再婚し、ミカエルが病死した後には、同名のミカエルを養子にして皇帝位に据えた（五世、一〇四一―四二年）。後者が廃位されたのちには一時ゾエとその妹テオドラが共同皇帝の地位に就いたが（一〇四二年）、まもなくゾエがコンスタンティノス・モノマコスと三度目の結婚をして後者を皇帝位に据えた（コンスタンティノス九世、一〇四二―五五年）。サガの「ミカエル・カタラクトス」はミカエル四世とみられる。サガの記述からもハーラルのビザンツ滞在がすでに三〇年代に始まっていることが明らかであるからである（たとえばハーラルが従軍したとされるビザンツ軍のシチリア戦役は一〇三八―四一年のことである[70]）。

　ハーラルは、当初は「王妃ゾエ」の下に仕え、「しばらくは」自身の従士団と共に帝国軍に所属したようである（第三章）。しかしながらやがて帝国にいた「ヴェリンギャル」（本書ですでに検討した「バランゴイ」、「ヴァリャーギ」

すなわち北欧出身の戦士集団のこと）を糾合しつつ、その戦術・戦略面での能力をいかんなく発揮して、ビザンツ軍隊内で重きをなすに至る。かれの活躍場所は帝国内の各地、たとえばシチリアや遠くは「セルクランド（西アフリカ）」にまで及んだとされる[71]。その際セルクランドでは八十の城を制圧し、シチリアでは四つの城を奪取したと記されるが、とくに後者について詳細に描かれる（第六―十章）。かれはさらにエルサレムへも遠征し、「聖地のいたるところで都市と要塞のすべて」を支配下においたという（第十二章）。もちろんこうした記述のすべてを額面通り受けとることはできない。とくに「聖地」云々というのは、十字軍が公式に宣せられる以前のこの時期には、おそらく後代のサガの作者の願望をいわば前倒しした表現でしかないであろう。

「聖地」からの帰還後かれのもとに甥のマグヌス（善王）が祖国ノルウェーとデンマークの王となったという知らせが入る。ハーラルは皇帝への勤務を辞し帰国する意志を表明するが、皇妃ゾエの反対をうけ、皇帝コンスタンティノス・モノマコスにより投獄される。しかし聖王オーラヴの奇跡のおかげで脱獄に成功し[72]、黒海、アゾフ海を経てホルムガルド（ノヴゴロド）へ至ったという（第十三―十五章）。もしそうだとしたら、アゾフ海からドン川を遡りヴォルガ川へ出てさらに北上したということになるであろうか。

二度目のルーシ滞在に関しては第十六、十七章が伝える。ハーラルはビザンツで獲得した莫大な黄金と財宝をあらかじめヤロスラフの下へ送って保管を依頼していたが（第五章）、それを手に入れ、さらにヤロスラフの娘エリザヴェータ（「エリシーヴ」）と結婚する。そして「春」になってノヴゴロドを出立、夏にはラドガから船でスウェーデンへ向かったとされる。

そこからノルウェーに戻った（一〇四四／四五年頃か）ハーラルは、翌年甥のマグヌスと協定を結び共同王となる（この時領土は二分され、ハーラルはギリシアから持ち帰った莫大な財宝の半分をマグヌスに贈る。第二十三、二十四章）。マグヌス存命中は従属的な役割を果たすに甘んじたが、マグヌス没後（一〇四七年）は単独王となり、その厳しい統治により「苛烈王」の異名をとることになる。マグヌスのようにデンマーク王となることはなかったが、デンマークには盛んに出兵し、一〇六二年にはニーズ川でデンマーク艦隊に勝利している。その後は目を西方イングランドへ向け、オークニー、シェトランド、ヘブリデース諸島支配を強化し、一〇六六年にエドワード証聖者王が没すると、イングランド王位を要求して出兵する。しかしハロルド二世によりスタムフォード・ブリッジで破られ、戦死する（九月二十五日）（勝利したハロルド二世も三週間後にヘイスティングズでノルマンディー公ギヨームに敗北したことは周知のとおり）。ハーラル王がもし『苛烈王のサガ』の描くような生涯を送ったとするならば、これはたしかに波乱万丈といってよい。

『苛烈王のサガ』における王とルーシおよびビザンツとの関連情報を少々立ち入って見てみよう。

『サガ』によれば、ハーラルがルーシに向かったのはスティックレスタの戦いの次の年とされるので、まずは一〇三一年のことと考えられる。ルーシには「数年間」留まったという。ハーラルのルーシ入りの時期と滞在期間に関しては研究史上諸説があるが、多くの場合一〇三一年から一〇三三年、あるいは一〇三四年までが滞在期間と考えられている。ときにはかれがビザンツについてすぐにシチリア戦役に従軍したとする記述（ケカウメノスなど、後述参照）を重視して一〇三八年頃までルーシにいたとする説なども唱えられるが、いずれにせよ、かれがビザンツに至ったときの皇帝が上記のようにミカエル四世であったとするならば、同帝の在位期間からして、ビザンツ滞在は一〇三四年四月十一日以降ということになる。[73]

ビザンツ滞在時のことはあらためて見ることにして、それではかれがビザンツから再びルーシに戻った（とサガには記される）のは、いつのことであろうか。ミカエル五世の廃位が一〇四二年四月、コンスタンティノス・モノマコスの即位が同年六月であるので、これ以後ということになるが、多くの研究者はハーラルがビザンツに一〇四二年（の夏ないし秋まで）、あるいは翌一〇四三年までおり、その後ルーシに逃れたと考えている。[74] 確かなことはわからないとしか言いようがないが、ジャクソンによれば、アイスランドの諸年代記はハーラルのスウェーデン経由でのノルウェー帰国を一〇四四年としているという[75]。もしこれを採用するならば、サガではハーラルのルーシ滞在（二度目）は一冬のこととされているので、かれはビザンツから一〇四三年の冬に戻り、翌一〇四四年春にルーシを去ったということになろう[76]。

ところでハーラル・シグルソンがルーシさらにはビザンツにまで至り、十数年後に帰国して王位に就いたとするサガの記述を、基本的な点で疑う研究者は、管見の限りいない。これはサガの記述が一般的に信用できるということではないであろう。そうではなく、ハーラル苛烈王の場合には、ビザンツを含む諸外国の史料にそれを裏づける記述のみられることが大きいのである。そうした史料の一つが、ハーラルの同時代人で、自身ハーラルを目撃したとすら推測されるビザンツ人著述家ケカウメノスの『ストラテギコン（戦略論）』ないし『助言』（一〇七五―七八年）である。そのなかに以下のような一節がある。少々長くなるが、サガの記述と符合する部分が多いので、リタヴリンのロシア語訳で引用しておく。

「アラルテース［ハロルド／ハーラル］はヴァランギア［ノルウェー］のバシレウス［王］の子である。かれにはユーラフ［ユーラボス、オーラヴ聖王のこと］という兄弟がいたが、こちらは父の死後、父の位を継ぎ、兄弟のアラルテースを王国の自分に次ぐ第二の統治者と認めた。アラルテースの方はまだ若かったが、至福なるバシレウス［皇帝］ミカエル［四世］・パフラゴニオスに仕え、ローマの事情をその目で見たいという望みを抱いた。かれは五百人の勇敢な兵からなる部隊を率いてやってきた。かれがこのようにして到着すると、皇帝はこれを規定通りに受け入れ、その後かれをその部隊と共にシチリアへ派遣した（というのもそこでローマ［ビザンツ］軍が島をめぐり戦っていたからである）。島に着いたかれは目覚ましい軍功をたてた。シチリアを征服した後かれは部隊と共に皇帝の下へ凱旋し、皇帝はかれにマングラヴィテスの位を与えた。この後ブルガリアにデリャンの反乱が勃発した。アラルテースは自分の部隊と共に皇帝の率いる征討軍に加わった。敵との戦闘でかれは勇戦し自分の高貴な家柄にふさわしい活躍をした。皇帝はブルガリアを制圧し、帰還した。この時わたし［著者ケカウメノス］自身も戦い、力の及ぶ限り皇帝のために尽くしたのであった。われわれがモシノポリスに到着したとき、アラルテースは戦闘に従事したことで報奨を受け、スパタロカンディダトスの位を授けられた。ミカエルとその甥である前皇帝［ミカエル五世］の死後、アラルテースは皇帝モノマコス［コンスタンティノス九世］に帰国を願い出た。しかし許しは与えられなかった。かれに対しては出口［国境］は閉ざされた。しかしかれは密かに脱出し、故国で兄弟のユーラフに代わって王位に就いた。アラルテースはマングラヴィテスやスパタロカンディダトスの位しか与えられなかったが、そのことで不満を口にしたことはなかった。それだけではない。かれは王でありながら、ローマ人への忠誠と友情を失わなかったのである」[77]。

ケカウメノスは同時代人であったとはいえ、その記述にはいうまでもなく誤りや不正確な箇所がないわけではない（たとえばハーラルは王の子と記されているが、かれの父はときに王と呼ばれることはあっても実際には王ではなかった。またハーラルはミカエル四世と五世の死後、皇帝モノマコスに対し帰国を願い出たと記されるが、ミカエル五世は廃位され両眼を潰されたものの命までは奪われなかった、など）。しかしかれがミカエル四世のときにビザンツ入りしたことを明記するなど、かれのビザンツ滞在の事実をほぼ裏づけていると言ってよい。かれがルーシ経由で来たとは記されていないが、そのルーシ経由のルートは諸研究者によってもほぼ支持されている。

西方の史料にも言及がある。たとえばブレーメンのアダム Adam Bremensis の『ハンブルク大司教事績録』（一〇七〇年代）を見てみよう。

「王で殉教者であるオーラヴ［聖王］の兄弟、ハロルドゥスという者がまだ兄弟の存命中に祖国を離れ、被追放者としてコンスタンティノポリスに向かった。その地で皇帝の軍に入ったかれは、海ではサラセン人に対し、陸ではスキタイ人に対し幾たびも戦い、勇猛果敢なことで評判を得、莫大な財宝を蓄えた……［中略］ギリシアから戻ると、ハロルドゥスはルーシ［Ruzia］の王ヤロスラフ［Gerzlef］の娘と結婚した」[78]。

ブレーメンのアダムの記述は『苛烈王のサガ』やケカウメノスとはまた若干異なるところがあるが（たとえば、兄弟オーラフの存命中にビザンツへ向かったとする点、またルーシ王の娘との結婚については言及しながら、そこに滞在したとは記されていない点など）、基本的にはこれらの記述は重なり合うといってよいであろう。ハーラルのビザンツ滞在は疑いない事実といってよかろう。

ハーラルのビザンツ滞在は、とりわけかれのシチリア戦役への従軍についてみるときに、より明確になる。皇帝ミカエル四世はイスラーム勢力に奪われたシチリアの奪回をはかり、一〇三八年から四一年にかけて、軍司令官ゲオルギオス・マニアケスに命じて軍を出動させたが、このことは先の引用のとおり、サガにもケカウメノスにも言及されていた。ブレーメンのアダムにも、「皇帝の軍に入った」ハーラルが「海でサラセン人に対し」戦ったことが記されている。ところでサガの第四、五章には「軍の隊長ギュルギル」とハーラルの間に諍いのあったことが説話風に記されているが、このギュルギルは上記将軍ゲオルギオス（マニアケス）のことであるように思われる。このように考えるとき、当時ビザンツで急速に数を増やしつつあった北方ノルマン人傭兵のなかで指導的人物となりつつあったハーラルと、皇帝軍の司令官マニアケスとの間が微妙な関係になっていた事情もよく理解できることになる。サガがあながち奇想天外な説話を仕立てあげたわけではなかったことが、ここからもうかがえるのである[79]。

さてこのようにハーラルのビザンツ（そしてルーシ）滞在が裏づけられたとして、それではかれはルーシとビザンツにおいて具体的にどのような活動をしたのであろうか。サガにはかれの軍人としての英雄的活躍ぶりが描かれているが（とくにシチリアの四つの城の攻略についてなど）、おそらくそれをひとつひとつ検証する作業はあまり意味がないであろう。そうした作業はむしろサガの「こころ」（ステブリン―カメンスキー邦訳者）に反することになると考えるからである。以下はいくつかの点に限定してみるにとどめたい。

ハーラルのルーシおよびビザンツ滞在との関連で興味深いのは、サガにおいてかれがビザンツで獲得した莫大な財宝を一時ヤロスラフの下へ送り、保管を依頼したとされている点である。『苛烈王のサガ』第十六章は、ハーラルがビザンツから帰還して、二度目にルーシに滞在したときのことについて、次のように記している。

「ハーラルがホルムガルドに着くと、ヤリツレイフ王はハーラルを特別に歓迎した。ハーラルはここに冬の間滞在し、以前ミクラガルドから送っておいた黄金と多くの宝をすべて自分の手で保管した。それは北方の国において一人の人の手で所有されるのを誰も見たことがないほどの膨大な財宝だった。ハーラルはミクラガルドにいる間、三度皇帝の宝物庫を見てまわった。それはギリシア皇帝が亡くなるたびに、ヴェリンギャルが宝物庫を見てまわることがゆるされる掟になっていたからである。かれらは皇帝の宝のおかれた宮殿の部屋の中を歩きまわって、手にふれたものを何でも所有することがゆるされていたのであった[80]」。

ビザンツ帝国に、皇帝が死去するたびに異国人の近衛兵にこのようなことを許す慣習があったかどうか、本書の著者はよく知らない。

おそらくサガのこの部分で鍵を握るのは「宝物庫を見てまわる」という表現である。この表現は二か所で用いられているが、原語では pólútasvarf である[81]。この語をどう解釈するかについても複雑な議論がある。サガの著者（スノッリ・ストゥルルソン）はこれを引用のごとく解釈した。つまりジャクソンによれば、スノッリはこの語の最初の部分 (pólúta) を「宮殿」（＜ palatia（ラテン語））と理解し、後半部分 (svarf) は古アイスランド語の動詞 sverfa（隊列をなして進む）の名詞形とみて、全体で、皇帝崩御に際し部隊が諸宮殿を回って財宝を望むがままに手に入れ、しかもそれが慣習（「掟」）として許されていた、と考えたのである[82]。はたしてサガの作者のこのような理解は正しいのであろうか。

ハーラルら「ヴェリンギャル」（ヴァリャーギ）がルーシ経由でビザンツに至ったことを考慮に入れて、これをルーシ語から類推する解釈もある。pólúta はルーシの palata（これも宮殿の意味）と、svarf を sbor（集めることの意）と理解する立場で、これも結論的にはスノッリと似た解釈となる。同じくルーシ語との関連で、pólúta を poluchat'（受け取るの意）と、svarf を「税」を意味する sbor（原義はやはり「集めること」）と解釈する立場もある。この場合は、たとえば、徴税という困難な業務の遂行を武力で助けた際に一定額を与えられたとか、地方駐留時に当該地の住民から特別の税を徴収する特権を与えられていたとかする説明と結びつく[83]。

しかしビザンツに本当にこうした慣習があったかとなると、疑問である。宮殿を守る外国人傭兵が皇帝の死去に際して、勝手に財宝の略奪に走ったということはあるかもしれない。サガの作者が主人公らの行為を正当化しようとして「慣習」と説明、ないし解釈した可能性が考えられる。しかしいずれにせよ、権利として認められたとなると話は別である。少なくとも宮廷儀式について記したコンスタンティノス・ポルフィロゲネトスの著書にはそうした記述は見られないという。

ブレンダル／ベネディクスはローマ教皇やバグダートのカリフの死去の際の例を引き合いに出しつつ、ハーラルのビザンツ滞在時に、北方系傭兵に対して限定的に略奪を認める慣習のあった可能性について言及している[84]。

しかしこの語をめぐっては、早くはS・M・ソロヴィヨフが指摘したとされ、その後ステンダー―ペーターセンが提唱した解釈がもっとも説得力がありそうである[85]。ステンダー―ペーターセンはハーラルがビザンツで三度pólútasvarf を行ったとするのはサガの作者の誤解で、実際にはハーラルはルーシでこれを行ったのだと考える。その際ステンダー―ペーターセンによれば、pólútasvarf の前半部分（pólúta）は、コンスタンティノス・ポルフィロゲネトスの伝えるルーシの poliud'e「巡回徴貢」の慣習のことであるという。コンスタンティノスの『帝国統治論』第九章（「独木船に乗り、ローシアよりコンスタンティノポリスに来たるロースについて」）に次のような一節がある。

「十一月が来ればただちにかれらの王はすべてのロースと共にキアヴォス［キエフ］から出て《ギュラ》といわれ

るポリュディア **πολύδια** に出発し、ヴェルヴィアノイ……およびその他のスクラヴォイの居住地に行く……冬中そこで養われて再び四月からダナプリス［ドニェプル川］の氷が解けるとキアヴォスに下る。このようにして……人々はかれらの独木船を受け取って装備し、ローマニア［ビザンツ］に下る[86]」。

この「巡回徴貢」については、『原初年代記』には記述はないが[87]、コンスタンティノス・ポルフィロゲネトスの記述を疑う必要はないだろう。キエフ諸公は、形態や実施の季節について若干の違いはあるものの、相当長期にわたってこれを行っていたと推測することができる。ルーシで知られる諸公による年ごとの「巡回徴貢」の最初に記述された例は、『ラヴレンチー年代記』で言えば、一一九〇年の項のロストフ公によるものであろう[88]。

ステンダー――ペーターセンは **pólútasvarf** の後半部分（svarf）を、「巡回」を意味する古ノース語と理解している。かれによれば、**pólútasvarf** は本来ルーシ語で、それが北方人により自身の言葉で言い換えられ、合成された。サガの作者は、ルーシ経由でビザンツ入りした北方系軍人のビザンツでの行動をもこの語を用いて描写したと考えたのである。

一方、サガの作者がハーラルはビザンツで **pólútasvarf** を「三度」行ったと伝えていることも重要である。ハーラルが仕えた皇帝はたしかに三人（ミカエル四世と五世、コンスタンティノス・モノマコス）であるからである。ミカエル五世の後は実際にはゾエとテオドラ姉妹の共同の治世があったが、これは短期であったこともあり、除外して考えると、三人の皇帝没後の「三度」というのは、一応もっともらしいのである（すでに指摘したように、実際に治世を死で終えたのはミカエル四世だけであった）。

シェパードも「三度」という記述を重視するが、ハーラルが **pólútasvarf** に従事したのはほかならぬルーシであった可能性について言及している。つまりハーラルはルーシで三度、正真正銘の「巡回徴貢」に従事した可能性があるというのである。もしこの推測が正しいとすれば、ハーラルのルーシでの「巡回徴貢」はビザンツへ向かう前にのみ可能であったので（帰路ルーシに滞在したのは一冬だけである）、それは一〇三一―三二年、三二―三三年、三三―三四年の秋から春にかけてのこととなる。こうして、シェパードの場合は、ハーラルの最初のルーシ到着は一〇三一年夏、滞在は一〇三四年春まで、ビザンツへの出立がその年の夏（ミカエル四世が即位した直後）という仮説につながるのである[89]。

ハーラルが「莫大な財宝」をビザンツで獲得したことは、先にみたブレーメンのアダムも記しているので、その可能性は高い。しかし具体的にサガが伝えるようにであったのか、またビザンツにおいてだけでなく、ルーシ滞在中にも「巡回徴貢」に参画することにより相当の富を蓄えたのか[90]、以上のように諸史家の説明はさまざまであったが、ここでこれ以上財宝の出所を詮索することは控えたい。

以下にはもう一点、別の問題について考えておきたい。それはハーラルが帰路ルーシに立ち寄った際に、ヤロスラフの娘と結婚したとするサガの記述についてである。『苛烈王のサガ』第十七章に、「［ハーラルがビザンツから戻った］その冬、ヤリツレイフ王は娘をハーラルと結婚させた。その名はエリザヴェータ（「エリーザベト」）といい、北欧人はエリシーヴと呼んでいる」とする記述がある[91]。

ルーシの史料にこうした記述はない。というより、そもそもヤロスラフの娘エリザヴェータについてはアイスランド・サガによってしか伝えられていないのである[92]。ただブレーメンのアダムにも、ハーラルがヤロスラフの娘（名は記されない）と結婚したとする記述はあったので、この結婚は事実あったのかもしれない。なぜルーシ史料にその名（そして結婚の「事実」）を留めないのか、それは偶然記述されなかっただけなのか、あれこれ推測はできようが、明確に答えるすべはない（言うまでもないことであるが、諸年代記においてすべてが記録されているわけではないということを念頭にいれておく必要はある）。

ところで『苛烈王のサガ』には、エリザヴェータについて、またかの女と王との間の二人の娘マリーアとインギゲルズについて、ほかにも何箇所かで言及されている。たとえば、後述するように二人の娘については第三十三章に初めて言及される。[93] また第八十二、八十三章では王が、イングランド王位を求めてその地へ出立する際に（一〇六六年）、王妃と二人の娘を同行し、かれらを途中のオークニー諸島に残して先に進んだと記される。さらに第九十八章では、娘の一人マリーアが父の倒れたのと「同じ日の同じ時刻」に（一〇六六年九月二十五日）亡くなったこと、ハーラルの子オーラヴ（ハラルズソン、エリザヴェータとは別のソーラという名の女性を母とする）が、父の戦死後、翌年の春に「西」（イングランド）から大海を渡ってノルウェーにむかったとき、「王妃」エリザヴェータ（オーラヴ・ハラルズソンにとっての継母）と娘のインギゲルズをも同行したことが記される。

『苛烈王のサガ』ではエリザヴェータへの言及はこれが最後で、これ以後かの女の消息は途絶える。研究者の多くは、エリザヴェータがハーラル王の死後、デンマーク王スヴェン・エストリズセン（一〇四七―七四／七六年在位）と再婚したと信じている。[94] これはブレーメンのアダムの記述に基づいた見解であるが、A・V・ナザレンコによれば、これらの研究者はアダムの記述を誤解しており、受け入れられないという。[95]

ところで先にハーラル王の死後、王の子オーラヴ・ハラルズソンがイングランドからノルウェーに戻る際に、エリザヴェータとインギゲルズを同行したと記されていることにふれた。このオーラヴはノルウェーに戻った後、父なき後にノルウェー王となっていた兄のマグヌスと共同王となり（一〇六六／七年）、オーラヴ三世平静王と呼ばれるようになった人物である（一〇九三年まで在位、『ヘイムスクリングラ』に含まれる『〈無口のオーラヴ王〉のサガ』の主人公はかれのこと）。オーラヴとマグヌスはエリザヴェータの継子にあたる。かれらとエリザヴェータとの関係は『苛烈王のサガ』の第三十三章に、次のように記されているところから推測できる。

「ハーラル王はマグヌス善王の亡くなった次の冬［善王の死は一〇四七年］、ソルベルグ・アールナソンの娘ソーラを妻にむかえた。二人の間に二人の息子があった。上はマグヌスといい、下はオーラヴといった。ハーラル王と王妃エリシーヴ［エリザヴェータ］には娘が二人いた。ひとりはマリーアといい、もうひとりはインギゲルズといった」(96)。

これは奇妙な記述である。王妃エリザヴェータがいながら、一〇四八年頃に、つまりはノルウェーに帰還して間もなくもう一人妻をむかえたというのである。ここではいわば二人の妻が並記されているのである。サガのこの記述をどう理解するか、研究者は大いに悩むことになる。先にふれたカラムジンがこれを根拠にしたかどうかはっきりしないが、かれのように、実はエリザヴェータは結婚後まもなく（しかし二人の子を産んだ後に）死去したと考えれば、一応理屈はつく。しかしそうは記されていないだけでなく、サガのその後の記述とまったく矛盾することになる。

他方次のような説明もなされた。すなわち、ハーラルがエリザヴェータと結婚した理由の一つは、ルーシに対デンマーク戦のための同盟者を期待してのことであった。しかし帰国後ルーシとの同盟はほとんど実効性がないことに気付き、そのためには国内の有力者の協力こそが必要と考え、第二の結婚に踏み切った、とするのである(97)。

おそらくここでは「結婚」をそれほど厳格に考える必要はないように思う。ハーラルはソーラを側女として、あるいは第二の妻としたと考えてよいように思う。そうした例はこの時代には少なくなかったし、そうした結合から生まれた庶子が王位を継ぐことも珍しいことではなかったからである。エリザヴェータには男子がいなかったことも王位継承を考えるハーラルの行動に影響を与えた可能性が考えられる。サガがエリザヴェータを「王妃」と、ソーラを「妻」と区別して記していることにもそれなりの意味があったと考えられる(98)。

さて以上にルーシにおけるヴァリャーギやノルウェー諸王の活動について少々立ち入って検討してきた。それは、スカンディナヴィア人がルーシにおいて絶大な影響を与えたと言いたかったからではない。ただこうした要素を無視してキエフ時代を考えることは適切でないということを示したかったのである。R・ハウによれば、すでに十九世紀中頃にデンマークの研究者 C.C.Rafn がルーシに関して言及する古ノース文学のテクストを大部の二巻本にまとめて出版したが、研究者（とりわけロシアの）によってほとんど顧みられることがなかったという。[99] このことは民族主義的風潮の強かった時代的背景を考えれば理解できないわけではないが、今日このような状況が続いてよいとは思われない。その意味で、二〇〇九年にロシアにおいてルーシ関連のスカンディナヴィア史料集が翻訳出版されたことは（ジャクソンらの編訳『外国史料からみた古ルーシ』第五巻『古スカンディナヴィア史料』）きわめて大きな進展であったと評価することができる。このことは同史料集（全五巻）の他の巻（とくに第四巻『西ヨーロッパ史料集』、A・V・ナザレンコ編訳は重要である）についても言えることである。

2　ヤロスラフと西方諸国――ヤロスラフの「婚姻政策」と外交

キエフ・ルーシが西方諸国とさまざまな形で強い結びつきを有していたことはすでにみてきたとおりである。バルト海経由での双方の交流、とくに通商関係はよく知られている。またナザレンコが「ドイツからハザールへの道」と呼んだ陸路による東西交流も早くから重要な意味をもっていた。こうした結びつきはルーシ諸公と諸外国の王家や貴族家門との婚姻関係をみることでも裏づけられる。十世紀末のウラジーミル聖公から十二世紀三〇年代のムスチスラフ・ウラジーミロヴィチまでの九代にわたるキエフ大公は（ウラジーミル、スヴャトポルク、ヤロスラフ、イジャスラフ、スヴャトスラフ、フセヴォロド、スヴャトポルク、ウラジーミル・モノマフ、ムスチスラフ。一〇六八年一時的に登極したフセスラフ・ブリャチスラヴィチについては次章でみることにするが、例外と考えよう）、その全員が外国から妃を迎えていた（後述本章補遺参照）。なかでもヤロスラフ賢公は自身と子らに関して、こうした関係を広く西方諸国へ求めたことで知られる。ヤロスラフとその子らの婚姻関係をみると、かれがこれを自らの外交政策の一環として意識的に追求したのではないかとすら思われてくる。M・ヘルマンはこれをヤロスラフの「婚姻政策

Heiratspolitik」と呼んだ。[100] 以下にそれがいかなるものであったのか、少々立ち入って検討してみたいと思う。

i　ヤロスラフ賢公とインギゲルド

ルーシ諸公の系図に詳しいN・バウムガルテンによれば、ヤロスラフは二度結婚した。二度目の相手がインギゲルドである。もっとも先に指摘した通り、バウムガルテンの情報は今となっては、不正確な点が多々目につき、利用に際しては注意が必要である。もちろんその研究がほとんど九十年前のものであること、また系図研究がもつ独特な困難性を考慮に入れるとき、これはある程度やむをえないところではある。かれの史料基盤は、ウラジーミル聖公以後については基本的にはV・N・タチーシチェフ、スノッリ・ストゥルルソンのサガ、S・M・ソロヴィヨフなど、さらには『原初年代記』やメルゼブルクのティトマルなどであり、今日から見ると明らかに脆弱である。しかしながら長い間研究者によって利用されてきたところでもあり、まずは、かれの系図を手掛かりに始めることとする。[101]

二度と記したが、バウムガルテンもヤロスラフの最初の結婚については、具体的には何も伝えていない。結婚相手の名前を含めすべてが不詳なのである。ただかれとともに多くの研究者が、ヤロスラフはインギゲルドとの結婚以前に、少なくとも一度は結婚したと考えている。[102] たとえば、A・V・ナザレンコは「最初」の妻の名が、後述する「アンナ」である可能性にすら言及している。かれによれば、『ノヴゴロド第一年代記（新輯）』に出てくるノヴゴロド公イリヤーはこの最初の結婚からの子であるという。最初の妻とは一〇一八―一九年には死別したと考えられている。[103]

そして第二の結婚であるが、その相手がほかならぬインギゲルドすなわちスウェーデン王ウーロヴ・シェートコヌングの娘であった。第八章で検討した『エイムンド・サガ』ではルーシにやってきたインギゲルドは強力な個性の持ち主として描かれている。『ヘイムスクリングラ』中の『オーラヴ聖王のサガ』においてもインギゲルドのことは多く語られていた。ところがルーシの史料はほとんどかの女にふれることがない。インギゲルドの名はまったく現れない。『原初年代記』では一〇五〇／五一年の項で「ヤロスラフの妻、公妃（zhena Iaroslavria kniagyni）が亡くなった」と短く記されるのみである（邦訳一七七頁）。府主教イラリオンの『律法と恩寵に関する説教』（一〇五〇年頃）には、ヤロスラフの父、今は亡きウラジーミル大公にたいし「信仰篤き汝の嫁［息子の妻］エリーナを見なさい」と呼びかける文言がでてくる。[104] ここからヤロスラフの妻がルーシではエリーナ（すなわちイリーナ）と呼ばれたことがわかる。インギゲルドのルーシ名がイリーナであることは、ヤロスラフがかれの「大きな町」（キエフ）に二つの石造教会を建立し、それぞれにかれ自身および妻の洗礼名であるゲオルギーとイリーナの名をつけた（本書第九章五五二頁）ことからも裏づけられる。ときにヤロスラフの第二の妻の名をアンナとする見解が表明されることがある。これはノヴゴロド地方の後代の記述を論拠に推測された見解であるが、たとえば、N・M・カラムジンはこれに関して、イリーナが臨終に際して剃髪しアンナという名を得たと解釈している。イリーナとアンナを二つの名をもつ同一人物と考えたのである。[105] もっともナザレンコによれば、これはイリーナと考えられたアンナがノヴゴロドのソフィヤ聖堂に埋葬されたと伝えられたところから出た誤解である。ヤロスラフとその妻の墓（棺）がキエフのソフィヤ聖堂内にあることは早くから知られており（十六世紀末にこれを見た人物の記録があるという）、それが二十世紀三〇年代に学術的な調査をうけた後は、ノヴゴロドと関係づける説は根拠のないことが立証されたという。先にも記したように、ナザレンコはアンナがヤロスラフの初婚相手の名である可能性にふれている。[106]

ヤロスラフはどのような意図でスウェーデン王女との結婚に踏み切ったのであろうか。それはかれの最初の妻から生まれた子と考えられるイリヤーの結婚の際にみられたのと同様の判断からなされたようにみえる。そこでやや遠回りになる(順序も逆になる)が、イリヤーの結婚についてまずみておこう。ここでもナザレンコの考察を手掛かりとする。

まずはブレーメンのアダムの『ハンブルク大司教事績録』の記述が出発点となる。アダムは、イングランド王エゼルレッド二世の死（一〇一六年）、同年のカヌート〈後のデンマークのクヌーズ大王、一〇一八―三五年在位〉によるイングランド王位奪取について記した後、次のように伝えている。

「カヌートはエゼルレッド Adelradi と、名をエンマというその妃の王国［イングランド］を占領した。エンマはノルマンディー伯リシャール Rikardus の妹であるが、このリシャールにカヌートは講和のために自分の妹マルガレータ Margareta を［妻として］与えた。その後、伯がかの女を追放したとき、カヌートはかの女をイングランド公 dux ウォルフに与え……」。

そしてこの箇所でアダムは欄外注として自筆で次のように記しているという。

「カヌートは自分の妹エストリズ Estred をルーシ王の子 filio regis de Ruzzia に嫁がせた(107)」。

ナザレンコによれば、アダムには不正確な点や誤りが多くみられるが、基本的にはその記述から事実を推測することは可能である。ここでの課題は言うまでもなく、上記カヌートの妹エストリズとはいったいどのような存在で、かの女が結婚した「ルーシ王の子」とは誰なのかである。ナザレンコによれば、実はこのエストリズは、先の引用文でカヌートが最初ノルマンディー伯に、ついでイングランド公に嫁がせたマルガレータと同一人物で、デンマーク王スヴェン双叉髭王（九八六？―一〇一四年在位）の娘であるという（言うまでもなくアダム自身は両人を別人と考えている）。当時同一人物が異なる名前を有するのは、上記インギゲルドの場合も同様であるが、珍しいことではなかった。生まれた時の名と洗礼名の二つをもつ場合、またとくに異国へ嫁いだり、あるいは改宗したりで別の名で呼ばれるに至った場合など、さまざまな理由が考えられる。カヌートの妹マルガレータとエストリズが同一人物であることの詳しい証明はナザレンコに委ねるとして、もしナザレンコの言う通りであるとするならば、アダムの記述から判断して、デンマーク王女（マルガレータ＝エストリズ）は三度結婚したことになる。その二度目（後述）の相手が「ルーシの王子」である。

それではこのルーシの王子とは誰か。これまではウラジーミル（聖公）の子のいずれか、とくにフセヴォロドとする説などが唱えられていたが（なかにはアダムの記述自体を疑問視する声も当然あった）、ナザレンコは、これはヤロスラフ（賢公）の子、上記イリヤー（ノヴゴロド公）である可能性が高いとする結論に至っている。ナザレンコによれば、ヤロスラフの最初の結婚から生まれた子イリヤーはエストリズとの結婚の後、間もなく死去した（一〇一九年夏）。したがって結婚生活は短期に終わり、エストリズもほどなくして（一〇一九年中に）ルーシを去った（その後かの女はデンマーク貴族ウルフ、すなわち上記アダムの「イングランド公ウォルフ」と結婚する）。こうしてイリヤーとの結婚自体が史料等に痕跡を残さず、記憶にも留められなかったという。ナザレンコの考察は詳細を極めるので、[108]ここでそれを詳しくたどることはできない。以下にこの結婚をめぐる諸論点に関するかれの結論についてのみ、記しておこう。[109]

ヤロスラフの最初の結婚からの子イリヤーとイングランド・デンマーク王カヌート（クヌーズ大王）の妹エストリズ（＝マルガレータ）との結婚（一〇一八／一九年）、またヤロスラフ自身の二度目の結婚（インギゲルドとの、一〇一九年夏）は、ともに一〇一六―一九年のキエフ大公位をめぐる争い（ポーランド王の支援を受けたスヴャトポルクとの戦い）の中で、ヤロスラフのルーシがスウェーデンおよびデンマークとの間に反ポーランドの旗を掲げた同盟を希求した結果であった。スウェーデン、とりわけデンマークの海戦隊がポーランドにとって重大な脅威となりうることは明らかであった。ウラジーミル（聖公）後のキエフ大公位継承争いについてはすでに見たとおりであるが（第八章1）、これとヤロスラフの初期における結婚政策との関連を見るために、あらためて振り返ってみる。

父の没後キエフに座したスヴャトポルクはヤロスラフによりキエフから追われ、岳父ポーランド王ボレスワフ一世（勇敢公）の下へ逃れる（一〇一六年。かれのボレスワフの娘との結婚は既述のごとく一〇一三年のことと考えられる）。スヴャトポルクはボレスワフの助力でキエフ奪還をめざす。これに対抗すべくヤロスラフはドイツ皇帝ハインリヒ二世に同盟を求める。ドイツ・ポーランド間の対立を利用しようとしたのである。ルーシ・ドイツ間交渉は一〇一八年以前（あるいはナザレンコによればすでに一〇一七年初以前）に始まっていたと考えられる。ところが、一〇一八年初にボレスワフとハインリヒ二世間に歩み寄りがなり（バウツェン協定）、長期にわたったポーランド・ドイツ間の戦闘状態に終止符が打たれる。これによりルーシ・ドイツ同盟の方にはひびが入ることになる。一〇一八年夏、後顧の憂いを断ったボレスワフがスヴャトポルクを押し立ててキエフ遠征に打って出る（この軍にはドイツ人部隊も含まれていた）[110]。西ブク河畔の戦いで、ボレスワフ／スヴャトポルク側が勝利し、キエフへ入城する（一〇一八年夏）。敗れたヤロスラフはノヴゴロドへ逃げる。その後ボレスワフがキエフから撤退すると（ボレスワフのキエフ退去の理由をめぐっては議論があるが、著者の見解はすでに示した）、ヤロスラフの巻き返しが成功し（スヴャトポルクをリト河畔に破る）、かれはキエフ大公位を取り戻す。

こうした経緯から、ヤロスラフの子イリヤーとかれ自身の結婚が、かれの大公位継承争い、またそれと密接に結び付いたポーランドとの戦争状態のさなかに、それぞれデンマークおよびスウェーデンとの同盟を求めた結果であったことが理解されるであろう。こうした同盟関係が実際に軍事、外交的にポーランドとの対抗上どの程度有効であったか、ヤロスラフの思惑通りの効果を発揮したかどうかは確認がむずかしい。しかしかれにこうした意図があり、またそのスヴャトポルクに対する勝利（大公位獲得）にはこのような同盟関係が幾分かは寄与していたと考えることはできるように思う。

この時ヤロスラフが熱心に求めたスカンディナヴィアとの同盟は、インギゲルドやエストリズとの結合だけを通じて推進されたのではなかった。本節でも先に見たように、三人のノルウェー王族がかれの宮廷に滞在していたことも想起すべきである（オーラヴ二世聖王とその子マグヌス、ハーラル・シグルソン苛烈王、最後者はヤロスラフの娘エリザヴェータと結婚すらした)。たんにすでにみたヤロスラフのヴァリャーギ(スカンディナヴィア人傭兵)との密接な関係(それ自体は対ポーランド外交という以上に、スカンディナヴィアとルーシとのより本源的、伝統的な結びつきであったと考えられる)のみが理由ではなかったのである。

ところでルーシとデンマークとの同盟関係であるが、イリヤーが死去し、エストリズがルーシを去った後も、少なくとも一〇二二年までは続いたとみることができる。ヤロスラフとクヌーズ大王との関係が急変したのは、スカンディナヴィアにおける政治情勢の変化が関係している。すなわちスウェーデン王アーヌンド―ヤーコブの治世に(一〇二〇―五〇年頃)、デンマーク(クヌーズ大王)・スウェーデン(アーヌンド王)同盟が断裂し、スウェーデンはノルウェー(オーラヴ二世聖王)と結び、デンマークに敵対することになる。一〇二五年にはデンマークとスウェーデン・ノルウェー間に軍事衝突もおこる。バルト海域における新情勢の中で、ルーシはスウェーデン・ノルウェー側に立ち、デンマークに敵対することとなった。すでに見たように、ノルウェー王オーラヴ聖王が(クヌーズ大王に追放されて)、子のマグヌスとともにヤロスラフの宮廷に現れた(一〇二八年)背景には、こうした状況の変化があったと考えられる。

こうしてみると、これまでV・T・パシュートらが主張してきた見解、すなわちクヌーズ治世のデンマークとルーシが終始敵対関係にあったとする説は、修正されなければならない。パシュートがとくに重視したのは、イングランド王エゼルレッド二世の孫ら(すなわちエドマンド王の子、エドワードら)がカヌート王により追放された後に、ルーシに到来したとするブレーメンのアダムの情報である。[11] パシュートはこの情報に基づいて、デンマーク王でもあるカヌートの敵を受け入れたヤロスラフは反デンマーク的であったと考えたのである。[12] しかしながらナザレンコによれば、ことはそう単純ではない。たしかにカヌートに追放されたイングランドの王子たちに関するアダムの情報は基本的には他の史料によっても裏づけられる。しかし問題は王子たちの逃亡先が史料によって「ルーシ」であったり(アダムの場合)、「ハンガリー」であったりすることである(たとえば、ヴステルスクのフローレンス、Florentius

Wigornensis)。そして王子たちがいずれにせよ最終的にはハンガリーに避難所を見出したことは他の史料によっても確認されており、確かであろうと考えられている（たとえば、『アングロ・サクソン年代記』一〇五七年の項）[113]。ナザレンコはイングランド王子たちの逃亡先に関する矛盾した情報を次のように解釈する。

王子たちはイングランド王となったカヌートから逃れてスウェーデン王ウーロヴ・シェートコヌングの下に到来した（一〇一七年）。スウェーデン王はデンマーク王カヌートと同盟関係にあったので、王子たちを留めておくことを望まず、東のルーシへ送った（あるいはむしろカヌートが自らの手を汚すことを望まずに、スウェーデンへ送り、そこで処刑させようとしたが、スウェーデン王はこれを嫌ったとも考えられる）。王子らのルーシ到来の時期は不明であるが、あるいは娘のインギゲルドをヤロスラフの下へ送る際に（一〇一九年夏にかけて）同行させた可能性もある。しかしヤロスラフもデンマーク王とはこのとき同盟関係にあったために、かれもまた王子たちを保護することを躊躇し、ハンガリーへ送った。こうしてエドマンド二世の子らはハンガリーのイシュトヴァーン一世王の宮廷に姿を現すこととなった（そしてエドワードはそこから『アングロ・サクソン年代記』が記すように、イギリスへ帰還する）[114]。

クヌーズ治世のルーシ・デンマーク関係について、はたしてパシュートのように考えるべきか、それともナザレンコの批判を受け入れるべきか、著者に結論を出す準備はない。ここで重要なのは、それがいずれであるにせよ、ヤロスラフが自身とその子（イリヤー）の結婚を、反ポーランド同盟の締結という明確な政治外交的意図をもって遂行したとするナザレンコの見解は考慮に値するということである。

ii　ヤロスラフの子らの婚姻

それではヤロスラフの第二の結婚から生まれた子らに関しては、どうであろうか。

ヤロスラフとインギゲルドとの結婚からは男子が六人、女子が三人生まれたと考えられる。男子は生まれた順に、ウラジーミル、イジャスラフ、スヴャトスラフ、フセヴォロド、ヴャチェスラフ、イーゴリであり、女子はアナスタシーヤ、エリザヴェータ、アンナである。下の二人の男子は若くして没し、かれらの結婚については（結婚したかどうかを含めて）詳らかでない[115]。したがってここではこの二人については考慮しない。残りの七人の子の生年も正確にわかっているわけではない。ただ、全員が一〇二〇年から三六年までの間に誕生していることは確かなようにみえる。かれらの婚姻関係において注目されるのは、ヤロスラフが七人のうち少なくとも三人について（イジャスラフ、アナスタシーヤ、エリザヴェータ）、比較的短期間（一〇四二／四三年前後の数年間）のうちに、西方諸国の王室や貴族家門との縁組を成立させていることである（それぞれポーランド、ハンガリー、ノルウェーの。エリザヴェータについてはすでに記したが、さらに詳細は本章補遺参照[116]）。さらにその数年後の一〇五一／五二年頃には、新たに二件の婚姻を成立させる。すなわち一〇五一年には一番下の娘アンナがフランス王（カペー家のアンリ一世）に嫁ぐ。この注目すべき結婚に至る事情については後に別途に検討する。他の一件は、フセヴォロドに関係する。かれは一〇五一年までにギリシアの皇女と結婚した。この結婚から五三年に生まれたのが、後のキエフ大公、ウラジーミル・モノマフである[117]。

ウラジーミル聖公以後の諸公で、外国の支配諸家門と婚姻関係を結んだ例としては、以下の「補遺」に示されるように、少なくとも六十七例が数えられる（そのなかにはカフカース系諸公女やトルコ系のポロヴェツとの婚姻関係も含まれている）。ヤロスラフ賢公自身とその子らの場合、特徴的なのは結婚相手が基本的に西方の出身者であることである。ヤロスラフが七人の子のうち少なくとも五人について、西方の諸家門との間に婚姻関係を成立させていることから判断して（フセヴォロドの相手はビザンツ皇女であるが、これを加え、キリスト教徒との縁組ということになれば、六件となる[118]）、ヤロスラフが、ヘルマンなどが推測したように、何らかの政治的、外交的意図をもってこれを行ったと考えてもおかしくはない。

本節ではそれが具体的にどのようなものであったかを明らかにしたいと考えるが、もとより、これらの結婚のすべてに、何か直接的に政治外交的目的（理由）をもとめることは行き過ぎであるかもしれない。今から見てそれらの要因を史料的に裏づけることがむずかしいと言うだけではない。それぞれの結婚が変転きわまりない国際状況に逐一対応して行われたなどとは考えられないからである。その意味でこうした結合関係がヤロスラフをはじめとするキエフ大公家によって強力に推進された基本的要因として、おそらく次の二点を挙げるのが適切であるように思う。

第一は、キエフ国家の国際的地位の強化、威信の向上ということである。ヤロスラフらの西方への強力な働きかけには何よりもこうした狙いがあったと考えられる。ヤロスラフらはおそらく、当時次第にその骨格を明らかにしつつあったヨーロッパ・キリスト教世界の東端に位置する国家の君主として、自らにふさわしい地位を求め始めたのだとも言える。第二は、国内的な要因である。それはいわば他の諸公家にたいする差別化をはかるものであった。西方の支配諸家門との関係を通じて、キエフ大公家は他の地方諸公家とはそもそも次元の異なる支配家門であることを誇示し、国内統治の安定化に資したいと考えたように思う。

おそらくキエフ時代に外国諸家門との驚くべき数の婚姻関係が樹立されたことの基本的な意味はこの二点にあった。こうした前提に立ったうえで、以下には、ヤロスラフの結婚政策と政治外交的要因との関連性をみるために、まず『原初年代記』によりながらかれの治世におけるルーシ軍の西方、北西方への進出状況をみておこう。年代記にはルーシ軍がこの方面に積極的に進出を試みた様子が、その背景や、相互間の関係についての説明なしに簡潔に記されている。

すなわち、キエフ大公位に復帰した（一〇一九年）ヤロスラフは、その後しばらくは（一〇三六年まで）兄弟のムスチスラフとの分割統治を受け入れ、自身はドニェプル川以西の支配に甘んじるが、その時期にすでにかれは盛んに西方、北西方へ軍を出しているのである。

まずは一〇二二年の項に、「ヤロスラフがベレスチエに来た」と記される。ここはムスチスラフ公のカソギ族（北カフカースの一種族）征討について伝えている項であるが、それに先立ってただ一行、いかなる前置きもなく上のように記されている。ベレスチエは西ブク河畔の、ポーランドとの境界地域にある町で（現ブレスト・リトフスク）、ナザレンコによれば、ヤロスラフは一〇一七年にもここを攻めたと考えることができる（『原初年代記』に記述はない。本書第八章1、四七八頁以下、とくに四八四頁を参照）。

次いで一〇三〇年に、「ヤロスラフがベルズを占領した」とある。その年の項にはまた「チュジに兵を進めかれらを打ち負かし、ユリエフの町を建てた。このころリャヒの偉大なボレスワフが死に、リャヒの国に反乱がおこった」とある。ベルズはルーシとポーランドとの長年の係争地域の町（「チェルヴェンの町々」の一、ヴォルィニ地方）である。チュジはフィン系諸族の一つであるが（ユリエフは現タルトゥのこと）、それも含めてこの年の記述はヤロスラフがポーランドに、またそれとの国境地帯に大きな関心を寄せていることを示している。なおボレスワフ一世の死は正確には一〇二五年のことである。その後のポーランド国内の「反乱」については後述する。

翌一〇三一年にも再び「チェルヴェンの町々」を攻め、これを占領、「多くのリャヒ［ポーランド人］」を捕虜にしたことが記される。「チェルヴェンの町々」は一〇一八年以来ポーランド領となっていたが（ボレスワフ一世がキエフを撤退する際に、この地方を「奪った」と『原初年代記』にある。邦訳一六三頁）、一〇三〇、三一年と続くルーシ軍の遠征によって再奪還されたということになる。

ヤロスラフは一〇三六年にムスチスラフが死んだあと、単独支配権を確立し、全ルーシを支配下に収めるが、その後もこの方面への攻勢は続く。

一〇三八年にはヤトヴャーギに兵を進める。ヤトヴャーギは古リトアニア族の一で、西ブク川下流とニェマン川上流域に挟まれた地方に住んでいた。ヤトヴャーギへの攻撃は一〇四〇年にも繰り返される。

翌一〇四一年にはマゾフシャネを攻撃する。これはポーランド北東部、ヴィスワ川と西ブク川の合流地点（現ワルシャワ近辺）に居住する西スラヴ族のひとつで、後にポーランド人の主要な構成要素となる種族である。一〇四二年にはヤロスラフは子のウラジーミルに、さらに北方バルト海沿岸方面に位置するヤミ族（フィン系）を攻撃させている。

そしてヤロスラフ治世では最後の軍事行動となるが、一〇四七年に再度マゾフシャネへの遠征が行われる。以上の軍事行動、とりわけ直接隣国ポーランドにかかわる二度の「チェルヴェンの町々」にたいする、また同じく二度にわたったマゾフシャネ族、さらにはその北に位置するバルト系のヤトヴャーギやフィン系ヤミにたいする攻撃を、どのように考えるべきであろうか。年代記はなんら説明を行っていない。それらはヤロスラフのキエフ大公位獲得までの時期と同様に、反ポーランド的な政策を続けた結果と見ることができるであろうか。それともその後何か変化がおこり、別な意味をもつ軍事行動となったという可能性はないのであろうか[119]。

ヤロスラフのその後の結婚政策をみることでこうした問いに答えられる可能性がある。結論から言うと、年代記が簡潔にふれるこれらの軍事行動の背後には、ある重要な意味が隠されているのである。

a　ポーランド王カジミェシ一世およびその妹ゲルトルードとヤロスラフ家門

ヤロスラフが兄弟ムスチスラフの挑戦を受け、大公国の分割統治に甘んじていたころ、ポーランドでは、一〇二五年ボレスワフ一世が死去し、後継者であるその子ミェシコ二世が王位についていた。かれが王位争いの中で兄弟の一人（おそらく兄ベスプリム）を「ルーシ」へ追放した時（一〇三一年か）、ヤロスラフにはまたもやポーランドに対抗すべくドイツ（このたびはコンラート二世である）と同盟関係を再構築するきっかけができたように見える[120]。ヘルマンによれば、このときヤロスラフとコンラート二世は、ミェシコ二世を退け、ベスプリムの王位復帰を実現すべく提携したと考えられる。コンラート二世の対ポーランド遠征（一〇三一年）はこのことを目的の一つとしていた。ヤロスラフの東からの攻勢もまさにこの時期に激化していた（一〇三〇、三一年の「チェルヴェンの町々」への遠征）。ミェシコはボヘミアのウダルリクス（オルドジフ）侯の下へ逃れざるをえなくされた。ベスプリムが王位についた。もっともその支配は長くはなかった。かれが一〇三二年に暗殺されてしまうからである。ミェシコが復帰するが（一〇三三年）、ドイツとルーシの双方からの圧力は相変わらず続く。

そのミェシコ二世も一〇三四年には没する。ポーランドは分裂状態に陥り、後継者のカジミェシ一世はハンガリーへ逃れ、さらにドイツへと向かった。母つまりミェシコ二世の寡婦リケンツァ（Richenza、リクサ）がオットー二世の孫で、夫の死後まもなく兄のケルン大司教ヘアマンの下に避難していたからである。場合によっては生前ミェシコ二世がコンラート二世との間で何らかの了解に達していた可能性も考えられる。このときリケンツァは娘ゲルトルードをも伴っていた。ここでわざわざカジミェシ一世とその妹ゲルトルードに言及するのは、かれらがその後まさにヤロスラフの家門と婚姻関係に入ることとなるからである。カジミェシはヤロスラフの妹ドブロネガ―マリヤと、ゲルトルードはヤロスラフの長子イジャスラフと結婚するのである（一〇四二／三年）。[121] これらの結婚にいたるいきさつがまさにここでの主題である。

若きカジミェシ（一世）のポーランド帰還は皇帝（コンラート二世およびハインリヒ三世）とヤロスラフの提携があってはじめて可能となったようにみえる。帰還の経緯は、以下のように考えられる。

まず皇帝コンラートのイタリア遠征中（一〇三七年〜）の不在に乗じてボヘミア侯ブジェチスラフ一世（ウダルリクスの弟、後継者）がポーランドへ侵入する。[122] ブジェチスラフの行動は、チェコとポーランドの双方に特別の関心を寄せる皇帝を激怒させる。カジミェシはおそらく皇帝のイタリア遠征に同行していたが、ブジェチスラフのポーランド侵入の報を聞き、皇帝の支援をえて曲折を経た後にポーランドへ帰還し、王位につく。カジミェシのポーランド帰還の経路ははっきりしない。かれがイシュトヴァーン一世晩年からその後継者で甥のペーテルの治世にかけてハンガリーにいたことはガルス・アノニムスが伝えている（イシュトヴァーンの死、ペーテルによる王位継承は一〇三八年のこと）。そのガルスによると、ブジェチスラフがその後ペーテル王にたいし、カジミェシの引き渡しを要求したが、王はこれを断り、逆にカジミェシに百騎の武装兵を提供した。カジミェシはその後ドイツで母と皇帝（コンラート二世）に会い、さらに五百騎をえてポーランド帰還をはたし、チェコ人やポモリャーネ人その他によって占領されていた自国を「解放」したという。ガルスはここまで記した後、カジミェシが「その後ルーシの高貴な女性を妻に迎え……この結婚から四人の男子と一人の女子を得た」と続け、子らの名前までも記している。[123]

カジミェシの「ルーシ女性」との結婚については、『原初年代記』一〇四三年の項にも記述がある。この項はすでにみたとおり、一〇四三年のルーシ軍の対ビザンツ遠征のことを伝える箇所であるが、その末尾にやや唐突に「この同じ時にヤロスラフは自分の妹をカジミェシに嫁がせ、カジミェシは八百人を結納として差し出した」と記されている。邦訳者も補って訳しているように、この「八百人の結納」はおそらくは、かつてボレスワフ一世が撤退する際にルーシから連れ帰った捕虜のことで（同年代記一〇一八年の項に、ボレスワフが「多くの人びとを……連行した」とする記述がある。邦訳一六三頁）、それをカジミェシが釈放、帰還させたと考えられる。カジミェシと結婚したヤロスラフの妹の名は、ポーランドのいくつかの史料からドブロネガ Dobronega/Dobrognega、ないしマリヤ Maria と伝えられている。[124]

このように『原初年代記』の記述からは、カジミェシとドブロネガ―マリヤとの結婚は一〇四三年のこととなるが（「この同じ時に」）、これについては研究史上疑問とする声が多く、通常一〇三八―三九年の間のこととされている。このときには一〇四四年まで遅らせる説も唱えられる。ヘルマンは、ハインリヒ三世が皇帝となり（一〇三九年）、この皇帝がチェコ侯ブジェチスラフに対する懲罰遠征を行った（一〇三九年）後の、一〇四〇年をその年と考えている。

カジミェシはこの時チェコを通ってキエフにやって来て結婚し、その後にポーランドへ向かったと推測されている[125]。

カジミェシのポーランド帰還、王位復帰が厳密に何時のことで、かれがどのような経路で帰還したのかは、明確にしがたい。経路の問題は、かれが誰の援助を受けたのか、あるいはどこの国に受け入れられたのかを知るうえで重要であるが、正確にはわからない。ヘルマンの推測では、カジミェシは帰還する前にキエフに来たった（そこで結婚した）というが、ルーシ王女（ドブロネガ）との結婚自体についてては問題がないとしても、はたして実際にキエフを訪問したのかとなると疑問も残る。少なくともガルス・アノニムスはこれについては記していない（ルーシの年代記についてては言うまでもない）。かりにそれが事実であったとしても、ヘルマンの言うような経路を（ドイツから、ハインリヒ三世の懲罰遠征で通行可能となったチェコを経由してキエフに至ったとする）裏づける史料は存在しない。しかしこれ以上の詮索を続けることは無用であろう。ここではカジミェシがヤロスラフの妹を妻に迎えたことを確認するだけでよしとすべきであろう[126]。

カジミェシの王位復帰は、かれの皇帝（とくにコンラート二世）との関係、またドブロネガ―マリヤとの結婚から判断して、ドイツとルーシからの支援を受けて実現したことはおそらくほぼ確かであろう。そしてこのことはドイツとルーシとの間にも何らかの結びつき（同盟関係）があったことを推測させる。

カジミェシの王位復帰を一〇四〇年としたヘルマンの見解をさらにたどると、先に記したルーシ軍の北西方面、とりわけマゾフシェ地方への攻勢は、一見して反ポーランド的行為に見えはするものの、それとはまったく異なる意味を帯びてくることがわかる。ここでミェシコ二世没後のポーランドの国内状況を想起する必要がある。ミェシコの没後ポーランドは分裂し、とくにマゾフシェを支配下においたミェツワフが近隣地方（スドヴィアやプルテニア、すなわちヤトヴャーギやプルス人の地）と結んで強力な勢力を築いていた[127]。こうした状況の下では一〇四一年のルーシ軍のマゾフシェ遠征は、このミェツワフとその同盟者に向けられたものとみるのがもっとも自然である。ヤロスラフは王位に復帰したばかりのカジミェシの国内統一活動を東から支えていたということになる。ただこのときの攻撃は期待した成果を生まなかった。一〇四七年にも攻撃を繰り返しているからである。『原初年代記』一〇四七年の項は、ルーシ軍が「かれらを打ち負かした。そしてかれらの公モイスラフを殺し、カジミェシ（一世）にかれらを服従させた」と決定的な証言を行っている（邦訳一七七頁。モイスラフはミェツワフのルーシ的呼び方であろう）。一〇四七年のマゾフシェ攻撃がカジミェシのポーランド軍との共同行動であること、ヤロスラフがカジミェシと連絡を取り合って実行したものであることがわかる。

かくして一〇四〇年代（カジミェシの王位復帰後）のルーシ軍のマゾフシェ攻撃は、少なくとも部分的には親ポーランド（親カジミェシ一世）的な行動であった。おそらくは一〇三八年のヤトヴャーギ出兵もその初期段階の作戦、また一〇四〇年の対リトヴァ遠征もその一環であった可能性が高い。他方、三〇年代初頭までのベレスチエや「チェルヴェン」諸都市への遠征は、おそらく従来の路線の継続、父祖の地の奪回を目指す反ポーランド的な行動であったことも明らかである。

ヤロスラフとカジミェシとの同盟は、ヤロスラフの妹とカジミェシとの結婚（それが同盟の契機であったか、それとも結果であったかはともかくとして）、またイジャスラフとゲルトルードとの結婚によって固められたことも確かであろう。ヤロスラフの婚姻政策と言われる所以である。

一方、ルーシとポーランドの接近はカジミェシを援助したドイツ皇帝とヤロスラフの間にも、何らかの結びつきのあったことを推測させるであろう。ヤロスラフはすでに以前にも帝国との間に同盟関係を成立させていたが（上記第八章四七八頁以下。これはとくに対ポーランドを念頭においた同盟であった）、このたびも、これを復活させようとしたことが推測できる。ただ新たな対ドイツ接近は、これまでみてきたように以前とは異なる目的をもっていた。反ポーランドという性格はこの時は解消されていたのである。だがいずれにせよ今回の対ドイツ接近からは、ヤロスラフの西方志向自体にはなんら変化のなかったことがみえてくる。

ヤロスラフがこの段階でドイツに接近したことを裏づける間接的な証拠がある。かれがこのころハインリヒ三世へ使節を派遣したことが伝えられているのである。

『ザクセン年代記』(一〇五〇年頃)は一〇四〇年の項で、短く「聖アンデレの祭日[十一月三十日]に王[ハインリヒ三世]はアルシュテット[Altstide、チューリンゲンの皇帝居所]に会議を開いた。そのとき王は贈り物を捧げもったルーシ[Ruzi]からの使者を接見した」と伝えている。[128] このルーシ使節の目的については何も伝えられていない。ヘルマン、とりわけナザレンコはこれをヘルスフェルトのランペルトの『年代記』などの記述と結びつけて考えようとしている。すなわちそこでは、一〇四二年のキリスト降誕祭のゴスラーでの祝賀の場にいたヤロスラフの使者が、結婚の提案が受け入れられず、落胆して帰国したと記されているのである。[129] ナザレンコらはこれを先の『ザクセン年代記』の記述と重ね合わせ、次のように解釈した。

ハインリヒ三世は妻グンヒルデ=クニグンデ(デンマーク・イングランドのクヌーズ/カヌート大王の娘)と死別していた(一〇三八年夏)。この知らせは当然キエフの宮廷にも伝えられており、ヤロスラフは娘の一人をハインリヒの後添えに提案したが、拒絶され実現されることはなかった。このときハインリヒには新たな結婚話(アクイタニア/ポアトゥーのアグネスとの)が出ていたからであるという。[130] ヤロスラフからの使者に関する二つの記述にみられる年代の違いをどう説明するのか、難しいところがあるが、なかなか興味深い推論であると思う。[131] しかしながらハインリヒ三世への縁組みの提案は拒絶され、これまで何とか続いてきたルーシ・ドイツ関係に暗雲が漂い始めたことがうかがえる。

以上、ヤロスラフがドイツとの関係維持に腐心しながら、他方では一〇三〇年代末になって、宿敵ポーランドに対する態度を変え、逆にこれとの同盟関係に突き進んだ様子を、かれの結婚政策という視点からみてきたが、こうした転換はどのような理由によるものであろうか。少し前までは「チェルヴェン」諸都市などをめぐって戦闘状態にあったポーランドに対して、ここに至って和解を志向するにいたった理由ないし動機の問題である。

かつて社会主義時代の研究者は、ミエシコ二世死後の国内状況（政治的分裂、反封建運動）を重視し、ドイツ、ルーシを含む封建階級の危機感が、ヤロスラフをしてカジミェシ一世にテコ入れさせる最大の要因であったと考えた(132)。

こうした観点がそれなりの意味をもつことはいうまでもない。当時のポーランドやルーシは言うにおよばず、ドイツにとっても、国内外に残存する異教的反中央諸勢力（ポーランドにとってのポモージェ／ポモリャーネやプルス、マゾフシェ族など、ルーシにとってのヤトヴャーギなど、ドイツにとってのオボドリトやヴィレーチ／リュティチなど）の動向、あるいはまた「農民」層を中心とする反封建運動が大きな問題であったことはたしかであろう。しかしながらほかならぬこの時期にそれぞれ複雑な関係にあるドイツ、ポーランド、ルーシの諸君主が急に階級意識に目覚め、期せずして一致した行動を起こすにいたったかのような説明はあまりに一般的で、大雑把にすぎよう。ここで重要なのは、三〇年代末のヤロスラフの外交政策転換のいわば固有の、政治的な理由であろう。このように考えるとき、ただちに浮かんでくるのはすでに記した、「チェルヴェン」諸都市の回復と一〇一八年に捕虜となった「多くの人びと」（一〇四三年の項の「八百人」）の釈放である。こうした具体的な利益こそがヤロスラフをしてカジミェシ支援に踏み切らせたと考える研究者は多い(133)。もちろんポーランド国内の状況を観察しながら、マゾフシェのミェツワフにではなく、カジミェシにテコ入れした場合の外交政策上の意味なども考慮されたことであろう。その他にも理由はいろいろ考えられるであろう。

もちろんここにみてきたさまざまな「理由」ないし「動機」をもって、ヤロスラフの政策転換が完全に説明しつくされるわけではあるまい。かれの結婚政策の背後に、何らかの政治外交的意図を想定することは重要で、以下でも可能な限りこれを探って行きたいと考えるが、すべての場合においてあまりに具体的な利益を想定するような志向は、ときに無理な試みを余儀なくさせてきたようにみえる。というのも、ヤロスラフ自身とその兄弟姉妹、また子らの結婚の場合、その対象は西方に向けられているが、西方といっても相当に広範囲におよんでおり、その一つ一つに常に何らかの差し迫った具体的理由を求め、ヤロスラフがその都度それらに敏感に対応しつつ婚姻政策を推し進めたと考えることには無理があるように思われるからである。おそらくヤロスラフを西方諸国に向かわせる何かがあった。それが何であるかは明確にはしがたいが、最初に指摘したルーシの国際的地位の向上と威信の拡大という志向が大きかったように思う。その際両者を結びつける共通項はおそらくキリスト教であり、それに基づく文明であった。ここでは、十字軍時代の到来を半世紀後に控えて蠢動しつつあるヨーロッパ、形成途上にあるヨーロッパという存在がルーシを惹きつけたようにみえると言うに留めるが、その結果がヤロスラフの広範囲にわたる西方諸家門との婚姻推進政策であったように思われるのである。

b　フランス王アンリ一世とアンナ・ヤロスラヴナ

ヤロスラフの婚姻政策は遠くフランスにまで及んでいた。それはかれの娘アンナのアンリ一世との結婚という形をとった。カペー朝第三代国王とはるか東方の新興キリスト教国ルーシの王女との婚姻である。今から振り返ってみて大いに興味をそそるものがあるが、その経緯について十分に分かっているわけではない。この結婚について伝えるのはフランスをはじめとする西方の諸史料である。ルーシの史料にはこれについての言及はまったくない。ただこのこと自体はとくに驚くべきことではない。すでにみたとおり、ルーシの諸史料はたとえ支配公家についてであっても、女性について記すことは一部の例外を除いてなかった。フランス王との結婚は当時よく行われた諸外国の家門との結合の一つにすぎなかったというべきかもしれない。いずれにせよときに主張されるような、ルーシ史料の沈黙に年代記作者（修道士である）の反西方・反カトリック的傾向を見てとることは、少なくともこの段階では適切ではない。

ここではまず、ランスのオダルリク(Odalric de Reims、ランス司教座聖堂参事会長)の手になる『ランス詩編注解』(十一世紀中葉)をみてみる。[134] その三月九日の箇所に以下のように記されている。少々長いがナザレンコによりながら訳出しておこう。( )はナザレンコ、[ ]は引用者による。引用文にたいする訳注(a,b,c...)は訳文のすぐ後に付す。

「一〇四八年の主の降誕祭に、フランス王アンリ[a]はラバスティア[b]へ、その国の王(rex)のアンナという名の娘を迎えるために、シャロンの司教R[c]を使者として遣わした。かれ[アンリ王]はかの女と結婚することになっていたのである。参事会長オダルリク(Odalricus)は司教に[次のような]頼みをした。はたして司教殿は、かの地には聖クレメンスが眠っておられると記されるケルソナ[の町](Cersona)があり、そこでは今なお聖人の誕生日に海が退き、[かれの遺骸の横たわる場所]まで歩いて行くことができるということをお知りであろうか、と[d]。司教は依頼の件[「ラバスティア」へ赴いて聖人の遺骸を確認する、あるいはその一部を持ち帰るようにという依頼か]を実行した。かれはかの国のオレスラーヴス王[e]から、[かつて]教皇ユリウス[f]が聖クレメンスの眠っておられる地を訪れたことがある、と聞かされた。教皇はその地方で猖獗をきわめた異端と対決するためにその地を訪問したという。教皇が目的を果たしてかの地を出立し帰国の途についたとき、かれに天使が現れて、次のように言ったとされる。『待ちなさい。この地を立ち去らないように。主が言っておられます。戻って、これまで海中に留まっていた聖クレメンスの遺骸を運びだすようにと』。ユリウスは答えて言った。『どうしてわたしにそのようなことができましょう。海は聖人の誕生の日にのみ退くと言われます』。天使はかれに言った。『主が汝に戻るよう命じられたしるしに、海は汝の前で退くでしょう』。教皇は[再び]その地へ向かい、聖クレメンスの遺骸を運びだし、それを海岸へ安置し、そこに教会を建てた。その後、遺骸の一部を取り、ローマへ持ち帰った。すると、ローマの人々が教皇によりもたらされた遺骸[の一部]をうやうやしく出迎えたその日に、海に残された墓の全体が海上に浮かびあがり、そこに島ができたのである。その地の人々はそこに教会と修道院を建てた。それ以来、その教会に人々は船ででかけるようになったという。かのゲオルギウス・スカーヴスという王[g]は、さらにシャロン司教に次のようにも言った。かつてかれもその地へ赴き、聖クレメンスとその弟子、聖フェーブス（Phebus）の頭を持ち帰り、キオンの町[h]においた。いまかれらはその町で敬われ、崇拝されている、と。その上でかれはかの司教に二人の頭部を見せさえしたのである[135]」。

注

（a）Henricus rex Franci　カペー朝のアンリ一世、在位一〇三一―六〇年。

（b）Rabastia　「ルーシ」を表す数多くあるラテン語形（本書第二章2参照）のいずれかのものの不正確に筆写された形と考えられる。

（c）Catalaunensis の司教R　マルヌ河畔の「シャロンの司教ロージェ」か。

（d）第三（四）代ローマ司教（九二―一〇一年頃）クレメンスは、四／五世紀に成立した伝承によれば、ローマ皇帝トラヤヌスによってクリミア半島のケルソネス（ケルソン）へ流され、そこで殉教した。その遺骸は後のスラヴの使徒キュリロス（キリル）によって発見され、さらにキエフ大公ウラジーミル（聖公）がこの町を占領した際に、その一部（頭部）がキエフへ移され、そこに建てられた聖母デシャチンナヤ教会に安置された。この教会にはウラジーミル自身も葬られた。ケルソネスおよびルーシに聖クレメンスの遺骸があるという噂は、中世ヨーロッパに広く流布していたと考えられる。『原初年代記』でも、九八八年の項からそのことが知られる（邦訳一三〇頁、および訳者注（四四五頁注62を参照）。キュリロスによる聖人の遺骸の発見については、「コンスタンティノス一代記（1）」（木村・岩井訳）、一四頁に記述がある。キュリロスも「海中に横たわったままの」聖人を「海から引き揚げ」たことになっている。またキュリロスは自ら『［聖クレメンス遺骸］発見［記］』を著わしたと記されている。『ランス詩編注解』は、ヤロスラフ（「オレスラーヴス」）があたかも四世紀の教皇ユリウスが聖人の遺骸の発見者であると言ったかのように記しており、スラヴの使徒キュリロスには言及していない。これは奇妙なことである。十一世紀中葉のキエフにおいてキュリロス（とその伝記）が知られていなかったとは考えられないからである。あくまでも西方に広がる情報源からの記述ということであろう。

（e）rex Oreslavus　英仏の史料によくみられるヤロスラフ賢公の不正確な表記形の一。

（f）教皇ユリウス一世（在位三三七—五二年）。

（g）Georgius Scavus　ゲオルギオスはヤロスラフの洗礼名。ロージェ司教はこの事実を知っていたと思われる。Scavus は、Sclavus の誤記であろう。それはスラヴ的人名「～スラフ」にあたる部分と考えられる（あるいは「スラヴ人」自体を意味する語であった可能性も考えられる）。ここは本来的には Gerasclavus であったのが、転写の過程で二分され Georgius Sclavus となり、さらに本文のような形になったと考えられる。いずれにせよ、ヤロスラフのことを表していよう。もっともなぜ著者が同一人物のことを先には「オレスラーヴス」と記し、ここでは「ゲオルギオス……」などと記したかは（たとえ後者がヤロスラフの洗礼名であるとはいえ）不明である。いずれにせよ、「聖クレメンスとその弟子、聖フェーブス（Phebus）の頭を持ち帰り」、それをキエフに安置したのは、『原初年代記』の九八八年の項によるならば、ウラジーミル聖公であったと考えられるので（同邦訳一三〇頁）、ある種の混乱のあることは否定できない。オダルリクはウラジーミルとヤロスラフを混同しているのである。

（h）キオン（Chion）はキエフのことであろう。

ここではアンリ一世とヤロスラフ大公の娘アンナとの結婚は、すでに双方の側に同意ができ、フランス側が花嫁を迎える使節団を派遣したという話になっている。結婚話がどういう経緯で持ち上がり、双方が同意するに至ったのかについては記されていない。ところでこの結婚について記す史料は『ランス詩編』以外にも相当数知られているという。それらをも見ておこう。

『聖ベネディクトゥスの奇跡』（の Radulfus Tortaris の手になる部分、一一二〇年以前）には、「アンリ王はルーシ王の、名をアンナという娘を妃に迎えた。かの女は三人の男子を産んだ。フィリップ、ロベール、およびユーグである。そのうちロベールは幼くして死んだ。ユーグは後にヴェルマンドワ伯となった」とする記述がある。同様の記述はフルリーのフーゴ（一一二〇年没）の『フランス諸王録』（一一一四年以後）にもみられる。[136]

またブレーメンのアダムも、われわれもすでにみたノルウェーのハーラル苛烈王に言及した部分で、次のように記す。「ハーラルはギリシアから戻ると、ルーシ（Ruzia）の王ヤロスラフ（Gerzlef）の娘と結婚した。もう一人の娘を

［妻に］迎えたのはハンガリー王のアンドラーシュ（Andreas）であり、かの女から生まれたのがシャラモン（Salemon）王である。第三の娘［を妻としたのは］フランス王アンリであり、かの女はフィリップを産んだのである」[137]。アダムの伝えるハーラル苛烈王の妻とは、すでに記したようにエリザヴェータであり、アンドラーシュに嫁いだのはアナスタシーヤである[138]。

以上のごとく、アンリ一世とアンナの結婚に言及する史料は少なくない。むしろ「きわめて多い」と言われることさえある。しかしほとんどの記述は簡略、断片的であり、ときには歪められている。したがって結婚の時期、それを実現させたフランス、ルーシ両王室の意図、またそれに至る経緯などは当然のことながらよくわからない。たとえば、某クラリウス著とされる『サンスの聖ペトルスの年代記』（十二世紀第一四半期）ではフランス王の使者として別の人物ら（モー司教ゴーティエその他）の名が挙げられている[139]。ここからときにアンリ王のキエフへの使節派遣は二度あったとする見解も表明された。一度は先の『ランス詩編注解』の記す使節が求婚のために（ただし『詩編注解』の文章をこのように解釈できるかは疑問である）、次に某クラリウスの伝える使節が直接花嫁を迎えるために、派遣されたとするのである。しかしながら『ランス詩編注解』をよく読めば理解できるように、その著者はもっぱら聖クレメンスの遺骸に関心を抱いている。それゆえこの著者は聖人の遺骸に関する情報をもたらした人物（シャロン司教）にのみ言及し、その他の使者（結婚に関し協議する）には言及しなかったとも考えられる。

アンリとアンナの結婚はおそらく一〇五一年のことであった。十二世紀の『ヴァンドーム年代記』に、「一〇五一年。フランス王アンリが赤毛のスキタイ女性を（Scithicam et Rufam）妻に迎えた」と明記されている[140]。「スキタイ」がルーシを指すことはほぼ確かであろう。Rufamについては、ナザレンコは、本来ここはRus(s)amとなっていたが、それを（著者ないし筆写者が）理解できずに、修正した結果とみている。したがって、本来は「スキタイ［と言われる］ルーシの女性を」妻にの意であったと考えられる。もし結婚の時期がたしかに一〇五一年であったとするならば、一〇四八年にアンリの使者がルーシに派遣されたとする『ランス詩編注解』の記述も無理なく受け入れることができる。[141]

ところでこの結婚をめぐる双方の側の意図（動機）と政治的な背景であるが、これについてもナザレンコの見解が参考になる。かれによれば、アンナの結婚は一〇四〇年代になってはっきりしてきたヤロスラフの外交政策の新たな方向性に合致していた。それに先立つ時期には、ルーシはドイツと親密な関係を結んでいた。ヤロスラフは皇帝コンラート二世、ついでハインリヒ三世と同盟関係をうち立て、最初はポーランド王ミェシコ二世の打倒、そしてカジミェシ一世の王位復帰とその支配の安定化を志向した。しかし状況は一〇四五／四六年に激変した。ルーシは一〇四三年の対ビザンツ遠征の失敗後に政策を転換、ビザンツと同盟し、さらには内紛に悩むハンガリーに介入する。そこではペーテル（オルセオロ）と争うアンドラーシュ一世を支持することとなった。アンドラーシュはドイツに敵対的であったので、ルーシ・ドイツ間も従来通りというわけにはいかなくなった。こうした状況のなかで、当時ドイツとブルグンドをめぐって対立していたフランスがルーシの前に望ましい同盟相手として出現したと考えられるというのである。アンドラーシュ治世にハンガリー・フランス関係の好転を示唆する諸事象もあるという。当時カペー朝が近隣の諸王朝との近親関係から結婚相手を求めるのに苦労していたとも伝えられる。アンリの最初の妃はドイツ王コンラート二世の娘マチルダであったが、一〇三三年に成立したその結婚は翌年マチルダの死によって終わりをつげ、アンリはその後十五年以上も独身の身をかこつこととなった。[142] これもルーシ王女とのややエキゾティックな結婚を実現させた一つの要因であったかもしれない。[143]

いずれにせよヤロスラフ治世の晩年（十一世紀中葉）には、ルーシは隣国のポーランド、ハンガリー、そして遠くフランスとの間にそれぞれ良好な関係を取り結んでいた。アンリ一世の没（一〇六〇年）後、王とアンナとの間の子フィリップが王となるが、その後見人となったフランドル伯ボードワン五世（アンリ一世の妹を妻としていた）が、ドイツ王・皇帝ハインリヒ三世とロートリンゲンをめぐって対立していたことを念頭におくとき、ヤロスラフ後のルーシにフランスに対するある種の親近感が持続していた可能性も考えられる。それはドイツまたそれに接近したチェコに対しそれぞれの国が緊張関係に立たされていたという事情に促された結びつきであった。

　アンリ一世とアンナとの結婚生活は十年に満たなかった。その後のアンナの運命についても少々ふれておこう。かの女は王位を継いだフィリップの母親として重要な役割を演じた。かの女は正式の摂政であったわけではないが（正式には上記フランドル伯）、フィリップ王が発した初期の文書の多くにはかの女の署名もともに現れるという[144]。その後アンナはクレピーおよびヴァロワ伯のラウル（ロドルフ）と再婚したことが伝えられている。ラウル伯はかつてアンリ一世に敵対したこともあった有力者で、そうでなくとも王妃の再婚はスキャンダラスな出来事であった。ランス大司教ゲルヴァシウス（ジェルヴェー）の教皇アレクサンデル二世（一〇六一―七三年在位）にあてた書簡に、次のような一節があるという。「わが王国では少なからぬ混乱が生じております。わが王妃がラウル伯と結婚したからです。このことはわが王［フィリップ］を……いたく悲しませたのです」。ラウル伯は既婚者であったが、離婚してアンナを妻に迎えたのだという。教皇は新たな結婚を無効と宣言し、その後ラウル伯を教会から破門したとされる[145]。さらに『フレリー修道院年代記断片』（十二世紀初）には次のように記されているという。「王の死後王妃アンナはラドルフ伯に嫁した。伯が死ぬと［一〇七四年か？］かの女は故郷へ戻った[146]」。この「故郷」がルーシのことかどうかははっきりしないが、かりにそうだとしてもはたしてこの史料の記す通りであったかどうか、確認する手段はない。いずれにせよ、アンナはこの二度目の結婚ゆえに王家の墓所であるパリ北郊のサン‐ドニ修道院に葬られることにはならなかった。伝えられるところによれば、かの女の墓はサンリスにかの女自身が創建したという聖ヴィンセント修道院にあるという。もしこちらの言い伝えどおりであったとすれば、ルーシへ帰ったのではなかったということになる[147]。

　アンナに関し、最後に一点補足的に考えておきたい。西方諸国に嫁いだルーシ公女がカトリックに改宗したかどうかをうかがわせる明確な証拠はない。ただアンナが改宗したことはたしかであったと考えられる。問題はその場合でも、改宗が結婚後相当経ってからのことと伝えられることである。このことは、ときになされる、西方に出たルーシ公女はただちに改宗を強制されたとする主張が必ずしも正しくないことを物語っている。この点に関してB・レイブは「[ルーシ]の公女は、故国の典礼の中で育てられたにもかかわらず、かれらの夫の典礼に従うことにいかなる困難も感じなかったし、それを自身のものと同じく正統的なものと考えていた」と記す。アンナの結婚の時期には東西両教会はいまだ断絶していなかったということを考えれば、こうした指摘はある意味では当然である。そしてこうした状況は両教会が「断絶した」とされる一〇五四年以後もしばらくは変化せずに続いたと考えることができる。(148)

3　ヤロスラフ後の事例——ドイツ皇帝ハインリヒ四世とキエフ大公フセヴォロド・ヤロスラヴィチの娘エウプラクシヤの結婚

フランス国王とルーシ公女の結婚に言及したからには、時代はやや下りヤロスラフの子と孫の世代のことになるが、ルーシ公女と神聖ローマ皇帝（ドイツ国王）との結合についてもふれておかねばなるまい。ヤロスラフ賢公の子フセヴォロド（大公、一〇七八—九三年）の娘エウプラクシヤの皇帝ハインリヒ四世との結婚である。こちらの結婚は以下に見るように、衝撃的な結末に終わるが、これもいわゆる聖職叙任権闘争の一方の立役者であったハインリヒ四世を相手とするものであった以上、そう驚くべきことではないのかもしれない。この結婚（一〇八九年）はヤロスラフ没後四半世紀以上もたってのことであり、本来ならば、ヤロスラフ後の内外の事情（とりわけかれの子の世代における統治の実態）を検討したうえで論じる必要があるが、それについては次章で改めてみることにして、ここで引き続き取り扱うのが適切と考える。

キエフ公女エウプラクシヤの生年は伝えられていない。かの女がドイツへいつやってきたのかも正確には不明である。ただ一〇八〇年代前半、結婚可能年齢（十二歳）を迎えて間もなくのころであったと推測される。[149] かの女がルーシでどう呼ばれていたかは明らかでない。後にかの女が帰国し、剃髪を受けた時にエウプラクシヤと呼ばれた。したがってこの名は修道女名であったと考えられる。本書では基本的にこの名で呼ぶことにする。

そのエウプラクシヤと、当時三十九歳の皇帝ハインリヒ四世との結婚は、以下にみるように双方にとって二度目のものであった。皇帝とルーシ公女の結婚式は一〇八九年の夏に、ケルンのベネディクトゥス派修道院、聖パンタレオン（パンテレイモン）教会でマグデブルク大司教ハルトヴィヒの司式の下に厳かに挙行された。[150] 聖パンタレオン教会といい、マグデブルク大司教の司式といい、明らかにエウプラクシヤの生まれ育った東方正教の宗教的環境に配慮してのことであった。ここには皇帝側のこの結婚に込めた意図（後述）がうかがえる。それにもかかわらず、リューリク家公女の神聖ローマ皇帝家への輿入れはまれにみるほどの悲劇的事件へと展開し、結婚としては完全な失敗に終わった。すなわち、六年後の一〇九五年三月に、エウプラクシヤがピアチェンツァの教会会議において、夫たる皇帝に対する重大な道徳上の告発を行うという事態を迎えたのである。皇后が皇帝を公然と非難告発するという前代未聞の事件である。どうしてそのようなことになったのか、順を追ってみる必要がある。それはまさに叙任権闘争たけなわの時代、複雑な時代状況と、皇帝および皇后の人となり、そのほかさまざまな事情を考慮する必要がある。

皇帝ハインリヒ四世の評価に直結するこの事件については、言うまでもなくドイツ中世史学に大きな蓄積がある。もとよりここでそれに立ち入ることはできない。[151] ただここでH・リュスをはじめとする近年の諸研究によりながらあえて全体的な傾向を記すなら、そこではエウプラクシヤに対する厳しく否定的な観点が支配的であった。少なくとも二十世紀前半まではそうであった。圧倒的に否定的な評価をうけ、エウプラクシヤはいわば非難され、そうでなければ軽視され、脇へ追いやられ、最後にはほとんど黙殺すらされたという印象を受ける。[152] 一九一一年に現れたH・ローレンツの博士論文（「ベルタとプラクセーディス。ハインリヒ四世の二人の妃」）は、ハインリヒの最初の貞潔かつ従順な妃（ベルタ）に対し、「恥知らずの」、「いかなる道徳的優しさとも無縁な」、「皇帝を不幸のどん底に突き落とした女」（プラクセーディス、すなわちエウプラクシヤ）を対峙させた研究であるが、それまでのドイツ中世史学の傾向をある程度代弁しているように思われる。[153] その後一九二九年にロシアでS・P・ローザノフがその論文「エウプラクシヤ―アーデリゲイダ・フセヴォロドヴナ」において、エウプラクシヤは「ドイツにおける歴史研究において、これまで冷静な学問的考察の対象とならなかった」と記したのは、まさにこうした傾向に対してであった。[154] もっともローザノフのこの論文も初期ソヴィエト史学にまだみられた比較的自由な視点から書かれたすぐれた論考であったが、その後のソヴィエト史学において正当な評価を与えられることもなく、ほとんど注目されぬままお蔵入りした形になった。おそらく過去のこととはいえ、「怨敵ドイツ」の皇帝との結婚という反ロシア的、また「ブルジョア」的テーマ自体がソヴィエト史家の多くを及び腰にさせたと考えられる。この問題はその後の研究史において大きな変化をみせながら今日に至るが、いまなおある種の偏見を伴う微妙なテーマであり続けているように見える。

最初にエウプラクシヤに関する基本的な事項をまとめておく。

エウプラクシヤはヤロスラフ賢公の子フセヴォロドの二番目の結婚から生まれた娘である。母親はアンナと伝えられ、タチーシチェフによるとポロヴェツ女性であった。[155] この点が事実であるかどうか何とも言えないが、エウプラクシヤがポロヴェツの血を引くと考えられたことは、かの女の性格付けに際してときに大きな、場合によっては過剰な意味を付与されてきた。かの女は「野性的」で「情熱的」、そして「魅惑的」な女性であったなどとされたのである。かの女の生年はときに一〇七一年などと伝えられるが（前記ローザノフなど）、これはあくまでも推測で、正確には一〇六七年以後としか言えない。かの女の最初の結婚は（正確な時期は分からない。一〇八四ないし八五年のことであろう）、ザクセンのシュターデ伯およびノルトマルク辺境伯ハインリヒ三世（"Longus"）とのことであったが、夫は一〇八七年に死去し（六月二十七日）、結婚は短期間（二年余か）に終わった。夫婦に子供はいなかった。そして早くも翌一〇八八年には、エウプラクシヤは皇帝ハインリヒ四世の婚約者として史料に登場する。一〇八九年にはケルンで戴冠式、結婚式が執り行われる。ところがそれも束の間、翌年イタリアに移ったころ（一〇九〇年）から夫婦間の関係は悪化し、ついに皇后はヴェローナで皇帝の厳しい監視下に置かれる（一〇九三年頃）。一〇九四年の初め、皇后は、反皇帝派のトスカナ辺境女伯マティルデの下へ逃れる。マティルデはエウプラクシヤを受け入れ、教皇ウルバヌス二世の庇護に委ねた。かくして一〇九四年コンスタンツ、翌九五年ピアチェンツァの教会会議における皇帝ハインリヒに対する上記の公然たる告発、そして教皇による皇后の名誉回復（かの女の罪は皇帝に強要された結果であるとされた）、皇帝の改めての聖餐停止(教会からの破門)という事態にいたる(最初の破門は一〇七六年で、翌年カノッサで解かれた)。エウプラクシヤはその後ハンガリー王の宮廷を経由して故郷キエフに戻った。一一〇六年剃髪を受け、一一〇九年七月十日波乱の生涯を閉じ、キエフのペチェールスキー修道院に埋葬された。『原初年代記』はそれまでのエウプラクシヤの生涯については何も記していないが、剃髪と埋葬に関してのみ言及している。墓の上には礼拝堂が建立されたと年代記は伝える（邦訳三〇四、三〇六頁）。

さて、さしあたり以上のように要約しうるエウプラクシヤの生涯のなかで、重要と考えられる部分に焦点を合わせながら、若干の考察を試みたい。

まずは最初の結婚である。キエフ大公家はなにゆえ、またどういう経緯でザクセンの一貴族家門との婚姻締結に立ち至ったのであろうか。なによりも、当時すでにヨーロッパの諸王室と広く姻戚関係を有していたキエフ大公家にとって、ザクセンのシュターデ伯家はふさわしい相手と目されたのであろうか。西方の家門ならば何でもよいということではなかったろう。なにしろ当時すでにキエフ大公となって久しかったフセヴォロド自身（在位一〇七八―九三年）がビザンツ皇帝コンスタンティノス九世の娘と考えられる女性を妃にしていた（上述）だけでなく、かれの甥や従兄弟の多くが、ヨーロッパのあちこちで国王として君臨していたからである。フランス国王フィリップ一世（フセヴォロドの姉妹アンナの子）、ポーランド公（王）ヴワディスワフ一世（同伯母ドブロネガの子、つまりフセヴォロドの従兄弟）、ノルウェー王オーラヴ三世（一説では同姉妹エリザヴェータの子とされる）、ハンガリー王シャラモン（同姉妹アナスタシーヤの子）などがそうであった。フセヴォロドはまた息子ウラジーミル（モノマフ）の妻（ギーダ）を通じてイングランド王ハロルド二世ともつながっていた。[156]

しかし家柄の点は問題ではなかったようにみえる。シュターデ伯家はなるほど王家の血筋ではなかったが、オットーネン、ザーリアー、ヴェルフェン、ビッルンゲン諸家門と親族関係を有しており、十一世紀にはビッルンゲン家と並ぶ、北・北東ザクセンにおけるもっとも有力な家門となっていたという（世紀半ば—十二世紀二〇年代にはザクセン・ノルトマルク辺境伯の地位も占めた）。こうした事情はフセヴォロド側もよく知っていたと推測される。というのも当時キエフにはザクセン出身の（あるいはザクセンのことをよく知る）二人の貴族家門の女性が嫁いでいたからであり、当然かの地の複雑な事情も伝えられていたと考えられるからである。一人はフセヴォロドの兄スヴャトスラフの二番目の妻オーダであり（その結婚はおそらくは一〇七〇／七一年）、かの女はエウプラクシヤの最初の夫となるシュターデ伯ハインリヒの母方の血縁であったと伝えられる。もう一人はフセヴォロドの甥ヤロポルク（兄イジャスラフの子）の妻クニグンデ（オルラミュンデの）であった（結婚は一〇七一／七二年）。研究者の中には、とくに先のオーダこそがエウプラクシヤとハインリヒとを結び付けた人物であると推測する者もいる。オーダは夫のスヴャトスラフ公の没後（一〇七六年）、幼い息子（ヤロスラフ・スヴャトスラヴィチ）を連れて故郷に帰ったが、息子の方は後に（一〇八〇年代中頃か）ルーシに戻ったと伝えられる。その名は「ヴァルテスラフ」と伝えられている。[157] これが事実とするなら、かれもまたエウプラクシヤをザクセンと結びつけた人物の一人であった可能性がある。

このようにシュターデ伯家はキエフ大公家にとってけっして劣る相手というわけではなかった。そもそもルーシとザクセン間の結びつきはより早い時代から知られており、[158] ザクセンがキエフにとって無縁の国でなかったことも考慮されるべきであろう。ただこのザクセンとの「伝統的な」結びつきを、必ずしも一部のロシア研究者のように、[159] ザクセン・キエフ双方の反ポーランド政策と関連させて説明する必要はないように思う。ルーシもドイツ（ザクセン）もポーランドと対立する側面が多かったとはいえ、常に同じ程度にそうであったわけではなかったからである。ルーシ・ポーランド関係も、ドイツ・ポーランド関係もそれぞれ敵対的であることを基調としながらも、三国が国として一つにまとまって相互に対峙し合ったというのではなく、関係は複雑に推移したのである。ある局面だけを強調することはできない。もしルーシの反ポーランド的側面のみを強調することになると、いまみたばかりの二人の公（ヤロスラフの子スヴャトスラフと、同じくヤロスラフの子イジャスラフの子ヤロポルク、両者は叔父―甥の関係になる）がほぼ同時にザクセンと関係のある二人の女性（オーダとクニグンデ）と結婚したことが理解できなくなる。すなわちこの二人の公のうち、とくにヤロポルクはポーランドともどちらかといえば友好関係にあったと考えられるのである。かれの母ゲルトルードはポーランド王女であったし、かれの父（イジャスラフ、すなわちスヴャトスラフの兄）はスヴャトスラフと大公位をめぐって激しく対立していた。[160] ヤロスラフ一門の結婚政策を現実政治の動向と関連づけることは間違いではないし重要な視点ではあるが、慎重に行う必要があるであろう。これらの結婚に際しては、あくまでもキエフ公家における西方志向（内外におけるリューリク家の威信の向上）が第一にあり、そのうえでのその時々の状況に応じたさまざまな判断がなされたと考えるべきであるように思われる。

次の問題は、寡婦となったエウプラクシヤがその後ほどなくして、今度はほかならぬ皇帝ハインリヒ四世と再婚するに至った経緯である。とくにハインリヒ四世の側から見ると、ザクセン諸侯は敵対的で厄介な存在であった。皇帝はこのころにはたしかにザクセン反乱（一〇七三―七五年）を鎮圧していたとはいえ、まさにザクセン貴族の寡婦を娶ったことは一見して奇異な印象を与える。このあたりのことはより立ち入ってみておく必要があろう。

皇帝ハインリヒ四世はザクセン反対派との戦争の後、一〇八七年に死を目前にしたシュターデ伯ハインリヒと講和締結に至っていたが、おそらくはその締結時にエウプラクシヤにも会っていた可能性が指摘されている。両者をさらに結婚へと導いた人物の一人が、皇帝の忠実なる味方で、シュターデ伯の封主でもあったブレーメン大司教リーマー（Liemar）であったという推測もある。ブレーメン大司教座は当時マグデブルクのそれと並んでヨーロッパ北部および東部地域への布教に中心的な役割を担っていたという点からみても、リーマーが皇帝の新たな皇妃候補としてエウプラクシヤに大きな関心を寄せていたことは十分に考えられる。

ところで遠い異国で寡婦となったエウプラクシヤが皇帝と再婚するに際して、キエフの父フセヴォロド大公と連絡をとっていたかどうかははっきりしない。いうまでもなくこうしたことについて記す史料は存在しない。研究者の中には、エウプラクシヤがとくに父から同意を得るようなことはなかったと考える者もいる。[161] しかしかの女がこの段階でもキエフとの関係を維持しており、父の意向をうけていた可能性はある。

このころハインリヒ四世の立てた対立教皇クレメンス三世（在位一〇八〇／八四―一一〇〇年）がキエフ府主教ヨハンネス二世（ヨアン二世、一〇七六／七七―八九年）にたいし使節を派遣したことが知られている。このことはキエフ府主教のクレメンス三世への返書から知られる。府主教の返信によれば、クレメンスはある司教をキエフ府主教の下に遣わし、教会合同の提案をしてきたという。[162] 通常、この対立教皇からの使節は皇帝ハインリヒ四世と教皇ウルバヌス二世間の争いという文脈の中で理解されているが、それはもちろん正しい。この場合は皇帝と対立教皇側がキエフを自陣営に引き込んで教皇側（グレゴリウス七世、ついでウルバヌス二世――こちらもビザンツ、キエフとの間の関係の改善に努めていた）との闘争、さらにはビザンツ皇帝（およびコンスタンティノープル総主教）との関係を幾分かでも有利に導こうとしたとされている。若干の歴史家はこれをさらに発展させて、皇帝がこの対立教皇の使節に、自身とキエフ公女（エウプラクシヤ）との結婚を提案する皇帝使節も同行させた、あるいは少なくとも対立教皇使節にそうした役割をも果たさせようとしたと推測している。[163] リュスもこうした考え方に傾いている。かれによれば、府主教ヨハンネス二世の『教会法規に関する回答』がこうした推測を可能とさせてくれるという。これは府主教が「修道士（chernorizets）ヤコフ」の問い合わせにたいして与えた回答であるが、そこには、「その娘たちを、ホスチアとして種入れぬパン（opresnok）を使用する国々［すなわちカトリックの諸国］へ嫁がせている公」を非難する箇所がある。リュスによれば、これは一般的な非難ではない。もし一般的であるとすれば、それまで広くカトリック諸国と姻戚関係を築いてきたキエフ諸公が皆、非難の対象となったであろう。ここで非難されている公は特定の人物、すなわちフセヴォロド大公である。対立教皇側から府主教ヨアンネスへの働きかけと後者からの応答（返書の送付）は一〇八九年以前のものであるので（かれはその年に没している）、先の非難に際してヨハンネスの念頭におかれていたのはおそらくエウプラクシヤのシュターデ伯との結婚であったであろうと推測される。府主教はこのように暗にフセヴォロド大公の西方志向を批判することにより、クレメンス三世の教会合同と王朝間結婚の提案に否定的に答えたと推測される。ここには、大公フセヴォロドをはじめとするとくにヤロスラフ賢公以降のキエフ諸公の西方志向に対するルーシ教会当局（高位聖職者の多くはギリシア人であった）の反発（少なくとも危惧）の念が表明されているのである。もちろん大公側は府主教の考え通りには動かなかった。ハインリヒとの結婚話に前向きに応じたのである。[164]

さてクレメンス三世のキエフへの接近が、同時に皇帝と寡婦であったキエフ公女との婚姻計画をも含むものであったとするならば、エウプラクシヤの再婚をめぐる急展開は、皇帝がキエフ大公との関係強化を意識的に追求していたことを明確に示していると考えてよさそうである。はたして皇帝はルーシとの関係を強化することにより、何を期待していたのであろうか。そもそもそうしたことはありえたのだろうか。

ハインリヒ四世がエウプラクシヤと結婚するに至った動機について、ときにかの女の美貌に魅せられたとするような説明がなされることがある。しかしこれは証明されない前提（先のエウプラクシヤ＝「ポロヴェッツ女性」説など）

に基づく、いわば小説的な解釈であって、事実でないということもできないが、確認することもできない。あくまでも想像の次元の話である。またときにはザクセンにおける地位の強化が皇帝の目的であったとされる場合もある。[165] しかしザクセンとの関係も単純ではなく、少なくとも皇帝と和解したシュターデ伯亡き後の後継者が必ずしも親皇帝的であったわけでないことも知られている。つまりエウプラクシヤとの婚姻計画はこの点では皇帝にとってほとんど望ましい結果をもたらさなかったのである。それにもし皇帝が真にザクセン貴族の好意を得ようとしたのならば、異国出身の寡婦などではなく、ザクセンのいずれかの貴族家門の令嬢こそが求められるべき相手であっただろう。

皇帝がルーシ公女に惹きつけられたより現実的な理由の一つとして、西方世界に流布する「ルーシ王 rex Russorum」の莫大な「富」についての風聞をあげることができるかもしれない。これに関連してヘルスフェルトのランペルトの『年代記』（編年誌）に興味深い記述がある。やや長いが引用しておこう[166]（この部分の注は引用文のすぐ後に付す）。

「［一〇七四年の降誕祭。ハインリヒ四世はストラスブールで過ごした―ナザレンコ］一〇七五年。数日後かれはマインツへ移った。その地で、かれの下へデメトリウスという名のルーシ王が現れた。[a] 王はかれに数えきれないほどの財宝をもたらした。金・銀の容器やきわめて高価な衣装等である。王はその兄弟により王国［ルーシ］から武力で追われ、その兄弟が残忍な暴君として王国権力を握ったことを［ハインリヒに］伝え、兄弟に対抗できるよう助力を請うたのである。[b] 王［皇帝ハインリヒ］はただちにトリーア教会の主任司祭ブルハルトを派遣した。[c]［ルーシ］王に対してその兄弟がはたらいた無法について当の本人［ルーシ王の兄弟］と協議するために、またかれを説得して不法に奪った権力を放棄させんがためである（もしこれを拒むならば、かれはやがてドイツ王国 Teutonicum regnum の権力と武力を身をもって感じることになろう）。ブルハルトがこのような使節にふさわしいと考えられた理由は、かれが派遣されたかの者［王の兄弟］がかれ［ブルハルト］の妹を妻としていたからである。[d] ブルハルト自身こうした事情を利用して、当面［王の兄弟が］この件でこれ以上の厳しい手段に出ることのないように懇請し、なんとかかれから約束を取りつけたのである。国王［ハインリヒ］は使節団が帰還するまでの間、ルーシ王［追放された前王］をザクセン辺境伯デディーに委ねた。[e] かれがこの王をここへ連れてきたからである。（中略）［ハインリヒ四世は対ザクセン戦続行のためヴォルムスへ到着した。］まもなくブルハルトが……帰還した。かれは国王［ハインリヒ］に、これまで一度としてドイツ王国に運び込まれたことがなかったほどの莫大な量の黄金、銀また高価な衣服をもたらした。かくほどの対価を払ってでもルーシ王［現ルーシ王］が贖おうとしたものはただ一つ、すなわち、国王［ハインリヒ］がかれ［現王］により追放された兄弟［前王］に助力を与えることを阻止するというものであった。実際のところかれはこれほどのことをしなくとも、十分に目的は達しえたのである。というのも、［ハインリヒは］内戦に忙殺されており、かくも遠方の国民との戦争に踏み切ることなどできなかったからである。しかしこの贈り物自体はきわめて貴重なものとなった。まさに必要とされた時点でなされたからである。というのも、近年の戦争に際しての膨大な支出が国庫を空にさせていただけでなく、兵士たちは不満を募らせ、今回行われたばかりの遠征に対する支払いを激しく要求していたからである」。

注

（a）ヤロスラフ賢公の子イジャスラフ（キエフ大公、一〇五四―六八、一〇六九―七三、一〇七七―七八年）、洗礼名がディミートリー＝デメトリウスである。Litvina/ Uspenskii, *Vybor imeni*.s.564-565

（b）いうまでもなくヤロスラフ没後の大公位継承争いのなかでの出来事である。イジャスラフ・ヤロスラヴィチは一度（一〇六八年）キエフを追われた（この時はポロヴェツ侵入軍との戦いに敗れ、キエフ民の蜂起がおこり、ポーランドのボレスワフ二世の下へ逃れた）が、翌年戻って大公位に復していた。しかし一〇七三年には弟たち（スヴャトスラフとフセヴォロド）によって再度追放された（代わってスヴャトスラフが大公位につく）のである。この時イジャスラフは最初ポーランドへ逃れたが、ポーランド王ボレスワフ二世とスヴャトスラフ大公との間に協定が成立したため、さらに西方ドイツ皇帝の下へ逃れざるをえなくされた（このあたりの詳しい経緯については本書第十一章1を参照）。

（c）トリーアのシメオン修道院聖堂主任司祭。

（d）ブルハルトは「エルスドルフのイーダ」の子。すなわちここで問題となっているルーシ王（イジャスラフ・ヤロスラヴィチ）の兄弟（スヴャトスラフ公）の妃オーダの兄弟。オーダは（したがってブルハルトも）皇帝ハインリヒ四世の従兄弟の子にあたる。

（e）デディーはニーダーラウジッツないし東ザクセン辺境伯。イジャスラフの子ヤロポルクの妃クニグンデの義父である。

以上は追放されたキエフ大公イジャスラフがマインツの宮廷にいたドイツ皇帝のもとに庇護と助力を求めて現れ、一方（ブルハルトを通して）皇帝側の説得を受けたスヴャトスラフ公側も、イジャスラフを上回る財宝を皇帝に提供して、かれを援助しない（ないしは庇護を取り消す）よう働きかけたというヘルスフェルトのランペルトの報告であるが、この記述はある程度ルーシ史料によっても裏づけられる。

まずヤロスラフの子らの間の大公位をめぐる争いについては『原初年代記』にも一通りの記述がある。一〇七三年の項には、スヴャトスラフ（とかれに誘導されたフセヴォロド）によって大公位から追われたイジャスラフが「多くの財産をもってリャヒ［ポーランド］に行った」が、「リャヒはそのすべてをかれから奪った」と記される（邦訳二〇七頁）。イジャスラフがその後ドイツ国王のもとに逃れたとする記述はないが、それについては十分に推測できる。イジャスラフは財産をポーランドですべて失ったわけではなかったと考えられる。[167] 上の記述からドイツにも相当部分を持ち込んだと推測できるからである。また『原初年代記』一〇七五年の項に、唐突にも奇妙な話が記されている。「この年にネムツィ［ドイツ人］の使者がスヴャトスラフのもとにやってきた。スヴャトスラフは自慢して自分の富をかれらに見せた。かれらは数えきれない多くの物、金、銀、および錦を見て、『これはつまらない物だ。これは死んで横たわっているものだからである。勇士の方がこれより良い。勇士たちはこれ以上の物を捜し出してくるからである』と言った」(二二〇頁)。『原初年代記』では現実の状況とは無縁の一種の教訓話に仕立て上げられてはいるが、ドイツ国王がルーシからもたらされた財宝を兵士たちの給与に使用したとする上記ランペルトの記述と、どこかで符合する内容となっていることは重要である。

かくて一〇七五年頃にドイツ王が使節をキエフに派遣したこと、またルーシ王の財宝についても話題に上るほどのものであったことがドイツ、ルーシ双方の史料によって裏づけられていると言ってよいであろう。[168] ハインリヒ四世が兵士らの支払いにルーシからもたらされた資金を活用したとするならば、再婚に際して、ルーシ大公の「富」に関心をよせたことは十分にありえよう。

もっともそれでは、R・ブロッホの主張するようにこの点がハインリヒとエウプラクシヤとを結びつけた最大の要因であったかとなると、そうではあるまい。皇帝が一〇七五年にブルハルトを派遣した時点では、皇帝の目的は大公位をめぐって争うルーシ諸公間を調停することであり、そしてその背後にルーシ王の富への関心もあったというほどのことであったであろう。しかし教皇グレゴリウス七世との対立が決定的になった段階(一〇七五年以降)では、「富」の問題が主要な部分を占めたとは考えにくい。対立教皇クレメンス三世がキエフに使節を派遣して教会合同問題を協議し、その一方で皇帝のエウプラクシヤとの再婚問題を提案したとするならば(一〇八八/八九年頃のことである)、前者が主要な、少なくとも公式的な目的であり、後者はその手段であったと考えるのが自然であろう。たしかに皇帝をエウプラクシヤに結びつけた真の理由は特定しがたいが(「富」の問題もなくはなかったであろう)、かれの神聖ローマ皇帝としての立場を重視するならば、キエフに影響力を及ぼすことにより、ヨーロッパ全体における自身の立場を幾分かでも強化することに心を砕いたと考えるべきであろう。そのことはまた教皇ウルバヌス二世の立場を少しでも弱体化させ、さらにはビザンツ皇帝の影響力を削ぐことにもなると期待したように思われる。

もちろんハインリヒ四世のこうした目論見が実現されることはなかった。キエフ大公（フセヴォロド）にはビザンツとの政治・教会関係を悪化させるような動きに同調する気持ちはなかったし、ウルバヌス二世とビザンツ皇帝（アレクシオス一世コムネノス）さらにはコンスタンティノープル総主教（ニコラオス三世グランマティコス）との関係も必ずしも敵対的ではなくなってきていた（なおこのあたりのことは、一〇五四年のいわゆる東西教会分裂後の、また十字軍開始前後の状況を見たうえでなければ理解しがたいが、これについては後述する）。なによりもキエフ府主教のコンスタンティノープル総主教への忠誠心には何の変化もなかったのである。ハインリヒ四世とクレメンス三世がキエフに淡い期待を抱いたとしても、それがかなえられる条件はほとんど存在しなかったとしか言いようがない。

さてそこでエウプラクシヤとハインリヒ四世の衝突と離反の問題である。

決定的舞台となったのはイタリアである。イタリア情勢の悪化に迫られ（ノルマン人ロジェール一世がウルバヌス二世の封臣となる、クレメンス三世がラヴェンナへ逃れる、シュヴァーベン侯の子ヴェルフとトスカナ女伯マティルデが結婚し反皇帝陣営が強化される）、皇帝は一〇九〇年三月アルプスを越えた。エウプラクシヤもこの年のうちにイタリア入りしたと考えられる。皇帝のイタリアにおける立場はたしかに一〇九二年までは比較的に安定していたが、その年の十月、皇帝軍はカノッサにおいてトスカナ女伯軍に手痛い敗北を喫し、それは翌年の反皇帝を旗印とするロンバルディア都市同盟（ミラノ、クレモナ、ローディ、ピアチェンツァ）の結成を促した。さらに追い打ちをかけるかのように、同一〇九三年に王位継承者コンラートが皇帝から離反し、トスカナ女伯の陣営に走り、ミラノでイタリア王として戴冠を受けた。皇帝はヴェネツィアに退き、以後パドゥアとヴェローナ地域に押し込められた形となった。

ハインリヒとエウプラクシヤの破局の正確な時期は定めがたいが（リュスに従えば、およそ一〇九三年、ナザレンコは一〇九四年とする）、いずれにせよ状況が悪化する中で皇帝は皇后をヴェローナにあたかも囚人のごとくに閉じ込めたという。マティルデ女伯はコンラートを通じてエウプラクシヤがハインリヒの下で悲惨な状態にあることを聞き知っていたようである。エウプラクシヤもマティルデとひそかに連絡を取り、皇帝の下を去る用意のあることを伝えていた。エウプラクシヤがマティルデの若き夫ヴェルフの助けを借りてヴェローナを脱出したのは一〇九四年のことである。エウプラクシヤはカノッサにマティルデとヴェルフにより恭しく迎え入れられた。

皇帝と皇后のこの確執はいったいどこからきていたか。二人の間に何があったのか。

一〇九四年四月エウプラクシヤはコンスタンツの教会会議にあてて、おそらくは書簡を送り、皇帝を性的倒錯と強制の罪で告発するという前代未聞の行動に出た。皇帝が皇后を他人の欲望の犠牲となるよう公然と強制したというのである(169)。

一〇九五年二月初めウルバヌス二世はロンバルディアでマティルデ女伯と会い、ピアチェンツァへ向かった。マティルデにはエウプラクシヤも同行していたと考えられる。ローマ改革派教皇と皇帝との対決の問題を審議すべく召集されたピアチェンツァの教会会議（一〇九五年三月）には、イタリア、フランス、ブルグンド、ドイツ各地から四千の聖職者と三万の俗人が出席したといわれる。会議の席上エウプラクシヤは改めて今度は自らハインリヒに対する告発を繰り返した。エウプラクシヤのこうした行動は、当然のことながら多くの研究者には教皇側の反皇帝「陰謀」の一環と理解される。ある研究者は「反ハインリヒ・プロパガンダには、皇帝の道徳的抹殺を図るものならなんでも好都合であった」と記す。別の研究者によると、「念入りに記録され、何千回も複製されて、［エウプラクシヤの］告白は教皇庁により君主の名声を失墜させるための武器として利用された」のである(170)。

ドイツの多くの研究者は（言うまでもなく例外はある）、皇后のピアチェンツァ会議への公式の登場に強く反発した。かれらは皇后としてのエウプラクシヤを黙殺するか、言及しなければならないときにはありとあらゆる否定語を付して罵倒した。「不貞な」、「不品行な」、「たちの悪い」、「恥知らずの」、「嫌悪すべき」「妖婦」などなどである。当然エウプラクシヤによる告発はまったくの中傷、誣告、そして皇帝と夫に対する裏切りとみなされた。時には「最悪のヒステリー女性」、「精神病質者」、さらには人種的反感を込めて「アジア女性」と呼ぶ者もいる。かの女は皇帝陣営の手先、道具として、独立した人格を認められないか、あるいは「最悪の」人格と規定されるかであったのである。

こうした立場からは、当然のことながら、エウプラクシヤを監禁した皇帝には皇后の「貞節」を疑う十分な根拠があったということになる。エウプラクシヤこそが不貞を働き、皇帝の怒りをかったとするのである。皇帝は被害者であり、皇后こそが加害者であったとされる。しかしながら、こうした説明は一方的で、皇帝の名誉を守ろうとする意識があまりに強く出すぎているように見える。リュスによれば、エウプラクシアのヴェローナ監禁の原因がかの女の「不貞」にあることを裏づける史料はほとんどない。史料状況はむしろ逆で、ほとんどが皇帝の側に非のあったことを示しているという。

典型的と考えられる史料を一点みておきたい。『聖ディシボド修道院年代記』(Annales sancti Disibodi、一一四七年頃)である。その一〇九三年の部分に、次のように記されている。

「皇帝ハインリヒ［四世］の子コンラートは以下の理由で父に対し反旗を翻した。ハインリヒ王は自分の妻アーデルハイドを憎むようになった。憎しみの念はかれがかつてかの女に抱いた愛情をはるかに上回るものであった。かれは妻を監禁し、多くの者がかれの許しを得てかの女に対し暴力を加えた。伝えられるところでは、皇帝は狂気に走るあまり上に記した自分の子にまでかの女と関係するよう迫った。子が父の臥所を汚すことを拒絶したとき、王はあたかもかれが王の子ではなく……シュヴァーベン侯の子であると明かして、そう仕向けたのである……王妃は、罪なくしてかの女に加えられた数多くの前代未聞の辱めの後、神の憐れみにより、どうにかしてそれまでの監禁から逃れ自由の身となり、当時強力な勢力を誇ったマティルデという名の女君主のもとに来た。かの女は王妃を伴って使徒の座にあった深く尊敬すべきウルバヌスの下へ向かった。王妃はかれの足下にひれ伏し、涙ながらに心からの改悛の情に満たされつつかの女に加えられたすべての禍と不幸とについて訴え出た。教皇猊下は王妃の受けた禍について知り、憐れみと同情に突き動かされて、普遍公会議を招集した。公会議は、自らの正式の配偶者に対してなされた神をも畏れぬ赦しがたい驚くべき所業ゆえに、改めてハインリヒ王を教会から破門した。王妃は、ある者たちの言うところでは、その後自身の故国へ戻り、修道院にはいり、女子修道院長となったという[171]」。

以上の記述が客観的な事実を伝えたものかどうか判断することはむずかしい。この部分が反皇帝的な立場から書かれていることは明らかである。ハインリヒ四世の反道徳的な性格と生活（性的放縦、無法ぶり）は当時の社会時評的著作の多くに好んでとり上げられたテーマの一つであった。ナザレンコはそのいくつかを列挙しながら（イタリアの『ベルノルド年代記』Bernoldi Chronicon、枢機卿デウスデーディトゥスの反シモニア論文、ドイツのシトー会士ライヒェルスベルクのゲルホーの反キリスト研究論文などである）、『聖ディシボド年代記』はそれらの典型の一つであったとしている[172]。したがってこうした記述がどの程度真実を伝えているか明確にすることはほとんどできない。さらにかりに皇帝ハインリヒが道徳的に問題をもっていたとしても、それをすぐれて政治的な問題の判断基準に据えることもできない。たとえば、われわれがすでに検討した「ルーシの洗礼者」ウラジーミル聖公についても、その道徳性についてはかまびすしく議論されていた。しかし言うまでもないことであるが、そこからのみすべてを判断することはできない。

われわれとしては、聖職叙任権闘争の問題と深くかかわるこの点について、これ以上に詮索を続けることは避けたいと思う。ただリュスが到達した結論には十分な説得力があるように思う。リュスはその論文の中で多くの反皇帝的な記述例を紹介し、逆の例は史料的にはほとんど見られないこと、皇帝を被害者に見立てるのは多くの場合、後の研究者であることを指摘した後、次のように記す。

「われわれはエウプラクシヤの告発と告白の真実性について最終的な確信を得ることはできない。このことは自明のことである。しかしながら、それをまったくの中傷［皇帝に対する名誉棄損］とみなす者たちは、寝室の秘め事の公然たる暴露に対する道徳的憤慨を別にすれば、告発に対するなんら実質的な反証を提示していない。告発が反皇帝派にとって「もっけの幸い」で、かれらがそれをかれらの目的のためにうまく利用することができたという事実だけで、それをたんなる中傷と決めつけるには十分ではないのである[173]」。

皇帝から離反後のエウプラクシヤの運命について簡単に記しておこう。

修復不能となった皇帝との関係が正式に「離婚」という形態をとったかどうかは、議論の対象となっている。ユスティニアヌス法によれば、夫が妻を「不貞」に追いやった場合、まさにエウプラクシヤの場合がそうといってよいが、妻には離婚が認められた。一方教皇庁は離婚には原則的に反対の立場に立っていた。しかし皇帝が破門を受けた段階で、結婚は法的にも解消されたとみることもできる。いずれにせよそれが事実上破綻を迎えたことは否定できなかった[174]。

エウプラクシヤはしばらくイタリアに留まった後（継子コンラートの宮廷に滞在したと推測される）、ハンガリー王の宮廷を経て（その事情については省略しよう）、早ければ一〇九七年、遅くとも一一〇一年（継子コンラートの没年）までにはキエフに戻ったと考えられる。ハインリヒ四世は一一〇六年八月七日リュッティヒで没した。その年の十二月六日エウプラクシヤは剃髪し、修道院に身を寄せた。かの女は夫の死を待って出家したかのごとくである。このことから類推すると、結婚は正式には解消されていなかったとも考えられる。離婚が原則的にありえないとすれば、そう考えるしかなかろう。

帰国後エウプラクシヤがどう遇されたかは不明である。年代記には剃髪と死去の記述を除いて何も記されていない。もっともそのこと自体は既述のごとくとくに異例ではない。ただ帰国後のことについてある程度の推測は可能である。当時の教会当局の対応からして、西方で結婚し離婚したルーシ公女が冷たい視線にさらされたことは想像に難くない。

かの女についての忌まわしい風説がルーシにも伝わっていたかどうかは別にして、次第に強くなる反カトリック的雰囲気の中で、エウプラクシヤに温かい目が向けられたとは考えにくい。その一つの証拠がかの女の埋葬場所である。かの女は、母アンナまた姉（おそらくは母の異なる）ヤンカ（この女性のことは『原初年代記』一〇八六、一〇八九年の項に言及がある）がアンドレーエフスキー修道院に最後の安息の場所を見出したのに対し、別の修道院（キエフ・ペチェールスキー）に葬られた。エウプラクシヤの経歴に関係する何らかの事情のゆえと推察されるところである。またエウプラクシヤがその後のルーシで芳しくない評判に見舞われた形跡もある。ブィリーナ（民衆叙事詩）の中には、アプラクシヤないしオプラクサ（つまりエウプラクシヤ）という名の公女が現れる。なるほどウラジーミル聖公の妃とされているが、ブィリーナでは、ウラジーミルはキエフに君臨するすべての公の代表ともいえるので、この点は問題にしなくてよいだろう。アプラクシヤは通常たんにウラジーミル公の妃として登場するだけであるが、ときに夫に不実な妃であったり、場合によっては「さかりのついた雌犬」などと形容されることがある。また若干のブィリーナではアプラクシヤはリトアニアの王女で、美貌の誘惑者としても描かれている。民衆の間にあっては「エウプラクシヤ」は普通のルーシ女性とは異なる性格の、特異な運命に見舞われた存在として記憶に留められたのかもしれない。(175)

補遺　キエフ・ルーシ諸公家の外国諸家門との姻戚関係（表と説明）

以下はウラジーミル・スヴャトスラヴィチ（聖公）の子孫の諸外国の王家・貴族家門との婚姻関係を示したものである（十三世紀中葉まで）。表は外国の諸家門（西方諸王家が中心であるが、トルコ系ポロヴェツの公女も含む）との婚姻関係を確認（あるいは推定）できる人物のみを記しており、いわゆる系図ではない。

表の氏名番号は、外国の王家等との婚姻が確認される公、公女を世代順に上から下へ、左から右へ（生年の早い方から順に）付されている。（　）は外国との婚姻関係はないが、系図上の必要性から記載した諸公である。

説明文中の†は没年、∽は婚姻関係を示す。

表は基本的にはPashuto,*Vneshniaia politika*.s.419-427(T.1-8)に基づく（その際バウムガルテン（Baumgarten, “Généalogies et mariages occidentaux”）および木崎（Kisaki,*The Genealogical Tables*）も参照した）。*Drevniaia Rus' v svete*...IV, s.375-393のナザレンコによる系図（I-IXb）も重要で適宜参考にした。ナザレンコの系図はルーシ公家（リューリク家門）と西方の諸家門（フランク諸王・カロリング諸皇帝をはじめとするフランス、ドイツ、イギリス、デンマーク、スウェーデン、ノルウェー、ポーランド、ハンガリー、チェコ、ビザンツの諸王・皇帝）との関係を概念的に示そうとしたもので、必ずしも諸公、公女などを悉皆的に拾っているわけではない。またナザレンコにおいてはポロヴェツなどの非西方外国諸家門は考慮されていない。

説明は主にPashutoによるが、場合によっては*Nazarenko,Drevniaia Rus'*などに基づき修正されている（参照頁等は省略した）。またビザンツ諸家門との婚姻関係についてはKazhdan,“Rus'-Byzantine Princely Marriages”も参照した。

表の説明

1　ウラジーミル（I）（スヴャトスラフの子、聖公）の婚姻関係

∽988以前、多くの妻がいたが（本書第七章参照）、なかでも特記されるべきは、aブルガリア（氏名不詳）、bチェコ（二人?）、cギリシアの女性、さらにdログネジ（スカンディナヴィア系ポロツク公ログヴォロドの娘）である。

∽988、アンナ（ビザンツ皇帝ロマノス二世の娘、†1011）

∽1011以後、氏名・出自不詳

アンナの没年は『原初年代記』による。ただA・カジュダンによれば、年代記のこの記述は、ビザンツの著述家スキリツェスの記述（アンナは「ローシア」で夫の死後に亡くなったとする）と矛盾している。本書ではいちおう年代記の記述に従う。なおバウムガルテンまたパシュートも年代記通りにアンナの没年を一〇一一年とし、その上でウラジーミルがその後（一〇一一／一二年）、エーニンゲンのクノー伯（Kuno von Öhningen）の娘を妃に迎えた（キリスト教徒としての第二の結婚）と考えている。しかしナザレンコによれば、その後の研究でクノー伯ことシュヴァーベン公コンラートの娘の氏名不詳の「ルーシ王」との結婚は九七〇年代である可能性が高まり、そうであるとするならば、この娘の結婚相手はウラジーミルではなく、その兄ヤロポルクであったと考えられるという（本書第六章二九五頁参照）。ただしナザレンコはウラジーミルがアンナ没後に再婚したことは認め、

表は Pashuto,Vneshniaia politika.s.419-427（T.1～8）から修正，加筆のうえ作成した。
氏名に付された番号は，外国人との婚姻が確認される公・公女に，上から下，左から右へ順に記した便宜的数字。
(　　　）は外国人との婚姻は確認できないが，系譜上必要と考えられる諸公名。
[　　　］はパシュートにはあるが，削除が適当と考えられる諸公名。

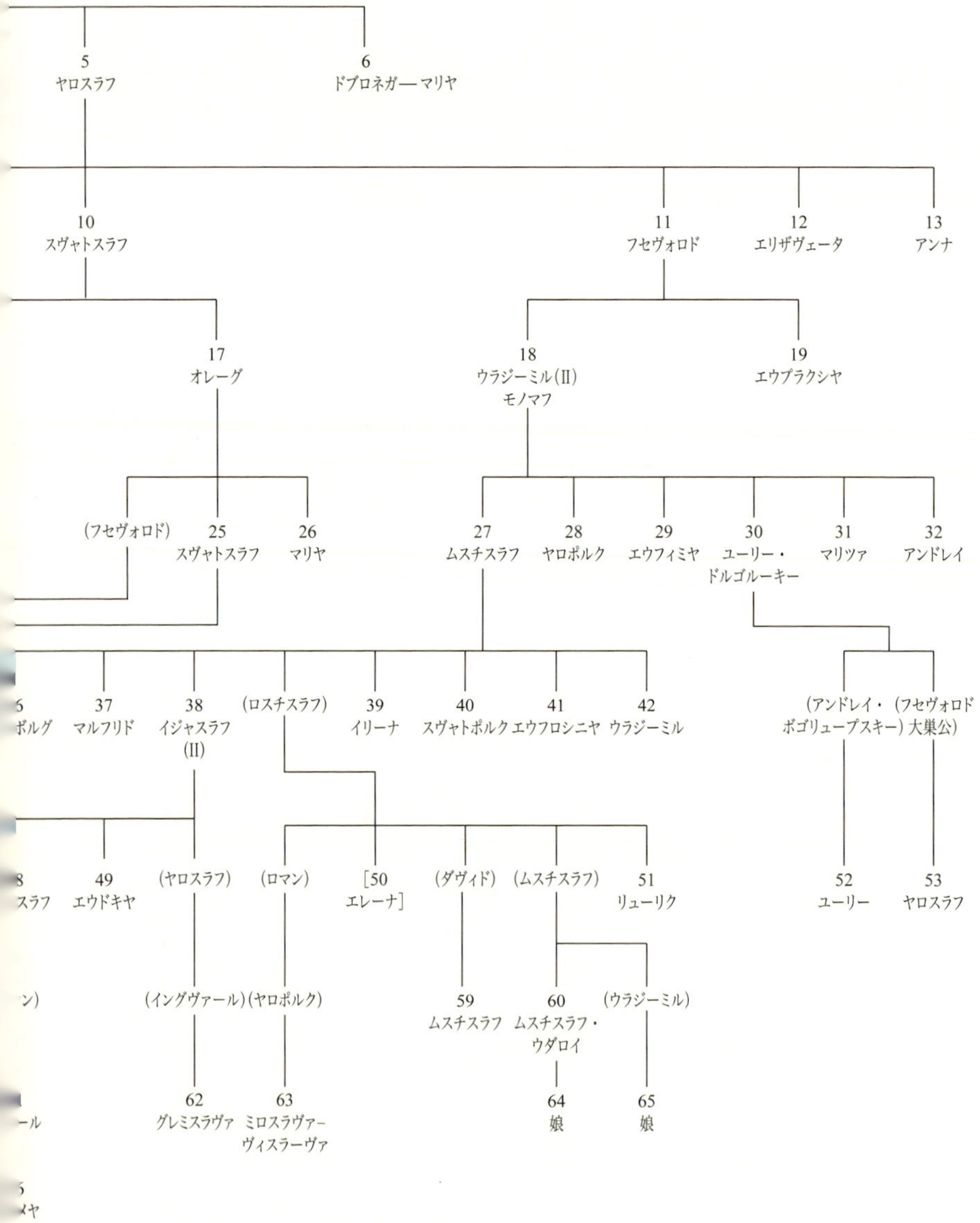

表〈外国王家・貴族諸家門と姻戚関係にあるウラジーミル聖公とその子孫――13 世紀中葉ま

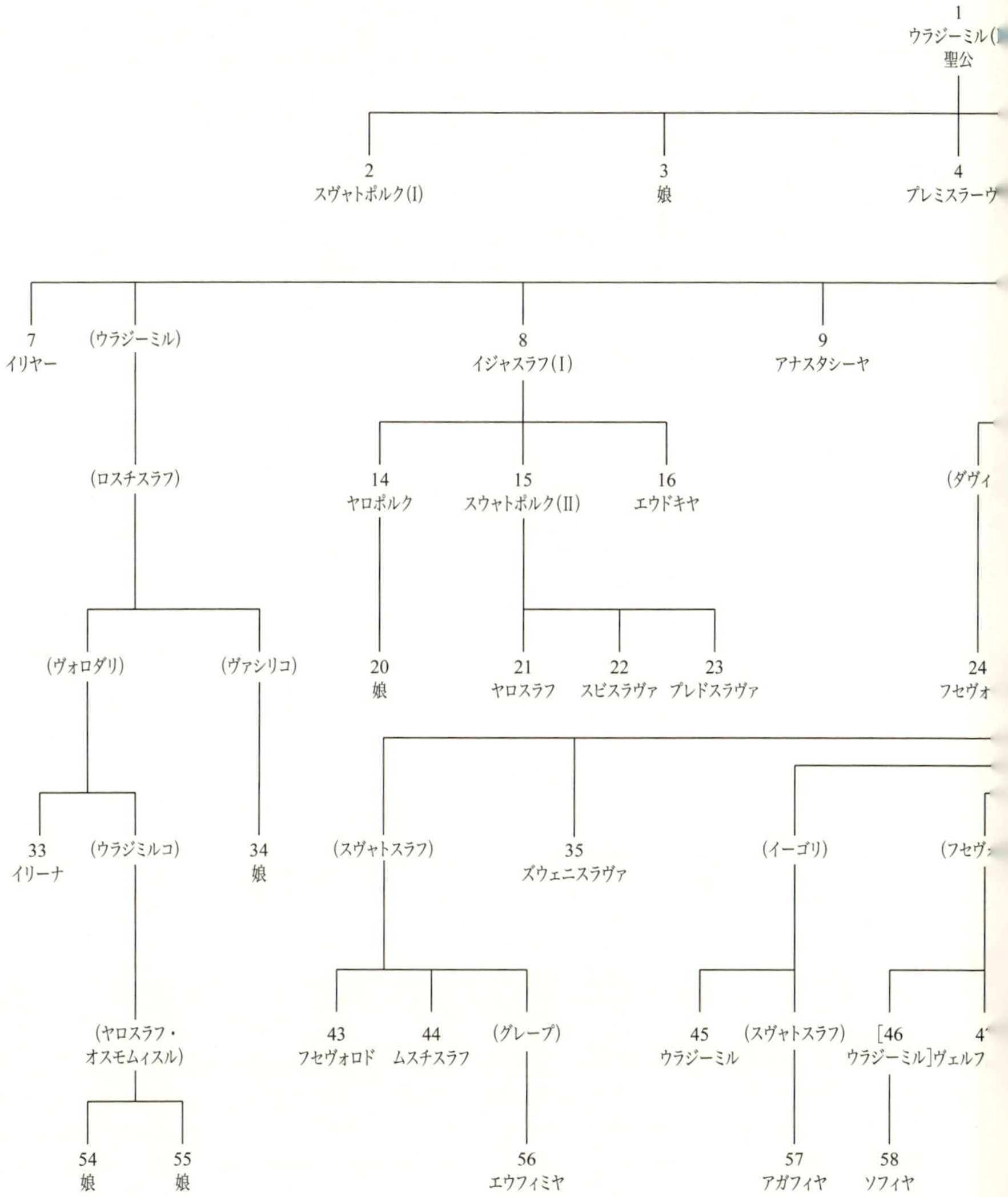

ただ相手の氏名を不詳とする。ドブロネガともう一人の氏名不詳の娘は受洗後のこの二度目の結婚から生まれた子とされている。
Nazarenko, *Drevniaia Rus'.s. 361-362;Drevniaia Rus' v svete...IV,s.390-391*（系図 IXa）

2　スヴャトポルク（Ⅰ）（ウラジーミル（Ⅰ）の子、キエフ大公、†1019）
∞ 1013、ポーランド王ボレスワフ一世の娘（氏名不詳）

3　娘（ウラジーミル（Ⅰ）の、氏名不詳。ナザレンコ上記系図 IXa ではウラジーミルの受洗後の再婚から生まれた娘）
∞（時期?）ベルンハルト（ザクセン、ノルトマルク辺境伯、†1044）

4　プレミスラーヴァ（ウラジーミル（Ⅰ）の娘）
∞（時期?）ハンガリー侯ラースロー・サール
（バウムガルテン、木崎では、∞ラースロー一世（ハンガリー王）。ナザレンコの系図にはそもそもプレミスラーヴァは挙げられていない。）

5　ヤロスラフ（ウラジーミル（Ⅰ）の子、賢公、キエフ大公、†1054）
∞（時期?）アンナ（?、出自不明）
∞ 1019、インギゲルド―イリーナ（スウェーデン王ウーロヴ・シェートコヌングの娘、†1050）

6　ドブロネガ―マリヤ（同、†1087）（ナザレンコ系図 IXa ではウラジーミル（Ⅰ）の妻アンナの没後の、再婚からの娘）
∞ 1040 頃、ポーランド王カジミェシ一世（†1058）

7　イリヤー（ヤロスラフ賢公の最初の結婚からの子、†1019）、（パシュートにはなし。ナザレンコにより付加）
∞ 1018/19、エストリズ（デンマーク王スヴェン双叉髭王の娘）

8　イジャスラフ（Ⅰ）（ヤロスラフ賢公のインギゲルドとの結婚からの子、キエフ大公、†1078）
∞ 1038/39 ないし 1040 頃、ゲルトルード（ポーランド王ミェシコ二世の娘、カジミェシ一世の妹、†1085-1086/87）
ゲルトルードはバウムガルテンや木崎では一一〇七（実は一一〇八）年まで生きたと考えられているが、ナザレンコによれば、かの女の死は一〇八五年以後、子ヤロポルクの非業の死の直前（一〇八六／八七）であった。さらにナザレンコは、イジャスラフのゲルトルードとの結婚からの子はヤロポルクのみで、スヴャトポルク（Ⅱ）らは「結婚外」からの子であったとする。『原初年代記』の一一〇七／〇八年に亡くなったとされる「スヴャトポルクの母」はこの氏名不詳の母である。またヤロポルクとスヴャトポルク（II）の関係は、通常前者が兄、後者が弟と考えられており、本書九四五頁のリューリク家の系図Bにおいてもそのように示しているが、ナザレンコによれば、スヴャトポルクの方が年長者であったという。この場合、既述のとおり、『ノヴゴロド第一（新輯）』ではスヴャトポルクの生年は一〇五〇年となっているので、ヤロポルクの生年（正確には知られていない）はそれ以後ということになる。

9　アナスタシーヤ（ヤロスラフ賢公の娘、†1074以後）

∽ 1046、ハンガリー王アンドラーシュ一世（†1060）

10　スヴャトスラフ（ヤロスラフ賢公の子、キエフ大公、†1076）

∽キキリヤ（チェチーリヤ）（「キリキヤ」某）（出自不詳）

∽ 1070/71、オーダ、「エルスドルフのイーダ Ida von Elstorpe」（ドイツ皇帝ハインリヒ四世の従姉妹）とハンガリー辺境伯リュトポルト（リッポルド）との娘

11　フセヴォロド（ヤロスラフ賢公の子、キエフ大公、†1093）

∽ 1046-1051、マリヤ（?）（ビザンツ皇帝コンスタンティノス九世・モノマコスの娘?、†1067-1069）（本章注（117）を参照。）

∽ 1067-69以後、アンナ（?）

（フセヴォロドは前妻亡きあと再婚したことが知られている（『原初年代記』一〇九七年の項に「寡婦」が登場する）。その名が「アンナ」であることは後代の年代記（『ニコン年代記』同年の項）が伝えている。タチーシチェフ（Tatishchev, *Istoriia Rossiiskaia.* I-374）によればこの「アンナ」はポロヴェツ人）

12　エリザヴェータ（ヤロスラフ賢公の娘）

∽ 1042-1044、ハーラル・シグルソン（のちノルウェー王、苛烈王、†1066）

∽（時期?）スウェーデン王ハーコン（†1080頃）

（バウムガルテンや木崎はエリザヴェータが、ハーラル苛烈王の死後デンマーク王スヴェン・エストリズセン（†1074）に嫁したとするが、これには明確な根拠はない。ブレーメンのアダムはエリザヴェータが上記ハーコンと再婚したことを伝えている。）

13　アンナ（ヤロスラフ賢公の娘、†1075/1089）

∽ 1051、フランス王アンリ一世（†1060）

∽ 1060 以後、ラウル（クレピー／ヴァロワ伯、†1074）

14 ヤロポルク（イジャスラフ（Ⅰ）の子、ヴォルインスキー公、†1086/87）

∽ 1071/72、クニグンデ―イリーナ（オルラミュンデの、マイセン辺境伯オットーの娘）

15 スヴャトポルク（Ⅱ）（イジャスラフ（Ⅰ）の子、キエフ大公、†1113）

∽ 1094、ポロヴェツのトゥゴルカンの娘

∽ 1103 頃、ヴァルヴァーラ（ビザンツ・コムネノス朝皇女）

（ナザレンコは同公の婚姻関係に言及せず。西方（ビザンツを含む）との関係に注目するナザレンコが後者にふれない理由は不明。信憑性を疑っている可能性がある。カジュダンも否定的で、それによると、バウムガルテン―パシュートが典拠とする史料は、たんに「ある氏名不詳のギリシア貴族が娘をルテニアの王に嫁がせた」とするに過ぎないという。この史料自体の信憑性の問題もあるが、相手がスヴャトポルクと特定できるかどうかも疑わしいという。）

16 エウドキヤ（イジャスラフ（Ⅰ）の娘）

∽ 1088 頃、ポーランド公ミェシコ（ボレスワフ二世豪胆公の子、†1089）（?）

（ナザレンコにはなし。ボレスワフ二世の子ミェシコのイジャスラフ（Ⅰ）の娘「エウドキヤ」との結婚については、Gallus Anonymus,I-29 にあいまいな形で言及されている。ナザレンコは、ミェシコの結婚相手はイジャスラフ（Ⅰ）の娘ではなく、子スヴャトポルク（Ⅱ）の娘（つまりイジャスラフ（Ⅰ）の孫、名は不明）と考えている。ナザレンコ説に従えば、パシュートに依拠する上の表は大きく修正されなければならないが、ここでは（?）を付すだけで、そのままにしておく。）

17 オレーグ（スヴャトスラフの子、†1115）

∽ 1083 以前、テオファノ（ビザンツ貴族家門、ムザロン家）

∽（時期?）ポロヴェツ・カン（オスルク）の娘

（オレーグのムザロン家のテオファノとの結婚については、カジュダンなど有力な研究者の中に否定的な見解を表明する者がいる。これについては本書第十一章注（30）を参照。）

（なおバウムガルテンや木崎では、オレーグの妹（スヴャトスラフ・ヤロスラヴィチの子）として、ヴィシェスラーヴァがあげられ、かの女がポーランド王ボレスワフ二世に嫁したとされる。これはヤン・ドゥゴーシュの記述に基づきタチーシチェフが採用して

以来通説となってきたが、ナザレンコはこの結婚を否定する。パシュートはその外交史に関する著書でこれに言及するが、かれの婚姻表には載せていない。Nazarenko,*Drevniaia Rus'*,s.580-582; Pashuto, *Vneshniaia pokitika*.s.42 i s.424,T.5)

18　ウラジーミル（II）モノマフ（フセヴォロドの子、キエフ大公、†1125）
∞ 1072/73 頃、ギーダ（イングランド王ハロルド二世の娘、†1099）（ムスチスラフがこの結婚からの子）
∞（時期、氏名出自等不詳、†1107）（ナザレンコによれば、『原初年代記』1107 年の項に「ウラジーミル［モノマフ］の妻が亡くなった」と記されるのはかれの第二の妻のこと。ユーリー・ドルゴルーキーはこの結婚からの子）
∞（時期?）アンナ（ポロヴェツ女性?、†1126）

19　エウプラクシヤ（フセヴォロドの娘、†1109、ドイツではアーデルハイド Adelheid ないしプラクセーディス Praxedis）
∞ 1085 頃、ハインリヒ（シュターデ伯／ノルトマルク辺境伯、†1087）
∞ 1089、ドイツ皇帝ハインリヒ四世（†1106）

20　娘（ヤロポルクの、氏名不詳）
∞ 1087 以後、シュヴァルツブルグのコンテ伯

21　ヤロスラフ（スヴャトポルク（II）の子、†1123）
∞ 1088 頃、ラースロー一世（ハンガリー王）の娘
∞ 1106 以前、ヴワディスワフ・ヘルマン（ポーランド王、†1102）の娘

22　スビスラヴァ（スヴャトポルク（II）の娘、†1114）
∞ 1102/1103、ボレスワフ三世（ポーランド王、†1138）

23　プレドスラヴァ（スヴャトポルク（II）の娘、†1106/08 以後）
∞ 1104、ハンガリーの侯アルモシュ（カールマーン王の弟）

24　フセヴォロド（ダヴィドの子、†1124 以後）
∞ 1124、ポーランド王ボレスワフ三世の娘

25　スヴャトスラフ（オレーグの子、†1164）
∞ 1107、ポロヴェツ・カンのアエパ（ギルゲニの子）の娘

26 マリヤ（オレーグの娘）
s（時期?・）、ポーランド（シロンスク）貴族ペテル・ヴラストヴィチ
27 ムスチスラフ（別名ハロルド。ウラジーミル（II）の子、大公、†1132）
s 十一世紀末、クリスチーナ（スウェーデン王インゲ一世の娘）
28 ヤロポルク（ウラジーミル（II）の子、大公、†1139）
s（時期?・）、ノヴゴロド・ポサードニク（市長）ドミトリー・ザヴィドヴィチの娘
29 エウフィミヤ（ウラジーミル（II）の娘、†1139）
s 1112（?・）カールマーン（ハンガリー王、†1116）
30 ユーリー・ドルゴルーキー（ウラジーミル（II）の子、スーズダリ公／キエフ大公、†1157）
s 1107、ポロヴェツ・カン、アエパ（オセニの子）の娘
31 マリツァ（ウラジーミル（II）の娘）
s（時期?・）ビザンツの僭称皇帝（偽）レオン・ディオゲネス（†1116）
32 アンドレイ（ウラジーミル（II）の子）
s 1117、ポロヴェツ・カンの娘（トゥゴルカンの孫）
33 イリーナ（ヴォロダリの娘）
s 1104（?・）、ビザンツ皇帝アレクシオス一世コムネノスの子イサク
34 娘（ヴァシリコの、氏名不詳）
s 1132、ヴラチスラフ（ブルン辺境伯、†1156）
35 ズヴェニスラヴァ（フセヴォロドの娘）
s 1141、ボレスワフ長身公（シロンスク、ヴワディスワフ二世追放公の子）
36 インゲボルグ（ムスチスラフの娘、ルーシ名不詳、†1131 以後）
s（時期?・）、クヌーズ（エリク・ラヴァルド、デンマーク王子、オボドリト王）

37 マルフリド（ムスチスラフの娘、ルーシ名不詳）
s（時期?）、ノルウェー王シグル一世
s（時期?）、デンマーク王エリク・エムネ
38 イジャスラフ（II）（ムスチスラフの子、大公、†1154）
バウムガルテン、木崎では二度外国人女性（ドイツの公女、およびグルジア王デメトリウス一世の娘、いずれも名は不詳）と結婚したことになっているが、パシュート、ナザレンコには記述なし。
39 イリーナ（ムスチスラフの娘）
s（時期?）、ビザンツ皇帝ヨハネス二世コムネノスの子アレクシオス（パシュートでは、一一二二年、同皇帝アンドロニコス・コムネノスと結婚とあるが、アンドロニコス一世の在位時期（1183-85）から判断して、これは正しくなかろう。）
40 スヴャトポルク（ムスチスラフの子、†1154）
s 1143、エウフィミヤ（チェコ・オロモウツ公オットー二世の娘）
41 エウフロシニヤ（ムスチスラフの娘、†1193）
s 1145/46、ゲーザ二世（ハンガリー王）
42 ウラジーミル（ムスチスラフの子、†1174）
s 1150、クロアチアのバン（公）ベルシの娘
43 フセヴォロド（スヴャトスラフの子、†1212 ?）
s（時期?）、ポーランド王カジミェシ二世の娘
44 ムスチスラフ（スヴャトスラフの子）
s 1182、オセット公女
45 ウラジーミル（イーゴリの子）
s（時期?）、コンチャーカ（ポロヴェツ・カン）の娘
46 ウラジーミル（フセヴォロドの子）
s 1136頃、ポーランド公ボレスワフ三世の娘リクサ（バウムガルテン、パシュートによる。ナザレンコによれば、これには根

拠がなく、その後の多くの混乱の原因となった。削除が妥当か）

47 ヴェルフスラヴァ（フセヴォロドの娘、†1160頃）
s 1137、ポーランド公ボレスワフ四世（巻毛公）

48 ムスチスラフ（イジャスラフ（II）の子、大公、†1172）
s 1151頃、アグネシカ（ポーランド公ボレスワフ三世の娘、†1188以後）

49 エウドキヤ（エウドクシヤ?、イジャスラフ（II）の娘、†1187以後）
s 1154以前、ポーランド大公ミェシコ三世

50 エレーナ（ロスチスラフの娘）
s 1163、カジミェシ二世（公正公、ポーランド大公）（パシュート説。ナザレンコによれば、カジミェシ二世の妃「エレーナ」はルーシ公女ではなく、ズノイモ公コンラート二世の娘。削除が妥当か。）

51 リューリク（ロスチスラフの子、†1210/12）
s 1163、ポロヴェツ・カン、ベルグクの娘

52 ユーリー（アンドレイ・ボゴリュープスキーの子、†1185頃）
s 1177頃、グルジア王女タマーラ（ゲオルグ三世の娘）

53 ヤロスラフ（フセヴォロド大巣公の子、ウラジーミル大公、†1246）
s 1205、ポロヴェツ公女（コンチャーカの孫）

54 娘（ヤロスラフ・オスモムィスルの、氏名不詳）
s 1167、ハンガリー王イシュトヴァーン三世と婚約（実現せず?　ナザレンコの表にはなし。）

55 娘（ヤロスラフ・オスモムィスルの、†1194以後）
s 1187以前、ポズナニ公オドー（ナザレンコにはなし。）

56 エウフィミヤ（グレープの娘）
s 1194、アレクシオス（?-）（ビザンツ皇帝イサク二世アンゲロスの子）

57 アガフィヤ（スヴャトスラフの娘、†1247以後）

∽ 1209、マゾフシェ公コンラート
58 ソフィヤ（ウラジーミルの娘、†1182 以後）
∽ 1154 頃、デンマーク王ヴァルデマール一世（†1182）
∽ 1186 頃、テューリンゲン方伯ルードヴィヒ三世
（ナザレンコは、上記二人と結婚した「ソフィヤ」をミンスク公ヴォロダリ・グレボーヴィチ（†1166 以後）の娘と理解している。後者はヤロスラフ賢公の兄、ポロツク公イジャスラフ（†1001）に遡る系統である。）
59 ムスチスラフ（ダヴィドの子）
∽ 1185 以前、ポロヴェツ公女（トグルィ・カンの娘）
60 ムスチスラフ・ウダロイ（ムスチスラフの子）
∽（時期？）、ポロヴェツ公女（コチャン・カンの娘）
61 ダニール（ロマンの子、大公、†1264）
∽（時期？）、リトアニア公ドウスプルンクの娘
62 グレミスラヴァ（イングヴァールの娘）
∽ 1220（？）、レシェク白公（クラクフ、†1227）
63 ミロスラヴァ―ヴィスラーヴァ？（ヤロポルクの娘）
∽（時期？）、ボグスワフ二世（ポモージェ、シチェチン、†1220）
64 娘（ムスチスラフ・ウダロイの、氏名不詳）
∽ 1221、アンドラーシュ（ハンガリー王アンドラーシュ二世の子、†1234）
（ナザレンコでは娘の名は「マリヤ」で、†1227 以後とされている）
65 娘（ウラジーミルの、氏名不詳）
∽（時期？）、ディトリヒ（リガ司教アルベルト・フォン・ブクスヘウデンの兄弟）
66 サロメヤ（？）（ダニールの娘）
∽ 1228、ポモージェ公スヴァトポルク二世

第十章注

（1）「ルーシ」の場合には、これをスラヴ人とみる研究者、つまり反ノルマニストは少なくなかったが、「ヴァリャーギ」をスラヴ人とする研究者はほとんどいないといってよい。ただA・G・クジミーンやV・B・ヴィリンバーホフなどのように、沿バルト・スラヴ人ないしバルト海南岸地方の基幹住民と結び付けようとする立場はある（クジミーンは後にはこれをバルト海岸域のケルト人とすら結びつける）。しかしかりに「ヴァリャーギ」として部分的にバルト・スラヴのことを含む場合があったとしても（それは大いにありうることである）、それこそが中核を占めたとするかのごとき主張を支持する者はほとんどいない（Kuz'min, «Variagi» i «Rus'»;id., Ob etnicheskoi prirode. これに対する批判は、たとえば Schramm, "Die Waräger", S.38-45. またこれに関しては本書第二章六二頁、同注（30）をも参照）。

（2）ステンダー－ペーターセンの見解はさしあたり Stender-Petersen, *Varangica*(VI. Jaroslav u. die Väringer).S.130;(XIII. La Théorie de L'origine Varègue).p.232 を、リハチョフとクロスについては、*PVL*.s.469;Cross, *The Russian Primary Chronicle*.p.251, n.114 を参照。なお『原初年代記』の邦訳者による九七〇年の項の注1、2、九八〇年の注2、一〇〇〇年の注1をも参照。

（3）Stender-Petersen, *Varangica*(VI.Jaroslav u. die Väringer).S.130-131;Cross, *The Russian Primary Chronicle*.p.242.n.75

（4）問題はすでに記したように、ソヴィエト期の頭骨調査で、ヤロスラフがスラヴ系と結論づけられていることである（第五章注（3）参照）。これをどう見るかであるが、ここでは以下のように考えたい。このソヴィエト時代の人類学・考古学的調査結果は「科学的」と報告されている限り尊重されなければならないだろう。キエフ諸公の血統について年代記の記述を無条件に信用するわけにはいかないからである。むしろ年代記が偽ったり、故意に記述しなかったりすることも多かったと思われる。ここで重要なのは、十一世紀のある時点から編纂され始めた（シャーフマトフによれば『最古集成』は一〇三七－一〇三九年の成立である）年代記（ないしその編者）が、ここに記したような認識を有していたということである。そこにはヤロスラフらのスカンディナヴィアとのさまざまな意味での関係性が強く示唆されているのである。なお年代記のこうした認識が後に「ノルマン説」の成立に大きな意味をもつことになるが、反ノルマン派は当然これに反対であった。かれらは通常「ルーシ」問題に注意を集中させ、とくに「ヴァリャーギ」について論じることは少なかったが、論じる場合にはそのルーシ史における役割をできるだけ小さく評価するように腐心している。こうしたことはすぐれた研究者であるE・A・ルィゼフスカヤの論文（Rydzevskaia, O roli variagov）にも影を落としている。この論文には二十世紀三〇年代末の歴史研究者にとっての厳しい時代状況が反映されているといってもよい。

（5）Stender-Petersen, *Varangica*(Vl. Jaroslav u. die Väringer).S.131

（6）邦訳では「皆殺し」にされたとあるが（一六〇頁）、これは訳しすぎであろう。この箇所で興味深いのは、『原初年代記』と『ノヴゴロド第一年代記（新輯）』とではこの部分はやや異なるニュアンスで記されていることである。後者では、ノヴゴロド民が「夜に集まり……ヴァリャーギを斬り殺した」が、これに怒ったヤロスラフは「スラヴノ［区］の千人の軍勢を集め」、ヴァリャーギを殺害した者らを「斬り殺した」とされている（*PSRL*.III:174）。ヤロスラフが復讐のために用いたのは「ヴァリャーギ」ではなく、「スラヴノ区」の者たちとされているのである。ここに住むのはスラヴ人が多かったと考えられる。もちろん後者にヴァリャーギも含まれていたことは考えられる。しかしヤロスラフは乱暴するヴァリャーギを襲ったノヴゴロド人を、別のノヴゴロド人を用いて懲罰したかのごとき印象を与えている。少なくとももっぱらヴァリャーギを用いて復讐したとは記されていない。要するに『ノヴゴロド第一』では、ヴァリャーギとノヴゴロド民を対立的にとらえる姿勢が『原初年代記』に比して弱いといえる。後述するように、ヴァリャーギはルーシにおいて異質な、社会外的側面の強い存在と考えられるが、キエフとノヴゴロドではかれらに対する感覚がやや異なっていたことがうかがえるのである（『ノヴゴロド第一年代記』の訳は『古代ロシア研究』XII、三三頁を参照。これは「古輯」の訳であるが、この部分は「新輯」から補って訳されている）。

ところでこのときヴァリャーギが殺害されたのは「ポロモンの邸」においてであったとされる。『原初年代記』邦訳者注はクロスに依拠して、これをノース語［古スカンディナヴィア語］のファルマンナ・ガルプル、すなわち「海外の商人の館」のことと注記し、「スウェーデン商人が早くもこの時代に町［ノヴゴロド］の中に自治組織をもっていたことを示す」ものと理解している。一六〇、四五六頁（もっとも『ノヴゴロド第一』のほうの訳者注では「ポロモン」はノヴゴロド市の役人（ポドヴォイスキー）とされているが、これは疑問である。六七七六（一二六八／七）年の項に出てくる例をそのまま二世紀半以上前の記事に適用するのは問題であろう）。他方「ポロモン」を「警戒」ないし「防御」を意味する中世ギリシア語 paramoni に由来するものと理解し、ビザンツ皇帝のスカンディナヴィア衛兵との結びつきを指摘する研究者もいるが、こちらはやや説得力に乏しく、本書の著者には先の理解（クロス）の方が正しいように思われる。Stender-Petersen, *Varangica*(Vl. Jaroslav u. die Väringer).S.118-119;(XIV. Chetyre etapa russkogo-variazhskikh otnoshenii).s.257 も結論的にはそう考えている。

（7）この時ノヴゴロド民が集めた資金、「成人男子から四クナずつ、長老から十グリヴナずつ、貴族から十八グリヴナずつ」は

「ヴァリャーギ」を雇い入れる資金についての最初期の情報であるとともに、当時のノヴゴロド民がいかに裕福であったかをも示している。なお上の資金が実際にどのような額であったかについてはクロスが具体的に推測している。Cross, *The Russian Primary Chronicle*.p.254, n.137, p.234, n.25

(8) 三浦「『聖者列伝』(I)」一三七頁

(9) 同定を試みる例としては、たとえば、O・プリツァークがいる。かれは、ヤクンがハーコン・ヤール・エリクソン(一〇二九年没)のことを指すと考えている(Pritsak, *The Origin of Rus'*, p.406-414)。またステンダー―ペーターセンはさらに詳細にこの人物について論じている。かれの推測では、ヤクンはルーン文字碑文にしばしば登場するウップランドおよびゼンデルマンランドの富者ヤール・ハーコンと同一人物で、友の勇者ガウトとともにイングランドで活躍したことがあるという(Stender-Petersen, *Varangica*(Vl. Jaroslav u. die Väringer), S.127-129, 137-138)。

(10)「盲目のヤクン」は上述のように『原初年代記』以外にもペチェールスキー『聖者列伝』第一話の冒頭に登場するが、この箇所での主役はむしろかれの兄弟(アフリカン)の子の一人シュモン(シモン)である。この人物については「かつてヴァリャーグ人であったが……キリスト教徒となり……三千人にもおよぶ一族郎党と共に……ラテンのでたらめな教えを捨てた」と記されている(*Das Paterikon*(von Abramovič- Tschiževskij) .S.5; 三浦「『聖者列伝』(I)」一三八頁。ただし「三千人」は三浦訳では「五千人」となっている)。ここで重要なのは、聖者伝の記述を留保条件なしに歴史的事実と取ることはできないにせよ、この記述から当時のルーシにおいて「ヴァリャーギ」がそう珍しい存在ではなかったと推測できることである。その意味で聖者伝の記述もある程度のイメージを与えてくれるといえよう。

(11) ムスチスラフのキエフ入城と退去についてはすでにみた(第九章五四二頁以下参照)。ここで当時の「都市民」が諸公にたいしてもちえた影響力について若干付言しておくと、この問題については、とくにFroianov, *Kievskaia Rus': Ocherki sotsial'no-politicheskoi istorii* が参考になる。フロヤーノフの研究は古ルーシにおける「公」と「人民(人々、民衆)」の関係をソヴィエトの伝統的な立場とは異なる、新たな観点から特徴づけることを目的としており、「民会」や軍隊における「人民」の役割、「都市」の社会・政治的意味などに関する年代記の記述を丹念に検討していて示唆に富む。もっとも著者の立場はルーシ社会の封建的性格を否定しようとするあまり、逆に「都市民」や「人民」の役割を過度に強調する傾向にあることには注意が必要である。この点についてはKuryuzawa, "The Debate on the Genesis of Russian Feudalism" 論文を参照。この問題については後にあらためて立ち戻る。

第十一章七四七頁以下、とくに同注（15）を参照。

（12）*PSRL.*VI-1:178

（13）*PVL.s.*483-484. この点に関するリハチョフ以外の研究者の見解をみておくと、J・シェパードは、スキリツェスの記述を検討しながら、一〇四三年遠征軍中に多数の「ヴァリャーギ」がいたことを認める一方、それがスカンディナヴィアで直接「徴募された」ことは否定し、すでにキエフにいた「ヴァリャーギ」であったことを主張している(Shepard, "Why did the Russians attack?", p.154-157)。リタヴリンも一〇四三年遠征に「ヴァリャーギ」兵が相当数加わっていたと考えている(Litavrin, *Vizantiia.s.*246-249)。

（14）オレーグによるキエフのアスコリドとジール征討記事との関連で、かつてA・A・シャーフマトフが提唱した「北のヴァリャーギと南のルーシ」説が想起される。シャーフマトフによると「ルーシ」は「ヴァリャーギ」の一種族（その最古の層）である。つまり両者ともにノルマン系であるが、ルーシはいち早く到来し、キエフに根拠を定めた。アスコリドらはこうした「ルーシ」であった。かれらはスカンディナヴィアからの最初の「移住者」であった。その後リューリクら「ヴァリャーギ」(第二の「移住者」)がノヴゴロドに到来して北ロシアに君臨し、リューリク死後に今度はその「一族の」オレーグが南下してキエフのアスコリドらを倒し、自らもルーシと呼ばれるようになった。以上は八世紀から九世紀にかけてのことであったという。シャーフマトフによれば、「ルーシ」と「ヴァリャーギ」はともにスカンディナヴィア系ではあるが、異なる時期に到来した別集団であったということになる。年代記研究から得られた一つの仮説である（Shakhmatov, *Istoriia Russkogo Letopisaniia.*I-1(*Razyskaniia*).s.224-227）。また国本『ロシア国家の起源』三二四―三二五、三六八頁、さらに本書第二章六〇―六一頁、また同注（30）をも参照。

（15）ここのテクストは解釈が難しいところで、邦訳二四頁では上とは異なる訳になっている。そこでは「ヴァリャーギとスロヴェネがおり、別の者はルーシと呼ばれた」と訳されている。リハチョフにおける二つのテクスト（一九五〇年および一九九九年）はそれぞれ読みを異にしている（リハチョフ一九九九年版では「その他［別］の者」の後に句読点が来る。一九五〇年版においては、*PSRL.*I:23 におけると同様、句読点はない）。ここは一九九九年版とその注に従い、上記本文のように訳したい（*PVL*(1999).*s.*14, 409）。要は『原初年代記』の早い段階（『原初集成』）の記事を反映している『ノヴゴロド第一』を参照するならば、上記の訳の方が妥当と考えられるということである。この場合、オレーグには北方系の「ヴァリャーギ」（公の従士団や傭兵であろう）とノヴゴロドの「スロヴェネその他」からなる兵がいたが、かれらは、オレーグによるキエフ征服以後ともに「ルーシ」と呼ばれるようになった、という意味になる。ここでも前注に記した、シャーフマトフの「北のヴァリャーギと南のルーシ」（ノルマン人の二次にわたる到来）説が想起される。

（16）かつてシャーフマトフは短期間に二度の遠征は考えにくいという理由で、九四四年の遠征記事の方は、翌年のルーシ・ビザンツ条約の締結を説明すべく、年代記作者によって「創作」されたものとみ、その事実性に疑問を呈したことがあったが（Shakhmatov, «Povest' vremennykh let», s.72）、この問題についてここでは立ちいらない。ただリハチョフがその解説でこれを批判していることだけを指摘しておく（*PVL*.s.430-431）。

（17）*PVL*.s.23;*PSRL*.I:45. ここも訳が難しい。句読点や接続詞 i をどう考えるべきか解釈が難しいのである。ここではたんに「そして」と訳してある。i の付されたエトノスが強調されていると考えることができるかもしれない。一方、邦訳（四九―五〇頁）は句読点をないものとして訳し、その結果「ルーシとポリャーネ、スロヴェネとクリヴィチ、チヴェルツィとペチェネギ」のように、諸エトノスをいくつかの対にまとめている。それぞれがある意味をもつ組み合わせと考えることもできるが、年代記のこの箇所の著者が意識してそう記したのかどうかは疑問である。

（18）その大部分、ないし基本的部分をスカンディナヴィア系とみるのがシャーフマトフである。邦訳者注もクロスに従ってそのようにみている（Shakhmatov, «Povest' vremennykh let» s.119; 邦訳注三七六―三七八頁）。これにたいしチホミーロフやリハチョフなどはスラヴ系の要素をより強く読み込もうとする。かれらによれば、使者の名にはスカンディナヴィア系も、スラヴ系も、エストニア（チュジ）系もみうけられるが、使者を派遣した諸公名においてはスラヴ系がまさっているという（*PVL*.s.431）。

（19）コンスタンティノス・ポルフィロゲネトスはドニェプル川の早瀬の記述において、「ロース（ルーシ）の言葉では……」と「スラヴの言葉では……」と区別して紹介している。前者はスカンディナヴィア系の言語である。『古代ロシア研究』XV（『帝国統治論（IV）』）五〇―五一頁。なお「早瀬」については、本書第五章注（58）、（78）を参照。

（20）Mel'nikova/ Petrukhin, Skandinavy na Rusi.s.60. なおリハチョフ *PVL*.s.550-551 や *PSRL*.T.I, s.542-543 の索引ではこのブルドを一〇一八年の項に出てくるヤロスラフの軍司令ブディと同一人物とみているが、これはどうであろうか。クロスはこれを別人と考えており、この方が自然で正しいように思われる（Cross, *The Russian Primary Chronicle*.p.300. 索引）。邦訳はテクスト本文において九八〇年、一〇一八年をともに「ブルド」と表記し、索引でもリハチョフらに従い、これを同一視している。

（21）ヴァリャシコは、*PSRL*.I:543 また *PVL*.s.551 の索引によれば、「ヤロポルクの軍司令官」とされている。しかしテクスト本文にはそうとは記されていない。上記のブルドもヤロポルクの軍司令官であったので、ありえないことではないが、少なくとも二人の軍司令官が同時にいたことになる。ヴァリャシコが軍司令官でなかった可能性についても考えてみてよいように思う。

(22) *PSRL*.II:369; 除村訳三二〇頁

(23) *PSRL*.III:22, 261;『古代ロシア研究』XII、九、一四頁

(24) *PSRL*.III:45, 240;『古代ロシア研究』XV、三〇頁。これは「新輯」にもみえる。*PSRL*.III:240

(25) *PRP*.Vyp.2, s.124-132

(26) 「[フリャージ、フランク人は]……城壁の上のグリキ[ギリシア人]とヴァリャーギに石と矢と投槍で攻撃し……こうして町を占領した」。*PSRL*.III:48;『古代ロシア研究』XVI、七七頁。同新輯にも同様の記述がある。*PSRL*.III:244

(27) Mel'nikova/ Petrukhin, Skandinavy na Rusi.s.61. メリニコヴァ／ペトルーヒンは「ヴァリャーギ」が初期には軍事的な性格をもち、その後になって交易的、商業組織的な意味あいが強まったことを主張した。これは本書がこれまで記してきたことと重なる。これにたいしA・ステンダー―ペーターセンは、東方ルーシ方面へ進出したスカンディナヴィア人が最初から平和的農業植民的性格を有していたことを強調する。かれは東方へ進出したスカンディナヴィア人、つまりはヴァリャーギを、西方へ進出した軍事的、攻撃的ヴァイキングと区別してこのように考えたのであるが、たとえヴァイキングに比しヴァリャーギの攻撃性・暴力性が目立たない（史料に顕著に現れない）としても（おそらくは、略奪するに足る対象物（都市や修道院など）が少なかったことがその背景にあろう）、こうした特徴づけをそのまま受け入れることは難しいように思う（Stender-Petersen, *Varangica*(XIV.Chetyre etapa). s.7-8, 246 f.)。

(28) 勝田『ルス法典研究』、四三二頁。ただし十一条の勝田訳は、奴隷が「ヴァリャーギ」らのもとから逃げたかのように訳されており、これは疑問である。*PRP*.Vyp.I, s.78, 90

(29) ここでの「ヴァリャーギ」が北方、スカンディナヴィア方面の出身者であったことに疑義が出されたことは、既述のとおりクジミーンなど一部の例外を除きほとんどない。これにたいし「コルビャーギ」kolbiagi の出自に関しては研究者の見解は一致していない。南方ステップ地帯からやってきたトルコ・タタール人とみる者が多いように思われるが、M.Fasmer（ファスメル、Vasmer）のようにはっきりとこれに反対し、北方系とする者もいる（Fasmer, *Etimologicheskii slovar'*. II, s.287)。さらにリトアニア人とみる見方もある。興味深いのはステンダー―ペーターセンの見解である。かれはヴァリャーギをバルト海―ドニェプル水系―黒海―ビザンツ交易に従事するスウェーデン＝ルーシ集団と見る一方で、コルビャーギの語源をスウェーデン語の klubba（木槌、こん棒。

英語のクラブ、サークルもこれに遡及される）に求め、これをバルト海―ヴォルガ―カスピ海交易に従事した同様の集団とみている。Stender-Petersen, *Varangica* (XIV.Chetyre etapa), s.248-250. きわめて示唆に富む見解ではあるが、これを明確に裏づける史料はないので、他の諸説についても同様であるが、決定的ということはできない。『法典』におけるヴァリャーギとコルビャーギについてはさらに勝田『ルス法典研究』、四三七―四三八頁（注8）参照。

（30）Fasmer, *Etimologicheskii slovar'*.1.s.276

（31）*PVL*.586-587（リハチョフのコメンタリーへの補足部分）

（32）Mel'nikova/ Petrukhin, Skandinavy na Rusi.

（33）Mel'nikova/ Petrukhin, Skandinavy na Rusi.s.63. なおルーン文字とは初期ゲルマン人が紀元一世紀頃から用いた文字で、北欧では十四―十五世紀に至るまで使用された。ルーン碑文におけるルーシ関連記述は*Drevniaia Rus' v svete*…V, s.23-52 にもロシア語訳でまとめられている。またO・プリツァークの大著（Pritsak, *The Origin of Rus'*）でもルーン文字碑文は詳細に分析されているが（第三部、第十三、第十四章、三〇五―三八四頁）、本書は残念ながらこの著書を活用することは断念する。理由は、この著書は全六巻と予告される最初の巻であり（第一巻はサガを除く古スカンディナヴィア史料、以下第二巻はサガ、第三巻―オリエントと中国史料、第四巻―ビザンツ、ラテン、古ルーシ史料の分析。以上の史料分析に基づいて第五巻では北部、東部ヨーロッパから中央アジアに至る地帯の諸社会の社会構造が検討され、第六巻においてルーシ国家成立問題が扱われると予告されている）、著者の「ルーシの起源」に関する見解自体は最終巻に予定されているからである（現時点で第二巻以降は刊行されていない）。加えて、第一巻にも注目すべき見解は多いが、それらが通常の研究史に位置付けることのきわめて困難な類のものであることが多い。著者の視野は通常の研究者のそれをはるかに超えており、これはこれで特別に論じられる必要がある。ここではそれは行わず、これまでにいくつかの厳しい書評が発表されているのでそれらに委ねたい。さしあたりSchramm, "Neues Licht auf die Entstehung der Rus'?"を参照されたい。

（34）メリニコヴァ／ペトルーヒンは、この語がビザンツで使用されたのは十世紀末以降のことと考えているが、残念ながら典拠は示されない。上述のファスメル、さらにはV・トムセンやS・ブレンダル／S・ベネディクスは、この語のギリシア文献における初出を、十一―十二世紀の交にその書を編んだG・ケドレヌス（実質的にヨハネス・スキリツェスに依拠している）の一〇三四年の項であるとする（上記本章注（30）、Thomsen, *The Relations*.p.107;Blöndal/Benedikz, *The Varangians*.p.6.n.4., p.62-63）。

以上のごとく「バランゴイ」の語がケドレヌス―スキリツェスにおいて初めて現れるとするのが多くの研究者の見解であるが、かつては、早くには三―四世紀にゴート人・ヘルール人皇帝護衛兵がこの名で呼ばれ、それが後にビザンツで同様の軍事勤務についた東ゲルマン（ないしノルマン人）に適用されたと説く見解なども提起されたことがあり（ただしこの説はその後S・A・ゲデオーノフにより批判され、さらにそれにE・クーニクなども同調、今日取り上げられることはほとんどない）、単純ではない(Schramm, "Die Waräger".S.48 を参照)。

(35) Mel'nikova/ Petrukhin, Skandinavy na Rusi.s.63-65. なおウラジーミルの派遣軍と「ヴァリャーギ」（バランゴイ）を関連させる考え方はすでにV・G・ヴァシリエフスキーにおいてみられる。Vasil'evskii, *Trudy*.t.1(Variago-russkaia i variago-angliiskaia druzhina), s.181 i sl. メリニコヴァ／ペトルーヒンの説は衝撃的と書いたが、リハチョフにも次のような記述があり、ある意味ではそうではないのかもしれない。すなわちかれは『原初年代記』冒頭部に初めて登場する「ヴァリャーギ海」と「ヴァリャーギ」の語についてコメントを付し、「ルーシ人はスカンディナヴィア諸民族をヴァリャーギと呼んだ」、また「若干の研究者によれば、この語はルーシに広がり、そこからギリシア人の下へも移った（バランゴイ）」と記す（*PVL*.384, なおこのコメントは同一九五〇年版*PVL*.ch.II, s.211にすでにみえる）。リハチョフもこの語は、ギリシアへはルーシから入った（直接スカンディナヴィア（人）からではなく）と考えられることもあるとするのである。ただ さらに付言すると、メリニコヴァ／ペトルーヒンらの独自性は、ヴァリャーギの語がルーシで成立した（もちろんスカンディナヴィア語のvárなどからであるが）ことを説く点にある。

(36) Jacobsson, "La forme originelle".p.36-43;Schramm, "Die Waräger".S.45-53

(37) Mel'nikova/ Petrukhin, Skandinavy na Rusi.s.65 による。

(38) この部分は*Drevniaia Rus' v svete*...V, s.200 にもみえる（T・H・ジャクソン訳）。ただしジャクソンはメリニコヴァ／ペトルーヒンとは異なる解釈の下に訳している（ここの「ヴァリャーギ（ヴェリンギ）」と「ルーシ」を同義ととらえているのである）。本書では言うまでもなくメリニコヴァ／ペトルーヒンの解釈を紹介している。

(39) Mel'nikova/ Petrukhin, Skandinavy na Rusi.s.65; *Drevniaia Rus' v svete*...V.s.79-80. なお原文はラテン語で、最初の部分は varingus quidam in Ruscia である。

(40) Mel'nikova/ Petrukhin, Skandinavy na Rusi.s.65-67

(41) 既述のごとく（六二六頁）、シュラムは「ヴァリャーギ」の語のルーシにおける出現時期を九世紀後半と考えている。ステンダーーペーターセンはこれを十世紀末、かれのいうところの「ルーシ・ヴァリャーギ関係史」の第二期のことと考えている。Stender-Petersen, *Varangica* (XIV.Chetyre etapa).s.248-250

（42）メリニコヴァ／ペトルーヒンは「ルーシ」の語が、現ロシアの北西地域（そこには主に西フィン系諸族が居住していた）へのスラヴ諸族の進出の始まる前に、西北方から船で到来したスカンディナヴィア系の人々をフィン系の人々が呼んだ語に由来することを主張し、別の共著論文でこの語のその後の展開をたどっている（Mel'nikova/ Petrukhin, Nazvanie «Rus'».s.26-29)。

両研究者の主張するような「ルーシ」の語源がスカンディナヴィア方面にあったことは、いうまでもなく古くから「ノルマン主義者」によって主張されてきたことの延長上にある。これは反ノルマン主義者から激しく批判されてきたが、本書の著者のみるところでは、大筋のところは今日ではほぼ承認されていると言ってよい。反ノルマニストの提唱する「ルーシ」南方起源説は、既述のごとく受け入れがたい（さらにKhaburgaev, *Etnonimiia*.s.167-168, 215-218をも参照）。なおこの問題については本書第二章で詳しくふれた。とくに同章補論2、また同注（17）、（18）、（36）を参照。ただし北方起源説を受け入れた場合でも、そこから古ルーシ国家がスカンディナヴィア人によって建国されたとするような主張を繰り返すことは避けなければならない。いうまでもなく国家の形成はエトノス名の語源問題とはまったく別次元の、すぐれて歴史的な現象であったことを理解する必要がある。ソヴィエト史学の一つの功績は、強いて言えばこの点の理解を深めたことにあるといえる。

（43）この部分はとくにCross, "Yaroslav the Wise in Norse Tradition".p.197によった。

（44）*Drevniaia Rus' v svete*…V, s.83 sl.;Dzhakson, *Chetyre norvezhskikh konunga.*

（45）以下はDzhakson, *Chetyre norvezhskikh konunga*.s.17 sl. による。

（46）『ヘイムスクリングラ（二）』九―一七四頁

（47）『ヘイムスクリングラ（二）』一六―一九、四一―四二頁；*Drevniaia Rus' v svete*…V, s.96-100

（48）*Drvniaia Rus' v svete*…V, s.97, prim.34;s.57, prim.7（T・N・ジャクソンの訳と注）. なおスカールド詩のもつ「史料」としての意義、またその特質については、『ヘイムスクリングラ』「原著者序文」、谷口訳（一）二四―二五頁、ステブリン＝カメンスキー『サガのこころ』七四頁、二一七―二二二頁、訳者（菅原）補注などをみられたい。要は事実を伝えている可能性が高いということである。

（49）*Drevniaia Rus' vsvete*…V, s.101-105（T・N・ジャクソン訳）. なおR・ハウが、グンラウグ・レイフソンによるほぼ同内容のラテン語のサガ（十二世紀末）を英訳している。Haugh, "St.Vladimir".p.91-96. このグンラウグ・レイフソンもオッドと同様シンゲイラル修道院の修道士であるが、かれはオッドよりやや遅れて（しかし一二〇〇年より前に）ラテン語で『オーラヴ・トリュグヴァソンのサガ』を執筆したという。これも現存しないが、後にある研究者によって復元されている。オッドの『オーラヴ・トリュグヴァソンのサガ』は今日三つの版（A、S、U）で伝わるが、伝承史および上記グンラウグ・レイフソンについては、Dzhakson, *Islandskie korolevskie sagi(s drevneishikh vremen do 1000g.).s.*117 sl. をみられたい。

（50）その代表はN・de・バウムガルテンである。Baumgarten, "Olaf Tryggwison roi de Norvège";id. "St. Vladimir et la Conversion". バウムガルテンはサガの記述が基本的に歴史的事実に基づくものと考え、その立場からオーラヴ王がウラジーミルの洗礼に決定的な役割を果たしたと結論づけている。かれのサガに対する基本的認識に大きな問題のあることは指摘するまでもなかろう。

（51）Dzhakson, *Chetyre norvezhskikh konunga.s.*48. すでに前世紀の三〇年代にこの問題に関する特別の論考を発表したソヴィエトの歴史家I・P・ルィゼフスカヤが、こうした立場を表明していた。かの女は、スカンディナヴィア人がビザンツでキリスト教を受け入れ、ルーシに来たってキリスト教の普及に一定の役割を演じた可能性について述べる一方、オーラヴの二度目のルーシ滞在とかれによるルーシでのキリスト教布教にはいかなる歴史的根拠もないこと、そしてそのことは多くの研究者の共通の認識であることを指摘している（Rydzevskaia, Legenda o kniaze Vladimire v sage.s.8, 9）。

（52）『サガ選集』九一一二頁。F・B・ウスペンスキーがこれとの関連で興味深い考察を行っている。かれはオッドがその「サガ」のある版（いわゆるU版）の末尾で、オーラヴ・トリュグヴァソンを『ノルウェー人の使徒』と呼ばれるにふさわしい人物」と記していることを指摘して、この場合の「ノルウェー人の使徒」について検討している。通常オーラヴがキリスト教化に尽くしたとされるのはシェットランド、オークニー諸島、フェロー諸島、アイスランド、グリーンランドの五か所で、ここにルーシは含まれていない。ウスペンスキーはこれに対し、上の「ノルウェー」はオッドの原初ラテン語版における用法で、本来はきわめてあいまいな、広い概念であった。これが後に古アイスランド語に翻訳された段階で、範囲が厳密に定められ（狭められ）、スカンディナヴィアと同一視された。したがってサガ本来の意味合いでは、スカンディナヴィア人が多く出入りしていたルーシもここに入っていたと考えるべきであるというのである。それゆえ「サガ」の作者自身は、オーラヴがルーシの洗礼者（使徒）でもあったと考えていた可能性が強いという。ただし注意すべきは、ウスペンスキーが以上の考察をもって、これまでの「ルーシの洗礼」論が正しくないと言おうとしているのではないことである。ウスペンスキーにとっては、事実は問題ではない（おそらく事実は、これまでの研究で明らかにされたとおりと考えている）。かれにとって重要なのは、「サガ」の作者が上記のように信じていたという点である。その意味で「サガ」は当時の北欧人の意識をよく表現していたとかれは考えているのである。ウスペンスキーの考察は少なくとも前近代にかかわる歴史研究にとって、重要な示唆を与えるものと評価したい（Uspenskii, *Skandinavy*.s.391-400）。

（53）Dzhakson, *Chetyre norvezhskikh konunga*.s.51-55 による。

（54）『ヘイムスクリングラ（二）』一七五―二三四頁。同（三）九―三四〇頁

（55）王とルーシとの間接的な関係については、それ以前にも言及がある。すなわち第六十六章ではオーラヴ王が、ルーシとの交易で財を成した「ガルド（ルーシ）のグズレイク」と呼ばれる商人へ出資した話が記され、第百三十三章でも「ビヤルマランド」へ交易に向かう商人戦士らに出資し（毛皮が主たる目的であったろう）、利益の半分を受け取ることになっている話がでてくる。こちらでは王が出資する商人戦士の一行が、同行した別の商人らの攻撃で、略奪で獲得した品を奪われることになっているが、王が東方に対しても経済的な関心の目を向けていたことがうかがわれる。「ビヤルマランド」が正確にどこを指すのかはさまざまな見解があり、特定は難しい。ペルミ（カマ川流域）、北部沿ヴォルガ、カレリヤ、コラ半島、東部沿バルト海域、北ドヴィナ川下流域などの諸説が表明されている。ジャクソンはベロモーリエ（白海沿岸地方）、とくにカンダラクシャ湾で分けられた南北に広がる地域をさしたものと推測している。いずれにせよサガの作者らも明確な観念を有していたわけでないことは明らかで、そこから言えるのは、ビヤルマランドがルーシ北部のどこかであること、そこへは船でフィンマルクを通って行くこと、それは「ガンドヴィク」（北氷洋・白海）沿いにあること、「ヴィナ川」（北ドヴィナ）が注いでいることぐらいである。Dzhakson, *Islandskie korolevskie sagi(pervaia tret' XI v.)*.s.197-199;*Drevniaia Rus' v svete*…V, s.115, prim.95

（56）『ヘイムスクリングラ（三）』二三八―二三九頁（訳語・訳文は谷口訳と若干異なっている場合がある）。

（57）ジャクソンはそれらを「史料」として十六点列挙している。Dzhakson, *Islandskie korolevskie sagi(pervaia tret' XI v.)*.s.177

（58）たとえばNazarenko,*Drevniaia Rus'*.s.492-498;Hellmann, "Die Heiratspolitik Jaroslavs".S.14 f.

（59）研究史上、ルーシにおいて公妃とはいえ女性が不動産を所有する慣習がみられるのは十二世紀以降であることを理由に、サガのこの記述は事実ではないと考えられることが多いが、他方スカールド詩にこれについて記したもののあることも指摘されている。既述のごとく、スカールド詩に歌われることは、背後にある程度事実が横たわっていると考えられることにつながる。もしこれがたしかに事実であるとするならば、ノヴゴロド公に嫁いだ外国の王女に対する例外的な「贈与」であった可能性が考えられる（*Drevniaia Rus' v svete*…V, s.111, prim.86; s.61-62, prim.29）。ところでサガによれば、インギゲルドはこの「アルディギュボルグ」

（古ラドガ）をさらにログンヴァルドへ与え、後者はその結果としていわば同地の公としての地位を得たことになっている。これはもちろんルーシの史料からは確認できない。しかし研究者の多くが、当時この地域には相当数のスカンディナヴィア人が進出していたことを事実と考えて、古ラドガがヤロスラフ期になってもスカンディナヴィア系の「公」に支配されていたと考えている。たとえば、M・B・スヴェルドロフは「ヤロスラフはスカンディナヴィア人を傭兵として利用しただけでなく、かれらにルーシ国家の相当部分の地域の支配をも委ねた」と記している（Sverdlov, Skandinavy na Rusi.s.64-65）。またG・S・レベジェフはログンヴァルドを「大公の代官 namestnik」とみている（Lebedev, *Epokha vikingov*.s.215）。グラズィリナとジャクソンも、サガには後のモスクワ時代に確立される「扶持制度」の初期的形態が描かれていると考えている（Dzhakson, *Chetyre norvezhskikh konunga*.s.66-67）。

（60）「オーラヴ聖王のサガ」からは必ずしも明らかではないが、『エイムンド・サガ』の末尾でも記されていたように、聖王オーラヴとインギゲルドとの間には深い関係があり、この両者の「密かな愛」はスカールド詩にも歌われるほどに広く知られた題材であった。たとえばオーラヴがルーシ滞在中に、インギゲルドにたいし歌ったという「ラウサヴィーサ」（機会詩）が知られている。そこでは、美しい目の婦人（インギゲルドのことと考えられる）が自分の前から馬に乗って立ち去って行くのを見て、「私の喜び」は失われたと歌われている（*Drevniaia Rus' v svete*...V, s.61-62）。またインギゲルドのオーラヴ聖王に対する思いは、インギゲルドが聖王のことを誉め称えたことでかの女とヤロスラフの関係があわや破局をむかえることになったことを描くサガの存在することからもうかがえる（*Drevniaia Rus' v svete*...V, s.140-142;Dzhakson, *Chetyre norvezhskikh konunga*.s.95-97）。

（61）これがヤロスラフ賢公のことであることを疑う研究者はいない。『エイムンド・サガ』における「ヤリツレイフ」については第八章1・補遺をみられたい。なおジャクソンによれば、ヤロスラフ公は古スカンディナヴィア史料においてもっともよく知られたルーシの支配者であるが、その名はさまざまなバリエーションをもって記されているという。たとえば、Jarizleifr, Jarizlœifr, Jarizláfr, Urisleifr, Ierzlavr, Jaruzellavus, Wirtzlavus などなどである（*Drevniaia Rus' v svete*...V, s.65, prim.47）。

（62）Stennder-Petersen, *Varangica*(VI.Jaroslav u. die Väringer).S.134;*Drevniaia Rus' v svete*...V, s.117, prim.103, 104;Dzhakson, *Chetyre norvezhskikh konunga*.s.86-89

（63）サガにはさらに、ルーシ滞在中のこととして、オーラヴが奇跡を行ったことが記されている。第百八十九章「オーラヴ王の医術」、少年の喉の治療の奇跡話である。しかしこれは死後の列聖をにらんだ聖者伝的記述であることは明らかである。史実かどうかというより、この奇跡記事から王とルーシとの何らかの具体的関係を読み取ることはできないであろう。なおサガは王の死後の奇跡に関する記述をほかにも多数伝えている。第二百三十、二百三十六、二百四十、二百四十四、二百五十章などである。

(64)『ヘイムスクリングラ（三）』三四二―四〇三頁

(65) Dzhakson, *Chetyre norvezhskikh konunga*.s.93 sl.

(66) なお「オーラヴ聖王のサガ」では、上記のごとく、マグヌスは父に連れられてルーシに来たとされている。マグヌスについておそらくはもっとも詳しい記述である別のサガ『モルキンスキンナ』（一〇三五年から一一七七年頃までのノルウェー諸王の歴史を描く）中の「マグヌスのサガ」では、ヤロスラフに頬を打たれる侮辱を受けたインギゲルドがヤロスラフに、和解の条件として、ノルウェーからオーラヴ聖王の庶子マグヌスを呼び寄せることを要求した、ということになっている。いずれが事実に近いか判断する材料には欠けるが、こちらの話の方が、インギゲルドと聖王との密接な関係を強調しようとした、文学的な、いわばよりサガ的な説話と見ることができそうである。*Drevniaia Rus' v svete*... V, s.140-142;Dzhakson, *Chetyre norvezhskikh konunga*.s.94-97. 歴史史料としての『モルキンスキンナ』に関しては、Rydzevskaia, *Drevniaia Rus'*.s.26 のステブリン＝カメンスキーによる解説を参照。

(67) 以下ハーラル・シグルソン苛烈王の生涯の基本的事実については、主にBlöndal/Benedikz, *The Varangians*.p.54-102;Dzhakson, *Chetyre norvezhskikh konunga*.s.117 -155 による。またハーラル王とヤロスラフ賢公の娘（エリザヴェータ）の結婚については、とくにDzhakson, Elizaveta Iaroslavna を参照した。

(68) 具体的にはDzhakson, *Chetyre norvezhskikh konunga*.s.117 を参照。

(69)『ヘイムスクリングラ（四）』（全百一章、九―一五六頁）

(70) サガの「カタラクトス」の由来ははっきりしない。ミカエル四世は通常パフラゴニオスとあだ名される。ブレンダル／ベネディクスは、ミカエル四世の副名（家名か）を「カタラコス」とする（かれにはコンスタンティノス・カタラコスという軍人の弟がいたようである）。Blöndal/Benedikz, *The Varangians*.p.56-60, 74.「カタラクトス」は「カタラコス」と同じものと考えてよいであろう。あるいは「カタラクトス」はミカエル五世のあだ名（カラファテス、「かしめ工」の意）からきているかもしれない。この場合サガはミカエル四世と五世を混同していることになる。

(71)『サガ』は「セルクランド」を西アフリカのこととするが(第五章)、この地名については*Drevniaia Rus' v svete*... V, s.317, prim.3 のE・A・メリニコヴァの解説を参照されたい。それによれば、この語は語源的には「シルク」に由来し、その生産地であるザカフカースや中東を指したという。これらの地方が当時イスラーム圏に属していたことから、「サラセン」の語とも重なって、地中海の南・南東地方、さらにはイスラーム地域一般をも指すようになり、アジアやアフリカの広い地域をも指すようになったとする。

(72) その際かれは皇帝の寝室を襲い、かれの「両眼をくり抜いた」という。コンスタンティノス・モノマコスが両眼を失ったとは伝えられていない。ただ前皇帝ミカエル五世カラファテスが「両眼を抉り取られた」ことは知られている。両皇帝、さらには先にみたようにミカエル四世も含めて、諸皇帝が区別されずに描かれているのであろう。オストロゴルスキー『ビザンツ帝国史』四二五頁を参照。

(73) Stender-Petersen, *Varangica*(VI.Jaroslav u. die Väringer).S.134 および Birnbaum, “Yaroslav’s Varangian Connection”.p.9 はともにルーシ滞在時期を一〇三一―三三年とする(後者の場合は多少長い可能性を示唆する)。Shepard, “A Note on Harold Hardraada”, p.145-150 は、ハーラルが一〇三四年の春まではルーシにおり、ビザンツへの出立は同年の夏とする。Obolensky, “The Byzantine sources”, p.163 はハーラルのビザンツ入りを一〇三四年から一〇三八年の間とし、ハーラルの滞在期間が少々長かった可能性を考えている。

(74) Dzhakson, *Chetyre norvezhskikh konunga*.s.135-136. たとえば Rydzevskaia, *Drevniaia Rus’*.s.68 は『ヘイムスクリングラ』中の『苛烈王のサガ』第十六章（ハーラルのホルムガルド到着を伝える）の訳の箇所に「一〇四二年」と明記している。Cross, “Yaroslav the Wise”.p.181 も一〇四二年説である。Blöndal/Benedikz, *The Varangians*.p.97 は一〇四二年末から翌四三年初とする（ゲオルギオス・マニアケスの戦死以前）。Vasil’evskii, *Trudy*.I.s.303 の場合は一〇四三年とする。

(75) Dzhakson, *Chetyre norvezhskikh konunga*.s.148

(76) これとの関連で一つ問題となるのは、ちょうどこの時期、先に検討したルーシ軍の最後のコンスタンティノープル遠征（一〇四三年、上記第九章2、五六七頁以下参照）が行われたことである。ハーラルがルーシ軍の一〇四三年遠征（それには多くのヴァリャーギ兵が参加していたと推測される）に直接関係していたとは考えにくいが、かれのビザンツ出立がビザンツ・ルーシ関係の緊迫していた時期にあたることは確かである。これについてはたとえば、ステンダー―ペーターセンがS・ブレンダルに従いつつ、ハーラルはルーシ軍の遠征の直前にビザンツを脱出し、遠征には直接参加（関与）していなかったと推測している。かれによれば、ハーラルの二度目のルーシ滞在は一〇四三―四五年となるという(Stender-Petersen, Varangica(VI.Jaroslav u. die Väringer).S.135)。バーンバウムも同様の見解を表明している（Birnbaum, “Yaroslav’s Varangian Connection”.p.9)。ハーラルが一〇四三年遠征とは無関係とするステンダー―ペーターセンの見解は正しいように思われるが、ハーラルのルーシ滞在が一〇四五年まで（つまりはノルウェー帰還が一〇四五年）とする見方は疑問である。サガではハーラルは一冬しかルーシにいなかったと考えられるからである。

（77）Dzhakson, *Chetyre norvezhskikh konunga*.s.129-130(リタヴリン訳)による;*Vademecum des byzantinischen Aristokraten*.S.140-141(H・G・ベックのドイツ語訳）;Blöndal/Benedikz, *The Varangians*.p.57-58（英訳、この部分のみ）;*Drevniaia Rus' v svete*...II, s.247（リタヴリン訳）は一部のみの訳。なお引用文中の「マングラヴィテス」は皇帝の近衛部隊(隊長)のこと。「スパタロカンディダトス」(次席帯剣護衛)は近衛勤務に由来する宮廷職の名誉位階。スパタリオス（帯剣護衛）の上、プロトスパタリオス（首席帯剣護衛）の下の位。

（78）*Drevniaia Rus' v svete*...IV, s.135-136（ナザレンコの露訳による）。ブレーメンのアダムの著作の原題は、Adam Bremensis *Gesta Hammaburgensis ecclesiae pontificum*.

（79）マニアケスのシチリア遠征、当時のノルマン人傭兵のこと、またハーラル王については、簡潔ながらオストロゴルスキー『ビザンツ帝国史』四三〇頁に要領よく記されている。

（80）『ヘイムスクリングラ（四）』、三一頁

（81）Stender-Petersen, *Varangica*(VIII.Le mot varègue Polutasvarf), p.157 にこの部分の原文が引用されている。なお「宮殿の部屋」と訳されているのは pólútir である。

（82）*Drevniaia Rus' v svete*...V, s.153, prim.192（ジャクソンの解説）

（83）Blöndal/Benedikz, *The Varangians* .p.80-81

（84）Blöndal/Benedikz, *The Varangians*.p.81

（85）Stender-Petersen, *Varangica*(VIII.Le mot varègue Polutasvarf),p.161-164

（86）『古代ロシア研究』XV、五二頁（山口訳）。

（87）九四五年のイーゴリ公による対ドレヴリャーネ遠征を「巡回徴貢」の事例とみる見解もある。年代記の邦訳者注三八二頁注47はそう理解している。しかしこのドレヴリャーネ遠征はあくまでも戦争行為であって（前年の項に、遠征を「企て始めた」とある）、恒常的に行われた徴税のための巡回（それはある程度支配が安定した領域内で行われたであろう）とは異質であったと考えた方がよいように思う。ところで邦訳者注でも指摘されているが、リハチョフは「巡回徴貢」を「貢税《ダーニ》」と区別し、後者は公が自身のために徴収したもの、前者は公が従士団に支払うために行ったものと理解しているが（*PVL*(1999).s.434）、これはどうであろうか。おそらくコンスタンティノス・ポルフィロゲネトスが記すような初期の事例に限って言えば、両者を画然と区別することはでき

ないように思う。なおポリュージエ（巡回徴貢）を比較史的に広く考察した研究として Kobishchanov, *Poliud'e* がある。

（88）*PSRL*.I:408. 古ルーシ語諸辞典（スレズネフスキーやファスメル、また『十一—十七世紀ロシア語辞典』など）は一一三〇年のムスチスラフ公の文書の例を最初にあげる（「秋のポリュージエ」）。ただしこれが「巡回」徴貢といえるかどうかは判然としない。

（89）Shepard, "A Note on Harold", p.149

（90）パシュートによると、通常ヴァリャーギは徴収した貢納の三分の一を与えられたという。Pashuto, *Vneshniaia politika*.s.25, 306, prim.30. ただパシュートのこの見解が正しいかどうかは疑問である。かれは十分に説明していないが、その典拠の示し方から判断される限り、『原初年代記』の八八二年（ノヴゴロドは「ヴァリャーギ」に年三百グリヴナを支払う）と一〇一四年（ヤロスラフが従士団に千グリヴナを支払う）の記述を根拠に「三分の一」という割合を出している。「従士団」の多数はスラヴ人であり、ヴァリャーギは三分の一程度であったろうという推測が前提にある。ここから「巡回徴貢」に参加したヴァリャーギの受け取り分を三分の一と推測するのが正しいとは思えない。

（91）『ヘイムスクリングラ（四）』、三一頁

（92）ジャクソンによれば、『ヘイムスクリングラ』以外に、十四—十五世紀のサガ集成『モルキンスキンナ』、『ファルスキンナ』、『クニュトリンガ・サガ』中の十三世紀に遡るいくつかのサガにも言及があるという。Dzhakson, *Chetyre norvezhskikh konunga*.s.127, 141; *Drevniaia Rus' v svete*... V, s.64, 156, 178, 225 など。

（93）ハーラルがルーシを発ってノルウェーに戻ったのは上記のように一〇四四年と考えられるが、そのときかれは（サガには記述はないが）妻（エリザヴェータ）を同行したと考えられる。二人の子はルーシ出立後に生まれたと考えられるからである。なおN・M・カラムジンは、エリザヴェータが結婚後まもなく、二人の娘を残して死去したと考えている。Karamzin, *Istoriia Gosudarstva Rossiiskogo*.Kn.I, t.II, gl.2, prim.41. カラムジンにも典拠があり、後述するようにまったく無理なことを主張しているわけでもないが、そちらを優先させる確かな根拠があるわけではない。少なくともかれの見解がサガのその後の記述に完全に矛盾することは確かである。

（94）たとえば、Pashuto, *Vneshniaia politika*.s.28, 135, 419;Sverdlov, Skandinavy na Rusi. s.61; 木崎、Table.2, 54

（95）Nazarenko, *Drevniaia Rus'*.s.480, 523. ナザレンコによれば、アダムはスウェーデン王ハーコン（一〇六八—一〇八〇年頃）と「若きオーラヴ［ノルウェー王オーラヴ三世平静王］の母」との結婚について記しているが、これはエリザヴェータではなく、ハー

ラル王のもう一人の「妻」ソーラのことを指しているという。それゆえハーラル王没後のエリザヴェータの消息は不明としか言いようがないという。

(96)『ヘイムスクリングラ(四)』、五四頁

(97) Dzhakson, *Chetyre norvezhskikh konunga*.s.150-151

(98) Dzhakson, Elizaveta Iaroslavna 論文はこうした趣旨の主張をする。ここでジャクソンはハーラルとエリザヴェータの結婚が一〇四三/四四年であること、二人の娘(マリーアとインギゲルズ)は誕生の状況からして双子でなければならないが、一人であった(一人しかいなかった)可能性が高いこと、二人目の妻ソーラは正式の妃と考える必要はないこと、したがって二度目の「結婚」を理由に、最初の結婚の外交政策的効果を否定する研究者は正しくないこと、またエリザヴェータが早期に他界したと考える必要もないこと(エリザヴェータはハーラルの敗死のときまで二十年以上王妃であり続けたこと)などを主張した。なおハーラル王の娘(の一人)インギゲルズについて、『〈無口のオーラヴ王〉のサガ』第五章は、かの女がその後デンマーク王オーラヴ・スヴェインスソン(一〇八六―九五)の妻となったと伝えている(『ヘイムスクリングラ(四)』、一六二頁)。

(99) Haugh, "St.Vladimir and Olaf Tryggvason".p.84, n.4

(100) Hellmann, "Die Heiratspolitik Jaroslavs". なお最近 Ch・ラッフェンスパーガーがルーシをヨーロッパの一部と見る立場から、ルーシと西方諸国の王朝間結婚について詳細な考察を行っている。かれによれば、キエフ期(十世紀末―十二世紀中葉)に知られる五十二例のうち、七七%が西方諸家門との婚姻であるという(Raffensperger, *Reimagining Europe*. p.47-70, 71-114)。

(101) Baumgarten, "Généalogies et mariages occidentaux". p.7-9, Table.I

(102) インギゲルドとの結婚の時期は、研究史上一〇一四年から一〇二〇年にかけてとさまざまに考えられてきた。しかしこれは、すでにみたように、またバウムガルテンもそうであるが、一〇一九年(夏)と考えるのがもっともよいようにみえる。このことはサガの記述からも推測されるだけでなく、ジャクソンによれば、アイスランドの諸年代記からも確認される(Dzhakson, *Chetyre norvezhskikh konunga*.s.65)。また『原初年代記』一〇二〇年の項に、「ヤロスラフに子が生まれ、名をウラジーミルとつけた」とする記述のあることもその傍証となる(邦訳一六六頁)。多くの研究者がこれをその前年のインギゲルド=イリーナとの結婚から生まれた最初の子と考えているのである。いずれにせよインギゲルドと結婚した時、かれはすでに齢四十を超えていたと考えられる。

(103) *PSRL*.III:161, 470;Nazarenko, *Drevniaia Rus'*.s.484-486, 490-491, 733. 本書の著者はイリヤー・ヤロスラヴィチについてのナザレン

コの見解を受け入れ、本書付録のリューリク朝系図１（九四二―四三頁）にもイリヤーを記載した。

(104) *BLDR.I, s.50*; Moldovan, *Slovo o zakone*.s.98. 三浦訳「中世ロシア文学図書館（III）」八七頁

(105) Karamzin, *Istoriia Gosudarstva Rossiiskogo*.Kn.I, T.II, Gl.II, prim.34

(106) Nazarenko, *Nemetskie latinoiazychnye istochniki*.s.137, 142, 193-196; Nazarenko, *Drevniaia Rus'*.s.490-491. インギゲルド＝イリーナの名に関してはさらに、Litvina/ Uspenskii, *Vybor imeni*.s.566-567を参照。そこでは冒頭部分が「インギゲルド―イリーナ―（アンナ？）」とあり、アンナの可能性も半ば認めている。リトヴィナ／ウスペンスキーは、ここで「イリーナ」の名をめぐる問題を提起している。すなわち、インギゲルドが最初から（つまりスウェーデンですでに）イリーナとも呼ばれていたのか（その場合、イリーナは洗礼名と言うことになる。かの女の父ウーロヴ王は家族と共に洗礼を受けたことが伝えられているからである）、それともルーシにおいてヤロスラフと結婚した後に、はじめてそう呼ばれたのかという問題である。もし後者であるとするならば、これはキリスト教（洗礼）名ではなく、ヤロスラフ公家に伝統的な俗名であろうという。当時は国が変わっても「改宗」（再洗礼）を行う慣習がなかったと考えられるので、新たな名（イリーナ）が洗礼名であるはずはないということになる。リトヴィナ／ウスペンスキーはこれとの関連でさらに、インギゲルドが故郷（スウェーデン）で「マルガレータ」という洗礼名を有していたとする説のあることを紹介しているが、もしこの説を受け入れるとするならば、インギゲルドは誕生後洗礼を受け、マルガレータの洗礼名を得た。そして結婚後ルーシに来て、さらにヤロスラフ公家の伝統的名であるイリーナの名をも得たということになる（インギゲルドの「洗礼名マルガレータ」に関する説については、Uspenskii, *Skandinavy・Variagi・Rus'*.s.60-61を参照）。いずれにしても史料的状況からして（とくにルーシではまったく記述がない）、明確な結論をうることは難しい。ただ以上のことからも、インギゲルドの名前をめぐってはさまざまな問題が絡んでいることがわかる。なおとくにヤロスラフ一門による外国諸家門(とくにカトリック教徒)との婚姻に際しての、改宗（再洗礼）ないし非改宗の問題については後に改めて立ち戻る（第十二章）。

(107) Nazarenko, *Drevniaia Rus'*.s.476;*Drevniaia Rus' v svete*...IV, s.134-135（ナザレンコ訳による）

(108) Nazarenko, *Drevniaia Rus'*.s.476-498

(109) Nazarenko, *Drevniaia Rus'*.s.498-504

(110) Thietmar, *Chronika*.VIII:32;*Drevniaia Rus' v svete*...IV, s.79-83. ただしティトマルの記すドイツ兵（「われら［ザクセン］の側からの三百人」）をどう解釈するかはむずかしい。これをたんなるザクセン人傭兵とみる研究者も少なくないが、「皇帝」からの援軍と

みる見方も有力である。ナザレンコは数が少ないことから皇帝からの「名目的」な援軍とみている。すなわち皇帝からの「公的」支援であったことは否定していない（Nazarenko, *Nemetskie latinoiazychnye istochniki*.s.137, 143, 198-199, prim.103）。これについては第八章注（11）をも参照。

（111）*Drevniaia Rus' v svete*...IV, s.132-133

（112）Pashuto, *Vneshniaia politika*.s.27-28, 134-135

（113）大沢『アングロ・サクソン年代記』二一一頁によれば、次のように記される。「王族エドワードがイギリスに来た。かれは王エドワード［殉教王］の兄弟［エゼルレッド二世］の息子……王エドマンド［二世］の息子であった……王カヌートは、かれをハンガリーに追放していた」。［　］は引用者（栗生沢）注。

（114）Nazarenko, *Drevniaia Rus'*.s.338-342

（115）バウムガルテンは下の二人（ヴャチェスラフとイーゴリ）に関しては結婚したことのみを記す。他方、木崎は二人ともそれぞれドイツ人女性と結婚したとして、そのことを自身の系図に記述している（典拠は不明）。しかしパシュートなどはこれについて否定的であり、自身の婚姻表にはまったく記載しない。ナザレンコもこの二人については「若くして死亡した」としており、婚姻関係については記述していない。

（116）なおヘルマンは同じころに、もう一人の子スヴャトスラフもドイツ皇帝ハインリヒ三世の姪（イーダ）の娘オーダと結婚したとするが（Hellmann, "Die Heiratspolitik Jaroslavs".S.21）、ナザレンコはこの結婚（スヴャトスラフにとって二度目）は一〇七〇／七一年のこととする。Nazarenko, *Drevniaia Rus'*.s.500-503;Mel'nikova(red.), *Drevniaia Rus'*.s.506-519;*Drevniaia Rus' v svete*...IV, s.339, prim.19. なおこのオーダについては下記本章注（118）をも参照。

（117）フセヴォロドとビザンツ皇女の結婚については、すでに一〇四三年のルーシ軍の対ビザンツ遠征失敗後の両国関係の修復過程上の重要な出来事として言及したが（前章2）、実はこのビザンツ皇女が誰かは十分に明らかではない。多くの場合皇帝コンスタンティノス九世モノマコスの娘とされるが、これを史料的に裏づけることはできない。こうした事情もあってコンスタンティノス九世の親族（娘ではなく）などとされることも多い。かつてビザンツ史家のA・P・カジュダンが皇帝の「娘」とすることに疑義を表明した時、L・ミュラーがこの結婚から生まれた子（ウラジーミル・フセヴォロドヴィチ）が自ら「父と母によってモノマフ（と呼ばれた）」と記している（『原初年代記』一〇九六年の「モノマフの教訓」、邦訳二五九頁）ことからして、「娘」であることに疑問の余地はないと断定したが、そう言い切ることができるかが問題となるのである。リタヴリンは「娘」ではあるが、皇帝が即位する以前の結婚から生まれた子で、「緋の産室生まれの子」とは言えないと主張する。フセヴォロドの再婚からの娘エウプラクシヤに関するモノグラフを書いたH・リュスはこれをコンスタンティノス九世の「姪」としている。またヤーニンはある印章の銘に基づいてモノマフの「娘」（フセヴォロドの妻）の名をマリヤと推測しているが、これはカジュダンの批判を招いている。この問題に関しては*PVL.s.489, 516*のリハチョフ、同*s.627*のスヴェルドロフの解説を参照。ミュラーの見解はMüller, "Ilarion und die Nestorchronik", S.342, Anm.71、リタヴリンの見解はLitavrin, *Vizantiia.s.274-275*、リュスの研究はRüß, "Eupraxia-Adelheid". S.483-484, Anm.17、ヤーニン説はIanin, *Aktovye pechati.I, s.17-19*、カジュダンの考察はKazhdan, "Rus'-Byzantine Princely Marriages", p.416-417である。

(118) 残りの、長男ウラジーミルの結婚相手については不明である。バウムガルテン、木崎は、かれがシュターデのリッポルド伯の娘オーダと結婚したとするが、ナザレンコによれば、これは誤りである。すなわちかれによれば、この「オーダ」はエルスドルフ（Elstorpe）のイーダ（すなわち皇帝ハインリヒ四世の従姉妹、ヘルマン流に言えばハインリヒ三世の姪）の娘のことで（オーダの父はハンガリー辺境伯リュトポルト（リッポルド））、かの女が結婚した相手の「ルーシ王」とはヤロスラフの別の子スヴャトスラフである。つまりオーダはスヴャトスラフの再婚（一〇七〇／七一年）相手であった（スヴャトスラフの初婚の相手は名をキキリヤ／チェチーリア（キリキヤと誤って伝えられている）といった）。Nazarenko, *Drvniaia Rus'.s.510-519.* ただしナザレンコ編の*Drvniaia Rus' v svete...IV, s.390*の系図ではスヴャトスラフの最初の妻の名は不明とされ、「キキリヤ」の名は記されない。パシュートも自身の婚姻表で、オーダをウラジーミルのではなく、スヴャトスラフの結婚相手とする。ただし、パシュートでは、スヴャトスラフは一度しか結婚していないとされる。そして相手の「オーダ」の出自については、かれはバウムガルテンの誤りを踏襲している。

(119) なお以下の考察からも明らかになるように、一連の遠征のなかで本節との関連でとくに重要なのが、二度とされるマゾフシェ（その住民がマゾフシャネである）遠征であるが、実はマゾフシェへの遠征が何度行われたのかについては研究者間で見解が分かれている。『原初年代記』では一〇四一年と一〇四七年とされるが、他の年代記、『ノヴゴロド第一』、『ノヴゴロド第四』、『ソフィヤ第一』などで異なる記述がなされている。A・A・シャーフマトフやD・S・リハチョフは二度と考えるのに対し、V・D・コロリュクなどは四度（一〇三九、一〇四一、四三、四七年）と考えている。この問題はマゾフシェ遠征のもつ性格と事態の推移に関係してくるので、見かけ以上に重要な意味をもっているが、ここではこれ以上に立ち入ることはしない（これについてはKoroliuk, *Zapadnye slaviane*.s.308-321 を参照されたい）。本節では、『原初年代記』の記述に基づきながら考察を進めて行く。

(120) ミェシコ二世が兄弟を「ルーシ」へ追放したと記すのは、コンラート二世の宮廷付司祭ヴィポーである（『皇帝コンラート［二世］伝』（一〇四〇年代）Wiponis *Gesta Chuonradi imperatoris*. これについては *Drevniaia Rus' v svete*...IV, s.97-98（ナザレンコ訳）による）。ただヴィポーによればルーシへ追放された兄弟は「オットー」であるが、これは疑問である。ボレスワフ死後の王位争いでミェシコ二世と争ったのは、かれの兄ベスプリム（母親がミェシコと異なり、ハンガリー女性）であったので、むしろ追われたのはこちらの方であったと考えた方がよい。オットーは母を同じくする弟であり、ミェシコとともにおり、おそらくは分領を与えられていた。研究史上はベスプリムとオットーを同一人物とみる立場（たとえば、Hellmann, "Die Heiratspolitik Jaroslavs."S.16）、あるいは両者を別人と認識しつつも、両者ともにミェシコ二世によってルーシへ追放されたと考える研究者もいるが（たとえばKoroliuk, *Zapadnye slaviane*.s.274）、これらは他の史料（たとえばティトマルなど）の記述と矛盾しており、誤りであろう。ヴィポーはベスプリムのことを誤ってオットーと記したと考えた方がよいようにみえる。ティトマルの記述は Thietmar, *Chronik*.IV:58, S.174-175;*Drevniaia Rus' v svete*...IV, s.66-67. また以上の問題については、*Drevniaia Rus' v svete*...IV, s.97-98, prim.7, 18 の解説（ナザレンコ）を参照。この時期のポーランドのおおよその政治状況に関しては、さしあたりキェニェーヴィチ編『ポーランド史 1』五五―五八頁をみられたい。

(121) ドブロネガ―マリヤはウラジーミル聖公が晩年に、妻アンナの没後に再婚した氏名不詳の女性との間の子。かつてバウムガルテンはこの女性をエーニンゲンのクノー伯の娘と特定したが、これは本書でもすでにみたように、ナザレンコによって批判された（第六章二九五頁また同注（14）を参照）。ウラジーミルのこの最後の結婚からの子の名をドブロネガ、またマリヤとするのはポーランドの史料である。本章注（124）また、補遺を参照。

(122) 聖アダルベルト゠ヴォイチェフの遺骨を奪いグニェズノからプラハへ移すという有名な事件はこの時のことである。十五世紀ポーランドの年代記ガルス・アノニムス（Gallus Anonymus）にこれを伝える記述がある（ここで利用するのは以下：Gall, *Kronika Polska*.I-19, s.41. R・グロデツキのポーランド語訳；Gall, *Khronika*.s.51. L・M・ポポーヴァのロシア語訳）。なおブジェチスラフのポーランド遠征の性格（西スラヴ人の大国家創設を目指したのか、たんなる略奪遠征か）、また厳密な時期と遠征の期間（一〇三八年か三九年か、あるいは一〇三八―三九年か）をめぐっては異論がある。さしあたり Koroliuk, *Zapadnye slaviane*.s.287-295 を参照。

（123）Gall, *Kronika Polska*.I-18, 19, s.39-43;Gall, *Khronika*.s.49-51; 部分的には *Drevniaia Rus'v svete*...IV, s.173

（124）ドブロネガの名を伝えるのは、『クラクフ司教座年代記』（Ann.cap.Crac./Rocznik kapituly krakowski, 一二八三年以後の成立）の一〇八七年の項で、マリヤの名はより後代のポーランド史料に現れるという（*Drevniaia Rus'v svete*...IV, s.345, prim.4;ibid.s.173, prim.29）。

（125）Hellmann, "Die Heiratspolitik Jaroslavs".S.18-19. カジミェシ一世とヤロスラフの妹の結婚についてはさらにナザレンコのガルス・アノニムスに対する注釈をも参照。かれは時期については特定せず、ルーシ軍のマゾフシェ遠征（一〇四一年）以前と考えている（*Drevniaia Rus'v svete*...IV, s.173, prim.29）。

（126）カジミェシとドブロネガの結婚、およびかれのポーランド帰還の時期については、ポーランド、ロシアの研究者を中心にさまざまに論じられている。この問題をめぐる史料状況や研究史に関しては、この問題のもつ政治外交的意味について詳細に論じているKoroliuk, *Zapadnye slaviane*.s.300-307が参考になる。コロリュク自身はO・バルツァーの一〇三九年説を採用している(ibid.s.305, 316)。ただしコロリュクからは、カジミェシのポーランド帰還と結婚とが厳密にどう関連しているのかは、みえてこない。

（127）Gall, *Kronika Polska*.I-20, s.43;Gall, *Khronika*.s.52

（128）«Annalista Saxo».*Drevniaia Rus'v svete*...IV, s.230（ナザレンコ訳）による（著者、執筆年代等についてはナザレンコによる解説、同 s.225 を参照）。

（129）«Lamperti Hersfeldensis Annales». *Drevniaia Rus'v svete*...IV, s.118, および同 prim.28, 31; Hellmann, "Die Heiratspolitik Jaroslavs".S.19. Anm.59

（130）*Drevniaia Rus'v svete*...IV, s.230, prim.28

（131）ヘルマンは上記ランペルトの記述を、さらにルーシの対ビザンツ遠征（一〇四三年）との関連でもとり上げている。ヤロスラフのドイツへの接近は、対ビザンツ戦に備えた環境整備という意味ももち合わせていたとする（Hellmann, "Die Heiratspolitik Jaroslavs".S.20）。

（132）たとえば Koroliuk, *Zapadnye slaviane*.s.278-287

（133）たとえば、Hellmann, "Die Heiratspolitik Jaroslavs".S.18;Pashuto, *Vneshniaia politika*. s.39-40

（134）『ランス詩編注解』については、*Drevniaia Rus'v svete*...IV, s.100-101 のナザレンコの解説を参照。

(135) *Drevniaia Rus'v svete*…IV, s.101-104

(136)『聖ベネディクトゥスの奇跡』および『フランス諸王録』の記述は、*Drevniaia Rus'v svtete*…IV, s.102, prim.6 による。

(137) *Drevniaia Rus'v svete*…IV, s.136-137（『ハンブルク大司教事績録』）. なおアダムの著作原題については上述本章注（78）をみられたい。

(138) ついでのことになるが、ここでアンドラーシュと「ルーシ女性」との結婚にふれておく。ナザレンコによれば、これについてはハンガリーの諸史料に言及がある。ただしアンドラーシュの妻がほかならぬ「ヤロスラフの娘」であることを伝えるのは、ブレーメンのアダムの記述のみであるという。アダムがどこからこの情報を得たのかは不明である。ナザレンコはスカンディナヴィア、さらにはイングランドからの可能性に言及しつつ、最終的にはブレーメン大司教アダルベルト（一〇七二年没）が情報源ではないかと推測している。アンドラーシュの妻「アナスタシーヤ」の名は十五世紀ポーランド年代記（ヤン・ドゥゴーシュ）にはじめて現れるとされるが（ヤン自身がその名を書き込んだという）、ヤンの典拠についても不詳である。ときにアナスタシーヤの別名として伝えられる「アグムンダ」はかの女が晩年過ごした修道院名から誤って得られたものであるという。結婚の時期は通常一〇三九年とされているが、ナザレンコはアンドラーシュの即位直前の一〇四六年がもっとも可能性が高いと考えている（*Drevniaia Rus'v svete*…IV, s.137, prim., 79）。アンドラーシュとアナスタシーヤの結婚に関しては、さらに Mel'nikova(red.), *Drevniaia Rus'*. s.350-352 を参照。そこでナザレンコは「アナスタシーヤ」の運命についても若干ふれている。

(139) «Clarius, Chronicon sancti Petri Vivi Senonensis». これについては *Drevniaia Rus'v svete*…IV, s.102, prim.6 を参照。

(140) «Annales Vindocinensis».*Drevniaia Rus'v svete*…IV, s.102, prim.6 による。

(141) *ibid.*

(142) *Drevniaia Rus'v svete*…IV, s.137-138, prim., 80;Mel'nikova(red.), *Drevniaia Rus'*.s.348-358

(143) アンリ一世は最初の妻に先立たれた後、ブラウンシュヴァイク伯ルドルフの娘（こちらもマチルダという名であった）と再婚したと伝えられている。この再婚の詳細については詳らかでないが、いずれにせよこの結婚は子のないまま長くは続かなかったとみられる。初期カペー朝がその成員の結婚に苦労していたことは、たとえば、すでにユーグ・カペーが即位後まもなく、子のロベール二世（後の王、九九六―一〇三一）の嫁を見つける際に経験した困難を想起するならば、ある程度イメージをつかめる。ユーグはビザンツ皇室から息子の嫁を得たいと考えた。ユーグは皇帝（バシレイオス二世およびコンスタンティノス八世）へ宛てた書簡で皇女（filia sancti imperii、名は挙げられていないが、後にキエフ大公ウラジーミル（聖公）に嫁すこととなるアンナが念頭におかれていた可能性がある）を嫁に求めている。その際「われらは近隣の諸王との親族関係ゆえに子［ロベール］のために同等の相応しい相手を見出すことができないでいる」と記している。ユーグのこの提案は実を結ぶことなく終わり（書簡が発送されなかった可能性もある）、その後二人のビザンツ皇帝の妹（アンナ）はキエフ大公の下に嫁ぐことになる。ところでロベール二世は最初、フランドル伯アルノルフ二世の寡婦であったセザンヌを妻に迎えたが、かの女は夫の倍も年上であった。初期カペー家の結婚問題がいかに困難に満ちていたかを物語るひとつの事例である。ロベールのセザンヌとの最初の結婚は破綻し、アンナへの求婚も失敗、そしてようやく見つけた再婚相手はブルグンドのブルア伯オドー一世の寡婦ベルタであった。しかしこの結婚は再従兄妹同士によるものであり、時の教皇（グレゴリウス五世とシルヴェストル二世）の非難を受け、結局解消されたという。以上についてはNazarenko, *Drevniaia Rus'*.s.539-540. ユーグのビザンツ皇帝宛て書簡については、Poppe, "The Political Background". p.232-235によった。

（144）中にはキリル文字によるものもある。一〇六三年の文書には‹АНАРЬИНА›の署名がある。これは‹Anna regina›すなわち「ルーシの王女アンナ」の意であろうと考えられている。アンナにはラテン語による署名もあるという。‹Annae Reginae›また‹Annae matris Philippi regis›（「アンナ、フィリップ王の母」）などである。Karpov, *Iaroslav Mudryi*.s.318;Franklin, *Writing*.p.108を参照。フランクリンはアンナにはキリル文字の署名しかないと考えたのであろう、そしてそのことはルーシ人がラテン（人および文字）に対し抵抗感を抱いていた証拠であると一般化しているが、ラテン文字による署名もあるとするならば、それは必ずしも当たらないだろう。いずれにせよアンナの署名はルーシの支配公家の成員のものとしては、残されているほとんど唯一の事例といってよい。ヤロスラフ賢公周辺の「教養」水準についてある程度証言するものといえるかもしれない。

（145）Mel'nikova(red.), *Drevniaia Rus'*.s.356

（146）«Chronici Floriacensis fragmenta». Mel'nikova(red.), *Drevniaia Rus'*.s.356による。

（147）ibid., s.353-358.Karpov, *Iaroslav Mudryi*. のs.352-353間にある写真集のなかに聖ヴィンセント修道院（サンリス）のアンナの立像彫刻がみられる。

（148）Leib, *Rome, Kiev et Byzance*.p.177-178;Rüß, "Eupraxia—Adelheid", S.495, Anm., 93を参照。一〇五四年の東西教会の分裂（いわゆるシスマ）とルーシとの関係は本書第十二章の課題となる。

（149）イヴァン雷帝期（在位一五三三―八四年）の『百章令《ストグラフ》』第十八章によれば、モスクワ時代には結婚可能年齢は、女子は十二歳、男子は十五歳であった。これはキエフ時代からそう変わっていなかったと推測される。「『百章』試訳（2）」、二〇頁

（150）R・ブロッホなど相当数の研究者が一〇八九年八月十四日とするが、H・リュスによれば、同年五月三十一日から七月二十／二十五日の間としか限定できないという。また慣例に従えば、マインツにおいて婚約式が、ついで皇后の戴冠式、その後に結婚式が行われることになっていたが、この時はマインツ大司教座が空席であったため、ケルンで挙行された。Bloch, "Verwandtschaftliche Beziehungen", S.203;Rüß, "Eupraxia-Adelheid", S.481, Anm.1, 2

（151）エウプラクシヤの結婚について、著者が利用しえた文献は多くはない。先にふれたM・ヘルマンやR・ブロッホ、さらに後述するS・P・ローザノフ以外に、近年の業績としてCh・ラッフェンスパーガーの論文があり（Raffensperger, "Evpraksia Vsevolodovna",2003）、本書もこれらに依拠することになるが、著者が重視しまた主に利用するのはH・リュスである（Rüß, "Eupraxia-Adelheid"）。リュス論文はより新しく（二〇〇六年）、しかも管見の限り、エウプラクシヤに関しこれまでで最も詳しい情報を含んでいるのみならず、叙任権闘争時代の複雑な状況を考慮に入れながら批判的に問題に向かう姿勢もみせているからである（リュスは本書もこれまで利用してきた「キエフ・ルーシ史」に関する包括的な手引き Handbuch の著者でもある）。なおローマ教皇としてハインリヒに対峙したウルバヌス二世とその時期のローマ、キエフ、コンスタンティノープル三極の関係について論じたB.Leib, *Rome, Kiev et Byzance* も参考になる。この書は出版が一九二四年とかなり古く、すでに使えない部分も多いが、とくにその第六章「キリスト教諸君主、その婚姻関係」は本書にとって参考となった。またウルバヌス二世期の全体状況を知るうえでも便利である。またエウプラクシヤの結婚についてナザレンコの考察も欠かせない。かれはとくにエウプラクシヤとザクセン辺境伯ハインリヒとの最初の結婚の政治的意味について詳細に検討している（Nazarenko, *Drevniaia Rus'*,s.539-542 i sl.）。

（152）なおエウプラクシヤは皇后としてはアーデルハイドが本来の名であり、本書でも皇后となったエウプラクシヤについては、こう呼ぶべきであるが、先述のとおり基本的にはエウプラクシヤの名で通す。ところでエウプラクシヤはドイツではプラクセーディス Praxedis の名で呼ばれることが多い。こちらはエウプラクシヤのいわばラテン語形であるが、それがたんに便宜的である場合は別として、もしアーデルハイドの呼び名をかたくなに拒否してそう呼ぶというのであれば、そこにはエウプラクシヤをザーリアー朝皇室の一員としては認めたくないとする、かの女に対する冷淡な視線が隠されている可能性がある。なお「アーデルハイド」の名は『ザクセン年代記』一〇八二年の箇所に次のように現れる。「かくて、老ウド［ザクセン・ノルトマルク辺境伯シュターデ

家のウド二世］の没後、かれの子ハインリヒ辺境伯が跡を継いだ。かれの妻エウプラクシヤはルーシ王の娘で、われわれの言葉ではアーデルハイド Adelheid と言い、かの女を後に皇帝ハインリヒ［四世］が娶ったのである」。*Drevniaia Rus’v svete*…IV, s.233.『ザクセン年代記』は、あたかもエウプラクシヤがシュターデ伯との結婚（これがかの女の最初の結婚である）を機にアーデルハイドと呼ばれるようになったかのように記すが、この名はオットーネンやザーリアー家のいわば王室に固有の名であることを考慮するならば、かの女がアーデルハイドと呼ばれたのは皇帝との再婚後のことと考えるべきであろう（ibid., prim., 50）。

（153）Lorenz H. Bertha und Praxedis,die beiden Gemahlinnen Heinrichs IV. Halle a.S.1911. Rüß,“Eupraxia-Adelheid”,S.482-3 による。

（154）Rozanov, Evpraksiia—Adel’geida Vsevolodovna (1071-1109). s.618

（155）Tatishchev, *Istoriia Rosiiskaia*.Tom, I, s.374

（156）Leib, *Rome, Kiev et Byzance*.p.143-144

（157）Annales Stadenses Alberto=*Drevniaia Rus’v svete*…IV, s.339 i prim., 20;Bloch, “Verwandtschaftlice Beziehungen”, S.190-191

（158）たとえば、ヘルスフェルトのランペルトの『年代記』によれば、辺境伯ベルンハルトの子オットー伯の母は「ルーシの出身」van Ruzen であったという。ベルンハルトとルーシ女性のこの結婚は一〇三〇年頃と推測されている。具体的にこの女性が誰であったかは明らかにしがたい（*Drevniaia Rus’v svete*…IV, s.328-329 i prim., 26）。

（159）たとえば Nazarenko, O dinasticheskikh sviazakh.s.188-189

（160）これとの関連でB・レイブもルーシとポーランド関係の複雑性を強調している。Leib, *Rome, Kiev et Byzance*.p.154-163

（161）たとえば、Widera, “Die politische Beziehungen”, S.23-24

（162）ヨハンネス（ヨアン）二世の返書は、Ponyrko, *Epistoliarnoe nasledie*.s.30-35（教会スラヴ語テクスト）、s.37-40（ロシア語訳）に収録されている。クレメンス三世からの使節とそれへのヨハンネス二世の応答の正確な時期については明確にしがたい。ヨハンネスの返書の時期がかれの没年（一〇八九年）以前ということは明らかであるが、N・V・ポヌィルコによればV・G・ヴァシリエフスキーらはこれを一〇八八—八九年と推測しているという。ポヌィルコ自身は八八年の少々前と考えている（ibid., s.27-28）。ただしナザレンコはもっと早く一〇八五—八六年のこととする（Nazarenko, *Drevniaia Rus’*.s.544-547）。G・ポドスカールスキーも一〇八四／八五年ないし一〇八八年としている（Podskalsky, *Christentum*.S.174-177）。また Priselkov, *Ocherki po tserkovno-politicheskoi istorii*.s.142-148 をも参照。なおこの書簡の内容（カトリック教会に対する批判）については第十二章1において改めて検討する（八二四頁以下参照)。

(163) たとえば Hellmann, "Die Heiratspolitik Jaroslavs".S.24

(164) Rüß, "Eupraxia-Adelheid".S.494-495. 府主教ヨハンネス二世の『教会法規に関する回答』のテクストは *PDRKP*.Ch.I(*RIB*.t.6), No.1, stb.1-20. ところでこの『回答』を含め、上のヨハンネス二世の返書には、後にルーシ教会のカトリックに対する態度をめぐる問題について検討する際に(第十二章1)あらためて立ち戻るが、ここであらかじめ以下を確認しておきたい。府主教ヨハンネスの返書に見える通り、キエフ教会当局は十一世紀後半(すなわち一〇五四年の東西教会の分裂後)の段階で、原則的に反ラテン的な立場を明確にしていたことは確かである(ただしその場合でも、後のモスクワ時代におけるほど厳しいものではなかった)。しかしながらキエフ大公(世俗権力)側が教会とは異なって、西方諸国に対しいまだ開かれた態度を取っていたことには注意が必要である。一〇五四年のシスマに関しても後に検討するところであるが、B・レイブもこの段階では「ローマ教皇とコンスタンティノープル総主教間の断絶」がいまだそれほど深刻なものとは考えられていなかったことを指摘している(Leib, *Rome, Kiev et Byzance*.p.178)。なおヨハンネスはその教会法規に関する記述において、キエフ諸公が娘らをカトリック圏へ嫁がせていることに対して苦言を呈する一方、諸公がカトリック女性を迎え入れることに関しては、とくに言及してはいない。このことの意味するところについても後にあらためて問題とする。

(165) たとえば、Leib, *Rome, Kiev et Byzance*.p.165

(166) Lamperti Hersfeldensis *Annales*(1075年)。*Drevniaia Rus' v svete*…IV, s.119-121. ナザレンコ訳による。

(167) ナザレンコによれば、教皇グレゴリウス七世がポーランド王ボレスワフ二世へあてた書簡(一〇七五年四月二十日付)において、ポーランド王を「ルーシ王から金を奪った罪」で非難しているという。ボレスワフが教皇の訓戒に対しどのように対応したかは不明であるが、のちにイジャスラフのキエフ大公位復帰をボレスワフが援助したのは(『原初年代記』一〇七七年の項)、教皇の訓戒がある程度効果を発揮したからなのかもしれない(Nazarenko, *Drevniaia Rus'*.s.534-537)。グレゴリウス七世のボレスワフ二世あて書簡のこの部分は、*Drevniaia Rus' v svete*…IV.s.112 にロシア語訳で読むことができる。

(168) ルーシの「富」についてはさらにシュターデのアルベルトの『年代記』も記している。すなわちスヴャトスラフ公の妃オーダは夫の死(一〇七六年)後故郷に戻ったが、アルベルトはこのオーダのその後の運命に言及する中で次のように記す。「[エルスドルフのイーダの子]オーダはルーシ王[スヴャトスラフとの間]に息子ヴァルテスラフ[ヤロスラフ・スヴャトスラヴィチ]

を産んだ。王の死後オーダは数えきれぬ財宝を然るべきところに埋めるよう命じ、かの女自身は息子とともに財産の一部をもってザクセンSaxoniaに戻った。そして[財宝を]埋めた者たちを殺害するよう命じた。かれらが口外することのないようにである。（中略）一方ヴァルテスラフはルーシに呼びもどされ、その地で父に代わって［ムーロム、チェルニゴフ公として］統治し、自らが世を去る[一一二七年]前に母によって隠されていた財宝を探し出した」。*Drevniaia Rus' v svete*...IV, *s*.338-339. このアルベルトの『年代記』が伝えるオーダと「ルーシ王」との結婚、子ヴァルテスラフ、ルーシ国の「富」などについては、さらにBloch, "Verwandtschaftliche Beziehungen", S.188-196が詳しく検討している。ブロッホはハインリヒ四世の目をルーシ公女エウプラクシヤに向かわせた理由（動機）として、皇帝の教会政策上の計画（東方教会との和解）と並んでルーシのこの「富」の問題（ルーシからの財政援助）を挙げている。しかも後者を皇帝の最大の動機であったと考えているかのようである（ibid., S.204）。

(169) 両者の関係破綻の原因をめぐり、まことしやかに伝えられた説の一つに、皇帝がニコライ主義（聖職者の妻帯を主張した）の信奉者であって、秘密のミサで性的放埒行為に走り、若妻もそれに巻き込んだが、後にこれを悔いた妻が告発に及んだとするものがある。この説を含め、皇后による告発の理由についてはリュスが詳細に検討している（Rüß, "Eupraxia-Adelheid", S.499-511）。

(170) 以上のように研究者の多くはエウプラクシヤの皇帝に対する告発を教皇と皇帝の対立の図式の中で理解しようとして来た。しかし中にはこれにさらにビザンツ宮廷を関連させて解釈しようとする研究者もいる。たとえば、ヘルマンは、ビザンツ側がこれに一枚かんでいたと考えている。つまりビザンツ皇帝アレクシオス一世コムネノスは、キエフに働きかけてエウプラクシヤに皇帝を告発させたとするのである。ビザンツ側の意図は言うまでもなく、ウルバヌス二世とハインリヒ四世の対立を激化させることにより、とくにウルバヌスの立場の弱体化を図り、かくしてすでにピアチェンツァ教会会議で育まれ、やがてクレルモンで具体化することになる十字軍計画を挫折させようとした、と言うのである。きわめて興味深い解釈であるが、これがはたして実際にそうであったかとなると証明は難しい。ビザンツ側にそこまでの深慮遠謀があったかが問題であるし、さらに当時ビザンツにとって、やがてウルバヌス二世によって実現へと導かれる十字軍が、もろ手を挙げて歓迎すべきものとは考えられていなかったとしても、この時点では具体的にどのようなものとなるのかについての明確な展望はもっていなかったのではないかと思われるからである。これをこの段階で断固として阻止しようとしたとは考えにくい。それにかりにもしそう考えていたとしても、コンスタンティノープルがキエフに働きかけて、さらにエウプラクシヤをそうした趣旨で動かすことができたのかとなると、これはほとんど空想の類ではないかとすら思われる。いずれにせよ、ヘルマン自身は自説を裏づける史料をまったくあげていないので、

それは推論の域をでていない。Hellmann, "Die Heiratspolitik Jaroslavs".S.25

（171）*Drevniaia Rus' v svete*…IV, s.208-209（ナザレンコ訳による）

（172）*Drevniaia Rus' v svete*…IV, s.209, prim., 6

（173）Rüß, "Eupraxia-Adelheid", S.501-510、とくにS.506

（174）皇帝との結婚からは子が一人生まれたと伝えられている。その子は一〇九二年に幼くして亡くなり、その後ヴェローナに埋葬されたという。この情報もマティルデの伝記や反皇帝的立場の強い人物（ライヒェルスベルクのゲロー）などに発するもので、真偽のほどは定かでないが、研究者の中には真実と考える者もいる（Hellmann, "Westeuropäische Kontakte", S.93）。リュスもわが子を失ったエウプラクシヤの悲嘆がかの女の行動に影響を与えた可能性について論じている（Rüß, "Eupraxia-Adelheid", S.500）。

（175）Rüß, "Eupraxia-Adelheid", S.512. ブィリーナ「ドゥナイ」、「チュリーラ」、「四十一人の巡礼たち」などを参照。中村『ロシア英雄叙事詩』二六〇―二九四、三六三―三八三頁。井桁『ロシア民衆文学　中』九六―一一二、三〇一―三一三頁。なお本書の著者は、以上に示したごとく、帰国後のエウプラクシヤが教会当局によって好意的に迎えられることはなかったと考えている。ところがこれとまったく異なる見解を表明する研究者も存在する。たとえば、ラッフェンスパーガーによれば、エウプラクシヤは西方の王族に嫁いだことでキエフ国家とその外交に奉仕した公女として、名誉のうちに迎えられたという。かの女の死が年代記に記され、かの女がペチェールスキー修道院に埋葬されたことがそれを物語っているとするのである。かれはペチェールスキーの修道士たちが、エウプラクシヤがカトリック圏に嫁ぎ、そこに長期にわたって滞在したことをまったく問題とは考えなかったとすら記す（Raffensperger, "Evpraksia Vsevolodovna", p.33; Raffensperger, *Reimgining Europe.* p.83）。ラッフェンスパーガーの力説するように、当時のキエフ国家が西方諸国との関係を強力に推進しようとしていたことは確かであり、それを示すことがほかならぬ本書の主要な目的でもあった。しかしそうした要素のみを一方的に強調することは、これまた大きな誤解に陥ると本書の著者は考えている。

第十一章　ヤロスラフ後のルーシ

1　ヤロスラフの「遺言」と子らの世代

ヤロスラフ賢公は一〇五四年に世を去った。かれは死を前にして明らかに大公国の行く末を案じていた。『原初年代記』は、ヤロスラフが子らにたいし以下のような指示を行ったと伝える。研究史上にいう「遺言」である。[1]

「ルーシの大公ヤロスラフが亡くなった。かれはまだ生きている間に自分の子らに以下のように指示した。『わたしの息子たちよ……お互いに愛をもて。（中略）もし互いに愛し合っていれば……お前たちは平和に暮らすことになるだろう。もしも争って憎しみながら暮らし、仲違いをするならば、お前たちは自らも滅び、自分たちの父や祖父の国も滅ぼすことになるだろう。（中略）そうならないように兄弟は互いに言うことを聞いて平和に暮らせ。わたしはわが長子でありお前たちの兄であるイジャスラフにわたしに代わってキエフの座を委ねる。わたしの言うことを聞いたように、お前たちはかれをわたしだと思ってその言うことを聞け。またわたしはスヴャトスラフにチェルニゴフを、フセヴォロドにはペレヤスラヴリを、［またイーゴリにはヴォロジーメリを］、そしてヴャチェスラフにはスモレンスクを与えよう』と言った。このようにして(ヤロスラフは)子らに町を分け、兄弟の境界を侵さず、(兄弟を)追放しないように命じて、イジャスラフに対し『もし誰かが自分の兄弟を辱めようとするならば、お前は辱められる者を助けなさい』と言った」(邦訳一八三―一八四頁。[ ]は邦訳者が補った部分。訳文は若干変えているところがある)。

ヤロスラフが三十五年も前に兄弟間の凄惨な戦いを制してようやく父の座についたことを忘れずにいたことは間違いないであろう。大公国が再びそうした事態に陥らぬよう、かれは子らの世代となっても安定した支配が続くよう願って上記のごとき指示を行ったのである。はたしてかれの意図は実現されたであろうか。そのことはやがて明らかになる。

「遺言」は単純で、指示内容も明瞭であるようにみえる。しかし注意して見てみると、ただちにいくつもの疑問が浮かんでくる。それはヤロスラフがどのような大公位継承方式を想定しているのか、かれの指示の根底に横たわる大公国の統治構造がどのようになっているのかわれわれにはよくわからないからである。以下はそうした問題を含めて、ヤロスラフ以後の大公位継承や統治の方式がどのように構想されているのか、またその子らの世代において統治は実際にどのような経緯をたどるのかをみていくこととするが、それに先立ってまずはヤロスラフの「遺言」の要点をまとめておこう(なお「遺言」の歴史的意味をめぐる諸問題については本章補論において検討することとする)。

ヤロスラフはキエフ大公の座を長子イジャスラフに渡している。公位の長子による継承は自然のことのように思われる。実際、キエフ公国では、リューリクから(オレーグを経て)イーゴリ、スヴャトスラフ、ヤロポルク、ウラジーミルそしてヤロスラフへと続く公位継承方式は長子制的であった。だがそもそもキエフ国家において公位継承について明示的に、それも遺言という形で指示が出されたのは今回が初めてであった。この「遺言」は口頭でなされ、後に年代記編者により上のような表現を与えられたと推測される(2)。

大公位の継承に関しヤロスラフはたんに伝統に従っただけなのか、それともかれは遺言により何か新たな方式を打ち立てたのか、そもそも公位継承は前大公の遺言ないし指示をまって初めて決められたのかは、具体的な事例に則してみていく必要がある。というのもこれまでの継承を仔細にみていくと、スヴャトスラフ・イーゴレヴィチ公までは長子相続というよりは、公子（後継候補）が一人しかいない（少なくとも他の公子の存在は知られていない）という偶然の事情によるところが大きかったからである。スヴャトスラフ（『原初年代記』によれば九七二年没）の子の世代になって状況が変わり、三人の子（ヤロポルク、オレーグ、ウラジーミル）が並び立つこととなった。長子ヤロポルクの即位後に兄弟間に争いが起きたことはすでにみたとおりである。ウラジーミル没後の継承争いについても先に詳しくふれた。諸公子間では長子相続が必ずしも原則となっていなかった（少なくとも公子全員に承認されていなかった）可能性があるのである。キリスト教導入以前の公妃が複数存在した時期には、そもそも長子が誰であるのか決定することが困難という事情があったことも考慮に入れるべきであろう。

次に「遺言」において大公位は長子に相続されたが、大公国自体は子らの間にあたかも分割されたかのようであった。それも長子以外の子らが大公の家臣として各地に封じられたというのではなく、父により各地にあたかも独立の公として任じられたかのごとくであった。他公の領国を侵すなと戒められているからである。諸公領は各公の「世襲」的分領となったかのようである。もっとも注意すべきは、やがて明らかになることであるが、大公も含めて諸公が以後その公国をそれぞれの家門ごとに独占的に領有したというわけでもなかった。むしろ各公国は諸公の私有物ではなく共有物であり、全体を構成する一部分にすぎないと考えられているかのようであった。S・M・ソロヴィヨフやV・O・クリュチェフスキーの見解では、諸公の死後各公国は一度全体（大公国）に戻され、諸公の「年長制」に基づく方式に従って改めて諸公に与えられたとみるべきなのである。(3) それゆえ大公国が分割されたというのでもない。その具体的様相については以下にみて行くが、この点からだけでも「遺言」の内容は一見してみえるほどには自然でも明瞭でもなかった。

ヤロスラフの子らへの諸都市（地域、分領）配分の様子を具体的に見ておこう。

ヤロスラフにはその死の時点で五人の子がいた。イジャスラフ、スヴャトスラフ、フセヴォロド、ヴャチェスラフ、イーゴリで、いずれもヤロスラフと二番目の妻イリーナ＝インギゲルドとの間の子である。夫妻にはさらに五人より前に生まれた子ウラジーミルがいたが、この子は父より先に（一〇五二年）世を去っていた（ただしその子、五人にとっては甥にあたるロスチスラフがやがて相続争いに大きく絡んでくる）。五人の子にはそれぞれ、キエフ、チェルニゴフ、ペレヤスラヴリ、スモレンスク、ヴォロジーメリ（ヴォルィニのウラジーミル、ウラジーミル・ヴォルィンスキー）が与えられた。[4] ということはこれらの都市は、当時のルーシで政治的、経済的にこの順に重要とみなされていたと考えることができるが、実はここには考慮に入れられていない（あるいは言及されていない）都市や地域が多くある。たとえばノヴゴロドやプスコフ、またトゥーロフ―ピンスク、さらにはスーズダリ、ロストフ、ムーロムやリャザン、はるか南方アゾフ海岸域のトムトロカンなどである。これらの都市の多くも本来はヤロスラフの指示に入っていたと考えられるが、年代記が伝える遺言の「文面」には書き留められなかったのである。重要度においてやや劣り、あえて列挙する必要がないと考えられたからなのかもしれない。[5]

ところがヤロスラフの「遺言」には、それ以外にむしろ意識的にその考慮の外におかれたと推測される地域や諸公（家門）があった。そのひとつはポロツクである。ここにはすでにヤロスラフ治世の初期の段階で、ヤロスラフの甥、ブリャチスラフ（ヤロスラフの兄イジャスラフの子）が公となっており、かれはノヴゴロドをめぐってヤロスラフと戦うこともあった（『原初年代記』一〇二一年の項）。このブリャチスラフの死後はその子フセスラフが跡を継いだ（同一〇四四年の項）。ヤロスラフの「遺言」にはこのポロツクとその公のことは出てこないのである。ポロツク公はすでに早くに大公位への権利を喪失したとみなされ、それ以後いわば分領公の地位にあまんじていたことが、「遺言」で考慮の外におかれた理由であったと考えられる（ポロツク公国については第七章1においてすでにある程度論じた）。

もうひとつの例外は、ヤロスラフのかれ以前に死去した長子ウラジーミルの子、ロスチスラフである。かれも父の早世ゆえに大公位への権利を喪失しており、したがってその名が「遺言」に現れないこと自体は不思議ではない。しかし『原初年代記』一〇六四年の項に、唐突に、「ロスチスラフがトムトロカンに逃げた」とする記述が出てくることからみて、やはり何か問題が隠されていることがわかる。かれも潜在的には「遺言」の対象者であったと考えるべきであろう。かれが何故どこから逃げたのかについては研究者間に見解の相違がある。[6] いずれにせよ、故ウラジーミル・ヤロスラヴィチの系統もヤロスラフ後の体制に潜在的に関係していたにもかかわらず、結局のところヤロスラフの他の五人の子らからなる統治体制（統治者集団）から排除された結果の逃亡であったと考えることができる。[7]

それゆえ「遺言」の指示内容は一見したほどには明瞭ではない。このことは事態の推移をみる中で具体的に明らかになってくる。

すなわち『原初年代記』によれば、一〇五七年「ヤロスラフの子ヴャチェスラフがスモレンスクで亡くなった」。このときもう一人の子イーゴリが「ヴォロジーメリ」から移されスモレンスクを与えられた。こうした場合にどのような措置が取られるかについて、「遺言」は何も指示していない。このあとイーゴリの旧領「ヴォロジーメリ」がどうなったか、そもそもこうした措置を講じたのがだれであったのかも記されていない。しかしそれもすぐに明らかになる。

一〇六〇年にはこのイーゴリも世を去るが（かれの領土スモレンスクがどうなったかについての記述はない）、その年に「イジャスラフ、スヴャトスラフ、フセヴォロドおよびフセスラフが……トルキに兵を進めた」と記される（一八六頁）。当時のキエフ大公国内で特殊な地位を占めたポロツクのフセスラフ公のことを今は措いておこう。かれがキエフ大公国全体の統治から外されていたことはやがて明らかになるからである。重要なのは、一〇六〇年の段階で生存していたヤロスラフの上の三人の子が共同で外敵（トルキ）と戦ったとされていることである。[8] つまりこの段階でキエフ国家は、大公イジャスラフ、そしてスヴャトスラフ、フセヴォロドの三人兄弟が共同で支配する体制ができているると推測できるのである。研究史上これは「三頭制」triumvirat と呼ばれている(9)。「三頭制」という呼称が適切であるかどうかはともかくとして、三人兄弟による共同支配は『原初年代記』の記述からもある程度裏づけられる。イジャスラフ大公以下三人の公は、すでに一〇五九年に叔父スジスラフを牢から釈放している（一八六頁）。いわば最初の共同行動であった。スジスラフはヤロスラフの弟であったが、兄によって一〇三六年に「プスコフの牢に」つながれて以来、「二十四年間」獄中にあったのである。スジスラフの投獄については『原初年代記』で「[かれのことを] 中傷する者がいた」と伝えられるだけで、詳細は不明であるが、いずれにせよヤロスラフは有能なもう一人の兄弟ムスチスラフの死（一〇三六年）を契機に、大公位の座を脅かす可能性のある最後の兄弟をこのような形で排除したのである。この不幸な叔父を三人の甥はもはや危険性のないものと判断して釈放したと考えられる（第九章1を参照）。スジスラフは四年後に亡くなるまで修道院で過ごした（邦訳一八六―一八七頁）。

三公の共同統治の例はさらに続く。一〇六七年に先述のポロツク公フセスラフがノヴゴロドを攻めたとき、三公は共同でこれに対抗し、激戦の末フセスラフを敗走させている。三兄弟とフセスラフは先には協力して「トルキ」と戦ったが（一〇六〇年）、ここでは交戦する事態になっているのである。フセスラフ敗走後の事態がまた本節にとっても重要であるが、それについてはすぐに立ち戻ることとして、ここではヤロスラフの三人の子らが共同で支配体制を敷いていることを確認しておきたい。

以上の経緯をみてみると、先に下の二人の兄弟（ヴャチェスラフとイーゴリ）があいついで世を去った時に取られた措置は、大公イジャスラフをはじめとする三人の兄弟が共同で講じたものと考えることができる。またポロツク公が基本的には大公（つまりは大公国）に属するノヴゴロドを攻めた時、三兄弟が協力してこれを撃退したことも、ヤロスラフの指示（兄弟による共同統治体制）の枠内での行動と理解することもできよう。それではこの「遺言」に基礎をおく体制はそのまま安定的に続いたのであろうか。

ほころびはルーシにとっての新たな脅威、遊牧民ポロヴェツのルーシ侵入を契機に露わになる。一〇六八年、ポロヴェツが攻撃してくる。[10] イジャスラフ以下三人の公がこのときも協力してこれを「リト河畔に」迎え撃った（リト川はトルベジ川の支流であるが、この地域はルーシとステップ地帯との間を分かつ戦略的要衝で、古来多くの戦いの場所として知られている。本書でも先にヤロスラフとスヴャトポルク間の一〇一九年の戦いについてふれた。聖ボリスが殺害された場所でもある）。しかしルーシ軍は敗北し、イジャスラフとスヴャトスラフはそれぞれ自国（キエフとチェルニゴフ）へ逃げ帰った。フセヴォロドは自国（ペレヤスラヴリ）がステップ最前線に位置したためにそこへ逃げることもできず、キエフの長兄イジャスラフのところへ難を避けた。

そして一〇六八年のキエフである。ルーシ政治史上特筆すべき出来事がこの年キエフで繰り広げられた。都市民が歴史の主役として、初めて本格的に『原初年代記』上に登場するのである。

『原初年代記』によれば、対ポロヴェツ戦に参戦したキエフの住民が、三人の公と共に戦場を脱し、「キエフに逃げて来て市場で民会を開いた」。キエフ民はおそらく大公イジャスラフ軍（その中核をなしたのは大公の従士団であった）の主力を占めていた。かれらは逃げ帰ったものの、ポロヴェツとの戦いを断念したわけではなかった。かれらは「公よ、武器と馬をください。そうすればわたしたちはもう一度かれらと戦います」と言って、戦闘の続行を主張した（邦訳一九四頁）。大公は武器を人々に渡すことを嫌ったのか、これに応じなかった。そのときキエフ民は大公の軍司令官を非難し、その屋敷に押しかける。それにとどまらず、民の半分は大公自身の邸にも繰り出し、他の半分は牢に閉じ込められていたポロツク公フセスラフの解放に向かった。

フセスラフは既述のとおり、ヤロスラフの子らの共同統治から排除されていたが、少なくとも一〇六〇年（対トルキ戦）までは三公と共同歩調を取っていた。それが一〇六四年の項で、これも唐突に「この年フセスラフが戦いを始めた」と記される。誰と戦い始めたのかは記されていない[11]。そして一〇六七年の項で、フセスラフがノヴゴロドを攻め占領したと記される。これによりフセスラフが三公と敵対関係にあることが明白になる。ノヴゴロドは（プスコフもであるが）大公（つまり大公国）に属す重要拠点であったからである[12]。こうして両者間に激しい戦闘がおこる。この一〇六七年にフセスラフはネミガ河畔の戦いで三公によって破られ（三月三日）、逃走した（おそらくポロツクへであろう）。その後（七月十日）フセスラフは三公からの和平提案を受け入れ、大公イジャスラフの陣営（スモレンスク近郊）に出頭する。ところが大公はかれを捕らえ、キエフに連行してその息子二人と共に牢に投じたのであった。この時の大公らの行動は年代記編者の激しい非難の対象となる。年代記によると、大公らは「フセスラフに誓って聖なる十字架に口づけをし、かれに『わたしたちのもとに来なさい。わたしたちはあなたに対し悪いことをしないから』と言った」のに、その誓いを破ったからである。三公がその後一〇六八年になってポロヴェッツとの戦いに敗北を喫したのも、十字架の誓いを破った罪に対する神罰であったとされる[13]。ギリシア正教というよりはキリスト教の修道士である年代記編者は、同年の項で、人間の罪に対し「神」は常に罰をもって厳しく対処すること、つまりかれらの「神」は歴史に介入する存在であるとする立場を執拗に展開する（一九一―一九四、一九六―一九七頁[14]）。

さてイジャスラフはキエフ民がフセスラフを牢から解き放った（一〇六八年九月十五日）ことを知るや、「リャヒ」（ポーランド）へ逃亡する。これは言うまでもなく、かれの妻（ゲルトルード）が当時のポーランド王ボレスワフ二世の叔母であったことと関係している（さらにイジャスラフの叔母ドブロネガ―マリヤはボレスワフ二世の母であった。第十章補遺参照）。ところでこのとき、イジャスラフの側近がキエフ民によるフセスラフの奪還を恐れて、後者を亡き者にしようと企てるが、大公は側近のこの企てを退け自らがキエフを退去したとされていることは、当時の諸公間紛争の一側面を示しており興味深い。諸公間にキリスト教道徳が普及し始めていたこと、あるいはかれらがある種の同族意識に規定されていたことを物語る事例かもしれない。それはともかくとして、解放されたフセスラフは、キエフ民の手でなんと大公位につけられたのである。これは少なくとも二点において注目される。ひとつにはこのときはじめて「民会」が大公を擁立したことになった。非常時のこととはいえ「民会」が最高度にその力を発揮した画期的な事件であったといえる。第二は、フセスラフ（の家門）は既述のとおり大公位への権利を喪失したものと考えられていた。にもかかわらず大公位につけられたということは、これまでの伝統がこのとき破られたこと（あるいは「伝統」が実はそれほど確固たるものではなかったこと）を意味した。いずれにせよヤロスラフの家門以外の者がキエフに君臨したのは、十三世紀のモンゴル侵入の時代に至るまでの時期を通じて、これが最初にして最後のことであった。まさに一種の革命が行われたと考えてよいことになる。(15)

さてイジャスラフ逃亡後のキエフ大公位である。フセスラフが一〇六八年から翌年にかけて「七か月の間その座にあった」が、一〇六九年（早春であろう）、イジャスラフがポーランド兵の支援を受けキエフへ大公位奪還の遠征に進発する。ボレスワフ二世自身がこれを率いていた。フセスラフは迎撃のためベルゴロド（キエフの南西二五キロ）まで出陣したが、結局戦闘を回避しひそかにポロツクへ逃走した。フセスラフに置き去りにされた形のキエフ民は首都に戻り、「民会」を開いて、スヴャトスラフとフセヴォロド両公へ使者を送る。キエフ民は両公に、大公イジャスラフ（両公の兄である）を追放したことについて詫び（「わたしたちは悪いことをしてしまいました」）、両公が前大公およびポーランド軍に対するキエフ防衛戦の指揮をとるよう提案する。かれらは両公にたいし「自分たちの父の町に帰って来てください。もし来たくないのならば仕方ありません。［わたしたちは］自分たちの町を焼き払い、グレキの国へ行きます」とやや奇妙な決意表明をしたことが伝えられている（二九七頁）。キエフ民がポロヴェツやポーランド軍に対し徹底抗戦を主張し、それがかなえられないならキエフを焼き払って退去すると息巻くことは理解できないことではない。しかし抗戦ができないならばギリシア（ビザンツ）へ去るとはいったいどういうことなのか、やや理解しがたい。これに関しV・V・マヴロージンは、このような主張を行う主体として、とくにドニェプル・ルートを通じてギリシアと強く結びついていた商人層が考えられることを指摘しているという。これに従えば、この時の「民会」（と都市キエフ）はこれら商人層の指導下にあったということになろう。[16]

キエフ民の提案を受けてスヴャトスラフ、フセヴォロド両公は兄イジャスラフとの交渉に入る。年代記編者の説明によれば、両公は兄が大公位に復帰することに異存はない。キエフ民もこの点については了承していた。問題は「リャヒ兵」の存在である。両公は兄に「フセスラフは逃げましたから、リャヒをキエフに連れて来ないでください。あなたに対して敵意はありません」と言い、その上でもし兄がそれでもポーランド兵に支援されてキエフを攻めるなら、両公がこれを力ずくで阻止する覚悟であることを伝える。年代記の記述はややあいまいであるが、イジャスラフはこれを受け入れたようである。イジャスラフは「これを聞いてリャヒを残し、ボレスワフ（二世）と共に僅かなリャヒを率いて進んだ」とされている。ボレスワフが同行したとするなら、リャヒ兵が「僅か」であったと言えるかどうかやや疑問もあるが、双方の交渉の結果あいまいな形で決着が図られたということかもしれない。かくてイジャスラフが大公位に復帰することになるが（一〇六九年五月二日）、この時の復帰劇にはやや興味深いディテールが含まれていた。イジャスラフは先遣隊として息子のムスチスラフをキエフに送りこんだが、ムスチスラフは、かつてフセスラフを牢から解き放った者たち「七十人を斬り殺し、他の者は盲目にし、またその他の者も罪もないのに取り調べもせずに殺した」という。凄惨な粛清劇が展開されたのである。ここにポロツク出身者が含まれていたとしたら、ここにはたんなる裏切り者に対する処罰というだけではなく、キエフとポロツクの根深い対立が影を落としている可能性もある。さらにもう一点。イジャスラフは大公に復帰した後、「食糧を手に入れるためリャヒを方々に行かせたので、（人々は）ひそかにリャヒを殺した。ボレスワフは自分のリャヒの国に帰った」とされる。どうやらイジャスラフは「僅か」とはいえかれと共にキエフに乗り込んできたポーランド兵が邪魔となり、厄介ばらいをしたと考えられる。場合によっては最初からそのような策略を考えていたのかもしれない。一方ボレスワフ王もルーシとの関係で独自のそれなりの戦略をもっていたのであろうが、それが具体的にどのようなものであったかはわからない。いずれにせよ所期の目的を達することができずに撤退を余儀なくされたと考えられる。イジャスラフは騒動の舞台となったキエフの「市場」（それはポドールと呼ばれるドニェプル河畔の低地帯にあった）を「丘」（公館や貴族の居留地であった高台にある城壁内）へ移し、「フセスラフをポロツクから追放して」復位劇を完成させる。イジャスラフはキエフに復し、スヴャトスラフとフセヴォロドはチェルニゴフとペレヤスラヴリに座し、三公の共同統治体制が復活する。

ところでこのフセスラフ公であるが、その後もキエフへの抵抗は諦めなかった。かれはキエフに復帰したイジャスラフによっていったんは自領のポロツクから追われたが（ポロツク公位には大公の子ムスチスラフが、かれが間もなくその年の内に没すると、さらにその弟スヴャトポルク公が据えられた）、一〇七一年には「スヴャトポルク公を追いだした」とされている。ただフセスラフのポロツク奪還、復帰は結局のところ成功しなかったようにみえる。同年フセスラフはスヴャトポルクの兄（ヤロポルク）によって打ち破られたと記されているからである（一九九頁）。ポロツク諸公のキエフへの抵抗はフセスラフの子らの時代になっても止まなかったが[17]、それまで一定の自立性を保ってきたポロツクはこうして事実上キエフ大公家（イジャスラフ一門）に帰属することとなったと考えてよい。その後フセスラフについては目立った活躍が伝えられることもなく、かれは一一〇一年にその数奇な運命を閉じたことのみが年代記に記されている（二九六頁）。フセスラフ公は、キエフの大公権力に対して反抗的な活動を続けながら、年代記においてはときに同情的な筆致で描かれる一方（「十字架の誓い」にもかかわらず大公イジャスラフらにより裏切られた公としてである）、異教的、魔術的な雰囲気を漂わせる公としても紹介されている[18]。ルーシにおける特異な存在としてのポロツクを象徴する公であったといえる。『原初年代記』一〇七一年の項は「この年ヤロポルクがフセスラフを打ち負かした」と短く記した後、唐突に「この頃悪魔に誘惑された占師が来た」と話題を転じ、ルーシにおける悪魔、占師、妖術師の悪行について延々と記しているが、この箇所などは、年代記編者がフセスラフの敗北について記した際に（かれについての記述はその後実質的に途絶える）、かれについての連想から突然、悪魔等への話題に転じたのではないかと思わせるほどである。[19]

年代記の続く一〇七二年の項はボリス・グレープ兄弟の遺骸の遷移式に関する記述である。これについてはすでに検討したので（第八章2、五一〇—五一一頁）繰り返さないが、本章との関連で言えば、ここにもイジャスラフ以下三公の協力体制が際立っている。「遺言」の精神は守られているといえる。[20]

ヤロスラフの遺言の破綻が白日の下にさらされるのは翌一〇七三年である。次のように記される。「悪魔がこのヤロスラフの子らの兄弟の間に仲間割れをおこした」（二〇六—二〇七頁）。すなわちこの年、スヴャトスラフがフセヴォロドを抱き込んでイジャスラフをキエフから追放したのである。年代記は首謀者をスヴャトスラフとみている。スヴャトスラフは「弟フセヴォロドをだまして、『イジャスラフがわたしたち二人に対抗してフセスラフと結ぼうとしています』と言った」と記される。フセヴォロドが兄スヴャトスラフの陰謀にたんに受身的に協力しただけなのかどうかはわからない。ここには後に自ら大公となるフセヴォロドの意を受けた年代記編者の作為が感じられるが、かりにそうであったとしても、イジャスラフ追放劇の真相が明確になるわけではない。いずれにせよ大公の座を追われたイジャスラフは「多くの財産をもって」、このときも「リャヒへ」逃れる。しかし今回は前回の亡命の時とは異なっていた。すでにみたとおり、ポーランド王（ボレスワフ二世）は「財産のすべてをかれから奪い、かれを自分の下から追放した」。イジャスラフがポーランドからも追われてさらにドイツ皇帝の宮廷へ向かったのみならず、そこから子のヤロポルクをローマへ派遣して教皇の助力を乞うたことが知られている。[21] キエフ大公の座には追放劇の首謀者とされたスヴャトスラフがついた（一〇七三年）。年代記は「スヴャトスラフは自分の兄を追い払い、父の遺訓、およびそれ以上に神の（教え）をも犯してキエフに座した」、これは「大きな罪である」と記し、ヤロスラフの遺志が下の子たち（とりわけスヴャトスラフ）によって踏みにじられたことを公然と批判した。スヴャトスラフの兄への反逆は、年代記編者の非難を浴びただけではない。ペチェールスキー修道院院長のフェオドーシーもスヴャトスラフの招待を断りかれを公然と非難したことが同院の『聖者列伝』に記されている。(22)

ところで年代記編者はスヴャトスラフによる兄の追放劇を「悪魔」の仕業と説明したが、実際にかれがいかなる理由と動機からこうした行動に出たのかは、当然研究者の関心を呼んできた。本書はこの問題には立ち入らないが（というのも、年代記のさまざまに問題を含む記述以外にほとんど史料のない状況で、この種の問題にあまりに強くこだわることは、確実に歴史学研究の枠外に出てしまうことが予想されるからである）、ひとつだけ興味深い例を紹介しておくと、チェルニゴフの歴史にとくに取り組んだアメリカのM・ディムニクがこの点について立ち入った考察をしている。かれの見解で本書の著者が重要と考える二点についてのみ記しておく。第一点は、スヴャトスラフが、政治的能力で自分に劣ると考えた兄（大公イジャスラフ）がある時点で自分の（その時点での）長子ヤロポルクに大公位を継がせようと考えていることを知り、それはヤロスラフの「遺言」に反する行為であると判断したとされていることである。もし兄の策略（父の遺志に反して勝手に自身の子を後継者にすえる）を許すならば、スヴャトスラフが大公に就く（つまり弟である自分による継承の）機会は永遠に失われてしまうと考えたというのである。第二点は、スヴャトスラフはある時期（一〇七二年頃）から自分が「病」に侵されており、自身の健康の先行きに大きな不安を感じていたと推測される（現にかれは一〇七六年に「腫物」が原因で死去する）としている点である。もし自分が大公イジャスラフの存命中に世を去ることにでもなれば、自分の子孫（家門）は大公位継承権を永遠に失ってしまう。スヴャトスラフはそうした事態を恐れて、一〇七三年に行動を起こしたとするのである。これらはもちろん大いにあり得たし、また後者などはとくに示唆に富む指摘でもあるが、いずれにせよ推測の域を出るものではないので紹介するにとどめておく。(23)

さてイジャスラフ追放でいわゆる「三頭制」はスヴャトスラフとフセヴォロドによる「二頭制」となった感がある。

ただしこの「二頭制」も長くは続かなかった。両公の協力体制は一〇七六年までは続いた。この年両公はそれぞれの子（オレーグとウラジーミル・モノマフ）に「リャヒを助けて、チェヒに兵を」進めさせている（二二〇頁）[24]。「二頭制」の解消は偶然の事情によっていた。同じ一〇七六年の末に（十二月二十七日）スヴャトスラフ大公が「腫物を切って亡くなった」のである。切開手術（rezanie）が失敗したと考えられる。年が明けて早々に、最年少のフセヴォロドが大公位に登った。長兄は国外にいたからである。フセヴォロドの単独支配が樹立されたかのごとくであったが、そうではなかった。

一〇七七年、長兄イジャスラフが再び「リャヒを率いて兵を」挙げキエフ遠征に出立したのである。四年前にはポーランド王ボレスワフ二世に支援を拒否され、あまつさえ「財産」まで奪われたイジャスラフが、このたびは王の支持を取り付けるに至った経緯と、ボレスワフ王の態度変化の理由については、ここでは立ち入らない[25]。いずれにせよ、イジャスラフがまたもや大公位奪還の戦に打って出たのである。年代記は簡潔に、フセヴォロドがこれを迎え撃つべくヴォルィニへ出陣したこと、しかし両者が「和を結び、イジャスラフはキエフに入城して、七月十五日、［大公位に］座した」と、あたかも何事もなく万事が収まったかのごとくに記す。兄弟の間にどのようなやりとりがあってそうなったのか、詳しい事情は不明である。いずれにせよ弟が大公位継承の慣習法に則って兄に譲歩し、イジャスラフが三度目の大公位就任をはたした形になった。フセヴォロドは第二の都市チェルニゴフに座した。

「遺言」が想定したヤロスラフの子らによる共同統治（いまや二頭制である）の枠組みは新たな形をとって続いたように見える。しかしその全体が崩れ去るときが突然にきた。『原初年代記』一〇七七年から七八年にかけて次のように記される。

「一〇七七年……スヴャトスラフの子オレーグはチェルニゴフのフセヴォロドのもとにいた。一〇七八年……オレーグがフセヴォロドのもとから……トムトロカンに逃げた。（中略）オレーグとボリスが異教徒をルーシの国に連れてきた。かれらはポロヴェツとともにフセヴォロドに対して兵を進めた」(二二〇―二二一頁)。

ここに言われるオレーグとはヤロスラフ賢公の孫(故スヴャトスラフ大公の子)である。『イーゴリ遠征物語』に「ゴリスラーヴァの子オレーク」の代に、国の乱れの種はまかれて芽を吹き」と謳われたのがまさにかれである。いわゆるモノマフ一門（Monomashichi、フセヴォロドの子ウラジーミル・モノマフの子ら、「モノマフ党」とも訳される）に対抗するオレーグ一門（Ol'govichi、オレーグの子ら、「オレーグ党」）の祖として、その後のキエフ・ルーシ史を賑わすことになる人物で、「風雲児」などとも呼ばれる。ヤロスラフが「遺言」により維持を図った秩序の崩壊はオレーグにより決定的となったと『遠征物語』の作者も考えているのである[26]。

オレーグは、伯父イジャスラフがポーランドから戻って三たび大公の座に就いたときには、もう一人の叔父フセヴォロドの監視（ないし庇護）下にあった（上記引用文中の「オレーグはフセヴォロドのもとにいた（u Vsevoloda）」はこのように理解すべきであろう）。しかしこの年フセヴォロドの下から脱出し、トムトロカンへ去ったのである。このときの具体的事情はもちろん不明であるが、両者はチェルニゴフの領有をめぐって決定的に対立するにいたったように思われる。オレーグにとってそれは父の領国、すなわち自身に帰属すべき遺産であった。それが新たにフセヴォロドの手に帰することとなったのである。ただことは単に一公国をめぐる領有権争いに留まらなかった。以後の展開は複雑であるが、基本的にはヤロスラフの三人の子らのそれぞれの家門間の争いと見ることができる[27]。以下にみるように、イジャスラフの三度目の大公治世がやがてあっけなく終わり、結果的に三兄弟の中で最後まで生き残り大公となった（一〇七八年）フセヴォロドの一門が、長子である故イジャスラフの一門を味方につけ、二番目の故スヴャトスラフの子ら（グレープ、ロマン、ダヴィド、そして上記オレーグ、さらにヤロスラフ）と激しく争う構図が浮かび上がってくる。対立の経緯を以下に『原初年代記』によりながら簡単にたどっておこう。

オレーグのトムトロカンへの退去（このときのトムトロカン公はかれの兄ロマンであった）をうけて、イジャスラフ大公とフセヴォロド側は、ノヴゴロドの公であったグレープ（オレーグのもう一人の兄）の排除にかかる。(28) イジャスラフはグレープに代えて、ノヴゴロド公として自身の子スヴャトポルクをつける。キエフ大公がノヴゴロドを再び手中に取り戻したのである。

ところが早くもその夏オレーグがヤロスラフ賢公の別の系統（すなわちヤロスラフの子ヴャチェスラフの系統）の孫ボリスを引き込んでポロヴェツを率い、トムトロカンからフセヴォロドに対し戦いを挑んできた。オレーグの目的はいうまでもなくチェルニゴフを取り戻すことであった。ボリスは一〇五七年に没していたヴャチェスラフ・ヤロスラヴィチの子で、一〇七七年にこれまたチェルニゴフを占拠したが、わずか八日しか保持できずに追い出され（おそらくはウラジーミル・モノマフ公によって）、トムトロカン（のロマン・スヴャトスラヴィチ公のもと）に逃げ込んでいた（邦訳二二〇頁）。この二人がポロヴェツと組んで侵攻してきたのである。フセヴォロドは迎え撃ったが、手ひどく打ち破られて逃走し、オレーグとボリスがチェルニゴフに入城する。

敗れたフセヴォロドは兄イジャスラフの下へ逃れ、助力を求める。イジャスラフは前年の「和解」により同盟関係を確認し合ったフセヴォロドが、自領地チェルニゴフを奪われ窮地に陥ったこの時点で、かれを抹殺することも可能であったが、そうはしなかった。かれはフセヴォロドらのかれに対するかつての背信行為を根に持つことなく、同盟関係を継続することを承諾し(29)、イジャスラフは子のヤロポルクを、フセヴォロドは子のウラジーミル（モノマフ）を伴ってチェルニゴフ奪還の遠征に出る。遠征軍とオレーグ・ボリス軍はチェルニゴフ近郊で激突し遠征軍側が勝利し、このときボリス公は戦死する。またオレーグはトムトロカンへ逃げ戻る。しかし勝利したはずの戦いで当の大公イジャスラフも生命を失うことになる（十月三日）。年代記作者は大公を「気質は悪意がなく、ゆがんだことを憎み、正義を愛した」と称え、その死を「キエフの町全体が悼んで泣いた」と伝え、かれをあたかも「主の教えを実行して、自分の兄弟のために血を流した」殉教者でもあるかのように描いている（二二四―二二五頁）。かれが修道士である年代記作者にとって理想的な君主であったことと並んで、年代記が編纂されたペチェールスキー修道院と大公が良好な関係にあったことがここに表現されているとみることができる。もちろん二度も大公位を追われたイジャスラフの君主としての政治手腕の問題は残るであろう（現に上述のごとく、ディムニクなどは、弟のスヴャトスラフが兄イジャスラフの力量を低く評価していたとすら推測している）。しかし年代記作者がそこに大きな価値をおいていなかったことも確かである。

一〇七八年秋、ヤロスラフの子で唯一残ったフセヴォロドが「キエフで父と兄の座につき、ルーシの全領土を手に入れた」。こうして長く不安定な「三頭体制」（途中から「二頭体制」、それも最初はスヴャトスラフとフセヴォロドの、次いで復帰したイジャスラフとフセヴォロドの、という具合に担い手が変わる）が終わり、フセヴォロドの即位により単独支配の時代が到来する（一〇九三年まで）。フセヴォロドの統治は子のウラジーミル（モノマフ）をチェルニゴフに据え、兄イジャスラフの子ヤロポルクにヴォルィニのヴォロジーメリとトゥーロフを与えることで始められる。フセヴォロドとイジャスラフの両家門が連携し、スヴャトスラフ一門を排除、これと対立するという構図はそのまま続いている。

一〇七九年、フセヴォロド大公はトムトロカンに依るスヴャトスラフの子らの排除に取りかかる。かれはこの年スヴャトスラフの子ロマンがまたもやポロヴェツを伴って攻めてきた機会を捉え、逆にポロヴェツに手をまわしてロマンを殺害させる。かれはさらにハザールに働きかけ、オレーグ・スヴャトスラヴィチを捕らえさせ、これを「海の彼方のツァーリグラード［コンスタンティノープル］に流した」。フセヴォロドはかくして長い間スヴャトスラフ一門の手にあったトムトロカンを自身の支配下に置き、そこに代官を派遣する。

ここでオレーグをコンスタンティノープルへ「流した potochisha（追放した）」という表現は興味をひく。年代記は例によってそれについて一切説明しない。ただ四年後の一〇八三年の項で、オレーグが「グレキからトムトロカンにやって来て」再び挑戦を始めたことが記される。ギリシアでのオレーグの動向は、ほとんど知られていない。「風雲児」オレーグ・スヴャトスラヴィチの数奇な運命については研究者も関心を寄せ、新たな情報を求め、さまざまな推測を行っている。[30] 具体的な経緯はともかくとして、オレーグの帰還によりトムトロカンはまたもやスヴャトスラフ一門の手に復すこととなった。

オレーグ・スヴャトスラヴィチの抵抗が続いただけではない。これに加えて同盟関係にあったイジャスラフ一門にも不審な動きがでてくる。年代記一〇八五年の項については第四章においても一度言及したが（一八〇―一八一頁）、あらためてみてみると、イジャスラフの子ヤロポルク（ヴォルィニのヴォロジーメリの公）が「邪悪な助言者の言うことを聞いて」フセヴォロドに対し兵を進めようとしたことを伝える（邦訳二二八頁）。フセヴォロドは先手を打ち、子のウラジーミル（モノマフ）にこれを攻めさせる。「ヤロポルクは自分の母と従士団をルチスクに残してリャヒに逃げた」。ルチスク（ヴォルィニ地方の町）を陥落させたモノマフはヤロポルクに代わって従兄弟のダヴィド（イーゴリ・ヤロスラヴィチの子）をヴォロジーメリ公に据え（言うまでもなく父フセヴォロドの指示によってであろう）、また「ヤロポルクの母とかれの妻、およびかれの従士団をキエフに連行し、かれの財産をとり上げた」。ここにいわれるヤロポルクの母はゲルトルード（ポーランド王ミェシコ二世の娘）であり、妻はクニグンデ（マイセン辺境伯オットーの娘）である。

一方ポーランドへ亡命した当のヤロポルクは翌年帰国し「ウラジーミル［モノマフ］と和を結んだ」と記される。例によって詳しい経緯は不明である。いずれにせよ、ヤロポルクはヴォロジーメリ（ヴォルィニの）公位に復帰し、いったんは崩れかけたフセヴォロド一門とイジャスラフ一門の協力体制が復活したようにみえた。しかしそうはならなかった。復帰直後にヤロポルクが「呪われたネラデツによって」暗殺されてしまったからである。ネラデツ某はその後「ペレムィシリのリューリクの下へ逃げた」と記される（二二九頁）。暗殺の背後にペレムィシリ公リューリク・

ロスチスラヴィチ（ヤロスラフ賢公の長子ウラジーミルの孫）がいたことが暗示されている。のちに一〇九七年（リューベチの諸公会議が行われた後）の諸公間紛争に際し、火付け役となった上記ダヴィド・イーゴレヴィチ公が大公スヴャトポルクに対し、大公の兄ヤロポルクを殺害した犯人はヴァシリコ・ロスチスラヴィチ（テレボーヴリ公）であることをほのめかしているが（二七八―二七九頁）、ヴァシリコはリューリクの弟であった。非業の死を遂げたヤロポルクは年代記作者によって「罪がないのに自分の兄弟によって追放され、辱められ、略奪され、ついに悲惨な死を遂げたが、永遠の生命と平安とを得た」、「かれは物静かで柔和で恭順であり、兄弟を慈しんだ。かれは自分の全収入の十分の一を毎年聖母教会に捧げた」と称えられている。

ヤロポルクの死は、かれを悼んで「激しく泣いた」すべてのキエフの人々にとっても、また「信仰厚きフセヴォロド」にとっても大いなる不幸であったと記されるが、その結果はフセヴォロドにとって必ずしも悪いものではなかった。甥はかれにとって提携相手でもあったがライバルでもあった。その死は前大公イジャスラフ一門の年長者の退場を意味したのである（こうしたことを考慮に入れれば、ヤロポルクの死にフセヴォロドとモノマフ父子ないしかれらの手の者がかかわっていた可能性も排除できない）。ヤロポルクの公位（ヴォロジーメリ）は大公国（すなわち大公の手）に帰属した（ヴォロジーメリ公位は大公フセヴォロドの差配によってダヴィド・イーゴレヴィチに与えられた）。フセヴォロドはさらに一〇八八年にはノヴゴロド公位にあったスヴャトポルク・イジャスラヴィチ（ヤロポルクの弟、後の大公）をトゥーロフへ移した（年代記には「この年、スヴャトポルクがノヴゴロドからトゥーロフへ行き、［そこで公として］生きた」とたんたんと記されている（ラヴレンチー本にはないが、ラジヴィウ写本などに。邦訳二三〇頁）。これがスヴャトポルクに対するいわば降格措置であったことは容易に推測できる。こうしてノヴゴロドもフセヴォロドの手に帰属することとなった。そのうえでかれはノヴゴロドに十二歳の孫ムスチスラフ（ウラジーミル・モノマフの子、後の大公）を公として送り込んだ。(31)

こうして一〇八八年までにはフセヴォロドのライバルであった有力な甥たちは世を去った（既述のごとく、スヴャトスラフの子グレープとロマンが一〇七八、七九年、またヤロポルク・イジャスラヴィチが一〇八六年であった。それぞれ非業の死であったが、とりわけ前二者の死にはフセヴォロド自身が関与していた可能性も否定できない）。『原初年代記』に「かれがキエフに座していたとき、自分の甥たちのためにかれに悲しみが生じた。かれらが領地を求めて、かれに苦しみを与え始めたからである」と記されるが（二三八頁）、これがかれに同情的な年代記作者の立場（ペチェールスキーないしヴィドゥビツキー修道院のでもある）からの記述であることは言うまでもない。いずれにせよこれらの「苦しみ」の根源《もと》は取り除かれた。かくて大公位に登ったフセヴォロドが他の家門からの挑戦に巧みに対処したことは明らかであった（それにはかれの有能な子ウラジーミル・モノマフの働きが大きかったと考えられる）。この後もかれにはまだ残された甥たちがいたが（スヴャトポルク・イジャスラヴィチとオレーグ・スヴャトスラヴィチ）、いずれもトゥーロフやトムトロカンへ追いやられるか、そこに留まるかしていた。今やフセヴォロドが大公として父ヤロスラフ賢公と同様の単独支配権を樹立したかのごとくであった。ただヤロスラフの子のなかで最後まで生きながらえたかれの支配もまもなく終焉を迎える。大公位に登って十五年、ほぼ全土を支配においてわずか五年後の一〇九三年に、かれは「病気になり、加えて老境が迫って」亡くなったからである。生年は一〇三〇年とあるので（年代記邦訳一七〇頁）、享年六十三歳であった。[32]

2　ヤロスラフの孫の世代――リューベチ諸公会議（一〇九七年）とその後

ヤロスラフの子の世代は終わり、孫の世代が始まった。ヤロスラフの「遺言」のいわば有効期限は尽きた。新たな指針は存在しなかった。それでも大公位の継承は一見して問題なく行われたようにみえる。新大公となったのは、ヤロスラフの長子イジャスラフの子スヴャトポルクであった。『原初年代記』はかれの即位を、同じくヤロスラフの孫であるウラジーミル・モノマフ（父はフセヴォロド）の側の譲歩により説明している。この譲歩は、すでに記したように、五年前にフセヴォロド側がスヴャトポルクに対し、ノヴゴロドからトゥーロフに移すという降格処分を行っていたことを想起するならば、一層異様に思われる。一〇九三年の項に次のように記される。

「ウラジーミル［モノマフ］は思案し始めて、『もしもわたしが自分の父の座に座すならば、スヴャトポルクとの戦いを覚悟しなければならないであろう。公座が以前にはかれの父のものだったからだ』と言った。かれはこう考えて、スヴャトポルクを迎えにトゥーロフに使者を送り、自分はチェルニゴフに、またロスチスラフ［モノマフの弟］はペレヤスラヴリに行った……スヴャトポルクがキエフにやって来た。キエフの人々は……かれを喜んで受け入れた」（二四〇頁）。

スヴャトポルクの登極をウラジーミル・モノマフの「譲歩」によって説明する年代記の作者は、明らかに後者の立場を代弁している。この部分の記述がモノマフの大公位就任（一一一三年）以後のものであることが示されていると言ってもよい。だがだからといってこれがまったくの虚構と考える必要はない。スヴャトポルクがヤロスラフの孫のなかでもっとも有力な大公候補者であることは確かであったからである。かれはヤロスラフの長子（大公位を継いだ三人の子らの最年長者）イジャスラフの子であり、おそらくはフセヴォロド大公薨去の時点で、次期大公候補者と目された諸公のなかでも最年長者であった[33]。しかしこの譲歩という美談には、記されなかったこと、もし意識的であったとするならば、隠されたことがある。この記述はヤロスラフのもうひとりの子スヴャトスラフの系統にはまったくふれていないのである。フセヴォロド後の大公位の継承についてやはり改めて考えておく必要がありそうである。

すでに記したようなキエフ大公位継承の慣習からすれば（本章注（3）参照）、フセヴォロドの死の時点で大公位は、ヤロスラフの孫の世代に移ることになっていた。この時点で候補となりうる孫は次の六人である。まずヤロスラフの長子イジャスラフの子スヴャトポルク、次いで次子スヴャトスラフの子ら（ダヴィド、オレーグ、ヤロスラフ）。さらに第三子フセヴォロドの子ウラジーミル（モノマフ）とロスチスラフである。いずれもそれぞれの父が大公であった者たちである。各家門の年長者だけに限定しても、すくなくとも三人（スヴャトポルク、ダヴィド、ウラジーミル・モノマフ）が次期とはいわなくとも、いずれ大公となるべき候補者であったはずである（そのうちスヴャトポルクが長子の系統にある者として最有力であったことは言うまでもない。またスヴャトスラフ一門では、兄のダヴィドよりは弟のオレーグの方が、能力と性格の点でおそらくは上とみなされていたので、この家門ではオレーグが有力であったと考えられる）。ところが『原初年代記』はスヴャトスラフ一門を除外して考えている。イジャスラフとフセヴォロドの二家門のみを念頭においているのである。これはいったいどういうことであろうか。

とりわけ奇妙なのは、ウラジーミル（モノマフ）が大公位をスヴャトポルクに譲りながら、自らは第二の都市（公国）チェルニゴフに座し、また弟のロスチスラフを第三のペレヤスラヴリ公位につけていることである。大公位は「以前にはかれの父のものであった」という理由でスヴャトポルクに譲りながら、以前には（少なくともヤロスラフの「遺言」が出されて以後相当期間）スヴャトスラフのものであったチェルニゴフをその子らには渡さずに、自らが手にしているのである。ウラジーミルが弟ロスチスラフに与えたペレヤスラヴリこそ、本来かれ自身が座すべき町であった（その場合には、ロスチスラフには当然のことながらさらに下位の別の公国が割り振られることになる）。ここには明らかな矛盾がある。

年代記などは明らかにしないが、これはいうまでもなく、イジャスラフとフセヴォロドの両家門が協力して統治体制を組み、スヴャトスラフ一門を排除したことを意味しているであろう。そうだとして、同一門は何ゆえ排除されたのであろうか。スヴャトスラフ一門が『原初年代記』において、否定的な取り扱いを受けていたことについては部分的ながらすでにふれた。一〇七三年の大公イジャスラフ放逐の首謀者はスヴャトスラフとみなされ、年代記作者がこれを厳しく批判したこともすでに記した。スヴャトスラフは一〇七五年の項でも批判的に描かれている（ドイツからの使者に「自慢して自分の富を見せた」が反論されたという記事である）。翌年の死に際しても年代記作者はかれに対してはいかなる称賛の辞も記していない。イジャスラフやフセヴォロド両大公の場合に比して異例と言える。かれが死してキエフのソフィヤ教会ではなく、チェルニゴフの聖救世主教会に葬られたことを、こうしたコンテクストから説明することもできよう。かれの子らの行状も嫌われた。先にフセヴォロド薨去に際して故人に対し与えられた称賛の辞のなかに、「甥たち」からもたらされた「苦しみ」についての記述のあったことにふれたが、その「甥たち」とはほかならぬスヴャトスラフの子らを指していたといってよい。とりわけ問題とされたのはオレーグ・スヴャトスラヴィチであろう。かれがポロヴェツをルーシに引き込んだ張本人であることは年代記作者のみならず、『イーゴリ遠征物語』の作者にとっても共通の認識であったが（上述）、イジャスラフとフセヴォロドの両家門によっても同様に理解されていたであろうことは、その後の経緯がよく示している。要するに、スヴャトスラフ一門は全体として否定的に扱われ、大公国統治の中枢部から排除され、そのことがまたかれらを憤らせ、内紛激化の一因ともなったと考えられるのである。(34)

イジャスラフとフセヴォロドの両家門がなぜ、またどういう経緯でスヴャトスラフ一門を排除して結びついたのか、正確なところはわからない。本書の著者にはやはり、スヴャトスラフが兄を追放して強引に（「フセヴォロドをだまして」味方につけて）大公位に就いたことが結局は響いたのではないかと推測するが、いずれにせよ、三兄弟家門のなかで上と下の兄弟の家門が（中の兄弟家門を排除して）同盟関係を築いたのである。いまはこの事実を確認して先に進みたい。(35)

さて先に、フセヴォロド没後の大公位継承は比較的スムーズに行われたが、キエフに次ぐ諸都市（公国）の配分問題に関しては、大きな矛盾が指摘できることを示した。矛盾はほどなくしてスヴャトスラフ一門によって衝かれることになる。同一門のオレーグは一〇八三年にギリシアから帰国し（上記）、そのままトムトロカンに留まっていたと考えられるが、一〇九四年になって、ポロヴェツを率いてチェルニゴフ攻撃に立ち上がる。ポロヴェツに関しては後に改めてふれるが、年代記編者はオレーグがポロヴェツをルーシに引き込んだのはこれが三度目と指摘する。[36] オレーグはフセヴォロドの死（一〇九三年四月）の直後におこったポロヴェツの侵入（同年五月、これを迎え撃ったスヴャトポルク、ウラジーミル・モノマフ、ロスチスラフ連合軍は惨敗し、ロスチスラフは敗走の途中ストゥグナ川で溺死する）を好機ととらえ、翌年自らポロヴェツを巻き込んで事を起こしたのである。チェルニゴフのウラジーミル・モノマフは「町に立てこもったが……オレーグと和を結び、町から出てペレヤスラヴリの父の座についた」と記されるが（二四七頁）、なぜ突然講和するに至ったのか、その間の詳しい事情はわからない。これについてはモノマフ自身が後に回顧して、自分はこのとき従士団と共に「八日間戦った」が、ポロヴェツ軍が「村々や修道院」を焼き払うのを見て、それ以上の戦禍を避けるべくオレーグに譲歩したと記している（いわゆる『モノマフの教訓』、『原初年代記』二六九頁）。

もちろんこれはモノマフの戦術的後退であった。かれはやがて攻勢に転じる。翌一〇九五年、年代記は「この年が終るころ、スヴャトスラフの子ダヴィドがノヴゴロドからスモレンスクに行った」と記す。ここもたんに「行った」のではなく、そこに何らかの意味が隠されているとみるべきであろう。すなわちダヴィドは二年前からノヴゴロド公となっていたことが知られているが、この年にスヴャトポルク／モノマフ陣営によって追放され、代わりにより下位のランクに位置付けられるスモレンスクをあてがわれたと考えられるのである。[37] ノヴゴロドはこのときモノマフの子ムスチスラフに与えられ、モノマフ一門の手に帰するところとなる。スヴャトポルク／モノマフ陣営はオレーグをも追いつめる。一〇九六年、オレーグは手に入れたばかりのチェルニゴフを追われてしまう。

一〇九六年のオレーグのチェルニゴフからの追放は、翌年リューベチに諸公会議が開かれるにいたる経緯を知るうえで重要なので、少々詳しく見ておこう。

『原初年代記』によれば、一〇九六年、スヴャトポルクとウラジーミル（モノマフ）はチェルニゴフのオレーグをキエフに呼び出そうとしたという。その際の名目は「主教や修道院長……父たちの家臣や町の人々」の前で「ルーシの国を守る」ための協議を行うというものであった。言うまでもなくオレーグがポロヴェツを巻き込んで、「ルーシの国」の安全を脅かしていることが背景にあった。これに対しオレーグは「主教も……スメルドもわたしを裁くのはふさわしくない」と言って呼び出しに応じようとはしなかった（「スメルド」は本来農民の意だが、ここでは下民ほどの意であろう）。かれは自分が出頭すれば、諸公のみならず教会当局、都市民からも袋叩きに合うことになると恐れたのである。かくて大公側は軍事的手段に訴えることとなる。オレーグはこれに対抗できず、チェルニゴフから「逃げ出した」。大公側はオレーグを追撃し、スタロドゥプに逃げ込んだオレーグを三十三日間攻囲する。その後大公側はオレーグの求めにより講和に応じたが、それはオレーグが兄のダヴィド（スモレンスク公）と共にキエフに出頭することを十字架にかけて誓ったからであった。しかしオレーグはこの誓いを履行しなかった。かれは処々で跳梁跋扈するポロヴェツに手を焼く大公側の窮状につけこむかのように、スモレンスクで態勢を整え、ムーロム（当時モノマフの子イジャスラフが公となっていた）を攻める（年代記作者はムーロムに対するオレーグの要求自体は「正義」であると認めている。それがかれの「父の領地」であったからである）。そして迎え撃ったイジャスラフと戦ってこれを敗死させ、ムーロムに入城する。そこからスーズダリ、ロストフにも手を伸ばし、さらにノヴゴロドをも目指す勢いとなる。しかしここでノヴゴロド公ムスチスラフ（モノマフの子、上記イジャスラフの兄）の反撃を受け、ロストフ、スーズダリを経てムーロムに逃げ帰る。ムスチスラフはオレーグに圧力を加える一方、かれに父モノマフと和解するよう説得する。ムスチスラフがオレーグを決定的に追い込むことを避け、父モノマフとの和解を呼びかけたのは、おそらくは後述するように、オレーグがかれ（ムスチスラフ）の「洗礼の父」であったからであろう。オレーグはこのときもいったんは説得に従うことを約して、ムスチスラフの矛先をかわし、逆にムスチスラフの虚をついて攻撃を仕掛けるがスーズダリの西方近郊クラチツァ河畔の戦いに敗れ、再度ムーロムへ逃げ帰る。そしてそこも危ういとあって、リャザンからさらに遠方へ逃れる。ムスチスラフはこの段階で再びオレーグに働きかけ、自らも父に執り成すことを約してオレーグ説得を続ける。今度はオレーグも逃れられない。翌年、かれは諸公会議の行われたリューベチへ姿を現す（当初オレーグが呼び出されたのはキエフであったが、おそらくは他の諸公も出席を求められ、その結果リューベチが集会場所となったと思われる。オレーグが相手の本拠地であるキエフを忌避した可能性も考えられる）。

ところでウラジーミル・モノマフはほかならぬこのオレーグにあてた書簡の著者としても知られているが（いわゆる「モノマフの手紙」）、その執筆はまさにこの時のことであった。モノマフは子のムスチスラフに説得されてこれを書いたが、その直接のきっかけはやはりかれの子イジャスラフが、上述のごとく、オレーグとの戦いで斃れたことにあったと考えられる[38]。書簡のなかでモノマフはオレーグに対し、後者が自分の子ムスチスラフの洗礼の父であることを想起させ、その洗礼の子ムスチスラフがかれ（父モノマフ）にオレーグとの和解を進言してきたことを伝え、その上でオレーグに、自分と大公側に和平の意志のあることを理解させようとする。手紙には内紛の停止とそれによる外敵に対する防衛体制の構築を願うモノマフの心情が強くにじみ出ている。

こうして諸公間に深刻化する内紛を終結させ、各家門がその世襲領地を保持し、他の家門のそれを侵さぬことを相互に誓約することを目的として、いわゆる「リューベチ諸公会議」が開かれた。会議はいわば「モノマフの手紙」の精神に基づいているといってよい。この会議についてはすでに第四章1でくわしく記しておいたので（そこには関連諸公の関係図も掲げておいた。一八四―一八五頁）、ここで繰り返すことは避けたい。ここではその要点をまとめ、いくつかの補記を行うにとどめる。

まずこの会議には六人の公が出席したが、それに至る経緯からして、中心となったのは一方の大公スヴャトポルクとウラジーミル・モノマフ、他方のオレーグとダヴィド（スヴャトスラフ一門）であった。すなわち会議の具体的な目的はイジャスラフ、フセヴォロド両家門とスヴャトスラフ家門間の対立を終わらせることであった（会議にはさらにガーリチとヴォルィニに本拠をおくヤロスラフ賢公の孫と曾孫、すなわち賢公の子イーゴリの子ダヴィドと、賢公の子ウラジーミルの子ロスチスラフの子ヴァシリコの二人も出席しているので、この方面での諸公間の領地争いの解決も図られたと考えるべきであろう）。こうして諸公間の歩み寄りをはかり、ポロヴェツに対する一致した防衛態勢を構築しようというのがその究極の目的であった。

会議の結果それぞれが世襲領（「父の領土」）を互いに保証し合うことが同意され、諸公間の内紛中止という目的は一応達成されたかに見えた。しかし協定は思いがけないところからあえなく崩れ去った。会議後ほどなくして参加者の一人ダヴィド・イーゴレヴィチ（ヴォルイニのヴォロジーメリ公）の策略により、もう一人の参加者ヴァシリコ・ロスチスラヴィチ（ガーリチのテレボーヴリ公）の両眼が刳り抜かれるという悲劇的事件がおこり、これを契機にルーシは再び諸公間の内訌に突入するのである。内訌の最初の段階では、それまで協力体制を築いてきた二大家門、すなわちイジャスラフ一門（大公スヴャトポルク）とフセヴォロド一門（ウラジーミル・モノマフ）が対立するという事態も出来する。両家門はやがて元の協力関係に立ち返り、ついにはダヴィド・イーゴレヴィチに対し諸公連合が結成され、両派が戦うこととなるが（最終的には大公はヴァシリコ、ヴォロダリ兄弟の南西ルーシ諸公とも争い、ハンガリー、ポーランドそしてポロヴェツをも巻き込む国際紛争の様相を呈す）、この諸公連合には、リューベチ会議の直前までの対立の一方の主役であったオレーグ・スヴャトスラヴィチも加わっていた。つまり会議後に勃発した内紛では、それまで排除されていたスヴャトスラフ一門も諸公連合側に迎え入れられているのである（この点ではリューベチ会議は一定の成果をあげたといえないこともない）。

ある意味では諸家門の関係図に大変化がおきたともいえるが、これはむしろ係争地が変化したことに起因するものとみるべきであろう。すなわち、リューベチ会議にいたるまでの諸公間紛争（つまりスヴャトポルク大公／ウラジーミル・モノマフ対オレーグ・スヴャトスラヴィチ間の争い）は主にムーロムやロストフ、スーズダリ、さらにはノヴゴロドといった北ルーシ（北東部から北西部）諸地域の帰属をめぐるものであった。これはリューベチ会議でほぼ決着を見た。オレーグはムーロムの領有をほぼ認められ、モノマフ側はロストフとスーズダリを確保した。一方リューベチ会議後に勃発した紛争（ダヴィド・イーゴレヴィチ対ヴァシリコ、ヴォロダリ兄弟、またその後の同兄弟対大公らの争い）では、カルパチア山脈、プリピャチ川上流域、そして西ブク川に挟まれた西部ルーシに係争地が移っているのである。その意味で諸公間関係はそれほど固定的にとらえるべきではなく、各有力家門はより流動的にその時々の利害関係から適宜行動方針を決定していたとみるべきなのかもしれない。

さてリューベチ会議後の内紛は、結局のところ一一〇〇年の新たな会議により終結がはかられる。この年（八月三十日）、大公スヴャトポルク、ウラジーミル・モノマフ、スヴャトスラフの二人の子（ダヴィドとオレーグ）がダヴィド・イーゴレヴィチをウヴェチチ（キエフの南西にあったステップに面する前哨拠点ヴィチチェフのこと）に呼び出し、大公側は後者が要求するヴォロジーメリを与えることは拒否するが、代わりに西部ルーシのブジスクなどいくつかの拠点と金銭的代償（四百グリヴナ、これはモノマフとスヴャトスラフの二人の子が折半して負担した）をダヴィドに与えることで妥協がはかられたのである。

ウヴェチチ会議は諸公間にある程度の安定をもたらしたようにみえる。かつてのオレーグ・スヴャトスラヴィチに代わるかのように諸公間関係を攪乱したダヴィド・イーゴレヴィチ公は、その後大公から与えられたドロゴブジ（ヴォルィニ地方の町）に座し、一一一二年に世を去るまでルーシを二度と騒がせることはなかったようにみえる(39)。

かくてリューベチ会議の目的の一つは三年を経て何とか達成されたようにみえた。しかし諸公間の休戦はもう一つの目的のための前提という側面のあったことを忘れるべきではなかろう。猖獗を極めていたポロヴェツの侵攻の阻止という目的である。

ポロヴェツ諸族は一〇八〇年代の後半までに、ペチェネグ、オグズ（トルキ、ウーズ）、さらには残存ハザール諸族を追い、あるいは滅ぼして、ドン川からドナウ川にかけての広い地域を勢力範囲とするに至っていた。すでに示したとおり、『原初年代記』もかれらが独自にあるいはルーシ諸公と結びついて（とりわけオレーグ・スヴャトスラヴィチ公がこの点でもっとも目立ったが、かれだけではなかった。その他の諸公もしばしばポロヴェツと結び他の諸公と戦ったのである）ひんぱんに来襲した様子を記述している。すなわち、一〇九三年五月、新大公スヴャトポルクとモノマフの連合軍はポロヴェツの攻撃を抑えきれず敗走している（このときモノマフの弟ロスチスラフが溺死する）。同七月には大公はジェラニで再度敗北を喫する。翌年大公がトゥゴルカンの娘を妻に迎えたのは、ポロヴェツとの対決政策を一時的にせよ棚上げせざるを得なくさせられた結果であった。同一〇九四年にはオレーグ公がトムトロカンからポロヴェツを率いて押し寄せ、チェルニゴフを奪還する。この時のことはすでに記した。その後もポロヴェツはチェルニゴフ近郊を荒らしまわる。年代記作者によれば、オレーグはこれを黙認したと伝える（「オレーグは禁じなかった」）。ポロヴェツの跳梁は翌一〇九五年にも続く。ポロヴェツはビザンツの内紛に介入する一方（偽レオン・ディオゲネス側に肩入れする）、別の一群（二人の族長イトラリとクィタン率いる）がウラジーミル・モノマフに圧力をかけ、モノマフは和を乞わざるを得なくされる。かれは子のスヴャトスラフを人質に出して何とかその場をしのぐが、その後策略を用いて二人の族長を相次いで殺害することに成功する。

おそらくここまではルーシ諸公はもっぱら防戦に追われる一方であった。しかしこの段階でかれらは攻勢に出る準備を始める。すなわち一〇九五年（二月）、大公とモノマフはオレーグ・スヴャトスラヴィチ公に対し共にポロヴェツと戦うよう要求する。最初オレーグはこれを拒否し大公側との武力衝突に至るが、既述のとおり、紆余曲折の後ついにリューベチに出頭することを了承したのであった（一〇九七年）。

興味深いのはリューベチ会議後の諸公間紛争が国際化した中でのポロヴェツの役割である。大公スヴャトポルクが南西ルーシのヴォロダリとヴァシリコ両公（兄弟）を攻めたとき、大公陣営はハンガリー王の軍を味方につけていた。これにたいしヴォロダリ側についたダヴィド・イーゴレヴィチ公がポロヴェツ（ボニャク・カン）と組んで対抗し、「三百」のポロヴェツ軍が「一〇万」のハンガリー軍を撃破したとされている（『原初年代記』邦訳二九一―二九二頁）。ルーシ諸公は（なるほどその対立する両陣営の一方の側ではあったが）ポロヴェツを効果的に利用する（すなわち一つの敵［ポロヴェツ］を別の敵［ハンガリー人］に対して振り向けたという意味で）にいたっているのである。

一一〇一年になるとルーシ諸公の対ポロヴェツ政策はよりはっきりとした方向性を見せ始める。この年大公スヴャトポルクとウラジーミル・モノマフ、さらにダヴィド、オレーグ、ヤロスラフの三兄弟（スヴャトスラフの子）がゾロチチャ（キエフ近郊）に集まり、ポロヴェツに対し一致して行動に出ることで合意し、ペラヤスラヴリ近郊のサコフでポロヴェツ諸公との間に講和を締結する。おそらくこれはポロヴェツを相手に結んだ最初の本格的な講和であった。諸公間の協力体制の構築（内訌の停止）がポロヴェツを停戦受諾に追い込んだといえる。そしてそれはさらにルーシ側が守勢から攻勢に転じる契機ともなったのである。

一一〇三年、大公とモノマフがドロピスク（キエフ近郊、ドニェプル対岸の湖畔）で会合し、ポロヴェツに対し先制攻撃に出ることで合意する。かれらは諸公に呼びかけ、多数の諸公軍からなる連合軍がペレヤスラヴリに集結、ドネツ川、ドン川方面にむけて、敵の本拠地深くまで攻め込んだ。(40) 一一〇三年の対ポロヴェツ戦はルーシ側の大勝利であった。年代記はルーシ軍が「二十人の［ポロヴェツ］公を殺害し……家畜、羊、馬、らくだを奪い、財物やチェーリャジ［奴隷］と共に幕舎を奪い……多くの捕虜と栄誉と大きな勝利をもってルーシに帰り着いた」と記す（三〇一―三〇二頁）。

一一〇三年の遠征はその後さらに続くステップへの一連の攻勢の嚆矢となった。一一〇七年、ボニャクやシャルカンらポロヴェツの「公」が押しよせたとき、大公スヴャトポルクやウラジーミル・モノマフおよびその四人の子（ムスチスラフ、スヴャトスラフ、ヤロポルク、ヴャチェスラフ）、さらにはオレーグ・スヴャトスラヴィチらも加わった諸公軍がこれを撃破し、ステップの奥深くホロル川（ペレヤスラヴリの南方でドニェプルに東から注ぐプショル川の支流）まで追撃、ポロヴェツ軍に「大勝利」を収める（三〇四―三〇五頁）。一一〇九年にもキエフの軍司令官「イヴォルの子ドミトル」がドン川方面でポロヴェツを攻撃している（三〇六頁）。翌一一一〇年には大公スヴャトポルク、ウラジーミル・モノマフ、ダヴィド・スヴャトスラヴィチがヴォイン（ペレヤスラヴリのさらに南方ドニェプルとスラ川の合流地点）まで進撃する（三〇六―三〇七頁）。さらに翌一一一一年には前年と同じ諸公がその子らを伴って遠征しドン方面で大勝利を博した。(41) また一一一六年にもモノマフの子ヤロポルクとダヴィド・スヴャトスラヴィチの子フセヴォロドがドン方面でポロヴェツを破り三つの町を取った。(42)

ウラジーミル・モノマフが自身の「教訓」のなかで、「十三歳の時から出兵や狩」に出て苦労してきた次第を物語っているが、その大部分にポロヴェツが関係している。ここでモノマフのポロヴェツとの戦いの武勇談に言及しておくのも無意味ではないであろう。「教訓」を読むと、ポロヴェツがいかに当時のルーシの内外政に深くかかわっているか、またモノマフ自身何度も直接これを敵として戦い、和議を結んでいるか、また逆にこれと組んで他の諸公と事を構えてきたかがよくわかる。かれは「教訓」を終えるにあたって、それまでのさまざまな具体的記述に加えてさらに次のように記している。

「すべての出陣の数は大きなもので八十三であった……わたしは父の生前および父の死後にポロヴェツの公たちと十九回和を結び［戦ったのはそれ以上というわけである］、多くの家畜と多くの衣服を与えた。またわたしはこれまで多くのポロヴェツの身分の高い公を枷から外した［和議の後解放したということであろう］。シャルカンの二人の兄弟、バグバルスの三人、オセニの四人の兄弟、また百人の身分の高い公である。また神は以下の公たちを生きたままわたしに渡された。コクスシを息子とともに、さらにアクラン、ブルチの子、タレフスク公アズグルイ、および他の十五人の若い勇士である。わたしはかれらを生きたまま連行して斬り殺し、スラヴリーの小川に投げ込んだ。そのときおよそ二百人の身分の高い者が順を追って殺された」(二七〇—二七一頁)。

もちろんこれでポロヴェツの脅威が取り除かれたわけではない。ポロヴェツは、ロシア中世文学の傑作と言われる『イーゴリ遠征物語』が示すように(一一八五年のノヴゴロド—セーヴェルスキー公イーゴリ・スヴャトスラヴィチによる失敗に終わった対ポロヴェツ遠征に関する叙事詩である)、その後も十三世紀にモンゴルが登場するまでルーシの主要な敵であり続ける。だが一〇九〇年代までにルーシがポロヴェツから受けた深刻な打撃を思うとき、モノマフらによる一連の攻勢はルーシの南部地帯に一時的とはいえ安全(静寂)をもたらしたことはたしかであろう。モノマフの二人の子(ユーリーとアンドレイ、それぞれ一一〇七/八年、一一一七年)、またオレーグ・スヴャトスラヴィチの子(スヴャトスラフ、一一〇七年)はポロヴェツの娘を妻に迎えている(上記第十章補遺を参照)。対ポロヴェツ共同歩調という意味でリューベチ諸公会議が一定の効果をもたらしたことは否定できない。

リューベチ会議が一連の諸公間協議の先駆けとなった点にも注目しておくべきであろう。

大公スヴャトポルク治世(一〇九三—一一一三年)は諸公会議が盛んに開催されたことでとくに際立っている。既述のとおり、一〇九七年(リューベチ)の後、会議は一一〇〇年(ウヴェチチ)、一一〇一年(ゾロチチャ)、一一〇三年(ドロビスク)、一一一一年(ドロビスク)と立て続けに開催されている。十一世紀後半から十二世紀にかけての時期に諸公がこうしたアドホックな会議で諸問題に対処しようとしたことは注目される。会議は大公国首都のキエフで行われることはなかった。それどころか他のどの公国の首都、またいずれかの公の居所や宮殿においてでもなかった。上記諸会議の開催場所はむしろ小さな集落やときに郊外の天幕のなかであった。各公は自身の従士団を従えて集会し、協議したのである。キエフとその大公の権威が落ちたというのではなかった。大公国は厳然と存在したが(年代記の記述では、いずれの会合の場合にも、まずは大公スヴャトポルクの名が最初に記されている)、各公、各地方が実力を蓄え始めていたのである。政治的分立の時代が確実に迫っていたといえる。ただルーシがそのまま分裂の道を突っ走ったというわけではなかった。

3　ウラジーミル・モノマフの時代

『原初年代記』はスヴャトポルク大公治世末期の一一一〇/一一年の項で終わっている。そこではペチェールスキー修道院に「しるし」すなわち「火の柱」の現れたこと、それは「天使」の出現を意味するにほかならぬことが述べられたところで、突然中断されている。[43] そして年代記全体が以下の文言で閉じられる。

「わたし、聖ミハイル(修道院)の修道院長シリヴェストルが神の慈悲を受けることを期待しながら、キエフに君臨しているウラジーミル[モノマフ]公の治世のもとで、この年代記を書きあげました。またわたしはその時聖ミハイル(修道院)の修道院長を務めていました。六六二四[一一一六]年、インディクトの九年のことです。この書物を読む者はわたしのために祈ってください」(三〇七—三〇八頁)。

シリヴェストルはキエフ郊外のヴィドゥビツキー聖ミハイル修道院の院長であった。この修道院はモノマフの父、大公フセヴォロドによって創建され、さながらフセヴォロド公家の私有修道院の感があった。かれが同家と強い結びつきのあったことは、自身が一一一八年にペレヤスラヴリ主教に任じられていることからも推測できる。[44] ペレヤスラヴリはフセヴォロド家の世襲領と言ってよかった(フセヴォロドがその父ヤロスラフの「遺言」によってこの地を得たのである)。シャーフマトフによればシリヴェストルは「ネストルの年代記」を改訂して、『原初年代記』を完成させた（そのいわゆる第二版、シリヴェストル版）。これが今に伝わる『原初年代記（ラヴレンチー年代記）』の基礎に横たわっていると考えられる（本書第二章1参照）。

ルーシにおける年代記編纂はその後も十七世紀にいたるまで各地で営々と続けられることになるが、その結果成立した数多くの年代記のほとんどすべての冒頭部を飾ることとなる『原初年代記』の記述は、このようにして幕を下ろしたのである。それゆえこれを「読む」ことを課題とする本書もここで擱筆してもよいのであるが、その前にシリヴェストルの年代記編纂が行われたウラジーミル・モノマフ治世に少しでもふれておくのが適切であると考える。この公は後世の人々にキエフ・ルーシを輝かしく想起させることになる最大功労者の一人であったからである。

ウラジーミル・モノマフは一〇五三年に生まれた。母は『原初年代記』に「グレキ人の妃」と記されるだけであるが（一八三頁）、すでにみたようにビザンツ皇帝（コンスタンティノス九世モノマコス）の娘とみる研究者が多い（第十章、とくに注（117））。かれ自らが「モノマフ（モノマコス）」を自称していたからである。かれはその『教訓』によれば、十三歳のときから父フセヴォロド・ヤロスラヴィチの右腕として活躍しており、本章でもすでに大公位就任以前のかれについては繰り返しふれてきた。以下にはかれがキエフに君臨するにいたる経緯からみていきたい。そのうえで作品としてのモノマフの『教訓』についても考えてみたい。

ウラジーミル・モノマフはやや特異な状況のなかで大公位についた。スヴャトポルク後の大公位を誰が継ぐべきかについては、継承法的慣習からすれば、ヤロスラフ賢公の孫の世代で生存していた四人が考えられた（故大公の年長の子、ヴォロジーメリ公ヤロスラフは除外してもよいだろう。世代が一つ下がるからである）。なかでもとくに問題となるのは、オレーグ・スヴャトスラヴィチ（スヴャトスラフ一門の最有力公。同一門の生き残り諸公のなかではダヴィドが最年長者であったが、上述のとおりオレーグの方が有力とみられていた）と、ウラジーミル・モノマフ（フセヴォロド一門の唯一の生き残り）のいずれかであったであろう。しかしこのときはそうした「年長制」的慣習はまったく考慮されなかったようにみえる。『イパーチー年代記』によれば、モノマフのみが候補であったかのごとくである。すなわち同年代記一一一三年の項に次のように記されている。

「復活祭の祝日の後、［スヴャトポルク］公が重病に陥った。敬神なる公ミハイル［スヴャトポルクの洗礼名］は四月十六日にヴィシェゴロドで他界した。〈中略〉翌十七日にキエフ民は協議を行い、ウラジーミル［モノマフ］に人を遣わし、次のように言った。『公よ、父および祖父の座に来たれ』。ウラジーミルはこれを聞くと、大いに泣いたが、兄弟［スヴャトスラフ一門の諸公、とくにオレーグのことであろう］のことを思って行かなかった。ところがキエフ民は千人長プチャータの邸を略奪し、［さらに］ユダヤ人のもとへ行ってかれらを略奪した。そしてキエフ民は再度ウラジーミルに人を遣わして言った。『公よ、キエフに来たれ。さもなくば、汝はいかに多くの悪がなされるかを知るであろう。そのとき人々はプチャータの邸や百人長たちのみならず、ユダヤ人をも略奪し、さらに汝の義理の姉妹や貴族らまた修道院へも向うであろう。もしこれらの者が修道院を略奪するようなことになったら、その責任は汝が負うべきであろう』。これを聞いたウラジーミルはキエフに行った[45]」。

たしかにモノマフは他の大公候補者のことを慮って（引用文中に「兄弟のことを思って」とある）、いくぶん躊躇したようにみえる。しかしキエフ民の方では、新大公としてモノマフ以外の誰も念頭にはなかったかのようである。これはどういうことであろうか。おそらくは当時、慣習法的には幾人かの候補者が想定されたとしても、実質上モノマフ以外に難局を乗り切れる大公はいないと考えられたように思われる。実際モノマフの政治、軍事的手腕は以前からよく知られていたし、一一一三年のキエフは深刻な都市暴動に見舞われたのである。

大公位継承に際しキエフが都市民の圧力にさらされたのは、この時が初めてではなかった（たとえば、既述の一〇六八年の政変のときなど）。その意味で年代記の記述は伝統的と言ってもよい。統治に都市民の同意が必要なことは当然の前提であった（早くには聖ウラジーミル没後の一〇一五年にスヴャトポルク・ウラジーミロヴィチがキエフ民に対し人気取り策に出たが、「かれらの心はかれと共にはなかった」とされ、ついにはボリス殺害にいたったことが想起される)。大公位への就任には「父と祖父らから」受け継いだ正統な「継承権」だけでは十分ではなく、キエフ民による「受け入れ」が不可欠であった。一〇二四年にもトムトロカンのムスチスラフがキエフに入城したが、「キエフ民はかれを受け入れなかった」とされる(以上についてはすでに記した)。市民の力は他の都市においても発揮された。たとえば、一一〇二年にはノヴゴロド民が大公スヴャトポルクとその子ヤロスラフの支配を拒否し、かれらとスヴャトポルクとの間に大「論争」が行われたと伝えられている。そして最終的にはノヴゴロド民の主張が通って、ノヴゴロドにはモノマフの子ムスチスラフが公として招かれるにいたったのである(『原初年代記』邦訳二九七—二九九頁)。

しかしながら一一一三年の事態はこうした伝統からだけでは説明しきれない。一〇六八年の時にはキエフ民は対ポロヴェツ戦の継続を要求して蜂起し、ついにはポロツクのフセスラフ公を牢獄から解放するという行動に出たが、このたびの事態はさらに深刻であった。キエフ民は千人長のプチャータやユダヤ人を襲い、また百人長や貴族(ボヤーレ)、さらには諸修道院、あげくの果てにはモノマフの義理の姉妹たちまでをも襲撃の対象としようとしたというのである。

攻撃の最初の対象となったのは千人長や百人長であるが、キエフ時代における千人長、百人長がどのような存在であるかについては長い研究の歴史があって、ここで十分に検討することはできない[46]。ただこれらの大公(国)の役職が「ユダヤ人」との関連で問題とされている点が注目される。キエフ・ルーシあるいは都市キエフにおけるユダヤ人の存在とその役割については、すでに本書でも第一章で若干ふれたところであるが、やはり都市商業、とりわけ金融業との関連性が問題となっていることは明らかである。

『ルースカヤ・プラウダ』敷衍編纂の「ウラジーミル・モノマフの法令」の冒頭部に次のような文言がある。

「五十三　スヴャトポルク［公］の死後、ウラジーミル・フセヴォロディチ［モノマフ］は自己の従士団を［会議のため］ベレストヴォに招集した。すなわち、キエフの千人長ラチボル［おそらく上記年代記のプチャータの後任］、ベロゴロドの千人長プロコーピー、ペレヤスラフの千人長スタニスラフ……およびオレーグ［公］の従士イヴァンコ・チュディノヴィチである。而してかれらは、三分一年利で金を貸し付けた者の利子の徴収を三度に制限すべき旨を規定した。もしかれが二度にわたり利子を徴収すれば、かれは貸金［元本］を受け取る。しかしもしかれが三度にわたり利子を徴収するならば、かれはその貸金を受け取ることはできない」[47]。

ここでの「三分一年利」（v tret'）が実際にどの程度の利率であったかについては議論がある。原テクスト刊行者の注記によれば、この場合の利率は五〇％であり、利子を二回徴収すれば、すでに貸付額と同額になり、この場合は貸付元金をも受け取ることができるので、貸し手は合わせて二倍を受け取ることができることになるという（利子を三度徴収すれば、貸付金の一倍半の受け取り額となり、この場合は元金の受け取りは出来なくなる）[48]。いずれにせよ、十一世紀後半以降のキエフ社会の状況を示している『プラウダ』敷衍編纂においては、世紀前半までの状況を表す簡素編纂にはみられなかった金銭の貸借、利子、債務とりわけ債務奴隷等についての規定が数多くみられるようになっている（四十七―四十八条、五十―五十三、五十五、五十六―六十二条）。この間の都市を取り巻く経済状況が急速に複雑化してきていることがうかがえる。一一一三年のキエフにおける都市民の騒動はこうした背景を考慮に入れて初めて理解可能となる。

ところでウラジーミル・モノマフ大公を誕生させた一一一三年のキエフ民の動きをどう見るかについて、簡単に研究史を振り返っておこう。帝政期には『イパーチー年代記』の記述、とりわけ「キエフ民は協議［svet,sovet］を行い」という文言に注目し、キエフではこのとき「民会」が開かれ、全キエフ民の意向でモノマフが招かれたとする理解が多かった[49]。もちろんこうした見解はソヴィエト時代になって厳しい批判にさらされ、ソヴィエト史家の多くはキエフ民の上層部がモノマフに接触して、下層民を中心とする騒擾を鎮圧した後に（あるいは鎮圧するために）大公位に就くよう働きかけたと考えた。「民会」は開かれなかった、少なくとも民主的な選出など行われなかったと考えたのである。その際典拠として持ちだされたのは、ボリス・グレープの『物語』（とりわけ『奇跡に関する物語』）の次の部分である。すなわち、スヴャトポルク大公の没後「騒乱が始まった。人々の間で不和が醸し出され、少なからぬ不満の声が上がった。そのとき、すべての人々が集まり、もっとも年長の著名な人々を筆頭に寄り合いが行われた。その場から人が行って、キエフ公位について内輪もめを鎮めるようウラジーミルに頼んだ。ウラジーミルはキエフに来て内乱と人心の混乱をおさめ、全ルーシの支配権を握った。一一一三年のことである」[50]。

結局のところウラジーミル・モノマフによる大公権力の掌握が「全キエフ民」の招聘によって実現したかのような、ある意味牧歌的な解釈はおそらく現実的ではないであろう。もっともだからと言って、この時の事態のなかにキエフを二分する階級対立や「都市民と強力な大公権との同盟」への最初の兆候を読み込む（グレコフ）ことができるとも思えない。どうやらスヴャトポルク治世晩年のキエフ市民のさまざまな不満が大公の死を契機に爆発し[51]、そこに少なくともポロヴェツに対する闘士として名を馳せていたモノマフが乗り込んで混乱を収拾したと考えることができそうである。

モノマフはキエフへの入城後、まもなく自己の有力な家臣を呼び集め、上述の「モノマフの法令」を発布、前大公没後のキエフ民の不満の解消に努める。とりわけ高利の借財に起因する問題（利息や債務奴隷問題）が取り上げられたことは先に記したとおりである。このときの会議に各地の千人長らと並んで、チェルニゴフ公「オレーグ」の従士（イヴァンコ）も加わっていたことは重要である。おそらくはモノマフの大公位就任にスヴャトスラフ一門のオレーグ公も反対しなかったと考えられるからである。

モノマフの治世は内紛の防止という意味でも効果的であった。

モノマフ治世にかれの支配に服さず抵抗の意を示したのは旧ポロツク公の系統に属すグレープ(ミンスク公)であった。かれはドレゴヴィチ人地域（プリピャチ川流域）に攻め入って大公の権威に反抗し、一一一六年に大公軍（モノマフとその子ら、ダヴィド・スヴャトスラヴィチ、さらにはオレーグ・スヴャトスラヴィチの子ら［オレーグ本人は前年に没していた］の連合軍）の攻撃を受けている。このときかれは屈服して和を乞い、ミンスクは安堵されたものの、結局は三年後の一一一九年にミンスクを征服され、キエフに連行されて、同年キエフで死去している。[52]

モノマフは一一一七年にはヴォロジーメリ（ヴォルィニの）公ヤロスラフをも攻撃している。これは前大公スヴャトポルクの子であるが、その意味で大公権力にとっての潜在的な敵であったと考えられる。モノマフはこのときも諸公を糾合してヴォロジーメリを六十日間にわたって攻囲している。この時ヤロスラフはモノマフに屈服して許されたが、翌一一一八年にはハンガリー（ウゴルの地）に逃げている。かれはその後も一一二一年に「リャヒ」を、一一二三年には「ウゴル、リャヒさらにチェヒ」人を率いて南西ルーシに侵入を企てるが、一一二三年に「二人のリャヒ」によって殺害されてしまう。[53] なおこのときヤロスラフ側にヴォロダリとヴァシリコ兄弟（ヤロスラフ賢公の長子ウラジーミルの孫）が加わっていたことは注目される。かれらは一時モノマフ支配を承認していたが、その後モノマフによりヴォロジーメリなどの故地を奪われ、反モノマフ的立場を鮮明にしたのである。

モノマフ治世で何よりも特筆すべきなのは、既述のとおり、この時ポロヴェツの脅威が一時的ながら止んだことである。モノマフはその『教訓』からもうかがえるように、生涯にわたってポロヴェツとの戦いに忙殺されていたが、かれの大公位就任後はその侵入はほとんど伝えられていない。一一一三年にスヴャトポルク大公死去の報に接したポロヴェツが攻め込んだ時にも、かれらはモノマフが迎撃態勢を整えたことを知るや、干戈を交えることなく撤退している。[54] 今日断片でしか伝わらない『ルーシの地の滅亡の物語』に、「ポロヴェツ人はこの公［ウラジーミル・モノマフ］の名を口にしてゆりかごのなかのわが子をおどし」とあることからも、モノマフがポロヴェツにとって恐怖の存在であったらしいことがうかがえる。[55]

モノマフはポロヴェツを抑えただけではない。一一一六年には子のムスチスラフ（ノヴゴロド公）に命じてチュジ人（フィン系）を、また別の子ヤロポルク（ペレヤスラヴリ公）らに命じてドン川方面のヤスィ人（イラン系）を討たせている。そして一一二〇年には子のユーリー（ドルゴルーキー）にヴォルガ川方面ボルガル人を攻めさせ、翌一一二一年には自ら「ベレンジチ人［ペレヤスラヴリ南方のトルコ系］をルーシから追い出した」とされる。この年には、「トルキ人とペチェネグ人」が自ら逃げ出したとも記される。[56]

こうして外敵の動きを封じ、領土を押し広げながら、かれは自身の子らをルーシ各地に任じ、キエフ大公国支配の安定化を図った。すなわち長子ムスチスラフをノヴゴロドに、スヴャトスラフをペレヤスラヴリに（一一一四年のスヴャトスラフの死後はヤロポルクを）任じただけでなく、ヴャチェスラフをスモレンスクに、ロマンをヴォロジーメリ（ヴォルィニ）に、その死後はアンドレイを後釜にすえたのである。[57]

大公国の政治的安定化という意味では、既述のボリスとグレープの「列聖」をうけ、かれが兄弟に対する崇拝をさらに前進させたことも忘れてはならない。『イパーチー年代記』によれば、一一一五年に大公モノマフとスヴャトスラフ一門のダヴィドとオレーグ兄弟の三公が共同でボリスとグレープの遺骨の遷移式を挙行したという。[58] 遷移式は府主教ニキフォール（ニケフォロス）以下の高位聖職者の手で盛大に行われた。本書の著者は、ボリス・グレープがすでに一〇七二年の段階で広く聖人とみなされていたと考えているが（第八章2）、モノマフはヴィシェゴロドに新たに両聖人のための石造教会を建立することにより、改めてかれらの重要性を全国民に知らしめたといえる。リューベチ諸公会議後も完全には止まぬ諸公間対立の状況にかんがみ、兄弟聖人の偉業を改めて想起させたいという願望がモノマフにあったとみることができよう。この時の遷移式により、兄弟の「聖性」の核心が年長者への従順な態度を貫いたことにあるとする思想がそれまでみられた以上に強く示されたと考えられる。もっともこのとき遺骨をどこに安置するかで、モノマフとオレーグ・ダヴィド兄弟との間に論争が起きたと伝えられることからもうかがえるように、安定化を図った遷移式自体がモノマフ一門とオレーグ一門との間に亀裂をうみ、それがその後強まって行くこととなったのは皮肉であった。

モノマフ治世は文化史的にも一つの時代を画していた。とりわけ注目されるのが文学分野での活動である。この時期にキエフ・ペチェールスキー修道院『聖者列伝』の執筆が始められた。『原初年代記』が完成したのもかれの治世、というよりかれの庇護のもとにおいてであった。『ルースカヤ・プラウダ』（敷衍編纂）に「モノマフの法令」が付け加えられたことについてもすでに記した。モノマフ自身が類まれな書き手であった。かれの『教訓』（「子らへの教訓」、「モノマフの庭訓」などとも呼ばれる）はロシア中世文学の一つの金字塔である。ウラジーミル・モノマフは古ルーシで自ら著作を物したほとんど唯一の文人君主であった。[59] かれに匹敵するのは近代以前では四百五十年後のイヴァン雷帝のみといってよい。[60]

モノマフの『教訓』について少々みておこう。[61]

『教訓』（Pouchenie）は今日『原初年代記』（ラヴレンチー写本）一〇九六年の項に含まれる形で伝えられている（邦訳二五九―二七七頁）。それ以外の年代記（写本）にはみられない。また独立した形でも伝わらない。それは内容的に三つの部分から構成されている。最初が「わたしの子ら、またこれを読む他の者ら」にあてられた本来の、いわば狭義の「教訓」（二五九―二六六頁）、次いでモノマフの生涯を記した自伝的部分（二六六―二七二頁）、そして最後にかれの政治的宿敵オレーグ・スヴャトスラヴィチ（既述のごとく『イーゴリ遠征物語』で「ゴリスラーヴィチ」と呼ばれる）にあてられた「手紙」（二七二―二七六頁）がくる。[62]『原初年代記』ではさらにいわば第四の部分として「モノマフの祈り」が付け加えられているが（二七六―二七七頁）、今日これがモノマフ自身のものであることは否定されている（「祈り」には後のトゥーロフ主教キリル（一一八二年没）の手になる「祈りのカノン」が引用されているのである）。

三つの部分はそれぞれ別の時期に執筆され、後に「祈り」を加えて『原初年代記』に取り入れられた。最初に書かれたのはおそらく「手紙」で、既述のごとく、一〇九六年のオレーグ（スヴャトスラヴィチ）のチェルニゴフからの追放に続く諸事件の経過のなかでのことである（上記七六二頁）。冒頭部の本来の「教訓」は一〇九九年頃の執筆である。そのなかでモノマフは、当時の大公スヴャトポルクらの使者がかれのもとに現れ、「二人のロスチスラフの子ら」（ヴォロダリとヴァシリコ）らを攻撃するのに、かれも加わるよう促したことを伝えている。この大公らによる遠征が企てられたのは一〇九九年のことであり、モノマフはこの兄弟諸公間の争いに大いに心を痛め、この部分を執筆したと考えられる。それはその後モノマフ自身によってさらに手を加えられて今日伝わる形になったと推測されている。「自伝」的部分の執筆は一一一七年、あるいはそれ以後のことである。この部分で最後にふれられている軍事行動が一一一六年のミンスク公グレープへの遠征（上記）とその翌一一一七年のヴォロジーメリ（ヴォルィニ）の「ヤロスラフ」（スヴャトポルクの子）に対する攻撃であるからである[63]。

既述のように、これら三つの部分が、後に「祈り」を合わせて『原初年代記』に組みいれられた。年代記へ挿入された時期は一一七七年頃と推測されている。「祈り」のなかに言及される「クレタのアンドレアス」がウラジーミル・スーズダリ地方の支配者であったアンドレイ・ボゴリューブスキー（モノマフの孫、一一五七―七四年在位）の守護聖人であることから、このころに同地の年代記編者によって『原初年代記』へ組み入れられたと推測されるのである。『教訓』が年代記の一〇九六年の項に現れるのは、いうまでもなく、「手紙」がその年に書かれたことと関係があろう[64]。

『教訓』には外敵（ポロヴェツ）に対する諸公の一致した行動を求めて、諸公に講和（協調）を呼びかけるモノマフの願望が強く表現されている。狭義の「教訓」にはキリスト教君主についてのモノマフの理想像が子らに対する教えとして記され、「手紙」には兄弟との講和を求めるモノマフの切々とした心情が、また「自伝」にはモノマフの生涯に関する鮮明な記憶と武人君主としての現実的精神が簡潔にしかし詳細に記録されている。まことにルーシにおける俗人文学の一つの傑作といえよう。

モノマフ治世は当時の人々にとって圧倒的な印象を与えたように見える。それはかれの没後その子ムスチスラフが何の支障もなく大公位に就いていることからもうかがえる。ムスチスラフはモノマフの最初の結婚からの子であるが[65]、このムスチスラフもモノマフと同様、長いこと父のもっとも信頼する片腕として仕えてきたこともあって、何びともその後継者であることに疑義をはさむようなことはなかったと考えられる。ムスチスラフの大公位即位は、ここにきて伝統的な年長制に基づく「順番制」が影をひそめ、父から子への継承が勝利を収めたことを示すかの如くであった[66]。

ウラジーミル・モノマフの治世はかくしてキエフ・ルーシに輝きを与えた最後の時代であった。かれの没後即位したムスチスラフは父から受け継いだ大公国を何とか維持したといえるが、その後のルーシが果てしない政治的分立に見舞われ、キエフの権威が諸地方に及ばなくなったことはよく知られている。これをもってキエフ・ルーシがただちに衰退の道をたどったわけではないが（むしろ諸地方が目覚ましい発達をとげつつあったという側面が強かったのである）、本書の叙述もこのへんで終えることも許されよう。残された課題はルーシが当時ビザンツや西方で展開された大事件にどのように対応したのかに目を転じながら（第十二章）、本書全体の結論をさぐることである。

補論　ヤロスラフの「遺言」の歴史的意義——「共同領有制」および「年長制」の問題をめぐって

ここまではヤロスラフの「遺言」がその後の事態の推移においてどのような意味をもったか、またヤロスラフ以後の大公国の公位継承と統治体制の実際がいかなるものであったかについてみてきた。以下には「遺言」自体の内容とその歴史的意義についてより立ち入って検討することを試みる。

「遺言」は長子イジャスラフに大公位を与え、五人の子らを各地の公に据えることでその後のルーシにおける統治体制及び政治領域構造を画定する重要な出発点となった。それは少なくともリューベチ諸公会議（一〇九七年、そこにおいて各公国のそれぞれの家門による「世襲」的支配体制が確立する）にいたるまでの間、各公が遵守を義務づけられた「偉大なる」「賢公」からの遺訓であったといえる。リューベチに集まった諸公が「遺言」の精神、すなわち兄弟・諸公が協力して国を守るという教えを行動の指針としていたことは確かであった。その意味で十一世紀後半以降のキエフ・ルーシ史の理解にとって、「遺言」はきわめて重要な意味をもっている。しかるにすでに示されたように、「遺言」には一義的な解釈を許さない複雑な問題が内包されていた。ここではそうした問題について考えてみる。

「遺言」では長子イジャスラフがキエフ公に指名されたことからもうかがえるように、伝統的な氏族制的原理がその基盤に横たわっている。ただそれは長子制というよりは、公家（リューリク家）全体の最年長者が尊ばれるという意味で「年長制」と表現さるべきもので、研究上はこれを starshinstvo（stareishinstvo もあるが適切ではない）、ないし sen'orat（seniority, Seniorat）と呼んでいる。「遺言」がこの原理を基本としていることは明らかであるが、ヤロスラフがこれにより具体的に何を意図していたかは、究明されなければならない問題である。

しかしその前に、「遺言」には明らかにこれと対立するもう一つの原理が横たわっていることも指摘しておかなければならない。それは領土の子らへの分与にみられる、国土の兄弟ないし支配家門による共同（共有）支配の原理である。これは「国家」を公一族全体の「世襲領」（patrimonii, patrimonium）とみ、一族（公亡きあとその兄弟全員）で共有するとする考え方である（西方の諸研究でいう corpus fratrum, Brüdergemeine, gouvernement confraternel）。キエフ公位は「最年長者」の手に帰したとしても、かれが他の諸公に君臨しこれに下知（命令）する公とみなされたわけではなかった。かれはいわば primus inter pares（同等者中の第一人者）であるにすぎなかった。その意味ですでに本書の最初に断ったように（第一章注（2）を参照）、初期の段階では「大公」という称号は少なくとも公式的には存在しなかったと考えるべきなのである。

「遺言」にはこのように相対立する二つの原理が共存している。これら二原理が「遺言」においてどのように調和が図られているのか、ヤロスラフはこれについてどう考えていたのかが明らかにされる必要がある。

ヤロスラフはおそらく自身の「遺言」に矛盾があるとは考えていなかった。かれはそれによって、子らの間の紛争が避けられ、なおかつ国は長子イジャスラフの下で一体的に統治しうると考えていたであろう。かれは指示の確実な実現を保証すべく、さらにいくつかの点を子らに想起させている。ひとつは五人の子らが全員「同じ父と母から（生まれた）」ことの強調である。これはヤロスラフ自身の場合にはあてはまらなかったことである。かれは父ウラジーミルが複数の女性との間に多数の子をもうけ、そのことが父没後の陰惨なキエフ公位継承争いの背景にあったことをよく知っていた。継承戦争の主役であったスヴャトポルクとヤロスラフだけをとっても、それぞれの母は異なっていた。前者は「グレキの女」を、後者はログネジを母としていた。さらに継承争いにおいて重要な役割を果たしたと考えられる（上述第八章）ボリスも、年代記によれば「ボルガリの女」からの子であった（これを既述のごとくA・ポッペはビザンツ皇女アンナの子と考えた）。もう一点は、子らに互いに兄弟愛をもつよう説きながら、そうすれば「神がお前たちの中におられ……お前たちに敵対する者たちをお前たちに従わせられる」と諭していることである。キリスト教が国の宗教となって半世紀以上たって、おそらくはじめてその精神に言及することができるようになったとヤロスラフは感じたようにみえる。ヤロスラフの子らは生まれながらにしてキリスト教徒であるはじめての世代であった。この精神で国の一体性と安定性は保たれるとかれは考えたようにみえる。指示は万全とかれが考えたとしても不思議ではない。

しかし、ここに示した二つの原理が矛盾することは否定できなかった。この矛盾はリューベチ会議において露呈することとなった。諸公は各自の支配地を「父祖の地」(otchina)として排他的に領有することを認め合ったのである。ルーシが分割されたことは明らかであった。一体性が失われただけでなく、会議後ほどなくして諸公が相互に敵対し合う凄惨な内紛がルーシを見舞うこととなった。

ここで改めてヤロスラフの「遺言」がそもそもどのような経緯で、どのようなものとして作成されたのか、考えてみる必要がありそうである。「遺言」における「年長制」と支配王朝成員間における「共同領有制」の二つの原理の関連の問題である。

この問題については帝政期以来の長い研究の歴史があるが、A・V・ナザレンコが近年いくつかの注目すべき論考を発表しているので、さしあたりはこれを参考にしながら考えてみたい(67)。

ナザレンコによれば、初期中世国家における支配王朝の諸成員間の相互関係を調整する主要な原理は、研究史上（とりわけフランク王国史研究が念頭におかれている）兄弟間の共同所有 corpus fratrum と呼ばれる慣習法的制度であった。この制度によれば、父王の死後王国支配には存命する兄弟全員が関与した。かれらには分領(udel, apanage、親王領)が与えられた。その際注意すべきは、これと不可分の考え方として政治的一体性の観念が共有されたことである。それは王位継承者による支配権の一元的行使というのではなく、王朝成員全体による一体的支配体制の維持を意味した。いうまでもなくこれは状況によっては国王による単独（一元的、統一）支配にも、また逆に国土の分裂・細分化という事態にも展開しうるものであった。

中世国家発達史においては、corpus fratrum は「蛮族国家」時代の「残滓」であった。「蛮族国家」では王権は王個人ではなく、支配一族全体によって行使された。それゆえ支配家門の成員はすべてが「王」と呼ばれる資格を有していた。これは初期フランク国家においてそうであり、ルーシにおいても同様、リューリク家の成員はすべてが「公」と呼ばれた。このことは諸公が分与される領土の点でも同様であった。かれらは本質的に平等の分与地を与えられたのである。これはときに古ゲルマン法に淵源をもつとされるが(68)、より広く、デンマーク、ノルウェー、大モラヴィア、チェコ、ポーランドそしてルーシにもみられるものであった。(69) 兄弟的所有が最古期に遡ることは、公（王）の「妻」との間の子はいうまでもなく、自由人以外との結婚からの子にも同等の権利（継承権、相続権）が与えられていたことからもうかがえる。ルーシではそうした例が長らく認められる。たとえば、スヴャトポルク・イジャスラヴィチは父の妻以外の女性からの子であった可能性が高いが、やがて「大公」となった（在位一〇九三―一一一三年）。またその子ムスチスラフも「妾」の子であったが、ヴォロジーメリ（ヴォルイニの）公となった。遡ってウラジーミル聖公自身「奴隷女の子」と侮られながら、ノヴゴロド公となり、その後キエフ（大）公位につく。

支配家門の成員全体による兄弟的所有制はこのように全国土の王朝一族による共同所有を前提としていたが、そこには宿命的欠陥がひそんでいた。それは各公家の分領が世襲領化する傾向を必然的に生み出したからである。一族による共同支配の原理に各家門による「父祖の地」の排他的所有の原理が対峙することになる。具体的には支配王朝の一成員の死に際して、かれの分領は、一方では他の成員（故人の兄弟）が、他方では故人の子が相続人候補として名乗り出ることになる。よくみられる伯父（叔父）と甥の間の対立は宿命的といってよいのである。

ルーシでこうした衝突が最初に伝えられるのは一〇八一年のことである。『原初年代記』に次のように記される。「イーゴリの子ダヴィドがロスチスラフの子ヴォロダリと五月十八日に逃げた。かれらはトムトロカンにやって来てラチボルを捕らえ、トムトロカンに座した」（二二七頁）。

この箇所を理解するためには背景を説明する必要があろう。問題の発端は一〇五七年にある。ヤロスラフの死（また「遺言」）のわずか三年後のことである。この年ヤロスラフの子の一人、ヴャチェスラフ・スモレンスク公が他界する。スモレンスクには「弟」のイーゴリ・ヴォロジーメリ（ヴォルイニ）公が移された（このときヴォロジーメリがどうなったか、誰がその公となったかについては記述がない）。ここまでは上述の兄弟所有の典型的な事例である。クリュチェフスキーなどはこうした例を捉えて「順番制」と呼んだのであった。しかし問題はさらに三年後の一〇六〇年、今度はイーゴリが没するに及んで顕在化する。イーゴリの後、かれが三年間領有したスモレンスク公国をどうするかの問題が出てきたからである。

実はこのときイーゴリの死について伝える『原初年代記』はスモレンスクのその後の運命については何も伝えない。ただこれについては後代の『トヴェーリ年代記』（十五世紀）に明確な記述がある。そこには「ヤロスラフの子らがスモレンスクを自分たちで三分した」と記されている[70]。この記述は当時の慣習に合致していることもあり（故人の兄弟による相続）、そのまま受け取ってよいと考えられる。スモレンスクはヤロスラフの生存する上の三人の子（「大公」イジャスラフ、スヴャトスラフ、フセヴォロド）により分割されたのである。これはいうまでもなく、イーゴリ一門（イーゴリには二人の子がいたことが知られている。そのうちの上の子が先の引用文中のダヴィドである）にとっては承服できないことであった。甥（ダヴィドら）が伯父（イジャスラフら）に激しい怒りを抱いたとしても不思議ではない。かくして一〇八一年のダヴィドの反抗という事態となったのである（この反抗は上記引用からも明らかなように、トムトロカンへの逃亡という形を取った。おそらく父の死後二十年余りして成長を遂げるにいたったダヴィドが機会をとらえて伯父らにたいし反抗に立ち上がり、あるいは武力反乱であったかもしれない、それに失敗、はるか南方へ逃走したという可能性が考えられる。なお一緒に逃げたヴォロダリはヤロスラフの早世した長子ウラジーミルの孫である。この一門も大公位への継承権を喪失し、不遇をかこっていた。ラチボルは当時トムトロカンを領有していた大公フセヴォロドの代官である）。ダヴィドの伯父らへの反抗は結局、かれに一〇八四年にドロゴブジが、その後一〇八六年にヴォロジーメリが与えられて（いずれもときのキエフ大公フセヴォロドによってである）、一度は止んだように見える。しかしかれの不満が収まったわけではなかった。これとほぼ並行して他の諸公（既述のヤロスラフの孫ロスチスラフ公、同オレーグ公、ヤロスラフの曾孫ポロツク公フセスラフなど）による実力行使や、さらにはこともあろうに「三頭制」を形成していたはずの三公の間にも仲違いがおきたこともあって（下の二人の公による長兄の追放劇、一〇七三年）、諸公間関係は安定せず、結局一〇九七年のリューベチ会議に至るが、会議後凄惨な内紛が勃発する。その張本人がダヴィドであった。かれの不満はもちろん、他の諸公のそれも結局は解消されていなかったのである。「遺言」は期待したような効果を上げることができなかったといってよい。

しかしそれではヤロスラフは、「遺言」において単なる非現実的願望を述べたにすぎなかったというべきであろうか。むろんそうではない。「遺言」が少なくともヤロスラフ没後四半世紀の統治体制を一定程度安定させたことは否定できないからである。またそれが当時の国家体制の抱える課題にヤロスラフが正面から取り組んだ結果という側面のあることも忘れるべきではない。このことはヤロスラフ以前のキエフ国家の統治体制を振り返ってみるとき明らかになってくる。以下にそれを見てみよう。「遺言」の歴史的意義がみえてくるのである。

先に初期キエフ公位の継承方式についてふれた。年代記によれば、キエフ公位はリューリクからイーゴリ、スヴャトスラフ、ヤロポルク、ウラジーミルへと引き継がれた。ヤロポルクまでは一応長子による継承制であった。これはすでに指摘した通り、公子が一人しか存在しない（伝えられていない）という偶然的要素が強く、長子制とみるべきものではなかったが、それにもかかわらずそのように理解されることが多かった。ロシアにおける公の権力（専制）の伝統を強調するN・M・カラムジン以来の伝統がまさにそうであった。こうした見方は広く受け入れられ、今日に至るもロシア史の共通の認識となっている側面がある。近年の例をいくつかあげてみよう。

ウクライナの中世史家A・P・トロチコはその著『古ルーシにおける公』（一九九二年）の第一章「権力」において「〈氏族的領主権〉」および「年長制」について特別の節をもうけ、論じている。かれによれば、十世紀前半まではキエフ公に貢納支払いという形で従属していたいわゆる「種族諸公」はその後リューリク諸公によって半独立的な地域支配権を剝奪され、リューリク家の成員によって置き換えられる傾向が急速に強まる。こうした過程が明確になるのはスヴャトスラフによる三人の子（ヤロポルク、オレーグ、ウラジーミル）への諸都市（公国）の配分においてであった（『原初年代記』九七〇年の項、七九頁）。この過程は次のウラジーミルによる、いっそう拡大しつつある公国領の諸拠点都市の多数の子らへの配分によってさらに促進され（『原初年代記』九八八年の項に長子ヴィシェスラフ以下、十二人いたとされる子のうち全部で九人の名があげられ、それぞれに公国（都市）が与えられている。一三四頁）、その後のヤロスラフの時代へと引き継がれていくが、それと同時にキエフ公位を継承した諸公の地位に変化が起きたという。すなわちキエフ公は他の同門諸公に対し明らかに優越する公へと変質していったというのである。(71)

しかしこれはどうであろうか。たしかにヤロポルクやウラジーミル、そしてその後曲折を経てヤロスラフは一応その時々の年長者としてキエフ公位を継承した（あるいは手に入れた）。しかしそのことがただちにルーシ全体に対する政治的支配権をも同時に引き継いだことを意味するわけではなかった。もしこの考え方を受け入れるならば、ヤロポルクらは他の兄弟諸公を各地にいわば「家臣」として配置したということになろう。しかしそうしたことは年代記からうかがうことはできない。トロチコの見解は論証されていないと言うべきである。(72)

この点でトロチコに類似した見解は二〇〇三年にモンゴル以前のルーシ史に関する大著を物したM・B・スヴェルドロフによっても表明されている。スヴェルドロフによれば、リューリク以降の継承制は「九世紀後半―十世紀前半にすでに父から子への直系的継承制が大公位継承の主要原則」となっていたことを物語るという。スヴェルドロフは「大公」の称号がすでに十世紀に存在したのみならず（九一一年、九四四年ルーシ・ビザンツ条約においてオレーグならびにイーゴリが「大公」と称されている）、「大公権」がすでにその段階で現実的な内実を有していたとも主張する（「ルーシの主権および完全な権利を有する支配者」としての「大公」）。(73)

スヴェルドロフの場合も、A・P・トロチコについて記したと同じことが言える。年代記にヤロポルクがキエフで「公として治めはじめた」とあったとしても、かれが二人の弟オレーグ、ウラジーミルに対し「父」のごとくであったとは記されていないのである。このことはその後の継承戦争に勝ったウラジーミルが、自身の子らを各地に据えた時の

ことをみるときいっそうはっきりしてくる。(74)

ウラジーミルがこのときキエフ公権の強化をはかって子らに諸都市を配分したとみることはできない。かれにそうした志向がなかったとは言わない。しかしそれを明示的に（公然と）行うことはなかった（できなかった）ように思われる。少なくともかれのキエフ公権強化（あるいは「中央集権化」）の志向を裏づける論拠は欠けているのである。むしろかれは当時の慣習に従って配分を行ったと考えるべきであるように思う。つまり支配一族の子はみな成長するに及んで自身の分与地を要求する権利があったのが当時の慣習であった。先に記した兄弟による共同所有の原則である。分領公＝子はたしかにキエフ公である父に服従したが、それは決して代官や家臣としての政治的な従属ではなく、父に対する子としての服従であった。ここではあくまでも「氏族制的な原理」が基本となっていたのである。もしヤロスラフがウラジーミルの代官としてノヴゴロドを治めていたとするならば、その「代官」がキエフ公に反旗を翻すなどは通常考えられないであろう。一〇一四年にヤロスラフがウラジーミルに公然と反抗したのは、かれが何らかの仕方で慣習を破った父（キエフ公）に憤ったからと考えてはじめて理解可能であるように思われる。

ここでさらにソヴィエト期に遡り、その代表として法史家S・V・ユシコフの見解もみておきたい。

かれはウラジーミル期のキエフ国家はすでに「封建国家」と規定しうると考え、ウラジーミルによる子らへの分領の授与もこの立場からみる。すなわちウラジーミルは国家の中央集権化の強化を目的として各地に子らを配置したと考えるのである。この場合子らの父（キエフ大公）に対する関係は君主と家臣の関係（いわゆる「家臣制 vassalitet」となる。それだけではなく、そこには早くもルーシが各地方へと分裂する傾向すらもみられるとする（「封建的分立」の傾向）。(75)「封建化」の進展を強調するユシコフの考え方は、その細部にわたる見解の相違はともかくとして、ソヴィエト史家に共通する特徴であったといえる。多かれ少なかれ、かれらは封建制の早期成立を主張して、その立場から政治・司法制度をも規定しようとしたのである。しかしこれが図式主義的であったことはいまや明らかである。

ここはソヴィエト史学の問題性を論じるところではないが、今問題にしている点に限定して言えば、かれらが当時のルーシにおける「氏族制」的側面を過少に評価していることは明らかである。これは帝政期のソロヴィヨフやクリュチェフスキー、プレスニャコフらの見方を克服しようと躍起になっていたことの反動であったといえる。しかしすでにヤロポルク、とりわけウラジーミル期に関して、キエフ公権（へ）の集中化を述べることは時期尚早であるように思う。ウラジーミルにそうした志向がなかったとはいえないが、少なくともかれがその方向性を意識的に追求し、それに成功したとする証拠はない。意図はあったとしてもできなかったというのが実際のところであったろう。いずれにせよかれの没後キエフ公権は、激しい継承戦争のさなか、強化安定どころかむしろ国家（王朝）崩壊の危機にすら見舞われた。公権の強化安定を明確に追求したのはヤロスラフ、しかもかれが治世晩年に明示した「遺言」においてであったと考えるべきなのである。

キエフ大公こそが国家の統治者であるとする立場はおそらくヤロスラフが最初に意識的に採用したようにみえる。そのことは明確に宣言されなければならなかった。これを行ったのが「遺言」であった。これを換言するならば、それまで支配王朝の成員による「兄弟所有制」が原則であったなかで、キエフ公こそが他に優越する支配者（「最年長者」）であること（「年長制」starshinstvo, sen'orat にはその方向性、すなわち「長子制」＝単独支配性への、が内包されていた）を明らかにするためには、特別の契機が必要であったということになる。同じく「氏族制的原理」に立つといいながら、「兄弟所有制」から「年長制」段階への進展といってもよい。「遺言」の歴史的意義はここにあった。

「遺言」がほかならぬキエフ公を他の諸公に比して特別の存在とみていることは、イジャスラフを「キエフの座」に任じたあと、他の四人の子らに対し「お前たちはこれをわたしだと思ってこれの言うことを聞け」とされているところから判断できる。これはこれまで一度としてなされたことのない指示であった。「遺言」自体はじめて出されたという事実に鑑みて、以前のキエフ公も同様の指示を出した（あるいは同様の立場であった）が、それが記録されなかったと考える立場もあろう。その可能性はあるが、おそらくはそうではない。初期キエフ・ルーシにおいては、やはり支配王朝の成員全体による共同所有制の伝統が強かったのが、ここにきてはじめて明確に「年長制」的要素が前面に出され、それを治世後半の自身の統治に自信を深めたヤロスラフが「遺言」という形で表明したと考えるべきなのである。

イジャスラフが受け取った領土が他の子らに比して格段に大きく、重要性の点で優っていたこともこうした見方を裏づける。かれは、キエフはいうまでもなく南北交通路の北の要衝ノヴゴロドも手に入れた。ノヴゴロドは以前からキエフ公の手に帰していたが、すでにみたようにヤロスラフ後一度はチェルニゴフ公家に帰すに至っていた。それがあらためてキエフ公の下に戻された（本章注（28）を参照）。キエフが政治的、経済的に最大の中心地であり（そこには東西の交通路の走るポゴルィニ（ゴルィニ川流域）地方やトゥーロフ・ベレスチエ地方も含まれていた）、ルーシ教会（府主教座）もキエフに本拠をおき、いまや全土を自己の管轄下に組織化しつつあった（地方主教座の設置）。これにたいしたとえば、次兄のスヴャトスラフはキエフに次ぐと言われるチェルニゴフやトムトロカンを得たが、前者（チェルニゴフ）の東半分はいまだ半ば自立的なヴャチチ族の居住地域であり、政治的にはもちろん経済的にも未発達といってよかったのである。フセヴォロドに帰したペレヤスラヴリ以下の諸都市がキエフに比し格段に劣っていたことはいうまでもない。

「遺言」が氏族制的な慣習の中に「年長制」的な要素、換言すれば君主権の樹立、ないし国家化（ソヴィエト流に言えば封建化）への方向性を持ちこんだことを述べてきたが、厳密に言えば、臨終に際しての「遺言」と言うよりは、ヤロスラフ治世後半におけるより明確に意識された政策的指示と言うべきであった。切っ掛けとなったのはおそらく一〇五二年の長子ウラジーミルの死であった[76]。このときヤロスラフは自身の死も遠くないと自覚していたであろう。かれは四十年前の大公位継承戦争の再発を何としてでも阻止する必要を感じて、「キエフの座」を特別な場としたうえで、残った兄弟中の最年長者をそこに指名することを決断したと考えられる。それゆえ一〇五四年に出されたとされる「遺言」は、むしろ存命中に明らかにされた後継者指名（文書）であった。後継は指名するが、いまだ慣習的に平等の権利を信じる他の兄弟による異議申し立てをあらかじめ予防する措置が、これまでみてきたようにさまざまに講じられた。実はヤロスラフの父ウラジーミルも後継を指名しようとしていた節がある。すでに記したようにかれは長子（それが誰であったかはともかくとして）ではなく、ボリスを念頭に置いていた可能性が高い。しかしそれは実現するに至らなかった。それどころか、ポッペによれば、かれのこの判断がその没後激しい後継者争いを引き起こすこととなった。ヤロスラフは父の失敗例を十分に認識していた。かれは慎重に練った末「遺言」の形で、自身の後の統治体制を子らに指示したと考えられるのである。

ヤロスラフが子らへの指示を「慎重に」練ったと考えられる一つの根拠を示したい。それは「遺言」が新たな歴史的意味をもつ改革的な文書であった一方で、従来の慣習を根本的、急激に変更するものとはなっていないことである。慣習のラディカルな修正（廃止というべきか）が強烈な反発を呼び起こすことは自身の経験からしてよくわかっていた。かれは一方では「年長者」に最大の権力と領土を与えて、統治の実を上げようと図りつつ、他方では兄弟による共同支配（所有）制を維持しようと心を砕いたのである。国土の統一を維持しつつ、兄弟間の紛争を避けるという意図からであった。

ヤロスラフはこの目的のために国土配分に際して特異な方法を採用した。それは実質的に統治に関与した上の三人の公の分領がそれぞれ一円的な領土とならぬよう配慮したのである。すなわち新大公イジャスラフは主にキエフとノヴゴロドを得たが、この二拠点はヴャチェスラフ（第四子）に与えられたスモレンスクによって隔てられていた。スヴャトスラフの受領したチェルニゴフとトムトロカンは広大なステップによって引き裂かれていた。フセヴォロドの分領ペレヤスラヴリとロストフはスヴャトスラフの領土チェルニゴフのヴャチチ族居住地域を間に挟んでいた。三公ともに自領土をまとまった形で受け取ることができなかったのである。ナザレンコは三公の分領のこうしたあり様を「散在的」性格（cherespolosnyi kharakter）と呼んでいる。(77)

ヤロスラフはなぜこのような方式を採用したのであろうか。ナザレンコによれば、それは「遺言」によりはじめて「年長者」をキエフ公に指名し、キエフ公を最大の権力者に仕立て上げたヤロスラフが、キエフ公権の過度の強大化を阻止しようとした苦肉の策に他ならなかったという。いわば、兄弟による共同所有制という慣習を打破する方向性を打ち出しながら、それがあまりに急激に展開することを避けようとしたというのである。ヤロスラフはあくまでも事態の進行に漸進的な性格を付与しようと望んだ。いうまでもなく国を危うくする内紛の阻止がかれのこうした策の基本にあった。その意図が実現されたかどうかはともかくとして、このような意味で「遺言」はキエフ国家の効果的な統治と国内平和を目的とした意識的改革の現れに他ならなかったといえる。

第十一章注

（1）研究史上 riad Iaroslava（ないし zaveshchanie）などと呼ばれる（ヤロスラフの遺言ないし指示の意。英語文献では testament など）。riad の語は年代記の記事中に「nariadi syny svoia 自分の子らに指示した」のように現れる。

（2）「遺言」が文書化されていた（つまり年代記編者は今日に伝わらない「遺言」の原テクストを基に記述した）と考える研究者もいるが（たとえばL・V・チェレプニーン、*Drevnerusskoe gosudarstvo*.s.171-172）、これは後代の例からの類推に基づいており、論証されているとは言い難い。また「遺言」（指示）が出された時期についても議論がある。「遺言」とされることでヤロスラフが臨終の床で子らにこれを示したかのごとくに考えることはできない。年代記の先の引用にも「まだ生きている間に」という文言がある。実際、引用に続く部分では、ヤロスラフの臨終に際しかれと共にいたのはフセヴォロドだけであったと記されている。これについては後述するが、少なくともこのとき上の二人の子イジャスラフとスヴャトスラフはキエフにいなかった。臨終の床でないとするならばいつのことかとなるが、二年前のヤロスラフの長子ウラジーミルの突然の死去の際に、父が子らを集めて指示を出した（新たに最年長となったイジャスラフを中心とする共同支配体制を構築した）と考えるのがよいように思う（Nazarenko,

Dinasticheskii stroi Riurikovichei.s.82-83;Dimnik, *The Dynasty of Chernigov*.p.20-21)。

(3) S・M・ソロヴィヨフおよびそれをうけたV・O・クリュチェフスキーの考えでは、十一―十二世紀のルーシでは大公位その他の諸公位の継承は、父から子へではなく、兄弟へ、兄弟の世代が尽きると、伯父から甥の世代に移って行われるのが基本であった。ルーシ国土もリューリク王朝全体の共有財産と認識され、各公には「年長制」(starshinstvo, stareishinstvo は適切とはいえない)に基づく各自の位置に応じて順に諸公位につく権利が認められていた。したがって大公や諸公が欠けた場合、諸公は順次繰り上がる形で公国を移り渡った。ソロヴィヨフらによればこのような公国領有制(公位継承制)はヤロスラフの「遺言」で公式的な表現を与えられたが、それをクリュチェフスキーは「順番制的領有」(ocherednoi poriadok vladeniia)と呼んだ。英語文献ではしばしば rota-system ないし ladder-system などと表記される(Solov'ev, *Istoriia Rossii*.Kn.I, T.2, s.343-349; クリュチェフスキー『ロシア史講話1』第十一講; Dimnik, *The Dynasty of Chernigov*.p.24-25;Dimnik, "The 'Testament' of Yaroslav"; *MERSH*.v.31, p.183-188; 八重樫「キエフ・ルーシにおける順番制」)。公位継承に関するこうした捉え方は広く受け入れられたと言ってよいが、反対する研究者も少なくない。すでにソロヴィヨフに対し、帝政期の法制史家V・I・セルゲエーヴィチが批判の目を向けていたが(ソロヴィヨフの「氏族制理論」対セルゲエーヴィチの「契約理論」)、ソヴィエト期になると諸公支配の経済的基盤に関心が集中したこともあり、この問題が重要な論点となることはなかった。というより、非現実的、人工的な理論と考えられ、諸公は、実際上は「順番制」などには拘束されなかったと考えられたのである(この点については八重樫論文がふれている)。ここでこの問題について立ち入ることはしないが、ソヴィエトの研究者による批判については、さしあたり、Budovnits, *Obshchestvenno-politicheskaia mysl'*.s.164-175;Rapov, *Kniazheskie vladeniia na Rusi*.s.206-211 を参照。本書の著者は「順番制」が現実にそのまま通用されたとも、また諸公がそれを厳密に遵守しようとしたとも考えない。この点では批判派に賛成である。しかしこれが諸公間関係を規定する慣習法的なものとしてあったことは認めることができると考える。慣習法的な側面までも否定することは行き過ぎであろうと思う。漠然とした形ではあれ、クリュチェフスキーらが想定したような規範が諸公の前にあり、それが一定の意味を有していたと考える。

(4) 実は先の引用文中[ ]の部分、すなわちイーゴリに関する指示は、『原初年代記』のラヴレンチー写本(邦訳の底本である)には欠けている。ただシャーフマトフやリハチョフによれば、本来この部分は年代記のオリジナルに近い編纂(いわゆる「原初集成」)にはあったと考えられる。イーゴリへの指示は、いわゆる「ノヴゴロド―ソフィヤ集成」(十五世紀三〇年代)に遡る諸年代記(たとえば、『ノヴゴロド第一年代記(新輯、コミシオンヌィ写本)』*PSRL*.III:182 や『ソフィヤ第一年代記』、*PSRL*.VI-1:181)

にははっきりと現れている。それが『原初年代記』編纂の段階で、削除されたという。当時の大公スヴャトポルク・イジャスラヴィチ（一〇九三―一一一三年）に都合よいようにという配慮からであった（この段階ではウラジーミル・ヴォルィンスキーはスヴャトポルクの子ヤロスラフの手中にあった）（*PVL.s.490*）。もっとも『原初年代記』にも（翌一〇五五年の項）、イーゴリが「ヴォロジーメリ」の公となったという記述があるので、「遺言」におけるかれへの指示が本来的なものであったことは確かである。シャーフマトフらの指摘するとおりだとするならば、『原初年代記』の編者が一〇五四年の項だけを改変して、翌年の項を放置しておいたのは何故かという疑問も出てくるが、ここではこの点にこれ以上立ち入らない。なおイーゴリとヴャチェスラフについてはどちらが先に生まれたかははっきりしない。ヴャチェスラフの生年は『原初年代記』に明記されているが（一〇三六年）、イーゴリについては記述がない。通常ヴャチェスラフが年長と考えられているが（たとえばバウムガルテンや木崎）、『ノヴゴロド第一（新輯）』の一〇五四年の項ではイーゴリの方が先に出てくるので、かれの方が年長という可能性もある。

（5）『ノヴゴロド第一年代記』（新輯）九八九年の項のいわゆる公名列表にはヤロスラフの子で順次大公位についた三人については、それぞれの獲得した都市（地域）名も若干詳しく記されている。それによれば、イジャスラフはキエフ以外にノヴゴロドその他の地域を、スヴャトスラフはチェルニゴフ以外に「ムーロムまでの東方全域」を、フセヴォロドはペレヤスラヴリ以外にロストフ、スーズダリ、ベロオーゼロとヴォルガ流域地方（ポヴォロージエ）をえている（*PSRL.III:160*）。これらのうちノヴゴロドは、キエフ大公位と密接に結び付く重要拠点として、通常は大公の管轄に委ねられたので、ここでもその原則が守られていることがわかる。大公は自身の子、とくに長子か信頼する家臣を代官として送りこむのが慣例であった。

（6）ノヴゴロド、あるいはヴォルィニ、また「チェルヴェンの町々」からなどとする説がある。これについてはリハチョフの解説を参照（*PVL.s.492*）。

（7）ポロツク公家が大公位継承、ないし大公国の共同統治から外されていた理由は、既述のごとく、ヤロスラフの兄イジャスラフ（ポロツク公）が父ウラジーミル聖公に先立って死去したために、その一門が大公位継承権を失ったとみなされたことにある。またヤロスラフの孫ロスチスラフに関してもこの点同様であった。もっともクリュチェフスキーは、このロスチスラフもヤロスラフ賢公後の大公国統治体制に第六人目の当事者として参加していたが、五人の叔父たちによって不当な仕打ちを受けた（スモレンスクの領有を拒否された）ことがトムトロカンへの逃走という結果になったと記している（トムトロカンへの逃走の段階では叔父たちは三人になっていた）。ロスチスラフがヤロスラフの子らの体制から排除されたことは確かであるが、ロスチスラフ自身は統治体制に参与する資格があると思っていたのである（クリュチェフスキー『ロシア史講話1』二〇四—二〇七頁参照）。ロスチスラフのトムトロカンへの逃亡とその後の運命についてはさらに後述本章注（28）を参照。

（8）「トルキ」［トルク人］はビザンツ諸史料のウーズないしオグズなどと同種のトルコ系種族。『原初年代記』では九八五年の項に初出。これについてはさしあたり、Pletneva, Pechenegi, torki i polovtsy を参照。

（9）「三頭制」の語は最初A・E・プレスニャコフによって使われたようにみえる（Presniakov, *Kniazhoe pravo*.s.43-45）。その後ソヴィエト期になってB・D・グレコフが用いることによって広く普及するようになった（Grekov, *Kievskaia Rus'*.s.484-485）。ヤロスラフの上の三人の子（イジャスラフ、スヴャトスラフ、フセヴォロド）はこれからみるように、複雑な経緯をたどりつつも順に大公位についたので、「三頭制」はそれなりに妥当な語といいうる。ところでときにヤロスラフ自身があたかも最初から上の三人の子のみを大公位継承者と考えていたとし、「三頭制」はその意味で「遺言」に基礎をもつとする見解もみうけられるが（たとえば、Dimnik, "The 'Testament' of Yaroslav".p.377 f.;*MERSH*.v.31, p.184 など）、本書の著者のみるところでは、「遺言」自体はそれを裏づけていない。ヤロスラフは五人の子を順に並べて諸公位を与えており、各公国（都市）はその重要度において差異はあるにせよ、上の三人またキエフ、チェルニゴフ、ペレヤスラヴリの三都市（公国）だけを特別視したようにはみえない。「三頭制」はあくまでも、下の二人の子が早くに亡くなったことから生じた結果と考えるべきである。ヤロスラフには上の三人をとくに重視する意図があったと考えているナザレンコも、年代記の「遺言」の記述自体は「三頭制」を裏づけていないことを説得的に論じている（Nazarenko, «Riad» Iaroslava.s.30-32;Nazarenko, Dinasticheskii stroi Riurikovichei.s.80）。

（10）ポロヴェツがルーシを初めて襲ったのは、『原初年代記』によれば一〇六一年のことであった。かれらはすでに一〇五五年に姿を現していた。しかしこの時は戦闘に至らず、フセヴォロド公との間に講和を結んでいた。ポロヴェツはこれ以後モンゴルが侵入する十三世紀二〇—三〇年代までルーシにとって最大の脅威となる。『イーゴリ遠征物語』が一一八五年のポロヴェツとの戦いをテーマとする作品であることを想起しておこう。ポロヴェツについては、後に立ち戻りたいが、さしあたり、*MERSH*.v.29, p.12-24(Th.S.Noonan); Pletneva, *Polovtsy* を参照されたい。

（11）邦訳一八八頁（*PSRL*.I:164）。（*PVL*.s.71 では六五七三（一〇六五）年の項。）『ノヴゴロド第四年代記』の同年の項への付記からプスコフへ兵を進めたと推測できる（*PSRL*.IV-1:122）。

（12）フセスラフの父ブリャチスラフもかつて一〇二一年、ノヴゴロドを占領し、ヤロスラフ賢公の報復攻撃を受けたことがある（『原初年代記』邦訳一六六頁）。ポロツクは常に北の政治経済上の重要拠点ノヴゴロド（とプスコフ）に関心を抱いていたようにみえる。

（13）ルーシにおける十字架宣誓の起源とその歴史的変遷、また政治社会的意味、それに対する正教会の態度等に関してはさしあたり、Dewey, Kleimola, "Promise and Perfidy";Stefanovich, Krestotselovanie を参照。

（14）『原初年代記』の一〇七四年の項はペチェールスキー修道院の院長フェオドーシーをはじめとする修道士の列伝となっているが、そのなかで「このときたまたまイジャスラフがリャヒからやってきた」と大公の最初のキエフ帰還（一〇六九年）のときのことにふれ、さらに次のように記す（この間、大公イジャスラフは、上記一〇六八年のキエフ民の決起に際し、一時的にキエフを脱出し「リャヒ」へ逃げていたのである）。「そしてこのときイジャスラフはフセスラフのことでアントニーに対して怒りはじめた」。そこでスヴャトスラフは「人を派遣して、夜中にアントニーをチェルニゴフに連れ去った」と続く（なおアントニーはペチェールスキー修道院の創始者）。同様の記述は『イパーチー年代記』やペチェールスキー『聖者列伝』中にも現れるが（*PSRL.II*:185; 三浦訳「『聖者列伝（II）』」第三十六話（「イサーキーについて」）、イジャスラフがアントニーに対し「怒り」を振り向けた理由についてはまったく説明がない。しかしおそらくこれは先の大公らの十字架宣誓違反をアントニーが厳しく咎めたことに関連するとほぼ確実に推測される。『聖者列伝』の英訳者ヘッペルなどもそう理解している（Heppel, *The Paterik*.p.38, 207）。

（15）一〇六八年のキエフ民の暴動の意味については研究史上さまざまに議論されている。都市と民会の成長を物語る事件であることは共通の認識と言ってよいが、ソヴィエト期にはとくにその反封建的な意味が強調された。これに対し同じくソヴィエトの研究者であるI・Ia・フロヤーノフは、人民の怒りの矛先が公の「封建」権力にむけられたわけではないこと、むしろキエフ社会においては「公と人民」が相互に補完的な関係にあったことを主張して上の見方に反対している。ソヴィエトの代表的研究としては、さしあたり、Tikhomirov, *Krest'ianskie i gorodskie vosstaniia*.s.82-104、また二十世紀六〇年代に出版された十二巻本『ソ連邦史』の第一巻（最古から十三世紀末まで）*Istoriia SSSR*.T.I, s.537-543（著者はB・A・ルィバコフ）をあげておく。フロヤーノフの見解はFroianov, Veche v Kieve 論文を参照。なお「民会」に関する研究は膨大である。わが国でも早くからある程度の蓄積がある。田中「ノヴゴロド『民会』考」など。それらを含め著者は不十分ながら研究史的素描を試みたことがある。拙稿「ロシア中世都市をめぐる若干の問題点」七一―七三頁。またとくにフロヤーノフのキエフ社会論については、Kuryuzawa, "The Debate on the Genesis of Russian Feudalism", p.115-122, 126-140 を参照。

一〇六八年のキエフ蜂起についての研究動向はごく手短に言って上記のごとくであるが、このときの蜂起にポロツク民が大きな役割を演じたことをソヴィエトの歴史家Ｌ・Ｖ・アレクセーエフが指摘している。ほかならぬポロツク公を解放してキエフ大公位に就けたことにキエフ在住のポロツク民が大きくかかわっていたとする見解が表明されている。一見してご都合主義的にもみえるこの見解は、『原初年代記』のこの部分の記述の理解を大きく前進させる可能性があるので、ここに紹介しておく。年代記は、蜂起したキエフ民が「ブリャチスラフの邸のそばに留まって、『行って自分たちの従士団を牢から救い出そうではないか』と言った。かれらは二手に分かれ、半分は牢に向かった……」（一九四頁）と記している。アレクセーエフによれば、ここの「ブリャチスラフ」はウラジーミル聖公の孫、ブリャチスラフ・イジャスラヴィチ（一〇四四年没）で、ポロツク公であった（この点は研究史上広く認められている。年代記邦訳者もそう認識している）。フセスラフはその子である。ということはこの時期キエフにポロツク公の「邸」があったということになる。おそらくそれは（ここからがアレクセーエフの独自の見解であるが）ブリャチスラフ時代に（一〇四四年没）キエフに設けられたポロツク（公）の商館であった。キエフには商人を中心とするポロツク民が相当数居住していたとアレクセーエフは推測するのである（ブリャチスラフ公は一〇二一年にヤロスラフ賢公と戦っている。しかしおそらくその後両者間に和議がなり、その結果キエフに多数のポロツク民が進出することとなったと推測される）。蜂起民がこの邸の側で集会を行い、そして前年から牢にあったポロツク公とその従士団の救出へ向かったとするならば、おそらく蜂起においてはこれらのポロツク民が重要な役割を演じていたと考えてよいというのである。ポロツクをキエフに対抗する勢力と考え、両者の緊張関係を強調する傾向が強い中で、両者の平和的、密接な関係に留意した興味深い指摘であると考える（Alekseev, *Polotskaia zemlia*.s.244-248）。

(16) これについては *PVL*.s.496 を参照。なお「グレキの国へ行きます」という表現との関連で、一〇七一年の項にある、キエフに現れた占師の予言（「五年目にドニェプルが逆流し……グレキの国が「ルーシの国」に、ルーシの国がグレキの国に位置する」ことになろうという）が注目される（一九九頁）。「グレキ」に関するこの二つの言及については、リハチョフが「予言」の行われた時期、また異教反動との関連で問題にしている（*PVL*.s.497）。もっとも本書の著者にとってより興味深いのは、この言及がルーシ人の「グレキ」観を暗示しているようにみえることである。このような表現は、当時のルーシ人にとって「グレキ」（ギリシア人とその国）が距離的、日常的にはやや遠いとしても、観念的には常に念頭におかれているような、親しく身近な存在であったことを示しているように思われる。

(17) 一一一九年フセスラフの子グレープがフセヴォロドの子ウラジーミル・モノマフによってミンスクで捕らえられキエフに連行

されて死んだ。このときにポロックの抵抗も終わったと考えられる（*PSRL.II:285*）。

(18) *Alekseev, Polotskaia zemlia.s.242-249.* フセスラフ公はきわめて特異な公として、後の『イーゴリ遠征物語』や、後代の英雄叙事詩ブィリーナ（「ヴォルフ・フセスラーヴィチ」）においても重要な役割を演じており、しかもこちらでは年代記における以上に好意的な取扱いを受けている。年代記ではかれは出生時に頭に「大網膜（羊膜）」があり、それを生涯「身につけ」ていたとされるが、ここから、ルーシやスラヴ世界さらにはより広く中世キリスト教世界にさまざまな形を取って現れた「人狼」伝説を彷彿させる人物としても知られていた。『イーゴリ遠征物語』との関連では、木村訳九四―九九頁、一八四頁（訳者注）、ブィリーナにおけるフセスラフについては井桁『ロシア民衆文学　中』五七―六七頁、中村『ロシア英雄叙事詩』二六―三七頁を参照。さらには栗原『吸血鬼伝説』一九六―二二二頁には、R・ヤコブソンによりながらの丁寧な紹介と考察がある。さらに最近の早坂『ベラルーシ』（とりわけその第三章）も、ウクライナなどに比しその民族意識の成熟度に劣るところのあるベラルーシの歴史の第一期としてのポロツク公国時代について概観しながら、この公について言及している。そこでは、「ベラルーシ」のごとき取扱いの難しい境界領域問題についての注目すべき議論が展開されている（ただいくつか気になるディテールのうちで一点だけあげておくと、早坂によれば、大公ヤロスラフ［賢公］の兄弟ムスチスラフの死後、大公の競争者はポロツク公ブリャチスラフ［フセスラフの父］のみとなり、その後同公国が「対抗勢力の筆頭」としてキエフと戦いを繰り返し、勢力を拡大させたというが［一〇七頁］、これはどこから言えるのであろうか。たとえばブリャチスラフ治世のポロツクの町の発展［とくにソフィヤ聖堂建立、上述］がかりに考古学的に推測できたとしても、キエフとポロツクの両者がルーシをあたかも二分するかのようにして対決し続けた［これは政治の問題である］といえるかどうかは、疑問なしとしない。キエフに「ブリャチスラフの邸」があったことは、アレクセーエフも指摘した通り、むしろ両国がその後講和を結んで盛んな通商関係を樹立（ないし維持）したことを物語るのではないか。『原初年代記』には一〇二一年に両国が戦い、キエフが勝利したこと以外には何も記されていない［あとは一〇四四年にブリャチスラフが死んで、フセスラフが跡を継いだとあるだけである］。どのような説を立てるにせよ、それに見合う根拠は必要となる。歴史的ポロック公国が後の「ベラルーシ」の「民族意識」にとっていかに重要な存在であったにせよ、それが実際に当のベラルーシの人々が思い描くような存在であったかどうかは慎重に見極められなければならないであろう）。なおポロックとキエフとの関係についての著者の見解はいちおう第七章1に記しておいた。

(19) 邦訳一九九―二〇五頁。同一〇九二年の項も「ポロツクにきわめて不思議なことがあった」として、悪魔が跳梁し人々を傷つけたこと、その他旱魃や火災、ポロヴェツの侵入、疫病の蔓延などのあったことについて記している（一二三六―一二三七頁）。

（20）三公の協力体制はたとえば『ルースカヤ・プラウダ』簡素編纂の「ヤロスラフの子らの法典」と呼ばれる部分（その厳密な構成について見解は分かれている。およそ第十九―四十一条とするのが通常である）の編纂にも表れている。そこにはイジャスラフ以下三公の名が挙げられているのである（ただしその順序が年長順ではなく、「イジャスラフ、フセヴォロド、スヴャトスラフ」となっていることの意味はここでは検討しないが、問題となりうる）。勝田は「法典」のこの部分の編纂は、三公がボリス・グレープの遺骸遷移式のために一〇七二年に集まったのを機に行われたと推測するが（勝田『ルス法典研究』四三九頁）、この点についても研究史上さまざまに論じられている。これについてはさしあたり、*RZ.I.s.30-40* を参照。いずれにせよ「ヤロスラフの子らの法典」は三公の共同統治の時期に成立したと考えられ、一〇七二年でなかったとしても、それに近い時期と考えることができる。大多数の研究者の見解では、簡素編纂全体が「ヤロスラフの子らの法典」編纂後の十一世紀七〇年代までには成立したとされる。

（21）キエフ大公イジャスラフが弟たちにより追放されドイツ皇帝の宮廷に現れたことについてはすでにふれた（本書第十章3、六九一頁以下）。イジャスラフの子ヤロポルクが教皇の下へ現れたことは、教皇グレゴリウス七世自身がイジャスラフとその王妃（ゲルトルード）にあてた書簡（一〇七五年）で記している。書簡のこの部分はナザレンコの露訳で読むことができる（*Drevniaia Rus'v svete...IV.s.112-114*）。興味深い内容となっているので以下にその一部を訳出しておく。

「グレゴリウス司教、神の僕の中の僕より、ルーシの王デメトリウス[a]およびその夫人なる王妃[b]へ。清安と使徒の祝福があるように。汝らの子息[c]が、使徒がたの霊柩に参られた後、われらの下に来たり身を低くして次のことを懇願した。すなわちかれはかの王国をわれらの手から聖ペテロの贈り物として受け取りたいと願いつつ、第一の使徒、至福なるペテロの名を挙げて、かれにしかるべき忠誠の念を表明したのである[d]。その後かれはわれらにたいし、もし使徒の座によるこの贈与が汝らに愛顧と庇護を約束するものであるならば、汝［デメトリウス］がかれのこの懇願に同意し、承認を与えることは疑いなく、それを覆すようなことは決してないと請合ったのである。最終的にわれらとしてもかれの誓約と懇願は正当と判断し、これに応じることとなった。われらは汝の同意と、懇願者の深き信仰を配慮し、至福なるペテロの名においてかれに汝の王国の統治権を委ねることとした……[e]」。

（a）キエフ大公イジャスラフ・ヤロスラヴィチは洗礼名をディミートリー、ラテン風に言えばデメトリウスと言った。

（b）イジャスラフの妻はポーランドのカジミェシ一世の妹でゲルトルードである。教皇書簡では名は記されていない。この結婚についてはルーシでも知られているが（たとえば、『ノヴゴロド第四年代記』一〇四一年の項、*PSRL.IV-1:116*）、かの女の名はルーシ史料には現れない。その名はかの女の所有するラテン語の祈禱書から知られる（Nazarenko, *Drevniaia Rus'*: s.566-570）。この祈禱書については改めて第十二章1でふれる。

（c）ヤロポルク・イジャスラヴィチ。追放された父に同行して国外に出た。後のヴォルィニおよびトゥーロフ公。

（d）ヤロポルクが教皇に具体的に何を願ったのか、研究史上議論がある。ところでヤロポルクはローマでカトリックに改宗したとときに主張されることがある（たとえばV・L・ヤーニン）が、ナザレンコによれば十一世紀七〇年代にあっては、必ずしもそう考える必要はないとする。かれによれば、ヤロポルクはキエフをグレゴリウス教皇の管轄下におくことにより、父の名においてローマ教皇の首位権を承認したと考えられるが、必ずしもカトリック受容を前提とするものではなかったという。ナザレンコはイジャスラフ／ヤロポルク父子が一種のウニアート教会化を目指したと考えているのである。

（e）書簡はこの後、イジャスラフがルーシへ帰還するに際しては教皇の全権特使を同行させるというローマ側の意図が明らかにされている。ヤロポルクが改宗したかどうかという問題はさておいて、ここにはグレゴリウス七世のルーシへの布教の熱意がみてとれよう。

（22）三浦訳『聖者列伝（III）』二二〇頁

（23）Dimnik, *The Dynasty of Chernigov*:p.81-89

（24）この「チェヒ」遠征は、S・H・クロスとそれに依拠する邦訳者の注にもあるように、ポーランド王ボレスワフ二世がドイツ内戦（ザクセンの反乱）に際してザクセン陣営に加担したが、キエフ大公（スヴャトスラフ）もこれを支援して、ドイツ皇帝（ハインリヒ四世）と同盟関係にあったチェコのヴラチスラフ二世を攻めたと考えるのがよいように思う（Cross, *The Russian Primary Chronicle*.p.270. n.239; 邦訳四八七頁、一〇七六年の注1）。この時の戦役にはモノマフ自身がその「教訓」（『原初年代記』一〇九六年の項）において言及している（二六七頁）。なおリハチョフはこれに関連して、このときの戦役がモノマフ自身によって企てられ、しかもその目的がボレスワフ二世をイジャスラフから引き離そうとしたことにあるかのような注記をしている。しかしこれはどうであろうか。遠征はモノマフ自身が記すように、あくまでも大公スヴャトスラフ（とモノマフの父フセヴォロド）の命令で行われたと考えるべきであり、しかもこのときにはイジャスラフはボレスワフ二世によってすでに追放され、マインツのドイツ宮廷に逃れていたのである。イジャスラフのマインツ到来は一〇七五年初のことであった（*PVL*.s.503. また本書第十章六九一頁以下を参照）。

（25）S・H・クロスと年代記の邦訳者はボレスワフがチェコのヴラチスラフ二世と和解したことと関連させてこれを説明している（四八八頁）。

（26）『イーゴリ遠征物語』（木村訳）四六、一六四頁（訳注）。なお「風雲児」は『物語』の訳者（木村）の表現。『物語』の作者がオレーグを「オレーグ・ゴリスラーヴィチ」と呼んだのは、オレーグが以下に示されるように、ポロヴェツをルーシに引き入れるなど多くの「苦しみ」をもたらしたからであろう。gore（苦悩、不幸）の子というわけである。訳者（木村）はこれを「ゴリスラーヴァの子」と訳し、ウラジーミル聖公がポロツクを滅ぼしたときに妻としたポロツク公の娘ログネジの別名「ゴリスラーヴァ」と関連付けて説明している。たしかに、ログネジが「ゴリスラーヴァ」とも呼ばれたことは、『ラヴレンチー（スーズダリ）年代記』の一一二八年の項（*PSRL*.I:300;『古代ロシア研究』XX、三四頁）から確認できる。『物語』作者にそういう連想があったのかもしれない。ただ正確に言えば、「オレーグ・ゴリスラーヴィチ」は「ゴリスラフの子オレーグ」と訳すべきであろう。「ゴーレ」と関係することに変わりはないにせよ、「ゴリスラーヴァ」と呼ばれたログネジと結び付けることができるかどうか判断が難しい。この点中村訳（『ロシア中世物語集』二一三頁は、「悲しみの子」オレーグとしており、訳としてはこの方が正確であると考える。なお『イーゴリ遠征物語』の主人公であるノヴゴロド・セーヴェルスキー公、イーゴリ・スヴャトスラヴィチはこのオレーグの孫である。なお「ゴリスラーヴァ」と呼ばれたポロツク公女ログネジについては、本書第七章三一一―三一三頁を参照。

（27）研究史上はときに「伯父（叔父）と甥の世代間の対立」などとされる。たとえば、Franklin/Shepard, *The Emergence of Rus*.p.259 f. むろんそうした側面があることは確かであるが、伯父・叔父の側にもその子らが加わっていたわけであり、それゆえむしろそれぞれ領国支配を固めつつあった諸家門間の争いと見た方が適切である。

（28）グレーブ・スヴャトスラヴィチはトムトロカンの公であったが、イジャスラフが最初にポーランドに亡命していたころ、すなわち一〇六八年から翌年にかけてスヴャトスラフによってノヴゴロド公につけられていたと推測される。ノヴゴロドがキエフ大公以外の公（この時はチェルニゴフ公）の支配下におかれたのはこの時が初めてのことであった。グレーブはイジャスラフが大公位に復した一〇六九年以後もノヴゴロドを保持していたが、一〇七八年に追われ、殺害されたのである。『原初年代記』一〇七八年の項には「スヴャトスラフの子グレーブがザヴォロチエで殺された」とあるだけで、かれがそれまでどこにいて、だれによって殺害されたかは記されていない（ただ年代記の一〇七一年の記述から、かれがある時期ノヴゴロド公であったことがわかる）。リハチョフはグレーブがノヴゴロド民によって追放され、はるか北方ザヴォロチエの地（ヴォロク＝連水陸路の北、この場合は、北ドヴィナ川、オネガ川流域地方）でチュジ人によって殺害されたとする説（『ノヴゴロド第一年代記（新輯）』九八九年の項）を紹介している（*PSRL*.III:161;*PVL*.s.503）。このようにグレープ殺害に至る状況は不明であるが、『原初年代記』の簡潔な叙述からも、年代記編者がグレープはイジャスラフおよびフセヴォロド両陣営とスヴャトスラフ一門との対立の結果殺害されたと考えていることは確かであるように思われる。なおグレープについて、とりわけかれがノヴゴロドから追われた事情についてはディムニクが立ち入った考察を加えている（Dimnik, *The Dynasty of Chernigov*.p.72-73, 142-147）。

なおこれまでもたびたび言及してきたトムトロカンについて、ここで説明しておきたい。トムトロカンは黒海とアゾフ海を隔てる地に東から突き出たタマニ半島にある都市で、いつからルーシの勢力下に入ったかは不明であるが、『原初年代記』はウラジーミル聖公の治世にはすでにキエフの影響下にあったと考えている。ウラジーミルが子のムスチスラフにこの地を与えたと記しているからである（九八八年の項、邦訳一三四頁）。もっとも年代記のこの記述の信憑性は、邦訳者によれば「疑わしい」という。邦訳者はここでS・H・クロスに依拠しているが、ただクロスが否定的な研究状況とともに、それに対する反証にも言及していることにはふれていない（邦訳四四六頁、注79；Cross, *The Russian Primary Chronicle*.p.250, n.103）。以下にあげるソヴィエトの代表的研究者はいずれも、ウラジーミル聖公期にこの地がルーシ支配下にあったことについては疑っていない。それどころか、ナソーノフなどは十世紀中葉、イーゴリ公治世にはルーシがここに拠点を獲得していたと考えている。ビザンツがハザールとの対立状況の中で、ルーシの進出を容認したというのである（なおこれまでのトムトロカン研究の歴史については下記マヴロージン論文が参考になる）。いずれにせよトムトロカンはルーシをビザンツに結びつける要衝の地であった。ルーシはキエフ地方から遠く離れたこの地に対する影響力を十一世紀末までは維持していたが、その後この地はビザンツ、またポロヴェツの勢力下に入ったと考えられる。ビザンツがこの地に対する関心を抱き続けていたことは、たとえば『原初年代記』一〇六六年（実は一〇六七年）の項で、当時この地を支配していたロスチスラフ・ウラジーミロヴィチ公を「グレキが偽の使者を送って」暗殺させたとする記述からもうかがえる。『原初年代記』では、一〇九四年にオレーグ・スヴャトスラヴィチがトムトロカンを出てチェルニゴフを攻め、自らその公に収まったとされるが、この時を最後にそれへの言及はなくなる。詳しい事情は不明であるが、この後ほどなくしてルーシの手から失われたと考えられる。トムトロカンはルーシ中心部からはるか遠方にあったために、諸公にとって非常時の避難（逃亡）先ともなったが（たとえば、一〇六四年の上記ロスチスラフ公、また一〇八一年のダヴィド・イーゴレヴィチ公らの場合）、それとともにチェルニゴフと強い関係をもっていたことが知られている（したがってヤロスラフの「遺言」でチェルニゴフをえたスヴャトスラフの一門がトムトロカンに対しても執拗に権利を主張するようになる）。ルーシ史におけるこの都市の役割については、さしあたり、Nasonov, Tmutorokan' v istorii;Mavrodin, Tmutarakan'; Gadlo, K istorii Tmutorokanskogo kniazhestva を参照。

(29) 年代記作者によれば、このときイジャスラフはフセヴォロドに対し、それまでのかれら（弟たち）のひどい仕打ちにふれながらも、「しかし弟よ……わたしたち二人は一緒である」「わたしはお前のためには生命をも捨てよう」と言ったという（二二一―二二二頁）。

(30) リハチョフによれば、オレーグはビザンツへ追放された後、さらにビザンツ当局によってロードス島へ流されたが、これはビザンツ側が大公フセヴォロド（とオレーグを捕らえたハザール）の意向に沿って取った措置であったという。フセヴォロドの妻がビザンツ皇族であったと考えられるところからそう推測されている。またオレーグは一〇八三年にルーシへ帰還するが、そのときかれはムザロン家のテオファノを妻（二度目の）として同行したとする（*PVL*.s.504）。以上のごときリハチョフの見解は厳密に言えば問題を含んでいる。本書の著者の考えでは、ギリシアに流されて以降のオレーグの運命について言えることは次の二点だけである。一点はかれがロードス島に「二夏と二冬」「居た」ということ。後にみるように、十二世紀初めにパレスチナへ巡礼の旅をした修道院長ダニールがそう伝えているのである（*BLDR*.IV, s.30. オレーグがなぜ、どういう経緯でそこにいたのかは史料的には確認できない。ダニールは島でオレーグがかつてそこに「居た」と聞いたのである。ダニールの巡礼とその『巡礼記』については次章でとりあげる）。もう一点は『原初年代記』にあるように、かれが一〇八三年に帰国してフセヴォロド大公に再度挑戦してきたということである。つまり史料上は、オレーグがフセヴォロドによってギリシアへ追放されたことは確かであるにせよ、ビザンツ側がかれをフセヴォロドの要請で「囚人」として受け入れたのか、それともオレーグに亡命を認め「庇護」したのか、あるいはより複雑な事情があったのか（たとえば、オレーグが流された時の皇帝はニケフォロス三世ボタネイアテスであったが、一〇八一年にはアレクシオス一世コムネノスが取って代わる。この政変がオレーグのギリシアでの運命にも変化を与えたというがごとき、当時のビザンツ帝国内の政治状況なども含めて）、何とも言えないのである。オレーグが帰国した時、トムトロカンを容易に奪還した（ようにみえる）ところから推測すると、かれは相当の兵力を擁していたとも考えられる。かれはビザンツ側から援助を受けていた可能性も否定できないことになる。リハチョフの見解のもう一つの問題は、オレーグが貴族家門であるムザロン家のテオファノを妻としこれを伴って帰国したとする点である。この結婚については多くの研究者もそう考えるところであるが（たとえば、Dimnik, *The Dynasty of Chenigov*.p.160-161;*MERSH*.v.26, p.10 (Dimnik)）、カジュダンにより強い疑義が出されている。ここでそれには立ち入らないが、どうやら結婚を裏づける確実な証拠はないと言ったほうがよさそうなのである（Kazhdan, "Rus'-

Byzantine Princely Marriages", p.417-418. また本書第十章補遺)。

(31)『原初年代記』一〇九五年の項にムスチスラフがノヴゴロド公となったという記述があるが、かれはその七年前(すなわち一〇八八年)にもノヴゴロド公となり五年間そこにいたことが『ノヴゴロド第一年代記』(新輯、コミシオンヌィ写本)九八九年の項などから知られる。『原初年代記』邦訳二五〇頁、さらに五〇二—五〇三頁(邦訳者注11)、また *PSRL*.III:161;*PVL*.s.506 を参照。

(32)フセヴォロドの死について伝える『原初年代記』の記述(一〇九三年の項、邦訳二三七—二三九頁)はやや特異である。かれは年代記作者によって「この信仰の厚いフセヴォロド公は小さいときから神を愛し、正義を好み、貧しい者に心を配り、主教や司祭を敬い、とくに修道士を愛してかれらに寄進をした。かれ自身もまた飲酒と情欲をつつしみ、そのために父[ヤロスラフ]に愛されていた」云々と称えられている。これは年代記に特徴的な、その意味では通常の亡き支配者に対する賛辞といってよい。だがこれに続く部分は異例である。「かれの父[が語ったことは]実現した。すべての兄たちの後、自分の兄の死後にこの人が父の座を受け継いだからである。しかしながらかれがキエフで公となっている間、かれにはかれがペレヤスラヴリに座していたときよりも悲しみが多かった。かれがキエフに座していたとき、自分の甥たちのためにかれに悲しみが生じた……」(ここは訳を少々変えてある)。これに続いて、領国をめぐる兄弟諸公間の内紛についての記述があり、そのためにフセヴォロドが「悲しみ、病気になり、加えてかれに老境が迫った」こと、かれの「若い人々」(下級従士団のことであろう)が権力をふるい、「略奪をはじめ、人々から強請を始めた」ことが明らかにされる。もちろんこれはフセヴォロドを直接的に批判したものではない。しかし少なくともかれの治世晩年の統治が相当に乱れた状態にあったことをそれとなく明らかにしている。研究者の中には、ここにはルーシ教会側からのフセヴォロドに対する強い批判が隠されていること、少なくとも「薨去」を伝える追悼記事としては異例のものであることを指摘する者もいる(Rüß, "Das Reich von Kiev".S.330)。ところで同じ年の項に「かれはキエフに十五年、ペレヤスラヴリに一年、チェルニゴフに一年公として治めていた」と記されるが(二三八頁)、ペレヤスラヴリとチェルニゴフ、とくに前者に関する記述は腑に落ちない。父ヤロスラフが没したときに(一〇五四年)、フセヴォロドは当時上から三番目の子としてペレヤスラヴリを受け取っていたからである。つまりペレヤスラヴリはそれ以来、かれがチェルニゴフに移るまでの間基本的にその本拠地であったのであり、「一年」という記述は理解困難である。大公位に就いて以降に一年はペレヤスラヴリをも直接に統治したという意味であるのかもしれない。チェルニゴフについても、スヴャトスラフが大公位にあった時にはフセヴォロドの手に属していた可能性があり、年代記の記述に疑問がないわけでない。なお後代(十七世紀末)の『グスティンスカヤ年代記』には、フセヴォロドの統治は合わせて三十八年、うち二十二年がペレヤスラヴリで、一年がチェルニゴフ、キエフ大公位には十五年在位したとする記述がある（*PSRL.XL:63*）。こちらは正確に見えるが、これはこれで後代の編者が辻褄を合わせた可能性が考えられる（Dimnik, *The Dynasty of Chernigov.p.135, n.5*）。

（33）スヴャトポルクは『ノヴゴロド第一年代記（古輯）』に一〇五〇年生まれと記される（『古代ロシア研究』XII、三五頁）。ウラジーミル・モノマフは『原初年代記』に一〇五三年生まれとある（邦訳一八三頁）。

（34）『原初年代記』の立場はこのようにおおむね反スヴャトスラフ的であったといえる。しかし他の記述なども含めて全体としてみるとき、スヴャトスラフ一門、とくにスヴャトスラフその人が同時代人によって必ずしも否定的にみられていたとはいえない。まず一〇六八年に大公イジャスラフがポロヴェツとの決戦を忌避してキエフ民に追い出された直後のことである。このときチェルニゴフに戻っていたスヴャトスラフは、町の周辺を荒らしまわっていたポロヴェツに単独で戦いを挑んだことが『原初年代記』に記されている（一九五―一九六頁）。かれは三千の兵で一万二千の敵を撃破し、チェルニゴフへ凱旋する。年代記はこの戦いについて簡潔に記述するだけでとくに称賛しているわけではないが、スヴャトスラフの武人としての覚悟と決断力は十分に伝わってくる（「かれは自分の従士団に『戦おう。われわれにはもう隠れるところがない』と言った」）。イジャスラフがポーランド王の支援を受けてキエフ大公位を奪還する遠征に乗り出した時にも（一〇六九年）、キエフ民の要請を受けて兄と交渉し、キエフを戦火から救ったのはスヴャトスラフとフセヴォロド、とくに前者であった。年代記はこの件についても、たんたんと記述するのみで、とくにスヴャトスラフを称えることはない。しかしキエフ民がかれに大きな恩義を感じたであろうことは十分に推測される。イジャスラフ不在期間中にスヴャトスラフは子のグレープをトムトロカンからノヴゴロドへ移し、その公としている。そしてグレープはイジャスラフが大公位に復帰した後もノヴゴロド公位を保持し続けた。ノヴゴロドはチェルニゴフ公家の下に留まったのである（既述のごとくそもそもノヴゴロド公位がキエフ大公家以外に属したのはこれが初めてのことであった）。どうやらスヴャトスラフの政治的手腕は兄のそれをはるかに上回るものがあり、当時の人々もそれを十分に認識し評価していたと言ってよい（先にふれたディムニクの指摘（本章七五三頁）も想起されるところである）。またペチェールスキー修道院の創始者であるアントーニーがイジャスラフ大公の十字架宣誓違反（一〇六七年のフセスラフ逮捕）を厳しく批判したことはすでに記したが、その際憤怒にかられる大公からアントーニーを救出し、チェルニゴフへ迎え入れたのはスヴャトスラフ公であった（『原初年代記』二一六頁。三浦「『聖者列伝（IV）』」一三五頁）。ペチェールスキー修道院『聖者列伝』には、修道士ニコン（後の院長、一〇七七―八八年）もイジャスラフの貴族を勝手に剃髪させたとして同公の怒りを招き、その後修道院を去ったという記述がある。退去の具体的理由の問題についてここでは立ち入らないが、この時ニコンが立ち去った先ははるか遠方の地トムトロカン、すなわちチェルニゴフ公家の拠点の一つであった。このことも、スヴャトスラフが「聖にして偉大なる」ニコンの好意を得ていたであろうことを暗示している。ニコンはのちに町の人々の要請を受けて、チェルニゴフにいたスヴャトスラフ公に働きかけ、その子グレープをトムトロカン公に迎える手はずを整えている（三浦「『聖者列伝（Ⅲ）』」二〇三―二〇四、二〇九頁）。さらにこれとの関連でニコンの前任者フェオドーシーのスヴャトスラフとの関係にもふれておく必要があろう。『聖者列伝』によれば、当初スヴャトスラフはフェオドーシーの好意を得ることはまったくできなかった。言うまでもなくイジャスラフ追放劇がフェオドーシーの激しい非難を招くことになったのである。スヴャトスラフは何とかしてフェオドーシーに非難を止めさせようとするが、後者はかたくなに「違法に玉座に居座る者」に対する態度を変えようとはしなかった。しかしフェオドーシーも最後にはスヴャトスラフの大公位を承認するに至る。これにはスヴャトスラフの側の努力もあったからであるが（院長に対する恭順、またペチェールスキー修道院聖母被昇天教会建立への貢献など）、いずれにせよ、結局のところかれは同修道院の好意を獲得することに成功したのである。フェオドーシーは臨終に際して（一〇七四年）、修道院をスヴャトスラフの庇護に委ねている。両者の和解は完全であった（三浦「『聖者列伝（Ⅲ）』」二二〇―二二三頁。『原初年代記』二〇七、二一一頁）。なおスヴャトスラフとペチェールスキー修道院との関係については、さらに Dimnik, *The Dynasty of Chernigov*,p.119-124 に詳しい。以上のことは、『原初年代記』の記述からだけでは、スヴャトスラフ公の（かれだけのというわけではないが）十分な評価はできないという当然至極のことを示している。

(35) ただしここでもことはそう単純ではないことを指摘しておかなければならない。たしかにイジャスラフ一門とフセヴォロド一門は基本的には協力体制を築いたが、それが盤石であったわけではなかった。同じ一〇九三年の項では、先のモノマフによる譲歩の美談の記述にすぐ続いて、ポロヴェツの攻勢に悩まされる大公スヴャトポルクについての記事がでてくる。スヴャトポルクは「思慮深い人々」（慎重派）の助言でモノマフに加勢を求め、共同でポロヴェツと戦い敗れる破目になったが（敗走するモノマフの弟ロスチスラフが溺死するのはこの時のことである）、それに先立ってスヴャトポルク、モノマフがキエフに会した時、両者は「互いに言い争い、仲違いをしたが、和解し、ともに十字架に口づけした」と短く記されている（二四一頁）。これはその後の記述との関連で戦術面での「言い争い」とも解釈しうるが、それにしても「仲違い」、「十字架に口づけ」は大げさである。両家門はたしかにスヴャトスラフ一門に対しては共同歩調を取ったとはいえ、それぞれの間にも利害の対立するところがなかったわけではないことを、この短い文言は示しているといえよう。

(36) 年代記はオレーグが「異教徒をルーシの国に導いてきたのは三度目」と記す(二四七頁)。しかし年代記はオレーグによるポロヴェッツ導入の事例を、一〇七八年(これについては既述)と、ここで問題となっている一〇九四年以外には記録していない。年代記では一〇七九年の項でオレーグの兄ロマン(トムトロカン公)がポロヴェッツを率いて侵入したが、逆にフセヴォロドの策によりポロヴェッツに殺害されたことを伝えている。ロマンの侵入はおそらく前年(一〇七八年)にトムトロカンに逃れたオレーグが兄に働きかけた結果と考えられる。年代記作者は一〇七九年をもオレーグの仕業と考えたと推測される(Dimnik, *The Dynasty of Chernigov*,p.189, n.122)。

(37)『ノヴゴロド第一年代記』(新輯)九八九年の項(*PSRL*.III:161)。一〇九三年にダヴィドにノヴゴロドが与えられたのは、おそらくスヴャトポルクとウラジーミル・モノマフ側からのスヴャトスラフ家門への一種の「見返り策」(チェルニゴフをモノマフが獲得したことに対する)としてであったと推測される。なおスモレンスクがノヴゴロドより下位に位置づけられるということの意味は、前者が政治経済的に後者に劣るということであるが、その具体的な説明は、たとえばクリュチェフスキー『ロシア史講話1』第十一講をみられたい。

(38)「手紙」は『原初年代記』一〇九六年の項、邦訳二七二―二七六頁にみられる。原テクストは*PSRL*.I:252-255;*PVL*.s.105-106、さらに*BLDR*.I, s.470-475にもみえる。

(39)『原初年代記』邦訳二九六頁では「その後スヴャトポルクはダヴィドにドロゴブジを与えてそこで死んだ」と、あたかもスヴャトポルクが死んだかのようになっているが、ここは「スヴャトポルクはダヴィドにドロゴブジを与えた。かれ[ダヴィド]はそこで死んだ」と訳すべきところ。同内容の文は一〇九七年の項の末尾にも見られる。二九四頁参照。

(40) この時のルーシ諸公軍は大公、モノマフ、ダヴィド・スヴャトスラヴィチ(リューベチ会議の参加者)、ダヴィド(ポロツク公フセスラフ・ブリャチスラヴィチの子)、ムスチスラフ(ヤロスラフ賢公の子イーゴリの孫)、ヴャチェスラフ(ヤロスラフ賢公の子イジャスラフの孫)、ヤロポルク(モノマフの子)らの軍により構成されていた。ただ大公とモノマフの呼びかけに、ダヴィド・スヴャトスラヴィチの兄弟オレーグが「健康」不良を理由に断ったことは注目される。ポロヴェッツとの関係が深かったかれは遠征に参加しにくかったと考えられる。ただしオレーグがこのとき少なくともポロヴェッツ側に立つことはなかった。

(41) *PSRL*.I:289;*PSRL*.II:264-273. 除村訳二二〇―二二三頁を参照。なお一一一一年のドロビスクでのウラジーミル・モノマフとスヴャトポルク大公との会合、それに続く諸公軍の対ポロヴェツ遠征についての記述は『イパーチー年代記』にみられるが、その冒頭部（春に遠征を行うことが農民や馬に被害を与えることになるとするスヴャトポルクの従士団側の反対意見に対する反論の部分）は『原初年代記』一一〇三年の項（二九九―三〇〇頁）に酷似している。一一一一年の記述が一一〇三年のそれを利用したことは明らかであるが、そのことから一一一一年の出来事の事実性を否定する研究者もいるが、必ずしもそう考える必要はない。なによりも両年の遠征へのルーシ側参加者、またポロヴェツ側の人員や戦闘に関する、また地理的側面での説明がまったく異なっているからである。ドロビスクでの会合から遠征へという流れのなかで実際に同じような事柄が議論されたか、あるいは年代記作者が先の記述を利用した（文学的潤色）と考えることができよう。これについてはさらに *PVL.s.541-542*（リハチョフの解説）をも参照。

（42）*PSRL.I:291;PSRL.II:284.* 除村訳三三一頁

（43）同年の記事はペチェールスキー修道院に顕された「しるし」が「天使」の出現を意味していたのではないか、と問うところで終わっているが、これに続く部分（預言者ダヴィデの言に始まる）は『イパーチー年代記』にみることができる（*PSRL.II:262-264;PVL.s.121-122.* 邦訳者注五四五―五四七頁注４）。なお引用文中の「インディクト」はコンスタンティノス大帝が定めた十五年ごとで区切る年代計算の単位。三一三年九月一日がインディクト元年朔日である。

（44）Podskalsky, *Christentum.S.287*

（45）*PSRL.II:275-276;PVL.s.126.* 除村訳三二四―三二五頁。モノマフがとくに前大公スヴャトスラフの一門（とくにオレーグ）のことを慮って、一時大公位を辞退したことについては、Orlov, *Vladimir Monomakh. s.27* も指摘している。

（46）「千人長」についてはN・Sh・コルマンがモスクワ時代までをふくむ広い視野でこれを概観していて参考になる（*MERSH.v.40,* p.129-131）。本書の著者もかつてこれに関する研究史に若干ふれたことがある。この役職の起源について記すと、大雑把にいってすでに帝政期に、その起源をリューリク以前に遡らせ、土着的・人民的性格を強調する法制史家M・F・ウラジーミルスキー―ブダーノフと、これを批判して公権による上からの組織化を主張したA・E・プレスニャコーフの二つの立場が対立していたが、同様の論争はソヴィエト期になっても、それぞれたとえばM・N・チホミーロフとS・V・ユシコフの間で新たな装いを帯びて展開されたといえる（拙稿「ロシア中世都市」六八―七一頁）。なお「千人長」の語は『原初年代記』では一〇八九年の項に初めて現れる。

（47）勝田『ルス法典研究』四四九―四五〇頁

（48）*ZDR.s.*101-102. 勝田『ルス法典研究』四七二頁

（49）たとえば、Solov'ev, *Istoriia Rossii.*Kn.1, s.402. もちろんすでに帝政期にもこうした理解に対する批判はあった。たとえば Priselkov, *Ocherki po tserkovno-politicheskoi istorii.s.*322-323

（50）三浦訳「ボリスとグレープの物語」五八頁。こうした立場に立つソヴィエト史家としては、たとえば、Grekov.*Kievskaia Rus'.s.*495-498;Tikhomirov, *Krest'ianskie i gorodskie vosstaniia.s.*130-148; Tolochko, *Drevnii Kiev.s.*212-215. ソヴィエト史学のこうした通説に対し、同じくソヴィエトの歴史家フロヤーノフ／ドヴォルニチェンコは民会権力を再評価する立場から批判を加える（Froianov/Dvornichenko, *Goroda-gosudarstva.s.*50-61)。

（51）ペチェールスキー修道院『聖者列伝』第三十一話「修道士プローホル」にはスヴャトポルク治世について、公が「人々に乱暴の限りをつくし、有力者の家を……根こそぎ打ちこわし、多くの財産を奪った」ために、神は異教徒（ポロヴェツ）を用いてルーシに戦をしかけさせたこと、これに加えて当時のルーシには「内輪もめやひどい飢饉……大いなる窮乏がおこった」ことが記されている。スヴャトポルクはその後晩年になって「自分の所業を恥じ」悔い改めたこともあり（それにはモノマフの反大公的直接行動も大きく影響したとされる）、修道院側の「祝福と赦し」を獲得することに成功するが、その治世がモノマフのそれと比較して否定的にとらえられていることは否めない。「修道士プローホル」にはまた、スヴャトポルク治世のキエフ市民の不満の一つが具体的には「塩」不足にあったらしいことも記されている。それによれば、スヴャトポルクがダヴィド・イーゴレヴィチと戦ったときに（既述のリューベチ諸公会議後の内訌のときのことである）、ガーリチからの塩商人の出入りが差し止められ市民が困窮したが、修道士プローホルが「灰から塩を作って」これを救ったという話が記されているのである（三浦訳『聖者列伝』（II）、八二―八四頁）。

（52）*PSRL.*II:282-283, 285. 除村訳二三〇―二三一、二三三頁

（53）*PSRL.*II;:284-287. 除村訳二三一―二三四頁。なお同訳の六六二六年から六六三一年の訳と訳注にはヤロスラフの父称に関して混乱がある。

（54）*PSRL.*II:276. 除村訳二二五頁

（55）Begunov, *Pamiatniki.s.*183;*BLDR.*V, s.90, 466（L.A.Dmitrieva の注）. 引用文中の「おどし」は原文では poloshakhu である。中村訳『ロシア中世物語集』二三八頁はここで異本の読み（noshakhu）を採り、「ポーロヴェツ人はおのが子をゆりかごに入れてこの公たち

にささげ」と訳すが、三七一頁の訳注で本書のような訳も可能であるとしている。

（56）*PSRL*.II:283-286. 除村訳二三一―二三三頁

（57）*PSRL*.II:276-286. 除村訳二二五―二三三頁

（58）*PSRL*.II:280-282. 除村訳二二八―二二九頁

（59）ほかにかれの孫のアンドレイ・ボゴリュープスキー公なども、ヴォルガ・ブルガールに対する勝利（一一六四年）に関する著述で知られている（*SKKDR*. Vyp.1, s.37-39）。

（60）「クールプスキー公との往復書簡」その他で知られる（拙訳「往復書簡」参照）。雷帝の著作活動については、さしあたり*SKKDR*.*Vyp.2-1*, s.371-384(Ia.S.Lur'e, O.Ia.Romenskaia) がよくまとまっている。

（61）以下はとくに*SKKDR*.Vyp.1, s.98-102; *PVL* (1950). ch.2, s.425-457; *PVL* (1999). s.512-532（いずれもリハチョフ）に依拠している。モノマフの『教訓』については、先に第二章において、主にシャーフマトフに依拠しながら、『原初年代記』の編纂（成立）経緯との関連においてもふれた。主にリハチョフに依拠したここでの説明と若干齟齬をきたすこととなった。それについては後述するが、この問題を含めて、今後に究明されるべき課題として残ることとなった。

（62）なお『教訓』は『原初年代記』の邦訳以外にも、中村訳でも読むことができる。中村編訳『ロシア中世物語集』一〇五―一一九頁（『モノマフの庭訓』）。こちらは自伝的部分までの訳である。

（63）『原初年代記』邦訳二七〇頁では「ヤロスラフの子」となっているが、この時に攻撃されたのは前大公スヴャトポルクの子である「ヤロスラフ」自身である（*PSRL*.II:250;*PVL*.104）。

（64）リハチョフはN・N・ヴォローニンに従って、『教訓』が年代記に取りこまれたのは一一七七年のことと考えている（*SKKDR*. Vyp.1, s.100）。本書の著者は先に（第二章）『原初年代記』の編纂（成立）状況について概観した際に、主にシャーフマトフに依りながら、『教訓』が年代記に入ったのは、シャーフマトフの言う第三（一一一八年）版成立に際してのことと記した。そしてにもかかわらず、今日『教訓』が一一一八年版を伝えるイパーチー写本には見られず、一一一六年成立のシリヴェストル版を伝えるラヴレンチー写本にのみ見られる理由について、著者なりの説明を試みた（第二章とくに注（6）、（9））。だがもし、ヴォローニンやリハチョフの主張する通りであるなら、先の説明はほとんど意味をなさなくなる。この点はより徹底した検討を必要とするが、残念ながら今後の課題とせざるをえない。

(65) その母はアングロ・サクソン王ハロルド二世（ゴドウィンソン、在位一〇六六年。ヘイスティングズで敗死）の娘ギーダである（本書第十章補遺を参照）。ムスチスラフは西方では母方の祖父ハロルドの名で知られる。たとえば、ドイツ（ライン川右岸、ケルンの対岸の町）のルーペルト（Rupert, abbe de Deutz）の「聖殉教者パンテレイモンに関する説教」で、ムスチスラフは「ルーシの王、アロルドゥス Aroldus」と記されている（*Drevniaia Rus' v svete*...IV, s.181）。ウラジーミル・モノマフとギーダの結婚は一〇六八年（木崎）、一〇七〇年頃（バウムガルテン）などとされるが、ナザレンコはこれを一〇七二／七三年頃とみる。モノマフの後大公位を継承したムスチスラフはこの結婚からの子である。『原初年代記』一一〇七年の項で「ウラジーミル［モノマフ］の妻が亡くなった」と記されるのは、氏名や出自が不詳の二度目の妻で、スーズダリのユーリー・ドルゴルーキー公はこちらを母として生まれた。モノマフの結婚（その回数、時期等）については、Nazarenko, *Drevniaia Rus'*, s.522-524, 600-607を、ギーダについてはさらに本書第十二章3、また上記「パンテレイモンに関する説教」の該当部分については本書第十二章、八八六―八八九頁を参照。

(66) モノマフは後世の人々にとっても圧倒的な印象を与えたことがブィリーナなどにおいてかれが大きな役割を演じていることからもうかがえる。ブィリーナにおいてキエフの「太陽の君」ウラジーミルは基本的にはウラジーミル聖公を表していると考えられるが、邪教の征服者やタタールとの戦いに活躍する「ウラジーミル」には、対ポロヴェツ戦で名を馳せたウラジーミル・モノマフの形象も大きくかかわっている。モノマフは一〇九六年にポロヴェツのトゥゴルカンを殺害するが（『原初年代記』二五二頁）、ブィリーナの英雄アリョーシャに殺害される「怪物トゥガーリン」は、通常このトゥゴルカンに由来するとみられている（「アリョーシャと怪物トゥガーリン」は中村『ロシア英雄叙事詩』一八〇―一八九頁、井桁『ロシア民集文学　中』一四一―一五〇頁で読める）。また先にも記したように十三世紀の『ルーシの地の滅亡の物語』はモンゴルにより滅ぼされてしまうルーシを、モノマフ治世までの「光に満ちみちたルーシの地」に対比させているが、そこにはさらに「ツァーリグラード［コンスタンティノープル］の皇帝マヌエルがウラジーミル（モノマフ）大公に都を奪われんことを恐れている」と記されている。両君主は実際には時代がやや離れていてこれはあくまでも文学的虚構であるが（マヌエル帝の在位は一一四三―八〇年である）、それだけモノマフの勢威が盛んであったということであろう。これとの関連で、後にモスクワ君主の正式なツァーリの冠として使用されたのが「モノマフの王冠（shapka Monomakha）」と呼ばれていたことも想起される。この王冠（現在モスクワ・クレムリン内の旧武器庫 Oruzheinaia palata に所蔵）は今日普通には十三／十四世紀に中央アジアで作成されたものと考えられているが、モスクワの文人たちはこれをモノマフ公が実際にビザンツを攻撃し、ときの皇帝から贈られた皇帝の冠であると信じていたのである（これについては拙稿『ウラジーミル諸公物語』」二七―二九、四三―四四頁を参照)。なお比較的最近「モノマフの王冠」の文化史的、技術史的側面に焦点を合わせた研究を刊行したN・V・ジーリナによれば、「王冠」の製造地については、中央アジア、エジプト、キプチャク・カン国と考える研究者が多いが、なかにはモスクワ府主教フォーチーの工房で「ギリシア的伝統」の中で作成されたとする研究者もおり、結論は出しにくいようである。当然のことながら製作時期についても見解は分かれており、多くは十三―十四世紀とするなかで、十二世紀を主張する者、あるいは十五世紀初頭まで遅らせる者などさまざまである。著者自身は基本的部分はビザンツにおいて十三世紀初から六〇年代にかけて、とりわけ二〇―三〇年代に作成されたと考えているように見える。Zhilina, *Shapka Monomakha*.s.203-204

(67) Nazarenko, *Drevniaia Rus' i slaviane*(2009) 所収の最初の三論文、すなわち、Drevnerusskoe dinasticheskoe stareishinstvo.s.7-28;«Riad» Iaroslava.s.29-46;Dinasticheskii stroi Riurikovichei.s.47-87. いずれも二〇〇七年以降に発表された論考に若干の手直しが加えられ、上記論文集に再録されている。

(68) たとえば、ロシアの研究者の例から引くと、Sverdlov, *Domongol'skaia Rus'*.s.328

(69) ナザレンコの上記論考はこうした比較史的な特徴を強く帯びているが、こうした視点はすでに帝政期ロシアの研究者にも広くみられたことをA・E・プレスニャコフが指摘し、詳しく紹介している(Presniakov, *Kniazhoe pravo*.s.8-23)。

(70) *PSRL.XV:153 (Tverskaia Letopis')*

(71) Tolochko, *Kniaz' v Drevnei Rusi*.s.22-35.「長子制」の原語はsistema stareishinstvaである。

(72) たしかにA・P・トロチコの見解もそう単純ではない。かれは以下のようにも記す。「スヴャトスラフによる子らの諸公国への配置は父による領土(支配権)の分割でも、子らへの代官の地位(status posadnikov)の付与でもなかった。この事実はすでに定説となったと考えてよい」。トロチコのこの認識は正しいと本書の著者も考える。しかしこれに続いてかれが次のように記すとき、それには同意しがたい。「長子ヤロポルクは父によりキエフ(公位)に任じられた……(その地位は)他の分領中心地にたいする明らかな特権を有しており、父の権力に関する観念と結びついていた……そのこと(「ヤロポルクは父の座についた」)はかれの権力の性格全般に関する年代記作者の確信についても物語っているのである」ibid., s.27-28)。ヤロポルクの父スヴャトスラフがその父イーゴリからキエフ公位を継いだとき、子はかれ一人だけであった。それゆえかれは父の権力全体を継承した。しかしスヴャトスラフには子が三人いた。かれが子らを各地に封じた時、権力(領土)は三分されたのであり、長子(ヤロポルク)が他の子らに特別に優る権力を得た（たとえば二人の弟に対する命令権までも得た）わけではなかったと考えるべきであろう。

（73）Sverdlov, *Domongol'skaia Rus'*.s.149-163. さらに本書第一章注（2）を参照。

（74）ウラジーミルによる子らへの諸都市の配分は『原初年代記』九八八年の項の末尾に記される（一三四頁）。しかし言うまでもなくこれを同年の出来事と考えることはできない。むしろかれの治世末（晩年）のことと考えるべきであろう。

（75）Iushkov, *Obshchestvenno-politicheskii stroi i pravo*.s.12-13, 139-140, 227-238; Iushkov, *Ocherki po istorii feodalizma*.s.175, 182-188

（76）一〇五四年にヤロスラフが臨終に際して、子らを全員キエフに集めて「遺言」を示すことが事実上できなかったことはすでに記した。イジャスラフはこの時ノヴゴロドにいたと記されており、スヴャトスラフもヴォロジーメリにいた。父の下にいたのは第三子フセヴォロドだけであったからである（『原初年代記』邦訳一八四頁）。実は年代記のここの訳は一応問題となる。同年代記ラヴレンチー本はイジャスラフが父の臨終に際してどこにいたかは、正確に言えば記述していないからである。「イジャスラフはその時［……］におり、スヴャトスラフはヴォロジーメリにいたが［云々］」とあるのみで、ここの部分は脱漏となっているのである（*PSRL*.I:161;*PVL*.s.70.）。邦訳者はこの部分は断りなしに「ノヴゴロド」を補って訳している。おそらくクロスの訳に従ってのことであるが、クロスはたしかにこの部分を注記することなくこう補って訳しているのである（Cross, *The Rusian Primary Chronicle*.p.143）。この脱漏部分は他の年代記によって補う以外にない。『イパーチー年代記』では「イジャスラフはその時トゥーロフにいた」とされている（*PSRL*.II:150）。別の後代の年代記、たとえば『ニコン』では「キエフ」と（*PSRL*.IX:86）、また『ヴォスクレセンスカヤ』では「ノヴゴロド」となっている（*PSRL*. VII:333）。イジャスラフが実際どこにいたかは結局諸年代記の記述からは特定しがたいが、一〇五二年に兄ウラジーミルがノヴゴロドで亡くなった後、イジャスラフが存命兄弟の最年長者として同地に任じられたと考えられるので、父の臨終時にかれはノヴゴロドにいたとするのがもっとも可能性の点で高いといえる。クロスもおそらくこのように考えたと推測される。いずれにせよ、かれはキエフにはいなかったのである。

（77）Nazarenko, «Riad» Iaroslava.s.33 sl.

第十二章　一〇五四年と一二〇四年——離間するルーシと西方世界

本書がこれまで明らかにしようとしたのは、ルーシがその歴史を「ヨーロッパ」との密接な関係のなかで歩み始めたということであった。この時期ヨーロッパはいまだ形成途上にあった。その意味では、ルーシ自体がヨーロッパの東端に位置しながら、その一構成要素として形成されつつあったというべきであろう。後のロシアに特徴的となる反ヨーロッパ感情といったものはいまだ顕在化していなかった。だがルーシの歴史がその後も同じ道を歩むことにはならなかった。その意味でキエフ・ルーシにとって、一〇五四年と一二〇四年（そしてその後）が運命的な年となる。この両年の出来事が西方世界との関係を大きく揺るがし、ついには東西両ヨーロッパ間の離間を決定的としたからである。前者は東西両教会間に「シスマ」（分立、分裂）をもたらした年として、また後者はその矛先を東のローマ帝国の首都に向け、ラテン帝国を樹立させることとなった第四回十字軍の年として、それぞれ記憶に留められている。両年は、これを境に大変化がおきたというのではないが（変化はあくまでも漸進的である）、ひとつの象徴的な年として、ルーシの歴史においても重要な意味をもっている。

1　東西両教会の分立とルーシ

●問題の所在

一〇五四年七月十六日、ローマ教皇レオ九世（在位一〇四九―五四年）の特使、枢機卿フンベルトゥスはビザンツ帝国首都の聖ソフィア聖堂の祭壇上に、「ローマの聖なる使徒座の信仰とその典礼に和することなく頑なになっている」コンスタンティノープル総主教ミカエル・ケルラリオスとかれに追従するすべての者らに対する破門状をおいた。「典礼に和することなく」云々というのは、この時期までに東西両教会間の典礼（奉神礼、礼拝）上の慣習におけるあらゆる相違（種すなわち酵母を入れないパン、アズュマの使用、「フィリオクエ」問題など）がもはや看過できない事態になってきたことを意味している。数日後、総主教ケルラリオスは自らが招集した主教会議において先の破門状を焼き捨て、逆に教皇使節に対する破門を宣言した。後世の人々によって東西両教会間の「シスマ」（大分裂）と呼ばれる事件である。

両教会間のシスマは、言うまでもないことであるが、長い前史をもっている（なかでも五世紀の「アカキオスの離教」や九世紀の「フォティオスの離教」などがとくに想起されるべきであろう）。さらに幾度も挫折を経験することになる教会合同へむけた一連の動きがこの後に続く。ここではこうした経緯に立ち入ることはできない。こうした事情についてはわが国でもすでに相当に詳しく紹介されているのでそちらを参照されたい(1)。

一〇五四年の出来事をどうみるか、すなわちこれを東西両教会の対立と離間の歴史のなかにどう位置づけるかについては、研究史上さまざまな見解が存在する。

基本的には、そこに至る長い前史や、その後の経過について十分に配慮しながらも、結局のところ一〇五四年を分離の決定的瞬間とみて、その意味を強調するのが一般的であった。「大分裂」そのものとみるのである（前注（1）

にあげた邦語文献はいずれもこうした見方をしているといってよい）。

しかしながら、この年の出来事は東西両ローマ間の次第に増幅されてきた教会対立の長い歴史の一コマに過ぎないとして、その意義を相対的に低く評価しようという捉え方もしばしば表明されてきた。こうした見方をする代表的研究者は、前世紀フランスの東方教会神学の権威M・ジュジーであった。かれは一〇五四年の「エピソード的、偶発的性格」を強調する。かれによると、両教会間の対立の兆しはすでに五—六世紀にみられ、最終的には一四五三年のコンスタンティノープルの陥落（ビザンツ帝国の滅亡）をもって確定されたという。「一〇五四年七月の出来事は同時代人がほとんど気づくことのなかったひとつの小事件に過ぎなかった」のである。[2]

比較的最近この問題についての研究史を再検討したA・バルミンによれば、一〇五四年の意味を低くみるジュジーの見解は二十世紀の研究者の多くによって支持され、両教会の分裂はより長期的かつ複雑な現象であるだけでなく、決定的となるのはむしろもっと後の時代になってからのこととする理解が一般的となったという。[3] こうした流れの中にあって、とくに第四回十字軍による帝都の征服とラテン帝国の樹立（一二〇四年）が決定的であることを説く研究者が多かったが、その典型的なひとりがイギリスのS・ランシマンである。[4]

ランシマンが決定的に重視した一二〇四年の出来事は、聖なる帝都の破壊と略奪を目の当たりにしたビザンツ人の感情を逆なでにし、その後の両教会間の関係を著しく悪化させた。おそらくこのことは否定できない。[5] とくに時の教皇インノケンティウス三世が、最初はこの忌まわしい出来事に衝撃を受けながらも、結局はこれを利用してローマの権威を東方教会の上に拡大させようとしたことが大きかったようにみえる。しかしながらバルミンによれば、この事件の後ですらビザンツに移り住む西方の人々の数は減らず（むしろ増え）、両者が平和的に共存する時代が続いたという。バルミンはそれゆえ一二〇四年の、すぐれて政治・軍事的性格を有する出来事を、教会分裂という宗教的な対立の決定的モメントとする考え方に疑問を呈している。その意味でかれはドミニコ会神父、神学者Y・コンガル

（教会一致《エキュメニズム》問題の専門家、第二バチカン公会議の顧問役の一人）の見解が貴重な示唆を与えるという。コンガルは一方では十一世紀を公式的な分裂の時期とする見方を維持しつつも、「東方のシスマ」のシスマは均質的、一体的な出来事と考えられるべきではない」という。コンガルにあっては、「東方［教会］のシスマ」とはローマとキリスト教的東方との間におこったすべての「分裂」を全体として指している。さまざまな「シスマ」がそれぞれ両教会にとって一様でない意味をもっていることを主張するのである（コンガルが「東方のシスマ」云々という以上、あくまでもローマの立場に立って発言していることは指摘するまでもない。しかしかれがそれでもローマ側一辺倒に陥らぬよう努めていることは認めるべきであろう）。こうした前提に立ったうえで、コンガルは以下の結論に到達する。「東方のシスマは教会の歴史上、少なくとも四世紀、場合によってはそれより以前からみられた」現象である。かれはシスマの歴史をある時期に限定することに反対し、今日に至る両教会の関係史を総体として視野に入れるよう提案している。かれによれば、教会史上より深刻な影響を与えたのは、フィレンツェ公会議（一四三九年）における教会合同の挫折であったという。(6)

以上主にバルミンに導かれながら研究史のわずかな部分をのぞいただけでも、一〇五四年をどのように理解するかに関してはさまざまな立場が存在していたことがわかる。本書においても、この年の出来事が東西両教会間の対立と分離の歴史のなかの一コマに過ぎないということを十分に認識しておきたい。最終的分裂というよりは、「合同にむけた最初の失敗に終わった試み」（ジュジー）とみたほうがたしかに現実的であるように思われる。東西両キリスト教世界の離間がより以前から始まっていたことは否定できないからである。(7)

ただ一〇五四年がほかならぬルーシ教会にとってもった意味について考えるとき、以上にみてきたこととはまた別の側面が浮かび上がってくる。すなわち、それはキリスト教を受容して半世紀余りを経たルーシ教会にとっては、文字通りはじめて経験した東西両教会間の衝突であったということである。先にも指摘したように、たとえば、九世紀中葉の「フォティオスの離教」もこれに劣らず重要な出来事であった。しかし当時ルーシはいまだキリスト教を公式的には受け入れていなかった。そもそも国家としての歩みも始めたばかりであった。一〇五四年はルーシにとって、「フォティオスの離教」とは異なり現実的な事態を意味していた。この事態を前にしてルーシ教会がどのように振舞ったのか、換言するならば、キリスト教化して間もないキエフ・ルーシ教会がこの年の出来事をどのようにみたか、そもそもどの程度認識していたか、そしてどのような態度をとったのかという問題について検討する必要が出てくるのである。

もっとも問題をこのように設定してみたところで、実際にはそれに答えることは容易ではない。それに関する史料が少ないからである。

たとえば『原初年代記』には一〇五四年の「分裂」についての記述はまったくみられない。九八八年の項に、洗礼を受けたばかりのウラジーミル聖公に聖職者ら（ケルソンの聖職者らであろうか）が説き明かした「キリスト教信仰」についての教えが長々と記されている。そのなかに「ラテンの国から教えを受けるな。かれらの教えは道にはずれている」で始まるラテン（カトリック）教会への批判がある（邦訳一二八—一三〇頁）。これは東西両教会が「最終的に」断絶してはじめて可能となったものであろう。とくにそのなかのラテン聖職者の妻帯に対する批判は、おそらくは教皇グレゴリウス七世が一〇七四／七五年に、それまでの諸教皇の禁止教令を強化して発布したころのカトリック教会内の乱れを念頭においたものと考えられるので、年代記のカトリック批判は十一世紀後半から末にかけて初めて可能となったと推測することができよう。しかしいずれにせよ、同年代記で一〇五四年の「分裂」を間接的にではあれ反映しているのはこの箇所だけである。その他にはこれをうかがわせる記述は見られない(8)。

『原初年代記』の以上のような状況からみれば、ルーシ教会（聖職者である年代記作者もその一員である）は一〇五四年についてほとんど認識していなかったという印象がえられる。もしそうであるならば、ルーシ教会はローマと激しく対立したコンスタンティノープル教会とは異なって、あたかも一〇五四年など存在しなかったかのように振る舞った可能性すら出てくる。現にこのように考える研究者は少なくない。たとえば、キエフ時代の国家と教会について論じたIa・N・シチャーポフは次のように記す。「一〇五四年にローマとコンスタンティノープルを断絶に導いた両者間の対立は、ルーシには無縁であった。ルーシは東方［正教］諸国との間におけるのと同様に、西方［カトリック］諸国との間においてもその政治、通商、文化的関係を維持した。問題になっている出来事はルーシの年代記上に反映を見出さなかった。一〇五四年の教会会議においてローマ使節団を非難し、弾劾文書に署名した府主教らのなかにルーシ府主教の名はなかった。何らかの事情でかれはこの出来事に参加しなかったのである。ルーシにおけるビザンツ教会の代表者、とりわけ府主教らは、諸公とルーシ社会を西方との交流やカトリックの王女らとの結婚に対し反対する立場に導こうと試みたが、成功しなかった。十一―十三世紀においてはヨーロッパ国家としてのルーシとヨーロッパのもう一方の部分［西方］の諸国家との間の共通性のほうが、ルーシをビザンツや他の東方キリスト教諸国とだけ接近させる特殊性よりも勝っていた。ルーシの記述文学と教会の礼拝式においては、［西方へ］遷移されたニコライ・ミルリキースキーの遺骸に対する崇拝が広く受け入れられた。それはビザンツでは承認されたことのなかった、西方［だけにとって］の聖遺物であった[9]」。

本書の著者はシチャーポフの以上のごとき見解に基本的には賛成する。著者も一〇五四年がルーシ教会にとっては「決定的な」断絶の年ではなかったと考えている。しかしシチャーポフの見解が結論としては受け入れられるとしても、そこには語られないままになっている多くのことのあることにも注意をむける必要があると考える。シチャーポフのように断言してしまうと、あたかもルーシにはこの時期反ラテン的言説などまったくみられなかったかのような誤った印象を与える可能性がでてくるからである。ところが実は十一世紀後半のルーシ教会は反ラテン的文献を少なからず産みだしていた。これは見過ごしにできない重要な事実である。そこで以下には、まず当時のルーシにおける反ラテン文献についてみたうえで、この時期のルーシにおける反カトリック思想の特徴について考えてみたい。ルーシにおける反ラテン、反ヨーロッパ感情は確かに後代のモスクワ時代以降に顕著になるものではあるが[10]、すでにこの時代にもそうした傾向がみられなかったわけではないのである。

●ルーシにおける反ラテン文献について

すでに指摘したように、一〇五四年「シスマ」の後まもなく、キエフ・ルーシにおいてもカトリックを批判する反ラテン文献が相当数編まれたことが、研究史上よく知られている。これはキエフ府主教をはじめとするルーシ教会の高位聖職者の多くがギリシア人ないしその出身者であったことを思えば、それほど不思議なことではない。まずそれをさしあたりG・ポドスカールスキーによりながら列挙してみる[11]。

①府主教レオントス（レオン。おそらく十一世紀六〇年代のペレヤスラヴリの「府主教」）のアズュマ（ἄζυμα、種入れぬパン）使用を批判する論文[12]。

②キエフ府主教ゲオルギオス（ゲオルク／ゲオルギー、在位一〇六五—七六年頃）の「ラテン教会との論争[13]」。

③キエフ府主教ヨハンネス二世（一〇七六／七七—八九年）の対立教皇クレメンス三世（一〇八〇／八四—一一〇〇）への「書簡[14]」。

④キエフ府主教ニケフォロス（ニキフォール）一世（在位一一〇四—二一年）（ルーシ語を解さなかったと伝えられる）の著作。反ラテン的論争文献としては、とくに二通の書簡があげられる。（イ）ウラジーミル・モノマフ宛て（「ラテン信仰について」）、および（ロ）ヤロスラフ・スヴャトポルコヴィチ（スヴャトポルチチ）公（ヴォルィニのヴォロジーメリ公、一一二三年没）宛て「ラテン信仰について」の書簡[15]。

⑤フェオドーシー・グレク（十二世紀ルーシのギリシア人修道士）の「イジャスラフ公」へ宛てた二通の書簡。（イ）

「週に関する書簡」（日曜日に獣を屠ること、および水曜日と金曜日における斎戒についての問い合わせに対する返書）、（ロ）「ラテンの信仰をめぐる書簡」[16]。

以上にあげた反ラテン文献はいずれも、興味深い内容のものであるが、ここではまずさしあたり、その成立状況からして本書の著者にとってもっとも興味をそそられるヨハンネス二世のクレメンス三世宛て書簡（返書）（上記③）についてみておこう[17]。

この書簡が書かれた経緯については、すでに本書でもふれたので繰り返さない（第十章3）。聖職叙任権をめぐるローマ教皇庁（教皇グレゴリウス七世、ウルバヌス二世）との対立の最中にあった神聖ローマ皇帝ハインリヒ四世が、自ら擁立したクレメンス三世（対立教皇）にたいしキエフ教会への接触を求めさせたのは、自身のローマ教皇庁との闘争を有利に進めようとしたからであったろう。キエフへの接近がこうした目的のために真に有効であったかどうか何とも言い難いが、皇帝としては東辺境のキリスト教国を自身の影響下に取り込むことに何らかの意味があると考えたのであろう。すでにみたとおり、これに平行して皇帝とキエフ大公フセヴォロドの娘エウプラクシヤとの婚姻計画も推進されていた。結婚を通じてキエフ大公国の実質的な協力（とりわけ財政的な支援！）を得ることができれば、それに越したことはない。そう考えられたようにみえる。こうしてクレメンスの書簡がキエフに届けられた。それがいつのことであったかははっきりしない。書簡自体は今日には伝わらない。だがこれにたいしキエフ府主教ヨハンネス二世が認めた返書が現在に伝わっている。テクストは以前から刊行されてよく知られているが、その執筆時期は、近年あらためてこれ（教会スラヴ語版）を刊行したポヌィルコによれば、一〇八八年以前（チェルニゴフ「府主教座」の廃止以前）である。それ以上に厳密には定めがたいという[18]。

さてここで確認したいのは、この書簡の著者がカトリック教会とその教義に対しどのような批判を展開しているかという点である。

書簡の表題はポヌィルコによる刊行テクスト（教会スラヴ語およびロシア語訳）では、「ルーシの府主教ヨアン（ヨハンネス）から、ローマの大司教（arkhiepiskop）へ。種入れぬパン（opresnoki）について。父よ祝福を与えたまえ」となっている。ここにはクレメンスの名は現れない。標題部分にその名（Κλιμεντ, Kliment）が記される写本もある（パヴロフの刊行テクストの場合）。冒頭のあいさつ部分で、「ある司教」によってキエフに届けられた教皇（「ローマ大司教」、「使徒の座にふさわしい神の人」と記される）の書簡は、感謝の念と共に丁重に受け入れられたとある。一方クレメンスのことはさておき、ローマには「狡猾な悪魔、嫉み真理に抗う者、敬神に対する裏切り者」がいると記されている。ここでヨハンネスが、ポドスカールスキーの言うように[19]、クレメンスをほかならぬ対立教皇であると認識したうえで、改革派のローマ教皇ら（レオ九世やグレゴリウス七世ら、ただしその名が記されるわけではない）をこのような厳しい語で表現して、クレメンスに対峙させたのかどうかははっきりしない。もしポドスカールスキーの記す通りなら、ルーシでも西方の複雑な事情に相当通じていたということになる。しかしそうした事情とは関係なくヨハンネスがクレメンスをも含む西方教会全体を念頭に置いて、批判した可能性も考えられる。

本論に入って、最初に七回の「普遍公会議」の概略が記され、これこそが東西両教会が依るべき原点であることが示される。注目されるのは「第四回公会議」（カルケドン）を指導した教皇レオ一世のコンスタンティノープル総主教フラヴィアノスへの書簡にとくに言及されていることである。これは本章注（16）に示したとおり、ルーシでも後にフェオドーシー・グレクによって教会スラヴ語へ翻訳された書簡である。第七公会議までは相和していた東西両教会にその後「不和と分裂」（razdori i razdelenie）が起きるが、それはもっぱら西方教会における「罪」や「誤り」（vina, sogreshenie）のゆえである。府主教は西方教会におけるこうした数ある「罪」や「誤り」を次の六点にまとめている。（イ）土曜の斎戒（「大斎の最後の土曜を除く、日曜ないし土曜に斎戒する者は」聖職者であれば、位階をはく奪され、俗人であれば教会から破門される）、（ロ）斎戒期におけるチーズ、卵、ミルクの飲食（それはヤコブ派とアルメニア異端と同じである)、(ハ)妻帯する司祭の拒絶(東方教会でも修道司祭は基本的には独身であったが、妻帯者が司祭となることは一度に限り認められていた。西方では「こうした司祭から聖体を拝領すること」を禁じたが、これに対しては「ガングラ会議[三四〇年頃か]」において「法に則って妻を迎えた司祭を軽んじ、かれから聖体を拝領すべきではないと言う者は呪詛される」と決定されたことなどが指摘される)、(ニ)西方における傅膏(堅信礼)の方法(司教による二度目の塗油が行われたことに対する批判である)、(ホ)種入れぬパンの使用。これはユダヤ教徒の慣習であり、パウロも教える通りキリスト教徒はもはやこれを用いない。その使用は「旧来の異端」に等しいとした。「旧来の異端」として具体的に、ローマ皇帝ヴァレンス(アリウス派を支持した)、アポリナリオス(四世紀のラオディキア司教、キリストの完全な人間性を否認した)、サモサタのパウロス(三世紀のアンティオキア主教、神の単一性とキリストの人間性を同時に強調、イエスの神性を否定した)、エウテュケス(四—五世紀、コンスタンティノープルの大修道院院長、キリスト単性論の創始者、カルケドン公会議で断罪される)、ディオスコロス(五世紀、アレクサンドリア総主教、エウテュケスを支持)、セルギオス(七世紀、コンスタンティノープル総主教、キリスト単意説を唱え、第六公会議で破門される)などの名があげられる。(ヘ)フィリオクエの語の付加(精霊が父からのみならず、「子からもまた」発するという考え方は西方では六世紀にスペインに始まり、フランスからドイツへと広まったが、ローマ教皇庁がこれを採用したのは十一世紀に入ってからである。東方教会はこれをニカイア・コンスタンティノープル信経に対する付加・改竄として批判する。「神の書物の真にただ一つの神的特性を[何らかの文言を]付加することにより改変し別物に仕立てるなどはまったく恐ろしいことである!」)。

以上西方教会の「誤り」が列挙されたが、書簡の書き手はとりわけ「種入れぬパン」の問題を重視している。府主教の主な注意がここにむけられていることは書簡の表題からもうかがえるが、本文でもこの問題にもっとも大きな部分が費やされ、さらに最後にあらためてこの点の誤りを正すよう「足下にひれ伏して乞い願う」としていることからもわかる。その上でかれは相手側に対し、当方との交渉を求めるのであれば、まずはコンスタンティノープル総主教に申し出るよう、しかる後に必要ならば「われら」（キエフ）に連絡するよう注意を喚起して、記述を終えている。カトリック側（対立教皇）がなぜ直接キエフに接触をはかってきたのか、キエフ側に一種戸惑いの念が垣間見えて興味深い。しかしこのことは当時のキエフがけっして西方から孤立しているわけではなく、むしろ重要な提携相手とみなされていたことをはからずも示しているようにも思われ、本書にとってはとくに貴重である。

府主教ヨハンネス二世の書簡の趣旨は以上のごとくである。他の文献ではラテン教会に対するその他の批判点も数多く出されているが、それについてはまた後述するとして、以上にルーシ教会によるラテン批判の基本的な要素がおよそ含まれているといってよいであろう。はたしてルーシ教会によるこうした批判はどのように理解すべきなのであろうか。

重要なのは、これがギリシア人府主教の手になる記述であるという点である。この点からすれば、それがコンスタンティノープル教会の伝統的な立場をたんに繰り返したとする見方も可能であるからである。たしかにポドスカールスキーによれば、府主教ヨハンネスの書簡は、アズュマ批判以外の諸点に関しては、二百年も前の総主教フォティオスが東方諸教会の総主教に宛てて書いた有名な回状（八六七年）に依拠しているという[20]。もしそうならば、府主教ヨハンネスのカトリック批判は場合によってはルーシ教会と社会に深い影響を与えることなく、単に聖職者（その上層部）の間でのみ行き交ったありきたりの言説にとどまったということもありえる。しかしながらここで、これらの著述の多くが、既述のように早い段階で教会スラヴ語に翻訳され、多かれ少なかれルーシ人聖職者にも広く知られるようになったという状況を想起すべきであろう。そうであるならばそうあっさりと上のように結論づけるわけにもいかなくなる。もう少し立ち入って検討する必要がでてくるであろう。

● ルーシ教会によるラテン教会批判の特徴

そこで今度は別の文献に注目してみる。上記キエフ府主教ニケフォロス一世のヤロスラフ・スヴャトポルコヴィチ公宛ての書簡（「ラテン信仰について」）（上記④のロ）である。

この書簡も同じ著者のウラジーミル・モノマフ宛ての場合と同様に、名宛人にたいしラテン教会の「悪業」（zlo）について警戒するよう教え諭したものであるが(とくにこちらでは冒頭部において、名宛人ヤロスラフ公の国ヴォルィニが「リャヒの地」（liadskaia zemlia）、すなわちポーランドに隣接していることが指摘されている。カトリックの隣国に対し警戒を怠らないようにと注意を促しているのである)、内容を要約すると、まず序の部分において東西両教会間の分裂の責任は「ドイツ人」（nemtsy）にあることが指摘されたあとで（すなわち、ローマ人が「ドイツ人と呼ばれたヴァンダル人」により征服されて後、かれらの教会慣習は東方教会のそれとは異なるものとなったというのである。東西両教会の「分裂」がドイツ人の仕業であるとする批判はモノマフ宛て書簡の場合にもみられる。ただしモノマフ宛てでは「ヴァンダル人」への言及はない）、カトリック教会にたいする以下のような告発がなされる。ニカイア・コンスタンティノープル信経への「フィリオクエ」の付加、種入れぬパンの使用、司教らの戦争参加（十字軍のことが念頭におかれていると考えられる）、土曜に断食するなど（「これはユダヤ的異端である」）斎戒におけるさまざまな逸脱、イコン崇拝の否定、聖母マリアを「神の母」（bogoroditsa、テオトコス）と呼ばないこと（「それはネストリウス派異端である」）。礼拝式の最中に内陣（祭壇）に俗人が出入りすること、絞殺された獣（熊やリス、ビーバーなど）を食すること、洗礼式に際し一度だけ水に浸すこと（また塩を受洗者の口に入れたり、つばを塗りつけたりすること、洗礼名として聖人名ではなくライオンなどの獣の名をつけること）、懺悔や告解に際して義務を課す代わりに塗油（による赦免）が与えられていること、四旬節最初の週の水曜日（灰の水曜日）から復活祭まで福音書が朗誦されないこと、聖職者独身制が説かれる一方それに矛盾する蓄妾制が行われていること、礼拝においてヘブライ語、ギリシア語、ラテン語以外の言語の使用を禁じること、異なる葬礼法（遺体の棺台への安置、八日後の埋葬など）、同じ祭壇において日に何度も典礼を行うこと、近親結婚、聖職者が斎戒期に肉食すること（「それゆえラテン人と食卓を共にしてはならない」）、全体としてラテン人は福音書（「天国への門」）の教えに反しており、不当に押し入ろうとする「盗人また強盗」（ヨハネ一〇・一か）のごとき存在であることが説かれる（さらにこの後、聖体拝領においては種入りのパンのみが使用されるべきことに関する聖書からの教えが続き、最後にカイサレイアのバシレイオスとヨハンネス・クリュソストモスの典礼文に含まれる使徒的伝承についての解説がなされ、全体が閉じられる）。

以上がキエフ府主教ニケフォロスのラテン教会批判の概要であるが、ここに何かとくに注目される点、すなわちルーシ教会に特徴的といえるような点があるであろうか。このように問うとき、まず目につくのは、書簡冒頭部にポーランド（「リャヒ」）への言及と「ネムツィ（ドイツ人）（と呼ばれたヴァンダル人）」に対する批判がみられることである。この点に注意を喚起したのは、近年キエフ教会によるラテン批判の問題をあらためて検討したＩ・Ｓ・チチューロフである。以下かれによりながら、この点についてみていきたい[21]。

実はチチューロフの関心は、ニケフォロスの書簡自体というよりは、ニケフォロスのこの書簡（上記④のロ）と、同じくキエフ府主教ゲオルギオスの作品（同②）、さらにフェオドーシー（チチューロフはこれをグレクではなく、ペチェールスキーと考えている）の「ラテンの信仰をめぐる書簡」（同⑤のロ）の三作が、史料の一つとしてそれぞれ共通に利用したと考えられる作者不詳の「フランク人およびその他のラテン人について」（O frankakh i prochikh latinakh）という作品にある。この作品は従来誤ってコンスタンティノープル総主教フォティオスに帰せられてきたもので、チチューロフはこれを「偽フォティオスの著」と呼ぶ。それはフォティオスの名と切り離されてセルビアのコルムチャヤ・クニーガ（教会法規集）に、またその後ルーシのコルムチャヤに入った（十三世紀七〇―八〇年代[22]）。この作品の成立時期はおよそ一〇五四―一一一二年と推測されている。

さてチチューロフは最初に、この作者不詳の作品（「偽フォティオス」）がどこで成立したかを明らかにしようとする。かれが注目するのは作品の第二十四節である。[23] ここではラテン諸国における大斎の期間がさまざまで定まっていないことが批判されている。ある国では九週間、別の国では八週間、第三の国ではより長く、あるいはより短いと批判される。問題はここで具体的にあげられる国名がイタリアと「リャヒの地」（ἡ Λεχία）だけであることにある。作者が二国にだけ関心をもっているというわけではもちろんないだろう（作品冒頭部ではイタリア人、ランゴバルド人、フランク人、ゲルマン人、カラブリア人、アラマン人などへも言及されている）。そのうちイタリアについてはビザンツにとって通常の（身近な）存在であるので、これにふれたからとてとりわけ問題にする必要はない。では「リャヒ」すなわちポーランドについてはどうであろうか。はたして一〇五四年の東西両教会間の「分裂」の後に（おそらくはそう時期をおかずに）ビザンツで成立したと考えられる文献において、どういう理由でとくに「ポーランド」（しかもイタリアを別にしてそれだけ）への言及がなされたのであろうか。ポーランドはビザンツにとって遠方の、無関係な国というわけではなかったが、両国は国境を接することもなく、直接的な関係性は薄かったといえる。少なくともこの時期にビザンツがポーランドをめぐって第三国（たとえばローマ教皇庁）と争うといったこともなかった（たとえばブルガリアをめぐっては、ビザンツ、ローマ両教会が影響力を競い合って激しい駆け引きを展開したことは周知の事実である）。そこでチチューロフはこの箇所が（この作品全体がとは言わぬまでも）、宗教的にビザンツとポーランドの双方と密接な関係（友好的か敵対的かはともかく）をもった地域で成立したと推測する。ここでルーシの可能性が考えられることになる。

　同じ結論にチチューロフは別の側面からも到達する。問題となるのは同作品の第十九節である。ラテン教会がそのいわゆる「三言語主義」（聖なる礼拝におけるヘブライ語、ギリシア語、ラテン語のみの使用の主張）ゆえに批判を受けている箇所である。[24] この問題はわれわれにもモラヴィア布教を行った「スラヴの使徒」キュリロスとメトーディオスとの関連で馴染みのものである（本書第三章2を参照）。しかしビザンツ教会がこの問題で首尾一貫して反「三言語主義」の立場に立っていたかとなるといささか疑問である。つまり、ビザンツ教会が礼拝における諸民族語の使用に常に積極的、肯定的であったかとなると、そう単純ではないのである。コンスタンティノープル総主教座が一〇三七年のブルガリア大主教ヨアンナ（ダヴィド）の没後に、ブルガリア教会への締め付けの強化を図り、ブルガリア人聖職者をギリシア人に代え、さらには礼拝におけるブルガリア語の使用を制限し始めたことはよく知られている。[25]したがってこの問題は少なくとも十一世紀に関しては慎重な取り扱いが必要となる。もし十一世紀のビザンツ教会がブルガリア教会におけるスラヴ語の使用に難色を示したとするならば、民族語の使用を禁じたラテン教会を批判する根拠もまた失われることになる。[26]現にチチューロフによれば、この時期のビザンツにおけるラテン教会批判の著述に、礼拝語の問題は含まれていなかったという。この点で象徴的なのは、一〇五四年シスマの立役者の一人コンスタンティノープル総主教ミカエル・ケルラリオスとアンティオキア総主教ペトロスの間に交わされたよく知られた往復書簡である。そこでも礼拝における言語の問題はまったくとり上げられていない。[27]三言語主義批判の問題は、礼拝が実際に当の民族語によって行われていた地域でこそ切実に問われたと考えるべきであるというのである。ここでも可能性の問題としてルーシがうかんでくることになる。

かくしてチチューロフは、「偽フォティオスの著」における「ポーランド人」への言及と三言語主義を批判した箇所はルーシで成立した史料に遡及されるという結論に到達する。たしかにすでにみた府主教ニケフォロスの書簡においてもこの二点（「リャヒ」への言及、三言語主義批判）が現れていた。ギリシア人のニケフォロスはビザンツにいたときには特別の関心をもたなかったこの二点にたいし、キエフにやって来てからそうした史料にふれ、これを自身の著述に採りいれた（ないしみずからルーシにおいて切実な問題として取り組まざるを得なくされた）と考えられるというのである。

ニケフォロスの書簡にはかれがルーシ入りしてから学んだと思われるその他のルーシ的慣習も現れている。それはドイツ人を示す語として「ネムツィ」を用いる慣習である。チチューロフによれば、ギリシア教会の反ラテン文献ではこの語が用いられることはほとんどない。そこではドイツ人は「ゲルマン人」、「フランク人」、「アラマン人」などと表現されるのが通例である。[28] 反ラテン文献での「ネムツィ」の使用は、すぐれてルーシ的用法と考えることができるというのである。府主教ニケフォロスの場合は、上記書簡では「ネムツィと呼ばれるヴァンダル人」、そしてかれのウラジーミル・モノマフ宛て書簡では、たんに「ネムツィ」と表現されている。[29] ここにもニケフォロスがルーシ入りして以後、ルーシ的慣習を採りいれた証拠をみることができるという。

それゆえチチューロフによれば、ルーシにおけるラテン教会批判は基本的にはビザンツ教会によるそれと同じと言ってよいが、幾分かはルーシに固有の特徴をもつことも見逃してはならない。そうした特徴というのは、一つはすでに指摘した三言語主義への批判である。それはキュリロス・メトーディオス以降ビザンツ的伝統となったと言えるが、「分裂」状況が明確化してくる十一世紀以降には、ビザンツ自体でこの問題は強調されなくなり、かわりにルーシにおいて強く意識されるようになったのである。

さらに付け加えられるべきは、洗礼に際して受洗者に聖人名ではなく、両親が選んだ獣の名など（たとえばライオンやヒョウにちなんだ名である）を与えることに対する批判もそうである。[30] この批判は本来のビザンツ教会によるラテン批判にはみられないという。それはある意味では当然であった。ビザンツでは十一世紀には洗礼に際し聖人名を与えることはすでに確固たる慣習となっていた。ときには例外もみられたが、そうした例外的現象が教会側の注意を引くほどに広がることはなかった。これにたいしルーシではたとえば諸公家における二重（聖人名と異教徒名）の命名が公式的キリスト教化後も長く続いた。[31] ビザンツ出身のキエフ府主教らがルーシのこうした慣習に危惧の念を抱いたことが、かれらにラテン教会にも残る同様の傾向に批判の声を上げさせたと考えられるという。

さてチチューロフは、ギリシアにおけるラテン教会批判においてルーシ的慣習に遡及されるべき部分に関して、以上のような推論を展開したが、かれによれば、実はこのことを裏づける強力な証拠がある。たんなる推測や憶測ではないというのである。その証拠というのは、かれがバチカン文書のなかに発見した、十三世紀のギリシア語の作品で、その標題は「神に愛されしロースの府主教エフレムの、ラテン人により行われる恥ずべき行為に対する書。かれらはわれらの聖なる、普遍的神の教会における福音書と教父らの伝承に基づく諸規則に違反してこれを行っている」というものである。[32]

「ロースの府主教エフレム」はキエフ府主教エフライム（在位一〇五四／五五―六五年頃）のことと考えられる。[33] ポッペによれば、かれはビザンツ帝国元老院に連なる高官でもあり、キエフ府主教在位中の動向としては、一〇五五年にノヴゴロド主教（大主教）ルカ・ジジャータを裁いたことなどで知られている。[34]

さて府主教エフライムが上記著作の著者であるとするならば、かれはキエフに到来してすぐに、つまりは一〇五四年シスマ直後にルーシにおいてラテン教会批判を行ったことになる。かれの著述が重要であるのはそれだけではない。それが先にみた「偽フォティオス」つまり「フランク人およびその他のラテンについて」のテクストときわめて近い関係にあることが明らかであるからである。両者は、いずれか一方が先で他方がそれを利用して作成されたと考えられるほどに近い関係にあるという。しかしもちろん両者間には違いもあり、それぞれにそれぞれの特色がある。エフライムの著述について言えば、それは原文で ἔγγραφον（ロシア語訳では napisanie）と表記されている。[35] チチューロフはここから、「エフレムの著」はキエフにおける何らかの会議におけるかれの演説（原稿）のごとき作品と推測している。つまり一〇五四年の教皇特使らを断罪したコンスタンティノープルでの教会会議に出席したエフライムが、その後まもなく府主教としてキエフに着任直後に召集したルーシ主教会議（場合によってはノヴゴロド主教ルカ・ジジャータを裁いた当の会議ということもありえる）において、各地の主教を前に演説したと考えられるというのである。とりわけその末尾に見える「神の、聖なる……集会へ」という呼びかけの語は伝統的に「主教らの集まり」を意味する語であり、かれが主教らへ語りかけた可能性が高いという。

「エフレムの著」に聴き手（聴衆）の存在を推測させる箇所があるという。全部で二十八ある節のうち十三が「この者たちは」（Oi αὐτοί、ロシア語で oni zhe）という語で始まっているというのである。ラテン人を念頭においているのであるが、これが聴き手であるルーシ各地の主教らを前に、ラテン人らはいかに誤った慣習に陥っているかを府主教が説き明かしている様子を彷彿させるというのである（これにたいし「偽フォティオス」の方ではこうした直接的で幾分粗野な表現の繰り返しはみられず、全体として文学的推敲を加えられていることがみてとれるという）[36]。

また「エフレムの著」が古ルーシ的伝統の中から生み出されたことを推測させる箇所もある。そこには「種入れぬパン」の使用が「ネムツィと呼ばれるヴァンダル人」の出現以来のことであり、それ以後かれらの「王がその望むところをかれら［ラテン人］に押し付け、その司教らはかれ［王］により選出されている」と記されている[37]。この表現がすでにみた府主教ニケフォロス一世の書簡における場合と（さらには府主教ゲオルギオスの「ラテン教会との論争」とも）驚くほどに似ていることは指摘するまでもない。後者が「エフレムの著」から借用したとすら推測される。もしこうした表現が後代の写本的伝統の中から生み出されたものでないと仮定できるならば、エフライム、ゲオルギオス、ニケフォロスと十一世紀後半から十二世紀にかけてキエフ府主教座にあったギリシア人聖職者のいずれもがルーシに特徴的な用語（「ネムツィ」）を用いたということになる。

ここでエフライムが俗権（「王」）による主教の叙任を批判していることも注目される。エフライムはヤロスラフ賢公が初めてルーシ出身者を府主教として選任したイラリオンの後任としてキエフにやってきた[38]。イラリオン選出とその退位をめぐる事情についてはすでに本書でも見たが（第九章2）、ヤロスラフの意図がいかなるものであったにせよ（それが反ビザンツ的行為であったか否かは別にして。既述のごとく本書はこうした見方はとらない）、これが世俗権力による聖職叙任の一例であったことはたしかである。後任としてキエフに着任したエフライムがイラリオンの一件を強く意識していたことはたしかであろう。エフライムが西方における「王」による聖職者叙任に批判の矛先を向けたのには、ルーシにおけるイラリオンらの一件と関係があった可能性があるのである。もっともこの問題は、聖職者（とくに総主教に関して）叙任における皇帝の意向が西方におけるよりいっそう直接的であったビザンツ本国においては、それほど強い批判を呼ぶことはなかったようにみえる。ルーシ教会当局が俗権による聖職叙任にどの程度批判的であったのか、それが西方におけるいわゆる「聖職叙任権闘争」と並列的に論じられうるかどうかについては、ここで立ち入って検討する余裕はないが、「エフレムの著」において両者が間接的にせよ、結びついていた可能性はある。

「エフレムの著」にはさらに、受洗者への命名に関してラテン教会を批判した箇所もみえる。その第十八節には、「この者たちは受洗者に聖人の名をつけずに、ライオンや熊、ヒョウ、狼、キツネ、その他多くの卑しむべき獣の［名］をつけている」と記される。(39) これも既述のようにニケフォロス書簡（さらにゲオルギオス、フェオドーシーの著述もであるが）と同様である。これまでの研究では、ニケフォロス等の著述のこの箇所がどのような史料に依拠しているかに関しては不明とされてきた。(40) しかしながら、以上にみてきたところから、どうやらこれらの諸著作のなかでももっとも早い時期の作品（つまり「エフレムの著」）が、それ以後の諸作品に影響を与えたと考えることができそうである。もちろんさまざまな要因を考慮に入れた後でなければ、そうと断定することはできない。しかしいずれにせよこれら諸著作のすべてが古ルーシの二重命名の慣習と強い関連を通じて相互にふかい関連性を有していることはたしかと言ってよいであろう。

「エフレムの著」にはほかにもニケフォロス一世らルーシ府主教のカトリック批判を想起させる点がある。その第二十三節はラテン教会のいわゆる「三言語異端」に対する批判にあてられているのである。(41) しかるにすでに指摘したように、十一世紀のギリシア教会にはこの点でラテン教会を批判する姿勢は弱かった。実際、その時期のギリシアの反ラテン文献にはそうした批判は姿を見せないのである。ここにも「エフレムの著」とルーシとの強い結びつきが現れているといってよい。「エフレムの著」が「偽フォティオス」とまったく同じコンテクストで（つまり大斎の期間をめぐる箇所において）「リャヒ」に言及していることも同様のことを示している。これもポーランドと強い関係を有していたルーシのおかれていた位置から考えてはじめて理解できることであった。[42]

かくしてチチューロフは以下のごとき結論に到達する。[43]

従来キエフ府主教ゲオルギオス、同ニケフォロス一世、そして修道士フェオドーシー（ペチェールスキーにせよグレクにせよ。チチューロフ自身は「ペチェールスキー」と考える）らによる反ラテン文献は、「偽フォティオス」（「フランク人およびその他のラテン人について」）を史料の一つとして利用していると考えられてきた。[44] しかしいまやそう考える必要はなくなった。これらの文献の史料はむしろ「エフレムの著」であると考えるべきである。

ルーシ府主教エフライムは一〇五四／五五年にキエフに着任した。その直後にかれはルーシ教会会議を招集し、そこでかれ自身が体験したコンスタンティノープルでの一〇五四年の出来事について報告した。その時の演説原稿が「エフレムの著」であった。この著作はその後ビザンツに伝えられ、その地で文学的改訂（修正、推敲、編纂）の手を加えられ、その多くの（けっしてすべてのではない）写本において誤って九世紀の著名な総主教フォティオスの作とされた。この「偽フォティオス」を介してギリシアの反ラテン文献に入り込んだいくつかのモチーフ（三言語主義批判、「リャヒ」の特記など）はルーシの現実を反映したものである。府主教ゲオルギオス、修道士フェオドーシー、府主教ニケフォロス一世（そしてかれらの基盤にあるエフライム）の、受洗者への命名に関するラテン教会批判がビザンツの反ラテン文献に姿を現さない理由も同じように説明できる。

かくして「エフレムの著」とそれに続くゲオルギオス、ヨハンネス二世、ニケフォロス一世、さらにはフェオドーシーらの反ラテン文献は十一世紀後半から十二世紀にかけてのルーシにおけるラテン教会批判の伝統を築き上げたといえるのである。

以上、チチューロフの研究に従って一〇五四年以後のルーシにおける反ラテン諸文献についてみてきた[45]。そこではなるほど一〇五四年の出来事を直接とり上げて論じるといったことはなかったが、これらがこのときのコンスタンティノープルにおける出来事に触発されて執筆されたことはたしかであったようにみえる（とりわけ府主教エフライムの著述は事件の直接的印象の下に執筆された）。それゆえ一〇五四年の「シスマ」が、ルーシになんらの反響も見出さなかったとすることはできない。そこにはたしかにこれに対する反応がみられたのである。しかもルーシ教会の反応は、ギリシア教会のラテン批判をたんになぞるといったものではなく、独自の特色も兼ね備えるものであった[46]。かくして全体としてみた場合、キエフではカトリックと正教の相違と対立をめぐる問題はそれ自体の現実に立脚しつつ議論されたと言うことができるように思う。

それでは、ルーシも早い段階で反カトリック的な態度（少なくともビザンツがそうであった程度には）を固め、それがやがてロシアに特徴的となる反西方的伝統の基礎となったとみてよいのであろうか。本節でみた反ラテン文献はルーシにおいてどのような意味をもったと考えるべきなのであろうか。先にルーシでは一〇五四年の出来事は大きな意味をもたなかったとするシチャーポフの結論を紹介し、本書の著者も基本的にはそれに賛成すると記した。はたして府主教エフライムの著述に続く一連の反ラテン文献は実際に大きな意味をもたなかったと結論づけることができるのであろうか。著者は、いま少し検討を続けたうえでないとこうした結論には到達できないと考える。

●教会によるラテン批判の影響力

一〇五四年「シスマ」後のルーシにおける上記の反ラテン文献を多いとみるか少ないとみるか、それがルーシ社会にどのように受け入れられたのか、はたして大きな影響力をもったと言えるのか。こういった問いには、もちろん簡単には答えられない。しかし以下のことは言えるであろう。ギリシア出身者を中心とするルーシ教会の指導者らは、一〇五四年の出来事にただちに反応し、その後もルーシ社会に対しカトリック教会への警戒を呼びかけ続けたということである。かれらがルーシ教会と社会の現実とまったく無関係にこうした著作活動を行ったわけでなかったことは、そこに、そう目立つ形においてでなかったとはいえ、ルーシの現実をそれなりに反映する記述の見られることからも明らかであった。かれらは現実に目の当たりにしたルーシ人の「信仰」に深刻な危機感を抱き、反ラテン文献という論争的著述を含むあらゆる種類の著作（とりわけ「説教」など）を通じて、これら信徒の教導にあたったといえる。「信徒」といっても、実際には史料的にたどることのできる諸公など上層階級が主たる対象となるが、いずれにせよ、たんなる神学理論的ではない、実践的な目的をもって著わされた作品であったと考えられるのである。

このことを明らかにするために、すでにふれた府主教ヨハンネス二世の別の著述、いわゆる『教会法規に関する回答』（Kanonicheskie otvety）に注目してみよう。[47]

これは教会スラヴ語写本では「キリストの預言者と呼ばれたルーシの府主教ヨハンネスの、修道士ヤコフに与えた教会規定。かれはこれを聖なる諸書から手短にまとめて書いた」と題されている。[48] この『回答』はそれ自体が興味ぶかい内容をもつが、ここではラテン教会批判との関係に限定してみてみる。その意味で問題となるのは以下の二か所である。

まず、「これらの者は種入れぬパン（opresnok）で礼拝をし、聖なる灰の水曜日に血にそまった、また絞殺された肉を食している……かれらと共に聖餐に与かったり、礼拝をしたりしてはならない。だがかれらと食事を共にすることは、やむを得ぬ事情がある場合には、キリストの愛ゆえにけっして禁じられてはいない。もし誰かが清き［信仰］と肉体の弱さを理由にこれを避けたいと望むならば、望むままにさせなさい。しかしながら、その理由［を重視するあまりに］誘惑に陥いったり、悪意や誤解に走ることのないように注意しなさい。大きな悪より小さな悪を選ぶ方がよいのである」とある箇所である。[49] 修道士ヤコフの問い合わせに対するこの回答は驚くほどに柔軟で、ほとんど二重基準的といってよい。一方ではカトリック教徒と礼拝や聖餐を共にするなと命じながら、他方では事情があるならば、かれらと食卓を共にすることは、「キリストの愛」（隣人愛か）のために赦される、むしろ大きな過ちを犯すよりはよいというのである。ここには厳格な律法主義というよりは、いわば明瞭に人間的で良識的な態度がみてとれる。

もう一か所は、「信仰深い公の娘を、種入れぬパンで礼拝しけがれた食物を避けようとしない異国へ嫁がせる者……正教徒［諸公］にとって自身の子らにこうした結婚を行わせることはまったくふさわしくなく、そうすべきではない。神の戒めと世俗の法は同じ信仰の妻を迎えるよう命じている」とする箇所である。[50] ここでは諸公が娘らをカトリック諸国へ嫁がせることを禁じている。先の回答の調子と異なり、一義的で、断固たる禁止といってよい。ただこれをルーシ教会当局が外国王室との婚姻を全面的に禁じたものと理解するのは適切ではない。ここではルーシ公女の外国王室への輿入れについて問題とされているにすぎない。ルーシの公子が外国の王女を娶ることにはとくに言及されていないのである。はたしてこれはどういうことであろうか。

ルーシ公女がカトリック圏へ嫁いだ場合、公女の「信仰」問題はどうなるのか。これをもっともわかりやすく示してくれるのは、大分後のこととなるが、モスクワ大公イヴァン三世の娘エレーナの結婚の例であろう。かの女は一四九五年、カトリック国であった隣国リトアニアのアレクサンドル大公に嫁した。この結婚は、軍事的に劣勢に立たされていたリトアニア側から提案されたものであったが、これを自らの領土と影響力拡大のための好機ととらえたモスクワ側の思惑もあって、実現に至ったものである。[51] その際に交わされた取り決めにおいて（一四九四年）、リトアニア側はエレーナに改宗を求めないこと、エレーナがリトアニアにおいても、生まれ育った正教信仰に基づく生活ができるよう保証されるべきことが定められた。[52]このことに関し、さらに後のことになるが、自らモスクワを訪れ（一五一七、一五二六年）、モスクワ国の事情について詳しい記述を残した神聖ローマ帝国（オーストリア）の外交官S・フォン・ヘルベルシュタインは、次のように伝えている。リトアニア側はエレーナのために「ヴィルノ［ヴィルニウス］要塞内の一定の場所にルーシ様式に基づいた教会堂を建立し、花嫁の付添人としてかの女と同じ信仰の一定数の婦人と娘らを付き添わせる」ことを約束した、と。[53]リトアニア側のこうした対応はきわめて異例であったようにみえる。少なくとも当時のモスクワ側が、逆にリトアニアから公女を迎えた場合、こうした「譲歩」をしたとは考えにくいからである。つまり当時モスクワでは異教徒がルーシ公家に輿入れしてきた場合、かの女が正教を受け入れる（改宗する）ことは自明の前提となっていたと推測される。したがってエレーナの場合は、モスクワ側が当然予想された改宗強制に対し断固くぎを刺しただけでなく、結婚後の正教信仰に基づく生活の保証をいわば無理を承知で強引に押し通したということになる。[54]そして軍事的に劣勢であったリトアニア側は（両国関係は十五世紀半ばまではリトアニアの方が軍事的に優勢であったと言えるが、イヴァン三世の登場以降、次第にモスクワ側が攻勢に転じる）、これに応じざるを得なくされたものと考えられる。

ひるがえって先の府主教ヨハンネス二世の『回答』の場合はどう考えるべきであろうか。十一世紀後半においては、状況は後のモスクワ時代とは相当に異なっていたと認識すべきであろう。まず後にモスクワ側が危惧したように、キエフ期においてもカトリック国へ嫁いだ公女に対し、「改宗」が強要されたかどうかが問題となるが、これについては本書の著者もすでに、フランス国王アンリ一世に嫁したヤロスラフ賢公の娘アンナについてみたときに記したが、改宗が絶対的に強要されるようなことはなかったと考えられる。[55]アンナの場合、最終的には改宗したと考えられるが、それは自然に当地の信仰生活を受け入れた結果としてのことであったようにみえる。そう考えられる大きな理由は、東西両教会がいまだ決定的に断絶していなかったことにある。そもそも東西両教会が同じ信仰に立つと認識されていた時代に、改宗が強制されることも、またルーシ側が「正教」信仰の保証をことさらに要求するようなこともなかったであろう。万一そうした要求がなされたと仮定しても、遠い異国においてそれを具体化する手段を確保すること（たとえば正教教会堂の建立など）は困難であったろう。場合によっては、聴罪司祭ぐらいは同行したかもしれない。[56] しかし公女のために教会堂を整備したり、聖体拝領をはじめとする日々の宗教生活をしかるべき規定に従って執り行ったりすることは、容易なことではなかったにちがいない。だからといって当時の人間が長期にわたって聖体拝領なしで生活したとも考えられない。むしろ公女は当地の、あるいは王室付属の教会堂に赴き、当地の慣習に従って「種入れぬパン」を用いる人々と共に聖餐に与かったと考えるのが普通であろう。すでに指摘したように、「［ルーシ］の公女は、故国の典礼の中で育てられたにもかかわらず、かれらの夫の典礼に従うことにいかなる困難も感じなかったし、それを自身のものと同じく正統的なものと考えていた」（B・レイブ）のである。[57]

したがってルーシ公女のカトリック教徒との結婚に対するヨハンネスの非難は、まさに一〇五四年の「シスマ」に象徴的に表れた新事態への正教会当局の厳しい対応であったと考えることができる。カトリック教徒と食卓を共にすることにはそれほど厳格でなかった府主教（この点では府主教は、既述のごとくむしろ人間的で、良識的ですらあった）が、ルーシ公女の西方への輿入れの問題においては、きわめて厳しい対応を示した。それはかれがこの問題を正教信仰に対する現実的な脅威と認識したからにほかならない。その意味でルーシ教会当局は一〇五四年を深刻に受けとめたといえるかもしれない。ヨハンネスが西方の王女らのルーシへの輿入れ、すなわちルーシ公子のカトリック王女との結婚についてとくに言及しなかったのは、まさにこれ以後ルーシ教会側は受け入れた外国王女の正教への「改宗」を当然のことと考え始めたからであろう。[58] 少なくとも聖職者にとって事態は大きく変化していたのである。ルーシ公女のラテン人との結婚に対する、教会当局の拒否的反応はけっして一時的、偶然的なものではなく、原則的な性格を帯びていた。それはルーシ教会のコルムチャヤ・クニーガ（「教会法規定」）にも受け入れられることになるのである。(59)

それでは府主教ヨハンネス二世らのこうした認識は、ルーシ社会にどのように作用したのであろうか。結論から言えば、それはほとんど影響力をもたなかった。ルーシ社会は教会当局の禁止の教えにほとんど耳を傾けることなく、従前どおり自らの道を歩み続けたのである。

ヨハンネス二世がルーシ公女のカトリック教徒との結婚を強く批判した背景には、当時のキエフ公家がカトリック諸家門と盛んに婚姻関係を取り結ぶという現実があったことは指摘するまでもない。ヤロスラフ賢公の西方志向的結婚政策についてはすでに記した。ヨハンネス二世当時の大公フセヴォロド・ヤロスラヴィチの場合も、娘エウプラクシヤをザクセンへ、ついで皇帝ハインリヒ四世と再婚させたことはすでにみたとおりである。(60)

キエフ諸公のこうした西方志向を前にしたルーシ教会当局の危機感は大きかったにちがいない。

こうした態度はフセヴォロドだけに止まらなかった。かれの子ウラジーミル・モノマフもこの点では父にまったく同じであった。かれは娘のエウフィミヤをハンガリー王カールマーンと結婚させている（一一一二年）。(61) ウラジーミル・モノマフの子孫も同様であった。モノマフの長子ムスチスラフは自身スウェーデン王女と結婚しただけでなく（クリスチーナ、第十章補遺参照、以下同様）、その三人の娘をカトリック教徒と結婚させていた（インゲボルグはデンマーク王子と、マルフリドは最初はノルウェー王と、ついでデンマーク王と、またエウフロシニヤは、父の死後のことではあったが、ハンガリーのゲーザ二世と、それぞれ結婚した）。ムスチスラフ・ウラジーミロヴィチの長子フセヴォロドも娘のヴェルフスラヴァをポーランドのボレスワフ四世（巻毛公）に嫁がせている（一一三七年頃）。

ルーシ諸公の西方志向（親ラテン主義といってもよい）はモノマフの子孫に限定されなかった。他の系列のルーシ諸公もキエフ大公家に倣うかのように、西方諸家門との親戚関係を求めた。その例をここで挙げることはしない。第十章補遺に掲げたリストを見ていただきたい。

ルーシ諸公のこうした西方志向はそれだけで、教会当局のカトリック批判がかれらの耳に届かなかったか、あるいはまったく留意されなかったか、いずれかであることを示している。諸公がカトリック信仰をどうみていたかを幾分かでも示してくれる史料がある。すでにみた府主教ニケフォロス一世のウラジーミル・モノマフ公にあてた書簡「ラテン信仰について」(上記反ラテン文献の④のイ)である。これはそもそもラテン信仰のどこが悪いのか説明を求めるモノマフ公にたいして書かれた回答である(「敬神なる公よ、汝はわれらに、ラテン人がいかにして聖なる公同の正教会から排除されたのかについて問いあわせてきた。ここに尊き汝に約束したように、かれらの過ちについて汝に書き記そう」)。

モノマフ公といえば、当代一流の知識人であった。かれはすでにみたように、『教訓』やオレーグ・スヴャトスラヴィチ公への「手紙」の著者であった(第十一章3)。かれは母を通じてビザンツ皇室とつながっていた(それゆえギリシア語の知識も幾分かはあったと考えられる)だけでなく、妻(イングランド王ハロルド二世の娘、ギーダ)を通しておそらくは西方の(カトリック教会に関することも含めて)諸事情にもある程度通じていたと推測できる。老境に入ったそのモノマフが[62]、東西両教会の日常的な慣習の差異について何も知らなかったとは考えにくい。かりにモノマフが府主教の書簡によってカトリックについてはじめて具体的に詳しく知りえたとしても、かれとその子らは府主教の教えに十分な注意を払うことはなかった。かれらは相変わらず西方諸家門との結びつきを求め続けたからである。当然教会当局はキエフ諸公のこうした態度に危惧の念を強めた。ニケフォロスは同様の書簡を他の諸公にも送って注意を喚起しようとした(その一つが同じニケフォロスの上記ヤロスラフ・スヴャトポルコヴィチ宛て書簡(④のロ)である。この公自身最初ハンガリー王女と、ついでポーランド王女と結婚していた)。

結局モノマフ公ら、世俗諸君主は聖職者らの強い戒めにもかかわらず、東西両教会間の信仰生活上の諸慣習の相違（一〇五四年のシスマが、以前のように教義ではなく、もっぱら慣習上の相違をめぐる対立の結果であったことは周知の事実である）にはあまり関心を示さなかった。それはある意味では当然であった。そうした相違が現実的にどのような意味をもつのか理解できなかったということもあろう。あるいは外交的・政治的配慮を宗教上のそれに優先させたということかもしれない。モノマフが自ら両教会の相違について問い合わせたとするならば、かれがそうした問題にまったく関心がなかったとはいえない。しかし、かれはこれを最重要とは考えなかった。最終的には現実的な必要性が諸公の行動を律していたのである。

●中世人の信仰――ゲルトルードの「祈禱書」

モノマフが正教とカトリック両信仰（の相違の問題）についてどう考えていたかを直接的に知る手段はない。しかしこの時代の人々がこうした問題をどのように認識していたかをうかがわせてくれる史料ならば、ないとはいえない。キエフ大公イジャスラフ・ヤロスラヴィチ（在位一〇五四―七八年）の妃ゲルトルードの「祈禱書」（「ゲルトルード本」Codex Gertrudianus）はそうした史料といえるかもしれない。イジャスラフ公の妻の名が「ゲルトルード」であることは、既述のようにほかならぬこの「祈禱書」のおかげで知られる（第十一章、注（21）の訳注（b））。ルーシ諸公の外国の王女との結婚に伴う「信仰」の問題については、A・V・ナザレンコが特別の論考を発表しているので、以下はこれによりながら考えて行きたい[(63)]。

ゲルトルードはポーランド王ミェシコ二世の娘、カジミェシ一世の妹である。したがってかの女はカトリック教徒であった。本書でもすでにある程度ふれたところであるが（第十章2―ii―a、第十一章1参照）、かの女がイジャスラフ公と結婚したのは一〇三八／三九―一〇四〇年のことと考えられる。かの女は夫の死後（一〇七八年）、残りの生涯を子のヤロポルク（ヴォロジーメリ公）の下で過ごした（かの女自身は一〇八五年以後に、だが息子のヤロポルクの死より前に、亡くなっている。ヤロポルクは既述のとおり、一〇八六／八七年に暗殺されている。第四章一八〇―一八一頁、第十一章七五八―七五九頁参照）。イジャスラフとの結婚後の生活は平穏とはいえなかった。イジャスラフが大公在位中に二度もキエフを追われたからである（一〇六八から翌年にかけて、さらに一〇七三―七七年）。その間大公は家族ともども（といってもナザレンコによれば、ゲルトルードから生まれた子は一人のみで、それがヤロポルクであった）異国を放浪しなければならなかった。最初は、ポーランドのボレスワフ二世（ゲルトルードの甥）の下に、二度目にはポーランドとドイツに避難先を求めたのである。その間大公は各地でキエフ大公位復帰のための援助を求め奔走している。一〇七五年に子のヤロポルクをローマ教皇グレゴリウス七世の下に派遣し援助を要請したのもその一環であった[64]。ゲルトルードもこうして処々に生活の場を移さなければならなかった。その間かの女の信仰生活はどのようになっていたのか。それがここでの課題である。

ゲルトルードの「祈禱書」は、おそらくはかの女自身の手で書かれた約九十のラテン語の「祈り」からなる。それは『エグベルトの詩篇』と名付けられた個人用詩篇（十世紀末のトリーア大司教エグベルトのために作成された詩篇、『トリーア詩篇』とも呼ばれる）の処々に、ひとつひとつが単独であるいはいくつかまとめられて、綴じ込まれているという。この詩篇がゲルトルードの手に入ったいきさつについては推測するしかない。「祈禱書」には小教会暦や月輪に関する天文学的な便覧が含まれている。「祈禱書」は五つのビザンツ様式の細密画に飾られている（現物は現在北東イタリア、チビダーレの国立考古学博物館にあるという[65]）。

個々の「祈り」の内容から、それが執筆されたのは十一世紀七〇―八〇年代と推測されている。つまりそれはゲルトルードの晩年に、基本的にはルーシにおいて書き留められたということになる。夫の亡命の際の「異国」滞在中に書かれた部分もあったであろう。ただそれは内容的にも、また言語的にも明確にラテン（カトリック）信仰の特徴を伝えている[66]。このことはゲルトルードがルーシ公妃となって以後も、カトリック信徒のままでいたことを示しているようにみえる。はたしてこれはどう理解すべきであろうか。

これとの関連でかつてV・L・ヤーニンが、ゲルトルードは結婚に際して正教に改宗したが、イジャスラフ大公の二度目の亡命時に再度カトリックに戻り（子のヤロポルクもそのときカトリックに改宗したとする）、その後夫のキエフへの帰還とともに、正教に再度（三たび）改宗したとする仮説を提唱したことがある[67]。ヤーニンの考察は詳細をきわめており、興味深く有益な知見に満ちているが、ゲルトルードとヤロポルクの「改宗」をめぐるこの仮説をそのまま受け入れるわけにはいかない。かれはルーシ諸公と結婚した「アングロ・サクソン、ドイツ、ポーランド、ハンガリー王女らがすべて必然的に『ギリシア信仰』へ改宗した」と考えているが、これこそまさに論証されていない前提である。そもそもこの時代に住み処が変わるたびに「改宗」したとみる考え方自体が問われてしかるべきではなかろうか。それにもしかりにこの前提が立証されたとしても、ゲルトルードがルーシにおいて（すなわち正教へ「改宗」した後も）引き続きカトリック的な祈りを書きつけたという事実をどう説明するか、人知れずにひそかに行ったと考えるべきなのか、必ずしもそうではないのではないか、疑問は残るのである。

おそらくこの奇妙な事実は次のように解釈してはじめて理解可能となる。ゲルトルードはほぼ半世紀に渡りルーシでその生涯を送った。最初はキエフにおいて、夫の死後は子のヤロポルクの下、ヴォルイニにおいてである。ヴォルイニはその地理的位置からして、カトリック的慣習に相当馴染んでいたことも重要な要素となろう。そうしたこともあったのか、いずれにせよその間かの女は個人的にカトリック信仰を維持したと考えられる。当時はそれが許されたと考えるべきであろう。かの女は当然正教の教会堂に通い、正教徒と共に礼拝に連なり、正教司祭の手から（酵母入りのパンで）聖餐を受けたであろう。かの女の「祈り」にはその結果であろうが、カトリック的表現と正教のそれとが入り混じっているところが多く認められるという。そうした例のなかでとくに興味をひくのは、聖エレーナ（コンスタンティヌス大帝の母）への幾たびにもわたる言及である。ただその祝日はカトリック教会暦では八月十八日であるが、ゲルトルードにおいては正教会風に五月二十一日となっている。一方、正教会ではエレーナは「使徒にも似た」その子コンスタンティヌス大帝と共に言及されるのが常であるが、ゲルトルードにあっては、コンスタンティヌスの名は現れない。それは西方的慣習ではエレーナのみが聖人として崇められたからである。コンスタンティヌス大帝を聖人とみるのは正教会の慣習である。つまりゲルトルードの「祈禱書」におけるエレーナへの言及は、正教会とカトリックの慣習が入り混じった形でなされているといえる。

ゲルトルードがことさらに「聖エレーナ」に言及したことは、かの女自身がルーシではエレーナと呼ばれた可能性を示唆している。この改名をしばしばなされるように、ゲルトルードが改宗した（改宗強制された）ことの証拠とみることは適切ではなかろう(68)。すでに記したように、名前の変更はよく行われた慣習であった（たとえば、ヤロスラフ賢公のスウェーデン人妻インギゲルドはルーシではイリーナと呼ばれた。ここで問題となっているイジャスラフの子ヤロポルクの妻クニグンデもイリーナと呼ばれた）。改名は改宗の結果というよりは文化的環境の変化からきていた（本書第十章六五九—六六〇頁、また同注（106）を参照）。再洗礼がなされたわけではなかった。それはすでにみたようにこの時期には一般的ではなく、塗油の儀式で代替された。それすらも早い段階ではとくに必要とされなかった可能性が高い（本章注（57）参照）。諸公の宮廷では東西両教会間の慣習のさまざまな相違に聖職者ほどに注意を払うことはなかった。この点ではいわば「おおらかさ」が諸公を頂点とする俗人社会では支配的であったといえる。

したがってゲルトルードが、個人的にカトリック信仰を保持していたとしても、それを公然と主張したり、周囲に押し付けたりすることのない限り、おそらくは高位聖職者を除いて誰もかの女を咎めることはなかったと考えられる。むしろゲルトルード自身あまり意識することなく、いわばカトリック信仰と正教のそれとの間を自由に行き来していたというのが正確なところであったのではないだろうか。モノマフらにとっても状況はおそらく同じであった。かれら俗人にあっては、キリスト教は依然として一つであり、キエフ府主教らが問題としたようなさまざまな東西教会間の宗教慣習上の相違はほとんど無意味であるか、その「重要性」を理解できなかったのである。

一〇五四年のシスマがルーシ社会には大きな影響力をもたなかったというのは、以上のような意味においてである。状況に変化が出るのは、西方教会が熱に浮かされたように十字軍運動に突き進み、やがてその矛先がルーシ自体に向けられるにいたって以降のことになる。

2　十字軍とルーシ

一〇五四年のシスマが、ビザンツにおいて（いわんやルーシにとって）当初はほとんど目立たぬ出来事であったのとはちがって、十一世紀末から西方で企てられ実行に移されたいわゆる「十字軍」は、少なくともビザンツにとっては直接的に関係する重大な（そして以下に見るようにルーシにとってもそれなりに意味のある）大事件であった。[69]十字軍自体についてはわが国でも相当の研究蓄積があるので、ここでとくに立ち入る必要はなかろう。[70]ここでの課題は、ルーシにとってそれは何であったかという点にかかわる。はたして同時代のルーシは十字軍についてどの程度、またどのように認識していたのか。そしてそれはルーシの西方との関係においてどのような意味をもっていたのであろうか。

●初期の十字軍とルーシ

例によってまずは『原初年代記』におけるその取り扱いをみてみよう。とはいうものの、実は同年代記には十字軍についての直接的な言及はない。少なくとも「十字軍」の語はみられない。[71]

ただ年代記の九八六年の項、いわゆるルーシの洗礼に関する記事（その「諸信仰の吟味」の箇所）に、十字軍への間接的な言及をみてとることができるかもしれない。

キエフ大公ウラジーミルは「ハザールのユダヤ教徒」との問答の際に、ユダヤ教徒の国がいまどこにあるのかを尋ねたが、これに対する後者の答えは以下のようであった。「神がわたしたちの父たちに対して怒られ、わたしたちの罪のためにわたしたちを国々に散らされました。そしてわたしたちの国［パレスチナ、エルサレム］はキリスト教徒のものになりました」（邦訳一〇〇頁）。

ユダヤ人が最終的にエルサレムを失うこととなるのはローマ支配に対する二度の反乱（ユダヤ戦争、六六―七〇、一三二―一三五年）に敗れた後のことであったので、ここではそのことが念頭におかれていたと考えられる。ただ厳密に言えば、そのときにはエルサレムが「キリスト教徒のもの」となったわけではない。したがってこの点を重視するならば、ここは第一回十字軍後のエルサレム王国（一〇九九―一一八七年）のことが示唆されていたと考えることもできる。もちろんイスラーム勢力の支配下に入る以前にも、それがビザンツ帝国領であった限り、すでに相当に早い段階で「キリスト教徒のもの」となったともいえるが、十二世紀初に成立した『原初年代記』にあっては、とくに第一回十字軍のことが念頭におかれていた可能性が高いようにも思われる。上の記述の現れるのが年代記九八六年の項であるにせよ、執筆自体は十字軍開始以降のことと考えられるからである。これとの関連でリハチョフは、年代記記述にみられる以下のごとき矛盾を指摘している。すなわち（これについては本書でもすでに指摘したところであるが）、ウラジーミルは「洗礼」に先立って四宗教（イスラーム、カトリック、ユダヤ、正教の各宗教）について調査を始めたが（「諸信仰の吟味」）、実際に調査団を派遣したのはイスラーム、カトリック、正教を奉じる三国に対してだけであった。ユダヤ教国へは調査団を派遣していないのである。したがって「ハザールのユダヤ教徒」の到来とかれらの発言は、後に（第一回十字軍以後に）年代記に挿入された記事と考えられるというのである。[72]

かりにリハチョフの考え方が正しいとしても、上の記述だけを根拠に、ルーシの人々が十字軍について知っていたと断定することは憚られる。ただ最初の十字軍についての情報がルーシにも届いていたことは他の記述（ないし出来事）からも推測される。その一つはアーヘンのアルベルトの『エルサレムの歴史』（十二世紀前半）中の一節である。それによると、「無法と山賊行為」で悪名の高かったライニンゲンのエミッヒ伯率いる十字軍の一派が東方遠征の途上ハンガリー領を侵した。このときハンガリーの「カールマーン王は……ただちに馬に鞍をおき、ガリア人のかくも強力な軍勢が［国境の］要塞を奪って国内に乱入した場合に備えて、〈ルスキア〉（ルーシ）王国の方へ逃れる態勢を整えた。すでに古びて崩れかかっていた橋が修復された。この橋を通って、やむを得ない場合には沼沢や河川を渡ってルーシの地へたどり着くことができよう……」。この時エミッヒ伯の軍勢は原因不明の出来事があって突如撤退し、国王は難を逃れることができたのであったが、第一回十字軍に際してハンガリー王は、どういう理由からか、避難先としてルーシを考えていたのである。あらかじめ急を告げる使者くらいは出したと考えても不自然ではなかろう。[73] さらにB・レイブによれば、第一回の十字軍に参加したデンマークのエリク常善王（一〇九五―一一〇三年在位）は、聖地へ向かう際にルーシの地を経由したという。このとき「キエフ大公スヴャトポルクは、長い道のりを案内すべく百戦錬磨の屈強な武人［部隊］を付き添わせた」という。「案内」とあるからには、ルーシ兵は国境までの護衛にあたっただけで、聖地まで同行したのではないだろう。いずれにせよこれが事実ならルーシ人が十字軍について情報を得ていたことは確かであろう。[74]

そういうわけで本書では以下のように考えたい。十字軍運動について同時代のルーシへも情報が入っていたことはほぼ間違いないが（一般的に言っても、ルーシとビザンツや西方諸国との関係や交流から言って、それは否定できない。ただ初期の段階でそれをうかがわせるルーシ人自身の記述はほとんど知られていないということである）、少なくともルーシの人々はこれに大きな関心は抱かなかったと考えられる。あるいは自らとは無縁の企図として、自身と十字軍とを関連づけて考えることはしなかったといえよう。

ところが、その後の十字軍についてはやや事情が変わってくる。他の年代記をもみてみよう。『イパーチー年代記』一一八七年の項に次のような一節がある。

「同年九月十五日、しるしがあった。全土に闇があった。すべての人がいぶかしく思ったように、太陽が姿を消し、天が燃え、雲が稲光にそまった……同じ月のその日［実は十月二日］、エルサレムは神を知らぬサラセン人により奪われた……われらはこのことについて語ろう。たとえ今のときに神が聖なる都エルサレムを、これら掟を知らぬハガルの民［イスラーム教徒］に渡されたとしても、いったいだれが神の奇しき御業について語りえようか。われらは士師の書に……異邦人がエルサレムに侵入し、主の契約の石板を奪ったとあるのを読む……イスラエルの民は異邦人によって打ち破られ、かれらは主の契約の聖なる［石板］を持ち去った［これは「士師記」ではなく、サムエル記四・一一、五・一―二の記述をさすようにみえる。出来事自体は士師時代の終わりのことであった］。だが王の書が記すように、何年もたたないうちに主は主の契約の石板を再びエルサレムへ戻され、神の父祖ダヴィデはそれを前に喜びに満たされ、楽器を奏でながら踊り跳ねた［サムエル下六・一―五、一二―一五］。われらは掟を知らぬハガルの民から非難され嘲りを受けながら神の恵みと麗しきその御姿に期待をかけるのである」(75)。

年代記が一一八七年（十月二日）にエルサレムが奪われたと記すのは、エルサレム王国軍が同年七月（四日）のハッティーン（ヒッティーン）の戦いに敗れ、その三か月後に首都が陥落した時のことをいう。この戦いに勝利し、エルサレムを陥れたのはほかならぬアイユーブ朝（エジプト）のサラディン（サラーフッディーン）であった。この時のエルサレム陥落が第三回十字軍（一一八九―九二年）を引き起こす直接的なきっかけとなったことはよく知られている。

したがってこの段階で十字軍（国家）についての情報がルーシに入っていたことは疑いない。それどころか年代記作者は相当に詳しい知識をもっていたといってよい。だが重要なのはもはやそのことではない。ここでエルサレムの陥落が深い悲しみとともに、しかし将来における王国復活への強い期待の念とともに記述されていることが重要なのである。年代記作者はエルサレム陥落をあたかもわがことのように悲しんでいる。ルーシ人のこうした感覚は三年後の、今度は正真正銘の第三回十字軍に関する記述のなかに明瞭に現れている。同年代記一一九〇年の項に次のように記される。

「この年ドイツ皇帝がおのれの全土をあげて主の棺を奪還するために出発した。かれに主の天使が現れ、出陣するよう命じたのである。かれらは到着し、神に逆らうハガルの民らと激しく戦った。だが神はおのれの怒りを全世界にかくのごとく顕され……おのれの聖処［mesto sñnia svoeia］を異邦人に渡されたのである。これらドイツ人は聖なる殉教者のごとくに、おのれの皇帝らとともにキリストのためにその血を流した［このときの遠征途上、皇帝フリードリヒ一世バルバロッサが溺死した。かれの子シュヴァーベン公コンラート［フリードリヒ］も戦死している。年代記作者の念頭にはこうしたことがあったと考えられる］。これらの者たちについてわれらが主なる神はしるしを顕された。もしかれらのうちの誰かが戦いにおいて異邦人の手で殺されたならば、かれらの遺骸は三日の後に主の天使らによってかれらの棺から目に見えぬままに引き取られたのである。他の者たちはこれを見て、キリストのために苦しむことを熱望した。かれらについて主の御心が成就され、これらの者をご自身が選ばれた殉教者の群れに加えられんことを」[76]。

『イパーチー年代記』のここの記述の調子は象徴的である。ここでは十字軍は聖地を奪還すべく派遣された全キリスト教徒の代表として、共感の念とともに、好意的に描かれているといってよい。これを正教徒のあずかり知らぬカトリック教徒の野蛮で独断的、侵略的行動などと非難する、あるいは少なくとも突き放して見る様子はどこにも認められない。ルーシの年代記作者は「ドイツ皇帝［ツェーサリ・ニェメツキー］」フリードリッヒ一世（なるほどその名を記すことはないが）と十字軍兵士の死を悲しみ、かれらをあたかも殉教者とみているのである。すでにみたとおり、この時期のルーシにラテン教会批判の論調がなかったわけではない。ラテン教会批判文献も相当数著わされていた。このことを考えるとき、年代記における第三回十字軍に関する記述の調子は注目に値する。(77)

以上にみた例は、たしかに断片的、かつ偶発的な記述であって、これを十字軍研究の新たな資料とするわけにはいかない。ただそこに西方社会とその教会にたいする当時のルーシ人の認識の一端が現れているということはできるであろう。少なくともそこからは、当時のルーシ人がカトリックに対する激しい敵対感情などとは無縁であったことが見てとれるのである。東西両教会はいまだ一体的と考えられていたといってもよい。

従来のロシア（とくにソヴィエト時代）の研究者は、ルーシの年代記にみられる十字軍に対するこうした「好意的な」態度に目を向けることはあまりなかった。それはかれらが、教皇庁の対外活動はすべて本質的に、侵略的拡張主義的行為であるとア・プリオリに決めつけているところからきている。十字軍についていえば、それは教皇庁のパレスチナのみならず、ルーシをも含む「東方」全体に対する侵略行動ととらえられたのである。ルーシやバルト海方面に対する「十字軍」については本書で詳しく検討する余裕がないが(78)、こうしたあたかもヨーロッパが教皇庁を先頭に一体となって、そして首尾一貫して東方世界の支配を目指したかのような捉え方は（今日さすがに研究者の中にそこまで短絡化して考える人は少ないが、かつてのいわゆる東西冷戦時代におけるソヴィエトの研究者の表向きの思考はまさしくそのようであった）、複雑な構成と動きを見せる「ヨーロッパ」内部の状況のみならず、当時のルーシ自体の正確な把握をも困難なものとしている。ここでソヴィエト研究者を代表する一人であったV・T・パシュートの見解にふれておこう。かれは沿バルト海域、続いてリトアニア、さらにはルーシへのドイツ人「十字軍」の侵略に言及した後、それがフランク人の西アジア（パレスチナ方面）への十字軍運動の最盛期にあたっていたことを指摘し、客観的にみればヨーロッパと背後でそれを操る教皇庁こそが「スラヴ人とバルト諸族、そしてアラブ諸族の共通の敵であった」と記す[79]。ヨーロッパが中世のある時点から、とりわけ近代において、他地域に対し侵略的、植民地主義的存在となったことは否定できないにせよ、すでに十二世紀段階で諸民族の「共通の敵」としてあったかのような認識は、これらすべての動きのなかにあるさまざまなニュアンスを見逃す結果に導くのは避けられない。ヨーロッパを不変の一体的存在と見ることができないのは言うまでもない。

●『フリャーギによる帝都征服の物語』――第四回十字軍とルーシ

さて以上にルーシの諸年代記が初期（十二世紀末まで）の十字軍をいわば「好意的」に見ていることを指摘した。しかしルーシにおいてこうした見方がいつまで続いたと考えることができるのであろうか。正教世界の中心地コンスタンティノープルを標的とするに至った「悪名高い」第四回十字軍（一二〇四年）はこうした見方に大きな変更を迫るものではなかろうか。この十字軍が正教圏の人々を驚愕させたことは言うまでもない。長期的に見ればそれはたしかに大きな転換点であった。しかし変化は徐々に現れたと考えるべきであろう。それに同じく正教圏といっても、ビザンツとルーシとではおのずと受け取り方に違いがあったとも考えられる。以下はこうした点について、とりわけルーシにおけるこの十字軍に対する態度の問題について検討してみたい[80]。

まずは関連するルーシの史料をみてみよう。一二〇四年の十字軍についてはルーシにも比較的詳細な記述がある。それは本節の表題に掲げた『フリャーギによる帝都征服物語』である（「フリャーギ」とはフランク人ないしラテン人、あるいは十字軍士のことである）。それはいくつかの形で伝わるが、もっとも早くには『ノヴゴロド第一年代記（古輯）』の「シノド本」の一二〇四年の項にみられるものと考えられる（この段階ではタイトルはついておらず、通常の年代記項目として現れる。十三世紀の記述と考えられる。この部分、つまり『物語』の作者は不詳であるが、種々議論がある。作者の問題は後に改めてふれる[81]）。

以下に『物語』（「シノド本」）の内容を要約しておこう（要約は基本的には邦訳によってなされるが、邦訳とは若干異なる理解また訳をするところがある）。

まずコンスタンティノープルの皇帝「オリクサ」（アレクシオス三世）の即位の次第が語られる。かれは兄イサク（イサキオス二世）の目を潰したうえ、自らが即位する。その際イサクの子「オレクサ」（皇子アレクシオス、後のアレクシオス四世）をも牢に閉じ込める。

やがて忠誠を誓って監禁を解かれたイサクとその子（皇子）はその誓いを破って再起を企て、皇子は二重底をもつ樽に潜んで帝都を脱出する。皇子はドイツ「皇帝」フィリップ（フォン・シュヴァーベン）のもとに姿を現す（フィリップは皇子の姉妹の夫であった）。ドイツ皇帝はローマ教皇（インノケンティウス三世）に連絡を取り、皇帝と教皇は十字軍士らに以下のごとき訓令を出す。「帝都を攻めてはならない。というのもイサクの子が『コンスタンティノスの町の民はみなわたしの統治を望んでいる』と言っているからである。だからかれを帝位に就けるように。その上でエルサレムへ援助のために向かうように。もし［帝都の人々が］かれを望まないときには、かれをわたし［ドイツ皇帝のことと考えられるが、教皇ないし、単数形ではあるが皇帝・教皇の両者と理解すべきかもしれない］のもとに送り返すように。グレキの地に対しては悪事を働かないように」。

ところが「フリャージ」（フリャーギ、フランク人）は皇子がかれらに約束した報酬（「金と銀」）に我を忘れ、皇帝と教皇の命令に反して帝都を攻撃する。攻撃の様子、皇帝アレクシオス三世の逃亡、聖ソフィアを含む無数の教会の炎上、イサク帝の復位、皇子による父帝の追放、皇子自身の即位（アレクシオス四世）などについての記述が続く。

その後破壊略奪を目のあたりにした帝都の民がアレクシオス四世帝に対し反乱を起こす。曲折の後に、大貴族らが皇帝を捕らえて、「ミュルチュフル」（アレクシオス五世ドゥーカス・ムルツプロス）を擁立、戴冠する。ミュルチュフルは皇帝（アレクシオス四世）を殺害する。いわば看板を失った形のフリャージ（十字軍士）は自暴自棄に陥ってか、再度帝都攻撃の覚悟を固める。いわゆる第二次攻撃（占領）である（一二〇四年四月十二―十三日）。攻撃、聖ソフィア聖堂の聖物略奪の様子が詳しく記される。最後に十字軍の司令官三人の名が記され、包囲が前年の十二月から四月に及んだこと、五月九日にラテン人の皇帝（「コンド・フラレンド」、また「コンドフ・オランド」とも記される。すなわちフランドル伯ボードゥアン）、その他の権力者が立てられたことが記され、物語は閉じられる。

以上が『物語』のあらましである。第四回十字軍に対するルーシ年代記作者の態度はどのようなものと考えられるであろうか。

かつて『物語』について論じたソヴィエトの研究者N・A・メシチェールスキーやM・A・ザボーロフは、それが西方およびビザンツなどの同時代文献と比較して、独自の特徴をもつ歴史的に価値の高い作品であることを主張したが、たしかに第四回十字軍に直接関係したわけではない地域の史料として貴重なものであることは疑いない[82]。かれらは『物語』の記述が具体的で、相対的に「中立的」また「厳密」であることを指摘した。「中立的」というのは、『物語』が、十字軍の蛮行について口をつぐみがちな（時には誇示するような）西方ラテン人の記述や、また逆にその蛮行を強調しがちなビザンツ人のそれとも違って、より「客観的」で「現実」的な記述となっていることを言っている[83]。「厳密」というのは、たとえば一二〇三年夏の最初の攻撃に際しての記述（「まず金角湾に到着して、鉄の鎖を壊し、街に近づき、四か所で家々に火を投げ込んだ……」、「……聖ソフィア教会の拝廊も競馬場も海にいたるまでも燃えた。一方、こちらの方へは、皇帝の座所を経て、金角湾まで燃えた」）や、翌年の最後の攻撃に際しての描写（「［かれらは］以前のときのように、［ある］船には梯子の上に横木、また別の船には破城槌と梯子を用意し、また別の［船］にはタールを満たした樽を城壁を越えて吊るすことを考えた。そこで松明に火をつけて……［かれらは］四月九日、斎戒期の第五週の金曜日に町に近づいたが、町に対して何事もできなかった。かえって［町の人々は］百人ほどのフリャージを殺した」等々の記述）にみられる特徴のことを言っている。これらはたしかに具体性に富んでおり（とくにフランク人を「百人ほど」殺害したとする記述は他では見られない）、厳密と言ってもよいだろう。それが事実を伝えているかどうかは即断できないが、作者自身の目撃や体験（あるいは目撃者の証言）に基づいている可能性はある。(84) これとの関連で『物語』が十字軍による帝都破壊、とくに聖《ハギア》ソフィア教会やその財物に加えられた破壊・略奪について行った詳細な描写も注目される。ドイツの研究者D・フライダンクによれば、聖ソフィアの略奪に関する描写は具体的であり、他に類例がないという。そこに文化史的価値が認められるというのである。実はこの点でも、その正確な価値の評価に際しては考古学的成果との突き合せが必要で、軽々に判断はできないとされているが、(85) 聖ソフィアに寄せるルーシ人の特別の尊崇の念を考慮に入れるならば、『物語』の作者がこの点にとくに注意を集中させていることは確かで、『物語』の記述は貴重であろうと考えられる。

もっとも両研究者のこうした指摘をそのまま首肯することができるかについては、いま少し慎重になる必要がある。『物語』の作者にある種の冷静な態度がみられることは確かであろう。しかしそれをただちに客観的、中立的と言ってよいかどうか、さらに検討する余地がありそうである。二人の研究者とりわけザボーロフは『物語』の価値をできるだけ高く（ときに過大に）評価しようとする志向が目につく。かれらは『物語』が西方およびビザンツの諸記述を訂正あるいは補完する重要な史料であることを力説するのである。その側面のあることは疑いないが、それが具体的にどう「訂正」し、「補完」できるのか、そこに記されていることは本当に事実といえるのかどうかなど、吟味し検討してからでないと明確にはできないであろう。(86)

メシチェールスキーはまた、『物語』作者には封建時代人に特有の宗教的心性（「宗教的プラグマティズム」）が完全に欠如していることも指摘する。つまり帝都を襲った「不幸」を神の怒りによって説明するような態度がみられないというのである。たとえば『物語』は帝都陥落の原因を「皇帝たちの不和」にもとめているという。最後の攻撃がなされたとき、貴族らは防戦を拒み、皇帝や総主教らはみな逃亡した。最後まで戦ったのは一部のギリシア人部隊と

「ヴァリャーギ」だけであったと記される（メシチェールスキーや年代記の邦訳者注は「ヴァリャーギ」をドイツ人一般のことと理解しているが、先に本書でも詳しくみたように、ノルマン系を主体とした傭兵部隊と理解する余地はないのか疑問も残る。たとえこの場合時代的にやや下るにせよである）。作者は陥落の原因をビザンツ側の社会的対立、また政治的脆弱性のうちにみており、それは中世人としては注目すべき視点であるというのである。[87]

メシチェールスキーはさらに、『物語』が十字軍に対し「寛大」ですらあったとする。かれは次のように記す。『物語』は全体として、十字軍士に対し比較的に寛大な態度を取っている。とくにローマ教皇とドイツ皇帝を責めるようなことのないように努めている。［そこでは］教皇と皇帝が騎士たちにギリシアの地で暴力行為に及ぶことのないよう戒めたことが二度にわたって強調されているのである」[88]。

本書の著者は『物語』の作者が十字軍に対し「寛大」であったかどうか、とくにその理由について、必ずしもメシチェールスキーの説明に納得するものではない。とりわけ聖ソフィア教会の宗教関連の宝物略奪について詳細に記述する一方、異教時代の「芸術品」のそれに言及しなかったことが、作者による十字軍兵士の「狼藉」に対する目こぼしとなっているかのような説明には疑問を感じざるをえない[89]。ザボーロフもこの点ではかれに対し批判的である[90]。ザボーロフの批判自体が正しいかどうかも問題となるが（かれは『物語』作者が教皇庁やヴェネツィアの真意、つまり拡張主義的志向を正確に認識していたとするのである）、著者としては、「寛大」であったかどうかを含め、『物語』を正確に評価するためには、さらに『物語』の作者、あるいは『物語』の基礎に横たわる史料の問題を検討する必要があると考えている。

そこで作者についてであるが、通常、それは第四回十字軍当時コンスタンティノープルにいたルーシ人目撃者と考えられている。メシチェールスキーは『物語』の記述内容や言語（また語彙）を分析して、作者像についてさまざまに推測を行っている。それによれば、『物語』はコンスタンティノープルで事件を目撃した南ルーシ出身者（ノヴゴロド人ではなく）により執筆され、ノヴゴロドの年代記や『エリンスキー年代記《レトピーセッツ》』に入り込んだのはその後しばらくしてからのことであった。メシチェールスキーは「征服」の時点で作者が居住（滞在）していた帝都の地区について、さらにはかれが帝都の民衆やフランドル地方出身の騎士と交流のあった可能性などについても推測している。その意味で『物語』はルーシ人の第四回十字軍に対する立場を表明した第一次史料としてきわめて独創的な文献であるとしたのである。[91]

『物語』の作者については、メシチェールスキーほどに立ち入った考察をしているわけではないが、ザボーロフも同様の見解を表明している。かれにとっても作者は十字軍による「四月のポグロム」を目撃した人物で（ただしかれはノヴゴロド人と考えている）、この人物が帝都陥落後まもなく『物語』を書き上げ、その後にこれがノヴゴロドの年代記に取りいれられたとする。[92]

だがはたしてこうした見解はそのまま受け入れられるであろうか。ノヴゴロドの年代記などで伝えられる『物語』が、どこからか借用されたという可能性は考えられないのであろうか。こうした可能性が表明されたことはもちろんあった。たとえば『ノヴゴロド第一年代記』の邦訳者は一二〇四年の項の訳注において、「この記事はヴィザンティン或いはブルガリアの諸年代記から簡略化の上とられている」と記し、その上でニケタス・コニアテスとヴィルアルドゥアンの二作品を掲げている。[93]

ニケタス・コニアテスは事件の同時代人であるので、かれの著述が参考にされたということは十分にありうる。ただしここでは立ち入らないが、それがどのように、またどの部分が利用され、どのようにしてノヴゴロドの年代記に入り込んだかは明らかにされる必要があろう。ヴィルアルドゥアンの利用についてはより問題が多いことは確かである。これについても、このままでは『物語』との関係を云々することはできない。その意味で興味深いのはD・フライダンクの試みである。かれは『物語』の作者についてより具体的に特定する試みを行った。かれが提唱した仮説に

ついて以下に見てみよう。(94)

フライダンクによれば、『物語』の記述はメシチェールスキーらの主張とは異なり、明確に「傾向的」である。それはまず、皇帝と教皇の協調性を強調しつつ（実際には両者は対立しており、そのことは西方では当時においても周知の事実であったが、その事実が『物語』では隠ぺいされているという）、両者が十字軍の進路逸脱、コンスタンティノープル攻撃には「責任」のなかったことを示そうと努めている（『物語』において皇帝と教皇が二度も軍事攻撃に反対の旨を表明したのは逆にそのことをよく表しているとする）。十字軍兵士も事態の推移の中で帝都攻撃（征服）を余儀なくされたかのように描かれており、全体として責任を免除されている。ヴェネツィア人の策謀に言及されることもない（そもそもヴェネツィア人への言及は少ない）。帝都の悲劇の原因は結局のところ、ビザンツ皇帝たちの責任（帝位争奪争い）に帰せられている。

『物語』のこうした描き方は作者の「客観性」や「中立性」を示すものではなく、作者（第一義的には情報提供者）の特性を表している。つまり作者は、自ら十字軍へ参加した人物からの口頭の情報に基づいて執筆したと推測できる（口頭というのは固有名詞の表記などをみるとき、何らかのテクストを手元において執筆したとは考えにくいということである）。フライダンクは作品の分析からさらに踏み込んでこの情報提供者を次のように推測する。すなわち、この人物は自ら第四回十字軍に参加した低地《ニーダー》ドイツ人で、ドイツ王フィリップ・フォン・シュヴァーベンの支持者である。それはおそらくハルバーシュタット司教クロージクのコンラート（Bischof von Halberstadt, Konrad von Krosigk）と特定できるとする（かれが第四回十字軍に従って帝都に赴いたことは確認されている）。

要するにフライダンクは、これまでルーシ人の手になる作品と考えられてきた『物語』を、むしろ西方から出た情報に基づく非ルーシ的な作品とみるべきことを提唱したのである。フライダンクの以上のごとき推論は、本書の著者にその是非を判断する材料はないが、かれの言語学的考察（とくに『物語』末尾の軍司令官の氏名や地名表記をめぐる）

やハルバーシュタット年代記（その著者がコンラートと推測される）記述との比較対照などは相当に具体的で、考慮に値すると思う。これをひとまず受け入れるとすれば、『物語』のルーシ人作者は何らかの形でこの情報提供者（コンラート）の話を聞きつけたと推測される。フライダンクは『物語』、とくに年代記中にみられるそれがルーシ人の手になることまでは疑っていない。研究史上は『物語』を翻訳作品とみる立場もないわけではないが、かれはそこまでは主張しない。ただ情報源は西方にあり、それをルーシ人が聞いて書きつけたとするのである。ルーシ人著者自身がそのときコンスタンティノープルに滞在したと推測されている（なお当時ルーシ人が帝都を訪れること自体は、次節でも記すように、珍しいことではなかった）。

いずれにせよ、作者の問題はおくとしても、『物語』が「皇帝」フィリップの立場（さらに結論的には教皇のも）に理解を示す者の情報に依拠しているというフライダンクの指摘は注目に値するといえる。説得的ですらあるように思う。内容がこれを裏づけているからである。もしそうであるとするならば、『物語』が十字軍に対し総じて「寛大」であるという指摘も、メシチェールスキーとはまた違った意味で理解できることになる。そもそもが西方に由来する物語であるからである。『物語』が客観的、厳密という指摘に対する本書の著者の上述の疑義も、作者（情報提供者）をルーシ人とした場合のことであり、これを西方の情報に基づく作品と考えるならば、理解しやすくなる。十字軍の「蛮行」にたいして比較的冷静であるとされることについても同様にいえよう。

それでは『物語』には、当時のルーシ人の十字軍に対する態度の問題に関してまったくなんの証言力もないと言うべきであろうか。『物語』が西方の情報源に基づくものであるとするならば、その記述をそのままルーシ人の態度が表明された作品とみることのできないことは言うまでもない。しかし本書の著者はこれに関して以下のように考えている。

たとえ情報提供者が西方の人物であったとしても、『物語』の作者が自らの立場をまったく捨てて、その情報を全面的に受け入れたと考えるわけにはいかない。かれは情報提供者の立場に特別の異議を感じなかったからこそ、十字軍に対しさほど批判的な評価も下さなかったとみるべきであろう。少なくともかれは第四回十字軍に対し厳しい非難の語を付け加えることはしなかった。そこにみられる一種冷静な態度は、作者自身の態度でもあったと考えることができるように思う。

加うるに、『物語』にはこれを完全に西方的な著作とみることを困難にする部分もある。つまり『物語』には独自の、いわばルーシ的と言ってよい特性も認められるのである。それはフライダンク自身が指摘したところでもあるが、聖ソフィア教会の財物の略奪に関する具体的で詳細な記述である。少なくともこの部分は上述のごとくルーシ人作者の手になると考えてもよいように思われる。つまり作者は主要部分を西方の情報提供者に依存したとしても、自身の手で自身の立場に忠実に『物語』を仕上げたと考えることができるのである。

作者の第四回十字軍に対するこうした冷静な態度は注目に値する。通常、第四回十字軍はルーシをも含む正教諸国に深刻な衝撃を与え、以後その反カトリック感情は癒しがたいものとなったとされることが多いからである。こうした考え方は通説としてあまりにも一般的であり、適当な例をあげることは逆に難しいが、上にみたザボーロフなどはその代表的な研究者である。以下にはこれ以外の例をさらにひとつだけ示しておきたい。

かつて東ドイツの研究者E・ヴィンターはルーシと教皇庁との関係史に関する概説（全三巻）の第一巻において、一二〇四年後の教皇インノケンティウス三世の行動にふれて、次のように記した。

インノケンティウス三世は一二〇四年以後積極的な教会外交を展開し、その結果として「セルビア人とブルガリア人を『使徒の羊小屋』へ連れ戻したと確信した。その後かれは次の段階としてルーシに目を向けた。ルーシも教皇庁の世界支配計画において忘れられていなかったのである。早くも一二〇五年にはガーリチ（ハーリチ）のロマン公［キエフ大公ムスチスラフ・イジャスラヴィチの子］に使節が派遣された。ロマンは聖なる座［ローマ教皇庁］へのいかなる服従をも断固拒絶したが、このことについてはまた後に特別に論じよう。ここで取り上げるべきは、この二年後のもう一つの試み、ルーシ［キエフ］への教皇特使の派遣である。このとき枢機卿サン・ヴィターレのグレゴールは次のように言明することになっていた。『ギリシア人の帝国はほぼ完全に教会［ローマ］へ復帰し、使徒の座に全面的に従い、その命に服すにいたった。それゆえ』、教皇の普遍的世界権力を免れる国がいまだに存在することは理にかなうことではない。ルーシは聖なる座のもとに身を低く服従することによってのみ永続的かつ一時的損失の危険から逃れることができるであろう。教皇はこれとの関連で公然と、ルーシがビザンツの恐ろしい運命を想起すべきであると指摘した。もしルーシが教皇の首位権を受け入れなければ、この運命はルーシにも及ぶことになろう。教皇のこの意味深長な文書は一二〇七年十月七日の日付が付されている。それは当時すでに明白となっていたバルト海における事態の進展が示しているように、たんなる脅しではなかった[95]」。

ここでヴィンターは第四回十字軍の直後から教皇庁はルーシを含む東欧諸国へ明白にその首位権を拡大させようと虎視眈々としていたことを主張する。おそらく教皇庁がこうした動きに出たことはたしかであろう。しかしこうした動きにのみ注意を集中させることになると、それに対するビザンツや、とりわけルーシの側の態度はそれと同程度に、即座の断固たる反発と理解されることになるであろう。

こうした一般的な理解に対し[96]、『物語』はまったく異なる態度を取っていたと言ってよい。『物語』が、かりに西方の情報に依拠していたとしても、第四回十字軍を非難する語を書き連ねてよいと考えられるところでそうしなかったという事実は重要である。おそらくその理由は、ルーシ人作者がかりに事件当時帝都に滞在し自身が目撃者であったとしても、政治的帰属という意味で第三者ないし部外者であったことにあると考えられるが、いずれにせよ一二〇四年に対するルーシ側の反響が、予想されたほどに反十字軍的、反西方的でなく、むしろ「寛大」にすらみえるものであったことは注目しておいてよいように思う。

一〇五四年のシスマにたいし、ルーシ社会が、教会当局とはちがって、とくに敏感には反応しなかったのと同様に、一二〇四年もいまだそれだけではルーシ社会を大きく揺るがすことにはならなかったようにみえる。それは当然のことではあるが、聖地回復を狙う十字軍の矛先がルーシ領に直接向けられたものでなかったからということもあろう。ルーシ教会は一二〇四年後にはコンスタンティノープルとの関係を断たれ、詳細は不明であるが、ニカイアに移された総主教庁と関係をもつこととなったが、直接的影響と言えば、それくらいであった。十字軍がルーシの教会と社会に重大な問題として立ち現れるのは、それがバルト海方面から直接攻撃を仕掛けてくる時期以降のことと考えられるのである。

バルト海方面からの十字軍を称する軍がルーシ領に向けられたのが、いつのことか明確にするのは難しいが（当時のルーシ領がどこまでをいうのか、ルーシ諸公自身がどこまでを視野に入れていたのかによっても違ってくるのであるⅰ、いわゆる「北の十字軍」が十二世紀中葉からバルト海域のバルト・スラヴ（西スラヴ）人を標的とするようになり（ヴェンデ十字軍）、それがさらにバルト海東部のリヴォニア、エストニア方面へ触手を伸ばすようになった段階で、「十字軍」がルーシ人の前に姿を現すようになった。それは時間の問題であった。すでにノヴゴロド公であったアレクサンドル・ネフスキーが一二四〇年と四二年にスウェーデン軍、およびドイツ騎士修道会（いわゆるドイツ騎士団）軍と戦い、これに勝利、撃退したことはよく知られている。本書ではこの経過に立ち入ることはしないが[97]、こうした西方からの脅威に対する不断の警戒意識がその後のロシア人の心性の相当部分を形作ることになった。ルーシはほぼ同時に東南方から押し寄せたモンゴルに対しても厳しい対応を迫られた。これ以後ルーシは注意を東へ大きく振り向けざるをえなくされるが、それも西方から背後を脅かされながらのことであったのである[98]。

3　ルーシからの「聖地」巡礼とその終焉

●十字軍とルーシ人の聖地巡礼

以上に初期の十字軍が同時代のルーシ人によって否定的どころか、むしろ好意的にとらえられたことを示した。第四回十字軍はその後の正教圏の人々の十字軍に対する認識を大きく変えるきっかけとなったが、ルーシでは当初はある意味それほどの衝撃をもって受けとめられたわけではなかった。モンゴル人の東方からの大規模な攻撃が始まり、この機会をとらえるかのように十字軍の矛先がルーシの北西地域に向けられるにいたってはじめて、ルーシ人はこれを重大な現実的脅威と感じるようになったといえる。十一世紀末に始まった聖地解放を目指す十字軍をルーシ人はしばらくの間比較的遠い世界の出来事と考えていたのである。

しかしながら、こうした理由から初期の十字軍がルーシにとってそれほど大きな意味をもたなかったと結論づけるとしたら、それもまた問題である。それは意外なところで大きなかかわりをもっていたからである。それはこういうことである。

第一回十字軍は聖地を奪還して（エルサレム入城、一〇九九年七月十五日）、地中海東岸地域にエルサレム王国をはじめとする十字軍諸国家（北からエデッサ伯国、アンティオキア公国、さらにトリポリ伯国）を相次いでうち立てた。このことがルーシ人の目を初めて聖地に向けさせたとはいえないが、かれらの聖地への関心を大きく掻き立てたことは疑いない。ルーシ人も聖地巡礼の波に引き込まれることとなったからである。

ルーシにキリスト教が根付くようになると、そこから聖地への巡礼を願う人々（聖職者・修道士が中心であるが、その他さまざまな階層の俗人も交じっていた）が現れたとしても不思議ではない。もちろん、かりにキリスト教導入直後からこうした人々がいたとしても、初期に関してはそれについての正確な情報などまず期待できない。『原初年代記』にルーシ人がパレスチナへ巡礼に出かけたことをにおわせる記述はほとんどない。[99]ネストルの『フェオドーシー・ペチェールスキー伝』中に、およそ一〇六〇年代のこととして、キエフの聖ドミートリー修道院初代院長ヴァルラームが「聖なるエルサレムの町に巡礼に出発し、そこで聖地を訪ね歩いたのちに自らの修道院に帰ってきた」と短く記されているのがほとんど唯一の例外といえる。[100]この後ヴァルラームはさらにコンスタンティノープルへも出かけたと記されているが、十二世紀以前にルーシからエルサレム詣でをした例はこれ以外には知られていない。その段階では聖地パレスチナは遠い存在であったのである。[101]

ところが第一回十字軍の後、十二世紀になるとルーシ人による聖地への巡礼の情報は急にふえる。最初にそうした記述をあげておこう。

十二世紀に入って間もなく修道院長ダニールにより『聖地巡礼記』（一一〇四―〇六年）が著わされた。これはおそらくはチェルニゴフの修道院院長であったダニールの一年半に及ぶパレスチナ巡礼の旅に関する本人自身の記録である。ルーシ最初の「巡礼記」といってよい。これはルーシにおいてよく読まれ、今日百五十本以上の写本が伝わっている。これについては後に改めて論じることとする。

ついで『キエフ年代記』（『イパーチー年代記』）一一三三／三四（六六四二）年の項である。「この年、ディオニーシーにより主の墓の端板（d'ska okonechnaia groba Gñia）が運ばれてきた。［かれを］ミロスラフが派遣したのである」。[102]ここに記されるディオニーシーとはおそらくは後のノヴゴロド・ユーリエフ修道院の掌院のことで、ミロスラフ（・ギュラチニチ）はプスコフおよびノヴゴロドのポサードニク（市長官）であった（一一三二、一一三五―三六年）。後者の依頼を受けてディオニーシーは聖地巡礼の旅に出、「主の墓の端板」を持ち帰ったというのである。[103]

ノヴゴロドの主教ニフォント（一一五六年没）に宛てられた、司祭某イリヤーからの問い合わせの文章のなかにも聖地巡礼の話が出てくる。これは『キリクの問い』（Voproshanie Kirikovo）に含まれているが、司祭イリヤーは主教に対し次のような問い合わせをしている。すなわちイリヤーは信者たちの中に「エルサレムに行こうとして誓いをした」者たちがいることを伝え、かれらにその企図を断念させるべきか否かを問うているのである。司祭が「わたしに[かれらに対し]罰を与えさせてください。こうした誓いはこの地に害を及ぼすと言います」と述べるのに対し、主教はこれに肯定的な返事をしている。[104]ここで聖地への巡礼を希望する者たちに対し「罰」を与えるというのは理解しにくいが、同じく『キリクの問い』にみられる別の問答のなかにこれを解くカギが隠されている。すなわちこちらでは修道輔祭キリクが出した問いと主教ニフォントの回答が問題となっている。キリクは「異国へ、エルサレムの聖人らのところへ行こうとする」者たちのことを非難して、次のように記す。「わたしは幾人かの者を叱り、行かぬよう、よき者にこの地にある［留まる］ように命じた」。主教はキリクの判断に全面的に同意し、「汝のなしたことはおおいによろしい。そんな風にして出かけるのは、あたかも無為に食べたり飲んだりするために行くようなものだからだ」と答えている。[105]イリヤーの問いにあった「誓い」とは、巡礼を志す者たちが道中助け合うためになした相互扶助の誓いのことであろう。聖地巡礼それ自体がただちに処罰の対象となったわけではないであろう。聖地、いわんやイエスが生き十字架にかけられたその地を憧れるのは、キリスト教徒であるならばある意味当然のことと考えられるからである。[106]ところがそうした巡礼が非常にしばしばたんなる放浪の旅となり、道中の不行跡も懸念される。場合によっては故郷における正常な生活（労働や諸義務）の放棄にもつながり、その地に「害を及ぼす」ことになりかねない。教会当局はこうしたことを警戒していると考えられる。おそらくここで言われる「罰」とは宗教的な懲戒を意味し（原語は **opitem'ia** である）、「罪」に対して課される懺悔（長時間の祈禱）や斎戒（断食など）の実践のことを指すと考えられる。つまり巡礼者は、自己の日々の生活における何らかの罪からの「魂の救済」を求めて聖地巡礼を思い立ったが（あるいはたんなる憧れのような感情もあったであろうが）、ニフォントやキリクはこれにたいし、弊害の多い聖地への巡礼の代替行為としての、宗教的な「罰」を課そうとしていると考えられるのである。[107]

いずれにせよ、司祭イリヤーやキリクの問いに対する主教ニフォントの回答からは、当時のルーシにおいて聖地巡礼が一種の社会現象とすらなっており、ニフォントら教会当局者がその対応に苦慮していたことがみえてくるのである。これも十字軍による聖地解放が遠いルーシに与えた影響の一面であったと言えよう。[108]

十二世紀ルーシから聖地へ向かった例は以上に尽きるものではない。[109] さらにいくつかの例が知られている。修道院長ダニールやウラジーミル・モノマフ公の最初の妻ギーダの例については、後に立ち入って論じよう。ここではポロツク公女、聖エウフロシニヤ（一一七三年没）の例にふれておこう。もっともエウフロシニヤについては最近早坂『ベラルーシ』（第三章第三節）が詳しく取り上げたので、ここでは若干の点について補完的に記すにとどめる。エウフロシニヤについての情報は、没後間もなく成立したと考えられる伝記（いわゆる『ポロツクのエウフロシニヤ伝』）からえられる。『エウフロシニヤ伝』は、今日百三十本以上の写本が知られている（残念ながら学術的に厳密な校訂本はまだ刊行されていない）。『伝』には四つの版が存在すると考えられているが、その最古の第一版（二写本。最古の写本は十五世紀末のもの）においては、標題も短く、ポロツクという語も現れない。テクスト自体も簡略で、たとえば聖地へ向かう途上、ビザンツ皇帝と遭遇したというエピソードなどはみられない（それは第二版の十写本、いずれも十六―十八世紀、にみられる）。[110]

さてナザレンコによれば、『伝』はエウフロシニヤが、自身ポロツクに創建した女子修道院の院長であった時期に、弟のダヴィドおよび妹エウプラクシヤを伴ってエルサレムへ旅立ち、その地で没し、聖フェオドーシー修道院に葬られたと記しているという。[111] 巡礼行は通常一一七三年、すなわち公女の生涯の最晩年のことと考えられている。[112]『伝』の末尾に記されているからである。だがこれはそう簡単に言えることではない。というのも、上述のごとく、『伝』の第二版などによれば、公女は聖地へ向かう途中ビザンツ皇帝マヌエル一世コムネノスに遭遇したことになっているが、皇帝はこのときハンガリーへの遠征の途上であったという（「……そしてツァーリ［マヌエル一世］は、そのときハンガリー人に対する遠征途上にあったが、かの女に遭遇し、大いなる栄誉と共に、かの女を帝都［コンスタンティノープル］へ送った［護衛をつけて送らせた］」）。この時のビザンツ・ハンガリー戦争は一一五〇年に始まり、一一六七年の講和で終結している。もしそうであるならば、エウフロシニヤの巡礼はこれ以後のことではない。一方かの女は一一六一年にはポロツクにいたことが知られているので（かの女が救世主変容修道院に贈った有名な十字架の銘からわかるのである）、かの女の聖地巡礼は一一五〇—一一六一年の間に想定されることとなる。そうなるとかの女がエルサレムで没したという記事もあやしくなってくる。『伝』は遅くともモンゴル侵入（一二三七年）以前には成立したと研究史上ほぼ一致して認められてはいるが（ただし上述のごとく現存する写本はすべて十五世紀末以後のもの）、その記述をすべてそのまま受け取ることができるわけではない。一般的に言えば、既述のとおり、『聖者伝』の類は後代の伝承の記述と考えたほうがよいのである。

このようにエウフロシニヤの生涯については、一定の留保付でしか語れないことになるが、かの女が聖地巡礼を行ったこと自体はおそらく確かであろう。十二世紀、すなわち十字軍による聖地奪還以後には、ルーシ人の巡礼行も珍しいことではなくなったからである。女性（公女という特別の身分ないし階層のではあるが）の聖地巡礼も、後述するように他にも知られており、これが唯一の事例ではなかった。

エウフロシニヤの聖地巡礼について、もう一点注目したいことがある。かの女がエルサレムで「ルーシ修道院の聖母［教会］に」滞在したと記されている点である。これはモンゴル侵入以前の時点で聖地にルーシ（ロシア）修道院が存在したことを伝える唯一の記述である。後述するように十二世紀初にダニールが聖地を訪れた時にはまだこのような修道院は存在していなかったと考えられる（存在していれば、かれは必ずやそれに言及したであろう。ダニール自身は聖サヴァ修道院に逗留した）。この記述が事実を伝えているとするならば、エルサレムにはダニールとエウフロシニヤそれぞれの訪問時期（十二世紀一〇年代と六〇年代）の間のいずれかの時点でルーシ人に何らかの意味で関係する聖母修道院が設立されたということになる。その場合五〇年代末以後が設立時期としてもっとも可能性が高いと推測される。その時期にビザンツとエルサレム王国間の関係がとくに緊密化したことが知られているからである(たとえば、一一五八年のボードゥアン三世とビザンツ皇帝マヌエル一世コムネノスの姪テオドラの結婚、六七年のボードゥアンの甥アマルリク王とマリア・コムネナとの結婚など)。ルーシ教会がこれを好機ととらえて修道院の設立に努めたこともありえない話ではない。ただこのルーシ人の聖母修道院の規模や活動については何も知られていない。加えてその存在期間が長くなかったことも容易に想像できる。エルサレムが一一八七年にサラディンによって奪還された時の破局を乗り切ったとは考えにくいからである。しかしいずれにせよこの修道院の存在が事実であるならば、そこから十字軍国家の時代にルーシ人が相当数エルサレムを訪れ滞在したこともまた推測できることとなる。

以下にルーシ人の聖地巡礼について二つの興味深い例を取り上げていささか掘り下げて考えてみたい。

●『ダニールの巡礼記』

ルーシで最初の聖地巡礼記を著わしたのは修道院長ダニールである。ダニールの経歴はよくわかっていない。かれ自身が聖地を流れるヨルダン川を「スノフ川(チェルニゴフの地でデスナ川に北から注ぐ支流)に似ている」と記したり、旅行記の末尾でチェルニゴフ公を含む南ルーシ諸公の名を列挙したりしているところから、研究者の間では早くからチェルニゴフに関連する人物という見方がなされているが、さらなる情報を得ようという試みが数多くなされているとはいえ、[113] かならずしも成功しているとは言い難い。ただ間接的な史料から、かれがキエフ・ペチェールスキー修道院で剃髪し、のちにチェルニゴフのいずれかの修道院の院長となったと考えられている。[114]

ダニールの巡礼の時期については、研究史の早い段階では一一〇六―〇八年と考えられていた。[115] ガリラヤ地方を訪れようとしていたダニールが、エルサレム国王ボードゥアン一世のダマスクスへの遠征に同行を願って許されているところから、そう考えられたのである。ダニールはアッカ（一一〇四年五月二十六日の占領）をフランク人支配下にあると記す一方、トリポリやベイルート、シドン（一一〇九—一一〇年の占領）についてはそうは記していない。したがってかれの聖地滞在の時期はこの間のことと推測できる。ただこの年代幅はさらに狭めることができる。すなわちダニールは聖地に「十六か月間」滞在したと記すが、かれが復活祭の礼拝に参列した際に、カトリック教会のエルサレム大司教の参列には言及しなかった。しかるに当の大司教（名をエブレマールという）は実際一一〇六年末から翌年末にかけてエルサレムに不在であったことが知られている。それゆえダニールの滞在は一一〇六年末以前、ないし一一〇八年ということになるが、さらに近年の研究では、これを前者、というかそれをさらに前倒しして、一一〇四—〇六年とみるのが有力となってきた。(116)

すでに記したように、ダニールの『巡礼記』は古ルーシ文学の中でもよく読まれた作品といえる。トヴォーロゴフによれば、今日百本以上の写本（オリジナルは伝わらない。最古の写本は十五世紀に遡る）が知られている。ドイツのK-D・ゼーマンはほとんど百五十本の写本を数え上げている。(117)『巡礼記』の写本は十九世紀の研究者M・V・ヴェネヴィーチノフによれば四版に分けられるというが（V・P・アドリアノヴァ—ペレツはこれを二版にまとめる）、各版間にはそれほど大きな差異はみられないという。上掲プローホロフの校訂本は基本的に第一版とされるテクストである。(118)

以下に『巡礼記』の内容を簡単に記しておこう。表題は「ルーシの地の修道院長ダニールの生涯と旅 khozhenie［の記述］」となっている。幸いにもテクスト自体に小見出しがつけられているので、これを参考にしながら、聖地巡礼の具体的な状況について興味深いと考えられる点に限定してみていこう。

序文（s.14-17）は、「聖都エルサレムと約束の地を見たいと望んだ」著者が、「神の恩寵により」それを果たすことができたこと、「神が卑しい［取るに足らぬ］わたしに見させたもうたこと」のすべてを忘れないように書き留めたこと、自分は罪深く文才もないが、主人のタラントンを地中に隠した怠惰な僕となることを恐れたことなどを記す[119]。これに続く「エルサレムについて、ラウラについて」の節（s.16-17）には、著者がエルサレムの聖サヴァ・ラウラ（大修道院）に十六か月間滞在し、そこを拠点に「すべての聖なる場所を訪れ、見ることができた」とある。ダニールによれば、そのためにはよき案内人と言葉の知識が不可欠であったが、かれはラウラで「聖なる年老いた深い教養をもつ」修道士を見出すことができたという[120]。ついで「エルサレムへの道」（s.18-19）は帝都（コンスタンティノープル）からエルサレムまでの経路を記す。ダニールの記述はきわめて簡潔であるが、かれの記述の方式がここによく現れていると考えられるので、この部分を少々詳しくみておきたい。

　帝都から「狭い海」（マルマラ海）に沿って三〇〇露里（一露里は約一キロ）を行くと「大海」（地中海）に至る。「狭い海に浮かぶ最初の島」であるペタラ島（マルマラ島）までは一〇〇露里、ペタラ島からカリポリ（ガリポリ／ゲリボル）までは一〇〇露里、カリポリからアヴィド（アビュドス、ヘレスポントス／ダーダネルス海峡の小アジア側の古代都市）の町まで八〇露里と記述は続く。さらに重要な経由地を辿ると、アヴィドから「クレタ」までは二〇〇露里、そこで「大海」に出て、航路は分かれ、左へ向かうとエルサレムへ、右は聖山（アトス）とセルニ（サロニカ）またリム（ローマ）へ至る。「クレタ」からテネド（テネドス、現ボズジャーダ）島まで三〇露里、テネド島の対岸にはトロアド（トロイ）という名の大きな町がある。テネドからメタニア島（後述）までは一〇〇露里、「メレティニア」からアキヤ（キオス）島まで一〇〇露里といった具合である。ダニールは各地の間の距離をまめに記す。これは以下の記述においても目立つダニールの一つの特徴である。またほとんどの場合、それぞれの経由地についての短い説明が付記される。たとえば、トロアドではかつて使徒パウロが教えを述べ伝えたとか、テネド島では「殉教者ナウグディモスが眠る」とかであるが、アキヤ島の場合などは「マスチック［の木］が生え、良質の葡萄酒、あらゆる種類の果物がある」といった具合である。さながら聖地への旅行案内といった趣が色濃く出ている。

修道院長ダニールの旅の経路

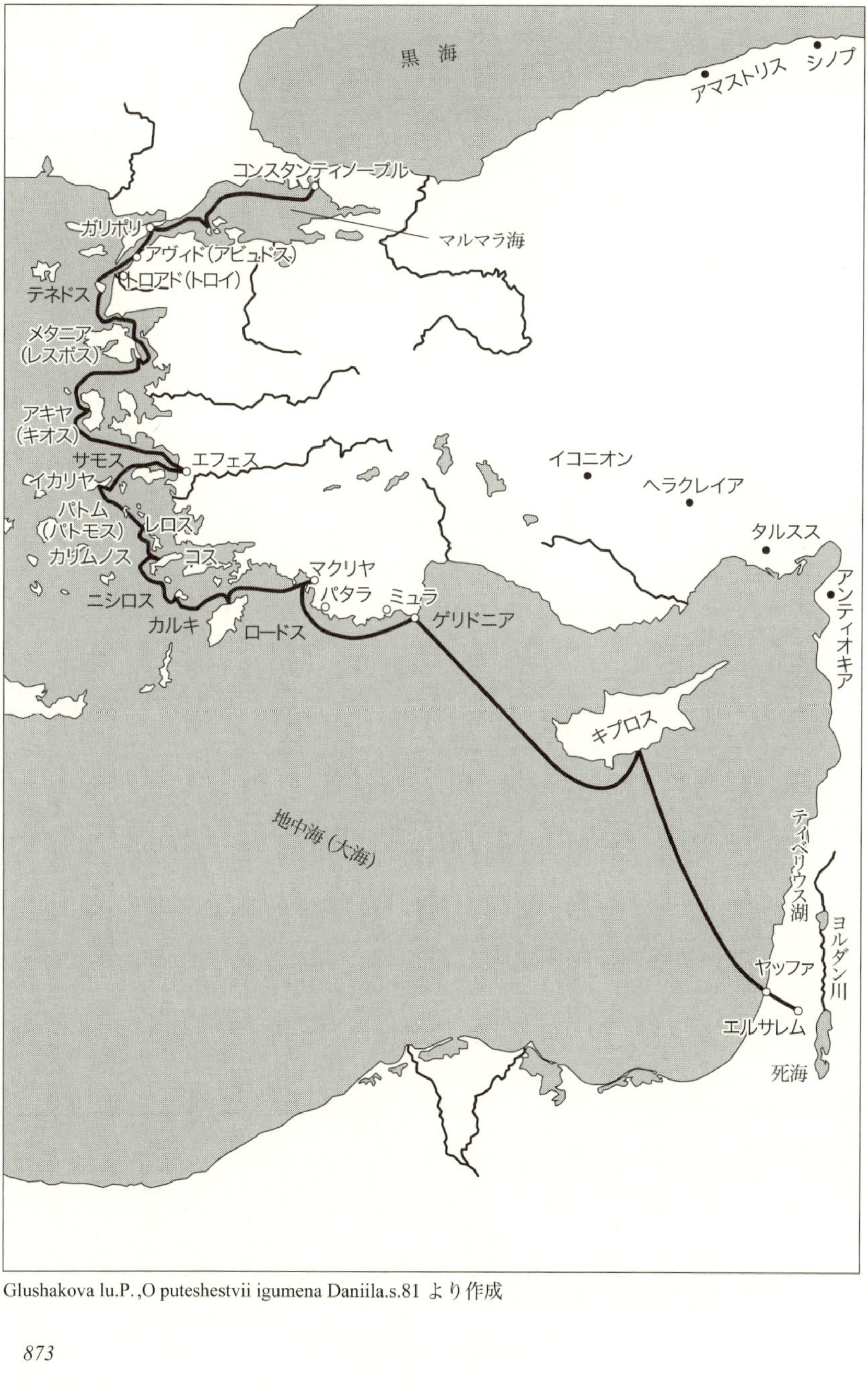

Glushakova lu.P. ,O puteshestvii igumena Daniila.s.81 より作成

ただダニールの記述がどれだけ正確であるかは特別の検討を経たうえでなければなんともいえない。旅行の経路(また交通手段、距離、所要日数等)についてはE・I・マレートが検討しているので、そちらに委ねよう。[121]もっとも理解しにくいのはクレタへの言及である。コンスタンティノープルからエルサレムへ向かうルートについてのここでの説明によれば、「クレタ」の位置はアヴィドとテネドの間にある。つまり「クレタ」はヘレスポントス海峡をでて間もなくのところにある島ということになる(ダニールは島とは記していないが、マレートは索引で島として拾っている)。「クレタ」は通常言われるクレタ島とは別の地をさすと考える必要があろう。K-D・ゼーマンはこれを「ダーダネルス海峡出口」の地と記す。[122]「クレタ」をいわゆるクレタ島と理解する場合には、ダニールの案内では、いったん南下してその後北へ大きく戻ることになろう。また「メタニア」島とはおそらくミティリーニ(レスボス)島のことを指しているが(そこでミティリーニ府主教の殉教について記されている)、そこからアキヤ(キオス)島へ向かうと記そうとして、「メレティニア」とおそらく書き間違えていることなども指摘できる。

さてアキヤの次に来るのはエフェス(エフェソス)、そこからはサム(サモス)島、パトム(パトモス)島などを経てロード(ロードス)島にいたる。ここで「この島にはルーシの公オレーグが二年と二か月いた」と記される(s.20)。これは本書でもすでにみたが、『原初年代記』において(一〇七九年および一〇八三年の項)、ハザールにより「ツァーリグラードに」流され、そして四年後に「グレキからトムトロカン」に戻ったと記されたチェルニゴフ公オレーグ・スヴャトスラヴィチのことである。『巡礼記』はオレーグ公のロードス滞在を伝える唯一の記録である(本書第十一章1、七五七―七五八頁、また同章注(30)を参照)。この記述などもダニールをチェルニゴフ公国に結びつける根拠の一つとなりうるだろう。ロードスからは対岸のリュキアに上陸したのであろうか(前頁に掲げたIu・P・グルシャコーヴァ作成の経路図では、寄港しただけで、上陸さらに陸路を進んだことにはなっていないが)。その地方のマクリヤからパタラ、ミュラを通り、再び海路キプル(キプロス)に至る。キプロスの後は四〇〇露里の航海の後にアフ(ヤッファ）に着く。ヤッファからエルサレムまでは陸路三〇露里の道のりである。いよいよここからが狭義の聖地めぐりとなり（s.24〜）、ダニールの巡礼記も佳境に入るが、その簡潔とはいえ、豊富な「聖地」情報をここで忠実にたどることは断念し、またの機会に委ねざるをえない。

以下には、本書の著者にとって重要と考えられるいくつかの点に絞って少々立ち入って考察を加えたい。

まずは『巡礼記』がその記述を帝都コンスタンティノープルから始め、そして終えていることに関してである。ルーシから帝都へむかう経路も「読者」（それが具体的にどのような人々であるかは問わないにせよ）にとっては興味深い点であっただろう。だがダニールがこれについて記すことはない。かれは自身がたしかに滞在し見物したであろう帝都自体についてもまったく記述していない。ルーシがキリスト教を導入して一世紀が経過していたとはいえ、帝都がルーシ人にとって聖地の一つとして常に重要な場所であったことは否定できないであろう。帝都がかれらにとってすでに既知の地であったと考えることもできるが、それを書き記したものが当時多くあったわけではなかった。少なくともルーシから帝都までの経路についての早い時期の記述は今日には伝わっていない。[123] ダニールがそれを書いたとしてもおかしくはなかった。もっともこの点についてここでこれ以上に詮索することはやめよう。ダニールの目的はエルサレムなどパレスチナにあったのであり、かれはそこに集中しようと願ったと考えることができるからである。

ダニールの『巡礼記』に関し研究史上もっとも多くの注意を引きつけてきたのは、目的の問題であったようにみえる。かれの巡礼が「魂の救済」という宗教的動機をもってなされたことを疑う必要はない。『巡礼記』全編がその目的にそって記述されていることも明白である。ただ研究史上早くから、ダニールがたんなる巡礼者ではなく、ある種の政治・外交目的で聖地に派遣されたとする見解が表明されてきた。これはダニール自身がエルサレム王国の初代国王ボードゥアン一世と親密な関係にあったかのような記述をしていることにその遠因があるが、[124] 多くの研究者がこれに関してさまざまな仮説を提唱している。たとえば、ソヴィエトの研究者V・V・ダニーロフは、修道院長が当時のルーシ大公スヴャトポルクの命を受けて聖地に赴き、ルーシとエルサレム王国間に同盟関係を築こうとしたと考えた。[125] しかし修道院長とスヴャトポルク大公との関係を裏づける証拠はまったくない。それにもしダニーロフの言うとおりだとしても、当時のルーシが十字軍国家と同盟を結んで、一体いかなる政治・軍事目的を追求しようとしたのか、具体的に想像することは難しい。グルシャコーヴァの次のような見解も憶測の域をでない。かの女によれば、セルジューク・トルコの攻撃に手を焼いたビザンツがルーシ大公スヴャトポルクに援助を要請したが、これに対するルーシ側の反応がダニールの聖地参りであったという。これはカラムジンなどの説に触発された見解であるが、ここでも裏づけとなる史料が欠けているだけでなく、ルーシがビザンツの意を受けてエルサレム王国に何をどう働きかけるのか、ルーシの大公に実際にそうしたことを行う手段（ないし力）があったのかを問うとき、あまり現実的な説明には思われない。[126]

以上とはやや異なる説を提唱したのがD・S・リハチョフである。かれはダニールの背後にはキエフ大公ではなく、チェルニゴフ諸公がいたことを主張した。ダニールが既述のごとく、チェルニゴフ公国といくつかの点で関連があると考えられるところからきた見解である。リハチョフによれば、当時チェルニゴフ諸公はキエフ大公からの自立を希求していたが、とくにウラジーミル・モノマフ大公に対抗するために、「コンスタンティノープル教会の権威にエルサレム教会のそれ」を対峙させようとしたという。モノマフが帝都の教会とつながっており、これに対し当時ラテン総大司教の下にあったエルサレム教会を対抗させようとしたというのである。[127] これも当時のチェルニゴフ公国にとってはやや遠大にすぎる企図であったとはいえないであろうか。ウラジーミル・モノマフの大公在位期がダニールの聖地訪問より後のことであったことも（モノマフの大公位就任は一一一三年のこと）、リハチョフの仮説から説得力を奪う一因となっている。

結局、ダニールの聖地巡礼に政治・外交的使命を見ることには、慎重にならざるをえない。[128] 本書の著者はダニールの巡礼を外交目的という視点からみることには懐疑的である。たしかにかれは巡礼団を率いて聖地を訪れ（ダニールは複数のルーシ貴族、キエフまたノヴゴロドなどいくつかの地方の人々と共に旅をしたことを自ら記している）、またおそらくは資金的にも諸公などから援助を受けていた可能性もないとはいえない。しかしそのことからただちにルーシがパレスチナという国際政治の舞台で何らかの役割をはたしていたということにはならないであろう。少なくともパシュートのように「地中海政治へのルーシの広範な関与[129]」を前提とするような議論は飛躍しすぎであるように思える。ボードゥアン王のダニールに対する好意も、ダニールがルーシ国家を政治的に代表したがゆえと考える根拠にはなるまい。成立して間もない十字軍国家が、どこの国からであれキリスト教徒の訪問を歓迎したであろうことはむしろ自然なことでよく理解できる。それが遠方の地の「修道院長」であればなおさら手厚く遇したであろう。そこに国際政治や国家対国家の関係を見る必要はかならずしもない。むろん国王の側に将来的にルーシ国家との間に何かそうした関係ができればという期待ぐらいはあったかもしれない。さらにダニール自身には全ルーシの代表という意識があり、そのように振る舞ったとする主張もなされている。たしかにかれは「ルーシの地の」修道院長を名乗っている。また『巡礼記』の末尾では、ルーシ諸公のために（貴族や「すべての［ルーシの］キリスト教徒」のためにでもあったが）礼拝をしたり、諸公の名を修道院の祈禱名簿に記帳したりしたことを自ら記している。しかしこれもかれが政治的にルーシを代表していたことを示すものではあるまい。むしろダニールによる諸公名の列挙は、かれが当時のルーシに辛うじて維持されていた政治・社会的秩序に忠実であったことを物語っているように思われる。すなわちダニールには、当時のルーシにおいてリューベチ諸公会議が樹立しようとした、キエフ大公を頂点とする政治体制、また諸公を頂点に聖職者、貴族、都市民等々と続く社会的秩序が念頭にあり、その結果として自然に諸公名が出てきたと考えられるのである。つまりかれは何らかの政治目的を有していたというよりは、聖地を巡礼するひとりの聖職者として、ルーシの現存秩序、その政治・社会的安定を願う気持ちを表現したに過ぎないと考えられるのである。ダニールの「ルーシの地」への執着は、各地からキリスト教徒の集まる異境の聖地にあってかれがある種のパトリオティズムに目覚めたものととることも可能である。ここにそれ以上の意味をみてとることは当時のルーシのおかれていた状況からみて行き過ぎであるように思う[130]。

このようにダニールの巡礼に過度の政治的含意を求めるべきではないと考えるが、実はこうした問題設定も無意味というわけではない。そこから新たな史料の発掘につながる場合もあることを以下に見ておきたい。

ナザレンコは、上記リハチョフとはやや異なる視点から、ダニールの聖地巡礼をチェルニゴフ公国と聖地との結びつきという背景の中で考えようとしている。

ナザレンコによると、チェルニゴフ公国は近東との間に因縁浅からぬ関係にあった。たとえば『ペチェールスキー修道院聖者列伝』第二十話（「聖なるスヴャトーシャについて」）に、チェルニゴフ公ダヴィド・スヴャトスラヴィチ公（ヤロスラフ賢公の孫）の子、スヴャトスラフ（「スヴャトーシャ」、一一四三年没）の下に、名をペトルというシリア人（surianin）の医者が仕えていたことが記されている[131]。スヴャトーシャは『原初年代記』によれば、リューベチ諸公会議後の内紛の際に父とともに一方の側で戦っている（一〇九七年の項）。そしてその後の一一〇六年（二月十七日）にキエフ・ペチェールスキー修道院で「剃髪した」とされている[132]。聖地巡礼者ダニールの同時代人といってよい。『列伝』第二十話の内容にここでは立ち入らない。ここで重要なのは、修道士となったスヴャトーシャが、いつのことか不明であるがギリシア人「某フェオドーシー」に、ローマ教皇聖大レオ（在位四四〇―四六一年）のコンスタンティノープル総主教フラヴィアノス宛ての書簡を翻訳するよう依頼し、フェオドーシーがこれを果たしたことが知られていることである。このフェオドーシーと上記書簡の翻訳についてはすでに本章1においてもふれたが（とりわけ注（16）を参照）、この人物は研究史上ほぼ一致して「グレク」と呼ばれるフェオドーシーのことと考えられている（ナザレンコらの見解では、のちにペチェールスキー修道院長となる。一一四二―五六年）。この教皇レオの書簡は当時東方に広がっていたキリスト単性論を論駁したことでよく知られている。修道士となったスヴャトーシャがなにゆえこの六百年以上も前の書簡の翻訳を望んだのかはよくわからない。公自身がキリスト単性論（とその論駁）に興味を抱いたとも思えない。ここにシリア人医師の影響は考えられないか、というのがナザレンコの推測である。それによると、この医師はペトルという名からしてキリスト教徒であったと考えられる。『列伝』第二十話におけるかれと公との対話からもそれはうかがわれる（ペトルは最後には剃髪して、公より前に生涯を終える）。もしキリスト教徒であったとするならば、かれは西部シリアの単性説派教会、ヤコブ派の一員であった可能性が高い。かれらはアンティオキア総主教の管轄下にあったが、十字軍国家時代には難しい状況にあった。公がレオ書簡の翻訳をペトルの死後相当経ってから依頼したと考えられることは（第二十話は公がペトルの死後三十年生きたと記す）、単性説に関心を示す者（シリア出身者）がペトル一人ではなく、公の周辺に相当数いたことを暗示しているのかもしれない。しかしスヴャトーシャに関する推測もここまでである。これ以上の推論は史料的根拠を欠くたんなる憶測となる。

ただ考察の手がかりはまだある。リューベックのアルノルド（一二一一／一四年没）の『スラヴ人の年代記』がそれである。ここにはザクセンのハインリヒ獅子公（一一四二―八〇年）のエルサレム巡礼（一一七二年）に関する詳しい記述がある。[133] 同公はヴェルフェン家の当主で皇帝フリードリヒ・バルバロッサのライバルである。上記年代記に以下のようなエピソードが記されているという。

ハインリヒ公は聖地からの帰路、タルススに上陸した。そこへルーム・セルジューク（イコニオン）のスルタン、キリジ（クルチ）・アルスラン二世の使者が来て、領内の安全通行を約束する。そして三日後ヘラクレイア近郊で公とスルタンが会合する。スルタンの語るところでは、かれら両人は「血縁関係」にあるという。具体的には、ドイツ出身の「さる貴い女性がルーシの王に嫁ぎ……娘が生まれた」。その後「その娘の娘」が「われらの地に来り」、かの女からスルタンが生まれたというのである。

以上を年代記作者の作り話と決めつけるわけにはいかない。ヴェルフェン家は自家門の系図に大きな注意を払っていたことが知られている。もしスルタンの言が事実無根であったなら、獅子公がこれに関心を寄せることはなかったであろう。さらに他の史料から推測される限り、当のスルタンはキリスト教徒の保護者として知られていたという(ここでナザレンコは『大ケルン年代記』Annales Coloniensis maximi やロベールの『年代記』などを念頭においている)。ナザレンコの推論をここで詳しく辿ることはしまい。かれの結論だけを記そう。ドイツから「ルーシ王」に嫁いだとされる女性(スルタン、キリジ・アルスラン二世の曾祖母)は、おそらく本書でもすでにふれたオーダ(「エルスドルフの」イーダの娘)で、これを妻に迎えたのはチェルニゴフ公スヴャトスラフ・ヤロスラヴィチ(ヤロスラフ賢公の子、のちのキエフ大公一〇七三―七六年)であった。両者の結婚は一〇七〇年頃のことと考えられる(第十章補遺参照)。もちろんチェルニゴフ公でやがてキエフ大公となったこのスヴャトスラフの孫娘がどのようにしてスルタン、メスド一世(キリジ・アルスラン二世の父)の下に嫁いだかは明らかにしがたい。ナザレンコはここにビザンツを介在させて種々推測しているが(元来ビザンツへ嫁いだが、その地でセルジューク・トルコ軍に囚われた可能性を考えている)、すべては史料的裏づけを欠く純然たる「推論」となっている。

先に記したようにダニールの巡礼が何らかの外交目的をもっていたとは考えにくい。ただそうした仮説の是非を検討する過程で、十字軍時代にルーシ全般(ないしキエフ)というよりは、チェルニゴフとパレスチナ(シリア)との間にかすかな関係のあることが推測されるようになってきたのである。ダニールの『巡礼記』はこうした背景の中で成立した可能性があるということである。

ダニールの『巡礼記』の目的の問題にややこだわりすぎたようである。ここで本書により直接的に関係する点にふれて『巡礼記』に関する考察を閉じよう。それはダニールの十字軍、さらにはカトリック教会に対する態度の問題である。

ダニールは第一回十字軍直後に聖地を訪れ、まさに成立したばかりの十字軍国家のおかげで各地を見聞できたにもかかわらず、十字軍自体、またそれによる聖地解放の戦いに言及することはまったくなかった。これは一見して奇妙に感じられる。なぜふれなかったのか気になるところではある。ただこの点に大きな意味があるようにも思えない。かれの全神経が、キリスト自身が生まれ死に渡され、そして復活した聖地を描くことに惹きつけられていたと考えられるからである。その地にいま自分がいることの感動を表現することに没頭していたと言っていい。かれにとってはおそらく、数年前に激戦の結果聖地が奪還されたという事実はある意味どうでもよかった。重要なのははるか以前からキリスト教徒に属した聖地に現にかれがその足で立っていることであったのである。

これにもまして重要なのは、ダニールが、確実に念頭にあったはずの十字軍にたいし（そしてカトリック教徒（「フリャージ（ラテン人）」）にたいしてでもあるが）、敵対的（あるいは批判的）な態度を見せることがほとんどなかったという点である。ダニールは既述のごとく、ボードゥアン国王と十字軍兵士の庇護のもとに聖地を回り、聖墳墓教会では灯明を捧げる栄誉までも与えられた。それゆえ当然のことながら、かれらにたいする感謝の念のほうがより強かったと想像される。もちろん正教聖職者としてのダニールにカトリックをやや突き放して見るようなところはあった。「メルキゼデクの洞穴」の節で、サレムの王かつ大祭司のメルキゼデクがアブラハムをパンと葡萄酒で祝福した故事（創世記一四・一八―二〇）にふれた際に、「これがパンと葡萄酒による聖体礼儀のはじまりであった。けっして種入れぬパン［opresnok］によって［なされたの］ではなかった」と記されている（s.112）。ダニールがカトリック教会の「誤った」慣習を明確に認識していたことがうかがえる。あるいはまた『巡礼記』のクライマックスともいうべき場面（大土曜日の聖墳墓の傍らで行われた晩禱の際の描写、「天の光について。いかにそれが主の墓に降りてくるか」）では、ダニールは「自己流の金切り声」で歌い始めたラテン人司祭たちを前に苦笑を禁じえないといった書き方をしているところにも（s.126,128）、正教聖職者としてのかれのカトリックに対する違和感ないし優越感のようなものがうかがわれると言っていいかもしれない。しかしそれもこれもかれのボードゥアン国王を好意的に描き、十字軍国家と兵士らの聖地「解放」に尽くした「功績」を称える基本姿勢を変えるものではなかった。[134] ダニールにとってキリスト教会はいまだ一つであり続けているのである。

ダニールの『巡礼記』を西方カトリック世界との関連という視点からみるとき、さらに留意しておくべき論点がある。それは『巡礼記』の史料、つまりダニールがその旅行記を著わす時にどのような手本を利用したのかという問題である。

「巡礼記」のジャンルを含む古ルーシ文学は、全体としてビザンツ文学を基盤に成立し、それを範として成長を遂げてきた。このことに疑いはない。こうした一般論から判断すると、ダニールに始まるルーシにおけるこのジャンルもビザンツのそれを手本に書かれたと考えられることになる。現にそう考える研究者は多い。[135] ゼーマンによれば、通常ダニールが依拠した作品として、エピファニオス・ハギオポリテスの『物語』（ディエゲーシス、七五〇—八〇〇年頃）のスラヴ語版や、「エルサレムの聖なる諸地についての著」と題される南スラヴ起源の作品（一三六〇年頃）などが挙げられる。しかしゼーマン自身はダニールがこれら両作品を利用した確実な証拠を見出すことができず、この見方には否定的である。[136] ガルザニーチもダニールとこれらの作品との間にはテクスト上、構造上の明確な一致は見られないとする。ガルザニーチはさらにビザンツ文学においては「巡礼文学」が十分に展開を見なかったことを指摘し、その理由を次のように推測している。それによれば、ビザンツではパレスチナへの「巡礼」に対する懐疑的な見方が強かった。聖地に到達した巡礼者は多くの場合現地の諸修道院（エルサレム総主教座に属した）と密接な関係を結ぶことになるが、そのことがビザンツ教会当局の不審を呼び起こした一因であったという。そもそもビザンツ（帝国当局）が十字軍とそれが呼び起こした西方から東方への大規模な巡礼運動に脅威を感じ、疑惑の目を向けたこともよく知られている。かくてビザンツ帝国はパレスチナへの全ヨーロッパ的巡礼運動とは距離をおき、運動の枠外に留まることとなった。ビザンツはむしろ「エルサレムのコンスタンティノープルへの『移行』」という考え方を採用した。

かつてコンスタンティノープルは自己を「新（第二の）ローマ」と称したが、これと同様の考え方（「ローマのコンスタンティノープルへの『移行』」）をこのときも採用したといえる。エルサレムの栄光が帝都に「移行」したとするならば、わざわざそこへ出かける必要はないであろう(137)。

これに関連してナザレンコがここでも興味深い考察を行っている(138)。かれによれば、十一―十二世紀の（あるいはそれ以前の時期を含めてもよい）ビザンツ（ギリシア）文学に、ダニールの『巡礼記』の範となった、あるいはそれと類似の作品は存在しない。ビザンツでは巡礼記の出現は相当に遅かった。今日に知られる最初の作品は上記エピファニオス・ハギオポリテスであろう。エピファニオスの著作の厳密な成立年代は定めがたいが、おそらくは八世紀後半の可能性が高い（しかもエピファニオスの今日に伝わる作品は早くとも十四世紀以降の編纂になるという）。これに対しラテン語圏では聖地巡礼記は、もっとも遅く見ても、五世紀初頭には出現していた。まずはスペイン出身の修道女エゲリア（ないしエテリア）の『聖地への旅』である。エゲリアの巡礼記（全四十九章）は前半（一―二十三章）が聖地周辺の紀行文であり、きわめて豊富な情報を含んでいる。後半部も実際にかの女が訪れた聖地を生き生きと描写しており、今日においても当時の聖地の教会生活や慣習を知るうえで貴重な資料とみなされている(139)。エゲリアの作品があまりによくできていたためであろうか、これに続く聖地巡礼記はラテン、ギリシア両世界を問わず、長期間現れなかったようにみえる。十二世紀中葉にコンスタンティノス・マナセスの韻文の『旅行記』が現れるが、これは皇族の強い要請で意に反して行われた旅の記述で、純粋な巡礼記とは言い難い(140)。ヨハネス・フォカス（クレタの司祭）のアンティオキアからエルサレムまでの詳細な散文巡礼記の現れるのは、ようやく十二世紀後半（一一七七年）になってからのことであった。エピファニオスからヨハネス・フォカスまでのほとんど四百年の間、本格的な巡礼記はなかったのである（ヨルダン川での沐浴、柳の日曜日のベトファゲからエルサレムへの行列、大土曜日における聖なる火の降下などを記述するだけの短い巡礼記ですら姿を現すようになるのは十三世紀以降のことである）。中世巡礼文学のこうした状況からみると、ダニールの『巡礼記』は、ルーシは言うに及ばず正教圏全体としてみても、このジャンルの文献のきわめて早い事例とみることができる。それはある意味では自立性の高い作品であるということもできる。この意味で古ルーシの教会と巡礼文学はビザンツの弟子というよりは共働者、また姉妹であるともいえる。

このようにナザレンコはビザンツとの文化面での関係という視点から見て、ある意味きわめて大胆な結論に到達したといえるが、かれの考察はこれに止まらない。古ルーシ語の「巡礼」を表す用語の問題にかれはさらに踏み込んでいる。

ダニールの『巡礼記』の表題に現れる khozhenie/khozhdenie という語は本来たんに「行くこと、旅すること」の意である。それは「巡礼」そのものを意味するわけではない。ルーシで「巡礼（者）」を意味する通常の語は poklonʼshchik/ poklonʼnik であろう。これはギリシア語の προσκυνητής（worshipper、伏して礼拝する者）の借用（翻訳語）と考えられる。だがこの語が現れるのは後代のテクストにおいてである。[141] 最初期の文献では stranʼnik/storonʼnik が用いられる。これは元来、巡礼というよりは、異境（異郷）を旅する（放浪する）者を示す語である。palomʼnik という語も用いられるが、これが現れるのは十二世紀以降である。ダニールが『巡礼記』で用いるのは stranʼnik である。かれはまだ palomʼnik を知らない。[142]

古ルーシ語における以上のような状況は、実は西方ラテン語圏におけるそれによく似ている。そこでは巡礼は通常 peregrinatio（巡礼者は peregrini）である。[143] それは本来「外国に滞在すること」「外国人居留者」を意味し、巡礼という側面を強調した語ではない。その意味ではルーシの stranʼnik（異境を旅する）に近いと言える。中世ラテン語圏には巡礼を指す語として palmarius という語もあった。これがいつ現れたか、いま詳らかにできないが、ルーシに十二世紀以降に検証される palomʼnik はこれと関係があると考えられる。

ルーシで用いられた palomnik は語源的にギリシア語の προσκυνητής とは何の関係もない。ナザレンコはその語源を上記中世ラテン語の palmarius（巡礼者）と考えた。この語は聖地巡礼者がパレスチナの地の palma（シュロ）の枝を持ち帰ったことを表す語である。おそらく十字軍以降（と限定することは難しいが）多くの者が聖地巡礼の証拠としてシュロの枝を持ち帰ったものであろう。ルーシでもこの語が用いられるようになったのである。いったいこれは何を意味するのであろうか。ルーシの巡礼者もシュロを持ち帰ったのであろうか。そう考える研究者は多い。しかしおそらくそうではあるまい。[144] 古ルーシにはシュロを指す語（それはもしあるとすれば、pal'ma という語であろう）が存在しないからである。[145] ルーシ人巡礼にシュロを聖地から持ち帰る習慣があったとは考えにくい。

他方、スラヴの他の諸語では巡礼を指す語として palom'nik は用いられない。別の語で巡礼を表現する。たとえば、ウクライナ語ではそれは proshchenik である。proshcha が「罪の赦し、奇跡による治癒」を意味することからして、これは巡礼により罪の「赦し」を得ることを願ったことに由来する語であろう。以上を考慮に入れるとき、スラヴにおいてルーシのみが palom'nik を知っていたということはきわめて重大な意味をもつことになる。

かくてナザレンコは次のような結論に到達する。古ルーシにおける聖地パレスチナへの巡礼は数的、質的に十二世紀に活発化した。これは第一回十字軍後、エルサレムが十字軍の手中に入った後のことであった。これが全キリスト教徒の聖地巡礼を容易にし、刺激したことは確かであろう。ルーシ人もこれに敏感に反応したと考えられる。古ルーシ文化研究史上、十字軍が反正教会的とみなされたとするならば、それはけっして正確ではなかった。ビザンツとルーシについては区別して考えるべきである。ルーシに限ってみれば、それが反十字軍的態度を鮮明にするのは、ドイツやリヴォニアの騎士修道会による北西部ルーシへの攻撃があって以降の時期である。それ以前においては、状況は異なっていた。十二世紀（とりわけ後半）にはルーシからの巡礼も相当数にのぼり、上述のようにルーシ人のための聖母修道院も、短期間のことではあったが存在するに至ったと推測される。ルーシ人巡礼者は聖地においてラテン人の樹立した政治支配を享受し、ラテン系の修道院や聖職者の習慣を学び、帰国した。ラテン語に遡及される巡礼をさす語〈palom'nik〉は聖地におけるラテン人との接触の経験のなかからルーシ語にも取り入れられ、定着するようになったと考えるべきであろう。
以上がナザレンコの考察である。あくまでも仮説的であるが、興味深く、示唆に富む推論と言えよう。

● ウラジーミル・モノマフの妻ギーダと聖地巡礼――「ルーシの国の王ハロルド」をめぐる聖パンテレイモンの奇跡について

本節を閉じるにあたって、やや特異な例について検討しておきたい。ウラジーミル・モノマフ（大公在位一一一三―二五年）の最初の妻ギーダの巡礼についてである。ギーダは最後のアングロ・サクソン王ハロルド（二世、ゴドウィンソン）の娘で、モノマフとの結婚は一〇七三年頃のことと考えられる。これについてはすでに記したところである（第十一章3、とくに注（65））。ギーダの場合、厳密にはルーシ人の巡礼の例とすることができるかどうか微妙であるが、このアングロ・サクソン女性を通して、ルーシが西方イングランドや東方パレスチナとある種の関連性の中におかれていたことが示されるように思う。

検討の対象となる史料はライン河畔の町ドイツ（Deutz、ケルン対岸）の修道院長ルーペルト（一一二九年没）の「殉教者聖パンテレイモンに関する説教」（一一二〇年代初）である。そこには聖人にまつわるさまざまな奇跡が記されているが、その一つに「ルーシの国の王アロルドゥス（ハロルド）」をめぐる奇跡物語がある。これはケルンの歴史古文書館所蔵の一写本で知られるが、まずこれを引用しておこう（ナザレンコによる露語訳から訳出する。訳注は訳文にすぐ続けて記す）[146]。

「ルーシの国の王アロルドゥス Aroldus rex gentis Russorum[a] は、われらがこれを書いている今も存命であるが[b]、あるとき熊に襲われたことがある。熊はかれの腹を腸が地面に飛び出すほどに切り裂いた。かれは息も絶え絶えとなって倒れ、生き延びる希望とてなかった。かれが沼の多い森に連れの者たちから遠く離れて一人いた理由はわからない。ともかくもすでに記したようにかれは熊に襲われ、獰猛な野獣により重傷を負うこととなった。というのもかれは手に武器をもっていなかったし、助けてくれる者とていなかったからである。かれの悲鳴を聞いて駆け付けた者は獣を殺したが、王を助けることはできなかった。遅すぎたのである。人々は悲嘆の涙にくれながらかれを運んで寝台に横たえ、かれが魂を［神に］委ねるのを待った。かれの母[c]だけが、王に安らぎを与えるためにすべての者を去らせ、ひとり残った。かの女は寝台の側にじっと座っていたが思いは千々に乱れるのであった。それも道理で、わが子の深手を目の当たりにして冷静ではおられなかったのである。かれの五感はすべて死の兆候を示し、かれは周りで起きていることが何も見えず、何も聞こえなかった。だがまさにこの時に、すなわち幾日ものあいだ、すべての者が負傷した王の回復に絶望し、死のみを予期していたその時に、突如、かれの眼前に見目麗しく、晴れやかな顔をした美しき若者が現れ、自分は医者であると言ったのである。かれはパンテレイモン Pantaleo と名乗り、その愛する住まいはケルン Colonia にあるとも言った[d]。最後にかれは姿を現した理由についても語った。『わたしがやってきたのは、あなたの容体を案じてのことです。あなたは健やかとなるでしょう。あなたのからだは間もなく健康を取り戻します。わたしがあなたを癒します。あなたは苦しみと死を免れます』。ここで述べておかなければならないことがある。このとき王の母はあたかも喪に服するがごとくに悲嘆のうちに座っていたが、すでに大分以前からわが子に対し、かの女自身を愛と平穏のうちに喜んでエルサレム Iherosolima へ送り出すようにと懇願していた。それがまさに、まるで死人のように横たわっていた王が夢うつつで先の［若者が言う］言葉を聞き終わるや、その目は開き、意識が戻ったのである。舌は動きを、そして喉は声を得て、かれは母に気付き、見たことそして語りかけられたことについて話しだした。かの女はパンテレイモンの名も、その功業もかねてからよく知っていた。かの女は[e]すでに以前から、かれの名に捧げられた聖なる修道院に対するその気前よき寄進によって、ケルンでキリストに仕える修道院の姉妹となっていた。(f)母はこれを聞くと、心躍り、わが子の声に元気づけられ、喜びの涙に浸りながら、大声で叫びだした。『わが子よ、あなたが見たこのパンテレイモン様こそ、わが主であられる。今こそわたしはエルサレムへ旅立とう。［あなたのもとに］このような執り成し手が［現れた以上］、今やあなたも［これに］反対することはないでしょう。主はあなたにすみやかに健康をお返しくださるでしょう』。不審なことなど何もない。王が夢の中で見た者を彷彿とさせる見知らぬ若者がその日のうちにやって来て治療を申し出た。治療の後、かれは死者、正確に言うと、治癒を望みえない病人に再び生命を与え、母は心躍らせて敬神の巡礼行の誓いを果たしたのである」。

訳注

（a）ルーシの公でハロルドと呼ばれる可能性のあるのは、ムスチスラフ・ウラジーミロヴィチ（ウラジーミル・モノマフの子、いわゆるムスチスラフ・ヴェリーキー、キエフ大公一一二五―三二年）である。かれの母が最後のアングロ・サクソン王ハロルド二世の娘であることから、ここでこの名で呼ばれたと考えられる。

（b）ルーペルトの「説教」は十二世紀二〇年代初めの作と考えられる。

（c）上記テクスト（ケルン歴史古文書館本）にはムスチスラフの母の名は記されていない。ただし後述するように（注（e））、今は失われた写本（いわゆるデュッセルドルフ本、かつて刊行されたことがある）ではこれに続く箇所で「ギーダ」という名が現れるという。「ギーダ」のキエフ大公ウラジーミル・モノマフとの結婚は一〇七二／七三年と考えられる（本書第十一章注（65）参照）。

（d）聖パンテレイモン（パンタレオン）はディオクレティアヌス帝期の迫害（三〇五年頃）による殉教者。伝説ではニコメディアでガレリウス帝付の医者であったという。ケルンの聖パンテレイモン修道院は大司教ブルーノ（ドイツ王オットー一世の弟）により九五五―九六五年に創建された。

（e）先述のように、デュッセルドルフ写本ではこの（「かの女は」の）箇所は、「かれ［王］の、名をギーダ Gida という母は」となっているという。この名はスカンディナヴィアにおいても、「コヌング・ヴァルデマール［王ウラジーミル（・モノマフ）］の」妻の名は「Gyda」と伝えられているという（T・N・ジャクソン）。したがってムスチスラフの母の名をギーダと伝える記述には一定の根拠があると言える。

（f）ムスチスラフ公の母がパンテレイモン修道院の「姉妹」となったというのは、かの女が寄進者の一人として修道院から特別の待遇をもって遇され（ドイツなどでその後確立するいわゆる修道院総会員の資格Königskanonikatの制度のような）、礼拝（祈禱）に際してその名が覚えられたことを意味するであろう。V・A・クーチキンなどが可能性の問題として言及したように、ギーダが同院で剃髪し、その一員として受け入れられたというのではなかったであろう（同院は男子修道院であった）（Kuchkin,Chudo sv.Panteleimona.s.57）。ギーダは父の没（一〇六六年）後に（そしてかの女がルーシへ到来する以前に）、フランドル地方に滞在し、その際に同院との関係を取り結んだと考えられる。かの女はその後、後述するように一〇九九年頃に亡くなったと考えられるが、ケルンの同院の過去帳の三月十日の箇所に〈†Gida regina〉（故王妃ギーダ）の記載があるという。クーチキンの場合、ギーダはもっと前に世を去り、モノマフはギーダ没後の一〇九〇年代後半（一〇九七年頃）に二度目の妻を迎えた（ユーリー・ドルゴルーキーなどはこちらの結婚からの子とする）と考えるが（Kuchkin,op.cit.s.63-65）、ナザレンコはこれを否定する。

さて上のごとき奇跡譚をどうみるべきであろうか。奇跡そのものはともかくとして、はたしてムスチスラフ公が熊に襲われるというようなことが実際にあったのであろうか。こうしたことの確認はいうまでもなくほとんど無理である。重要なのはむしろ、公が聖人パンテレイモンとなんらかの関係を有していたとされることの意味であろう。この関係にはもちろん公の母ギーダの存在が大きくかかわっている。ギーダは注記したごとく、ケルンの聖パンテレイモン修道院と強く結びついていた。他方、ムスチスラフ公の子の一人イジャスラフ（ムスチスラフの最初の妻、スウェーデン王インゲ一世の娘クリスチーナとの間の子）は、その洗礼名をパンテレイモンといったことが知られている。この洗礼名はルーシではきわめて珍しい。イジャスラフ以外にはほとんど知られていないと言ってよい（ムスチスラフ・ウラジーミロヴィチの他の子らはルーシでも伝統的な洗礼名をもつ。たとえばフセヴォロドはガヴリール、ロスチスラフはミハイール、ウラジーミルはディミトリーである）。そしてイジャスラフは（あるいはクーチキンが指摘するように、父ムスチスラフ自身という可能性もあるが）ノヴゴロドに聖パンテレイモン修道院を創設したことでも知られている。さらにイジャスラフ公の兜に聖パンテレイモンの名と像が刻まれていたことも知られている。聖パンテレイモンの銘をもつ印章も複数知られている（父ムスチスラフ・ウラジーミロヴィチの洗礼名、フョードルの銘をもつ印章もであるが）[147]。以上のことから、ムスチスラフ公は実際に、おそらくは狩猟中に森で大けがを負い、辛うじて生命を取り留めた、そして感謝のしるしに自身の子に、人々が、というか母ギーダがとくに尊崇した聖人の名をつけたと考えてもよさそうである。

ところでそもそも聖パンテレイモンにたいする崇拝はルーシではいつからみられるのであろうか。一般的にはこの聖人への崇拝はとくに東方（正教会）において強かったとされる。アトス山の聖パンテレイモンもロシア系修道院として広く知られている。ただ注意すべきは、この聖山のパンテレイモン修道院がルーシ人に帰属することとなったのは十二世紀後半（一一六九年）のことである[148]。したがってルーシにおける聖パンテレイモン崇拝に同院が影響を及ぼし始めるのはこれ以後のことである。ガーリチ近郊の石造パンテレイモン教会の建立（十二世紀末）や、ウラジーミルのウスペンスキー聖堂内の聖パンテレイモン祭壇（十三世紀初）などはそうした影響の一つと言えるだろう。

これにたいしノヴゴロドでは十二世紀前半にすでにパンテレイモン崇拝が行われていたことを示す証拠があるという。まさに上記イジャスラフ公の名と結び付けられる文書「大公イジャスラフ・ムスチスラヴィチのヴィトスラヴィッツ村その他の地をノヴゴロドのパンテレイモン修道院へ「贈与する」文書」（一一三四年）である[149]。ノヴゴロドにすでにこの時期聖パンテレイモンの名を有する修道院が存在していたのである。それゆえルーシにおいて聖パンテレイモン崇拝がはじまったのは、どうやら十二世紀前半のノヴゴロド、それもイジャスラフ・ムスチスラヴィチ公との関連においてであったと考えることができそうである。

もしそうであるならば、ルーシではきわめて珍しいイジャスラフの洗礼名も、ノヴゴロドにおける聖パンテレイモン崇拝も（この崇拝はその後イジャスラフの子孫のある系統との関連でヴォルイニ地方においてとくに強まったという）[150]、公の母ギーダと結び付けられると考えてもよいであろう。ギーダは上述のようにケルンの修道院と強い結びつきをもっていたからである。そのかの女がその後ウラジーミル・モノマフの妻としてルーシにやってきたのである。

その後ギーダは、奇跡譚の末尾に記されるように、聖地パレスチナへの巡礼に旅立ったとされる。だがルーペルトを含めギーダの巡礼自体について具体的に記す史料は皆無である。したがってこの巡礼行自体についてその様子を知ることはできない。ただそこに至った経緯についてある程度のことを推測することは可能である。

まずルーペルトの伝えるムスチスラフの重傷とその奇跡的回復の時期について考えてみよう。ムスチスラフが怪我から回復したのは、子のイジャスラフが生まれる直前のことであったろう（この子に聖人の名を洗礼名として付けているからである）。イジャスラフの生年は伝えられないが、ナザレンコは種々の状況を勘案して一〇九八年頃と推測している。それゆえ事故の起こったのはその直前であったろう。これはムスチスラフがノヴゴロド公であった時のことである（ムスチスラフのノヴゴロド公在位時期については議論があるが、一〇九八年頃にムスチスラフがノヴゴロド公位にあった（二度目のとき）ことは確かである）[151]。イジャスラフより年長と推測されるフセヴォロド（ムスチスラフの長子）の誕生が、一〇九七年と推測されるので、事故はその後まもなく、ほぼ同年中におこり、奇跡的回復がその翌年（一〇九八年）のことと考えることができよう（もし負傷からの回復後にフセヴォロドが生まれたとするならば、フセヴォロドこそがパンテレイモンの名を与えられたであろう）。ムスチスラフの母は奇跡譚からもうかがえるように、かねてから聖地への巡礼を願っていた。当時かの女は、理由は定かではないが、キエフの夫モノマフの下にいたのではなく、息子のムスチスラフと共に過ごしていたと考えられる。通常夫が健在である場合、妻が一人巡礼に旅立つなどということは考えられなかった。当時かの女が息子のムスチスラフと生活を共にしていたことで、そうした可能性が出てきたと考えられる（おそらくギーダは出産可能な年齢を越え、軍務を中心に多忙な夫とではなく、長子と共に生活していたと推測される。これをクーチキンが可能性の問題として記しているような、ギーダとモノマフの夫婦間関係の破綻ととる必要はないように思われる。両者の間にはそれまでに少なくとも六人の成人した子が確認されており、両者の正常な関係を疑う必要はないと考える。公妃が夫とではなく長子と生活を共にする事例は他にも知られている。たとえば一世紀後のことであるが、ペレヤスラヴリ公（ウラジーミル大公）ヤロスラフ・フセヴォロドヴィチの妻は、ノヴゴロド公であった長子アレクサンドル・ネフスキーの下に留まっていた[152]。しかし、息子は母の聖地行きに難色を示した。ギーダは長い間巡礼の望みを胸中深く収めざるをえなかった。だが奇跡的回復（おそらく母がこれを聖パンテレイモンの執り成しのおかげと子に強く説いたものと推測される）の後に聖人への感謝の念に満たされた子は、母の宿願に理解を示し、ギーダは喜びの念に満たされて聖地へ旅立ったと考えられる。かくしてギーダの聖地巡礼は一〇九八／九九年頃のことであった。これは文字通り第一回十字軍の時であった。あるいはギーダは十字軍兵士の後について聖地へ向かった可能性もある。しかしおそらくかの女は聖地にたどり着けなかった。旅立って間もなく何らかの理由で帰らぬ人となったからである。夫のモノマフが一〇九九年の末に（と推測されるが）二度目の妻を迎えたのは、そうした事情があったからであろうとナザレンコは考えている（ユーリー・ドルゴルーキーなどが生まれたのはこちらの結婚からである）。あくまでも推測であるが、一つ一つ丁寧な議論を展開しての結論となっている[153]。十字軍による聖地回復後に盛んとなったルーシからの巡礼行のひとつの特異な例と考えることも許されよう。

第十二章注

（1）東西両教会間のシスマ（分立、分裂、分離、断絶などさまざまに訳される）、とりわけ一〇五四年のそれについては、邦語文献の中でもさしあたり以下を参照。フィルハウス「東西教会の分立」（両教会の分立過程、一〇五四年以前の離教、一〇五四年の事件、分立の完成、その後の一致を求める運動等について詳細に検討される）。森安『キリスト教史 III』第二章第二節、一二七―一七八頁（とくにフォティオスの「離教」（八六七―八六八年）について詳しい）。ノウルズほか『キリスト教史 3』第六章、一六七―二一七頁、『同 4』第十章、二四九―二六九頁。メイエンドルフ『ビザンティン神学』第七章、一四七―一六四頁。久松『ギリシア正教』第二、第三、第七章、二七―八五、一七一―一八七頁（フィリオクエ問題にとくに詳しい）。さらにオストロゴルスキー『ビザンツ帝国史』第五章第一節、とくに四三三―四三六頁

（2）Jugie, *Le Schisme Byzantin*.p.234, 239. ジュジーの見解は実は以上のように単純化されるものではないが、それについてはさしあたり、本節でとくに参考にした Barmin, Sovremennaia istoriografiia.s.117-118 を参照。

（3）バルミンは例として、フランスの研究者 O.Clement、またギリシアの研究者D・ゲアナコプロスなどをあげる（Barmin, Sovremennaia istoriografiia.s.121）。

（4）Runciman, *The Eastern Schism*.p.159-169. もちろん以上のごとく、いわば新たに通説的な地位を獲得するに至ったこちらの見方に対しても批判は絶えない。たとえばバルミンによれば、ドイツの A.Michel（*Humbert und Kerularios*.1930）など一部の研究者は、コンスタンティノープル側がそのディプテュコン（二つ折り板、教会における祈禱の際に唱えられる人々の名簿）から教皇の名を削除した一〇一二年を重視している。また祈禱名簿からの教皇の名の削除がローマとの決定的断絶を意味したわけではないことを主張して、むしろ一〇五四年を決定的とする旧説に立ち戻る研究者もいる。たとえば、V・ローランである（Laurent, Le Schisme de Michel Cerulaire（出版年不詳）。Barmin, Sovremennaia istoriografiia.s.118-120 による。

（5）第四回十字軍によるコンスタンティノープル征服については、史料の邦訳を含めすぐれた邦語文献がある。なかでも橋口『中世のコンスタンティノープル』一九五―二三八頁。八塚『十字軍』一五六―一八九頁。ジョフロワ・ド・ヴィルアルドゥワン『コンスタンティノープル征服記』、クラリ『コンスタンティノープル遠征記』などが重要である。

（6）Barmin, Sovremennaia istoriografiia.s.122-123

（7）Jugie, *Le Schisme Byzantin*.p.230

（8）リハチョフはこの箇所に注をつけ、年代記作者によるカトリック聖職者の妻帯批判は「教皇ヒルデブラント［グレゴリウス七世］の一〇九四年の教会改革以前にのみ」可能と記している。「一〇九四年」というのはやや理解に苦しむところである。後のウルバヌス二世（在位一〇八八―九九）による聖職者妻帯禁止令の更新を指しているのかもしれない（*PVL*(1950).s.340;*PVL*(1999).s.461）。

『原初年代記』のこの箇所におけるラテン教会批判については、さらに本章後述、注（45）をも参照。ところで年代記九八六年の項のウラジーミルの洗礼記事中にも、教皇から派遣されてきた「ネムツィ」が聖公にその教えを説きながら、拒絶された話がでてくる(邦訳九九―一〇〇頁)。これも強いて言えば、一〇五四年問題と関連づけることができるかもしれない。ただこれはウラジーミルによる「信仰の吟味」の一環と考えることができ、とくにラテン教会批判を眼目としたものとみる必要もないようにみえる。

（9）Shchapov, *Gosudarstvo i tserkov'*.s.172. なおニコライ・ミルリキースキー（ミュラのニコラオス）は四世紀ミュラ（小アジア南部）の司教。ニコライ奇跡行使者とも呼ばれる。ギリシア、ロシアの守護聖人で、サンタクロースの原型でもある。十一世紀にイタリア人がミュラから聖人の遺物を持ち出しバリに移した後、西方では五月九日を「聖ニコラウスの遺骸のバリへの遷移」の記念日としてその崇拝が広がった。これに対しビザンツ教会はこの祭日には当然のことながら拒否的に反応したが、ルーシではそうした反感もなく、西方と同じように祝われた。とくにモンゴルの侵入を控えた一二二五年に、ケルソンからリャザンの地（ザライスク）へ聖ニコライのイコンが遷移された後、崇拝が広がり、ニコライはルーシでもっとも崇敬される聖人の一人となった。古ルーシ文学にはニコライ崇拝に関連して、数種類の伝記を含む四十ものさまざまな作品（『ニコライ奇跡行使者の聖像のケルソンからリャザンへの遷移の物語』など）が知られている。*BLDR*.5(1997), s.132-139, 472-475;*SKKDR*.Vyp.1, s.168-172, 332-337;Obolensky, "Russia's Byzantine Heritage", p.109-110

（10）モスクワ時代におけるルーシ教会のカトリックに対する態度の問題については、近年、宮野裕が論じている（「中世末ロシアにおけるカトリックの受容と排除」）。

（11）Podskalsky, *Christentum*.S.171-185

（12）テクストはPavlov, *Kriticheskie opyty*, s.115-132［ギリシア語。当時のスラヴ語訳は知られていない］;*PDRKP*, Ch.2(*RIB*.t.36), s.73-101（ロシア語訳が付されている）。なお十一世紀後半―十二世紀ルーシ教会による反ラテン文献については、いうまでもなく帝政期に多くの研究者が検討を加えている。たとえば、ここにあげたA・パヴロフなどがその代表であるが、教会史家ゴルビンスキーもその一人である。Golubinskii, *Istoriia Russkoi Tserkvi*.I-2, s.795-813, とりわけ s.799-800 を参照。ゴルビンスキーは府主教レオントス（レオン）を、「初代キエフ府主教」とみている。こう考える研究者は多い。ただ本書はA・ポッペなどに依拠するポドスカールスキーに従い、これをペレヤスラヴリ「府主教」とみている（「ルーシの洗礼」後のルーシ教会の聖職組織については本書第七章3、三九一頁以下、またペレヤスラヴリおよび後述するチェルニゴフ府主教座については同章注（91）、（107）、（108）をみられたい）。

（13）«Stiazanie s Latinoiu»、テクストはPavlov, *Kriticheskie opyty*, s.191-198［教会スラヴ語］（パヴロフ自身はこれを府主教ゲオルギオスの著とすることには否定的である）;*PDRKP*.Ch.2(*RIB*.t.36), s.104（冒頭部のみ）。原文はおそらくギリシア語であるが、今日に伝わらない。教会スラヴ語への翻訳も十五世紀末の一写本でしか伝わらない。

（14）原文ギリシア語。古くからの教会スラヴ語訳も伝わる。正確にいつ教会スラヴ語に翻訳されたのかは不明。N・V・ポヌィルコは一〇八八年以後（チェルニゴフ「府主教座」が廃止された後）と推測している。テクストはPavlov, *Kriticheskie opyty*.s.169-186［ギリシア語原文および教会スラヴ語。後者は十六世紀の写本による］、さらにPonyrko, *Epistoliarnoe nasledie*.s.30-35（教会スラヴ語、十四／十五世紀の写本による）、s.37-40（ロシア語訳）。

（15）両テクストは、Ponyrko, *Epistoliarnoe nasledie*.s.71-73, 73-79［教会スラヴ語］、ロシア語訳、ibid., s.87-89, 89-93. 原文はおそらくギリシア語であるが今日には伝わらない。原文は早い段階で教会スラヴ語に訳されたと考えられるが、それが正確にいつのことかは不明。今日伝わるのは、十五／十六世紀以降の写本によってである。なおポヌィルコはさらに同府主教のウラジーミル・モノマフ宛て書簡「斎戒について、感情の抑制について」のテクストも刊行している（ibid.s.66-71, ロシア語訳、s.83-87）。

（16）修道士フェオドーシー・グレクは『イパーチー年代記』一一四八年の項にみえるキエフ・ペチェールスキー修道院院長（一一五六年に死去とも記される）と同一人物と考えられる。かれは研究史上ほぼ一致して、五世紀の教皇レオ一世（大教皇）のコンスタンティノープル総主教フラヴィアノス宛て書簡の教会スラヴ語への翻訳者とみなされている（翻訳は、A・A・シャーフマトフやIu・K・ベグノフによれば一一四二年になされたという。これについて、また書簡の所在場所等については、Podskalsky, *Christentum*.S.181, Anm.778を参照）。イジャスラフ公へあてられた反ラテン的二書簡のテクストはEremin, Literaturnoe nasledie.s.168-170, 170-173にみられる（ibid., s.159-163に写本状況等に関する解説）。

なおテクストの刊行者の一人であるエリョーミンは両書簡をフェオドーシー・ペチェールスキー（ペチェールスキー修道院院長、一〇五七―七四年）の著作と考えている。というよりむしろエリョーミンをはじめ多くの研究者はポドスカールスキーとは異なって、両書簡の著者をフェオドーシー・グレクではなく、フェオドーシー・ペチェールスキーと考えており、むしろこちらのほうが多数派と言ってよい。こちらの場合、書簡の名宛人イジャスラフは写本の表題にあるとおり、「イジャスラフ・ヤロスラヴィチ」（ヤロスラフ賢公の子イジャスラフ）ということになる。ポドスカールスキーの場合は、通説に対するK・ヴィスコヴァーティらの批判を受け入れて、作者は十二世紀のフェオドーシー・グレクとみたのである。この場合名宛人の「イジャスラフ」は「イジャスラフ・ムスチスラヴィチ」（モノマフの孫、大公在位一一四六―五四年）となる（Podskalsky, *Christentum.*, S.179-181）。ところでフェオドーシーのイジャスラフへの「ラテンの信仰をめぐる書簡」はキエフ・ペチェールスキー修道院『聖者列伝』の第三十七話にほぼそのまま取り入れられている。ここでもイジャスラフは「ヤロスラフの子」とされており、したがって書簡の書き手はフェオドーシー・ペチェールスキーと考えられているが、邦訳者である三浦はここに付した注において、『列伝』の英訳者M・ヘッペルの解説（通説を批判するヴィスコヴァーティの立場に立つ）を詳しく紹介している。本書の著者はこの問題に対する新たな解決策を用意しているわけではない。ただ著者は以下にみるように、ルーシ教会における反ラテン感情が一〇五四年後ただちにというよりは、徐々に強まり、とりわけ十三世紀以降に決定的に悪化したと考えていることもあって、ポドスカールスキー、ヘッペルの論の方により多く説得力があると感じている。比較的最近（一九九二年）、古ルーシにおける「書簡文学」作品のテクストを校訂出版した上掲のポヌィルコは、古ルーシにおける最初の書簡文学としてあらためてこの二書簡を刊行したが（*Epistoriarnoe nasledie*.s.14-16, 16-18. 教会スラヴ語、十四／十五世紀写本より。ロシア語訳、s.20-22, 22-23）、かれはヴィスコヴァーティらの批判を十分に考慮に入れつつも結論的には旧来の説を踏襲している。また『古ルーシの著述家・書籍編纂辞典（十一―十四世紀前半）』（一九八七年）の「フェオドーシー［ペチェールスキー］（一〇三六頃―七四）」（O・V・トヴォーロゴフ著）、「フェオドーシー・グレク」（T・V・ブラーニナ著）の両項目もともに通説の立場に立っている。後者（ブラーニナ）の場合は、先に記したようなフェオドーシー・グレクを『イパーチー年代記』のペチェールスキー院長（十二世紀の）と同一視する見解すらも根拠薄弱とする。二書簡の書き手の問題は未解決の状況にあるといわざるをえないが、ただ最後に、本書が全体として依拠することの多いA・V・ナザレンコが比較的最近になっても、このフェオドーシーを「グレク」とする立場を明確にしそれを前提としながら、議論を展開していることにはふれておきたい。三浦訳『聖者列伝』（IV）」一三六―一三九、一四一―一四二頁（注114）。Ponyrko, *Epistoriarnoe nasledie*.s.6-23;*SKKDR*.Vyp.1, s.457-459, 459-461. フェオドーシーの「イジャスラフ公」宛て書簡はさらに*BLDR*.I.s.446-448, 448-453 にもみられる。ここではフェオドーシー「ペチェールスキー」の作として刊行されている（N・V・ポヌィルコによる）。

Nazarenko, 1054 i 1204 gody.s.316(prim.9).

（17）ポヌィルコ刊行のテクスト（教会スラヴ語およびロシア語訳）による（上注（14）参照）。なおこの書簡の作者ヨハンネス二世の人物像については、後に再度かれについて言及する際に記す（本章下記注（47）、（48）を参照）。この書簡については、第十章3、六八九頁においても言及した。

（18）Ponyrko, *Epistoliarnoe nasledie*.s.27-28. なおチェルニゴフ府主教座についても第七章注（91）、（107）、（108）を参照。
（19）Podskalsky, *Christentum*.S.174, 176
（20）ibid.S.176. この回状については本書でもすでに「ロース」の改宗との関連で言及した。第三章1を参照。回状におけるラテン教会の「誤り」の具体的内容については、Dvornik, *The Photian Shism*.p.117-119. 森安『キリスト教史　III』一五二―一五三頁を参照。
（21）Chichurov, Skhizma 1054 g.
（22）テクストはすでに十九世紀前半から中葉にかけて二度にわたり刊行されているが、これについてはChichurov, Skhizma 1054 g.s.44, prim.7をみられたい。本書ではさしあたり、Popov, *Istoriko-literaturnyi obzor*.s.58-69に引用されているものを利用する。ポポフではギリシア語テクストは一八六九年のJ.Hergenröther版、教会スラヴ語はコルムチャヤ・クニーガ版（一二八〇年代のノヴゴロド写本）が利用されている。本書の著者はこのテクストがBeneshevich, *Drevne-slavianskaia kormchaia*（第一、第二巻）に含まれているかどうか、含まれているとしてどういう形においてなのか、確認することができなかった。
（23）Popov, *Istoriko-literaturnyi obzor*.s.66
（24）ibid., s.63
（25）これについては、さしあたり森安『キリスト教史　III』二八七―二八八頁、ノウルズ『キリスト教史　4』二二二―二二三頁。ブルガリアにおけるキュリロス・メトーディオス伝統の運命については、Dvornik, *Byzantine Missions among the Slavs*.p.244 f., 412(note 58)を参照。第一次ブルガリア帝国滅亡後のブルガリア教会の状況、とりわけビザンツ教会による再ギリシア化政策が実際にはどのような意味をもったかについては、オボレンスキーやF・J・トムソン論文を参照。両者共にこのときスラヴ語やスラヴ文化がほぼ完全に排除されたとする見方には批判的で、慎重な態度を表明している（Obolensky, *The Byzantine Commonwealth*. p.216-219;Thomson, "The Bulgarian Contribution", p.240-241）。
（26）チチューロフはこの箇所では、ブルガリア語の使用に難色を示したビザンツ聖職者の例として二人のブルガリア大主教（いずれもギリシア人）、オフリド大主教レオン（一〇三七頃―五五／五六年）と同オフリド大主教テオフィラクトス（一〇八八／九二頃―一一〇八年）をあげるが（Chichurov, Skhizma 1054 g.s.46-47, 52）、さらにニケタス・ステタートス（ストゥディオス修道院修道士）、コンスタンティノープル総主教ミカエル・ケルラリオス、ペトロス・アンティオキア総主教らの名も加えるべきであろう。
（27）両者の往復書簡については、さしあたりオストロゴルスキー『ビザンツ帝国史』四一七頁を参照。注目されるのは、アンティオキア総主教はその返書の中で、コンスタンティノープル総主教（フォティオス）が信仰そのものの問題ではなく「教会慣習上」のことであまりに激しくローマ側を批判したことを諫めていることである。これについてはたとえば、フィルハウス「東西教会の分立」三七〇頁、森安『キリスト教史 III』一七六、一七八頁を参照。

（28）コンスタンティノス・ポルフィロゲネトスの『儀典の書』第四十八章に、バイエルン王の称号について論じながら「バイエルン、それはネミツィアと呼ばれる国」と記される箇所があるという。チチューロフによれば、「ネミツィア」（つまりネムツィ）はたしかに外交慣習上の現実を反映したものとみることができるが、やはり例外的な使用例とみるべきであり、少なくとも十一、十二世紀ギリシアの反ラテン文献では「ネムツィ」の語が現れることはないという（ibid., s.49）。

（29）Ponyrko, *Epistoliarnoe nasledie*.s.74, 71

（30）ニケフォロスの上記ヤロスラフ公宛て書簡では、Ponyrko, *Epistoliarnoe nasledie*.s.75

（31）たとえばウラジーミル聖公は洗礼名ヴァシーリーを得たが、その後も一貫して異教徒名ウラジーミルで呼ばれ続けた。本書第七章3（「ウラジーミルの遅れた『列聖』」）を参照。この問題全般について Litvina/ Uspenskii, *Vybor imeni*.s.111-214（第四、五章）。

（32）バチカン文書（Cod.Vat.gr.828, foll.361r-362r）。ギリシア語テクストはその後チチューロフ自身によって刊行された（Čičurov, "Ein antilateinischer Traktat", S.343-345）。またその Anhang（S.346-356）に「偽フォティオスの著（フランク人に対する論駁の小著）」、やミカエル・ケルラリオスのアンティオキアのペトロスへの書簡抜粋などのギリシア語テクストも掲げられている。

（33）著者「エフレム」については Čičurov, "Ein antilateinischer Traktat", S.330-335

（34）チチューロフが指摘するように、キエフ府主教エフライムに関しては『原初年代記』に記述はない。その一〇八九年の項に「府主教エフラエム」に関する記述があるが（邦訳二三一頁）、これは年代記自体明記するようにペレヤスラヴリ府主教（一〇七〇年代から一〇九〇年代にかけての一時期）であり、別人である。キエフ府主教エフライムの経歴に関しては Podskalsky, *Christentum*. S.285-286(A.Poppe) が簡潔にまとめている。またエフライムがノヴゴロド主教ルカ・ジジャータを裁いた次第は、『ノヴゴロド第四年代記』に記述がある。「大主教ルカ」は自身のホロープ（奴隷）の告発（誣告）をうけ、キエフに召喚され、府主教の審問を受け、三年後にようやく罪が晴れ、ノヴゴロドへの帰還途上一〇六〇年に没したと記される（*PSRL*.IV-1:118-120）。同年代記一〇五八年の項にはルカの著とされる「教訓」（Pouchenie）がおかれている。ルカとその著作活動については *SKKDL*.Vyp.1, s.251-253 を参照。

(35) Čičurov, "Ein antilateinischer Traktat", S.343
(36) Chichurov, Skhizma 1054 g.s.51; Čičurov, "Ein antilateinischer Traktat", S.341
(37) Čičurov, "Ein antilateinischer Traktat", S.338-339, テクストは S.343
(38) 既述のノヴゴロド主教ルカ・ジジャータもヤロスラフ賢公により叙任されたことを想起しておきたい。『ノヴゴロド第四年代記』一〇三六年の項（*PSRL.IV-1:114*）。
(39) Čičurov, "Ein antilateinischer Traktat", S. 336-338, テクストは S.344
(40) Popov, *Istoriko-literaturnyi obzor*.s.88, 114;Pavlov, *Kriticheskie opyty*.s.48
(41) Čičurov, "Ein antilateinischer Traktat", S.340-341, テクストは S.345
(42) ibid., S.339-340, テクストは S.345
(43) Chichurov, Skhizma 1054 g.s.53; Čičurov, "Ein antilateinischer Traktat", S.342-343
(44) Podskalsky, *Christentum*.S.174, 176, 182
(45) 本節では最初にポドスカールスキーにしたがって、ルーシにおける反ラテン教会文献として歴代府主教など五人の教会人による著述をあげた。しかしここまで考察を進めてきた結果、言うまでもないことであるが、ポドスカールスキーのリストには、チチューロフが発掘した「エフレムの著」も、時期的にもっとも早い反ラテン文献として付け加えられなければならない。
なお先にふれた（本章注（8）を参照）『原初年代記』九八八年の項（ウラジーミル洗礼記事）中の「ラテンの国から教えを受けるな……」の箇所も、初期ルーシにおける反ラテン「文献」の一つとみることもできる。これについてはナザレンコがこの時期（十一世紀後半から十三世紀初）における、「本来のルーシ起源」の唯一の反ラテン論争的記述と呼ぶ。ナザレンコによれば、この箇所は十一世紀九〇年代に古ルーシの年代記編者がケルソン主教の口を通して語らせたカトリック批判であった（Nazarenko, 1054 i 1204 gody.s.316-317）。たしかにその他の上記の諸記述はいずれもギリシア出身のルーシ教会関係者（聖職者、修道士）の著述であるので、年代記のこの箇所は唯一の「ルーシ起源」の反ラテン文献と言ってもよいかもしれない（ただし年代記のこの箇所がケルソン「主教」、すなわちギリシア出身聖職者の口を通じて語られていることは忘れられてはならない。ナザレンコの見解は、最終的書き手がルーシの年代記編者であったという意味で「ルーシ起源」とみなすことができるという意味であろう）。
(46) カトリック批判の「ルーシ的」特色ということでは、さらに若干の点を付け加えることができそうである。たとえば、コンスタンティノープル教会においては、ローマ教皇の首位権といわゆる「五総主教（総大司教）制」（ペンタルキア）の問題が常に議論の対象となっていたが、新設の府主教座にすぎなかったキエフではこの問題は直接的な関心の対象にならなかった。これはいわば消極的な意味でのキエフ的「特色」といえる。

(47) 原文はギリシア語である（テクストは *PDRKP.Ch.I(RIB.T.6)*, Prilozheniia(Dopolneniia 1), stb.321-332）。ただし同書には教会スラヴ語訳テクストも付されている（ibid., No.1, stb.1-20）。なおこの『回答』については第十章でも言及した（六九〇頁、さらに同章注(164)を参照）。この著述を含む府主教ヨハンネス二世の著作活動の全体像については、*SKKDR*.Vyp.1, s.206-209 を参照。
なお府主教ヨハンネス二世その人についてこれまでふれる余裕がなかったが、かれはルーシでもよく知られた人物であり、『原初年代記』でも何度か言及されている（ただし邦訳ではこれを「イオアン（ヨハンネス）一世」としている。本書ではポッペ説に従って、これを「二世」と考えている）。年代記は一〇八六年、一〇八八年の項などでかれに言及するが、とくに一〇八九年の項では、かれの逝去について伝えた後、次のように記す。「ヨハンネスは聖書と学問にすぐれた人物であり、貧しい人や寡婦にたいして慈悲深く……また従順であり、柔和で無口であったが、嘆く者を聖書によって慰めるときには雄弁であった。このような人はかつてルーシにいなかったし、かれの後にもこのような人はいないであろう」（邦訳二三〇―二三一頁）。ルーシにおいてかれがとくに学識高い聖職者であったことが十分に認識されていたといえる。ただ次注に記すように、かれがビザンツの詩人テオドロス・プロドロモスのおじとみる見方が正しいかどうかは微妙である。

(48) この標題中の「キリストの預言者 prorok(om) Khrista と呼ばれる」の部分は、V・G・ヴァシリエフスキーやS・D・パパディミトリエウ以来、ギリシア語原文からスラヴ語への翻訳に際し、誤って訳されたとする見方が有力となっている（Podskalsky, *Christentum*.S.174-175, 286-287）。かれらは府主教ヨハンネス二世の名がクリストスで（ヨハンネスは修道士名）、苗字がプロドロモスであることを明らかにした。それによると府主教ヨハンネス二世は十二世紀ギリシアの著名な詩人テオドロス・プロドロモスのおじであるという。もっともその後広く受け入れられることとなるこの見方に対し、最初にA・P・カジュダンが、ついでS・フランクリンが異議を唱え、いまとなってはこれをそのまま受け入れることはできなくなっている。ポッペもこれには懐疑的である（Podskalsky, *Christentum*.S.286）。この問題についてはさらに Ponyrko, *Epistoliarnoe nasledie*.s.25-26 をも参照。

(49) *PDRKP.Ch.I(RIB.T.6)*, No.1:4, stb.3

(50) ibid., No.1:13, stb.7. なおここでカトリック教徒やその国を、「種入れぬパンで礼拝する……者」と呼んでいることは興味深い。

当時のルーシ（あるいは東方）教会の指導者がカトリック国を指すのに他の諸論点ではなく、ほかならぬ「種入れぬパン」使用の問題をとくに重視していたらしいことがうかがえるからである。

(51) この結婚、またそれをめぐるモスクワ・リトアニア間の外交関係、さらには当時の国際政治的背景については、さしあたりBazilevich, *Vneshniaia politika*.s.249 sl. とくに s.287, 293-298 を参照。

(52) *SRIO*.T.35(1892), No.25, s.142-143;*DDG*.No.83, s.329-332

(53) ヘルベルシュタインの著述は言うまでもなくラテン語でなされたが（最初の出版は一五四九年、直後にイタリア語訳、ドイツ語訳、さらに新たなラテン語版の出版が相次いだ）、ここではA・I・マレイン、A・V・ナザレンコによるロシア語訳を利用する。Gerbershtein, *Zapiski o Moskovii*.s.66

(54) こうした「宗教」的要求の背後にモスクワ側の強い政治的意図が隠されていたことは言うまでもない。イヴァン三世はヴィルニウスのエレーナ（およびその随身ら）とその後も連絡（秘密裡のも含めて）を取り続けたことが指摘されている（Bazilevich, *Vneshniaia politika*.s.296-298）。

(55) 十九世紀の教会史家マカーリーは、府主教ヨハンネス二世がルーシ公女のカトリック教徒との結婚に厳しい態度を取る理由として、ラテン圏ではそうした場合、正教徒に「ラテン信仰の受容を強制する」事実があるからであると説明している（Makarii, *Istoriia Russkoi Tserkvi*.Kn.II(t.2), s.255-256, prim.452 (s.489)）。しかし既述のごとく、マカーリーのこの理解はおそらく問題である。マカーリーは少なくとも根拠を示すことはない。なおアンナ（とアンリ一世の結婚）の場合については、本書第十章2を参照。

(56) たとえば、上記モスクワのエレーナの場合、「司祭フォマ」がかの女に同行していた（Bazilevich, *Vneshniaia politika*.s.294-295）。またこれとは逆のケースで、時代もだいぶ遡ることになるが、既述のポーランドのボレスワフ一世の娘（名は不詳）がウラジーミル聖公の子スヴャトポルク（「呪われた」スヴャトポルク）の妻としてキエフ入りした時、コールベルグ司教のレインベルヌスを同行していた。つまりこの場合キエフ側はカトリックの司教（スヴャトポルクのポーランド人妻の聴罪司祭）を受け入れたということになる（Thietmar, *Chronik*.VII.72;*Drevniaia Rus' v svete*...IV, s.73-74. また前述第八章1を参照）。

(57) 改宗の問題は東西両教会間で論争になったテーマの一つであった。たとえば、一〇五四年「シスマ」の当事者の一人、教皇特使フンベルトゥスの正教会に対する批判の中に、後者がラテン人に再洗礼を施しているというものがあった。これは後述するように批判としては必ずしも的を射たものではなかったが、それでもそうした批判がその後も続けられたのであった（たとえば、大分後のことになるが、クラクフ司教マテウスのクレルヴォーの聖ベルナルドゥスあて書簡（一一三〇年？）のなかに、そうした批判があるという（ラテン側からのこうした批判についてはゴルビンスキーがとりまとめて記述している。Golubinskii, *Istoriia Russkoi Tserkvi*.I, 2, s.805-807）。ところがカトリック教徒がルーシで二度目の洗礼を授けられたことについて明確に証言する史料は存在しない（正教徒のカトリックへの受け入れの場合についても同様である）。この問題について一つの興味深い証言は十二世紀中葉の『キリクの問い』Voproshanie Kirika と呼ばれる著作のなかにみられる。これはノヴゴロド主教ニフォント（在位一一三一年から、後に大主教となる、五六年まで）が修道司祭キリクのさまざまな問い合わせ（百一項目）に対して答え、指示を出したものである（ニフォントおよびキリクの著作活動については、さしあたり *SKKDR.Vyp.1*, s. 281-282, 215-217 を参照）。キリクの数ある質問の中に「もしラテン信仰の洗礼を受けた者がわれら［の信仰］に加わりたいと望むなら、どのようにするか」というものがある。主教はこれに対し、八日間の準備の後に「聖油をかれに塗り」その上で聖餐に与からせるようにと答える。再洗礼ではなく、塗油の儀式で十分と答えているのである（*PDRKP*.Ch.I(*RIB*, t.6), No.2:10, stb.26-27）。正教会の教会規定（コルムチャヤ・クニーガ）にはムスリムやユダヤ教徒の改宗に関する規定はあったが、カトリック教徒の受け入れについての特別な条項はみられない。カトリックを含む異端者の受け入れに関する一般規定では、再洗礼ではなく塗油のみが定められている（Beneshevich, *Drevne-slavianskaia kormchaia*.T.2, (XXVII), s.135-157（「サラセン人の受け入れ［の際の］儀式」）；(XXVIII), s.148- 152（『ユダヤ人の受け入れ儀式』）；(XXX), s.168-177（「異端の受け入れ儀式」など）。たしかに以上は正教会の、いわば「公式的」立場であって、現実に再洗礼の事例がなかったかといえば、おそらくそうではなかろう。ただ東西両教会の分裂が後代におけるほど決定的な意味を有していなかったキエフ・ルーシ時代において、それが大規模に公然となされたとは考えられない。

　言うまでもないことであるが、異端や教会分離者に対する再洗礼の問題は古代教会以来繰り返し問題とされてきた重大問題であった。これは次第に洗礼が一度限りの秘跡という考え方に固まっていくが（とくに上記フンベルトゥスなどの批判からも推測できるように、カトリック教会ではこの段階で再洗礼に対する否定的立場は明確化されつつあった）、ニフォントがこうした経緯をどこまで考慮に入れていたかは不明である。ただ東西両教会間の断絶と対立がまだ決定的でなかった時代にあって、「改宗」が強制されたり、再洗礼が施行されたりすることは少なくとも常態ではなかった。もっとも、西方教会で問題とされた再洗礼問題は、主に道から外れた聖職者に対する再叙階の問題として議論されたことには注意が必要である。これにたいし、ここで問題となっているのは、東西両キリスト教世界の境界地域に居住したり、あるいは婚姻などを通じて両世界を行き来したりする世俗信徒の帰属と改宗にかかわる再洗礼問題であった。その意味でそれは両教会の関係が次第に疎遠になってきた時代に特有の問題として浮上してきたといえる。

（58）ルーシにおける反ラテン文献の著者の一人である、既述の修道士フェオドーシーは、府主教ヨハンネスと異なって、ルーシ公子がカトリック女性を娶ることについてもはっきりと反対を表明している。その『ラテンの信仰をめぐる書簡（キリスト教の信仰、およびラテンの信仰について）』の、「自身の娘をかれらに嫁がせてはならない、かれらから娘を受け入れてはならない」というくだりである。Ponyrko, *Epistoliarnoe nasledie*.s.16;*BLDR*.I, s.448. このフェオドーシーをポドスカールスキーらに従って「グレク」のことと（ペチェールスキーではなく）理解するならば（この問題については、本章上記注（16）を参照）、その執筆は府主教ヨハンネスよりほとんど七十年後のことになると考えられるので、時代が下るにしたがって教会当局の態度が反ラテンという意味でより厳しく、より明確になったということができるかもしれない。

（59）Beneshevich, *Drevne-slavianskaia kormchaia*. T.2, (IX), s.77-89（「ルーシの府主教ヨアンの規定」）

（60）ヨハンネス二世が先の記述をなしたときに念頭においていたのは、おそらくエウプラクシヤの最初の結婚のことであった。しかしかの女の皇帝との再婚（一〇八九年五月）も、ヨハンネスが亡くなる数か月前のことであったので（ヨハンネスの没年は一〇八九年の秋以降のことであった）、かれが再婚についても知っていたことは確かであろう。

（61）もっともこの結婚は失敗に終わった。嫁いでまもなく、エウフィミヤは不貞の罪に問われ、故国へ戻り、そこで息子ボリスを産んだ。ボリスはその後ハンガリー王位への権利主張者として長期にわたり一定の役割を演じることとなる（Pashuto, *Vneshniaia politika*.s.167-169）。

（62）モノマフの生まれは一〇五三年、府主教ニケフォロス一世の在位は一一〇四―二一年である。ポヌィルコは書簡の執筆時期を一一一三年―二一年と推測している。モノマフは還暦を越えていたことになる（Ponyrko, *Epistoliarnoe nasledie*.s.60）。

（63）Nazarenko, «*Zelo nepodobno pravovernym*» 論文。ゲルトルードの「祈禱書」に関しては、とくに同 s.277-283、また Nazarenko, *Drevniaia Rus'*.s.566-570 を参照。

（64）本書第十一章七五二頁参照。教皇グレゴリウス七世のイジャスラフ（およびゲルトルード）宛書簡の該当部分はすでに翻訳引用しておいた（第十一章注（21））。書簡は *Drevniaia Rus' v svete*...IV, s.111-114 に露訳でみられる）。イジャスラフ大公のローマへの接近をめぐる事情については、Nazarenko, *Drevniaia Rus'*.s.534-537 を参照。

（65）「祈禱書」の細密画はたとえば、Smirnova, "The Miniatures", p.16-21にみられる。Ianin, Russkaia kniaginia Olisava-Gertruda, s.146-148にもそのいくつかがみえる。またヤーニンは同論文で「祈禱書」（「ゲルトルード本」）がトリーアからキエフへもたされた経緯、さらにはその後イタリアのチビダーレに所蔵されるにいたった事情についても推測している。それによるとキエフの後にはポーランドへ、そこから再度ドイツへもたらされ、最終的に（十三世紀前半のことである）イタリアに落ち着き先を見出したという（ibid., s.145-149, 163-164）。

（66）カトリック的な特徴が現れているのは、たとえば以下のような点においてである。ニヴェルの聖ゲルトルード（公妃ゲルトルードの守護聖人、六二六—六五三／六五九年、祝日三月十七日）への言及。「わがpapa、わが公、およびわが皇帝……［その他］‹ecclesia catholica›のすべての修道院について……」への言及。この場合の‹ecclesia catholica›が信条にいわれる「一つの聖なる普遍的、使徒的教会」の意味ではなく、まさにカトリック教会の意であり、そうなると「わがpapa」は「わが教皇」を、「わが公」や「わが皇帝」もポーランド公とドイツ皇帝を意味することとなる。さらにゲルトルードは信仰告白において「フィリオクエ」の語を使用しているという。まさに明白にカトリック的特徴である（Nazarenko, «Zelo nepodovno pravovernym», s.279-280）。「ゲルトルード本」がカトリック信仰に基づいていることについてはヤーニンも強調するところである（Ianin, Russkaia kniaginia Olisava-Gertruda, s.149-150）。

（67）Ianin, Russkaia kniaginia Olisava-Gertruda.s.148-150, 158, 163-164;Nazarenko, «Zelo nepodovno pravovernym», s.280

（68）ナザレンコはここでみたように、ゲルトルードのルーシ名をエレーナと推測している。これはヤーニンがそれをオリサーヴァと考えたことに対する批判となっている。ヤーニンはゲルトルードがルーシに来たって「正教」に改宗し、オリサーヴァの名を得たと考えるのである。ナザレンコとヤーニンの決定的な違いは、後者がイジャスラフは生涯に一度しか結婚せず（ゲルトルードとである）、したがってゲルトルードがヤロポルクやスヴャトポルク（後の大公）、その他の子らの母親であると考えるのに対し、前者はイジャスラフの妻ゲルトルードの子がヤロポルクだけであり（ゲルトルードは「祈り」においてヤロポルクのことを「わが唯一の子」と呼んでいる）、後の大公スヴャトポルクらはイジャスラフが「結婚外の女性」（オリサーヴァ）から得た子であったと考えているところにある。したがってナザレンコはゲルトルードとオリサーヴァを別人と考えているのである（Nazarenko, *Drevniaia Rus'*.s.567-568）。

（69）ビザンツ帝国の十字軍に対するアンビバレントな態度については、さしあたりランシマン（和田訳）『十字軍』九二—九四、一五九―一六一頁などを参照。要は、西方世界との間に聖俗の諸問題においてそれまで複雑な関係を築いてきたビザンツ帝国が、東方ではトルコ人の進出の前に深刻な危機に直面しており、そうしたなかで西方からの軍事援助に一方では期待を示しつつも、他方ではすでに最初の十字軍のときからこれに対し疑念と不安の念をもちつつ対していたということである。初期十字軍の経路が帝国領を横断することになっていたからである。最初の三回の十字軍がベオグラード、コンスタンティノープル経由で東方へ向かう経路をたどったことについては、さしあたり Obolensky, *Byzantine Commonwealth*.p.20-21 を参照。

(70) 比較的最近の邦語文献として、八塚『十字軍』、またジョティシュキー『十字軍の歴史』をあげておく。前者は広い読者層を対象としながら、研究の歴史についても目配りをしており、教えられるところが多い。巻末の邦語参考文献も網羅的で有益である。後者も時間的、空間的に広い視野にたつだけでなく、研究方法にも意を用いるなど参考になる。またとくにビザンツの状況を考慮に入れつつ第一回十字軍について記した上記ランシマン『十字軍』も重要である。

(71)「十字軍」はロシア語では通常 krestovyi pokhod（十字軍遠征の意）ないし krestonosets/-tsy（こちらは十字架をもつ、帯びる者、転じて十字軍兵士の意）と表現されるが、ただ当のヨーロッパでもこれにあたる語（cruciata, crucesignatus）が用いられたのは開始後一世紀以上を経てからのことであったといわれるので（八塚『十字軍』二九頁、四二―四五頁）、この語がルーシの初期年代記にみられなかったとしても、十字軍のことについて知られていなかったことにはならない。なおアミン・マアルーフによれば、同時代アラブの歴史家や年代記作者は、「十字軍」という語は用いずに、「フランクの侵略」、「フランクとの戦争」という表現を用いたという（同『アラブが見た十字軍』「原著者まえがき」）。ルーシでも後述するように、第四回十字軍によるコンスタンティノープル占領は、やがて特別の「物語」などで広く知られるに至るが、それは『フリャーギ（フランク）による帝都征服物語』と題されていた。

(72) *PVL*.s.454. リハチョフのごとき解釈はすでにS・M・ソロヴィヨフやV・O・クリュチェフスキーなどの歴史家の表明するところであったが、A・A・シャーフマトフはこれに対し明確に批判的な立場に立つ。後者によれば、『原初年代記』より早くから存在していたとかれが考える『旧約聖書抄』Tolkovaia Paleia に、同様の箇所（ハザール使節の言）が二か所、また十一世紀中葉の作品である『律法と恩寵に関する説教』（イラリオン）にもそれがみられるとする。必ずしも十字軍によるエルサレム王国樹立以後とは限らないというのである（Shakhmatov, *Istoriia Russkogo Letopisaniia*.I-1 (*Razyskaniia*).s.476, 282）。以上の二つの相対立する見解のどちらが正しいかは、『原初年代記』と『パレヤー』の関係をどう見るかの問題ともかかわっており、容易に解決しがたいところである。『トルコーヴァヤ・パレヤー』およびそれと『原初年代記』の関係の問題については、さしあたり*SKKDR.Vyp.1*, s.285-288を参照。

（73）アーヘンのアルベルトの記述は*Drevniaia Rus' v svete*...IV.s.210-211によった。編訳者のナザレンコは、この時カールマーン王が避難先としてルーシを目指した理由の一つとして、ルーシ西方国境地帯（ペレムィシリ）の公、ヴォロダリ・ロスチスラヴィチの母がカールマーンのおばにあたることをあげている。エミッヒ伯については、さしあたりランシマン『十字軍の歴史』一一五―一二二頁を参照。

（74）Leib, *Rome, Kiev et Byzance*.p.277. エリク常善王は十字軍の主力に合流するためルーシ経由でまずはコンスタンティノープルへ向かうが（一一〇二年）、パレスチナを目指す途中キプロスで没したとされる（一一〇三年七月十日）。これらはいずれも常善王に関するサガに記されていることであり、これをただちに史料として採用するわけにはいかないが、そうした可能性もあったと考えることはできよう。以上についてはGardzaniti, U istokov.s.275を参照。さらに同じガルザニーチによれば、その数年後の一一一〇年には、ノルウェー王シグル・マグヌソンが船でパレスティナに至り、シドン征服戦に加わったとされる。シグル王は帰路ルーシを通り、ノヴゴロド公女と結婚したという（ibid., s.275-276）。これも真偽のほどは定かでないが、一つの情報ではある。

ところでここでルーシの年代記等における十字軍一般への（第一回というだけでなく）その他の言及についてもみておきたい。まず『グスティンスカヤ年代記』の一〇九九年の項に、「この年、キリスト教徒がトルコ人の下にあったエルサレムを奪い、トルコ人を聖地から追い出した。キリスト教徒に喜びと楽しみがあった。邪教徒を聖地から根絶し、聖地を自分たちの支配地とすることができたからである。この時ローマ人はエルサレムにラテン信仰の総主教[総大司教]を任じた。それはピサの司教ダリベルト[ダゴベルト]である。キリスト生誕祭後の第二日のことであった。またアンティオキアにはベルナート［ボエモンド］を……［また］エルサレム王国［korolevstvo Ierusalimskoe］にゴデフリード［ゴドフロワ］を王につけた［koronovasha］……」という記述がみえる（*PSRL*.XL:70）。興味深い記述と言ってよいが、ただこの年代記は十七世紀の成立であり、しかもこの記述には、厳密に言えば誤りも含まれているので（たとえば、当時エルサレムを支配していたのはトルコ人ではなく、エジプトのスルタン、すなわちアラブ人であった）、ここでこれ以上立ち入ることはしない。また『チポグラフスカヤ年代記』の一二一七年の項は、通常五回目と数えられる十字軍について次のように記す。「王がウグリ［ハンガリー人］とネムツィ［ドイツ人］を率いてエルサレムへ出立し、主の墓のためにサラセン人と戦ったが、何事もなしえずに帰国した」（*PSRL*.XXIV:87、ここの「王」はアンドラーシュ二世であろう)。これも簡略な記述であり、年代記作者の記述の意図の問題はあるが、それ自体としては特別の検討を要するものではない。

年代記以外の史料で十字軍に言及するとされる史料もある。たとえば『イーゴリ遠征物語』である。そのXX‐131(木村訳八一頁)に、ガーリチ公ヤロスラフ・オスモムィスリが「遠国の異教の王[スルタン]に矢射かけたもう」とする記述がある。リハチョフなどはこれを、第三回十字軍にガーリチ公が参加して、サラディンと戦ったことを示す記述と考えるが、たとえガーリチがハンガリー、さらには西方諸国と密接なつながりを有する地方(公国)であったことを考慮に入れたとしても、『物語』自体の性格からして、これがそこまで具体的な事実を証言したと考えることができるかどうかは疑問である(この点についてはZaborov, Izvestiia russkikh sovremennikov.s.85, prim.3を参照)。

またパシュートは第一回十字軍にルーシ人が(「ポーランド人やノルウェー人」とともに)参加していたことを伝えるフランスのある史料(『エルサレムおよびアンティオキアの歴史』)に言及しているが、この記述もそのまま受け取ってよいかどうか、相当に疑問である(Pashuto, *Vneshniaia politika*.s.140-141, 329)。パシュートは「最初の十字軍[に関して伝える]年代記作者たちは、一度ならず〈ルーシの海(黒海)〉に言及している」とするが、このことが相当数のルーシ人の十字軍への参加の証明となるわけではない。またかれは本書でも後に検討する修道院長ダニールの聖地巡礼との関連で、当時のルーシが「地中海政治へ広範に関与していた」と記しているが、これについても、どのようにしてこのような判断になるのかやや理解に苦しむ。パシュートはルーシ人が十字軍について情報を得ていただけでなく、自ら参加したことまでをも主張したが、ルーシ人の十字軍への参加について直接的に言及する確実な史料は存在せず、それは少なくとも顕著な形ではなかったと考えるべきであろう。最近早坂『ベラルーシ』は、ポロツク公国とビザンツとの関係を強調する中で、一一二九年にポロツク公の部隊がキエフ大公の強制もあって「十字軍に駆り出された」と記す(一二七頁、さらに一二九、一三四、一三六頁)。しかしその根拠ははっきりしない。『キエフ年代記』(『イパーチー年代記』)六六三八年(一一三〇年)の項に「この年、ムスチスラフ[ウラジーミロヴィチ、キエフ大公]はポロツクの公たちを、かれらが十字架への口づけを破ったことのゆえに、妻子と共にギリシア人の下へ流した」とあることを(除村訳二三九―二四〇頁、*PSRL*.II:293)、上記のように解釈したのかもしれない。ポロツク公らが「流された」、つまり流刑に(追放)されたということであろうが、その具体的な理由はともかくとして、たとえそれが十字軍時代のことであるからといって、ここからかれらが「ビザンツ支援の」「十字軍」に参加したということにはならないであろう。以上ルーシが十字軍について情報を得ていたかとなれば、それには肯定的に答えることができるが、その情報の質についてはさまざまであって、いずれも慎重な取り扱いが必要であるということである。

（75） *PSRL*.II:655-656. 除村訳にこの部分はない。なおこの箇所の理解に際しては、Nazarenko, *Drevniaia Rus'*.s.637 を参考にした。

（76） *PSRL*.II:667-668. 除村訳、四九六頁

（77） ここに記したような『イパーチー』の十字軍に対する共感的な記述を、西方文献からのたんなる引用と考える研究者も存在するが（たとえば、『イパーチー』の一八四三年版刊行者など、これについては Zaborov, Izvestiia russkikh sovremennikov.s.86, prim.10 を参照。ザボーロフ自身もそう考えている）、その具体的な典拠は示されていない。本書の著者はここをむしろ年代記作者が独自に記述したものと考えたい。あるいはルーシの年代記作者がビザンツの記述者（たとえばニケタス・コニアテス）の著作を知って、そこから学んだ可能性を考えてもよいと思う。ビザンツ文人の十字軍に対する総じて好意的な評価や、とくにコニアテスがフリードリヒ一世バルバロッサを称賛していることなどについては宮城論文が論じている（「ビザンツ帝国の十字軍政策」）。

（78） これについては東バルト海方面への十字軍、およびガーリチ・ヴォルィニ地方へのそれに関する諸史料とその露訳およびコメンタリーをまとめた Matuzova/Nazarova, *Krestonostsy i Rus'*、また最近の Khrustalev, *Severnye krestonostsy* を参照。またわが国では、山内『北の十字軍』が先駆的業績である。

（79） Pashuto, *Obrazovanie* .s.401. 同様の考え方、類似の表現はその他の研究者にもみられる。Zaborov, Papstvo i zakhvat 論文などがとくにそうであるが、さらに Ramm, *Papstvo i Rus'* も教皇庁の行動のすべてが「カトリックのルーシへの拡張（拡大）」（第一部の標題）とみる立場から十五世紀までの関係史を描く。

（80） 第四回十字軍の計画から実施、コンスタンティノープル占領に至る経緯について、ここで記す必要はなかろう。さしあたり八塚『十字軍』一五六―一八九頁を参考。遠征軍の中心的人物による記述、ヴィルアルドゥワン『征服記』、クラリ『遠征記』などの邦訳もある。そこには邦訳者（いずれも伊藤敏樹）による丁寧な解説が付され、有益である。なお第四回十字軍に対するビザンツ人の見解を知るうえでもっとも重要なのはニケタス・コニアテスの『歴史』であろう（*Nicetae Choniatae Historia*、英訳 *O City of Byzantium*）。ニケタス・コニアテス、およびその書、また十字軍に対する態度については、宮城「ビザンツ帝国の十字軍政策」を参照（ただ同論文はビザンツ側が東方からのトルコ軍の侵入に対処すべく十字軍に協力姿勢を取っていることの指摘に重点がおかれており、必ずしも第四回十字軍の所業を『歴史』の著者がどう描いているかを正面から取り扱っているわけではない）。*Drevniaia Rus' v svete*...II にはコニアテスの『歴史』の露訳もみられるが（s.276-299）、一二〇四年との関連では、バルカン方面で

の「ローマ人」（ギリシア人）の反乱（一二〇五年四月、この時ラテン帝国皇帝ボードゥアンが捕えられる）以後の部分に限定されている（s.290-293）。邦語文献には中条「第四回十字軍とノヴゴロド年代記」、および延広「『ノヴゴロド年代記』に見える第四回十字軍」がある。

（81）『ノヴゴロド第一年代記（古輯）』（「シノド本」）には邦訳がある。その一二〇四年の項が『帝都征服物語』である（『古代ロシア研究』XVI、七五―七九頁、訳注八四―九〇頁。ただしここでは既述のごとく標題は付されていない）。

『物語』は同『ノヴゴロド第一年代記（新輯）』の「コミシオンヌィ本」その他にも現れるが、「コミシオンヌィ本」の場合は十五世紀の作である（*PSRL*.III:46-49;240-246）。*BLDR*.t.5, s.66-73 の『物語』テクスト（およびO・V・トヴォーロゴフによる現代ロシア語訳）は上記邦訳と同じく「シノド本」によっている。『物語』はまた『ソフィヤ第一年代記』（*PSRL*.VI-1:253-259）や『ニコン年代記』（*PSRL*.X:37-41）等の後代（十五―十六世紀）の年代記にも、さらには『エリンスキー年代記《レトピーセッツ》（第二版）』（*Letopisets Ellinskii*.T.1, s.507-510）等にも含まれている。『ソフィヤ第一』においては「神に守られし帝都の征服について」、『ニコン』や『エリンスキー』においては「神に守られしコンスタンティノスの都のフリャーギによる征服について」という標題が付されている。このようにさまざまな形で今日に伝わる『物語』の諸テクストは、それにもかかわらず、研究史上相互に大きな差異はなく、基本的には同一の版に属すもの（しかしオリジナルは伝わらない）と考えられている。なおN・A・メシチェールスキーの見解では「シノド本」は「エリンスキー」などと比較して必ずしも原初的とはいえないが、写本間の相互関係の問題についてここではこれ以上に立ち入らない。ここでは多くの場合利用される「シノド本」を基本に検討を進める（上述のとおり、諸写本間には重大な差異が認められないということもある）。また『物語』のテクスト、写本、また各版（写本）間の関係等について詳しくは、Meshcherskii, Drevnerusskaia povest'.s.122-127;Meshcherskii, Drevnerusskaia povest'...kak istochnik.s.171-177、さらにFreydank, "Die altrussische Erzählung".S.335-344, 355-359;*SKKDR*.Vyp.1, s.352-354;*Letopisets Ellinskii*. s.115, 179-180（O・V・トヴォーロゴフ）を参照。

なお翻訳としては、すでに十九世紀（一八七三年）にラテン語訳が出された（Ch.Hopf による）。訳者は『物語』をChronista Novgorodensis と名付けた。研究史上この呼び方が広く利用されたが、D・フライダンクによれば、意味が歪められている箇所が多く今日では使用に耐えないという。英訳としては一九一四年に出た『ノヴゴロド第一年代記』訳中のものがある（*The Chronicle of Novgorod*.p.43-48）。フライダンクは上記論文中に自身のドイツ語訳を付している（S.339-344）。ドイツ語訳はその後出版された年代記の独語訳中にもみられる（*Die Erste Novgoroder Chronik*.S.79-83）。

（82） Meshcherskii, Drevnerusskaia povest'.s.127-135;Meshcherskii, Drevnerusskaia povest'…kak istochnik.s.177-185; Zaborov, Izvestiia russkikh sovremennikov.s.98-107

（83） いうまでもなく、ヴィルアルドゥアン『征服記』やクラリ『遠征記』、あるいはビザンツのニケタス・コニアテス『歴史』に比してのことである。ラテン人の記述、とくにクラリの場合、略奪をむしろ誇示しているようなところがあったり、帝都制圧後「富める者にも貧しいものにも危害を加えることはなかった」とするなど、自己正当化の度合いがはなはだしいが、集められた財宝の多さを記したり、その分配に対して不満を述べたりするなど、征服時の状況を知る手掛かりが得られるという意味では相当に具体的である。なお第四回十字軍に関するビザンツ側のほとんど唯一の記述と言ってよい上記ニケタス・コニアテスの『歴史』については、上注（80）を参照。コニアテスがラテン人による帝都の破壊をどのように憤慨しているかは、『歴史』の末尾に近い「ムルツプロスとも呼ばれたアレクシオス・ドゥカスの治世」の箇所によく表れているが、その一端はかれが、イコンなどの聖物を地面に投げつけ足で踏みにじるラテン人を「敵」、「アンティクリストの露払い」と呼び、「美の女神やムーサたちのだれ一人としてこれらの蛮族により客としてもてなされたことはなかったのだ。それどころかわたしはかれらが本性からして野蛮なのだと信じている」等々と記しているところもうかがえよう（*O City of Byzantium.* p.315「573」; p.328「598」）。

（84） 「厳密」であることが必ずしも事実に結びつかないこともある。たとえば、皇帝イサク（イサキオス）二世の死を、かれの子アレクシオス四世が追放され、ムルツプロスによって投獄された前のことと描いているところなどである。これはヴィルアルドゥアン（四十八章二百二十二―二百二十三節）が父帝の死は帝都民の息子の方に対する反乱後のこととしているのと矛盾する。

（85） Freydank, "Die altrussische Erzählung".S.352-355

（86） ザボーロフは『物語』の史料的価値を高く評価する一方、かれ自身が一九七七年に編んだ十字軍ロシア語訳史料集では、その後半部を第四回十字軍にあて、ヴィルアルドゥアンやクラリ、ニケタス・コニアテスその他の諸作品を十二分に利用しながら、なぜか『物語』をあげることはしない（Zaborov, *Istoriia krestovykh pokhodov.*s.154-269）。『物語』には同書冒頭部の基本史料概観部分で言及するだけである（ibid., s.43-46）。この点はかれが一九八〇年に著わした概説書『東方十字軍』の第五部（「コンスタンティノープルの十字軍士」）においても同様である（Zaborov, *Krestonostsy na vostoke.*s.191-253）。やや理解しかねる態度といってよい。

（87） Meshcherskii, Drevnerusskaia povest'.s127-128;Meshcherskii, Drevnerusskaia povest'…kak istochnik.s.177-179

（88） Meshcherskii, Drevnerusskaia povest'.s131-132;Meshcherskii, Drevnerusskaia povest'…kak istochnik.s.180

（89）メシチェールスキーは、『物語』のルーシ人作者が十字軍士による「教会財産」（イコンや十字架、銀で覆われた柱や読経台、聖器物等々）の略奪について詳細に記述しながらも、他方でローマ異教時代からの芸術品の略奪にはまったくふれていないことを指摘する。かれによれば、これは十字軍士によるビザンツ芸術作品の略奪や破壊について詳細に記したニケタス・コニアテスとは異なる態度であった。メシチェールスキーは『物語』作者のこうした態度を以下のように説明する。すなわち第一に、作者はキリスト教徒として、異教的芸術品を「偶像」崇拝の対象と考えた結果、これにはふれなかった可能性がある。第二に、コニアテスは自身の『歴史』を帝都脱出後（たとえそれが余儀なくされたのであったとしても）、いわば身の安全が確保されたニカイアにおいて執筆したのに対し（したがってすべてを包み隠さずに記すことができた）、『物語』作者は十字軍支配下におちた帝都に留まってこれを記述しなければならなかった。つまり作者はあまりに露骨な記述を回避した（遠慮した）可能性があるとするのである。はたして『物語』の十字軍に対する「寛大」な態度の理由をこのように説明することができるのか、おおいに疑問であるが、参考までに記した。

（90）Zaborov, Izvestiia russkikh sovremennikov.s.106

（91）Meshcherskii, Drevnerusskaia povest'.s.128, 131, 133-135; Meshcherskii, Drevnerusskaia povest'...kak istochnik.s.185

（92）Zaborov, *Istoriia krestovykh pokhodov*.s.43-45. O・A・トヴォーロゴフもほぼ同様の見解を表明している（*SKKDR*. Vyp.1, s.353）。なお作者を一二〇一年に帝都を訪れたと伝えられるドブルイニャ・ヤドレイコヴィチ（後のノヴゴロド大主教アントーニー）とみる説は今では根拠薄弱として一致して否定されている（さしあたり、*SKKDR*. Vyp.1, s.353 を参照）。なおこの点については中条「第四回十字軍」一〇五頁もふれている。ただしそこではカラムジンがこの誤りを正したかのように記されるが、それは正確ではない。カラムジンはその『ロシア国家史』第三巻で第四回十字軍の帝都征服の惨劇に言及した際に、その注でノヴゴロド年代記に詳細な記述のあることにふれ、その上で「かれ［年代記作者］は自らが詳述したすべてのことを、おそらくだれかかれの同国人であろう目撃者から聞いた」と記すのみである(Karamzin, *Istoriia Gosudarstva Rossiiskogo*.T.III, s.85, Prim.k III tomu.s.64, prim.149)。メシチェールスキーによれば、ドブルイニャ・ヤドレイコヴィチが作者とされだしたのはカラムジンより後の時期のことで（一八七二年のP.Savvaitov が最初であったようである）、カラムジンは誤りを正すことができなかったことになる（Meshcherskii, Drevnerusskaia povest'.s.121)。

（93）『古代ロシア研究』XVI、八四頁。邦訳者注のこの箇所の典拠は *PSRL*.III とされるのみで、出版年、頁数などが示されておらず、いまひとつはっきりしない。おそらくは一八四一年版の編者による注か何かが念頭におかれているように推測するが、本書の著者はこの版を見ることができなかったので、何とも言えない。上記邦訳注で議論はこれ以上に展開されていないが（したがってコニアテスやヴィルアルドゥアンが具体的にどう利用されているのかも不明であるが）、いずれにせよそこでは（典拠の点で不明なところがあるが）『物語』が外から借用されたものであることが明記されている。

（94）Freydank, "Die altrussische Erzählung".S.346-351

（95）Winter, *Rußland und Papsttum*.T.1, S.72

（96）こうした主張は既述のように広くみられる。たとえば Meshcherskii, Drevnerusskaia povest'...kak istochnik.s.170

（97）山内『北の十字軍』が十二世紀中葉のヴェンデ十字軍から十五世紀における騎士修道会のルーシ攻撃に至る経過を追っている。山内によれば、本来「聖地」奪還という意味で、あくまでも防衛的な意味で行われた十字軍（この意味では、すでに第一回十字軍と時を同じくして計画されたスペインのイスラーム教徒に対する遠征も同様の性格を帯びていたという）が、異教徒の改宗を志向する攻撃的な「聖戦」へと質的転換を遂げることになったのはクレルヴォーのベルナール（一一五三年没）の思想によるものであった。そしてこれに基づいて最初に実践されたのがまさに「北の十字軍」であったとする。著者の十字軍思想の展開についての説明は説得的であるが、聖地解放の聖戦を呼びかけたウルバヌス二世においてすでに非キリスト教世界への拡張の萌芽がなかったと言えるかどうかは微妙であるように思う。少なくとも「聖地」の観念が限定的なものでなかったことはたしかである。なおロシアにおける研究状況については本章注（78）を参照。

（98）ルーシへのモンゴルの侵入については、拙著『タタールのくびき』を参照されたい。

（99）ただ『原初年代記』九一一―九一二年（六四二〇年）の項の以下の記述が、ルーシからコンスタンティノープルへの巡礼を推測させると主張する研究者がいる。この年ルーシ・ビザンツ間に条約が締結される（締結日から判断して正確には「九一一年条約」といわれるべきもの）。その際キエフのオレーグ公により使節団がビザンツへ派遣されるが、年代記はこの時のこととして次のように記している。「皇帝レオン（六世）はルーシの使者にさまざまな贈り物、すなわち黄金、錦と錦襴をもって栄誉を与え……かれらに教会の美しさ、黄金の宮殿とそれらの中にある財宝、すなわち黄金、錦と宝石、および主の受難（の聖遺物）、すなわち冠と釘と紫衣と聖者たちの遺体を示してかれらに自分たちの信仰を教え、かれらに真の信仰を示した」（邦訳四〇頁）。J・ウォートレイとC・ツッカーマンはこの引用文のとくに「主の受難（の聖遺物）、すなわち冠と釘と紫衣」の部分に着目し、これがコンスタンティノープルの宮廷付パロス（Φάρος「灯台」）聖母教会に所蔵されている聖物について述べていることを指摘する。つまり両研究者によれば、年代記作者はルーシの巡礼者のこの教会での目撃体験を基にこの部分を執筆したとするのである。二人の研究者がこうした結論を導き出した根拠にここで立ち入ることはしないが、帝都の同教会が聖遺物を所蔵するに至った経緯、全部で二十四もあるとされるそれらのうち、上記三点のみが、しかもこの順序で記されている点の意味等にふれていてきわめて魅力的な推論となっている。もとより本書の著者がこれについてその是非を判断することはできない。ただ注意すべきは、ここで問題となっているルーシの巡礼者の旅は、実は九一一年ではなく、十二世紀初頭、すなわちキエフ・ペチェールスキー修道院において年代記が編まれた頃に行われたとされていることである（つまり上記教会は先の三点の聖遺物で有名であったが、そうなったのは十二世紀になってからのことなのである）。ナザレンコはこれを受けて、この巡礼者はおそらく同ペチェールスキー院の修道士であろうと推測しているが、以上のことから結論的に言えば、年代記九一一年の項から推測される巡礼は、実は相当に遅く十二世紀の例と考えられるということである。ルーシの公式的キリスト教化以前の九一一年はおろか、その後もしばらくの間は、ルーシ人の帝都への巡礼は知られていない（パレスチナへのそれについては言うまでもない）ということが、上記諸研究者の意図するところでなかったにせよ、逆に証明された形となったともいえる（Wortley, Zuckerman, "The relics of Our Lord's Passion";Nazarenko, U istokov russkogo palomnichestva.s.284-285）。なお上記引用箇所の「冠」は言うまでもなくキリストの「茨の冠」、「釘」は十字架に打ち付けられたそれであるので、「紫衣」は邦訳のように「血に染まった衣」と訳してもよさそうではあるが、これはおそらく誤りである。ここは原語はkhlamida bagrianaiaで、高貴な色を意味する「紫色の長衣（ギリシア・ローマ風の外衣）」の意であろう。リハチョフもクロスもこれを邦訳のようには訳していない（それぞれbagrianitsaまたpurple robeの訳語を当てる）。マルコ一五・一七―二〇（またマタイ二七・二八―三一）によれば、イエスは刑場に引き出される前に「紫の（または赤い）衣」を着せられ、「茨で編んだ冠」をかぶせられて兵士らの笑いものにされた後、「紫の服」を脱がされ「元の服」を着せられて十字架へ向かったとされている。「紫の衣」が血に染まったわけではないのである。

(100)『ペチェールスキー聖者列伝』第八話（三浦訳『聖者列伝（III）』二〇九頁）。

(101) 同上『フェオドーシー伝』第八話には、さらに聖地からいったん帰り、再びそこへ向かおうとしている「数人の巡礼」の話が出てくる。このとき若きフェオドーシーは巡礼たちに同行を懇願して受け入れられるが、出発して三日後に息子の家出に気付いた母親により無理やり連れ戻されるという話である（三浦訳『聖者列伝（III）』一九九―二〇〇頁）。ここに言われる巡礼たちを、聖地へ向かうルーシ人の一団と考えるのが一般的な理解である。邦訳者も、またたとえばG・M・プローホロフなど代表的な研究者らも、そう考えている（*«Khozhenie» igumena Daniila*.s.7）。しかし本書がいまここで検討している問題（ルーシ人の聖地巡礼はいつ始まり、どのような状況にあったか）を念頭において改めて上の「巡礼」について考えるならば、そう単純に上のような結論を出すわけにはいかない。というのもここの「巡礼」たちは、厳密に言えば聖地から「帰国した」とは書かれておらず、「聖地からの者であり」（「行ってきた」とか「帰った」とか記されているわけではない）、この後そこに戻るつもりである（再び「行く」）と解することもできるように思われる。その場合ここに記されているのはルーシ人巡礼者ではなく、パレスチナ方面からルーシへ来て（しばらくルーシに滞在したかもしれない）、そこへ帰ろうとしている人々という可能性も考えなければならなくなる。かりに邦訳のとおりであるとしても、これがフェオドーシー十三歳のころ、つまりは一〇二〇年代初め頃の話であることを考慮すると、ここから当時すでにルーシ人の聖地巡礼者が相当数いたとあっさり結論づけるわけにはいかない。当時パレスチナでは狂信的と言われるカリフ、アル・ハーキム（ファーティマ朝第六代）の迫害の嵐が吹き荒れていたので、そこから逃れ、庇護あるいは喜捨を求めてルーシにやってきた者たちをフェオドーシーが見たということも考えられるのである。キエフ諸公はやがてキリスト教世界で広く信仰の庇護者として知られるようになるが（たとえばこれより大分後のこととなるが、ウラジーミル・モノマフ公は十二世紀一〇―二〇年代にレーゲンスブルクの聖ヤコフ修道院の聖堂建設のために大金を寄進していたことが知られている）、このころからキリスト教を奉じる国として東方（パレスチナのキリスト教徒）にも知られていたことはほぼ確かである（Nazarenko, *Drevniaia Rus'*.s.619）。ルーシ諸公の庇護を期待して逃れてくる者がいたと考えてもおかしくない。いずれにせよ聖者伝のこうした記述を根拠にただちに、早い段階でルーシからの「聖地」巡礼をある程度以上に想定するとしたなら、慎重さに欠けることになる。

（102）*PSRL.II:295*

（103）Nazarenko, *Drevniaia Rus'*.s.629, 754.「主の墓の端板」は、一〇〇八年九月二十八日に既述のカリフ、アル・ハーキムの命で破壊されたエルサレムの聖堂の破片の一部でもあったのかもしれない。ところでこのエルサレムから運ばれたという聖遺物との関連で想起されるのは、さらにその数十年後のノヴゴロド大主教イリヤー（イオアン、在職一一六五―八六年）の「事例」である。ナザレンコによれば、『ノヴゴロド大主教聖イリヤー（イオアン）の悪魔に乗ってエルサレムへ旅する物語』（『聖イリヤー伝』に含まれている）では、悪魔が聖人の祈りの生活を妨害しようとして庵室に忍び込んだが逆に捕えられ、聖人をエルサレムに運び、その夜のうちに連れ帰るという条件で解放されたという。これはあり得ない話であるが、ただナザレンコによれば、その後二十世紀になって、ドイツのザクセン・ヒルデスハイムの聖堂の聖器所に古くから保管されてきたノヴゴロド起源の十字架、いわゆる「エルサレムの十字架」についての説明書きが公刊され（I・A・シュリャプキンによる）、そこに「主よ、この十字架を手に入れた己が僕イリヤーをこの世において、また後の世においても助けたまえ」と読める銘のあることが記されているという。大主教イリヤー自身が何らかの方法で聖地巡礼を行ったと考える必要は必ずしもないであろう。しかしナザレンコは、大主教が数十年前の「主の墓の端板」のときのように、何らかの手段で聖器物をエルサレムから手に入れたことはありうると推測している。興味深いのは、ノヴゴロドとの関連でよく知られている「四十人の巡礼」に関する伝承であろう。ある年代記集によれば、これらの巡礼が聖地へ向かったのはイリヤー／イオアンが大主教職にあった時期のことであるという（「六六七一［一一六三／六四］年、イオアンがノヴゴロド大主教に叙任された。この時に……大ノヴゴロドの聖ソフィヤ［教会］から四十人の巡礼［40 muzh kalitsi］がエルサレムの都の主の墓へ出かけた……」）。この「四十人の巡礼」に関する伝承はその後、後述するようにブィリーナなどにも反映を見せているが（「四十一人の巡礼たち」などとされる）、イリヤー（イオアン）大主教の時代のノヴゴロドがエルサレムと何らかの結びつきを有していた可能性が考えられるといえる（Nazarenko, *Drevniaia Rus'*.s.634-636. 中村『ロシア英雄叙事詩』三六三―三八三頁）。

（104）*PDRKP*.Ch.I(*RIB*, T.6), No.2: stb.61-62(Il'ino gl.22)

（105）*PDRKP*.Ch.I(*RIB*, T.6), No.2:12.stb. 27

（106）ルーシ人にとって「聖地エルサレム」がどのような意味をもっていたのかについては、さしあたり、後述するダニールの『巡礼記』を手始めに古ルーシ文献におけるその表現のさまざまな形態を検討したM・V・ロジェストヴェンスカヤ論文（Rozhdestvenskaia, Obraz sviatoi zemli）を参照されたい。

（107）Nazarenko, *Drevniaia Rus'*.s.629-630. なお『キリクの問い』の著者とされるノヴゴロド人キリクについては、さしあたり *SKKDR*. Vyp.1, s.215-217 を参照。

（108）なおこの約百五十年後の、サライ主教フェオグノストのコンスタンティノープル総主教座へ宛てられた質問状（一二七六年）も、ここでのキリクの疑問を彷彿とさせる内容となっている。Beneshevich, *Drevne-slavianskaia kormchaia*.II, s.116, gl.17. また十世紀ブルガリアのコズマ・プレスヴィテルもボゴミール異端を論駁するその書のなかで、「ローマやエルサレムへの巡礼」を行って「世を騒がす修道士たち」のことを非難し、冒険を求めたり、義務から逃れたい一心から安易に巡礼に出ることのないよう警告を発していたが（『新たに出現した異端ボゴミールに対する論駁書』Beseda na novoiavivshuiu sia eres' Bogumilou、テクストはBegunov, *Koz'ma Presviter*.s.297-392. 該当箇所はs.351, 359-360)、コズマの著作は早くからルーシでもよく知られていた（ベグノーフは十一世紀六〇―七〇年代には知られていた可能性があると考えている。ibid., s.33)。さらに『ペチェールスキー修道院聖者列伝』の作者の一人である修道士ポリカルプもその第三十二話に次のように記し、聖地巡礼に対し慎重な態度を表明している。「わたしは聖地をめぐったこともないし、エルサレムも、シナイの山々も見たことがない。［もしわたしがそうしていたなら］文才のある人たちが飾り立てたように、この物語に美しい言葉を付け加えることもできたであろう。わたしにはこの聖なるペチェールスキー修道院……のことを除いて、なにひとつ誇ることなどないのである」（三浦訳『聖者列伝（II）』八五頁）。当時の教会や聖職者の聖地巡礼に対する疑念は相当に強かったようにみえる。そうした背景があったからこそ、ダニールの『巡礼記』がその後十五―十六世紀になって、ときに「禁書」とまではいわなくとも、しかるべき指導者の下で読まれるべき注意図書のリストに含まれるといったこともあったのである（Podskalsky, *Christentum*.S.196;Nazarenko, U istokov russkogo palomnichestva. s.291)。これはあながちこの『旅行記』にときにみられる聖書外典的記述の故だけではないであろう。聖地への巡礼自体が後代の教会当局の警戒心を呼び起こしたと考えるべきであろう。一方、聖地巡礼がキリスト教徒にとっていわば憧れであり人生の目的であるという側面も当然のことながらあった。エルサレムは多くのキリスト教徒にとって清浄な地であり、であるからこそ既述のごとく、若きフェオドーシーも「聖地」へ向かう人々の一団に身を投じようとしたのであった。また後述するように、修道院長ダニールもエルサレムで感涙にむせんだのである。こうしたキエフ教会の聖地巡礼に対するアンビバレントな態度（それは言うまでもなくルーシ教会にだけみられるというわけではなかったが）、さらにはルーシにおける「巡礼」行動の背後にある諸問題全般については、さしあたりNazarenko, U istokov russkogo palomnichestva 論文をあげておく。

（109）なお史料というわけにはいかないが、先にもふれたようにブィリーナのなかにも聖地巡礼に言及するものがある。「巡礼の旅に出るワシーリイ」や先にもふれた「四十一人の巡礼たち」であるが、とくに後者では北ルーシからキエフ経由でエルサレムへ向かう四十一人の巡礼団のことが描かれている。かれらは出発に先立って、聖地詣の完遂と頭領（アタマン）への絶対服従を「誓う」のである。興味深いのは、かれらは道中の正しき行い（「盗まず、嘘をつかず、色欲にふけらず」）を誓う一方、キエフ大公の館を訪れた時には「飲んだり食べたり浮かれたり」と奔放で、集団で気勢を上げるその姿に大公は「肝をつぶし……腰をぬかし」、大公妃は「恐ろしさのあまり身ぶるい」するといった有様であった。ブィリーナの伝えることをそのままに受けとるわけにはいかないが、後代のロシア人の「巡礼」に対する意識が垣間見えるようで興味深い。「魂の救い」を求めて聖地へ向かうとされる一方で、奔放な旅が場合によっては乱暴「狼藉」に転化する危険性が正確に認識されていたように思われる（中村『ロシア英雄叙事詩』二四一―二五八、三六三―三八三頁。井桁『ロシア民衆文学　中』では「ヴァシーリイ・ブスライェヴィチの死」のなかで、ヴァシーリイが「三十人の従士」とともにエルサレムを目指すとされている。同二六二―二七八頁）。なおB・A・ルィバコーフはさらに別のブィリーナ「邪教徒イードリシチェ」のある版（帝都関連版）にエルサレムへ向かう巡礼の一団への言及のあることにふれ、これを第一回十字軍と関連づけている。エルサレム巡礼を無事果たしたボガトゥイル（勇士）の巡礼イヴァーニシチェは、帰路帝都コンスタンティノープルに立ち寄るも、そこで乱暴狼藉を働くイードリシチェ（「巨大な偶像」といった意味をもつ。おそらくペチェネグやポロヴェツなどの遊牧民を象徴的に表現している）との戦いを避けてしまう。これを咎めたブィリーナの英雄イリヤー・ムーロメッツが巡礼の装束をまとってイードリシチェの輩と戦い、これを滅ぼして皇帝「コンスタンティノス・ボゴリューボフ（ボゴリューボヴィチ）」から褒美をもらいキエフに帰還するという筋書きになっている。英雄譚としては興味深いがこれを史実と関連付けて考える必要はあるまい。ルィバコーフにときにみられるやや抑制を欠いた議論の一つであるように思う（Rybakov, *Drevniaia rus'.Skazaniia*...s.112-113. なお中村上掲書にも「イリヤーと邪教徒イドリシチェ」は所収されているが（一〇七―一二四頁）、これはいま紹介したのとは異なる版（ルィバコフ的に言えば「キエフ版」）であり、そこにはイヴァーニシチェ、そのエルサレム巡礼、ビザンツ皇帝などはまったく出てこない。また井桁の書では、これとも異なるテクストに基づく「イリヤー・ムーロメッツとイードリシチェ・ポガーノイェ」が所収されているが、そこでは重い勇士の杖をもった巡礼イヴァーニシチェが登場するが、基本的には「キエフ版」テクストと同じであり、エルサレムやビザンツ皇帝には言及がない。同一五〇―一五四頁）。

（110）以上については *SKKDR*.Vyp.1, s.147-148（E・M・ヴォローノフ）を参照。

（111）Nazarenko, *Drevniaia Rus'*.s.632-634

（112）Baumgarten, "Généalogies et mariages occidentaux". p.32, Table, VIII;*SKKDR*.Vyp.1, s.147; 早坂『ベラルーシ』一三八頁

（113）とくにルィバコフは一連の仮説を提唱している。たとえば、ダニールはパレスチナから戻った後、国境の町ユーリエフ（現ベーラヤ・ツェールコヴィ、キエフの南方ロシ河畔）の主教に任じられ、ルーシの対ポロヴェツ遠征についての物語（「一一一一年のシャルカン遠征物語」Skazanie o Sharukanskom pokhode 1111 g.）を執筆したとする仮説などである（Rybakov, *Drevniaia Rus'.Skazaniia.*

s.115-124)。

(114) ダニールの人物像を含め、かれの『巡礼記』に関する本書での考察は、主に *SKKDR.*Vyp.1, s.109-112（O・V・トヴォーロゴフ）; Seemann, *Die altrussische Wallfahrtsliteratur.* S.173-204; Podskalsky, *Christentum.* S.196-200; Gardzaniti, U istokov に依拠している。また松木「ロシア人の東方聖地『巡礼』」一六六―一七三頁も参考になる。『巡礼記』のテクストは、*BLDR.*t.4, s.26-117;«*Khozhenie*» *igumena Daniila.*s.14-135（ともにG・M・プローホロフによる校訂と露訳）を利用した。引用は後者からなされる。なおプローホロフは双方において解説とコメンタリーも執筆している（*BLDR.*t.4, s.584-599; «*Khozhenie*» *igumena Daniila.*s.5-13, 135-159）。『巡礼記』のテクストは、ほかにも Maleto, *Antologiia khozhenii.*s.163-208（マレートによる校訂、解説、注釈）、*PLDR.XII vek.*s.24-115, 627-645（校訂、翻訳、コメンタリーはプローホロフ）、さらに *Kniga khozhenii(SDRL)*, s.27-79, 204-254, 387-396（校訂、翻訳、コメンタリーはN・I・プロコーピエフ）、その他多くの古ルーシ文学読本類にも見られる。

(115) ソヴィエトの研究者Iu・P・グルシャコーヴァによれば、最初の本格的な研究者M・V・ヴェネヴィーチノフがこうした見解であった（一八八三―八五年）。グルシャコーヴァ自身もこれをもっとも説得力ある見解としつつ、さらに歩を進めてダニールのエルサレム滞在を一一〇四年ないし一一〇五年と推測している（Glushakova, O puteshestvii igumena Daniila.s.80-83）。

(116) «*Khozhenie*» *igumena Daniila.*s.10（プローホロフの序文）。マレートなどは依然として一一〇六―〇八年と考えているが、これは上述のとおりM・V・ヴェネヴィーチノフに従ったものである（Maleto, *Antologiia khozhenii*, s.28, 46, prim.11）。

(117) 正確には一四九本（Seemann, *Die altrussische Wallfahrtsliteratur.*S.448-449）。ただしかれの写本の取り扱い方にはA・ポッペの批判がある（*SEER.*57-2(1979), p.274-278）。一方マレートのように一五九本を数える研究者もいる（Maleto, *Antologiia khozhenii*, s.28）。なおゼーマンは比較の材料として他の諸作品の写本現存状況について記している。参考のためそれも紹介しておこう。それによれば『巡礼記』を上回る写本が知られているのがボリス・グレープ伝（その中の『物語と受難と頌詞』、通常『物語』と略記される）で、百七十本以上ある。イラリオンの『律法と恩寵に関する説教』は四十四写本、『流罪人ダニールの祈願』十五本、『ルーシの地の滅亡の物語』二本、『キエフ・ペチェールスキー修道院聖者列伝』は六十―八十本ほどでしかないという（ibid., S.173, Anm.1）。ダニールは非常によく読まれた作品であったといえよう。

(118) 十五世紀末の写本 RNB, Q.XVII.88, 1495 g.ll.1-46

(119) 本文中に記すテクストの頁数は «*Khozhenie*» *igumena Daniila* のそれを表すが、偶数頁がテクストで、奇数頁はその訳文（現代露語）となっている。以下同様である。

(120) ここでダニールが不可欠と記した「言葉の知識」が何語であったかはわからない。パレスチナではアラム語、ギリシア語、ヘブライ語、アラビア語など実に多くの言語が話されていた。十字軍時代には当然ラテン語も候補となって来よう。正教徒であったダニールの場合、まずはギリシア語が不可欠であっただろう。ただV・V・ダニーロフによれば、ダニールにはある程度のギリシア語能力があった（本書の著者にはダニーロフは当時のキエフのルーシ人聖職者らのギリシア語能力をやや過大に評価していると思われるが、事実としてダニールの『巡礼記』には三十二のギリシア語の使用例が指摘できるという。それも後代の写筆者の手によるものではないという）(Danilov, K kharakteristike "Khozhdeniia".s.94 -98)。もしそうだとすれば、ここで通訳が必要といわれる「言葉」はギリシア語というよりは、現地のキリスト教徒の言語であったかもしれない。ラテン語の通訳であった可能性もある。ところでここで本書の著者は『巡礼記』の著者ダニールがルーシ人であることを前提としているが（かりにギリシア出身の聖職者であったなどということになれば、通訳問題もまったく別様に考えなければならない）、これまでこの点を問題とした例を著者は知らない。

(121) E・I・マレートはダニールを含むその他のルーシ旅行者の、聖地パレスチナを含む各地への旅行の経路（また交通手段、距離、所要日数等）について、概括的に検討している (Maleto, *Antologiia khozhenii*.s.84-127)。ダニールの記す各地間の距離（露里数）に関してのみみておくと、マレートは、コンスタンティノープルからパレスチナのティベリアス海（ガリラヤ湖）に至るダニールが記す距離の合計を一七三〇・五露里と算出し、これが十九世紀の計算（一八四一・五露里）に比し三％の誤差に留まっており、記述はおおむね正確であると結論づけている (ibid., s.107-110)。

(122) Seemann, *Die altrussische Wallfahrtsliteratur*. S.177

(123) ゼーマンによれば、ルーシから帝都までの経路については、その後十四世紀までの他の旅行記においても、記述されることはなかった。たとえば、一二〇〇年頃のノヴゴロドのアントーニー（ドブルィニャ・ヤドレイコヴィチ）、一三四八／四九年のノヴゴロドのステファン、一三八九—九一年頃の『聖なる地、コンスタンティノープルについての物語』、一三九一—九六年頃の書記アレクサンドルなど、いずれの場合も経路についての記述はないという (Seemann, *Die altrussische Wallfahrtsliteratur*.S.177, Anm.14)。これを最初に記述したのは十四世紀のスモレンスクのイグナーチーであるが、かれはモスクワ府主教ピーメンにつき従って帝都へ旅した時のこと（一三八九年）を日記風に書き綴っている（これについては田辺「イグナーチーの旅」が紹介している）。

それによると一行はモスクワから南下、オカー川からドン川へ出、それを下ってアゾフ海から黒海に出、小アジアのシノプに渡り、そこから帝都に至ったという。また松木「ロシア人の東方聖地『巡礼』」は、ダニール以外にも、コンスタンティノープルに旅したアントーニー、ステファン（この二人はノヴゴロド人）、そして十五世紀モスクワのゾシマ（ゾシマの場合は聖山アトス、さらにパレスティナへも足を延ばしている）の例を紹介しているが、アントーニー以下は経路についてはともかくとして、コンスタンティノープルの町自体については、とりわけソフィア聖堂を中心として詳しく描写しているという。

(124) ダニールはボードゥアン王と二度接触している。最初はエルサレムからガリラヤへ足を延ばそうとして、ダマスクス方面への遠征へ出立する国王に同行を求め許されたときのことである。かれの懇願に対し王は快諾したが、その時のことは以下のように記される。「かの公［ダニールはボードゥアンの称号を「公 kniaz'」や「ツァーリ（王）」と記す。ルーシの慣行に従ったのであろう］はわたしが同行することを快諾し、わたしに［護衛として］自分の兵をつけてくれた。そこでわたしは大きな喜びとともに乗って行く馬を手に入れた。このようにしてわたしたちはかの恐ろしい土地を王［ツァーリ］の軍勢とともに恐怖も損失もなく通り過ぎた」（*«Khozhenie» igumena Daniila.s.92*）。二度目は、『巡礼記』の末尾におかれた「天の光について。いかにそれが主の墓に降りてくるか」と題された箇所に記されている。それによると、ダニールは大金曜日（聖受難日）にボードゥアン王のもとに行ったという。そのとき王は「卑しきわたしを見ると、わたしをそば近く来るようにやさしく招かれ、次のように言った『ルーシの修道院長殿よ、何がお望みかね』。かれはわたしをよく覚えており、わたしを大いに愛しておられた。というのもかれは善良かつ心穏やかな、傲るところのない方であったからである。わたしは答えて言った。『わが公、わが主よ！ 神とルーシの公たちのためにお願いします。わたしが主の墓に全ルーシの地の名においてわたしの灯明［ダニールは香炉 kandilo と記す］を置くことをご命じください！』［この懇願に対し］かれはおごそかにそして愛情深くわたしに灯明を主の墓に供えるよう命じられ、わたしをご自身の身分の高い従者とともに聖復活［聖堂］の管理人のもとへ、すなわち聖墳墓の鍵番のもとへ行かせた……」。ダニールはかくてボードゥアン王の格別の好意により灯明を捧げることができたのであったが、王の好意はこれに止まらなかった。翌「大土曜日」に聖墳墓教会へ向かう際のこと、無数の人々が押し掛け進むのが困難なときにも、王は「聖サヴァ修道院院長と卑しきわたしに側近く並んで歩くよう、他の修道院長や修道士らにはご自身の前を、また従者［druzhina］らには後ろを歩くように命じられた」という（ibid., s.124, 126）。

(125) Danilov, K kharakteristike "Khozhdeniia".s.92-94

（126）Glushakova, O puteshestvii igumena.s.83-85

（127）*Istoriia Russkoi Literatury.*T.I.s.85(Gl.vtoraia.Literatura vtoroi poloviny XI-pervoi chetverti XII v.)

（128）ただこうした視点が研究者にとって相当に魅力的であったことは、パシュートのような代表的研究者ですら類似の見解を表明していることからもうかがえる。Pashuto, *Vneshniaia politika*.s.141-142. 松木（「ロシア人の東方聖地『巡礼』」一七二―一七三頁）も外交目的の可能性を肯定的に考えている。しかしもちろんこれに対し慎重な立場をとる研究者もいる。たとえば、M・A・ザボーロフやM・ガルザニーチである（Zaborov, Izvestiia russkikh sovremennikov.s.91-92;Gardzaniti, U istokov.s.276-277）。本書の著者はこの点では後者の見解に賛成したい。

（129）Pashuto, *Vneshniaia politika*.s.141

（130）以上の本書の著者とはいささか異なったニュアンスではあるが、かつてV・L・ヤーニンも、ダニールが諸公名を列挙した際に、当時（リューベチ諸公会議後）のルーシ諸公間関係の基礎にあった「年長制」starshinstvo 的秩序を念頭においていたことを主張したことがある。すなわちヤーニンによれば、ダニールが『巡礼記』の末尾で挙げた諸公は、写本によって異同があるが、原初的には全部で九名で、その列挙の順序は大公スヴャトポルク、続くウラジーミル・モノマフにはじまり、最後のミンスク公グレープ・フセスラヴィチにいたるまで、十二世紀初頭の「年長制」的順序に忠実に従ったものであるという。ヤーニンはダニールが聖地において「全ルーシ」の代表として振る舞っていることをこのような形で強調したのである（Ianin, Mezhdukniazheskie otnosheniia 論文を参照）。

（131）三浦訳『聖者列伝（IV）』一二二―一二五頁

（132）『原初年代記』邦訳三〇四頁。なお『聖者列伝』第二十話にも剃髪のことは記されているが、こちらはそもそもが「公」でありながら自発的に修道士となったスヴャトーシャを称える話なのである。

（133）残念ながら *Drevniaia Rus' v svete*...IV には含まれていない。ここでの紹介は Nazarenko, Pravnuka Iaroslava Mudrogo.s.255-256; さらには Nazarenko, *Drevniaia Rus'*.s.643-647 によった。

（134）以上については、Zaborov, Izvestiia russkikh sovremennikov.s.94-98;Gardzaniti, U istokov.s.293-295 が参考になった。

（135）Danilov, K kharakteristike "Khozhdeniia" 論文は、「ルーシの地の」愛国者としてのダニールの人物像を強調するが、かれがビザンツ文学の伝統の上に立っていることを前提として議論を展開している。なおビザンツにおける聖地巡礼記（旅行記）については、根津「12世紀ビザンツ文人の聖地旅行」が参考になる。

(136) Seemann, *Die altrussische Wallfahrtsliteratur*.S.195-198

(137) Gardzaniti, U istokov.s.313-315. ガルザニーチはさらに続けて多くの想定される作品をあげ、ダニールの記述の特徴をこれらの諸作品を背景におきながら分析しているが、ここでそれを辿ることはできない。なお根津（「12世紀ビザンツ文人の聖地旅行」一五四頁）もビザンツ人がカトリック圏の人々ほどには聖地を目指さなかった理由の一つとして「新しいローマ」、「新しいイェルサレム」理念のあることにふれている。

(138) 以下はNazarenko, U istokov russkogo palomnichestva.s.294-297; Nazarenko, *Drevniaia Rus'*.s.619-627によった。

(139) エゲリアの『巡礼記』については、さしあたり足立「古代末期のキリスト教巡礼」を参照。

(140) 根津「12世紀ビザンツ文人の聖地旅行」論文を参照。

(141) 『十一―十七世紀ロシア語辞典』によれば、この語の初出は十五世紀第一四半期である。*SRIa.XI-XVII vv.* t.16:160-161. ナザレンコはとくにふれないが、ロシア語で「巡礼者」を意味する語にはさらにkalika（ないしkaliki perekhozhie）がある。ただこれも同辞典によれば、十五、十六世紀以前には検証されないようである（ibid., t.7:36）。こちらは語源的にはkaleka（トルコ・ペルシア語のkalak,「不具者」）や、kaliga（中世ギリシア語などから来た巡礼の履く靴を意味する）などと結び付けて考えられている（Fasmer, *Etimologicheskii slovar'*.II:166-167）。

(142) ナザレンコによれば、ゼーマンはかつてダニール『巡礼記』の一連の写本の表題にpalom'nikが現れることを指摘したが、ナザレンコはそれが第二版の諸写本についてのみ当てはまることであり、したがって十五世紀以前ではないとしてこれを退ける（Nazarenko, *Drevniaia Rus'*.s.626）。

(143) ルーシでも後代になってpiligrimyの語が用いられるようになるが、これはイタリア語pellegriniから、相当の変形を加えられながらドイツ語へ、そしてそこからロシア語へ入ったと考えられる（Fasmer, *Etimologicheskii slovar'*.III:261-262）。

(144) ナザレンコによれば、A・N・プィピンからN・K・グッズィーにいたる文学史家、I・I・スレズネフスキーやA・プレオブラジェンスキー、M・ファスメルら言語学者や語源学者らの多くが、ルーシ人巡礼者もシュロを持ち帰ったと考えている（Nazarenko, *Drevniaia Rus'*.s.620-621）。比較的最近のマレートも同様に考えている（Maleto, *Antologiia khozhenii*.s.3）。

(145) *SRIa.XI-XVII vv.*t.14:136によれば、pal'maは一四九九年の「ゲンナージー聖書」中に現れるという。しかし第一にそれが相当に後代のことというだけでなく、この聖書自体、基本的にはラテン語（ウルガータ）からの翻訳書であるので、これを古ルーシに根差した語とみるわけにはいかない。つまりルーシにはこの語は本来的には存在しなかったと言えるように思う。

(146) 訳文のテクストは *Drevniaia Rus' v svete*...IV, s.181-183 である。ラテン語原文は Nazarenko, *Drevniaia Rus'*.s.586-589;Nazarenko, Neizvestnyi epizod.s.78 にみられる。なお本書の以下の記述は基本的には、ナザレンコの一九九三年論文（Nazarenko, Neizvestnyi epizod）およびその後の著書 Nazarenko, *Drevniaia Rus'*.s.585-616（第十三章）に依拠するが、あわせて一九九九年のV・A・クーチキン論文（Kuchkin, Chudo sv.Panteleimona）をも参照した。クーチキンはナザレンコの一九九三年論文を高く評価する一方で、具体的な諸論点について独自の批判的見解を提唱している。本書ではクーチキン説を十分に考慮することはできなかったが、そのいくつかの点にかかわる主張は注記して補う。

(147) 以上については Nazarenko, *Drevniaia Rus'*.s.593-600 に詳しいが、Litvina/ Uspenskii, *Vybor imeni*.s.564 もこれを簡潔にまとめている。

(148) Moshin, Russkie na Afone.(IX):s.79-82, (XI):s.38 sl.;Solov'ev, Istoriia russkogo monashestva.s.143-144

(149) *GVNP*（「大ノヴゴロドおよびプスコフ文書集」）, No.82(s.141). これを同文書集の編者は一一四六－一一五五年の文書と推測しているが、ヤーニンやナザレンコは一一三四年の交付と考えている。なおヤーニンによれば、この文書は上記テクストとは異なるより完全な版では、修道院設立に言及する次の文章を含むという。「そしてわれらは聖パンテレイモンにたいし修道院を設け、そこに院長としてアルカージーを任じた」。換言すれば、この文書は修道院設立文書でもあったことになる（これについては Nazarenko, *Drevniaia Rus'*.s.595-596 を参照）。一方、すでに十一世紀四〇年代に建立されたと考えられるキエフ聖ソフィヤ聖堂のフレスコ画に聖パンテレイモンを描いたものがあるという（Vysotskii, *Drevnerusskie nadpisi*.s.39, 41, 91-92, 134）。これを聖人の崇拝がすでに十一世紀にルーシに広がっていた証拠とみることができるかどうかは判断が難しい。ナザレンコはフレスコ画上のパンテレイモンに関連する四つのグラッフィティ（掻き文字）のうち聖人への祈りの文言（「聖なるパンテレイモン様、己の僕を憐れみたまえ」など）が記されるのは十二世紀の二つ（Vysotskii, op.cit.No.47-48, s.91-92, Tabl.XLV, XLVI）でしかないことを指摘して、これを根拠に聖人崇拝が十一世紀の段階で普及していたと考えることはできないとする（Nazarenko, *Drevniaia Rus'*.s.594）。

(150) Nazarenko, *Drevniaia Rus'*.s.596

(151) ムスチスラフ・ウラジーミロヴィチのノヴゴロド公在位期間については、さしあたり『原初年代記』一〇九五年の項への訳者注11（五〇二頁）を参照。ナザレンコは最初のノヴゴロド公在位期間は一〇九一－九五年、二度目が一〇九六－一一一七年と考えている（Nazarenko, *Drevniaia Rus'*.s.549, 590）。

（152）北東ルーシのウラジーミル大公ヤロスラフ・フセヴォロドヴィチの妻フェオドーシヤ（剃髪後はエフロシニヤ）はノヴゴロドで亡くなり、ユーリエフ修道院に葬られた。ノヴゴロドには長子のアレクサンドル（ネフスキー）が公として君臨していた。*PSRL*.III:79;『ノヴゴロド第一年代記（古輯）』一二四四年（『古代ロシア研究』XVIII、二七頁）。拙稿『タタールのくびき』三一〇頁参照。

（153）奇跡譚に描かれる事態の推移に関する以上のごときナザレンコの見解に対し、クーチキンは独自の立場を表明した。部分的にはすでに記したが、ここで補っておくと、まずムスチスラフの重傷とその奇跡的回復は、クーチキンによれば一〇八〇年代末―九〇年代初、かれが十三―十六歳の時期のこと（ノヴゴロド公位即位後、しかし結婚する前）であった（ナザレンコは一〇九八年頃、子のイジャスラフ誕生直前とする）。クーチキンはまたイジャスラフ＝パンテレイモンの誕生を十二世紀初のことと考えており、これをムスチスラフの奇跡的回復と直接的に結びつけてはいない。次にギーダの聖地巡礼であるが、それはウラジーミル・モノマフの再婚（クーチキンは既述のごとく、モノマフがすでに九〇年代後半、おそらくは一〇九七年に二度目の妻を迎えたと考える）の前、したがって遅くとも一〇九〇年代半ばには行われていたとする。これを第一回十字軍と重ね合わせたナザレンコの説は、戦闘で混乱した時期に一人の女性が聖地へ赴くことなど考えにくいという理由一つからみても受け入れられないとする。ただ本書の著者には、かの女が一人で旅立ったと考える必要はなく、むしろ相当数の護衛やお付が従っていたと考えるのが適切のように思われる。また聖地巡礼を第一回十字軍、従ってエルサレム解放以前と想定することにも不自然な点があると考える。

結語

本書を終えるにあたって、改めてその内容を要約することは控えたい。ただやや長くなりすぎた。それゆえ本書が全体として目指してきたところについて簡単に振り返ることにする。その上でキエフ時代が後世にもたらした最大の遺産と著者が考える点を明らかにし、こうした遺産を核とする「キエフ・ルーシ」の歴史がその後のロシアやウクライナの人々によりどのように受け取られたのかにふれて、本書全体の結語としたい。

本書は古ルーシ史の根本史料である『ロシア原初年代記』(『過ぎし年月の物語』)を繙きながら、従来とは異なる視点からキエフ・ルーシの歴史について考察することを目的とした。これまでキエフ・ルーシ史は南北に走る交通路(「ヴァリャーギからグレキへの道」)を主軸に据えて論じられて来たと言ってよい。本書はこの視点を問題と考えるものではない。ルーシがこのルートのそれぞれ起点にあたる、北のスカンディナヴィア、また南のギリシア(ビザンツ)との密接な関係の中で歩んできたことは否定すべくもない。ただこの視点からは十分にみえてこなかった側面、すなわち東西の交通路(「ドイツからハザールへの道」)に改めて注意を向けたいと考えた。これが本書の目指したところであった。キエフ・ルーシがこれまで考えられてきた以上に東西、とりわけ西方諸国、諸地域との密接な交流の中でその歴史を始め、成長してきたこともまたたしかな事実であると考えたのである。

ルーシ・西方関係の重要性への注目こそが本書の基本的な立場である。その意味で本書はロシア史の根本問題と言ってもよい「ロシアとヨーロッパ」の初期段階におけるありようを考える一つの試みであった。(1) 西方との関係については本書の全編を通じて強調されたが、とりわけ「ルーシ」の語のラテン史料における使用状況（第二章2）、ルーシにおけるキュリロス・メトーディオス伝統受容の問題（第三章）、東西の道それ自体の探究（第四章）、オリガ公妃の洗礼に際してのドイツ王との接触（第五章）、キエフ公ヤロポルクのカトリックへの傾斜（第六章）、ウラジーミル聖公による「ルーシの洗礼」の状況とそのキリスト教の性格、また聖ブルーノのキエフ訪問（第六、第七章3）、ヤロスラフ賢公期における西方諸国との多様かつ密接な関係、とりわけ西方諸家門との姻戚関係の締結（第八―第十章）、そして十字軍前後の時代におけるルーシの対西方（カトリック）観（第十二章）などの諸論点とのかかわりにおいて可能な限り立ち入った分析を試みた。ウラジーミル・ヤロスラフ両公治世を中心とした時期のルーシ・スカンディナヴィア関係の問題（第十章1）もいうまでもなくその重要な一環を占める。

その結果、後の時代のロシアに広くみられ、ロシア的特徴をともなった反カトリック、また反ヨーロッパ的な態度は、キエフ・ルーシにおいてはそれほど顕著でなかったことが確認された。ルーシはむしろ、キリスト教文化圏の一体性を疑うことなく、それ自体が形成途上にあったヨーロッパの東端に位置しそれを構成する一要素として、自らの歩みを始めたとみることができる。こうした状況は一〇五四年における東西両教会の分裂（「シスマ」）後も変わらずに続いた。このときの教会「分裂」がルーシ社会に少なくともその時点で大きな影響を与えたとみることはできない。古ルーシに反カトリック的な思潮がなかったというのではない。カトリック批判の文献はルーシにおいても生み出されたのである。しかしルーシ教会当局（指導層はギリシア出身の聖職者であった）と世俗権力との間には、その態度において顕著な相違があり、ルーシ社会は正教会の立場から一定の距離をおいていたことが明らかになった。カトリック勢力の主導で行われた十字軍に対する態度においても同様のことがいえる。ビザンツでは、十字軍に対しては警戒心をもって対応するという側面があった。他方ルーシでは聖地解放を実現した十字軍はむしろ歓迎され、十字軍兵士の勇敢な戦いは称賛すらされたのであった。その矛先をコンスタンティノープルへ向けた第四回十字軍でさえ（一二〇四年）、ルーシの観察者にその対西方観を改めさせる決定的な契機とはならなかった。むしろルーシ人は十字軍による聖地解放を好機として、喜び勇んで聖地への巡礼に旅立ったのである。状況が大きく変わるのはドイツとリヴォニアの騎士修道会やハンガリー王国が北方と西方からルーシ領を脅かし始めたときのことであった。とりわけ北西方からの「北の十字軍」の攻撃が、やがて南東方面からルーシを侵すこととなるモンゴル人の脅威を利用する形で行われたことが、ルーシの態度に重大な変化を与えたと考えられる(2)。それ以後のルーシ（ロシア）国家と社会の変質過程の検証は本書が課題とする範囲の外になる。

いずれにせよキエフ・ルーシが独自の精神文化を築き始めたその時代に、ビザンツはいうまでもなく、それと一つの宗教文化圏を構成していたと考えるべき西方諸地域との間で多様な関係をとり結んだことは、ルーシ人の精神と文化に基本的な性格を与えることとなった。このことがその後のルーシ（ロシア）社会の発展にとって重要な意味をもたなかったと考えるならば、それは非歴史的のそしりを免れないであろう。

このようにキエフ・ルーシが自らキリスト教文化圏のなかに身を置いたことが決定的であった(3)。キエフ時代の後世への最大の遺産はこの点と関係していたと著者は考えている。この点をさらに具体的に見てみよう。

ルーシはキリスト教を導入したが、それはルーシがたんにキリスト教国となったことを意味したのではなかった。ルーシ人がキエフ時代にキリスト教徒そのものとなり、やがて自民族をそのように表現するようになったことが重要なのである。これは他の国々の場合にはみられない特徴的な出来事であった(4)。

ルーシが周辺諸族との緊張関係のなかでその歴史の歩みを始めたことは、他の諸国・諸民族の場合と同様である。

ルーシにとっての容易ならぬ抗争相手はとりわけ南方のステップ諸族であった。当初この対立は「定住民」対「非定住(遊牧)民」のそれであった。しかしルーシがキリスト教化して以来、ルーシ人にとってそれはキリスト教的「ルーシ」対「異教徒」の戦いとなった。古ルーシ文学の最大の関心事はルーシ諸公の「異教」的ステップ諸族との一致した戦いであり、諸公への団結の呼びかけがその中心的な使命であった。この呼びかけは『原初年代記』をはじめとする諸年代記から、十二世紀末の『イーゴリ遠征物語』にいたる諸作品に一貫して認められる。「ルーシの地」を守ることは「キリスト教徒」を守ることにほかならなかった。宗教的契機が民族・国家的な自覚の形成を促したのである。このことは中世においてはある意味一般的であったといえる。しかしルーシではこの点がとくに強く現れた。ルーシにおいてはキリスト教こそがルーシ民族を支える本質的契機となった。「ルーシ(ロシア)人」すなわち「キリスト教徒」という観念が形成され始めたのである。「ルーシ人」は「キリスト教徒」と自称した。[5]

これは他の正教世界の国々にはみられない特徴であった。たとえば、中世ブルガリアの場合、その存在と政治的自立を脅かしたのは、遊牧諸族もそうであったが、むしろほかならぬ正教の本家本元であるビザンツ帝国であった。ブルガリア人はビザンツの圧力に抗して生きることを余儀なくされた。かれらはキリスト教徒ないし正教徒と自称して済むという状況にはなかったのである。

ルーシ人とキリスト教徒を同義とみる以上のような傾向は古ルーシ語そのものの分析からも裏づけられる。古ルーシ語ではキリスト教徒(khristianin、〈khresteiani〉)はルーシの民そのものを指す語であったが、それはやがて農民(krest'ian)をも意味するようになった。このことは、当時諸公や貴族、そしてまださほど多くはなかった教会人(聖職者)を除くと、実質的にルーシ国家のほとんど全構成員がキリスト教徒と呼ばれるにいたったことを意味している。より厳密に見ておこう。「キリスト教徒」の語が「農民」をも意味するものとして使われたもっとも早い例は、十四/十五世紀に確認される。[6]しかしこうした変化はさらに遡ってすでにキエフ時代に起きていたと推測することができる。先に（第十二章）検討した『聖地巡礼記』の著者ダニールは、聖地の聖墳墓教会や聖サヴァ修道院において五十回も聖体礼儀（リトゥルギヤ）を挙行してもらったが、それは「ルーシの諸公とすべてのキリスト教徒のため」であったと記している。ダニールはまた、自分が「ルーシの諸公、公妃がた、そのお子たち、主教と修道院長がた、さらに貴族、わが霊の子ら、またすべてのキリスト教徒のことを一度として忘れたことはなかった」とも記す。[7]ここでダニールが「すべてのキリスト教徒」と書き表すのは、キリスト教徒一般、世界中のキリスト教徒のことを言っているわけではない。「ルーシの諸公……主教……貴族ら」と並置しているところからもわかるように、「ルーシの人々」のことを念頭においているのである。ダニールの時代にすでに「キリスト教徒」という語で「ルーシ人」を指す用法が成立しつつあったとみることができる。また『イパーチー年代記』一一四六年の項では、イジャスラフ・ムスチスラヴィチ公（ウラジーミル・モノマフの孫）らの部隊がノヴゴロド・セーヴェルスキーを攻めた際に、「おのれの射手らを、キリスト教徒をもベレンデイ人をも、町に向かって進ましめ……戦い始めた」と記される。[8]ここでは「キリスト教徒」が「ルーシの人々」を指すことは明白である。それは援兵（ないし傭兵）であるテュルク系ベレンデイ人と対比的に記されているからである。このことは同年の項の前の方で、上記イジャスラフ公が「荒野でキリスト教徒もまた異教徒をも集め、かれらに言った……」と記されているところからも明らかである。[9]つまりここでの二つの引用は、「キリスト教徒」が、かれらが信奉する宗教（信仰）と同時に、民族としての「ルーシ人」をも表すに至っていることを示している。

キリスト教が基本的なアイデンティティとなったのは、中世カトリック圏でも同様である。とりわけアラブ人イスラーム教徒の攻勢が深刻な脅威となった八―十世紀には西方諸国に一種の共通の宗教意識が形成されてきた。「キリスト教世界」christianitasという観念はそうしたものであっただろう。ただそれは個々の民族的主張、いわんやその政治的主権とは相いれない超民族的観念であった。これはルーシの場合とは決定的に異なっていた。ルーシではキリスト教こそが民族的（そしてやがて国家的）自覚を促し強化する主要な要因となったのである。この観念は、本書が考察の対象とした時代の後のこととなるが、キエフ時代の後半（十二世紀中葉以降に）にとくに強められた。異民族の侵入が激化し、キエフ大公権の弱体化、キエフ国家の政治的分立状態が決定的となった時期のことである。キエフ府主教を頂点とする教会組織のみが「全ルーシ」を一つにまとめる制度的保証となった。ルーシ教会の首長が「全ルーシの府主教」と名乗ったのは十二世紀六〇年代（府主教コンスタンティノス二世）のことであったと伝えられる。[10] ナザレンコはこれがさらに十一世紀末に遡る可能性を指摘している。かれによればこの場合の「全ルーシ」はルーシの「一体性」を含意する語であった。[11] いずれにせよこのようにしてルーシの人々の目には教会、すなわちキリスト教こそが民族の保全と一体性の保証であり、ルーシ民族を存立させる本質的契機ともなったのである。

「ルーシ人」すなわち「キリスト教徒」という観念はこのようにしてキエフ社会において誕生し、その後の「タタールのくびき」の時代に一層強められ、ロシア人のアイデンティティを規定することとなった。その後「キリスト教徒」は農奴制成立後の時代には、国民の圧倒的部分を占める「農民」を表す語として定着するが、それとともに次第に同じく宗教用語である「正教徒」（pravoslavnyi）がロシア人を表す語として用いられるようになる。このころにはすでにロシア人にとって自分たちがカトリック教徒とは異なる正統的キリスト教徒（「正教徒」）であるとする意識が強くなっていたと考えられる。しかしそれまでのキエフ時代にあっては、かれらは自身を何よりもまず「キリスト教徒」と自覚していたと考えられるのである。

自身をキリスト教徒と同一視し始めたルーシ人は、いまだカトリックも正教もなく、一つの教会の一員と認識していた。換言するならば、この段階ではルーシは西方のキリスト教徒との間で本質的な違いを感じていなかった。ルーシはヨーロッパの一部であったと言ってよい。こうした感覚は既述のごとく十三世紀以降東西からの軍事的脅威に晒され、ついには「タタールのくびき」の下におかれるに至って、次第に薄れて行く。ヨーロッパは徐々に遠い存在となって行く。しかしあえて言うならば、「ロシアとヨーロッパ」の関係は、この段階では以前と本質的には変わらず、同様の状態にとどまっていたのである。モスクワが十五世紀中頃から再度ヨーロッパと向き合うに至るまでのあいだ、この問題は一時的に水面下に沈み、潜在的な状態にあったとはいえ、その性格は変わらなかったと考えることができる。著者のみるところでは「ロシアとヨーロッパ」の問題がその性格を変え、次第に「ロシア対ヨーロッパ」あるいは「ロシアかヨーロッパか」という問題へと変質を始めるのは、十五世紀の東西両教会の最終的決裂（教会合同の試みの挫折）や十六世紀のイヴァン雷帝治世（リヴォニア戦争）、さらにはポーランドと決定的に対立するに至った動乱時代（十六世紀末─十七世紀初）も重要であったが、とくに十八世紀以降、ロシアが帝国となり、大国として国際政治の舞台に姿を現し始めてからのことである（ピョートル一世の北方戦争、またエカテリーナ二世期のポーランド分割が決定的であったろう）。それでもおそらく十九世紀中頃のクリミア戦争の時期までは、まだロシアにとってヨーロッパが全体として対決し否定されるべき相手とは考えられていなかった。第一次世界大戦後のソヴィエト連邦の成立、第二次大戦後の冷戦期がそれまでの関係の在り方を根本的に変えたようにみえる。ソヴィエトが崩壊し、冷戦状況に終止符が打たれた時、再び以前の関係が復活したかのようにみえた。今日のクリミアのロシアへの編入、東部ウクライナにおける事態の緊迫化がこうした新たな協調の時代にふたたび暗雲を漂わせることとなった。それはウクライナかロシアかという以上に、ヨーロッパかロシアかの問題として立ち現れているようにみえる。

それでは上述のごとき、あるいは本書が全体を通して描いてきた「キエフの遺産」はその後、後世の人々にどのように受け取られたのであろうか。本書の序文で、キエフ・ルーシの歴史をロシア史の最初の時代と捉えることに反対する、ウクライナの歴史家にとくに強く認められる立場に言及した。本書を終えるにあたってこの点にもう一度立ち返っておきたい。

キエフ・ルーシ史をどう見るかについて、これまでロシア（およびソヴィエト）とウクライナの視点がとくに激しく対立していた。[12] 十七世紀、とくに十八世紀以来ウクライナを支配下においてきたロシアの歴史家は、キエフ・ルーシの歴史がモスクワ大公国、ついでロシア帝国によって引き継がれたと主張した。ロシア国家はキエフ時代に成立して以来一貫して健在であり(一時モンゴルの支配下におかれはしたが)、ただ政治的中心がキエフからウラジーミル(クリャジマ河畔の)へ、そしてモスクワ、さらにペテルブルクへ(そしてロシア革命後再度、最終的にモスクワへ)と移ったに過ぎないと考えられたのである。近代において東スラヴ人として独立の国家を有したのがモスクワ大公国そしてロシア帝国だけであったという事実がこうした見方を裏づけていると考えられた。

一方、十四世紀からこの地域に支配権を及ぼしたポーランド(ガーリチ/ガリツィアに対し)とリトアニア(ヴォルィニに対し)も、十六世紀には合同国家を創設して(ポーランド共和国)、ウクライナを版図に収めたが、そのポーランドの歴史家も、独自の立場を主張した。かれらはキエフ・ルーシ文化の高い水準を承認する一方で、それをウクライナ人固有のものとはみなさず(ウクライナ人はまだ独自の民族、そして政治単位を形成するに至っていなかったとされたのである)、むしろその後停滞したウクライナに対するポーランドによる文明化の働きかけ(ミッション)を強調し、ウクライナへの自らの権利を主張したのである。その後民族的に覚醒したウクライナ人がこうした見方に激しく反発したことは言うまでもない。その一端はすでに本書序においてみたとおりである。かれらはキエフ・ルーシの時代からウクライナ人が独立の民族(民族体)であり、国家を形成(国家性を獲得)したこと、それはポーランドやロシアの圧力に屈しはしたものの、とくにカザーク(コサック)国家において独自の存在を保持したことを主張した。ウクライナ民族主義の主張のひとつの典型は十九世紀ウクライナの歴史家、作家でもあるM(N・I・)・コストマーロフにみられる。かれは個人主義的で連邦制を志向するウクライナ人を、集団主義的で厳格な君主制(専制)を好むロシア人に対峙させる一方、貴族主義的ポーランド人に対しては、民主的で平等性を志向するウクライナ人を対峙させ、ウクライナ民族の自立性と独自性を主張したのである。[13]

ソヴィエト史家の立場にもふれておく必要がある。少なくとも初期のソヴィエト史家は帝政期のロシア史家とは異なる態度を取っていたからである。かれらは、東スラヴ三民族の同質性と一体性を強調しながらロシア帝国によるウクライナ併合を正当化した帝政期の歴史家を批判して、ウクライナ民族の独自性を承認し、ロシア民族と対等の権利を謳ったのである（こうした立場からかれらは「小ロシア」の語の使用を避けるという配慮をした）。しかしソヴィエト史家にとって、西方あるいは南方からの侵略者（ドイツ、オーストリアやポーランド、あるいはトルコ）がウクライナを狙っているという状況下では、これをソヴィエト連邦下に「自治的な存在」として組み込んだ方がよいと考え（いわゆる「より小さな悪」の考え方）、結局は帝国時代と同様の事態の再現、モスクワによるより強力な支配の実現を是認したのであった。

以上のように、キエフ・ルーシの遺産と歴史を引き継いだのはどの民族かについて、とりわけロシア人とウクライナ人の間には厳しい見解の対立があった。J・ペレンスキの表現を借りるならば、両民族間に「キエフの遺産」の継承をめぐり熾烈な「競争」が繰り広げられてきたのである(14)。本書の著者は、こうした論争が激化した背景に、双方の側に残念ながらひとつの大きな誤解があったと考えている。キエフ・ルーシの相続権を今日いずれか特定の国家ないし国民が独占的に要求することができると考えること自体が、おそらく正しくないのである。現在のウクライナ人も、ロシア人も、その多くが、キエフ時代に形作られた、キリスト教を核とする文化を自身の価値観の根本をなすものとみなしている。であるならば、それぞれにそれなりの権利があるというべきであろう。もちろんそのことが政治的主張とまったく別個のものであることは指摘するまでもない。

キエフ・ルーシはその豊かな歴史的遺産をもって、その価値を尊重しようと思う者すべてにとって等しく開かれているのである。

結語の注

（1）この問題がロシア史の根本問題であることについて特別の説明は不要であろう。N・Ia・ダニレフスキー『ロシアとヨーロッパ』（一八六九年）やマサリク『ロシアとヨーロッパ』（第一、二巻は一九一三年）などの古典的記念碑的著作を想起すれば十分である。わが国においても、ダニレフスキーの思想を検討した鳥山『ロシアとヨーロッパ』（第二次世界大戦後間もない一九四九年に出版された）、スラヴ主義と汎スラヴ主義について包括的に論じた勝田『近代ロシヤ政治思想史』、関連する諸論考を『ロシアとヨーロッパ』の標題の下に集めた近年の論文集（鈴木健夫編）など関連文献は多い。またいずれもやや古い文献であるが、Wittram, *Russia and Europe*; Carr, "'Russia and Europe'"; Groh, *Russland und Selbstverständnis Europas* なども問題の重要性を示してくれる。ライプニッツやヘルダーに始まり、ロシア人を含む多くの文人の関連論考を抜粋採録したD・チジェフスキー／D・グロー編の *Europa und Russland* も参考になる。

（2）北の十字軍と東方からのモンゴルの侵入とが直接的な関連をもって実行されたとする見方は、ソヴィエトやロシアの研究者においては広くみられ、いわば共通理解となっている。ただしこれを裏づける明確な典拠を示すことは容易ではない。両者を関連する事象とみる（というより十字軍がモンゴルの西進を利用し、ルーシの危機につけこんだとする）研究者は枚挙にいとまがないが（比較的穏健な立場をとるV・T・パシュートですらそうである。Pashuto, *Vneshniaia politiika*.s.289-290 i sl.）、その近年の例だけをみても、Nazarova, Krestovyi pokhod na Rus'.s.201; Khrustalev, *Severnye krestonostsy*.s.343-372 などがあげられる。

（3）以上のように、本書の主要な目的はキエフ・ルーシが形成途上にあるヨーロッパの一員としてその歴史的歩みを始めたことを示すことにあったが、近年同様の視点に立つアメリカの若い研究者の著書が出版されていたことを、残念ながら校正の最終段階で知った。Raffensperger, *Reimagining Europe* (2012) である。ラッフェンスパーガーは従来の諸研究がキエフ・ルーシをもっぱらビザンツ文化圏の一員としてのみみて、それをヨーロッパから切り離して論じてきたことに異議を唱え、とりわけビザンツを含むより広いヨーロッパ諸地域との王朝間婚姻関係、多様な宗教的、経済通商関係の分析を通じて新たな枠組を提唱しようとしたのである。本書とラッフェンスパーガーの著書は、重点の置き方や個々の具体的な諸点の理解において相当のちがいがあるが、基本的視点としては共通であり、同時に学ぶべき点も多い。ただ上記の理由から本書では若干の箇所で短くコメントするに留め、これを十分に考慮に入れることはできなかった。

（4）以下に関しては、Nazarenko, 1054 i 1204 gody.s.319-323 によるところが大きい。

（5）A・V・ラウシキン論文(Laushkin, K voprosu o razvitii etnicheskogo samosoznaniia)を参照。ラウシキンは年代記を中心とする古ルーシ文献に現れる、「キリスト教徒」をさす‹khresteiani›（およびその形容詞形‹khrest'ian'skyi›）の語を分析し（『原初年代記』、ラヴレンチー、イパーチー、ノヴゴロド第一の各年代記の十一―十三世紀、部分的に十四世紀を含む記事中に、二百以上の用例があるという）、その意味を次の三種類に分類した。すなわち①純粋に宗教的意味（第一コリント一二・一二―二七、「キリストの体」の一部分のごとき）、②キリスト教徒（非キリスト教徒と対峙的な）、③キリスト教民族・国の一員（エトノス、ないし政治的帰属）である。その上で時代を追ってその用法を検討した。かれによれば、古ルーシは次第に最後の用法を身に付けていったという。具体的には『原初年代記』の分析からは、十一世紀の末から、ルーシ・ステップ関係の緊張激化というコンテクストの中で、ルーシの住民を指して‹khresteiani›と表現する用法が定着し始めたと言えるという。ラウシキンによれば、これは最初の段階では状況によるところが大きく、いまだ確立した用法ではなかったが、こうした傾向が時代を追って顕著となるというのである。またかれによれば、この語がロシア住民の基幹的部分、すなわち「農民」を意味し始めるのは十四世紀からである。ルーシの農民（すなわち大部分のルーシ人）は、キリスト教徒を自称するようになったのである。以上のラウシキンの見解に本書の著者としては、基本的に賛成である。ただかれが「キリスト教徒」をこの段階で「正教徒」と同義として（すなわち区別せずに）用いていることについては、賛成できない。すでに示した如く、ロシア人は自らをまずは「キリスト教徒」と認識し、「正教徒」と意識し始めるのはその後、すなわちドイツ騎士修道会（カトリック勢力）やモンゴルなどの侵入があって以後のこととみるべきであろうと考えているのである。

（6）*SDRIa.XI-XIV vv.*t.4:314.‹kr'stiianin›の項（ノヴゴロド白樺文書、No.94、十四―十五世紀）。*SRIa.XI-XVII vv.*Vyp.8:49-50.‹krest'ianin›の項（北東ルーシ文書集、一四三〇―一四四〇年代）。

（7）*«Khozhenie» igumena Daniila.*s.132, 134

（8）*PSRL.*II:331、除村訳二七四―二七五頁

（9）*PSRL.*II:323、除村訳二六七頁

（10）Ianin, *Aktovye pechati.*I, s.49, 175(No.51), 253;Podskalsky, *Christentum.*S.292（A.Poppe）

（11）Nazarenko, «Novorossiia», «Velikorossiia» i «vsia Rus'».s.250-258. ナザレンコはこの論文において、キエフの府主教は最初たんに「ローシアの府主教」と呼ばれていたが、十二世紀になると、「大ローシア」（大ルーシ）の府主教と呼ばれるようになったことを

指摘し、その上で後者の意味を探る中で、それがこれまた十二世紀に検証できる「全ローシア」（全ルーシ）の府主教と同義で用いられていることを明らかにした。いずれもここで指摘したように教会の首長がロシアの一体性を強調する語を称号の一部に用いたとするのである（上の「大ローシア」が後のモスクワを中心とする「大ロシア」（民族）と無関係であることは断るまでもない）。

（12）以下については、とくに Pelenski, "The Contest for the 'Kievan Inheritance'"; Magocsi, *A History of Ukraine*.p.12-24 を参考にした。なお本来であればキエフ・ルーシ史を共通の起源とみなしてきたもう一つの存在ベラルーシの視点も、当然のことながら考慮に入れなければならないが、ここでは立ち入らない（これについては早坂『ベラルーシ』、とくにその第一、第三章を参照）。またキエフ・ルーシと直接的な関係を有したわけではないが、ポーランドやドイツ、ハプスブルク家オーストリア、なかでもとくにナチス・ドイツが対ソヴィエト、対ポーランドを念頭にウクライナに強い利害関心を抱き、それを正当化する論戦を展開したことも想起されてしかるべきであろう。これについて（とくに最後の点に関して）はさしあたり、Kappeler, "Ukraine in German-Language Historiography".p.249-252 をみられたい。

（13）Kostomarov, Dvie russkii narodnosti (Magocsi, *A History of Ukraine*.p.20 による). コストマーロフを含む十九世紀ウクライナの文学および思想の特質については、さしあたり Grabowicz, "Ukrainian-Russian Literary Relations" 論文が示唆に富む。グラボーヴィッツは国民的詩人T・G・シェフチェンコをはじめとするウクライナ人の思想を当時のロシア思想全体の中に位置づけようとしている。コストマーロフについては、とくに p. 235-236 を参照。

（14）Pelenski, *The Contest for the Legacy of Kievan Rus'*

付録

（1）地図

1 中世初期の東ヨーロッパ、 2 東スラヴおよび周辺諸族（9‐10世紀）

以上は各種歴史地図（Cross,Vernadsky,Franklin/Shepard, 国本等）を参考に著者が作成した。

（2）系図

1 リューリク朝（全体と各公家）

リューリク諸公の系図に関しては、わが国では Kisaki, *The Genealogical Tables* があるが、ここでは國本ほか訳『ロシア原初年代記』五六六―五七五頁に掲載された系図を基に作成する。上記系図は浦井「古代ロシア諸侯の系図」をはじめとして『古代ロシア研究』誌上での周到な準備の結果編まれたもので（XII、六三―七四頁、XIII、一〇〇―一〇五頁、XIV、三三―七四頁）、これまでのところもっとも信頼に値するものと判断される。

以下に掲げるリューリク諸公の系図（1、A‐D、F、L）は基本的には同上に基づくが、全体として大幅に簡略化し（とくに同上では諸公にすべて通し番号がふられているが、ここではそれは省略している）、さらに一部に変更を加えている場合がある。

2 キエフ府主教

上記系図の利用を許可していただいたことを「古代ロシア研究会」（佐藤昭裕会長）に感謝したい。

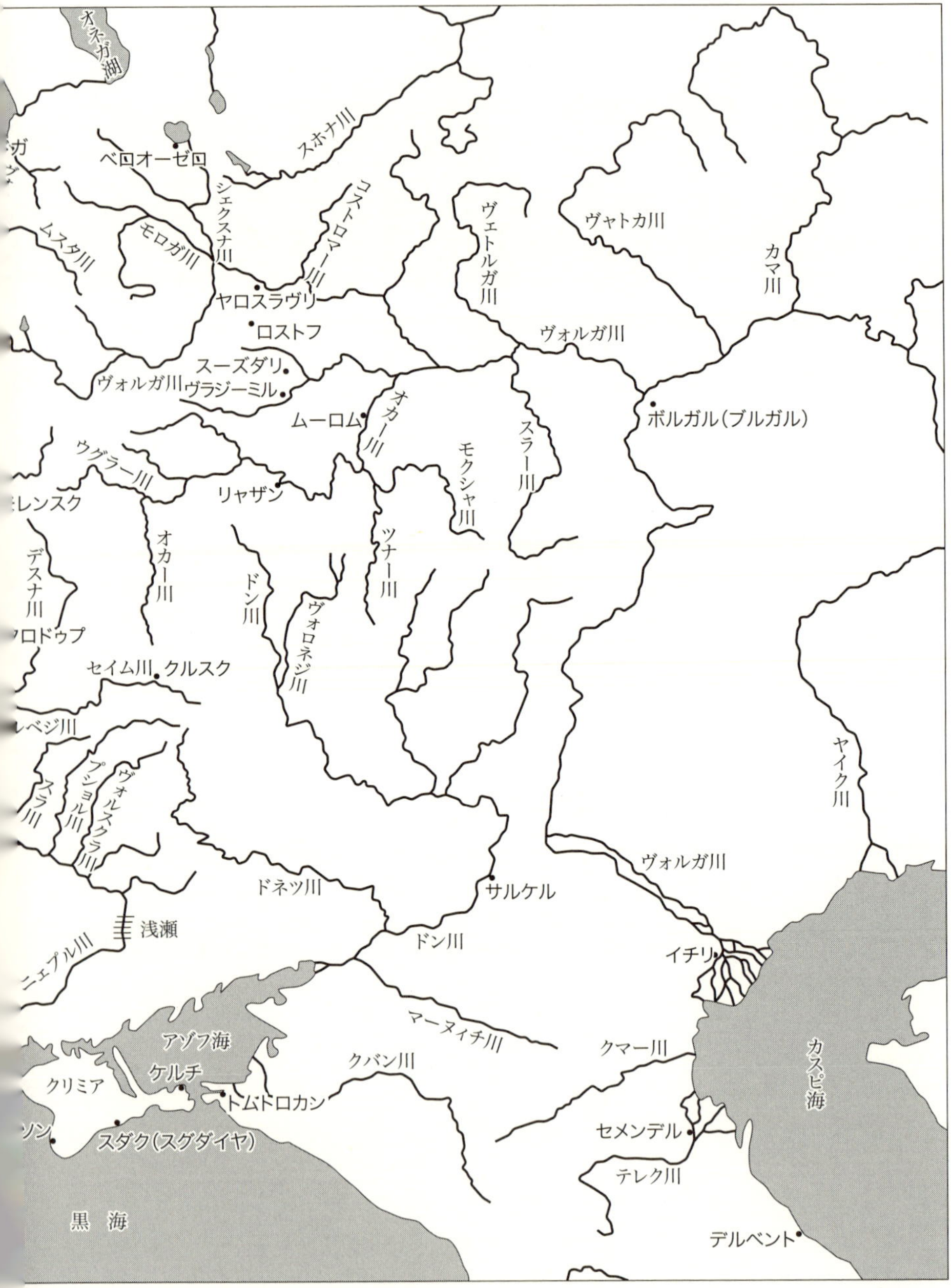
オネガ湖
ベロオーゼロ
スホナ川
シェクスナ川
コストロマー川
モロガ川
ムスタ川
ヤロスラヴリ
ロストフ
スーズダリ
ヴォルガ川
ヴラジーミル
ムーロム
ヴェトルガ川
ヴャトカ川
カマ川
ヴォルガ川
ボルガル（ブルガル）
オカー川
モクシャ川
スラー川
ウグラー川
リャザン
オカー川
ツナー川
デスナ川
ドン川
ヴォロネジ川
セイム川
クルスク
プショル川
ヴォルスクラ川
ヤイク川
ヴォルガ川
ドネツ川
サルケル
浅瀬
ドン川
イチリ
マーヌィチ川
アゾフ海
ケルチ
クリミア
トムトロカン
クバン川
クマー川
カスピ海
スダク（スグダイヤ）
セメンデル
テレク川
黒　海
デルベント

地図1　中世初期の東ヨーロッパ

ヤミ(エミ)
(ザヴォロチエ)
チュジ
ペルミ
ヴェシ
ロヴェネ
ヴゴロド)
イリメニ湖
チェレミシ
メリャ
ヴォルガ川
ヴォルガ川
オカー川
クリヴィチ
ボルガル
(ブルガール)
ムロマ
モルドヴァ
クリヴィチ
ヴャチチ
チェレミシ
デスナ川
ラジミチ
ブルタス
ヴォルガ川
セヴェリャーネ
キエフ)
ドン川
ポロヴェツ
ドニェプル川
ドネツ川
ペチェネグ
ハザール
ドン川
アラン
アゾフ海
カソギ
(クリミア)
黒　海

地図2　東スラヴおよび周辺諸族（9-10世紀）　下線は東スラヴ諸族，（　）は都市・地方名

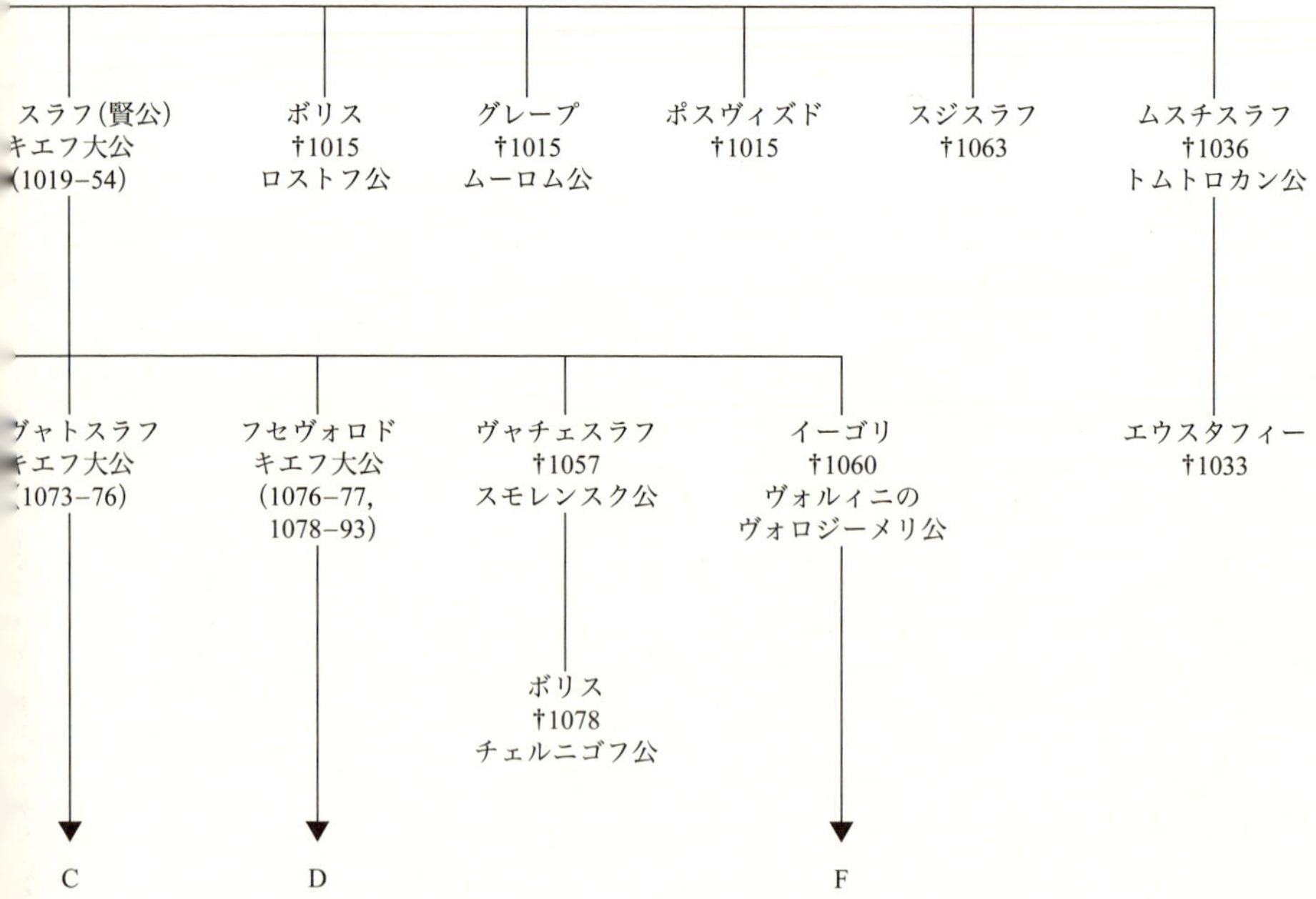
スラフ(賢公)
キエフ大公
(1019–54)
ボリス
†1015
ロストフ公
グレープ
†1015
ムーロム公
ポスヴィズド
†1015
スジスラフ
†1063
ムスチスラフ
†1036
トムトロカン公
ヴャトスラフ
キエフ大公
(1073–76)
フセヴォロド
キエフ大公
(1076–77,
1078–93)
ヴャチェスラフ
†1057
スモレンスク公
イーゴリ
†1060
ヴォルィニの
ヴォロジーメリ公
エウスタフィー
†1033
ボリス
†1078
チェルニゴフ公
C
D
F

系図１　ルーシ・リューリク朝（†は没年，数字はキエフ(大)公在位年）

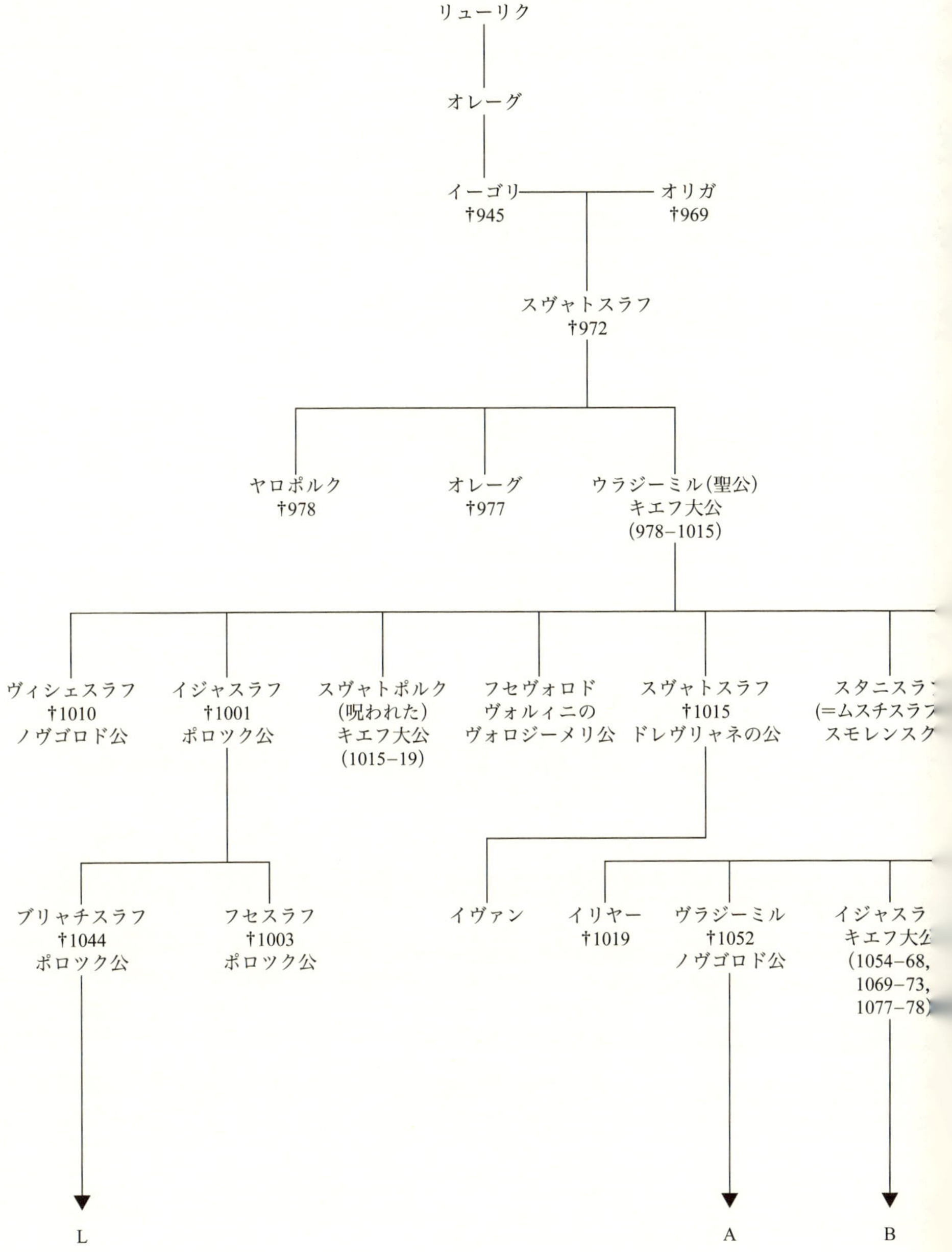

系図A

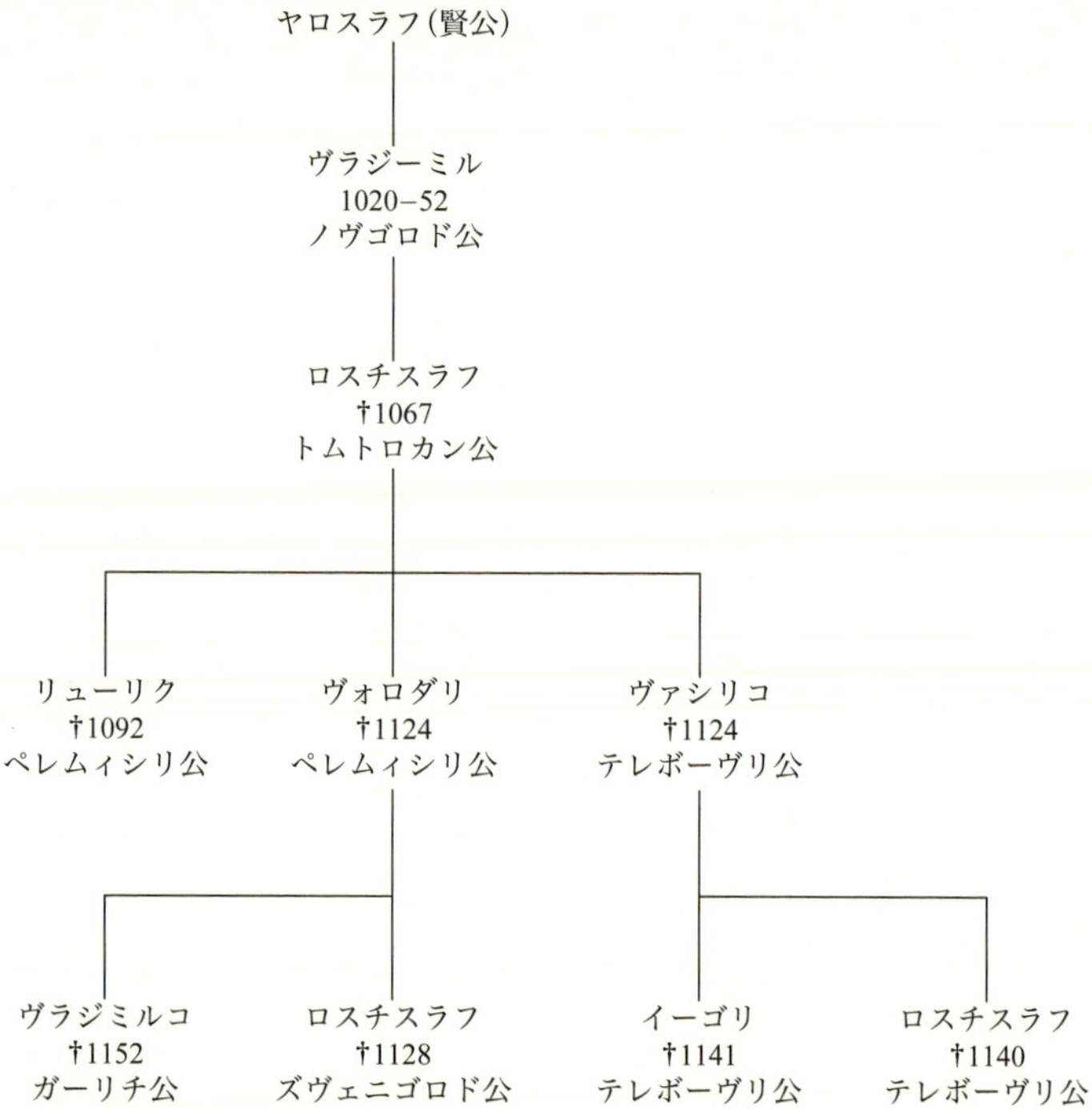
ヤロスラフ(賢公)
ヴラジーミル
1020–52
ノヴゴロド公
ロスチスラフ
†1067
トムトロカン公
リューリク
†1092
ペレムィシリ公
ヴォロダリ
†1124
ペレムィシリ公
ヴァシリコ
†1124
テレボーヴリ公
ヴラジミルコ
†1152
ガーリチ公
ロスチスラフ
†1128
ズヴェニゴロド公
イーゴリ
†1141
テレボーヴリ公
ロスチスラフ
†1140
テレボーヴリ公

系図B

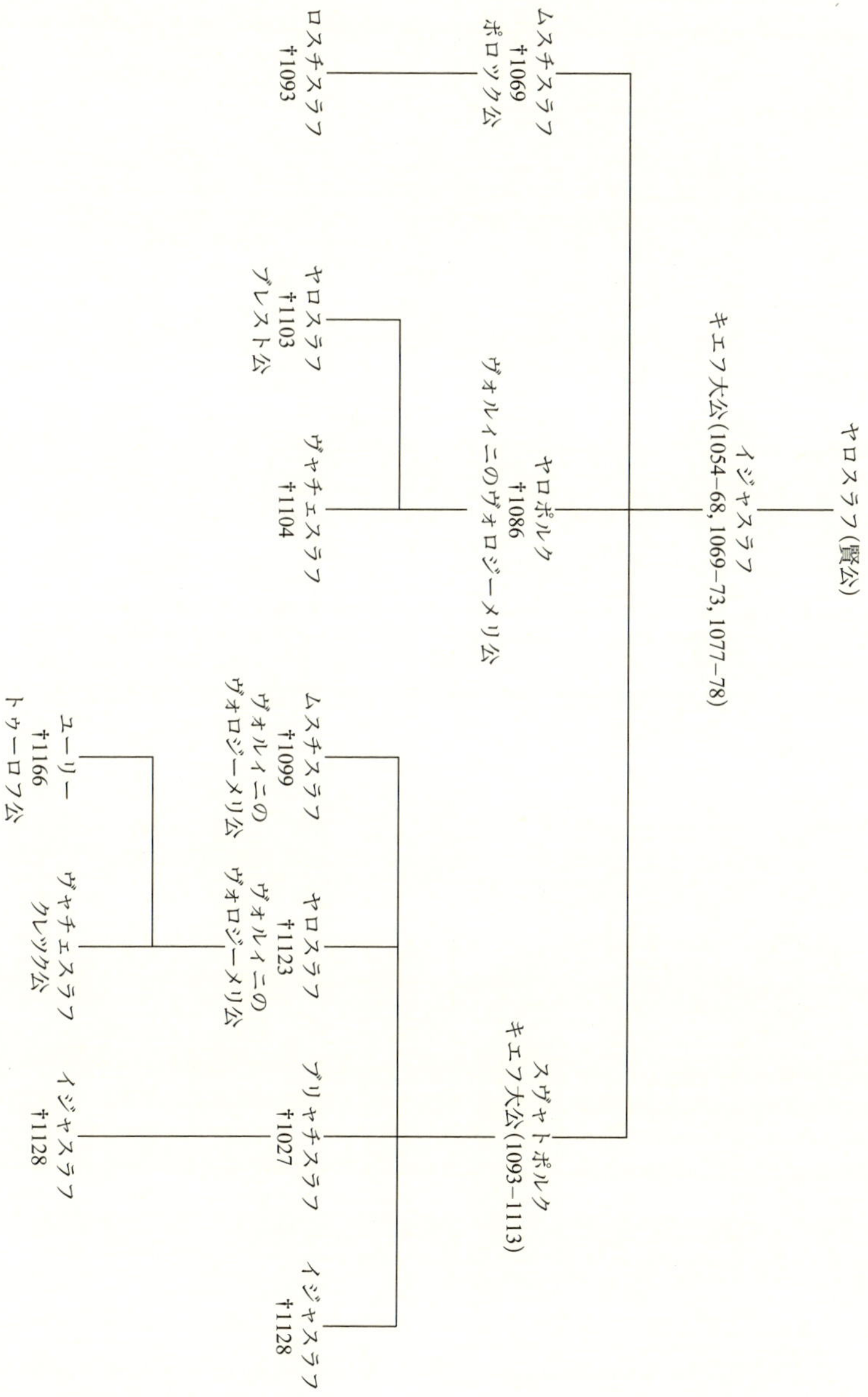
ヤロスラフ(賢公)
イジャスラフ
キエフ大公(1054–68, 1069–73, 1077–78)
ムスチスラフ
†1069
ポロツク公
ロスチスラフ
†1093
ヤロポルク
†1086
ヴォルイニのヴォロジーメリ公
ヤロスラフ
†1103
ブレスト公
ヴャチェスラフ
†1104
スヴャトポルク
キエフ大公(1093–1113)
ムスチスラフ
†1099
ヴォルイニの
ヴォロジーメリ公
ヤロスラフ
†1123
ヴォルイニの
ヴォロジーメリ公
ブリャチスラフ
†1027
イジャスラフ
†1128
ユーリー
†1166
トゥーロフ公
ヴャチェスラフ
クレツク公
イジャスラフ
†1128

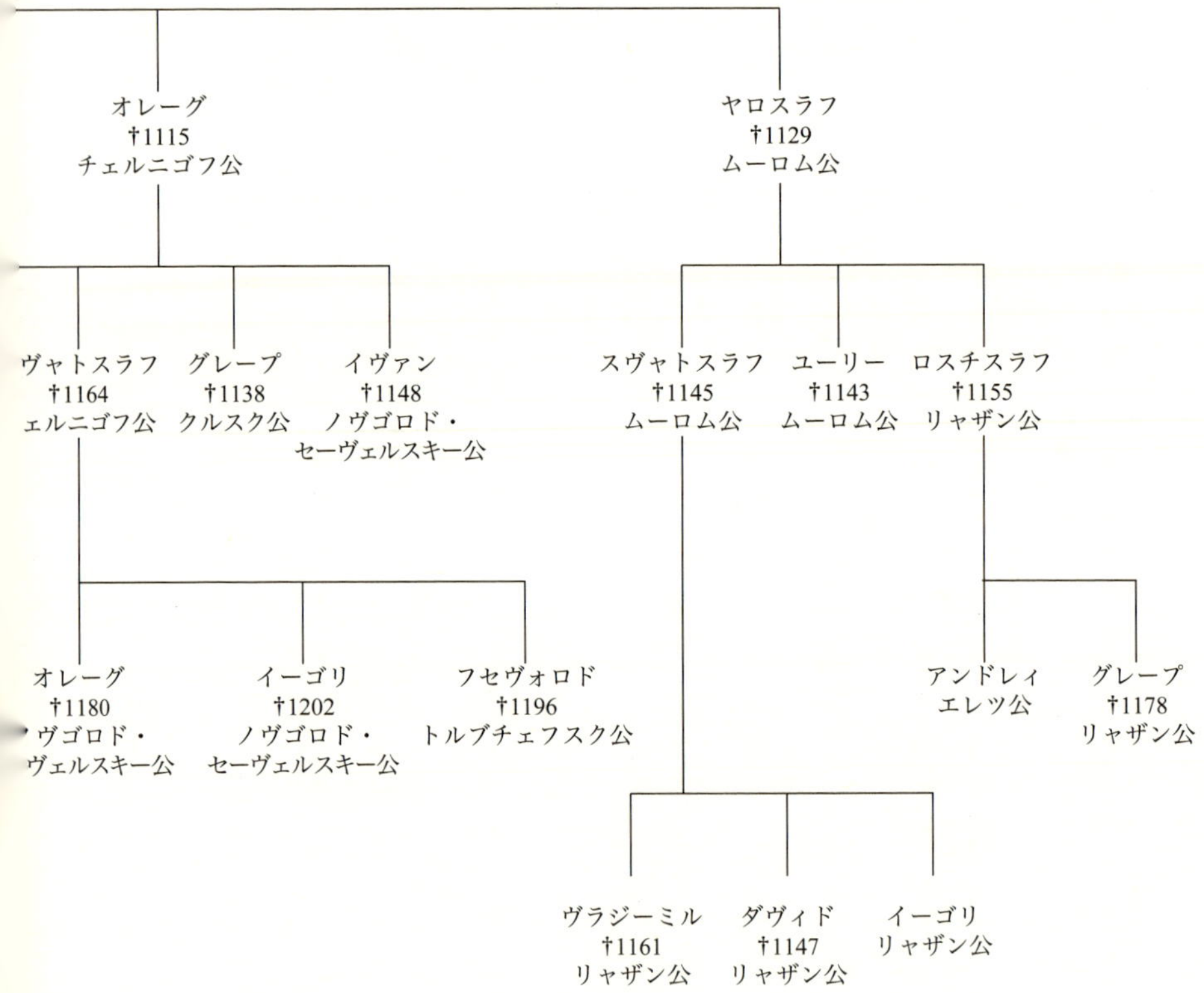
オレーグ
†1115
チェルニゴフ公
ヤロスラフ
†1129
ムーロム公
ヴャトスラフ
†1164
ェルニゴフ公
グレープ
†1138
クルスク公
イヴァン
†1148
ノヴゴロド・
セーヴェルスキー公
スヴャトスラフ
†1145
ムーロム公
ユーリー
†1143
ムーロム公
ロスチスラフ
†1155
リャザン公
オレーグ
†1180
ヴゴロド・
ヴェルスキー公
イーゴリ
†1202
ノヴゴロド・
セーヴェルスキー公
フセヴォロド
†1196
トルブチェフスク公
アンドレィ
エレツ公
グレープ
†1178
リャザン公
ヴラジーミル
†1161
リャザン公
ダヴィド
†1147
リャザン公
イーゴリ
リャザン公

系図C

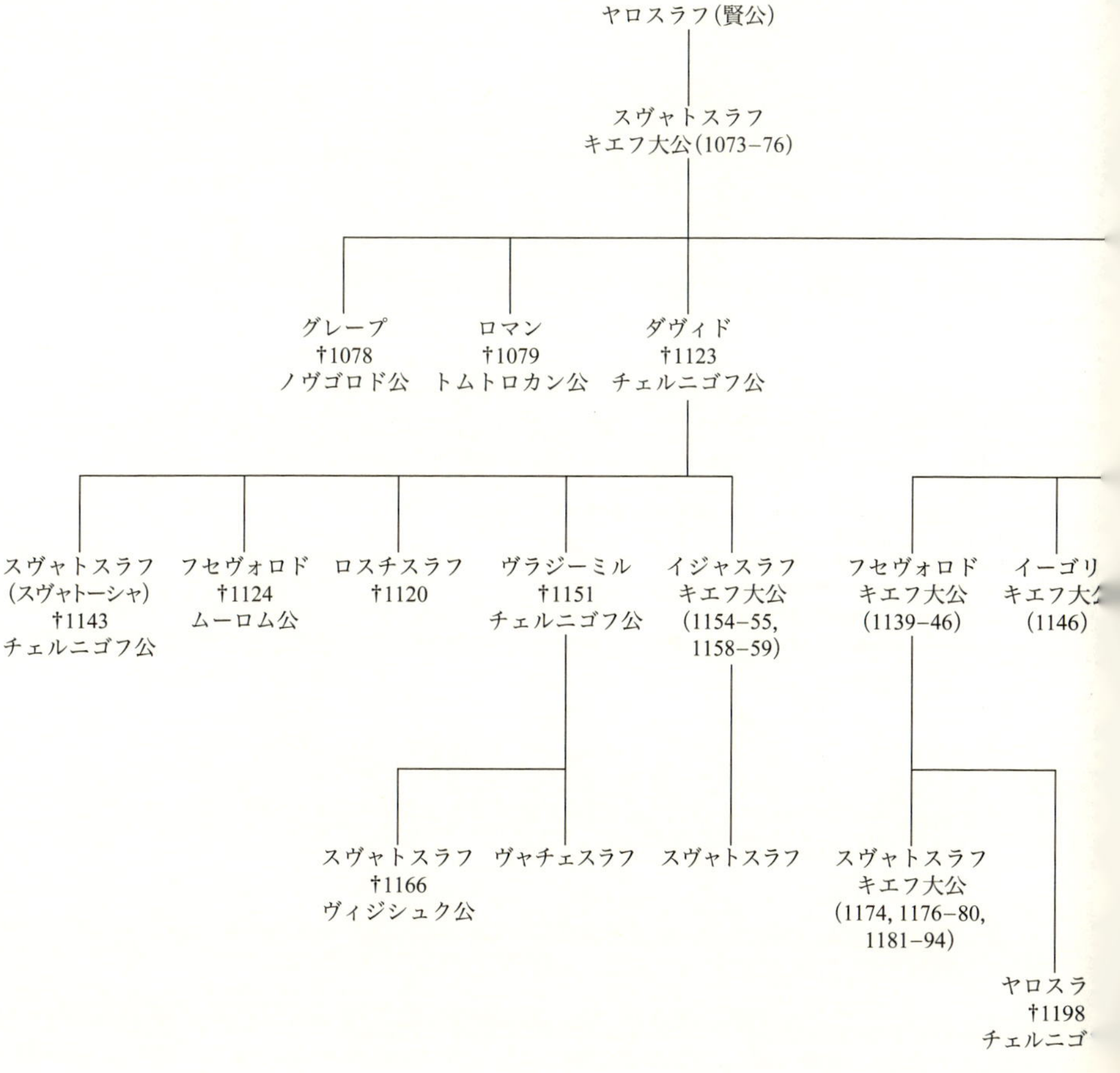
ヤロスラフ(賢公)
スヴャトスラフ
キエフ大公(1073–76)
グレープ
†1078
ノヴゴロド公
ロマン
†1079
トムトロカン公
ダヴィド
†1123
チェルニゴフ公
スヴャトスラフ
(スヴャトーシャ)
†1143
チェルニゴフ公
フセヴォロド
†1124
ムーロム公
ロスチスラフ
†1120
ヴラジーミル
†1151
チェルニゴフ公
イジャスラフ
キエフ大公
(1154–55,
1158–59)
フセヴォロド
キエフ大公
(1139–46)
イーゴリ
キエフ大公
(1146)
スヴャトスラフ
†1166
ヴィジシュク公
ヴャチェスラフ
スヴャトスラフ
スヴャトスラフ
キエフ大公
(1174, 1176–80,
1181–94)
ヤロスラ
†1198
チェルニゴ

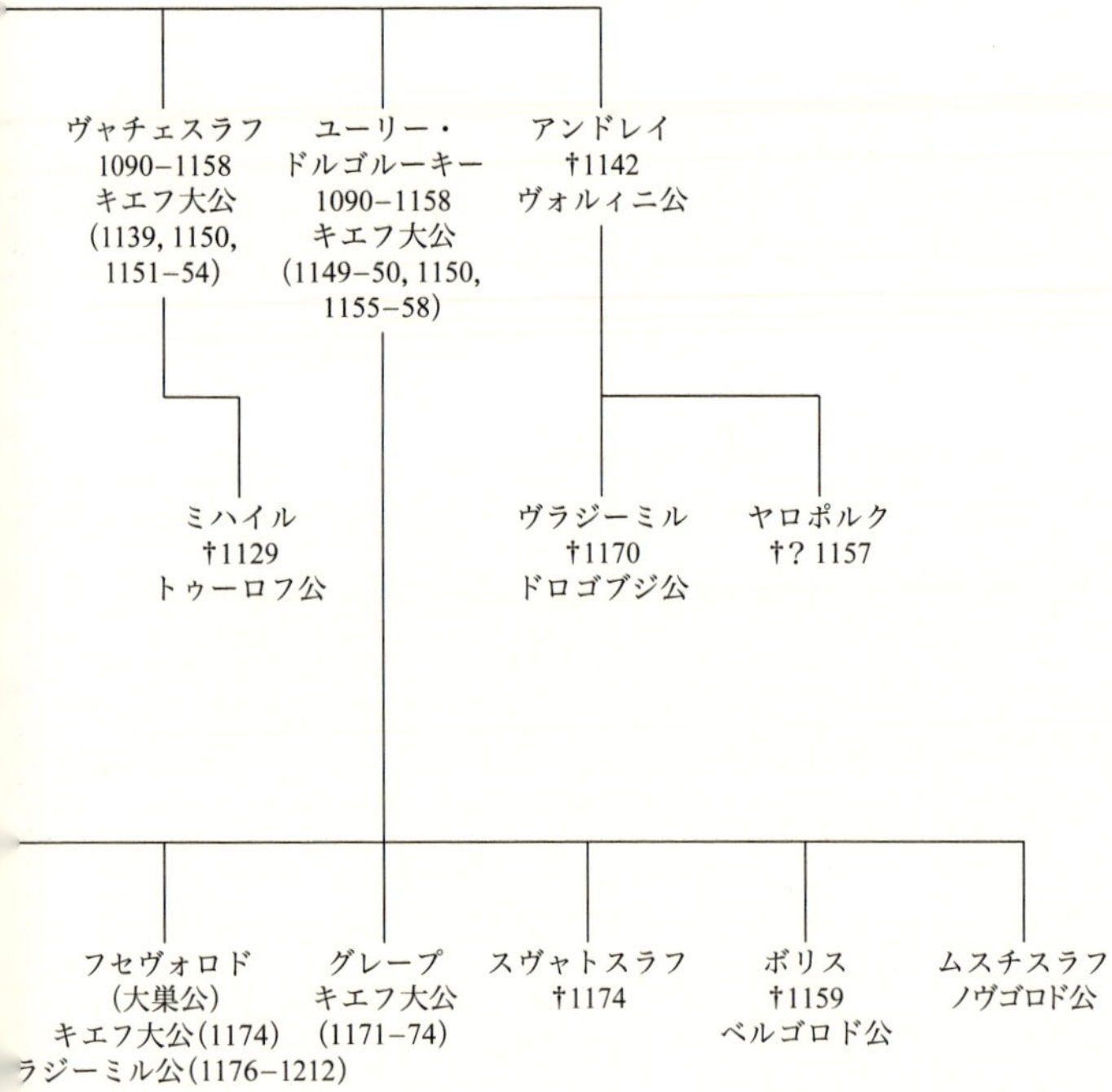
ヴャチェスラフ
1090–1158
キエフ大公
(1139, 1150,
1151–54)
ユーリー・
ドルゴルーキー
1090–1158
キエフ大公
(1149–50, 1150,
1155–58)
アンドレイ
†1142
ヴォルィニ公
ミハイル
†1129
トゥーロフ公
ヴラジーミル
†1170
ドロゴブジ公
ヤロポルク
†? 1157
フセヴォロド
(大巣公)
キエフ大公(1174)
ラジーミル公(1176–1212)
グレープ
キエフ大公
(1171–74)
スヴャトスラフ
†1174
ボリス
†1159
ベルゴロド公
ムスチスラフ
ノヴゴロド公

系図D

- ヤロスラフ(賢公)
  - フセヴォロド キエフ大公 (1076–77, 1078–93)
    - ヴラジーミル・モノマフ キエフ大公 (1113–25)
      - ムスチスラフ キエフ大公 (1125–32)
        - フセヴォロド †1138 ノヴゴロド公
        - イジャスラフ キエフ大公 (1146–49, 1150–54)
        - ヤロポルク
        - スヴャトポルク †1154 ヴォルィニ公
        - ヴラジーミル キエフ大公 (1159) †1174
        - ロスチスラフ キエフ大公 (1154, 1160–68)
      - イジャスラフ †1096 ムーロム公
      - スヴャトスラフ †1114 ペレヤスラヴリ公
      - ロマン †1119 ヴォルィニ公
        - ヴァシーリー †1136
      - ヤロポルク キエフ大公 (1132–39)
    - ロスチスラフ †1093 ペレヤスラヴリ公

- ロスチスラフ †1151 ペレヤスラヴリ公
- イヴァン †1147 クルスク公
- アンドレイ †1174 ヴラジーミル公
- ヴァシリコ †1162 スズダリ公
- ミハイル †1176 ヴラジーミル公
- ヤロスラフ †1166 ノヴゴロド公

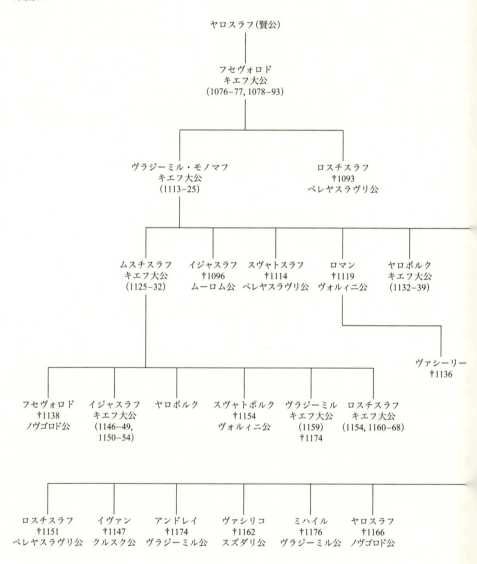

系図F

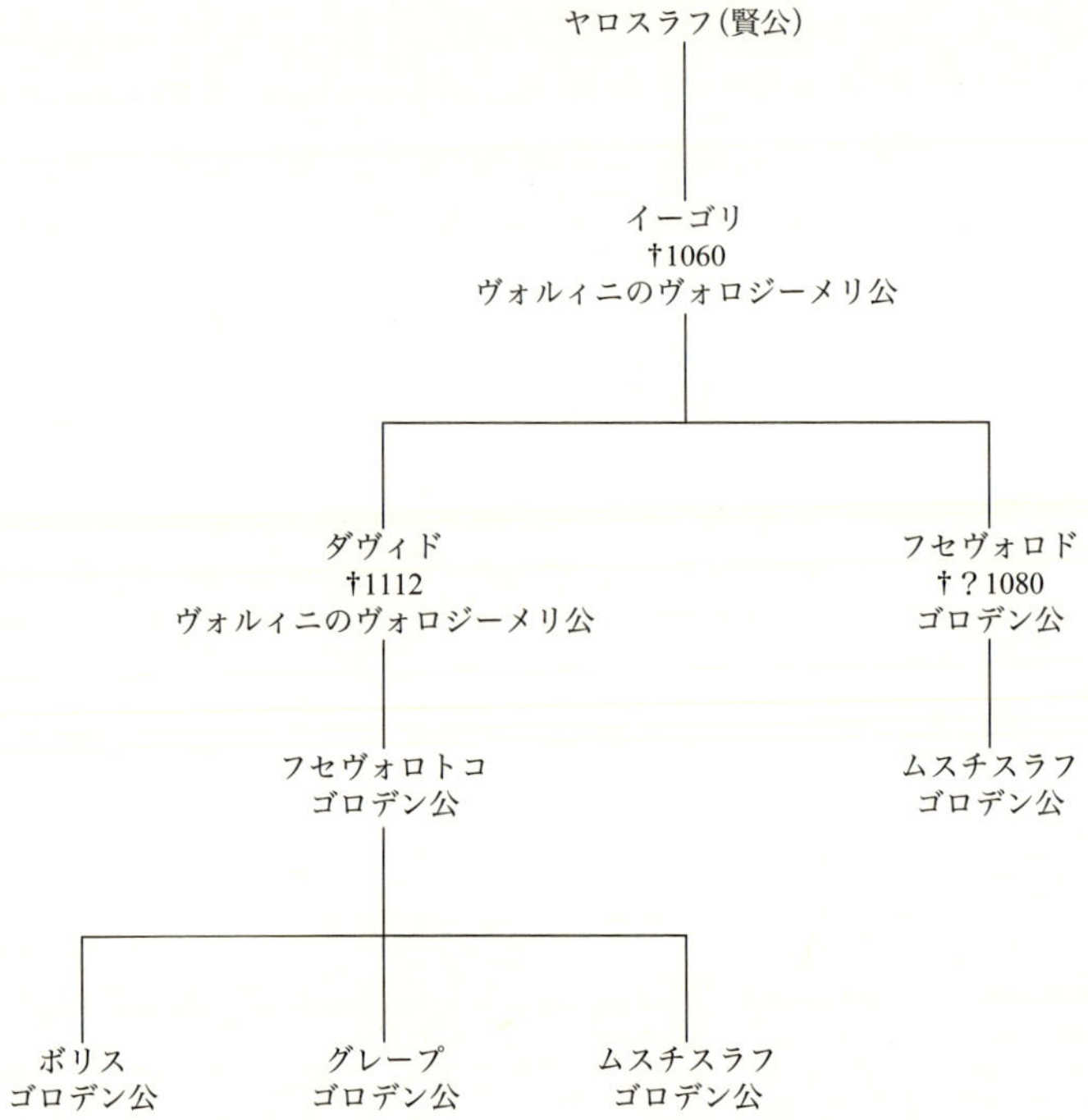
ヤロスラフ(賢公)
イーゴリ
†1060
ヴォルィニのヴォロジーメリ公
ダヴィド
†1112
ヴォルィニのヴォロジーメリ公
フセヴォロド
†？1080
ゴロデン公
フセヴォロトコ
ゴロデン公
ムスチスラフ
ゴロデン公
ボリス
ゴロデン公
グレープ
ゴロデン公
ムスチスラフ
ゴロデン公

系図L

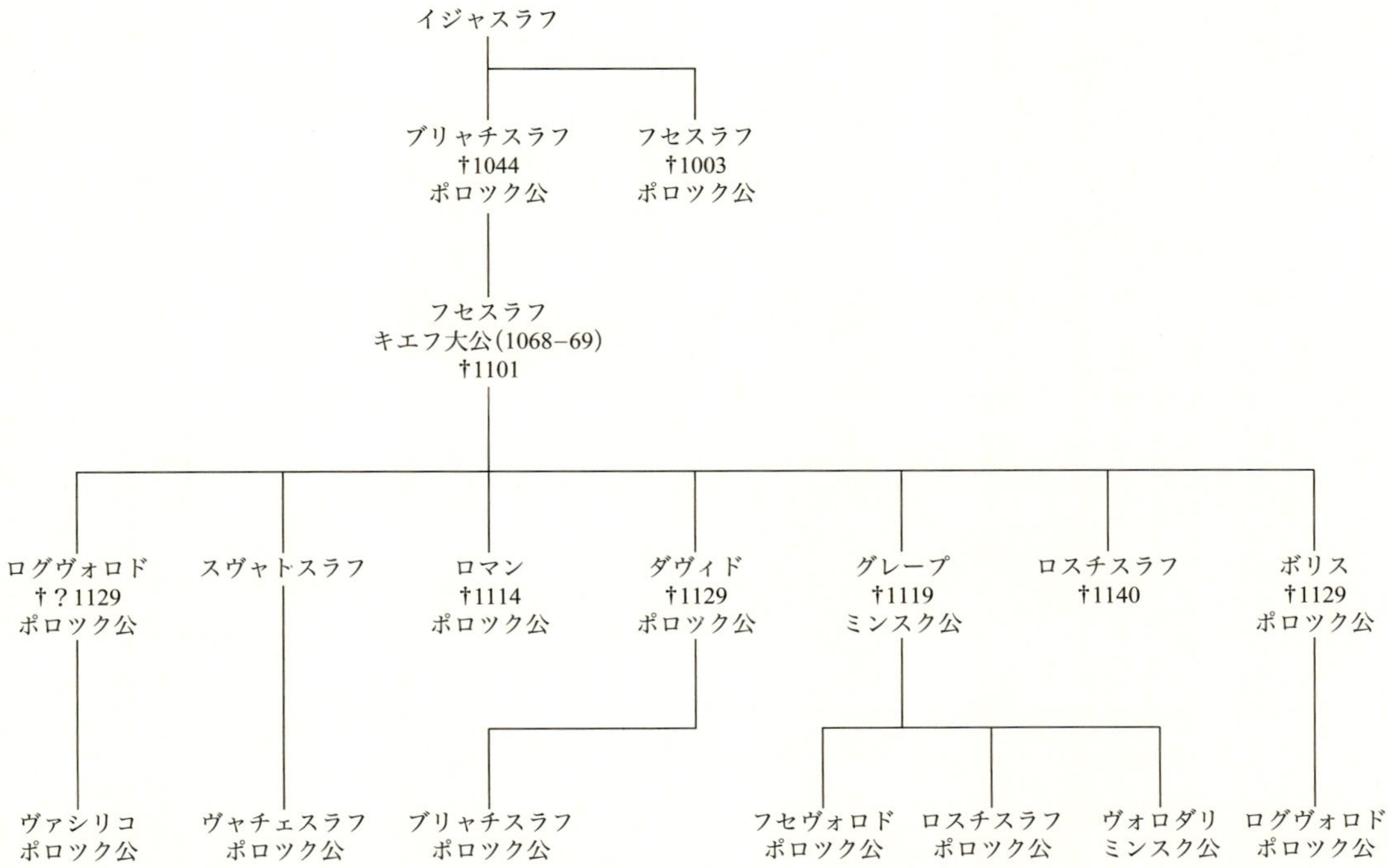
イジャスラフ
ブリャチスラフ
†1044
ポロツク公
フセスラフ
†1003
ポロツク公
フセスラフ
キエフ大公(1068–69)
†1101
ログヴォロド
†？1129
ポロツク公
スヴャトスラフ
ロマン
†1114
ポロツク公
ダヴィド
†1129
ポロツク公
グレープ
†1119
ミンスク公
ロスチスラフ
†1140
ボリス
†1129
ポロツク公
ヴァシリコ
ポロツク公
ヴャチェスラフ
ポロツク公
ブリャチスラフ
ポロツク公
フセヴォロド
ポロツク公
ロスチスラフ
ポロツク公
ヴォロダリ
ミンスク公
ログヴォロド
ポロツク公

2　キエフ府主教（988-1281）　A.Poppe による（Podskalsky, *Christentum*. S. 282）

1	テオフィラクトス	988 — 1018 以前
2	ヨハンネス一世	1018 以前 — 1030 ごろ
3	テオペンプトス	1035 ごろ — 1040 年代
4	イラリオン	1051 — 1054
5	エフライム	1054/55 — 1065 ごろ
6	ゲオルギオス	1065 ごろ — 1076 ごろ
7	ヨハンネス二世 プロドロモス	1076/77 から — 1089 年 8 月以後
8	ヨハンネス三世	1090 年夏 — 1091 年 8 月 14 日以前
9	ニコラオス	1093 ごろ — 1104 年以前
10	ニケフォロス一世	1104 年 12 月 18 日 — 1121 年 4 月
11	ニケタス	1122 年 10 月 15 日 — 1126 年 3 月 9 日
12	ミカエル一世	1130 年夏 — 1145
13	クリム（クリメント）・スモリャチチ	1147 年 7 月 27 日 — 1155 年初め
14	コンスタンティノス一世	1156 — 1158/59
15	テオドロス	1160 年 8 月 — 1163 年 6 月
16	ヨハンネス四世	1164 年春 — 1166
17	コンスタンティノス二世	1167 — 1169/70
18	ミカエル二世	1171 年春 — ？
19	ニケフォロス二世	1183 以前 — 1201 以後
20	マタイオス	1210 以前 — 1220 年 8 月 19 日
21	キュリロス一世	1224/25 — 1233 年夏
22	ヨセフス	1236 — ？
23	キュリロス二世	1242/47 — 1281 年 11 月 27 日

あとがき

　いつのことであったか、最初にキエフ・ルーシをヨーロッパとの関係の中で捉え直そうと考えたとき、その結果がいま目の前にしているもののようになろうとは思ってもいなかった。それまで主にモスクワ時代のロシア（十三―十六世紀）に取り組んできた著者にとって、一からの作業になることは覚悟していたが、それでも幸い『原初年代記』は邦語で読めるようになって久しかったし（四半世紀以上も前にこれが「古代ロシア研究会」の方々のご努力によって原語から邦訳されたことは、わが国における古代・中世ロシア史研究にとって測り知れない意義をもっていた。これは著者にとってもそのままあてはまる。そもそもこれがなければ本書の執筆は思いもよらなかったからである）、「ルーシの洗礼」、また中世ロシア人の「民族意識」や封建制をめぐる若干の問題については多少調べたこともあったので、比較的容易になしうる作業と考えていた。

　ところが着手してすぐにこれは根拠のないたんなる楽観的願望にすぎないことがはっきりしてきた。調べなおさなければならないことが多すぎた、というよりすべてが根本から始められなければならなかった。そう気づかされたのは、とくにA・V・ナザレンコの大著『国際通路上に位置する古ルーシ。九―十二世紀の文化、商業、政治関係の学際的研究』（モスクワ、二〇〇一年）に接したときのことであった。これまで帝政期のクリュチェフスキーやソヴィエト時代のポクロフスキーの邦訳、ソヴィエト中世史学を代表するグレコフやユシコフ、ルイバコーフなど、またその批判的再検討を試みたフロヤーノフなど、あるいは文化史のリハチョフなどの研究（それも部分的に）しか知らなかった著者にとって、ナザレンコは衝撃的であった。著者がナザレンコからどのように学んだかは、本書からご判断いただきたいが、ソヴィエトの研究者としてその歩みを始めたはずのナザレンコが、どのようにしてこうした地平にたどり着いたのかについて、著者はまったく知らなかったのである（Ch・J・ハルパリンなどは、ナザレンコにあたかも全体的な構想が欠けているかのように評するが、著者はこれには賛成しない。ハルパリンの書評は、*Slavic Review.* 61-2 (2002), p.401-403）。課題の深刻さが突き付けられたかのように感じた。本書はその意味で著者自身の無知を少しでも解消、また克服したいという願いを、限られた時間の中で（老齢化が進行していた）、実現しようとしてできたささやかな成果である。

そのようなときに、比較的最近のことであるが、史料集『外国史料に描かれた古ルーシ』全五巻が刊行されたこと（二〇〇九―二〇一〇年）、躊躇する著者の背中をおしてくれることになった。これは古典古代、また中世のビザンツ、東方諸国、西方諸国、スカンディナヴィア諸国の観察者の記述においてルーシがどのように伝えられているかを示す諸史料のロシア語訳とコメンタリー集で、各巻ともにロシアのそれぞれの専門家により編まれたものである。巻によって量的、それ以上に質的に相当の差があり、物足りなさを感じる場合もあったが、逆にとくに第四巻（西ヨーロッパ史料集、上記ナザレンコの編訳）のように、内容的に充実し、裨益するところ大なるものもあった。この巻は古ルーシ研究に関する西方史料の主要なもののほとんどを一書にまとめたものであり、注釈も詳細で、著者は多くのことを学んだ。第二巻（ビザンツ史料集）、第五巻（スカンディナヴィア史料集）も大いに参考になった。第三巻（東方史料集）はもう少し充実させてもよかったように思うが、それでもユダヤ教徒の諸著述を含むヘブライ語史料が他の（アラビア語、ペルシア語）諸史料と並んで一つにまとめられていることは便利であった。この五巻本史料集はルーシを取り巻く諸地域の古代、中世諸言語に不案内な著者のごとき学徒にとって、ある程度信頼して依拠することのできる基盤となると考えられた。もちろん翻訳された史料集に頼ることは学問的に問題がないわけではない。ときには、翻訳者の誤りや編集上の不備、またそれぞれのもつ「傾向性」をそのまま踏襲する危険性にさらされることになる。しかし、これらが帝政期からソヴィエト時代にいたるまでのあいだに蓄積されてきた学問的遺産の良き部分を選択的に受け継いだ今日のロシアで、現在望みうる最高の学術的水準にあることはおおよそ確認できた。その意味でしかるべき手順をふんで（すなわち、ロシア内外の研究史をできる限り考慮に入れながら批判的に）利用するならば、有用な資料となりうると考えたのである。これにより著者は、終着点の見えない旅になんとか歩みだす勇気を与えられたように感じたのであった。

旅はまだ終わったわけではないが、それでも擱筆する時が来たと感じる。成果について云々することは控えたい。ただ最後にお詫びと謝意を記しておきたい。

本書は、諸事実の確定に多くの紙面を費やし、叙述がくどくなってしまった。繰り返しも多くなった。独りよがりにならぬようこれまでの諸研究にある程度注意を払う必要に迫られたことも、そうなった原因の一つであろう。かくて、過去の研究者の見解に振り回されるだけの書物などだれが読むものかとお叱りを受けそうな事態になった。その通りで、きわめてとっつきにくいものとなってしまった。著者が到達した結論だけを記すという方法もあったかもしれない。しかし、すべての論点について、たんに結論のみを記せば足るということは考えられなかった。問題が多岐にわたり、史料も断片的であって、単純に憶測や思い付きであれかこれかを決定すれば済むというわけにはいかないと考えた。すっきりした結論にたどりつくことは不可能と考えられる事柄も多かった。わずかばかり残存する史料が（それですら見通すこともできないほどに多い、また見方によっては思いがけないものも史料となりうる。そうしたことから見逃してしまったものもあるであろう）、今日から見てもっとも知りたいと思われる事柄を伝えていないということもあった。何かを言うためには手続きを踏むことが必要であった。手続き自体が中心課題とならざるをえないという場合もあった。かくて乱雑な仕事場の中を直接見ていただくようなことになってしまった（索引も必要以上に詳しくなりすぎたかもしれない。選択的なご利用をお願いしたい）。

以上は、歯切れの悪い書き方になったこと、またそのほか数多くある欠陥についてのたんなる言い訳にすぎないが、それもこれもみな著者の、いかんともしがたい性格と能力の欠如からきているところが多いので、読者諸賢のご海容をお願いし、お詫びするよりほかない。著者はとりわけ、勘違いやたんなる間違い、膨大となった注における典拠の誤記を恐れている。校正の段階で注意したつもりであるが、完全を期すことはできなかった。大方のご叱正を賜りたいと願っている。

本書の執筆に際して著者は最低限必要と考えられた文献をすべて参照しえたわけではなかった。それでも手にした図書や論文は相当数にのぼった。この点で北海道大学附属図書館、同スラヴ研究センター、同文学研究科図書室、同諸研究室所蔵の図書の存在はありがたかった。とくに北海道大学図書館（とりわけ相互利用係）の方々には外国を含む他所の図書館からひんぱんに文献をお取り寄せいただいたこともありずいぶんお世話になった。深く感謝している。本書の執筆はいうまでもなく著者の孤立したいとなみであったわけではない。多くの方々に支えられてここに至った。中村喜和、松木栄三氏らを中心に地道な活動を続ける「中近世ロシア研究会」の存在はその一つである。著者はよき会員ではなかったが、独りよがりになることが少しでも避けられたとするならば、それは会の存在によるところが大きかったのである。そのほかに著者はとくに二人の方にお世話になった。越野（旧姓上田）泉氏（前北海道大学文学研究科大学院生、現札幌大谷中学・高等学校教諭）と兎内勇津流氏（北海道大学スラヴ研究センター准教授）である。越野氏には本書の準備の初期の段階でコピーを含む文献収集の面で大いに助けられた。氏の助力なしには、執筆の仕事を軌道に乗せることはできなかった。兎内氏にはいつものことながら文献について種々ご教示をいただいただけでなく、その他の面でもさまざまにご配慮をいただいた。両氏に心よりの御礼を申し述べたい。また著者が、少なくとも量的には膨大となった原稿をどのようにして公にするか途方に暮れていたときに、成文社の南里功氏が自ら引き受けを申し出られ、面倒な作業を献身的になされたことはありがたいことであった。最後に妻和子が自ら多忙にしながら、本書の執筆に著者が専念できるよう支えてくれたこともここに記させていただきたいと思う。

なお本書は、幸いにも独立行政法人日本学術振興会平成二十六年度科学研究費補助金（研究成果公開促進費）の交付を受けて刊行されることができた。

二〇一四年初冬、札幌

栗生沢猛夫

索　引

人名索引

あ

アヴァネーソフ　Avanesov R.I.　122
アウグストゥス　ローマ皇帝（前 27- 後 14）134
アヴドゥシン　Avdushin D.A.　124
アエパ（ギルゲニの子）　ポロヴェツの公，カン　707
アエパ（オセニの子）　ポロヴェツの公，カン　708
アガフィヤ　コンラート（マゾフシェ公）の妃　710
アガペートゥス　ビザンツの輔祭・著述者（6 世紀）　577-78, 601
アガペートゥス二世　ローマ教皇（946-55 在位）　250
アグネシカ　ムスチスラフ・イジャスラヴィチ（1170/72 没）の妃　710
アクラン　ポロヴェツの公　772
アズグルイ　タレフスク（ポロヴェツのいずれかの地域？）の公　772
アスコリド（とジール）　21, 38, 68, 92, 94-98, 148, 153, 164, 613, 615, 715
アストリズ　オーラヴ・トリュグヴァソンの母　633
アストリド　オーラヴ二世（聖王）の妃　639, 641, 644
アダム（ブレーメンの）　年代記作者　579, 650-51, 655-56, 661-62, 664, 679-80, 726-27, 734
アダルダグス　ハンブルクーブレーメン大司教（937-88）　240, 250
アダルベルト（アダルベルトゥス，プラハの）＝ヴォイチェフ（聖人，956-97）　201, 307-08, 411, 420, 732
アダルベルト（アダルベルトゥス）　ルーシ布教司教（961-62），マグデブルク初代大司教（968-81 在位）　230, 240-41, 243, 245-46, 249, 259-60, 264, 268-69, 274, 280-82, 293, 303-04, 425
アダルベルト　ブレーメン大司教（1072 没）734
アデマール・シャバンヌ　アングレームの修道士（1034 没）　304, 307-08, 425
アーデルハイド　697, 736-37　→エウプラクシヤ
アドリアノヴァ-ペレツ　Adrianova-Perets V.P.　871
アナスタシオス一世　ビザンツ皇帝（491-518 在位）　125
アナスタシオス　ケルソンの聖職者　337-38, 353, 356, 380-81, 385, 388, 397, 435, 439-40, 446
アナスタシオス　ケルソン主教（「ケルソン伝説」中の）　348
アナスタシーヤ・ヤロスラヴナ　アンドラーシュ一世の妃　666, 680, 687, 705, 734
アーヌンド-ヤーコブ　スウェーデン王（1020-50 頃在位）　664
アブドゥッラフマーン三世　後ウマイヤ朝ア

ミール，カリフ（912-61 在位） 201
アフリカン ヴァリャーグ 608, 714
アポリナリオス ラオディキア司教（4 世紀） 826
アマルリク ボードゥアン三世の甥 870
アラルテース 649-50 →ハーラル苛烈王
アリ・ソルギルスソン 637-38
アリニョン Arrignon J.-P. 249-51, 254, 279, 281
アリョーシャ・ポポーヴィチ ブィリーナの英雄 814
アルヴヒルド マグヌス善王の母 644
アルタモーノフ Artamonov M.I. 377
アルツィホフスキー Artsikhovskii A.V. 124
アルノルド（リューベックの） 879
アルベルト（シュターデの） 738-39
アルベルト（アーヘンの） 850, 906
アルモシュ カールマーン王の子 707
アレクサンデル二世 ローマ教皇（1061-73 在位） 682
アレクサンドル（アレクサンドラス） リトアニア大公（1492-1506 在位） 839
アレクサンドル・ヤロスラヴィチ（ネフスキー） ウラジーミル大公（1252-63 在位） 164, 416-18, 864, 892, 924
アレクシオス一世コムネノス ビザンツ皇帝（1081-1118 在位） 629, 695, 708, 739, 806
アレクシオス三世アンゲロス ビザンツ皇帝（1195-1203 在位） 855
アレクシオス四世アンゲロス ビザンツ皇帝（1203-04 在位） 855, 910
アレクシオス五世ドゥーカス・ムルツプロス ビザンツ皇帝（1204 在位） 855, 910
アレクシオス ヨハネス二世コムネノスの子 709
アレクセーエフ Alekseev A.A. 585
アレクセーエフ Alekseev L.V. 431, 800-01
アレシコフスキー Aleshkovskii M.Kh. 112
アロギーヤ ヴァルディマル王妃（「オーラヴ・トリュグヴァソンのサガ」） 633, 635
アロルドゥス（ハロルド） 814, 886 →ムスチスラフ・ウラジーミロヴィチ（キエフ大公）
アンデレ（アンドレイ，使徒） 22, 59, 146-48, 156, 163, 415-16, 419, 452-53
アントニー キエフ・ペチェールスキー修道院創始者（1073 没） 565, 595-96, 799, 808
アントニオス四世 コンスタンティノープル総主教（1389-90, 91-97 在位） 574, 599
アントノーヴィチ Antonovich V.B. 14
アンドラーシュ一世 ハンガリー王（1046-60 在位） 582, 680-81, 705, 734
アンドラーシュ二世 ハンガリー王（1205-35 在位） 711, 906
アンドラーシュ アンドラーシュ二世の子 711
アンドレアス クレタの聖人（740 没） 782
アンドレイ・アレクサンドロヴィチ ウラジーミル大公（1304 没） 164
アンドレイ・ウラジーミロヴィチ ヴォルィニ公（1142 没） 708, 772, 780
アンドレイ・ドーブルィ ヴォルィニ公（1142 没） 147, 164
アンドレイ・ボゴリューブスキー ウラジーミル大公（1174 没） 147, 164, 574, 599-600, 782, 813
アンドレイ・ヤロスラヴィチ ウラジーミル大公（1247-52 在位） 164
アンナ ビザンツ皇女（ロマノス二世の娘，ウラジーミル聖公の妃） 235, 285, 310, 315, 324, 338-39, 347, 363-64, 370-72, 376-79, 382-83, 443, 435, 451, 485-88, 490-92, 523, 529, 534-35, 566, 582, 630, 701, 732, 735, 785
アンナ ヤロスラフ（賢公）の最初の妃（？） 659-660
アンナ フセヴォロド・ヤロスラヴィチの妻（？） 685, 700, 705
アンナ・イヴァーノヴナ ロシア皇帝（1730-40

在位） 134
アンナ・ヤロスラヴナ　アンリ一世の妃 631, 666, 676-77, 679-83, 687, 705, 735, 840, 901
アンマン　Ammann A.M.　388
アンリ一世　フランス王（1031-60 在位） 582, 631, 666, 676-82, 705, 734, 840, 901
イヴァン三世　モスクワ大公（1462-1505 在位） 314, 839-40, 901
イヴァン四世雷帝　モスクワ大公（ツァーリ）（1533-84 在位） 134, 147, 314, 450, 601, 735, 781, 813, 931
イヴァンコ・チュディノヴィチ　オレーグ・スヴャトスラヴィチ公の従士　777-78
イオアン　ペチェールスキー修道院院長（1088-1108） 54, 63
イオアン（ヨアン） キエフ府主教（？） 392
イオアン　キエフ府主教→ヨハンネス一世
イグナーチー　スモレンスクの修道士（帝都への「旅」1389 年の著者） 919
イグナティオス　コンスタンティノープル総主教（847-58, 867-77 在位） 146-47, 150
井桁貞敏　917
イーゴリ（リューリクの子，945 没） 40, 62-63, 79, 92, 94-98, 153, 170, 215-18, 220, 226, 231, 272-73, 275-77, 284-86, 290, 295, 359, 430, 486, 605, 615-18, 628, 726, 742, 789-90, 805, 815
イーゴリ・スヴャトスラヴィチ　ノヴゴロド－セーヴェルスキー公（1202 没） 772 →『イーゴリ遠征物語』
イーゴリ・ヤロスラヴィチ　ヴォロジーメリ公（1060 没） 183, 538, 666, 730, 741, 744-46, 767, 787-88, 796-97
イコンニコフ　Ikonnikov V.　573-75, 599
イサク（イサキオス）二世アンゲロス　ビザンツ皇帝（1185-95, 1203-04 在位） 855, 910
イサク　アレクシオス一世コムネノスの子 708
石戸谷重郎　40
イジャスラフ・ウラジーミロヴィチ　ポロツク公（1001 没） 296-99, 301, 316, 322-25, 431-32, 474, 514, 797
イジャスラフ・ウラジーミロヴィチ　ムーロム公（1096 没） 521, 765-66
イジャスラフ・ヤロスラヴィチ　キエフ大公（1054-68, 1069-73, 1077-78 在位） 64, 177-80, 182-83, 438, 447, 511, 513, 521, 527, 556, 658, 666, 670, 673, 687-88, 691-93, 704, 738, 741-42, 744-59, 761-63, 767, 784-85, 788, 792-95, 797-99, 802-06, 808-09, 816, 844-47, 895-96, 903-04　→イジャスラフ一門（事項索引）
イジャスラフ・ムスチスラヴィチ（洗礼名パンテレイモン） キエフ大公（1146-49, 1150-54 在位） 317, 620, 709, 889-91, 895-96, 924, 929
イシュトヴァーン一世　ハンガリー王（997-1038 在位） 173, 308, 412-14, 416, 423, 665, 671
イシュトヴァーン三世　ハンガリー王（1162-72 在位） 710
イストリン　Istrin V.M.　118, 583-84
イータ　クノー伯の娘　295
イーダ（エルスドルフの） 皇帝ハインリヒ四世の従姉妹　693, 705, 730-31, 738, 880
伊藤敏樹　908
イトラリ　ポロヴェツの公　769
イブン・アルーファキフ　アラブ（ペルシア）の著述者（9-10 世紀） 44
イブン・ホルダドベー（フルダーズビフ） アラブ（ペルシア）の地理学者（820 頃-890 頃） 23-24, 31, 41, 88, 133, 148, 204-06
イブン・ルスタ　アラブ（ペルシア）の地理学者（9-10 世紀初） 82-83, 129-30
イラーセク，アロイス　チェコの作家，歴史小説家（1851-1930） 172

イラリオン　キエフ府主教（1051-54 在位） 62, 85-88, 116-17, 131, 147, 361, 384, 393, 395, 400, 406-07, 410, 413, 415, 419, 426, 440, 446, 452, 486, 513, 517-18, 547, 560, 562-68, 570-72, 575, 583, 591, 595-99, 660, 834-35
イリイナ　Il’ina N.N.　109
イリイン　Il’in I.A.　109
イリイン　Il’in N.N.　211, 467, 470-73, 478-79, 481-82, 485, 489, 492-93, 500-01, 508, 530, 532, 535
イリーナ（エリーナ）　660, 729, 847　→インギゲルド
イリーナ　イサク（アレクシオス一世コムネノスの子）の妃　708
イリーナ　ヨハネス二世コムネノスの子アレクシオスの妃　709
イリヤー（イオアン）　ノヴゴロド大主教（1165-86 在位）　914-15
イリヤー　ノヴゴロドの司祭　866-68
イリヤー・ムーロメッツ　ブィリーナの英雄 917
イリヤー・ヤロスラヴィチ　659-60, 662-65, 704, 728-29
インギゲルズ　ハーラル苛烈王とエリザヴェータの娘　655-57, 728
インギゲルド（イリーナ）　ヤロスラフ（賢公）の妃　471, 478, 486, 494, 498-500, 513, 526, 532, 552, 607, 632, 639, 641-44, 646, 659-63, 665-66, 704, 722-24, 728-29, 744, 847
インゲ一世　スウェーデン王（1066-?）　708, 889
インゲボルグ　ムスチスラフ・ウラジーミロヴィチ公の娘　708, 842
インゴル（イングヴァール）　ニカイア府主教（？）　75
インノケンティウス三世　ローマ教皇（1198-1216 在位）　819, 855, 862
ヴァイヤン　Vaillant A.　159, 167
ヴァシーリー→ウラジーミル聖公（その洗礼名）　361-62, 400-02
ヴァシーリー（「わたし」）　ヴァシリコ・ロスチスラヴィチ公の聴罪司祭　111, 189-91
ヴァシーリー一世　モスクワ大公（1389-1425 在位）　574, 599
ヴァシリエフ　Vasiliev A.A.　38, 165, 576-79
ヴァシリエフスキー　Vasil’evskii V.G.　31, 131, 165, 212-13, 373, 441, 443, 719, 737
ヴァシリコ・ロスチスラヴィチ（テレボーヴリ公，1124 没）　111, 181-82, 185-88, 190-91, 708, 759, 767-68, 770, 779, 782
ヴァシリコ・ロマーノヴィチ　ガーリチ公（1271 没）　331-32
ヴァーツラフ一世（聖人）　チェコ王（921-29 在位）　211, 411, 508
ヴァリャシコ　ヤロポルク・スヴャトスラヴィチ公の従士（軍司令官？）　618, 716-17
ヴァルヴァーラ（？）　スヴャトポルク・イジャスラヴィチの妃（？）　706
ヴァルチラフ（『エイムンド・サガ』） 471-72, 494, 498-99
ヴァルディマル（ヴァリダマール）　494, 501, 633-35, 637　→ウラジーミル（聖公）
ヴァルテスラフ　687, 738-39　→ヤロスラフ・スヴャトスラヴィチ
ヴァルデマール一世　デンマーク王（1157-82 在位）　711
ヴァルラーム　キエフ・ペチェールスキー修道院，のちドミートリー修道院院長　866
ヴァレンス　ローマ皇帝（364-78 在位）　826
ヴィシェスラーヴァ　スヴャトスラフ・ヤロスラヴィチ公の娘　706
ヴィシェスラフ・ウラジーミロヴィチ　ノヴゴロド公（1010 没）　297-301, 316-17, 522, 525, 790
ヴィシャータ　キエフの軍司令官　63, 444, 567-68
ヴィスコヴァーティ　Viskovatyi K.　895-96
ヴィソツキー　Vysotskii S.A.　132

ヴィドゥキント（コルヴァイの） 105-06
ヴィデラ Widera B. 29-30, 44
ヴィポー コンラート二世の宮廷付司祭 732
ヴィリンバーホフ Vilinbakhov V.B. 61, 623, 712
ヴィルアルドゥアン 『コンスタンティノープル征服記』著者 859, 908, 910, 912
ヴィルヘルムス マインツ大司教 241-43
ヴィンター Winter E. 862-63
ヴェネヴィーチノフ Venevitinov M.V. 871, 918
ヴェルナツキー Vernadsky G. 15, 32, 42, 46, 110, 276, 375, 387, 404
ヴェルフ シュヴァーベン侯の子 695-96
ヴェルフスラヴァ フセヴォロド・ムスチスラヴィチ公の娘（1160 頃没） 710, 842
ウォヴミャインスキ Łowmiański H. 129, 623
ヴォドフ Vodoff V. 37, 402, 409, 412, 451
ウォートレイ Wortley J. 912
ウォルフ イングランド公 661-62
ヴォロジーメル・ヴァシリコヴィチ ヴォルィニ公（1288 没） 402
ヴォロジーメル・コンスタンチーノヴィチ ウグリチ公（1249 没） 402
ヴォロダリ・ロスチスラヴィチ ペレムィシリ公（1124 没） 187-88, 767-68, 770, 779, 782, 787-88, 906
ヴォローニン Voronin N.N. 813
ウスペンスキー Uspenskii B.A. 418-19, 536
ウスペンスキー Uspenskii F.B. 141, 164, 318, 538, 721-22 →リトヴィナ／ウウペンスキー
ウド二世 ノルトマルク辺境伯 736
ヴャチェスラフ・ウラジーミロヴィチ キエフ大公（1139, 50, 51-54 在位） 771, 780
ヴャチェスラフ・ヤロスラヴィチ スモレンスク公（1057 没） 538, 666, 730, 741, 744-46, 756, 787, 794, 797
ヴャチェスラフ・ヤロポルコヴィチ（1104 没） 810
ウラジーミル・スヴャトスラヴィチ（聖公, キエフ大公, 978-1015 在位） 20-21, 33, 37, 52, 57, 60, 62, 74, 85-86, 145, 148, 150, 152-53, 156, 170-71, 173, 215, 235-37, 262, 270-71, 276, 279, 285-86, 289-90, 292, 295-303, 307, 309-13, 315-17, 319-39, 343-67, 369-72, 376-91, 396-97, 400-20, 423, 425-28, 430-40, 443-45, 447-54, 457-59, 464-69, 471, 474, 478-79, 481, 483-92, 494, 502, 508, 513-14, 518, 522-23, 525, 527-29, 534-36, 541-42, 546-48, 551, 556, 561-66, 569, 573, 575-76, 582, 590-92, 594, 599, 604-06, 608, 616-19, 625, 629-30, 632-37, 658-60, 662, 666, 678-79, 698, 700-01, 704, 719, 721, 732, 735, 742-43, 775, 785, 787, 789-92, 804-05, 814, 816, 821, 849, 894, 898-99, 901, 926
ウラジーミル・フセヴォロドヴィチ・モノマフ（キエフ大公, 1113-25 在位） 31, 50-51, 55, 147, 163-64, 174, 180-82, 184, 186-87, 189-91, 450, 508-09, 519-21, 528, 538, 554, 566, 575, 595, 598, 658, 666, 687, 707-08, 730, 754, 756-62, 764-83, 800, 803, 808-14, 823, 828, 842-44, 847, 868, 876, 886, 888-89, 891-92, 895-96, 903, 914, 921, 924 →事項索引, モノマフ一門（モノマフ党）
ウラジーミル・ムスチスラヴィチ（ディミトリー） キエフ大公（1159, 1174 没） 709, 889
ウラジーミル・ムスチスラヴィチ プスコフ公 711
ウラジーミル・ヤロスラヴィチ ノヴゴロド公（1052 没） 183, 325, 567, 666, 669, 728, 731, 744-45, 759, 767, 779, 788, 793, 795
ウラジーミル イーゴリ・スヴャトスラヴィチ（1202 没）の子 709
ウラジーミル フセヴォロド・ムスチスラ

ヴィチ（1138 没）の子　709
ウラジーミルスキー－ブダーノフ Vladimirskii- Budanov M.F.　811
ヴラスト　Vlasto A.P.　388
ヴラチスラフ二世　チェコ王（1061-92 在位） 180, 803-04
ヴラチスラフ　ブルン辺境伯　708
ウルヴヒルド　オーラヴ二世の娘　639
ウルバヌス二世　ローマ教皇（1088-99 在位） 686, 689, 694-97, 736, 739, 824, 893, 912
ウルフィラス　ゴート人の使徒（383 没） 167
ウーロヴ・シェートコヌング　スウェーデン王（10 世紀末 -1021/22 在位）　494, 526, 632, 641, 659, 665, 704, 729
ヴワディスワフ一世ヘルマン　ポーランド公（1080-1102 在位）　180, 187, 191-92, 687, 707
エイムンド　471-78, 493-501, 532
エイリフ　ログンヴァルドの子　645-46
エウスターフィー・ムスチスラヴィチ（1033 没）　546, 609
エウテュケス　コンスタンティノープルの修道院院長（4-5 世紀）　826
エウドキア（インゲリーナ）　バシレイオス一世の妃　75
エウドキヤ　ミェシコ（ボレスワフ二世豪胆公の子）の妃　706
エウドキヤ　ミェシコ三世の妃　710
エウフィミヤ・ウラジーミロヴナ　カールマーン王の妃　708, 842, 903
エウフィミヤ　チェコ公女，スヴャトポルク・ムスチスラヴィチの妃　709
エウフィミヤ　アレクシオス（？）（イサク二世アンゲロスの子）の妃　710
エウプラクシヤ・フセヴォロドヴナ（アーデルハイド，プラクセーディス）　ハインリヒ四世の妃　631, 683-91, 694-700, 707, 731, 736-37, 739-40, 824, 842, 903
エウフロシニヤ　ポロツクの公女（聖人，1173 没）　868-69
エウフロシニヤ　ゲーザ二世の妃，ムスチスラフ・ウラジーミロヴィチの娘　709, 842
エカテリーナ二世　ロシア皇帝（1762-96 在位）　931
エグベルト　トリーア大司教　845
エゲリア（エテリア）　聖地巡礼記作者（5 世紀初）　883, 922
エストリズ(＝マルガレータ？)　カヌート(イングランド王）の妹，「ルーシ王の子」の妃　661-64, 704
エゼルレッド二世　イングランド王(978-1016 在位)　661, 664, 730
エドマンド二世　イングランド王(1016 在位) 664-65, 730
エドワード（殉教王）　イングランド王（975-78 在位）　730
エドワード（証聖者王）　イングランド王（1042-66 在位）　644, 648
エドワード　エドマンド二世の子　664-65, 730
エピファニオス・ハギオポリテス　ビザンツの巡礼記作者（8 世紀後半）　882-83
エフライム（エフレム）　キエフ府主教（1054/55-65 頃在位）　393, 598, 833-37, 898
エフラエム（エフラム）　ペレヤスラヴリ府主教　388, 447, 898
エミッヒ伯（ライニンゲンの）　850, 906
エリク常善王　デンマーク王（1095-1103 在位）　850, 906
エリク・エムネ　デンマーク王（1134-37 在位） 709
エリザヴェータ・ヤロスラヴナ（「エリシーヴ」）　ハーラル苛烈王の妃　647, 655-57, 663-64, 666, 680, 687, 705, 724, 727-28
エリョーミン　Eremin I.P.　895
エルガ　226, 229, 231, 235-36, 280　→オリガ
エレーナ　847, 904　→ゲルトルード
聖エレーナ→ヘレナ

エレーナ・イヴァーノヴナ　イヴァン三世の娘，アレクサンドル（リトアニア大公）の妃　839-40, 901
エンマ　エゼルレッド二世の妃　661
オストロウスキ　Ostrowski D.　36
オストロゴルスキー　Ostrogorsky G.　42, 228-29, 231, 234, 252-53, 278-80, 288, 369-73, 375, 442, 576-77, 726
オストロミール　ノヴゴロドのポサードニク，軍司令官（11 世紀中葉）　63, 487, 591
オスルク　ポロヴェツの公，カン　706
オセニ　ポロヴェツの公，カン　771
オーダ　イーダ（エルスドルフの）の娘，スヴャトスラフ・ヤロスラヴィチの妃　687-88, 693, 705, 730-31, 738-39, 880
オダルリク（ランスの）　677, 679
オットー一世　ドイツ王，神聖ローマ皇帝（936-62-73 在位）　202, 231, 239-44, 246, 249-50, 258-59, 265-68, 280-81, 283, 285, 291, 293-95, 303, 315, 378, 888
オットー二世　ドイツ王，神聖ローマ皇帝（973-83 在位）　241-42, 291, 293-96, 301-02, 304, 309, 311-12, 330-31, 378, 670
オットー三世　ドイツ王，神聖ローマ皇帝（983-1002 在位）　307, 379, 405, 451, 465
オットー　ポーランド王ボレスワフ一世の子（ミェシコ二世の兄弟）　732
オットー（フライジングの）　30, 579
オットー　マイセン辺境伯　706, 758
オットー　ベルンハルト（ノルトマルク辺境伯）の子　737
オットカール四世　シュタイエル公　207
オッド・スノラソン　シンゲイラル修道院修道士　443, 632, 635-38, 720-21
オドー　ポズナニ公　710
オドアケル　ゲルマン人の首長（493 没）　196
オドルリクス　アウグスブルク司教（973 没）　307-08
小野寺利行　46
オボレンスキー　Obolensky D.　167, 232, 279, 395, 441, 446, 577-78, 597, 600, 725, 897
オーラヴ一世トリュグヴァソン　ノルウェー王（994/95-999/1000 在位）　387, 443, 631-38, 721
オーラヴ二世ハーラルソン（聖王）　ノルウェー王（1014/15-28 在位）　411, 493, 500-01, 627, 631-32, 638-45, 647, 649-50, 663-64, 722-24
オーラヴ三世（平静王，オーラヴ・ハラルズソン）　ノルウェー王（1066-93 在位）　656, 687, 727
オーラヴ（オーロフ）・スヴェインスソン（飢餓王）　デンマーク王（1086-95 在位）　728
オリガ（エルガ／ヘルガ，洗礼名エレーナ／ヘレナ）　27, 43, 62, 82, 94, 156, 170, 215-40, 242-55, 257-71, 274-88, 291, 293, 303, 310, 312, 336, 342, 351-52, 361-62, 390, 425, 428-29, 435, 486, 605, 618, 635, 926
オリサーヴァ　904　→ゲルトルード
オルドジフ（ウダルリクス）　チェコ王（1012-33 在位）　173, 670
オルマ　キエフ初期のキリスト教徒　153
オレーグ（912 没）　25, 39-40, 60-62, 68, 76, 79, 92, 94-98, 153, 169, 216, 285, 430-32, 522, 605, 614-16, 618, 715, 742, 790, 912
オレーグ・ゴリスラーヴィチ　804　→オレーグ・スヴャトスラヴィチ（1115 没）
オレーグ・スヴャトスラヴィチ　ドレヴリャーネの地の公（977 没）　170, 270-71, 286, 288-89, 296, 301-03, 307, 309-11, 318, 320, 359, 538, 616, 743, 789-90
オレーグ・スヴャトスラヴィチ　チェルニゴフ公（1115 没）　51, 132, 174, 183-84, 186, 520-21, 706, 754-58, 760, 762-72, 774-75, 777-82, 788, 804-06, 810-11, 843, 874　→事項索引，オレーグ一門（～党）
オレーグ　「ケルソン伝説」中の軍司令官

347
オレーナ　ヤロポルク・ウラジーミロヴィチの妃　708

か

カイン　460, 464
カヴェラウ　Kawerau P.　365, 368
カシターノフ　Kashtanov S.M.　42, 602
カジミェシ一世　ポーランド公（1034-58 在位）　178, 582, 669-73, 675, 681, 704, 733, 802, 844
カジミェシ二世　ポーランド公（1177-94 在位）　582, 709
カジュダン　Kazhdan A.　581-82, 701, 706, 730-31, 806, 900
カッシオドールス　『ゴート人の歴史』作者（6世紀中葉）　105
勝田吉太郎　277, 554, 717-18, 802, 934
カヌート（イングランド王）→クヌーズ（デンマーク王）
カラムジン　Karamzin N.M.　15, 253, 284, 657, 660, 727, 789, 876, 911
カリーニナ　Kalinina T.M.　23-24
ガルカーヴィ　Garkavi A.Ia.　41
カールゲル　Karger M.K.　74, 592-93
ガルザニーチ　Gardzaniti M.U.　882, 906, 921-22
カルタシェフ　Kartashev A.V.　245, 405
イブン・ガルディジ　130
カールマーン　ハンガリー王（1095-1116 在位）　188, 413, 582, 708, 842, 850, 906
ガレリウス　ローマ皇帝（293/305-311 在位）　888
キー　キエフ創建者　59, 73, 93-97, 125
キキリヤ（チェチーリヤ）　スヴャトスラフ・ヤロスラヴィチの最初の妃　705, 731
木崎良平　36, 64, 119, 128, 526, 701, 730-31, 797, 814
岸慎一郎　140-43
ギーダ　ウラジーミル・モノマフ公の妃　582, 687, 707, 814, 843, 868, 886-92, 924
ギボン　Gibbon E.　17
木村彰一　132, 804
ギーモン　Gimon T.V.　586-88
キュリアコス（キュリクス）とユリタ　ディオクレティアヌス帝期の殉教者（聖人）　416-17, 453
キュリロス（コンスタンティノス，キリル，スラヴの使徒，869 没）　151, 153-59, 161, 166-67, 248, 334, 341, 434, 454, 678　→キュリロス・メトーディオス
キュリロス・メトーディオス　151, 153-57, 166-67, 248, 342, 427, 453, 580, 830, 832, 897, 926
キュリロス一世　キエフ府主教（1224/25-33 夏在位）　393, 395
キュリロス二世　キエフ府主教（1242/47-81.11.27 在位）　393, 418
ギヨーム　ノルマンディー公（ウィリアム征服王）　648
ギラルドゥス（・カンブレンシス）　アイルランドの『歴史と地理』（1188）作者　106
キリク　ノヴゴロド・アントニエフ修道院輔祭　867-68, 902, 915
キリジ（クルチ）・アルスラン二世　ルーム・セルジュークのスルタン（12 世紀後半）　879-80
キリル（スラヴの使徒）→キュリロス
キリル　トゥーロフ主教（1182 没）　781
キルピーチュニコフ　Kirpichnikov A.N.　41, 115, 135
クィタン　ポロヴェツの公　769
クジミーン　Kuz'min A.G.　61, 109, 118, 135, 167-68, 623, 712, 717
クゼンコフ　Kuzenkov P.V.　165
クーチキン　Kuchkin V.A.　889, 892, 923-24
クーニク　Kunik E.　719
クニグンデ（オルラミュンデの）　ヤロポル

ク・イジャスラヴィチの妃　687-88, 693.706, 758, 847
国本哲男　36, 60-61, 64, 110, 119, 127-28, 140, 715
クヌーズ（大王）　デンマーク王（1018-35 在位，イングランド王，1016-35 在位）　638-40, 644, 661-62, 664-65, 730
クヌーズ（聖王）　デンマーク王（1080-85/6 在位）　411
クヌーズ・ラヴァルド　オボドリト公（1131 没）　411, 708
クノー伯　295, 312, 315, 701, 732　→コンラート（シュヴァーベン公，997 没）
熊野聰　530
グラズィリナ　Glazyrina G.V.　532, 723
グラボーヴィツ　Grabowicz G.G.　936
クラリ　『コンスタンティノーポリ遠征記』著者　908, 910
クラリウス　年代記作者（？）　680
クリヴォシェーエフ　Krivosheev Iu.V.　138
栗生沢猛夫　24, 36, 47, 314, 403, 450, 601, 799
クリスチーナ　インゲ一世（スウェーデン王）の娘　708, 842, 889
栗原成郎　432, 801
クリム（クリメント）・スモリャチチ　キエフ府主教（1147.7.27-55 初在位）　393, 395, 404, 410, 446
クリームヒルト　ジークフリート王子の妃（『ニーベルンゲンの歌』）　219
クリメント　キュリロス・メトーディオスの弟子，ブルガリア（マケドニア）で布教　155
クリメント→クレメンス（ローマ教皇）
クリュソス　Chrysos E.　577-81, 597, 601
クリュチェフスキー　Kliuchevskii V.O.　36, 47, 277, 432, 531, 743, 787, 792, 796, 810, 905
グルシャコーヴァ　Glushakova Iu.P.　874, 876, 918
クールプスキー　モスクワの貴族（イヴァン雷帝の論敵）　601
クレイン　Klein L.S.　115
グレーヴィチ　Gurevich A.Ia.　43
グレコフ　Grekov B.D.　15, 31, 37, 47, 212, 277, 331, 554, 594, 778, 798, 812
グレゴリウス五世　ローマ教皇（996-99 在位）　735
グレゴリウス七世（ヒルデブランド）　ローマ教皇（1073-85 在位）　180, 413, 689, 694, 738, 802-03, 821, 824-25, 845, 893, 903
グレゴリオス　聖職者（オリガ使節団員の一人）　225-26, 229, 233-35, 430
グレゴール（サン・ヴィターレの）　枢機卿　863
グレープ・ウラジーミロヴィチ（聖人）　52, 297, 460, 464, 469, 488-89, 504, 511, 523　→ボリス・グレープ
グレープ・スヴャトスラヴィチ　ノヴゴロド公（1078 没）　521, 538, 755-56, 760, 804-05, 808-09
グレープ・フセスラヴィチ　ミンスク公（1119 没）　539, 779, 782, 800, 921
グレミスラヴァ　レシェク白公（クラクフ）の妃　711
クレメンス一世　ローマ教皇（92-101 頃）　338, 348, 453, 677-80
クレメンス三世　ローマ対立教皇（1080/84-1100 在位）　689-90, 694-95, 737, 823-25
クローヴィス　フランク王（481-511 在位）　410-11
クロス　Cross S.H.　51, 110, 119, 190, 371-72, 392, 436, 439, 445, 592, 623, 712-14, 716, 803-05, 816, 913
クロス　Kloss B.M.　313
グンヒルデ（クニグンデ）　ハインリヒ三世の妃　674
グンラウグ・レイフソン　シンゲイラル修道院修道士（12 世紀）　720-21
ゲオルギオス・ハマルトーロス（ゲオルギオ

ス・モナコス）　ビザンツの年代記作者（9世紀）　60, 62, 342, 584
ゲオルギオス　キエフ府主教（1065頃-76頃在位）　393, 511, 519, 823, 829, 834-36, 895
ケカウメノス　『ストラテギコン』著者　311, 648-51
ゲーザ　ハンガリー王（大首長, 972-97在位）　307
ゲーザ二世　ハンガリー王（1141-62在位）　582, 709
ゲデオーノフ　Gedeonov S.A.　719
ケドレヌス　ビザンツの年代記作者（スキリツェスの『年代記』を伝える）　622, 718-19
ケムプファー　Kämpfer F.　435-36, 535
ゲルヴァシウス（ジェルヴェー）　ランス大司教（11世紀後半）　682
ゲールケ　Goehrke C.　135
ゲルトルード　イジャスラフ・ヤロスラヴィチ大公の妃（ミェシコ二世の娘，カジミェシ一世の妹）　178, 180, 669-70, 673, 688, 704, 748, 758, 802, 844-47, 903-04
聖ゲルトルード　ニヴェルの女子修道院院長（626-653/659）　904
ゲロー（ライヒェルスベルクの）　740
コクスシ　ポロヴェツの公　772
コストマーロフ　Kostomarov M.(N.I.)　932, 936
コスニャチン（コンスタンチン）・ドブルィニチ　ノヴゴロドのポサードニク　63, 463, 591
コズマ・プレスヴィテル　ブルガリアの「司祭」　915-16
コスマス（プラハの）　チェコの年代記作者（1125没）　175, 329, 433
コチャン　ポロヴェツの公　711
コツェル　パンノニア公（9世紀後半）　155, 157
ゴーデハルト　ヒルデスハイム司教（1038没）　29
ゴドフロワ　エルサレム公（「王」）　906
コトリャル　Kotliar N.F.　109-110, 140
コノヴァーロヴァ　Konovalova I.G.　83, 127
コメチ　Komech A.I.　592-93
ゴラズド　キュリロス・メトーディオスの弟子　155
ゴリスラーヴァ（ゴレスラーヴァ）　322, 755, 804　→ログネジ
ゴリスラーヴィチ　781, 804　→オレーグ・スヴャトスラヴィチ，チェルニゴフ公
ゴールスキー　Gorskii A.A.　84, 87, 133
コルスケッグ　ヴァイキング（10世紀末）　624
ゴールデン　Golden P.B.　131
コルチン　Kolchin B.A.　102
ゴルビンスキー　Golubinskii E.E.　163, 165, 233-34, 278-79, 283, 318, 342, 388, 392-93, 409, 416-17, 436, 446, 448, 894, 902
コールマー　Callmer J.　125
コルマン　Kollmann N.Sh.　811
ゴロフコ　Golovko A.B.　332
コロリュク　Koroliuk V.D.　210-11, 328-29, 332, 432, 467, 527, 731-33
コンガル　ドミニコ会神父，神学者　819-20
コンスタンティノス（キリル）→キュリロス
コンスタンティヌス（コンスタンティノス）一世（大帝）　ローマ皇帝（305-337在位）　60, 221-22, 361-62, 400, 403, 407, 413-15, 459, 811, 847
コンスタンティノス七世ポルフィロゲネトス　ビザンツ皇帝（913-59在位）　27, 82, 150-51, 209, 222-32, 234-37, 242, 253, 255-59, 261, 263, 265, 268, 272, 285, 287-88, 361, 378-79, 433, 580, 616, 653-54, 716, 726, 898
コンスタンティノス八世　ビザンツ皇帝（1025-28在位）　337, 347, 363, 366, 372, 443, 451, 646, 734
コンスタンティノス九世モノマコス　ビザンツ皇帝（1042-55在位）　566, 568-69, 575,

646-48, 650, 654, 686, 725, 730-31, 774
コンスタンティノス一世　キエフ府主教（1156-58/59 在位）　393
コンスタンティノス二世　キエフ府主教（1167-69/70 在位）　393, 930
コンスタンティノス・マナセス　ビザンツの年代記作者（1187 没）　883
コンチャーカ　ポロヴェツの公，カン　709-10
コンテ（シュヴァルツブルクの）　707
コンラート二世　ドイツ王，神聖ローマ皇帝（1024-27-39 在位）　590, 669-72, 681, 732
コンラート三世 ドイツ王（在位 1138-52）　30, 579
コンラート　ハインリヒ四世の子（ドイツ王 1087-93 在位，イタリア王 1093-98 在位）　695-97, 699
コンラート　シュヴァーベン公（997 没）（＝クノー伯）　295, 312, 701
コンラート（フリードリヒ）　シュヴァーベン公（1191 没）　852
コンラート　マゾフシェ公　711
コンラート（クロージクの）　ハルバーシュタット司教　860-61

さ

サクソ・グラマティクス　歴史叙述者（1220 没）　105
サハロフ　Sakharov A.N.　38, 84, 108-10, 116, 254, 283
ザボーロフ　Zaborov M.A.　856-59, 862, 908, 910, 921
サムイル　ブルガリア王（976-1014 在位）　373
サラディン（サラーフッディーン）　アイユーブ朝創建者（1193 没）　851, 870, 907
サロメヤ　スヴァトポルク二世（ポモージェ公）の妃　711
シェパード　Shepard J.　441, 446, 568-71, 598-99, 654, 715, 725
シェフチェンコ　Ševčenko/Shevchenko I.　601
シェフチェンコ　Shevchenko T.G.　936
ジェルベール　443　→シリヴェステル二世
シグヴァト・ソルザルソン　スカールド詩人　634
シグル・マグヌソン　ノルウェー王（1110-30 在位）　709, 906
シグルズ　オーラヴ・トリュグヴァソンのおじ（同王の『サガ』）　633, 635
シグルド（「雌豚の～」）　ハーラル苛烈王の父（『苛烈王のサガ』）　645
ジギスムンド　ブルグンド王（523 没）　411
ジダーノフ　Zhdanov R.V.　348, 355
シチェク　キー（キエフ創建者）の弟　59, 73, 93-97, 125
ジチベルン　（ジュチベルン，「ケルソン伝説」の）　347, 353, 439
シチャーポフ　Shchapov Ia.N.　393, 397-99, 440, 557, 560-62, 822, 837
シネウス　リューリクの弟（『原初年代記』）　95
ジボロフ　Ziborov V.K.　142
清水睦夫　36, 119
ジミーン　Zimin A.A.　45, 279, 454-55, 592
シメオン　ブルガリア王（公）（893-927 在位）　156
シメオン・メタフラステス　ビザンツの神学者（10 世紀末，シメオン・ロゴテーテスと同一人物か）　146
シメオン・ロゴテーテス　ビザンツの年代記作者（10 世紀末）　62
ジャクソン　Dzhakson T.N.　130, 473, 494, 501, 530-32, 631, 634-36, 638, 644, 649, 652, 658, 719-20, 722-23, 726-28, 889
シャスコーリスキー　Shaskol'skii I.P.　125, 623
シャーフマトフ　Shakhmatov A.A.　39, 42, 50-57, 61, 63, 72, 90-91, 99-100, 102-04, 110-14, 116-21, 129-30, 135, 137, 142, 166-67,

190, 269, 276, 278-79, 285, 313-14, 316, 341-42, 345-51, 353, 355-56, 360-61, 382, 434, 437-40, 470, 503-04, 506-09, 512, 527, 530, 535, 591, 616, 623, 712, 715-16, 731, 773, 796-97, 813, 895, 905
ハスダイ・イブン・シャプルト（シャフルト） 後ウマイヤ朝（コルドバ）の高官（10 世紀中葉） 46, 203-04, 214, 341
シャラモン　ハンガリー王（1063-74 在位） 680, 687
シャルカン　ポロヴェツの公　770-71
シャルルマーニュ（カール）大帝　249, 412
ジュジー　Jugie M.　819-20, 893
アブー・シュジャー　アラブの年代記作者（1095 没）357, 366-67, 373
シュモン（シモン）　ヴァリャーグ　608, 714
シュラム　Schramm G.　121, 623, 626, 628, 719
シュレーツァー　Schlözer A.L. von　134
シリヴェストル　ヴィドゥビツキー修道院院長　50, 54, 99, 773-74
シルヴェストル二世　ローマ教皇（999-1003 在位） 443, 735
ジーリナ　Zhilina N.V.　815
スヴァトプルク　モラヴィア公（871-94 在位） 155, 157, 166
スヴェイン　クヌーズ（デンマーク王）の子 644
ズヴェニスラヴァ　ボレスワフ長身公の妃 708
スヴェネリド　イーゴリ公（その子，孫）の軍司令官　63, 289
スヴェッレ　ノルウェー王（1177-1202 在位） 632
スヴェルドロフ　Sverdlov M.B.　37, 527, 623, 723, 790
スヴェン・エストリズセン（「ウールヴスソン」） デーン（デンマーク）王（1047-74 在位） 477, 656, 705
スヴェン双叉髭王　デンマーク王（986?-1014 在位） 661, 704
スヴャトーシャ　189, 878-79, 921　→スヴャトスラフ・ダヴィドヴィチ
スヴャトスラフ・イーゴレヴィチ　キエフ公（945-72） 21, 24, 28, 40, 62, 94, 129, 152, 172, 215-16, 218-19, 225, 235, 238, 243, 248-49, 260, 262-63, 268-78, 284-90, 293, 297, 301, 303, 306, 309, 312, 320, 337, 359-60, 373, 390, 430, 433, 440486, 564, 605, 742-43, 789, 815
スヴャトスラフ・ウラジーミロヴィチ　ドレヴリャーネの公（1015 没） 297-98, 300, 316-17, 461, 464, 483, 489, 492, 525, 529, 535
スヴャトスラフ・ウラジーミロヴィチ　ペレヤスラヴリ公（1114 没） 769, 771, 780
スヴャトスラフ・オリゴヴィチ　チェルニゴフ公（1164 没） 707, 772
スヴャトスラフ・ダヴィドヴィチ（スヴャトーシャ） チェルニゴフ公（1143 没） 189, 878-79, 921
スヴャトスラフ・ヤロスラヴィチ　キエフ大公（1073-76 在位） 64, 132, 177-80, 182-83, 447, 511, 519-21, 538, 556, 658, 666, 687-88, 693, 705, 730-31, 738, 741, 744-47, 749-50, 752-55, 757-58, 760-64, 767, 770, 774-75, 778, 780, 788, 793-95, 797-99, 802-11, 816, 880　→事項索引　スヴャトスラフ一門（家門）
スヴャトポルク・ウラジーミロヴィチ（「呪われた」） 52, 171, 173-74, 176-77, 211, 297-300, 316-17, 327, 414, 452, 457, 459-70, 472, 475-85, 487, 489-93, 504, 506, 513, 522-23, 525-30, 533-36, 538, 541-42, 555, 590, 595, 607-08, 618, 658, 662-63, 704, 747, 775, 785, 901
スヴャトポルク・イジャスラヴィチ　キエフ大公（在位 1093-1113） 32, 55, 60, 64, 181-82, 185-92, 513, 521, 528, 538, 658, 704, 706, 751, 756, 759-62, 764-79, 782, 787, 797, 808-13, 850, 876, 904, 921
スヴャトポルク・ムスチスラヴィチ　ヴォル

イニ公（1154 没） 528, 538, 709
スヴャトポルク・ユーリエヴィチ トゥーロフ公（1144 以後の生まれ，没年不詳） 528, 538
菅原邦城 530, 720
スキリツェス，ヨハネス ビザンツの年代記作者（10 世紀末 -11 世紀初没）142, 231, 235-36, 357, 363-64, 380, 441, 487, 569, 575, 598, 622, 701, 715, 718-19
スクレーロス，バルダス ビザンツの対立皇帝，ヨハネス・ツィミスケス帝の義兄 366, 370, 373-74, 381
スクレーロス，ロマノス バルダス・スクレーロスの子 374
スジスラフ ウラジーミル聖公の子（1063 没） 490, 546, 746
スタニスラフ ウラジーミル聖公の子（スモレンスク公，生没年不詳） 317
スタニスラフ ペレヤスラフ（ペレヤスラヴリ）の千人長 777
スタニスワフ（聖人） クラクフ司教（1079 年殉教） 411
ステファノーヴィチ Stefanovich P.S. 104-07
ステファノス（タロンの，アソギク） アルメニアの歴史叙述者（1015 頃没） 358, 363, 368-69, 375, 442
ステファン キエフ・ペチェールスキー修道院院長（1074-77?） 120
ステファン（ステパノス） スグダイア／スロジの大主教（8/9 世紀の聖人伝） 148
ステファン ノヴゴロドの巡礼者（14 世紀中頃） 919-20
ステブリン＝カメンスキー 530, 623, 651, 720, 724
ステンダー－ペーターセン Stender-Petersen A. 137, 602, 605-07, 623, 643, 653-54, 712, 714, 717, 719-20, 725-26
スノッリ・ストゥルルソン アイスランドの歴史叙述者，詩人（1178-1241） 632, 645, 652-53, 659
スビスラヴァ スヴャトポルク・イジャスラヴィチの娘 192, 707
スレズネフスキー Sreznevskii I.I. 521, 727, 922
セドフ Sedov V .V. 39, 84, 119, 121-24, 130-31, 135
ゼーマン Seemann K.-D. 871, 874, 882, 918-19, 922
セミョン モスクワ大公（1340-53 在位） 575, 577, 600
セームンド・シグーソン アイスランドの歴史叙述者（12 世紀初） 638
セルギオス コンスタンティノープル総主教（610-38 在位） 826
セルゲエーヴィチ Sergeevich V.I. 554, 796
ゼルノーフ Zernov N. 388
セレブリャンスキー Serebrianskii N. 348, 404
ゾエ コンスタンティノス八世の娘 646-47, 654
ゾエ イヴァン三世の妃 314
ソコロフ Sokolov P. 447, 575, 577
ゾシマ モスクワの巡礼者（15 世紀） 920
ゾナラス，ヨハネス ビザンツの年代記作者（12 世紀半ば） 231, 236, 364
ソフィヤ ヴァルデマール一世（デンマーク王）の妃 711
ソボレフスキー Sobolevskii, A.I. 583-85
ソーラ ハーラル苛烈王の「妻」 656-57, 728
ソロヴィヨフ Solov’ev A.V. 122, 127
ソロヴィヨフ Solov’ev S.M. 36-37, 534, 653, 659, 743, 792, 796, 812, 905

た

ダヴィダン Davidan O.I. 40
ダヴィド・イーゴレヴィチ ヴォロジーメリ公（1112 没） 181-82, 184, 186-91, 538, 758-59, 767-68, 770, 787-89, 805, 810, 812

ダヴィド・スヴャトスラヴィチ　スモレンスク／チェルニゴフ公（1123 没）　182, 184, 186, 519, 538, 755, 762, 764-65, 768, 770-71, 774, 779-81, 810, 878
ダヴィド・フセスラヴィチ　ポロツク公（1129 没）　539, 810
ダヴィド　イベリア王（961-1000 在位）　368-69, 442
ダヴィド　ノヴゴロド大主教（1309-25）　450
タキアオス　Tachiaos A.-E.N.　390
タチーシチェフ　Tatishchev V.N.　275, 288, 292, 314, 317, 437, 446, 589, 659, 685, 706
田中陽兒　119, 314, 436-37, 799
田辺三千広　919
ダニール　修道院長（『聖地巡礼記』著者）　806, 866, 868-78, 880-82, 884, 907, 916-22, 929
ダニール　モスクワ府主教（1522-39 在位）　291, 314
ダニール・ロマーノヴィチ　ガーリチ公（1264 没）　331-32, 711
ダニレフスキー　Danilevskii N.Ia.　934
ダニレンコ　Danylenko A.　121
ダニーロフ　Danilov V.V.　875-76, 919
タマーラ　グルジア王女，ユーリー・アンドレーエヴィチの妃　710
ペトルス・ダミアーヌス（ダミアーニ）　イタリアの神学者，聖人（1000/07-72）　304-06, 425
ダゴベルト　ピサ司教（エルサレム総大司教）　906
チェレプニーン　Cherepnin L.V.　37, 57, 116, 795
チチェーリン　Chicherin B.N.　138
チチューロフ　Chichurov I.S.　829-33, 836-37, 897-99
チホミーロフ　Tikhomirov M.N.　57, 279, 291, 314, 554, 716, 811-12
中条直樹　64, 911
ツィフ　Tsyb S.V.　118
ツヴェトコフ　Tsvetkov S.V.　38
ツェルナー　Zöllner E.　128
ツッカーマン　Zuckerman C.　130, 912
レオン・ディアコノス　ビザンツの歴史叙述者（10 世紀後半）　272-74, 288, 357, 363, 380-81, 441
ディオクレティアヌス　ローマ皇帝（284-305 在位）　416, 888
ディオスコロス　アレクサンドリア総主教（5 世紀）　826
ディオニーシー　ユーリエフ修道院（ノヴゴロド）掌院（12 世紀前半）　866
ティトマル　メルゼブルク司教(1009-18),『年代記』（1012-18）作者　211, 281, 405, 408, 445, 462-68, 470-71, 478-88, 490, 508, 522, 526, 529, 533-35, 551, 659, 729, 732
ディトリヒ　ウラジーミル・ムスチスラヴィチ（プスコフ公）の娘の夫　711
ディムニク　Dimnik M.　753, 757, 805, 808
ディヤーコノフ　D'iakonov M.　574-75, 599
テオドラ　コンスタンティノス八世の娘　646, 654
テオドラ　ボードゥアン三世の妃，マヌエル一世コムネノスの姪　870
テオドロス　キエフ府主教（1160-63 在位）　393
テオドロス・プロドロモス　ビザンツ詩人（キエフ府主教ヨハンネス二世のおじ？）　900
テオファナ・ウラジーミロヴナ　オストロミールの妻　488
テオファノ　ロマノス二世の妃　224-25, 265, 363
テオファノ　オットー二世の妃　293, 379
テオファノ（ムザロン家の）　オレーグ・スヴャトスラヴィチの妃（？）　706, 806
テオフィラクトス　キエフ府主教（988-1018 以前在位）　375-76, 393-94, 446
テオフィラクトス　オフリド大主教（1088/92 頃 -1108）　897

テオフィロス　ビザンツ皇帝（829-42 在位）66-67, 77, 224
テオペンプトス（フェオペンプト）　キエフ府主教（1035 頃 -40 年代在位）　386-87, 391-93, 592
デディー　ニーダーラウジッツ辺境伯（1046-75）　692-93
デメトリウス／ディミートリー　802　→イジャスラフ・ヤロスラヴィチ
デリャン　ブルガリアの反乱（1040 年）指導者　649
デルガー　Dölger F.　576
ドゥヴォルニク　Dvornik F.　146, 156, 167, 174-75, 294, 388
トヴォーロゴフ　Tvorogov O.V.　110, 112, 132, 871, 896, 909, 911
ドウスプルンク　リトアニア公（ミンダウガス大公 [1263 没] の兄弟）　711
ヤン・ドゥゴーシュ　『ポーランド王国年代記』（全 12 巻）作者（1480 没）　706, 734
トゥゴルカン　ポロヴェツの公，カン　706, 708, 769, 814
ドゥチコ　Duczko W.　41, 126
ドゥナイ　ブィリーナの勇士　408
ドゥブノフ　Dubnov S.M.　32
ドゥルノヴォ　Durnovo N.N.　58
トグルィ　ポロヴェツの公，カン　711
ドブルィニャ　ウラジーミル聖公のおじ　63, 320-23, 384, 444, 605
ドブルィニャ・ヤドレイコヴィチ　帝都巡礼者（1200 頃），後のノヴゴロド大主教（アントーニー）　911, 919-20
ドブロネガ（マリヤ）　カジミェシ一世の妃　178, 670-72, 687, 704, 732-33, 748
トマス　使徒　407
ドミトリー・ザヴィドヴィチ　ノヴゴロドのポサードニク（1118 没）　708
ドミトル（イヴォルの子）　キエフの軍司令官（12 世紀初）　771
トムセン　Thomsen V.　129, 142, 718
トムソン　Thomson F.J.　233, 390-91, 583-85, 589, 602, 897
トラヤヌス　ローマ皇帝（98-117 在位）　678
鳥山成人　138, 934
トリュグッヴィ　オーラヴ・トリュグヴァソンの父　633
トルヴォル　リューリクの弟　95
トルバチョフ　Trubachev O.N.　65, 121-22, 623
トレチャコフ　Trechakov P.N.　135
トレパヴロフ　Trepavlov V.V.　131
トロチコ　Tolochko A.P.　789-90, 815
トロチコ　Tolochko P.P.　37, 42, 73-74, 115, 437, 440, 551, 553, 592

な

ナウム　キュリロス・メトーディオスの弟子，ブルガリアの布教者　155
中井和夫　14
中堀正洋　432
中村喜和　64, 132, 314, 453, 812, 917
ナクン　オボドリトの公（10 世紀 60 年代）174
ナザレンコ　Nazarenko A.V.　16, 37, 42, 44, 65, 78, 80, 121, 127-28, 136, 160-62, 168, 192, 194-95, 197-98, 214, 226, 230, 234, 240, 249, 251, 258-59, 263, 265-67, 280-82, 285, 293-96, 298, 300-03, 305, 308-12, 315, 318, 329-31, 408, 420, 478-80, 482-83, 492, 526, 528, 532-33, 536, 538, 656, 658-65, 668, 674, 677, 681, 695, 698, 701, 704, 706-07, 709-11, 727-28, 730-34, 736-38, 786, 795, 798, 802-03, 814-15, 844-45, 868, 878-80, 883-86, 891-92, 896, 899, 901, 904, 906, 912, 914-15, 922-24, 930, 935, 953-54
ナスターゼ　Nastase D.　86-87
ナソーノフ　Nasonov A.N.　57, 431, 805-06
ニケタス　キエフ府主教（1122.10.15-26.3.9

在位）393
ニケタス・コニアテス　ビザンツの歴史叙述者（1155 頃 -1213）859, 908, 910-12
ニケタス・ステタートス　ストゥディオス修道院修道士（11 世紀半ば）897
ニケフォロス二世（フォーカス）ビザンツ皇帝（963-69 在位）265, 268, 285, 378
ニケフォロス三世ボタネイアテス　ビザンツ皇帝（1078-81 在位）806
ニケフォロス一世（ニキフォール）キエフ府主教（1104-21 在位）393, 520, 780, 823, 828-29, 831-32, 834-36, 843, 898, 903
ニケフォロス二世　キエフ府主教（1183 以前 -1201 以後在位）393
ニコライ一世　ロシア皇帝（1825-55 在位）284
ニコライ・ミルリキースキー　ミュラの主教ニコラオス（聖人，345/352 没）132, 822, 894
ニコラウス一世　ローマ教皇（858-67 在位）247, 250
ニコラーエフ　Nikolaev V.　232, 387
ニコラオス三世グランマティコス　コンスタンティノープル総主教（1084-1111 在位）695
ニコラオス　キエフ府主教（1093 頃 -1104 以前在位）393
ニコリスキー　Nikol'skii N.K.　118
ニコリスキー　Nikol'skii N.M.　163
ニコン　ペチェールスキー修道院院長（1077?-88 在位）55, 438, 598, 808-09
ニコン　モスクワ総主教（1652-66 在位）314
ニフォント　ノヴゴロド主教（1156 没）866-68, 902
ヌーナン　Noonan Th.S.　40, 43-44, 110
根津由喜夫　922
ネストル　ペチェールスキー修道院修道士（生没年不詳），年代記作者　49-56, 62-63, 99, 111, 113-14, 121, 138, 166, 316-17, 361, 392, 400, 407, 452, 467, 470, 489, 492, 503, 505-10, 516, 521, 535, 537, 539, 560, 595, 773, 866
ネラデツ　ヤロポルク・イジャスラヴィチ公の暗殺　758
延広知児　40, 909
ノヴォセーリツェフ　Novosel'tsev A.P.　47, 84, 87, 127, 436

は

ハインリヒ二世　ドイツ王，神聖ローマ皇帝（1002-14-24 在位）412, 420, 423, 480-81, 526, 663
ハインリヒ三世　ドイツ王，神聖ローマ皇帝（1039-46-56 在位）670-72, 674, 681, 731
ハインリヒ四世　ドイツ王，神聖ローマ皇帝（1056-84-1106 在位）180, 582, 631, 683-86, 688-99, 705, 707, 731, 737, 739, 803, 824, 842
ハインリヒ（一世）バイエルン大公（955 没）265
ハインリヒ二世　バイエルン大公（「喧嘩屋」，995 没）295
ハインリヒ三世　ザクセン・シュターデ伯（1087 没）685-89, 707, 736-37
ハインリヒ獅子公　ザクセン公（1195 没）879-80
ハウ　Haugh R.　657, 720
バウムガルテン　Baumgarten N.A.　295, 315, 388, 582, 659, 701, 706, 709, 721, 728, 730-32, 797, 814
パウロ（サウロ，使徒）167, 406-07, 453, 466
パウロス　アンティオキア主教（3 世紀）826
パヴロフ　Pavlov A.　825, 894-95
バグナルス　ポロヴェツの公　771
アル・ハーキム　ファーティマ朝第六代カリフ（996-1021 在位）914
ハーコン（ホーコン・エイリクソン）ノル

ウェーのヤール（1029 没） 643, 714
ハーコン スウェーデン王（1068-80 頃在位） 705, 727
パシキェヴィチ Paszkiewicz H. 283
パシュート Pashuto V.T. 47, 101-03, 136-37, 210-11, 244, 254, 282, 572-73, 598, 664-65, 701, 706-07, 709, 727, 730-31, 853, 877, 907, 921, 934
バシレイオス一世 ビザンツ皇帝（867-86 在位） 75, 81-82, 150-52, 285
バシレイオス二世 ビザンツ皇帝（976-1025 在位） 235, 311, 337, 347, 361, 363-70, 372-75, 379, 381, 383, 390-91, 404, 442-43, 734
バシレイオス（カイサレイア／カッパドキアの） 教父（330 頃 -79） 829
バシレイオス ビザンツの宦官，権力者 372
パスカリス三世 対立教皇（1164-68 在位） 412
ハッルフレズ・オッタルスソン スカールド詩人 634
バトゥ チンギス・カンの孫 553
ハドリアヌス二世 ローマ教皇（867-72 在位） 155, 157
バナシキェーヴィチ Banaszkiewicz J. 139
ハブルガーエフ Khaburgaev G.A. 122, 136
早坂真理 801, 868, 907, 936
ハーラル美髪王 ノルウェー王（9 世紀末 -10 世紀前半在位） 493-94, 500, 632, 638
ハーラル・ハルドラーダ・シグルソン（苛烈王） ノルウェー王（1046-66 在位） 477, 582, 631, 645-57, 663, 679-80, 705, 724-28
バルディ・グトムントソン アイスランド人（ガルダリキへの旅，1020 年代） 626-27
ハルトヴィヒ マグデブルク大司教 684
バルトリド Bartol'd V.V. 128
ハルパリン Halperin Ch.J. 954
バルミン Barmin A. 819-20, 893
ハロルド二世 イングランド王（1066 在位） 582, 648, 687, 707, 814, 843, 886, 888
ハロルド（「ルーシの国の王アロルドゥス」） 582, 648-51, 687, 707-08, 814, 843, 886, 888 →ムスチスラフ・ウラジーミロヴィチ大公
聖パンテレイモン ディオクレティアヌス帝期の殉教者 886-92, 923
パンドルフ一世 ベネヴェント・カプア公（9 世紀後半） 268
バーンバウム Birnbaum H. 725
ピチハーゼ Pichkhadze A.A. 584-85
ビビコフ Bibikov M.V. 75, 126, 285, 363-64, 447
ヒャルティ アイスランド人（『オーラヴ聖王のサガ』） 641
ピョートル一世（大帝） ロシア皇帝（1682-1725 在位） 19, 277-78, 931
ビョルン アイスランド人（『エイムンド・サガ』） 501
ビョルン オーラヴ聖王の軍司令官 643
ヒルブディオス ユスティニアノス一世の軍司令官 125
ファスメル Fasmer/Vasmer M. 622-23, 717-18, 727, 922
フィエボス（フォエボス，フェーブス） 教皇クレメンス一世の弟子 338, 348, 678-79
フィリップ一世 フランス王（1060-1108 在位） 679-82, 687, 735
フィリップ・フォン・シュヴァーベン ドイツ対立国王（1198-1208 在位） 855, 860-61
フィリップ Philipp W. 594
フィルハウス Vierhaus J. 892-93, 898
フェオグノスト サライ主教（13 世紀後半） 915
フェオドーシー ペチェールスキー修道院院長（1008 頃生まれる，院長 1057-74） 45, 63, 120, 179, 511, 521, 753, 799, 809, 829, 836, 895-96, 913, 916
フェオドーシー・グレク 修道士（ギリシア出身，生没年不詳，12 世紀） 823, 825, 829,

835-36, 878, 895-96, 903
フェオドーシヤ　ヤロスラフ・フセヴォロドヴィチの妃（アレクサンドル・ネフスキーの母）　924
フェオドル（・ロスチスラヴィチ, チョルヌィ）ヤロスラヴリ／スモレンスク公（1299 没）　574
フェオペンプト→テオペンプトス
フェザーストーン　Featherstone J.　278
フェドートフ　Fedotov G.P.　32, 453, 536
フェルリンデン　Verlinden C.　200
フェンネル　Fennell J.L.I　409, 418
フォーカス，ニケフォロス　バシレイオス一世／レオン六世期の軍司令官　239
フォーカス，バルダス　ニケフォロス二世の父，カエサル　239
フォーカス，バルダス　ニケフォロス二世の甥，対立皇帝　364-67, 370, 373-75, 380-82, 442
フォーチー　モスクワ府主教（1408-31 在位）　815
フォティオス　コンスタンティノープル総主教（858-67, 877-86）　38, 146-47, 149-52, 154, 162, 164, 257, 362, 387, 440, 561, 579-80, 601, 827, 829, 836, 898
フォティオス　「ケルソン伝説」中の総主教　348
フォマ　司祭（エレーナ・イヴァーノヴナの）　901
フォミン　Fomin V.V.　109
福岡星児　316, 473, 505, 530
フーゴ（フルリーの）　フランスの歴史叙述者（1118/35 没）　679
ブゴスラーフスキー　Bugoslavskii S.A.　503, 505-09, 536
ブジェチスラフ一世　チェコ王（ボヘミア侯, 1034-55 在位）　670-71, 732
アレクサンドル・S・プーシキン（1799-1837）　284
フセヴォロド　ウラジーミル聖公の子　ヴォロジーメリ公（ヴォルィニの，生没年不詳）　297-99, 323, 662
フセヴォロド　スヴャトスラフ・フセヴォロドヴィチ（1194 没）の子（1212? 没）　709
フセヴォロド・ダヴィドヴィチ　ムーロム公（1124 没）　707, 771
フセヴォロド・ムスチスラヴィチ（ガヴリール）ノヴゴロド公（1138 没）　842, 889, 891
フセヴォロド・ヤロスラヴィチ　キエフ大公（1078-93 在位）　64, 147, 163-64, 177-84, 415, 447, 511, 521, 556, 566, 571, 575, 658, 666, 683, 685-87, 689-90, 693, 695, 705, 707, 730-31, 741, 744-47, 749-64, 767, 773-74, 788, 793-95, 797-98, 802-03, 806-10, 816, 824, 842　→事項索引，フセヴォロド一門（家門）
フセヴォロド・ユーリエヴィチ　ウラジーミル大公（大巣公，1176-1212 在位）　37
フセスラフ・イジャスラヴィチ　ポロツク公（1003 没）　431
フセスラフ・ブリャチスラヴィチ　ポロツク公（1101 没）　177-79, 324-25, 432, 514, 538-59, 593, 658, 744-52, 776, 788, 798-801, 808, 810
プセロス，ミカエル　ビザンツの歴史叙述者（1079 没？）　364, 569, 578, 596-98
プチシャ　聖ボリスの殺害　460
プチャータ　キエフの千人長（スヴャトポルク大公の軍司令官）　384, 444, 775-77
ブディ　ヤロスラフ賢公の軍司令官　716
ブドーヴニッツ　Budovnits I.U.　597, 599
フライダンク　Freydank D.　857, 859-62, 909
フラヴィアノス　コンスタンティノープル総主教（446-49 在位）　825, 878, 895
プラクセーディス　685, 736　→エウプラクシヤ
ブラブリン　ノヴゴロドの公（「スロジの聖ステファン伝」）　148

ブラーニナ　Bulanina T.V.　896
フランクリン　Franklin S.　342, 428, 456, 559-60, 583, 585-86, 588-89, 595, 735, 900
フランクリン／シェパード　45, 70-71, 76, 399
ブランコフ　Blankoff J.　590
フリアンド　ヴァリャーグ（？　ペチェールスキー『聖者列伝』第 1 話）　608
プリェートニェヴァ　Pletneva S.A.　41, 46, 214, 437
プリショールコフ　Priselkov M.D.　55, 57, 111, 279, 282, 341, 346, 355, 387, 404, 433, 438-39, 534, 565-68, 596-97, 737
プリツァーク　Pritsak O.　46, 131, 213, 623, 714, 718
ブリツラフ（『エイムンド・サガ』）　471-77, 494-97
フリードリッヒ一世バルバロッサ　ドイツ王，神聖ローマ皇帝（1152-90 在位）　34, 852, 879, 908
ブリャチスラフ・イジャスラヴィチ　ポロツク公（1044 没）　324, 431-32, 472, 541-42, 744, 798, 800-01
フルシェフスキー　Hrushevskyi/Grushevskii M. S. (1866-1934)　14, 16
ブルチ　ポロヴェツの公　772
プルーデンティウス　トロア司教（『ベルタン年代記』作者）　66
プルド　ヤロポルク・スヴャトスラヴィチ公の軍司令官　289, 326, 618, 716
ブルーノ　ケルン大司教（953-65 在位）　888
ブルーノ（クヴェーアフルトの，ボニファティウス，1009 没）　304-09, 420-25, 448, 454, 536, 926
ブルハルト　トリーア教会主任司祭（11 世紀後半）　691-94
フレーヴォフ　Khlevov A.A.　115
プレスニャコフ　Presniakov A.E.　398, 448, 623, 792, 798, 811, 815
プレドスラヴァ　スヴャトポルク・イジャスラヴィチの娘　707
プレミスラーヴァ　ウラジーミル聖公の娘　704
ブレンダル（／ベネディクス）　Blöndal S.（/ Benedikz B.S.）　653, 718, 724-26
プロコーピー　ベロゴロドの千人長（12 世紀前半）　777
ブロッホ　Bloch R.　694, 736, 739
プローホル　修道士（ペチェールスキー院『聖者列伝』第 31 話）　812
プローホロフ　Prokhorov G.M.　871, 914, 918
フロヤーノフ　Froianov I.Ia.　37, 714, 799, 812
フロローフスキー　Florovskii A.V.　210, 317
フロローフスキー　Florovskii G.V.　210, 279
フロリャ　Floria B.N.　84, 159-61, 167
フンベルトゥス　枢機卿　818, 901-02
ヘアマン　ケルン大司教　670
ベグノーフ　Begunov Iu.K.　418, 895, 916
ベスプリム　ボレスワフ一世勇敢公の子（ミェシコ二世の兄弟）　669-70, 732
ベーダ　『アングル人の教会史』(731) 著者　106, 637
ペータル　ブルガリア王（927-69 在位）　253, 410
ヘッシュ　Hösch E.　602
ヘッペル　Heppell M.　799, 896
ペーテル（オルセオロ）　ハンガリー王（1038-41, 44-46 在位）　670, 681
ペテル・ヴラストヴィチ　シロンスクの貴族　708
ペテロ（使徒）　147, 407, 802
ペトル（シリア人）　878-79
ペトルーヒン　Petrukhin V.Ia.　130, 137, 204, 443, 606　→メリニコヴァ／ペトルーヒン
ペトロ四世　ヴェネツィアのドージェ（10 世紀後半）　266
ペトロス　アンティオキア総主教（1052-? 在位）　831, 897-98
ベネディクトゥス（聖人，547 頃没）　243

ヘラクレイオス　ビザンツ皇帝（610-41 在位）81
ベリャーエフ　Beliaev I.D.　137-38
ペルグイ　ネヴァ地方の長老（「アレクサンドル・ネフスキー伝」）417
ベルグク　ポロヴェツの公，カン　710
ベルシ　クロアチアのバン（首長）709
ベルタ　ハインリヒ四世の最初の妃　685
ベルナルドゥス／ベルナール（クレルヴォーの）修道院長，聖人（1153 没）902, 912
ペルハフコ　Perkhavko V.B.　209
ヘルベルシュタイン　Sigismund von Herberstein(1486-1566)　オーストリアの外交官　16, 840, 901
ヘルマン　Hellmann M.　422-24, 448, 658, 666, 669, 671-72, 674, 730-32, 736, 739
ベルンハルト　ノルトマルク辺境伯（「ルーシ出身」女性と結婚，1030 頃）737
ベレシコフ　Berezhkov N.G.　118
ペレドスラーヴァ　ウラジーミル聖公の娘，461, 484, 527
ヘレナ（聖エレーナ）　コンスタンティヌス大帝の母　221-22, 361, 842, 846-47
ヘレナ　コンスタンティノス七世の妃→ヘレネ・ラカペネ
ヘレナ（ルーシの「女王」）221-22, 229-31, 235, 240, 242　→オリガ
ヘレナ　ウラジーミル聖公の妃（？）405, 451, 465
ヘレネ・ラカペネ　コンスタンティノス七世ポルフィロゲネトスの妃　224, 361
ベレンガル（ベレンガリオ）二世　イタリア王（950-63 在位）250, 267
ペレンスキ　Pelenski J.　16, 933
ヘロドトス　143, 614
ボグスワフ二世　ポモージェ（シチェチン）公　711
ポゴージン　Pogodin M.P.　254
アントニオ・ポッセヴィーノ　イエズス会士，ロシアへの教皇特使（1582）147
ポーチン　PotinV.M.　209
ポッペ　Poppe A.　37, 116, 147, 279, 281-82, 318, 349, 372-73, 375-78, 380-83, 388, 390, 393-96, 440-43, 445, 466, 485, 487-92, 502-03, 507-08, 512-18, 520, 523, 526, 529-30, 533-39, 550-51, 568-71, 592-93, 598, 785, 794, 833, 894, 900
ボードゥアン一世　エルサレム王国国王（1100-18 在位）870, 875, 877, 881, 920
ボードゥアン三世　エルサレム王国国王（1143-63 在位）870
ボードゥアン　フランドル伯（ラテン帝国初代皇帝）856, 909
ボードワン五世　フランドル伯，フィリップ（フランス王）の後見人　681
ポドスカールスキー　Podskalsky G.　442, 737, 823, 825, 827, 894-96, 899, 903
ホーニックマン　Honigmann E.　375
ボニャク・カン　ポロヴェツの公　770
ポヌィルコ　Ponyrko N.V.　737, 824-25, 895-96, 903
ポポフ　Popov A.　897
ポリカルプ　ペチェールスキー修道院修道士（『聖者列伝』の著者の一人）916
ボリス　ブルガリア王（ツァーリ，852-89 在位）85, 155, 236, 247, 249, 341, 351, 355-56, 388, 410-11, 437
ボリス・ヴャチェスラヴィチ　チェルニゴフ公（1078 没）325, 538, 754, 756
ボリス・ウラジーミロヴィチ（聖人，1015 没）52, 297, 459-60, 463, 466-70, 472, 478, 483, 487-89, 504, 507-08, 511, 518, 521, 523, 529-30, 533-35, 537, 578, 618, 747, 776, 785, 794　→ボリス・グレープ
ボリス・グレープ（兄弟，聖人）52, 181, 298-99, 318, 400, 411-12, 414-19, 449-50, 457-58, 461, 464, 476, 479, 483, 485, 487-92, 502-04, 506-18, 520-25, 527-30, 534-37, 555,

591, 595, 607, 752, 778, 780
ボリス・フセスラヴィチ　ポロツク公（没 1129）　539
ボリス　カールマーン王とエウフィミヤ（ウラジーミル・モノマフの娘）の子　903
ホリフ　キー（キエフ創建者）の弟　32, 59, 73, 93-97, 125
イブン・ホルダドベー（フルダーズビフ）　ペルシア人，地理書の執筆（820 頃 -890 頃）　23, 204-06
ポルボヤーリノヴァ　Poluboiarinova M.D.　433
ボレスラフ一世　チェコ王（935-67 在位）　174, 329, 412
ボレスラフ二世　チェコ王（967-99 在位）　294-96, 301-02, 304
ボレスワフ一世勇敢公　ポーランド公（王，992-1025 在位）　170, 173, 176-77, 179, 211, 307, 422-23, 452, 462-64, 466-69, 472, 475, 479-85, 488, 490, 526-27, 532-33, 607-08, 662-63, 668-69, 671, 704, 732, 901
ボレスワフ二世豪胆公　ポーランド公（王，1076-79 在位）　178-80, 192, 411, 527, 582, 692-93, 706, 738, 748-50, 752, 754, 803-04, 845
ボレスワフ三世　ポーランド公（1102-38 在位）　192, 582, 707
ボレスワフ四世（ケンジェジャーヴィ巻毛公）　ポーランド公（1146-73）　582, 710, 842
ボレスワフ長身公　シロンスク公（1163-1201）　708
ホローシェフ　Khoroshev A.S.　404, 449-50, 537
ポロンスカヤ　Polonskaia N.　166

ま

アミン・マアルーフ　905
マヴロージン　Mavrodin V.V.　115, 119-20, 749, 805-06
マカーリー　モスクワ府主教（1542-63 在位）　401, 448-49
マカーリー　Makarii(Bulgakov)　901
マクシム　キエフ府主教（1287-1305 在位）　418
マグヌス・オーラソン（善王）　ノルウェー王（1035/36-47 在位）　631, 638-39, 643-44, 647, 663-64, 724
マグヌス（二世）　ノルウェー王（1066-69 在位）　656
マサリク　Masaryk T.G.　934
アル・マスージ（マスウーディー）　アラブの百科事典的書物の著者（956 没）　24
マタイオス　キエフ府主教（1210 以前 -20. 8.19 在位）　393
マチルダ　アンリ一世の妃　681
松木栄三　44, 213, 602, 920-21
マティルデ　トスカナ辺境女伯　686, 695-97, 740
マテウス　クラクフ司教（12 世紀前半）　902
マニアケス，ゲオルギオス　ビザンツの軍司令官（11 世紀前半）　569, 651, 725-26
マヌエル一世コムネノス　ビザンツ皇帝（1143-80 在位）　30, 579, 814, 868, 870
マリア・コムネナ　アマルリク王（ボードゥアン三世の甥）の妃　870
マリーア　ハーラル苛烈王とエリザヴェータの娘　655-57, 728
マリツァ・ウラジーミロヴナ　ウラジーミル・モノマフの娘　598, 708
マリヤ　カジミェシ一世の妃　→ドブロネガ
マリヤ（？）　コンスタンティノス九世モノマコスの娘（？），フセヴォロド・ヤロスラヴィチの妃　666, 705, 730-31
マリヤ　オレーグ・スヴャトスラヴィチの娘　708
マリヤ（？）　ムスチスラフ・ウダロイの娘，ハンガリー王子アンドラーシュの妃　711
マール　ドレヴリャーネ族の公　218, 283
アル・マルヴァージ　セルジューク朝宮廷付

医師（11 世紀末 -12 世紀初） 342-43, 367
マルガレータ（= エストリズ？） スヴェン双叉髪王の娘，カヌート（イングランド王）の妹 661-62
マルガレータ インギゲルド（ヤロスラフ賢公妃）の別名（？） 729
マルコ（使徒） 407
マルシャ ウラジーミル聖公の母 276, 320-21, 323, 605
マルフリド ムスチスラフ・ウラジーミロヴィチ（キエフ大公）の娘 709, 842
マルフレージ マルシャと同一人物か（？） 605
マレイン Malein A.I. 901
マレート Maleto E.I. 874, 918-19, 922
三浦清美 131, 211, 316, 452, 503, 523-25, 535, 595-96, 714, 896
ミェシコ一世 ポーランド公（?-992 在位） 174, 294, 304, 330, 410-11
ミェシコ二世 ポーランド公（王，1025-34 在位） 177-78, 590, 669-70, 674, 681, 732, 844
ミェシコ三世 ポーランド公（1173-1202 在位） 582, 710
ミェシコ ボレスワフ二世豪胆公の子 706
ミェツワフ（「モイスラフ」） マゾフシェの支配者 672-73, 675
ミカエル三世 ビザンツ皇帝（842-67 在位） 59-60, 79, 92, 94-95, 150-51
ミカエル四世 ビザンツ皇帝（1034-41 在位） 646, 648-51, 654-65, 724-25
ミカエル五世 ビザンツ皇帝（1041-42 在位） 646, 648, 650, 654, 724-25
ミカエル一世 キエフ府主教（1130 夏 -45 在位） 393
ミカエル二世 キエフ府主教(1171 春 -? 在位) 393
ミカエル・ケルラリオス コンスタンティノープル総主教（1043-58 在位） 818, 831, 897-98
ミカエル キエフ府主教（？） 392, 394
ミカエル 「ケルソン伝説」中の府主教 348
三佐川亮宏 104, 211, 278, 454
ミスカワイヒ ブワイフ朝期バグダードの哲学者，歴史叙述家（1030 没） 366
ミスチシャ = リュト イーゴリ公の軍司令官スヴェネリドの子 63
ミノルスキー Minorsky V.F. 343
宮城美穂 908
宮野裕 556, 560, 894
ミュラー Müller L. 112, 278, 387-90, 409, 415, 491, 503, 506, 512, 515-18, 539, 565, 567-68, 590, 596, 598-99, 730
ミュラー Müller G.F. 134
ミューレ Mühle E. 41, 74, 125
ミリュチェンコ Miliutenko N.I. 313, 361, 418-19, 449, 452-53, 502, 506, 508-09, 518, 535
ミルレル Miller A.I. 15
ミロスラヴァ―ヴィスラーヴァ（？） ボグスワフ二世の妃 711
ミロスラフ・ギュラチニチ プスコフ／ノヴゴロのポサードニク（12 世紀前半） 866
アル－ムカダーシ アラブの旅行家，地理書の執筆（1000 頃没） 434
ムスチスラフ・イジャスラヴィチ ポロツク公（1069 没） 179, 750-51
ムスチスラフ・イジャスラヴィチ（1170/72 没） 710, 862
ムスチスラフ・ウラジーミロヴィチ トムトロカン公（1036 没） 177, 296, 298-99, 323, 467, 489, 515, 534, 542-46, 590, 608-09, 667-69, 714, 746, 776, 801, 805
ムスチスラフ・ウラジーミロヴィチ（スタニスラフ？） 297, 299, 317
ムスチスラフ・ウラジーミロヴィチ（ハロルド，フョードル） キエフ大公（1125-32 在位） 111, 595, 658, 707-08, 727, 759, 764-66, 771, 776, 780, 783, 807, 814, 842, 886-91, 907, 923-24

ムスチスラフ　スヴャトスラフ・フセヴォロドヴィチ（1194没）の子　709
ムスチスラフ・スヴャトポルコヴィチ　ヴォロジーメリ公（1099没）　189, 787
ムスチスラフ・ダヴィドヴィチ　スモレンスク公（1230没）　34, 711
ムスチスラフ・フセヴォロドヴィチ　ゴロデン公（1116没）　810
ムスチスラフ・ムスチスラヴィチ（ウダロイ／ウダトヌィ）　ガーリチ公（1228没）　711
ムハンマド　333
メイエンドルフ　Meyendorff J.　577
メシチェールスキー　Meshcherskii N.A.　856-61, 909, 911
メスド一世　ルーム・セルジュークのスルタン（12世紀半中頃）　880
メディンツェヴァ　Medyntseva A.A.　455
メトーディオス（メフォージー）　スラヴの使徒（885没）　151, 153-57, 160-63, 166-67, 201, 232-33, 248-49　→キュリュリロス・メトーディオス
メリニコヴァ　Mel'nikova E.A.　75, 88, 103-04, 108, 124, 127, 133, 137, 473-74, 478, 501, 532, 724　→メリニコヴァ／ペトルーヒン
メリニコヴァ／ペトルーヒン　39, 103, 137, 142, 623-29, 717-20
メング・テミュル　キプチャク・カン（1266-80）　574
モーシン　Moshin V.A.　139
森安達也　893, 897-98
モルドヴァン　Moldovan A.M.　131, 597

や

八重樫喬任　538, 796
イブラヒム・イブン・ヤクブ　スペインのユダヤ教徒，ヨーロッパ各地を旅行（960-80年代）　28, 174-75, 196, 200, 329
ヤクン（盲目の）　ヴァリャーギの頭目　608-09, 714
ヤコフ　修道士（mnikh）（11世紀の）　233-34, 236, 271, 279, 285, 287-88, 302, 313, 353, 357-63, 377-78, 380, 392, 400, 407, 410, 413, 419, 440, 505-06
ヤコフ　修道士（chernorizets）（13世紀の）　690, 838-39
八塚春児　905, 908
ヤーニン　Ianin V.L.　42, 102, 137, 602, 731, 803, 846, 904, 921, 923
ヤフヤー，イブン・サイード　アンティオキアの歴史叙述者（980頃-1066頃）　357, 363-67, 369, 375, 381, 390, 486
山内進　908, 912
山口巖　43, 284
ヤリツレイフ　471-77, 494-500, 532, 639, 642, 645, 652, 655, 723　→ヤロスラフ（賢公）
ヤロスラフ・ウラジーミロヴィチ（賢公，洗礼名ゲオルギー，1054没）　21, 37, 56, 62-64, 85-86, 132, 170-71, 173, 176-78, 182-83, 216, 236, 276, 296-300, 309-10, 317-18, 323-25, 386, 390, 396, 404, 413-14, 428, 430-32, 439, 447, 451, 457-58, 460-64, 466-92, 501-02, 504, 506-07, 509-18, 520-23, 525-28, 532-35, 537-39, 541-71, 575, 586, 590-97, 604-11, 617, 619, 626, 629-32, 638-47, 652, 655, 658-60, 662-79, 681, 683, 685, 688, 692-93, 704-05, 712-13, 723-24, 727-29, 731, 733-35, 741-42, 744-47, 749, 752-54, 756-57, 759-62, 767, 773-74, 779, 783-98, 801-02, 807, 810, 816, 834, 840, 842, 847, 878, 880, 899, 926
ヤロスラフ・ウラジミルコヴィチ・オスモムィスリ　ガーリチ公（1187没）　710, 907
ヤロスラフ・スヴャトスラヴィチ（「ヴァルテスラフ」）　ムーロム公（1129没）　687, 738-39, 755, 762, 770
ヤロスラフ・スヴャトポルコヴィチ（スヴャトポルチチ）　ヴォロジーメリ公（1123没）

188-89, 707, 774, 776, 779, 782, 797, 812-13, 823, 828, 843
ヤロスラフ・フセヴォロドヴィチ　ウラジーミル大公（1238-46 在位）　710, 892, 924
ヤロポルク・イジャスラヴィチ　ヴォロジーメリ公（1086 没）　180-81, 186, 188, 687-88, 693, 704, 706-07, 751-53, 756-760, 802-03, 845-47, 904
ヤロポルク・ウラジーミロヴィチ　キエフ大公（1132-39 在位）　708, 771, 780, 810
ヤロポルク・スヴャトスラヴィチ　キエフ公（972-78 在位）　62, 170, 270-71, 286, 288-92, 294-96, 298, 301-03, 307, 309-13, 315-16, 318-22, 324, 326-27, 329, 359-60, 414, 527-28, 538, 606, 616, 618, 701, 742-43, 789-90, 792, 815, 926
ヤン・ヴィシャチチ　キエフの千人長（1016-1106）　63, 444, 567
ヤン　ウラジーミル聖公の子スヴャトスラフの子（？）　300
ヤンカ　フセヴォロド・ヤロスラヴィチ公の娘（エウプラクシヤの姉）　700
ユーグ・カペー　フランス王（987-96 在位）　443, 734-35
ユーグ　ヴェルマンドワ伯（アンリ一世の子）　679
ユシコフ　Iushkov S.V.　277, 791, 811
ユスティニアノス一世　ビザンツ皇帝（527-65 在位）　125, 226, 601
ユスティニアノス二世　ビザンツ皇帝（685-95 在位）　223-24
ユーリー・ウラジーミロヴィチ（ドルゴルーキー）　キエフ大公（1149-50, 50, 55-58 在位）　707-08, 772, 780, 814, 889, 892
ユーリー　アンドレイ・ボゴリューブスキー（1174 没）の子　710
ユリウス一世　ローマ教皇（337-52 在位）　677-79
ヨアンナ（ダヴィド）　ブルガリア大主教（1037 没）　831
除村吉太郎　64
ヨシフ・ヴォロツキー　モスクワ期の修道士（1515 没）　601
ヨセフ　ハザールのカガン, 王（10 世紀中頃）　46, 203, 214, 341
ヨセフス　キエフ府主教（1236-? 在位）　393
ヨナ　モスクワ府主教（1448-61 在位）　573
ヨハネ（神学者，福音書記者，使徒）　146, 407
ヨハネス一世ツィミスケス　ビザンツ皇帝（969-76 在位）　221-22, 231, 272-73, 293-94, 374, 379
ヨハネス二世コムネノス　ビザンツ皇帝（1118-43 在位）　30, 709
ヨハネス六世カンタクゼノス　ビザンツ皇帝（1347-54 在位）　575, 577, 600
ヨハネス八世　ローマ教皇（872-82 在位）　250
ヨハネス十二世　ローマ教皇（955-64 在位）　242, 250, 268
ヨハネス・フォカス　クレタの司祭（12 世紀後半）　883
ヨハンネス（ヨアン，イオアン）一世　キエフ府主教（1018 以前 -1030 頃在位）　393, 470, 490, 506, 512, 515-19, 537, 539
ヨハンネス二世（プロドロモス？）　キエフ府主教（1076/77 以後 -89.8 以後まで在位）　393, 516, 689-90, 737-38, 823-27, 836, 838, 840-42, 896, 900-01, 903
ヨハンネス三世　キエフ府主教（1090 夏 -91. 8.14 以前在位）　393
ヨハンネス四世　キエフ府主教（1164 春 -66 在位）　393
ヨハンネス・クリュソストモス（聖金口ヨアン）　コンスタンティノープル総主教（398-404 在位，407 没）　410, 829
ヨルダネス　西ゴート人（555/560 没，『ゴート人の歴史』の執筆）　105

ら

ラウシキン　Laushkin A.V.　935
ラウル（ロドルフ）　クレピー／ヴァロワ伯（12 世紀後半）　682, 706
ラヴレンチー　スーズダリの修道士（『ラヴレンチー年代記』の編纂，1377 年）　50
ラグナル　ノルウェー人，エイムンドの同行者　494, 496-99
ラザレフ　Lazarev V.N.　593
ラスチスラフ　モラヴィア公（846-70 在位）　154-55, 157, 166
ラースロー一世　ハンガリー王（1077-95 在位）　413, 707
ラチボル　キエフの千人長（フセヴォロド大公のトムトロカン代官）　777, 787-88
ラッフェンスパーガー　Raffensperger Ch.　116, 600, 728, 736, 740, 934
ラブーダ　Labuda G.　433
ラーポフ　Rapov O.M.　244, 248, 284, 424-25, 441
ラマンスキー　Lamanskii V.I.　166
ラム　Ramm B.Ia.　245
ランシマン　Runciman S.　819, 904, 906
ラント　Lunt H.G.　559-60, 583
ランペルト（ヘルスフェルトの）　ドイツの歴史叙述者（『編年史』執筆，1077-79）　292-94, 304, 315, 674, 691-94, 733, 737
リヴォフ　L’vov A.S.　87-88, 341, 434
リウトプランド　クレモナ（イタリア）の司教（972 頃没）　265-67
リケンツァ　ミェシコ二世の妃　670
リシャール　ノルマンディー伯（11 世紀前半）　661
リタヴリン　Litavrin G.G.　40, 127, 164-65, 223, 226, 261, 263, 278-80, 285, 436, 568-71, 580-81, 598, 649, 715, 731
リッポルド　シュターデ伯　731
リッポルド（リュトポルト）　ハンガリー辺境伯，オーダ（スヴャトスラフ大公妃）の父　731
リトヴィナ　Litvina A.F.　164, 318　→リトヴィナ／ウウペンスキー
リトヴィナ／ウウペンスキー　318, 528, 534, 539, 729
リハチョフ　Likhachev D.S.　36, 45, 52-54, 57, 60, 63, 90, 99-100, 110, 114-18, 135, 140, 159, 222, 277-78, 287, 315, 331, 396, 425-27, 433, 438-39, 447, 455, 469, 523, 526, 529-30, 535, 537, 592, 597, 610, 613, 712, 715-16, 719, 726, 731, 796-97, 800, 803, 806, 811, 813, 849-50, 876, 878, 893, 905, 907, 913
リブティウス　アルバン修道院院長，「ルーギ」司教（961 没）　240, 243, 250, 267
リフリント　オットー二世の姪，ヤロポルク・スヴャトスラヴィチ公の妃（？）　315
リーマー　ブレーメン大司教（11 世紀後半）　689
リモーノフ　Limonov Iu.A.　110, 595
リャザノフスキー　Riasanovsky A.V.　122
リュス　Rüß H.　28, 30, 529, 684, 690, 695, 697-98, 731, 736, 739-40
リュト　スヴェネリド（ヤロポルクの軍司令官）の子　289
リュドミーラ　チェコの聖人，聖ヴァーツラフの祖母　211, 508
リュバールスキー　Liubarskii Ia.N.　596-97
リューリク　リューリク朝の始祖　19-20, 39, 60-61, 68, 79, 84, 89-90, 92-98, 101, 120, 125, 130, 134, 138, 216, 275-77, 284-86, 321, 325, 431, 605, 613, 615, 618, 715, 742, 789-90, 811
リューリク・ロスチスラヴィチ　ペレムィシリ公（1092 没）　758-59
リューリク　ロスチスラフ・ムスチスラヴィチ（1168 没）の子　710
ルィゼフスカヤ　Rydzevskaia E.A.　137, 473, 494, 623, 712, 721
ルィバコフ　Rybakov B.A.　37, 47, 57, 65,

73-74, 114, 118, 122, 125, 136, 286, 591, 799, 917
ルィベジ　キー，シチェク，ホリフの姉妹　93
ルカ・ジジャータ　ノヴゴロド大主教（1060年没）　833, 898-99
ルカス・クリュソベルゲス　コンスタンティノープル総主教（1157-69/70 在位）　574, 599
ルードヴィヒ一世（敬虔王）　東フランク王・皇帝（814-40 在位）　66-67
ルードヴィヒ二世（ドイツ人王）　東フランク王・皇帝（843-76 在位）　81-82, 128, 197-99, 207-08, 247, 250
ルードヴィヒ四世（幼童王）　東フランク王（900-11 在位）　194
ルードヴィヒ三世　テューリンゲン方伯（12 世紀後半）　711
ルドルフ伯（ヴェルフェン家の）　クノー伯の娘の一人と結婚（992 頃没）　295
ルーペルト　ドイツ（Deutz）の修道院長（1129/30 没）　814, 886, 888, 891
ルミャンツェヴァ　Rumiantseva M.F.　602
ルリエー　Lur'e Ia.S.　57
レイザー　Leyser K.　267
レイブ　Leib B.　682, 736-38, 841, 850
レインベルヌス　コールベルク司教（ボレスワフ一世の娘のキエフ入りに同行）　465, 901
レオ一世　ローマ教皇（440-61 在位）　825, 878, 895
レオ九世　ローマ教皇（1049-54 在位）　818, 825
レオポルド五世　オーストリア公（12 世紀末）　207
レオン六世　ビザンツ皇帝（886-912 在位）　912
レオン　キエフ府主教（？）　392, 394
レオン　オフリド大主教（1037 頃 -1055/56）　897
レオン・ディオゲネス　僭称皇帝（1116 没）　598, 708, 769
レオントス　ペレヤスラヴリ府主教　823
レギノ（プリュムの，915 没）　230, 240
レシェク白公　クラクフ・サンドミェシ公（1227 没）　331, 711
レフチェンコ　Levchenko M.V.　39, 165, 253-54, 280, 282, 398, 441, 445, 447, 572-73, 597, 599
レベジェフ　Lebedev G.S.　22, 115, 723
ログヴォロド　ポロツク公　321-23, 325, 431, 474, 606, 635, 701
ログヴォロド・フセスラヴィチ　ポロツク公（1129? 没）　539
ログネジ（ログネダ）　ポロツク公女，ウラジーミル（聖公）の妃　173, 276, 296, 298-99, 301, 317, 321, 323-26, 431, 523, 605-06, 635, 701, 785, 804
ログンヴァルド・ウルフソン　ノルウェーのヤール，オーラヴ聖王の親友　498-500, 641-42, 645-46, 723
ローザノフ　Rozanov S.P.　685, 736
ロージェ　シャロン司教（？）　677-80
ロジェストヴェンスカヤ　Rozhdestvenskaia M.V.　915
ロジェール一世　シチリア王（1060-1101 在位）　695
ロシコフ　Rozhkov N.A.　47
ロスチスラフ・ウラジーミロヴィチ　トムトロカン公（1067 没）　58, 521, 744-45, 767, 782, 788, 797-98, 805
ロスチスラフ・フセヴォロドヴィチ　ペレヤスラヴリ公（1093 没）　761-62, 764, 769, 809
ロスチスラフ・ムスチスラヴィチ（ミハイール）　スモレンスク公（のち大公，1154, 1160-68）　620, 889
ローゼン　Rozen V.R.　364-65, 375

ローゾフ　Rozov N.N.　597
ロベール二世　フランス王（996-1031 在位）　443, 734-35
ロベール　アンリ一世とアンナの子　679
ロマノス一世ラカペノス　ビザンツ皇帝（920-44 在位）　230-31
ロマノス二世　ビザンツ皇帝（959-63 在位）　224-25, 230-32, 235, 242, 255, 265-66, 268-69, 285, 363, 372, 488, 701
ロマノス三世　ビザンツ皇帝（1028-34 在位）　646
ロマン・スヴャトスラヴィチ　トムトロカン公（1079 没）　538, 755-57, 760, 810
ロマン・ウラジーミロヴィチ　ヴォルィニ公（1119 没）　780
ロマン・フセスラヴィチ　ポロツク公（1114 没）　539
ロマン・ムスチスラヴィチ　ガーリチ（ハーリチ）公（1205 没）　862
ロムアルドゥス　イタリア・カマルドリ会創設者（1027 没）　305
ロモノーソフ　Lomonosov M.V.　109, 134
ローレンツ　Lorenz H.　684-85

わ

渡辺金一　255

地名索引

あ

か

さ

た

な

は

ま

や

ら

事項索引

あ

さ

た

な

は

ま

や

ら

文献一覧

略語

AEMA *Archivum Eurasiae Medii Aevi*

BLDR *Biblioteka Literatury Drevnei Rusi*

GVNP *Gramoty Velikogo Novgoroda i Pskova*

DG *Drevneishie Gosudarstva na Territorii SSSR*

DDG *Dukhovnye i dogovornye gramoty velikikh i udel'nykh kniazei XIV-XVI vv.*

DGVE *Drevneishie Gosudarstva Vostochnoi Evropy*

FOG *Forschungen zur Osteuropäischen Geschichte*

HUS *Harvard Ukrainian Studies*

ISSSR *Istoriia SSSR*

IZ *Istoricheskie Zapiski*

JbfGO *Jahrbücher für Geschichte Osteuropas*

MERSH *The Modern Encyclopedia of Russian and Soviet History*

MGH *Monumenta Germaniae Historica*

OI *Otechestvennaia Istoriia*

PDRKP *Pamiatniki Drevne-Russkago Kanonicheskago Prava*

PLDR *Pamiatniki Literatury Drevnei Rusi*

PRP *Pamiatniki Russkogo Prava*

PSRL *Polnoe Sobranie Russkikh Letopisei*

PVL *Povest' Vremennykh Let*

RES *Revue des études slaves*

RIB *Russkaia Istoricheskaia Biblioteka*

RM *Russia Mediaevalis*

RR *Russian Review*

SDRL *Sokrovishcha drevnerusskoi literatury*

SEER *Slavonic and East European Review*

SIE *Sovetskaia Istoricheskaia Entsiklopediia*

SKKDR Slovar' Knizhnikov i Knizhnosti Drevnei Rusi

SR Srednevekovaia Rus'

SRIO Sbornik Russkogo Istoricheskogo Obshchestva

TODRL Trudy Otdela Drevnerusskoi Literatury

VI Voprosy Istorii

VO Vizantiiskie Ocherki

VV Vizantiiskii vremennik

ZhMNP Zhurnal Ministerstva Narodnogo Prosveshcheniia

ZhZL Zhizn' zamechatel'nykh liudei

I 史料・辞典等（順不同）

〈年代記〉

Polnoe Sobranie Russkikh Letopisei (=*PSRL*)（以下はさまざまな出版地 (社) の版のものが混在している．本書で使用したものを記した．)

T.I *Lavrent'evskaia Letopis*'. (Povest' vremennykh let po Lavrent'evskomu spisku), M., 1997

T.II *Ipat'evskaia Letopis*'.M., 1998

T.III *Novgorodskaia Pervaia Letopis'.Starshego i Mladshego Izvodov.*M., 2000

T.IV *Novgorodskaia Chetvertaia Letopis'.*Chast' Pervaia.M., 2000

T.VI *Sofiiskaia Pervaia Letopis'.Starshego Izvoda.*Vyp.1., M., 2000

T.VII *Letopis' po Voskresenskomu Spisku.*M.2001

T.IX-X *Patriarshaia ili Nikonovskaia Letopis'.*M., 1965

T.XV *Rogozhskii Letopisets.Tverskoi Sbornik/Tverskaia Letopis'*, M., 1965

T.XXI *Kniga Stepennaia Tsarskogo Rodosloviia.*Chast' Pervaia.SPb., 1908 (Slavica-Reprint Nr.67/1, Düsseldorf, 1970)

T.XXIV *Tipografskaia Letopis'.*Petrograd, 1921(Slavica-Reprint, Nr.67/18, 1971)

T.XXXVII *Ustiuzhskie i Vologodskie Letopisi XVI-XVIII vv.*L., 1982

T.XL *Gustynskaia Letopis'.*SPb., 2003

*Povest' Vremennykh Let.*Ch.pervaia.Tekst i Perevod.Podgotovka teksta D.S.Likhacheva. Perevod.D.S.Likhacheva i B.A.Romanova;Ch.vtoraia.Prilozheniia.Stat'i i kommentarii D.S. Likhacheva. Pod red.V.P.Adrianova-Perets.M.-L., 1950 (*PVL.*(1950) と略記)

Povest' Vremennykh Let. Podgotovka teksta, perevod, stat'i i kommentarii D.S.Likhcheva, Izd. btoroe ispravlennoe i dopolnennoe. SPb.1999 (= たんに *PVL* ないし *PVL*(1999) と略記)

Povest' Vremennykh Let: An Interlinear Collation and Paradosis, 3 vols. Compiled and Edited by D.Ostrowski. Cambridge, Mass.: Harvard Ukrainian Research Institute, 2003

Priselkov M.D. *Troitskaia Letopis'.*Rekonstruktsiia Teksta.M.-L., 1950

*Letopisets Ellinskii i Rimskii.*T.1, Tekst, SPb., 1999;T.2, Kommentarii i Issledovanie O.V.Tvorogova, SPb., 2001

*The Russian Primary Chronicle. Laurentian Text.*Tr. and ed.by S.H.Cross and O.P.Sherbowitz-Wetzor.Cambridge, Massachusetts, 1953

*The Chronicle of Novgorod 1016-1471.*Tr.by R.Michell and N.Forbes, NY., 1970 (Reprinted from the edition of 1914, London)

*Die Erste Novgoroder Chronik nach ihrer ältesten Redaktion(Synodalhandschrift) 1016-1333/1352.*Edition des altrussischen Textes und Faksimile der Handschrift im Nachdruck. In deutscher Übersetzung herausgegeben und mit einer Einleitung versehen von J.Dietze. München, 1971

The Nikonian Chronicle. 5 Vols. Edited, introduced and annotated by S.A.Zenkovsky.Translated by S.A.Zenkovsky and B.J. Zenkovsky.Princeton, N. J., 1984-1989

〈その他のロシア史料〉

Pamiatniki Literatury Drevnei Rusi (=*PLDR*). XI-nachalo XII veka.M., 1978;XII vek.M., 1980

*Biblioteka Literatura Drevnei Rusi(=BLDR).*T.1, XI-XII veka, SPB., 2004;T.2, XI-XII veka, SPb., 1999; T.3, XI-XII veka, SPb., 2004;T.4, XII vek, SPb., 2004;T.5, XIII vek, SPb., 1997

Moldovan A.M. *Slovo o zakone i blagodati Ilariona.*Kiev, 1984

Uspenskii Sbornik XII-XIII vv. Izdanie podgotovili O.A.Kniazevskaia, V.G.Dem'ianov, M.V. Liapon.Pod redaktsiei S.I.Kotkova.M., 1971

Ponyrko N.V. *Epistoliarnoe nasledie Drevnei Rusi.XI-XIII vv.*: Issledovaniia, Teksty, Perevody. SPb., 1992

*Das Paterikon des Kiever Höhlenklosters.*Nach der Ausgabe von D.Abramovič, neu herausgegeben von D.Tschiżewskij.München, 1963(Slavische Propyläen, Bd.2, 1964)

The Paterik of the Kievan caves Monastery. Tr.by M.Heppell with a Preface by D.Obolensky, Harvard Library of Early Ukrainian Literature.English Translations: V.I, Cambridge, Massachusetts, 1989

Kniga khozhenii. Zapiski russkikh puteshestvennikov XI-XV vv., Sostavlenie, podgotovka teksta, perevod, vstupitel'naia stat'ia i kommentarii N.I.Prokof'eva. (=*SDRL*), M., 1984

*Pamiatniki Drevne-Russkago Kanonicheskago Prava.*Chast' Pervaia.(Pamiatniki XI-XV vv.)Izd.Vtoroe, SPb., 1908(*PDRKP*)(=*RIB*.T.6);Chast' Vtoraia.Vyp.Pervyi.Petrograd,

1920(*PDRKP*)(=*RIB*.T.36)

Beneshevich V.N. *Drevne-slavianskaia kormchaia XIV titulov bez tolkovanii.*T.1, SPb., 1906(Leibzig, 1974); T.2, Podgot.k izd. i snabzhen dopolneniiami Iu.K.Begunovym, I.S.Chichurovym, Ia.N.Shchapovym:pod obshichikh rukov. Ia.N.Shchapova. Sofiia, 1987=http://www.staropomor.ru/Ustav(2)/kormchaya.html

*Pamiatniki Russkogo Prava.*Vyp.1.X-XII vv. Pod red.S.V.Iushkova, Sostavitel' A.A.Zimin, M., 1952; Vyp.2.XII-XV vv. Pod red.S.V.Iushkova, Sostavitel' A.A.Zimin, M., 1953 (=*PRP*)

*Pravda Russkaia.*T.I.Teksty.Pod red.B.D, Grekova.M.-L., 1940

*Zakonodatel'stvo Drevnei Rusi (ZDR). Rossiiskoe zakonodatel'stvo X-XX vekov.*T.1, M., 1984

Drevnerusskie kniazheskie ustavy.XI-XV vv. Izdanie podgotovil Ia.N.Shchapov.M., 1976

Gramoty Velikogo Novgoroda i Pskova. Podgot. k pechati V.G.Geiman, N.A.Kazakova, A.I.Kopanev, G.I.Kochin, R.B.Miuller i E.A.Rydzevskaia. Pod red.S.N.Valka.M.-L., 1949

Dukhovnye i dogovornye gramoty velikikh i udel'nykh kniazei XIV-XVI vv. Podgotovil k pechati L.V.Cherepnin, M.-L., 1950 (=*DDG*)

〈諸外国の史料〉

*Drevniaia Rus' v svete zarubezhnykh istochnikov.*Khrestomatiia.Pod red. T.N.Dzhakson, I.G.Konovalovoi i A.V.Podosinova.（本書では *Drevniaia Rus' v svete,,,,* I (~V) と略記する．ラテン数字は巻数を示す．）

I tom, *Antichnye istochniki.*Sostavitel' A.V.Podosinov.M., 2009

II tom, *Vizantiiskie istochniki.*Sostavitel' M.V. Bibikov.M., 2010

III tom, *Vostochnye istochniki.*Sostaviteli T.M.Kalinina, I.G.Konovalova i V.Ia.Petrukhin.M., 2009

IV tom, *Zapadnoevropeiskie istochniki.*Sostavlenie, perevod i kommentarii A.V.Nazarenko.M., 2010

V tom, *Drevne skandinavskie istochniki.*Sostaviteli G.V.Glazyrina, T.N.Dzhakson i E.A. Mel'nikova. M., 2009

*Drevniaia Rus' v svete zarubezhnykh istochnikov.*Pod red. Mel'nikovoi E.A., M., 1999

Kawerau P. *Arabische Quellen zur Christianisierung Russlands.*Wiesbaden, 1967

Thietmar von Merseburg, *Chronik.*Neu übertragen und erläutert von W.Trillmich.Darmstadt, 1974

Die Sachsengeschichte des Widukind von Korvei.(MGH.SS rer.Germ.[60], Hannover, 1935, Nachdruck, 1989)

Die Chronik der Böhmen des Cosmas von Prag.(MGH.SS rer.Germ.NS.2, Berlin, 1923, Nach-

druck, München, 1980)

Vademecum des byzantinischen Aristokraten.Das sogenannte Strategikon des Kekaumenos. Übersetzt, eingeleitet und erklärt von H.-G.Beck(Byzantinische Geschichtsschreiber.Band. V), Graz/Wien/Köln, 1956

O *city of Byzantium, Annals of Nicetas Choniates.*Tr.by H.J.Magoulias.Wayne State University Press.Detroit, 1984

Anonim tzw. Gall, *Kronika Polska.* Przeložyl R.Grodecki, Wrocław, 1982

Gall Anonim, *Khronika i deianiia kniazei ili pravitelei pol'skikh.* Predislovie, perevod i primechaniia.L.M.Popovoi.M., 1961

Possevino A. *Istoricheskie Sochineniia o Rossii XVI v.*Perevod, vstupitel'naia stat'ia i kommentarii L.N.Godovnikovoi.Otv.red.V.L.Ianin.M., 1983

Sigismund Gerbershtein, *Zapiski o Moskovii.* Per. s nem. A.I.Maleina i A.V.Nazarenko. Vstupitel'naia stat'ia A.L.Khoroshkevich.Pod red.V.L.Ianina. M., 1988

〈辞典等〉

Fasmer(Vasmer), M. *Etymologicheskii Slovar' Russkogo Iazyka.*T.I-IV.M., 1964-1973(Perevod s nemetskogo i dopolneniia O.N.Trubacheva)

Sreznevskii I.I. *Materialy dlia Slovaria Drevne-russkogo Iazyka po pis'mennym pamiatnikam.* T.I-III, Graz, 1955-1956(SPb., 1893-1906)

Slovar' drevnerusskogo iazyka(XI-XIV vv.), T.I-, M., 1988-(*SDRIa* と略記)

*Slovar' russkogo iazyka.XI-XVII vv.*Vyp.1-, M., 1975-(*SRIa* と略記)

*Slovar' Knizhnikov i Knizhnosti Drevnei Rusi.*Vyp.1.XI-pervaia polovina XIV v., L., 1987(*SKKDR*.Vyp.1); Vyp.2.Vtoraia polovina XIV-XVI v.ch.1-2, L.1988, 1989(*SKKDR*.Vyp.2-1, 2)

*Polnyi Pravoslavnyi Bogoslavskii Entsiklopedicheskii Slovar'.*I-II, SPb., 1913(=Variorum Reprints, 1971)

*The Modern Encyclopedia of Russian and Soviet History.*Ed.by J.L.Wieczynski.Vol.1-58 Accademic International Press, 1976-1993

Kisaki R.(ed.) *The Genealogical Tables of Russian Medieval History,* 1985（出版地不詳）

— (ed.) *The Genealogical Tables of Russian History.*New Edition, I, 2002（出版地不詳）

II 研究文献

*Ad fontem.U istochnika.*Sb.statei v chest' S.M.Kashtanova.M., 2005

Alekseev A.A. Koe-chto o perevodakh v Drevnei Rusi//*TODRL*.49(1996).s.278-296

Alekseev L.V. *Polotskaia zemlia.Ocherki istorii sebernoi Belorussii. V IX-XIII vv.*, M., 1966

Alpatov M.A. Variazhskii vopros v russkoi dorevoliutsionnoi istoriografii//*VI*.1982-5, s.31-45

Ammann A.M.*Untersuchungen zur Geschichte der kirchlichen Kultur und des religiösen Lebens bei den Ostslawen.*Heft.1, Die ostslawische Kirche im jurisdiktionellen Verband der byzantinischen Grosskirche(988-1459). Würzburg, 1955

Anfologion: Vlast', Obshchestvo, Kul'tura v slavianskom mire v srednie veka. K 70-letiu B.N. Flori.M., 2008

Antonova V.I., Mneva N.E. *Katalog drevnerusskoi zhivopisi.XI-nachala XVIII vv. Opyt istoriko-khudozhestvennoi klassifikatsii.*T.I, XI-nachalo XVI veka.;T.II, XVI-nachalo XVIII veka.M., 1963

Arrignon J.-P.(Arin'on Zh.-P.) Mezhdunarodnye otnosheniia Kievskoi Rusi v seredine X v. i kreshchenie kniagini Ol'gi//*VV*.41(1980), s.113-124

Arkheologicheskoe izuchenie Novgoroda. Pod obshchei red. B.A.Kolchina i V.L.Ianina, M., 1978

Artamonov M.I. *Istoriia Khazar.* 2-oe Izd., SPb., 2002（初版 1962）

Artsikhovskii A.V. Arkheologichekie dannye po variazhskomu voprosu//*Kul'tura Drevnei Rusi*(1966).s.36-41

Avanesov R.I. K voprosam obrazovaniia russkogo natsional'nogo iazyka//*Voprosy Iazykoznaniia.*1953-2, s. 47-70

Bakhrushin S.V. K voprosu o kreshchenii Kievskoi Rusi//*Istorik-Marksist*.1937-2, s.61-76

Banaszkiewicz J. "Slavonic Origines Regni:Hero the law-giver and founder of monarchy(Introductory survey of problems)".*Acta Poloniae Historica*.60(1989), p.97-131

Barmin A. Sovremennaia istoriografiia o datirovke tserkovnoi skhizmi mezhdu Zapadom i Vostokom khristianskoi ekumeny//*Traditsii i nasledie Khristianskogo Vostoka.* Materialy mezhdunarodnoi konferentsii/Otv.redaktory D.I.Afinogenov, A.V.Murav'ev.M., 1996, s.117-126

Baumgarten N. "Généalogies et mariages occidentaux des Rurikides russes du Xe au XIIIe siècle". *Orientalia Christiana*.Vol.9/1(1927), Nr.35, p.5-95

— "Le dernier mariage de saint Vladimir". *Orientalia Christiana*.Vol.18/2(1930), N. 61. p.165-168

— "Olaf Tryggwison roi de Norvége et ses relations avec saint Vladimir de Russie". *Orientalia Christiana*.Vol.24/1(1931), N.73, p.5-37

— "Saint Vladimir et la convertion de la Russie". *Orientalia Christiana*.Vol.27/1(1932), N.79, p.5-136

Bazilevich K.V. *Vneshniaia politika Russkogo tsentralizovannogo gosudarstva.Vtoraia polovina XV veka.* M., 2001（初版は 1952 年）

Begunov Iu.K. *Pamiatnik russkoi literatury XIII veka.“Slovo o pogibeli russkoi zemli”* M.-L., 1965

— *Koz’ma Presviter v slavianskikh literaturakh.*Sofiia, 1973

Beliaev I.D.Sud’by zemshchiny i vybornogo nachala na Rusi//Beliaev, *Zemskii Stroi na Rusi.*Otv. red. Iu V.Krivosheev.SPb., 2004, s.21-116

— *Lektsii po istorii russkogo zakonodatel’stva.*Otv.red.O.A.Platonov.M., 2011

Belobrova O.A. O «knige palomnik» Antoniia Novgorodskogo//*VO.*1977, s.225-235

Berezhkov N.G. *Khronologiia russkogo letopisaniia.*M., 1963

Bernshtein-Kogan S.V. Put’ iz variag v greki//*Voprosy geografii.*Sb.20, Istoricheskaia geografiia SSSR.M., 1950.s.239-270

Bibikov M.V. (Sostavitel’) *Vyzantinorossica.* Svod vizantiiskikh svidetel’stv o Rusi.Narrativnye pamiatniki.II, M., 2009

Bibikov M.V., Mel’nikova E.A., Petrukhin V.Ia., Rannye etapy russko-vizantiiskikh otnoshenii v svete istoricheskoi onomastiki//*VV.*59(2000), s.35-39

Birnbaum H. “Yaroslav’s Varangian Connection”, *Scando-Slavica*, 24(1978), p.5-25

Blane A.(ed.) *Georges Florovsky. Russian Intellectual and Orthodox Churchman.* St Vladimir’s Seminary Press, Crestwood, NY, 1993

Blankoff J. “Černigov, Rivale de Kiev? À propos de son développement urbain”, *RES.* 63 (1991), p.145-155

Bloch R. “Verwandtschaftliche Beziehungen des sächsischen Adels zum russischen Fürstenhause im XI.Jahrhundert”, in:*Festschrift.Albert Brackmann.*Hrsg. von L.Santifaller, Weimar, 1931, S.185-206

Blöndal S.(translated, revised & rewritten by Benedikz B.S.) *The Varangians of Byzantium.*Cambridge University Press, 1978

Bogudanova N.M. Kherson v X-XV vv.Problemy istorii vizantiiskogo goroda//*Prichernomor’e v srednie veka.* Pod red. S.P.Karpova. K XVIII Mezhdunarodnomu kongressu vizantinistov.M., 1991, s.8-172

— Tserkov’ Khersona v X-XV vv.//*Vizantiia.Sredizemnomor’e.Slavianskii mir.* K XVIII Mezhdunarodnomu kongressu vizantinistov.M., 1991, s.19-49

Budovnits I.U. *Obshchestvenno-politicheskaia mysl’ Drevnei Rusi(XI-XIV vv.)* M., 1960

Bugoslavskii S.A.*Drevnerusskie literaturnye proizvedeniia o Borise i Glebe.(Tekstologiia Drevnei Rusi.*T.2, Sost.Iu.A.Artamonov), M., 2007（初版は 1940）

Bulkin V.A., Dubov I.V., Lebedev G.S. *Arkheologicheskie pamiatniki drevnei Rusi IX-XI vekov.* L.1978

— Rus' i variagi:novyi etap izuchenii//*Vestnik LGU*.Ser.2, 1987, vyp.3(No.16), s.12-26

Callmer J. "The archaeology of Kiev ca A.D.500-1000.A Survey". In:*Les pays du nord et Byzance*.p.29-52

Carr E.H. "'Russia and Europe' as a theme of Russian history".in:*Essays presented to Sir Lewis Namier.* Ed.by R.Pares and A.J.P.Taylor, Macmillan, St.Martin's Press, 1956, p.357-393

Chekin L.S. "The role of Jews in Early Russian civilization in the light of a new discovery and new controversies". *Russian History,* 17-4, 1990, p.379-394

Cherepnin L.V. «Povest' vremennykh let», ee redaktsii i predshestvuiushchie ei letopisnye svody//*IZ*.T.25, 1948, s.293-333

Chichurov I.S. "Khozhdenie apostola Andreia" v vizantiiskoi i drevnerusskoi literaturnoi traditsii //Tachiaos(ed.), *The Legacy of Saints Cyril and Methodius*.p.195-213

— Skhizma 1054 g. i antilatinskaia polemika v Kieve (seredina XI-nachalo XII v.)//*RM*. T. IX-1 (1997), p.43-53

—(Čičurov I.) "Ein antilateinischer Traktat des Kiever Metropoliten Ephraim." *Fontes minors*. Bd.10, Frankfurt a.M., 1998, S.319-356

Chirovsky Fr.-, N.L. *An Introduction to Ukrainian History*.Vol.1:*Ancient and Kievan-Galician Ukraine-Rus'*.NY., 1981

Chrysos E. " 'Was Old Russia a Vassal State of Byzantium?' " in: Tachiaos(ed.), *The Legacy of Saints Cyril and Methodius*.p.233-245

Čiževskyj(Tschižewskij) D. *Rußland zwischen Ost und West.* Rowohlt Taschenbuch Verlag, 1961

— *Geschichte der Altrussischen Literatur im 11., 12. und 13. Jahrhunderl: Kiever Epoche.* Klostermann, 1948

— *Russische Geistesgeschichte.* Zweite, erweiterte Auflage, Wilhelm Fink, 1974

— *A History of Ukrainian Literature.* Ukrainian Academic Press, 1975

Členov A.M. "Zur Frage der Schuld an der Ermordung des Fürsten Boris", *JbfGO*. 19(1971), S.321-346

Cross S.H. "Yaroslav the Wise in Norse Tradition", *Speculum*.IV, 1929, p.177-197, 363(Corrigenda)

— *Mediaeval Russian Churches*.ed.by K.J.Conant.Cambridge, Massachusetts, 1949

Danilevskii I.N. *Drevniaia Rus' glazami sovremennikov i potomkov (IX-XII vv.).Kurs lektsii*.Izd. vtoroe.M., 2001

Danilov V.V. K kharakteristike "Khozhdeniia" igumena Daniila//*TODRL*.10(1954), s.92-105

Dantsig B.M. *Russkie puteshestvenniki na Blizhnem Vostoke*.M., 1965

Danylenko A. "The name 'Rus'. In search of a new dimension", *JbfGO*. 52(2004), S.1-32

Davidan O.I. "Contacts between Staraja Ladoga and Scandinavia", *Varangian Problems*.p.79-94

Dewey.H.W, Kleimola A.M. "Promise and Perfidy in Old Russian Cross-Kissing", *Canadian Slavic Studies*.III, no.2(1968), p.327-341

D'iakonov M. *Vlast' moskovskikh gosudarei.Ocherki iz istorii politicheskikh idei drevnei Rusi do kontsa XVI veka*.SPb., 1889

Dialog kul'tur i narodov srednevekovoi Evropy.K 60-letiiu so dnia rozhdeniia E.N.Nosova.SPb., 2010

Dimnik M. "The 'Testament' of Iaroslav 'The Wise': a reexamination", *Canadian Slavonic Papers*, 29(1987), p.369-386

— *The Dynasty of Chernigov.1054-1146*.(Studies and texts, 116.Pontifical Institute of Medieval Studies) Toronto, 1994

Dölger F. "Die 'Familie der Könige' im Mittelalter", in:id.*Byzanz und die Europäische Staatenwelt*.S.34-69(=*Historisches Jahrbuch*. 60(1940), S.397-420)

— "Die mittelalterliche 'Familie der Fürsten und Völker'und der Bulgarenherrscher" (1943, in Bulgarisch), in: id.*Byzanz und die Europäische Staatenwelt*.S.159-182

— *Byzanz und die Europäische Staatenwelt.* Ausgewählte Vorträge und Aufsätze.Darmstadt, 1976（初版 1953）

Donnert E. *Russland an der Schwelle der Neuzeit.Der Moskauer Staat im 16.Jahrhundert*.Berlin, 1972

Drevnerusskoe gosudarstvo i ego mezhdunarodnoe znachenie.Pod.red.Pashuto V.T. i Cherepnin L.V., M., 1965

Dubnov S.M.*Kratkaia Istoriia Evreev.* Pechataetsia po izdanii 1911 i 1912 godov.M., 1996

—(Dubnow S.M. Tr.by I.Friedlaender) *History of the Jews in Russia and Poland.From the Earliest Times until the Present Day*.Vol.I, Philadelphia, 1916（ロシア語からの英訳．原書の出版は 1825 年．）

Dubov I.V. *Velikii Volzhskii put'*.L., 1989

Duczko W. "Byzantine Presence in Viking Age Sweden.Archaeological Finds and Their Interpretations", in:*Rom und Byzanz im Norden.Mission und Glaubenwechsel im Ostseeraum während des 8-14.Jahrhunderts*.Stuttgart, 1997, S.291-311

— *Viking Rus.Studies on the Presence of Scandinavians in Eastern Europe*.Leiden·Boston, 2004

Dvornik F. *The Photian Schism.History and Legend*.Cambridge University Press.1948(Reprint, 1970)

— *The Making of Central and Eastern Europe*.London, 1949

— *The Idea of Apostolicity in Byzantium and the Legend of the Apostle Andrew.* Cambridge, Massachusetts, 1958

— *The Slavs in European History and Civilization.*New Brunswick, New Jersey, 1962 (=Dvornik F. *Slaviane v Evropeiskoi istorii i tsivilizatsii*/Perev. I.I.Sokolovoi pri uchastii I.A. Arzhantsevoi i S.S.Nikol'skogo;pod.obshch.red.I.I.Sokolovoi.M., 2001)

— *Les Légends de Constantin et Méthode veus de Byzance.*2-nd ed.Academic International, 1969(First published in Prague in 1933)

— *Byzantine Missions among the Slavs.SS.Constantine-Cyril and Methodius.* Rutgers Univ. Press, New Brunswick, 1970

Dzhakson T.H. Skandinavskii konung na Rusi (o metodike analiza svedenii islandskikh korolevskikh sag)//*Vostochnaia Evropa v drevnosti i srednevekov'e.*s.282-288

— O tvorcheskoi aktivnosti avtora «Xeimskringly» (Problema avtorskogo prisutstviia v povestvovanii)//*DG.*1981 g., 1983, s.147-174

— O nazvanii Rusi Garðar//*Scando Slavica.*30(1984), s.133-143

— *Islandskie korolevskie sagi o Vostochnoi Evrope(s drevneishikh vremen do 1000g.)*, Teksty, perevod, kommentarii.M., 1993

— *Islandskie korolevskie sagi o Vostochnoi Evrope(pervaia tret' XI v.)*, Teksty, perevod, kommentarii.M., 1994

— Elizaveta Iaroslavna Koroleva Norvezhskaia//*Vostochnaia Evropa v istoricheskoi retrospektive.* s.63-71

— *Chetyre norvezhskikh konunga na Rusi.*M., 2000

— *AUSTR Í GÖRÐUM:Drevnerusskie toponimy v drevneskandinavskikh istochnikakh.*M., 2001

— Riurikovichi i Skandinaviia//*DGVE.*2005 g., M., 2008, s.203-227

Ekbo S. "The Etymology of Finnish Ruotsi'Sweden' ", in:*Les pays du nord et Byzance.*p.143-145

Eremin I.P. Literaturnoe nasledie Feodosiia Pecherskogo//*TODRL.*5(1947), s.159-184

*Europa und Russland.*Texte zum Problem des westeuropäischen und russischen Selbstverständnisses.Hrsg.von D.Tschizevskij und D.Groh.Darmstadt, 1959

Falk K-O. "Einige Bemerkungen zum Namen Rusĭ", in: *Les pays du nord et Byzance.*p.147-159

Featherstone J. "Ol'ga's Visit to Constantinople", *HUS.*XIV, 1990, p.293-312

Fedotov G.P. *The Russian Religious Mind. Kievan Christianity.The Tenth to the Thirteenth Centuries.*New York, 1960(First published in 1946)

Fennell J.L.I. *The Crisis of Medieval Russia.1200-1304.*Longman History of Russia.London and New York, 1983(=Fennel Dzhon, *Krizis srednevekovoi Rusi.1200-1304.* Perevod s angliiskogo.Vstupitel'naia stat'ia i obshchaia redaktsiia.A.L.Khoroshkevich i A.I.Pliguzova.M.,

1989)

— "The Canonization of Saint Vladimir", *Tausend Jahre Christentum in Russland*, 1988, S.299-304

— *A History of the Russian Church to 1448.*London and New York, 1995

Floria B.N. O material'nom obespechenii tserkvi na Rusi i v vizantiiskikh gosudarstvakh v period rannego feodalizma//*DG.*1985 g., M., 1986, s.116-123

*Florilegium.*K 60-letiiu B.N.Flori, M., 2000

Florovskii A.V. *Chekhi i vostochnye slaviane. Ocherki po istorii cheshsko-russkikh otnoshenii (X-XVIII vv)*, T.I, Praha, 1935

— Cheshko-russkie torgovye otnosheniia X-XII vv.//*Mezhdunarodnye sviazi Rossii do XVII v.*Sb.statei, M., 1961, s.64-83

Florovskii G.(V.) *Puti Russkogo bogosloviia.*Parizh, 1937(Reprint, Paris, 1983) (=Florovsky G. *Ways of Russian Theology* in two parts.V.5 and 6 in The Collected Works.New York, 1979)

Franklin S. "Literacy and Documentation in Early Medieval Russia", *Speculum* 60/1(1985), p.1-38

— "Greek in Kievan Rus' ", *Dumbarton Oaks Papers.*46(1992), p.69-81

— Po povodu «intellektual'nogo molchaniia» Drevnei Rusi//*RM.*X-1(2001), s.262-270

— "Pre-Mongol Rus':New Sources, New Perspectives ?", *RR.*60(2001), p.465-473

— *Writing, Society and Culture in Early Rus, c.950-1300.* Cambridge University Press, 2002 (=Franklin S.*Pis'mennost', obshchestvo i kul'tura v drevnei Rusi(okolo 950-1300 vv.)*/ Perev. D.M.Bulanina.SPb., 2010)

— "Some Apocryphal Sources of Kievan Russian Historiography", *Oxford Slavonic Papers.* 15(1982), p.1-27

Franklin S. and Shepard J. *The Emergence of Rus. 750-1200.* Longman History of Russia.London and New York, 1996(=Franklin S., Shepard Dzh.*Nachalo Rusi, 750-1200*/Perev.s angl.pod red.D.M.Bulanina.SPb., 2000)

Freydank D. "Die altrussische Erzählung über die Eroberung Konstantinopels 1204(Chronista Novgorodensis)", *Byzantinoslavica.* 29(1968), S.334-359

Froianov I.Ia. Veche v Kieve.1068-1069 gg.//*Iz istorii feodal'noi Rossii.K 70-letiiu V.V.Mavrodina.*L., 1978, s.38-46

— *Kievskaia Rus'.Ocherki sotsial'no-politicheskoi istorii.*L., 1980

Froianov I.Ia., Dvornichenko A.Iu. *Goroda-gosudarstva Drevnei Rusi.*L., 1988

Gadlo A.V. K istorii Tmutorokanskogo kniazhestva vo vtoroi polovine XI v.//*Slaviano-russkie drevnosti.*Vyp.1, 1988, s.194-213

Gardzaniti M. U istokov palomnicheskoi literatury Drevnei Rusi:«Khozhenie» igumena Daniila v sviatuiu Zemliu//*«Khozhenie» igumena Daniila v sviatuiu Zemliu v nachale XII v.*s.270-338

Garkavi A.Ia. *Skazaniia musul'manskikh pisatelei o slavianakh i russkikh.*(s poloviny VII veka do kontsa X veka po R.Kh.), SPb., 1970(Mouton, 1969)

Geissler K. *Die Juden in Deutchland und Bayern bis zur Mitte des vierzehnten Jahrhunderts.* München, 1976

Gimon T.V. *Istoriopisanie rannesrednevekovoi Anglii i Drevnei Rusi.Sravnitel'noe issledovanie.* M., 2012

Giraudo G. "Voprošanie Kirikovo: Remarques sur la vie d'une communauté paroissiale dans la Rus' kiévienne du XII siècle", *HUS.*XII/XIII (1988/89), p.743-760

Glazyrina G.V. O shvedskoi versii «Priadi ob Eimunde»//*Norna u istochnika Sud'by.*s.61-69

Glushakova Iu.P. O puteshestvii igumena Daniila v Palestinu//*Problemy obshchestvenno-politicheskoi istorii Rossii i slavianskikh stran.*Sb.statei k 70-letiiu akademika M.N.Tikhomirova.M., 1963, s.79-87

Goehrke C. "Gross-Novgorod und Pskov/Pleskau", *Handbuch der Geschichte Russlands.*Bd.1, L.6(1980), L.7(1980), S.431-483

— *Frühzeit des Ostslaventums.*Darmstadt, 1992

— "Männer-und Frauenherrschaft im Kiever Fürstenhaus:Olga von Kiev als Regentin (945-960/961)", *FOG.*Bd.50(1995), S.139-154

Golb N., Pritsak O. *Khazarian Hebrew Documents of the Tenth Century.* Ithaca, London, 1982 (=Golb N. i Pritsak O.*Khazarsko-Evreiskie dokumenty X veka.*Nauchnaia redaktsiia, posleslovie i kommentarii Petrukhina V.Ia., M., Ierusalim, 1997, 5757)

Golden P.B. *Khazar Studies.An Historico-Philological Inquiry into the Origins of the Khazars.* Two volumes.Budapest, 1980

— "The Question of the Rus' Qaganate", *AEMA.* 2(1982), p.77-97

Golovko A.B. *Drevniaia Rus' i Pol'sha v politicheskikh vzaimnootnosheniiakh X-pervoi treti XIII vv.* Kiev, 1988

— Khristianizatsiia vostochnoslavianskogo obshchestva i vneshniaia politika drevnei Rusi v IX-pervoi treti XIII veka//*VI.*1988-9, s.59-71

Golubinskii E.E. *Istoriia Russkoi Tserkvi.*T.I.Period pervyi.Kievskii ili Domongol'skii.Pervaia polovina toma.Izd.vtoroe.M., 1901(=Materialy po istorii tserkvi.Kn.16, M., 1997); Vtoraia polovina toma.Izd. vtoroe.M., 1904(=Materialy po istorii tserkvi.Kn.17, M., 1997)

— *Istoriia Kanonizatsii Sviatykh v Russkoi Tserkvi.*M., 1903

Gorskii A.A. Problema proiskhozhdeniia nazvaniia "Rus' " v sovremennoi sovetskoi istoriografii//

ISSSR.1989-3, s.131-137

— Kievskaia Rus'=Imperiia Riurikovichei//*Slaviane i ikh sosedi:Imperskaia ideia v stranakh Tsentral'noi, Vostochnoi i Iugo-vostochnoi Evropy*.M., 1995, s.41-43

— K voprosu o roli normannov v skladyvanii Kievskoi Rusi(po povodu knigi Khellera «Normanny v Vostochnoi Evrope»//*RM*.IX-1(1997), s.129-135

— Letopisnyi kontekst russko-vizantiiskikh dogovorov i problema "dogovora 907 g."//*Ad fontem. U istochnika*.s.147-152

Grabowicz G.G. "Ukrainian-Russian Literary Relations in the Nineteenth Century: A Formulation of the Problem".in:*Ukraine and Russia in Their Historical Encounter*. Ed.by P.J.Potichnyj, M.Raeff, J.Pelenski, G.N.Zekulin, Edmonton, 1992, p.214-244

Groh D. *Russland und das Selbstverständnis Europas.Ein Beitrag zur europäischen Geistesgeschichte*.Neuwied, 1961

Grekov B.D. Volzhskie Bolgary v IX-X vekakh//*IZ*.14(1945), s.3-37

— *Kievskaia Rus'*.M., 1949

Grushevs'kii(Hrushevskyi), M. *Istoriia Ukraini-Rusi*.T.1-10, 1898-1936(NY., 1954-1958)

— *Iliustrovana istoriia Ukraini*.K.-L'viv, 1911(=*Illiustrirovannaia Istoriia Ukrainy*.Avtorizirovannyi perevod so vtorogo ukrainskogo izdaniia(1913).M., 2001)

— *Istoriia ukrainskogo naroda.Avtobiografiia*.M., 2002(Pechataetsia po izdaniiam:*Illiustrirovannaia istoriia ukrainskogo naroda*.SPb., 1913 i *Avtobiografiia*.Kiev, 1926)

— *A History of Ukraine*.Yale University Press., 1941(Reprint, 1970)

Halperin Ch.J. "Judaizers and the Image of the Jew in Medieval Russia:A Polemic Revisited and a Question Posed", *Canadian-American Slavic Studies*.IX, 2(Summer 1975), p.141-155

Handbuch der Geschichte Russland.Bd.1:Von der Kiever Reichsbildung bis zum Moskauer Zartum.Hg.von M.Hellmann. Stuttgart, 1976-1989

Harvard Ukrainian Studies.Special Issue: Proceedings of the International Congress, Commemorating the Millennium of Christianity in Rus'-Ukraine.Vol.XII/XIII, Cambridge, Massachusetts, 1988/1989

Haugh R. "St.Vladimir and Olaf Tryggvason. The Russian Primary Chronicle and Gunnlaug Leifsson's saga of Olaf Tryggvason". in:*Transactions of Association of Russian –American Scholars in USA*, Vol.VIII(1974), p.83-96

Heller K. *Die Normannen in Osteuropa*.Osteuropastudien der Hochschulen des Landes Hessen. Reihe I.Giessener Abhandlungen zur Agrar- und Wirtscaftsforschung des Europäischen Ostens.Bd.195.Berlin, 1993

Hellmann M. "Die Heiratspolitik Jaroslavs des Weisen", *FOG*.8(1962), S.7-25

— "Westeuropäische Kontakte der Alten Rus' ", *Millennium Russiae Christianae*.S.81-94

Hösch E. "Griechishkenntnisse im alten Russland", *Serta Slavica in Memoriam Aloisii Schmaus*, München, 1971, S.250-260

Hollingsworth P. (Translated with an Introduction), *The Hagiography of Kievan Rus'* (Harvard Library of Early Ukrainian Literature. Vol.II), Harvard Univ.Press.1992

Honigmann E. "Studies in Slavic Church History". A. The Foundation of the Russian Metropolitan Church According to Greek Sources. *Byzantion*, Bd.XVII(1944-45), p.128-162

Iakobson A.L. *Rannesrednevekovyi Khersones.Ocherki istorii material'noi kul'tury.*(Materialy i issledovaniia po Arkheologii SSSR.No.63), M.-L., 1959

Ianin V.L. Mezhdukniazheskie otnosheniia v epokhu Monomakha i «Khozhdenie igumena Daniila»//*TODRL.*16(1960), s.112-131

— Russkaia kniaginia Olisava-Gertruda i ee syn Iaropolk//*Numizmatika i Epigrafika.* T.IV(1963), s.142-164

— *Aktovye pechati Drevnei Rusi X-XV vv.*T.I, Pechati X-XIII v., M., 1970

— Letopisnye raskazy o kreshchenii novgorodtsev (o vozmozhnom istochnike Iakimovskoi letopisi)//*Russkii gorod:Issledovaniia i materialy.*M., 1984, s.40-56

— *Srednevekovyi Novgorod.Ocherki arkheologii i istorii.*M., 2004

— *Denezhno-vesovye sistemy domongol'skoi Rusi i ocherki istorii denezhnoi sistemy srednevekovogo Novgoroda.*M., 2009(前半部は 1956 年版の再録)

Ianin, V.L., Aleshkovskii M.Kh. Proiskhozhdenie Novgoroda(K postanovke problemy)//*ISSSR.* 1971-2, s.32-61

Ianin V.L., Kolchin B.A., Itogi i perspektivy novgorodskoi arkheologii//*Arkheologicheskoe izuchenie Novgoroda*(1978).s.5-56

Iaroslav Mudryi i ego epokha.M., 2008

Ierusalim v russkoi kul'ture. Sostaviteli A.Batalov, A.Lidov, M., 1994

Ikonnikov V. *Opyt izsledovaniia o kul'turnom znachenii Vizantii v russkoi istorii.*Kiev, 1969 (=Mouton, The Hague・Paris, 1970)

Il'in N.N. *Letopisnaia stat'ia 6523 goda i ee istochnik.*M.-L., 1957

*Istoriia Evreiskogo naroda v Rossii.*Pod obshchei red.I.Bartalia.T.1, *Ot drevnosti do rannego novogo vremeni.*Pod.red.A.Kulika, M., 2010

*Istoriia Kieva.*V trekh tomakh, chetyrekh knigakh.Kiev, 1982-1986.(T.I, *Drevnii i srednevekovyi Kiev.*Kiev, 1982)

*Istoriia Russkoi Literatury v trekh tomakh.*T.I(Literatura X-XVIII vekov), M.-L., 1958

Istoriia SSSR. S drevneishikh vremen do nashikh dnei.V dvukh seriiakh v dvenadtsati tomakh.T.I,

M., 1966

Istoricheskie sviazi Skandinavii i Rossii.IX-XX vv. Sb.statei(Red.kollegiia:Nosov N.E., Shaskol'skii I.P.).L., 1970

Iushkov S.V. *Ocherki po istorii feodalizma v Kievskoi Rusi.*M.-L., 1939

— *Obshchestvenno-politicheskii stroi i pravo Kievskogo gosudarstva.*M., 1949

Ivanov S.A. Kontseptsiia K.Tsukermana i vizantiiskie istochniki o khristianizatsii Rusi v IX veke//*Slavianovedenie.*2003-2, s.20-22

*Izgnanie Normannov iz Russkoi Istorii.*Sb.statei i monografii.Costavl. i red.V.V.Fomina. M., 2010. (=Seriia «Izgnanie normannov iz russkoi istorii».Vyp.1)

Iz Istorii Russkoi Kul'tury. T.I(Drevniaia Rus'), M., 2000;T.II.Kn.1(Kievskaia i Moskovskaia Rus'), M., 2002

Jacobsson G. "La forme originelle du nom des Varègues", *Scando-Slavica.*1(1954), p.36-43

Johansen P. "Novgorod und die Hanse", *Städtewesen und Bürgertum als geschichtliche Kräfte.* Gedächtnisschrift für F.Rörig, Lübeck, 1953, S.121-152

— "Die Kaufmannskirche", *Die Zeit der Stadtgründung im Ostseeraum.* Visby, 1965, S.85-134

Jugie M. *Le schisme Byzantin: aperçu historique et doctrinal.* Paris, 1941

Kämpfer F. "Eine Residenz für Anne Porphyrogenneta", *JbfGO.*41(1993), S.101-110

— "Von heidnischer Bildwelt zur christlichen Kunst.Die Bedeutung von Anna Porphyrogenneta für die Initialzündung der altrussischen Kultur", *Millennium Russiae Christianae.*S.109-135

Kaiser D.H. *The Growth of the Law in Medieval Russia.*Princeton N.J., 1980

Kalinina T.M. Torgovye puti Vostochnoi Evropy IX veka (Po dannym Ibn Khordadvekh i Ibn al-Fakikha), *ISSSR*, 1986-4, s.68-82

— Vostochnye istochniki o drevnerusskoi gosudarstvennosti(K stat'e K.Tsukermana "Dva etapa formirovaniia Drevnerusskogo gosudarstva")//*Slavianovedenie.*2003-2, s.15-19

Kappeler A."Ukraine in Geman-Language Historiography".in: *Synopsis: A Collection of Essays in Honor of Zenon E.Kohut.*Ed.by S.Plokhy and F.E.Sysyn, Edmonton, Toronto, 2005, p.245-264

Karamzin N.M. *Istoriia Gosudarstvo Rossiiskogo.* Kn.I, T.I.(Reprintnoe vosproizvedenie izd. 1842-1844 godov), M., 1988

Karger M.K. *Drevnii Kiev. Ocherki po istorii material'noi kul'tury drevnerusskogo goroda.*T.1. M.-L., 1958;T.II.*Pamiatniki Kievskogo zodchestva X-XIII vv.*M.-L., 1961

Karpov A. *Vladimir Sviatoi.*M., 1997(*ZhZL*.vyp.738)

— *Iaroslav Mudryi.*M., 2001(*ZhZL*.vyp.808)

— *Kniaginia Ol'ga.*M.2012(*ZhZL.*vyp.1363)

Kartashev A.V. *Ocherki po istorii russkoi tserkvi.*T.I, Paris, 1959

Kashtanov S.M. *Iz Istorii russkogo srednevekovogo istochnika.Akty X-XVI vv.*M., 1996

— K teorii i praktike sravnitel'nogo istochnikovedeniia//*Norna u istochnika Sud'by.* s.151-168

Kazhdan A. "Rus'-Byzantine Princely Marriages in the Eleventh and Twelfth Centuries", *HUS.* XII/XIII (1988/89), p.414-429

Khaburgaev G.A. *Etnonimiia «Povest' vremennykh let» v sviazi s zadachami rekonstruktsii vostochnoslavianskogo grottogeneza.*M., 1979

*Khazary(Khazars).*Evrei i Slaviane.T, 16(Jews and Slavs.V.16), Ierusalim/M., 2005

Khlevov A.A. *Normanskaia problema v otechestvennoi istoricheskoi nauke.*SPb., 1997

Khoroshev A.S.Proiskhozhdenie Novgoroda v otechestvennoi istoriografii//*Vestnik Moskovskogo Universiteta.*Ser.8, Istoriia, 1983-6, s.40-53

— "The Origins of Novgorod in Russian Historiography", *Soviet Studies in History.*XXIII-4 (1985), p.22-45

— *Politicheskaia istoriia russkoi kanonizatsii(XI-XVI vv.)*, M., 1986

«Khozhenie» igumena Daniila v sviatuiu zemliu v nachale XII v. Izdanie Podgotovili O.A.Belobrova, M.Gardzaniti, G.M.Prokhorov, I.V.Fedorova.Otvetstvennyi redaktor G.M.Prokhorov. SPb., 2007

Khrustalev D.G. *Severnye krestonostsy. Rus' v bor'be za sfery vliianiia v Vostochnoi Pribaltike XII-XIII vv.*Izd.2-e.SPb., 2012

Kiev.*Entsiklopedicheskii spravochnik.*Izd.3-e.Kiev, 1986

Kirpichnikov A.N. Rannesrednevekovaia Ladoga(itogi arkheologicheskikh issledovanii)//*Srednevekovaia Ladoga*(1985).s.3-26

— Skazanie o prizvanii variagov.Legendy i deistvitel'nost'//*Vikingi i slaviane.*Uchenye, politiki, diplomaty o russko-skandinavskikh otnosheniiakh.SPb., 1998, s.31-55

Kirpichnikov A.N., Sarab'ianov V.D. *Staraia Ladoga.Drevniaia stolitsa Rusi.*SPb., 2003

Klein L.S. *Spor o Variagakh.*SPb., 2009

Klein L.S., Lebedev G.S., Nazarenko V.A. Normanskie drevnosti Kievskoi Rusi na sovremennom etape arkheologicheskogo izucheniia//*Istoricheskie sviazi Skandinavii i Rossii.*L., 1970, s.226-252

Kliuchevskii V.O.*Sochineniia.* V vos'mi tomakh.M., 1956-1959

Kloss B.M. *Nikonovskii svod i russkie letopisi XVI-XVII vekov.*M., 1980

Kobishchanov Iu.M. *Poliud'e:iavlenie otechestvennoi i vsemirnoi istorii tsivilizatsii.*M., 1995

Komech A.I. *Drevnerusskoe zodchestvo kontsa X-nachala XII v. Vizantiiskoe nasledie i stanovlenie samostoiatel'noi traditsii.* M., 1987

Konovalova I.G. O vozmozhnykh istochnikakh zaimstvovaniia titula "Kagan" v drevnei Rusi// *Slaviane i ikh sosedi:Slaviane i kochevoi mir.* Vyp.10.M., 2001, s.108-135

— Drevneishii titul russkikh kniazei «kagan»//*DGVE.*2005 g. M., 2008, s.228-239

Korolev A.S. *Sviatoslav.* M., 2011(ZhZL.Vyp.1484(1284))

Koroliuk V.D. *Zapadnye slaviane i Kievskaia Rus' v X-XI vv.*M., 1964

Korpela J. *Prince, Saint and Apostle.* Prince Vladimir Svjatoslavič of Kiev, his Posthumous Life, and the religious Ligitimization of the Russian Great Power.Wiesbaden 2001

Kotliar, N.F. *Drevnerusskaia Gosudarstvennost'.*SPb., 1998

— V toske po utrachennomu vremeni(retsenziia na Sbornik Russkogo istoricheskogo obshchestva «*Antinormanizm*»)//*SR.*7(2007), s.343-353

Kuchkin V.A. «Pouchenie» Vladimira Monomakha i russko-pol'sko-nemetskie otnosheniia 60-70-kh godov XI veka//*Sovetskoe slavianovedenie.*1971-2, s.21-34

— "Russkaia zemlia" po letopisnym dannym XI-pervoi treti XIII v.//*DGVE.*1992-1993 gg., M., 1995, s.74-100

— Chudo sv.Panteleimona i semeinye dela Vladimira Monomakha//*Rossiia v srednie veka i novoe vremia:Sb. statei k 70- letiiu L.V.Milova.*M., 1999, s.50-82

*Kul'tura Drevnei Rusi.*Posviashchaetsia 40-letiiu nauchnoi deiatel'nosti N.N.Voronina.M., 1966

*Kul'tura Srednevekovoi Rusi.*Posviashchaetsia 70- letiiu M.K.Kargera.L., 1974

Kuryuzawa T. "The Debate on the Genesis of Russian Feudalism in Recent Soviet Historiography." in: Ito T.(ed.) *Facing Up to the Past.Soviet Historiography under Perestroika.*Sapporo, 1989, p.111-147

Kuzenkov P.V. Pokhod 860 g. na Konstantinopol' i pervoe kreshchenie Rusi v srednevekovykh pis'mennykh istochnikakh//*DG.* 2000g.M., 2003, s.3-172

Kuz'min A.G. K voprosu o proiskhozhdenii variazhskoi legendy//*Hovoe o proshlom nashei strany.Pamiati akademika M.N.Tikhomirova.*M., 1967, s.42-53

— «Variagi» i «Rus'» na Baltiiskom more//*VI.*1970-10, s.28-55

— Ob etnicheskoi prirode variagov//*VI.*1974-11, s.54-83

— *Nachal'nye etapy drevnerusskogo letopisaniia.*M., 1977

— Priniatie khristianstva na Rusi//*Voprosy Nauchnogo Ateizma,* vyp.25, 1980, s.7-35

— Zapadnye traditsii v russkom khristianstve//*Vvedenie khristianstva na Rusi* (1987).s.21-54

Labuda G."Der Zug des russischen Großfürsten Vladimir gegen die Ljachen im Jahre 981", in: *Ostmitteleuropa.Berichte und Forschungen*(FS Gotthold Rhode), Hrsg. v. U.Haustein, Stutt-

gart, 1981, S.11-19

Labunka M. "Religious Centers and their Missions to Kievan Rus':From Ol'ga to Volodimer", *HUS*. XII/XIII, p.159-193

*Ladoga.Pervaia stolitsa Rusi.1250 let nepreryvnoi zhizni.*Sed'mye chteniia pamiati Anny Machinskoi. Staraia Ladoga, 21-23 dekabria 2002 g. Sb.statei.SPb., 2003

Lamanskii V. Slavianskoe zhitie sv.Kirilla kak religiozno-epicheskoe proizvedenie i kak istoricheskoi istochnik.Kriticheskiia zametki//*ZhMNP*.ch.346, 1903.april, s.345-385; 1903, mai, s.136-161;1903, iun', s.350-388;1903, dekabr', s.370-405;1904, ianvar', s.137-173

Laushkin A.V. K voprosu o razvitii etnicheskogo samosoznaniia drevnerusskoi narodnosti («khresteiani» i «khrest'ianskyi» v pamiatnikakh letopisaniia XI-XIII vv.)//*SR*.6(2006), s.29-65

Lazarev V.N. Freski Sofii Kievskoi//Lazarev, *Vizantiiskoe i drevnerusskoe iskusstvo*. M., 1978, s.65-115

Lebedev G.S. Put' iz Variag v Greki//*Vestnik Leningradskogo Universiteta.*1975, No.20.s.37-43

— *Epokha vikingov v Severnoi Evrope.* Istoriko-arkheologicheskie ocherki. L. 1985

Leib B. *Rome, Kiev et Byzance à la fin du XI siècle.*Rapports réligieux des Latins et des Gréco-Russes sous le Pontificat D'Urbain II(1088-1099).NY., 1968(Originally, Paris, 1924)

Lenhoff G. *The Martyred Princes Boris and Gleb:A socio-cultural Study of the Cult and the Texts*.(UCLA Slavic Studies, Vol.19) Columbus, Ohio, 1989

Levchenko M.V. *Ocheki po istorii russko-vizantiiskikh otnoshenii.* M., 1956

— Problema russko-vizantiiskikh otnoshenii v russkoi dorevoliutsionnoi zarubezhnoi i sovetskoi istoriografii//*VV*.8(1956), s.s.7-25

Leyser K. "The Tenth Century in Byzantine-Western Relationships", *Relations between East and West in the Middle Ages*.Edinbourgh, 1973, p.29-63

Likhachev D.S. *Russkie letopisi i ikh kul'turno-istoricheskie znachenie*. M.-L., 1947

— *Povest' vremennykh let.*ch.1, Tekst i perevod.;ch.2, Prilozheniia.Stat'ia i kommentarii, M.-L., 1950 (*PVL*(1950) と略記)

— *Povest' vremennykh let.*Podgotovka teksta, perevod, stat'i i kommentarii.Izd.2-e ispravlennoe i dopolnennoe.SPb., 1999 (PVL と略記)

— Predvaritel'nye itogi tysiacheletnego opyta.Beseda s akademikom D.S.Likhachevym, vedennaia A.Iu.Chernovym//*Ogonek*, No.10, mart, 1988, s.9-12

Limonov Iu.A. Letopisanie//Mavrodin(otvet.red.), *Sovetskoe Istochnikovedenie*.s.13-34

Lind J.H. "The Russo-Byzantine treaties and the early urban structure of Rus' ", *SEER* 62-3(1984), p.362-370

Litavrin G.G. Psell o prichinakh poslednego pokhoda russkikh na Konstantinopol' v 1043 g.//*VV*. 27(1967), s.71-86

— O datirovke posol'stva kniagini Ol'gi v Konstantinopol'//*ISSSR*.1981-5, s.173-183

— Sostav posol'stva Ol'gi v Konstantinopole i «dary» Imperatora//*VO*.1982, s.71-92

— K voprosu ob obstoiatel'stvakh, meste i vremeni kreshcheniia kniagini Ol'gi//*DG*. 1985 g. M., 1986, s.49-57

— Russko-vizantiiskie sviazi v seredine X veka//*VI*.1986-6, s.41-52

— Vvedenie khristianstva v Bolgarii(IX-nachalo X v.)//*Priniatie khristianstva narodami Tsentral'noi i Iugo-Vostochnoi Evropy i kreshchenie Rusi*.s.30-67

— *Vizantiia, Bolgariia, Drevniaia Rus'(IX-nachalo XII v.)*.SPb., 2000

Litavrin G.G., Ianin V.L. Nekotorye problemy russko-vizantiiskikh otnoshenii v IX-XV vv.// *ISSSR*.1970-4, s.32-53

Litvina A.F., Uspenskii F.B. *Vybor imeni u russkikh kniazei v X-XVI vv. Dinasticheskaia istoriia skvoz' prizmu antroponimiki*.M., 2006

Logvin G.N. Novye nabliudeniia v Sofii Kievskoi//*Kul'tura srednevekovoi Rusi*.L., 1974, s.154-160

Lovmian'skii Kh. (Łowmian'ski H.) *Rus' i Normanny*.(Perevod s pol'skogo.Vstupitel'naia stat'ia V.T.Pashuto), M., 1985

Lunt H.G. "The Language of Rus' in the Eleventh Century:Some Observations about Facts and Theories", *HUS*.XII/XIII (1988/89), p.276-313

Lur'e Ia.S. *Ideologicheskaia bor'ba v Russkoi publitsistike kontsa XV-nachala XVI veka*.M.-L., 1960

L'vov A.S. Issledovanie rechi filosofa//*Pamiatniki drevnerusskoi pis'mennosti*. M., 1968, s.333-396

— *Leksika «Povesti Vremennykh Let»*.M., 1975

Magocsi P.R. *A History of Ukraine.The Land and Its People*.Second, revised and expanded edition, University of Toronto Press, 2010(First ed.1996)

Makarii(Bulgakov), *Istoriia Russkoi Tserkvi*. Kn.I, Istoriia khristianstva v Rossii do ravnoapostol'nogo kniazia Vladimira kak vvedenie v Istoriiu russkoi tserkvi, M., 1994（初版 1846）; Kn.II, Istoriia Russkoi tserkvi v period sovershennoi zavisimosti ee ot Konstantinopol'skogo patriarkha (988-1240), M., 1995（初版 1857）

Maleto E.I. *Antologiia khozhenii russkikh puteshestvennikov. XII-XV veka*.Issledovanie, Teksty, Kommentarii.M., 2005

Malingudi Ia. Russko-vizantiiskie sviazi v X veke s tochki zreniia diplomatiki//*VV*. 56(1995),

s.68-91, t.57(1997), s.58-87（t.57 所収の論文後半部はタイトルが Russko-vizantiiskie dogovory v X v. v svete diplomatiki となっている．本論文は 1994 年のドイツ語版の露訳である．）

Martin J. *Medieval Russia.980-1584.*Cambridge University press, 1995

Matsuki E. "Novgorodian Travellers to the Mediterranean World in the Middle Ages", in: *Studies in the Mediterranean World.* XI(1988), p.1-24

Matuzova V.I., Nazarova E.L. *Krestonostsy i Rus'. Konets XII v.-1270 g.* Teksty, Perevod, Kommentarii. M., 2002

Mavrodin V.V. *Proiskhozhdenie russkogo naroda.* L., 1978

— Tmutarakan'//*VI.*1980-11, s.177-182

Mazal O.*Handbuch der Byzantinistik.*Graz, 1989

Medlin W.K. *Moscow and East Rome.*Geneva, 1952

Medyntseva A.A. *Gramotnost' v Drevnei Rusi (Po pamiatnikam epigrafiki X-pervoi poloviny XIII veka).* M., 2000

Mel'nikova E.A. «Saga ob Eimunde» : O sluzhbe skandinavov v druzhine Iaroslava Mudrogo// *Vostochnaia Evropa v drevnosti i srednevekov'e* (1978), s.289-295

— "Scandinavian Runic Inscriptions as a Source for the History of Eastern Europe".in:*Les pays du nord et Byzance.*p.169-173

— Skandinavy na Baltiisko-volzhskom puti v IX-X vekakh(1997)//Mel'nikova, *Drevniaia Rus' i Skandinaviia.*s.433-440

— Riurik i vozniknovenie vostochnoslavianskoi gosudarstvennosti v predstavleniiakh letopistsev XI-nachala XII v.//*DGVE.*2005 g.M., 2008, s.47-75

— Eimund Khringsson, Ingigerd i Iaroslav Mudryi//*Anfologion* (2008), s.144-160

— «Kniaz'» i «kagan» v rannei titulature Drevnei Rusi//*Dialog kul'tur i narodov.* s.142-147 (=Mel'nikova, *Drevniaia Rus' i Skandinaviia.*s.114-122)

— Skandinavy v protsessakh obrazovaniia Drevnerusskogo gosudarstva//*Vestnik istorii, literatury, iskusstva.*T.7, M., 2010, s.217-241 (=Mel'nikova, *Drevniaia Rus' i Skandinaviia.* s.49-72)

— *Drevniaia Rus' i Skandinaviia.*Izbrannye Trudy.M., 2011

Mel'nikova E.A., Nikitin A.B., Fomin A.V. Graffiti na kuficheskikh monetakh Petergofskogo klada nachala IX v.//*DG.*1982 g. M., 1983, s.26-48

Mel'nikova E.A., Petrukhin V.Ia. Nazvanie «Rus'» v etnokul'turnoi istorii Drevnerusskogo gosudarstva//*VI.*1989-8, s.24-38

— «Riad» legendy o prizvanii variagov v kontekste rannesrednevekovoi diplomatii//*DG.* 1990

g., M., 1991, s.219-229

— Skandinavy na Rusi i v Vizantii v X-XI vekakh: k istorii nazvaniia «variag»//*Slavianovedenie*.1994-2, s.56-68

— Legenda o «Prizvanii variagov» i stanovlenie drevnerusskoi istoriografii//*VI*.1995-2, s.44-57

— Baltiiskaia politika Iaroslava Mudrogo//*Iaroslav Mudryi i ego epokha*.s.78-133

Meshcherskii N.A. Drevnerusskaia povest' o vziatii Tsar'grada friagami v 1204 godu//*TODRL*. 10(1954), s.120-135

— Drevnerusskaia povest' o vziatii Tsar'grada friagami kak istochnik po istorii Vizantii//*VV*. 9(1956), s.170-185

— O slaviano-russkoi perevodnoi literature XI-XV vv.//*TODRL*. 20(1964), s.198-205

Meyendorff J. *Byzntium and The Rise of Russia. A Study of Byzantino-Russian relations in the fourteenth century.* Cambridge University Press, 1981

Miletskii A.M., Tolochko P.P. *Park-Muzei.Drevnii Kiev.*Kiev, 1989

Miliutenko N.I. *Sviatye kniaz'ia-mucheniki Boris i Gleb.*Issledovanie i teksty.SPb., 2006

— *Sviatoi Ravnoapostol'nyi kniaz' Vladimir i kreshchenie Rusi.*Drevneishie pis'mennye istochniki. SPb., 2008

Millennium Russiae Christianae. Tausend Jahre Christliches Russland.988-1988. Vorträge des Symposiums anlässlich der Tausendjahrfeier der Christianisierung Russlands in Münster vom 5. bis 9.Juli 1988.Hrsg.von G.Birkfellner, Köln, Weimar, Wien, 1993

Moldovan A.M. *Slovo o zakone i blagodati Ilariona.*Kiev, 1984

Moshin V. Variago-russkii vopros//*Slavia*(Časopis pro slavanskou filologii), Praha, X(1931), p.109-136, 343-379, 501-537(=*Variago-russkii vopros v istoriografii*.s.11-95)

— Russkie na Afone i russko-vizantiiskie otnosheniia v XI-XII vv.//*Vyzantinoslavica,* IX (1947-48), s.55-85, XI(1950), s.32-60

Mühle E. "Die Anfänge Kievs(bis ca.980) in archäologischer Sicht", *JbfGO*.35(1987), S.80-101

— "Die topographisch-städtebauliche Entwicklung Kievs vom Ende des 10. bis zum Ende des 12.Jh. im licht der archäologischen Forschungen", *JbfGO*.36(1988), S.350-376

— K voprosu o nachale Kieva//*VI*.1989-4, s.118-127

— *Die Städtischen Handelszentren der nordwestlichen Rus':Anfänge und frühe Entwicklung altrussischer Städte(bis gegen Ende des 12.Jahrhunderts)*, Stuttgart, 1991(Quellen und Studien zur Geschichte des östlichen Europa.Bd.32)

Müller L. "Zum Problem des hierarchischen Status und der jurisdiktionellen Abhängigkeit der Russischen Kirche vor 1039", *Osteuropa und der Deutsche Osten*, III, 1959, S.9-84

— *Des Metropliten Ilarion Lobrede auf Vladimir den Heiligen und Glaubensbekenntnis.*Nach der Erstausgabe von 1844.Neu herausgegeben, eingeleitet und erläutert von L.Müller, Wiesbaden, 1962

— "Neuere Forschungen über das Leben und die kultische Verehrung der heiligen Boris und Gleb", *Opera Slavica.*Bd.4, Göttingen, 1963.S.295-317

— *Die Werke des Metropoliten Ilarion.* Forum Slavicum Bd.37, München 1971

— "Ilarion und die Nestorchronik", *HUS.*XII-XIII (1988/89), p.324-345

— "Die Erzählung der 'Nestorchronik' über die Taufe Ol'gas im Jahre 954/55", *Zeitschrift für Slawistik.*33(1988)-6, S.785-796

— "Zur Frage nach dem Zeitpunkt der Kanonisierung der heiligen Boris und Gleb", in: Tachiaos (ed.), *The Legacy of Saints Cyril and Methodius*. p.321-339

— O vremeni kanonizatsii sviatykh Borisa i Gleba//*RM.*T.VIII-1(1995), s.5-20

— Letopisnyi rasskaz i *Skazanie* o sviatykh Borise i Glebe. Ikh tekstual'noe vzaimootnoshenie//*RM.*T.X-1(2001), s.22-33

Mur'ianov M.F. Russko-vizantiiskie tserkovnye protivorechiia v kontse XI v.//*Feodal'naia Rossiia vo vsemirno-istoricheskom protsesse.*M., 1972, s.216-224

Nakamura Y. "Some Aspects of the Russian Pilgrimage to the Mediterranean Sacred Places", in: *Studies in the Mediterranean World.* XI(1988), p.25-35

Nakhapetian V.E., Fomin A.V. Graffiti na kuficheskikh monetakh, obrashchavshikhsia v Evrope v IX-X vv.//*DG.*1991 g. M., 1994, s.139-208

Nasonov A.N. Tmutorokan' v istorii Vostochnoi Evropy X veka//*IZ.*6(1940), s.79-99

— *«Russkaia zemlia» i obrazovanie territorii drevnerusskogo gosudarstva*. SPb., 2002（同 *Mongoly i Rus'* との合冊本．«Russkaia zemlia» の最初の出版は 1951 年）

Nastase D. " 'La Succession Khazare' dans l'ideologie souveraine des princes de Kiev", in:Tachioas (ed.), *The Legacy of Saints Cyril and Methodius*.p.359-364

Naumenko V.E. Vizantiisko-khazarskie otnosheniia v seredine IX v.//*Khazary*(2005).s.231-244

Nazarenko A.V. Rus' i Germaniia v 70-e gody X veka//*RM.*VI-1, 1987, s.38-89

— Eshche raz o date poezdki kniagini Ol'gi v Konstantinopol':istochnikovedcheskie zametki//*DGVE.*1992-1993 gody, M., 1995, s.154-168

— *Nemetskie latinoiazychnye istochniki IX-XI vekov*: *Teksty, perevod, kommentarii.*M., 1993 (Seriia: Drevneishie Istochniki po istorii Vostochnoi Evropy)

— Neizvestnyi epizod iz zhizni Mstislava Velikogo//*OI.*1993-2, s.65-78

— Rus' i Germaniia v IX-X vv.//*DGVE.*1991 g., M., 1994, s.5-138

— O dinasticheskikh sviazakh synovei Iaroslava Mudrogo//*OI.*1994-4/5, s.181-194

— K probleme kniazheskoi vlasti i politicheskogo stroia Drevnei Rusi.Zamechaniia i razmyshleniia po povodu knigi:Tolochko A.P. *Kniaz' v Drevnei Rusi:Vlast', sobstvennost', ideologiia.* Kiev, 1992//*SR*.2(1999), s.164-193

— Pravnuka Iaroslava Mudrogo—mat' ikoniiskogo sulutana Kilidzh-Arslana II//*Florilegium*. s.255-264

— Poriadok prestolonaslediia na Rusi X-XII vv.:nasledstvennye razdely, sen'orat i popytki designatsii(tipologicheskie nabliudeniia)//*Iz Istorii Russkoi Kul'tury.* T.I(Drevniaia Rus'), 2000, s.500-519

— *Drevniaia Rus' na mezhdunarodnykh putiakh. Mezhdistsiplinarnye ocherki kul'turnykh, torgovykh, politicheskikh sviazei IX-XII vekov.*M., 2001

— Nemtsy v okruzhenii sv.Mefodiia?//*Vizantiiskie Ocherki. Trudy Rossiiskikh uchenykh k XX Mezhdunarodnomu kongressu vizantinistov.*SPb., 2001, s.118-127

— Ob odnom episode vengerskoi politiki Iaroslava Mudrogo//*Norna u istochnika Sud'by.* 2001, s.268-281

— Dve Rusi IX veka//*Rodina:ezhemesiachnyi obshchestvenno-politicheskii nauchno-populiarnyi illiustrirovannyi zhurnal Verkhovnogo Soveta i Soveta Ministrov RSFSR.*2002-11/12, s.16-22

— Neskol'ko slov o «rekonstruktivizme» i «dekonstruktsii» (po povodu retsenzii T.L.Vilkul)// *SR*.5(2004), s.294-300

— Novyi svet na proiskhozhdenie Drevnei Rusi?(O poslednei knige G.Shramma)//*SR*.6 (2006), s.341-370

— *Drevniaia Rus' i slaviane.Istoriko-filologicheskie issledovaniia*//*DGVE*.2007 g. M., 2009

— Drevnerusskoe dinasticheskoe stareishinstvo po «riadu» Iaroslava Mudrogo i ego tipologicheskie paralleli—real'nye i mnimye.//Nazarenko, *Drevniaia Rus' i slaviane*.s.7-28

— «Riad» Iaroslava Mudrogo v svete evropeiskoi tipologii.//Nazarenko, *Drevniaia Rus' i slaviane*.s.29-46

— Dinasticheskii stroi Riurikovichei X-XII vekov v sravnitel'no-istoricheskom osveshchenii.// Nazarenko, *Drevniaia Rus' i slaviane*.s.47-87

— Mitropolii Iaroslavichei vo vtoroi polovine XI veka.//Nazarenko, *Drevniaia Rus' i slaviane*. s.207-245

— «Novorossiia», «Velikorossiia» i «Vsia Rus'» v XII veke:Tserkovnye istoki etnopoliticheskoi terminologii//Nazarenko, *Drevniaia Rus' i slaviane*.s.246-268

— «Zelo nepodovno pravovernym» : mezhkonfessional'nye braki na Rusi v XI-XII vekakh// Nazarenko, *Drevniaia Rus' i slaviane*. s.269-283

— U istokov russkogo palomnichestva (Istoricheskie, bogoslovskie, distsiplinarnye i pravovye aspekty)//Nazarenko, *Drevniaia Rus' i slaviane*. s.284-297

— 1054 i 1204 gody kak vekhi russkoi istorii//Nazarenko, *Drevniaia Rus' i slaviane*. s.315-325

Nazarova E.L.Krestovyi pokhod na Rus' v 1240 g.(Organizatsiia i plany)//*Vostochnaia Evropa v istoricheskoi retrospektive*.s.190-201

Niderle L. *Slavianskie drevnosti*. Perevod s cheshsk. T.Kovalevoi, M.Khazanova.Red.A.L.Mongaita.M., 2010

Nikol'skii N.M. *Istoriia Russkoi Tserkvi*.Izd.tret'e, M., 1983

Noonan Th.S. "When and How Dirhams first reached Russia:A numismatic critique of the Pirenne Theory", *Cahiers du Monde Russe et Soviétique*. 21 (1980), p.401-469

— "The Circulation of Byzantine coins in Kievan Rus' ", in: *Byzantine Studies*. 7-2 (1980), p.143-181

— "Why Dirhams first reached Russia:the role of Arab-Khazar relations in the development of the earliest Islamic trade with Eastern Europe", *AEMA*.IV(1984), p.151-282

— "Why the Vikings first came to Russia", *JbfGO*.34(1986), S.321-348

— "The Monetary History of Kiev in the Pre-Mongol Period", *HUS*. XI (1987), p.384-444

Norna u istochnika Sud'by.Sb.statei v chest' E.A.Mel'nikovoi.M., 2001

Novoe v arkheologii Kieva.Otvet.red.P.P.Tolochko, Kiev, 1981

Novosel'tsev A.P. Vostochnye istochniki o vostochnykh slavianakh i Rusi VI-IX vv.//*Drevnerusskoe gosudarstvo i ego mezhdunarodnoe znachenie*(1965), s.355-419

— Vostok v bor'be za religioznoe vliianie na Rusi//*Vvedenie khristianstva* (1987).s.55-77

— Priniatie khristianstva drevnerusskim gosudarstvom kak zakonomernoe iavlenie epokhi//*ISSSR*.1988-4, s.97-122

— Khristianstvo, Islam i Iudaizm v stranakh Vostochnoi Evropy i Kavkaza v srednie veka//*VI*.1989-9, s.20-35

— *Khazarskoe gosudarstvo i ego rol' v istorii Vostochnoi Evropy i Kavkaza*.M., 1990

— Khazarskoe gosudarstvo i ego rol' v istorii zapadnoi Evrazii//*Slaviane i ikh sosedi*. vyp.10(2001), s.59-72

Novosel'tsev A.P., Pashuto V.T., Vneshniaia torgovlia Drevnei Rusi(do serediny XIII v.)//*ISSSR*, 1967-3, s.81-108

Obolensky D. "Russia's Byzantine Heritage". Revised version (1954), p.87-123 (Original version, 1950)(= Obolensky, *Byzantium and the Slavs*.III)

— "Byzantium, Kiev and Moscow:A Study in Ecclesiastical Relations", *Dumbarton Oaks*

Papers, XI(1957), p.23-78(=Obolensky, *Byzantium and the Slavs*.VI)

— "Sts.Cyril and Methodius, Apostles of the Slavs", *St.Vladimir's Seminary Quarterly,* VII(1963)(=Obolensky, *Byzantium and the Slavs*.IX)

— "The Heritage of Cyril and Methodius in Russia", *Dumbarton Oaks Papers,* XIX(1965) (=Obolensky, *Byzantium and the Slavs*.X)

— "The Byzantine sources on the Scandinavians in Eastern Europe", in:*Varangian Problems*.p.149-164

— *Byzantium and the Slavs.* Collected studies.Variorum Reprints.London, 1971

— *The Byzantine Commonwealth:Eastern Europe, 500-1453*.London, 1971

— "Ol'ga's Conversion:The Evidence Reconsidered", *HUS*.XII/XIII (1988/89), p.145-158

— "Cherson and the Conversion of Rus': an anti-revisionist view", *Byzantine and Modern Greek Studies*, 13(1989), p.244-256

Ocherki Istorii SSSR. Krizis rabovladel'cheskoi sistemy i zarozhdenie feodalizma na territorii SSSR.III-IX vv.M., 1958;*Period feodalizma.IX-XV vv.,* V dvukh chastiakh.I(IX-XIII vv.), M., 1953

Orlov A.S. *Vladimir Monomakh*.M.-L., 1946(reprint, Mouton, 1969)

Ostrogorskii G. "Die byzantinische Staatenhierarchie", *Seminarium Kondakovianum.* 8(1935), S.41-61 (=id.*Zur Byzantinischen Geschichte.* S.119-141)

— "The Byzantine Emperor and the Hierarchical World Order", *SEER*.35(1956/57), p.1-14

— Vizantiia i Kievskaia kniaginia Ol'ga//*To Honor Roman Jakobson:Essays on the Occasion of his Seventieth Birthday 11.October 1966*.vol.2, The Hague, Paris, 1967, p.1458-1473 (=id."Byzanz und die Kiewer Fürstin Olga", in : id.*Byzanz und die Welt der Slawen.S.35-52*)

— *Zur Byzantinischen Geschichte*. Ausgewählte Kleine Schriften.Darmstadt, 1973

— *Byzanz und die Welt der Slawen.* Beiträge zur Geschichte der Byzantinisch-Slawischen Beziehungen.Darmstadt, 1974

Ovchinnikov V.G. Pravoslavnaia tserkov' v istorii nashei strany//*VI*.1988-5, s.111-121

Palsson H., Edwards P.(Translated and Introduced by), *Vikings in Russia.Yngvar's Saga and Eymund's Saga*.Edinburgh, 1989

Pashuto V.T. *Obrazovanie Litovskogo Gosudarstva*.M., 1959

— *Vneshniaia politika Drevnei Rusi*.M., 1968

Paszkiewicz H. *The Origin of Russia*.London, 1954

Pavlov A. *Kriticheskie opyty po istorii drevneishei Greko-Russkoi polemiki protiv Latinian.* SPb., 1878

Les pays du nord et Byzance (Scandinavie et Byzance), Actes du colloque nordique et interna-

tional de byzantinologie tenu à *Upsal 20-22 avril 1979*(Acta Universitatis Upsaliensis. Figura, nova series 19;Uppsala, 1981)

Pchelov E.V. Put' «iz variag v greki» i printsipy zemleopisaniia v nachal'noi chasti «Povest' vremennykh let»//*DGVE*.2009, M., 2010, s.66-77

Pelenski J. "The Origins of the Official Muscovite Claims to the 'Kievan Inheritance'", *HUS*. I-1 (1977), p.29-52(= id., *The Contest for the Legacy*.Ch.5)

— "The Contest for the 'Kievan Succession' (1155-1175):The Religious Ecclesiastical Dimension", *HUS*. XII/XIII (1988/89), p.761-780(=*The Contest for the Legacy*.Ch.2)

— "The Contest for the 'Kievan Inheritance' in Russian-Ukrainian Relations:The Origins and Early Ramifications", in:*Ukraine and Russia in Their Historical Encounter*.Ed.byP.J.Potichnyj, M.Raeff, J.Pelenski, G.N.Zekulin, Edmonton, 1992, p.3-19(=*The Contest for the Legacy*.Ch.1)

— "The Origins of the Muscovite Ecclesiastical Claims to the Kievan Inheritance", *California Slavic Studies*.16(1993), p.102-115(=*The Contest for the Legacy*.Ch.4)

— *The Contest for the Legacy of Kievan Rus'*.NY., 1998

Perkhavko V.B. Rasprostranenie plomb drogichinskogo tipa//*DG*.1994 g. (1996).s.211-247

— Drevnerusskie kuptsy v Podunav'e(po arkheologicheskim dannym)//*Vostochnaia Evropa v istoricheskoi retrospektive* (1999).s.209-219

— *Pervye kuptsy Rossiiskie*.M., 2004

Petersohn J.(Hrsg. von) *Politik und Heiligenverehrung im Hochmittelalter*. Sigmaringen.1994

Petrukhin V.Ia. *Nachalo etnokul'turnoi istorii Rusi IX-XI vekov*. M., 1995

— Drevniaia Rus':Narod.Kniaz'ia.Religiia//*Iz Istorii Russkoi Kul'tury*.T.I (Drevniaia Rus'), M., 2000, s.11-410

— Legenda o prizvanii variagov v srednevekovoi knizhnosti i diplomatii//*Norna u istochnika Sud'by*. s.297-303

— O "Russkom kaganate", nachal'nom letopisanii, poiskakh i nedorazumeniiakh v noveishei istoriografii//*Slavianovedenie,* 2001-4, s.78-82

— Olav Triuggvason i problemy russko-vizantiiskikh otnoshenii v period kreshcheniia Rusi// *Slaviane i ikh sosedi:Slavianskii mir mezhdu Rimom i Konstantinopolem.* Vyp.11, M., 2004, s.30-38

— Rus' i Khazariia:k otsenke istoricheskikh vzaimosviazei//*Khazary(Khazars)*(2005).s.69-100

— Prizvanie variagov: istoriko-arkheologicheskii kontekst//*DGVE*.2005 g., M., 2008, s.33-46

— Skazanie o prizvanii variagov v srednevekovoi knizhnosti i diplomatii//*DGVE*.2005 g., M.,

2008, s.76-83

— Put' «iz variag v greki» :letopisnaia konstruktsiia i transkontinental'nye magistrali// *DGVE*. 2009 g., M., 2010, s.58-65

— *Rus' v IX-X vekakh. Ot prizvaniia variagov do vybora very.*M., 2013

Philipp W. "Die religiöse Begründung der altrussischen Hauptstadt".in:*Veröffentlichungen der Abteilung für slavische Sprachen und Literaturen des Osteuropainstituts (Slavisches Seminar) an der Freien Universität Berlin.*Bd.9, 1956, S.375-387

Pichkhadze A.A. *Perevodcheskaia deiatel'nost' v domongol'skoi Rusi.Lingvisticheskii aspekt.*M., 2011

Piltz E. "Zwei russische Kaufmannskirche auf der Insel Gotland aus dem 12.Jahrhundert", in:*Les pays du nord et Byzance.*p.359-406

Pletneva S.A. Pechenegi, torki i polovtsy v iuzhnorusskikh stepiakh//*Trudy Volgo-donskoi arkheologicheskoi ekspeditsii.*Vol.I(Materialy i issledovaniia po arkheologii SSSR, No.62), M.-L., 1958, s.151-226

— *Polovtsy,* M., 1990

Podskalsky G. *Christentum und Theologische Literatur in der Kiever Rus'(988-1237)*, München, 1982(=Podskalski G., *Khristianstvo i bogoslovskaia literatura v Kievskoi Rusi* (988-1237). Izd.2-e, ispravl. i dopoln. dlia russkogo perev.;perev.A.V.Nazarenko pod red.K.K.Akent'eva. SPb., 1996)

Pogodin M.P. *Drevniaia russkaia istoriia do mongol'skogo iga.*V dvukh tomakh.T, 1, M., 1999（初版 1871）

Polonskaia N. K voprosu o khristianstve na Rusi do Vladimira//*ZhMNP.*1917, sentiabr', s.33-80

Poluboiarinova M.D. *Rus' i Volzhskaia Bolgariia v X-XV vv.*M., 1993

Popov A. *Istoriko-literaturnyi obzor drevne-russkikh polemicheskikh sochinenii protiv latinian (XI-XV v.).*M., 1875(=Variorum Reprints, 1972)

Poppe A. O roli ikonograficheskikh izobrazhenii v izuchenii literaturnykh proizvedenii o Borise i Glebe//*TODRL.*22(1966), s.24-45

— Predanie o Borise i Glebe v drevnerusskoi pis'mennosti XI-nachala XII vv//*Slavianskaia Filologiia.* 8(1966), s.55-57

— Russkie mitropolii konstantinopol'skoi patriarkhii v XI stoletiii//*VV.*28(1968), s.85-106; 29(1969), s.95-104

— Russko-vizantiiskie tserkovno-politicheskie otnosheniia v seredine XI v.//*ISSSR,* 1970-3, s.108-124

— "L'organisation diocesaine de la Russie aux XI-XII siècles", *Byzantion* XL(1970), p.165-

217 (=Poppe, *The Rise of Christian Russia.*VIII)

— "La derniere expedition russe contre Constantinople", *Byzantinoslavica.* 32(1971), p.1-29, 233-268

— O vremeni zarozhdeniia kul'ta Borisa i Gleba//*RM.*I(1973), s.6-29

— "The Political Background to the Baptism of Rus'. Byzantine-Russian Relations between 986-989", *Dumbarton Oaks Papers.* 30(1976), p.197-244 (=Poppe, *The Rise of Christian Russia.* II)

— "The Original Status of the Old-Russian Church". *Acta Poloniae Historica.* 39(1979), p.5-45 (=Poppe, *The Rise of Christian Russia.*III)

— "The Building of the Church of St Sophia in Kiev". *Journal of Medieval History.* 7(1981), p.15-66 (=Poppe, *The Rise of Christian Russia.*IV)

— *The Rise of Christian Russia.*Variorum Reprints CS157, London, 1982

— "How the Conversion of Rus' was understood in the Eleventh Century". *HUS.*XI, 1987, p.287-302 (=Poppe, *Christian Russia.*III)

— "Two Concepts of the Conversion of Rus' in Kievan Writings", *HUS.*XII/XIII (1988/89), p.488-504

— "Werdegang der Diözesanstruktur der Kiever Metropolitankirche", *Tausend Jahre Christentum in Russland.*Göttingen, 1988, S.251-290

— "Words that serve thc authority:on the title of 'Grand Prince' in Kievan Rus' ", *Acta Poloniae Historica*, 60(1989), p.159-184 (=Poppe, *Christian Russia.*IX)

— "Once again concerning the Baptism of Olga, Archontissa of Rus' ", *Dumbarton Oaks Papers.* No.46.1992, p.271-277 (=Poppe, *Christian Russia.*II)

— "Politik und Heiligenverehrung in der Kiever Rus'.Der Apostelgleiche Herrscher und seine Märtyrersöhne." *Politik und Heiligenverehrung im Hochmittelalter.* (Hrsg. von J.Petersohn), Sigmaringen, 1994, S.403-422

— O zarozhdeniia kul'ta svv.Borisa i Gleba i o posviashchennykh im proizvedeniiakh//*RM.* T. VIII-1, 1995, p.21-68

— "Der Kampf um die Kiever Thronfolge nach dem 15. Juli 1015", *FOG* 50(1995), S.275-296

— "The Christianization and ecclesiastical structure of Kievan Rus' to 1300", *HUS.*XXI(1997), p.311-392 (=Poppe, *Christian Russia.*V)

— "Losers on earth, winners from heaven. The assassinations of Boris and Gleb in the making of eleventh-century Rus' ".in:Poppe, *Christian Russia.*VII

— *Christian Russia in the Making.* Variorum Collected Studies Series. no.867, Ashgate Vari-

orum, 2007

Possevino A. *Istoricheskie Sochineniia o Rossii XVI v.*M., 1983

Potin V.M. *Drevniaia Rus' i evropeiskie gosudarstva v X-XIII vv.Istoriko-numizmaticheskii ocherk.*L., 1968

— Russko-skandinavskie sviazi po numizmaticheskim dannym (IX-XII vv.)//*Istoricheskie sviazi Skandinavii i Rossii* (1970). s.64-80

Presniakov A.E. *Kniazhoe Pravo v Drevnei Rusi.Ocherki po istorii X-XII stoletii.*SPb., 1909 (=Presniakov, *Kniazhoe Pravo v Drevnei Rusi.Lektsii po Russkoi Istorii.*M., 1993, s.4-254, 587-601)

— *Lektsii po Russkoi istorii.*T.I, Kievskaia Rus'.M., 1938 (=Presniakov, *Kniazhoe Pravo v Drevnei Rusi.Lektsii po Russkoi Istorii.* M., 1993, s.256-505, 602-616)

*Priniatie khristianstva narodami Tsentral'noi i Iugo-Vostochnoi Evropy i kreshchenie Rusi.*Otvet red. G.G.Litavrin, M., 1988

Priselkov M.D. *Ocherki po tserkovno-politicheskoi istorii Kievskoi Rusi X-XII vv.* SPb., 1913

— *Istoriia russkogo letopisaniia.XI-XV vv.*L., 1940

Pritsak O. "The Origin of Rus' ", *RR.*36-3 (1977), p.249-273

— *The Origin of Rus'.*V.I:Old Scandinavian Sources other than the Sagas.Cambridge Mass., 1981

— "When and Where was Ol'ga baptized ?", *HUS.* IX, 1-2 (1985), p.5-24

— "The Origin of the Name Rus/ Rus' ", *Passé turco-tatar, présent soviétique:Études offertes à Alexandre Bennigsen.*Louvain, Paris, 1986, p.45-65

Prokhorov G.M. Glagolitsa sredi missionerskikh azbuk//*TODRL.* 45(1992), s.178-199

*Pskov. Art Treasures and Architectural Monuments.12th-17th centuries.*L., 1978

Pskovskaia Ikona.XIII-XVI vekov. Al'bom.Izd.2-oe.L.1990

Raffensperger Ch. "Evpraksia Vsevolodovna between East and West". *Russian History / Histoire Russe.* 30: 1-2 (2003), p.23-24

— *Reimagining Europe: Kievan Rus' in the Medieval World.* Harvard Historical Studies, 177. Harvard Univ. Press, Cambridge, Mass., London, 2012

Ramm B.Ia. *Papstvo i Rus' v X-XV vekakh.*M.-L., 1959

Rapov O.M. *Kniazheskie vladeniia na Rusi v X-pervoi polovine XIII v.*M., 1977

— O date priniatiia khristianstva kniazem Vladimirom i Kievlianami//*VI.*1984-6, s.34-47

— Ofitsial'noe kreshchenie Rusi v kontse X v.//*Vvedenie khristianstva na Rusi.*s.92-123

— *Russkaia Tserkov' v IX-pervoi treti XII v.:Priniatie khristianstva.*M., 1988

Rauch G.von "Frühe christliche Spuren in Russland", *Saeculum.*7 (1956), S.40-67

Riasanovsky A.V. “The Embassy of 838 Revised: Some Comments in Connection with a ‘Normanist’ Source on Early Russian History”, *JbfGO*, 10 (1962), p.1-12

Rozanov S.P. Evpraksiia-Adel’geida Vsevolodovna (1071-1109)//*Izvestiia Akademii Nauk SSSR*. Otdelenie gumanitarnykh nauk.1929, s.617-646

Rozhdestvenskaia M.V. Obraz Sviatoi zemli v drevnerusskoi literature//*Ierusalim v russkoi kul’ture*.s.8-14

Rozhkov, N.A. *Gorod i derevnia v russkoi istorii*, SPb 1913(=The Hague, 1967)

Rumiantseva M.F. *Teoriia istorii.* M., 2002

Runciman S. *The Eastern Schizm. A Study of the Papacy and the Eastern Churches during the XIth and XIIth Centuries.* Oxford University Press, 1955

Rüß H. “Die Varägerfrage. Neue Tendenzen in der sowjetischen archäologischen Forschung”. in: *Östliches Europa.Spiegel der Geschichte*. Festschrift für M.Hellmann zum 65. Geburtstag. Wiesbaden, 1977, S.3-16

— “Das Reich von Kiev”. *Handbuch der Geschichte Russlands.* Bd.I, L.3(1979), L.4/5(1979), L.6(1980), S.199-429

— “Eupraxia-Adelheid: Eine biographische Annäherung.” *JbfGO*.54(2006), S.481-518

Russkoe pravoslavie: Vekhi istorii.Nauch.red.A.I.Klibanov. M., 1989

Rybakov B.A. *Remeslo drevnei Rusi.* M., 1948

— Rus’ i Khazariia(K istoricheskoi geografii Khazarii)//*Akademiku B.D.Grekovu.Ko dniu semidesiatiletiiu*.Sb.statei. M., 1952, s.76-88

— Problema obrazovaniia drevnerusskoi narodnosti v svete I.V.Stalina//*VI*.1952-9, s.40-62

— K voprosu o roli khazarskogo kaganata v istorii Rusi//*Sovetskaia Arkheologiia*.XVIII (1953), s.128-150

— *Drevniaia Rus’.Skazaniia.Byliny.Letopisi*.M., 1963

— Gorod Kiia//*VI*.1980-5, s.31-47

— *Kievskaia Rus’ i russkie kniazhestva XII-XIII vv.* Izd.2-e, dopolnennoe, M., 1993（初版, 1982）

— *Iazychestvo Drevnei Rusi*.M., 1987

Rybina E.A. *Novgorod i Ganza*.M., 2009

Rychka V.M. «Gorod Iaroslava» :simvolicheskoe soderzhanie letopisnogo obraza//*Iaroslav Mudryi i ego epokha*.s.153-166

Rydzevskaia E.A. O nazvanii Rusi Garðariki//ee: *Drevniaia Rus’ i Skandinaviia*.s.143-151（初出 1924 年頃）

— Legenda o kniaze Vladimire v sage ob Olafe Triuggvasone//*TODRL*. 2(1935), s.5-20

— O roli variagov v Drevnei Rusi//ee: *Drevniaia Rus' i Skandinaviia*.s.128-142（初出 1939 年）

— *Drevniaia Rus' i Skandinaviia v IX-XIV vv*. M., 1978 (*DG*.1978 g.)

Sakharov A.N. Russkoe posol'stvo v Vizantiiu.838-839 gg.//*Obshchestvo i gosudarstvo feodal'noi Rossii*.Sb.statei, posviashchennyi 70-letiiu L.V.Cherepnina. M., 1975, s.247-261

— *Diplomatiia Drevnei Rusi.IX-pervaia polovina X v*., M., 1980

— *Diplomatiia Sviatoslava*. M., 1982

— *Vladimir Monomakh*. M., 1989

Savva V. *Moskovskie tsari i Vizantiiskie vasilevsy*.K voprosu o vliianii Vizantii na obrazovanie idei tsarskoi vlasti moskovskikh gosudarei.Khar'kov, 1901(Mouton, 1969)

Schaeder H. *Moskau das Dritte Rom.Studien zur Geschichte der politischen Theorien in der Slawischen Welt*. Bad Homburg vor der Höhe, 1963（初版 1929）

— "Geschichte und Legende im Werk der Slavenmissionare Konstantin und Method", *Historische Zeitschrift*, Bd.152, 1935, S.229-255

Schmidt K.R. "The Varangian Problem. A brief history of the controversy", in:*Varangian Problems*. p.7-20

Schorkowitz D. "Die Herkunft der Ostslaven und die Anfänge des Kiever Reiches in der postsowjetischen Revision", *JbfGO*.48-4(2000), S.569-601

Schramm G. *Nordpontische Ströme:Namenphilologische Zugänge zur Frühzeit des europäischen Ostens*. Göttingen, 1973 (=Shramm G.*Reki Severnogo Prichernomor'ia:Istoriko-filologicheskoe issledovanie ikh nazvanii v rannykh vekakh*/Perev. A.V.Nazarenko. M., 1997)

— "Die Herkunft des Namens Rus' ", *FOG*. Bd.30, 1982, S.7-49

— "Die Waräger: Osteuropäische Schicksale einer nordgermanischen Gruppenbezeichnung", *Die Welt der Slaven*.XXVIII(N.F.VII), 1, 1983, S.38-67

— "Neues Licht auf die Entstehung der Rus' ? Eine Kritik an Forschungen von Omeljan Pritsak". *JbfGO*.31(1983), S.210-228

— "Sechs warägische Probleme". *JbfGO*.34(1986), S.363-373

— *Altrusslands Anfang: Historische Schlüsse aus Namen, Wörtern und Texten zum 9. und 10.Jahrhundert*.Freiburg i.B., 2002

— "Viel Lärm um vier Buchstaben. Der Name Rus' als Beispiel für die Rückständigkeit einer historischen Hilfswissenschaft". *JbfGO*. 55-1 (2007), S.67-79

Sedov V.V. *Vostochnye slaviane v VI-XIII vv*. M., 1982

— Russkii kaganat IX veka//*OI*.1998-4, s.3-15

— O rusakh i russkom kaganate IX v.(V sviazi so stat'ei K.Tsukermana "Dva etapa formiro-

vaniia Drevnerusskogo gosudarstva")//*Slavianovedenie*, 2003-2, s.3-14

— *Slaviane.Istoriko-arkheologicheskoe issledovanie.*M., 2002

Seemann K.-D. *Die altrussische Wallfahrtsliteratur.* Theorie und Geschichte eines literarischen Genres.München, 1976

Seibt W. "Der historische Hintergrund und die Chronologie der Taufe der Rus' ".in:Tachiaos(ed.), *The Legacy of Saints Cyril and Methodius*.p.289-303

Senderovich S.Ia. Metod Shakhmatova, rannee letopisanie i problema nachala russkoi istoriografii//*Iz Istorii Russkoi Kul'tury.* T.I, s.461-499

Serebrianskii N. *Drevnerusskie kniazheskie zhitiia:obzor redaktsii i teksty.*M., 1915

Ševčenko I. "A Neglected Byzantine Source of Muscovite Political Ideology". *Harvard Slavic Studies*.II(1954), p.141-179

Shaikin A.A. *Povest' Vremennykh Let. Istoriia i Poetika.*M., 2011

Shakhmatov A.A. Skazanie o prizvanii variagov(1904)(=Shakhmatov, *Istoriia Russkogo Letopisaniia*. T.I, Kn.2, s.185-231)

— *Razyskaniia o drevneishikh Russkikh letopisnykh svodakh.*SPb., 1908(=Shakhmatov, *Istoriia Russkogo Letopisaniia.*T.I, Kn.1)

— Nestor letopisets(1913)(=Shakhmatov, *Istoriia Russkogo Letopisaniia.*T.I, Kn.2, s.413-427)

— Povest' vremennykh let(1916)(=Shakhmatov, *Istoriia Russkogo Letopisaniia.*T.I, Kn.2, s.527-977)

— *Obozrenie russkikh letopisnykh svodov XIV-XVI vv.* M.-L., 1938(=Shakhmatov, *Istoriia Russkogo Letopisaniia.*T.II. こちらではタイトルは *Obozrenie letopisei i letopisnykh svodov XI-XVI vv.*)

— «Povest' vremennykh let» i ee istochniki//*TODRL.*4(1940), s.9-150

— *Istoriia Russkogo Letopisaniia.*T.I, Kn.1, SPb., 2002;T.I, Kn.2, SPb., 2003; T.II, SPb., 2011

Shakhnazarov O.L. Rol' khristianstva v politicheskoi zhizni Zapadnoi Evropy i Rossii//*VI.*2005-6, s.58-76

Shaskol'skii I.P. *Normanskaia teoriia v sovremennoi burzhaznoi nauke.*M.-L., 1965

— "Recent developments in the Normanist controversy", in:*Varangian Problems*.p.21-38

— Kogda zhe voznik Kiev ?//*Kul'tura Srednevekovoi Rusi*(1974).s.70-72

— Normanskaia prpblema v sovetskoi istoriografii//*Sovetskaia istoriografiia Kievskoi Rusi* (1978).s.152-165

— O roli Normannov v Drevnei Rusi v IX-XI vv.in:*Les pays du nord et Byzance*.p.203-214

Shchapov Ia.N. Tserkov' v sisteme gosudarstvennoi vlasti drevnei Rusi//*Drevnerusskoe gosudarstvo.*s.279-352

— *Kniazheskie ustavy i tserkov' v drevnei Rusi.XI-XIV vv.*M., 1972

— Stanovlenie drevnerusskoi gosudarstvennosti i tserkov'//*Voprosy Nauchnogo Ateizma.*t.20 (1976), s.159-189

— *Vizantiiskoe i iuzhnoslavianskoe pravovoe nasledie na Rusi v XI-XIII vv.*M., 1978

— *Gosudarstvo i tserkov' Drevnei Rusi X-XIII vv.*M., 1989

Shepard J. "A Note on Harold Hardraada: The date of his Arrival at Byzantium", *Jahrbuch der Österreichischen Byzantinistik.*Bd.22(1973), p.145-150

— "Why did the Russians attack Byzantium in 1043 ?", *Byzantinisch-neugriechischen Jahrbücher.*22(1978/9), p.147-212

— "Some Remarks on the Sources for the Conversion of Rus' ", *Le Origini e lo Sviluppo della Christianita Slavo-Bizantina.*A cura di S.W.Swierkosz-Lenart. Roma, 1992, p.59-95

Skazaniia o nachale slavianskoi pis'mennosti. Otvet. red. V.D.Koroliuk. Vstupiel'naia stat'ia, perevod i kommentarii B.N.Flori, M., 1981

*Slaviane i Rus'.*K shestidesiatiletiiu B.A.Rybakova.M., 1968

*Slaviane i Rus'(V zarubezhnoi istoriografii).*Kiev, 1990

Smirnova E. "The Miniatures in the Prayer Book of Princes Gertrude.Program, Dates, Painters", *RM.*T.X-1(2001), p.5-21

Smolitsch I. *Russisches Mönchtum. Entstehung, Entwicklung und Wesen.988-1917.* Würzburg, 1953

Sokolov P. *Russkii arkhierei iz Vizantii i Pravo ego naznacheniia do nachala XV veka.*Kiev, 1913(=Gregg International Publishers Limited 1970)

Solov'ev A.V. Istoriia russkogo monashestva na Afone//*Zapiski Russkogo nauchnogo instituta v Belgrade,* t.VII(1932), s.137-156

— Vizantiiskoe imia Rossii//*VV.*12(1957), s.134-155

— *Byzance et la formation de l'Etat russe.*Recueil d'études.Variorum Reprints.London, 1979

Solov'ev S.M. *Istoriia Rossii s drevneishikh vremen.*V piatnadtsati knigakh. Kn.I(Toma 1-2), M., 1962

Sotnikova M.P., Spasskii I.G. *Tysiacheletie drevneishikh monet Rossii.*Svodnyi katalog russkikh monet X-XI vekov.L., 1983

*Sovetskoe istochnikovedenie Kievskoi Rusi.*L.1979.(Otvet.red. Mavrodin V.V.)

*Sovetskaia istoriografiia Kievskoi Rusi.*L., 1978.(Otvet.red. Mavrodin V.V.)

Srednevekovaia Ladoga.Novye arkheologicheskie otkrytiia i issledovaniia. Otvet. red.V.V.Sedov.

L., 1985

Stavrou Th.G. & Weisensel P.R. *Russian Travelers to the Christian East from the Twelfth to the Twentieth Century.* Columbus, Ohio, 1986

Stefanovich P.S. Krestotselovanie i otnoshenie k nemu tserkvi v Drevnei Rusi//*SR*.5(2004), s.86-113

— «Skazanie o prizvanii variagov» ili Origo gentis russorum?//*DGVE*.2010 g. M., 2012, s.513-584

Stender-Petersen A."The Varangian problem", in: ibid., *Varangica* (Chap.I), p.5-20

— "Zur Rus'-Frage", in: *Varangica*(IV), S.65-87

— "Jaroslav und die Väringer", in: *Varangica*(VI), S.115-138

— "Le mot Varègue Polutasvarf", in: *Varangica*(VIII), p.151-164

— Chetyre etapa russko-variazhskikh otnoshenii, in: *Varangica*(XIV), s.241-262

— *Varangica.*Aarhus, 1953

Stökl G. "Das Millennium der Taufe Russlands in der sowjetischen Historiographie", *FOG*.50 (1995), S.355-362

*Studies in the Mediterranean World. Past and Present.*XI, Tokyo, 1988

Sukhov A.D.Sotsial'nye predposylki i posledstviia kreshcheniia Rusi//*Vvedenie khristianstva na Rusi.* s.8-20

Svahnström G."Gotland zwischen Ost und West".in:*Les pays du nord et Byzance.*p.441-467

Sverdlov M.B. Skandinavy na Rusi v XI v.//*Skandinavskii Sbornik.*XIX(1974), s.55-68

— «Zaveshchanie» Iaroslava i nasledovanie kniazheskikh stolov v russkom gosudarstve X-serediny XI v.//*Norna u istochnika Sud'by.*2001, s.347-354

— *Domongol'skaia Rus'.Kniaz' i kniazheskaia vlast' na Rusi VI-pervoi treti XIII vv.* SPb., 2003

Tachiaos A.-E. N. "The Greek Metropolitans of Kievan Rus':An Evaluation of their Spiritual and Cultural Activity". *HUS*.XII/XIII (1988/89), p.430-445

— (ed.) *The Legacy of Saints Cyril and Methodius to Kiev and Moscow.* Proceedimgs of The International Congress on the Millennium of the Conversion of Rus' to Christianity.Thessaloniki 26-28 November 1988, Thessaloniki, 1992

Tatishchev V.N. *Istoriia Rossiiskaia.*V semi tomakh. Pod red.Andreeva A.I. i dr., M.-L., 1962-1968

Tausend Jahre Christentum in Russland:Zum Millennium der Taufe der Kiever Rus'.Hrsg.von K.Ch.Felmy, G.Kretschmar, F.von Lilienfeld, C.-J.Roepke.Göttingen, 1988

Thomsen V. *The relations between Ancient Russia and Scandinavia and the Origin of the Russian State.*Oxford/London, 1877 (Reprint, NY.1964?)(= ロシア語版 Tomsen, Nachalo russkogo

gosudarstva.1891.//Iz istorii russkoi kul'tury.II-1(2002), s.143-226 に再録)

Thomson F.J. "The nature of the Reception of Christian Byzantine culture in Russia in the Tenth to the Thirteenth centuries and its implications for Russian culture" (1978) (=*Thomson,The Reception of Byzantine Culture*.I, p.107-139)

— "The implications of the absence of quotations of untranslated Greek works in original Russian literature, together with a critique of a distorted picture of Early Bulgarian culture" (1988) (=*The Reception of Byzantine Culture*.III, p.63-91)

— "The Bulgarian Contribution to the Reception of Byzantine Culture in Kievan Rus':The Myths and the Enigma", *HUS*.XII/XIII (1988/89), p.214-261(=*The Reception of Byzantine Culture*.IV)

— "«Made in Russia» A Survey of the translations allegedly Made in Kievan Russia", *Millennium Russiae Christianae*.p.295-354(=*The Reception of Byzantine Culture*.V)

— "The Corpus of Slavonic translations available in Muscovy. The Cause of Old Russia's Intellectual Silence and a contributory factor to Muscovite cultural autarky"(1993)(=*The Reception of Byzantine Culture*.VI, p.179-214)

— *The Reception of Byzantine Culture in Mediaeval Russia*. Variorum Collected Studies Series(CS590), Aldershot, 1999

Tikhomirov M.N. *Krest'ianskie i gorodskie vosstaniia na Rusi.XI-XIII vv.*M., 1955

— O proiskhozhdenii nazvanii «Rossiia» // Tikhomirov, *Rossiiskoe gosudarstvo XV-XVII vekov*.M., 1973, s.11-17（初出 1953 年）

— *Istochnikovedenie istorii SSSR*.Vyp. pervyi. S drevneishego vremeni do kontsa XVIII veka.Uchebnoe posobie.M., 1962

— *Istoricheskie sviazi Rossii so slavianskimi stranami i Vizantiei*.M., 1969

— *Russkoe letopisanie*.M., 1979

Tolochko A.P. *Kiev v Drevnei Rusi:vlast', sobstvennost', ideologiia*.Kiev, 1992

Tolochko P.P. *Drevnii Kiev*.Kiev, 1976

— Proiskhozhdenie i rannee razvitie Kieva(k 1500-letiiu osnovaniia)//*ISSSR*, 1982-1, s.39-49

— *Drevnii Kiev*.Kiev, 1983

— *Drevniaia Rus':Ocherki sotsial'no-politicheskoi istorii*.Kiev, 1987

— "Volodimer Svjatoslavic's choice of Religion: Fact or Fiction?", *HUS*.XII/XIII (1988/89), p.816-829

— Spornye voprosy rannei istorii Kievskoi Rusi//*Slaviane i Rus'*(1990).s.99-121

— O proiskhozhdenii Iaroslava Mudrogo//*Iaroslav Mudryi i ego epokha*.s.8-14

Trubachev O.N. *V poiskakh edinstva.Vzgliad filologa na problem istokov Rusi*.2-oe Izd.M., 1997

Tschizewskij D., Groh D.(ed.), *Europa und Russland.Texte zum Problem des westeuropäischen und russischen Selbstverständnisses.*Darmstadt, 1959

Tsukerman K.(Zuckerman C.) Dva etapa formirovaniia drevnerusskogo gosudarstva//*Slavianovedenie*, 2001-4, s.55-77

Tsvetkov S.V. *Pokhod Rusov na Konstantinopol' v 860 godu i nachalo Rusi.*SPb., 2010

Tsyb S.V. *Drevnerusskoe vremiaischislenie v «Povest' vremennykh let».* Izd.vtoroe, SPb., 2011

Tvorogov O.V. Sushchestvovala li tret'ia redaktsiia «Povesti vremennykh let» ?//*In Memorium.* Sb.pamiat' Ia.S.Lur'e.SPb., 1997, s.203-209

Udal'tsova Z.V., Shchapov Ia.N., Gutnova E.V., Novosel'tsev A.P. Drevniaia Rus'—zona vstrechi tsivilizatsii//*VI.*1980-7, s.41-60

Uspenskii, B.A. *Boris i Gleb:vospriiatie istorii v Drevnei Rusi.*M., 2000

Uspenskii F.B. Kreshchenie kostei Olega i Iaropolka v svete russko-skandinavskikh kul'turnykh vzaimosviazei//*Norna u istochnika Sud'by.*2001.s.407-414

— *Skandinavy・Variagi・Rus'.Istoriko-filologicheskie ocherki.*M., 2002

Uzhankov A.N. *Iz lektsii po istorii russkoi literatury.XI-pervoi treti XVIII vv. «Slovo o Zakone i Blagodati» Ilariona Kievskogo.*M., 1999

Vaillant A."Les 'lettres russes' de la vie de Constantin", *RES.*15(1935), p.75-77

*Varangian Problems.Scando-Slavica.*Supplement 1, Copenhagen, 1970

*Variago-russkii vopros v istoriografii.*Sb.statei i monografii.Sostavl. i red.V.V.Fomina.M., 2010 (=Seriia «Izgnanie normannov iz russkoi istorii».Vyp.2)

Vasiliev A.A, "Was Old Russia a Vasal State of Byzantium?", *Speculum.*7(1932), p.350-360

— *The Russian Attack on Constantinople in 860.* Cambridge, Massachusetts, 1946

— "The Second Russian Attack on Constantinople", *Dumbarton Oaks Papers.*6(1951), p.163-225

Vasil'evskii V. (G.) Drevniaia torgovlia Kieva s Regensburgom // *ZhMNP.*1888, iiul'.s.121-150 (= Wasiliewski W.G. "Kiew's Handel mit Regensburg in alter Zeit"// *Verhandlungen des historischen Vereins von Oberpfalz und Regensburg.* Bd.57 (NF49), 1905. S.193-223)

— *Trudy.*I-IV, SPb., 1908;1909;Petrograd, 1915;L., 1930

— Vvedenie v Zhitie sv.Stefana Surozhskogo//*Trudy.*t.III, s.CXLII-CCLXXXVIII

Vediushkina I.V. "Rus' " i "Russkaia zemlia" v Povest' vremennykh let i letopisnykh stat'iakh vtoroi treti XII-pervoi treti XIII v.//*DGVE.*1992-1993 gody, M., 1995, s.101-116

Verlinden Ch. *L'esclavage dans L'Europe Médiévale.*T.I:Peninsule Ibérique, France.Brugge, 1955; T.II:Italie, colonies italiennes du Levant, Levant latin, Empire byzantine.Gent, 1977

Vernadsky G. *Ancient Russia(A History of Russia.*Vol.I*)*. New Haven and London, Yale University

Press, 1943(=Vernadskii G.V. *Drevniaia Rus'*/Perev.s angl.B.L.Gubmana i E.P.Bernshteina. Tver'; M., 1996)

— *Kievan Russia(A History of Russia.*Vol.II*)*. New Haven and London, Yale University Press, 1948 (=Vernadskii G.V.*Kievskaia Rus'*. Tver'; M., 1996)

Vilkul T.L. Retsenziia:A.V.Nazarenko, *Drevniaia Rus' na mezhdunarodnykh putiakh:mezhdistsiplinarnye ocherki kul'turnykh, torgovykh, politicheskikh sviazei IX-XII vekov.*M..2001, 784 s.//*SR.*5(2004), s.281-293

— *Liudi i kniaz' v drevnerusskikh letopisiakh serediny XI-XIII vv.*M., 2009

Vlasto A.P. *The Entry of the Slavs into Christendom.An Introduction to the Medieval History of the Slavs.*Cambridge, 1970

Vodoff V. "La titulature des princes russes du X au debut de XII siècle et les relations exterieures de la Russie Kievienne", *RES.*LV/1(1983), p.139-150

— "Pourquoi le prince Volodimer Svjatoslavic n'a-t-il pas ete canonize ?", *HUS.*XII/XIII (1988/89), p.446-466

— "Quelques questions sur la langue liturgique à Kiev au X et au debut du XI siècle".in: Tachioas(ed.), *The Legacy of Saints Cyril and Methodius.*p.435-448

*Vostochnaia Evropa v drevnosti i srednevekov'e.*Sb.statei.M., 1978

Vostochnaia Evropa v istoricheskoi retrospektive. K 80-letiiu V.T. Pashuto. M., 1999

Vvedenie khristianstva na Rusi.(Otvet.red. Sukhov A.D.) M., 1987

Vysotskii S.A.*Drevnerusskie nadpisi Sofii Kievskoi.* Vyp.I. XI-XIV vv. Kiev, 1966

— *Svetskie freski Sofiiskogo Sobora v Kieve.*Kiev, 1989

Widera B. "Zur Frage des Sklavenhandels im russisch-deutschen Wirtschaftsverkehr vom 10.Jh. bis zum Mongoleneinfall", *Jahrbuch für Geschichte der UdSSR und der volksdemokratischen Länder Europas.*Bd.10(1967), S.341-347

— "Die politischen Beziehungen zwischen Byzanz und der Rus' bis zur Mitte des 11.Jh.", *Jahrbuch für Geschichte der sozialistischen Länder Europas.*Bd.20(1976), Nr.2, S.9-24

Winter E.*Rußland und das Papsttum.*T.I, Berlin, 1960

Wittram R. *Russia and Europe.*London, 1973

Wortley J., Zuckerman C. "The relics of our Lord's passion in the Russian Primary Chronicle." *VV.*63(88), 2004, p.67-75

Wynar L. "Ukrainian-Russian Confrontation in Historiography.M.Hrushevsky versus the Traditional Scheme of Russian History." *Ukrainian Quarterly.*30-1(1974), p.13-25

Zaborov M.A. Papstvo i zakhvat Konstantinopolia krestonostsami v nachale XIII v.//*VV.*5(1952), s.152-177

— Sovetskaia istoriografiia krestovykh pokhodov//*Srednye Veka*.vyp.25(1964), s.272-282
— Izvest'ia russkikh sovremennikov o krestovykh pokhodakh//*VV*.31(1971), s.84-107
— *Istoriia krestovykh pokhodov v dokumentakh i materialakh*.M., 1977
— *Krestonostsy na vostoke*.M., 1980
Zernov N. "Vladimir and the Origin of the Russian Church", *SEER.* XXVIII, Nos.70, 71(1949), p.123-138, 425-438
— *Eastern Christendom.A Study of the Origin and Development of the Eastern Orthdox Church.* London, 1961
Zhdanov R.V. Kreshchenie Rusi i Nachal'naia Letopis'//*IZ*.5(1939), s.3-30
Zhilina N.V. *Shapka Monomakha. Istoriko-kul'turnoe i tekhnologicheskoe issledovanie*.M., 2001
Ziborov V.K. *Russkoe letopisanie XI-XVIII vekov*:Uchebnoe posobie.Khrestomatiia, SPb., 2002
Zimin A.A. Pamiat' i pokhvala Iakova Mnikha i zhitie kniazia Vladimira po drevneishemu spisku//*Kratkie soobshcheniia Instituta Slavianovedeniia.*No.37, 1963, s.66-75
Zöllner E. "Rugier oder Russen in der Raffelstettener Zollurkunde ?". *Mitteilungen des Instituts für österreichische Geschichtsforschung.* Bd.60, 1952, S.108-119
Zubar' V.M., Pavlenko Iu.V. *Khersones Tavricheskii i rasprostranenie khristianstva na Rusi*.Kiev, 1988

邦語文献

I　史料（翻訳）

『ロシヤ年代記』，除村吉太郎訳，弘文堂書房，昭和 18 年
『ロシア原初年代記』，國本哲男，山口巌，中条直樹（訳者代表），名古屋大学出版会，1987 年
『ノヴゴロド第一年代記（古輯）』，『古代ロシア研究』XII-XIX, 1978-1994 年
『スズダリ年代記』，『古代ロシア研究』XX-, 2000 年 -
『イーゴリ遠征物語』，木村彰一訳，岩波文庫，1983 年
「コンスタンティノス一代記――訳ならびに注」（木村彰一・岩井憲幸訳），『スラヴ研究』31(1984), 1-17 頁；32(1985), 191-215 頁
「メトディオス一代記――訳ならびに注」（木村彰一・岩井憲幸訳），『スラヴ研究』33(1986), 1-16 頁
勝田吉太郎『ルス法典（ルスカヤ・プラウダ，ルシ法典）研究』，（勝田吉太郎著作集，第五巻『革命の神話』所収，ミネルヴァ書房，1992 年）（勝田訳の最初の公刊は

1954年）
「『百章』試訳（1~3）」（中村喜和訳），『一橋大学研究年報・人文科学研究』29(1991), 3-48頁；30(1993), 3-97頁；31(1994), 3-108頁
中村喜和編訳『ロシア中世物語集』，筑摩書房，1970年（筑摩叢書168）
福岡星児「ボリースとグレープの物語（訳及び解説）」，『スラヴ研究』3(1959), 101-124頁
三浦清美「『キエフ洞窟（ペチェルスキイ）修道院聖者列伝』解題と抄訳（I）（II）（III）（IV）」，『電気通信大学紀要』19-1/2, 2006年，129-147頁；20-1/2, 2007年，67-94頁；21-1/2, 2009年，195-231頁；22-1, 2010年，109-143頁
— 「聖ボリスと聖グレープにまつわる物語」（『中世ロシア文学図書館（II）』），『電気通信大学紀要』23-1, 2011年，43-74頁
— 「中世ロシアの説教① / 非業に斃れた公たち」（『中世ロシア文学図書館（III）』），『電気通信大学紀要』23-1, 2011年（ここには，「府主教イラリオンの律法と恩寵に関する講話」，さらには「聖ヴャチェスラフ伝」の解説と翻訳が含まれている．それぞれ77-90, 90-93頁．）
宮野裕「ヤロスラフ賢公の教会規定——解説と試訳・訳注」，『北方人文研究』第2号，2009年，81-100頁
— 「中世ロシアのウラジーミル聖公の教会規定——写本系統樹の検討及び試訳」，『岐阜聖徳学園大学紀要・教育学部編』51号，2012年，83-103頁
山口巌「ゲオルギー・ハマルトーロスの年代記抄訳」，『古代ロシア研究』III（1963），67-94頁；IV（1964），54-66頁
— 「コーンスタンチノス・ポルフィロゲンネートス『帝国統治論（I-IV）』」，『古代ロシア研究』VI(1965), 146-163頁；VII(1966), 112-132頁；IX(1968), 144-148頁；XV(1983), 47-60頁
「リューリック王朝系図」，『古代ロシア研究』XIV(1981), 33-57頁
「リューリック王朝系図索引」，『古代ロシア研究』XIV(1981), 58-74頁
栗生沢猛夫「イヴァン雷帝とクールプスキー公の往復書簡試訳（I~III）」，『人文研究』（小樽商科大学），第72輯（1986年）109-156頁，第73輯（1987）101-150頁，第74輯（1987）51-91頁
井桁貞敏編著『ロシア民衆文学　中　ブィリーナ（英雄叙事詩）』，三省堂，1974年
中村喜和編訳『ロシア英雄叙事詩　ブィリーナ』平凡社，1992年
『サガ選集』（日本アイスランド学会編訳），東海大学出版会，1991年
谷口幸男訳『アイスランド　サガ』，新潮社，1979年
スノッリ・ストゥルルソン『ヘイムスクリングラ——北欧王朝史——（一）～（四）』（谷

口幸男訳），プレスポート・北欧文化通信社，2008~2010 年
菅原邦城（訳・解説）『ゲルマン北欧の英雄伝説　ヴォルスンガ・サガ』，東海大学出版会，1979 年
ジョフロワ・ド・ヴィルアルドゥワン（伊藤敏樹訳）『コンスタンチノープル征服記　第四回十字軍』，講談社学術文庫，2003 年（初版 1988 年，筑摩書房）
ロベール＝ド＝クラリ（伊藤敏樹訳・解説）『コンスタンチノープル遠征記　第四回十字軍』，筑摩書房，1995 年
大沢一雄『アングロ・サクソン年代記』，朝日出版社，2012 年
イブン・ファドラーン（家島彦一訳）『ヴォルガ・ブルガール旅行記』（東洋文庫 789），平凡社，2009 年

II　概説・研究等

青山吉信『聖遺物の世界』，山川出版社，1999 年
秋山聰『聖遺物崇敬の心性史』，講談社，2009 年
足立広明「古代末期のキリスト教巡礼と女性——エゲリアの場合」，歴史学研究会編『巡礼と民衆信仰』，青木書店，1999 年，63-93 頁
阿部謹也『ドイツ中世後期の世界——ドイツ騎士修道会史の研究——』，未来社，1974 年
B・アルムグレン編（蔵持不三也訳）『図説ヴァイキングの歴史』，原書房，1990 年
ディミータル・アンゲロフ（寺島憲治訳）『異端の宗派　ボゴミール』，恒文社，1989 年
石戸谷重郎「ロシア・ビザンツ条約とその背景」『奈良学芸大学紀要』4-3，昭和 30 年，95-107 頁
伊藤恵子「西欧への視線　ロシア正教会の典礼芸術から」，聖心女子大学キリスト教文化研究所編『東欧・ロシア——文明の回廊』，1994 年，77-96 頁
井上浩一・栗生沢猛夫『ビザンツとスラヴ』（世界の歴史　11，中公文庫 1857），中央公論新社，2009 年
アロイス・イラーセク（浦井康男訳）『チェコの伝説と歴史』，北海道大学出版会，2011 年
ヴェルナツキー（松木栄三訳）『東西ロシアの黎明』，風行社，1999 年
梅田良忠『ヴォルガ・ブルガール史の研究』，弘文堂，昭和 34 年
浦井康男「古代ロシア諸侯の系図」，『古代ロシア研究』，XII(1978), 63-74 頁；同 XIII(1980), 100-105 頁

小野寺利行「中世ノヴゴロドのハンザ商館における取引規制」,『市場史研究』27(2007), 20-32 頁
― 「中世ノヴゴロドのハンザ商館における生活規範」,『比較都市史研究』, 30-2 (2011), 11-23 頁
勝田吉太郎『近代ロシヤ政治思想史――西欧主義とスラヴ主義――』, 創文社, 昭和 36 年
ステファン・キェニェーヴィチ編（加藤一夫・水島考生共訳）『ポーランド史　1』, 恒文社, 1986 年
木崎良平『「ルーシ」という語の意味に関する一考察』（京都大学学位請求論文）, 1962 年（発行地等不詳）
岸慎一郎「ウゴリスコエ山の伝承とキエフの牧畜民―― PVL のウグリとハザール」,『ロシア史研究』, 65(1999), 19-39 頁
― 「ヴァリャーギ・ルーシ問題の史料解釈と試論――スウェーデン説批判――」,『中近世ロシア研究論文集』, 4-41 頁
国本哲男『ロシア国家の起源』, ミネルヴァ書房, 1976 年
熊野聰「ルーシ問題について」,『一橋論叢』58-2(1967-8), 240 -246 頁
― 『北欧初期社会の研究』, 未来社 , 1986 年
― 『サガから歴史へ』, 東海大学出版会, 1994 年
栗生沢猛夫「ヨシフ・ヴォロツキーの政治理論（I）（II）」,『スラヴ研究』16(1972), 91-124 頁, 17(1973), 203-239 頁
― 「モスクワ第三ローマ理念考」, 金子幸彦編『ロシアの思想と文学』, 恒文社, 1977 年, 9-61 頁
― 「ロシア中世都市をめぐる若干の問題点――キエフ・ルーシにおける都市の発生とその史的展開について――」,『史学雑誌』88-1(1979), 49-75 頁
― 「『ウラジーミル諸公物語』覚書」,『スラヴ研究』24(1979), 21-50 頁
― 「ロシア中世都市における手工業と手工業者（I）（II）」,『商学討究』（小樽商大）, 31-1(1980), 40-66 頁, 33-4(1983), 43-68 頁
― 「モスクワの外国人村」,『人文研究』（小樽商大）69(1985), 1-28 頁
― 「『ルーシの洗礼』と最近のソヴェト史学」,『ロシア史研究』48(1989), 5-53 頁
― 「ロシア史をどう見るか――〈キエフ・ロシア〉と〈キエフ・ルーシ〉あるいは〈ロシア・ソヴィエト〉史学と〈ウクライナ〉史学」,『歴史と地理』414(1990/2)（世界史の研究　142）, 30-32 頁
― 「いわゆる『戦う教会』のイコンについて」,『ロシア　聖とカオス』（坂内ほか編）, 1995, 65-87 頁

— 「中世『ロシア人』の『民族意識』――『ルーシ』にみられる東スラヴ人の自己認識の問題」,『歴史と空間』(『歴史を問う　3)(上村忠男ほか編), 岩波書店 2002 年, 153-190 頁
— 『タタールのくびき――ロシア史におけるモンゴル支配の研究』, 東京大学出版会, 2007 年
栗原成郎『吸血鬼伝説』, 河出書房新社, 1995 年（1991 年増補新版の文庫版, 初版は 1980 年）
— 『ロシア民俗夜話』, 丸善株式会社（丸善ライブラリー）, 平成 8 年（1996）
— 『ロシア異界幻想』, 岩波新書, 2002 年
クリュチェフスキー（八重樫喬任訳）『ロシア史講話　1』, 恒文社, 1979 年
グレーヴィチ（中山一郎訳）『バイキング遠征誌』, 大陸書房, 昭和 46 年
— （川端香男里, 栗原成郎訳）『中世文化のカテゴリー』, 岩波書店, 1992 年
薩摩秀登『王権と貴族――中世チェコにみる中欧の国家』, 日本エディタースクール出版部, 1991 年
佐藤純一『ロシア語史入門』, 大学書林, 平成 24 年
清水睦夫『スラヴ民族史の研究』, 山川出版社, 1983 年
— 「アヴァール族とスラヴ族――中世初期のバルカンでの動向――」,『世界史説苑』（木崎良平先生古稀記念論文集）, 立正大学文学部西洋史研究室, 平成六年, 35-50 頁
A・ジョティシュキー（森田安一訳）『十字軍の歴史』, 刀水書房, 2013 年
鈴木健夫編『ロシアとヨーロッパ　交差する歴史世界』, 早稲田大学出版部, 2004 年
杉浦秀一『ロシア自由主義の政治思想』, 未来社, 1999 年
ステブリン゠カメンスキー（菅原邦城訳）『サガのこころ　中世北欧の世界へ』, 平凡社, 1990 年
N・ゼルノーフ（宮本憲訳）『ロシア正教会の歴史』, 日本基督教団出版局, 1991 年
高橋理『ハンザ「同盟」の歴史』, 創元社, 2012 年
田中陽兒「ノヴゴロド『民会』考　(上), (中), (下)」,『白山史学』(東洋大学), 九号（昭和 38 年), 1-18 頁；十号（昭和 39 年), 17-41 頁；十一号（昭和 40 年), 1-22 頁
— 「キーエフ国家における正教の国教化――その状況と論理」,『岩波講座　世界歴史』7（中世 1　中世ヨーロッパ世界 I), 1969 年, 224-243 頁
— （書評）「国本哲男『ロシア国家の起源』」,『歴史学研究』454 号, 1978 年, 55-58 頁
— 「『ニコン年代記』とダニール府主教」,『東洋大学文学部紀要』(史学科篇 36), 1982 年, 1-38 頁

— 『世界史学とロシア史研究』，山川出版社，2014 年
田中陽兒，倉持俊一，和田春樹編『世界歴史体系　ロシア史　1，9 世紀 -17 世紀』，山川出版社，1995 年
田辺三千広「イグナーチーのコンスタンティノープルへの旅」，宮崎揚弘編『ヨーロッパ世界と旅』，法政大学出版局，1997 年，176-192 頁
『中近世ロシア研究論文集』，中近世ロシア研究会編，2014 年 3 月
中条直樹「第四回十字軍とノヴゴロド年代記」，『古代ロシア研究』XVI(1986), 97-112 頁
鳥山成人『ロシアとヨーロッパ：スラヴ主義と汎スラヴ主義』，白日書院，昭和 24 年
— 『ロシア・東欧の国家と社会』，恒文社，1985 年
中井和夫『ソヴェト民族政策史』，御茶の水書房，1988
— 『多民族国家ソ連の終焉』（岩波ブックレット，シリーズソ連社会主義　3），岩波書店，1992 年
— 『ウクライナ・ナショナリズム　独立のディレンマ』，東京大学出版会，1998 年
中沢敦夫「ロシアはどこからやって来たか」新潟大学大学院現代社会文化研究科，新潟日報事業社，2002 年
中堀正洋「中世ロシアの異教神ヴォロスの機能に関する一考察――天体との関係を中心に（増補改訂版）――」，『中近世ロシア研究論文集』，42-56 頁
中村喜和「ゾエの結婚――ロシアにおける「ビザンツの遺産」に触れて」，『一橋論叢』84-6(1980), 711-726 頁
ニコリスキー（宮本延治訳）『ロシア教会史』，恒文社，1990 年
根津由喜夫「十字軍時代のビザンツ帝国」，『多元的世界の展開』（歴史学研究会編），青木書店，2003 年，97-134 頁
— 「12 世紀ビザンツ文人の聖地旅行――コンスタンティノス・マナッセス『旅行記』を読む――」，『環地中海世界の聖地巡礼と民衆信仰』（平成 15~18 年度科学研究費補助金, 基盤研究（B）（1）研究成果報告書, 研究代表者　関哲行），平成 19 年 4 月，153-168 頁
M・D・ノウルズほか（上智大学中世思想研究所　編訳 / 監修）『キリスト教史　3』，『同 4』，平凡社，1996 年
延広知児「『ノヴゴロド年代記』に見える第四回十字軍遠征記事について（上）（下）」，『立正西洋史』13(1993), 12-22 頁 ;13(1994), 5-22 頁
— 「10 世紀ロシア・ビザンツ条約における『ルーシ人』の地位――『ロシア原初年代記』所載記事を中心として」，『世界史説苑』（立正大学西洋史研究室），平成六年，69-89 頁
橋口倫介『中世のコンスタンティノープル』三省堂，1982 年

— 「東欧諸国民と十字軍」,『ソフィア』36-4(1987), 487-501 頁
パムレーニ, エルヴィン編（田代文雄 / 鹿島正裕共訳),『ハンガリー史　1』, 恒文社, 1980 年
早坂真理『ウクライナ　歴史の復元を模索する』, リブロポート, 1994 年
— 『ベラルーシ　境界領域の歴史学』, 彩流社, 2013 年
比嘉清松「中世末におけるドイツ＝ハンザのロシア貿易―― P.Johansen の研究によせて――」,『尾道短大研究紀要』16（1967）, 137-146 頁
久松英二『ギリシア正教　東方の智』, 講談社, 2012 年
アンリ・ピレンヌ（佐々木訳)『中世都市』, 創文社, 昭和 45 年
J・フィルハウス「東西教会の分立」,『ヨーロッパ・キリスト教史　2　中世前期』, 中央出版社, 昭和 46 年, 355-380 頁
ロバート・ブラウニング（金原保夫訳)『ビザンツ帝国とブルガリア』, 東海大学出版会, 1995 年
プリェートニェヴァ（城田俊訳)『ハザール　謎の帝国』, 新潮社, 1996 年
ヨハネス・ブレンステッズ（荒川明久・牧野正憲訳)『ヴァイキング』, 人文書院, 1988 年
H・-G・ベック（戸田聡訳)『ビザンツ世界論　ビザンツの千年』, 知泉書館, 2014 年
アミン・マアルーフ（牟田口義郎・新川雅子訳)『アラブが見た十字軍』, リブロポート, 1986 年
マヴロージン（石黒寛訳)『ロシア民族の起源』, 群像社, 1993 年
T・G・マサリク（石川達夫・長與進訳)『ロシアとヨーロッパ　ロシアにおける精神潮流の研究』(全三巻), 成文社, 2002-2004 年
松木栄三「古代ロシア国家と奴隷貿易」,『一橋論叢』72-6, 1974 年, 102-118 頁
— 「14-15 世紀の黒海沿岸とロシア」,『地中海論叢』IX, 1984, 55-72 頁
— 「白樺文書注解（1)」,『宇都宮大学教養部研究報告』25(1992), 135-176 頁;「同（2)」,『静岡大学人文学部人文論集』44-2(1994), 25-52 頁
— 「ロシア人の東方聖地『巡礼』――中世の旅行記から」, 歴史学研究会編『巡礼と民衆信仰』, 青木書店, 1999 年, 160-192 頁
— 『ロシア中世都市の政治世界――都市国家ノヴゴロドの群像――』, 彩流社, 2002 年
三浦清美「ボリスとグレープの列聖」『エクフラシス』第一号, 2011 年, 138-152 頁
— 「『ボリスとグレープについての物語』における語句, «nedoumeiushche, iako zhe be lepo prech’st’ne» の解釈について――中世ロシアにおけるキリスト教と異教の融合過程の研究――」,『スラヴ研究』, No.60(2013), 91-122 頁

三佐川亮宏『ドイツ史の始まり——中世ローマ帝国とドイツ人のエトノス生成——』，創文社，2013 年
宮城美穂「ビザンツ帝国の対十字軍政策」，『西洋史学』213(2004), 22-35 頁
宮野裕「中世末ロシアにおけるカトリックの受容と排除——ノヴゴロド大主教ゲンナージーの文学サークルを中心に——」，深沢克己編『ユーラシア諸宗教の関係史論』，勉誠出版，2010 年，235-260 頁
J・メイエンドルフ（鈴木浩訳）『ビザンティン神学』，新教出版社，2009 年
森安達也『キリスト教史　III』（世界宗教史叢書　3），山川出版社，1978 年
—『東方キリスト教の世界』，山川出版社，1991 年
八重樫喬任「キエフ・ルーシにおける順番制」『天理大学学報』（人文・社会・自然篇），84 輯，昭和 47 年，20-46 頁
八塚春児　書評：ヴィルアルドゥアン（伊藤訳）『コンスタンチノープル征服記』,『史林』71-5(1988), 136-141 頁
—『十字軍という聖戦』，日本放送出版協会，2008 年
V・L・ヤーニン（松木栄三・三浦清美訳）『白樺の手紙を送りました——ロシア中世都市の歴史と日常生活——』，山川出版社，2001 年
山内進『北の十字軍　「ヨーロッパ」北方拡大』，講談社メチエ，1997 年
山口巖「モノマフ一門，オレグ 一門およびダヴィド一門の内紛（解説）」，『古代ロシア研究』XIII(1980)，2-11 頁
レーリヒ（魚住・小倉訳）『中世ヨーロッパ都市と市民文化』，創文社，昭和 53 年
渡辺金一『中世ローマ帝国——世界史を見直す——』，岩波新書，1980 年
—『コンスタンティノープル千年』，岩波新書，1985 年

著者紹介
栗生沢　猛夫（くりうざわ・たけお）
1944 年岩手県生まれ。北海道大学名誉教授。
著書：『ボリス・ゴドノフと偽のドミトリー――「動乱」時代のロシア』（山川出版社、1997 年）、『タタールのくびき――ロシア史におけるモンゴル支配の研究』（東京大学出版会、2007 年）、『図説　ロシアの歴史』（河出書房新社、2010 年）、『世界の歴史（11）ビザンツとスラヴ』（共著：井上浩一、中央公論社、1998 年／中公文庫、2009 年）
訳書：A・Я・グレーヴィチ『歴史学の革新――「アナール」学派との対話』（吉田俊則と共訳、平凡社、1990 年）、R・G・スクルィンニコフ『イヴァン雷帝』（成文社、1994 年）、モーリーン・ペリー『スターリンとイヴァン雷帝――スターリン時代のロシアにおけるイヴァン雷帝崇拝』（成文社、2009 年）

『ロシア原初年代記』を読む
キエフ・ルーシとヨーロッパ、あるいは「ロシアとヨーロッパ」についての覚書

2015 年 2 月 25 日　初版第 1 刷発行

著　者　栗生沢猛夫
装幀者　山 田 英 春
発行者　南 里　功

発行所　成　文　社
〒 240-0003 横浜市保土ヶ谷区天王町 2-42-2
電話 045 (332) 6515
振替 00110-5-363630
http://www.seibunsha.net/

組版　編集工房 dos.
印刷　製本　モリモト印刷
落丁・乱丁はお取替えします

Printed in Japan
ISBN978-4-86520-011-9 C0022